北京大學歷史學系 北京大學中國古代史研究中心 編

吳榮曾先生九十華誕頌壽論文集

中華書局

圖書在版編目（CIP）數據

吳榮曾先生九十華誕頌壽論文集/北京大學歷史學系,北京大學中國古代史研究中心編. —北京:中華書局,2022.10
（北京大學中國古代史研究中心叢刊）
ISBN 978-7-101-15585-3

Ⅰ.吳…　Ⅱ.①北…②北…　Ⅲ.中國歷史–古代史–文集
Ⅳ.K220.7-53

中國版本圖書館 CIP 數據核字（2022）第 004003 號

書　　名	吳榮曾先生九十華誕頌壽論文集
編　　者	北京大學歷史學系　北京大學中國古代史研究中心
叢 書 名	北京大學中國古代史研究中心叢刊
責任編輯	孟慶媛
責任印製	管　斌
出版發行	中華書局

（北京市豐臺區太平橋西里 38 號　100073）
http://www.zhbc.com.cn
E-mail:zhbc@zhbc.com.cn

印　　刷	三河市中晟雅豪印務有限公司
版　　次	2022 年 10 月第 1 版
	2022 年 10 月第 1 次印刷
規　　格	開本/787×1092 毫米　1/16
	印張 51　插頁 38　字數 855 千字
國際書號	ISBN 978-7-101-15585-3
定　　價	380.00 元

吴荣曾先生近照

1916（丙辰）年蘇州振華女校九老合影，右一爲吳先生曾祖母吳徐氏

吴先生祖父吴仲瑜（二排中戴禮帽者左後）1907年江蘇高等學堂畢業紀念合影

1928年11月底與祖父、祖母在蘇州家中合影

1950届北京大學歷史學系本科生畢業合影，二排右五爲吴先生

1954年吳先生（右四）與北京大學京劇社同學合影

1955年吳先生（中）與俞偉超（左）、周承恩（右）在北京大學西門合影

1955年在北京大學19樓宿舍

1957年吴先生（後排右一）帶領北京大學歷史學系留學生在山西雲崗石窟考察

1961年吴先生夫婦在内蒙古大學家中合影

1965年與長女倩予在北京大學合影

1985年吳先生（右）在香港中文大學與鄭德坤教授（中）合影

1988年吴先生（前排右三）在南開大學參加朱鳳瀚（後排中）博士學位論文答辯

1991年吴先生（前排左三）在山西侯馬北京大學考古工作站

1992年吳先生（左）在韓國高麗大學與金俊燁先生合影

1992年吳先生（前排左一）在中國社會科學院歷史所參加張政烺先生（前排左三）八十壽辰慶賀會

1993年吴先生與李成珪（右）、李明和（左）在河北燕下都遺址

1995年吴先生與同事、學生在北京大學歷史學系二院合影
（右起田餘慶、羅新、吳榮曾、丁一川、何晉、汪桂海）

1995年吴先生与章開沅（左）、龔書鐸（右）合影

1995年吳先生在香港中文大學講演

1996年吳先生（中）與博士生在北京大學二院門前合影

1996年與所帶博士生在北京大學歷史學系二院合影
（左起汪桂海、蔡鋒、張積、吳榮曾、丁一川、何晉）

1998年吴先生在陕西師範大學授課

1998年北京大學百年校慶吳先生（左一）與返校同班同學在二院合影

1998年10月吳先生（前排左一）在日本東京大學

2001年吳先生夫婦與周一良先生合影

2001年吳先生（前排右三）與北京大學歷史學系中國古代史教研室同事合影

2002年吴先生在家中

2003年吴先生（左一）與俞偉超（左二）、范淑華（右一）夫婦在馬凱餐廳合影

2004年12月吳先生闔家在上海復興公園合影

2007年吴先生（左一）與田餘慶、李克珍夫婦在北京香山飯店合影

2008年吴先生（前排左三）八旬壽辰與弟子在大覺寺合影

2008年吴先生在八旬壽辰慶賀會

2008年吴先生与家人合影

2016年吴先生米寿

2019年吳先生九十慶壽會合影

北京大學中國古代史研究中心叢刊

（第二十一種）

出版弁言

　　北京大學中國古代史研究中心，自 20 世紀 80 年代初一路走來，已經將近而立之年。

　　中心創立伊始，我們的前輩鄧廣銘、周一良、王永興、宿白、田餘慶、張廣達等先生曾經共同制定了"多出人才，快出人才；多出成果，快出成果"的方針。全體同仁在這片清新自由的學術天地中勤勉奮勵，從容涵育，術業各自有專精，道並行而不相悖。

　　爲有效凝聚學術力量，積極推動中國古代史研究的持續發展，並集中展示以本中心科研人員爲主的學術成果，我們決定編輯《北京大學中國古代史研究中心叢刊》。《叢刊》將收入位於前沿、專業質量一流的研究成果，包括中心科研人員、兼職人員、參加中心項目成員和海外長期合作者的個人專著、文集及重大項目集體研究成果等。

　　致廣大，盡精微，這是中心學人共同的方向。我們將爲此而努力。

北京大學中國古代史研究中心

2010 年 5 月

目　録

吳榮曾先生九十華誕頌壽論文集
編集説明

　　每年的 9 月，除了教師節和中秋節，我們還會記住一個特別的日子，農曆八月十六日，2018 年的這一天，我們尊敬的老師吳榮曾先生迎來九十大壽。

　　爲祝賀先生的九十大壽，吳先生的弟子門生，北大歷史學系和中國古代史研究中心的晚輩同仁，依照近年來的學界傳統，決定編集一部先生九十華誕的紀念論文集，以此向吳榮曾先生的淵博學養、道德文章致敬。

　　吳先生當年爲自己的恩師張政烺先生主持編集的八十慶壽論文集，取《孟子》"盡心"一典爲名，以表達弟子同仁誠心盡力、以文爲賀的心意，而且吳先生肯定了爲有貢獻的前輩學者祝壽而出論文集，是一件很有意義的事情。如今以一部論文集爲先生九十壽，其實也是在師承先生的"盡心"之意。而在我們看來，吳榮曾先生的學術人生，足可以讓學界友朋後學以同樣的方式慶壽紀念。

　　吳榮曾先生，1928 年生於江蘇蘇州，1950 年入北京大學史學系，師從北大諸名師，敏而好學，得以在中國古史和考古學領域顯才學、窺堂奧，畢業後以優異成績留校，持續貢獻於中國古史教學科研，成果斐然。除專精之學外，爲人們所熟知的，是主筆擔綱了翦伯贊主編《中國史綱要》先秦史部分的撰寫，這一教材北大延用至今，並在社會上影響深遠。先生 1960 年支援内蒙古大學建校、1976 年調任《歷史研究》雜誌社工作，依舊筆耕不輟，持續古史研究。1983 年，吳先生調回北大歷史學系，此後以教授、博士生導師身份，在北大歷史學系常年開設中國通史之先秦兩漢魏晉南北朝史、先秦史專題、先秦史籍舉要、先秦官制史、中國古代錢幣等課程。從本科生到博士生，北大學子得以有幸親聆先生教誨，領略先生廣博學識。先生以北京市優秀教師、"最受學生愛戴的老師"、國家教學獎等榮譽,爲長達半個世紀的教學育人生涯圓滿作結。榮退後,吳榮曾先生仍對求教的後學晚輩來者不拒,有問必答,而且不顧年事漸高,不時舉辦講座報告,並在網絡上開講春秋戰國史等系列課程。先生曾説,身爲教書匠,一生別無所長,一心只在學術。先生對於他所堅守的學術事業,以及教書育人的敬業心,確是用一生來踐行的。

吳榮曾先生學問精深廣博,尤其在中國上古史研究領域成績卓著。何吳先生請教治學之道,先生向來言必稱先賢師長,以爲前輩學者高山仰止,自己只是做了一些承前啓後的工作。這當然是先生的謙遜低調,也更讓我們肅然起敬。聽吳先生講課,傳道受業解惑,顯名師風範;與吳先生交往,望之儼然,即之也温,謙和寬厚,坦蕩誠懇,如古之君子;讀吳先生文章,其文質,其事核,學養厚,識見明,是大家底蘊。吳先生每每與學生説起,做我們這種古史的學問,除了要用功讀書,打牢根基,養成嚴謹扎實的學風,把具體問題研究深入;還要注意大處著眼,想大問題抓重點難點題目,這樣才能小中見大,才能爲推進學術發展做更大的貢獻。先生還會時時提醒我們,中國上古史研究涉及的學問極廣,文獻要結合考古,中國要對比世界,舉凡經濟文化、政治軍事,文字訓詁、民族民俗等等,都要有意識做專門學習,都要力爭爲我所用。吳先生治學專精的背後,其實正是此種融匯貫通之學。本書收録了吳榮曾先生的一篇治學專訪和一篇談治學的專文,從中正可領略其精深以及背後的博大。先生之論著,上下先秦兩漢魏晋等數千年歷史,探究政治經濟、社會文化各專門課題,涉及歷史考古等不同學科,而於每一問題的研究考證,理據分明,扎實可信,多有發明創獲,每成不刊之論。

吳榮曾先生的治學成就,爲國内外學術同行所公認。吳先生的做人態度,淡泊而有所守,景仰者衆。本書收録的幾篇涉及吳先生道德文章的文字,正可一窺吳先生的學養識見、風骨風采。而此次發起的慶壽徵稿,儘管限於同行同事很小的範圍,僅以友朋門生爲主,但響應之熱烈誠懇,還是出乎我們的預料,聞訊而主動貢獻文章的學者,更不在少數,使得我們的慶壽紀念文集,不但很快達成預期篇幅,而且後來超出預期規模。我們知道,所有文章的作者,都是爲了來藉此表達一份對吳榮曾先生的學術致敬,和最誠摯的祝福。

特別讓我們感動的是裘錫圭先生。裘先生身患眼疾,久已無法正常讀書寫作,但聽聞老友九十大壽,以耄耋之年,仍堅持在夫人董岩女士和助手劉嬌協助下,精心寫成數萬字宏文,其中艱辛,可想而知。不僅如此,文集書名裘先生本欲親題,但因眼疾,多次嘗試仍無法完成,最終裘先生特請復旦大學出土文獻與古文字研究中心研究秦漢文字的石繼承先生集秦漢簡古隸而成,在此誠致感謝。而吳先生的摯友周清澍先生,更是在第一時間爲吴先生送上祝壽文章。此外,要感謝的人還很多,在此一併謝謝大家。

最後要就徵文到出版歷時長久向吴先生和大家致以歉意。

祝吴榮曾先生健康長壽。

北京大學歷史學系

北京大學中國古代史研究中心

二〇二一年十一月

我和先秦史及秦漢史

吳榮曾

一

我於 1950 年考入北京大學歷史學系。我在中學時期就對文史有興趣,看過一些宋元人或明清人的筆記,還有文史方面的雜志。當然不知如何治學,只是感到隋唐史或太平天國史似可作爲將來學習的選擇。入學之後,看到系内外有許多學識淵博的教授,他們在學界有很高的知名度,而學校的藏書又極爲豐富,自己爲能進入如此優越的學習環境而感到高興和幸運。

一年級開始學中國通史第一段的先秦部分,主講者是張政烺先生。張先生是位飽學之士,知識面極廣,對先秦史尤爲專精。我聽過他的講課後,覺得許多内容皆屬聞所未聞,開始認識到這一領域中有不少有意思、有意義的問題值得探索,於是我下定決心,把專業方向定位在先秦史方面,而且以後一直堅持下去,作爲終生奮鬥的目標。

大學畢業後,我擔任三年張先生通史課的助教。在前後七年中,我從張先生那裏學到許多有用的知識,而且還接受了他對中國古史分期的遠見卓識,即認爲先秦時期不可能出現封建制,應在後來的魏晉時。他對研究選題的看法是,應該着眼於較爲重要的問題,反對去鑽那些太小而没什麽意義的題目。强調寫出來的文章必定要對别人有用才好。他經常教導我説,一個人要永遠進步,不能在取得一點成果後就止步不前了。

　　在系裏講授中國史的還有余遜、鄧廣銘、鄭天挺三位先生,他們也是我很尊崇的老師。尤其是鄧先生,我在系工作後一直在他領導之下,以後也和他保持着較爲密切的關係,他對我的身教、言教,使我至今難忘。我這幾位老師在治學上的共同特點都是嚴謹、扎實,也代表了北大一貫的傳統。這對我以後在學業上的發展成長,産生過不小的影響。

　　幾十年來,我一直在教學的崗位上。而 1974 年到 1982 年,我曾在《歷史研究》雜志做過幾年編輯工作,這算是例外。我所教的課,以中國通史爲主。一般是講先秦到兩漢這段,有時也延長到魏晋南北朝。專題課有先秦史籍舉要、先秦兩漢史研究。我對教學工作很熱愛,因爲學生經常會提出問題,這將擴大你的思路,比起一個人閉門研究爲好。另外,我也從事於通史的寫作。如翦伯贊先生主編的《中國史綱要》一書,我擔任先秦部分的撰寫任務。在《中國大百科全書》的《中國歷史》卷中又撰寫"春秋"、"戰國"兩個特長條目。

二

　　先秦的春秋、戰國,一直是我研究的重點部分。由於張政烺先生對秦漢史很熟悉,所以我受其影響也喜歡研讀兩漢的史籍。屬於先秦史料一類的許多古籍,要比以後各朝的史書難讀,這就必須從前人的注釋入手。清代學者整理和注釋的書很廣泛,從經、史到諸子,而且注釋工作大多能達到很高的水平。他們以"集注"或"集解"的形式,經過繁徵博引,能把前人重要的注解以及有關的旁證或比較的材料匯集在一起,這最方便於讀者。另外,他們還常把有關校勘的資料也引用進來。這很重要,古書中衍、脱、誤、竄之處很多,有的文句如不經校正,不僅文義難懂,有時甚至連斷句都困難,他們的注或校,對讀者很有價值。我從孫星衍、陳奐、焦循、劉文淇、王先謙等這類著作中學到些基本的治學方法。治古史者必須在讀古書時盡量準確地明了其含義,否則就會影響研究成果的扎實性。這對於一個古史研究者來說,也是一種必不可少的基本功。

　　孫詒讓的《周禮正義》,是清人經注中的高水平之作。孫氏學識非常淵博,他很好地繼承了清人在小學、考據、校勘等方面的成就。《周禮》內容頗爲廣泛,涉及先秦時期的政治、社會、經濟、兵刑、禮制等各個方面。經過孫氏的大量徵引,書中匯集了極爲豐富的有關材料,對研究先秦史的人非常有用。

　　到民國時期,古史研究進入新的階段,從清人經學範疇中分離出來,並受外來的影響而獲得了很大的發展。當時中央研究院歷史語言研究所出的《集刊》,在學界享有很高的聲譽。刊登其上的古史研究論文不少,如傅斯年的《論所謂五等爵》、《周東封與殷遺民》和徐中舒的《耒耜考》、《豳風說》等。我讀後感到這些文章內容扎實,在解決古史上某些方面的問題上起不小的作用。錢穆的《先秦諸子繫年》,對戰國時的不少重要史實和人物作了詳細的考訂,尤其在年代方面刊出了詳細的年表。《史記》中記戰國各國的年代錯誤頗多,清雷學淇用《竹書紀年》來校正《史記》,在其《介庵經說》中列出過一個戰國年表,錢氏則在雷氏基礎上而取得很大進展,在內容上要比雷氏更爲豐富、可信,這爲後來治戰國史者提供了一個很好的條件。我研究戰國史,從此書中得到不少啓發,我研究中山國、東西周史基本上是沿着他的路子而進行的。

三

在我長期的治學過程中,經常要依靠地下出土材料和民族史材料來加強研究方面的判斷和論證。

第一,我從青年時代起就喜愛各種古代文物。在大學三年級時選擇了考古專業,畢業後擔任了一年考古的助教。在這三年中,參加過田野的調查、發掘,以及對材料的整理工作。以後雖又回到了歷史專業,但我對文物考古的興趣並未因此而稍有減退,甚至當作自己的一種副業來對待。我注意的方面較廣,從磚瓦、石刻、簡牘、銅器、封泥、印章到壁畫、石刻畫像等,都作過一些粗淺的研究,寫成的文章發表在《文物》、《考古》上。在各種古物中,我對錢幣的興趣尤濃,這和我重視中國古代最早的簡單商品經濟研究有關。在各種古錢中,我對五銖錢最爲熟悉,積累了不少的材料,辨認和鑒別的經驗也較豐富,近十年來常參加錢幣學會所組織的研究活動。

我在研究歷史時盡量從地下出土文物中搜尋新材料以填補古書記載之不足,從而解決某些書本材料所無法解決的問題。我的不少論文中都引用有地下出土的材料,其中有的是早就見於著錄者,有的則爲新近出土者。獲得這些材料也不大容易,要靠長時期的留意和收集。我如何利用這種新材料來解決歷史上的某些問題,現舉以下幾例以說明之:

其一,從戰國的秦到統一後的秦,其土地制度如何,古書上很少記載。而湖北云夢龍崗出土的秦簡中有關於"行田"、"假田"的內容,行田見於《呂氏春秋·樂成》,不過書中是指魏國而言,今據秦簡,知道戰國末的秦也有行田制,行田即授百畝之田於民。戰國時各國似皆有之。關於假田,是指官府有償出租田地給百姓的一種措施，秦簡簡文中有說明。在兩漢的史書中，常見"假民公田"之類的記載，可見漢之假田本從秦沿襲下來者，但史書中找不到秦已有之的記載。

其二，粟和稷常見於古文獻之中，粟爲今日北方之穀子（小米），稷相當于現在哪種作物，在學術界一直有爭論。東漢的學者以爲稷就是粟，以後的農學家多從之。唐、宋以來的本草學家則以爲是穄，即今北方之糜子。清程瑤田又創新說，以爲稷爲高粱。歷史上這些分歧的意見，一直持續到今天，原因就是出在有關的旁證太少，誰也說不服誰。我曾根據湖北云夢、甘肅天水所出土的秦《日書》，以爲稷就是粟，東漢學者的說法是對的。我的理由如下：一是《日書》中凡提到多種穀物時，有稷就無粟，有粟就無稷，則兩者當爲一物，故有時稱粟，有時也可稱稷。二是按當時人的迷信習俗，各種穀物都有固定的忌日，從不相混。如豆爲卯日，麥爲子日，黍爲丑日等等。而禾和稷都以寅爲忌日，禾就是粟，則粟、稷實爲一物。既然戰國末人們看法是如此，年代稍晚的東漢人有此說法就容易理解了。

其三，東漢墓中常出土一種帶朱書的陶罐，過去已見於著錄，而近幾十年新出者不少。我把不少朱書文字匯集起來，經過研究，知道是巫覡爲死者除凶去殃而書寫在陶罐上的。其内容值得注意者有以下一些：一，宣稱地下陰間的主宰爲泰山神；二，崇拜黃神越章；三，文後常畫有一道符。這三者後來都爲道教所吸收。東漢末張角重視黃天，又服黃巾，這和黃神有關。以上情況表明，東漢時已有原始道教，又證明道教和民間的巫術迷信有一定的淵源關係。從考古發掘情況的追蹤，知道這類陶罐出於今西安、洛陽附近最多，據此則說明，東漢時道教發源於中原的中心地區。我的論著發表後，受到不少人的重視。《後漢書》中有關道教的史料極少，現在大家可以用地下出土材料來補史乘記載之不足了。

第二，利用民族史或民族學的資料來研究先秦的歷史，十分的必要。過去如顧頡剛、徐中舒等先生，他們都曾經用這種方法而取得很好的效果。

屬於民族史或民族學的材料分兩種，一是見於正史或專史者；二是近現代東北、雲南等地少數民族中尚保存的某些習俗，還包括實物在内。後一種尤爲重要，主要經過民族調查而寫入報告，内容豐富、具體而詳細，對於研究古史最爲有用。還有是國外如印第安人等的材料，也有很大的參考價值。

先秦歷史上有不少事情，因記載太簡單或殘缺不全，使人不易明白。如果能從後來的民族中找到類似的情況，再加以比較，對復原歷史原來面目就比較容易。因此借助於民族史等材料，使人在考察先秦歷史時猶如多了一隻眼睛，也多了一種解決問題的辦法。下面舉兩個例子，說明我在研究中運用這一手段而得到的一點收穫：

其一,《周禮》記周的軍制爲六軍制。銅器銘文和《詩經》中有"六師",師後來稱軍,"六軍"即"六師"。金文中還有"殷八師",商、周軍制似在師的多少上略有不同。按《周禮》記載,周軍制爲六軍,而鄉制是六鄉,軍和鄉重合,六鄉之長也即六軍之長,軍之長皆爲卿,六卿又是王以下六名最高級别的官吏。周的鄉當從部族這種組織演化而成,六鄉即原來有六部。古代全民皆兵,每一部族也是一个軍事團體。依此推測,商人或許是八部制。周代有國野之分,即國中由六鄉組成,鄉人成份以姬姓族人爲主,是周的統治階層,野中爲被統治階層,低於國人一等。當時國家體制就是如此,和以後大不相同。如將其和其他少數民族的情況作些比較,就可對情況更加明瞭。例如南北朝時的鮮卑拓跋氏的早期也有八部,陳寅恪先生在《隋唐制度淵源略論稿》中指出:"據《魏書·官氏志》云:'凡此諸部其渠長皆自統衆',則凡一部落即一軍事單位内之分子,對於其部落之酋長即軍將,有直接隸屬即類似君臣之關係與名分義務,此又可以推繹得知者。"從此看出,鮮卑人的八部和周的六軍性質上相近,都帶有血緣組織的遺痕,而不是純地域性的地方政府。這表示出早期國家機構的特點。鮮卑和西周都是在氏族制瓦解後建立的國家,處於相近歷史發展階段的各民族,其社會結構或政治體制必有其相似之處,這也是不足爲怪的。商人有八師,也意味着它爲八部制,而這在古代東北民族中,除鮮卑拓跋外,後來的滿洲人爲八旗制。女真和商人同屬鳥圖騰,這點尤發人深思。

其二,《詩》、《書》常提到菑、新、畬。《詩》的《毛傳》作出的解釋是:"田一歲曰菑,二歲曰新田,三歲曰畬。"一塊田只種三年,過三年就不種,這似表明當時對土地使用率還很低。過去徐中舒先生已注意到這點,他引用清人的《臺海使槎録》,説清初的臺灣高山族農民,每片田地只種三年,以後因地力耗盡而至他處開闢種植。徐先生看法非常正確,我受他啓發,從西南的佤族、怒族、珞巴等族材料中找到了類似的情況。可見在生產技術較落後的情況下,田地只能連續耕種三年而抛荒,在不少民族中普遍存在。通過民族調查報告,可以知道比清人所記更爲詳細、具體的情況:第一,三年的產量不同,第一年和第三年較差,第二年最好。第二,爲適應三年不同的地力,三年中分別種三種不同的作物。第三,種滿三年,田地的地力已盡,第四年起要開始抛荒,時間約須四五年或十幾年。古書中見不到有關抛荒的記載,現在可以知道西周時必定有之,否則地力不能恢復,以後就無法再種了。西周時農業生產的周期爲三年。所以當時國家統計人口及財物數以三年爲期,即《周禮》中所謂的"大比"。人民遷徙也要滿三年才行,《詩經·魏風·碩鼠》中所説可以爲證。

四

馬克思和恩格斯都對歷史十分的精通,在研究有關前資本主義的歷史時有不少精闢的論斷。學習馬、恩的著作,對解決歷史研究中遇到的問題會有很大的指導意義。我從 50 年代起,開始閱讀馬、恩的作品。以後讀過《資本論》、《資本主義生產以前各形態》、《反杜林論》、《家庭、私有制和國家的起源》等。對於如何弄清楚奴隸制、封建制的特點,漸漸覺得有點開竅。當時蘇聯學者的不少歷史著作或通史、專史等被譯成中文出版。蘇聯學者對世界史很重視,對歐洲歷史很熟悉,這是他們的長處。他們的古代東方研究和東西方歷史的比較研究,正是過去中國學者較少涉足的領域,我讀過一些之後,感到頗有擴大自己眼界的作用。

我在上大學時期,讀了《食貨》、《中國社會史論戰》上的不少文章,使我產生了新鮮感,因爲過去學者研究歷史以政治或文化爲主,對社會經濟則罕有問津者。後來學了馬、恩的著作後,其中探討社會經濟者尤多,這樣就漸漸掌握到一點學習和研究的基本方法。當時蘇聯學者的論著也對社會經濟史很重視,從他們作品中可找到不少可資參考的内容,這給研究工作也帶來不少的方便。就是這樣,我把社會經濟方面的問題,作爲我研究方向之一。經過長時期的思考和探索,我對先秦到秦漢時的社會經濟發展形成了自己的一些看法,現介紹如下:

按有些學者的意見,西周在商代奴隸制基礎上發展到封建制。但按生產關係必須要和生產力發展水平相適應這一準則來説,西周時還未出現牛耕鐵犁,用的只是木石工具,在這樣的前提下,封建制没有出現的可能。或以爲西周是奴隸制社會,奴隸很多,是社會生產的主要承擔者。這和實際也不符,無論是西周或春秋,奴隸制並不發達,並未脱離父系家長制奴隸制階段。奴隸主要被貴族所占有,貴族的奴隸通過上面的賞賜而來。

真正在農業生產中起重要作用的仍是庶人,即村社成員。個人或小家庭還較爲軟弱,因此協作、互助等原則仍有效,這也是村社繼續存在下去的重要原因。庶人爲平民身份,他們的勞動所創造出的財富,是國家經濟收入和貴族生活的主要來源。庶人生活貧困,社會上存在着貧富的尖鋭矛盾,主要是貴族和平民的對立,但有些氏族制殘餘還在對社會穩定起作用。像這樣的國家模式,也存在於其他的文明古國之中。

從春秋晚期開始,經濟上顯著的變化是,屬於村社共同體的井田制正在走向瓦解和崩潰,其原因就是耦耕之類的協作爲個體耕作所取代。到戰國時,耕種百畝的小農普遍出現，農業經濟個體化盛行起來，使得農民產生了很高的勞動積極性，大大促進了農業生產的飛速發展。隨着農業中剩餘產品的增多，手工業從農業的副業中分離出來。農業、手工業分工的加強，又導致了商業發達和富裕商人的隨踵而來。儘管是簡單的商品經濟，但它的來臨，爲歷史發生深刻的變化準備了條件。商品經濟像強酸一樣，對社會上的舊機體、舊事物起到強烈的腐蝕作用。原來依靠着世官、世禄的舊貴族走向衰微，用人唯親向用人唯才傾斜，新的官僚體制確立起來。商品經濟還給社會帶來了新的競争機制。過去的長時期之中，貴賤和貧富都具有相對的穩定性。但戰國時則不然，人憑着才智與勤奮就可以發財致富，反之就會傾家蕩產，正如司馬遷所説："能者輻湊，不肖者瓦解。"經濟的繁榮，也使得勞力者和勞心者分工加強，爲諸子百家的産生提供了物質的基礎。新出現的重要社會階層是農、工、商，還加上一个士，即所謂的"四民"，當時人稱之爲"國之石民"，其重要可想而知。商品經濟的發展，把許多産品都轉化成可以買賣的東西，司馬遷在《史記·貨殖列傳》中列出長長的一个商品名單。但最令人驚異的是，商品大潮把人也卷了進去，市場上的除了牲畜以外，還有"僮手指千"。從《日書》反映出，當時買賣臣妾和牛馬一樣頻繁。這使得社會上對奴隸的占有普遍化起來。過去只有貴族身份者才能獲得奴隸，從戰國開始，只要誰有錢，誰就可以擁有。因經濟發展的需要，不少的奴隸擔負起農業、礦冶、手工業的生産任務，還有是用於經商活動者。以上的變化，把奴隸制從不發達的階段推向到發達階段，這也是歷史的巨大進步。過去有的學者以爲發達奴隸制只出現在西方的上古時期，現在來看，事實並非如此。這對所謂的社會發展"多綫式"模式也是一種挑戰。

秦漢時期社會經濟的特點和戰國相差不大，有以下幾方面值得注意：

第一，從文獻記載到簡牘等材料，都反映出奴隸越來越多，在生産中使用奴隸勞動日益普遍，過去有人以爲，戰國時奴隸制已衰落，到秦漢時更是殘餘而已。而現在據各種史料來看，知道它正處於方興未艾的階段。西漢時出現的新情況是，由於奴隸制的發展，國家開始對官僚、平民擁有太多的奴婢而感到擔憂。有人主張要限田、限奴婢，以舒緩日益嚴重的社會矛盾。甚至像後來的王莽，曾下令禁止買賣田地和奴婢，最後失敗了。政策法令很難改變客觀的經濟法則，王莽無法阻擋奴隸制的發展。

第二，東漢時土地集中的程度超過西漢，而商品經濟則有所收縮，於是導致手工業、商業中的奴隸勞動更多地轉向於農業。東漢末大田莊上"奴婢千群"已成爲很普遍的現象。從私家擁有奴婢的數量來看，東漢時固然很多，但發展趨勢是東漢以後仍在增長，到南北朝時最多，事物發展的規律總是向上發展到頂峰，也是往下走的開始。

第三,兩漢時期,土地兼併的發展引起許多小農的破產。即使如此,小農的數量仍很多。必定有不少無地或少地的農民要去租佃他人的田地。而過去有人常把租佃制看作封建關係。殊不知租佃制存在於好幾個不同性質的社會,因而它並不能構成一種獨特的生產方式。封建社會中有租佃關係,但封建制的核心是建立在封建農民對封建主有很強的人身依附關係上。從戰國到東漢末以前,無論如何也找不到,戰國以前就更不用說了。可以說先秦到秦漢時期,還缺乏能證明出現封建制的重要史實依據。

三國時社會經濟方面出現了明顯的變化,那就是在勞動者當中涌現出"客"這種身份的人。這種客和戰國或漢代的客在本質上有很大的不同。三國時客稱爲人客、私客、家客,表明客爲私家所有。或稱爲田客、奴客、僮客,表明客用於種田,由于身份低下,和僮奴没什麽差別。到北朝時,北方稱客爲部曲,這一名稱後爲唐所繼承。

客或部曲缺乏自由的身份,他們本人及其妻女都是主人的財產。《隋書》說"客皆注家籍",表明他們被登上私家的名册,而排除了國家編户齊民的可能性。客是如何形成的? 一種是豪强的"私相置名",即通過强制手段把小民百姓轉化爲客,還有是小民承受不住徭役租税或戰爭的壓力而"多庇大姓以爲客"。客隸屬於主人,但和奴隸仍不一樣,主要是客有自己的小家庭或少量的財物,更重要的是,收穫之後"其穀與大家量分",即屬於分成制。這也是客的生產積極性要高於奴隸的地方。魏晉時豪强大族願以客來代替奴隸,其原因恐在於此。西晉時對曾規定官依官品占田,同時也可占有多少"佃客"。這和漢代的限田限奴婢形成一鮮明的對照,就是說魏晉時和田地相聯繫的是客而不是奴了。漢魏勞動者身份的改變,從政策法令中得到清楚的反映。

如果拿魏晉時的情況和西歐中世紀初期比較一下,就不難發現彼此有十分相似之處。當時歐洲不少的小農因破產或窮困而向豪紳庇護或投靠,由此而淪爲封建性質的勞動者。最初的封建勞動者和主人實行分成制,或奴隸可先交納一定款項。和以上類似的狀況都可從魏晉的載籍中找到,這說明魏晉時中國已進入到封建化之中了,客和歐洲的隸農之類身份的人很相似。

1956 年,我讀到王仲犖先生在《文史哲》上的連載文章,他以爲商、周到春秋實行的是村社制,戰國、秦漢時奴隸制才發展起來。魏晉時客的出現,標志着封建制的產生。我非常同意王先生的這一思路,具有很强的説服力。到 1957 年時又讀到唐長孺先生的《三至六世紀江南大土地所有制的發展》一書,後來又讀了一些唐先生有關這方面的著作,文中不僅論據充足,而且還有他不少精辟的論述和見解,令人欽佩不已。張政烺先生也持魏晉封建論觀點,但他没有發表過作品,其具體意見不太清楚。當時人民大學的尚鉞先生及其弟子,還有北師大的何兹全先生,也都持此種主張。我的論點主要是吸收了王、唐兩位先生的研究成果而形成的。

　　魏晉封建論僅是依據史實,對中國封建制起源的一種看法,這本是學術研究中很正常的現象。但在五六十年代,正常的事却碰上了不正常的待遇。出於某些原因,當時有些人視之爲"異端",1957 年以後,不少刊物都不願刊登這種觀點的文章。尤有甚者,在"文革"前後,有的人將這種説法和政治上的修正主義連在一起。"文革"結束後,情况有了根本的轉變。1978 年,《歷史研究》編輯部在長春舉行古史分期的學術討論會,參加的人很多,但也有少數人心有餘悸,甚至以爲又要批判這種觀點而不敢來。這次的會開得很成功,會上各家都各抒己見,並展開了激烈的爭論。會後《歷史研究》上又發表三種不同意見的文章各一篇,魏晉封建論這篇由何兹全先生執筆。從此魏晉封建論這一"禁區"終於被打破了。以後不少魏晉史家發表文章,對封建起源於魏晉闡明自己的觀點。過去主要在先秦這個範圍内探索封建關係産生的問題,而如今則出現了轉折,這是好現象。總之,值得慶幸的是,只有在改革開放以來,學術上的百家争鳴政策方能得到很好的貫徹。

吴榮曾先生訪談

采 訪 時 間：2011 年 8 月 24 日下午、9 月 7 日上午

采 訪 地 點：北京吴榮曾先生寓所

采 訪 者：余雯晶、李盈、金連玉

采訪大綱撰寫：余雯晶

整 理 者：余雯晶

采訪者：您是北京大學考古專業 1950 級的學生，在進入大學之前，您是怎樣對考古產生興趣的？

吴榮曾：我這個人很特殊，我是考古專業的學生，但是我跟考古結緣要比 1950 年這個年代早得多。在抗戰時期，我們全家都從南京跑到四川避難。那個時候大部分的文化人都從北京或者上海這一帶跑到後方去了。

重慶有一個人叫衛聚賢，山西人，是清華王國維的學生。他對考古很感興趣，用現在的話來說，他的考古純粹是土法考古，實際上不是考古，而是挖古。我小時候對古物比較喜歡，那個時候我十幾歲，在重慶的南岸上中學，中學附近的那個地方有一個小土包，有一天有人在小土包挖土，挖出陶俑、銅鏡什麼的。後來挖的人就趕快把東西拿走了，那個時候没有文物法，大家都可以挖。後來我跟我的一個同學兩個人去看，看了以後就發現那是一個東漢的磚墓，磚上還有字，有"富貴"。那是一九四幾年的時候，我才十幾歲，那個時候我就知道衛聚賢當時在重慶是一個有名的文化人，他和郭沫若兩個人在重慶到處去找漢墓——郭沫若那時候也没什麼事，他們倆就去找古墓發掘。

我在重慶的南岸讀中學,當時衛聚賢就住在現在的朝天門,我每次上學都會經過朝天門,然後過長江到我們那個學校。我就拿了一塊磚,跟我的同學兩個人上衛聚賢的家裏去。我們跟衛聚賢不認識,就毛遂自薦,抱着磚,請他看看,那個磚上有"富貴"兩個字。他一看,很高興。

衛聚賢這個人挺好,挺隨和,没有什麼架子。他對漢墓很感興趣,説:"好,到禮拜天的時候我去看看。"他帶了兩個工人,帶着鋤頭。他去以後,當然比挖東西的那些老鄉的工作要細緻了,就一直挖。那是一個不太窄的磚室墓,他把裏面的土都差不多挖到底了,底下就是磚,旁邊也是砌的磚。我當時覺得最明顯的就是四川漢墓常見的,磚地上鋪了一層銅的摇錢樹,可能還有一兩個陶俑。東西不是太多,因爲它被破壞過好幾次。衛聚賢就跟我們講摇錢樹,我那時候第一次聽説,他就説是當時一種風俗,人死之後就做一個摇錢樹,死人以後就有錢花了。這個以後,我就對考古有興趣了。

那個時候衛聚賢在重慶還辦了一個雜誌,叫《説文月刊》,這個雜誌登文史的文章,也登考古的發掘記録,所以我很喜歡看這本雜誌。當時衛聚賢也很高興,見我對考古有興趣,還送了我好多書。《説文月刊》專出文史的東西,他送給我一些。這樣我對考古的興趣就更大了。

采訪者:您談到了衛聚賢先生,您跟衛聚賢先生在之後還有過交流嗎?

吳榮曾:有。抗戰勝利以後,那時候我們家就住在南京,有一次衛聚賢從重慶出差到南京來,正好住在我同學家附近,因爲我的同學認識他,叫我去,我就見了他一面。那時候我們談了兩個問題,非常現實。那時候我是高中學生了,我跟他説我願意學考古,我對考古、歷史很感興趣。因爲那個時候正是解放戰爭打得厲害的時候,他説現在像你們這些年輕人有兩個出路:一個出路是搞學問,那就是要窮一輩子;你説要不窮你幹什麼呢? 你去經商,那行,那就可以生活得比較好。他就給我談了這兩個問題。那時我腦子裏也没什麼志向,總覺得當前我能混着,當前我能够日子過得好就行了。那時候生活是挺苦的,解放戰爭嘛,國民黨打得窮得不得了。我跟衛聚賢以後就没有聯繫了。

衛聚賢的兒子叫衛月望,我們很有緣份。衛聚賢到臺灣去的時候,他在大陸的子女都没帶去。衛月望跟他父親一樣喜歡搞錢幣,所以他後來在内蒙古錢幣學會、内蒙古人民銀行裏面做事。後來我幾次碰見他,就跟他交流,我説我跟你父親認識。他聽了以後大吃一驚:"啊,您怎麼還認識我父親?"我就告訴他,説多少年以前我在重慶上中學的時候見過他父親。所以我跟他們兩代人都有接觸,而且兩代人都是搞業務的。衛月望搞錢幣，搞中國的紙幣，是搞得不錯的。後來過幾年衛月望也去世了。

我從重慶回到南京以後，就上高中了，到了高中就要填志願。我從小在學校里面就喜歡歷史課，對中國古代史我最感興趣了。當時也有一些偶然的原因，可能有一兩個教歷史的教師很好、很會講，就把我這樣的人吸引住了，我就喜歡中國歷史了。同時，我也喜歡考古的東西，那時候我經常在小攤上找古錢，那時候很便宜，我記得有的主要是五銖錢、開元通寶，還有宋錢，這種錢最多，我就買了一些。這樣我就對考古的興趣越來越濃。

後來我到了北大。那個時候的北大實際上是受王國維的影響，就是所謂的二重證據法，一方面要用文獻材料，一方面還要用地下材料。所以北大應該說有很悠久的傳統，這些事很多後來人都不知道。在那个時期開的課裏面，就有兩門課，雖不是考古，但跟考古有關係。那時候張政烺先生開的一門叫古器物學的課，他講的東西非常多，實際上把中國古代的這些古器物差不多都講到了。我記得他主要就是講青銅器，然後講漢魏的銅器、虎符這一類的，一直講到唐朝。唐朝有那種魚符，銅的符做成魚形。還有是講中國古代的石刻、墓志銘、碑啊什麼的。還有講一些零碎的東西，像度量衡、銅佛像等。張政烺先生是 1946 年到的北大，他這個課程後來在歷史系一直開，我是 1950 年入學，那時候他也在開，但是我是一年級的學生，還不能選這個課，所以這個課就沒上。後來他的古文字課我是上了，他就講甲骨文和金文。所以這樣就是説，北大歷史系有跟現在不一樣、跟當時其他的學校也不一樣的地方，就是系裏面很早就有古文字、古器物這些課了，覺得應該給學生教會認古文字和懂得古器物這兩種本事。所以在歷史系就形成了一个傳統，多少年了一直這樣。所以有很多的學生都選這個課。

張先生這個人是這樣的，他口才並不太好，但是他的知識非常淵博，所以當時他在歷史系是以他的淵博博得學生對他的看重。當時學生都覺得他這個課講得好，因爲學歷史的人覺得學一點這些東西，可能將來出去工作以後會有用。例如像現在首師大的寧可，我好幾年前碰到他，他還跟我講這個事，他説他那個時候就選過張先生的古文字，所以他對甲骨文的知識有點瞭解。還有北師大有一个張守常，他也是北大的一個老學生。他也講過，他受張先生的影響很大，聽過張先生講古器物，他覺得以後這些東西對他都很有用。

所以在北大歷史系，跟考古接近是很自然的事情，不是説有人來提倡的。一部分的教師本身就對這些東西很重視，特別是對地下的實物材料。當時還有一個先生，就是余嘉錫的兒子余遜，余遜教我們秦漢史跟歷史文選，他跟勞榦是同學，所以勞榦搞居延漢簡的時候他也參加了。後來大家都不知道余遜還研究過漢簡,寫過漢簡的文章。歷史系對考古較重視,所以後來辦考古專業,一點也不勉強,因爲它早有基礎的。

我要講我自己的經歷了。我是 1950 年入學,1950 年是一年級,像張先生的這些課都不能選。到了 1951 年的時候,一方面歷史系的積極性高,要給學生開考古的課;另一方面就是當時的考古所在東四那兒,離紅樓很近,幾步路就到了,他們很希望把考古放在大學的課堂上,將來可以培養一批人出來。這個看法我覺得非常有遠見,非常正確。所以在 1951 年的時候,歷史系就請了夏鼐先生到北大的課堂上講考古學通論。我們那個時候還没有上考古學專業,就已經開始聽考古學通論了。我記得夏先生是從英國留學回來的,曾在埃及工作過,所以對發掘是比較熟悉的。他不光是了解器物,像張先生講的古器物的内容,他也是比較懂得的。所以我覺得中國當時的考古學是從英國搬來的。當時我聽夏先生的課,覺得聞所未聞,很有意思,他講了最基本的東西,如講了地層,怎樣根據地層來判斷年代,舉很多實例。所以他那個課講得很好,我們很多學生都喜歡選他的課。

他當時不僅自己講,爲了要擴大他們的聲勢,就把所裏面的不少人都叫到北大歷史系的講堂上來了。當時有一位老先生郭寶鈞,因爲他在解放前後挖掘過河南的輝縣跟浚縣的一些西周墓和戰國墓,有這方面的實際經驗,當時的學生聽得更有意思。他等於是講故事一樣地講,講怎麼樣去雇民工,怎麼樣去鑽探,怎麼樣去發掘,講得很有趣,所以我們就很喜歡聽。這個就是當時北大的一個情況。從 1951 年開始,在歷史系裏面考古的勢力就發展起來了。在 1951、1952 年的時候,當時歷史系搞考古的教師很少,當年只有二人。一個是宿白先生,一個是閻文儒先生,他們兩個人在當時也是年輕教師,大概都算講師吧。我就要講講北大的背景了,他們兩個起先不是歷史系的教師,而是北大文科研究所裏面的教師或者工作人員。當時在北大有一個文科研究所,就在今天的東廠胡同,離紅樓非常近,就在紅樓的南面。我們那個時候做學生,去過。它不僅(藏)有甲骨文,還有陶文,有字陶片很多,還有青銅器。當時在裏面比較重要的人物有唐蘭,還有閻先生、宿先生,他們就在文科研究所裏面研究考古。

所以,(北大)後來有考古專業是很自然的,大家都特別重視,而且還有考古所的推動。考古所的勁頭很大,積極性很高,它希望在北大開闢一個戰場,來宣揚考古的教學。

所以這樣,就開始培養學生了。我是 1950 年入學的,那時候我們一年級還不夠格。比我們高一班就是 1949 年入學的,這裏面就有一個叫金學山,還有一个趙其昌,趙其昌後來一直是挖定陵的,他是北京市的幹部。還有呂遵諤。後來歷史系就讓這幾個同學去學考古,讓他們去請教那些老先生,這樣考古專業就開起張來了。還有一個重要的人物就是鄒衡,鄒衡比我們高兩班。他也喜歡考古,那個時候就派他到考古所跟大家一起實習。這樣,考古專業的胚胎就慢慢地形成起來了。考古專業的促成是 1952 年的秋天。1952 年我們二年級上完了,要到三年級了,我們就到燕京的燕園來了,來了以後就開始辦考古專業,那個時候在文史樓的二樓。

采訪者:您班當時是有十個同學,他們的來源是怎樣的? 當時是不是還有一個博物館專修科?

吳榮曾:當時北大在紅樓的時候,除了文科的文史哲這些系以外,還有兩個專修科:一個就是博物館專修科;還有一個圖書館專修科,後來就變成了北大的圖書館系了。博物館專修科本來在紅樓的一樓,有幾個房間,裏面有書和一些標本,當時人不太多。當時的學生是誰呢? 就是俞偉超、劉觀民、鄭振香、李仰松、陳慧。院系調整後乾脆就把博專取消了,把博專的人併到歷史系裏。當時的教師很少,主要就是韓壽萱,他是從美國回來的,是學博物館的,後來就把他調到歷史博物館去了,一直當館長。所以博專裏面的人很少,没什麽人。還有一個趙思訓,趙思訓是資格比較老的,後來就到歷史系來了。

那個時候的博專有文物,而歷史系古物一件也沒有。博物館有一個小房子,專門堆東西。我怎麽對這些東西熟悉呢? 因爲那時正好搞"三反"運動,什麽東西都要查。我們幾個學生被派了去查博物館的老底,要把古物一件一件跟賬去對,查了好幾天。當時我跟俞偉超去查這些東西,去瞭解北大有哪些家底。除了博專外,文科研究所還有一攤,後來這些東西都變成了現在考古系的財富了。就當時來講因爲有博專,開課也是有關於古物、文字學的課,很自然地就把考古專業辦起來了。

我學考古還有一个動機。1951、1952 年院系調整以後,當時學蘇聯學得很厲害,連上課的作息制度都跟原來的不一樣,都是蘇式的。八點鐘開始,一直上六節課,吃午飯不是十二點,而是一點多鐘,那是很怪的。那個時候要上很多課,有亞非史、工人運動史這一類的。説實在的,我那個時候不喜歡這類課程,我喜歡的是老古董,我喜歡的是秦漢、周秦漢唐的歷史,當時正好有考古專業,我去學考古算了。我當時還没想到我一生要立志做考古工作者。那個時候我們就算第一班,就開始學了。我們一共是十個人,人不多,包括歷史系的一些喜歡學考古的,就像我,還有黃展岳。還有一些博專原來的人,如俞偉超、劉觀民、鄭振香、李仰松、陳慧他們這幾个人過來了,所以我們人很少,就是十個。這樣第一班就辦起來了。

采訪者: 1952 年的時候考古專業成立了,當時新開了哪些課程?

吳榮曾: 新開的課程很多,最基本的都有。像石器時代的考古,舊石器考古,當時就找裴文中、賈蘭坡先生他們來講。新石器主要是靠考古所的安志敏,他一直搞新石器的,那個時候國內搞新石器的人才還沒出來,安志敏算很少的新石器的專家了。除了這個以外就開殷周考古和青銅器,也開甲骨文。我那個時候學甲骨文和金文就是跟張政烺先生學的。那時候的秦漢考古都開不起來,因為沒有專門精通的人。我記得當時是找了幾個人開的,一個是王仲殊,因為他在輝縣參加過發掘西漢墓,這方面有一些經驗。還有蘇秉琦先生,他有鬥雞臺的經驗。這就是秦漢考古的情況。除了這個以外,還開古代繪畫,請徐邦達來講,從隋唐一直講到宋元明清,講歷代中國的繪畫。還請陳萬里來講瓷器。

采訪者: 當時的歷史課是跟歷史系一起上,還是有老師單獨過來講?

吳榮曾: 這些歷史課都得上,不單獨講,就跟歷史系一起上。那時候課很少,就是中國古代的一些課程還保留着,就像我剛才講的聯共黨史之類的課都不上了。

采訪者: 當時使用的是講義還是教材?

吳榮曾: 沒有教材,那時候很苦,都沒有教材的。

采訪者: 那是發講義? 還是上課時老師在黑板上寫,同學們在底下記?

吳榮曾: 對,就是老師在黑板上寫,那時候沒有講義,發不出講義來,因為不少人都是頭一次講課,他還寫不出來講義。

采訪者: 有沒有老師想要編一些教材?

吳榮曾: 那個時候因為人力很少,大家還沒想過這個,就想在課堂上講講就算了,大家聽聽就行了。編教材那是好幾年以後的事情了,我們畢業以後,俞偉超在考古當助教以後,他們就開始編教材了,剛開始沒有。

采訪者: 您覺得哪些老師對您的影響很大? 哪些老師令您印象深刻?

吳榮曾: 就是夏鼐夏先生。我一直覺得他真是中國的考古學之父,他從英國學回來的一套東西,到中國來把它傳開了。因為在這個以前,像我剛才講的衛聚賢,就是拿鋤頭去挖古,不是考古。真正的考古,是夏先生教我們的。怎麼分地層,怎麼做測量,還有辨土的顏色,區分生土、熟土這些,這都是考古最基本的,都是他教我們的。而且他還教我們怎麼寫報告,做研究。所以我對夏先生的印象非常深刻的,他本事最大,最了不起。另外夏先生這個人還有一個我對他的印象最深刻的是什麼呢? 他在清華讀的是中國近代史,他的老師是蔣廷黻,當時是民國最有名的外交家了。夏先生後來到英國去留學,英國留學考的專業裏面沒有近代史,只有考古,他沒辦法,爲了到英國留學,就報了考古。他本來是沒有考古的基礎的,但是他的古代史有點根基。他從理論到實踐,到怎麼挖,甚至挖好以後怎麼樣保護這個東西,怎樣去把它清洗、修補他都講,因爲他在英國和埃及這一套的程序都走過。我們那個時候別的教師講不了。夏先生的本事就傳開了,後來他的學生越來越多,田野考古就成立起來了。

另外夏先生還有一個特點:他對中國古代的東西比較熟,而且還不僅是熟,我覺得他主要是思想上重視。例如說他在《史語所集刊》上發表過關於甘肅漢簡的文章,他對中國金石學這套東西非常重視。金石學跟我們考古學關係太密切了,不懂金石學應該說你就很難去搞中國的考古,因爲中國的考古它都是跟這個結合起來的,不懂這個不行。不懂石刻,不懂甲骨文,不懂銅器銘文你怎麼去搞考古? 所以我覺得夏先生是最了不起的。

采訪者:當時在學校裏面有沒有學術講座或者學術報告?

吳榮曾:這個當時好像沒有。因爲它的發展還是初期階段,還沒有。做學術報告那都是若干年以後了,前些年在燕園裏面我還講過古代錢幣,以前我們讀書的時候是沒有的。

采訪者:從 1952 年開始,文化部社會文化事業管理局、中國科學院考古研究所、北京大學聯合舉辦考古工作人員訓練班,第一屆、第二屆您都參加了麼?

吳榮曾:都參加了。當時還沒分考古專業,挺好的,就是自願的,你願意去聽你就去聽。當時開這個班的主要目的,就是爲了建立地方的文物發掘隊。訓練班就辦兩個月,時間不是太長,兩個月就要把所有的課都講完,所以有一些我們也聽過,像夏先生講的考古的挖掘,有一些沒聽過的,所以我們學生有興趣的都去聽。當時講課的都是有名的人,都是考古學家。裴文中、賈蘭坡,還有文物局長王冶秋。郭沫若郭老也經常參加。

另外北大的學生還有一個任務。因爲各地來的學生很多,程度也不一樣,需要一批輔導員,當時就選了考古的學生,像俞偉超、劉觀民,他們當時都是當考古的輔導員。

我有一張第一屆考古訓練班的合影,中間坐的就是郭老,旁邊坐的就是王冶秋、陶孟和、鄭振鐸、郭寶鈞、夏鼐、閻文儒、宿白、安志敏等人,還可能有唐蘭,這張照片現在找不着了。

采訪者:第三屆、第四屆的考古工作人員訓練班您參加了嗎?

吳榮曾:第三屆我參加了,像俞偉超、劉觀民他們都是博物館專修科的學生,我們跟着學員一起去聽課。考古工作人員訓練班每次都印一個小冊子(參加人員名冊)。它辦了共四屆,1952 年是第一屆。第四屆我也參加了,後來因爲這一年正好搞運動,就不讓我參加了,調我去搞運動去了。當時這個班也在文史樓,就是現在一進門樓下的幾個教室。因爲那個時候是放暑假,也沒有學生,我們晚上就住在那裏。

采訪者:當時考古工作人員訓練班裏面哪些老師講的課您特別感興趣?

吳榮曾:感興趣的,當時能講的一個就是夏先生,還有裴文中裴先生。這兩個人在考古訓練班里面比較有名,大家對他們的印象也是比較深刻的。

采訪者:系裏的記録説 1953 年 4 月,您班到大同雲岡進行教學實習,那次您去了麽?

吳榮曾:去了,雲岡我們去了好幾次。因爲我做學生的時候,要到雲岡去實習,後來畢業以後我做了助教,帶着學生去,李仰松也一起去了,我帶着 52 級的學生,有張忠培、葉小燕、鄭笑梅等等。我學考古以後就對照相很感興趣,還有拓片這些東西。我用普通的 120 相機拍過雲岡,還有大同城裏面的上華嚴寺等建築。當時五十年代攝影的條件跟現在不能相比。

采訪者:1953 年您班去雲岡的時候,是蘇秉琦、閻文儒、宿白、劉慧達、吕遵諤等幾位先生帶你們一塊兒去的,當時他們有沒有講些什麽? 哪位老師主講?

吳榮曾:在雲岡,那時候主要是由閻文儒先生來主講的,閻先生他是搞石窟寺藝術的,他就講石窟寺的内容。宿先生帶我們到大同城裏面去參觀古建。考古專業成立以後,上的課程裏面還有古建的課程,就是宿先生講的唐宋元明清的古建。所以到大同城裏面是最好的,因爲大同城裏面有善化寺,還有上華嚴寺、下華嚴寺,都是遼金建築,建築非常好,裏面的雕塑也非常好。那時候宿先生就講古建,我們就參加這個。我覺得那次的收穫挺大的。我後來也不搞建築,我對建築還挺感興趣，就是受宿先生的影響。古建這個東西不太好學，比銅器、陶器都難學，因爲它要計算的，有數學的要求，有多少的角度，這很難學的，當時我就跟他學了一點。這個對我來講影響也很大。我前兩年也是受你們考古同學的影響，你們有同學寫了一個報道，不知道在哪兒發的，他們去山西一個叫龍門寺的地方。我是到晉東南長治那個地方參觀，我有個學生在師院裏面當領導的，他請我去講學，他就問我有什麼要求，我説我沒別的，你們晉東南古建特別多，我想去看看。後來他就弄了一輛小車，跑了幾天，讓我到處去轉。我當時目標之一就是龍門寺，因爲這個龍門寺以前沒聽説過，但是它裏面包涵豐富，廟的一個山門好像是金的，裏面的一個正殿是北宋的，後頭還有一個元朝的，裏邊有一個偏殿好像也是金的。它把宋、金、元幾代建築都包括在一個地方了，真像一座古建博物館。

采訪者：考古專業本科生田野實習，您班上當時是要求實習多少次？

吳榮曾：我們實習就是一年，最後一年就是田野實習。四年級秋天的時候，我們也是跟着考古工作人員訓練班一起下去的。我們那個時候就坐着火車到洛陽去挖燒溝的戰國墓和漢墓。當時王仲殊在主持燒溝的戰國墓，挖了出鼎豆壺的小的單人墓好幾十個。所以那個時候唯一挖的燒溝漢墓，就是我參加的，這是在洛陽。鄭州的實習，大概一兩個月。再晚一點，到了11月以後我們就又分了幾隊，大家就做田野調查了。那時候俞偉超和黃展岳就分到陝縣那一隊，我分在靈寶那一隊，我就調查靈寶了。

我們在洛陽實習的時候到龍門去參觀，都坐了大騾馬車。當時沒有汽車，路跟現在的大不一樣，都是坐着騾車，就是所謂的大車。我還存有我們考古訓練班跟當地的工人在一起的照片，還有洛陽幾個塔的照片，在洛陽文管會門口的照片，洛陽龍門的照片。

采訪者：實習的時候，您是先去的燒溝，後來又去了鄭州二里崗，當時有哪些老師來指導實習呢？

吳榮曾：當時指導實習的老師很多，夏先生、裴先生都去了，下面的老師也多，主要是王仲殊、安志敏，他們是夏先生的左右手，夏先生很信任這兩個大弟子，他們這兩個人管的事情比較多。像閻先生和宿先生都不跟我們去，因爲他們不是搞田野發掘的，田野發掘都交給考古所來負責。後來我們去調查也是這幾位老師帶着，王仲殊、安志敏、鍾少林，還有王伯洪——王伯洪現在早就不在了。他們幾個當時是考古所比較年輕的，帶我們去實習是他們的主要任務。

采訪者：1953 年 11 月，您去了靈寶縣調查，那次調查的過程是怎樣的？有什麼重要的發現嗎？

吳榮曾：我覺得我學考古不是太長時間，我最有收獲的就是畢業這一年的實習了，我覺得我對考古的很多東西說不上比較深的了解，至少是比較表面的東西我差不多都掌握了一些，收穫很大。在靈寶，這個調查有一個好處，它的内容非常全面，因爲在靈寶那個地方，彩陶多極了，龍山文化也多，因爲在河南嘛，每天我們都能撿到好多彩陶片回來。除了這個以外，特別像漢唐的墓也挺多，我們那時候就發現好幾個唐墓，好幾個都被老鄉們挖開了，石頭都放到外面當臺階用，上面都刻着很好的花紋，還有很多人物花紋、仕女像等。

采訪者：那一次有一個傳聞，說是靈寶發現了刑徒磚，有這回事麼？

吳榮曾：沒有，我們沒發現。這個是傳訛，是很早以前不敢說是在洛陽出的，就說是在靈寶出的，後來大家都誤以爲在靈寶出的，實際上靈寶根本沒有，都在洛陽。這可能是古董商故意放出來的。

在靈寶、陝縣調查結束以後，我們又開始發掘。那個時候我就跑到西安去發掘了。我到了西安，就在現在西安城的東北角一個叫白家口的地方。那個地方在挖磚窑、燒磚，一挖就把墓給挖出來了，所以我們就去挖掘墓。我到白家口待了大約兩個月，挖了大概不到十個墓。我記得當時挖了一個西漢大的木椁墓，它因爲在西安，木椁保存不了，看到的就是一個長方形的很大的一土坑墓。那裏面出的最有名的東西就是一個銅鏡，銅鏡上面都是彩繪，是比較少見的。另外我在它旁邊還挖了幾個小墓，是西漢晚期的墓，出那種帶黃釉的陶器，也出了很多錢幣，大五銖、小五銖都有。這個做完了以後，回來就畢業了。

采訪者：您提到您在西安的白家口發掘，當時是不是分了兩撥學生，有一隊在陝西，有一隊在河南？

吳榮曾：對。

采訪者：分隊是學生自己選擇的還是教師分的？

吳榮曾：是教師分的，他們選的人。所以我在西安的時候，當時我就跟一個叫徐連成的同學，就我們兩個人在西安挖，徐連成後來分到山東大學去了，前兩年已經故去了。俞偉超好像是分到陝縣，寶雞可能還有一隊，我現在都記不清了。在西安就我們兩個人。

采訪者：在實習階段，您跟蔣若是先生一塊兒工作了很長的時間，能不能請您講講蔣若是先生？

吴榮曾：在一起工作也不是太長時間，1953年，我們在靈寶調查了以後，到12月了，天冷了，我們不能再做野外工作了，就到室內。於是我們到洛陽的文物工作隊，當時是在洛陽的一個很小的很破的教堂裏面，我們就住在那兒。當時有我，有黄展岳，有俞偉超和劉觀民，大概四個學生在那兒。指導的教師就是王仲殊，洛陽那邊負責人就是蔣若是。我覺得他這個人在中國的考古學事業中應該説是功勞非常非常大的一個人，可是現在大家對他的了解很不夠。還有就是我昨天還在想的，現在不是什麼都發獎金嗎？我想如果要像蔣若是這樣的人，今天的話我們應該發給他一大筆獎金才對，因爲他對中國的秦漢考古，特別是漢的考古貢獻太大了。因爲秦漢考古以前大家都不知道、不懂，知道的也是皮毛。

那個時候很可憐，我記得我們那時候秦漢考古是宿先生給上的，宿先生他有一個專長，他日文挺好的，就利用日本人的成果，主要就像日本人在北朝鮮平壤附近挖了很多漢墓，那些漢墓很了不起的，都很大、很完整，後來都出了這麼厚一本報告，所以當時宿先生就叫我們去看這些報告。我們就由此而懂一點西漢墓的大致情況。

後來宿先生也介紹給我們，日本人在張家口這一帶，還有在邯鄲他們發掘趙國的城，有一個報告，他就介紹我們去看這些東西，我覺得收穫挺大。因爲那個時候，像現在的文物考古的內容，中國人還沒做，主要是靠日本人做的，宿先生讓我們從另一個角度，從日本人的工作來看漢墓整理的情況。

采訪者：您還記得一些關於蔣若是先生的具體的事情麽？

吴榮曾：我有具體的事情，我覺得這個人是非常的了不起，現在我覺得考古界都沒有這樣的人。我瞭解他的歷史，他比我們大概大十歲左右，我是二十幾歲，他也就三十幾歲，他是河南大學（有資料説是齊魯大學）一个歷史系的畢業生，那個時候沒有什麼考古專業，他就靠自學。他在洛陽文管會就負責考古這一攤，所以他就下工夫鑽研，我覺得他這個人的專業精神非常值得我們學習。在這以前，我們講的秦漢考古沒有材料，講來講去，講日本人的，把日本人的拿來看。日本人做的工作，説實在的比起我們現在做的工作要差好些，不如我們現在做得正規。因爲在洛陽燒溝出了百十來座漢墓，而且這批漢墓好在年代早晚都有，很完整，它年代可以銜接，所以蔣若是他就知道，哪一個是早的，哪一個是晚的，早的晚的分界在哪兒，他都比較精通。他經過自己的努力，自己動腦筋，這方面我覺得是非常了不起的。

他做的工作是一個前無古人的工作，這個工作是非常難的。像現在漢文化的東西多了，大家一般都知道怎麼做了。那個時候前人沒做過這個。

他那時候給我分工做錢幣，我們都不是自己選擇的。俞偉超好像是做小件，黃展岳好像是做陶器，分我做銅鏡、錢幣。而正好我也對這方面掌握，也很喜歡這些東西，所以我那個時候就在洛陽文管會的房間裏面，很簡陋，一個木板搭一個床，旁邊就是一個桌子，每天就在那兒。那個時候好，没什麼政治運動，也不用學習，一天到晚吃了早飯就在那兒搞自己的那些東西，所以我搞了幾個月，我就跟着蔣若是。

我現在一直還回想蔣若是，他很了不起，洛陽漢墓研究工作他是總集成。錢幣他不研究，但是他也注意過錢幣。那個時候北京的舊書還很好買，他當時已經在北京買了不少舊書，民國時期研究古錢的那些書，他買了不少。他還買了一本羅振玉《古器物範圖錄》。我們後來搞五銖錢，從什麼地方去打開缺口？這個缺口是什麼？就是從範上研究。因爲範上有紀年，所以你就知道這種五銖錢是在宣帝時期或者元帝時期，通過這個缺口把五銖錢的斷代給斷定下來。這個不是蔣先生的發明，在清朝的時候就有人注意用錢範的紀年跟錢去對，這個方法是非常科學的。我覺得蔣若是很了不起，他不是搞古錢的，但是他的方法非常科學，他就用這個來輔導我。我以前還不懂這套，就是他給我看了他當時在北京舊書店買的書。主要當時有一個《錢幣》雜志，那是解放前出的一個錢幣雜志，那上面有一篇非常重要的文章。有一個叫鄭家相的，這個人是解放前古錢界的一個玩家，他就喜歡收集古錢，他對漢五銖錢是下了工夫，所以他在《錢幣》雜志上發表連載，關於漢五銖他有七八個連載，各種五銖，他一種五銖寫一篇。所以我們現在很多就是根據鄭家相的成果，前人已經走了一段路了，你跟在後頭就容易了。

蔣先生用的就是這個原理，他覺得鄭先生這個成果很重要，我們就應該在他的足跡上面再往前走。所以我們後來再對照墓的早晚。比如説我當時挖了一個大墓（632號），這是一個大磚室墓，當時挖的時候，大家異口同聲説壞了，我們挖了一個東漢墓。後來一整理，我覺得不對，因爲它出的五銖錢——我們那個時候對五銖錢已經有點初步認識了，覺得這個墓裏面沒有東漢五銖，那怎麼是東漢墓呢？所以這樣就把這個磚室墓的年代提早了。原來大家的看法是凡是磚室墓都是東漢墓，西漢只有土室墓跟木椁墓，從這時我們就打破了原來的框框。這個墓里面出的鏡子、銅錢都是西漢的，它不可能是東漢的。蔣若是他這個人非常細心，而且是非常能下工夫去搞的人。當時我最佩服他：當時講的器物的類型學，就是我們俗稱的"排隊"，他把所有的器物都仔細地"排隊"，把陶器早的是怎麼樣的，壺底下有八稜圈足的是什麼時代的，普通的圈足又是什麼時代的，他都"排隊"。他對墓形很注意，墓的形狀,磚室墓的墙是怎麼樣的,頂是什麼樣的——特別是頂,早期磚室漢墓的頂是券頂、圓的,後來它變成了穹窿頂,這是蔣若是發現的。他就是鑽研,怎麼樣從券頂的變成了穹窿頂的。所以他做了很了不起的工作,漢墓這一套,從墓形到器物,他都給你"排隊"排好了,而且他都是有真憑實據的,依據就是燒溝漢墓。我們現在已經過了幾十年了,我們看他裏面有沒有排錯?基本上沒有,他都是對的。他這個是可以放之四海皆準的標準,他是中國漢墓研究的開創人。

采訪者: 對現在學秦漢考古的學生來說,《洛陽燒溝漢墓》是必讀書。大家在墓葬分型定式和斷代的時候,都拿這本書做參考,這本書是非常重要的。當時編這本報告的時候,有沒有什麼事情令您難忘?編纂的過程是怎樣的?

吳榮曾: 這裏還有一個很了不起的地方,這是蔣若是一個人的力量,並不是有幾個人幫他的忙。我們只不過是幫他分別去做了一些具體的工作,到最後的統,還是他自己統起來的,沒有別人做。你像我們講宿先生,他看的很多,他的眼界也很開闊,他也覺得蔣若是很了不起,他也認爲燒溝漢墓或者說漢墓的體系是蔣若是建立起來的,陶器、墓形上,到現在爲止還沒有人能够推翻他,修正可能會有。我們現在越挖越多了,但是推翻的很少,他的觀點都站住了。而且他對後來人的影響很大,後來挖漢墓就容易了,跟燒溝漢墓一對照這就很容易了。

采訪者: 在《洛陽燒溝漢墓》寫成之後,您基本上確立了拿五銖錢來斷代的方法,後來很多考古報告和簡報都沿用這一方法。您現在怎麼看這一斷代方法?

吳榮曾: 這個是我們當時的"創作",以前沒有的。以前誰挖了漢墓,沒有去注意五銖錢的,就從我們那個時候開始,確立下用五銖斷代。我當時還寫過一篇小文章,在《考古通訊》上,就是《中國古代的錢幣》。我已經就書體的不同給它列了一個表。當然什麼事情都要有一個反復的過程,這個反復的過程在哪兒呢?就在後來河北中山王墓發現了之後,這下子又出問題了,有人把中山王墓的很多五銖錢整理了,之後得出一個結論,說《燒溝》裏頭不對,有很多弄錯了。這個以後,我又寫過文章。當時中國錢幣學會,包括河北省博物館,他們保留了那一批材料,我們大家又去看,河北省也挺好的,就把那些出土的錢幣材料翻箱倒櫃又拿出來再看。後來對了一下,我們發現《燒溝》沒錯,問題在哪兒呢?就是燒溝漢墓它有一個年代的問題,年代最早的是漢武帝後期的,漢武帝早期的墓它沒有,文景的更沒有,所以漢武帝晚期到東漢末這個差不多連上了,但是前面缺了。可是中山王墓出的錢正好是漢武帝前期的,即所謂的郡國五銖,正好是早的,早的規律跟晚的規律不一樣。

後來就清楚了，它的書跡一看就分出來了，哪個是早的郡國五銖，哪個是晚的，哪個是上林三官五銖，那一分就分出來了。經過這個反復，後來就把這個問題又解決了，到現在不存在這個問題了。本來到那個時候有些人就懷疑了，說你這個《燒溝》有的不對。後來我們再三說服大家。當時孫機他就跟我提出問題，他說你這個不對，現在中山靖王墓把你的理論推翻掉了。我說不是，它那個分法不對，後來他們大家都服了。因爲燒溝漢墓，我們根據的都是一些具體的墓葬的材料，基本上現在都沒什麼好改動的了，當然有一些可以做一些補充。

采訪者：我們現在判斷秦漢墓葬絕對年代的時候，如果沒有什麼具體紀年材料，基本上都是拿錢幣和銅鏡這兩類東西來看的，您覺得在用這兩條綫索判斷絕對年代的時候需要注意什麼問題呢？

吳榮曾：我最近應北京大葆臺漢墓博物館之邀，寫過一篇文章。他們對大葆臺漢墓斷代，說是比較早，定的是漢元帝時期的，那就很早了。宣帝以後就是元帝，元帝以後是成帝。那後來我也還是用鏡子、錢幣兩大法寶去琢磨，認爲不對。大葆臺漢墓的錢幣裏面出了沒有邊的五銖，那種五銖出現的年代已經很晚了。這種五銖現在發現的比較多，特別是在江蘇的那些漢墓裏。最近還有一個長沙的長沙王墓，也出這種沒邊的五銖，這種五銖是西漢末墓裏才有的，早的沒有。因爲當時經濟發生問題了，貨幣減重了，鑄錢時就把邊全不要了，它就比較輕了。我寫文章就根據這個。還有一個就是根據鏡子，大葆臺漢墓裏出了一個大鏡子，它那個鏡子在燒溝也有，背面是四螭紋。但是它所不同的地方在哪兒？現在我都琢磨不出它的原因，它在四螭的旁邊出現一個老虎頭，怪得很，這不知道是爲什麼。這個是大葆臺跟長沙王墓裏面都有的現象，這都是很晚的了，到西漢末了，快接近王莽了。所以我就是根據這個斷代的，我說這都是晚的，它不可能早到元帝或者成帝時期，因爲這兩個器物的年代把它死死卡住了。

采訪者：實習回來後您有寫畢業論文嗎？畢業論文寫的是哪方面的內容？

吳榮曾：那個時候不像以後的要求那麼嚴，基本上就沒寫。後來宿先生就說回來後要補一個，1954到1956年那兩年之間我就在文史樓琢磨我這個論文，就寫了一個秦漢考古的，實際上就寫的漢墓，也沒寫完，後來沒交。我在考古待的時間很短，我是1954年畢業分配在考古專業里，到了1955年搞肅反，我們班上有一個同學叫王承祒，他被懷疑是胡風分子，他應該說是歷史系最傑出的學生之一。歷史系有兩個學生很特殊，一個就是王承祒，還有一個是沈元，沈元後來是在北京市給槍斃的，王承祒後來就在三角地那個地方的五樓跳下來自殺的。我覺得這兩個學生應該說是非常聰明、非常棒的學生，歷史系很少出這樣的學生。他們死的時候才二十幾歲，但已經寫了很多的文章了。像王承祒臨死的時候，他的一本小冊子已經在上海印出來了。你們都不太瞭解，過去的"左派"太厲害了，當時的歷史系竟然對出版社下令說，這個人政治上有問題，他的東西不能出，後來全部銷毀了。所以前兩天我們有一個校友陳紹棣，也是搞秦漢考古的，他在問我這個事情。後來我就跟他說，這個書沒有了，找不着了，都毀掉了，只有北京圖書館有一本。他前兩天去了，說果然是有。這個書別的地方一本都沒有，北大都沒有，北大全給銷毀了。王承祒是中國古代史基礎課第一段的"中國史（一）"的助教，他死了以後，系裏頭就沒有助教了。後來翦老跟鄧先生一商量，說讓吳榮曾去，所以我就離開了考古，到了中國古代史。

我在考古專業就當了一年的助教，第二年就到中國古代史專業了，我跟考古就沒關係了。現在幾十年，我自稱是業餘考古學家。我後來的工作跟考古、文博單位，甚至北大考古專業沒有關係，一直在歷史系，但是我對考古還是很有興趣的，我很關注。大家說的考古四大刊物我一直在仔細地看着。甚至一直到現在，我有時候還在寫有關考古的文章。我後來對錢幣興趣很大。

采訪者：您剛纔提到您在考古專業做了一年的助教，您當時是給哪個課做的助教？

吳榮曾：我畢業以後就做助教了。我做助教就是跟蘇秉琦，他是開秦漢考古的，我就是輔導這個課，而且1952級這一班我是當班主任，就是張忠培、葉小燕這一班，所以我跟他們的關係很熟。

1955年還是1956年，學校裏面留學生班有一批捷克學生要去洛陽、西安參觀，就讓考古派一個青年教師一起去帶隊，我就跟他們一起去了。去過龍門。在西安住在西安賓館，當時西安就這一個賓館。

做了一年以後，我就離開了，就到中國古代史專業了，從此以後再跟考古專業沒關係了。所以我就做業餘的，我就憑着興趣，作爲我的業餘愛好，我還寫文章，我還搞研究。所以我是比較特殊的。

采訪者：蘇公後來提出區系類型學說，在五六十年代的時候能不能看出他有這個思想的萌芽？

吳榮曾：那個時候沒有。那個時候他的底子和老本是什麼呢？就是鬥鷄臺。

他解放前挖了鬥雞臺,他對新石器跟秦漢考古的底子就是鬥雞臺。

采訪者:您班的同學,現在在考古界都是非常有成就的學者,您能回憶一下他們的情況麼?

吳榮曾:那个時候我的同班同學裏面,我以前講過,有博物館專修科的,這幾個同學,他們一天到晚就研究博物館。光陳列這些東西沒什麼太多需要研究,他們還研究一些陳列的內容,所以像俞偉超、劉觀民、鄭振香,他們在博物館專業倒是讀了不少書。說實在的,中國的考古學還是近年來我們發展起來的。過去我們那個時候看考古的書,很多書都沒有中文,只有日文的,只有日本人做過工作。所以像《支那古銅精華》那個大部的銅器都是日本人印的,還有像日本有名的梅原末治他寫了好幾本書,這都是日本人搞的,中國人沒有搞。他有銅鏡斷代的書,中國沒有人研究,日本人走在前面了。俞偉超在博物館專修科,因爲他的條件比較好,當時有一個開架的閱覽室,日文書全都放那兒,所以他看得比較多。我覺得他這方面是很不錯的,他的修養非常好,他懂的東西很多,我也很佩服。他懂瓷器,懂刺繡,懂剔紅,這個同學是很了不起的。

還有鄭振香搞商周考古搞得也是很有成就的。在女同學當中是很少見的,能够那麼刻苦努力。

還有陳慧,連我們同學都不太瞭解,爲什麼?陳慧這個人他耳朵基本上聽不見,我也不知道他上課怎麼聽課的,反正他勉强還能聽懂的。

李仰松是搞新石器的。

還有一些學考古方面的同學,像楊建芳,我覺得他學新石器時代學得不錯的。當時,五十年代,新石器時代考古在中國不像現在這樣有很多搞得有成就的,那個時候沒有,那個時候考古所的安志敏算是不錯的,他對新石器時代有發言權。後來楊建芳在研究安徽新石器,研究龍山文化,做得不錯。之後他到四川大學去了,後來他不願意待了,所以他就跑到香港去了。後來也挺有意思的,他搞成玉器專家了,把新石器丟掉了,現在研究得也不錯,在臺灣很有名氣。他研究是從金石學這個角度,當然他也是跨了考古來研究古代玉器。

還有就是黃展岳,黃展岳是非常努力的人,他一直對秦漢考古感興趣,特別是資料方面他很注意收集,所以他搞得是很不錯的。

還有一個林壽晉,這个林壽晉也是一個怪人,他本來也不是搞考古的,他是學魏晉歷史的,幫着翦老寫過魏晉史史稿的一部分,但是後來不知道什麼原因也學了考古了。他也寫過兩本書,他也去研究過三門峽虢國墓的武器,六十多歲就去世了。

采訪者：劉觀民先生跟您是同班同學，他學生時代是什麼樣的呢？

吳榮曾：劉觀民是我們的同學，也是我的好朋友之一。他跟俞偉超是很要好的，我們都是很要好的朋友。爲什麼要好呢？就是有一點大家共同對業務的愛好，成爲聯繫我們三個人的紐帶。劉觀民的研究也很細緻，他成果較少，所以一般人就不太知道他。他對考古的興趣是非常好的。

采訪者：您對哪些同學的印象比較深？能不能具體講講他們的事情？

吳榮曾：那就是俞偉超。因爲我跟俞偉超，我們兩個很多觀點是一致的，我們的興趣也比較一致。他是搞秦漢考古，我也是搞秦漢考古的，所以我們就很談得到一起。那個時候，關於農村公社的問題，我們要學社會發展史，講五種生產方式，爭論就很多。有"五朵金花"的説法，指當時研究歷史的五個大題目，裏面就有一個古史分期的問題：古代到底是封建社會還是奴隸社會，還是什麼。那個時候我們的主張就是早期奴隸社會，實際上它是一種農村公社制。我爲什麼比較傾向於這個觀點呢？我是受我大師兄的影響，他也是張先生的學生，叫田昌五。這個人過去很有名的，他是歷史所的，後來又到山東大學去兼課，再後來不久就去世了。他就是主張這個，我當時研究了半天還是摸不清楚，後來大師兄就告訴我，中國古代也不是奴隸社會，也不是封建社會，就是農村公社式的。我一聽就恍然大悟，我覺得他講得對。

俞偉超也是傾向於這個觀點，我跟他們兩個的觀點一致。因爲當時主張戰國封建論的最多，但是我跟俞偉超反對，我們就堅決不同意，説戰國根本不是封建社會，戰國時期那是很早的中國，歐洲封建社會是公元 5 世紀到 7 世紀，中國人哪有這麼早就進入封建社會。所以我跟俞偉超這個觀點比較的一致，都是魏晋封建論。當時人大有一個尚鉞，他也是主張魏晋封建論。當時是這樣子，人大一派的都是主張中國進入封建社會是魏晋時期，不是西周，也不是戰國。我們跟他們的意見比較接近，但是我們的看法又是哪兒來的？就是我的老師張政烺，張先生是主張這種看法的。田昌五是張先生的弟子，他從張先生那兒得到這種啓發，後來他也主張這個，所以他也影響了我，我也就主張這個。

采訪者：畢業以後，您有一段時間是待在内蒙古的？

吳榮曾：對。我是從 1958 年以後在那兒，因爲内蒙古跟北大要人，所以那時歷史系没有辦法，就放出一批教師上内蒙古去了，我就是那時去的。

采訪者：您當時在那兒一共待了幾年呢？

吳榮曾：待了十幾年，我是 1974 年、1975 年才回來的。

采訪者：1958 年正"大躍進"，緊接著又是三年自然灾害，當時内蒙古那邊的條件怎麼樣？會不會很苦？

吳榮曾：挺苦的，但還好。内蒙古這個地方比較落後，但落後也有落後的好處，它比河南、山東好得多。爲什麼呢？因爲在内蒙古"左"的政策貫徹得不如這些地方，這些地方文化高，幹部的管理能力也强，所以把老百姓壓得苦不堪言。内蒙古那個地方還比較好，還比較寬一點，所以有一些東西還能知道，不像有些地方。它那個地方也没有浮腫，那個時候浮腫很厲害的，因爲大家没有東西吃，腿都是腫的，更厲害的就是餓死人，當時河南、四川餓死好多人，内蒙古没有。所以我覺得我那也是算碰上運氣吧，到落後的地方它也有落後的好處。

采訪者：您寫過一篇調查簡報《内蒙古呼和浩特東郊塔布秃村漢城遺址調查》，這次調查是什麼時候的事情？

吳榮曾：這個大概是 1961、1962 年。

采訪者：當時爲什麼要去調查漢城？

吳榮曾：是這樣的，我對考古的興趣換幾個地方也不會受影響的，我到了内蒙古以後，也没什麼别的事，就知道呼和浩特附近有很多漢代的大墳。那個村子蒙語叫塔布秃羅亥，漢語的意思就是五個大堆子。你遠遠地看到五個大土堆，一看我們就懂了，這些就是漢墓的大封土，估計就是當時西漢那些戍邊的將領死了以後的墳墓，所以我到那兒去作調查。我頭一年去的時候是學生的家長提供的信息，說那個地方有一個漢城，那裏面的瓦片多極了。我就帶着學生去過一次，後來我就自己去。那個時候挺有意思的，我什麼也没有，就騎了一個自行車。土堆子離内蒙古大學大概有二十里路，禮拜天我就騎着自行車，帶着幾個乾饅頭，别的東西没有，照相機就是普通的照相機，還有向學校借了一個皮尺，帶了一支鉛筆，帶了一個本子，我就去了。

到那兒去調查，我就發現城分兩圈，内城裏面全是磚瓦片。内蒙古和其他省市不一樣，河南的話它不可能地下有那麼多的磚瓦片，假定説漢朝有這麼多的磚瓦片，經過唐宋元明清，老百姓早就把它都清理光了。而内蒙古那個地方因爲可能長時期也没人住，所以那裏面還是亂七八糟的，全是磚瓦，你要找漢瓦、漢磚，那材料是很多的了，上面甚至還有帶戳印的，我覺得這個挺好。因爲當時什麼工具也沒有，我就步測了一下，外面的城圈有多少步，裏面的城圈有多少步，後來我就在《考古》上發表了一篇調查簡報。

采訪者：您在内蒙古那段時間主要是做哪方面的工作？

吳榮曾：很有意思，那個時候内蒙古大學是個新學校，它是 1957 年才成立的，心氣兒不小，因爲它的教師大部分都是北大去的。我們的同學，比我低的被拉去了不少，學校領導有一個心氣兒：北大要怎麼辦，我們内蒙古也要怎麼辦，北大有一個考古專業，行，那我們内蒙古也辦一個考古專業。至於條件如何那是不管的。

那個時候哪有人呢？就有我，還有一個現在在歷史博物館的李作智，還有一個現在在中國科學院古脊椎動物與古人類研究所的林聖龍，還有一個賈洲傑。我們四個人就成立了一個考古專業，我就當主任了。那個時候我們也出去調查，因爲内蒙古新石器的遺址多得很，材料很豐富，過去知道的人也很少，所以那個時候大家就調查了一些新石器時代的彩陶。

有一次大概是 1962 年，考古所的劉觀民跟徐光冀兩個人到内蒙古，他們在内蒙古是專門到伊克昭盟黄河南面去調查，所以當時我們跟考古所算是合作聯合吧，李作智也參加了調查，到伊盟走了好幾天。後來因爲考古專業辦不下去，考古學生將來也没法分，所以過了幾年考古專業就取消了。但是我們那時候成立專業還是費了一點勁的，例如我從北京琉璃廠買了很多古物，那個時候還好買，什麼甲骨、陶文、銅鏡、瓷器在琉璃廠花錢都能買到，而且價錢不像現在那麼貴，很便宜，所以我買了好幾箱古物到那兒。幹考古專業，你要照相、畫圖、測量，所以也買了這些東西：照相機、測量工具，甚至包括修補用的工具。

實際上等於是混了幾年，後來到困難時期，大概形勢也不好，大家心氣兒也不行了，就算了，不辦專業了，那個時候就結束了。考古專業大概辦了三四年。

采訪者：您在内蒙古一直待到七十年代中期，不辦考古專業後，您主要做些什麼工作呢？

吳榮曾：後來就鬧騰起來了。我起先到内蒙古以後，在北大還有任務，就是爲翦老寫《中國史綱要》，我是先秦史的執筆人，所以我經常回來，到北大來住着幫他寫這個。到了“文革”一開始，聶元梓那張大字報一貼出來，我覺得在北大待不住了，就趕快把東西收拾收拾，回内蒙古了。到了内蒙古也一樣，那時候也是“文革”，也在瞎鬧。

我後來在内蒙古,覺得也有好處。内蒙古不像北大,北大歷史系把所有的教師都下放到江西去勞動了,在内蒙古,因爲它落後,政令推行起來不如其他省市,所以我們也不下去,挺好的,就在學校裏待着,我那時候就當名副其實的逍遙派。後來因爲"四人幫"又要恢復歷史研究——在"文革"初期,《歷史研究》、《考古》、《文物》都停了,重要的刊物全停了,後來慢慢要恢復,先是恢復《考古》、《文物》,後來就恢復《歷史研究》,那時我就到《歷史研究》來當編輯了,再後來就又回到北大了。

采訪者:在 1958 年您去内蒙古之前,您在歷史系帶課麼?

吳榮曾:那時候我是助教,還不能帶課,那個時候講課的是教授,張政烺先生講課。那時候張廣達也是助教。

采訪者:您後來從内蒙古回北大之後,在歷史系開課麼?

吳榮曾:那個時候是鄧廣銘先生主持系務,我一回來,他就叫我來兼課,所以每一個禮拜我就講戰國史這門課。

采訪者:1983 年的時候,歷史系原考古專業從歷史系抽離出來,建立了之後的考古系,您怎麼看考古與歷史系分開這件事?

吳榮曾:對這個事情我有看法,從我心裏來講我是不願意把它們分開的。我的理由是什麼?我覺得考古的學生在歷史這個環境當中成長起來,比單獨地成長起來要好。後來有很多實際的事件來證明這一點。當然分開了也有分開的好處,經費和各方面都是獨立的,它不是歷史系的附庸了。但不好的是什麼?就是脱離了歷史,離開了歷史系的業務,離開了歷史系培養文科學生的方法,這個我覺得考古是比較吃虧的。最早的時候我發現,我們考古專業畢業的學生出去以後,一般他的筆頭都不錯,寫都寫得挺好的,爲什麼?因爲他在歷史系受過歷史的訓練,另一方面也比較注重寫作。最近幾年我一直參加考古的博士生的論文答辯,有一次答辯的時候,孫華把一個學生的報告拿過來看,都是搞秦漢魏晉的,孫華説"你這個錢幣這方面好像注意得不夠",因爲錢幣是斷代很重要的一个依據了。你猜那個學生怎麼回答的?他心安理得地説,这个屬於邊緣科學的問題。他就認爲考古我就懂考古就行了,錢幣學的、古文字的那都屬於邊緣。後來我一直對這個印象很深,我就覺得現在這樣學考古不行,懂的東西太少,那不行。因爲考古這個學科很複雜,它跟歷史還不太一樣,它是文科、理科混合性質的,又要會點技術,會點照相、測量、繪圖、修補之類的,又得對自然科學懂一些。

　　有一點很重要的是什麼呢？中國是古代的文化遺産資源非常豐富的一個國家，跟很多外國不一樣。最近兩年美國人有一種説法，就説考古不要跟歷史牽扯在一起，這個對中國也有一些影響，但是中國有一些人是反對的。因爲具體的情況不一樣，美國才多少年歷史，中國幾千年的歷史，中國的文獻材料浩如烟海，你不懂不行。不管是秦漢考古，還是唐宋元明清考古，你都得要懂很多歷史、文獻知識才行。除了這個以外，考古還有其他相關的，例如你對中國的書法應該多少有點懂，甚至對中國畫也要懂一點。現在有一些晚的墓裏面，元墓、遼墓、宋墓有時候墓裏面出的壁畫，還畫的山水畫、人物畫，所以這些都要懂，就要求你的知識要豐富才行。錢幣、印章、瓷器、銅器，你都要懂一點才行，否則你的考古就搞不好，你接觸的東西是這麼多的東西。當然更重要的是歷史，經常我們要跟歷史挂鈎，要會讀古書。

　　所以我就覺得分開以後有這個缺點，慢慢地就把原來多學科的考古專業變成了單獨的考古了，我覺得這個對後來的成長，或者是對整個中國考古的發展會有一些影響的。

　　采訪者：現在考古系單獨出來後，對於我們這些學習考古的學生來説，應該怎樣加强歷史方面的學習？

　　吳榮曾：我覺得應該加强。剛才講美國人説的那個，我們絶對不能受它的影響，我們必須得結合歷史。不結合歷史，實際上這個古是没法考的，不管是做遺址也好，做墓葬也好，都得懂它的歷史背景，不懂是不行的，所以需要在文獻方面下些工夫。我們的校友們年紀比較大了，我們現在在外面有不少人做出的成就是很好的，跟這個都有關係，因爲文獻的功底很好，所以他寫的文章、報告水平也高，這個是很重要的，光學一個考古是不行的。我們那個時候幾個同學經常聊天，那個時候俞偉超還在，我們害怕、反對考古人變成挖古人。你就知道到地裏面去挖，挖了之後把東西拿上來，這叫考古？這不叫考古。你必須要去分析地下挖出來的現象，例如遺址的現象，墓裏面發現什麼古代歷史的現象，你要鑽研那些東西。光把東西挖出來這不叫考古，叫挖古，我們那時候開玩笑説我們是反對挖古的。但現在這個趨勢好像多少有點，就像我剛才舉例講的，那位博士生回答錢幣是邊緣科學，他把這些東西分得很清楚，好像我挖就行了，那些東西，錢幣學就錢幣學家去搞，古文字學就古文字學家去搞，這個不行。我們需要懂很多東西，我讀考古專業就這個體會，因爲我們的老師都是這樣的。

　　那個時候考古最主要的兩個老師就是閻文儒、宿白，他們一直在北大的文科研究所。那個時候没有考古系，他們就受前人的影響，對古文字、文獻非常重視，像宿先生、閻先生對文獻都很熟。所以整個來說,當時的考古受他們的影響,一直對文獻、其他知識都很重視,形成了一個傳統。

最近幾年我覺得考古好像多少有點變味了,例如最近若干年考古答辯的論文我就發現什麼?就是剛纔講的,其他的東西他都不去研究,好幾篇論文給我的印象都是在研究墓形、形狀,其實這個東西意義不是太大。為什麼?因為墓形不能說明歷史問題,歷史上它是一個太平盛世,或者它是一個亂世,墓形反映不出來,老百姓的生活好不好、文化高低也反映不出來,都反映不出來的。有的時候墓形它有很大的隨意性,有的墓主人喜歡在旁邊多開幾個小的耳室,這個無所謂的,它也沒有制度的規定。所以我就覺得摳這個沒什麼意思,摳了半天對斷代可能有點幫助,但其他幫助不是太大。像這類的,你不一定去鑽研它了,我們去鑽研其他有意義的現象。

采訪者:歷史系的學生,他們有的時候做研究需要用到考古材料,考古系與歷史系的分離,對於歷史系的學生用考古材料有沒有什麼影響?

吳榮曾:這個沒有影響的。

采訪者:您在做先秦史跟秦漢史研究的時候,之前的這些考古的經歷對您的研究有沒有什麼作用?

吳榮曾:這對我來說最重要了。因為清朝人提倡"金石證史",就是用銅器銘文,用石刻和碑刻證明文獻的史書的記載。金石證史這個是非常好的傳統,也是我們中國人才有的,外國沒有。我們搞歷史的,像一些有名的清代學者,像錢大昕等,他們都是走這個路子的,覺得金石很重要,這很能說明問題。所以我從做學生的時候起,就堅持這樣一個理念。

到現在為止,我還是希望把考古和文獻拉緊,或者是跟文字拉緊。例如說我現在對古錢研究也是這樣的,我拼命要把考古發掘的材料跟傳統的古錢學研究結合起來。因為這兩個學問它是各自分頭發展的,它們有時候有關係,有時候沒關係。例如有的搞錢幣的人他就不太注意考古,比如說講地層的問題,好像認為沒什麼關係,其實我們知道考古的地層有多重要,判斷年代早晚就靠它。我這些年來一直就致力於把考古跟文獻或者歷史的研究拉攏,這個成了我的治學的一個大的方向,我這幾年一直是這樣。我發表的文章大部分都是利用考古材料,而且利用考古材料後能有很多的突破。

例如說我前幾年寫過一篇文章講鎮墓文,在我以前沒有人注意過,名稱也是我定出來的,現在大家都講了。漢墓裏面有帶鎮墓文的陶器,在這個以前没有的。我是上世紀八十年代寫的文章,我覺得我這個很有收穫。爲什麽？我發現從鎮墓文裏面就可以看出漢朝的巫。巫在中國其他的民族中也一樣,在古老的文化裏面都有巫的文化。當然到了後來,進入階級社會以後慢慢的就比較淡化了。我覺得在漢朝,從漢墓裏面發現鎮墓文,實際上幹這些活的人都是漢朝的巫。但是這個裏面也有很多特點,一個特點是崇拜黄顏色,這就是古代的黄老的那個黄,中國古人道家裏面非常重視黄帝這個角色,所以他們也崇拜黄的顏色。我於是看出來,搞鎮墓文的這些人實際上都是漢朝的一些巫。後來發展到了魏晉,這部分文化被道教吸取了,我就提出一個很重要的觀點,我說中國的道教是從中國原始巫的迷信慢慢發展來的,當然還有其他的來源了,但主要是這個。所以這個在當時來說,很多人就覺得我這個提法是對的。

我碰到臺灣的邢義田,我跟他討論我文章的問題,他說在臺灣搞這些的人他們都知道你這個觀點。這個就是說,我這個成果來自於考古。因爲搞歷史的人他不注意這個東西,他們不大讀考古報告,他哪知道陶罐上還寫了這麽多文字。我是比較注意的,因爲我是搞考古的。我在洛陽的時候,蔣若是也在啓發我,他在洛陽就發現了好幾個在上面寫字的陶罐,當然那個時候没什麽研究,但後來我就一直注意這個很重要的材料,我一直研究了很多年,所以後來才寫出了一篇文章。我就證明我通過考古的材料來推進歷史研究的發展,這是很重要的。當然其他方面也有,如我研究錢幣的時間也很長了,多少年了一直到現在還在研究。

例如說前幾年北京市發起一個學術活動,要探討一下大葆臺漢墓。大葆臺是北京最有名的一個木椁墓,這個木椁墓主人是漢朝的諸侯王。研究諸侯王有一個好處,研究起來方便,因爲《漢書》裏面都給他們排列了譜系,誰是誰的兒子,誰是誰的孫子,哪一年,都有,這個對我們搞考古的人來說很方便,你就可以根據《漢書》的記載知道他是什麽時候的,因爲光憑這個漢墓材料來斷定那是很困難的,你不知道它是哪一年的。例如像最近江蘇一帶楚王墓發現得很多,楚王墓它有一個優點是什麽？楚王在《漢書》上都有年代,他是哪一年做王的,哪一年死的,都有。但是到了地底下,我們現在來給它對號入座很困難,因爲你不知道到底是哪一個王合適。

所以像北京大葆臺就是這樣子,因爲《漢書》上廣陽王幾代的名字都有,但問題是到底是什麽時代,早的話應該是哪些王,晚的又是哪些王,他們就不太研究這些東西,就根據《漢書》。而且搞考古的人還有一些傳統的毛病,一個是凡是我挖的東西就是最重要的,還有我挖的東西一定是時間上最早的,他有兩種錯誤的指導思想。所以北京市就把大葆臺漢墓列爲屬於漢宣帝或者漢元帝時代的廣陽王的墓。後來我研究了半天,我覺得這個不對,因爲它的器物不是這個時候的,器物要比他們提出的年代晚。按照《漢書》記載,廣陽王最晚是到王莽的時候才取消了,它的年代可以晚到王莽前後。所以我就根據墓裏面的東西:第一個是錢幣,出現的是磨郭錢,就是没邊的五銖錢,這個是晚的;第二,在鏡子上,我發現它是四螭紋鏡,本來早的就是四個蟠螭紋,晚的它很奇怪,現在我都弄不清楚,當然別人也没辦法。晚的它旁邊出現一些小的老虎頭,這個不知道爲什麽,但都是在晚的墓裏面才出這種鏡子,早的没有。我就説錢幣和鏡子的年代絕對是晚的,跟王莽差不多,所以我覺得它的墓主是廣陽王裏面最晚的一代或者是倒數第二代的廣陽王。

還有前幾年,關於甘肅雷臺漢墓的問題,這個問題我當時也是從錢幣這個角度來研究的,我一檢查發現不對,墓裏錢幣裏頭亂七八糟的,大的小的都有。五銖錢變成大小不等的,這是魏晉時期才有的現象,東漢没有,東漢是很嚴格的,幣制很規整,它不會出現這個現象,它一定是到魏晉這個時候。所以這樣我就説,雷臺它不應該是一個漢墓,它實際上是一個晉墓。後來我碰到了甘肅的何雙全,我跟他一談,我們兩個的意見完全一致。他就跟我説,河西的漢墓,像雷臺那個墓規模那麽大的,一定是晚的。他説道理很簡單,但是非常有力,他説在東漢時期甘肅那個地方太遠了,離開中原那麽遠,有錢人没有人到那個地方去。到了魏晉大亂的時候,中原這些人到處避難,就跟抗日戰爭一樣,所以不少人就搬到西面去,也有搬到廣東、南面的,因爲中原待不住了,太危險了。他説這個都是比較晚的,早的不可能有。他後來還舉例,説磚墓的墙上還有燭臺,就是鼓出來一點可以放一個燈的那個,他説這都是晉墓的特點,漢墓没有。我後來就從錢幣和鏡子的角度,説明雷臺不是漢墓,雷台應該是晉墓。當時孫機非常關心這個問題,因爲他也是研究這個的,他對雷臺漢墓早就懷疑,認爲不能叫它漢墓,一定是比較晚的墓。所以後來他就支持我,他知道我寫這個文章就鼓勵我,説你趕快把這個文章發出來。他在歷史博物館,所以他就讓我送到歷史博物館的館刊上,我後來送去,他們就發表了。當然現在學術界也有一些人反對,説這個就是漢墓,不是晚的,他們應該是受傳統思想的影響,但提不出什麽證據。你説它是漢墓,出的器物没有哪一個是早的。而且到魏晉墓裏面出的雜牌的錢幣,這個是最大的一個標志,一定是晚的。當時的經濟很不穩定的,所以錢幣纔會這樣的亂。而東漢時期墓裏面的錢比較整齊,不會出那些亂七八糟的錢。

采訪者:您在以往的研究中有没有遇到這種情況,就是考古發掘出來的東西跟文獻記載不一致。遇到這種情況的時候您怎麼處理的？

吳榮曾：那我還是相信實物。

采訪者：您曾經對周代的農村組織結構有專門的研究，而且對農村社會和農民、農具都比較關注，您爲何會關注這方面的問題？ 在這方面的研究是怎樣開始的？

吳榮曾：我們那時跟你們現在不一樣，那個時候一般還要學社會發展史，中國歷史的所謂分期問題就出來了。西周到底是什麼社會？ 是封建社會，還是奴隸制社會？ 還是其他的？ 當時官方的觀點就認爲西周是封建社會。但是後來官方説法也改變了，覺得西周太早了，説它是封建社會不對，所以就變成戰國封建社會了。但是我們覺得戰國封建也不對，如果那個時候就出現封建社會，中國的封建比歐洲早了七八百年了。歐洲很晚了，5 世紀到 7、8 世紀西歐才進入真正的封建社會，中國不可能比它早的。當然也可能早，那也要有條件，有生產力各方面的，但是中國又跟西歐差不多，怎麼可能早？ 所以我們那個時候堅決反對戰國封建論。

當時主要是我的老師張政烺先生説它不是封建社會，不僅西周不是，戰國也不是。那封建社會一直到什麼時候？ 就是所謂的魏晉那個時候，我們認爲是到魏晉那個時候中國才進入封建社會。這個説法，實際上在中國解放前的幾十年前，社會史論戰的時候已經有很多人提出來了，説中國人早先都是奴隸制社會，不是封建社會。但到了解放以後又成了一個政治問題了，你要説這個不是封建社會而是奴隸社會，那很容易就給你學術上扣一個帽子了，説你這個是托派理論或者是其他的反馬克思主義理論。但是，我的老師張先生還有認識的一些朋友，最重要的同盟軍是人民大學，因爲過去尚鉞在人民大學主持中國史研究室的時候，他本人就是一個魏晉封建論者，同時他本人也是一個馬列主義學者了，他馬列主義的修養是不錯的，他就堅決反對戰國封建論。所以這個跟北大，跟我的老師，跟我的同學像俞偉超一樣，我們都是主張魏晉封建論的，我們一直在努力做這方面的工作。

當時人大有一個叫鄭昌淦，現在已經不在了。人大是這樣的，它是清一色的，不僅尚鉞主張魏晉封建論，他底下那些弟子們都是這樣的，没有人説戰國是封建的，都不同意郭老這個説法。所以當時我們就曾經聯合過，鄭昌淦知道我是這個觀點，俞偉超是這個觀點，還有我們當時的中文系的裘錫圭也是傾向於這個觀點的，所以我們大家拉在一起，曾經有好幾次在鄭昌淦家里開會。當時有人民出版社的一個編輯，我們準備要出本書，就是講中國社會的問題。到了後來這個事情没成功，但是總的來講我們是堅定地覺得到魏晉纔進入封建社會，因爲我們有很多重要的材料。大家學過通史會知道,在魏晉時候除了奴隸以外還有客,客是比奴隸身份高的,但是他比自由民又身份低,這種人才是封建身份的人。這個我們認爲是有充分證據的,所以我們是走這個路子。

但是到了近年改革開放以後,好像從上面一直到學界大家對這個問題都不太重視、不太注意了,興趣也不在上面,不大談了。最近這一兩年的有關文章沒有了,很少了。

采訪者:在周代的農村組織結構研究中,您是怎麼看待這種公社制度的? 這一研究是否受到了恩格斯《家庭、私有制和國家的起源》的影響?

吴榮曾:對,我們那個時候熟讀這個書啊,我那个書都翻爛了,我們下工夫下得可多了,就是在這個上頭。還有就是摩爾根的《古代社會》,那也是跟古代的社會有關係的,所以我們也讀這個書。

采訪者:您曾經寫過關於漢代壁畫的文章,比如關於和林格爾壁畫墓的一些文章,您覺得從歷史學、考古學、美術史的角度對于漢畫的研究,在方法上有什麼差異?

吴榮曾:有差異。因爲我們不是研究美術的,我們主要還是研究歷史的。漢畫當然它也代表着美術繪畫的發展,例如説中國的山水畫,最早應該説在漢畫裏面已經看到它的萌芽了,山水畫、人物畫都有,但是還很不夠,到了魏晉以後才有更大的發展,後來就變成了唐宋的山水畫和人物畫。

我跟很多人都常常講,和林的壁畫也是很有意思的。和林的壁畫大概是在"文革"快要結束時,爲當地老鄉所發現,内蒙古文物隊他們就派了幾個人去,我就跟着一起去,還有内蒙古大學的一個副校長,我們就説大家去看看新鮮,就一起去了。去了之後我是存心要好好做研究的,我就帶了一個小的照相機,還帶着我的工具,放大鏡什麼的。他們去參觀了以後,很快就坐車回呼和浩特了,我就在那個地方一直待了三四天。我跟内蒙古文物隊叫張鈺的,我們都是熟人,都是老朋友。當時跟現在不太一樣,現在文物政策很嚴格,發掘出來的東西,一般外人不能去參與,不能去看,隨便照相那更不行。後來我在《文物》上還發表這個文章了,當時文物出版社也好,内蒙古文物隊也好,他們都沒有什麼意見,覺得你既然寫出來了那你就發表吧。

這是在我考古生涯中一篇比較帶有田野色彩的調查文章,我發現了很多問題,我文章裏面也講了。例如説我就發現,這個裏面反映出東漢莊園經濟的問題,這個在文字上有記載,但實物没有,我就覺得從壁畫到漢畫像石都有。因爲當時的社會經濟發展到這個程度,一定就會反映在繪畫裏面,所以我覺得這個材料是非常好的,能説明當時的社會問題,像莊園、大土地所有制,西漢還没有,到東漢最發達,這是一個。其他還有一些問題我覺得挺有意思,有一個是,漢畫裏面有很多人物畫像,人物旁邊都有榜題,説明這個人是誰,那個人是誰,有孔子的弟子,子游、子路等,它裏面還有一個孔子,那個孔子引起了我很大的興趣。他畫的孔子,臉好像瘦瘦的,他的胡子是小胡子,就跟東漢人的一樣。這裏面有個什麼問題?傳統中國人現在畫孔子都畫成了大絡腮胡子,那個不對,那個都是外國人,中國人壓根就没有。有一次我在日本碰到臺灣的杜正勝,我就跟他説現在這個孔子的畫法絕對是錯誤的,爲什麼?那是受什麼影響呢?那是受隋朝《歷代帝王圖》的影響。《歷代帝王圖》是在隋唐時期,那個時候中國文化就是一個胡化。胡化是什麼?當時受胡人的影響很大,所以把人都畫成跟胡人一樣的,都是大絡腮胡子,隋煬帝等等都是大胡子,唐朝人畫孔子像也是這樣。我説我們現在在畫孔子不應該畫大胡子,因爲中國人當時不會有大胡子的,我們這個民族的體質、特點決定不會有的,這都是西域人、西方人有的,這都是受唐朝的影響。我覺得地下的漢代材料就是這樣,能説明很多重要的歷史問題。

采訪者:您曾研究過西漢宫殿和官署的瓦當,您覺得瓦當研究的重要性是怎樣的?從瓦當上能發現什麼樣的問題?

吳榮曾:瓦當對於歷史有關係。地下的實物跟歷史都有關係,但是有遠近的區別。有的很遠,關係就不是太大了,有的關係很密切。瓦當相對來説跟歷史的關係還比較小,因爲它有吉語,例如説"長樂未央"、"千秋萬歲",這些東西它不大能説明什麼歷史問題。但是也有極個别的比較好的,能夠説明歷史問題,有一些磚瓦有時候更有重要的一面。

我最近要寫一篇文章,就是從戰國到西漢,在今天的西面,我還不知道在什麼地方,有一個武都城,這個城是戰國到西漢的城,在今天中國的什麼地方?這個就考倒了不少研究歷史地理的人,他們都不知道。爲什麼?這個道理很簡單,中國的文獻裏頭我們知道這個縣是戰國時候的什麼縣,漢朝的什麼縣,因爲它有沿革,例如説戰國這個城到了西漢叫什麼城,到了魏晉又叫什麼城,史書上有前後的聯繫,我們一查就查出來了。今天的什麼縣,我們查一查縣志就知道了。

但是内蒙古這個地方有一個特殊的情況是什麼呢?它中間的歷史有一個斷層,而且這個斷層的時間還很長。也就是説,它根本不屬於中原管轄,用現在的話說它荒廢了，它沒有人住，也沒有人去管它。就這樣沒有人去記載它了，所以大家就不知道了，漢朝的一個城到了魏晉的時候也沒有了，那麼到了明清是什麼呢？大家更不知道，它沒有銜接的資料了。我就是根據考古所去伊盟的調查。他們到了伊盟的時候，因爲伊盟靠陝北是很近的，他們就越界了，在現在陝西的府谷縣，就是黃河的西邊，也去調查，就發現有一座漢城。他們撿到了很多的東西，瓦片、磚頭，一個半兩錢的錢範殘片，還有一個更重要的東西就是一個瓦片，一個殘的板瓦，上面有"武都"兩字。這個發現太重要了，因爲這個大瓦片它一定是在這個地方的官府所用的，所以纔寫這個的。所以我就說這就找到了西漢的武都，就在今天的府谷縣。

現在我們一看，一翻書，關於漢武都的位置，清朝學者和現在的學者有七八種說法，沒有一个說對的。歷史地圖把武都定在哪兒呢？定在今天內蒙伊克昭盟的黃河南面，這個離今天的陝西還挺遠的。所以我覺得地下的材料太重要了，磚瓦對於研究地名非常重要。因爲磚瓦你沒法改的，歷史學家或者史學家寫的記載可以有不同的傳聞之誤，磚瓦寫的字就埋在地下，這是不可能有假的，它也不會搬家。類似的還有很多，像四川出的那個資中城磚，上面也有字，那就說明那兒古代就是漢朝的資中。所以我覺得磚瓦是很有意思的，能夠解決地理上的問題，這個太重要了。過去人費了多大的力，翻文獻、翻書都找不到武都到底在什麼地方，包括像歷史地圖它都說不清，各家說的地方完全不對。

采訪者：您怎麼看神話傳說呢？很多神話傳說經過很多人爲的加工，我們怎樣纔能把它們裏面有用的信息提取出來，然後用於解決問題呢？

吳榮曾：神話傳說是這樣子的。我先說這個吧，王國維說研究歷史還要重視實物材料，實際上在解放前我們研究歷史不光是文獻，一方面最重要的是文獻，一定要根據文獻，第二要根據地下實物材料、金石材料，還有第三是什麼呢？就是民族史。民族史古人當然沒有，我們今天纔有，從民國以來，很多學者就是用民族史來研究古代。因爲民族不管古代也好現代也好，如果它的歷史發展階段差不多的話，它的很多歷史現象都是一致的，所以你可以通過這個作爲解決問題的一個綫索。

例如說魏晉時期的南方人認爲，人類的祖先或者說中國人的祖先是盤古，那是一只狗。這個說明什麼？說明它是狗圖騰，這個一直到我們今天，南方的瑤族的祖先就是狗，所以他們在祭祀祖先的時候都是供一個狗王，狗王是他們的祖先。我們類推，這個情況很多，特別重要的就像鳥圖騰，這個在中國很多。特別是東北民族，從山東一直到東北、遼寧這一帶，古代大量的鳥圖騰民族在裏面。所以你一看他崇拜鳥，你就知道他大約是什麼民族了。

我就隨便舉一個例子，《史記·趙世家》就講趙的祖先是一只大鳥，嘴巴尖尖的。通過這個我們就知道，趙按它的歷史記載來說是嬴姓，所以趙跟秦是同族，而這個嬴姓的鳥圖騰它是從東方搬去的，它原來不在那個地方，原來應該是在今山東這一帶的，後來它因爲別的原因搬過去了。秦的祖先和趙的祖先都是從東方搬去的，所以他們都是鳥的後代。我現在還在研究關於殷商起源的問題，我一直在琢磨，殷商的起源，過去最早的時候按照王國維的說法，商就是商亳，那就是在河南、山東交界的地方，那是商的起源，但是我經過多少年的研究，一直認爲商的老家不是在這個地方，它的老家應該是在今天的河北的北部或者東北，商在古代是一個東北民族。所以我就老喜歡説什麼呢？我説湯滅夏是中國歷史上第一次一個北方民族入關的例子，因爲它是一個東夷的民族，它進來就占據了中原，建立了商王國。商王國它的老祖宗是鳥，跟鳥圖騰那些民族是一家的，跟周不是一回事。

采訪者：您曾經給《中國大百科全書》歷史卷、考古學卷、文物卷撰寫過很多詞條，當時的分工是怎樣的？您負責撰寫的是哪些方面的詞條？

吳榮曾：一個是歷史卷，我就寫的有特長條。它分幾種，一種是寫很長的長條的，一種是很小很短五百字的。我算了一下，我一共寫了12萬字，我寫的相當多了，大百科全書一共歷史卷、考古卷大概有一二百萬字，可能我寫的比較多。我寫了兩個特長條，是春秋、戰國，一個長條是兩萬字。還有考古裏面我也寫了不少，考古、文物裏關於清代一些重要的金石學家的小傳就寫了不少。

采訪者：在古代銘刻、考古材料和文獻記載的綜合研究方面，您的造詣非常高，您認爲古代銘刻、考古材料還有文獻記載在綜合研究中分別起着什麼作用？

吳榮曾：這個就是我説的我們中國的傳統，我們中國人的傳統本事，所謂金石證史，用金石來證明歷史，這是我們中國人很重要的一個古老的傳統。金石證史實際上在王國維前面就有了。

采訪者：您以前也做過一些關於封泥、印璽的研究，您能談談這方面的發現和研究方法嗎？

吳榮曾：研究方法其實比較簡單，因爲傳世的封泥不是太多，出土的也很少。用封泥研究什麼？主要是研究官制，官制在政治制度中是非常重要的。印章也是這樣，在漢墓裏面，例如楚王墓裏面也出了很多地方縣一級的印章，就知道它屬於哪些郡縣的。

采訪者：您從事的研究包括很多方面，您自己最看重、覺得最自豪的是哪方面的研究？

吳榮曾：最自豪的是我覺得，我的文章都是盡量把文獻跟地下材料相結合起來，而且能夠得出一些比較重要的結論，因爲這個能突破文獻的記載。有時候文獻記載是不足的，通過地下材料來把它拓寬或者是證明，這個很重要。

采訪者：您在錢幣研究上有非常高的成就，可以給我們這些學生傳授一下您的研究方法和體會嗎？

吳榮曾：其實我的研究方法也是根據中國的金石學家和古錢學家的路子，但是我把它再向前發展了一下，是這樣一個辦法。所以我希望現在別的研究古錢的人必須要注意前人的成就。因爲現在我們研究學問就跟接力賽跑一樣，你接了前面的棍，你下面就得交給下面的人，你得一棒一棒來，你不能跳躍，跳躍是不可以的。我們現在研究也是這樣的，我們現在要緊緊抓住民國時期的人、清朝人他們的研究成果，然後在他們的基礎上再向前發展一步，這個就是我們今天能取得一些成就的重要原因。

采訪者：經過這麼多年的學習和研究工作，您一定對北大考古的各個方面有過反思。您覺得北大考古文博學院怎樣發展會更好？您能給北大考古提些建議麼？北大考古在發展的過程中應該注意哪些問題？

吳榮曾：我參加田野考古的時間很短，在考古專業就當了一年助教，我大部分的時間就是業餘的。我自己憑着我的興趣，看那些所謂的四大刊物，買不少的考古報告。這就是業餘的，憑着我自己的一種興趣來看。

我是覺得考古要求你要有多方面的知識，它跟學歷史還不太一樣，要多方面的手段來達到你研究的目的。歷史簡單，光讀書就行了，考古不行。歷史畢業的學生到單位去工作，有書本就行了，考古不行，考古你得會很多的相關知識和相關技術，即使不是都會，至少你要懂。

例如說當時的考古系有一個趙思訓，我覺得這位先生在考古裏面也是值得我們後人留念的一個人。他原來是歷史系的學生，我知道他畢業論文寫的是明朝的畫家董其昌。但是他到了考古以後，他自己的鑽研能力非常好，而且他的興趣也很廣泛，本來他跟照相沒什麼關係的，後來就讓他在考古管照相、管暗室。當時文史樓是把一個廁所關了，變成考古的一個暗室。我也對這個很感興趣，所以那個時候我就經常去。我知道趙思訓的技術非常好，他在不斷地發展，他本來只懂一般的照相，後來他真成了一個照相專家了。他懂照相機，也懂沖洗的技術。五幾年的時候，外國彩色照片比較多了，中國壓根沒有，市場上沒有彩色膠卷，也沒有人會沖。但是他不知道從哪兒弄來的彩色膠卷，就開始照，照出來的效果跟現在大不一樣，效果不好。他在暗室裏面自己琢磨，自己沖洗，甚至照相機壞了他都能修理，我覺得他很了不起。

他照器物、照圖表什麼的，都有他的一些辦法。他甚至還有很多發明。他有一個發明，我後來經常利用，是什麼呢？好比說這個書上的一個黑白的拓片，要複製，就要照相。但不太好照，一個是過去的照相機跟現在的數碼不一樣，焦距很短，不可能照很小的東西。其二，照出來的比例也不對，你還得調整。但他有一個最簡便的辦法，就拿一張印相紙，把書上的拓片往印相紙上一扣，然後在燈光下感光，他不是把拓片的黑白完全印在底下那張相紙上，這個相紙你把它印出來以後，跟原來的是相反的，把黑的變成白的，白的變成黑的。然後你再拿這個相紙再去印在相紙上，這樣子就復原了。所以我以後經常用，他的方法太簡單了，就拿書往相紙上一扣，一扣它就出來了，這個就很省事。否則的話照相很費事，你還要放大。我覺得它那個色彩也很好看，就是黑白的。不像照相，照相有的時候出來的圖有一個毛病，底子的顏色發深、發淺不一樣。這個好，它就跟拓片一樣。

還有一位，後來在考古也不太發揮作用了，叫徐立信，他原來年輕的時候是在琉璃廠當夥計，專長是拓碑。他專會拓墓志銘、石刻的。所以後來他在考古專業開一個課，就是教學生拓碑、拓墓志銘，這也是一個很了不起的人，現在你要找還找不著。

還有一個老先生，叫容媛，她是容庚的妹妹，一輩子就是單身。受她哥哥的影響，她對金石學很感興趣，寫了一本書《金石書錄目》。她一直在考古就幹這個，這個對我們考古也很有用，你要什麼書找不到了，你就問她，她就知道有哪些版本。

還有一位先生叫孫貫文，他專研究碑刻，對碑刻非常熟。一個什麼碑，有幾種拓本，有沒有翻刻，他熟得不得了。他在五十年代編過好幾本北大藏的金石拓片的目錄，這個是很有用的資料。有一次我從琉璃廠買了幾張東漢的熹平石經的拓本，我回來還挺高興的，這個也很少見，我就給他看。他看了之後就哈哈一笑，他說你這個全是翻刻的。所以他的水平是很高的，一看就看出來這個不是真的。

你看，當時考古專業有這幾名有用的人才，有會照相的，有會專門拓片的，有石刻方面的，有關於考古書刊方面的和目錄學這方面的，所以我覺得這些人對考古專業的建立起了很大的作用。

采訪者：您對書畫考古怎麼看？以前您那個時候有徐邦達先生過來講課，但是現在沒有這方面的課程了，這個您怎麼看？

吳榮曾：這個我是覺得很可惜，中國的書畫東西太多，材料多得很。我們不說漢畫，就說卷軸畫，就畫在紙上或畫在絹上的，從唐朝一直到宋元明清，這個在中國太多了。當然在我們考古來講這是一個比較邊緣的學科了。但是這個東西你最好要懂一點，爲什麼呢？我跟很多人講過，學考古的往往將來工作就分到地方的文物隊或者是博物館，那是非常有用的。經常遇到老百姓，哪一個地方出土了什麼東西，家里藏的東西他也拿來給你看，或者捐獻給你，你要懂這個東西纔行。

書畫考古我們中國一直缺。雖然考古專業是設了這個課，但是這個後來一直發展得不是太好，因爲這個東西難度太大了。當時在中國鑒定的一個是徐邦達，還有一個叫做張珩，這個人大概五十年代末就去世了。這兩個人應該說是鑒賞中國字畫兩個最好的好手、高手了。當時歷史系開這個課，我覺得還是很有意義的，問題就是得不到發展，整個在文化界傳的人很少很少。

還有相關的，跟考古也是帶點關係的，也有點邊緣，就是古建築。像我們有條件是什麼呢？宿白先生對這個很感興趣，也很精通。我覺得這個也很好，因爲中國的古建築，特別是在山西、在北方這一帶是很多的，需要人去研究它、保護它。可是這個方面我們也是缺門，沒有什麼人研究。宿先生當時就開這個課，雖然這門學問比較難，但是我覺得古建在考古中是很重要的。前兩年我到山西長治，還去看了一趟古建築，我覺得這些古建築還能非常好地保留到現在很不容易，但是現在保護得不太好，保管的問題很多，原因是人們不太重視這些東西。

采訪者：我們現在開有必修課《文物建築導論》。

吳榮曾：這個也好，有比沒有好。宿先生那時候講得很仔細，他自己畫圖。宿先生本事很大，他畫建築的圖，當時所有的學生都沒有辦法跟宿先生去探討的，唯一一個例外就是徐蘋芳。徐蘋芳他能夠繼承宿先生一點這方面的本事，他後來也不搞這個東西了。古建跟工科的關係太密切了，跟我們文科太遠了，我們學不了。但是在考古學這方面，這又是很重要的一個內容，特別我到了山西長治轉了幾天，我感覺山西古建非常多，但是現在保存有不少問題。

就像我講的龍門寺，你們很多同學都到那兒去調查了好幾天。龍門寺是非常好的，那個廟不大，但是它有北宋的，有金的，有元的，就等於是一個小的建築博物館了,跑一個地方都可以看到,各種朝代的作品都擺在這兒了,那多好。但是它的管理很讓人擔憂。我上次去調查的時候,一看,很多工人都在那兒刷牆。找負責的人,竟然沒有,就讓工人在那兒搞。但是我回來以後,他們大概傳到山西省上面去了,說是有人來看了,以爲我是奉北京文物部門之命來調查的,他們心虛啊,就跟我解釋,他是從太原打來的長途電話,他是管那個文物的,這是他的失職。你說這麼一個重要的古建,竟然讓一批工人在那兒亂搞,竟然沒有人負責,你怎麼這麼對待古建,所以他們很害怕,他害怕我到中央去告他的狀。實際上我跟這個沒關係,我就是興趣愛好者,我去看一看而已。這就説明我們的保護很差,地方上不拿它當回事。

采訪者:吳先生,我們特別希望您能給我們這些學考古的學生提一些要求和建議,您對我們有哪些期望?

吳榮曾:期望就是我剛纔講的,邊緣科學這樣的看法千萬不能有,你老把考古看得好像就是挖,別的就不管了,這不行,跟你有關係的東西你應該都有所瞭解。當然你都專精是不可能的,一個人不可能什麼都懂的,但是你得關心這個,或者是你要懂一點,或者你要關心一點,這個是必要的。所以我就講,有一些基本的功夫你必須要掌握的,例如説現在畫畫,當然現在畫畫有專門畫圖的,有專門畫陶器、畫銅器的,但你自己也應該會一些。我就舉宿白先生的例子,宿先生他在五十年代初的時候就很注重素描,他甚至於跑到中央美術學院跟董希文學素描。所以我現在有時候看到宿先生的素描,如畫的銅鏡上面的人物,那畫得非常好。我覺得對一般人都要像宿先生一樣要求是不可能的,但是也應該要注意這個。因爲很多人寫報告,寫研究,你還得自己畫有些草圖。

還有拓片。拓也很重要的,因爲你經常碰到一些東西需要拓。現在一般都是單位專門有拓工來拓的,但是你自己也得會。有一些機會,你不拓的話有時候就錯過這個機會,東西可能就找不到了。誰要是會拓的話,能把它保留下來,這個材料很重要。

還有照相。現在可能條件好了,我們那個時候條件很差,你下去以後自己不會照相,很多機會都錯過了。很多東西看到了不照,以後這個東西也沒了,你也找不着了,所以你必須要會照相。以前照相很難、很麻煩。一直到十年以前我都是買了一個理光的單鏡頭反光照相機,而且我還買了一套接圈,把它那個鏡頭前面摘下來,把接圈放上去,它就是長焦距了,連郵票古錢什麼都能照了,這就行了,否則你照不下來,小的東西你照不了的。所以像照相這些本領,你都應該會。你哪怕不是最熟悉的,你應該懂這個道理,這樣的話你看報告,別人有的弄錯了或者是弄不對的話,你懂得這個原理也是重要的。

還有最重要的就是,我覺得我們搞考古,我一再說,中國是一個文化資源太豐富的國家,所以一定要多懂一些,特別是在文獻方面,你應該要對有關的方面瞭解。你看秦漢考古,你對《史記》、《漢書》、《後漢書》都要瞭解的,搞唐宋的你對後面的文獻都要熟,這個很重要。你不讀書是不行的,所以我們都是擔心考古不要變成挖古了,只會去挖是不行的。

還有考古工作重視看陶片,特別是搞新石器時代考古的人,你不會辨別陶片是不行的,這也是個基本功。還有就是我講的金石學的知識,這也是中國的傳統,這個東西你一定得懂。比如說石刻,你發現了石刻的材料了,你到哪一本石刻書裏面查,你發現了古錢,你到哪一本古錢書里面去查,銅器你上哪一本書裏面查,你應該知道,有這方面的相關知識是很必要的。

采訪者:先生,我們準備的問題就是這些,肯定有不全面或者不準確的地方,您看還有什麼是需要補充的?

吳榮曾:沒有什麼了,主要的就是我剛才一再講的,我們對傳統的學問不能丢。不光是我們考古了,説實在的例如説我們中國今天突飛猛進的經濟方面,一下子不得了,外匯儲備成世界第一了,這些得來也是不容易的,我覺得也跟傳統有關係,因爲中國人本來就是一個善於經商的民族,也善於工藝制作方面——我們有活字版發明等等,這都不是偶然的,所以我們今天的發展跟這些都有關係。我們古代中國人就是腦子聰明,手又靈巧,所以能夠創造這方面的財富。我們今天得來的成績跟古代中國的成就都是息息相關、連在一起的,所以我們這些學考古的也是這樣,你對中國古代的金石學、石刻、銅器這些古人的研究,你不能不懂,甚至古錢、字畫你都應該懂一點。我覺得現在能開建築的課也不錯,建築也得懂一點,否則古畫上畫的房子你都不懂,不知道斗拱是哪一朝代的。建築、石刻這些都應該懂一點的,這樣考古才行。考古這門學科就要求你懂的比較雜才行,你單純地光靠挖不行。就是我剛才講的,現在有一些人,他就在研究墓形上下工夫,實際上這個用處不是太大,墓形你能研究出什麼,能夠斷代嗎?或者研究出貧富嗎?你都研究不出來,那種東西隨意性很大的,也没什麼規律的。

恭賀吳榮曾師兄九十大壽

今年是老同學吳榮曾師兄的九十大壽，小弟理應恭賀。

六十八年前，也就是新中國成立的次年1950年，我們一同考入了北大史學系。我們這班集中住在名爲"蕭齋"的宿舍，位於北河沿北大三院禮堂後面的最深處，有院牆圍繞，自成一統。平房裏外三大間，我住中間，他住裏間，雖處隔壁，由於我們白天去沙灘校區上課，就餐、上圖書館、體育運動都在那邊，晚上回來，也不串門，所以交往不多。

除上課外，我們接觸最多的是參加張苑峰（政烺）先生的輔導課。我們的基礎課中國通史從張先生的先秦史開始，他獨出心裁，在講課之餘，另增一下午的輔導課，同學們可自由參加。我們大部分同學剛脱離高中，聽課記筆記都有困難，課餘忙於整理筆記，讀書不多，無力深入思考，提不出進一步探討求索的問題，幾次輔導課後僅剩幾個人參加，但必有我和他。我這時才認識到榮曾兄學力之深厚，他每次與苑峰師問疑答難，已涉及課堂講授外更深的内容。而我願意參加，並非對先秦史有何興趣，也提不出有關這門課的問題，純粹是被苑峰師淵博的知識所吸引，尤其是喜歡聽他評述我所熟悉的舊小説。

苑峰師指定的參考書是《資治通鑑》，戰國以前可讀《史記》。除《中國通史簡編》外，他不贊成讀今人的通史著作，但同學們很少讀古籍，只有吳兄不僅讀，而且經常跑書店買書，包括綫裝古籍。在我們的宿舍中，全室人共有的書架空空如也，只有他房中插書滿架。

同學們互相熟悉後，有一天大家聚在蕭齋靠前的大屋子裏，互相探詢以前中學的經歷,有人說自己曾任學生會主席,有人說自己常考第一,有人說自有私著書稿一冊,最後吳兄展示剪報本一冊,上面貼著他在報上發表的短文。一個中學生,能有如此成績,實令我欽羨。

一學期下來,大家已相互瞭解,公認吳榮曾是全班學習最優秀的同學,也是我心儀的榜樣。果不其然,期終考試成績揭曉,榮曾兄得分奪冠。令我竊喜的是,我差一分位居第二。但我自知,吳兄的學習成績乃長期的積累,而我中學的學習成績並不優秀,此次乃臨考前背筆記的結果,實際絕非一分之差。一年半之後,雷海宗先生講授西洋中世史,榮曾兄得高分99分,而我又以差一分98分第二。我平生經歷考試無數,偏偏記住這兩次“第二”,細想起來,實因榮列吳榮曾之後位居“第二”而得意,故而念念不忘。

初入大學,我平日交往最多的是湖南籍同鄉。當時考大學沒有戶籍限制,考生可在任何考點報考任何學校,不論你來自本地或外省、城市或農村,一律憑分數錄取。我們班湖南籍同學占四分之一,加上三年級的馬雍、二年級的王琦,幾個湖南人常混在一起。湖南人愛吃辣椒,有人提議我們自組一桌,自備辣椒菜補充食堂的伙食。成員有被戲稱爲《包公案》中的張龍(盛健)、趙虎(輝傑)、王朝(琦)、馬漢(雍),加上我和彭平階,再湊上四川人李逸友和在重慶度過青少年時代的吳榮曾。由於同桌吃飯,我同吳兄有了較前更多的接觸。我們同桌八人,在冬天一律穿長袍大褂,在解放後的北京,除了少數老者外,青年學生穿長袍者已極爲罕見,我們八個老氣橫秋的人也是沙灘紅樓一景。

那時每系學生有一處系家,是全系同學課餘休息、集會的場所,旁有一間由學生自辦的圖書室,由系學生會管理。我們升入二年級,系會改選,榮曾兄學習優秀,被選爲學習幹事,兼系圖書館館長。相反我因個子矮小,無一技之長,被高年級同學捉弄,被選爲體育幹事,主要職責是動員全系同學參加早操。史學系在全校號稱老夫子系,將愛睡懶覺的老夫子從三院動員到沙灘民主廣場做早操談何容易,完不成任務就要受校學生會體育部的批評,這苦差事在老同學一片嘻笑中落到我身上。

學習幹事的主要職責是分管圖書室,每月學校發給二十萬元(新幣二十元),只許買平裝書。那時書價僅幾角錢一本,二十元也能買不少冊。老吳每月背著書包出外採購,在舊書市場,同一書有不同價格,他能精打細算,選取品相最好價格最便宜的書。尤其是整套的書,他都能將所缺書牢記在心,設法配齊。那時《歷史研究》之類全國性專業雜誌尚未創刊,《中央研究院史語所集刊》被認爲是代表學術的最高水平,他通過舊書攤四處訪尋,終於將圖書室所缺全部配齊。

二年級我們的宿舍遷到工字樓,這樓位於三院進門後的左側,樓呈南北向工字狀，我的宿舍處於工字下面一橫的末端，房前是一條走廊，走廊對面就是榮曾兄的宿舍。他同屋有一位新從哲學系轉系過來的王承祒同學，有志於先秦史，一年級已在我系旁聽苑峰師的課。在大部分同學還處於初步吸收專業知識時，他和榮曾兄專攻先秦史已有一定深度，早已明確了專業的重點方向。

老吳的性格較爲沉默寡言，王承祒喜歡熱鬧，他們的房間課餘常有同學串門，以他倆爲中心，高談闊論，頗有學術氣氛。記憶中常登門者有我，但不過是去湊湊熱鬧，無關學業。原在蕭齋與我同室的徐連城，卻是有志於先秦史，故爾也是常客。這年博物館專修科合併到史學系，其中俞偉超同學年齡在我班最小，人很聰明，他也成爲老吳室中的常客，不僅向他討論學問，有時新買一本書，也拿來徵求意見。尤其是綫裝書，榮曾兄作爲大二學生，已能從古籍目錄學和版本學的角度加以評論，給予指點。

這年開學後不久，三四年級同學由系主任鄭天挺先生率領前往江西土改，學期末至第二年初夏進行思想改造運動，改造的主要對象是教授，但通過參加運動，也有改造青年學生的作用。榮曾兄和我都是團外群衆，黨團組織關心的對象。我們班只有一個黨員——女同學馬模貞，她做我們的思想工作，榮曾兄因事已回家，她要我陪她到吳家進行家訪。

老吳家住大羊毛胡同（就是現在的建國門立交橋旁邊。大羊毛胡同，明代成胡同，名稱來源不詳，已經有600多歲了。大羊毛胡同呈南北走向，北起小羊毛胡同，南至盔甲廠胡同，東與柳罐胡同相通，西與老錢局胡同、豐收胡同、東綏禄胡同、抽屜胡同相通，八十年代末開闢北京站東街，把大羊毛胡同分爲南北二截，全長349米，寬8米。2009年後小羊毛胡同被拆除，修建海關總署和海關博物館），尋到他家，受到他母親的熱情款待。這時我才知道他父親在英國大使館工作。抗戰爆發時，吳兄的父親還在爲國民政府工作，爲此全家隨遷往重慶。因此他有在重慶度過青少年時代的經歷。抗戰勝利後還都南京，所以他從南京考點同時考入北京大學和南京大學。新中國成立，西方大國只有英國與我國保持代辦級關係，一九五零年吳老先生又隨代辦處遷家到北京，這樣吳兄就自然選擇了北大。

思想改造運動基本結束，組織上讓我們座談，聯繫自己的家庭出身和經歷談思想收穫。全班同學是一起座談，組織上惟獨讓我們的學習標兵吳榮曾向全體同學作報告。我依稀記得，他原籍常州，出生在蘇州。祖上是南宋抗金名將吳玠、吳璘，所以吳家代代從軍，一直到他的高祖，又做了上海道守備，曾祖母又是上海徐家匯徐光憲的三十代孫女，當時蘇州城中的名媛，爲數不多的女社會活動家。而吳兄的祖父是詹天佑的學生及助手，參與修復了隴海、京張、京漢、南潯等鐵路。他的祖父於 1904 年考入蘇州高等學堂後,同班同學中不僅有近代著名民主人士邵力子,還有國民黨官僚、政治活動家葉楚傖等,他們一起參加同盟會的革命活動。至於吳兄的父親,抗戰結束後一直在英國大使館工作,雖職業是與洋人打交道,但平生沉溺於國學,家中藏書堪稱大家。1960 年商務館出版的《四庫采進書目》,校訂者吳慰祖先生就是他父親。順便説一件我親歷的故事,"文革"中我參加點校《元史》,須去北圖查閱善本,善本室常見一老先生在座,我認出是吳老先生。我將此事告知在《歷史研究》雜志工作的榮曾兄,才知道老人家已退休,每週都會跑去北圖消遣餘暇。我從美術館到文津街不過幾站,吳老先生則要從呼家樓家中過來,那就遠多了,他老人家就是這樣孜孜不倦地安度晚年的。這無庸置疑説明,吳兄的學業之所以在同學中卓犖不群,原來他別具家學淵源。

老吳還談到,他在重慶時,認識一位鄰居衛聚賢先生,常帶他出外游玩,或訪古,或收羅古物。衛聚賢是中國現代考古學的奠基人之一,上世紀三十年代商務出版的《中國文化史叢書》,其中《中國考古學史》就是他的作品。抗戰時期,他主持民間考古學術團體"説文社"和國學刊物《説文月刊》。在這位學者的影響下,老吳從小就培養出好古的志趣。除收藏書以外,他還收藏古錢、唐磚漢瓦等各種古物,也促成他確定今後獻身於先秦、秦漢史和考古學的學術方向。

圖 1　後排左起:韓耀宗、周清澍;二排左起:黄展岳、蕭良瓊、俞旦初、吳榮曾、朱蓬舉;前排左起:李明晨、龍盛運、姚義山

1952 年暑假,彭真市長指示北京各高校,經過長期運動之後,應讓學生們好好休息,並建議採取徒步旅行的方式。於是我們自發組織十人前往八達嶺長城和明

十三陵旅行。向覺明(達)師聞訊,也加入我們的隊伍。榮曾兄他們先行,出德勝門,經清河、沙河、昌平到南口,我和向先生等第二天乘火車到南口會合。這次旅行我們另有兩大收穫,一是有向先生沿途講解,如居庸關門洞内的六體文字等;二是多才多藝的榮曾兄攜帶相機爲大家留影,當年不比今日,相機可是稀罕物事。

　　思想改造運動後,榮曾兄和我都入了團。沙灘離北海不遠,團組織和班會有活動,常去北海公園,在我的相册中,仍保留老吳所攝我混在他們幾位先秦史專家中的照片。

圖2　周清澍、王承祒、徐連城、吳榮曾

　　就在這個暑期,全國進行院系調整,北大、清華、燕京三校合併,我們從城裏遷往西郊燕園,從三年級開始,全班應分出部分人學習考古,自願報名。這時我們已學完中國古代史的基礎課,專業課今後只有中國近代史、中國革命史、世界中世紀史、近代史、現代史以及亞洲史、國際關係史等課程。有志於古代史的吳榮曾等與原博專的同學共十人選擇學考古,從此他們不僅所學課程不同,而且常外出田野考古實習,我也因調出學俄文和到馬列學院學習,從此便和他的專業方向分途了。

　　1954年畢業,老吳留任考古教研室助教,我是亞洲史研究生,助教屬教師系統,研究生屬學生系統,因此只能偶爾在校園内相遇。1955年五四青年節,學校團委會發起評選三好團員,由團委書記胡啓立頒獎,其中全校青年教師獲獎者十二人,在主席臺上,我發現歷史系兩位得獎者正是吳榮曾和張廣達。研究生得獎者九人,我廁列其中,榮幸地與老吳同臺受獎,有機會見證這次盛典。

　　這年暑假期中,全校進行肅反運動,我們同班同學中國古代史教研室先秦史助教王承祒是肅反對象。對他的問題做出結論後,在通知他審查結束的第二天,他爬上尚未完工的 28 樓屋頂跳樓自殺。下學期,老吳從考古教研室改調中國古代史教研室,以補王承祒助教之缺。

1956 年,我國提出了"向科學進軍"的口號,知識分子得到空前的重視,大力吸收優秀的知識分子入黨。當時我被派往長春東北師大進修,從北京傳來令人興奮的消息,歷史系入黨的人有:我的老師——亞洲史教研室主任周一良和我的老同學吳榮曾。

恕我直言,按此後提出的所謂"又紅又專"標準,榮曾兄在政治上的表現一般。改革開放前的三十年,我們這些過來人無不詬病當時的知識分子政策,但平心而論,其中 1956 年不容否定,榮曾兄得以入黨就是明證。

1957 年內蒙古大學新建,北大負有支援的任務,剛畢業留校的我奉調內大,我的兩位同班同學奉命前往主講一年級的基礎課,老吳講授中國古代史,周怡天主講世界古代史。亞洲史是高年級的課,所以我仍留在北京進修,順便幫學校做一些採購圖書的事。除圖書外,學校還撥給歷史系一萬元採購儀器費,將支票本交給我。應如何處理,我找老吳商量。他建議去琉璃廠採購一批文物,供學生課外觀摩參考,並建議請苑峰師幫助鑒定和挑選。於是我們邀請張先生一同進城,選購了青銅器、甲骨、古錢、陶瓷器等各類文物,由老吳在歷史系布置成一個小型博物館。

內蒙古大學歷史系的師資尚未配齊,尤其是還沒物色到主持系務的系主任,只得臨時請張芝聯先生前往代理。北大方面最後決定讓胡鍾達先生出任系主任,向胡先生徵求意見時,胡先生提出條件,必須帶吳榮曾、張廣達二位前往。北大只好割愛,將榮曾兄調往內蒙古大學(而張廣達則因反右時被打成右派,被內蒙古大學所拒)。

反右運動告一段落,沒打成右派的青年教師也必須下鄉勞動改造,1958 年元旦過後,先是北大的教師下放京郊齋堂,我們在北大進修的人則調回內蒙下鄉,與在校的教師一起下放到土默特旗勞動。1959 年初勞動一年歸來,老吳因參加編寫《中國史綱要》又回到北大,我被分配到老吳的宿舍,暫占他空出的床位。接著我因參加編寫《蒙古族簡史》在校外工作,一度也來到北京。這幾年我倆雖屬同校,實際很少交集。

1962 年,學校新蓋宿舍 17 樓完工,我們這些已成家的教師從單身樓遷入。榮曾兄和我都分配到第二單元一樓,老吳是我老同學,夫人沈熙與我同來自北大歷史系亞洲史教研室,老朋友又聚在一起,兩家此後有緣鄰居十餘年。

"文革"當中,榮曾兄和我雖攀不上當權走資派、反動權威之類黑幫地位,但也没資格參加造反或保皇,除老吳遭大字報拉扯翦伯贊先生的關係等事外,我們總算逍遥局外度過。"文革"末期,我因參加點校《元史》和編寫《中國通史》來到北京。1973年,毛主席提出要恢復《歷史研究》雜誌,編輯人員向全國甄選,經專家推薦,從内蒙古大學調吳榮曾。老吳和沈熙先後調入《歷史研究》編輯部,我們在北京又能經常聚會,但此後我們就分居北京和呼和浩特兩地了。

圖3　吳榮曾、沈熙、周清澍、顧菊英、周良霄2001年夏看望周一良先生

我和榮曾兄雖同出張苑峰和余讓之先生之門,非常慚愧,他得真傳,我卻處於門外。不過,作爲長期交往的老同學,據本人親見親聞和聆聽師友的評論,對他的學術成就尚略知一二。苑峰師當年勉勵我們,如有志於先秦史,必須熟讀有關先秦史經、子和《史記》等重要典籍。民國以來,新式學堂已取代專讀四書五經的私塾,從小熟讀經典的人漸少,此後估計不可能再有人具有這種童子功。王承祒自認爲他早就達到苑峰師的要求,所以他作檢討暴露思想,自詡學問上"後無來者"。然而他並不藐視榮曾兄,我認爲老吳和他在當時是罕見的例外,具有異於常人的學力。

至於先秦史的科學研究,僅熟讀經典還不夠,還有辨别真僞、文字訓詁等難題,除《十三經注疏》外,古籍還有大量的注解本和近人研究成果,捨此無法正確理解史料的原意,所作推論,往往差之毫釐,謬之千里。榮曾兄不止熟悉經典,而且有深刻研究,在"大躍進"時期瘋狂的運動後,學校又回到正常,老吳開設《左傳》的課程,副系主任何志對我説:建國後培養的教師,能開這門課的人可能他是絶無僅有。

王國維運用所謂"二重證據法",除文獻史料外,又能繼承清人金石證史之學,並利用二十世紀初新發現的殷墟甲骨文等,於古史研究取得較清人更爲卓越的貢獻。榮曾兄得苑峰師真傳，能充分運用金石、甲骨、簡帛、陶文、印璽封泥等材料以證史。王國維身後，我國才開展有組織的現代考古，新中國普設考古、文物機構，發行多種刊物，吳兄能廣泛吸取運用，更勝於前人。

在先秦史研究者中，獨有吳兄出身於考古，有下田野實踐的經驗。這也是他有別於同行的優點。在內蒙古工作期間，他常被內蒙古文物工作隊諮詢顧問，並親臨考古現場，發表過論文。

榮曾兄從小就收藏古錢，以後結合專業對古錢幣進行研究，成爲我國知名的錢幣學家。

五六十代的學術活動強調集體創作，榮曾兄參加高等學校文科中國通史教材《中國史綱要》的編寫，他負責先秦部分，在主編翦伯贊之下，所有執筆者之中，只有他是資歷最淺的助教。

他的論文集結在 1995 年中華書局出版的《先秦兩漢史研究》一書，近年又有《簡牘與古代史研究》（北京大學出版社，2012 年）和《讀史叢考》（中華書局，2014 年）出版。論文中綜述性宏論不多，他聲言"對於考據更爲重視"，爲文不重複前人，發前人所未發。先秦史料稀少，須輔以多重手段恢復已逝年月的本來面貌，老吳重視實證史學的歷史考據，能不斷發現問題並解決具體問題，爲古史研究的深入做出了自己的貢獻。

（作者單位：內蒙古大學蒙古史研究所）

我印象中的吴先生

宋德金

吴榮曾先生是我敬重的兄長和曾經的同事。我與吳先生從初識至今已有四十年了，那是 1978 年 10 月，我與吳先生分別在《社會科學戰線》和《歷史研究》雜誌社工作，兩家雜誌社共同發起在長春召開中國古代史分期問題學術討論會，就 20世紀 50—60 年代我國史學界討論最爲熱烈的問題展開研討和争鳴，這是"文革"後在史學界較早召開的一次學術討論會（記得此前的 5 月有在南京召開的太平天國學術討論會），一時在海内外學術界産生很大反響。由於我們相聚時間很短，又忙於會務，交談機會不多。那時我剛從鍛煉改造的基層重回研究所，而吳先生已是先秦史著名學者了。

一年後，我從《社會科學戰線》調到中國社會科學院《歷史研究》雜誌社，於是有緣跟吳先生成了同事。當時雜誌社的地址在鼓樓西大街甲 158 號院内東樓，我們同在一個套間裏辦公，吳先生與施丁在裏間，我和田居儉在外間。當時《歷史研究》有編輯人員二十多位，工作任務不是很重，主編黎澍同志要求我們除了做好編輯工作之外，有時間還要做點學術研究，能在相關領域内有發言權。其實我到《歷史研究》時，多位同事都是學有專長的學者，黎澍、丁偉志自不待言，其成就爲史學界所熟知，其他如龐樸、吳榮曾、田居儉、施丁等先生都各有專長和建樹。編輯部根據每位編輯專業所長及興趣分管各斷代及一兩門專史稿件，比如吳先生分管先秦史，施丁分管兩漢和史學史，我並無熟悉的斷代，編輯部根據工作需要安排我分管遼宋夏金元及民族史，一切從頭做起。

我瞭解吳先生起初是從他參加編寫的翦伯贊主編《中國史綱要》開始的，我讀的是人民出版社 1979 年版,其中先秦部分是吳先生在舊版基礎上重新整理修訂,並補充了當時新發現的一些考古材料撰成。翦伯贊主編的《中國史綱要》字斟句酌、繁簡得當,被譽爲是高校文科中國通史教材中的權威之作,其中吳先生撰寫的先秦部分在中國通史中具有重要地位,功不可沒。

在同吳先生共事的日子裏,相處融洽和諧,但閒聊時間並不很多。一是我新來乍到,互相熟悉要有個過程;二是吳先生總是在那狹窄的辦公室埋頭讀書鑽研,有時還爲北大研究生講課;三是我們大約都屬於閒話不多的人。然而當我有問題請教時,吳先生總是那麼和藹可親,循循善誘。記得大約是 1982 年,我初涉遼金社會史,大膽地寫了一篇關於金代女真社會風俗的習作,成稿後請教吳先生,吳先生給我提出了一些意見,還拿來尚秉和著《歷代社會風俗事物考》囑我讀讀,供我參考。記不得版本了,應是民國商務印書館本。此書無疑是治社會風俗史者必讀之書,多年後有了點校重排本,有時我還找來翻看。

吳先生審查稿件把關極嚴,是編輯部裏所公認的。當時學術期刊尚無匿名審稿制度,本刊因爲實行嚴格的三審制,特別是有多位像吳先生這樣學者做編輯,有效地保證了刊物的學術水準和聲譽。國際通行的匿名審稿制度固然有其公正、合理的一面,不過就我的實際體驗來説,遇到外審者與作者觀點相左時,稿件有被否決的例證,然而有學識的編輯,爲了刊物的質量和聲譽則是會公正處理的。

1983 年,吳先生離開編輯部,重回北京大學歷史系任教。此後,我們就沒有直接聯繫了。好在吳先生的夫人沈熙同志是在雜誌社退休的,每逢社裏組織老同志活動,我們都有機會見面,通過沈熙,我與吳先生經常互致問候,瞭解近況,互贈新作。儘管我同吳先生所側重的領域不同,更不要説根本不在一個檔次上,但是我還是常常從吳先生那裏得到鼓勵,而吳先生對學術的執著嚴謹、精益求精,更是對我的鞭策。

吳先生治學嚴謹,對考據極爲重視,服膺王國維倡導的歷史研究中的“二重證據法”,即除了書本材料外,還有地下出土的材料。除此之外,還有民族史、民族志方面的材料,這可説是“三重證據”了(見吳榮曾《讀史叢考》後記)。吳先生在中國上古史研究中,十分崇敬而且踐行了前輩的二重證據法或三重證據法,取得了豐碩的研究成果,這點可以從吳先生的《先秦兩漢史研究》和《讀史叢考》兩本集子中充分地反映出來,其中如《鎮墓文中所見到的東漢道巫關係》(《文物》1981 年第 3 期)一文,更堪稱這方面的典範。吳先生在長期的教學和科研中,多次獲得國家、部委和本校的優秀教學獎、優秀教師獎、優秀論文獎、高校教材特等獎,這是對他在教書育人、科學研究中所取得卓越成就的應有肯定。

　　吳先生做學術期刊編輯時間不長，卻給我們編輯部同仁留下了深刻的印象。他學識淵博，治學嚴謹，在遴選編輯稿件中，準確精當，一絲不苟。在日常相處中，大家對吳先生的平易近人、兄長風範都有同感。從《歷史研究》復刊到80年代初那段時間，編輯部同事之間沒有稱呼職務、老師的習慣，除了稱主編“黎澍同志”外，其他都是根據年齡稱呼老張、老王、小李、小趙等，即使相差一二十歲，也不例外，都很親切。大家都稱吳先生爲老吳，私下偶爾也有稱老夫子的。老夫子稱謂有多種釋義，我們用來稱呼吳先生，則是完全出於對其潛心鑽研、學者風範、待人親和、獎掖後進的贊揚和尊重。

2018/5/26

（作者單位：中國社會科學院《歷史研究》編輯部）

魯殿靈光，史家風範

——從吳榮曾先生的來信想到的

臧　振

2017 年 6 月 25 日，收到北大歷史系吳榮曾先生 2016 年 12 月 26 日寄出的信。信走了半年，因爲吳先生用稿紙手寫，貼著上世紀的郵票郵寄，地址還是老校區。信件沒有丟失，十分慶幸。

展開閱讀，吳先生親切温馨的聲音仿佛就在耳邊，先生對我的稱呼依舊令我大窘，信中對我的褒揚又令我大慚。我覺得多年來先生對我的關心，其實都源於他對學生那急切的期盼，那深切的愛意，眼前不由得有些朦朧。先生全信如下（見圖 1）：

臧振兄大鑒：承吾兄托南大劉君帶來吾兄近著兩大册，厚誼可感！又賀吾兄推出新著多部以嘉惠學林！近日展讀大作，甚有收穫。以往但知吾兄在教書方面甚爲突出，如今則知吾兄在育人方面也極有成就，深受學生的愛戴，尤爲突出。文中提到北大的汪〔籛〕、許〔大齡〕、郭〔心輝〕三位，頗引起我的思慮，因爲我和汪、許是“無話不談”的摯友。郭是我非常欽佩的一位同事，教歷史文選一課，一直是大家不看好的課，而郭用搞科研的態度、方法來對待，這是少有的。有一事使人印象深刻，她在課上講五銖之“銖”，應讀爲“殊”，一般人都唸作“朱”是不對的。我後來查過書，證明她是“言之有據”的。我曾寫過一篇小文，講秦史。汪看後以爲某一說法無根據，從此我講課或寫作，堅決遵守“言必有據”的信條。我也因此事而對汪“折服”之至。我與汪皆龍年生，今歲恰好爲汪百歲之陰壽。我們在此遥祝　先生在彼岸世界能過好！我在大學期

圖 1　吳先生致作者信札

間,爲班學習幹事,是時許先生爲系秘書,因此彼此接觸很多。先生秉性謙恭,

與人無爭,故在當時的環境中能一路平安走來,也並不容易!

　　尊著中提到龐慧女士,幾年前她曾到敝舍走訪,印象深刻。在當今學界

中,"女將"尤爲難得!吾兄近日如有晤面,乞請代爲致候爲禱!

　　匆匆書此,餘容後述!專此　順頌

撰安

　　　　　　　　　　　　　　　　　　　　　　　　　　　弟

　　　　　　　　　　　　　　　　　　　　　榮曾　謹上

　　　　　　　　　　　　　　　　　　　　　16.12.20

讀罷掩卷沉思，往事歷歷在目。

我 1963 至 1968 年就讀於北大歷史系，而在我入北大前五年，1958 年，吳先生已被"下放"到内蒙古大學，80 年代初才回到北大，所以那時我們沒有交集。

1996 年 10 月，中國先秦史學會在洛陽召開"第三屆西周文明國際學術研討會"，我有幸結識吳先生。會議組織到東周"王城"遺址參觀。一路上我跟吳先生聊著，隨後索性在王城公園路邊長聊。

我向吳先生自我介紹：我們 1963 級中國史班 33 人，被"千萬不要忘記階級鬥爭"的路綫和"四清"、"文革"政治運動折騰了五年，專業知識幾乎停留在中學階段。畢業後不少同學蹉跎歲月，約三分之一回到研究歷史的本行。如王天有被許大齡先生從甘肅武威祁連山下召回，研究明史；孟繁清從内蒙杭錦後旗考回北大，也是許先生名下，但是隨陳高華先生研究元史。我班還有李錦屏在人大清史所，董乃強在北師大圖書館，蘭書臣在軍事科學院，王志剛在西北政法學院，潘修人在内蒙古民族師範學院，王學堅在濰坊學院，王青蘇在哈爾濱市委黨校，吳澤湘在南京審計學院。至於我自己，上大學不久就發現，在文史基礎方面，我大概是我班最差的。因爲高中三年我一直想學醫，高考前才知道，"嗅覺不靈不能報考醫科各專業"，於是改學文科。復習了一年，僥幸考入北大歷史系，對於未來十分茫然，有空還在讀醫科教材。別人問我打算研究哪一段？我答"通史"。後來聽了翦老和汪籛先生的報告，似乎找到了方向，從海淀舊書店抱回一堆馬列著作，要到其中尋找關於歷史發展的"要言妙道"。1965 年 9 月奉命到農村參加"四清"，"讀階級鬥爭這本大書"。我在四清工作小組"學毛著"會上有個發言，説是以前在學校覺得讀馬列著作很來勁，讀毛著感覺平常。到了農村，再讀《中國社會各階級的分析》、《湖南農民運動考察報告》，才體會到毛主席的偉大。沒想到，這話被階級鬥爭覺悟高嗅覺靈的人掐頭去尾，成了我的"反動言論"；"文革"開始，挨了大字報，成了兩派都不敢收容、要等待"運動後期處理"的"斬監候"。我和另一位因其父親對"三面紅旗"有過微言而被一些人歧視的同學搬到附近一間空宿舍。不久又搬進來三個研究生。（因爲革命派要把研究生歸入"資産階級知識分子"作爲"革命對象"，理由是他們住的是教工宿舍。他們只好"自我革命"，搬到學生宿舍。）這三位是：蘇秉琦的學生郭大順，唐蘭的學生郝本性，宿白的學生胡仁瑞。西邊不遠住著鄧廣銘的學生李裕民，常來常往的還有汪籛的學生胡戟，邵循正的學生趙春晨等。與研究生朝夕相處，讓我看到了一種不同於正在政治運動風浪中衝鋒陷陣的同學的生活方式和精神追求。（據我所知，這幾位原本是歷史系學術梯隊接班人，因"文革"打斷學業，後來被發配各地：李裕民分到山西大學,任教於附中附小;胡戟分到内蒙古海勃灣,成爲煤礦工人)。吴先生聽到這裏,頗爲感慨地説:"現在,鄧(廣銘)先生、周(一良)先生已成爲歷史系的魯殿靈光。"

再説我自己。因爲學業被耽誤,加之與幾位研究生相處的潛移默化,當畢業後被"放逐"到陝北窮鄉僻壤深山溝時,我就刻意補課。十年之後(1980年)我考上南京大學劉毓璜先生的研究生,攻讀先秦思想史,走上學術研究的道路。究其原因,可以説是"文革"中因禍得福。

吴先生聽完我的自述,對我多有稱贊。

九十年代,正是我思想極爲苦悶的十年。陝師大接收我來,本來是讓我給斯維至教授當助手。可是不久斯先生就不再用我也不再理我。同事奇怪,問我什麼事情把斯先生得罪了? 我説不知爲啥。有人去問了,斯先生答:"咱不敢用,咱用不起。"再無多言。人們也只好得出結論:臧某是"有文憑、没學問"的典型。我先後兩篇文章,學報本來要發,後來找藉口退掉,令我莫名其妙。我承認自己功底差,只好繼續以"夙夜匪懈"來彌補。爲了有一個讀書的地方,我主動請纓管理了關閉多年的文物陳列室,這是1989年。不久系領導又動員我兼管資料室。我很樂意,因爲這樣我就有了一間闊大無比的書房。然而,苦心孤詣思考多年,字斟句酌反復修改的文章寄到所謂"權威"刊物,竟被小編要求"聯名發表",或要我掏錢"買版面",我當然拒絶。在對所謂"權威"失去信任的同時我還有一種幾乎被強姦、被逼良爲娼的感覺。這期間系上爲申報"博士點",派我們去各校請客吃飯送禮,我覺得自己被侮辱的同時也在侮辱各校博導們。到1998年春,覺得實在没有必要再這樣混下去,該退休了。在2月13日的日記本上留有我草擬的退休報告,主要講兩點:一,過去歲月被耽誤太多,加上那個時代留在精神領域的創傷很重,始終不能專一於先秦史研究。我距退休還有五年,學術上似已不可能有大的建樹。二,由於數十年前手術事故,鼻腔被實習醫生割空,鼻泪管割斷,成年累月咳嗽痰多、泪流不止,又嚴重影響到聽覺,隨著年齡增長抵抗力衰弱,每天都在盼著早日解脱,到南方療養,苟延殘喘……

十多天後的2月下旬,我接吴榮曾先生來信,詢問西安文物市場秦漢瓦當行情。4月2日吴先生電話告知已到西安(參加清明黄帝陵祭典)。3日晚,我去酒店拜會了吴先生,並約好9號來師大,上午參觀文物室秦磚漢瓦,中午請李裕民、胡戟、趙世超(時爲師大校長)等校友小聚,下午做學術報告(見圖2)。

9號午餐時得知郭大順當晚要到胡戟家。晚九點在胡家見到睽違三十年的郭大順。郭任遼寧省文化廳廳長多年,因省博物館火災引咎辭職,在深圳協助蘇秉琦先生整理出版了《中國文明起源新探》。郭又告訴我臺北故宮古玉部鄧淑蘋先生正在西安，於是幫我聯繫上，11日晚找到鄧先生。我的《中國古玉文化》的寫作得到了鄧先生鼎力相助。

圖2　1998年4月9日吳先生在陝西師範大學做學術報告

在寧靜的陳列室蝸居十年，就在我打算提前退休時，忽然之間風生水起。這風是吳先生帶來的。

幾乎與此同時，斯維至先生對我十五年的誤解也得以冰釋。這要感謝南京大學洪家義先生來訪。洪先生開會之餘，希望我帶他拜望斯先生。事後斯先生電話把我叫去，問怎麼會認識洪先生。我說讀研時洪先生是我古文字學老師。斯先生奇怪，"你是南京大學的研究生？""是啊。""你不是跟趙世超同學嗎？""那是在北大。""你本科在哪念的？""北大歷史系。""你沒有在川大讀書？""我是四川人，但是跟川大沒有關係。"斯先生沉默了。過了幾天，又一個電話把我叫去，同樣的問題又問了一遍。這次加了一個問題："你以前認識李裕民、胡戟？""認識。他們是研究生，我是本科生，我叫他們老師。"斯先生沉默良久，嘆息一聲"我弄錯了。"原來，我到師大不久就有人對斯先生耳語，"文革"中臧某在四川大學批鬥過徐中舒和蒙文通。斯先生憤怒了：徐先生和蒙先生是我的恩師啊！我不能讓這樣的人當我的助手！於是乎有了十五年的不通音問。斯先生曾多次希望系上另派助手，却講不出理由。系上很為難。別人背後怎樣議論我我不在乎，斯先生自己的學術生涯却因此基本終止。

這也算是"文革後遺症"吧。

我應該振作起來。本來，北大百年校慶我無心參與，這時改變了主意。

校慶應酬之後，5月6日下午四時來到吳宅，見面禮是我寫的一本小書《蒙昧中的智慧——中國巫術》。先生見贈《先秦兩漢史研究》及先生主編之《盡心集——張政烺先生八十慶壽論文集》，其簽名稱我為"兄"。我立即表示不敢當。先生解釋：五

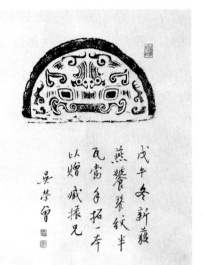

圖 3　2002 年先秦史會議吳先生送燕當拓片

十年代,他是汪籛先生和許大齡先生的學生。我們稱兄弟,沒有不妥。登時,汪先生和許先生的音容笑貌浮現眼前,那些遥遠的記憶一一涌出腦海。吳先生一個"兄"字,讓我感到自己肩上放上了一副沉重的擔子,那就是史家的事業心和責任心。

2002 年 12 月,陝西師範大學召開"周秦社會與文化研究暨中國先秦史學會成立二十周年學術研討會"。參會代表那麽多,吳先生却專門爲我準備了一張燕當拓片,上書"戊午冬新獲燕饕餮紋

半瓦當手拓一本以贈　臧振兄",我受寵若驚,不知所措,精心裱出,以不忘先生厚愛(見圖 3)。

2004 年 11 月,本院博士生畢業答辯,請來吳先生擔任主席(見圖 4)。這次師母隨行,一是想參觀秦兵馬俑等古跡,二是想瞭解孫達人、譚慧中"文革"期間在陝西師大的遭遇。師母説,當年(1952)孫達人從浙江考上山東大學,是她在迎新站接待的,那時的孫達人理一小平頭,背著鋪蓋卷,拎一網綫兜,裏邊有臉盆茶缸等日用品,一個樸實精幹的農村小夥。後來在社科院,又都是張政烺先生的弟子。譚慧中也是師母的同事和朋友。

圖 4　2004 年 11 月 30 日陝西師範大學博士學位論文答辯會後

那位博士生茫然不知孫某某何許人,師母感慨歲月滄桑,史事湮没。當我前去

看望時，我説我曾與孫達人同事，對於其"文革"經歷略有耳聞："文革"前夕，孫有一篇文章，關於農民戰爭之後統治者是實行讓步政策還是反攻倒算，孫持"反攻倒算"論，得到主席肯定。"文革"開始，孫被"中央文革"召唤到北京。不久"王（力）、關（鋒）、戚（本禹）"與江青等意見相左，竟被抓捕；孫達人逃逸。紅衛兵要抓孫，闖入西安孫宅，强令譚交出孫，隨即將譚關押到學生宿舍毆打審問，其後又將孩子帶來，讓其觀看母親被毆，逼譚交人。譚慧中何等剛烈！不堪受辱，半夜自縊身亡。那年頭，喪心病狂的暴徒是"革命派"，而譚是"自絕於黨，自絕於人民"的"反革命"，這便是那個荒唐歲月的邏輯！

我有一個問題：孫當年那"極左"的"反攻倒算説"矛頭對準了同意"讓步政策"的翦伯贊，是否出於譚的支使？而譚此舉是否因當年其前夫張政烺被翦從北大趕到社科院，譚遂以更"左"觀點對翦進行報復？

吳先生嚴肅地説：不是這樣。張政烺先生從北大轉到社科院，實際是系上許某謙、夏某强等人藉口張先生講課效果不佳，趁翦老出國講學時的操作；翦老回國，木已成舟，是很生氣的。"效果不佳"實爲藉口，根本上是治史方法上的分歧。什麽分歧，吳先生没有多説，我已經大體明白了：許某謙們嫌張先生治史、講課不"突出政治"，也就是説，張先生不是以某種先驗的教條作爲治史的指導思想，而是以尋求歷史真相爲史家的職責。我們看看吳先生參與編輯的《張政烺文史論集》百萬言百篇文章，篇篇都在考證詮釋，而不涉具體考釋的工作總結之類僅有兩三篇。張先生説：以他幾十年做學問的經歷體會，"不僅要勤奮，也要有扎實的、嚴謹的好學風，只有這樣才可能於學術事業發展真正有所貢獻。"（《張政烺文史論集》第 866 頁）此乃至理名言，亦即我所仰慕的史家風範。

不止考釋，史學理論探討同樣需要嚴謹扎實的科學精神。當年啓發我們要用馬克思主義的"要言妙道"發現歷史規律的翦伯贊先生和汪籛先生，同樣是十分嚴謹扎實的學者，當然也是我十分敬仰的史家。

奇怪的是，恰恰是翦先生和汪先生，在那場高喊"要搞馬克思主義"的運動中飲恨仰毒而離去。多年來，這是我難解的疑問和心結。

"文革"時吳先生和師母都在内蒙，不在北大，他們很希望知道當時的情況。我雖在漩渦中，但被打入"另册"，不很關注運動内情，所以也談不出詳細情況。然而多年來，有人極力掩蓋真相，企圖從人們記憶中抹去這段浩劫。想到翦老夫婦的悲劇，尤其是汪籛先生的慘死，我覺得一定不能讓這段歷史湮没。如有機會弄清這段歷史，我一定盡力而爲，這也是吳先生對我的希望。

近些年來，"文革"中的北大同學（號稱"老五届"）自發組織起來編寫回憶錄。

在等待了半個世紀之後，他們不得不用開始顫抖的手，拿起這支沉重的筆，寫出當年未名湖畔的腥風血雨，獻給母校，留給子孫後代。義不容辭，我積極參與了這項工作。到母校 120 年校慶爲止，這項工作大體上完成了。（2013 年 8 月、2014 年 9 月、2015 年 12 月相繼出版 3 册《告別未名湖——北大老五屆行迹》，收入二百多位同學"文革"中離開北大之後的人生經歷。2016 年 3 月出版《告別未名湖——北大老五屆詩集》，收入一百餘位同學近千首詩。2018 年 2 月又有《風雨未名湖——北大老五屆往事》和《燕園沉思録——北京大學文革回憶與反思（上、下）》出版。）

這期間，見到當年歷史系 1965 級（一年級）世界史班王復興編寫的《搶救記憶》（海外出版），書中説到"文革"剛開始的 1966 年 6 月初，王復興率領一年級世界史班猛衝猛打，到汪籛先生家裏去貼大標語喊口號，勒令汪先生"交代問題"。汪先生憤怒地撕去他們貼在自家門上、書櫃上的標語，不料"工作組"竟然逼令汪先生貼回去！汪先生痛苦萬分，服下"敵敵畏"，幾天之後死在醫院。

這件事情，對於我和我班同學可以説是晴天霹靂！因爲三年來，我們與汪先生已經結下了深厚情誼。

永難忘 1963 年的中秋節，汪先生來我們宿舍看望這些初次在大學過節的新生。他斜靠在學生的被褥上毫無拘束談笑風生，説到他第一次到老丈人家吃了十斤牛肉，也説到做學問的艱辛與快樂。在二年級上學期，本來是他的弟子吳宗國先生給我們講隋唐史，講到隋唐文化，汪先生來聽課，按捺不住就上臺自己講起來，眉飛色舞酣暢淋漓，下課鈴響了，汪先生説下次我接着講。下次還没講完，再下次，輪上顧文璧老師講宋史了，汪先生擋在門口説好話，説讓他再講一次。那幾節是我在北大歷史系聽過的最精彩的課。年底，被陶醉和感動了的同學們一致希望給汪先生送一點禮物，我們買了一盆文竹一盆金橘送到汪先生家。汪先生特別高興，還讓他十歲左右的兒子給我們背誦唐詩，説這孩子已經讀過"四大名著"。汪先生的助教秦文炯是我們的班主任，他對於原本想學醫因爲嗅覺不靈改學文科的我多有鼓勵。秦老師請來汪先生專門給我們講如何研究歷史。尤其令我感動的是，後來明清史老師許大齡先生問過我的名字之後對我説，汪先生曾跟他"提起"過我。汪先生對於學生的關愛，至今難以忘懷。

先生服毒之後被送進校醫院，是我班同學輪流看護；先生命懸一綫，我們的心也提到嗓門眼；幾天後汪先生走了，全班陷入悲哀之中。那時校園裏貼出大幅標語，説汪先生是"自絶於黨、自絶於人民"。甚麼叫"自絶"？我認爲我們班大多數同學和我一樣，始終未斷對於汪先生的思念。大學畢業二十多年後，我與汪先生的研究生胡戟到了一個單位，我多次追問他，汪先生爲什麼要自殺？他總是只有四個字"不堪回首！"不肯多說。九十年代中，讀過《陳寅恪的最後二十年》，我寫了《汪籛先生的最後二三年》；對於汪先生的自殺，我在另一篇《憶汪籛》文中説："當他預感到將要面對自己那麼摯愛、那麼傾注心血的孩子們的圍攻的時候，他就做出了儘早離開的抉擇。"（見《戈辰隨筆》296頁）

王復興的書印證了我當年的判斷。"文革"初衝鋒陷陣的是跟先生毫無情感可言且不是中國史專業的一年級新生。王復興是帶頭人，這可以理解。因爲他在高中（北京四中）就接受了"社教運動""階級鬥争"的洗禮，一進大學就遇到"文革"前奏的所謂"教育革命"，他幾乎没有受過一天正規的史學訓練。他努力爲自己今後的生存積累政治資本。我相信他自己也没有想到，他充當了閻王手下"無常鬼"的角色，率領一幫青面獠牙的小鬼到汪先生家裏催命去了！

汪先生在五十年代見識"反右"，其後又在"反右傾"中受到衝擊，體重竟然減少了六十斤！到給我們上課時，48歲的他，頭童齒豁，已經像個乾瘦的老頭，可見精神上的創傷至深，實已不堪再辱！我想到了陳寅恪先生在王國維碑上寫下的一句話："先生以一死見其獨立自由之意志，非所論於一人之恩怨、一姓之興亡。"汪先生以一死證其實爲陳門高足。

對於翦老我想多説幾句。翦老給新生作報告，讓我們見識了"大家風範"。不久我讀到《内蒙訪古》，嚮往自己何時能寫出這樣的華章。1963年底讀到翦老《對處理若干歷史問題的初步意見》（《光明日報》1963.12.22），我徹底放下了大學醫科教材，開始沉浸到對於人類歷史的思考。翦老該文中三句話，半世紀來反復出現於腦海：

> 農民反對封建壓迫、剝削，但没有、也不可能意識到把封建當作一個制度來反對。

> 農民反對封建地主，但没有、也不可能意識到把地主當作一個階級來反對。

> 農民反對封建皇帝，但没有、也不可能意識到把皇權當作一個主義來反對。（《翦伯贊史學論文選集》第三輯第60頁）

高屋建瓴睥睨古今，洞穿迷霧振聾發聵。這才是真正的馬克思主義史學！

從1963年起，翦老就遭遇了頗有來頭的所謂"無產階級革命派"的猛烈抨擊，被扣上了"反馬克思主義"和"資産階級反動學術權威"的帽子。據瞭解，翦老開罪於最高領袖的，首先是所謂"讓步政策"。翦老説農民戰争的歷史作用在於統治者爲恢復封建秩序要對農民作出一定程度的讓步，由此促進了生産力發展、推動了社會進步(這實際是當年許多史家的共識)。然而上面認爲"階級鬥爭不可調和",統治者對於起義農民只有"反攻倒算",不存在什麼"讓步政策"。

此後四五年間,對於聲勢浩大的批判鬥爭和人身侮辱,翦老報之以沉默。

1968 年 10 月中下旬中共八屆十二中全會將劉少奇定爲"叛徒內奸工賊",並"永遠開除出黨"。毛主席在會上講話中提到,"像翦伯贊、馮友蘭這樣的資産階級知識分子,無産階級還是要養一批"(據口頭傳達)。據我理解,這是一個信號,即《5.16 通知》提出的文化大革命的首要任務——揪出"睡在我們身邊的赫魯曉夫",大體已經完成。落實黨的幹部政策和知識分子政策,迫在眉睫。毛講話後,翦老的住宿很快得到改善。翦老很感動,連夜給毛主席寫了感謝信。

政治鬥爭的複雜殘酷出乎凡人想象。十二中全會通過的《關於叛徒、內奸、工賊劉少奇罪行的審查報告》是江青爲首的專案組憑僞證寫成的。正式開除劉少奇出黨的中共"九大"召開在即,爲防止節外生枝,他們急於要找到更強有力的證明材料。得知翦伯贊在 1936 年前後國共兩黨秘密談判中參與過周旋聯絡,認爲可以逼翦寫出證明劉少奇是叛徒的"鋼鞭材料"。實際上,這是一個不可能完成的任務;不論前來執行這個任務的是專案組的巫中還是大文人康生,作爲傑出的歷史學家的翦老是不可能替他們編造劉少奇是叛徒的謊言的。

就在主席講話和翦老處境改善之後,12 月 18 日,翦老夫婦忽然自殺,學界百思不得其解。翦老作爲中共地下黨員,早將生死置之度外。抗戰爆發前,翦老作爲著名民主人士、社會活動家,爲促成國共兩黨的合作,冒著極大風險從中牽綫,這需要何等膽識和智慧!眼前巫中那套下三濫的叫嚷恐嚇又怎可與"十年內戰"時期白色恐怖相比?1968 年,已經經歷長達四五年批判鬥爭百般淩辱的翦老,又何懼巫中的恐嚇?說巫中靠恐嚇逼死了翦老,那真是高抬了巫中,也貶低了翦老。

爲何已經有了"一句頂一萬句"的"最高指示"對翦老的"特赦",他却受不了一個"專案組"施加的壓力?事實肯定不是這樣,翦老的死因實在很不清楚;半世紀來,史學界一直存疑。沒有新的材料,只好存疑。

現在,王復興的《搶救記憶》收錄了他的同班同學王淵濤的文章《我涉歷的翦伯贊先生最後的故事》,提供了非常重要的新情況。

首先,王淵濤同學證明,巫中對翦老的審訊不是"小兒科":

> 巫中倒也沒有聲嘶力竭,更沒有如有些人所說的那樣把手槍掏出來拍桌子。

接著,王同學說到新材料的發現過程:

　　大約到 12 月初，巫中要我們去查看翦的檔案，想從中尋找突破。有天下午，我和胡敬梁到當時歷史系所在的三院二樓一個房間，翦的檔案已攤開在一張大桌子上，份數挺多，也很零亂，我不知先前是否有人來翻閱過。突然，有一張普通信紙寫的只有一張紙的信件引起了我注意。信是 1950 年代肅反時寫給北大的，沒有了信封，因此不知具體收信單位。寫信人是女性，她當時在陝西省某單位工作，信的內容要點是：她是江浙一帶人，抗日戰爭爆發之前，她是個青年，出於對歷史學家翦伯贊的仰慕，到南京向翦求教，住入翦家，翦指導她學歷史，並告訴她，自己正在爲國共兩黨代表的談判牽綫搭橋，國民黨方面出面的是曾養甫，中共方面的代表是周小舟，還有呂振羽……

至于那女子信中所談是否屬實、是否誣告，這要看翦老是如何回答的。王淵濤說到：

　　等到巫中再次來北大時，我們告訴他有這麽一封信，他看後如獲至寶，把信帶回專案組翻拍了數份後再來北大，並給我們看了翻拍件，然後就去找翦先生了。這次巫中態度強硬，雖然沒有直接出示信件給翦看，但點了寫信者姓名，要翦寫出材料交給我們。

　　第二天下午，按巫中的要求，我們去翦家取交代材料，他用紅格稿紙寫了兩張多，約千把字，這是我第一次見到翦先生的親筆字，字寫得很認真，但不漂亮，心裏還想：大學者字不怎麼樣。可一看內容，不禁暗暗吃驚，對於政治方面，他仍然推諉，可是對那個寫信的女子，却寫得很詳細，並承認：自己當時年輕荒唐，和她有不正當關係，後來她結婚成家，就斷了來往。

　　這應該是 12 月 16 日下午的事。

兩天之後，12 月 18 日下午：

　　我們把翦的交代材料交給了巫中，他看後極不滿意，於是我倆陪同他們又去翦家，因爲巫手中有旁證的材料可以證明翦參與了國共兩黨代表談判的聯絡工作，因此巫中說：你不要認爲一手可以掩蓋天下人耳目。翦先生伸出手說：我的手就這麼大，怎麼能掩蓋天下人的耳目？其他的話我記不起來了。這天下午的審問時間拖延很久，氣氛緊張。

12 月 18 日半夜，翦老夫婦自盡。
半世紀的疑問有了答案，斷裂的信息彌補完整，模糊不清的事件變得清晰！
新的問題出來了，就是如何看待新材料？有同學認爲翦老夫婦的自殺是嚴肅的政治問題,不應當與個人生活問題挂鈎,"把政治鬥争庸俗化";仍然認爲"翦伯贊是受到巫中等人的逼供和威嚇而自殺的"。

我認爲,翦老經歷長達幾年的凌辱而没有自殺,就因爲涉及的問題是嚴肅的政治問題,翦老心中有數,問心無愧,絶不能自殺。我還清楚記得,在五四操場萬人批鬥大會上,虚弱的老人雙腿已經站立不住,開始發抖了,有人遞上去一條板凳,主持人不許他坐,把條凳立起來,讓他扶著,繼續接受發言人瘋狗般的狂吠和上萬"革命群衆"震耳欲聾的口號。翦老没有倒下,更没有自殺。兩年後,巫中等人的逼供和威嚇,持續了一個多月,翦老没有絲毫妥協和退讓。就是因爲,這是嚴肅的政治問題!況且,主席已經發話,要給活路啊!

最後的十來天,與"個人生活問題"挂鈎了。12月16日,翦老寫完"交代材料",詳細談了他與"寫信女子"的關係。18日下午,巫中就此審問翦老,還是想與劉案挂鈎,徒勞無功。當日半夜,翦老夫婦自盡。

這就告訴我們:翦老可以承受外界無論多麽沉重的打擊,却不能承受内心的自責。翦老決定告别這個社會,妻子也不願留在世間忍受凌辱;他們一道走了。

此前,巫中曾對翦老説,你只要寫下劉少奇是叛徒的證明,就啥事也没有了。這個大老粗,他哪裏知道史家手中這支筆比生命更重要!

瞭解了這些情況,我可以向吳先生彙報了。

2018年5月,北大120周年校慶。

5月2日忽然收到如下短信:

> 臧先生,您好!知悉您來北京,不知道您是否有空?歡迎您來寒舍小聚。
>
> 吳榮曾

我受寵若驚!立即回復:

> 尊敬的吳老師:我計劃六號上午十點到藍旗營您府上拜望您。代問候沈老師好。

次日又收到吳先生信:

> 臧先生!收到。謝謝您!6日(周日)中午我們全家與您一起共進午餐,我們已經安排好了。

6日十點正,我敲響吳宅外門。寒暄之後,我從背包取出"見面禮",是商務印書館新出由我整理的《陳高傭先生遺稿——先秦哲學卷》(《老子今解》、《公孫龍子、鄧析子、尹文子今解》、《墨辯今解》),隨後又掏出我參與編輯的《風雨未名湖》、

《燕園沉思録》——這是昨晚才拿到的！

中午在附近清華賓館餐廳進餐。令我欣慰的是吳先生今年九十高齡，雖拄著拐杖，却走得穩健快捷，而且飯量不小！他笑笑説自己就是"嘴饞"。我想到剛才吳先生與我談古論今，記憶清晰，這與"嘴饞"很有關係啊！

合影留念，吳先生夫婦執意要我坐在中間，再三推讓還是不允（見圖5）。

圖5　2018年校慶拜訪吳先生

記得1996年在洛陽，吳先生對我講，鄧廣銘、周一良先生尚在，是北大歷史系的"魯殿靈光"了。一轉眼二十多年過去，現在吳先生也成爲北大歷史系的"魯殿靈光"。願北大歷史系精心呵護吳先生以及老一代先師們給我們留下的風範，以無愧於歷史交到我們手中的這支筆。

1963級學生　臧振　戊戌冬至後六日

（作者單位：陝西師範大學歷史系）

從古漢語中"善"的用法談到
《老子》中的"善"

裘錫圭

本文討論先秦時代"善"字的用法,其中用了頗大的篇幅討論"善人"的含義問題,榮曾先生是我敬佩的善人,故謹以此文爲榮曾先生壽。

引　言

本文主要想梳理一下先秦漢語中"善"字的各種用法。作爲重要先秦漢語資料的《老子》中的"善"字,除通常解釋爲"擅長、善於"一類意思的之外,後人往往有誤解,而有關問題在梳理清楚先秦漢語中"善"字的各種用法之後,可以比較容易地講清楚,所以我們最後才專門討論《老子》中的"善"字。在討論有些問題時,如有需要,會用到秦漢時代漢語中的一些資料,這並不意味著我們想全面討論自周至漢的古漢語中"善"字用法的演變情況。

《説文·誩部》:"譱(譱),吉也。从誩,从羊,此與'義''美'同意。善(善),篆文从言。"西周春秋金文中的"善"字皆从"誩",春秋金文所見兩個"奲"字所从的"譱"亦从"誩",與《説文》"譱"字字頭同。郭店簡《語叢》一、三中的"膳"字所从的"善"則皆已省从一"言",下文第 824 頁注②所舉戰國不㬎善戈銘文中的"善"字亦从一"言"。《古陶文彙編》3 山東出土卷 412 號及 4 河北出土卷 104 號著録的陶器殘片銘文中的陶工名皆爲"善",前者从"誩",後者从"言"①。秦漢文字中的"善",

①高明:《古陶文彙編》,中華書局,1990 年,146 頁、382 頁。

除漢印篆文"善"字往往從"誩"、個別有意仿古者如東漢夏承碑"善"字亦從"誩"外,一般皆從一"言"①。但隸書"言"字部分皆有省變,情況複雜多樣。《説文》解釋字義與字形結構似皆難信。《字源》"善"字條認爲"《説文》以爲'從誩,從羊',會吉祥之意,很不好理解。近人或以爲'譱'字所從'羊'爲'美'的省形,從二'言'爲彼此相善之義;或以爲'善'字從'羊',爲'膳'的本字。衆説不一,迄今無定論",其"構形意義不明"②,這是很審慎的説法,可以爲多數人所接受。不過,我們在討論了除《老子》之外的先秦漢語中"善"字的用法之後,仍要對"善"字字形表示的意義和"善"的本義略作討論。

一、帶賓語的動詞性的"善"

我們梳理先秦漢語中"善"字的各種用法,想從帶賓語的動詞性的"善"字説起。

(一)賓語指某種行爲或情狀

這種"善"字所帶的賓語多數是指某種行爲或情狀的,如《詩・鄭風・大叔于田》"叔善射忌,又良御忌"、《衛風・淇奥》"善戲謔兮,不爲虐兮"、《孫子・軍争》"善用兵者,避其鋭氣,擊其惰歸"、《禮記・學記》"善歌者使人繼其聲,善教者使人繼其志"、《孟子・公孫丑上》"宰我、子貢善爲説辭,冉牛、閔子、顔淵善言德行"、郭店《語叢三》簡38"不膳(善)擇,不爲智"諸例中的"射"、"戲謔"、"用兵"、"歌"、"教""爲説辭"、"言德行"、"擇"等。這種"善"字現在一般都解釋成"擅長"或"善於",意思就是能把某種事情做得很好。漢語動詞没有形態變化,上舉出現在"善"字之後的"射"、"戲謔"、"歌"、"教"都可以看作動詞直接用爲"善"的賓語,"用兵"則是用作賓語的一個動賓結構。

《孟子・盡心上》説:"善政,不如善教之得民也。善政民畏之,善教民愛之。善政得民財,善教得民心。"一般都將"善政""善教"的"善"理解爲定語。我們認爲這兩個"善"與《學記》"善教"之"善"同義,應該理解爲"擅長""善於"。《孟子》的"善教"應該理解爲善於教化人民,"善政"的"政"跟"教"一樣,也應看作動詞,就是施政治民的意思。《逸周書・允文》説勝敵之後要全面推行很好的安民措施,

①傳秦始皇會稽刻石摹本中有從"誩"的"譱"字,但此會稽刻石摹本顯係僞作,其字形不可據。
②李學勤主編:《字源》,天津古籍出版社,2012年,196頁。

"寬以政之,孰云不聽","政之"就是治理其民的意思。《後漢書·桓譚傳》"蓋善政者,視俗而施教,察失而立防,威德更興,文武迭用",《孟子》和此文的"善政"都是善於施政治民的意思。如果用後世的眼光,把《孟子》的"善政"理解爲與"苛政""暴政"相對的"良好的政治",就與其後的"民畏之""得民財"之語難以相應了。

所"善"之事的範圍是很廣的,就是不好的事也可以出現在"善"字之後(爲了使讀者易於理解,所舉之例不完全限於先秦時代。以下對同類情況不再説明)。《詩·大雅·桑柔》"善背"朱熹解釋爲"工爲反覆","善詈"朱熹解釋爲"工爲惡言"。《論語·季氏》所舉"損者三友"第二項爲"友善柔",朱熹《集注》説"善柔謂工於媚説('説'讀爲'悦')而不諒","工"與"擅長"之義相近(如《漢語大詞典》"工"字義項③"擅長;善於")。《離騷》"衆女嫉余之蛾眉兮,謡諑謂余以善淫",《文選》五臣注將"善淫"解釋爲"善爲淫亂"(王逸《章句》釋"善淫"爲"美而淫",顯然誤解了此"善"字之義。又五臣注釋"淫"爲"淫亂",似不如釋爲"淫巧",《離騷》此處下一句爲"固時俗之工巧兮,偭規矩而改錯")。《晏子春秋·內篇雜下·楚王欲辱晏子指盜者爲齊人晏子對以橘第十》屢次説到"善盜"("盜",古作偷竊講。類似內容亦見於《韓詩外傳》卷十),"善盜"就是善於偷竊的意思。《史記·大宛列傳》"昆明之屬無君長,善寇盜",《殷本紀》"費中善諛,……惡來善毀讒"。我們今天還可以把"擅長"或"善於"加在不好的事情上,如説某人"擅長/善於溜須拍馬"、"擅長/善於弄虛作假"等。

但是,需要指出,如果主體發出的行爲或表現的情狀是由外界觸發的,或者是由於身體上的原因如疾病等造成的,總之是主體難以甚至完全不能自主的,那麼,"善"一般就不能解釋爲"擅長",而必須解釋爲"容易"或"多"。《詩·鄘風·載馳》"女子善懷,亦各有行",鄭箋"善猶多也",朱熹《集注》"善懷,多憂思也",向熹《詩經詞典》將"善懷"之"善"列在"多;容易"義項下。《載馳》一詩據《詩序》爲嫁到許國的衛女許穆夫人所作,當時衛懿公抗狄戰死,衛國在危亡之中,她卻因許人不允無法回國吊唁,心中憂傷,故爲此詩。就許穆夫人來説,她當時的"懷"就是由於衛國的危亡而觸發的"憂思",余冠英《詩經選譯》把"善懷"翻譯爲"多愁善感"①,"感"就是因某種情況而觸發思緒。《左傳·襄公二十八年》"慶氏之馬善驚,士皆釋甲束馬",《説文·馬部》"驚,馬駭也","驚"是馬因受到外界的刺激而驚駭,"善驚"也就是"易驚"的意思。竹添光鴻《左傳會箋》説:"善猶多也,與善食、善懷、善病、善崩之善同。"②他將"善驚"與"善食""善懷""善病"中的"善"歸爲一

①余冠英:《詩經選譯》,人民文學出版社,1985 年,30 頁。

②[日]竹添光鴻著,于景祥、柳海松整理:《左傳會箋》,遼海出版社,2008 年,381 頁。

類,是很有見地的("善食""善病"之例詳後,"善崩"一例的情況與其他諸例並不完全一致,亦詳後)。《莊子·達生》"(氣)上而不下,則使人善怒;下而不上,則使人善忘"。《黃帝内經》多用"善"字,如"善怒"(見《素問·宣明五氣》等篇)、"善忘"(見《靈樞·厥病》、《素問·玉機真藏論》等篇)、"善悲"(《素問·刺腰論痛》)、"善饑"(見《靈樞·經脈》、《素問·藏氣法時論》等篇)、"善食"(《素問·氣厥論》)、"善咳"(《素問·陰陽別論篇》)、"善嘔"(見《靈樞·終始》、《素問·刺熱》等篇)、"善脇下痛"(《靈樞·本藏》)、"善暴死"(見《靈樞·九宮八風》、《素問·六元正紀大論》)、"善病風"(《靈樞·五變》、《素問·金匱真言論》等篇)[1]等。上引《莊子》《内經》諸例,"善"字後賓語所指的行爲或情狀都是主體難以甚至完全不能控制的,這種"善"字當然也應該解釋爲"易"或"多"。《史記·太史公自序·論六家要旨》"名家使人儉而善失真","儉"各家都讀爲"檢"[2],下文中司馬談自己解釋説"名家苛察繳繞,使人不得反其意,專決於名而失人情,故曰'使人儉而善失真'","儉"似與"專決於名"相當,"失真"應與"失人情"相當。"失真"是由於人們受名家主張的拘束、"專決於名"而引起的必然結果,是接受名家主張的人自己難以控制的,所以"善失真"的"善"也應該訓爲"容易"或"多"。

帶賓語的"善"字有時還被用於無生物,如《史記·河渠書》"岸善崩"(亦見《漢書·溝洫志》),《溝洫志》顔師古注"善崩,言憙(喜)崩也",説岸"善崩"、"喜崩"都是擬人化的説法,其實就是説岸易崩、多崩。

不過,仔細體會起來,"善"跟"易"應該還有程度上的區別,如馬"善驚"似應理解爲馬很容易受驚,而不是一般的容易受驚。

"善"字訓爲"擅長"的用法與訓爲"易""多"的用法,都含有很"能"或很"會"的意思。現代漢語的"會"既可以用於主體自主的事情,如"他會唱歌"、"他會開車";也可以用於主體難以甚至完全不能自主的事情,如"天這樣冷,他衣服穿得少,會感冒的"、"得了這種病,常常會嘔吐"、"馬會受驚嗎";也可以用於主體是無生物的情況,如"天會下雨嗎"、"這段堤防會崩塌嗎"。古漢語的"善"與現代漢語的"會"在這方面比較相近。

---

[1]睡虎地秦墓竹簡日書甲種《柤宅》已有"園居東北,妻善病"一語(簡 22 背伍,參看睡虎地秦墓竹簡整理小組編:《睡虎地秦墓竹簡》,文物出版社,1990 年,211 頁),但前引竹添光鴻《會箋》所舉"善病"之例當取自《内經》,不過他略去了"病"字後説明所病症狀或部位的詞語。

[2]參看王叔岷:《史記斠證》,中華書局,2007 年,3466 頁。

（二）賓語爲事物名稱或其代詞

1.

“善”的賓語也有不少是某種事物的名稱或其代詞（通常作“之”），也就是“善”直接以事物名稱或其代詞“之”爲賓語①。《書·秦誓》“惟截截善諞言，俾君子易辭（段玉裁《古文尚書撰異》據《公羊傳·文公十二年》所引謂‘辭’應讀爲‘怠’）”，《説文·言部》：“諞，便巧言也。”“諞言”就是“便巧”的言語。清華簡《鄭武夫人規孺子》記鄭武夫人對其子即剛繼承武公之位的莊公説：“今吾君既枼（世），孺子如毋知邦政，屬之大夫。……孺子如恭大夫，且以學焉。如及三歲，幸果善之，孺子其重得良臣，四鄰以吾先君爲能叙。如弗果善，歾②吾先君而孤孺子，其罪亦足數也。”在我們略去的原文裏，還説到鄭武夫人自己不會去“亂大夫之政”，並要孺子也不要去“亂大夫之政”。“善之”的“之”即指上文所説的“邦政”，亦即大夫所處理的“政”。《國語·周語中》：“古之善禮者，將焉用全烝。”《論語·泰伯》“子曰：篤信好學，守死善道，危邦不入，亂邦不居，天下有道則見，無道則隱。”《莊子·大宗師》：“夫大塊載我以形，勞我以生，佚我以老，息我以死。故善吾生者，乃所以善吾死也。”③同篇：“故聖人將遊於物之所不得遯而皆存。善夭善老，善始善終，人猶效之，又況萬物之所係，而一化之所待乎。”《莊子·養生主》述庖丁言其解牛之事最後説他解牛之後“提刀而立，爲之四顧，爲之躊躇滿志，善刀而藏之”。《漢書·元帝紀》“元帝多材藝，善史書”（“善史書”之語又見同書《嚴延年傳》《外戚傳·孝成許皇后》，亦見《後漢書·樂成靖王黨傳》《和熹鄧太后傳》），史書，舊以爲“周宣王太史史籀所作大篆”，段玉裁《説文·叙》注已經指出“史書”爲隸書，善史書“猶古人之工楷書”④。《新論·離事》：“韓牧，字子臺，善水事。”《吳越春秋·勾踐陰謀外傳》：“（袁公）問於處女：‘吾聞子善劍，願一見之。’”時代稍後之例如“善《詩》”、“善《論》”（以上兩例見馬總《意林》卷五引西晉傅玄《傅子》）、“善草書”、“善音樂”、“善圍棋”（以上三例見《三國志》裴注引西晉張華《博物志》）、“善文章”（東晉袁宏《後漢紀·光武皇帝紀》、南朝宋范曄《後漢書·郅

①《現代漢語詞典》“事物”條釋義爲“指客觀存在的一切物體和現象”。我們所説的“事物”還包括抽象的觀念、制度等，可以説是最廣義的。

②此字讀爲“死”，是討論簡文此篇學者的意見，參看沈培《從釋讀清華簡的一個實例談談在校讀古文獻中重視古人思想觀念的效用》，收入復旦大學出土文獻與古文字研究中心編《出土文獻與傳世典籍的詮釋》，中西書局，2019年，113—123頁。

③此語重見於《大宗師》篇第二章和第五章，不少學者認爲出現在第二章的是錯簡。

④漢時官府中普遍設置的“史”是主管文書的，“史書”猶言當時官府文書中所用的字體。參看啓功《古代字體論稿》，文物出版社，1964年，27—30頁。

壽傳》。"文章"應指與經書、典籍有關的學問)、"善天文"(《後漢書·方士傳·高獲》)等,甚爲常見。以上所舉見於漢之後諸書之例所言皆爲漢人之事。

這種用例的意思,一般是說能把以所舉事物爲對象的某種或某些事做得很好,而這種或這些事是什麽在有關語境中通常是容易看出來的,但有時没有説出的意思雖然大體上可以體會到,要選一個把意思表現得全面、恰當的詞卻很困難。這也許是人們要使用這種句式的原因之一。下面對上引例子作一些解釋。《書·秦誓》的"善諞言",應指善於用便巧的言語對君上産生不好的影響。《鄭武夫人規孺子》篇所説的"幸果善之"就是説如果大夫真的能把政事處理得很好,"如弗果善"就是説如果最終處理得不好。《國語·周語中》的"善禮",應指能按照禮的精神原則把關於禮的事處理得很好,如果要説得簡單一點,也可以説是善爲禮("爲禮"之語先秦古書屢見。下面所説的"爲道"先秦古書亦屢見)。《論語·泰伯》的"善道",應指能按照道的精神原則把關於道的事處理得很好,也可以説是善爲道;"守死善道"就是説要很好地體道、行道,直至犧牲生命來守住道的原則,孔子説"志士仁人,無求生以害仁,有殺身以成仁"(《論語·衛靈公》),就體現了以死守道的精神。《莊子·大宗師》中作爲"善"字賓語的"夭""老""始""終""生""死"都應該看作是一種現象、狀態的名稱;"善吾生者,乃所以善吾死也"意思就是能很好地(也可以説正確地)對待我的生,就能很好地(或正確地)對待我的死;"善夭善老"就是能很好地(或正確地)對待夭、對待老的意思;"善始善終"的"始"和"終"其實也就指生和死,"善夭善老,善始善終,人猶效之,又況萬物之所係,而一化之所待乎",意思就是"(聖人)能很好地(或正確地)對待夭和老、生和死,一般人都還要效法他,何況是對'萬物之所係,而一化之所待'的道呢"。我們説,"善"有把事做得很好的意思,"做得很好"的一個重要方面就是做得正確[參看下文四(一)],從上引《大宗師》文的語境來看,"善"似以理解爲"能正確地對待"爲較貼切。還應指出,"善始善終"的"始"和"終"就像現在所説的"開始"和"終結"一樣,既可以理解爲名詞性的,也可以理解爲動詞性的,例如《史記·陳丞相世家》文末用"豈不善始善終哉"來評價陳平的一生,"善始善終"的意思就是"既善於開始,也善於終結",或者説"既能開始得很好,也能終結得很好"。但在上引《莊子》文中,顯然應該把"始""終"理解爲名詞性的。《莊子·養生主》"善刀"之"善",《經典釋文》以"猶拭"釋之,但"善"字本身业無"擦拭"之義,"善刀"也應該是"善"字直接以事物名稱爲賓語的一個例子。解牛後的刀當然需要好好擦拭,但也可能需要做塗油等其他保養工作,"善刀而藏之"似可理解爲認真把刀的清潔保養工作做好,把它藏起來。"善史書"是指善於寫隸書。"善水事"是指善於處理與治水有關的各種事。"善劍"是指善於用劍,也就是善於劍術。"善《詩》"、"善《論》"是説善於治《詩經》、治《論語》。"善草書"是指善於寫草書,"善音樂"是指精通音樂,"善圍棋"是指善於下圍棋。"善文章"、"善天文"是指精通文章、精通天文。我們今天還可以説"擅長英語"(擅長講英語、精通英語)、"擅長雜文"(擅長寫雜文)、"擅長圍棋"這一類話。當然,我們補出來的對有關對象所做的"事"大概也往往是不夠全面的。

2.

下面討論一些"善"後直接以事物名稱爲賓語,但對"善"字的性質存在不同理解的例子。

《論語·衛靈公》:"工欲善其事,必先利其器。""其事",與"其器"爲對文,指工所從事的工作。皇侃在串講時把《論語》此句説成"如欲其所作事善,必先磨利其器也"①,用我們現在的語法分析方法來説,他應該是把此句的"善"字看成是由形容詞充當的使動詞的。今人翻譯《論語》此句者如孫欽善譯爲"工匠想把他的活計做好,必須先使他的工具用起來便利"②,楊朝明譯爲"做工的人要把他的工作做好,必須先使他的工具得心應手"③,似乎都只將"利"看作由形容詞充當的使動詞,而把"善"的意思理解爲"做好",屬於《現代漢語詞典》"善"字的"辦好;弄好"這一義項④。所以"善其事"也應該屬於"善"直接以事物名稱爲賓語的例子。"工欲善其事",就是"工人要把他從事的工作做得很好"的意思。我們現在常用的"善後"一語,一般認爲出自《孫子·作戰》篇"雖有智者,不能善其後矣","謂妥善處理事情發生後的遺留問題"⑤,其實"善其後"的"後"可以理解爲後面的事情,"雖有智者,不能善其後矣"意思就是説即使是智者也處理不好這後面的事情了,"善其後"的結構與"善其事"相近。

《孟子·盡心上》:"故士窮不失義,達不離道。……古之人,得志,澤加於民;不得志,脩身見於世。窮則獨善其身,達則兼善天下。"近時出版的一些比較通俗的《孟子》讀本或成語詞典中,有的將"窮則獨善其身,達則兼善天下"譯爲"困窘時使自己完善,顯達時同時使天下人都完善"⑥,明顯把"善"看作使動詞。有的譯爲"不

① [梁]皇侃撰,高尚榘校點《論語義疏》,中華書局,2013 年,398 頁。
② 孫欽善《論語新注》,中華書局,2018 年,351 頁【校注】。
③ 楊朝明《論語詮解》,山東友誼出版社,2018 年,142 頁。
④ 《現代漢語詞典》,1133 頁。《現漢》對所收文言詞屬於名詞、動詞、形容詞者皆不注詞性,我們是把屬於這一義項的"善"看作動詞的,在上文的論述中已經表示出了這種看法。
⑤ 羅竹風主編《漢語大詞典》,漢語大詞典出版社,1986 年,444 頁。
⑥ 黃榮華《義者之言〈孟子〉選讀》,上海教育出版社,2017 年,60 頁。

做官就修養好自身,做官就治理好天下"①,似乎是取詞典中釋"善"爲"辦好;弄好"一類含義的。不過,有一種名爲《説成語話管理》的書在對上引《孟子》兩句的"釋義"中説:"善,使之善,指修養或治理。……窮困不得志時,就獨自把個人的才德修養好;得志做了大官,就同時也把天下治理好,讓老百姓都能得到好處。"②可見作上引後一種翻譯的人在語法分析上也不是没有可能仍把這裏的"善"看作使動詞的。我們認爲,《孟子》這兩句也是"善"直接以事物名稱爲賓語的例子。前面已經指出:這種用例的意思,一般是説能把以所舉事物爲對象的某種或某些事做得很好,而這種或這些事是什麼在有關語境中通常是容易看出來的。各家的解釋和翻譯中所説的"修養""治理",就是我們所説的在這種"善"字結構中没有明白説出來的"事"。但應指出,"治"除"治理,修治"之義外,也含有"修養"之義,《漢語大字典》"治"字條有"修養"這一義項,所引用例第一條是《荀子·解蔽》篇的"仁者之思也恭,聖者之思也樂,此治心之道也",《漢語大詞典》有"治心"條,釋義爲"修養自身的思想品德"。古有"治身""治躬"之語,如《韓非子·解老》"今治身而外物不能亂其精神,故曰'脩之身其德乃真'",《禮記·樂記》"致樂以治心則易直子諒之心油然生矣……致禮以治躬則莊敬……",所以如果用古漢語來説,"獨善其身""兼善天下"兩個"善"字後面没有説出來的"事"可以統一説成"治"。我們把《論語》的"善其事"解釋成"把他從事的工作做得很好","做得很好"的"做"其實也是這種結構中没有明白説出來的"事",但由於這一句的賓語就是"事",這種省而未説就不明顯了。

《吕氏春秋·先己》:"故善響者不於響於聲,善影者不於影於形,爲天下者不於天下於身。"從我們看到的幾種《吕氏春秋》的今譯看③,一般是將"善"看作由形容詞充當的使動詞的④,我們認爲,此條也屬於"善"與作爲賓語的事物名稱之間没有説出有關的"事"的例子。《吕氏春秋》這段話以"善響者不於響於聲,善影者不於影於形"來説明"爲天下者"必須先把自身修養好,"善響者不於響於聲,善影者不於影於形"的意思是説要把迴響弄得好(如要其音宏大清晰等),必須把産生迴響的

---

①朱瑞玫《實用寫作成語辭典》,北京燕山出版社,1990 年,161 頁。

②張兆端《説成語話管理 管理哲學》,群衆出版社,2016 年,34 頁。

③如許嘉璐主編《文白對照諸子集成·吕氏春秋》將此句翻譯爲:"要使回聲變得好些,不應著力於回聲,而應著力於聲源的改善;要使影子變得好些,不應著力於影子,而應著力於改善産生影子的原形;治理天下的,不應著力於天下,而應致力於修養自身。"(許嘉璐主編《文白對照諸子集成》中,吴金華、儲道立注譯《吕氏春秋》,廣西教育出版社等,21 頁)

④少數《吕氏春秋》的譯本把"善"譯成"了解/精通"(如黄碧燕譯注《吕氏春秋》第二版,廣州出版社,2004 年,36 頁;李春玲譯《吕氏春秋》,青海人民出版社,2004 年,26 頁),似明顯與句意不合。

聲音搞好,要把影子弄得好(如要影子顯得端正美好等),必須把產生影子的原形搞好。

3.

但是先秦漢語中也有帶賓語的"善"可能是使動詞的用例,如《禮記·樂記》:"樂也者,聖人之所樂也,而可以善民心。其感人深,其移風易俗,故先王著其教焉。""善民心"的"善",其用法可以看作與上引《孟子·盡心上》"善其身"之"善"相類,可以理解爲能把民心"治"得很好或修養得很好。但是,後面會説到,在先秦時代"善"字除了有"把事做得很好"的意思之外,也已經有了"把人做得很好"的意思,先秦時已有"善心"一語,但其含義與今天當"好心腸"講的"善心"不同,指的是想把事、把人做好的存心,《禮記·樂記》講先王"立樂之方"時就强調要使樂"足以感動人之善心"[四(二)],"善民心"也可以理解爲使民心變善,那麼"善"就是一個使動詞了。

4.

郭店《語叢三》簡 47:"莫得膳(善)其所。"此句顯然上有所承①,由於語境不明,難以確解,推測"善其所"也是"善"字直接帶事物名稱爲賓語的用例。"善"後没有説出來的行爲比較可能的是"處"或"擇",句意似可理解爲"不能/没有人能很好地處在他的位置上",或"不能/没有人能很好地選擇他的位置(或選擇到他合適的位置)"。

(三)賓語指人或國家之類的對象

在"善"字帶事物名稱的格式裏,有一種相當常見的用法,其有關情況比較複雜,需要專門討論一下。在這種用法裏,"善"的賓語指的是人或國家之類的對象。這種"善"字的基本意義是能把跟所説對象的關係搞得很好或跟所説對象關係很好,具體理解起來,可有"友好""交好"等意義。在施事者的地位低於受事者的情況下,或有"討好"的意思(參看下舉《左傳·襄公七年》叔仲昭伯"欲善季氏"一例),在施事者的地位高於受事者的情況下,則往往可以把"善"理解爲"善待""善視"②。下

①原整理者認爲此簡與其前簡 46"强之樹也,强取之也"可以繫聯(荆門市博物館《郭店楚墓竹簡》,文物出版社,1998 年,211 頁),李零則認爲此簡應與簡 28"未有其至,則仁治者"繫聯(李零《郭店楚簡校讀記》,原載陳鼓應《道家文化研究》第 17 輯:郭店楚簡專號,1999 年,527 頁),是否正確,都有待進一步研究。

②"善待""善視"之語見於先秦古書。"善待"之例如《戰國策·秦策一》"陳軫去楚之秦"章説秦王"善待"陳軫,同書《燕策一》"初蘇秦弟厲因燕質子而求見齊王"章説齊"善待"蘇代、蘇厲。"善視"之例如《左傳·成公三年》説晋荀罃"善視"在他被囚於楚時曾打算營救他的那個賈人,《左傳·昭公十二年》記楚靈王向其親信大臣右尹子革稱贊左史倚相的長處,要他"善視"倚相,"善視"之"視"含重視、護視之義。

面舉出漢以前古書中"善"字直接帶指人或國家之類對象的賓語的例子,並加以
説明。

1.

《國語·晉語二》記晉公子重耳出奔在狄,其父晉獻公薨,大臣里克及丕鄭欲
納重耳,派使者至狄迎重耳歸,重耳從舅犯之謀加以拒絶,他對使者説:"夫固國者,
在親衆而善鄰,在因民而順之。苟衆所利,鄰國所立,大夫其從之。重耳不敢違。"
重耳所言"善鄰"之"鄰",即指其後面所説的"鄰國"。《左傳·隱公六年》"鄭伯請
成于陳,陳侯不許。五父諫曰:'親仁善鄰,國之寶也,君其許鄭。'"五父所説的"善
鄰"明顯與上例中重耳所説的"善鄰"同義,"善鄰"就是能與鄰國搞好關係。《左
傳·哀公十五年》記齊國權臣陳瓘與魯國敵對,他受命使楚,經過衛國,仲由(即孔
子弟子子路,當時應在衛國)勸説他對魯國改變態度,最後説:"若善魯以待時,不亦可
乎。何必惡焉?""善魯"就是與魯國搞好關係,也就是交好。《戰國策·秦策四》記
楚人黄歇(即春申君)説秦昭王曰"天下莫强於秦、楚,今聞大王欲伐楚,此猶兩虎相
鬥而駑犬受其弊,不如善楚","善楚"與上例"善魯"意義相類。《左傳·成公十四
年》記衛國的孫文子因懼怕衛國會發生内亂,"不敢舍其重器于衛,盡寘諸戚(戚爲
孫文子的封邑),而甚善晉大夫","甚善晉大夫"就是努力與晉國的大夫搞好關係的
意思。《戰國策·魏策四》説魏臣"周最善齊,翟强善楚","善齊""善楚"就是説與
齊國或楚國的關係好。《左傳·成公二年》説"知罃之父"即知莊子"新佐中軍,而
善鄭皇戌","善鄭皇戌"就是説知莊子與皇戌的關係很好,也就是很友好的意思(這
種某人善某人之例在《吕氏春秋》《史記》《漢書》等書中屢見,不贅引)。《左傳·襄公七
年》:"南遺爲費宰(費爲魯季孫氏的主要封邑),叔仲昭伯爲隧正,欲善季氏而求媚于
南遺,謂遺:'請城費,吾多與而役。'""欲善季氏"就是要與季氏搞好關係,當時季
氏執魯國之政,叔仲昭伯其實就是要討好季氏,所以此文接著就説叔仲昭伯用多提
供城費的徒役來取悦南遺。《左傳·隱公六年》記鄭伯朝見周桓王,桓王不以禮相
待,周桓公批評桓王説:"我周之東遷,晉鄭焉依。善鄭以勸來者,猶懼不蔇,況不禮
焉? 鄭不來矣。""善鄭"之"善"應該就是"善待"的意思,"善鄭"也就是禮遇鄭國
以搞好關係的意思。《左傳·哀公十六年》:"楚大子建之遇讒也,自城父奔宋,又
辟華氏之亂於鄭,鄭人甚善之。"這裏的"鄭人"實際上指鄭的統治者,"善"應是"善
待"的意思。清華簡《繫年》第六章叙重耳出奔在外之事説:"文公十又二年居翟,
翟甚善之,而弗能入;乃適齊,齊人善之;適宋,宋人善之,亦莫之能入。乃適衛,衛
人弗善。適鄭,鄭人弗善……"(簡36—38)"弗善"也就是"不善之",此文中的幾個

"善之"也都是"善待之"的意思。《國語·晋語四》記重耳出亡在齊,"齊侯妻之,甚善焉","甚善焉"就是説甚善重耳,"甚善焉"應與前引《左傳·哀公十六年》的"甚善之"義近①。《吕氏春秋·應言》記"魏令孟卬割絳、汾、安邑之地以與秦王。王喜,令起賈爲孟卬求司徒於魏王。魏王不説",孟卬知道後,對魏王説:"王何疑秦之善臣也? 以絳、汾、安邑令負牛書與秦,猶乃善牛也。""善臣""善牛"應該是善視、善待臣或牛的意思。《戰國策·齊策四》記孟嘗君欲合縱攻秦,先派公孫弘去摸清秦王的底細②,公孫弘與秦昭王在語言上進行了一番較量,昭王最後表態説:"寡人善孟嘗君,欲客之必諭寡人之志也!"(上引之事亦見於《吕氏春秋·不侵》,語言大體相同)秦昭王這裏所説的"善"應該也是"善視"的意思,"寡人善孟嘗君"意思就是説寡人很看重孟嘗君。

2.

《左傳》中有五處説到某人"善於"某人,其例如下:

(1)《左傳·僖公二十六年》:"宋以其善於晋侯也,叛楚即晋。"

(2)《左傳·成公十一年》記"宋華元善於令尹子重,又善於欒武子",通過他的努力,"合晋楚之成"。

(3)《左傳·襄公二十七年》記"宋向戌善於趙文子,又善於令尹子木",通過他的努力,促成了晋、楚等國的弭兵之會。

(4)《左傳·昭公八年》記齊國高氏宗子公孫蠆(字子尾,惠公之子公子高之子)死後,欒氏宗子欒施(字子旗,惠公之子公子欒之孫)殺了高氏原來的家宰,爲繼承公孫蠆的高强(子良)另立家宰,高氏懷疑欒施有吞併高氏之心,"授甲將攻之",齊大夫"陳桓子善於子尾,亦授甲,將助之"。

(5)《左傳·昭公十四年》:"秋八月,莒著丘公卒,郊公不慼,國人弗順,欲立著丘公之弟庚輿。蒲餘侯惡公子意恢而善於庚輿,郊公惡公子鐸而善於意恢。公子鐸因蒲餘侯而與之謀,曰:'爾殺意恢,我出君而納庚輿。'許之。"

(6)上博簡《曹沫之陣》篇中有兩處説到"善於民":"臣(曹沫自謂)聞之曰:鄰邦之君明,則不可以不修政而善於民。不然,恐亡焉。鄰邦之君無道,則亦

---

① "焉"可訓"之",參看裴學海《古書虚字集釋》,中華書局,1054 年,96—101 頁。但這種"焉"字似乎還有一種表示語氣的成分,參看吕叔湘《中國文法要略》,收入《吕叔湘全集》,遼寧教育出版社,2002 年,278 頁。我們覺得,在此例中,"甚善焉"也許可以理解爲"甚善之也",語氣詞"焉"其作用有時與"也"相近,參看裴學海《古書虚字集釋》,102 頁。

② 本文此處對《戰國策》原文之意的撮述,參考了朱本軍《政治遊説:〈戰國策〉譯讀》,首都師範大學出版社,2015 年,387—388 頁。

不可以不修政而**善於**民。不然,無以取之。"(簡5—6)這是在"善"和指某種人的賓語之間加"於"的例子。

其他古書如《戰國策》《韓非子》《史記》等書也頗有在這類"善"字與指某國或某人的賓語之間加"於"的例子。

《戰國策》中此類例子較多,我們舉比較重要的幾例:

(7)《韓策三》"建信君輕韓熙"章説趙國的執政者建信君輕視韓國的執政者韓熙,趙敖勸諫建信君,指出:在合縱對付秦國時,韓的地位其實最爲重要,"今君之輕韓熙者,交善楚、魏也。秦見君之交反**善於**楚、魏也,其收韓必重矣"。

(8)《西周策》"犀武敗"章記西周君想派其相周足至秦請求秦軍不要繼續進攻西周,有人爲周足謀劃説:您應該先在君前説明:"主君之臣,又(有①)秦重而欲相者,且惡臣於秦,而臣爲不能使矣。臣願免而行,君因相之,彼得相,不惡周於秦矣。""君重秦,故使相往,行而免,且輕秦也,公必不免。公言是而行,交**善於**秦,是公之成事也;交惡於秦,不**善於**公者且誅矣。"

(9)《齊策一》"靖郭君善齊昆辨"章説:"威王薨,宣王立,靖郭君之交大不**善於**宣王,辭而之薛。"

(10)《楚策四》"或謂黃齊"章記楚威王即位之初,黃齊和富摯二位大臣關係不好。"或謂黃齊曰:'人皆以謂公不**善於**富摯……今富摯能(金正煒以"能"爲"寵"字形誤②)而公重不相善也,是兩盡也。……今也王愛富摯而公不善也,是不臣也。'"

(11)《魏策一》"張儀惡陳軫於魏王"章:"儀(按:指張儀)**善於**魏王,魏王甚愛之。"(同書《楚策三》"陳軫告楚之魏"章記同一事,此句作"儀善於魏王,魏王甚信之"。)

《韓非子·內儲説下》舉了戰國時身爲一國大臣而與他國勾結的四個事例,在講到其人與他國的關係時都用"善於":

(12)翟璜,魏王之臣也,而**善於**韓……

(13)司馬喜,中山君之臣也,而**善於**趙……

①(清)金正煒《戰國策補釋》指出此"又"讀爲"有"(見諸祖耿《戰國策集注彙考》,江蘇古籍出版社,1985年,110頁注[三]),可信。

②金正煒説,見諸祖耿:《戰國策集注彙考》,833頁注[五]。

（14）吕倉，魏王之臣也，而**善於**秦、荆……

（15）陳需，魏王之臣也，**善於**荆王……

同篇又講到：

（16）秦侏儒**善於**荆王而陰有善荆王左右，而内重於惠文君（按：即後來稱王的秦惠王）。荆適有謀，侏儒常先聞之以告惠文君。

《史記》的例子將在後面提到。

這種加在“善”與指某國或某人的賓語之間的“於”，其作用似可分爲兩種。第一種是引出處在賓語地位的施事者，在上古漢語中“於”字的這種用法是常見的。第二種起加强語氣的作用。何樂士在討論《左傳》中介詞“于”和“於”的時候在“引進動詞的賓語”這一小節中指出：在《左傳》中有些動詞“大多數情況下都是用作及物動詞，直接帶受事賓語；可是在一定的語言環境中，爲了表示强調或其他原因，卻用‘于’或‘於’（主要是‘於’）把受事賓語引進來，形式上是動補式，實際是動賓結構的一種變式。此式中的‘于’和‘於’主要起加强語氣的作用”①。她所舉的例子及其具體分析大部分可信②。我們認爲，如果在“善”與其賓語之間加上“於”字，而其後的賓語仍指受事者而不是施事者，這種“於”字就應該屬於上引何樂士文所指出的那種“於”字的範圍，其作用是强調賓語、“加强語氣”。下面我們就來具體分析一下前面舉出的那些例子。

從所舉《戰國策》的例子可以比較明顯地看出，“善”和賓語之間的“於”有的屬於第一種，有的屬於第二種。第（7）例中的“交”指人或國之間的交接（“接”指接觸）、交往，第（8）（9）例“交”字同。《戰國策·趙策三》“秦攻趙於長平”章“昔者三晋之交於秦，相善也”，第（7）例的“交善楚、魏”就是與楚、魏交而相善的意思，其下一句中楚、魏仍是“善”的受事賓語，但其前加上了“於”字，這個“於”字應該是加强語氣的。第（8）例的“交善於秦”、“交惡於秦”就是與秦交而善於秦、與秦交而惡於秦的意思，高誘《戰國策》注在“交善於秦”下釋曰：“爲秦所善也。”③高氏没有注“交惡於秦”句，但他應該是將此句理解爲爲秦所惡的。高氏把“於”字後的“秦”看

①何樂士：《〈左傳〉虛詞研究》修訂本，商務印書館，2004 年，102 頁。

②張玉金在《出土戰國文獻虛詞研究》中認爲，戰國出土文獻中也有在動作動詞（引者按：張玉金把有關動詞限制在他所謂的“動作動詞”的範圍内，何樂士所舉動詞則不限於所謂“動作動詞”，但張玉金自己所舉出的動詞實際上有一些也並不限於他所謂的“動作動詞”的範圍）和受事賓語之間加“于/於”，以“强調賓語”、“加强語氣”的現象。（人民出版社，2011 年，47—48 頁）但他所舉實例似頗有可商榷之處。我們説“於”有“强調賓語”的作用，此説取自張書。

③諸祖耿：《戰國策集注彙考》，110 頁注［九］。

成施事者,這是很正確的,"交善於秦"應該是與秦交而爲秦所友好對待的意思。"惡於秦"與上文所説西周君朝廷上覷覦相位者將"惡臣於秦""惡周於秦"相應。在當時形勢下,西周交秦,結果是好是壞,其主動權完全操在秦國手裏,把"善於秦"、"惡於秦"理解爲"爲秦所善"、"爲秦所惡"是完全合理的,所以"善於秦"的"於"是引出施事者的。末句的"不善於公者"就指西周君朝廷上與周足關係不好的覷覦相位者,"公"應是"不善"的受事者,所以"公"上的"於"字是起加強語氣的作用的。在此例中,我們所説的兩種"於"並見。第(9)例"靖郭君之交大不善於宣王"句的意思應該是説靖郭君在與齊宣王的交接、交往中,大爲宣王所不善,也就是靖郭君與齊宣王的關係搞得很不好的意思。《吕氏春秋·知士》篇有與《戰國策》此章相同的内容(但"齊昆辨"作"劇貌辯"),此句文字相同,高誘《戰國策》注在此句下釋曰:"宣王不善之也。"同人《吕氏春秋》注在此句下釋曰:"交,接也。大不爲王所善也。"①高氏將"於"字後的齊宣王看作施事者,也是正確的。第(10)例"公不善於富摯"中的"富摯"應該是受事者,這個"於"是起加強語氣的作用的。第(11)例從文意看,"儀善於魏王"似應理解爲張儀爲魏王所善,"於"也是引出施事者的。

《韓非子》最後一例(即例16)提到的"侏儒"地位很低,"善於荆王"應該是爲荆王所善視、善待的意思,"陰有善荆王左右"是説他憑藉荆王之寵主動去與荆王左右搞好關係,這一句的"善"後面就没有加"於"。我們引出的前四例(即例12—15)句子的意義,可以理解爲某人身爲某國大臣,又爲自己去搞好與他國的關係,這樣"於"字就應該屬於我們所説的第二種;也可以理解爲某人身爲某國大臣,又爲他國所"善",這樣"於"字就應該屬於我們所説的第一種。到底應該怎樣看,很難斷定。第(15)例不説善於荆而説"善於荆王","於"字屬於第一種的可能性似較大,但也不能完全排斥屬於第二種的可能性。

上舉《曹沫之陣》一例(例6)是在"善"與指某種人的賓語之間加"於"的例子。從文意看,"於"應該是起強調語氣的作用的。《曹沫之陣》記魯莊公與曹沫之間的問答,我們引出的曹沫之語指出,無論"鄰邦之君"是賢明的還是無道的,君都必須"修政而善於民","善於民"的意思就是要很好地對待人民,也就是要把與人民的關係搞得很好。在"善"後加"於"是爲了強調善民的重要性。

《左傳》的例子中,第(1)例需要作較多的討論。僖公二十六年《春秋經》記:"冬,楚人伐宋,圍緡。"《左傳》解釋説:"宋以其善於晋侯也,叛楚即晋。冬,楚令尹子玉、司馬子西帥師伐宋,圍緡。"杜預對"宋以其善於晋侯也"句注曰:"重耳之出

①諸祖耿:《戰國策集注彙考》,483 頁注[一二]。

也,宋襄公贈馬二十乘也。"①後人多從之。按照這種解釋,"晋侯"是受事者,"於"應該是起强調語氣的作用的。《史記·宋世家》在宋成公三年(即魯僖公二十六年,前634年)記宋"倍楚盟親晋,以有德於文公也",所謂"有德於文公"顯然就指重耳出奔時宋曾厚待重耳之事。但是,重耳過宋在魯僖公二十三年(前637年),至魯僖公二十六年時晋文公在位已有三年,對此時宋"叛楚即晋"的原因,似不應只提往事而不涉及宋與晋在當時的關係。晋文公即位後,由於在出奔時曾受到宋的厚待,一定會善視、善待宋國,宋人當是因此而"叛楚即晋"的。所以,"善於晋侯"應該是爲"晋侯"所善視、善待的意思,"於"字起引出施事者"晋侯"的作用。從文意上看,其他四例(即例2—5中),出現在"善於"之後的都應該是受事者,"於"當起强調語氣的作用。《史記·宋世家》在宋共公十年(前579年)記"華元善楚將子重,又善晋將欒書,兩盟晋楚",在講華元與令尹子重和欒武子的關係時,在"善"後未用"於"字,似可作爲《左傳》第(2)例中"善於"之"於"起的是加强語氣的作用的旁證。華元與欒武子和令尹子重二人都有良好的關係,是他能促成弭兵的重要條件,《左傳》大概是因此在兩個"善"字後面加上"於"字的。由於行文時應否加强語氣不同的作者可以有不同的想法,所以在記述同一件事的時候,在"善"字後有人加"於",有人不加"於",是不足爲怪的。

我們也可以找到《史記》與其他先秦古書記述同一件事時其他古書只説"善"而《史記》説"善於"的例子。《戰國策·秦策一》和《史記·張儀列傳》都記有"張儀惡陳軫於秦王"之事,所用言語也相當接近,當出自或輾轉出自同一原始文獻。《秦策一》"張儀又惡陳軫於秦王"章開頭説:

> 張儀又惡陳軫於秦王,曰:"軫馳楚、秦之間,今楚不加善秦而善軫,然則是軫自爲而不爲國也。"

《張儀列傳》相應之文作:

> 張儀惡陳軫於秦王曰:"軫重幣輕使秦、楚之間,將爲國交也。今楚不加善於秦而善軫者(王叔岷《史記斠證》案:《御覽》引作'今楚不善於秦而善於軫'。《長短經》同②),軫自爲厚而爲王薄也。"

《戰國策》作"加善秦",《史記》則作"加善於秦"。據《太平御覽》等所引,"善軫"《史記》亦作"善於軫"。

---

①(清)阮元校刻:《十三經注疏·春秋左傳正義》,中華書局,2009年,3954頁。
②王叔岷:《史記斠證》,2257頁。

　　馬王堆帛書中,有性質與《戰國策》相類的、爲整理者定名爲《戰國縱橫家書》的一種,此帛書含二十七章,各章所記之事頗有已見於《戰國策》或《史記》者,所用言語也相當接近。其中有七章既見於《戰國策》也見於《史記》,有三章只見於《戰國策》,有一章只見於《史記》。只見於《史記》的是《蘇秦謂陳軫章》,此章末句作:

　　　　……□□善公而[惡張][247] 儀多資矣。[248]①

《史記·田齊世家》相應之文的末句作:

　　　　……此其善於公而惡張子多資矣。

"善"後加"於"字。

　　這兩例應該是《史記》爲了加强語氣而在"善"後加"於"的,估計在《史記》《戰國策》《戰國縱橫家書》所自出的原始文獻中,"善"後是不加"於"字的。

　　此外,《史記》中還有兩處出現這種"善於":

　　　　《管蔡世家》:"初,晋公子重耳其亡過曹,曹君無禮,欲觀其駢脅。釐負羈諫,不聽,私善於重耳。"

　　　　《晋世家》記重耳出奔過宋,"宋司馬公孫固善於咎犯,曰:'宋小國新困,不足以求入,更之大國。'"

這兩例中的"於"所起的作用,應與上二例同。"善"後加"於"引出施事者的例子未見於《史記》。

　　3.

　　如果在表示彼此能搞好關係的"善"字前加上"相"字,涉及的雙方或多方就都要出現在"相善"之前。如前面已經提到過的"昔者三晋之交於秦,相善也"(《戰國策·趙策三》"秦攻趙於長平"章。此語亦見《史記·平原君虞卿列傳》,"昔者"作"他日"),"今富摯能(金正煒以'能'爲'寵'字形誤)而公重不相善也"(《戰國策·楚策四》"或謂黄齊"章)。下面再舉幾個例子:

　　　　(1)《國語·晋語四》:"公子過宋,與司馬公孫固相善。"
　　　　(2)《吕氏春秋·不廣》:"鮑叔、管仲、召忽,三人相善,欲相與定齊國。"

────────────

①裴錫圭主編:《長沙馬王堆漢墓簡帛集成》第三册《戰國縱橫家書》,中華書局,2014年,254頁。帛書"公"字上有嚴重殘損,原整理者據《史記》釋爲"此其善於公",《集成》整理者郭永秉據帛書"公"上之字右邊所存殘筆判定其爲"善"字,"善""公"之間並無"於"字地位(254頁注[二四]),故釋作"□□善公"。今從之。

(3)《史記·刺客列傳》:"[田光]僂行見荆卿曰:'光與子相善,燕國莫不知。'"

(4)《漢書·張敞傳》:"[張]敞與蕭望之、于定國相善。"

(四)"善"與"能"的比較

1.

從上面對"善"字意義的分析可以知道,"善"與"能"在語義上關係很密切(參看下文)。很值得注意的是,"能"字也有直接以事物名稱或其代詞"之"爲賓語的用法①。在這種格式中,"能"與賓語之間没有説出來的支配賓語所指對象的那種行爲,在有關語境中通常也是容易看出來的。

在我們看到的較多用例中,可以在"能"後補出的表示有關行爲的,是"任"、"爲"(有"做""從事""成爲"等義)、"治"(治理)一類意義的字,舉例如下:

(1)《國語·晋語四》:"狐毛卒,使趙衰代之,辭曰:'城濮之役,先且居之佐軍也善,軍伐有賞,善君②有賞,<u>能其官</u>有賞。且居有三賞,不可廢也。'""能其官",韋昭注"能領治其官職,使不謬誤",也就是勝任其官職的意思。

(2)清華簡《湯處於湯丘》:"湯曰:……先人有言:<u>能其事</u>而得其食,是名曰昌;未<u>能其事</u>而得其食,是名曰喪;必使事與食相當。"(6—7簡)"能其事"也就是勝任其事,做好其事。

(3)《禮記·祭統》:"故曰禘嘗之義大矣,治國之本也,不可不知也。明其義者,君也。<u>能其事</u>者,臣也。不明其義,君人不全;<u>不能其事</u>,爲臣不全。""能其事"就是能爲其事、能治其事的意思。

(4)《論語·先進》:"'赤!爾何如?'對曰:'非曰<u>能之</u>,願學焉。宗廟之事,如會同,端章甫,願爲小相焉。'""能之"就是"能爲之"的意思,鄭注把"願學焉"説成"願學爲之"③,可見他就是把"能之"理解爲"能爲之"的,"之"就指下文所説的宗廟會同之事。

---

① 過去很多研究漢語語法的人狃於他們所熟悉的英語語法,把"能"看作助動詞。其實漢語動詞没有形態變化,跟在"能"字後面的動詞及其有關詞語完全可以看作"能"的賓語,"能"字後面可以直接帶事物名稱或其代詞"之",更可以證明"能"的動詞性質。

② 根據我們上文對"善"直接帶指人的賓語時所表示的意義的分析,"善君"可以理解爲將自己與君的關係處理得很好。根據具體語境,這裏的"善君"可以簡單地理解爲"善事君",韋昭注"以道事其君",是很有道理的。

③ (清)阮元校刻:《十三經注疏·論語注疏》,中華書局,2009年,5430頁。

(5)《淮南子·兵略》:"凡此五官之於將也,猶身之有股肱手足也,必擇其人,技能(今人多從清人于鬯之説以'能'爲衍文①)其才,使官勝其任,人**能其事**。"此文以"勝其任"與"能其事"對舉,"能其事"其實也就是勝任其事的意思。

(6)《左傳·昭公二十九年》:"(魏)獻子曰:'社稷五祀,誰氏之五官也?'(蔡墨)對曰:'少皞氏有四叔,曰重、曰該、曰脩、曰熙,**實能金木及水**。使重爲句芒,該爲蓐收,脩及熙爲玄冥,世不失職,遂濟窮桑,此其三祀也。……'"杜預在"實能金木及水"下注曰:"能治其官。"②"官"就指分别治理"金木及水"的句芒、蓐收及玄冥三官。

(7)《吕氏春秋·勿躬》:"聖王**不能二十官之事**(引者按:指上文所説自'大橈作甲子'至'巫咸作筮'這二十件事),然而使二十官盡其巧、畢其能,聖王在上故也。聖王之所不能也,所以**能之**也,所不知也,所以知之也。""不能二十官之事"就是説不能爲二十官之事。"聖王之所不能也,所以能之也"中的"不能"和"能之"也應該理解爲"不能爲"和"能爲之",這句話的意思應該是説,正由於聖王不親自去做"作甲子""作筮"等事,這些事才能做出來。此句之後的"所不知也,所以知之也"句,跟前一句説的其實是一回事,古書中"知""爲"之義有時可以相通,《國語·周語中》"知晉國之政"韋昭注曰:"知政謂爲政也。"《吕氏春秋·長見》篇"三年而知鄭國之政"高誘注曰:"知猶爲也。"③第二句的"知"與第一句的"能(能爲)"相當。

(8)《國語·周語上》記"襄王使太宰文公及内史興賜晉文公命",晉文公在接受王命、款待使臣等場合所用的禮儀都非常得當,毫無失禮的地方,内史興回來後對襄王贊揚了晉文公的這些表現,並總結説:"晉侯其**能禮**矣,王其善之!"④"能禮",韋昭注曰:"言能行禮。""行""爲"義近。

(9)《左傳·昭公七年》:"九月,公至自楚,孟僖子病不能相禮,乃講學之,苟**能禮**者從之。""能禮"也是"能爲禮"的意思。上句"孟僖子病不能相禮"的"相"字,陸德明《釋文》本無,臧琳、惠棟、王引之皆以爲衍文⑤,説頗有據。如原文確無"相"字,"不能禮"也應是"不能爲禮"的意思。

(10)《左傳·成公九年》記晉侯在軍府看到被羈拘的楚囚鍾儀,"問其族,對

---

①何寧撰:《淮南子集釋》,中華書局,1998年,1059頁。

②(清)阮元校刻:《十三經注疏·春秋左傳正義》,中華書局,2009年,4613頁。

③參看(清)王引之:《經義述聞·周易下·乾知大始》所引王念孫説(第一册118頁)。

④"善之"可理解爲善待之,也可以説就是要把跟晉文公的關係處理得很好的意思。這種"善"字的用法參看上文一(三)1.。

⑤(清)王引之:《經義述聞·春秋左傳下·不能相禮》,第三册1109—1110頁。

曰：'泠人也。'公曰：'**能樂**乎？'對曰：'先父之職官也，敢有二事？'使與之琴，操南音。"“能樂乎"可以理解爲"能爲樂乎"，《論語·陽貨》記宰我之語"君子三年不爲禮，禮必壞；三年不爲樂，樂必崩"，"爲禮""爲樂"是古人常説的話，從上引成公九年《傳》下文看，似可進一步把我們所説的"能爲樂"具體理解爲能作樂、能奏樂。

（11）《禮記·仲尼燕居》："子曰：禮也者，理也。樂也者，節也。君子無理不動，無節不作。不**能**《詩》，於禮繆。不**能樂**，於禮素。薄於德，於禮虛。"“不能《詩》""不能樂"可以理解爲不能爲《詩》，不能爲樂。《論語·陽貨》篇"人而不爲《周南》《召南》，其猶正墙面而立也與"，《荀子·大略》篇"善爲《詩》者不説"，"爲《周南》《召南》"也是"爲《詩》"。但從具體語境看，似乎還可以把"能《詩》""能樂"更具體地理解爲"能用《詩》""能用樂"，古書"爲""用"之義可以相通①。"不能《詩》，於禮繆。不能樂，於禮素"，這兩句的意思是説：不能用《詩》，行禮時就會發生謬誤；不能用樂，禮就會顯得太過簡樸。這兩句的"能"如果改爲"知"，大體上也能表示出這種意思。有些翻譯《禮記》的人將"不能《詩》""不能樂"翻譯爲"不懂《詩經》""不懂樂"，是頗爲可取的。

（12）《左傳·僖公二十八年》記晋文公處死了在城濮之戰中違背軍令的三個臣下，並稱贊文公説："君子謂文公其**能刑**矣，三罪而民服。詩云：'惠此中國，以綏四方。'不失賞刑之謂也。"“能刑"，就是"能爲刑""能用刑"，也可以説就是知刑。

（13）睡虎地秦簡《日書甲種·詰》篇有一則説如果某家的井水帶血而發臭，那是由於地蟲在下面相鬥，血從下面洩漏了出來，要用沙填没此井，另挖新井，讓家人吃蒸米飯、喝霜露水三天，"乃**能人**矣"，如果不這麼做，使用有問題的井水三個月，"而非人也，必枯骨也"。"乃能人矣"與下文"而非人也，必枯骨也"相對，後者是説家人會死掉，"乃能人矣"應該理解爲"乃能爲人矣"，意思就是家人就能存活了。

（14）《老子》10章："專氣致柔，**能嬰兒**乎？"“能嬰兒乎"可以理解爲"能爲嬰兒乎"，這個"爲"是"成爲""如同"的意思。

（15）清華簡《繋年》第九章："晋襄公卒，靈公高幼，大夫聚謀曰："君幼，未可奉承也，毋乃不**能邦**？猷求强君。"（簡50）

（16）《左傳·文公十二年》記秦國派西乞術去魯國聘問，西乞術的應對非常得體，魯國大臣襄仲稱贊説："不有君子，其**能國**乎？國無陋矣。"上引《繋年》"毋乃不能邦"中的"不能邦"、文公十二年《傳》文"其能國"中的"能國"的"能"都可以理解爲"能爲"，"爲"在這裏有"成爲""像"一類意思。"毋乃不能邦"就是晋國"恐怕就

---

①參看（清）王引之：《經傳釋詞》，嶽麓書社，1984年，44頁。

不成爲/不像一個國家了"。"不有君子,其能國乎"就是"没有君子,難道能成爲一個國家嗎"。

(17)較晚的常用語中有"能文能武"一語,《詩·小雅·六月》"文武吉甫,萬邦爲憲"宋朱熹《集傳》曰:"非文無以附衆,非武無以威敵,能文能武,則萬邦以之爲法矣。""文武"在這裏指文事、武事。"能"也應該理解爲"能任""能爲"。

由於"能"應該理解爲"能任""能爲"的用例很多,有的辭書爲"能"單立了一個"勝任、能做到"的義項①。

在這裏,還有必要談一下可以理解爲"能任"的"能"字與"耐"字的關係問題。"任"不但有"擔任"義,也有"禁受,擔當"之義②。"能"與"耐"古音之蒸對轉,二字可通。古書中屢見當"能承受"也就是"禁得起"講的"能"字,過去多將它讀爲"耐"(如《漢書》顔師古注就屢次讀這種"能"爲"耐",《漢書·食貨志》"能風與旱"、《趙充國傳》"漢馬不能冬"等顔注皆曰:"能,讀曰耐。"後人多從之)。我們懷疑這種"能"字就是應該理解爲"能任"的"能"。"耐"字本指一種刑名(參看《説文》"耏"字),當"禁得起"講的"耐受"的"耐",其實本是從應該理解爲"能任"的"能"滋生出來的一個詞。不過,由於"能""耐"音近,古書中也有不少應該讀爲"能"的"耐"字③。

2.

又有一些用例,"能"與其賓語間可以補出"及"字。例如:

(1)《國語·晉語八》記叔向見韓宣子,韓宣子憂己之貧,叔向卻向他道賀,宣子問其故,叔向指出以前欒武子貧而有德,得到大家的尊敬,郤氏富而無德,遭到滅亡的命運,最後説:"今吾子有欒武子之貧,吾以爲**能其德**矣,是以賀。若不憂德之不建,而患貨之不足,將吊不暇,何賀之有?""能其德"可以理解爲"能及其德",叔向的意思是説:"現在您有了欒武子之貧,我認爲您的德業也是能趕上欒武子的。"《論語·子張》:"子游曰:'吾友張也,爲難能也,然而未仁。'"何晏《集解》引包咸注:"言子張容儀之**難及**。"皇侃《義疏》:"子游言吾同志之友子張,容貌堂偉,**難爲**

---

① 羅竹風主編:《漢語大詞典》,1266頁。《大字典》《辭源》《辭海》"能"字條也有類似義項,但都不説"能做到"而説"能够"。《大字典》"能"字條此義項没有説"勝任"。

② 參看《漢語大詞典》"任"字條。

③ 《荀子·仲尼》篇有下引文字:"求善處大重,理(俞樾以爲衍文)任大事,擅寵於萬乘之國,必無後患之術,……能耐任之,則慎行此道也;能而不耐任,且恐失寵,則莫若早同之,推賢讓能而安隨其後。""能耐任之"與"能而不耐任"二句之意難通,王念孫《讀書雜志》已經指出:"兩'能'字皆衍文。'耐'即'能'字也。"[(清)王先謙撰,沈嘯寰、王星賢點校:《荀子集解》,中華書局,1988年,111頁]頗疑二句"耐"下"任"字亦爲誤衍之文,"耐(能)之"即可解爲"能任之"。

人所能及,故云爲難能也。"①他們把"難能"理解爲"難及"、"難爲人所能及",可以參考。

(2)郭店簡《性自命出》篇中有一段講觀察"學者"(當指從學、求學者)心中真情的方法的文字(全段文字後文第141頁注①已經引出並略有解釋,請參看),其中有"雖**能其事**,不**能其心**,不貴"句,我們認爲這兩個"能"似也可以理解爲"能及",此句的意思是説:"其認識只能達到事的層面,而不能達到心的層面,那是不足貴的。"

可以理解爲"能及"的"能"字,在古書中多出現在表示"不能達到某數"之義的用例中。

(3)《禮記·王制》:"天子之田方千里,公侯田方百里,伯七十里,子男五十里。**不能五十里**者,不合於天子,附於諸侯,曰附庸。""不能五十里"就是不能及五十里,也就是到不了五十里的意思。此下三條中的"不能",其後之語皆表示數量,用法與此條同。

(4)《荀子·勸學》:"騏驥一躍,**不能十步**;駑馬十駕,功在不舍。"

(5)《戰國策·燕策一》"燕昭王收破燕後即位"章講到古有欲求千里馬者,以五百金買已死之千里馬之首,"於是**不能期年**,千里之馬至者三"。"不能期年"就是到不了一年的意思。

(6)《史記·淮南衡山列傳》記武被勸誡想作亂的淮南王劉安説:"方今大王之兵衆**不能十分吳、楚之一**,天下安寧有(《漢書·武被傳》作'又')萬倍於吳楚之時。""吳楚"指景帝時七國之亂中的吳、楚二國,"不能十分吳楚之一"意思就是還到不了吳、楚二國的兵衆的十分之一。

(7)《史記·扁鵲倉公列傳》記扁鵲過虢,遇虢太子新死,扁鵲問中庶子:"'其死何如時?'曰:'雞鳴至今。'曰:'收乎?'曰:'未也,其死**未能半日**也。'""未""不"義近,"未能半日"就是到不了半天的意思。《漢書·霍光傳》有"未能十日"之語,"能"上亦用"未"字。

(8)《漢書·韓信傳》有"今韓信兵號數萬,其實**不能**"語,"不能"後承上省去賓語"數萬"。楊樹達《漢書窺管》卷四"韓信傳"部分論及上引之句時説"古人凡云不至某數曰不能"②。

古漢語辭書多爲這裏所討論的"能"專立義項,解釋爲"及,到",其實以釋爲"能及,能到達"爲妥。他們不加"能"字,可能是由於所據的都是否定形式的用例

---

①(清)阮元校刻:《十三經注疏·論語注疏》,5502頁。

②參看楊樹達:《漢書窺管》,湖南教育出版社,2007年,222頁。

的緣故(古漢語辭書多在"能"字的"及,到"義項下引了《論語·子張》"爲難能也"這個用例,"難能"也可以包括在廣義的否定形式之内)。

3.

《荀子·勸學》有直接以事物名稱爲賓語的"能"字的一個較特殊的用例:"假輿馬者,非利足也,而致千里;假舟楫者,非**能水**也,而絕江河。"(《大戴禮記·勸學》有相類文字,"能水"之語同)楊倞注:"能,善。"① 一般都將"能水"理解爲"能游水,泅水",從上下文意看,應該是對的。但有的辭書爲"能水"的"水"專立了"游水"(《漢語大字典》)或"泅水"(《漢語大詞典》)的義項,卻不妥當,這猶如爲"善史書"這一用例在"史書"這個詞條下專立一個"書寫史書"的義項一樣,是不合理的。②

4.

上文在講"善"直接以事物名稱爲賓語的例子時,將數量較多的所帶賓語指人或國家之類對象的一類單獨提出來加以討論(這裏所説的國家指某個、某些或某種國家,上面舉過的"毋乃不能邦""其能國"二例中的"邦"和"國"則指抽象的"國家",二者之義有異),"能"字也有不少相類的用例,例如:

(1)《書·顧命》記成王臨死囑咐受顧命的大臣,曰:"爾尚明時朕言,用敬保元子釗(康王之名)弘濟於艱難,柔遠**能邇**,安勸小大庶邦。"

(2)《左傳·僖公九年》記晉獻公死後,他跟驪姬及驪姬之妹所生二子先後爲晉國大夫所殺,當時因受驪姬之讒逃奔在外的獻公之子夷吾居住在接近秦國的梁地,跟隨他的大夫郤芮勸他以即位後重賂秦以土地的條件請求秦人支持他立爲晉

---

① (清)王先謙撰,沈嘯寰、王星賢點校:《荀子集解》,中華書局,1988年,4頁。

② 《大字典》在"水"字的"游水"義項下還舉了時代較晚的"習水"(見《宋史·李全傳》)和"識得水"(見《水滸傳》第三八回),《大詞典》在"泅水"義項下還舉了"會水"一例(見《三國演義》第七四回)。"會水"的情況與"能水"相似,"會"字也有在它跟所帶的名詞性賓語之間省去很容易看出來的表示行爲的字的用法,如"會鋼琴"就是會彈鋼琴,"會小提琴"就是會拉小提琴,"會兩齣京戲"就是會唱、會演兩齣京戲的意思,"會英語"就是會講英語或會看英語書的意思(《現代漢語詞典》爲"會英語""會兩齣京戲"的用例立了"熟習,精通"的義項,其實並不恰當)。"習水"之語已見漢以前古書,《管子·度地》:"桓公曰:'請問備五害之道。'管子對曰:'請除五害之説,以水爲始,請爲置水官,令**習水**者爲吏,……令之行水道,城郭、堤川、溝池、官府、寺舍及洲中當繕治者,給卒財足……'"《史記·齊太公世家》:"桓公與夫人蔡姬戲舟中,蔡姬**習水**,蕩公。"《漢語大詞典》"習水"條引上舉《史記》用例,解釋爲"謂熟習水性"。《漢語大字典》所引《李全傳》之文作:"九月,全歸海州,治舟益急,驅諸崗人習水。"《李全傳》記南宋叛臣李全當時在海州(今江蘇連雲港一帶濱海之地)整治船隻,積極準備與宋進行水戰,"驅諸崗人習水"應該是説他驅使一些原來居於山地的人去熟習水性,以便在水戰中使用他們。(《晉書·宣帝紀》、《北史·陽尼傳》皆有"習水戰"之語,《李全傳》上文也説"全知東南利舟師,謀習水戰"。)《李全傳》的"習水"絕不會單指習游水。《水滸傳》第三八回"李逵雖然也識得水,卻不甚高"意思是説李逵雖然懂一點水性,但水平並不很高。"識得水"也絕不會是"懂得游水"的意思。所以,這兩種辭書爲"水"字立"游水/泅水"的義項,完全是没有根據的。

侯,並説:"人實有國,我何愛焉? 入而**能民**,土於何有?"

(3)宣公十一年《穀梁傳》文批評楚莊王討夏徵舒弒陳靈公之罪攻入陳國之事,其中有"輔人之**不能民**而討,猶可"之語。

(4)《左傳·昭公十一年》記晉叔向批評爲楚靈王所殺的蔡靈侯的無道,説:"蔡侯獲罪於其君(指蔡靈侯弒其父蔡景侯),而**不能其民**。"

(5)《左傳·文公十六年》記宋昭公無道,失去民心,其祖父襄公的夫人與昭公庶弟公子鮑勾結,將殺害昭公,尚忠於昭公的大臣蕩意諸勸昭公出奔他國,公曰:"**不能其大夫**,至於君祖母以及國人,諸侯誰納我?"

(6)《左傳》記魯昭公爲權臣季孫氏等所逐,他想借齊、晉之力復位,都受到實際上的拒絶,長期滯留在晉地乾侯,昭公三十一年、三十二年《傳》皆有"公在乾侯,言**不能外内**也"之文。

第(1)例中的"柔遠能邇"是古代屢見使用的一句話,又見《書》的《文侯之命》《堯典》,《詩·大雅·民勞》(《左傳·昭公二十年》《新序·雜事》《説苑·君道》等皆引《民勞》此語),還見於西周晚期金文大克鼎。《詩·大雅·民勞》鄭箋曰:"能,猶伽也。邇,近也。安遠方之國,順伽其近者。"[1]鄭箋大體可從,但訓"能"爲"伽"則不可信。"柔遠能邇"的意思應該就是對遠方之國加以懷柔,對近邇之國能搞好與他們的關係。

第(2)例所引郤芮的話意思是説:現在晉國並不是你的,我們没有必要捨不得。立爲晉侯而能跟民衆搞好關係(即能得到民衆擁護),還怕没有土地麽? 杜注説:"能得民,不患無土。"[2]大體可從。

第(3)例引出的《穀梁傳》文,范寧有注,曰:"輔相鄰國有不能治民者而討其罪人,則可。"[3]我們認爲,"不能民"的意思應該就是不能處理好與其民的關係。第(4)例"不能其民"與這裏的"不能民"似同義。

第(5)例所引宋昭公之語意思是説:我跟"大夫、以至君祖母以及國人"的關係都搞得很不好,諸侯中還有誰會接納我?

第(6)例所引昭公三十一年《傳》文杜注:"公内不容於臣子,外不容於齊、晉,所以久在乾侯。""不能外内"就是説對内對外都搞不好關係。

上文講"善"字的時候曾指出"善"與其所帶指人或國的賓語之間可以插入

---

① (清)阮元校刻:《十三經注疏·毛詩正義》,1181頁。

② (清)阮元校刻:《十三經注疏·春秋左傳正義》,3909頁。

③ (清)阮元校刻:《十三經注疏·春秋穀梁傳注疏》,5241頁。

"於"字以加强語氣。"能"也有這類情況,如《左傳·僖公十年》:"春,狄滅温,蘇子(引者按:杜注指出'温子'爲蘇公之後,故亦稱'蘇子')無信也。蘇子叛王即狄,又**不能於狄**,狄人伐之。王不救,故滅。蘇子奔衛。"《左傳·成公十一年》記同一事説:"蘇氏即狄,又**不能於狄**,而奔衛。"

"乎"有與"於"類似的用法①,《公羊傳·僖公二十四年》解釋經文"天王出居於鄭"曰:"王者無外,此其言'出'何? **不能乎母**也。魯子曰:'是王也,**不能乎母**者,其諸此之謂與?'""不能乎母"猶言"不能於母",當是不能跟母親搞好關係的意思。"天王出居於鄭"指周襄王由於其母弟王子帶作亂而避居於鄭之事。據《左傳》,僖公七年年末,襄王之父惠王去世,"襄王惡大叔帶之難,懼不立,不發喪而告難于齊",至次年春"襄王定位而後發喪"。至僖公二十四年,王子帶在一些人的支持下作亂,《左傳》追溯往事説:"初,甘昭公(即王子帶)有寵於惠后。惠后將立之,未及而卒。"王子帶第一次攻王時,"王御士將御之。王曰:'先后其謂我何? 寧使諸侯圖之。'王遂出,及坎欿。國人納之"。王子帶又率其衆"伐周,大敗周師","王出適鄭,處于氾"。他在氾地使人向魯告難説:"不穀不德,得罪於母氏之寵子帶,鄙在鄭地氾,敢告叔父。"《公羊傳》以"不能乎母"作爲《春秋經》用"出"字的原因,大概就是以襄王所説"先后其謂我何""不穀不德,得罪於母氏之寵子帶"等語爲根據的。不過,這樣解釋經文,似乎也未必正確。

"善"字有"相善"的用法,"能"也有相類的"相能"的用法,不過在古書中出現的大都是"相能"的否定形式,例如:

(1)《左傳·襄公二十一年》:范鞅以其亡也,怨欒氏,故與欒盈爲公族大夫而**不相能**。

(2)《左傳·昭公元年》:子産曰:昔高辛氏有二子,伯曰閼伯,季曰實沈,居於曠林,**不相能**也,日尋干戈,以相征討。

(3)《國語·吳語》記吳王夫差在黄池之會後向周王報功,講到其父闔廬伐楚,攻入郢都,但是"其父子昆弟**不相能**,夫概王(闔廬之弟)作亂,是以復歸於吳"。

(4)《史記·蕭相國世家》:何素**不與曹參相能**。

(5)《史記·朝鮮列傳》記左將軍荀彘和樓船將軍楊僕在征伐朝鮮時發生了矛盾,"以故兩將**不相能**"。

---

①裴學海:《古書虛字集釋》,277頁。

“不相能”,是説彼此間連一般的關係也不能維持,其甚者可以達到干戈相向的地步。

我們所見不廣,只在清華簡《廼命一》篇中找到一個“相能”的正面用例:

> (6)……訓命其下人民子眚(姓——按:“子姓”義當與“子弟”相近)臣僕,絲相能也;毋播惡于衆,以貽我感憂……(簡11—12)

《廼命》篇似是王者誡命群臣之辭①。上面引出的一段話,意思不太好懂。整理者讀“絲”爲“使”②,可參考。這段話的大意似乎是要群臣訓誡他們管轄下的各種人把彼此的關係處理好、正常相處;要群臣不要給他們不好的影響,以致給王造成憂患。

古人對“柔遠能邇”之“能”的解釋大都不合理,只有《漢書・百官公卿表》“柔遠能邇”顏師古注説“能,善也”,可謂近似。王引之《經義述聞・尚書上・柔遠能邇》條引了顏説,並説“古者謂‘相善’爲‘相能’”,舉了“范鞅……與欒盈爲公族大夫而不相能”之例(即上文例1),表示對顏説加以肯定,王氏還舉出了古書中與“柔遠能邇”之“能”用法相類的很多例子(我們在講“相能”以前所引出的這一類“能”字的用例,除了《左傳》僖公十年、成公十一年兩處的“不能於狄”之例,王氏皆已舉出),將對這類“能”字的研究推進了一大步。不過,需要指出的是,在這些場合,“善”與“能”的意義雖然相近,但它們所表示的能的程度還是有輕重之別的。一般説,“善”可以理解爲“很能”,例如“善”的“擅長”義就未嘗不可以理解爲“很能/很會”。我們在講“善”字直接帶指人或國家的賓語的時候説“這種‘善’字的基本意義是能把跟所説對象的關係搞得很好”,在解釋相類的“能”字的時候,則把它的基本意義理解爲能與對象“搞好關係”。前者説“搞得很好”,後者只説“搞好”,就是爲了表示這種區別。關於用法相近的“善”與“能”的差別問題,後面還會談到[見二(三)]。我們現在使用的大型古漢語辭書一般用“交好”“親善”一類話來解釋我們所討論的這類“善”字,用“親善”“和睦”一類話來解釋我們所討論的這類“能”字。這樣“能”與“善”的程度差別就無法表示出來。

5.

有一條“能”字直接帶指人的賓語的用例需要在這裏專門討論一下。

《書・康誥》記王對康侯封的誥命,其中有如下之語:“亦惟君惟長,**不能厥家**

---

① 參看黃德寬主編:《清華大學藏戰國竹簡(玖)・廼命二》整理者《説明》,中西書局,2019年,170頁。
② 同上注,174頁注[二〇]。又,整理者謂:“相能,謂親善。”

人越(訓‘與’)厥小臣外正,惟威惟虐,大放王命……”今人多從孔傳、蔡沈《集傳》將此文意義理解爲君長不能治理、訓導他的家人和身邊小臣,及管理外部事物的官吏,讓他們對人民施加暴虐,大大違背了王命①。王引之在《經義述聞·柔遠能邇》中舉“能”字用例時也舉出了此例,但是只引了開頭的“亦惟君惟長,不能厥家人”十字。此條“能”字含義似與一般帶指人或國家的賓語的“能”有所不同,也許可以歸入上面所説的直接以一般事物名稱爲賓語的那一類“能”,“不能厥家人……”就是不能治“厥家人……”,“治”在這裏應該理解爲治理、管束。不過,不能治理、管束家人、小臣、外正等人,也未嘗不可以包括在不能處理好或者説不能正確處理跟家人、小臣、外正等人的關係的範圍裏。那麼,這個“能”字仍可以歸入直接帶指人或國家的賓語的“能”字這一類。王引之究竟如何理解這一例的“能”字,我們不清楚,但如果像一般辭書那樣將這類“能”的意思理解爲“親善,和睦”,這一例就講不通了②。

(五)用在要對方把某事做得很好的場合的“善”

“善”又可以用在要對方把某事做得很好的場合。例如:

(1)《書·費誓》:“公曰:‘嗟,人無嘩,聽命。徂兹淮夷、徐戎並興。善敹乃甲胄,敿乃干,無敢不弔。備乃弓矢,鍛乃戈矛,礪乃鋒刃,無(毋)敢不善。’”

(2)《國語·周語下》記晉悼公周(有的古書將其名寫作“糾”)未得位前曾至周事單襄公,單襄公很賞識他的爲人,“襄公有疾,召頃公(按:即襄公之子)而告知曰:‘必善晉周,將得晉國’”。

(3)《左傳·襄公三十年》:“鄭子皮授子產政。辭曰:‘國小而偪,族大寵多,不可爲也。’子皮曰:‘虎帥以聽,誰敢犯子? 子善相之,國無小,小能事大,國乃寬。’”

(4)《論語·雍也》:“季氏使閔子騫爲費宰。閔子騫曰:‘善爲我辭焉。如有復我者,則吾必在汶上矣。’”

(5)《戰國策·魏策二》“田需貴於魏王”章:“田需貴於魏王,惠子曰:‘子必善左右。……今子雖自樹於王,而欲去子者衆,則子必危矣。’”

我們前面講有些“善”字含有“善視”的意思的時候,曾指出“善視”之語見於先秦古書,舉了《左傳·昭公十二年》楚靈王要右尹子革“善視”左史倚相(原文作“子

<hr />

① 參看屈萬里:《尚書集釋》,中西書局,2014年,156頁;顧頡剛、劉起釪:《尚書校釋譯論·康誥·今譯》,中華書局,2005年,1361頁。

② 上注所引屈萬里、劉起釪之書都是同意訓“能”爲“善”的,但是,他們根據自己所理解的“善”的意義,將“能”輾轉解釋爲“化導”“教化”,似嫌迂曲。

善視之")一例,也是在要求别人做好某事的場合用"善"字的例子。我們現在仍在使用的"善自保重""善自爲謀"等語中的"善"也屬於這一類。

對上面所舉的例子,還需要作一些解釋。在例(1)中,"公"(當時的魯侯)要求戰士們"善敹乃甲胄,敿乃干,無敢不吊",就是要他們把甲胄、盾牌等修繕得很好,不許做得不到位①。他還要求戰士們"備乃弓矢,鍛乃戈矛,礪乃鋒刃,無(毋)敢不善",就是要他們準備弓矢、鍛礪戈矛等兵器,不許做得不完善。"無(毋)敢不善"之語我們在後面講不帶賓語的"善"字的時候將會比較詳細地加以討論[參看二(二)]。例(2)記單襄公臨死前囑咐他的兒子"必善晋周",意思就是要他一定善待晋周,搞好與晋周的關係。例(3)記鄭國的子皮要將他的執政之位讓給子産,囑咐子産"善相之","之"即指鄭國,意思就是要子産把輔相鄭君、治理鄭國的事情做得很好。例(4)中"善爲我辭焉"之語應是閔子騫向傳達季氏之命的人所説的話,意思就是要此人爲他妥善地向季氏辭去這一任命。例(5)記惠子勸"貴於魏王"的田需"必善左右",意思就是勸他一定要搞好跟魏王左右之間的關係。《韓非子·説林下》也記有此事,所用言語基本一致,但誤"田需"爲"陳軫","子必善左右"一句《説林下》作"必善事左右",在"善"下加了"事"字,但古書中説某人"事"某人一般都是説地位低的人"事"地位高的人,田需已"貴",魏王左右的地位應該在他之下,惠子似只能勸田需"善"魏王左右,而不會説"善事"魏王左右。《説林下》想使"善"字的意義明確而加上"事"字,似不很妥當。

今人仍在使用的"善自爲謀"一語,本出自《左傳·桓公六年》:"齊侯欲以文姜妻鄭大子忽。大子忽辭。人問其故。大子曰:'人各有耦,齊大,非吾耦也。詩云:'自求多福。'在我而已,大國何爲。'君子曰:善自爲謀。"君子之語,是説鄭忽擅長/善於爲自己謀劃,今人則多在要別人好好爲自己打算的場合使用"善自爲謀"這句話②,其含義已經有所變化。

西周晚期的毛公鼎和詈盨銘文中也有表示要求對方把某事做得很好之義的"善"字。毛公鼎銘記周王命毛公之辭中有"善效乃友正……"語,詈盨銘記周王命詈之辭中有"善效乃友内嚲"語。二銘的"效"字一般皆讀爲"教",《釋名·釋言語》有"教,傚也"的聲訓。毛公鼎的"友正"似應指同僚的正長。詈盨的"乃友"指

---

① "不吊"據段玉裁《古文尚書撰異》讀爲"不迡":"迡,至也(引者按:此據《説文》)。至,緻也。"(段玉裁:《古文尚書撰異》,上海古籍出版社,2002年,264頁下)依據段説,"弔(迡)"可引申爲"周到、精緻"之義。

② 至遲在清代就已有人如此使用"善自爲謀"一語了,(清)王定安《湘軍記·平回下篇》記湘軍將領劉錦棠派人去向他所攻打的回族武裝領袖喊話説"死期將至,善自爲謀"(《湘軍記·平回下篇》,嶽麓書社,2008年,648頁)。

罡的僚屬。“内嬖”楊樹達讀爲“入嬖”,解説此句之意爲“此命皇善教其寮屬使入而事君也”①,今人多從之。

　　今人都把古書中用在要對方把某事做得很好的場合下的“善”解釋爲“妥善”或“好好地”,應該是把這種“善”字看作副詞的。這種解釋很簡明,用於有關例子大多數語意都很通順,但是,用在前面所舉的“必善晋周”“子必善左右”這樣的例子裏就講不通了。所以,我們認爲,這種“善”字的性質跟我們前面所講的那種“善”字是基本一致的,這種“善”字後面指出要對方做的事的詞語有時比較複雜,但仍都應該看作“善”的賓語。後世用這種“善”字的人大概都已經把它的意義理解爲“妥善”或“好好地”了,除非是有意仿古,不然是不會再用“善晋周”“善左右”這類説法的。

　　應該指出,在要對方把某事做得很好的場合下使用的“善”字,其含義中“善”字原來所具有的“能”那層意思已經不明顯了,甚至可以説已經消失了,其實在一般使用帶賓語的“善”字的場合,“能”這層意思似乎也往往是可有可無的。前面舉過的《論語·衛靈公》“工欲善其事”這句話固然可以理解爲工人要想能把他所從事的工作做得很好,但也未嘗不可以像我們在前面解釋這句話的時候那樣,理解爲“工人要把他從事的工作做得很好”[參看一(二)2.],恐怕多數人在理解這句話的時候,也不會加上“能”這層意思。對於某人“善”某人、某人與某人“相善”之類用例,一般大概都是理解爲某人與某人交好(或關係好)、某人與某人相互交好一類意思的。總之,“善”原來帶有的“能”這一層意思,由於具體語境,有時會隱没消失,或者很容易被忽略。這種情況對“善”的語義演變顯然是有影響的,觀下文自明。

(六)“善”字的意動用法

“善”字有意動用法,應該在這裏提一下。

(1)郭店簡《性自命出》:“禮作於情,或興之也。當事因方而制之,其先後之叙,則義道也。或叙爲之節,則文也。致容貌,所以文節也。君子美其情,貴〔其義〕,善其節,好其容,樂其道,悦其教,是以敬焉。”(簡18—20)“善其節”的“善”應該是意動用法。“善其節”的意思就是認爲禮的節文起了很好的作用。

(2)《墨子·天志中》:“《皇矣》道之曰:‘帝謂文王,予懷明德,不大聲以色,不長夏以革,不識不知,順帝之則。’帝善其順法則也,故舉殷以賞之,使貴爲天子,富

---

①楊樹達:《積微居金文説·罡盨跋》,臺灣大通書局,1974 年,141 頁。

有天下,名譽至今不息。”“帝善其順法則”的意思是説上帝認爲文王把遵順他(上帝)的法則的事做得很好,也就是説上帝認爲文王能很好地遵順他的法則。

(3)《戰國策·燕策一》“齊伐宋宋急”章:“蘇代乃遺燕昭王書曰……燕昭王**善其書**。”“燕昭王善其書”的意思就是説燕昭王以爲蘇代的信寫得很好。

(4)《韓非子·説林下》:“有欲以御見荆王者,……王**善其御**也。”“王善其御”的意思是説王認爲他駕車駕得很好。

我們在後面講“善”字其他用法的時候,所引的有些用例中還包含了意動用法的“善”字,它們的具體含義在那裏再作解釋[參看二(五)例(4)(5)],這裏不贅引。

二、當“能把事(或某種事)做得很好”、“能幹(能力強)” 之類意思講的“善”

從上面所説的“善”字帶賓語的那些用法來看,“善”的基本意義應該是能把某事做得很好。根據這一點,認真分析有關語境,可以看出,有不少不帶賓語的“善”應該理解爲“能把事(或某種事)做得很好”或“能幹(能力強)”之類意思。對前一類意思來説,由於其中“能”這層意思往往可以忽略甚至完全隱没[參看一(五)],“善”應該也可以就理解爲把事(或某種事)做得很好。下面就來考察一下這樣的“善”字的用例。

(一)此類“善”字舉例

(1)《論語·公冶長》:“顔淵、季路侍。子曰:‘盍各言爾志?’……顔淵曰:‘願無伐**善**,無施勞。’”朱熹《集注》:“‘伐,誇也。善,謂有能。’”[①]“有能”與我們現在所説的“有才能”“能幹”義近。簡朝亮《論語集注補正述疏》在疏通朱熹此注時説:“襄十三年《左傳》杜《注》云:‘自稱其能曰伐。’……《禮·少儀》:‘問道藝,曰:‘子善於某乎?’言有能也。”[②]可見他是同意朱熹對“伐善”的解釋的。我們認爲,朱熹把與“勞”對言的“善”解釋爲“有能”,要比一般將“善”籠統地理解爲“長處、好處”更好。關於《少儀》的“問道藝”的“子善於某乎”之語,後面還要加以討論[見二(三)例(3)]。

(2)《詩·邶風·凱風》用兒子的口吻説“母氏**聖善**,我無令人”。“聖善”之

---

①(宋)朱熹:《四書章句集注·論語集注》,中華書局,1983 年,82 頁。

②(清)簡朝亮:《論語集注補正述疏》,華東師範大學出版社,2013 年,322 頁。

“聖”意爲“聰明、通達”①。“善”一般籠統地認爲指“有美德”，並不恰當。西周中期前段的＜＜簋銘文中稱頌其母曰“朕文母競敏㝬行，休宕乎（即指＜自己，下同）心，永襲乎身”②，“競敏”一般認爲是“强幹敏捷”的意思③，大致可信。可見，古人稱頌母親時往往很重視她具體的才能，並不一定要頌揚比較抽象的道德。《凱風》接在“母氏聖善”後説的“我無令人”句，鄭箋釋爲“我七子無善人能報之者”，段玉裁《説文解字》“令”字注已指出：“《詩》箋曰：‘令，善也。’按：《詩》多言‘令’，毛無傳。……凡令訓善者，靈之假借字也。”④程俊英等《詩經注析》解釋《凱風》“我無令人”説：“令，靈的假借字，善。這句是反躬自責的話，意爲兒子没有一個成材。”⑤其説大體可取。需要説明的是，“靈”本有“聰明，通曉”一類意思⑥，“我無令（靈）人”的“令（靈）”不宜籠統地訓爲“善”，而應理解爲“聰明，通曉”。“無令”正與母氏的“聖善”相對。顧頡剛早在 1979 年發表的《聖、賢觀念和字義的演變》一文中就已把“母氏聖善”的“聖善”解釋爲“聰明能幹”⑦，這是很正確的，只不過顧氏没

---

①參看顧頡剛：《春秋時的孔子和漢代的孔子》（原載《厦大週刊》第 160—163 期，1926 年）、《聖、賢觀念和字義的演變》（載《中國哲學》第一輯，1979 年；又收入《顧頡剛全集 1·顧頡剛古史論文集》，中華書局，2011 年，626—639 頁）。從古文字看，“聽”“聖”本由一字分化（參看拙著《文字學概要》修訂本，商務印書館，2018 年，131—132 頁），“聖”字較原始的意義應該是聽力好，引申而有“聰明、通達”的意思。《莊子·外物》：“目徹爲明，耳徹爲聰。”《書·洪範》“睿作聖”孔傳：“於事無所不通謂之聖。”《凱風》毛傳即訓“聖善”之“聖”爲“叡（同‘睿’）”，《正義》説：“此‘母氏聖善’、‘人之齊聖’（引者按：見《詩·小雅·小宛》）皆以明智言之。”［（清）阮元校刻：《十三經注疏·毛詩正義》，635 頁］

②《集成》4322。銘文中“㝬”究爲何字，學者意見尚未一致。承謝明文告知，黄盛璋《录伯＜銅器及其相關問題》認爲：“㝬”字是“启”字繁文，《詩·出車》：‘元戎十乘，以先启行’，即在先頭開路。”其文中將上面引出的＜簋銘文翻譯爲“賴母親在冥冥中启行開路，很好地開拓＜的心懷，永遠地照護＜的身體”（載《考古與文物》，1983 年第 5 期，44 頁）。謝明文又指出，清華簡《攝命》簡 30 有“㝰”字，整理者聯繫＜簋此字，讀爲“启”。（李學勤主編：《清華大學藏戰國竹書》［捌］，中西書局，2018 年，119 頁注［五〇］）今按：黄氏之説似可從。＜簋此字字形，當象人在屋中启户向外眺望。眺望之“望”古字本作“㗊”“㝂”，由於要避免字形過長，故將其“人”旁改置於“臣”的右側。清華簡“户＋又”增“口”作“启”，將“臥”置於“启”上，似不如＜簋字形合理。“叚”從户從又，見於殷墟卜辭，本爲“启闢”之“启”的古字，“㝰”當爲“启”的孳生字。

③參看唐蘭：《用青銅器銘文來研究西周史——綜論寶雞市近年發現的一批青銅器的重要歷史價值》，《文物》1976 年第 6 期，第 38 頁。唐蘭《西周青銅器銘文分代史徵》，中華書局，1986 年，408 頁。參看上注所引黄盛彰説。

④段玉裁：《説文解字注》，上海古籍出版社，1981 年，430 頁下欄。

⑤程俊英、蔣見元：《詩經注析·凱風》，中華書局，1991 年，82 頁。

⑥《莊子·天地》篇“大惑者，終身不解；大愚者，終身不靈”晋司馬彪注：“靈，曉也。”唐成玄英疏：“靈，知也。”張衡《東京賦》“神歆馨而顧德，祚靈主以元吉”，三國吴薛綜注“靈，明也”。

⑦參看顧頡剛：《聖、賢觀念和字義的演變》，載《中國哲學》第一輯，1979 年；又收入《顧頡剛全集 1·顧頡剛古史論文集》，中華書局，2011 年，626—639 頁。

有對把"善"解釋爲"能幹"的道理專門加以説明而已。

（3）《左傳·僖公九年》記晉獻公臨死將其愛子奚齊託付給荀息，荀息答應獻公忠心輔佐奚齊，如果做不到，就犧牲自己的生命。里克準備作亂殺死奚齊，事先告訴荀息。荀息表示他無力保護奚齊，只有以死來履行自己對獻公的承諾。他説："……且人之欲**善**，誰不如我？我欲無貳，而能謂人已乎？""人之欲善"意思是説人們都想把事做得很好，這裏是就爲人應履行自己的承諾而言的。沈玉成把"人之欲善"翻譯爲"人們要求上進"①，没有像一般人那樣把"善"理解爲抽象的道德意義的"善"，其意近是。

（4）《論語·衛靈公》："子曰：知及之，仁不能守之，雖得之，必失之。知及之，仁能守之，不莊以涖之，則民不敬。知及之，仁能守之，莊以涖之，動之不以禮，未**善**也。""未善"就是還没有把事做得很好，"未善也"也可以理解爲還不算已經做得很完善了。

（5）西周早期後段的員方鼎銘有"休善"之語："唯正月既望癸酉，王狩于眠敵，王令員執犬，**休善**，用作父甲鼎（陳劍讀爲'肆'②）彝。"張世超等《金文形義通解》"休"字條第五義項下引了史頌鼎"休有成事"、蔡侯申鍾"休有成慶"、中山王壺"休有成功"③，按：西周中期的昌鼎、兌盆銘文中器主在講述他在戰爭中的功績時都用了"休有擒"的話，"休"字用法亦相類。但《通解》訓此"休"字爲"善"，認爲"休善"是"同義連文"，似不確。此種"休"字應與《詩·豳風·破斧》"亦孔之休"的"休"義近，楊寬《西周史》在講周公東征時引《破斧》在"休"字後括注"'休'謂幸運"④，近是。"休善"的"善"就應該當"把事做得很好"講，在員方鼎銘中當然是指把王命他做的"執犬"之事做得很好。

（二）關於此類"善"字的否定用法

與這種"善"相對的"不善"往往出現在要求對方把事做好的言辭中，其上多加否定詞，表示必須把事做好。西周中晚期青銅器銘文中屢見其例。

西周中期前段的聞尊銘記："師多父命聞于周，曰：'余學事汝，**毋不善**，貟貟朕

---

① 沈玉成：《左傳譯文》，中華書局，1981 年，81 頁。
② 陳劍：《甲骨金文舊釋"糲"之字及相關諸字新釋》，載復旦大學出土文獻與古文字研究中心編：《出土文獻與古文字研究集刊》第二輯，復旦大學出版社，2008 年，13—47 頁。
③ 張世超、孫淩安、李國泰、馬如森等：《金文形義通解》，中文出版社，1996 年，1471 頁。
④ 楊寬：《西周史》，上海人民出版社，1999 年，156 頁。

采𤔲田外臣僕,汝毋又(有)一不聞。'"①一般認爲此銘中的師多父是器主聞的上司,銘文下文聞稱師多父爲"朕皇尹",陳英傑認爲"皇尹"的"尹"應讀爲"君","聞是師多父的家臣"②。陳氏讀"尹"爲"君"可從,但從師多父對聞講話的口氣看,聞有可能是師多父的宗人,宗人可以稱其宗主爲"君",六年琱生簋銘中器主琱生即稱其大宗宗子召伯虎爲"朕宗君"。"余學事汝"的"學事"可能有人會讀爲"教使",我們認爲"學事"應即"學做事"或"學著做事"的意思,在此用爲使動詞,"余學事汝"意即"我讓你學做事/學著做事",師多父可能認爲説"令汝學事"太過鄭重,所以採取了使動用法。"毋不善"的主語也應該是"汝",由於上句的賓語就是"汝",所以省去未説。先秦文獻中這種現象屢見,六年琱生簋銘有"今余既一名典,獻伯氏。則報璧"之語,"則報璧"的主語應即伯氏,因上句的賓語就是"伯氏"而省去。西周晚期的師𡩜簋銘載周王命辭開頭説"師𡩜,在昔先王小學汝,汝敏可事",郭沫若在《輔師𡩜簋考釋》中引師𡩜簋此文時在"學"字後括注"教",將"事"直接釋讀爲"使"③。黃天樹在討論甲骨金文中"小"作爲程度副詞的用法時引師𡩜簋此文也在"學"後括注"教",並解釋此文之意説"過去先王稍稍地教育你,你才識敏達,可任以職事"④。他把"小"字之義理解爲"少(稍稍)"是可取的,但"學"字似不必讀爲"教"。我們懷疑師𡩜簋的"學"也是用作使動詞的,從下句"敏可事(使)"看,這裏的"學"説的也應該是"學事"。"在昔先王小學汝,汝敏可使"句之意是説"以前先王曾稍讓你學著做點事,你靈敏可用"。聞尊"余學事汝,毋不善"意思就是"我讓你學著做事,你不要把事做得不夠好","不夠好"也就是"不完善"的意思。銘文接著説的就是師多父要讓聞做的事。將"貟貟朕采𤔲田外臣僕"讀爲一句,從蔣書紅《聞尊銘文考釋》説,他把這一句解釋爲"監管(那些居住在)我的食采𤔲田外圍的臣僕"⑤,大意亦可取。但他從董珊讀"貟貟"字爲"胥"⑥,則不妥。

---

① 此句原銘文"又一"二字字形較小,二字間距也比其他諸字小得多,而且"一"下還有較大的空白,情況很不自然。謝明文認爲:"毋"與"不"之間可能本來只有一個"敢"字,"又一"本是其上端的殘存部分,結合拓本與照片看,"又一"與"不"之間可能有筆畫(似是"敢"字下部的"口"形與"又"形)。我們認爲,有可能在鑄器用的模範的銘文部分,"毋"和"不"之間本來確爲一個"敢"字,後來又加以挖改,留下上端部分,改成"又一"二字,所以形成了這種現象。故今仍從多數學者釋此句爲"汝毋又(有)一不聞"。

② 陳英傑:《讀金瑣記(一)》,復旦大學出土文獻與古文字研究中心網站,2008 年 6 月 10 日。

③ 郭沫若:《輔師𡩜簋考釋》,收入《郭沫若全集·考古編》第 6 卷《金文叢考補録》,科學出版社,2002 年,207 頁。

④ 黃天樹:《談談甲骨文中的程度副詞》,載宋鎮豪主編:《甲骨文與殷商史》新四輯,上海古籍出版社,2014 年,180 頁。

⑤ 蔣書紅:《聞尊銘文考釋》,《中國歷史文物》,2010 年第 3 期,68—73 頁。

⑥ 同上,72 頁。

張崇禮同意蔣氏釋"𪣻𪣻"字之義爲監管的意見,但指出他仍讀此字爲"胥"與監管之義並不相合,張氏認爲此字從"户"聲,"户""護"古音相近,"護"且爲"户"之聲訓字,舉證頗詳,並引《史記》《漢書》"護"字用例證明其有"監督、統轄"之義①。這些意見都是很好的。漢官有"護軍"、"護工卒使"(後者屢見於漢代工官製品的刻銘中),所用"護"字也表示監管一類意思。蔣氏以"外臣僕"爲居住在師多父采地𤲬田外圍的臣僕,恐不一定正確。師多父的采地𤲬田當與師多父居邑有相當遠的距離,"外臣僕"當指采地𤲬田上可以被師多父當作臣僕役使的那部分人,稱"外"大概是爲了區别於居住在師多父家中及其居邑中的那些臣僕。"汝毋有一不聞"句與上文"毋不善"句相應,意即"你不要有一件事遺漏不報告"。

西周晚期諫簋銘載周王命諫之辭説:"先王既命汝𪢮司王宥(囿),汝某(一般認爲此字音義應近於'毋')不有聞,毋敢不善。""毋敢不善"句前有"汝某不有聞"句,其意與上引聞尊的"毋有一不聞"極近。"毋敢不善"的語氣較"毋不善"爲重,可以理解爲不許把管理王囿的事情做得不妥善,也就是必須把管理王囿的事做得很完善的意思。

西周中期虎簋蓋銘載周王命辭在説了讓虎掌管的職事之後,説"汝毋敢不善于乃政",意即"你必須把你負責的政務處理得很完善"。

西周中期卯簋蓋銘載榮伯命卯之辭有"今余唯命汝尸司葊宫、葊人,汝毋敢不善"語,"汝毋敢不善"的意思就是要卯必須把管理葊宫、葊人的事做得很完善。

西周晚期膳夫山鼎載周王命辭在舉出讓膳掌管的職事之後説"毋敢不善",西周晚期師獸簋載伯龢父命辭在列舉了要獸負責的事務之後説"毋敢不善","毋敢不善"也都是要求被命者將他所管理的職事做得很完善的意思。

前面引過的《書·費誓》魯侯要求戰士們做好戰前準備的那段話也用到"毋敢不善"[一(五)],他在那段話的最後説"備乃弓矢,鍛乃戈矛,礪乃鋒刃,無(毋)敢不善",意思就是必須將修整兵器的工作做得很完善。"修繕"之"繕"應該就是在要求人把器物等東西修整好的場合所使用的"善"字派生出來的一個詞。

上文中解釋"毋敢不善"時屢次用到"完善""妥善"之語,由此可以明顯地看出,我們今天尚在使用的"完善""妥善"之語中的"善",其意義都可溯源到當"把事做得很好"講的"善"。

---

① 張崇禮:《釋聞尊銘文中的"𪣻"字》,http://www.gwz.fudan.edu.cn/Web/Show/1799。張氏認爲"𪣻"可能是"獲得"之"獲"的本字,似不一定正確。

（三）此類“善”字後加表示範圍的“於”字介賓短語的用法

不帶賓語的“善”有一種在其後加一個表示範圍的“於”字介賓短語的用法,應該在這裏舉例説明一下。

（1）《左傳·襄公十九年》:“鄭公孫蠆卒,赴於晋。大夫范宣子言於晋侯,以其**善於伐秦**也。”杜預注:“十四年,晋伐秦,子蟜見諸侯師而勸之濟涇。”①“善於伐秦”意思是説公孫蠆在伐秦之役中做得很好,有重大功勞。

（2）《左傳·昭公五年》:“公如晋,自郊勞至於贈賄,無失禮。晋侯謂女叔齊曰:‘魯侯不亦**善於禮**乎。’對曰:‘魯侯焉知禮?’公曰:‘何爲? 自郊勞至於贈賄,禮無違者,何故不知?’”女叔齊回答説:“是儀也,不可謂禮。”他指出,魯侯對國家大事處理得很糟糕,災禍將及其身還不知憂恤,“禮之本末,將於此乎在,而屑屑焉習儀以亟。言‘**善於禮**’,不亦遠乎?”我們在前面講“善”直接以事物名稱爲賓語的時候,曾舉過“善禮”的用例,晋侯所説的“善於禮”似乎可以看作在“善禮”之間插入“於”的加强語氣的形式,但是,晋侯所稱讚的只是昭公在“郊勞”“贈賄”等儀式上合乎禮節的一些行爲,參照上例“善於伐秦”之語,應該還是把“於禮”看作指示範圍的介賓短語比較妥當。

（3）《禮記·少儀》:“問品味,曰:‘子亟食於某乎?’問道藝,曰:‘子習於某乎?子**善於某**乎?’”鄭玄注謂:“道,三德三行也。藝,六藝。”清孫希旦《禮記集解》不同意鄭注,他説:“愚謂道藝,謂六藝也。《周禮·鄉大夫》:‘考其德行道藝,而興賢者能者。’德謂六德,行謂六行,道藝謂六藝,此鄉大夫之三物。道藝人容有能否,故須問;若德、行,則不當問矣。或稱‘習’,或稱‘善’,博異言也。”②所言甚爲有理。王引之《經義述聞·禮記中·問道藝》意見略同,論證更爲精詳。王氏説:“嫻於道藝謂之習,工於道藝謂之善,皆指一事而言。”③“善於某”就是詢問是否能在六藝的某一項的範圍内做得很好。王引之把“善”釋爲“工”,近人翻譯《禮記》時或譯此“善”字爲“擅長”④,都是合乎文意的。

（四）與加表示範圍的“於”字介賓短語的“善”用法相近的“能”

應該指出,“能”也有帶指示範圍的介賓短語的用法,例如:

---

① 按:子蟜即公孫蠆之字。《左傳·襄公十四年》記晋帥諸侯之師伐秦,諸侯之師“及涇不濟”,公孫蠆與叔向規勸諸侯之師渡河。“秦人毒涇上流,師入,多死。鄭司馬子蟜帥鄭師以進,師皆從之……”。

② (清)孫希旦:《禮記集解》,中華書局,1989年,925頁。

③ (清)王引之撰,虞思徵、馬濤、徐煒君校點:《經義述聞》,上海古籍出版社,2016年,第二册885頁。

④ 王文錦:《禮記譯解》,中華書局,2016年,509頁。

（1）《孔子家語·辨樂》："孔子學琴於師襄子。襄子曰：'吾雖以擊磬爲官，然**能於琴**。今子於琴已習，可以益矣。'"（事亦見《史記·孔子世家》）從"於琴已習"這句話可以明顯地看出，"於琴"是指示範圍的介賓短語。

（2）《説苑·權謀》："知命知事而**能於權謀**者，必察誠詐之原而以處身焉。"

（3）《左傳·襄公二十七年》記載，由宋國執政大臣向戍促成的晋、楚等國的第二次弭兵之會在宋的國都召開，楚帥令尹子木想在盟會上提出"晋、楚之從交相見"的要求，請向戍向晋帥趙文子轉達此意。趙文子回應説："晋、楚、齊、秦，匹也。晋之**不能於齊**，猶楚之**不能於秦**也。楚君若能使秦君辱於敝邑，寡君敢不固請於齊？"當時，齊是晋的與國，秦是楚的與國，但晋、楚、齊、秦四國地位相當，"晋之不能於齊，猶楚之不能於秦"意思就是説晋國不能對齊國做到的事（指晋君不能使齊君朝楚），也就是楚國不能對秦國做到的事（指楚君不能使秦君朝晋），這就是説子木的想法是不現實的。

從上面所講的又一種"善""能"用法相近的實例，可以進一步看清楚"善"跟"能"在詞義上的密切關係。

（五）稱贊別人把某事做得很好的單用的"善"

稱贊別人把某事做得很好，也往往説"善"。例如：

（1）《孫子·軍形》篇："見勝不過衆人之所知，非善之善者也。**戰勝而天下曰善**，非善之善者也①。……故善戰者之勝也，無智名，無勇功。"②從"戰勝而天下曰善"一句的上下文看，"天下曰善"顯然是天下人都稱贊取勝者用兵用得很好、打仗打得很好的意思。《孫子》一書强調真正善於取勝的人，並非單靠在戰場上打仗打得好，而是能創造利用戰場之外的各種爲取勝所需要的條件，以保證戰争的勝利。衆人通常只注意到打仗是否打得好，如果取得勝利靠的是一般人都看得到的在戰場上打仗打得好的優勢，那就不是真正的善者。所以孫子在這裏要説"戰勝而天下曰善"並非真正的善者。關於"善者"之義，後面還要專門討論［參看二（八）］。

（2）《論語·顔淵》："齊景公問政於孔子。孔子對曰：'君君，臣臣，父父，子子。'公曰：'**善哉**！信如君不君，臣不臣，父不父，子不子，雖有粟，吾得而食諸？'""善哉"應該理解爲"説得好！"

---

① 此文中的兩處"善之善者"銀雀山漢簡本《孫子》作"善者"。今本《謀攻》篇還兩次出現"善之善者"，但簡本與《謀攻》篇相當之篇簡文殘缺得非常嚴重，與"善之善者"相當的文字已全不可見，似不能排除簡本此處原作"善之善者"的可能性。"善之善者"指"善者中的善者"，也就是最善者的意思。

② 銀雀山漢簡本《孫子》有異文，但"戰勝而天下曰善"一句，簡本與傳本相同。

(3)《論語·顏淵》:"樊遲從游於舞雩之下,曰:'敢問崇德、脩慝、辨惑。'子曰:'**善哉問**! ……'""善哉問"就是稱讚樊遲這個問題提得好。楊伯峻《論語譯注》譯"善哉問"爲"問得好!"①很傳神。

(4)《孟子·梁惠王下》記孟子勸齊宣王行王政,爲他講述了文王所行的王政,"王曰:'**善哉言乎**!'"宣王所説的"善哉"是稱讚孟子的話講得好。孟子接著説"**王如善之**,則何爲不行",這個"善"是意動用法。"王如善之"的意思可以理解爲"王如果認爲我的話説得好"。

(5)《禮記·檀弓上》:"孔子在衛,有送葬者,而夫子觀之,曰:'**善哉爲喪乎**!足以爲法矣。小子識之。'子貢曰:'**夫子何善爾**(按:一般訓此"爾"爲"此"②)**也**?'曰:'其往也如慕,其反也如疑。'"孔子認爲他所見的喪事辦得很好,所以稱讚説"善哉爲喪乎"。子貢説"夫子何善爾也",是問孔子爲什麽認爲這場喪事辦得很好。子貢講的"善"可以看作"善"的意動用法。

(6)《左傳·襄公二十七年》記趙孟(趙文子)在鄭人招待他的宴會上稱讚子展賦詩賦得好也用"**善哉**"之語。

(7)《晏子春秋·外篇》"晏子没左右諛弦章諫景公賜之魚第十八":"晏子没十有七年,景公飲諸大夫酒。公射出質,堂上**唱善**若出一口。""唱善",義近於現在所説的"喝彩",表示對齊景公射術的贊美。

這種"善"往往被人簡單地理解爲"好",我們認爲不够確切。

(六)此類"善"字用於説明事物的情狀、作用的例子

前面所舉不帶賓語的"善"都是就人的品質行事而言的,在古書中也有用這種"善"字來説事物的情狀、作用的。例如:

(1)《詩·小雅·甫田》:"禾易長畝,**終善且有**。""終善且有"就是既善且多的意思,"善"指田中的禾長得很好,禾長得很好跟人把事做得很好相類。

(2)《黃帝内經·素問·玉機真藏論第十九》:"帝曰:'然而**脾善、惡**可得見之乎?'"脾之"善、惡"應指脾的作用好不好,也就是正常不正常③。脾的"善、惡"跟人做事的善與不善有相似之處。

(3)《論語·八佾》:"子謂《韶》:'盡美矣,又**盡善**也。'謂《武》:'盡美矣,未盡

---

①楊伯峻:《論語譯注》,中華書局,1980年,130頁。

②參看裴學海:《古書虛字集釋》,580—581頁。

③參看郭靄春譯文"脾的正常與否,可以看得出來嗎"(郭靄春:《黃帝内經素問白話解》,中國中醫藥出版社,2012年,124頁)。

善也。’”朱熹《集注》説：“美者，聲、容之盛。”①可取。《韶》爲贊揚虞舜的樂舞，《武》爲贊揚武王的樂舞，説解《論語》者多以舜以聖德得天下、武王以殺伐定天下來解釋《韶》之“盡善”、《武》之“未盡善”②。我們認爲，孔子的原意似是説《韶》充分發揮了音樂的教化功能，《武》則未然。樂舞的教化功能發揮得好或不好，與人做事做得好或不好相類。

（4）郭店《語叢一》簡 16 記“有美有膳（善）”四字，此語不像見於《語叢一》的“有天有命，有物有名”等語那樣比較容易理解，劉釗《郭店楚簡校釋》在對此句的解釋中引《荀子·樂論》“故樂行而志清，禮脩而行成，耳目聰明，血氣和平，移風易俗，天下皆寧，美善相樂”作爲典籍中“美善”連稱的例子③，很有啓發性。我們懷疑“有美有膳（善）”也許確是就樂而言的（《語叢一》中頗有提及“禮”“樂”之處），“有美有膳（善）”之語可能就來自上引孔子的話，意思是樂有了“聲”“調”等的美，才能很好地發揮它的教化作用。東漢王充《論衡·别通》篇説：“古賢文之美善可甘，非徒器中之物也，讀觀有益，非徒膳食有補也。”“美”“善”應分指文章的寫作技術和教化作用這兩方面，可以參看。

（5）《禮記·樂記》：“然則先王之爲樂也，以法治也，善則行象德（鄭玄注：行象德，民之行順君之德也④）矣。”“善”就是説樂的教化作用發揮得好。王文錦將此“善”字譯爲“成績良好”⑤，其義近是。

（6）《孝經·廣要道章》：“教民親愛，莫善於孝；教民禮順，莫善於悌；移風易俗，莫善於樂；安上治民，莫善於禮。”“移風易俗，莫善於樂”的意思是説：要移風易俗，没有能比樂更好地發揮作用的了。其他三句也應如此理解。一般把“莫善於……”理解爲“没有比……更好的了”當然也是可以的，我們所以要這樣説，是爲了追溯其較原始的意義。

（7）郭店《語叢四》簡 24—25：“一言之善，足以終世；三世之福（富），不足以出亡。”這兩句的意思大概是説：一句話起了好作用，够你受用一輩子；三世積累起來的財富，還不够你一旦出亡他國所需的費用。“善”是指“言”起了好作用。

有時也有“善”究竟是就人的行爲而言還是就事物的情狀而言頗難確定的情況，例如《穀梁傳·宣公十五年》在解釋《春秋》經“初税畝”之文時認爲，在實行初

---

①（宋）朱熹：《四書章句集注·論語集注》，68 頁。
②程樹德：《論語集釋》，中華書局，1990 年，223 頁。
③劉釗：《郭店楚簡校釋》，福建人民出版社，2005 年，185 頁。
④（清）阮元：《十三經注疏·禮記正義》，3326 頁。
⑤王文錦：《禮記譯解》，557 頁。

税畝制之前,本用有私田、公田之分的井田之法,"私田稼不善,則非吏;公田稼不善,則非民"。"稼"有"種植(即稼穡之稼)"、"禾稼"兩義,此處的"稼"有人理解爲"禾稼"①,那麼,"稼不善"就像上引《小雅·甫田》"終善且有"之"善"一樣,是指穀物生長得不好。但我們傾向於以此"稼"爲"稼穡"之"稼","稼不善"就是莊稼種得不好的意思。莊稼種得不好在"把事做得不好"這一意義的範圍之内。

(七)"善"字用來指能力强的、能把事做好的人

清華簡《子産》篇記述子産的美政,説他能"由善用聖"(簡23)。其上文已出現過"由善"之語,整理者訓"由"爲"用"②,可從。此文以"聖"與"善"對舉,"聖"應指聰明通達的人,"善"則指能力强的、能把事做得很好的人;與上舉《凱風》"母氏聖善"之語可以相互印證。古代從事冶鑄工作的人就可以稱爲"冶",生得美好的人就可以稱爲"美",將能把事情做得很好的人、能力强的人就稱爲"善",情況與此相似。

《論語·爲政》記孔子答季康子之語有"舉善而教不能,則勸"句,同書《子張》記子張之語有"君子尊賢而容衆,嘉善而矜不能"句,兩句皆以"善"與"不能"對舉,"善"指"善者","不能"指"不能者",這種"善"當然也應理解爲"有能力的人"、"能幹的人"。但有很多講《論語》的人似認爲這兩個"善"就是後世一般用來指人的道德好的"善",對其含義不加深究。孫欽善《論語新注》把"舉善而教不能"句譯爲"舉用賢能之人,同時教育無能之人"③,把"嘉善而矜不能"句譯爲"贊許有能耐的善人又同情無能之人"④,對兩處"善"字的翻譯中都出現了"能"字,但他對"善"字基本意義的理解應該還是與前面所説的很多人相同的。《子張》篇翻譯中把"善"譯成"有能耐的善人",可見在他的認識中,"善人"就是道德好的人,道德好的人既有"有能耐的",也有缺乏能耐的,《子張》篇的"善"與"不能"相對,應該指善人中有能耐的那些人。他把《爲政》的"善"譯成"賢能",顯然主要是以"賢"對"善"的,只是由於此"善"與"不能"對舉,所以在"賢"字後面加上了"能"字,所謂"賢能之人",應該與"有能耐的善人"義近。楊朝明《論語詮解》把"嘉善而矜不能"譯爲"褒獎有能力的也要憐惜没能耐的"⑤,把此處的"善"譯爲"有能力的",這

①(清)鍾文烝:《春秋穀梁經傳補注·宣公十五年》,中華書局,2009年,459頁。
②李學勤主編:《清華大學藏戰國竹簡》[陸],中西書局,2016年,143頁注[七六]。
③孫欽善:《論語新注》,中華書局,2018年,33頁【辨證】。
④孫欽善:《論語新注》,428頁【校注】。
⑤楊朝明:《論語詮解》,山東友誼出版社,2018年,175頁。

是很不錯的；但他把“舉善而教不能”譯爲“舉用善人，教育能力稍差的人”①，只在“善”字後面加了一個“人”字，似乎他對這種“善”字的意義並未切實掌握。在《論語》的各種注釋中還有一些與前舉孫氏《新注》類似的情況，我們就不詳加辨析了。

王叔岷《史記斠證》在《平津侯主父列傳》所引“舉善而教不能則勸”句下説：“案善與‘不能’對言，能猶善也。《萬石列傳》：‘有姊能鼓琴。’《御覽》五一七引能作善，即能、善同義之證。‘舉善而教不能’，猶言‘舉善以教不善’耳。《論語》注疏諸家，皆未得能字之義。”②此外，《斠證》還在《蕭相國世家》“何素不與曹參相能”句下説“案能猶善也”，所舉“善”“能”互作例除上條已舉者外，又舉《吕氏春秋·蕩兵》篇“能（引者按：此字傳本皆作‘善’，王氏據高誘注改爲‘能’，不妥③）用之則爲福，不能用之則爲禍”、《亢倉子·兵道》篇“能”作“善”之例④。《斠證》又在《平原君虞卿列傳》“秦雖善攻，不能取六縣。趙雖不能守，終不失六城”、《淮陰侯列傳》“陛下不能將兵，而善將將”以“善”與“不能”爲對文之句下，也説了“能、善同義”的話⑤。

今按，在上古漢語中，“能”“善”確有不少意義很相近的用法［參看一（四）］，但王氏似乎認爲這種用法的“能”與“善”完全同義，則是大有問題的。上文已經講過，“能”與“善”雖然有意義很相近的用法，但它們所表示的能的程度還是有輕重之別的。“善”有“很能”的意思，不加狀語的“能”字雖然有時也可以表示較高程度的能，如前引朱熹《集注》“有能”之“能”，尤其明顯的是至晚在唐宋時代就已出現、到今天還在使用的“能人”一詞中的“能”，又如“能歌善舞”一類格式中與“善”爲對文的“能”字，但多數“能”字表示的是一般程度的能，有時也可以單用“能”字來表示“僅能”、“勉强能够”的意思。既然“能”“善”有意義很相近的用法，有時出現二者互爲異文的情況是不足爲怪的，並不能用作“能”“善”完全同義的證據。以“能”“善”對文來證明二者同義，更不可取。王氏所解釋的《平原君虞卿列傳》“秦雖善攻，不能取六縣”，是長平之戰後虞卿勸諫趙王不要割六縣以求和於秦之語中的一句，意思是説秦人雖然善於進攻，還不能攻取這六個縣，這句話絶不能説成“秦雖善攻，不善取六縣”。他所解釋的《淮陰侯列傳》“陛下不能將兵，而善將將”是韓

---

①楊朝明：《論語詮解》，14 頁

②王叔岷：《史記斠證》，3035 頁。

③高誘在《蕩兵》篇此句下注《傳》曰：‘能者養之以求福，不能者敗之以取禍’”，所引見《左傳·成公十三年》，作“能者養之以福，不能者敗以取禍”。今本上句“福”上無“求”字，竹添光鴻《左傳會箋》據《漢書·律曆志》引文指出此句古本原作“能者養以之福”，今本“之”“以”二字誤倒（［日］竹添光鴻著，于景祥、柳海松整理：《左傳會箋》，遼海出版社，2008 年，267 頁）。

④王叔岷：《史記斠證》，1885 頁。

⑤王叔岷：《史記斠證》，2366 頁，2730 頁。

信的話,韓信的原意是要突出高祖不會帶兵、卻能把帶兵的大將統帥得很好的特點,將上一小句的"不能"改爲"不善",其意就成了"陛下不擅長帶兵",這樣韓信的話原來所有的强烈的對比語氣就削弱了。"舉善而教不能"句前用"善"後用"不能",也是爲了强調所"舉"者與所"教"者的水平的差異。王氏没有像很多人那樣把"舉善而教不能"的"善"理解爲道德好的意思,而把它的意義跟"能"聯繫起來,這一點是應該肯定的;但他認爲"能、善同義",説與"善"爲對文的"不能"之"能""猶善也",則是不妥當的。

三、"善者"、"善人"及一些有關問題

(一)"善者"的常見用法

1.

上面舉了單用一個"善"字來指能幹的人、能把事做得很好的人的例子,古書中屢見的指人的"善者"一詞中的"善"多數也是表示"能幹(能力强)""能把事做得很好(從古書用例看往往指在某一方面能把事做得很好)"這類意思的。

古兵書中多見"善者":

(1)銀雀山漢簡《孫子・形》篇(乙本。《形》篇傳本篇名作《軍形》)"故**善者**能爲不可勝,〔不能使敵之〕可勝"(簡37—38),整理者注:"故善者,十一家本作故善戰者。"①

(2)銀雀山漢簡《孫臏兵法・威王問》篇:"田忌忿然作色:'此六者(引者按:即其上文所説的賞罰權勢謀詐),皆**善者**所用,而夫子曰非其急者也,然則其急者何也?'"整理者注:"古兵書多稱善戰者爲善者。《六韜・豹韜・敵武》:'善者以勝,不善者以亡。'(引者按:《尉繚子・權守》亦有'善者'之語,此外如《管子・兵法》、《淮南子・兵略》等也用'善者'之語)今本《孫子》中之'善戰者',銀雀山竹簡本《孫子》多作'善者'。"②按:竹簡本《孫子》中的"善者"傳本偶有作"善用兵者"的,如《形》篇(甲本)"善者修道〔而保〕法"中的"善者"③。

(3)《銀雀山漢墓竹簡〔貳〕》收有佚兵書《善者》篇,篇中"善者"屢見,整理者

---

①銀雀山漢墓竹簡整理小組編:《銀雀山漢墓竹簡〔壹〕》,文物出版社,1985年,10頁注〔二〕。

②《銀雀山漢墓竹簡〔壹〕》,53頁注〔三一〕。

③網上流傳一種稱爲《孫子略解》的曹注本,凡簡本作"善者"而傳本作"善戰者"、"善用兵者"之處,該本皆作"善者"。此本是今人將簡本與傳本拼合而成的,並無版本價值。

注:"善者,指善用兵者。"①"善戰者""善用兵者"之語已見於簡本《孫子》("善戰者"三見,分見《勢》——即傳本《兵勢》、《實虛》——即傳本《虛實》、《九地》三篇,傳本前兩處同簡本,最後一處作"善用兵者"。"善用兵者"一見,見相當於傳本《謀攻》之篇,傳本文同)。"善者",似乎也可以認爲是"善戰者""善用兵者"的省稱,但我們前面在討論《孫子·軍形》篇中"戰勝而天下曰善"句的時候,已經指出《孫子》認爲主要靠打仗打得好、用兵用得好來取勝的人並非真正高明、有才能的人,也就是並非真正的"善戰者""善用兵者"。《孫子》簡本多説"善者"而不大説"善戰者""善用兵者",也可能與此有關。

古書中有些"善者"指善於爲政治國者,如:

(1)郭店《尊德義》簡 27—28:"**善者**民必富,富未必和,不和不安,不安不樂。**善者**民必衆,衆未必治,不治不順,不順不平。"

(2)《管子·禁藏》:"故凡治亂之情,皆道上始,故**善者**圉之以害,牽之以利。能利害者,財多而過寡矣。故利之所在,雖千仞之山,無所不上;深源之下,無所不入焉;故**善者**勢利之在,而民自美安,不推而往,不引而來,不煩不擾,而民自富。"

(3)《禮記·大學》:"小人之使爲國家,菑害並至。雖有**善者**,亦無如之何矣。"

前文引過的《孟子·盡心上》:"善政,不如善教之得民也。善政民畏之,善教民愛之。善政得民財,善教得民心。"[見一(一)]這種"善者"也可以説就是"善政"者,當然,究竟怎樣的爲政者可以算"善政"者,在不同情況下可以有不同標準。上面舉過的《子産》篇"由善"之"善"[見二(七)]主要也應指善於爲政者。

《韓非子·內儲説上》:"韓昭侯曰:'吹竽者衆,吾無以知其**善者**。'田嚴對曰:'——而聽之。'"此文的"善者"指擅長吹竽的人。

《吕氏春秋·察賢》:"今夫塞(簺)者,勇力、時日、卜筮、禱祠無事焉,**善者**必勝。"此文的"善者"指擅長博簺的人。

先秦漢語中還有些指人的"善者"的意義與上述"善者"有所不同,我們將在後面討論。

2.

還應指出,"善者"既可以指人之善者,也可以指事物(包括有生命的事物)之善者,甚至還可以兼指二者。

(1)《管子·小匡》:"管子對曰:修舊法,擇其**善者**,舉而嚴用之(《小匡》篇的內容大部分亦見於《國語·齊語》,此句"嚴"字《齊語》作"業",王引之《經義述聞·爾雅上·業叙

---

①銀雀山漢墓竹簡整理小組編:《銀雀山漢墓竹簡[貳]》,文物出版社,2010 年,152 頁注[一]。

也》認爲《齊語》的"業"當訓爲次叙。① 今按:嚴、業的上古音有嚴格的陽入對轉關係,究竟是"業"音訛爲"嚴",還是"嚴"音訛爲"業",有待研究),慈於民,予無財,寬政役,敬百姓,則國富而民安矣。"《荀子·王霸》:"循其舊法,擇其善者而明用之,足以順服好利之人矣。"《小匡》"修舊法,擇其善者,舉而嚴用之",《王霸》"循其舊法,擇其善者而明用之"二句義極近(蕭旭認爲《小匡》之"修"應爲"循"之誤字②),"善者"皆指舊法之適用者。

(2)《大戴禮記·子張問入官》:"言之善者在所日聞,行之善者在所能爲。"此語是一段話的末二句,這段話有一些不大容易講通的地方,但"善者"不是指人之善者,而是指言語和行爲的善者,屬於事物之善者的範圍,則是很明白的。"言之善者""行之善者"有可能就指能起好作用的"言""行"。

(3)《論語·述而》:"子曰:三人行,必有我師焉。擇其善者而從之,其不善者而改之。""善者"就指同行者做得好的地方,"不善者"就指那些做得不好的地方。楊伯峻把"善者"和"不善者"翻譯爲"優點"和"缺點"③,可參考。這裏的"善者"和"不善者"可以具體理解爲同行者言行舉止等各方面的長處和短處。同篇:"子曰:德之不脩,學之不講,聞義不能徙,不善不能改,是吾憂也。"這個"不善"既可以理解爲"做得不好的事"[後面會講到,"善事""不善之事"在古漢語裏可以就説成"善"和"不善",參看四(一)],也可以理解爲與上引的"不善者"同義,指各種做得不好的地方,楊伯峻將這個"不善"也譯爲"缺點"④。

(4)《論語·述而》:"子曰:蓋有不知而作之者,我無是也。多聞,擇其善者而從之,多見而識之,知之次也。""善者"就指所聞之言中説得好的。

(5)《黄帝内經·素問·玉機真藏論第十九》:"帝曰:'然而脾善、惡可得見之乎?'岐伯曰:'善者不可得見,惡者可見。'帝曰:'惡者何如可見?'岐伯曰:'其來如水之流者,此謂太過,病在外。如鳥之喙者,此謂不及,病在中。'"黄帝問語中的"善、惡"前面講指事物的"善"字時已經解釋過[見二(六)],岐伯所説的"善者"就是指脾起好(正常)作用時的情況,"惡者"就是指脾起不好(不正常)作用時的情況。從岐伯接著説的那些話來看,他是根據脈象來判斷脾起不好(不正常)作用時產生的情況的。

(6)《左傳·隱公六年》:"周任有言曰:爲國家者,見惡如農夫之務去草焉,芟

---

①(清)王引之撰:《經義述聞》,第四冊1563—1564頁。
②蕭旭:《群書校補·〈國語〉校補》,廣陵書社,2011年,122頁。
③楊伯峻:《論語譯注》,72頁。
④楊伯峻:《論語譯注》,67頁。

夷蘊崇之,絕其本根,勿使能殖,則**善者**信矣。"陸德明《經典釋文》:"信如字,一音申。"①《左傳會箋》同意讀"信"爲"伸"之説,並謂:"'善者'指五穀,《爾雅·釋詁》'穀,善也',故謂五穀曰'善者'。不曰'穀'而曰'善者'者,躡上文'惡'字也,是用字之巧。"②楊伯峻《春秋左傳注》解釋説:"信同伸。善者,意義雙關,既指嘉穀,又指善人、善政、善事。"③今按:楊氏的意見是有道理的。原文本以妨礙穀物生長的雜草來比喻對國家有害的"惡"人,所謂"善者"兼指嘉穀和我們下面就要講到的與"惡人""暴人"等相對的"善人""善者",既可以理解爲才德具備的治國理政之人,也可以理解爲泛指爲人好的人[參看三(二)下面的有關文字]。

後面講單用的"善"可以指"善事"時會指出,作定語用的"善"往往可以理解爲有"正確的,對人有益、有用"一類意思[見三(二)]。"善者"指嘉穀時,其"善"字的具體含義就可以理解爲對人有益、有用。

(二)"善人"含義的演變過程

1.

現在我們來討論出現時代相當早而含義的演變頗爲複雜的"善人"一語。

目前看到的"善人"的最早用例是如下兩條:

(1)《詩·大雅·板》:"天之方懠,無爲夸毗。威儀卒迷,**善人**載尸。"《詩序》説:"《板》,斥厲王也。"高亨《詩經今注》撮述此篇大意説:"這是周王朝一個大臣所作的諷刺詩,諷刺掌權者荒淫昏憒,邪僻驕妄,使人民陷於災難,同時也諷刺了周王。"④"威儀卒迷,善人載尸"兩句,鄭箋解釋説:"君臣之威儀盡迷亂,賢人君子則如尸(引者按:古人稱祭祀時代表受祭者的人爲尸,他是不言不語的,參看孔氏《正義》)矣。"孔穎達《正義》:"君既爲惡,臣又從之,則上下威儀盡迷亂矣。其善人君子則如尸然,不復言語矣。"⑤

(2)《論語·堯曰》:"周有大賚,**善人**是富。"⑥朱熹《集注》:"此以下述武王事。

① (清)阮元校刻:《十三經注疏·春秋左傳正義》,3760頁。

② [日]竹添光鴻著,于景祥、柳海松整理:《左傳會箋》,21頁。

③ 楊伯峻:《春秋左傳注》,中華書局,1990年,50—51頁。

④ 高亨:《詩經今注》,上海古籍出版社,1980年,424頁。

⑤ (清)阮元:《十三經注疏·毛詩正義》,1184頁。

⑥ 《論語·堯曰》篇在我們所引的兩句下尚有"雖有周親,不如仁人。百姓有過,在予一人"四句,所言皆爲周事,但前二句與後四句一般都認爲各有不同來源,這應該是對的。從用韻看,一二兩句叶韻,用之部去聲韻,後四句一、二、四句叶韻,用真部平聲韻,似也可證明這一點。所以,解釋此二句時不必與第三、四句牽合。

賚,予也。武王克商,大賚於四海,見周書《武成》篇(按:朱熹所據爲僞古文《尚書》。不過,武王克商以後大行封賞之事是古書中普遍記載的)。此言其所富者皆善人也。《詩序》云'《賚》……所以錫予善人',蓋本於此。"①朱熹以此二句所述爲武王克商後大行封賞之事當是正確的,此二句一般都認爲是《堯曰》所引古語,其時代即使早不到武王當時,也不會出現得很晚,很有可能在西周時代已有此語。

我們認爲,這兩處"善人"其義當與前面所引的那些"善者"相類。《板》的"善人"應該是指有能力做好治國理政之事的那些大臣,在厲王的亂政下,這些人無法發揮作用。《堯曰》的"善人"當指有能力的、在武王克商中立有功勞的那些人。

但是,在《左傳》《國語》中出現的很多"善人"則明顯地指才能與品德兼備之人:

(3)《左傳·僖公二十四年》:"晉侯賞從亡者,介之推不言禄,禄亦弗及。推曰:'……主晉祀者,非君而誰。天實置之,而二三子以爲己力,不亦誣乎。竊人之財,猶謂之盜,況貪天之功以爲己力乎。……'遂隱而死。晉侯求之不獲,以綿上爲之田,曰:'以志吾過,且旌善人。'"

(4)《左傳·文公六年》記秦穆公死,"以子車氏之三子奄息、仲行、鍼虎爲殉,皆秦之良也。國人哀之,爲之賦《黄鳥》。君子曰:'秦穆之不爲盟主也宜哉,死而棄民。先王違世,猶詒之法,而況奪之善人乎?詩曰:"人之云亡,邦國殄瘁。"無善人之謂,若之何奪之?'"

(5)《左傳·宣公十六年》:"春,晉士會帥師滅赤狄甲氏及留吁、鐸辰。三月,獻狄俘。晉侯請于王,戊申,以黻冕命士會將中軍,且爲大傅。於是晉國之盜逃奔于秦。羊舌職曰:'吾聞之:"禹稱(杜注:稱,舉也)善人,不善人遠。"此之謂也。夫《詩》曰:"戰戰兢兢,如臨深淵,如履薄冰。"善人在上也。善人在上,則國無幸民。諺曰:"民之多幸,國之不幸也。"是無善人之謂也。'"

(6)《左傳·成公十五年》:"晉三郤害伯宗,譖而殺之,及欒弗忌。伯州犁奔楚。韓獻子曰:'郤氏其不免乎?善人,天地之紀也,而驟絕之,不亡何待。'初,伯宗每朝,其妻必戒之曰:'盜憎主人,民惡其上。子好直言,必及於難。'"

(7)《左傳·成公十六年》:"晉人執季文子於苕丘。公還,待於鄆,使子叔聲伯請季孫於晉。……范文子謂欒武子曰:'季孫於魯,相二君矣,妾不衣帛,馬不食粟,可不謂忠乎。信讒慝而棄忠良,若諸侯何?子叔嬰齊奉君命無私,謀國家不貳,圖其身不忘其君。若虚其請,是棄善人也,子其圖之。'乃許魯平,赦季孫。"

---

① (宋)朱熹:《四書章句集注·論語集注》,962—963頁。

(8)《左傳·昭公五年》：“鄭罕虎（按：罕虎即子皮，已見襄公三十年《傳》）如齊，娶於子尾氏。晏子驟見之。陳桓子問其故。對曰：“能用**善人**，民之主也。”杜預在此文末注曰：“謂授子產政。”［按：事見襄公三十年《傳》。我們在講“善”可以用在要對方把某事做得很好的場合時已引過有關《傳》文，見一（五）例3］

(9)《左傳·昭公六年》：“韓宣子之適楚也，楚人弗逆，公子棄疾及晉竟，晉侯將亦弗逆。叔向曰：‘楚辟我衷，若何效辟？詩曰：“爾之教矣，民胥效矣。”從我而已，焉用效人之辟。書曰：“聖作則。”（杜預注：逸書。則，法也）無寧以**善人**爲則，而則人之辟乎？匹夫爲善，民猶則之，況國君乎。’”

(10)《左傳·襄公二十六年》：“善爲國者，賞不僭而刑不濫。賞僭則懼及淫人，刑濫則懼及**善人**。若不幸而過，寧僭無濫。與其失善，寧其利淫。無**善人**，則國從之。詩曰：‘人之云亡，邦國殄瘁。’無**善人**之謂也。故夏書曰：‘與其殺不辜，寧失不經。’懼失善也。……”

(11)《左傳·昭公三十一年》：“君子曰：……春秋之稱微而顯，婉而辨，上之人能使昭明，**善人**勸焉，淫人懼焉，是以君子貴之。”

(12)《國語·晉語四》：“（重耳）過衛，衛文公有邢、狄之虞，不能禮焉。甯莊子言於公曰：‘夫禮，國之紀也；親，民之結也；善，德之建也。國無紀不可以終，民無結不可以固，德無建不可以立。此三者，君之所慎也。今君棄之，無乃不可乎！晉公子，**善人**也，而衛親也。君不禮焉，棄三德矣。臣故云君其圖之。……’”

(13)《國語·晉語八》記魯昭公元年，諸侯在東虢會盟，重溫襄公二十七年在宋舉行的弭兵之會。魯叔孫豹與會，盟會尚未結束，魯人即背盟伐莒，楚令尹圍主張將叔孫豹殺死。晉樂王鮒向叔孫豹索要賄賂，叔孫豹不予。趙文子勸叔孫豹逃跑，叔孫豹“對曰：‘豹也受命於君，以從諸侯之盟，爲社稷也。若魯有罪，而受盟者逃，必不免，是吾出而危之也。若爲諸侯戮者，魯誅盡矣，必不加師，請爲戮也。夫戮出於身實難，自他及之何害？苟可以安君利國，美惡一心也。’”“文子將請之於楚，樂王鮒曰：‘諸侯有盟未退，而魯背之，安用齊盟？縱不能討，又免其受盟者，晉何以爲盟主矣，必殺叔孫豹。’文子曰：‘有人不難以死安利其國，可無愛乎！若皆恤國如是，則大不喪威，而小不見陵矣。若是道也果，可以教訓，何敗國之有！吾聞之曰：**善人**在患，弗救不祥；惡人在位，不去亦不祥。必免叔孫。’”

(14)《國語·楚語上》：“莊王使士亹傅太子箴，辭曰：‘臣不才，無能益焉。’王曰：‘賴子之善，善之也。’對曰：‘夫善在太子，太子欲善，**善人**將至；若不欲善，善則不用。故堯有丹朱，舜有商均，啓有五觀，湯有太甲，文王有管、蔡。是五王者，皆有元德也，而有奸子。夫豈不欲其善，不能故也。’”

例(3)所説的介之推跟隨晋公子重耳(後來的晋文公)在外顛沛流亡多年,重耳最後歸國繼承君位,其中當然有介之推的功勞,但他卻口不言禄,退隱而死,品德很高,所以晋文公認爲他是應該表揚的"善人"。

例(4)所引的《黄鳥》詩見於《詩經·秦風》,詩中説子車氏三兄弟是"百夫之特(鄭箋:百夫之中最雄俊也)"、"百夫之防(鄭箋:防猶當也,言此一人當百夫)"、"百夫之禦(鄭箋:禦,當也)",可知"三良"是有極高能力的勇力之士,穆公生前他們一定是忠心耿耿,把保衛穆公的工作做得非常好的,所以以三良殉穆公,要他們在地下繼續保護穆公。像三良這樣德才具備的傑出勇士,在國家有危難的時候無疑能在保衛國家的戰争中發揮重要作用,所以君子認爲使三良殉葬是奪走了能影響國家興亡的"善人"。

例(5)中被羊舌職説成"善人"的士會是一位才德具備的爲政者,他執晋國之政後,"晋國之盗逃奔于秦",顯然是懼怕在他治下會受到懲處。羊舌職的評論中有"善人在上,則國無幸民"一語,説的也是同樣的道理。羊舌職所引"禹稱善人,不善人遠"之語,與《論語·顔淵》所記子夏之語"舜有天下,選於衆,舉皋陶,不仁者遠矣。湯有天下,選於衆,舉伊尹,不仁者遠矣"所説之事相類[1],禹所稱舉的"善人"應該就是皋陶(傳説皋陶也是禹臣)、伊尹那樣才德具備的爲政者,"不善人"就相當於子夏所説的"不仁者",可見這裏與"善人"相對的"不善人"主要是就其品德不好而言的,這從反面反映出這裏的"善人"一定是指不但有才能而且品德也很好的人的。不過,羊舌職以其所聞"禹稱善人,不善人遠"之語來與士會"將中軍,且爲大傅。於是晋國之盗逃奔于秦"的現象相比照,並不很合適,因爲他所引之語中的"不善人"顯然是指從事政治的那些不善人,盗賊的身份與他們並不相同;不過,在品德壞這一點上,他們是相類的。

例(6)説伯宗在晋國朝廷上持正不阿,不顧個人安危,而"好直言",終於因此而被殺。《論語·顔淵》:"樊遲問仁。子曰:'愛人。'問知。子曰:'知人。'樊遲未達。子曰:'舉直錯諸枉,能使枉者直。'"《衛靈公》篇:"子曰:直哉史魚!邦有道,如矢;邦無道,如矢。"《微子》篇:"柳下惠爲士師,三黜。人曰:'子未可以去乎?'曰:'直道而事人,焉往而不三黜?枉道而事人,何必去父母之邦。'"可見"直"是爲政、從政者極爲重要的一種品德,韓獻子稱贊伯宗是可以爲"天地之紀"的"善人",是有道理的。

例(7)中范文子對魯季文子和子叔嬰齊的評論主要贊揚了他們忠而無私的

---

[1]參看程樹德:《論語集釋》,中華書局,1990年,875頁。

品德。

例（8）的“善人”指鄭國承接子皮任執政的子産。子産是公認的才德具備的人。孔子對子産評價很高，《論語·公冶長》：“子謂子産：‘有君子之道四焉：其行己也恭，其事上也敬，其養民也惠，其使民也義。’”《憲問》：“或問子産。子曰：‘惠人也。’”他應該像晏子一樣，也是把子産看作“善人”的。

例（9）中叔向所説的“善人”指其行爲可以爲法的爲政者，他們顯然也是才德具備的。“匹夫爲善”的“善”應指善事，以“善”指“善事”的例子詳後［四（一）］。

例（10）以“善人”與“淫人”對言，而且説“無善人，則國從之”，“善人”也應指爲政、從政者中那些才德具備的人。以“善人”與“淫人”對舉，跟例（5）羊舌職所聞之語以“善人”與“不善人”對舉一樣，突出了“善人”的品德這一方面。此例中有兩次説到“失善”，“善”都指“善人”。

例（11）“君子”之言以“善人”與“淫人”對舉，與例（10）同。

例（12）甯莊子稱重耳爲“善人”當是由於他認爲從重耳各方面的表現看，他是一個才德具備的人材。“善，德之建也”句韋昭注：“建，立也。言能善善，所以立德。”①所謂“善善”應是能善待善人之義。韋昭注所以這樣説，當是由於甯莊子這段話是爲了勸衛文公善待重耳而説的緣故。甯莊子所説的“禮，國之紀也；親，民之結也；善，德之建也”不知是否有所據，從其下文體會，他應該是用“善”來指善人的；但如果他是有所據的，“善，德之建也”的原意似乎可以理解爲“要立德，就必須有較高的才能”。

例（13）所記之事亦見《左傳·昭公元年》，那裏還記有趙文子爲叔孫豹向楚人求情時所説的一段話：“魯雖有罪，其執事不辟難，畏威而敬命矣。子若免之，以勸左右可也。若子之群吏處不辟汙，出不逃難，其何患之有？患之所生，汙而不治，難而不守，所由來也。能是二者，又何患焉？不靖其能，其誰從之？魯叔孫豹可謂能矣，請免之以靖能者。”由《國語》《左傳》這兩處的記載可以清楚地看出，趙文子認爲魯國大夫叔孫豹是一位才德具備、可以取法的“善人”。趙文子評價叔孫豹行爲的那些話明顯地反映出，古代的賢人是非常重視與品德密切結合在一起的那種才能的。他所引成語“善人在患，弗救不祥；惡人在位，不去亦不祥”，以“善人”與“惡人”相對，上舉例（10）、（11）以“善人”與“淫人”相對，情況相類。

例（14）中，士亹所説的“善人”當然也是才德具備、可以爲太子之傅的人。此段引文中莊王與士亹所説的話裏單用的“善”字共有七個，其中“善則不用”之

①徐元誥集解，王樹民、沈長雲點校：《國語集解》，中華書局，2002年，327頁。

"善",從與其相對的上文中的"善人將至"來看,即指"善人",情況與例(10)"失善"之"善"相同。《禮記·大學》"楚書曰:'楚國無以爲寶,惟善以爲寶。'"此"善"亦指善人(朱熹《大學集注》注此句曰"言不寶金玉而寶善人也")。《大學》又説:"見賢而不能舉,舉而不能先,命也;見不善而不能退,退而不能遠,過也。"此"不善"即指不善人,上引例(5)即有"不善人遠矣",可參照。"善"指才德兼備的"善人"。"不善"之"善"與之同義。其他"善"字的具體含義將在後文關於"善"有"爲人好""做好人"一類意義的討論中談到[見三(四)]。

《論語》中五次説到"善人",除上文已舉的例(2)《堯曰》所記古語中的一例外,其他四例如下:

(15)《論語·述而》:"子曰:'<u>善人</u>,吾不得而見之矣;得見有恒者,斯可矣。亡而爲有,虚而爲盈,約而爲泰,難乎有恒矣。'"

(16)《論語·先進》:"子張問<u>善人</u>之道。子曰:'不踐迹,亦不入於室。'"

(17)《論語·子路》:"子曰:'<u>善人</u>爲邦百年,亦可以勝殘去殺矣。誠哉是言也!'"

(18)《論語·子路》:"子曰:'<u>善人</u>教民七年,亦可以即戎矣。'"

一般都認爲"善人"之"善"是就道德而言的,《辭源》《漢語大詞典》"善人"條第一個義項就是"有道德的人",所舉第一條書證都是我們上引的《論語·述而》那一條。其實,《論語》的"善人"也應該是指才德具備的人,而且像上舉《左傳》《國語》中的很多"善人"一樣,指的是爲政、從政的善人[1]。《子路》篇所説的"爲邦""教民"的"善人",顯然是爲政者。上引《述而》篇文是緊接在"子曰'聖人,吾不得而見之矣;得見君子者,斯可矣'"章之後的,前人多將這兩章放在一起解釋,可從。《論語·述而》篇記孔子評論自己的話説"若聖與仁,則吾豈敢? 抑爲之不厭,誨人不倦,則可謂云爾已矣",《雍也》篇記"子貢曰:'如有博施於民而能濟衆,何如? 可謂仁乎?'子曰:'何事於仁,必也聖乎! 堯舜其猶病諸'",《禮記·中庸》篇記"子曰:舜其大孝也與! 德爲聖人,尊爲天子,富有四海之内,宗廟饗之,子孫保之",可見在孔子的心目中,"聖"是比他所推崇的"仁"更高的境界,他認爲自己够不上"聖",大概只有堯、舜之類的聖王才够得上"聖人"的標準。"聖人,吾不得而見之矣,得見君子者,斯可矣"意思應該是説:能稱爲"聖人"的君主,我是看不到了,能看到像個君子的,就很可以了。孔子的這句話如果只是就爲人的品德高低而説的,那在下句的"君子"之下就不必再加"者"字了。接著的"善人,吾不得而見之矣,得

---

[1] 參看程樹德:《論語集釋》,488 頁。但程樹德承何晏《集解》之説似認爲"善人"主要指國君,則是不妥當的。

見有恒者，斯可矣"意思應該是説：能稱爲"善人"的爲政者，我是看不到了，能看到做事持之以恒的，就很可以了。《子路》篇："子曰：'南人有言曰："人而無恒，不可以作巫醫。"善夫[按："夫"的用法近"乎"。説"善夫"是肯定"南人"的話説得好，參看二(五)]！'"無論想做好什麽事情，"有恒"都是必須的條件，爲政當然也如此，所以下句説"得見有恒者，斯可矣"。

"子張問善人之道"，"善人"也應該指爲政的"善人"。"道"字的"道理，方法"一類意義本是由"道路"的意義引申出來的，孔子的答語就以行路的情況來作比喻，皇侃《義疏》解釋"不踐迹，亦不入於室"句説："踐，循也。迹，舊迹也。言善人之道亦當别宜創建善事，不得唯依循前人舊迹而已。又雖有創立，而未必使能入聖人奥室也。"①大意可從。"不踐迹"當指不遵循一般的世俗的做法，像子産堅持自己正確的主張，不毁鄉校(見《左傳·襄公三十一年》)，作丘賦[見《左傳·昭公四年》，詳四(一)例(1)]，就是"不踐迹"的表現。"亦不入於室"與《先進》篇孔子評論子路所説的"由也升堂矣，未入於室也"的"未入於室"句義近，在此當指爲政的"善人"還達不到上引《述而》章之前一章所説的"聖人"的境界。需要説明的是，我們説孔子認爲大概只有堯、舜之類的聖王才够得上"聖人"的標準，並以爲"聖人，吾不得而見之矣"的意思是説當世没有够得上稱"聖人"的君主，都是就事論事的，毫無孔子認爲只有君主中才智品德都極高的人才能稱"聖人"的意思。

孔子把"聖人"當作才智與品德最高的理想人物，"君子"和"善人"都是比"聖人"低一等的才德很高的人物，邢昺《論語疏》把《述而》篇"善人，吾不得而見之矣"句的"善人"就解釋爲"君子"(我們認爲孔子所説的"善人"似專指爲政者中的"善人"，"君子"指稱的範圍比較廣泛)。"善人"本指"能幹的人"，到春秋時代産生了指"才能與品德兼備之人"(一般指統治階層中才德兼備之人)的含義。"君子"本指貴族階層的男子，到春秋時代産生了指統治階層中才德兼備之人的含義②。"聖人"本指聰明的人，到春秋時代逐漸演變出了指才德最高的理想人物的含義③。三者的情況有類似之處。張毅在討論"君子"的用法時根據《左傳》所記時人口中的"君子"指出在春秋中期至孔子出生的一百多年中，貴族政治家中已有根據"政治才幹"和"德性"

---

① (梁)皇侃撰，高尚榘校點：《論語義疏》，中華書局，2013 年，282 頁。

② 關於"君子"詞義的演變，參看顧頡剛：《春秋時的孔子和漢代的孔子》、蕭公權：《中國政治思想史》(1945 年商務印書館初版，新星出版社 2005 年增訂版，47 頁)、葛志毅：《〈左傳〉"君子曰"與儒家君子之學》(《河北學刊》，2010 年第 6 期，27 頁)、張毅：《論〈左傳〉史料系統與先秦君子問題——〈左傳〉"君子"用法詳析》(《北京社會科學》，2016 年第 12 期，113—117 頁)。

③ 參看顧頡剛：《春秋時的孔子和漢代的孔子》、《聖、賢觀念和字義的演變》。

兩方面的標準來判斷他人是否"君子"的風氣,並指出與孔子所説的"君子"相比,他們的標準比較偏重於"政治才幹"方面,而孔子則比較偏重於"德性"方面①。其説可信。

指能幹之人的"善人"和指聰明通達之人的"聖人"在治國理政等方面都是很需要的,所以清華簡《子産》篇稱贊子産能"由善用聖"[見二(七)]。聰明通達的人往往能高瞻遠矚,籌劃全局,他們受重視的程度通常無疑要高於能幹的人。就在春秋時代,尤其是在"賢人"、"哲人"一類人中,出現了在評論人物時很注重其品德的風氣,我們上面引過的《左傳》《國語》中評論"善人"的那些話明顯地反映了這種現象。他們要求有很强能力的人同時也要有很高的品德,因此"善人"就有了德才具備之人的含義。"善人"含義的這種演變跟學者們已經指出的"君子"含義的演變情況顯然很相似。在上面所説的春秋時代評論人物的那種風氣之下,人們要求"聖人"所應有的品德無疑要比"善人""君子"更高,這從下面所引的兩段《左傳》之文就可以看出來。

《襄公二十九年》記"吴公子札來聘……請觀於周樂。……見舞韶濩(杜注:殷湯樂)者,曰'聖人之弘也,而猶有慚德,聖人之難也(杜注:慚於始伐)'"。季札在評論商湯的樂舞時稱湯爲"聖人",但因他不是像傳説中的舜、禹那樣以禪讓得天下,而開始以征伐取天下,認爲他"猶有慚德",也就是説他的品德尚有不足之處,這跟孔子認爲武王的樂舞《武》"盡美矣,未盡善也"其意相類②,可見季札對"聖人"尤其是作爲君主的聖人的品德的要求是非常高的,是很難達到的,所以他又加了一句"聖人之難也"。

《昭公七年》:"孟僖子病不能相禮,乃講學之,苟能禮者從之。及其將死也,召其大夫曰:'禮,人之幹也,無禮無以立。吾聞將有達者曰孔丘,聖人之後也,而滅於宋。其祖弗父何,以有宋而授厲公。及正考父,佐戴、武、宣,三命益益共。……臧孫紇有言曰:"聖人有明德者,若不當世,其後必有達人。"今其將在孔丘乎?我若獲没,必屬説與何忌於夫子,使事之而學禮焉,以定其位。'"孟僖子以孔子祖先弗父何、正考父爲"聖人有明德者",周人所謂"明德",不能就按照字面理解爲顯明的品德,"明德"跟所謂"懿德"相類,也是指一種高級的品德,而二者的具體性質又有所區别。我們將在《説道德》一文中加以討論。弗父何、正考父是並非帝王的一般

---

① 張毅:《論〈左傳〉史料系統與先秦君子問題——〈左傳〉"君子"用法詳析》,116 頁。
② 清代閻若璩已言此意,見閻若璩撰,黄懷信、吕翊欣校點:《尚書古文疏證》,上海古籍出版社,2010 年,655—656 頁。

"聖人",説他們是"聖人有明德者"並不意味著一般"聖人"就没有好的品德,只是強調他們有超於一般聖人的品德①。對"聖人"中品德特別突出的人的推崇,也説明當時人對"聖人"的品德是很重視的。

《國語》中説到"聖人"時對他們都是非常推崇的,而且有時也明確講到他們的品德,如:《國語·周語中》"晋既克楚于鄢使郤至告慶于周"章(按:晋克楚于鄢事在魯成公十六年,前575年)記有單襄公的一段話,他在強調對人不可采取居上陵下的態度時就説"聖人貴讓"。《國語·周語下》"景王二十一年將鑄大錢"章(事在魯昭公十八年,前573年)記單穆公説民不從令是在上者之患,"故聖人樹德於民以除之"。

張毅根據《左傳》的資料認爲"君子"一語被加上道德方面的含義是春秋中期以後的事。《左傳》《國語》中爲我們所引的講"善人"和"聖人"的資料,没有早於

①上引《左傳·昭公七年》文中的"聖人",《史記·孔子世家》、《左傳》服虔注、王肅《孔子家語·觀周》注、《左傳》杜預注皆以爲指商湯,把"聖人有明德者,若不當世,其後必有達人"曲解爲"聖人之後,雖不當世,必有達者"(《史記·孔子世家》)或"聖人之後,若不當世,則必有明德而達者焉"(《孔子家語·觀周》)。據《左傳》原文,"聖人有明德者"顯然應該指弗父何、正考父。關於這一點,王引之在《經義述聞·春秋左傳下·聖人之後 聖人有明德者》中已有明辨(第三册1110—1111頁)。王氏文中還説:"聖爲(轉下頁注)(接上頁注)明德之通稱,不專指大聖(引者按:所謂大聖,應指堯舜至周文王等古聖王)。弗父之讓,考父之共,其有明德如是,得不謂之聖人乎? 固不必商湯而後爲聖也。"王氏在上引一段文字之前還説:"聖人即是有明德者,古人自有複語耳。襄二十四年《傳》'僑聞君子長國家者',君子即是長國家者也。"(引者按:此段見於小字注文)王氏指出古書中的"聖""不專指大聖"是正確的,但認爲"聖"就是"明德之通稱","聖人有明德者"與"君子長國家者"一樣都是同義"複語",則是有問題的。王氏在"聖爲明德之通稱,不專指大聖"句下的小字注文中先舉了"聖"字的十一條用例,以説明"聖爲明德之通稱",接著又引了《左傳·襄公二十二年》"臧武仲如晋,雨,過御叔。御叔在其邑,將飲酒,曰:焉用聖人"之文的《正義》:"《周禮·大司徒》'以鄉三物教萬民,一曰六德,知仁聖義中和'鄭玄云'聖,通而先識也',《尚書·洪范》云'睿作聖'者,通識之名(王氏在此文下略去了《正義》'時人見其多知,故以聖人言之,非爲武仲實是大聖也'一句)。《尚書》又稱'惟狂克念作聖,惟聖罔念作狂',《詩》稱'人之齊聖''皇父孔聖''母氏聖善',皆非大聖也。"王氏和《左傳》正義所引之例,從我們今天的認識來看,其中的"聖"都應該當聰明通達一類意思來理解,並不能作爲有德之人可以通稱爲"聖"的證據,王氏和《左傳》正義作者無疑都尚不能認識到這一點。他們所舉用例中的有些"聖"字應理解爲聰明通達一類意思是很明顯的,如《左傳·襄公二十二年》稱臧武仲爲"聖人"一例,王氏顯然因爲《周禮·大司徒》"六德"中除"仁""義"等外還包括鄭玄注爲"明於事"的"知(智)"和注爲"通而先識"的"聖",就認爲稱聰明通達之人爲聖人也在"聖人即是有明德者"的範圍之内。至於那些確實含義不够明顯的"聖",當然就被王氏誤解爲指仁義等一般的"德"了,他説"弗父之讓,考父之共,其有明德如是,得不謂之聖人乎",其實是以被他誤解的一些"聖"字用例爲依據的。王氏没有解釋"明德"的"明"字,從他的有關論述來看,他只是囿於《左傳·昭公七年》"聖人有明德者"的原文而不得不用"明德"來表示一般的"德"的意義。王氏認爲"聖人有明德者"與"君子長國家者"一樣都是同義"複語",也是不正確的。據《左傳·襄公二十四年》文,所謂"長國家者"指國家的主要執政者,"君子長國家者"猶言"君子之長國家者",在一般情況下,"君子"與"長國家者"的意義並不相同。"聖人有明德者"猶言"聖人之有明德者","聖人"和"有明德者"不能視爲同義"複語"。總之,王氏關於"聖人有明德者"的意見是不能接受的。顧頡剛晚年根據王煦華代作稿修改而成的《聖、賢觀念和字義的演變》對《左傳·昭公七年》"聖人有明德者"的解釋襲用了王引之的意見(《顧頡剛全集1·顧頡剛古史論文集》,630頁),不妥。

魯僖公晚期的,大部分都在成公、襄公以後,其時代也可以説在春秋中期以後。這當然不能説明論人時重視品德的風氣是從春秋中期開始的,但似可説明這種風氣的盛行是開始於春秋中期的。

在春秋時代崇尚"聖人"的才智、品德的氣氛下,孔子把具有他心目中的最高人格的人稱爲"聖人"是相當自然的。老子與孔子在思想上彼此是對立面,但《老子》書中也把具有他心目中的最高人格的人稱爲"聖人",只不過老子的"聖人"是最能體認他所崇尚的作爲宇宙本原的"道"的精神並全心全意想使整個人類社會變得合於"道"的精神的人①,孔子的"聖人"則是最能體現並推行他所崇尚的仁義之道的人。《老子》中也有"善人",見於 27 章和 62 章。27 章的"善人"情況比較特殊,將在後面講《老子》"善"字的部分中另加討論。62 章的"善人"據文意應該是指下"聖人"一等的體道、行道者的(參看六)。所以,如果撇開由於思想立場的不同而産生的意涵上的差異,《老子》中"聖人""善人"的用法與春秋晚期以後古書中"聖人""善人"常見的用法是相當一致的。

(19)《墨子·非命中》:"夫有命者(引者按:指持有命之説的人),不志(按當從下篇讀爲"識")昔也三代之<u>聖、善人</u>與? 意亡(孫詒讓《間詁》在《非攻下》"意亡……"句下注云:意與抑同,亡與無同,皆詞也)昔三代之暴、不肖人也?"後文將"慎言知行"、"上有以規諫其君長,下有以教順其百姓"的"列士、桀大夫"作爲不言"命"者的代表,將"三代之暴王""窮民""僞民"作爲"有命者"的代表。《非命下》有類似內容,開頭也説"夫有命者,不識昔也三代之<u>聖、善人</u>與? 意亡昔三代之暴、不肖人與?"其後文字與《非命中》頗有出入,未言持非命説的代表,講持有命説的代表時將"窮民"説成"罷不肖之民"。《墨子》中"聖王"多見,有時並與"暴王"對言。《非命》所説的"聖、善人"顯然指"聖王""列士、桀大夫"這些才智、品德都很高的人。"聖、善人"應該是"聖人""善人"的合稱。"善人"也是次於"聖人"一等的。但要注意的是,《墨子》應無以"聖人"專指"聖王"等聖明的君主、以"善人"指"列士、傑大夫"等人的意思。《墨子·親士》:"是故江河不惡小谷之滿己也,故能大。聖人者,事無辭也,物無違也,故能爲天下器。"按照"器"字的一般用法看,"聖人"當指能治理天下的、有高度的才智和品德的賢能之人,至少不會是專指聖明的君主的。墨家學派稱其首領"巨子"爲"聖人"②,對於墨子這位先師,更不用説是把他看作聖人的了,可

———————————

①參看拙文《説〈老子〉中的"無爲"和"爲"》,《中華文史論叢》,2019 年第 4 期,28—31 頁。

②《莊子·天下》"以巨子爲聖人。皆願爲之尸,冀得爲其後世",參看馮友蘭:《中國哲學史》,商務印書館,1944 年,113—114 頁。

見《墨子》是不會專門用"聖人"來稱呼聖王的。

(20)《孟子·盡心下》也說到了"善人":"浩生不害問曰:'樂正子,何人也?'孟子曰:'善人也,信人也。''何謂善? 何謂信?'曰:'可欲之謂善,有諸己之謂信……'"《孟子》中還有一段與上引之文關係非常密切的文字,見《告子下》:"魯欲使樂正子爲政。孟子聞之,喜而不寐。公孫丑曰:'樂正子强乎?'曰:'否。''有知慮乎?'曰:'否。''多聞識乎?'曰:'否。''然則奚爲喜而不寐?''其爲人也好善。''好善足乎?'曰:'好善優於天下,而況魯國乎? 夫苟好善,則四海之内皆將輕千里而來告之以善。……"浩生不害問樂正子於孟子,應該也在"魯欲使樂正子爲政"的消息傳出之後。孟子稱樂正子爲"善人",情況與春秋時人評爲政、從政者爲"善人"相似,但從他與公孫丑論樂正子的那段話來看,孟子對"善人"的理解顯然有他自己的特點。公孫丑問孟子樂正子是否"强"、是否"有知慮"、是否"多聞識",孟子皆曰"否",而說樂正子"爲人也好善",可見他並不重視樂正子的智能,而重視他的"好善",所以他説樂正子是"善人"一定也不是側重其才能而是側重其品德的。

孟子極其重"仁義","孟子見梁惠王。王曰:'叟不遠千里而來,亦將有以利吾國乎?'孟子對曰:'王何必曰利? 亦有仁義而已矣'"(《孟子·梁惠王上》)。郭店簡有《五行》篇①,其所論者,就是《荀子·非十二子》中大加斥責的、"子思唱之,孟軻和之"的"五行"説。《五行》篇第二章説"德之行五(引者按:據第一章,此"五行"即仁義禮智聖),和謂之德;四行(引者按:當指仁義禮智),和謂之善。善,人道也;德,天道也","四行,和謂之善"的意思大概是説仁義禮智具備並相互協調就達到了"善"的境界,達到這種境界的人當然就是"善人"了。孟子主張"性善",其主要根據就是仁義禮智之"端"(即所謂"四端")皆爲人性所固有(見《公孫丑上》《告子上》),把"五行"説又推進了一步。"四行"中最受孟子重視的顯然是"仁義",在孟子的心目中,要達到"善"或"善人"的境界,最重要的條件應該就是真心信從仁義之道,他説樂正子"好善"、是"善人",應該就是由於他認爲樂正子是真心信從仁義之道的。他回答浩生不害説"可欲之謂善",朱熹《集注》:"天下之理,其善者必可欲,其惡者必可惡。其爲人也,可欲而不可惡,則可謂善人矣。"②在孟子看來,真心講仁義的爲政者,當然是爲百姓所"欲"的。《孟子·盡心上》:"孟子曰:古之賢王好善而忘勢,古

①亦見馬王堆帛書,但帛書《五行》的文字除見於郭店簡《五行》者外,尚有對此文進行解説的部分,研究者多稱前者爲"經",後者爲"説"。

②(宋)朱熹:《四書章句集注·孟子集注》,370頁。

之賢士何獨不然？樂其道而忘人之勢……"，"好善"之"善"顯然指"善人"，即才能和品德都很高的賢人。朱熹《集注》在此章之末總括全章之意時説："言君當屈己以下賢，士不枉道而求利。二者勢若相反，而實則相成，蓋亦各盡其道而已。"①大意可從②。當然，在孟子看來，只有像他這樣崇尚仁義之道的賢人才最值得賢王"忘勢"而禮待。

《孟子·盡心下》所記孟子回答浩生不害的話在"可欲之謂善，有諸己之謂信"下接著還説"充實之謂美，充實而有光輝之謂大，大而化之之謂聖，聖而不可知之之謂神。樂正子，二之中，四之下也"。趙岐注解釋"大而化之之謂聖"之意爲"大行其道，使天下化之，是爲聖人"②。孟子説"樂正子，二之中，四之下也"，其確切意義雖然不大好解釋，但他也認爲"善人"的才德修養較"聖人"爲低，則是很明顯的。"五行"説中以仁義禮智四行和爲"善"，加上"聖"以後才能謂之"德"，並謂"善，人道也；德，天道也"，"聖"也是高於"善"的。《孟子》中提到過不少古代的聖人，而孔子則被他推崇爲"自有生民以來"未曾有過的大聖人(《公孫丑上》)。

(21)《莊子·胠篋》篇："<u>善人</u>不得聖人之道不立，跖不得聖人之道不行；天下之<u>善人</u>少而<u>不善人</u>多，則聖人之利天下也少而害天下也多。"此文作者雖然對一般所謂"聖人"持諷刺態度，但從"善人不得聖人之道不立"之語看，這裏所説的"善人"也應指一般所謂才德具備之人。他以"善人"與"不善人"對言，情況與上文例(5)羊舌職所引"禹稱善人，不善人遠"相類。此文"善人"也是次於"聖人"一等的。

在先秦子書中，還有一些可以理解爲指才德具備者的"善人"的用例，如：

(22)《管子·小稱》："天下者無常亂，無常治，<u>不善人</u>在則亂，<u>善人</u>在則治，在於既善所以感之也。"

①(宋)朱熹：《四書章句集注·孟子集注》，351頁。

②趙岐在"古之賢王好善而忘勢"句下注："樂善而自卑，若高宗得傅説而稟命。"[(清)阮元校刻《十三經注疏》，中華書局，2009年，6016頁]他對所注之文意義的理解顯然是正確的，但用高宗稟命於傅説作爲"賢王好善而忘勢"的實例，則是不妥當的。趙岐之時《説命》篇已亡佚，他只能見到《書序》中的《説命序》，此序説："高宗夢得説，使百工營求諸野，得諸傅巖，作《説命》三篇。"作《説命》三篇的主事者應該就(轉下頁注)(接上頁注)是高宗(武丁)，趙岐蓋誤解《書序》之意認爲高宗得傅説後，傅説作《説命》三篇。與趙岐同時的鄭玄，從其《禮記注》看，也犯了同樣的錯誤。這大概跟《禮記》的《緇衣》《文王世子》等篇所引的《説命》之文看起來很像是傅説告誡武丁的話有關。從清華簡《傅説之命》三篇看，全篇中只有高宗武丁命傅説之言，而無傅説命王之言，趙岐"稟命"之説是錯誤的。參看《〈中國古典學的重建叢書〉序》，見裘錫圭《老子今研》，中西書局，2021年，23頁。

②(清)焦循撰、沈文倬校點：《孟子正義》，中華書局，1987年，994頁。

(23)《管子・君臣上》:"……不言智能,而順事治,國患解,大臣之任也。不言於聰明,而<u>善人</u>舉,奸偽誅,視聽者衆也。"

(24)《管子・四稱》:"夷吾聞之於徐伯曰:'昔者無道之臣……不與<u>善人</u>,唯其所事。……"

(25)《晏子春秋・内篇問上》"景公問天下之所以存亡晏子對以六説"章:公曰:"請終問天下之所以存亡。"晏子曰:"縵密不能、麁苴不學者詘。……<u>善人</u>不能戚,惡人不能疏者危。"

例(22)以"善人"與"不善人"對舉,與前舉例(5)羊舌職所引"禹稱善人,不善人遠"相類。例(23)以"善人"與"奸偽"對舉,與前舉以"善人"與"淫人"、"惡人"對舉的例子(10、11、13)相類。這兩例的"善人"應該也是指才德具備之人。

例(24)"唯其所事"句,舊注説"人有曲而事己,與之交也",將"其所事"解釋爲"曲而事己"之人[1],從語法看似不妥當,疑"事"當讀爲"使","其所使"指爲無道之臣可驅使之人。"善人"與"其所使"爲對文,情況跟以"善人"與"奸偽"等對舉相似,其義應與上兩例所引《管子》中的"善人"義近。又疑"與善人"當讀爲"舉善人",全句意謂"不在君王面前舉薦有才德的人,而只舉薦他所能驅使的人"。舊注對"其所事"的解釋雖然從語法上看有問題,但所説的意思其實跟我們的理解是相近的。此處下文還説到無道之臣"倨敖不恭,不友善士","遷損善士,捕(陶鴻慶讀爲'扶')援貨人(舊注以'貨人'爲'財貨之人')","善人"之"善"與"善士"之"善"應該同義。《孟子・滕文公下》有"薛居州,善士也"之語,"善士"顯然指才德具備之士[詳三(二)2.],可以當作此篇"善人""善士"之"善"應理解爲"才德具備"的旁證。

例(25)以"善人"與"惡人"對舉,情況與上舉例(13)相類。

(26)清華簡《趙簡子》記趙簡子初執政時,范獻子進諫曰:"子始造於善,則<u>善人</u>至,<u>不善人</u>退;子始造於不善,則<u>不善人</u>至,<u>善人</u>退。"(簡3—4)清華簡整理者釋"造於善"之"造"爲"到……去"[2],可從。"子始造於善"意即"您若一開始就達到善的境地"[關於這個"善"的具體意義的説明見四(四)]。此文亦以"善人"與"不善人"對言,情況與例(5)、例(21)相類,"善人"也應該指才德具備的人。

前面講過,當"有才能"講的"善"可以用來指"有才能的人",才德具備的"善人"也可以就稱爲"善"。上文例20已經引過《孟子・盡心上》的"古之賢王好善而忘勢"之語,其中的"善"就指才德具備的"善人"。郭店《語叢一》有"愛膳(善)之

---

① 黎翔鳳:《管子校注》,中華書局,2004年,621頁。
② 李學勤主編:《清華大學藏戰國竹書》[柒],中西書局,2017年,108頁注[九]。

謂仁"一句(簡 92),有人引《文子·上仁》"愛賢之謂仁"與此對照①,"賢"指"賢人","愛善"之"善"亦應指才德具備的"善人",《論語·學而》有"泛愛衆而親仁"語,可以參看。

2.

與"善人"相類的有"善士""善臣"之語,附述於此。

先舉"善士"的用例。前面講"善人"時引過的《管子·四稱》篇在講無道之臣"不與善人,唯其所事(使)"之下緊接著説"倨敖不恭,不友善士",下文又説無道之臣"遷損善士,捕(陶鴻慶讀爲'扶'②)援貨人(管子舊注解爲'財貨之人',不知確否)"。《孟子·滕文公下》"子('子'指與孟子對話的宋臣戴不勝)謂薛居州善士也,使之居於王所。在於王所者,長幼卑尊皆薛居州也,王誰與爲不善('不善'當指不善之事)?在王所者,長幼卑尊皆非薛居州也,王誰與爲善['善'當指善事,參看四(一)]"。《孟子·萬章下》"孟子謂萬章曰:一鄉之善士斯友一鄉之善士,一國之善士斯友一國之善士,天下之善士斯友天下之善士。以友天下之善士爲未足,又尚論古之人"。《孟子·盡心上》"晋人有馮婦者,善搏虎,卒爲善士";《荀子·哀公》記孔子答哀公之語"所謂庸人者,口不道善言,心不知邑邑;不知選賢人善士托其身焉以爲己憂"。從文意看,上舉諸例中的"善士"似皆指才德具備之士。

《莊子·徐無鬼》記管仲病重,齊桓公問管仲他死後是否可以讓鮑叔牙繼任,管仲對曰"不可。其爲人潔廉善士也。其於不己若者不比之,又一聞人之過,終身不忘……"此例"善士"之"善"似偏重於指品德好。

先秦文獻中的"善臣"之例我們只找到一條③,上博簡《命》篇記葉公子高之語:"吾聞古之善臣也,不以私惠私怨入於王門。"(簡 4—5)從文意看,"善臣"應指才德具備的賢臣。

3.

在以"君子"稱品德、修養好的人的用法通行以後,以"君子"指貴族統治階層的用法仍然存在④。春秋時代重視"聖人"品德的風氣興起以後,"聖"字當聰明通達一類意思講的用法以及"聖人"(包括指"聖人"的"聖")當聰明通達的人一類意思

①郭店簡項目《語叢一》釋文注釋未刊稿。

②黎翔鳳撰,梁運華整理:《管子校注》,中華書局,2004 年,624 頁。

③今本《逸周書·皇門》"自其善臣以至有分私子",清華簡本《皇門》"善臣"作"𦄽(釐)臣",今本恐不可信,"𦄽(釐)臣"之義待考。

④參看張毅:《論〈左傳〉史料系統與先秦君子問題——〈左傳〉"君子"用法詳析》108、111—113 頁。

講的用法也都仍然存在①。在以“善人”稱才德具備之人的用法通行以後,似乎也還存在以“善人”(包括指“善人”的“善”)指有能力、能幹的人的用法。我們注意到的有《左傳·襄公二十九年》“好善而不能擇人”一例,以及見於清華簡《治邦之道》中的“善人”之例。

《左傳·襄公二十九年》:“吳公子札來聘,見叔孫穆子,説之,謂穆子曰:‘子其不得死乎,<u>好善而不能擇人</u>。吾聞君子務在擇人。吾子爲魯宗卿而任其大政,不慎舉,何以堪之,禍必及子。’”前面講“聖人”時引過的季札觀樂一段話緊接在上引文之後,《左傳·襄公二十九年》在季札聘魯這一段只記了他跟叔孫穆子所説的這段話和觀樂之後的那些評論,以此顯示季札見識之高。杜注認爲此段文字“爲昭四年豎牛作亂起本”②。叔孫穆子愛其在外所生的私生子(即豎牛),任以家政,穆子病,豎牛隔絕他與外界的聯繫,將他活活餓死。杜注之所以這麼説,蓋因他認爲季札第一句話“子其不得死乎”就是預言穆子將爲豎牛餓死。其實季札初次與穆子見面就説“子其不得死乎”是不合理的,而且季札後面説“吾子爲魯宗卿而任其大政,不慎舉,何以堪之,禍必及子”,應該是指他如果不能正確擇人以治理國政,就會遭到災禍,豎牛的身份也與此不合。疑“其不得死乎”五字是有人想將季札之言與豎牛之事相牽合而有意竄入的。“子好善而不能擇人”的“善”字應指“善人”,但用的是“善”字的早期意義,指有能力的、能幹的人。“好善而不能擇人”意謂他不能選擇既有能力品德又好的人。這跟春秋時人認爲“善人”應該才德具備是完全一致的。

清華簡第八册有《治邦之道》篇,第九册有《治政之道》篇,《治政之道》篇整理者(李守奎)指出該篇與第八册的《治邦之道》“編痕一致,文意貫通,應是首尾完整的一篇”③。以下在没有必要的時候統稱兩篇爲“《治》”。《治》篇應是戰國早期的作品④,此篇作者認爲爲君者不能耽於逸樂,應該掌握治道,搞好與百姓、四鄰的關係,這樣才能使自己的地位鞏固,國家安定。掌握治道的關鍵在於任用得人,“興”“廢”有度,“興”就是提拔任用有智能的有用之人,“廢”就是黜退無用甚至有害之人。《治》篇提到了黃帝,推崇他能通達天下之情,但從未提到堯舜,有一處把君臣

---

①參看顧頡剛:《聖、賢觀念和字義的演變》。但此文對“聖人”觀念演變過程的看法,我們並不完全同意,觀本文自明。

②(清)阮元校刻:《十三經注疏·春秋左傳正義》,4355 頁。

③黃德寬主編:《清華大學藏戰國竹書(玖)》,中西書局,2019 年,125 頁。賈連翔《從〈治邦之道〉〈治政之道〉看戰國竹書“同篇異制”現象》對這兩篇的簡序有所調整。

④參看李守奎:《清華簡〈治政之道〉的治政理念與文本的幾個問題》,《文物》2019 年第 9 期,44—49 頁。

關係比喻爲"市賈之交易",這是與儒墨兩家截然不同的。

《治》篇中四次提到"善人"(皆出現在編在第八册中的《治邦之道》篇中):

(1)彼善人之欲達,亦若上之欲善人,侯亂正是御之。故求善人,必從[7]身始,詰其行,變其正……[8]

(2)故興善人,必熟問其行,安觀其貌,安聽其辭。既聞其辭,安小穀其事,以程其功。如可,以佐身相家。[17]

《治》篇中"聖"字屢見("聖人"一詞10見),在討論此篇中"善人"的用法之前,有必要先來考察一下篇中"聖"字的用法。李守奎《清華簡〈治政之道〉的治政理念與文本的幾個問題》對《治》篇"聖人"的用法有所討論,他根據"黄帝不出門檻以知四海之外,是鄉有聖人,必知之;是鄉有暴民,必知之。故天下之賢民皆興,而盜賊無所中朝立……"之文指出"'聖人'僅僅是鄉中與'暴民'相對應的'賢民'而已,是由四佐之類的佐臣發現並被舉用的地方賢才",又根據"昔之爲百姓牧以臨民之中者,必敬戒毋倦,以闕此難,没身免世,患難不臻,此之曰聖人……"之文指出"這個'聖人'已經上升到治理國家的位置上了",最後總結説"聖人似乎是不分層級的聰明才幹之人的統稱"[1]。他的分析值得重視。《治》篇中還有"聖士""聖君"之稱:"彼天下之鋭士之遠在下位而不由者,愈自固以悲怨之。彼聖士之不由,譬之猶歲之不時……","故宅寓不理,以待明王聖君之立"。"聖士"句與"鋭士"句並列,"鋭士"應指才力過人之士,"聖士"應指智力過人之士;"明王聖君"之語中,"聖君"置於"明王"之後,"聖"顯然並無比"明"高一等的含義,其義當與"明智"相近。《治》篇"聖"字單用之例中有一例很值得注意:"彼上(按:此'上'字與下'衆'字爲對文,指統治者)聖則(此'則'字應訓爲'而'[2])衆愚疲('疲'當訓爲'弱'或'無能'[3]),愚疲則聞命(猶言'聽命'),聞命則服以可用。"此"聖"字很明顯當聰明通達一類意思講,與品德毫無關係。總之,此篇中的"聖"字用法是很近古的。

從本篇"聖"字的用法看,"善人"的用法也應該是較古的。從簡文文意看,"善人"應指有能力治國理政、能把治國理政之事做好的人。上引第(1)例中"侯亂正是御之"一句,整理者注釋中的意見似不可取,需要先解釋一下。句首語詞"侯",古人多訓爲"維",如《詩·小雅·六月》"侯誰在矣"毛《傳》:"侯,維也。""正",整理者讀爲"政"是正確的,但把"亂"字訓爲"治"則不可信,"亂政"即昏亂之政。

---

①李守奎:《清華簡〈治政之道〉的治政理念與文本的幾個問題》,47頁。

②參看(清)王引之:《經傳釋詞》,184頁。

③參看《漢語大詞典》"罷2"義項④。

“是”應讀爲“寔”①，表强調。“御”應讀爲“禦”，是抵禦、擋住的意思。簡文此段是說“善人”想被擢用，爲上者想求得“善人”，他們本是相互需要的，但是不好的政治情況在中間把他們擋住了，所以爲上者如要求得“善人”，必須先從自己做起，把政治情況改善。這裏所説的“善人”是有待擢用的有能力治國理政之人。第（2）例中的“善人”，其身份與第（1）例所説的“善人”相同。《周禮·地官·鄉大夫》：“三年則大比，考其德行道藝，而興賢者能者。”簡文“興善人”之“興”與《鄉大夫》“興賢者能者”之“興”同義，“興善人”當指從尚未從政的百姓中選拔有能力治國理政之人。簡文主張對被“興”的“善人”要嚴加考核，確實合乎條件，才能讓他們擔任重要的職務。

我們前面講單用的“善”字的用法時舉過的清華簡《子産》篇“由善用聖”句中的“善”和“聖”，與本篇的“善人”“聖人”意義基本相同。

前面講才德具備的“善人”時曾附述“善”字之義與這種“善人”之善相類的“善士”，應該指出，在春秋晚期以後的先秦文獻中有時也可以看到“善”字的意義近於“有能力”的“善士”。清華簡《越公其事》中記吳王夫差之語説：“……吾始踐越地以至于今，凡吳之<u>善士</u>將中半死矣……”（簡13—14），此句中的“善士”從文意看應指材力較强的戰士，而並非才德具備之士。

(三)當“爲人好／很好的人”講的“善者”以及“善人”

我們前面説過，先秦漢語中有些指人的“善者”其意義與常見的“善者”不同[見三(一)]，現在應該來加以討論了。

《論語·子路》篇：“子貢問曰：‘鄉人皆好之，何如？’子曰：‘未可也。’‘鄉人皆惡之，何如？’子曰：‘未可也。不如鄉人之<u>善者</u>好之，其<u>不善者</u>惡之。’”此例中的“善者”和“不善者”顯然不能解釋爲“能力强的人”和“能力弱的人”，也不宜解釋爲“能把事做得很好的人”和“不能把事做得很好的人”。仔細體會文意，“善”應該是能把人做得很好，也就是做人做得很好（“很好”也可以就説“好”，視情況而定）的意思，與其相對的“不善”應該是不能把人做好，也就是做人做得不好的意思（有時甚至應該理解爲做得很不好）。“能把人做得很好”這種意義可以看作是從“善”字“能把事做得很好”之義引申出來的。對一個人可以從他的行事和品德兩方面來作評論，當然，這兩方面本是緊密聯繫在一起的。“做人做得很好”應該是兼就有才能、能把事做得很好和品德很好這兩方面而言的（前面講“善人”時[見三(二)]

---

①參看（清）王引之：《經傳釋詞》，201頁。

已經指出春秋時人評論"善人"一般兼及才能和品德兩方面,可以參看)。當"做人做得很好"講的"善"字前一方面的意義跟上文所説的不帶賓語的"善"字的核心意義極爲相近。在一般情況下,"做人做得好"的人,他做得好的事主要是他的本職工作,從忠於本職工作的角度説,這本身就可以看作有德的一種表現。爲求簡明,"做人做得很好""做人做得好"的意思可以説成"爲人很好""爲人好"(下文在没有必要的時候統一説成"爲人好"。但不能把我們所説的"爲人好"跟現代人所説的"爲人好"等同起來,後面會有説明)或"做好人",與這種"善"相對的"不善"也可以説成"爲人不好""做不好的人"。當"能力强"一類意思講的"善",其對立面可以是"不能",當"爲人很好""做好人"一類意思講的"善"只能與"不善"對立而不能與"不能"對立①。與這種"善"對立的"不善"意思就是爲人不好、做不好的人,如果不好的程度比較厲害,也就是爲人壞、做壞人(上引《子路》篇中的"善者"和"不善者"一般就都理解爲"好人"和"壞人",這當然是可以的,只不過孔子所説的鄉人中的"不善者"大概並不一定都達到"壞人"的地步)。所以,這樣的"善"在古書中也時常與"惡""暴""淫"這類表示惡德的字爲對文,在下文中我們會看到不少這樣的例子。前面所説的當才德具備者講的"善人"或與"不善人""惡人""淫人"等對舉,二者情況相類。人們在比較"善人"和暴人、惡人等壞人的時候,所注意到的通常是他們做出來的事的性質,也就是事的好壞,而不是他們做事能力的高下,做好事的能力與做壞事的能力是缺乏可比性的。所以,與暴人、惡人等相對立的"善人""善者"之"善",其含義就顯得偏重於品德一方面了,後面還會提到這一點。

這裏有一個需要解釋的問題,既然指才德具備者的"善人"和指"爲人好的人"的"善者"(也有稱"爲人好的人"爲"善人"的,見下舉《墨子·尚同下》等例)的"善"都是兼就才能和品德兩方面而言的,而且也都有顯得偏重於品德一方面的用法,爲什麼我們要把它們分成兩類呢?這主要是從二者指稱的對象來考慮的。當才德具備者講的"善人"通常指地位較高的從政、爲政者,這種"善人"甚至可以被推崇爲"天地之紀"[見三(一)1.例6]。《論語·子路》篇所説的"鄉人之善者"指的是同居一鄉之中的所有人中的"善者",其中當然包含一般的平民,這種"善者"之"善"的含義顯然

---

① 當"能力强"、"能把事做得很好"講的"善"既可以與"不能"對立,也可以與"不善"對立,如《禮記·學記》"善學者師逸而功倍,又從而庸之;不善學者,師勤而功半,又從而怨之。善問者如攻堅木,先其易者,後其節目,及其久也,相説以解;不善問者反此。善待問者如撞鐘,叩之以小者則小鳴,叩之以大者則大鳴,待其從容,然後盡其聲;不善答問者反此。此皆進學之道也",《韓非子·外儲説左下》"陽虎去齊走趙,簡主問曰:'吾聞子善樹人。'虎曰:'……虎不善樹人。'"又如上文引過的《史記·淮陰侯列傳》"陛下不能將兵,而善將將"之句,如果把"不能"改成"不善",也是講得通的,只不過前後對比的强烈程度有所削弱而已。

不宜理解爲才德具備，而宜於理解爲"爲人好"。

上博簡《鬼神之明》篇中有一處以"善者"與"暴者"對言的例子。《鬼神之明》篇説"今夫鬼神有所明，有所不明。□鬼神有所明，則以其**賞善罰暴**也"，接著説堯舜禹湯等聖王生前死後都受到高度贊揚，"則鬼神之賞，此明矣"，桀紂幽厲等暴王都沒有得到好下場，"則鬼〔神之罰，此〕明矣（闕文據整理者補）"；但也有好人不得好下場，壞人反得壽終的，"如以此詰之，則**善者或不賞，而暴**〔**者或不罰**〕（闕文據整理者補）"，其原因是什麼作者也説不清。這裏的"善者"與"暴者"相對，顯然也是指爲人好的人，而不是單就能力强而言的（此文前面所説的"賞善罰暴"也就是"賞善者，罰暴者"的意思）。

《墨子·尚同下》篇中的"善人"，其義應與《鬼神之明》中指"爲人好的人"的"善者"相同，而與前面講過的《墨子·非命中》篇"聖、善人"的"善人"意義有異：

> 上之爲政，得下之情，則是明於民之善非也。若苟明於民之善非也，則得**善人**而賞之，得**暴人**而罰之也。**善人**賞而**暴人**罰，則國必治。上之爲政也，不得下之情，則是不明於民之善非也。若苟不明於民之善非，則是不得**善人**而賞之，不得**暴人**而罰之也。**善人**不賞而**暴人**不罰，爲政若此，國衆必亂。

此下又分"家君""國君""天子"三層强調爲上者必須"得善人而賞之，得暴人而罰之"。此篇下文又有"上以若人爲善，將賞之，……上以若人爲暴，將罰之"等語，"善"跟"暴"也應該就指"善人"和"暴人"。有人把上引文中的"爲"字與"善""暴"連讀，把"爲善"理解爲"行善"，把"爲暴"理解爲"行惡/作惡"的意思，是不妥當的。根據我們前面已經指出的"善"字的那些用法，"上以若人爲善"也未嘗不可以理解爲"在上者認爲那個人爲人好（或者説那個人的爲人是好的）"，"上以若人爲暴"也可以理解爲"在上者認爲那個人爲人兇惡（或者説那個人的爲人是兇惡的）"。不過，在實質意義上，這樣理解跟把這裏的"善""暴"直接理解爲"善人""暴人"並無不同。

上舉《鬼神之明》中的"善者"和《墨子·尚同下》中的"善人"應該是指上至天子下至平民的各階層人中的爲人好的人。

清華簡《越公其事》："有賞罰，**善人**則由，譖民則背。"（簡47）[①]從文意看，這個"善人"應與上引《墨子·尚同下》的"善人"同義。

應該指出，不同階層的人的"爲人好"情況是不同的，爲君者的"爲人好"主要

---

① 李學勤主編：《清華大學藏戰國竹書》〔柒〕，137頁。

指當君主當得好,爲官者的"爲人好"主要指當官當得好,平民的"爲人好"主要指當百姓當得好。所以,地位較高的人的"爲人好"與"善人"的"才德具備"的意思是相通的。

這種與"暴者""暴人"對言的"善者""善人"之"善",就像我們上面分析《論語·子路》"善者""不善者"時所說的,其含義是顯得偏重於品德一方面的。

當"爲人好的人"講的"善人",還見於一些時代較晚的先秦子書。

一般認爲著作時代較晚的《管子·正》篇說:"制斷五刑,各當其名,罪人不怨,**善人**不驚,曰刑。"與"罪人"相對的"善人"應該指"爲人好的人"。

公認爲《墨子》中著作時代較晚的城守諸篇中有《雜守》篇,此篇指出負責防守工作的人爲了要把人用在合適的崗位上,需要先了解他們的具體情況,一開始就說"有讒人,有利人,有惡人,有**善人**,有長人……",緊接"惡人"的"善人"應該就指"爲人好的人"。

《韓非子》有兩篇提到"善人":"今緩刑罰,行寬惠,是利奸邪而害**善人**也,此非所以爲治也。"(《難二》)"可欲之類,進則教良民爲奸,退則令**善人**有禍。"(《解老》)從文意看,"善人"也應理解爲"爲人好的人"。

《荀子》和《韓非子》還各有一例並非與"善人"對言的"不善人":"得賢師而事之,則所聞者堯舜禹湯之道也;得良友而友之,則所見者忠信敬讓之行也。身日進于仁義而不自知也者,靡使然也。今與**不善人**處,則所聞者欺誣詐僞也,所見者汙漫淫邪貪利之行也,身且加于刑戮而不自知者,靡使然也。"(《荀子·性惡》)"鄭人有一子,將宦,謂其家曰:必築壞墙,是**不善人**將竊。"(《韓非子·說林下》)這兩例的"不善人"都已經可以理解爲壞人了。《韓非子》一例以"不善人"指竊盜一類人,與前面講才德具備的"善人"時[見三(二)1.]所舉例(5)中羊舌職以"不善人"比擬"晉國之盜"相類。

(四)當"爲人好/很好"講的單用的"善"字

在先秦漢語中,單用的"善"字有些就應該當"爲人好"或"做好人"講。

前面講含有才德具備者意思的"善人"時[見三(二)1.]所舉的例(14)中有七個單用的"善"字,其中有六個應該當"爲人好""做好人"講。現在將例(14)中的有關文字解釋一下:"賴子之善,善之也",意思是說"想靠您的爲人好來使他(太子篼)做好人";"善在太子,太子欲善,善人將至;若不欲善,善(此'善'指'善人',前已說明)則不用",意思是說"爲人好是太子的事,太子如果想做好人,'善人'就會來;太子如果不想做好人,'善人'就用不著了";"夫豈不欲其善,不能故也"意思是説"（五王）難道不想讓他們（指五王之子）做好人嗎,是他們自己做不到"。

《論語·顔淵》:"季康子問政於孔子曰:'如殺無道,以就有道,何如?'孔子對曰:'子爲政,焉用殺? <u>子欲善,而民善矣</u>。君子之德風,小人之德草,草上之風,必偃。'""子欲善,而民善矣"意思是説如果您想要把魯國的執政當得很好,百姓也就會做好人。劉寶楠用賈誼《新書·大政下》"故君能爲善,則吏必能爲善矣。吏能爲善,則民必能爲善矣"來解釋這一句①,相當合適。這與我們上面所説的不同階層的人的"爲人好"情況是不同的説法相合。上引孔子對季康子之語中的兩個"善"字,雖然基本意義相同,但是如把"子欲善"就理解爲"您想要做好人",對當時的語境來説就不合適了。

《論語·子張》:"子貢曰:'<u>紂之不善</u>,不如是之甚也。是以君子惡居下流,天下之惡皆歸焉。'""紂之不善,不如是之甚"意思就是"紂的爲人不好('不善'在這裏也可以理解爲'壞'),並不像一般人所説的那樣嚴重"。

郭店《性自命出》簡4—5:"好惡,性也;所好〔所〕惡,物也。善〔不善,性也〕(此四字原殘去,爲研究者所補。上博簡《性情論》爲《性自命出》之異本,内容大同小異,此四字正作'不善性也');所善所不善,勢也。"此文的"所"字應該理解爲"所以"。馬漢麟《古漢語"所"字的指代作用和"所"字詞組的分析》指出:"'所'字用在動詞或動賓詞組之前,指代的對象是相當廣泛的,可以説除了動詞行爲的施事以外,凡是與動詞行爲有關的方面大約都可以指代",例如"工具、憑藉、原因、方式方法、相關人物,等等"都可用"所"字指代。他所舉的用來指代"工具、憑藉、原因"的例子有:《左傳·襄公三十一年》"大官大邑,身之所蔽也",《荀子·勸學》"邪穢在身,怨之所構",《莊子·胠篋》"彼曾、史、楊、墨、師曠、工倕、離朱,皆外立其德而以爚亂天下者也,法之所無用也"。他用"所以"來解釋這些"所"字,並指出《左傳·襄公三十一年》一例下文中就有"大官大邑,所以蔽身也"之語②。上引《性自命出》兩句話的意思是説:"好惡出自人性;所以表現出好或惡,是由於人接觸了物。做好人或做不好的人出自人性;導致一個人做好人或做不好的人的,是情勢、環境。"《性自命出》還有"動性者,物也"、"出性者,勢也"的話,可以用來印證我們對"所好所惡,物也"、"所善所不善,勢也"的解釋。《孟子·告子上》"公都子曰:告子曰:'性無善無不善也。'或曰:'性可以爲善,可以爲不善;是故文武興,則民

---

① (清)劉寶楠撰、高流水點校:《論語正義》,中華書局,507頁。
② 參看《馬漢麟語言文字論集》,商務印書館,1993年,31—32頁。

好善；幽厲興，則民好暴。'或曰：'有性善，有性不善；是故以堯爲君而有象，以瞽瞍爲父而有舜……'""文武興，則民好善；幽厲興，則民好暴"就可以用來説明"所善所不善，勢也"的含義，由此可見，《性自命出》篇的作者應該是持"性可以爲善可以爲不善"説的①。

《性自命出》還有如下一段話：

> 凡人情爲可悦也。苟以其情，雖過不惡；不以其情，雖難不貴。苟有其情，未之爲，斯人信之矣。未言而信，有美情者也。未教而民丞（恒），性善者也。未賞而民勸，含福（富）者也。未刑而民畏，有心畏者也。（簡50—53）

"未教而民恒，性善者也"是"苟有其情，未之爲，斯人信之矣"的一個具體例子。"教民"者的目的是要使民向"善"，《孟子》的《梁惠王上》《滕文公上》兩篇都説民"苟無恒心，放辟邪侈無不爲已"，民若有恒就能符合統治者的要求，不做壞事，"未教而民恒"就是爲政者未教而民信之的意思。由於教民者"性善"，本身就爲人很好，所以民"信之"，能够未教而向善。前引《管子·小稱》"……善人在則治，在於既善所以感之也"［二（二）例（21）］，可以幫助我們理解此句之意。

前引《墨子·尚同下》"上之爲政，得下之情，則是明於民之善非也"，"善非"應該就是善與不善的意思，也就是爲人好和爲人不好的意思。

把"爲人好"説成"善"，跟前面講過的禾長得好，脾、音樂等起作用起得好稱爲"善"［見一（六）］，其情況其實是很相似的。

（五）當"爲人好的人"講的"善者"、"善人"也可徑稱"善"

前面曾舉過以單用的"善"指稱能幹的人（《論語·爲政》"舉善而教不能"，清華簡

---

① 《性自命出》簡8—12："凡性或動之，或逆之，或交〈室（節）〉之，或厲之，或出之，或養之，或長之。凡動性者，物也；逆性者，悦也；交〈室（節）〉性者，故也；厲性者，義也；出性者，勢也；養性者，習也；長性者，道也。"從這段文字可以清楚地看出《性自命出》的作者是持"性可以爲善可以爲不善"説的，所以要（轉下頁注）
（接上頁注）"室（節）性""厲性""養性""長性"，就是要造成使人向善的"勢"。我們在《由郭店簡〈性自命出〉的"室性者故也"説到〈孟子〉的"天下之言性也"章》一文中根據馬王堆帛書《十六經·觀》篇"時挃（節）三樂"的"挃"把《性自命出》篇"室性者，故也"之"室"讀爲"節"（參看《裘錫圭學術文集》修訂本第2卷，復旦大學出版社，2015年，378—388頁），此説似乎很少有人相信，其主要原因可能是楚簡中通常以"即"表"節"，《性自命出》中即有多例，爲什麽"節性"的"節"不用"即"字表示而用"室"字表示，似難解釋。今按："節"有"節制、約束"的意思，這種含義應該是"室"的變音引申義，"室"的意思也應該是由"室"引申而來的，可以作爲旁證。以"室"表"節制"之"節"，是用引申義所從出之義的本字表示引申義。馬王堆帛書的"挃"是從"室"字分化出來專表這個引申義的。"節"字的"關節、節點、節度"等義則是由"節"的本義"竹節"引申而來的。二者本不同源，後來才混而爲一。

《子產》“由善用聖”）、以及指稱當“才德具備的人”講的“善人”[如見於三(二)1.例14的“善則不用”,見於例20的“好善而忘勢”①]的例子,當“爲人好的人”講的“善者”“善人”也有單用“善”字來指稱的。上引《鬼神之明》文的開始一段中有“賞善罰暴”之語[見三(三)],“善”和“暴”指的就是其下文中的“善者”“暴者”。

先秦漢語中屢見“賞善罰暴”這類説法(與“善”相對的也可以是其他表示惡德的詞;賞罰之意,也有多種表達方式):《左傳·襄公十四年》記師曠對晋侯之語有“良君將賞善而刑淫”,《成公十四年》“君子”評《春秋》之語有“懲惡而勸善”;《國語·周語中》“定王使單襄公聘于宋”章單襄公所引“先王之令”有“天道賞善而罰淫”,《晋語九》“中行穆子帥師伐狄”章記中行穆子之語有“賞善罰奸,國之憲法也”;《墨子·天志下》“賞善罰暴”之語兩見,《非命下》“賞善罰暴”一見;《韓非子·有度》篇有“刑過不避大臣,賞善不遺匹夫”之語,《八經》篇有“明君求善而賞之,求奸而誅之”之語,《難三》篇有“故賞賢罰暴,舉善之至者也;賞暴罰賢,舉惡之至者也”之語;其中的“善”字與“過”“奸”“惡”諸字爲對文,所言之事皆與賞罰有關,“善”亦宜當“爲人好的人”講。

《商君書·畫策》篇中也有這樣的“善”字:“故善治者,刑不善,而不賞善,故不刑而民善。不刑而民善,刑重也。刑重者,民不敢犯,故無刑也,而民莫敢爲非,是一國皆善也。故不賞善,而民善。賞善之不可也,猶賞不盜。”這段話中,“善治者”的“善”應該當“擅長”講,與我們現在的討論無關。其他的那些“善”字,名詞性的應該都指爲人好的“民”,作爲“刑”的賓語的“不善”則指爲人不好、爲人壞的“民”。動詞性的“善”則應理解爲“爲人好”或“做好人”。此文有“……而民莫敢爲非,是一國皆善也”之語,可知“爲非”就是“不善”。下文“四(一)例(2)”明確以“爲善”“爲非”對舉,可參看。

(六)“善”專指品德、性格好的用法的產生

根據以上所述,指才德具備者的“善人”和指“爲人好的人”的“善者”“善人”中的“善”字,往往有其含義顯得偏重於指品德一方面的用法,從這種“善”字的用法演變出專指品德、性格好的用法,如我們現在還在使用的“善良”“慈善”“善心”“和善”的“善”,是相當自然的。“善人”一語後世也有專指“有道德的人、善良的人”的用法,《漢語大詞典》“善人”條把它列爲第一個義項,所舉書證除第一、二條

---

① 前面講過,清華簡《治》篇中的“善人”是指有能力的人,但有一處“妨善”與“弼惡”對言,這個“善”有可能是指才德具備的“善人”。

本指才德具備的爲政、從政者①,由於編者以今例古錯收於此外,最古的書證屬南宋時代(葉適《葉君宗儒墓志銘》),估計古書中還有較古的書證待檢。"善人"的這種用法也沿襲至今[《現代漢語詞典》"善"字條第一義項"善良;慈善(跟'惡'相對)"下所引第一個用例就是"善人"]。

不過,需要指出,"善"字意義的這種演變在先秦時代可能尚未完成。《禮記》中已有"善良"一詞:"發慮憲,求善良,足以謏聞(鄭注:謏之言小也。正義:小有聲聞),不足以動衆。就賢體遠,足以動衆,未足以化民。君子如欲化民成俗,其必由學乎!"(《學記》)從文意看,"善良"在這裏應指兼有才德的良才("良"與《左傳·文公六年》"子車氏之三子……皆秦之良也"的"良"同義),《漢語大詞典》"善良"條釋義説"和善,心地好。亦指和善而不懷惡意的人",所引第一條書證即爲上引《學記》之文,對《學記》的"善良"單純從品德好一方面加以理解,這是以今例古的不恰當做法。

《國語·魯語下》記魯大夫公父文伯之母教訓他的話,其中已有"善心"一語:"夫民勞則思,思則善心生(韋昭注:善心生,故向義也);逸則淫,淫則忘善,忘善則惡心生。""善心"之語,又見《禮記·樂記》:"人不耐(能)無樂(按:此樂爲喜樂之樂),樂不耐(能)無形。形而不爲道,不耐(能)無亂。先王恥其亂,故制雅、頌之聲以道(導)之,……使其曲直、繁瘠、廉肉、節奏足以感動人之善心而已矣,不使放心邪氣得接焉。"(此文亦見《荀子·樂論》,但文字稍有出入,《荀子·樂論》末句"繁瘠"作"繁省","善心"下無"而已矣"三字,"不使放心邪氣得接焉"作"使夫邪汙之氣無由得接焉")《魯語》以"善心"與"惡心"相對,《樂記》以"善心"與"放心邪氣"(《荀子》作"邪汙之氣")相對,兩者的"善心"應該同義。前面説過,古人所謂"樂"之"善"指"樂"所能起的教化人的好作用[見二(六)例(3)],也就是《樂記》所説的"感動人之善心"的作用,爲"樂"之"善"所感動的"善心"應指想把事做得好、把人做得好的存心。《魯語》韋昭注説"善心生,故向義",《荀子·大略》"義,理也",《孟子·離婁上》"義,人之正路也","理"就是道理,"正路"就是正道,韋注的意思與《樂記》認爲先王懼怕人們把快樂發洩出來時"不爲道"而制樂以"感動人之善心"的説法,彼此是相通的。公父文伯之母所説的"淫則忘善,忘善則惡心生"句中的"善",指的應該就是做好事、做好人

① 《漢語大詞典》所引第二條書證爲南朝宋傅亮《爲宋公求加贈劉前軍表》之文("俾忠貞之烈,不泯於身後;大賚所及,永秩於善人"),表中活用"周有大賚,善人是富"的典故,將請求給予加贈的原前軍將軍劉穆之稱爲"善人"。我們在前面已經講過,《論語·堯曰》所引古語"周有大賚,善人是富"中的"善人"應指"有能力的、在武王克商中立有功勞的那些人"[見三(二)1.例(2)],而據表文劉穆之則顯然是一位德才具備的官員。

的道理。《漢語大詞典》"善心"條的釋義是"善良的心，好心腸"，所引第一條書證就是《荀子·樂論》的"善心"，將先秦的這種"善心"與後世當"善良的心，好心腸"講的"善心"混爲一談，也有以今例古的毛病。

我們現在對能力較弱、本職工作做得不算好而忠厚老實的人，可以稱贊他爲人很好，先秦時代的人大概是不會把這種人稱爲當"爲人好的人"講的"善人"的。這種人在"賞善罰暴"一類政策之下，如無特殊情況，也是不會進入被賞者之列的。

（七）"善人"的某些特殊用法

漢魏時人有用"善人"來指正常的、一般的人的用法，如：東漢王充《論衡》以"善人"與精神不正常的病人對言（《論衡·訂鬼》"人病則憂懼，憂懼見鬼出，狂癲獨語，不與善人相得者，病困精亂也"[1]）；東漢晚期道教經典《太平經》説"奴婢順從君主，學善能賢，免爲善人良民"[2]，三國吳韋昭説"羌人以婢爲妻，生子曰獲；奴以善人爲妻，生子曰臧"（《文選·司馬遷〈報任少卿書〉》"且夫臧獲婢妾"李善注引），皆以"善人"指非奴婢身份的一般平民。這種用法的"善人"似乎也可以看作是從先秦的"善人"演變出來的。

四、先秦漢語中"善"字的其他用法

以下我們再討論先秦漢語中"善"字的其他用法。

前面已經講過，單用的"善"可以用來指稱"善"的人［見二（七）］，在先秦漢語中還存在著以單用的"善"指稱"善的事"、"善的道（包含道理、原則、方法以至思想等意義）"、"善的境地、境界"等用法。以下逐次説明，並將有關的"善事""善道"等語附帶舉出。

（一）以"善"指稱"善的事"

先看以"善"指稱"善的事"的用例（例句次序按我們説明的方便排列）：

（1）《左傳·昭公四年》記"鄭子產作丘賦，國人謗之"，有人將這種情況告訴子產，子產回答説："何害？苟利社稷，死生以之。且吾聞**爲善者**不改其度，故能有濟

---

①（漢）王充著，黃暉撰：《論衡校釋》，中華書局，1990年，933頁。

②王明編：《太平經合校·卷五十六至六十四·闕題》，中華書局，2014年，231頁。

也。民不可逞,度不可改。《詩》曰:'禮義不愆(引者按:楊伯峻注"愆,過失"①),何恤(義爲"憂慮")於人。'吾不遷矣。""爲善"的"善"就指"善的事"。"善"指人時,當"能幹的人、能把事做得很好的人"講;"善"指事時,應該理解爲"做得很好的事"。"爲善者"的意思就是"做很好的事的人"。我們現在所説的"好",其詞義所涵蓋的範圍非常廣泛,對古人所説的"善"所包含的"好"的意思,應該有比較明確的理解。子產認爲自己創制丘賦這種新制是符合當時鄭國經濟、政治發展需要的,是正確合理的、於民有利的,所以表示他在這件事上不恤人言、不改其度。此文的"善"可以認爲含有正確,對人有益、有用這些意義,"善"的事就是正確的,對人有益、有用的事,以下所引各條中用來指善事的"善"大體皆可從這種角度理解。

《孟子·離婁上》説:"公孫丑曰:'君子之不教子,何也?'孟子曰:'勢不行也。教者必以正,以正不行,繼之以怒;繼之以怒,則反夷矣②。夫子教我以正,夫子未出於正也,則是父子相夷也。父子相夷,則惡矣。古者易子而教之。父子之間不**責善**,責善則離,離則不祥莫大焉。"《離婁下》中孟子又説:"**責善**,朋友之道也;父子責善,賊恩之大者。"前面講過,把事做得很好應該是"善"的基本意義,把人做得很好也可以看作把事做得很好的一端,"責善"就是要求對方把人、把事做得很好。從上引《離婁上》所説的"教者必以正,以正不行,繼之以怒""夫子教我以正,夫子未出於正也"等話來看,"善"義與"正確"義之間的密切關係就很清楚了。

(2)《管子·九守》:"心不爲九竅,九竅治;君不爲五官,五官治。**爲善者**,君予之賞;爲非者,君予之罰。"心統籌全局,似君;九竅各司其事,似五官。此文的"爲善者"應指將其所司之事處理得很好的官吏。"非"有"不正確、錯誤"之義,"爲非者"應指將所司之事處理得不好甚至犯錯誤的官吏。從此文以"善"與"非"對舉看,"善"有"正確"的意思就顯得相當清楚了。當然,"善"所包涵的"好"的意思通常不僅僅是"正確","非"更是常常用來表示跟"惡"一樣的意思,如《吕氏春秋·應同》"堯爲善而衆善至,桀爲非而衆非來",此文中的"善"與"非"就可以理解爲"善"與"惡",《吕氏春秋》有的本子此句"非"字就作"惡"③。

---

① 楊伯峻:《春秋左傳注》修訂本,中華書局,1990 年,1254 頁。
② 趙岐注:"夷,傷也。父子相責怒,則傷義矣。一説云父子反自相非若夷狄也。"[(清)阮元:《十三經注疏》,中華書局,2009 年,5921 頁]。疑當以趙注所引"一説"爲是,後世"鄙夷"之語即由此種"夷"字發展而來。"鄙"指鄙人,"夷"指"夷人",皆爲古代受輕視的人。
③ (戰國)吕不韋撰,(東漢)高誘注,俞林波:《元刊吕氏春秋校訂》,鳳凰出版社,2016 年,168 頁。

《戰國策・東周策》"周文君免士工師藉"章記某人諫周文君之語中,舉了根據《左傳・襄公十七年》宋平公築臺執政子罕爲其分謗之事改編的一則故事:"宋君奪民時以爲臺,而民非之,無忠臣以掩蓋之也;子罕釋相爲司空,**民非子罕而善其君**",也以"善"與"非"對舉。"民非子罕而善其君"可以理解爲民以子罕爲非而以宋君爲"善","善"也應是正確的意思。這裏的"非"與"善"都是意動用法,可以補充我們前文在講"善"字的意動用法時所舉之例[見一(六)]。

(3)《易・坤卦・文言》:"積**善**之家,必有餘慶。積**不善**之家,必有餘殃。"《正義》:"……明其所行善惡事,由久而積漸故,致後之吉凶。"①此例的"善"應指做得好的事,"不善"指做得不好的事。如果某家所做的事大都是正確的、對人有益的,必然會有"慶";如果所做的事大都是不正確的、對人有害的,必然會有"殃"。《淮南子・齊俗》"湯、武之累行積善,可及也",有"累行積善"之語,《史記・劉敬列傳》"周之先……積德累善十有餘世",有"積德累善"之語,可以參看。

(4)《禮記・大學》:"小人閒居爲不善,無所不至,見君子而後厭然揜其不善而著其善。"意謂小人平時什麼壞事都能做出來,見到君子時就把自己的壞事掩蓋起來,只顯示自己做得好的事。"善"與"不善"之義與上例相近。

(5)《孟子・梁惠王下》記孟子評價太王避狄遷岐之事説:"苟**爲善**,後世子孫必有王者矣。"此文的"善"亦指善事。上引之文見《梁惠王下》第十四章,第十五章説太王知道狄人要奪取他所居的邠地,他若守邠必然引起戰争,使邠地人民受傷害,因此主動退避到岐山之下,"邠人曰:'仁人也,不可失也。'從之者如歸市"。可見太王是爲了邠地人民的安全而遷岐的。孟子認爲這是爲"善"事,這也可以説明我們在例(1)的分析中認爲"善"事之"善"含有正確、對人有益的意思是合理的。

(6)《左傳・宣公二年》記晉靈公殘暴無道,士會欲諫,晉靈公曰:"吾知所過矣,將改之。"士會對曰:"人誰無過,過而能改,**善莫大焉**。……"此文的"善"也應該指做得很好的事。沈玉成將"善莫大焉"翻譯爲"没有比這再好的事情了"②,相當正確。

(7)《國語・晉語七》記晉悼公重賞魏絳,魏絳推辭,悼公指出魏絳在懷柔戎、狄和渡河征服鄭國這兩件事情上功勞最大,受之無愧。最後載評論悼公之語説:"君子曰:能志(韋昭注:識也)**善**也。""善"應指魏絳做得很好的那些事。

(8)《論語・季氏》:"孔子曰:見**善**如不及,見**不善**如探湯,吾見其人矣,吾聞其

①(清)阮元:《十三經注疏・周易正義》,33頁。
②沈玉成:《左傳譯文》,170頁。

語矣。"

（9）《大戴禮記・曾子立事》："見<u>善</u>，恐不得與焉；見<u>不善</u>者，恐其及己也。"

上二例意同。"善"與"不善"指做得好的事和做得不好的事。《大戴禮記》的"不善者"亦應指事而言。從"如不及""如探湯"之語來看，這裏所説的"善"與"不善"其程度顯然都是比較高的，《後漢書・黨錮傳》："范滂曰：臣聞仲尼之言：見善如不及，見惡如探湯。"《大戴禮記》盧辯注引《季氏》文亦作"見惡"①。把"不善"引作"惡"可以説明這一點。

（10）《禮記・中庸》："子曰：舜其大知也與！舜好問而好察邇言，隱惡而揚善……"這裏的"善""惡"應指別人正確、有益的言行和錯誤甚至有害的言行，言行可以包括在廣義的"事"中。

（11）《論語・陽貨》："佛肸召，子欲往。子路曰：'昔者由也聞諸夫子曰："親於其身爲<u>不善</u>者，君子不入也。"佛肸以中牟畔，子之往也，如之何！'"這裏的"不善"也指做得不好的事（皇侃《義疏》在串講此文時將"不善"説成"不善之事"②），跟上引《左傳・昭公四年》（例1）、《管子・九守》（例2）二例的"爲善者"可以就理解爲"做很好的事的人"一樣，此例的"爲不善者"也可以就理解爲"做不好的事的人"。

"善事"一語已見先秦古書，我們只找到了以下數例。

（1）《管子・樞言》："命屬於食，治屬於事，無<u>善事</u>而有善治者，自古及今未嘗之有。"

耿振東把此文翻譯爲："生命依靠食物，治理國家依靠實幹。没有給人民帶去實際的利益卻享有善於治理國家聲譽的，從古到今，從來没有過。"③其意可取。我們認爲，如果比較忠實於原文，這段話似可理解爲："生命繫於食物，所取得的好的治績繫於所做的好的行事。没有好的行事，是不可能取得好的治績的。"所謂"好的行事"，應指採取適當的措施、樹立好的準則等等。

《樞言》是箴言、格言一類文字的彙編，性質與郭店簡《語叢四》、馬王堆帛書《老子》乙本卷前佚書中的《稱》篇，以及《淮南子・説林》、《説苑・談叢》等相近，在《管子》中應該是時代較晚之篇。

《戰國策》中有三例"善事"：

（2）《魏策一》"張儀爲秦連橫説魏王"章記張儀勸魏王攻楚以取悦於秦，他説：

---

①程樹德：《論語集釋》，1161頁。

②（梁）皇侃撰，高尚榘校點：《論語義疏》，中華書局，2013年，450頁。

③耿振東：《管子譯注》，上海三聯書店，2014年，127頁。

"夫虧楚而益魏,攻楚而適秦,内①嫁禍安國,此善事也。"

(3)《韓策一》"韓公仲謂向壽"章記秦伐取韓之宜陽,令向壽守之,韓相公仲使蘇代説之,勸他守好宜陽,不要對韓國有進一步的敵對行動,這樣能打亂他在秦國的主要政敵甘茂、公孫郝的部署,鞏固自己的地位。蘇代在説向壽的過程中説了"此(按:指他爲向壽擬定的策略)善事也"的話。

(4)《戰國策·秦策三》"蔡澤見逐于趙"章記蔡澤見秦相范雎,勸范雎把相位讓給他,自己全身而退,功名流傳後世,並用反問的語氣對范雎説,按照他給范雎安排的那樣去做,"豈非道之符,而聖人所謂吉祥善事與"。

這幾處的所謂"善事"都是説者認爲對被説者有利的好事,當然也是按照説者的觀點看是正確的事。

(二)以"善"指稱"善的道"

有些單用的"善"字指的是善的道(包含道理、原則、方法以至思想等意義)。

(1)《禮記·中庸》説:"子曰:回之爲人也,擇乎中庸。得一善,則拳拳服膺而弗失之矣。"《禮記正義》串講時將"得一善"説成"得一善事"②,今人《禮記》譯文也有將此"善"字譯爲"善行"的,"行"可以包括在"事"的範圍内。王文錦把這裏的"善"譯爲"好的道理、好的思想"③,我們認爲這種理解似乎更好一點。就此例來説,所謂"好的道理、好的思想"當然是指合乎中庸的道理、思想,在《中庸》篇的作者看來,合乎中庸的當然也就是正確的、對人有益的。《中庸》又説:"……誠身有道,不明乎善,不誠乎身矣。誠者,天之道也。誠之者,人之道也。誠者,不勉而中,不思而得,從容中道,聖人也。誠之者,擇善而固執之者也。"上引文中的兩個"善"也都應指善道,可以理解爲合乎中庸的、正確有益的道理。

前面説過,"善"也有"把事、把人做得很好"的意思,這種意思跟"正確、對人有益"的意思彼此是有相通之處的,但從我們繼續要討論的這種"善"字來看,有些似以理解爲"把事、把人做得很好"的意思更妥當一些。下面將會隨時説明。

①内,何建章據閔本讀爲"乃",參看何建章《戰國策注釋》,中華書局,1990年,827頁。鄔可晶認爲:這個"内"讀爲"乃",恐難信(閔本的"乃"大概是刻書的人以意改的)。竊疑"内"當讀爲"遂"。《上博(二)·容成氏》簡44"能述(遂)者述(遂),不能述(遂)者内(墜)而死","内"讀爲"墜";《清華大學藏戰國竹簡(拾)·四告》第三篇簡26"不遉于非彝",從"内"聲的那個字亦讀爲"墜"(此字似可視爲從"淫〈淫〉","内"聲)。"内"既可讀爲"墜",似也有可能讀爲"遂"。

②(清)阮元校刻:《十三經注疏·禮記正義》,3529頁。

③如王文錦:《禮記譯解》,801頁。

（2）《孟子·離婁上》：“……堯舜之道，不以仁政，不能平治天下。今有仁心仁聞而民不被其澤，不可法於後世者，不行先王之道也。故曰：徒善不足以爲政，徒法不能以自行。……”趙岐注“徒善”句説：“但有善心而不行之，不足以爲政；但有善法度而不施之，法度亦不能獨自行也。”[1]“善心”也就是“善”的道理、“善”的思想。

（3）《孟子·離婁上》：“責難於君謂之恭，陳善閉邪謂之敬，吾君不能謂之賊。”此條與上條同見於一章。“陳善”之“善”，趙岐注説成“善法”，《孟子疏》説成“善事”[2]，朱熹《集注》引范氏説成“善道”[3]。此例的“善”似也以理解爲“善”的道理、思想爲妥。

（4）《孟子·滕文公上》：“分人以財謂之惠，教人以善謂之忠，爲天下得人者謂之仁。”楊伯峻把“教人以善”之“善”翻譯爲“好的道理”[4]，似可從。

上文關於“善人”的部分講孟子以樂正子爲“善人”的那段文字裏引過《孟子·告子下》的如下文字：“‘其爲人也好善。’‘好善足乎？’曰：‘好善優於天下，而況魯國乎？夫苟好善，則四海之内皆將輕千里而來告之以善。’”[見三（二）1.例20]其中的五個“善”字都應該理解爲“善道”。孟子心目中的“善道”主要就是仁義之道。

（5）郭店《語叢三》簡53—54：“膳（善）日過我，我日過膳（善），賢者唯其止也以異。”此“善”似亦應理解爲“善道”。這句話的意思是説：善道和我是很接近的，賢者與常人之異就在於他在經過善道時能停止下來吸取接受善道。《論語·述而》：“仁遠乎哉，我欲仁，仁斯至矣。”上引《語叢三》文講人與善的關係，跟《述而》講人與仁的關係相似。《述而》“仁遠乎哉”的“仁”其實也可以看作是指“仁道”而言的。

（6）郭店《成之聞之》簡3—4：“故君子之蒞民也，身服善以先之，敬慎以守之，其所在者内矣，民孰弗從？”此“善”似亦可理解爲“善道”。“服善”似可理解爲循行善道。《管子·形勢解》“故欲民之懷樂己者，必服道德而勿厭也”，可參看。

（7）上博《仲弓》簡23—24：“夫行，旬年學之，一日以善立，所學皆終，一日以不善立，所學皆崩，可不慎乎？”此例不是很好理解。我們覺得，此條的“善”似也可當“善道”講，理解爲“把事、把人做得很好”之道。“以善立”，就是持要把事、把人做得很好的態度；“以不善立”，就是持不想把事、把人做好的態度。

---

[1]（清）阮元校刻：《十三經注疏·孟子注疏》，5909 頁。

[2]（清）阮元校刻：《十三經注疏·孟子注疏》，5911 頁。

[3]（宋）朱熹撰：《四書章句集注·孟子集注》，277 頁。

[4]楊伯峻：《孟子譯注》，中華書局，2019 年，136 頁。

（8）郭店《性自命出》簡 23—27：“凡聲，其出於情也信，然後其入撥人之心也厚。聞笑聲，則展如也斯喜。聞歌謠，則慆如也斯奮。聽琴瑟之聲，則悸如也斯嘆。觀《賚》《武》，則齊如也斯作。觀《韶》《夏》，則勉如也斯斂。詠思而動心，喟如也。其居即（此字有“節”“次”兩種讀法，讀爲“次”似較好。陳偉認爲：居、次皆停止、駐留之意。“居次也久”指古樂的教化作用持久①）也久，其反善復始也慎，其出内（當讀爲“入”或“納”）也順，司（當讀爲“嗣”②）其德也。”③

“反善復始也慎”的“慎”，應訓爲“誠”（見《爾雅·釋詁》），學者似無異議。“反善復始”之語很容易讓人理解爲是説使人心返回到本來的“善”，如果這樣理解，《性自命出》篇的作者就是一位較早持性善論的哲人了，但是我們前面講《性自命出》篇的“善不善，性也；所善所不善，勢也”的時候已經説明《性自命出》篇的作者應該是持“性可以爲善可以爲不善”説的［參見三（四）］，所以上述那種理解似不能成立。古人在説到人們由一種不理想、不好的狀況轉變爲理想的、好的狀況的時候，往往喜歡用“反（返）”字，但所説的理想的、好的狀況卻往往不是人們原來曾有的實際狀況。《禮記·樂記》“是故先王之制禮樂也，非以極口腹耳目之欲也，將以教民平好惡而反人道之正也”，“人道之正”實際上並非百姓心中原來就有的。“歸”的本義是回歸，但很早就引申出了歸屬、歸附等義，上舉的這種“反（返）”字我們今天也不應就理解爲回返，而應該理解爲歸屬一類意義。本義爲“回復”的“復”字，也有與“反（返）”字類似的情況，《論語·顏淵》：“顏淵問仁。子曰：‘克己復禮爲仁。一日克己復禮，天下歸仁焉。爲仁由己，而由人乎哉？’顏淵曰：‘請問其目。’子曰：‘非禮勿視，非禮勿聽，非禮勿言，非禮勿動。’顏淵曰：‘回雖不敏，請事斯語矣。’”“非禮勿視”“非禮勿聽”“非禮勿言”“非禮勿動”並非人們心中原有的或者説曾經有過的思想，“復禮”的“復”字我們今天也不應就理解爲回復，而應該理解爲“歸”或“歸於”。所以，簡文的“反善”應該理解爲歸於善道。《禮記·樂

---

① 陳偉：《郭店簡書〈人雖有性〉校釋》，《中國哲學史》2000 年第 4 期 12 頁注［十二］。此文修改後又收入陳偉《郭店竹書別釋》，見第十三章《〈性自命出〉諸簡編連問題及校釋》，湖北教育出版社，2003 年，192 頁注［九］。

② 司在本篇中一般用爲“始”，但在此處讀“始”其意難通。疑當讀“嗣”，嗣其德，指延續音樂的教化作用。《禮記·月令》“命相布德和令”鄭玄注：“德，謂善教也。”《荀子·富國》“不以德爲政”楊倞注：“德，謂教化，使知分義也。”古有“嗣德”之語，《尚書·顧命》“王義嗣德”，僞孔傳“康王以義繼先人明德”［（清）阮元校刻：《十三經注疏·尚書正義》，518 頁］，蔡沈《書集傳》則釋“義”爲“宜”［（宋）蔡沈：《書集傳》，鳳凰出版社，2010，237 頁］。《詩·大雅·思齊》“大姒嗣徽音”鄭箋：“徽，美也。嗣大任之美音，謂續行其善教令。”馬瑞辰《毛詩傳箋通釋》認爲此句之意“言大姒兼嗣大姜、大任之德音耳”［（清）馬瑞辰撰，陳金生點校：《毛詩傳箋通釋》，中華書局，1989 年，832 頁］。“嗣徽音”之義亦與“嗣德”相近。

③ 本段釋文用寬式，凡學者中基本無異議之通讀字，一般即以通讀字寫出。

記》："樂也者,聖人之所樂也,而可以善民心。其感人深,其移風易俗,故先王著其
教焉。"前面已經講過,這裏的"善"可以作兩種理解,一種理解認爲"善民心"就是
善治民心的意思;一種理解是把這個"善"字看作使動詞,"善民心"意思就是使民
心變善。[見一(二)3]不管如何理解,表示的都是要用樂使民心歸善的意思。簡文
説樂的教化作用能導致人心"反善",與《樂記》説樂能"善民心"應該是一個意思,
我們不能因爲"反善"跟"復始"連言,就把"反善"理解爲回歸到本來的"善"。《樂
記》又説先王要以樂"感動人之善心",這句話與同篇的樂"可以善民心"意思應該
相近。我們認爲從《樂記》的整體思想看,作者主要應該是持"性可以爲善可以爲
不善"的看法的,有教化作用的樂和聖王所用的其他教化手段一樣,可以使人性向
善的方向發展,所以説樂可以"感動人之善心",這句話也不能按性善論的觀點
解釋。

　　古人認爲樂出於情,《禮記·樂記》的第一段就是説明這個道理的,其中比較
重要的幾句話是"凡音者,生人心者也。情動於中,故形於聲。聲成文謂之音",
《性自命出》也説"凡聲,其出於情也信,然後其入撥人之心也厚"。"復始"的意思
應該是説起教化作用的音樂能使人回復到樂所從出的真情。關於這個問題可以參
看《性自命出》篇中講觀察"學者"(當指從學、求學者)心中真情的方法的一段文
字①。此段文字認爲如果被觀察者善於作僞,其心中真情就難以知道。如果他是
不會作僞的,"從其所爲,近得之矣,不如以樂之速也",意思就是觀察不會作僞的
人的所作所爲,大概就可以得知他心中的真情,但這樣做"不如以樂之速也"。所
謂"不如以樂之速也",應指通過他對音樂的反應更容易知道他心中的真情。由此
可以看出,此篇作者確是很重視音樂與人之真情的關係的。

　　緊接在"其反善復始也慎"後的"其出内也順"句,在意義上也是緊承上句的。
《性自命出》簡3—4説"道始於情,情生於性。始者近情,終者近義。知〔情者能〕
(此三字殘去,《郭店楚墓竹簡》據"裘按"補出,上博《性情論》簡2正作'情者能')出之,知義
者能内(當讀爲'入'或'納')之",陳偉在2000年發表的《郭店簡書〈人雖有性〉校釋》
一文中曾認爲"其出内也順"與"知情者能出之,知義者能内之"所指相同,又認爲

---

①此段文字見於郭店《性自命出》簡36—38:"凡學者求(此字原作'隸',整理者引'裘按'疑爲'求'字之訛;
　上博簡《性情論》簡31正作'求')其心爲難,從其所爲,近得之矣,不如以樂之速也。雖能其事,不能其心,
　不貴。[我們在前面講"善"字帶賓語的用法時曾説到古漢語中的"能"字有時可以當'能及'理解,並對此
　句作了解釋,請參看一(四)2.]求其心有爲(當讀爲'僞')也,弗得之矣。人之不能以爲(亦當讀'僞',《性情
　論》簡32作'愿')也,可知也。〔不〕(此字原簡磨泐不清,據《性情論》簡32補)過十舉,其心必在焉,察其
　見者,情安失哉?""人之不能以爲(僞)也,可知也"句中的"之"應訓爲"若"(參看王引之:《經傳釋詞》,
　199—200頁),這句話的意思是説被觀察的人若是不會作僞的,他心中的真情就可以知道。

"始者"指性,"終者"指道①,都是很有道理的。但其文中認爲"内"字當如字讀,不應讀爲"入"或"納",並説"出之、内之,均就性而言。出指導出、發散;内,收藏、節斂"②,則是有問題的。其實"能出之""能内之"兩個"之"字並不能認爲都指"性","知情者能出之"的"之"確應指"性","知義者能内之"的"之"則應指"道"。我們前面講過,《性自命出》篇有"動性者,物也""出性者,勢也"的話,並認爲好惡出自性,性所以表示出好惡,是由於外界的物"動之","善不善"出於性,但所以有善不善之别,是由外界的勢造成的。"知情者能出之,知義者能内(入/納)之"兩句話的意思應該是説:由於"情"與"始者"即"性"相近,"義"與"終者"即"道"相近,所以了解、掌握了情的人能够使性發出來、很好地應付外界的影響,了解、掌握了義的人能够使道進入其心、很好地加以吸收。陳偉那篇文章所以要堅持將"内"字如字讀,解釋爲"收藏、節斂",就是由於他誤認爲作爲"内"的賓語的"之"就指性的緣故,其實把"内"訓爲"收藏、節斂"也是缺乏根據的。陳偉在他主編的《楚地出土戰國簡册十四種》中的《性自命出》篇"注釋"中並未引他這篇文章的意見,而且在後來自編的文集中也没有收入此篇,不知是否已經放棄我們上引的那些意見了。我們認爲,"其出内(入/納)也順"的"出"就指性的發出,"内(入/納)也"就指使道進入心中。此句的"出"可以看作是承上句的"復始"而言的,"内(入/納)"是承上句的"反善"而言的。《性自命出》篇有"義也者,群善之蕝也"的話(簡13),郭店簡《語叢三》有"義,膳(善)之方也"(簡25)的話,其大意都可以理解爲義是各種善事、善道的準則(詳見下文)。從這兩句話可以看出"義"與"善"的密切關係。我們説"其出内(入/納)也順"的"内(入/納)"是承上句"反善"而言的,所以被此文稱爲"終者"的"道"也可以説主要就指善道。

先秦文獻中有"善道"一語:

(1)《孟子·盡心下》:"孟子曰:言近而指遠者,善言也;守約而施博者,善道也。"此文的"善言""善道"之"善"似皆應當"正確、有用"講。"善言"在後面還會提到[見四(四)]。

(2)郭店《成之聞之》簡26—28:"聖人之性與中人之性,其生而未有非之。節於天也則猶是也。唯其於善道也,亦非有譯嬰以多也。及其博長而厚大也,則聖人不可由與墠之。此以民皆有性而聖人不可慕也。"這段文字中可能有一些錯字脱文

---

①陳偉:《郭店簡書〈人雖有性〉校釋》,《中國哲學史》2000年第4期,12頁注[十二]、5頁注[七]。又見陳偉:《郭店竹書别釋》,192—193頁注[九]、179頁注[六]、[七]。

②陳偉:《郭店簡書〈人雖有性〉校釋》,5頁注[六]。又見陳偉:《郭店竹書别釋》,179頁注[七]。

以及還不能破讀的借字,其意難以確解,但各家對此文大意的理解似並無很大分歧,其大意可勉强概括如下:聖人與中人(即介於聖人與下愚之間的那些常人)天生並無差別,即使就"善道"而言,聖人原來也並不優於中人,等到聖人的修養已經達到博大精深的境界,常人就無法趕上他了。此文的"善道"似亦應理解爲"把人做得好"之道。

(三)以"善"兼指善事、善道

先秦文獻中的"善"還有兼指善事、善道的用法,而且所謂"事""道"都可以是廣義的,如"事"中就可以包括"言"、"行"(指舊讀去聲的"行")。現舉例於下:

郭店《忠信之道》簡 7:"信之爲道也,羣物皆成而百善皆立。""百善"與"群物"爲對文,應指各種善事、善道。

郭店《性自命出》簡 13:"義也者,群善之菡也。"《語叢三》簡 25:"義,膳(善)之方也。"以上二條意義相似。前一條,整理者在"菡"字下注:"參看《緇衣》注[五九]。"①郭店《緇衣》簡 21"此以大臣不可不敬,民之蓝(菡)也",整理者注:"《説文》:'朝會束茅表位曰菡。'於簡文中則有表徵之意。今本(引者按:指今傳《禮記·緇衣》)作'表'。"②我們認爲從文意看,這兩個"菡"似都應跟下一條的"方"相似。"方"有"準則"的意思,《詩·大雅·皇矣》"萬邦之方"毛傳:"方,則也。""菡"是作爲表位次的標準的,《緇衣》今本"菡"作"表","表"是作標記的木柱,古代用來測日影以定時的木柱也稱爲"表",故引申而有"標準,準則"之義,《荀子·天論》"水行者表深,表不明則陷;治民者表道,表不明則亂"楊倞注:"表,標準也。"③《大略》篇有類似的話,楊倞注:"表,標志也。"④《後漢書·劉祐傳》"政爲三河表"李賢注:"表猶標準也。"⑤"義也者,群善之菡也"與"義,善之方也"的意思應該都是説義是善事、善道的準則,也就是説,各種善事、善道,都是合乎"義"的要求的。《緇衣》的"大臣不可不敬,民之菡/表也"的"菡/表"與其像郭店簡《緇衣》整理者那樣視爲"表徵",其實還不如視爲"表率","表率"也含有"準則"的意思。

(四)以"善"指稱"善的境地、境界"

還有些單用的"善"字指的是"善的境地、境界":

①荊門市博物館編:《郭店楚墓竹簡》,182 頁注[七]。

②同上注,134 頁注[五九]。

③(清)王先謙撰,沈嘯寰、王星賢點校:《荀子集解》,中華書局,1988 年,318 頁。

④同上,488 頁。

⑤(南朝宋)范曄撰,(唐)李賢等注,中華書局編輯部點校:《後漢書》,中華書局,1965 年,2199 頁。

(1)清華《趙簡子》簡1—4:"趙簡子既受寠將軍,在朝,范獻子進諫曰:'……今吾子既爲寠將軍已,如有過,則非人之罪,將子之咎。子始造於善,則善人至,不善人退。子始造於不善,則不善人至,善人退。用由今以往,吾子將不可以不戒已。'"前面講"善人"時已經用過這條材料[見三(二)1.例(26)],我們在那裏説"'子始造於善'意即'您若一開始就達到善的境地'(關於這個"善"的意義,後面還要討論)",今按,這個"善"本應是"把晋國的執政當得很好"的意思[參見三(三)]。"子始造於不善"的意思是説"您若一開始就落到不善的境地",這個"不善"本應指"把晋國的執政當得不好"。

(2)《禮記·大學》:"大學之道,在明明德,在親民,在止於至善。"朱熹《集注》:"至善,則事理當然之極也。言明明德、新民(程朱將'親民'之'親'讀爲'新',不可從),皆當至於至善之地而不遷。"他把這裏的"至善"理解爲"至善之地",可從,他所説的"地"也就是我們所説的"境地,境界",但他對"至善"本身的理學家的解釋,則不可取。我們認爲,這裏的"至善"就指爲人最好的境界。前面已經説過,"做人做得很好"應該是兼就有才能、能把事做得很好和品德很好這兩方面而言的,而且不同等級的人的"善"有不同的内容[見三(三)]。《大學》下文説"古之欲明明德於天下者,先治其國","明明德於天下者",應該是天子或輔佐他的執政,"親民"指親撫人民,或使人民親附自己,其主體應該是天子、國君或輔佐他們的執政,所以這一句的"至善"也就是指把天子、國君或輔佐他們的執政當得最好的境地。《大學》下文在解釋《詩·衛風·淇澳》"有斐君子,終不可諠兮"句時説"道盛德、至善,民之不能忘也","至善"之義也可作類似理解。《詩》中的"君子"無疑是統治階級中的治民者。《大學》下文又解釋《書·康誥》"惟命不于常"句説"道善則得之,不善則失之矣",意思就是説受命有國者如果把國君當得好就能保有國家,當得不好就會失掉國家,"善"字的具體用法雖然與"至善"之"善"有所不同,其意義還是一貫的。《大學》主張"自天子以至於庶人,壹是皆以脩身爲本",文中又很强調"德",此"至善"之"善"的道德意義顯得比較濃厚,但跟後世專就道德而言的"善"是不能混爲一談的。

(3)《孟子·梁惠王上》:"是故明君制民之産,必使仰足以事父母,俯足以畜妻子,樂歲終身飽,凶年免於死亡。然後驅而之善,故民之從之也輕。"《孟子·盡心上》:"王者之民,皞皞如也,殺之而不怨,利之而不庸,民日遷善而不知爲之者。"楊伯峻將"驅而之善"譯爲"誘導他們走上善良的道路"①,將"日遷善"譯爲"每日地

---

①楊伯峻:《孟子譯注》,23頁。

向好的方面發展"①。我們覺得這兩處的"善"似都可以理解爲"善的境地"。"日遷善"可以理解爲每日向善的境地遷徙,也就是一天比一天接近善的境界的意思。這兩個"善"的本來意義應該理解爲"爲人好""做好人"或"把百姓當得很好",不能僅僅理解爲後世專指心地好的"善良"。《淮南子·泰族》有"民化而遷善""(民)日化上遷善"之語,應該受了上引《孟子·盡心上》之文的影響(上引《泰族》文亦分見於今本《文子》的《精誠》《下德》兩篇,與《淮南子》相較,此二句文字只有"而"字有無的不同)。

(4)《管子·宙合》:"章道以教,明法以期,民之興〈奭(遷)〉善也如化,湯武之功是也。"

"遷"字所從聲旁,《説文》正篆作"𡔆"(《説文》"奭"字條以"𡖕"爲或體),"奭(𡔆)""興(𦥷)"形近,楚簡中有一個上部作"𦥑""𦥑"等形,下部作"止"的字,多用爲"興"字繁體,但有時則用作"遷",有些這種形狀的字學者中有釋"興"釋"遷"兩種意見②,戰國時代其他國家文字中的"興""奭"二形相近相訛的情況應該也是存在的。上引《管子·宙合》文中"善"上一字從文意看應爲"奭(遷)"字之誤。"民之遷善也如化"與《孟子·盡心上》"民日遷善而不知爲之者"意思很接近,孟子所說的"而不知爲之者"就是爲上所化的意思。《淮南子·泰族》"民化而遷善""(民)日化上遷善"兩句都以"遷善"與"化"並言。《荀子》兩見"化善"之語:"故先王明禮義以壹之,致忠信以愛之,尚賢使能以次之,爵服慶賞以申重之,時其事,輕其任,以調齊之,潢然兼覆之,養長之,如保赤子。若是,故奸邪不作,盜賊不起,而化善者勸勉矣。"(《富國》)"故厚德音以先之(引者按:此句'故'後省略的主語據上文應爲'古之人',指'帝堯'一類的古代聖王),明禮義以道之,致忠信以愛之,尚賢使能以次之,爵服慶賞以申之,時其事、輕其任,以調齊之,長養之,如保赤子。政令以定,風俗以一,有離俗不順其上,則百姓莫不敦惡,莫不毒孽,若祓不祥,然後刑於是起矣。是大刑之所加也,辱孰大焉?……於是有能化善,脩身、正行、積禮義、尊道德,百姓莫不貴敬,莫不親譽,然後賞於是起矣。是高爵豐禄之所加也,榮孰大焉……"(《議兵》)上引《富國》《議兵》兩篇中的文字分別出現在主旨相同的兩大段議論之末,其主旨認爲像一般統治者那樣使用刑罰、慶賞是不能把國家治理好的,在上者必須施行德政和禮義教化,這樣才能真正做到禁奸賞善,把國家治理好。《富國》篇楊倞注釋"化善"爲"化而爲善",我們認爲"化善"猶言"化上遷善",在上引文字

①楊伯峻:《孟子譯注》,335 頁。
②參看張峰:《楚文字訛書研究》,上海古籍出版社,2016 年,176—189 頁。

中應即"爲在上者的政教所化,不斷向善的境界趨近"之意,據《議兵》篇"善"就指"脩身、正行、積禮義、尊道德"的境界。荀子認爲只有"化善"之民才真正值得重賞重用。《新書·道術》説"舉賢則民化善",可以參考。從上面所説的"化"與"遷善"的密切關係來看,《管子·宙合》篇的"興善也如化"應爲"遷善也如化"之訛。

(5)郭店簡《尊德義》中有一段文字,説統治者如教民以禮、樂、辯説、埶(有"勢""藝"兩種讀法)、技、言、事或權謀等,會得到各種不同的後果,最後一句由於研究者對簡的繫聯採取不同方式,存在兩種方案,一種是"先之以德,則民進善安(焉)"(簡16),另一種是"先之以德,則民進善安爲(讀爲'化')"(簡16+28,按照後一種方案,接在"進善安爲"之後的"故率民向方者,唯德可"亦屬此段)。不管採取哪種方案,"進善"都應該理解爲"進於善的境界"或"向善的境界趨進",意義與"遷善"相近。提出第二種方案的研究者就是由於受了"民化而遷善""日化上遷善"等語的啓發而做出這種主張的①。此文之"善"的具體含義似可理解爲"把人做得很好的境界"。

(6)郭店《五行》簡4—5:"德之行五,和謂之德;四行和謂之善。善,人道也。德,天道也。"據《五行》上下文,"五行"指仁義禮智聖,"四行"指仁義禮智。這裏的"善"和上一句的"德"應該理解爲"善的境界""德的境界"。上引幾句的意思是説四行和同就達到了善的境界②,五行和同就達到了德的境界③。善是人道,德是天道。上文引過《禮記·中庸》如下一段文字:"……誠身有道,不明乎善,不誠乎身矣。誠者,天之道也。誠之者,人之道也。誠者,不勉而中,不思而得,從容中道,聖人也。誠之者,擇善而固執之者也。"我們認爲,《中庸》篇的時代當在《五行》篇之前,《五行》説"善,人道也;德,天道也",顯然是受了《中庸》這段話的影響。《中庸》篇作者重點強調了善與中庸的關係,以仁義禮智四行和爲"善"是《五行》篇作者提出來的思想。上述《中庸》和《五行》的説法也都反映了周代"聖"高於"善"、"聖人"高於"善人"的思想。

(7)《五行》又説:"〔君〕子之爲善也,有與始,有與終也。君子之爲德也,〔有與始,無與〕終也。"(簡18—19)根據《五行》篇上文對"善"和"德"的解釋,"爲善""爲德"應指通過不斷的努力以求達到"善的境界""德的境界"。前文討論"反善"時引過的孔子答復顏淵問仁的那段話有"爲仁由己"之語(《論語·顏淵》),"爲仁"

---

① 陳偉:《郭店簡〈尊德義〉校釋》,載《中國哲學史》2001年第3期,114頁。
② 參看本篇後文簡31—32:"仁、義,禮所由生也,四行之所和也。和則同,同則善。"
③ 本篇後文簡16"能爲一,然後能爲君子",馬王堆帛書《老子》甲本卷後佚書《五行》"説"的部分解説此句:"能爲一者,言能以多〔爲一〕。以多爲一也者,言能以夫〔五〕(引者按:五,即指五行)爲一也。"可以參考。

也應該是不斷努力以求達到仁的境界的意思。

前面已經説明,古書所見"爲善"之"善"多指"善事"[見四(一)],但是有些"爲善"的意思似乎也應該像《五行》篇的"爲善"那樣來理解,只不過"善"的具體内容可以不同。

(8)《墨子·非命下》:"故昔者三代聖王禹湯文武方爲政乎天下之時,曰:必務舉孝子而勸之(按:此'之'指一般百姓。下句'之'字同)事親,尊賢良之人而教之爲善。"此例"爲善"與其理解爲"做善事",似不如理解爲"不斷努力以達到'善'的境地"爲妥。"善"指"把人做好"或"把百姓當好"。前面已經講過,先秦時代説人的"善"和"善良"可以兼就才能行爲和品德兩方面而言,但似尚未有專就人的品德性格而言的用法[見三(六)],墨子這裏所説的"尊賢良之人"的"賢良"和"爲善"的"善"當然也是這樣的。

(9)《孟子·滕文公下》:"孟子謂戴不勝曰:'子欲子之王之善與?我明告子。有楚大夫於此,欲其子之齊語也,則使齊人傅諸,使楚人傅諸?'曰:'使齊人傅之。'曰:'一齊人傅之,衆楚人咻之,雖日撻而求其齊也,不可得矣;引而置之莊嶽之間數年,雖日撻而求其楚,亦不可得矣。子謂薛居州善士也,使之居於王所。在於王所者,長幼卑尊皆薛居州也,王誰與爲不善?在王所者,長幼卑尊皆非薛居州也,王誰與爲善?'"據前人所考,戴不勝應爲宋國執政大臣,宋君稱王者只有末代的宋君偃,據《史記·宋世家》他於在位十一年(約前318年)時稱王,孟子稱宋君爲"王"應在宋君偃稱王不久之時①。我們在前面將《論語·顔淵》篇所記孔子對季康子問政之語"子欲善,而民善矣"解釋爲"如果您想要把魯國的執政當得很好,百姓也就會做好人"[見三(四)],孟子對戴不勝所説的"子欲子之王之善與"應該解釋爲"您想要您的王把國君當得很好嗎"。"爲不善"是"爲善"的反面,其解釋方式不能與"爲善"完全一樣,如果要把正反兩種情況的解釋統一起來,只能説通過一個過程而達到(對正面的來説是前進到,對反面的來説是墮落到)某種境地或境界。"王誰與爲不善"的具體含義應該是"有誰會讓王落到把國君當得不好的境地/地步","王誰與爲善"的具體含義應該是"有誰會幫助王去達到把國君當得很好的境界"。

(10)《孟子·公孫丑上》:"孟子曰:子路,人告之以有過,則喜。禹聞善言,則拜。大舜有大焉,**善**與人同,舍己從人,樂取於人以**爲善**。耕稼、陶、漁以至爲帝,無非取於人者。取諸人以**爲善**,是與人**爲善**者也。故君子莫大乎與人**爲善**。"此文關於舜的一段出現了一個單用的"善",出現了四次"爲善"。我們認爲,單用

---

①(清)焦循撰,沈文倬點校:《孟子正義》,中華書局,1987年,438頁。

的"善"當取"把人做得很好"之義,"善與人同"猶言"與人同善",就是跟他人一起把人做好的意思,下文的"爲善"應該是通過努力達到把人做得很好的境界的意思。關於舜爲堯所舉用之前曾從事農稼陶漁等工作之事,古書多有記載,這裏引《韓非子·難一》和《史記·五帝本紀》所記爲例:

> 《韓非子·難一》:歷山之農者侵畔,舜往耕焉,期年甽畝正。河濱之漁者爭坻,舜往漁焉,期年而讓長。東夷之陶者器苦窳,舜往陶焉,期年而器牢。
>
> 《史記·五帝本紀》:舜耕歷山,歷山之人皆讓畔;漁雷澤,雷澤上人皆讓居;陶河濱,河濱器皆不苦窳。一年所居成聚,二年成邑,三年成都。

孟子在"善與人同"後緊接著說"舍己從人,樂取於人以爲善,耕稼、陶、漁以至爲帝,無非取於人者。取諸人以爲善,是與人爲善者也",強調舜由從事勞動的百姓,通過不斷地努力逐漸提高自己的修養,最後達到能很好地承擔起聖王任務的境界,在每個階段都充分吸取了同事者的長處。此段上文說"子路,人告之以有過,則喜。禹聞善言,則拜",這其實也是"取諸人以爲善"。不過,舜既然"善與人同",他與同事者之間的關係當然不可能只是單方面從同事者那裏吸收長處,朱熹《孟子集注》解釋此段文字時說:"與,猶許也,助也。取彼之善而爲之於我,則彼益勸於爲善矣,是我助其爲善也。"[1]他對"與人爲善"句的具體解釋似不可取,但所言大意是頗有道理的。上引《韓非子》《五帝本紀》則強調了舜對同事者的"爲善"所起的作用。我們認爲,"與人爲善"就是跟他人一起"爲善"的意思。當然,對不同的人來說,"爲善"所達到的境界是有高有低的,"與人爲善"是君子"爲善"的最高境界,所以孟子最後說"故君子莫大乎與人爲善"。今人對"與人爲善"一語的理解,並不符合孟子原意[2]。

附帶說一下,"禹聞善言,則拜"的"善言"可以解釋爲講得好的話,就其具體內容而言,也就是正確的,對人有益、有用的話〔參看前文四(一)關於"善事"的解釋〕。《淮南子·泰族》篇有"善言歸乎可行"之語(《文子·上義》篇此語作"善言貴乎可行"),可參考。先秦漢語中,以"善"爲定語的定中結構的詞語很多,除了一部分比較特殊的如"善人""善士""善臣""善心"等外,其"善"字大都可以理解爲"正確,對人有益、有用"一類意思。

古書中的"爲善"還有一種比較特殊的用法,郭店《語叢一》簡84:"有憯(察)膳(善),無爲膳(善)。"劉釗《郭店楚簡〈語叢一〉箋釋》:"'無爲善'是說不要故意

---

①(宋)朱熹:《四書章句集注·孟子集注》,239頁。

②參看《現代漢語詞典》"與人爲善"條:"原指贊助人學好(引者按:此句之釋當據正文所引朱注,但從朱注全文看,似有斷章取義之嫌),現多指善意幫助別人。"

去行善。《淮南子·説山》:'人有嫁其子而教之曰:'爾行矣,慎無爲善!'曰:'不爲善,將爲不善邪?'應之曰:'善且由弗爲,況不善乎!'此全其天器者。''全其天器'是説'善'即人之本性,不需故意爲之,故'不爲善'就是保持天性,'無爲善'是因爲如果故意行善就不再是真善。"①劉氏引《淮南子·説山》解釋"無爲善",是很有啓發性的,但應該指出,《説山》那一條反映的是莊子一派的道家思想,他説的"無爲善"就是不要有"爲善"的存心的意思(如果看到了别人有危險,很自然地發出警告、伸出援手,這種自然的"爲善"即使是莊子一派的道家也是不會反對的)。《語叢》一二三反映的是儒家思想,儒家是主張人應該存心爲善的[參看前文一(二)3.和三(六)關於"善心"的解釋],儒家又極重視真誠,爲善當然應該出自真心誠意,所以《語叢一》"無爲善"的"爲善"與《淮南子·説山》"無爲善"的"爲善"不可能完全同義,應該是指缺乏真心誠意的刻意爲善,"爲"字的實際含義已經近於"僞"了。這種"爲善"可以説是先秦文獻中的第三種"爲善"。"有察善,無爲善"的兩個"善"其所指應該是把人、把事做得很好的表現。從以"有察善""無爲善"對舉來看,這兩句的意思似可理解爲:對别人把人、把事做得很好的表現應該考察其是否出於真心,但自己決不能刻意去做出這種表現。

(五)"善"的"吉利、吉祥"義

"善"字含有的"對人有益、有用"的意思在先秦時代就引申出了近於"吉利,吉祥"的意思。《禮記·中庸》:"國家將興,必有禎祥;國家將亡,必有妖孽。見乎蓍龜,動乎四體。禍福將至,善,必先知之,不善,必先知之。"這裏的"善"與"不善"就可以理解爲"吉祥""不吉祥"②。東漢早期王充《論衡·卜筮》篇中有"吉人鑽龜,輒從善兆","善兆"即吉祥之兆,可以參看。上引《戰國策·秦策三》"蔡澤見逐于趙"章記蔡澤勸范雎把相位讓給他,自己全身而退,説他爲范雎策劃的事是"吉祥善事"[見四(二)],也反映了"善"與"吉祥"在語義上的聯繫。許慎大概就是根據這類語言現象,牽附"善"字從"羊"的字形而誤定"善"的本義爲"吉"的。

(六)有些較晚的似乎很接近於一般"好"字意義的"善"其義往往
　　　仍可與"善"字較古的用法聯繫

在較晚的時候,作爲定語的"善"的含義似乎越來越向一般的"好"趨近,需要

①劉釗:《郭店楚簡〈語叢一〉箋釋》,收入氏著《古文字考釋叢稿》,嶽麓書社,2005年,260頁。
②《漢語大詞典》"善"字義項"①吉祥;好;美好"即引《中庸》"禍福將至,善,必先知之,不善,必先知之"作爲
　第一條用例。

注意的是,有很多被人們看成屬於這一類的"善",其具體含義很可能仍應與"善"字較古的用法聯繫起來。《史記·李將軍列傳》:"廣行無部伍行陣,就善水草屯舍止(《漢書·李廣傳》'屯'作'頓','舍'下無'止'字,他句異文從略),人人自便。""善水草"可能原指對人有益、有用的水草[前面曾說見於《左傳·隱公六年》的"善者"可以兼指嘉穀和"善人",指嘉穀時其"善"字的具體含義可以理解爲對人有益、有用,見三(一)2.例6],即適合於人、馬飲用的水,適合於作爲馬的飼料的草。《史記》的《殷本紀》《李將軍列傳》《大宛列傳》等多篇中皆有"善馬"一詞,可能原指才力超群,善於奔馳,能很好地爲人所用的良馬,稱其爲"善馬"與春秋時人稱子車氏之"三良"爲"善人"相類。馬王堆帛書《五十二病方》《養生方》(這兩種帛書都有可能是戰國時代作品的抄本)有"善酒",《史記·刺客列傳·荊軻傳》有"善衣",可能原指製作得好的酒,製作得好的衣服,跟把"講得好的話"稱爲"善言"、把"做得好的事"稱爲"善事"相類。這類例子多見,不贅舉。

五、關於"善"字字形表示的意義及其本義的討論

"善"字字形表示的意義及其本義究竟是什麼,是極難解決的問題(參看本文引言部分所引《字源》之說),但是,我們仍想在這裏就此問題提出一些很沒有把握的猜測,以供參考。楊樹達《積微居金文餘說卷一·取它人鼎跋》認爲此鼎銘文中"取他人之善鼎"之"善""蓋假爲膳",他說:"《說文四篇上·肉部》云:'膳,具食也。从肉,善聲。'《詩·十月之交》云:'仲允膳夫。'《周禮·天官》有膳夫職,而金文善夫克鼎作善,不作膳,以善爲膳,與此銘文正同也。或曰:善字从羊,乃膳之初文,从肉作膳者,乃後起加形旁字。凡會意字加形旁,必犯重複,此加肉旁,與從羊義複。說亦通。"[1]今按:楊跋前說認爲以"善"表"膳"係假借爲"膳",是傳統的意見,其或說應即楊氏自己的說法。本文"引言"部分所引《字源》"善"字條說近人"或以爲'善'字从'羊',爲'膳'的本字",其所指應即此說,但其文改楊跋中的"初文"爲"本字",則不妥(不少人稱"初文"爲"本字",易與相對於假借字的"本字"混淆)。我們認爲楊說以"善"爲"膳"之初文,"膳"爲"善"的"後起加形旁字",是有道理的。古書中"善"字常見,字義頗繁,所以後來在"善"字上加肉旁專表"膳"義。

"善"字,甲骨文與商代金文中似尚未見到。西周春秋金文中"善"字屢見,與

---

①楊樹達:《積微居金文說》,210頁。

我們已經討論過的"善"字的用法有關者前文多已引用①。但西周春秋金文中多數"善"字是應該讀爲"膳"的,現在對它們的情況作些介紹(所據資料限於吳鎮烽《商周青銅器銘文暨圖像集成》及《續編》《三編》)。西周春秋金文中表"膳"的"善"用例的情況比較簡單,可以歸納爲兩類,所以在這裏只作綜合性的説明。

周代的職官名"膳夫"(見於《詩經》《周禮》等)青銅器銘文中屢見,已著録的有"膳夫"之名的青銅器已超過二十件,除西周中期(師𧻚鼎)和春秋早期(蔡大善夫𧻚簠)各有一件外,皆爲西周晚期銅器,銘文中的"膳夫"皆作"善夫"。

周代青銅器銘文中,有時在所做器名之上加有"善"字,這種青銅器約有十餘件,除兩件爲西周晚期器外(翟姒簠、𥇨氏齋鑰),皆屬春秋時器。加"善"字的器名有鼎、敦、簠、𦥑(一般釋讀爲"簠",實即"胡簠"之"胡"的本字,詳下文)、簠(器形近於豆,現在一般稱"鋪",實應稱"簠",詳下文)、鑰,這些銅器中除鑰的性質不明外,皆爲食器,從鑰的形制看估計亦爲食器,謝明文告知,戰國時西𦥑盆銘文自稱爲"饋鉦鑰",可見鑰確有可能是食器。各家大都讀器名上"善"字爲"膳",應可信。從"肉"的"膳"至晚在春秋時代已經出現("膳"字含義詳下),春秋時的益余敦、齊侯敦在器名"敦"之上所加之字已作"𦞠(膳)",但春秋時代多數青銅器銘仍以"善"表"膳"。

在已見的戰國文字資料中,只有郭店簡《語叢一》和《語叢三》中出現了九個"膳"字,不過都不是表示"膳"義,而是借表"善"義的,前面講"善"字各種用法的時候都已在相關部分引出。以"膳"表"善"的用法相當特殊,不知是否書寫者也認爲"善""膳"本由一字分化的緣故。

先秦古書中罕見以"善"表"膳"之例,但《莊子·至樂》有"具太牢以爲膳"文,元代《古今韻會舉要》"膳"字條"膳,亦作善"語下所引《至樂》此句"膳"字則作"善",據此在《莊子》古本中此"膳"字本作"善",今本此字的肉旁是後來加上的,看來傳世先秦古書中的"膳"有不少是在流傳過程中由"善"改爲"膳"的。

從"善"的字形從羊,以及"善"在先秦文獻中使用的情況來看,的確如楊樹達所説,"善"可能是"膳"的初文。但即使承認這一點,對"善"字字形表示的意義以及"善"的本義仍需進一步加以探討。

《説文》把"譱(善)"的字形分析爲"從誩,從羊"。《説文·誩部》"誩,競言也,

---

①西周銅器善鼎銘中的"善"和伯善鼎銘中的"伯善"都是器主人名。春秋時的莒叔仲平鍾有"仲平善發叔(黃盛璋讀爲'且',見《山東出土莒之銅器及其相關問題綜考》,《華夏考古》,1992年第4期,67頁)考"語,"善"字用法應是很常見的那種帶賓語的用法,但全句語意尚無恰當解釋。故未引用。又,山東萊陽戰國早期墓中出土有一銅戈,上有"不𧾰善"三字(參看《故宫文物》1993年129期11頁圖16),語意不明,附記於此。

从二言”,同部“競,彊語也”(段注“彊語謂相争”),一般認爲“競”的字形象二人争言之義,“誩”爲“競”的省形,可從。“譱(善)”所從的“羊”應代表以牛羊等較高級的食物做成的美味,从“誩”从“羊”蓋會食者競言其美之意。我們懷疑“善”本來是用來稱贊做得好的美味的一個詞。前面説過,稱贊别人説話説得好可以單用一個“善”字,其義可以理解爲“説得好”,稱贊食物做得好的“善”當然也可以理解爲“(食物)做得好”。如果“善”字的原始意義真的如此,它在使用過程中應該很容易産生出“把/能把食物做得很好”一類意義。所謂“善(膳)夫”其本來意義應該就是“把/能把食物做得很好的人”,相當於我們現在所説的厨夫或厨師。西周中期師嫠鼎銘載周王命師嫠“胥師俗司邑人,唯小臣、譱(膳)夫、守□官犬(此四字間應如何加標點待考),㝡旬人、譱(膳)夫、官守友(此三字間應如何加標點待考)”,此銘中的“膳夫”應是一般的地位較低的膳夫,而在西周晚期銅器銘文中出現的“膳夫”則都是朝廷上地位相當高的官員,《詩·大雅·雲漢》爲宣王時詩,《小雅·十月之交》爲幽王時詩,其中提到的“膳夫”地位也很高。“宰”本是庖厨中主宰割之人的名稱,後來也用爲朝廷中職官的名稱,有些“宰”地位很高,情况與此相類。

如果情况真是這樣,上面提到的“善”的意義似可合爲一組,看作“善”的本義。前面梳理“善”的各種用法時已經指出,“善”字的核心意義應該是“把/能把事做得很好”,其他意義都是這一核心意義或近或遠的引申義。這一核心意義本身應該就是由這裏所説的“善”的本義通過詞義擴大、泛化的途徑引申出來的。而那些單用一個“善”字來稱贊别人把話講得好、打仗打得好等等情况的用法,也許是由單用一個“善”字來稱贊别人把食物做得好的用法(由“善”字字形表示的意義來看,似乎可以看作“善”的原始用法)直接發展而來的。

前面梳理過的“善”的各種用法,是“善”字本義最重要的一支引申義,此外從“善”字本義還引申出了一些與食物相關的意義,這些意義在“膳”字出現之後,就逐漸都用“膳”字來表示了(連表示本義的“善夫”的“善”也改用“膳”字了。我們在先秦文獻中尚未找到單獨用來稱贊食物做得好的“善”,不過,這種用法的“善”由於跟稱贊其他事情做得好的“善”如稱贊話講得好的“善”用法太相近,估計是不會改用“膳”字的),有些意義甚至可能是“膳”字出現之後才産生的。下面舉一些“善”字與食物相關的引申義的用例,稍加説明。

“膳”可以用來指已經做好的食物,在古代多指比較精美的食物。鄭玄在《周禮·天官·叙官》“膳夫”條下注:“膳之言善也,今時美物曰珍膳。”[1]《禮記·内

---

[1] (清)阮元校刻:《十三經注疏·春秋左傳正義》,3881頁。

則》在講對老年人的飲食要加以優待時説"五十異糧,六十宿肉,七十二膳,八十常珍,九十飲食不違寢、膳飲從於遊可也",此段文字亦見於《禮記·王制》(《内則》"二膳"《王制》作"貳膳"),《王制》孔穎達《正義》:"七十貳膳者,貳,副也。膳,善食也。恒令善食有儲副,不使有闕也,……'膳飲從於遊可也'者,謂美善之膳、水漿之飲從於老人所遊之處,其理可也。"①如果"膳"的本義是"把/能把食物做得很好",用"膳"來指做好的食物的時候,其所指當然應該是"今時美物",所以鄭玄等認爲"膳"字的聲旁"善"有義。由於"膳"在使用過程中詞義泛化,"膳"所具有的精美的特點逐漸爲人們所忽略,從上引鄭玄對《周禮·天官·叙官》"膳夫"的注可以看出,在鄭玄的時代,爲了表示"膳"的古義,就必須在當時所用的"膳"字上加一個"珍"字了。不過,直到今天,"膳"字仍有比較鄭重、文雅的語用色彩,如"請用膳""提供膳宿"等等。

"膳"在與其他飲食對舉時專指主要的肉食,《周禮·天官》"膳夫"職:"膳夫掌王之食飲膳羞,以養王及后世子。凡王之饋,食用六穀,膳用六牲,飲用六清,羞用百二十品……"鄭玄注:"食,飯也。飲,酒漿也。膳,牲肉也。羞,有滋味者。……六牲,馬牛羊豕犬雞也(王引之《經義述聞·周官上·膳用六牲》指出鄭玄注"六牲"用《周禮·地官》"牧人"職所舉六牲之名,《周禮·天官》"食醫"職所舉六牲之名則爲牛羊豕犬雁魚,此處"六牲"當指"食醫"職之六牲②。後人多從王説)。羞,出於牲及禽獸,以備滋味,謂之庶羞。""善"字從"羊","膳"在與其他食物對舉時所用的意義很可能是指食物的"膳"的較原始的意義。《莊子·至樂》"奏九韶以爲樂,具太牢以爲膳","太牢"之"膳"當然是最高級的膳。《韓非子·外儲説左下》言楚相孫叔敖飲食之節儉有"糲飯菜羹,枯魚之膳"之語,據王引之説,魚是《周禮》膳所用六牲的最末一種,枯魚就是乾魚,"枯魚之膳"可説是最低級的膳了。但"膳"大概很早就産生了指所有精美的食物的泛稱用法,《左傳·閔公二年》"里克諫曰:大子奉冢祀社稷之粢盛,以朝夕視君膳者也"杜預注"膳,厨膳"③,太子監察國君的厨房中爲君準備的"膳",當然不會局限於牲肉之"膳",而是包括爲君準備的全部食物的。

"膳"字又可以用來表示以"膳"爲對象的不少動作、行爲。

"膳"有"盛膳"之義。我們前面講過周代銅器銘文有時在自稱器名前加有"善(膳)"字,這種"膳"字應即用"盛膳"義。鼎所盛的一般爲肉食。簠、簋、敦爲盛黍

---

①(清)阮元校刻:《十三經注疏·禮記正義》,2913—2914 頁。

②(清)王引之:《經義述聞》,第一册 451—453 頁。

③(清)阮元校刻:《十三經注疏·周禮注疏》,1376 頁。

稷稻粱器,其所盛應爲做好的黍稷稻粱等飯食,屬於泛稱用法的"膳"的範圍。

"膳"有"進膳"之義。《儀禮·公食大夫禮》"宰夫授公飯粱,公設之于湆西。……宰夫膳稻于粱西",鄭玄注:"膳,猶進也。進稻粱者以簠。"①鄭玄説"進稻粱者以簠",在經文中是有内證的,在我們所引經文的下文中説到賓的動作有"左擁簠粱,右執湆,以降"一語,可知宰夫授公的飯粱是盛在簠裏的,設於粱西的稻當然也是盛在簠裏的。

在這裏我們有必要對簠的形制問題略作説明。周代青銅器中有一種器口作長方形,器身作斗狀,上有與器身完全同形的蓋的盛食器,自宋代以來,金石學家都認爲這就是古書中常與簋連言的"簠",《周禮·地官·舍人》"共簠簋"鄭玄注:"方曰簠,圓曰簋,盛黍稷稻粱器。"②這種方形銅器的銘文中也時常説它們是用來盛稻粱的③,看來認爲這種青銅器就是先秦文獻中屢見的"簠簋"之簠,好像是很合理的,所以此説長期爲人遵循。但是到了上世紀七八十年代,唐蘭、高明二位學者先後提出了不同意這種傳統説法的意見,他們指出從所謂"簠"的銘文中自稱其名之字來看,除去一部分自稱爲"匡(筐)"者,其所用之字的聲旁古音都與"胡"相近,由此可以斷定這種銅器就是古書所稱"胡簋"(見《左傳·哀公十一年》)或"瑚璉"(見《論語·公冶長》)中以"胡"或"瑚"表示的那種器物④;唐文只提到"瑚璉","胡簋"之例是高文增加的。高文還由於伯公父簠銘將器名寫作"盙"認爲《説文·皿部》訓"器也"的"盨"就是胡簋之"胡"在《説文》中的本字(《新金文編》已據高説將胡簋之胡銘文中自名之字如"匡""簠"等釋爲"盨"了⑤)。周代青銅器中又有一種"上部爲一淺腹圓盤,下部作一喇叭形鏤空花紋校,因與豆形相近,過去多以豆類視之"(高文,72頁)的器皿,其銘文中自稱其名之字皆从"甫"聲,這才是古書和《説文》所説的"簠"。從文字學上看,他們的説法應該是可信的。傳統所謂"簠"的自名之字,除自稱爲"匡(筐)"者外,其聲旁古音皆與"胡"相近,這是大家公認的,而且其聲旁作"甫"的連一例也没有,唐、高二氏所説的其形近豆之器,其自名則都从"甫"聲,其中微伯瘋簠(《銘圖》13卷390頁)自名之字在"甫"聲上加"竹"頭,唐蘭認爲這就是"'簠'的本字"(唐文,21頁。按:"本字"宜稱"初文"),後出的宋公圝簠(《銘續》2卷305、308頁,《銘

① (清)阮元校刻:《十三經注疏·儀禮注疏》,2339頁。
② (清)阮元校刻:《十三經注疏·周禮注疏》,1615頁。
③ 參看周聰俊:《簠筩爲黍稷圓器説質疑》,《大陸雜志》100卷第3期,104頁。李學勤:《青銅器中的簠與鋪》,收入氏著《中國古代文明研究》,華東師範大學出版社,2005年,78頁。
④ 唐蘭:《略論西周微史家族窖藏銅器群的重要意義》,《文物》1978年第3期,21—22頁。高明:《盨、簠考辨》,《文物》1982年第6期,70—73、85頁。下文簡稱"唐文""高文"。
⑤ 董蓮池:《新金文編》,作家出版社,2011年,598—604頁。

三》2卷246頁)其自名之字亦作"匍",而且此類器的自名之字還有在"甫"聲下加"皿"旁作"盘"的(虢仲盘,《銘續》2卷301頁),"簠"字應該就是從這種器物的自名之字發展出來的①。但是,先秦文獻中有大量"簠簋"連言的用例,這種"簠"字與《左傳》"胡簠"之"胡"所指應即同一種器皿,且從器形上看以這種"簠"與簋相配,也較以形近於豆的"簠"與簋相配爲宜,這兩種"簠"的相混應與"胡""甫"古音相近有關②。

上文引過的鄭玄《儀禮·公食大夫禮》注"進稻粱者以簠"和《周禮·地官·舍人》注"方曰簠,圓曰簋,盛黍稷稻粱器"中所說的"簠"實際上可能皆指"胡"而言,但我們認爲《儀禮》經文中的"簠"用的應是"簠"的原義。從上面引出的《公食大夫禮》文看,宰夫"膳稻于粱西"時所用盛稻之器也應該就是這種"簠"。從《公食大夫禮》此處下文看,"賓"還要以"左擁簠粱,右執涪"的姿勢走來走去,下階升階,而且中間還有將所擁持之物放在地上的動作。《公食大夫禮》在上引設"飯粱"之文前還講了"宰夫自東房授醯醬,公設之"以及"大羹涪,不和,實于鐙。宰右執鐙,左執蓋,由門入……授公。以蓋降……公設之于醬西"之事,可知"涪"是盛放在類似豆的"鐙"裏的,賓"右執涪"就指他用右手執持"鐙"的校部。"左擁簠粱"的"簠"究竟應該理解爲實指"胡"的"簠",還是使用原義的"簠",是一個頗難解決的問題。"胡"在陳設時當然已經將上部的蓋去掉了,但"胡"是長方形大口、淺斗狀器,提舉時必須以兩手持器身兩壁之耳,賓要在右手執鐙的條件下,用左手擁抱盛粱的簠,走來走去,下階升階,有時還要從手臂上將它放回地上,從地上取起它,這實在是很難想象的事。形近於豆的"簠"盤下有類似豆校但較豆校粗大的、腰部内收的立柱,雖然難以單手執持,用手臂在立柱部分抱住它,或者跪坐著抱起它或放下它,都還是比較方便的。這種器的柄部一般都是鏤空的,可能就是爲了給需要持、抱其器的人減少重量。宋公圍簠柄部鏤空處作排成多列的長方形,裝飾意味很少,可見簠柄的鏤空主要目的應該是減輕重量。所以,我們認爲《儀禮》在這裏所說的"簠"用的是簠的原義,是形近於豆的簠,而不是"胡"。《公食大夫禮·記》說:"簠有蓋冪。"鄭玄注:"稻粱將食乃設,去會(指器蓋)於房,蓋以冪。"③乍一看,《記》文似合於指"胡"的簠,其實這對盛稻粱的形近於豆的"簠"也是合適的。在現在可以見到的器形近於豆的簠中,有兩組從銘文可以肯定是用來盛稻粱等飯食的。1932年山

---

① 參看趙平安:《盨、簠再辨》,《古文字研究》31輯,中華書局,228頁。

② 參看李學勤:《青銅器中簠與鋪》、周聰俊:《簠簠爲黍稷圓器說質疑》。關於字音相近的問題,還可參看趙平安:《盨、簠再辨》。

③ (清)阮元校刻:《十三經注疏·儀禮注疏》,2339頁。

東曲阜林前村春秋墓中出土三件形制銘文皆同的厚氏元簠(其時代或定爲春秋早期,或定爲春秋中期),銘文自稱其名爲“善(膳)匭箹(簠)”,我們在前面指出周代青銅器銘文有在器名前加“善(膳)”字的,所舉器名中的“簠”即指此組簠而言。從上引《公食大夫禮》“宰夫膳稻于粱西”一語來看,“善(膳)匭(簠)”之“膳”之義似既可理解爲“盛膳”,也可理解爲“進膳”“設膳”。2009 年山東棗莊市徐樓村春秋墓一號墓出土的兩件形制銘文相同的宋公圃(一般皆從李學勤説認爲宋公圃即宋公固①)簠(其時代在春秋中晚期之間。此墓發掘前已遭盜掘,此組簠本來應有四件,盜掘出土的兩件已流至境外,參看《銘三》2 卷 246 頁),銘文自稱其名爲“餻箹(簠)”,周代銅器在器名前加“餻”字者屢見,加“餻”字最多的爲“匝(即傳統稱之爲“簠”者)”和“簋”,都是盛飯食的。這兩組簠的形制恰好相近,器上都有蓋,所以《記》文“簠有蓋冪”之説並不能作爲《公食大夫禮》所説的“簠”即形近於豆的簠的反證。《儀禮·聘禮》説來聘之使見君以後,“君使卿⋯⋯歸饔餼五牢”,在講到堂上所設盛食之器時有“堂上八豆⋯⋯八簋繼之,黍,其南稷,錯。六鉶繼之⋯⋯兩簠繼之,粱在北。八壺設于西序⋯⋯”,“西夾六豆⋯⋯六簋繼之,黍,其東稷,錯。四鉶繼之⋯⋯兩簠繼之,粱在西,皆二以并,南陳⋯⋯”,其設食器的情況可以與《公食大夫禮》對照,二處的簋與簠都不是緊接著陳列的,簋多簠少,簋盛黍稷(《公食大夫禮》記所陳食器有“黍稷六簋”),簠則是盛稻粱的。前面已經説明,《公食大夫禮》中所設稻粱都應盛於簠,也就是説所用之“簠”有二,一盛粱,一盛稻。《聘禮》中堂上及西序所設食器中簠也都只有二件,一盛稻,一盛粱。這樣看來,《聘禮》中的簠也應與《公食大夫禮》中的簠一樣,指的是形近於豆的簠,而不是胡。如果我們對《儀禮》中的“簠”字的理解是合乎事實的話,這對推測《儀禮》的成書時代將是一個很重要的線索(從出土情況看,高柄型的簠在戰國時代已不通行,如《儀禮》的簠確指高柄簠,《儀禮》經文基本寫定的時代似不能晚於春秋晚期)。從我們對《儀禮》中的“簠”的考察,可以知道這種銅器主要是用來盛稻和粱的,“胡簠”之“胡”根據它們的銘文主要也是盛稻粱的(見上文),這兩種器皿稱名的混同除了其名古音相近的原因外,跟它們所盛之物相同這一點很可能也是有關的。

“膳”有“獻以供膳”之義。《左傳·宣公十二年》晋楚邲之戰中,楚人曾遣勇士致師,晋人遣鮑癸率兵包抄其後,楚致師者樂伯見“麋興於前”,射殺之,使車右攝叔把麋獻給鮑癸,“曰'以歲之非時,獻禽之未至,敢膳諸從者'”。“膳諸從者”就是將射殺的麋獻給從者以供膳之義。《吕氏春秋·上德》説晋獻公太子申生受命祭

---

① 李學勤:《棗莊徐樓村宋公鼎與費國》,《史學月刊》2012 年第 1 期,128—129 頁。

祀他的生母姜氏,"太子祠而膳於公",高誘注:"膳,胙之也。"①這句話的意思是説太子申生將祭過姜氏的胙肉進獻以供晋公之膳。《禮記·少儀》"爲人祭曰致福,爲已祭而致膳於君子曰膳,祔、練曰告",鄭玄注:"此皆致祭祀之餘於君子。攝主言致福,申其辭也。自祭言膳,謙也。祔練言告,不敢以爲福膳也。"②"致膳"也就是獻胙肉以供膳的意思。如果爲已祭而獻胙肉於君子之時所説的就是"致膳於君子",那麽"曰膳"之"膳"就應與"致膳"之"膳"同義,皆指供膳的胙肉。如果獻胙肉時只説"膳於君子",那麽"曰膳"之"膳"就跟上引《吕氏春秋》"膳於公"的"膳"一樣,也是"膳"有"獻以供膳"之義的一個例子了。

"膳"有"烹調膳,製成膳"之義。《周禮·天官·庖人》:"凡用禽獻,春行羔豚,膳膏香;夏行腒鱐,膳膏臊;秋行犢麛,膳膏腥;冬行鱻羽,膳膏膻。"鄭玄注:"用禽獻,謂煎和之以獻王。"③據鄭注,"禽獻"是王四時所用的一些肉食,"膏香""膏臊"等指的是一些不同的動物油脂,"膳以膏香/膏臊/膏腥/膏膻"指的是將這些肉食分別以不同的動物油脂來"煎和"。賈疏明確説:"煎和謂之膳。"④一般將"煎和"理解爲烹調。《周禮·天官·膳夫》:"凡祭祀之致福者,受而膳之。"鄭玄注:"致福,謂諸臣祭祀,進其餘肉,歸胙于王。鄭司農云:'膳夫受之,以給王膳。'""膳之"意即把臣下所獻的福肉製成供王食用的"膳"。

"膳"有"設膳"之義。清華簡《子犯子餘》説到秦穆公召見從晋公子重耳出亡到秦的子犯、子餘,跟二人談話後認爲他們很有水平,勉勵他們好好輔佐公子重耳,"乃各賜之劍帶衣裳而歠之,使還"(簡7),整理者注:"歠,讀爲'膳',《説文》:'具食也。'"⑤其説可從。"膳之"意謂爲他們設膳,也就是請他們吃飯的意思。如果把"具食"的意義理解得廣泛一點,以上所説的"盛膳"、"進膳"、"獻以供膳"、"烹調膳,製成膳"等意幾乎都可以包含在所謂"具食"中。

"膳"又有"用膳"之義。《儀禮·士相見禮》:"夜侍坐,問夜,膳葷,請退可也。"鄭玄注:"膳(此膳下本有'葷'字,據校勘記删)謂食之,葷,辛物,葱薤之屬,食之以止臥。古文葷作薰。"⑥《禮記·文王世子》:"食上,必在視寒暖之節;食下,問所

---

①(秦)吕不韋編,許維遹集釋,梁運華整理:《吕氏春秋集釋》,中華書局,2009年,519頁。

②(清)阮元校刻:《十三經注疏　禮記正義》,3286頁。

③(清)阮元校刻:《十三經注疏　周禮注疏》,1424頁。

④(清)阮元校刻:《十三經注疏　周禮注疏》,1424頁。

⑤李學勤主編:《清華大學藏戰國竹書》[柒],96頁注[二九]。

⑥(清)阮元校刻《十三經注疏·儀禮注疏》,2110頁。

膳。”“問所膳”,鄭玄注:“問所食者。”①

古書中可能還有我們未注意到的“膳”的其他意義。

關於“善”字的本義問題,還可以有另外一種設想,也許“善”是一個古人所説的“形局義通”的表意字,“善”的字形是以人們競言羊膳之美來表示“把/能把高級食物做得很好”的意思的,但實際上其本義要表示的則是一般的“把/能把事做得很好”的意思,其情況與用由“犬”“自(象鼻形)”構成的“臭”字表示指一般“嗅覺”的“臭(嗅)”這個詞②相似。這樣,“把/能把高級食物做得很好”當然就不是“把/能把事做得很好”所從出的較原始的意思,而只能是“把/能把事做得很好”的一種具體情況了,“膳”則是爲“把/能把高級食物做得很好”之義的一些引申義而造的一個後起加旁字。我們有些傾向於這後一種設想,但這兩種設想都不正確的可能性也是存在的。“善”以及在語義和用法上與之有類似之處的“能”這兩個詞是否確如我們所見尚未見於出土的商代文獻③,這也是一個問題。我們期待著有關的新資料和新研究的出現。

六、《老子》中的“善”

下面我們專門來討論《老子》中的“善”字。爲了討論時稱引的方便,先將《老子》中使用“善”字之處依其在書中出現的先後列舉一下。如果通行的王弼本中的有關文字對於理解《老子》原意不會產生問題,至少不會產生嚴重問題,則徑用通行的王弼本,後面括注章數;如其文中只有個別字、句須加改動,則在有問題的字、句後加括號予以説明。反之,則採用我們選定之本的文字,後面括注出處及通行的王弼本中相應的章數。

(1)天下皆知美之爲美,斯惡已;皆知善之爲善,斯不善已。(2章)

(2)上善若水。水善利萬物而不争。處(帛甲乙皆作“居”)衆人之所惡,故幾於道。居善地,心善淵,與善仁(“仁”字應據帛乙及北大本改作“天”④),言善信,

---

①(清)阮元校刻《十三經注疏·禮記正義》,3040頁。

②參看裘錫圭:《文字學概要》,商務印書館,2013年,144—145頁。

③《商書·盤庚》上篇有兩個“善”字:“世選(從俞樾讀爲‘纂’,訓繼,參看顧頡剛、劉起釪《尚書校釋譯論》,945頁)爾勞,予不掩爾善(當指做得好的事,下句“善”字同)”,“用罪伐厥死,用德彰厥善”。中篇有兩個“能”字:“汝罔能迪”,“不能胥匡以生”。《盤庚》篇的史料價值雖然較高,但顯然是經過周人改寫的,似不能當作真正的商代語言資料來看。清華簡《説命下》簡1-2有“脜(柔)遠能逐[爾]”,此爲周代常用語,疑爲後人掺入。

④參看裘錫圭主編:《長沙馬王堆漢墓簡帛集成》第四册《老子甲本·道篇》,46頁注[三一];《老子乙本·道篇》,208頁注[九]。

正(簡帛本亦作"正",傳世各本多作"政","正"應讀爲"政")善治,事善能,動善時。夫唯不争,故無尤。(8章)

(3)古之善爲士者,微妙玄通,深不可識……(15章)

(4)善行者無轍(帛乙原字作"達",一般皆依今本讀爲"轍")迹,善言者無瑕謫,善數者不用籌策,善閉者無關鍵而不可啓也,善結者無繩約而不可解也。是以聖人恒善救人,而無棄人,物無棄財,是謂愧明。故善人,善人之師;不善人,善人之資也。不貴其師,不愛其資,雖智乎大迷,是謂妙要。(帛乙241下—242下,今本相當文字見27章)

(5)以道佐人主,不以兵强〔於〕天下。〔其事好還。師之〕所居,楚棘生之。善者果而已矣,毋以取强焉。果而毋驕,果而勿矜,果而〔勿伐〕,果而毋得已居,是謂〔果〕而不强。(帛甲152—154。今本相當文字見30章)

(6)夫唯道,善始且善成。〔帛乙5下—6上。北大本作"善貸(始)且成"。今本相當文字見41章〕

(7)善者吾善之,不善者吾亦善之,德(得)善。信者吾信之,不信者吾亦信之,德(得)信。(49章)

(8)蓋聞善攝生者,陸(帛甲乙、北大本皆作"陵")行不遇(帛甲此字殘,帛乙、北大本皆作"避")兕虎,入軍不被甲兵。(50章)

(9)善建者不拔,善抱者不脱,子孫以祭祀不輟。(54章)

(10)禍兮福之所倚,福兮禍之所伏,孰知其極? 其無正? 正復爲奇,善復爲妖。人之迷,其日固久。(58章)

(11)道者萬物之奥(帛甲乙作"注"),善人之寶,不善人之所保。美言可以市,尊行可以加人。人之不善,何棄之有。(62章)

(12)江海所以能爲百谷王者,以其善下之,故能爲百谷王。(66章)

(13)善爲士者不武,善戰者不怒,善勝敵者不與,善用人者爲之下。(68章)

(14)天之道,不争而善勝,不言而善應(其意似當爲不言而善於使人應從),不召而自來,繟然而善謀。(73章)

(15)和大怨,必有餘怨,安可以爲善? 是以聖人執左契,而不責於人。有德司契,無德司徹。天道無親,常與善人。(79章)

(16)信言不美,美言不信。知者不博,博者不知。善者不多,多者不善。(帛乙31下。今本相當文字見81章)

王弼本第20章有"善之與惡,相去何若"一語,簡帛本皆作"美與惡,其相去何若”，今傳各本多同王弼本，唯傅奕本與龍本（即遂州道德經碑本）作“美與惡”①，尚存古本之舊。第 65 章有“古之善爲道者，非以明民，將以愚之”一語，郭店本無此章，帛甲乙、北大本“善爲道者”皆作“爲道者”，無“善”字②。故未引出。

《老子》中的“善”字，除個别爲《老子》特有的用法之外，通常都可以按照先秦古書中“善”字的用法來理解。不過，我們認爲，老子用的應該是“能把事做得很好”、“能幹”、“擅長；善於”這類較古的意義。老子對世俗的仁義道德採取輕視甚至鄙視的態度，“善”字由於受傳統的道德觀念的影響而形成的較晚的意義，尤其是與“惡”相對的主要指道德好的那種意義，老子大概是不會使用的。多數解《老》者不明白這一點，往往産生錯誤的理解，應加辨析。王弼本 20 章的“善之與惡”，據王弼注等資料“善”字本應作“美”，除增“之”字外，與簡帛本相合，後人因善惡之語常見，遂改“美”爲“善”，就是由於不明《老子》用“善”字的習慣。以下對意義不够明確或一般人對其意義多有誤解的“善”字分别加以討論，其先後不按今本章序，視討論的需要而定。

《老子》裏“善者”三見。例（5）講用兵之事，“善者果而已矣，毋以取强焉”句中的“善者”顯然跟一般兵書中的“善者”一樣，是指善用兵者。對這個“善者”的理解，一般都是正確的。例（16）所引之文用帛乙本，此文不見於郭店簡，帛甲殘損嚴重，“善者不多，多者不善”兩句中二“多”字皆已不存，北大本則作“善者不辯，辯者不善”，已與今傳各本相同。此文“善者”也應指“能把事做得很好的人”或“能幹的人”，“善者不多，多者不善”的意思是説：能把事做得很好的人，他所幹的事是不會很多的，如果什麽事都幹，那就一定幹不好。《論語·子罕》：“大宰問於子貢曰：‘夫子聖者與？何其多能也？’子貢曰：‘固天縱之將聖，又多能也。’子聞之，曰：‘大宰知我乎！吾少也賤，故多能鄙事。君子多乎哉？不多也。’”例（16）的“不多”與孔子所説的“君子多乎哉？不多也”的“不多”義近。疑後人因將此文“善者”之“善”誤解爲善惡之“善”一類意義，覺得二“多”字之義難解，遂輒改爲“辯”。我們注意到的《老子》古注只有元代吴澄《道德真經注》把“善者不辯，辯者不善”解釋爲“實有能者口不好辨，好辨以誇者非實能其事也”③，對“善者”的理解是正確的，可惜他没能看到作“善者不多”的古本。例（7）的“善者”應與例（5）、例（16）的“善者”同義，而“不善者”應指不能幹的人。我們認爲“善者吾善之，不善者吾亦善之”

①蔣錫昌：《老子校詁》，商務印書館，1937 年，123 頁。
②參看裘錫圭主編：《長沙馬王堆漢墓簡帛集成》第四册《老子甲本·德篇》，33 頁注［一四一］。
③吴澄：《道德真經注》，載《道藏》第 12 册，文物出版社、上海書店、天津古籍出版社，1988 年，0820b 頁。

的意思是"世俗認爲是能幹的人,我也認爲他能幹;世俗認爲是不能幹的人,我也認爲他能幹",老子這樣説的用意就是要泯没世俗所謂能幹與不能幹的區别。接在後面的"德善",帛乙本句末有"也"字①,北大本亦有"也"字②,傳世各本多於句末加"矣"字③。"德"字,今傳各本有不少作"得"④,帛乙本亦作"德"(帛甲本字殘),北大本作"直",古今解《老》者多數認爲"德"應讀爲"得"(北大本整理者亦讀"直"爲"得"⑤),從文意上看,這是正確的。"德(得)善"之"善"應指真正的、合乎道的"善",這種用法的"善"是《老子》特有的,後面還要專門加以討論。老子蓋以爲只有泯没了世俗所謂"善"與"不善"的區别,才能使世人得到真正的也就是合乎道的"善"。吴澄注説"民之善不善、信不信,聖人不分其是非,皆以爲善,以爲信"⑥,吴氏之意應即聖人要泯没世俗的善與不善、信與不信的界限,可惜他在這一章注中没有明確點出"善"的意義。一般解《老》者似多從道德的好壞來理解此章的"善"與"不善",吴澄很可能也是這樣理解的,由於此章以"善""不善"、"信""不信"並提,很容易使人産生這種理解。

例(1)説"天下皆知美之爲美,斯惡已;皆知善之爲善,斯不善已",從例(7)來看,此例的"善"和"不善"也應理解爲"能幹"和"不能幹"。這兩句話很費解,任繼愈翻譯爲:"天下的人都知道怎樣才算美,這就有了醜了;都知道怎樣才算善,這就有了惡了。"⑦陳鼓應翻譯爲:"天下都知道美之所以爲美,醜的觀念也就産生了;都知道善之所以爲善,不善的觀念也就産生了。"⑧如果不管對"善"與"不善"的具體理解,他們的翻譯應該是與老子原意比較接近的⑨。據此,"皆知善之爲善,斯不善已"的意思就可以理解爲"天下都知道什麽是'能幹','不能幹'的觀念就出現了"。這跟例(7)一樣,也表示了老子要泯没世俗的"善"與"不善"的區别。《老子》的注家似乎多數將這兩例中的"善"理解爲道德上的"善",我們注意到的注家中只有前

①參看裘錫圭主編:《長沙馬王堆漢墓簡帛集成》第四册《老子甲本・德篇》,18 頁注[五八]。

②參看北京大學出土文獻研究所編:《北京大學藏西漢竹書》[貳],上海古籍出版社,2012 年,128 頁。

③參看蔣錫昌:《老子校詁》,306 頁。

④同上注。

⑤參看北京大學出土文獻研究所編:《北京大學藏西漢竹書》[貳],128 頁。

⑥吴澄:《道德真經注)》,載《道藏》第 12 册,0804c 頁。

⑦任繼愈:《老子今譯》,古籍出版社,1956 年,1—2 頁。任氏 1985 年在上海古籍出版社出版的《老子新譯》(修訂本 63 頁)同。

⑧陳鼓應:《老子今注今譯》(參照簡帛本最新修訂版),商務印書館,2020 年,83—84 頁。

⑨按照這種理解,"斯"字後面當有個"有/生"字,究竟是當初記録老子話的人或者早期的傳抄者漏去或删去了"有/生"字,還是老子當初爲强調語氣,有意不加"有/生"一類字,還是另有原因(也許我們對古代"斯"字的用法還了解得不够),現在已經很難判定了。

面提到過的吴澄就像在注例(16)的"善者"那樣以"能"解"善"。他注例(1)説:"美謂美於他物,以質而言也。善謂善於其事,以能而言也。美惡、善不善之名相因而有,以有惡故有美,以有不善故有善(引者按:此二句似就物有美惡、辦事有善不善之實際情況而言),皆知此之爲美則彼爲惡矣,皆知此之爲善則彼爲不善矣。欲二者皆泯於無,必不知美者之爲美,善者之爲善,則亦無惡無不善也。"①其意可謂正確。

例(10)"善復爲妖"的"善",一般皆理解爲善惡之"善"②。我們認爲此"善"字也應理解爲"能幹"一類意思。世俗認爲能幹的人,如果幹的是不合乎道的事,那就成爲"妖"了。例如善於用兵是"善"(能幹)的一種表現,如果用這種"善"來做好事,如抵禦侵略等,那當然是好的;如果用這種"善"來發動侵略戰争,那就可以説"善"成爲"妖"了。老子所以要泯没世俗的"善"與"不善"的區别,一方面當然是像"不尚賢,使民不争"一樣爲的是消滅"争",另一方面也應該是由於在一般人身上"善"往往會變成"妖"。

例(4)自"故善人,善人之師"以下的末段和例(11)都以"善人"與"不善人"對言,但例(4)的情況極爲特殊,我們只能在解釋了例(11)的"善人""不善人"之後再加以討論。前面梳理先秦時代"善"字用法的時候已經説明,春秋時代很多人把"善人"看作下"聖人"一等的才德具備的人的名稱,上面分析老子對當"能幹"一類意思講的"善"字的用法的時候,又已指出老子只承認合乎道的"善"是真正的"善"(參看下文對例2"上善若水"的分析),由此來看,老子所謂"善人"應該是指下"聖人"一等的體道、行道之人,跟"善人"相對的"不善人"應指那些尚未受到"聖人""善人"教化的人。例(11)説"道"是"善人之寶,不善人之所保",體道、行道的"善人"當然以道爲"寶"。對聖人來説,道更是他的寶。在跟"不善人"對言的時候,"善人"自然也可以包括"聖人"在内。接受了"聖人""善人"的教化,能按照他們所教的、合乎道的精神的方式生活、行事,就能擺脱世俗的紛争,得到安定,所以説道是"不善人"的庇護所。下文説"人之不善,何棄之有",意思就是説對於"不善人",不能抛棄他,而應好好地以道來教化他。老子的道德觀念和政治理想與儒家等世俗之人截然有别,《老子》中的"善人""不善人"與我們在前面討論"善人"含義的演變時所説到的"善人""不善人"[參看三(二)1.]有所不同是很自然的。

例(4)末段的第一句,簡帛本與傳世本有極爲重要的差異,帛乙此段開頭部分

①吴澄:《道德真經注》,載《道藏》第12册,0781a頁。
②有人把"善復爲妖"的"善"解爲"吉",這當然比解爲善惡之"善"好。但據我們上文的分析,"善"的"吉祥"義似出現得較晚,故不取此説。

作"故善人,善人之師;不善人,善人之資也",帛甲同,北大本除開頭無"故"字,"善人之師"下有"也"字外,同帛書本。王弼本作"故善人者,不善人之師;不善人者,善人之資",王本之外的傳世各本中,多數本無二"者"字,少數本開頭無"故"字,又有少數本句末有"也"字,但"善人之師"上皆有"不"字,與王弼本同。① 從表面上看,今本以"善人"爲"不善人之師"與"不善人"爲"善人之資"相對,文句顯得很整齊,但實際上"善人之師"上的"不"字,是後人臆加的,高明對此有詳細的論證,他說:

> 我們可依據《韓非子·喻老篇》對"不貴其師,不愛其資"之比喻,來判斷"善人,善人之師"與"善人,不善人之師"二者究竟孰是孰非。《喻老篇》云:"周有玉版,紂令膠鬲索之,文王不予;費仲來求,因予之。是膠鬲賢而費仲無道也,周惡賢者之得志也,故予費仲。文王舉太公於渭濱者,貴之也;而資費仲玉版者,是愛之也。故曰:'不貴其師,不愛其資,雖知大迷,是謂要妙。'"韓非用文王予費仲玉版之事,以喻"愛資"。《內儲説下》云:"文王資費仲而游於紂之旁,令之諫紂而亂其心。"韓非在這裏清楚地説明了"不善人,善人之資"的具體內容,"不善人"指費仲,"善人"指文王。韓非又以文王舉太公之事,以喻"貴師",從而又説明了"善人,善人之師"的具體內容,前一"善人"指太公,後一"善人"顯然還是指文王。由此可見,《韓非·喻老篇》所解老子此文,必與帛書甲、乙本相同。從而又可證明帛書甲、乙本"故善人,善人之師;不善人,善人之資"是正確的,保存了老子原文。今本所謂"故善人,不善人之師"者,無疑是由後人妄改,舊注亦多訛誤。②

北大本整理者説:"傳世本'善人之資'上多'不'字,應爲衍文,帛書無。"③大概是同意高明的意見的。我們也認爲高明的意見有理。因此,此段所説的"善人"和"不善人"的含義與例(11)不同,而與我們在前面討論"善人"含義的演變時所説到的"善人"和"不善人"相同,這是很奇怪的。例(4)的主旨是"聖人恒善救人,而無棄人",這與説"道"是"善人之寶,不善人之所保"的例(11)所説的"人之不善,何棄之有"是完全一致的,例(4)末段文字不但與此主旨無關,而且所説"善人""不善人"的含義與例(11)明顯不同,原來應爲獨立的一章,大概有些老子後學誤認爲其中所説的"善人""不善人"的含義與例(11)相同,故將其與例(4)上文合併爲一

---

① 蔣錫昌:《老子校詁》,185 頁。
② 高明:《帛書老子校注》,中華書局,1996 年,368 頁。
③ 北京大學出土文獻研究所編:《北京大學藏西漢竹書》[貳],157 頁第六十八章注[四]。

章。帛書本此段之首有“故”字,當是在誤合之後又有人加上去的。北大本此段之首作“善人,善人之師也;不善人,善人之資也”,無“故”字,兩句之末皆有“也”字,當反映了誤合之後較早的形態。在未加“故”字之前,此段開頭是獨立的兩句,故兩句之末皆有“也”字。加了“故”字之後,這兩句成爲同一大句中的兩個小句,所以前面一句中的“也”字就可以像帛書本那樣省掉了。北大本的文字往往有與帛書本不合而與郭簡反而相合的情況,如今本三十五章首句作“執大象”,帛書本已如此,郭簡及北大本則皆作“執(設)大象”。又如五十七章的“天下多忌諱,而民彌貧”,帛書本作“夫天下多忌諱,而民彌貧”,除句首有“夫”字外,與今本同,郭簡則作“夫天多期(忌)違(諱),而民彌畔(叛)”,北大本作“夫天多忌諱,而民彌貧”,雖已改“叛”爲“貧”,尚未在“天”下加“下”字,甚爲可貴。① 所以,北大本此段開頭的文字較帛書本爲近古是完全可能的。傳世各本此段開頭的文字雖然都已在“善人之師”上添加了“不”字,但仍有一些本子的文字尚有與北大本相合之處。《老子》想爾注本作:“善人,不善人師;不善人,善人之資。”②雖然兩句之末無“也”字,“師”上無“之”字(也有可能是偶然抄脱此字),與北大本異,文首無“故”字則同於北大本。顧歡《道德真經注疏》本作:“善人,不善人之師;不善人者,善人之資。”③文首亦無“故”字。《群書治要》所采《老子》作:“善人者,不善人之師也;不善人者,善人之資也。”④除多“不”字及二“者”字外,與北大本全同。李榮《道德經注》本作:“善人,不善人之師;不善人,善人之資。”⑤二句末雖無“也”字,文首亦無“故”字,景龍碑本、敦煌丁本、P. 2584、S. 6453 諸本與李榮本同。《後漢書・儒林傳》李賢注引作:“善人者,不善人之師也;不善人者,善人之資也。”兩句末皆有“也”字,應係節引之文,其所據原書文首是否有“故”字不能確知,但從兩句末皆有“也”字看,原本很可能就是没有“故”字的。以上諸本追溯其源,當皆出自此段文字與北大本相同的古本。從例(4)末段文字所説“善人”“不善人”的含義與例(11)不同來看,此段文字當非《老子》原文,應是先作爲獨立的一章羼入《老子》,稍後又因其中提到“善人”“不善人”而與例(4)上文誤合爲一章。《韓非子・喻老》已經對“不貴其師,不愛其資,雖知大迷,是謂要妙”舉例作了解釋,可見有關文字羼入《老子》的時代相當早,最遲不會晚於戰國後期。這段文字併入例(4)以後,有的本子在文

---

① 參看裘錫圭主編:《長沙馬王堆漢墓簡帛集成》第四册《老子甲本・德篇》,28 頁注[一一〇]。
② 饒宗頤:《老子想爾注校正》,上海古籍出版社,1991 年,35 頁。
③ 顧歡:《道德真經注疏》,載《道藏》第 13 册,0301a 頁。
④ (唐)魏徵等撰:《群書治要》卷三十四,商務印書館《叢書集成初編》本,1937 年,573 頁。
⑤ 蒙文通:《輯校李榮〈道德經注〉》,收入《蒙文通全集》五《道教甄微》,巴蜀書社,2015 年,262 頁。

首加上與上文銜接的"故"字,如帛書本,有的則未加"故"字,如北大本。後來又有人在"善人之師"上加上了"不"字,爲今傳各本所普遍接受。所以要加"不"字,應該主要是爲了使這段文字裏的"善人""不善人"與例(11)中的"善人""不善人"的含義取得一致。但是,對文王利用來擾亂紂王朝政的費仲一類"不善人",稱之爲"資",是合適的,如把爲"善人"所教導的"不善人"稱爲"資",就有些不倫不類了。在老子看來,"善人"教導"不善人","不善人"接受"善人"的教導,當然是天經地義的事,所謂"不貴其師,不愛其資,雖智乎大迷,是謂妙要",更是無從說起了。《老子道德經古本集注》的作者,南宋時的范應元,雖然不知道二十七章末段"不善人之師"的"不"字是後人臆加的,並按照傳統的看法認爲這段文字中的"善人""不善人"與《老子》中他處所見的"善人""不善人"同義,但是他在此章注中對"善人""不善人"的解釋卻是相當有價值的,他說:"善人者,繼(引者按:此字疑有誤,也有可能應理解爲'承受'一類意義)道之人,先覺者也,非强行善,乃循本然之善也。不善人,未覺者也,非本不善,未明乎善也。"他在注六十二章有關部分(即我們所引的例11)時又說:"善人,已明善者也;不善人,未明善者也"。①他以"善人"爲"先覺者","不善人"爲"未覺者",這是很好的說法,可惜的是他沒有點出先覺未覺是對合道、不合道而言的,反而表現了把《老子》這裏所說的"善"與一般所說的道德之"善"混同起來的傾向。

例(15)末句說"天道無親,常與善人"。北大本相當於今本七十七章的文字說"天之〔道〕,損有餘而奉不足;人之道不然,損不足而奉有餘。孰能有餘而有取奉於天者?唯有道者也"(簡110—112。'孰能有餘'句帛甲乙略同,今傳各本皆訛誤不可用②)。這段話的意思是說天道是"損有餘而奉不足"的,只有有道者雖然"有餘",還能"取奉於天",這顯然是由於有道者"取奉於天"不是爲了自己的利益,而是爲了行道於天下。這與例(15)"天道無親,常與善人"可以相互發明,七十七章的"有道者"應該包含聖人與善人,例(15)的"善人"實際上也應該包括聖人。

《老子》"善人"之"善"的意義還可以聯繫例(2)"上善若水"章來理解。所謂"上善"一般解《老》者都認識到指的是合乎道的"善",但似乎沒有人明確解釋這個"善"字的具體意義,他們似乎都認爲這個"善"就是當道德好講的善惡之"善"。其實這個"善"也是表示"能幹"一類意思的。此章在"上善若水"後緊接著說"水善利

---

① (宋)范應元:《老子道德經古本集注》,華東師範大學出版社,2010年,50頁、109頁。
② 參看裘錫圭主編:《長沙馬王堆漢墓簡帛集成》第四册《老子甲本·德篇》,38頁注[一九七]。

萬物而不争”,大家都知道“善利”之“善”應該當“擅長;善於”講。“善利萬物”其實就是能把利萬物的事做得很好的意思。下文又用了“居善地”“心善淵”等七句來闡明“上善”的内容,這七句的“善”字現代的解《老》者多數已認識到其意義與“水善利萬物”的“善”相同①,如陳鼓應就將這七句翻譯爲:“居處善於選擇地方(引者按:此句之意可以聯繫本章上文“居衆人之所惡,故幾於道”句來理解),心胸善於保持沉静,待人善於真誠相愛,説話善於遵守信用,爲政善於精簡處理,處事善於發揮所長,行動善於掌握時機。”②我們認爲這七句屬於前文講過的當“能把事做得很好”一類意義講的“善”直接以事物名稱爲賓語的那種句式,在這種“善”與它所帶的事物名稱賓語之間没有説出支配賓語所指對象的那種行爲[參見一(二)1.],陳譯大體上已經較好地把原來省略未説的意思補出來了,但尚需作一些補正。“心善淵”句似可譯爲“心胸善於像深淵那樣”,也就是能够像深淵那樣沉静容物。“與善仁”句應據簡帛本改作“與善天”,老子鄙視仁義,原文顯然應作“天”而不應作“仁”,傳世各本有的“仁”字作“人”,也許是“天”字的訛誤。“與善天”的意思就是幫助人善於像天一樣,也就是能够以“天之道損有餘而奉不足”的精神來幫助人③。“政善治”句,陳譯似將“治”當作動詞理解,我們認爲這個“治”應指爲政好而達到的一種狀況,即與“亂”相對的“治”,此句似應譯爲“爲政善於達到治平/太平的狀況”。既然此章闡明“上善”内容諸句裏的“善”都應該當“擅長;善於”講,“上善”之“善”當然也應該取“能幹”一類意義。“上善”即最好的、合乎道的“能幹”。河上公注“上善若水。水善利萬物而不争。處衆人之所惡,故幾於道”説:“上善之人,如水之性。水在天爲霧露,在地爲泉源也。衆人惡卑濕垢濁,水獨静流居之也。水性幾與道同。”他對“上善”之“善”的意義大概理解得並不正確,但是對此章開頭幾句的解釋是頗爲可取的。張松如《老子説解》説“居善地”等七句“都是水德的寫狀,又是實指上善之人,亦即通過水的形象來表現‘聖人’乃是道的體現者”④,他講“聖人”的話也可以用於《老子》的“善人”,所以《老子》的“善人”可以説就是上善之人,所謂“善”指的是“上善”,意即合乎道的“善”。我們前面已經講過,“善者吾善之,不善者吾亦善之,德(得)善”句中“德(得)善”之“善”指的是合乎道的“善”,情况與

①如:陳鼓應《老子今註今譯》(參照簡帛本最新修訂版,商務印書館,2021年,103頁)、《文白對照諸子集成·老子》(許嘉璐主編,孫雍長注譯,廣西教育出版社、陝西人民教育出版社、廣東教育出版社,1995年,2頁)等的譯文把“善”譯成“善於”;辛戰軍《老子譯注》(中華書局,2008年,36頁)等的譯文以“能”對應“善”。
②陳鼓應:《老子今註今譯》(參照簡帛本最新修訂版),103頁。
③參看高明:《帛書老子校注》,中華書局,1996年,257頁。
④張松如:《老子説解》,齊魯書社,1998年,55頁。

"善人"之"善"相同。"善"字本身並不包含合乎道的意思,所以例(2)要在"善"字上加定語"上"。單用一個"善"字來專指合乎道的"善",可以看作老子對"善"字的特有用法,尤其是在"善者吾善之,不善者吾亦善之,德(得)善"這一句中,以專指合乎道的"善"的"善"與一般意義的"善"對舉,就更應該看作老子對"善"字的一種特殊用法了。如果不了解這種特殊用法,有關句子的意義就難以理解了。同理,與"善者吾善之……"句並列的"信者吾信之,不信者吾亦信之,德(得)信"句中,"得信"之"信"也應該理解爲合乎道的"信",老子要泯没世俗的"信"與"不信",讓他們能得到真正的、合乎道的"信"①,這跟他對待"善"的態度是完全一致的。以專指合乎道的"信"的"信"與一般的"信"對舉,也應該看作老子對"信"字的一種特殊用法。我們在《說老子的"無爲"和"爲"》一文中曾指出老子從指"行爲"的"爲"字中分出了一個專指不合乎道的行爲的"爲",四十八章"無爲而無不爲"句中"無爲"的"爲"就是專指不合道的行爲的"爲",與之相對的"無不爲"中的"爲"則應該理解爲合乎道的"爲"②,情況與此有些相似。

通過以上的論述,可以看到,只有在掌握了先秦漢語中"善"字的各種用法之後,才能實事求是地根據老子的思想正確理解《老子》書中的所有"善"字。

附言:我因患青光眼疾,目已近盲,不能獨立寫作,此文由我口述,由我在復旦大學出土文獻與古文字研究中心所招的第一屆博士生(2005級)、後來的同事劉嬌大力幫助完成並録成文稿。寫作過程中在與金文有關的問題上曾多次向中心同事謝明文先生咨詢,獲益甚多。初稿完成後,曾請中心同事劉釗、鄔可晶二位審閱,劉釗指出第一章第六節原稿"'善其節'的意思就是認爲樂的節文起了很好的作用"句中的"樂"字當作"禮",鄔可晶指出文稿的疏失多處,皆已照改。謹致謝意。

2021 年 5 月 14 日基本完稿

2021 年 7 月 31 日修改

---

① 老子說"道"有"其中有情,其情甚真,其中有信"之語,"道"的運行規律,"道"的精神、原則是永恒不變的,這就是"道"的"信"。老子要人得到真正的"信",也就是要人們遵從"道"的精神、原則行事。上引《老子》語中的兩個"情"字,今傳各本皆誤作"精",簡帛本此字皆作"請",學者皆讀爲"情實"之"情",從《莊子·大宗師》"夫道,有情有信,無爲無形"來看,此篇作者所見的《老子》也不是作"精"而是作"情"的(參看高明《帛書老子校注》,332 頁)。作"精"者應爲後人所改,

② 拙文《說老子的"無爲"和"爲"》,載《中華文史論叢》,2019 年第 4 期,25—78 頁。

追　記

　　《周易·繫辭上》:"一陰一陽之謂道,繼之者善也,成之者性也。"前人大都把陰陽之道講得很高深玄妙。這裏的"善"字究竟是什麼意思很難弄清,只能存疑。不過,我們也有一種很大膽的、不成熟的想法,姑且記在這裏,供讀者參考。"一陰一陽之謂道"意思是説"一陰一陽"是宇宙的規律,對這一點,大家的看法比較一致。"一陰"和"一陽"的關係,主要是相繼相代和相合相成兩種。"繼之者善也,成之者性也"應是以人事作爲比喻來加以説明。"繼之",疑指作事符合陰陽相繼相代的規律,例如天氣的變化,春生夏長屬陽,秋收冬藏屬陰,從事農業生產如果能在春夏很好地下種耕耘,在秋冬很好地收穫收藏,就符合陰陽相繼的規律,這樣做是有才能、能把事做得很好的表現。"成之",指陰陽相合而成物,男女相合,生成子息,這是人類的天性。父子之道是儒家最重視的仁道,人按陰陽相繼的規律做事是有智的表現,所以下文接著説"仁者見之謂之仁,知(智)者見之謂之知(智)"。前人也許已有類似的説法,有待研究。

2021 年 11 月 9 日

　　(作者單位:復旦大學出土文獻與古文字研究中心、"古文字與中華文明傳承發展工程"協同攻關創新平臺)

夏商手工業者的身份與地位

蔡　鋒

　　儘管夏代缺乏文獻資料，但從考古發掘的資料看來，夏代的手工業生産繼續得到了發展，在夏王朝盤踞的中心地帶中原地區，手工業基本上與農業分離，而且在手工業内部，鑄銅、制陶、玉石器製作、骨角器製作乃至木器加工都已出現專業分工，手工業生産開始出現了行業性的結構和與此相適應的物品交換。

　　繼夏代之後的奴隸制王朝爲商朝，在商朝統治時期，中原、長江流域的手工業生産開始興旺發達，手工業産品種類繁多，生産領域的分工進一步擴大，因而在卜辭中可見到"百工"的記載。以青銅鑄造業爲龍頭的手工業生産的快速發展，更促進其他手工業部門的技藝革新和分工的細化。這一時期，從甲骨文和金文、考古等實物和資料中所反映的商代手工業生産部門如陶器製造、絲麻紡織、骨角器製作、玉石雕琢、竹木、漆器的生産、土木建築行業以及釀酒等的技藝，都比夏代有了更大的提高。農業和手工業的發展，使商代的奴隸制經濟呈現出前所未有的新局面。手工業在一定的程度上爲王室和大小貴族積累了大量的財富。手工業生産的發展不僅豐富了青銅文明的内容，還促進了社會的分工。黄河流域青銅文明的發展，對周圍地區的發展也産生了積極的作用，其先進生産技藝包括手工業生産技藝也在各地得到了廣泛的傳播，手工業生産品的交流進一步加強，因而，商代的手工業生産繼夏代以後，出現了繼續發展的局面。

　　夏商時代有如此發達、分工如此之細的王室與貴族控制的手工業，也有一定規模的民間手工業，這些都是手工業生産者勞動的結果。他們以自己的智慧創造了殷代的青銅文明，其中許多精美的手工業品，在當時乃至後代都是瑰麗奇偉的珍寶。但他們當時的身份與地位如何,處於什麽樣的生產、生活環境下,的確是值得研究的一個課題,它對探討夏商時期手工業的所有制問題、技藝發展等問題都有著不一般的意義。

一、夏代手工業生產者的身份與地位

夏代的手工業生產剛從氏族制下轉化而來,儘管社會性質已變,但手工業生產者的地位與身份還一時不可能改變很快。尤其是從原始社會末期開始,氏族的血緣紐帶剛被打破,以地緣爲基礎的村社組織廣泛存在於夏商周三代社會中。原來氏族的議事會已變爲村社的管理機關,而村社的首領已蛻變爲專制君主的臣僚、下級官吏。儘管如此,村社成員並没有失去其自由人的身份。即使是農業勞動者,也都有自己的生產、生活資料。至於手工業者,也是以整族或整個村社的形式在爲專制國家服務。如夏代車正奚仲,它管理的部族在夏代已經成爲一個村社,而不是原始社會時期完整意義的部族,它的部族已被專制制度所束縛。它原有的手工業生產資料以及可能佔有的土地已被最高的所有者夏王室所掠取,每一個單獨的村社的成員即手工業者,他也"事實上已經失去了財產",那些原爲大家所共有的生產資料,這時已不過是夏王室通過他"所屬的公社而分配給他的""間接的財產"罷了①。夏王室既然已經從從事手工業生產的村社那裡攫取了生產資料的所有權,它也就同時取得了向繼續使用這些生產資料手工業村社榨取部分勞動成果即手工業品的權利。這些村社正是在"貢賦"和"爲王室服役"等名目下把自己的一部分或大部分剩餘勞動無償地貢獻給夏王室的。《尚書·禹貢》中所記載的豐富的各地手工業產品,正是通過這樣的形式從各地手工業村社中獲取的②。馬克思説:"公社一部分剩餘勞動屬於這最終作爲一個人而存在的最高集體,而這種剩餘勞動在貢賦等等的形式中表現出來,也在集體的勞動形式中表現出來。"③

在這樣的社會生產形態下,注定了手工業生產者雖然淪爲了被統治階級的地位,但不失爲自由平民的身份。儘管夏代可能爲奴隸制國家,但與希臘羅馬的奴隸

①［德］馬克思:《資本主義生產以前各形態》,人民出版社,1956 年,第 5—6 頁。
②郭沫若先生不承認古代農村有村社組織,但卻含含糊糊地説:"各生產部門的奴隸大多仍保留著族居的現象。夏朝對各部落的搜刮,是在不改變其原有社會結構的情況下進行的。他改造和利用了被征服部落的組織,從而也改變了自身原先的社會結構。"［參見郭沫若:《中國史稿》(第一冊),人民出版社,1976 年,第 147 頁］
③［德］馬克思:《資本主義生產以前各形態》,第 6 頁。

制比較起來,還不具備大規模使用奴隸於手工業生產的條件。

沒有任何資料表明夏代已經有發達的工商業與海外貿易,其手工業品是由貢賦形式交納上來的,其種類與數量完全可以滿足還不很奢侈的夏王室及貴族。並不是像郭沫若先生所説的:"成批的奴隸在從事生產"①,"奴隸勞動逐漸成爲社會生產的主要支柱"②。古代中國及其古代東方都不曾出現過這種情形。

有的學者研究認爲,在古代東方社會中,"在王室、寺廟、權貴們的手工業作坊中,可能使用著較多的奴隸,但即使在這裏,主要的勞動也仍然是由被徵召服役的村社成員擔任的。廣大的個體手工業者,多是自食其力的勞動者,他們當也無力使用奴隸"③。儘管夏王朝的手工業生產不盡與古代東方社會相同,但手工業生產中奴隸勞動沒有佔主要的形式則是肯定的。

在考古發掘的龍山文化晚期的手工業者的墓葬中,隨葬品有的多達百件,其中包括各種陶器、石器、玉器、象牙雕刻等珍貴手工業品,有的只有幾件陶器、石器。而隨葬品多的,往往都有手工業生產工具④。這就表明,他們生前往往就是手工業生產者。這些手工業生產者所處的經濟地位從墓葬之中就可看出,比一般的氏族成員優越。經濟地位的優越,必然使他們在政治上居於優越的地位。這一地位直到夏代,仍在保持著。亦如《考工記》所言:"夏后氏上匠。"其條下註謂:"禹治洪水,民降丘宅土,卑宫室,盡力乎溝洫,而尊匠。"《廣雅·釋詁》云:"尚,上也,尊尚,高也,尚上意同。"所謂"尚匠"即尊敬工匠之意。故孫詒讓説:"王者受命,必易器械,故制器之官所尊尚。"⑤由此可見,夏代的工匠,其社會地位因其所從事的職業而普遍受到當時人們的尊敬,也得到夏王室的禮遇,自然應有較高的政治地位。故《夏書·胤征》篇中有"工執藝事以諫"的記載。這就表明,夏初,手工業生產者還有勸諫夏王的權利。因而,其政治地位比較特殊。這可能與夏王朝剛脱離氏族社會不久,還與保持原始社會民主議政的遺風有關。

但我們也不否認,夏代王室控制的一些手工業作坊,如冶煉鑄銅、製車、製玉等也可能使用一批奴隸,從事礦山的開採、礦石的運輸、玉石的開採運輸,以及大型宮殿等土木工程的建築時,也役使著一批奴隸。但這些奴隸一般沒有或較少手工業

①郭沫若:《中國史稿》第　册,第146頁。
②同上注,第147頁。
③張廣志:《略論奴隸制的歷史地位》,《奴隸社會並非人類歷史發展必經階段研究》,青海人民出版社,1988年,第40—41頁。
④李有謀:《我國的原始手工業》,《史學月刊》1983年第1期。
⑤(清)孫詒讓:《周禮正義》卷七五"夏后氏尚匠"條下疏。

生產技藝。也可能在戰爭中,擄獲外族或敵國的工匠,爲其製造手工業産品,這些工匠的身份,因俘虜而變爲了奴隸。但在夏代,所明確記載的戰爭不多,因而,通過戰俘而擄獲工匠爲奴隸者人數亦不會多。還有一部分工匠。因犯罪而被降爲手工業奴隸的現象也是存在的。《周禮·秋官·司厲》:"今之奴婢,古之罪人也。"應劭《風俗通》亦謂:"古制無奴婢,奴婢皆犯罪者。"儘管這些記載有失真實或有欠缺之處,但也説明,犯罪是將平民或工匠變爲奴隸的一個主要途徑,但畢竟古代犯罪者爲少數,而工匠中犯罪者更是少數。

準上所述,我們就不難明白:夏代的手工業生產工匠的身份以自由人爲主要組成部分,而在王室及貴族作坊中也有少部分的奴隸。作爲自由人的工匠在社會中因其職業的重要,受到王室和貴族的尊敬,因而,其地位也就高於一般的平民。

二、商代手工業生產者的身份與地位

商代手工業比較發達,分工較細,從事生產的工匠人數不少。殷商的手工業生產類型從所有制來分,又有王室、貴族與民間手工業之分。由於其所屬性質不同,自然存著一個身份與地位的問題。那麼,商代手工業者的身份與地位如何,其與夏代相比,又有什麼變化呢?

要討論這一問題,不妨讓我們先探討一下殷商社會經濟中奴隸在生產中所占的地位與數量問題。畢竟,商代是一個奴隸制王朝,其社會形態決定了手工業生產的身份與地位問題。

對此不少中外研究者承認,在古代東方包括中國,嚴格意義上的奴隸不多,社會生產的基本擔當者是村社成員①。下面我們不妨將他們的成果引用於下,以説明我們的觀點:

在古代東方各國,奴隸之外,公社成員仍然是直接生產者,……②

古代東方奴隸的數目比較小;奴隸以外還有許多自由的農村公社成員。古代東方的奴隸制度還不曾遍及於全部的生產,但這種情況卻能在古代希臘和羅馬的社會中見到。③

---

① 張廣志:《中國奴隸社會研究中的幾種常見提法駁議》,《奴隸社會並非人類歷史發展必經階段研究》,第164頁。

② [蘇]B·B·斯特魯威著、日知譯:《論古代東方與古典世界》,《世界史論文選輯》第1集,華東師範大學函授部編印,1956年,第140頁。

③ [蘇]阿甫基耶夫:《〈古代東方史〉引論》,生活·讀書·新知三聯書店,1956年,第5頁。

在古代東方,……社會基本生産者是公社成員,不是奴隸。①

（古代東方）奴隸制度雖然超過有限的作用,但從未成爲生産的統治形式。②

（在古代東方）生産與其説是建築在應用奴隸勞動的上面,不如説建築在應用農村公社自由成員的勞動上面。③

以上的認識與結論完全適用於殷商社會,這就是,在殷商時期,生産的主要擔當者爲村社成員,其身份是自由平民;殷商的奴隸制雖有發展,但奴隸卻没有成爲生産的主要承擔者。所以,在手工業生産中,同樣,主要由村社成員來擔當。不論是王室、奴隸主貴族的作坊,還是民間個體手工業作坊,抑或是農業與手工業生産相結合的家庭手工業,都是如此。由此,我們就有了探討殷商手工業者身份與地位的基礎。

（一）殷代手工業生産中有一部分奴隸,但人數不是很多,
　　　其地位低下,境遇悲慘

關於殷代手工業奴隸,一些專家認爲,"大批的奴隸被投進各種作坊,世代從事專門的勞動"④。殷周時"把技藝分成若干部門,設些官來專門掌管這些部門的無數群工藝奴隸而已"⑤。誇大了手工業奴隸的數量。誠如我們上文所揭示的那樣,手工業奴隸在整個殷代社會奴隸不占主要生産地位的時代,其人數也就不可能多。在卜辭中我們發現使用奴隸的記載也不多。《小屯南地甲骨》第2148片有相關記載,兹録於下:

戊辰卜,今日雍己夕,其呼雍執工。大吉。

弜呼庸執工,其作尤。

……庸執工于雍己……。

"雍己夕"是"夕雍己"的倒語,"夕"爲商代晚夕祭祀商王的一種儀式。庸爲人

---

① 束世澂:《中國古代史的特點》,《歷史教學問題》,1958年第12期。

② [蘇]庫佐甫科夫:《論奴隸制發展中産生差別的諸條件和古典世界中奴隸制的最高發展》,《史學譯叢》1954年第3期。

③ 徐喜辰:《商殷奴隸制特徵的探討》,《東北師範大學科學集刊》1956年第1期。此處爲轉引蘇聯《歷史問題》1953年第4期社論。

④ 郭沫若:《中國史稿》第一册,第192頁。

⑤ 郭沫若:《十批判書》,北京:人民出版社,1976年,第53頁。

名,執爲捕捉,桎執,執工即給工帶有刑具枷鎖①。對此條,有學者解釋爲"今日夕祭雍己,是否呼庸執工以祭。"在這裹,工如同牛、羊等牲畜一樣可以用作祭祀時的犧牲,其身份當然不是官,而是奴隸②。此説基本可信,不管抓獲"工"是否戴枷鎖,但被用作犧牲的人其地位身份是不會高的。但是這些人因什麽原因而被執來作人祭,也值得一研。誠如我們上面所言,只有戰俘與犯罪者才淪爲奴隸。戰爭中俘獲手工匠的人數不可能多,這一部分奴隸的人數也就不會多。而因逃跑或破壞、怠工等觸犯殷商奴隸主貴族及王室的工匠也是存在的。這一部分人在被判罪或抓回後就淪爲手工業奴隸。卜辭中就有經常占問工匠是否會逃跑的記載:

> 其喪工
>
> 喪工。(《合集》97)

答案是肯定,手工匠的逃跑時會發生。因此,有研究者認爲被"執"來用做人牲的,可能是那些從工場逃跑出來的工匠③。的確如此。但工匠的逃跑次數與人數,卻在甲骨文中無記載。但從占問"喪工"的記載之少分析,逃跑,犯罪,而淪爲工奴的人數當不會多。即便淪爲工奴,在他被用做人牲之前,仍然要從事生產,但卻被剥奪了政治權利,没有像一般手工業者所具有的人身自由,自然也就不全有生產資料了。考古材料也可以證明,在殷代,的確有這樣一些手工業奴隸的存在。在鄭州,殷墟作坊遺址附近的灰層中有不少奴隸的遺骨,可能他們生前就是手工業勞動者。

從上,我們説,作爲奴隸的手工業者只是"殷商""工"的一小部分。他們是因犯罪而從自由工匠降爲奴隸的,他們擔負著手工作坊的重苦力勞動,即便以前有技藝,此時也不再被信任。這一些奴隸,在王室與大貴族的作坊中都不同程度地存在著。

(二)"百工""多工"可能是大中貴族作坊與村社民間專業
　　　作坊中的自由手工業生產者

誠如史料所載,在商代,手工業生產者以族而居:這在《左傳》中多有記載:

> 昔武王克商⋯⋯分魯公⋯⋯殷民六族:條氏、徐氏、蕭氏、索氏、長勺氏、尾勺氏⋯⋯分康叔⋯⋯殷民七族、陶氏、施氏、繁氏、錡氏、樊氏、饑氏、終葵氏。④

---

① 王宇信、楊升南:《甲骨學一百年》,社會科學文獻出版社,1999 年 9 月,第 580 頁。
② 肖楠:《試論卜辭中的"工"與"百工"》,《考古》1981 年第 3 期。
③ 王宇信、楊升南:《甲骨學一百年》,社會科學文獻出版社,1999 年 9 月,第 580 頁。
④《左傳》定公四年。

古代以事名官,以氏名官,表明這些家族世代從事某一職業。有學者考證,索氏爲繩工,長勺氏和尾勺氏爲酒器工,陶氏爲陶器工,施氏爲旗工,繁氏爲馬纓工;錡氏爲銼刀或釜工氏族,樊氏爲籬笆工氏族,終葵爲錐工氏族①。但我們知道,這些氏族名存而實亡,血緣關係早已爲地緣關係所取代,這些氏族實際上是一個個手工業村社,其首領就是與殷王室有些血緣關係的貴族,村社成員便是卜辭中的"百工"與"多工"。他們的作坊在氏族社會時,爲氏族的作坊,進入階級社會後,爲村社的作坊,但卻已被物化爲原來是氏族首領現在爲村社貴族的財產,手工業品也從公有變爲私有乃至王有。他們居於都城或都邑之中,爲奴隸主貴族生產手工業品,並通過貢納的形式由貴族交給商王室。正如有的學者所説"百工有一定的生活資料和社會地位,屬於一定的族,其身份雖是被統治階級,但比奴隸要高些,可能是殷代社會的平民"②。實際上,這些"百工"或"多工"既有生活生產資料,也有一定的社會地位,就應該確鑿無疑的爲自由工匠。而不應含糊其辭,把其視爲"工奴",因爲從甲骨卜辭的字面,如何也不能斷定這些人爲工奴。反而從墓葬中也可證明他們爲自由平民。

考古工作者在殷墟西區發現多座手工業者墓葬,其中小型土坑墓,有一定的隨葬品,其中 35 座有手工業工具隨葬。M968 有棺無槨,隨葬有陶鬲、盤、罍,没有青銅禮器,手工業工具有銅鏟和銅鑿。M372 有棺,隨葬有陶觚、爵、盤和銅戈、矛、戳、刀,手工工具有銅鏟、鑿③。從這些墓葬的葬具及隨葬的器物與手工工具,可知這類墓的主人,生前有一定的生活生產資料,有一定的政治地位,能參加一定的政治活動與宗教活動,他們從事生產勞動。一些男子還是戰士,他們的身份當屬於殷代社會中的平民④。也就是說,這些人應該是"百工""多工"一類的自由平民工匠。這一類的工匠可能從事的手工業能給其帶來優裕的生活資料的回報,因而其墓葬就有較多的隨葬品,這正是其生活、生產地位的真實反映。

同時,也還有一些工匠,由於從事的手工業種類的不同,其生活較之那些從業部門好、技藝較高的工匠要差些。因而,這類工匠在死後也很少有隨葬品。這在殷墟西區中手工業工匠的墓葬中多有反映。殷墟西區也發現了比小型土坑墓小些的墓,多位於一區。這類墓没有葬具,没有或只有極少數的隨葬品,特別是没有任何

①楊伯峻:《春秋左傳注》,中華書局,1993 年,第 1536—1538 頁注。

②肖楠:《試論卜辭中的"工"與"百工"》,《考古》1981 年第 3 期。

③中國社會科學院考古研究所安陽工作隊:《1966—1977 年殷墟西區墓葬發掘報告》,《考古學報》1979 年第 1 期。

④陳旭:《夏商文化論集》,科學出版社,2000 年,第 197 頁。

禮器。此類墓有三座隨葬玉刻刀、砂石條等小型工具①。顯然,他們生前所從事的手工業没有帶給他們豐裕的生活回報。這些人是村社百工中貧窮的一類,但還算是平民,卻隨時可能因債務的重壓而淪爲奴隸,但在未淪爲奴隸前他們還有一定的政治地位。

因此,卜辭常見商王占問百工有無禍災的卜辭,正是由於百工能給王室製造許多可供其消費的手工業品及奢侈品,他們的生產生活狀況才引起了商王及貴族的關心。這些卜辭有:

◆工又尤?(《拾》14.8)

于工……尤?(《文》652)

癸巳卜,争貞:旬有◆,不于(我)工禍?(《甲》1161)

甲寅卜,吏貞,多工亡尤?(《粹》1284)

癸未卜,又禍百工?(《屯南》2525)

這麽多的卜辭,都是商王及貴族在占卜"百工""多工"會不會發生禍災,關心之情溢於言表。有學者以爲"工""多工""百工"是殷王所需要的許多精美的手工業品的製造者,因此,殷王對他們也很重視,爲他們的禍福而占卜②。這樣説是對的,但也同時證明這些人不是什麽奴隸。從甲骨卜辭中,從來也没有發現有哪一個殷王爲没有生產生活資料、没有人身自由、没有社會地位的奴隸來卜問禍福的事實,這正好説明這些人的地位有得到殷王關心的必要,抑或這些工匠還可能是他同族的族衆,這一關心並不顯得多餘。

既然這些百工爲自由民身份,那麽,民間村社的個體專業手工業生產者也就當爲平民身份了,其地位因其生產的重要性而同樣重要。

(三)"我工""宗工"是王室作坊的工匠,其地位比較高

以上的叙述已説明,"我工"爲殷王的工匠③,則自然爲王室作坊的工匠。"宗工"爲宗廟之工,作器之工,或是樂工;則非王室作坊工匠莫屬。他們與廣大的"百工""多工"形成了不同的階層。在等級社會中,地方與王室本來就有地位的差别,儘管在王室工作的手工匠其身份與地方貴族作坊或村社作坊的工匠一樣,同爲自

①中國社會科學院考古研究所安陽工作隊:《1966—1977 年殷墟西區墓葬發掘報告》,《考古學報》1979 年第1 期。

②肖楠:《試論卜辭中的"工"與"百工"》,《考古》1981 年第 3 期。

③同上。

由民,但因爲他們在王室的作坊中工作,其地位會比地方工匠的高些,政治權利也大些,正是因爲他們常在王城或者殷王的附近,有時會有"執藝事以諫"的特權,而提高了自己的地位。這就能爲他們無形中獲得一些經濟利益。這批手工業者的技藝相對於地方與民間手工業者,要高得多,因而更受到奴隸主貴族與殷王室的尊崇,即便没有獲得貴族或小奴隸主的地位,在某些場合,殷王室或者大貴族也給他們一些類似奴隸主貴族一樣的政治待遇。這從殷墟西區的一些手工業者的墓葬中有所反映。

考古工作者在殷墟西區的墓葬中,發掘了一些大中型的手工業者的墓葬。其中的中型墓葬的墓室較大,有棺有槨,隨藏品比較豐富,有整套的銅禮器,有的還有殉葬人,這類墓中有 19 座隨葬手工業工具①。據有的研究者認爲,這類墓(包括大型墓)占手工業者墓葬的 33%,這些墓主人的身份爲小奴隸主②。但我們認爲,不可能有如此多的手工業小奴隸主的存在。在此類墓中,有人殉的當屬小奴隸主,而没有人殉的當是卜辭中所説的"宗工"與"我工"一類的掌握高級複雜手工業技藝的工匠。在商代還没有建立如同周代那樣嚴格的貴族等級制的情況下,平民的僭越,尤其是有特權地位的工匠的僭越可能是較普遍的。他們隨葬整套銅禮器的行爲也可能是殷王與大貴族尊崇一些手工業者的做法。

"我工"與"宗工"這類的工匠的來源有可能從族衆優異的手工業者挑選,也有可能從地方村社作坊中挑選而來,卜辭中有這樣一些的記載:

> 口戌卜,……供衆宗工(《合集》19)
> 庚口卜,口,貞供衆宗工(《合集》20)

有研究者認爲,"這些宗工,'供'是提供,也可能是諸侯、貴族向王室提供'衆'這種人去作工,充當工匠"。但又説,他們"是從農業勞動戰線上轉來的"③,也有一定的道理。但此卜辭中的衆不僅含有村社成員生產者的意義,也還含有優秀、社會地位高的意思。④ 因此,我們認爲,從這兩條卜辭意看,應當是村社貴族將本村社作坊中的優秀的工匠提供給王室作坊工匠的記載。從情理上言,地方上也不可能將技藝差的工匠供給王室作"宗工"。這批被挑選提供給王室的工匠,他們原本在貴族

---

①《1969—1977 年殷墟西區墓葬發掘報告》,《考古學報》1979 年第 1 期。

②陳旭:《夏商文化論集》,北京:科學出版社,2000 年,第 197—200 頁。

③王宇信、楊升南:《甲骨學一百年》,第 580 頁。

④陳福林認爲:"衆的原意是指王廷所集結統馭的人群,衆的社會地位很高,在國家大事中起著重大的作用。"
(《試論殷代的衆、衆人與羌的社會地位》,《社會科學戰線》1979 年第 3 期)

或村社作坊中有極高的的地位,有極優秀的技藝,因而,才有幸被選作"宗工"。

但我們也不否認,王室手工作坊中也存在著奴隸生產,但這些奴隸只是負擔繁重的與體力有關的工作。而主要的技藝性强,技藝複雜的手工製作,卻由"宗工"與"我工"來擔任。正因爲他們掌握了手工業製作較複雜的技藝,他們才有很高的社會地位。這些工匠也有升爲小奴隸主即手工業管理者的可能。

（作者單位：中華女子學院學報編輯部）

喀左銅器群禮器器用與殷周族群文化興替

楊　博

自 20 世紀 40 年代以來,遼寧喀左及其鄰近地區出土銅器已見諸記録,至 70 年代中期後更是屢有重要發現,無疑爲瞭解商至西周時期此地區族群文化間的交流與碰撞提供了絶佳材料。迄今所見銅器集中出土於遼寧凌源、喀左、朝陽及内蒙古赤峰等地區,而喀左地區正是銅禮器大宗發現最頻密之地點,因此本文統稱之爲喀左銅器群。

自陳夢家先生《西周銅器斷代》以來[①],單就器物形態、銘文與類型學分析而言,朱鳳瀚[②]、廣川守[③]、林永昌[④]等先生的研究已近臻備,同時亦有多位學者以其研究殷商至西周時期的政治、文化問題,從而爲討論商周族群文化在北地的興替轉移奠定了良好的基礎。如李學勤先生曾據之分析周初之燕[⑤];楊建華先生述其所反映的不同文化間交流和衝突[⑥];徐堅先生更由反思如何利用物質文化資料討論上古中國文化分野的方法論問題,其文化歸屬推定已越來越趨向土著説或游牧居民説[⑦]。

---

①陳夢家:《西周銅器斷代(二)》,《考古學報》1955 年第 10 期,第 69—142 頁;後收入《西周銅器斷代》,中華書局,2004 年,第 48—51 頁。

②朱鳳瀚:《中國青銅器綜論》,上海古籍出版社,2009 年,第 1428—1431 頁。

③[日]廣川守,蔡鳳書譯:《遼寧大凌河流域的殷周青銅器》,《遼海文物學刊》1996 年第 2 期,第 187—202 頁。

④林永昌:《遼西地區銅器窖藏性質再分析》,《古代文明研究通訊》(第 34 期),2007 年,第 16—30 頁。

⑤晏琬(李學勤):《北京、遼寧出土銅器與周初的燕》,《考古》1975 年第 5 期,第 274—279 頁。

⑥楊建華:《燕山南北商周之際青銅器遺存的分群研究》,《考古學報》2002 年第 2 期,第 157—174 頁。

⑦徐堅:《喀左銅器群再分析:從器物學模式到行爲考古學取向》,《考古與文物》2010 年第 4 期,第 26—31 頁。

　　“禮”是商周貴族階層的日常生活方式。“禮”並非一紙空文，須通過各種儀式化的行爲方式和器用制度得以體現，即所謂“禮儀”與“禮器”。不同種類之“禮器”組合被應用于各種“禮儀”中，逐漸形成器用制度。青銅器不是先秦時期唯一的禮器種類，但其地位最爲重要，是貴族社會政治、倫理、宗教等一切禮儀制度的器用標志，同時也是貴族階層身份地位和權力的象徵。青銅禮器的使用遍見於貴族社會生活的方方面面，諸如政典官儀、册封賜命、慶賞宴饗、聘使盟會、婚喪嫁娶、車馬出行等各種禮儀場合。不同等級身份的貴族在不同的禮儀場合所使用的青銅禮器，在種類、數量上是有差别的，有一整套青銅禮器的組合使用制度，成爲貴族身份地位等級的重要表徵。

　　“事死如事生”，青銅器不僅裝扮貴族的現實世俗生活，也要爲其死後所用，打造一個地下的禮儀世界。所以，青銅器就是商周貴族墓葬中最普遍和主要的隨葬器物，成爲考古學上判定墓葬等級和墓主身份地位的重要標準①。即銅禮器在不同情境下，其組合、特色會反映出特定族群文化之特性。因之，筆者擬在前賢研究基礎上，由器用角度入手，探究喀左器群所見殷周族群青銅文化特性之轉變，以就教於方家。

一

　　目前已見諸報道的器群，按既有研究諸器群銅禮器年代可初分爲兩組，略述如下：

（一）殷商銅器

　　1. 1969 年朝陽出土相當於二里崗時期的弦紋小銅鼎一②。

　　2. 1981 年出自内蒙古翁牛特旗花鄉頭牌子的兩鼎一甗③，林永昌以爲深腹銅鼎年代在殷墟一期，甗在殷墟三期。

　　3. 1973 年出自内蒙古克什克騰旗天寶同的一件銅甗。發掘者判斷此件銅甗

①朱鳳瀚、楊博：《多卷本“中國古代青銅器整理與研究”簡評》，《中國史研究動態》2017 年第 2 期，第 89—91 頁。

②李恭篤、高美璇：《試論燕文化與遼河流域青銅文化的關係》，收入齊心主編：《北京建城 3040 年暨燕文明國際學術研討會會議專輯》，北京燕山出版社，1997 年，第 616—622 頁。

③蘇赫：《從昭盟發現的大型青銅器試論北方的早期青銅文明》，《内蒙古考古與文物》1982 年第 2 期，後收入《東北與北方青銅時代》，文物出版社，2016 年，第 288—293 頁。

的年代在商代晚期,研究者多將其推斷在殷墟二期①。

(二)殷末周初至周代中期以前

1.1973 年出自喀左縣北洞村兩處窖藏的 12 件銅器,出自相距 3.5 米的兩個窖藏坑,分別標識爲北洞一號和北洞二號②。兩坑中各出銅器 6 件。其中,一號出瓿一罍五,形態特徵上具有顯著的商器風格。二號出鼎三、罍一、簋一及帶流鉢形器一。雖然其中的若干紋飾特徵也見於殷墟晚期,但飾變形垂葉紋的圓鼎、方座簋與罍爲西周早期偏早器物。北洞二號所出龍鳳紋罍和帶流鉢形器也不見於中原地區,前者近似四川彭縣竹瓦街窖藏所見銅罍③,後者似爲帶有本地文化特徵之器物。

2.1955 年出自淩源縣海島營子村馬廠溝的 16 件青銅器。其中保存完好者爲 12 件,計有甗二、簋三、盂一、卣二、罍一、壺一及盤二④。林永昌綜合諸家意見,將此批銅器分成兩組,其中多數被歸入殷墟四期到西周早期成康之世;史伐卣、三足盤(原報告定名爲夔鳳紋鼎)則下延至西周中期。徐堅以爲鴨形尊、十字帶紋貫耳壺可能代表僅見於喀左銅器群的地方特點。

3.1974 年出自喀左縣平房鄉山灣子村的 22 件青銅器,計有鼎一、鬲一、甗三、盂一、尊一、卣一、罍三、簋十及盤狀器一⑤。發掘者推斷包括子荷戈甗、伯矩甗、魚尊、提梁卣、牛紋罍、史方罍、尹簋、父乙簋、庚父戊簋等絕大部分銅器的年代在殷墟晚期到西周早期,而叔尹方鼎腹作圓角長方形,垂腹明顯,顯示出西周銅器二期的器物特徵。此外,盤狀器口沿上對稱穿孔 8 個,其形態迄今無類似者。

4.1979 年出自義縣稍户營鄉花爾樓村窖藏的 5 件銅器,包括鼎一、簋一、甗二和俎一⑥。林永昌推斷鼎、甗等器物年代在西周早期,無耳圈足簋的年代在殷墟三期。徐堅以爲銅俎在方座之下繫鈴的做法,只能在北方銅器中找到近似例子。

5.1979 年出自喀左縣坤都營子鄉小波汰溝窖藏的 10 件銅器。此批銅器尚未

①克什克騰旗文化館:《遼寧克什克騰旗天寶同發現商代銅甗》,《考古》1977 年第 5 期,第 68、70 頁。

②遼寧省博物館、朝陽地區博物館:《遼寧喀左縣北洞村發現殷代青銅器》,《考古》1973 年第 4 期,第 225—226 頁;喀左縣文化館、朝陽地區博物館、遼寧省博物館:《遼寧喀左縣北洞村出土的殷周青銅器》,《考古》1974 年第 6 期,第 364—372 頁。

③王家祐:《記四川彭縣竹瓦街出土的銅器》,《文物》1961 年第 11 期,第 28—31 頁。

④熱河省博物館籌備組:《熱河淩源縣海島營子村發現的古代銅器》,《文物參考資料》1955 年第 8 期,第 16—27 頁。

⑤喀左縣文化館、朝陽地區博物館、遼寧省博物館:《遼寧喀左縣山灣子出土殷周青銅器》,《文物》1977 年第 12 期,第 23—27 頁。

⑥孫思賢、邵福玉:《遼寧義縣發現商周銅器窖藏》,《文物》1982 年第 2 期,第 87—88 頁。

完整公布,已見諸報道的包括甗五、圓鼎一、鈴首匕一、夔紋鼎一、簋一和盤一①。
研究者將前七件推定爲商器,後三件被推定爲西周早期銅器。鈴首匕屬於北方草
原地區青銅器組合。

　　6. 1941 年傳出自喀左縣小城子鄉咕嚕溝村的 2 件銅鼎。陳夢家先生推定年代
在成王時期②。

　　此外,在報道中提及仍未發表的還有赤峰西牛波羅的甗、朝陽大廟的罍和朝陽
木頭城子的簋。窖藏之外,喀左和尚溝墓地還出土有卣和壺③。

　　除器物年代之外,出土地點、器物組合等方面,上述兩組均存在差異。以殷代
爲主的器物在喀左地區以外點式分布,組合以鼎、甗爲主,朝陽發現的弦紋鼎和克
什克騰旗天寶同發現的甗,應是從中原輸入的。特別是頭牌子窖藏的鼎二甗一,範
縫的製作特點明顯與中原地區不同,似爲本地産品。仿造品與輸入品均以鼎、甗等
器類爲主,説明了當地文化對外來文化影響是有選擇的吸收④。另一組集中在喀
左地區,年代從殷周之際至西周中期,其器用組合似涉及殷周興替之族群文化轉
移,值得細細討論。

二

　　除成王時期的咕嚕溝兩件銅鼎外,幾組窖藏銅器的器用銘文與組合爲:

　　義縣花爾樓所出 5 件銅器均爲食器,無銘文。組合爲鼎一、簋一、甗二、俎一;
簋無耳鼓腹,腹最大徑與口徑接近,與武官大墓 E9 及小屯 M18：5 簋形制相近,其
年代約在殷代中期偏晚。鼎、甗年代不晚於西周銅器一期,是該組銅器年代在殷末
周初。小波汰溝窖藏報道不全,目前看來其年代亦不晚於西周銅器二期。

　　北洞一號窖藏有瓿一罍五 6 件酒器,其中一件罍爲孤竹父丁罍。器物年代在
殷代晚期偏晚至西周初葉。二號窖藏亦出土 6 件,爲食器與酒器組合,年代在西周
早期偏早:

---

①李恭篤、高美璇：《試論燕文化與遼河流域青銅文化的關係》,收入齊心主編：《北京建城 3040 年暨燕文明國
　際學術研討會會議專輯》,北京燕山出版社,1997 年,第 616—622 頁。
②陳夢家：《西周銅器斷代(二)》,《考古學報》1955 年第 10 期,第 69—142 頁;後收入《西周銅器斷代》,中華
　書局,2004 年,第 48—51 頁。
③遼寧省文物考古研究所、喀左縣博物館：《喀左和尚溝墓地》,《遼海文物學刊》1989 年第 2 期,第 110—115
　頁;後收入《辛占山考古文集》,遼寧人民出版社,2017 年,第 204—210 頁。
④楊建華：《燕山南北商周之際青銅器遺存的分群研究》,《考古學報》2002 年第 2 期,第 157—174 頁。

食器:𡢁方鼎一、圓鼎二(含冉父辛圓鼎一)、簋一;

酒器:罍一。

另有一件管狀流口的鉢形器,似爲水器。

山灣子窖藏出土銅器 22 件,年代似已晚到西周銅器二期,即昭王時。其中有銘文者 16 件,具體組合及銘文情況爲:

食器:叔尹方鼎一、鬲一、甗三(含伯矩甗一、嬟反甗一)、簋十(含尹簋一、𡸓父甲簋一、父丁□簋一、腐父戊簋一、亞□□簋一、亞獸父乙簋一、作寶尊彝簋一、檀伯簋一、倗簋一);

酒器:魚丨尊一、卣一(舟父甲卣蓋、串𤞤父丁卣)、史方罍一、圓罍二;

水器:盤一、盂一。

馬廠溝出土的 16 件銅器,其組合與銘文爲:

食器:鼎一、簋三(含夋簋一、魚父癸簋一)、甗二、匽侯盂一;

酒器:鴨形尊一、卣二(義卣一、史成卣一)、罍二(含魚父庚罍一)、壺一;

水器:盂一、盤一。

尚有一件器物殘破無法辨識。從器形看,史成卣蓋兩側有犄角,壺已作長體"橄欖"形,鼎腹淺盤、附耳,飾長卷尾鳥紋,三件器分期大致在銅器二期,即西周早期偏晚,約昭王時。

由上可以列出器用組合的基本器物:

食器:鼎、簋、甗;

酒器:尊、卣、罍、壺

水器:盤、盂。

這一器用組合與同屬西周銅器二期,即昭王時期的隨州葉家山 M111 相較[①],最大區別在於没有酒器觶,其他則基本相同,不由使人聯想起周人器用組合的廣泛影響。

三

研究者業已指出喀左銅器的年代、組合與銘文使人們很自然地將其與琉璃河的銅器聯繫起來,兩地共出的"匽侯""伯矩"和"圉"器反映出喀左地區與周初的燕

---

①湖北省博物館、湖北省文物考古研究所、隨州市博物館:《隨州葉家山:西周早期曾國墓地》,文物出版社,
　2013 年,第 112—113 頁。

存在密切聯繫，"眞侯"與"孤竹"銘文及殷商青銅器，説明這裏與琉璃河一樣有殷商文化的存在①，若進一步推究，上述認識似仍有更進一步之可能。

考古物質文化的不同式樣、形制會在標識身份的過程中被積極地維持或抑制，而其他的式樣或形制可能會跨越族群的邊界②。青銅器作爲商周貴族社會政治、倫理、宗教等一切禮儀制度的器用標志，似可成爲文化與身份族群的重要標準。對應喀左器群而言，上述分組的殷代組，中原式的鼎、甗似均可視作跨越族群的邊界，從而爲當地土著族群所接受的那部分。而對後一組而言，由上述器物銘文與組合情況可知：

首先，組合器物年代集中在殷周之際至西周早期，即西周銅器二期以前，這與琉璃河遺址的年代下限亦是一致的，由之斷定其與周人所封之燕，繼而認爲其接受周人青銅文化之影響是存在一定合理性的。

其次，各窖藏内器物來源較爲複雜，應未必是貴族家族自製器之遺存，其中尚包含一些殷代晚期器物，並應有較多周初殷遺民所作器物，器用特色似顯示出幾處窖藏並未有特定之宗教意義。

第三，族氏銘文加入組合的情況在本組多見，此種情況尚見於關中畿内的石鼓山與西周早期的葉家山，後者來源應即出於周人滅商後之"分器"③，成爲判斷殷周族群文化分界的重要標尺之一④。

第四，按銅器所列年代來看，花爾樓的窖藏年代最早，北洞村次之，山灣子再次，馬廠溝最晚。其銅器置用方式目前並無詳細報道，而從銅器組合來看，北洞村兩處窖藏一主酒器，年代下限在西周初葉，一主食器，年代爲西周早期偏早。繼之的山灣子，其銅器組合即已食、酒、水器類齊全。至馬廠溝銅器，則更接近其時周人墓葬中所出之禮器組合，惟缺失酒器之核心器物觶。若喀左窖藏均爲當地宗族所爲，則似正顯示出西周初期地方宗族在適應殷周變革時期之禮器組合變化情況。

第五，從器物銘文所呈現之器用特色來看，族氏銘文器物加入組合的情況明顯，其來源複雜而不能確知。值得注意的是馬廠溝所出匽侯盂，其銘文作"匽侯作饋盂"。盂或主要用爲水器，但文獻中亦有言其功用爲盛稀食或盛飯的，《儀禮·

①楊建華：《燕山南北商周之際青銅器遺存的分群研究》，《考古學報》2002 年第 2 期，第 157—174 頁。

②［英］希安·瓊斯：《族屬的考古——構建古今的身份》，陳淳、沈辛成譯，上海古籍出版社，2017 年，第 152—153 頁。

③楊博：《西周初期銅器墓葬禮器組合關係與周人器用制度》，北京大學出土文獻研究所編：《青銅器與金文》（第一輯），上海古籍出版社，2017 年，第 525—540 頁；《高家堡墓葬青銅禮器器用問題簡論》，鄒芙都主編：《商周青銅器與先秦史研究論叢》，科學出版社，2017 年，第 375—381 頁。

④張天宇：《一墓多族徽與商周分界》，《江漢考古》2016 年第 6 期，第 45—58 頁。

既夕禮》云:"用器,弓矢、耒耜、兩敦、兩杅、槃、匜。匜實于槃中,南流。"鄭玄注:"杅,盛湯漿。槃匜,盥器也。流,匜口也。"①大徐本《説文》:"盂,飯器也。"②匽侯盂自名爲"餴盂",通高 24 厘米,其形體大於一般作爲盛飯用的簋,但仍小於一般的盂,其用於盛飯是相適宜的,是此處應爲食器。平頂山應侯墓地 M85 應侯再夫人墓出土盂,通高約 10.9 厘米,形體較一般用作水器的盂更小,且其與弦紋鼎構成組合相鄰伴出,故其在 M85 中應是食器③。是實際用途中,盂或亦可作爲食器使用。這不由使人聯想馬廠溝之銅器組合於食器之看重。山灣子出有伯矩甗,伯矩氏器物尚見於琉璃河 M251,似可證窖藏與西周匽侯有關。如是,則重視食器之風,在銅器二期,即昭王時已影響深入至此處地方宗族。

最後,殷、周族群文化影響之外,喀左器群之帶流鉢形器、鴨形尊、十字帶紋貫耳壺及系鈴俎等顯示出當地文化之特色,此一部分器物或即被視作在標識身份的過程中被積極地維持的,值得探究。

四

喀左銅器群因其規模性的發現與特殊地域向來引起學界注意。整體觀察而言,喀左器群存在著與殷周族群文化因應之過程。殷末周初之前,該地域於中原青銅器文化是有選擇之吸收。殷周興替,伴隨著召公封燕,周人族群文化漸在此地區産生了深遠的影響。從族氏銘文加入器用組合的周人器用現象,到適應周人禮器組合的變化,乃至重視食器之風的普遍,均顯示出周人青銅器用文化跨越族群的邊界,對當地文化施加影響之過程。值得留意的是,在此過程中帶有鮮明當地特點的青銅器物仍在組合中起到重要作用,爲探究殷周興替族群文化影響與轉移提供了鮮明的樣板。

(作者單位:"古文字與中華文明傳承發展工程"協同攻關創新平臺、中國社會科學院古代史研究所)

---

① 《儀禮注疏》卷三八《既夕禮》,(漢)鄭玄注,(唐)賈公彥疏:《儀禮注疏》,(清)阮元校刻:《十三經注疏》(清嘉慶刊本),中華書局,2009 年,第 2489 頁。

② (漢)許慎撰,(清)段玉裁注:《説文解字注》,上海古籍出版社,1988 年,第 211 頁。小徐本作"飲器也",段玉裁注取此説。

③ 河南省文物考古研究所、平頂山市文物管理局:《平頂山應國墓地Ⅰ》,大象出版社,2012 年,第 655—664 頁。

漆即豳都考

杜　勇

　　公劉遷豳是先周歷史發展進程中具有里程碑意義的重大事件,《史記·周本紀》謂之"周道之興自此始"。然豳都的地望在"旬"或"漆"或另地,卻是一個言人人殊而久爭不決的問題。1980 年陝西長安縣出土周屬王時期的多友鼎,作爲地名的"漆"與"旬"在銘文中並出共見,爲解決這個問題提供了新的契機。本文擬利用新舊資料對豳都地望的諸種説法略加辨析,進一步分析論證漆即豳都説的合理性,以期形成正確的歷史認知。

　　公劉爲後稷裔氏,不窋之孫。不窋舊説爲後稷棄之子,實乃棄之裔孫。不窋生當夏之衰世,難於在邰地(今陝西武功)繼續立足,遂自竄於戎狄之間。據《括地志》云:"不窋故城在慶州弘化縣南三里,即不窋在戎狄所居之城也。"①唐代慶州弘化縣即今甘肅慶陽市。説不窋自邰奔此,或有所據。不窋卒,其子鞠立。鞠卒,子公劉立,其時居邑似有變動。《元和郡縣志》云:"寧州……古西戎地也,當夏之衰,公劉居焉。……按今州理城,即公劉邑地也。"②唐代寧州州治在今甘肅寧縣,歷史上有北豳之稱。有的學者認爲,不窋當年所竄及其孫公劉遷出的戎狄之間,在今甘肅慶陽、寧縣一帶,並非如《詩·公劉》毛傳所言自邰地遷出③,不無理致。

　　公劉帶領族人遷居豳地,復修後稷之業,重啓建國之路。《詩·大雅·公劉》

---

①《史記·周本紀·正義》,中華書局,1982 年,第 113 頁。

②《元和郡縣志》卷三《寧州》,文淵閣《四庫全書》本。

③連登崗:《公劉遷地考》,《人文雜誌》1998 年第 2 期。

言豳地環境云："既溥既長,既景迺岡,相其陰陽,觀其流泉。其軍三單,度其隰原,徹田爲糧。度其夕陽,豳居允荒。"是豳邑有南北兩坡的山崗,有汩汩流淌的泉水,有廣袤無垠的原野,是適於農耕"徹田爲糧"的好地方。

關於豳都的地望,古有五説,依其時代先後梳理如次。

一是旬邑説。《漢書·地理志上》載右扶風屬縣："栒邑,有豳鄉,《詩》豳國,公劉所都。"稍後鄭玄《詩·豳譜》亦云："豳者……今屬右扶風栒邑。"《後漢書·郡國志》:"栒邑,有豳鄉。"西晋張華《博物志》云:"扶風郇邑豳鄉,公劉所都。"①漢代的栒邑即今陝西旬邑縣,豳都在其境内,是後世學普遍認同的看法。如譚其驤先生主編《中國歷史地圖集》即將豳都標示於今旬邑縣西南。

二是武功説。《説文·邑部》:"邰,周大王國。在右扶風美陽。"又云:"豳:美陽亭即豳也。民俗以夜市,有豳山。"美陽即今陝西武功縣。美陽有豳亭或豳山,或爲傳聞之誤。故此説歷代無人響應,即使佞許的段玉裁注《説文》亦疑其説,認爲豳爲公劉之國,非太王國。"漢右扶風之漆與栒邑皆是豳域,不得美陽有豳亭。"唯近人齊思和先生服膺此説②。

三是新絳説。《漢書·地理志上》右扶風"栒邑",注引應劭曰:"《左氏傳》曰'畢、原、酆、郇,文之昭也'。郇侯、賈伯伐晋是也。"又引臣瓚曰:"《汲郡古文》'晋武公滅荀,以賜大夫原氏黯,是爲荀叔'。又云'文公城荀。'然則荀當在晋之境内,不得在扶風界也。今河東有荀城,古荀國。"顏師古反對應説,以爲"瓚説是也。此栒讀與荀同,自别邑耳,非伐晋者"。也就是説,應劭以爲《漢志》"栒邑"即《左傳》"郇侯"所居郇城(今山西新絳縣東北),是張冠李戴,不可信據。然近人錢穆先生敷衍應説,推證古豳邑近河東郇城,陝西栒邑的地名是後來周人西遷時帶去的③,一時信從者衆。

四是彬縣説。《左傳·襄公二十九年》杜預注:"豳,周之舊國,在新平漆縣東北。"東晋徐廣云:"新平漆縣之東北有豳亭。"④唐代《括地志》云:"豳州新平縣即漢漆縣,《詩》豳國,公劉所邑之地也。"⑤漆縣即今陝西彬縣(近改爲彬州市),晋唐學者認爲此即豳邑所在地。杜正勝先生認爲公劉的活動地區,"大概仍以涇水中游

①《太平御覽》卷一五五《州郡部一》引,文淵閣《四庫全書》本。

②齊思和:《西周地理考》,《中國史探研》,河北教育出版社,2000 年,第 54—98 頁。

③錢穆:《周初地理考》,《燕京學報》1931 年第 10 期;又見氏著《古史地理論叢》,生活·讀書·新知三聯書店,2004 年,第 3—76 頁。

④《史記·周本紀·集解》引。

⑤《史記·周本紀·正義》引。

爲主,邠縣附近是核心"①,傾向此説。

五是寧縣説。《元和郡縣志》、《太平寰宇記》均謂"寧州"爲公劉之邑。如《太平寰宇記》"寧州"條云:"古西戎地,公劉邑也。"又謂後魏太和"十四年,改爲邠州,二十四年,改邠爲豳,取古地名也。至廢帝三年,改豳州爲寧州"②。唐宋寧州州治在今甘肅寧縣。有學者認爲此即公劉都邑所在,"自公劉建豳至古公亶父離豳南遷前,始終在一個地方"③。

上述五説之中,栒邑説提出最早,又來自班固《漢志》,似乎最具權威性。武功、新絳二説證據不力,終難徵實。寧縣説可能只是公劉出生地的反映④,與公劉所遷豳邑無關。而彬縣(漢代漆縣)説最爲近實,卻多被學者忽略,有必要對比旬邑説詳加探考。

彬縣説是由兩晋學者杜預、徐廣提出來的,並云豳邑在漆縣東北。有學者認爲"晋代之栒邑,併入漆縣,故二氏俱云豳在漆縣也"⑤。或謂"曹魏至晋初,栒邑縣被裁撤,併入漆縣,言豳在漆縣東北,實際上還是指漢栒邑縣境"⑥。這剛好把事情説反了,實際上,栒邑被裁撤是在曹魏之時,至晋初復置,名曰"汾邑"。《晋書·地理志上》:"新平郡"統縣二:"漆,汾邑。"其重置及沿革情況,《太平寰宇記》卷三十四《邠州》有云:"徐廣注《漢書》云:'新平,漢之漆縣地,以漆沮之水在焉,縣東北有古邠亭。'即古之邠邑也,歷魏晋因之。晋武帝分漆縣置邠(汾)邑縣,符秦時改漆取郡名爲新平。姚萇亂,郡縣俱廢。"晋武帝時"汾邑"既已從漆縣析置,則東晋徐廣所言"漆縣東北"就不可能指漢代栒邑縣境。而杜預大致與晋武帝同時,他爲《春秋》經傳作注時,汾邑縣應從漆縣析出。晋武帝在位25年(265—290年),比杜預(222—285年)晚5年離世。汾邑縣的設置應該不在晋武帝晚年,杜預爲《春秋》經傳作注卻是至老始成其書。《晋書·杜預列傳》云:"(杜預)既立功之後,從容無事,乃耽思經籍,爲《春秋左氏經傳集解》。又參考衆家譜策,謂之《釋例》。又作《盟會圖》、《春秋長曆》,備成一家之學,比老乃成。"這説明杜預所説的漆縣與徐廣一樣,也不可能指漢代栒邑縣境。他們把漆縣東北某地視爲豳都所在,實際是對班固栒邑説的否定和調整。唐代《括地志》明確以漆縣爲"公劉所邑之地",自然不能

①杜正勝:《先周歷史的新認識》,《古代社會與國家》,允晨文化實業股份有限公司,1992年,第273—310頁。
②《太平寰宇記》卷三十四《寧州》,文淵閣《四庫全書》本。
③汪受寬:《豳國地望考》,《中華文史論叢》2008年第4輯。
④李仲立:《公劉遷豳辨析——先周歷史初探之三》,《社會科學》1985年第1期。
⑤齊思和:《西周地理考》,《中國史探研》,河北教育出版社,2000年,第54—98頁。
⑥汪受寬:《豳國地望考》,《中華文史論叢》2008年第4輯。

看成是誤解杜、徐二氏的訛傳。

當然,考索公劉豳都的地望,僅憑漢晉時人的舊注還不足以解決問題。這裏我們準備利用《詩經·公劉》並結合多友鼎銘文等資料,尋找更爲可靠的依據。《公劉》一詩"大抵寫成於西周,但其內容似非西周人所編造,而是以口頭的方式從遠古的時候流傳下來的。"①尋繹詩中有關豳邑的線索,以下三點頗可注意。

第一,詩云"篤公劉,於豳斯館,涉渭爲亂,取厲取鍛"。此謂公劉在豳地建築宮舍,使人南渡渭水,取可鍛礪斧斤之石。鄭箋以爲取石"可以利器,用伐取材木,給築事也"。實際也可能所取之石爲青銅礦石,用作鍛造生產工具,以適應農耕需要。故《史記·周本紀》撮其意云:"(公劉)務耕種,行地宜,自漆、沮度渭,取材用。"在這裏,史公説到"涉渭爲亂"的出發地是漆沮之水,與他説古公亶父"去豳,度漆沮,踰梁山,止於岐下"相呼應。是知漆沮水必在梁山之北,且與豳地相近。《詩·大雅·綿》追述公劉興周之跡云:"民之初生,自土沮漆。"毛傳訓"土"爲居,意即公劉居漆沮之地。"自漆沮之土也,語倒如此。"②可見漆沮水是考察公劉豳邑所在的首要條件。古時關中以漆沮命名的水流很多,比較有名的有三條。一是《尚書·禹貢》"導渭"稱"又東過漆沮",此爲涇東的漆沮水(石川河)。二是《説文·水部》所稱"出右扶風杜陵(陽)岐山,東入渭"的漆沮水。三是《漢書·地理志上》説"右扶風"屬縣"漆,水在縣西"的漆水。漆縣之西的漆水,今已湮滅無跡。《元和郡縣志》、《太平寰宇記》均謂此水流注入涇,與詩義不合。段玉裁注《説文》云:"以地望准之,蓋此漆水出豳地,漢漆縣以水爲名,西南流至周岐地南、漢杜陽美陽境而入渭,實出今之邠州,西南流至麟遊、扶風間入渭也。《大雅》云:'率西水滸。'箋云:'循漆沮水側。'傳又云:'周原,漆沮之間也。'是此水源委自豳至岐,漢人皆審知形勢,今則茫昧難詳矣。闞駰《十三州志》云'漆水出漆縣西北,至岐山東北入渭',正與《毛詩》傳箋合。許及《水經》云'出杜陽岐山',容舉其近源言之。"段氏這個分析是很合理的,否則無以索解《公劉》詩義和古公南遷路線。以此觀之,公劉所建都邑當與漢代栒邑無關,因爲栒邑附近未見漆沮之水,且古公若居栒邑,南至岐下須西渡涇水,詩中豈能不著一字,失此巨流?

第二,詩云"篤公劉,於京斯依","京師之野,于時處處,于時廬旅"。豳邑又稱"京"或"京師",其原野廣大,宜居衆民,故公劉在這裏建築廬舍,以處族衆。此後,豳地"京師"之稱也就一直延續下來。西周晚期克鐘銘文説:"王親命克,遹涇東至

①劉家和:《説〈詩·大雅·公劉〉及其反映的史事》,《北京師範大學學報》1982年第5期。
②(清)方玉潤:《詩經原始》,李先耕點校,中華書局,1986年,第482頁。

于京師。”(《殷周金文集成》204)克受王命循涇東北行，最後到達京師一帶。過去學者把“京師”解作酆都，以爲與涇東旬邑的地望相合。其實，從鎬京北上，渡涇渭二水，經涇陽、淳化、旬邑，再過彬縣，是古時由涇東通往西北地區一條重要的交通線。克循涇東北行，旬邑正當交通要道。銘文既曰“至于京師”，則克此次視察不可能僅至旬邑而止，涇西的漆地必是此行最終的目的地，因爲“京師”作爲區域名，不是單指旬邑，也包括漆地在内，甚至主要是指漆邑。據屬世多友鼎銘文可知，漆在西周末年仍是一處重要的城邑，與旬邑同屬京師地區。該鼎銘云：“唯十月，玁狁方興，廣伐京師，告追于王，命武公：‘遣乃元士，羞追于京師。’武公命多友率公車，羞追于京師。癸未，戎伐筍(旬)，卒俘，多友西追。甲申之辰，搏于郪(漆)，多友有折首執訊。”(《集成》2835)銘中“旬”與“漆”就是漢代的栒邑和漆縣所在地。癸未這一天，玁狁伐旬，當天即俘旬邑之民，可見旬邑防衛能力相當薄弱。次日甲申，多友西追，與玁狁在漆地展開激戰，多所斬獲。可見漆邑在邊防上的重要性大大超過旬邑。其後多友繼續追擊，與玁狁先後交戰於“共”、“世”、“楊塚”等地。“共”在今甘肅涇州北，去京師已遠，“世”與“楊塚”更在其西①，説明只有漆與旬同屬京師地區。這樣，漆必然是克北上京師視察的最終目的地，亦即京師地區的中心城邑，此與公劉“於京斯依”、“於豳斯館”之義適相印合。

第三，詩云“篤公劉，逝彼百泉，瞻彼溥原。乃陟南岡，乃覯於京”。豳地水源豐沛，原地寬廣，登上南邊高高的山崗，遠眺京師曠野，“豳居允荒(大)”。這些特徵也很符合漆縣地勢西南高東北低的地理環境。漆縣南有豳(邠)山，西南有險固可恃的“邠岩”(又稱紫微山)，與詩中所言“南岡”的地貌正相符合。漆縣在唐宋以後爲邠州治所，清顧祖禹以爲“公劉居此，爲豳國”，其地“涇水北繞，邠岩南峙，依山爲城，地勢雄壯”，實乃畿輔之“藩衛”，南北之“襟要”。這種形勝之地，無疑是建國立都的首選之地。但顧氏又據《太平寰宇記》説：栒邑故城在三水縣東北二十五里，古豳城在縣西南三十里，“相傳公劉始都於此。”②則不免惝恍遊移，進退失據。由於三水縣治多有移徙，其準確位置不易確定，大體在今旬邑縣城左近。古豳城位於縣城西南三十里，爲涇東之地。以今日旬邑縣來看，其地勢是東北高西南低，山原各半。山體起伏雖大，山勢卻較爲平緩。此與《公劉》詩中描繪豳邑的地貌特徵似有區別。兩相比較，仍以漆縣爲豳都的可能性爲最大。

①李學勤：《論多友鼎的時代及意義》，《人文雜誌》1981年第6期。
②(清)顧祖禹：《讀史方輿紀要》(五)，賀次君、施和金點校，中華書局，2005年，第2625、2628頁。

綜上可見,公劉居豳之地,當以杜預“新平漆縣東北邠城”①、徐廣“新平漆縣之東北有豳亭”等説法爲可信,此與《公劉》《綿》詩所言豳地河流、京師用名、地貌環境等多相吻合。其具體位置,不在涇東而在涇西,即與漆縣縣治(今陝西彬州市)相距不遠的東北方向。至於涇東的古豳城,則有可能是京師範圍不斷擴大後另建的一個衛星城,以拱衛中心城邑豳都,加强對涇東南北交通線的控制。後世未加深察,誤以旬邑縣境的豳城爲公劉始都之地,可能是有悖史實的。

　　附記:本文爲國家社科基金重大項目“多卷本《西周史》”(17ZDA179)階段性成果之一。謹此爲吳榮曾先生九十華誕賀壽! 先生是我素所敬仰的學術大家之一,亦曾任我博士論文答辯委員會主席,其後多所教誨,深銘我心。衷心祝願先生:智者長樂,仁者永壽!

（作者單位:天津師範大學歷史文化學院)

---

①(晋)杜預:《春秋釋例》卷七《土地名》,文淵閣《四庫全書》本。

西周銅器銘文"毋望"含義説解[*]

何景成

　　獄器及與之相關的衛簋諸器,是近年刊布的一批比較重要的青銅器。獄器是上海崇源藝術拍賣公司和誠源文化藝術公司從海外購回的,於 2005 年 9 月在上海舉辦的"海外回流青銅器觀摩研討會"上展出。陳全方及陳馨①、吳鎮烽②、吳振武③、李學勤④、裘錫圭⑤等先生都專門撰文,介紹、考釋和討論這組青銅器。衛簋亦非正式考古發掘品,朱鳳瀚先生撰文作過介紹和研究。據朱先生説明,衛簋甲、乙二器屬香港私人收藏家,二器形制、紋飾、銘文相同,大小亦相近。另有同銘、同形二簋,已爲内地博物館與私家收藏⑥。關於衛簋和獄器這兩組器物的關係,朱先生指出,衛簋和伯獄諸器,爲同一宗族成員所鑄祭祀祖神的禮器。衛簋和伯獄諸器在銘文格式、遣詞造句上存在高度的一致性和重複性。

---

* 本文爲國家社科基金一般項目"商周金文字詞考釋綜覽"(16BZS057)的階段性成果。
① 陳全方、陳馨:《新見商周青銅器瑰寶》,《收藏》2006 年第 4 期。
② 吳鎮烽:《獄器銘文考釋》,《考古與文物》2006 年第 6 期。
③ 吳振武:1.《試釋西周獄簋銘文中的"馨"字》,《文物》2006 年第 11 期;2.《釋西周獄簋丙銘中的"🔲"字》,《華學》(第九、十輯),上海古籍出版社,2008 年,頁 131—132。3.《范解楚簡"蒿(祭)之"與李解獄簋"燹夆馨香"》,"2007 中國簡帛學國際論壇"論文集,臺灣大學中國文學系,2007 年 11 月 10—11 日。
④ 李學勤:1.《伯獄青銅器與西周典祀》,《古文字與古代史》第 1 輯,"中研院"史語所,2007 年。收入李學勤:《文物中的古文明》,商務印書館,2008 年,頁 289—294。2.《關於伯獄器的補記》,載李學勤:《通向文明之路》,商務印書館,2010 年,頁 192—193。
⑤ 裘錫圭:《獄簋銘補釋》,《安徽大學學報(哲學社會科學版)》,2008 年第 4 期。
⑥ 朱鳳瀚:《衛簋與伯獄諸器》,《南開學報(哲學社會科學版)》,2008 年第 6 期。

綜合各家説明,獄組青銅器計有獄鼎 1、伯獄簋 2、獄盤 1、獄盉 1、獄簋 4,衛簋有 4 件。這些青銅器銘文互有聯繫,上述研究者已經從銅器時代、字詞考釋、家族制度等角度闡述了這批資料的重要學術價值,解決了一些重要疑難問題。本文擬就這批銘文中多次出現,而以往研究似未曾特別關注的"毋望"一詞,聯繫相關銅器銘文,談談個人的一些淺見。

一、伯獄簋"其世毋望"

伯獄簋銘文中的"毋望",出現在下引辭例中(釋文採用寬式,綜合參考已有研究成果):

> 1. 伯獄簋:獄肇作朕文考甲公寶肆彝,其日夙夕用厥馨香敦祀于厥百神,亡不鼎,齒夆馨香則登于上下,用匄百福、萬年,欲兹百姓亡不鬱臨□魯。孫孫子子其萬年永寶用兹彝,其世毋望。

"其世毋望"之"望",吳鎮烽、朱鳳瀚、李學勤①等先生文章的釋文,均括注爲"忘"。吳鎮烽先生説:"'望'借爲忘。'其世毋忘'就是世世不忘。"銘文大意是講,子子孫孫千年萬載永遠珍藏使用此簋,世世不要忘記②。

將"望"讀爲"忘記"之"忘",在金文中是有類似的例子。如尹姞鬲(《集成》③754):"休天君弗望穆公聖粦明比事先王",乖伯簋(《集成》4331):"乖伯拜手稽首,天子休弗望小裔邦",等例。但在伯熙簋銘文中,"其世毋望"跟在"孫孫子子其萬年永寶用兹彝"之後,是針對所作的彝器而言。將之理解成"忘記""遺忘",是不合適的。我們認爲句中的"望"應讀爲"亡",指亡失。

王引之解《尚書》"兹不忘大功""永不忘在王家"的"忘",云:

> 《大誥》:"敷前人受命,兹不忘大功。"引之謹案,忘與亡同,言不失前人之大功也。《酒誥》:"兹亦惟天若元德,永不忘在王家。"言天順其元德而佑之,則能保其禄位,永不失在王家也。傳皆以忘爲遺忘之忘,失之。④

王引之的訓釋顯然是準確的,將"其世毋望"的"望"讀爲亡失之"亡",也比較符合金文的體例。銅器銘文常會出現叮囑後人珍愛器物的例了,如:

---

①李學勤:《伯獄青銅器與西周典祀》。
②吳鎮烽:《獄器銘文考釋》,《考古與文物》2006 年第 6 期。
③中國社會科學院考古研究所:《殷周金文集成》,中華書局,1984—1994 年。
④王引之:《經義述聞》,江蘇古籍出版社,2000 年,頁 91。

2. 量侯簋：量侯財作寶尊彝，子子孫萬年永保，傳勿喪。(《集成》3098)

3. 越王者旨于賜鐘：順余子孫，萬世無疆，用之勿相(喪)。(《銘文選》二 553)

4. 冉鉦鍼：……余冉鑄此鉦鍼，汝勿喪勿敗。(《集成》428)

5. 乃孫罍：乃孫盾作祖甲罍，其邊□弗述(墜)寶。(《集成》9823)

6. 叔趲父卣：嗚呼！攸，敬哉！兹小彝妹(勿)吹。(《集成》5428)

7 趲觶：趲蔑曆，用作寶尊彝。世孫子勿敢豕，永寶。(《集成》6516)

8. 大師氏姜匜：大師氏姜作寶盤。其萬年無疆，子子孫孫永寶用，其敢有奪，則俾受其百殃。①

9. 曾季盤：惟正月初吉丁亥，曾季卷臣鑄其浣盤，以征以行，永用之勿喪。(《銘圖》14496)

李春桃先生對2—8材料作過專門討論，總結説：量侯簋、越王者旨于賜鐘、冉鉦鍼中的"勿喪"即長久流傳、勿使喪失之意。商代與西周時期，"述"字多讀作"隊"聲字，所以乃孫罍中的"弗述寶"讀作"弗墜寶"，學者均無異議，銘文義即弗墜失此寶器。叔趲父卣中的"妹"，可直接讀成"勿"。"吹"字李學勤、唐雲明讀爲"隳"，訓作毀壞。《銘文選》讀爲"墮"，訓作"墮失"。趲觶中的"豕"字依陳劍先生釋法，陳先生將之讀爲"墮"，訓作毀。李春桃先生認爲，"墮"古有脱落、墜落義。聯繫量侯簋、乃孫罍的用例，《銘文選》訓叔趲父卣銘文中的"墮"爲墮失似更合理，趲觶中的用例訓作墮失、墜落亦很通順②。

大師氏姜匜"其敢有奪"之"奪"的含義，石安瑞先生認爲"奪"有"失"和"强取"之兩種意思。西周金文所見"奪"字用例，多與戰争有關，均有"强取"之義，未見作"失"義者，因此這裡訓"强取"爲宜③。李春桃先生亦曾有"奪取"或"脱失"兩種考慮，發表論文時採用"奪取"這一解釋。認爲銘文謂："太師氏姜作此寶器，後

---

① 大師氏姜匜于2006年出土於山西曲沃縣史村鎮羊舍村M5。參看深圳博物館、山西博物館、山西省考古研究所：《晉國霸業——山西出土兩周時期文物精華展圖録》，文物出版社，2008年，頁32；《晉國雄風——山西出土兩周時期文物精華》，萬卷出版公司，2009年，頁32。吳鎮烽編著：《殷周青銅器銘文暨圖像集成》，上海古籍出版社，2012年，第26册，頁386。釋文參李春桃：《自鐘銘文補釋——兼説擄器》，《古文字研究》第30輯，中華書局，2014年，頁223—229。

② 李春桃：《自鐘銘文補釋——兼説擄器》，《古文字研究》第30輯，中華書局，2014年，頁223—229。

③ 石安瑞：《瀕於銘刻暴力：西周金文與中國最早的詛咒》，該文原係捷克—斯洛伐克漢學家2015年年會的報告(捷克科學院，布拉格，2015年11月27日)，此後在"青銅器與金文"學術研討會上(北京大學，2016年5月28日)宣讀。此承石安瑞先生惠賜其稿件全文，謹志謝忱。

世子孫應予以珍用,如有奪取此器者,則使其遭受無數禍殃。"①

《説文》:"奪,手持隹失之也。"段玉裁注:"引申爲凡失去物之稱,凡手中遺落物當作此字,今乃用脱爲之,而用奪爲争敓字,相承久矣。"②可見,奪之本義爲脱失、喪失。《吕氏春秋·審時》:"先時者,莖葉帶芒以短衡,穗鉅而芳奪。"俞樾曰:"'奪'者,'脱'之本字。《説文》奞部'奪,手持隹失之也',故引申之爲脱失字。後人借作'敓'而本義晦矣。《後漢書·李膺傳》'豈可以漏奪名籍苟安而已','漏奪'即今言'漏脱'也。"③

大師氏姜匜銘文的"其敢有奪,則俾受其百殃",屬於詛咒性質的話語。其中的"奪",若解釋成"奪取",則是指大師氏姜家族外之人奪取此器;若解釋作"脱失、喪失",則是針對大師氏姜的子孫而言,若其子孫喪失此器,則要遭受無數禍殃。選擇何種解釋,關鍵在於詛咒針對的對象而言。大師氏姜匜咒語的針對對象,是銘文中提及的要珍用此寶器的"子子孫孫"而言,還是指"子子孫孫"之外的外人呢? 這值得作進一步的討論。

西周金文中記載有類似咒語的銘文,除了大師氏姜匜外,還有琱生簋、中諫父簋等器。

10. 琱生簋:琱生奉揚朕宗君休,用作召公尊簋。……子孫永寶用之亯。其又(有)敢亂兹命,曰女(汝)使召人,公則明亟。④

11. 仲諫父簋:中(仲)諫父作尊簋,用從德公,其或貿易,則盟諎。(銘圖⑤04845)

董珊、石安瑞等先生對這兩件銅器銘文作過專門解説。董珊先生認爲琱生簋銘文的詛祝之辭可以看作一個假設句,即:若有人敢於壞亂(君氏的)這個命令,(就)把你(壞亂這命令)的事佈告召氏族人,召公就大大地明顯地懲罰(你)。仲諫父簋銘是説,如果有貿易改換宗主的行爲(即不從德公),就接受大罰⑥。關於"明亟"之"亟",沈培先生指出應讀爲"極",是"困窮"的意思⑦。

---

①李春桃:《□鐘銘文補釋——兼説攎器》,《古文字研究》第 30 輯,中華書局,2014 年,頁 227。
②段玉裁:《説文解字注》,上海古籍出版社,1988 年第 2 版,頁 144。
③陳奇猷:《吕氏春秋新校釋》,上海古籍出版社,2002 年,頁 1790—1799。
④寶雞市考古隊、扶風縣博物館:《陝西省扶風縣新發現的一批西周青銅器》,《考古與文物》2007 年第 4 期。
⑤吴鎮烽編著:《殷周青銅器銘文暨圖像集成》,上海古籍出版社,2012 年,第 26 册,頁 386。
⑥董珊:《侯馬、温縣盟書中"明殛視之"的句法分析》,《古文字研究》第 27 輯,中華書局,2008 年,頁 356—362。
⑦沈培:《侯馬、温縣盟書"明亟視之"及傳世古籍相關問題合論》,《中國語文》2017 年第 3 期。

董珊先生的分析主要針對銘文含義的解釋,未討論這些銘文中的咒語所針對的對象。石安瑞先生認爲大師氏姜匜的咒語是爲了嚇唬潛在的竊賊,阻止或預防這件器物被偷走,是針對没有器物所有權的人物。仲諓父簋的咒語是針對器物的使用者。瑉生鋬咒語的針對對象是召伯家族的成員①。

郭沫若在討論侯馬盟書"明殛視之"的含義時,列舉了《左傳》中與之相關的盟誓辭詛咒部分,上引董珊、石安瑞先生文章也引用了《左傳》中的這些例子。爲便於理解上述銘文咒語的性質,我們將相關語句完整迻録於下:

> 王子虎盟諸侯于王庭,要言曰:"皆奬王室,無相害也! 有渝此盟,明神殛之,俾隊其師,無克祚國,及而玄孫,無有老幼。"(《左傳》僖公二十八年)

> 載書曰:"凡我同盟,毋蕴年,毋壅利,毋保姦,毋留慝,救災患,恤禍亂,同好惡,奬王室。或間兹命,司慎、司盟,名山、名川,群神、群祀,先王、先公,七姓、十二國之祖,明神殛之,俾失其民,隊命亡氏,踣其國家。"(《左傳》襄公十一年,晋國與魯、衛等國的盟誓)

上引《左傳》盟誓可以分爲誓辭與咒辭兩個部分,王子虎與諸侯的盟誓,"皆奬王室,無相害也!"屬於誓辭,"有渝此盟"及之後的内容,屬於咒辭。晋國與諸侯盟誓中,"凡我同盟,毋蕴年,毋壅利……同好惡,奬王室"這一部分屬於誓辭,"或間兹命"之後的内容屬於咒辭。咒辭是針對違背誓辭的情況而言,"有渝此盟""或間兹命"的"有"和"或",是不定代詞,其特定範圍是包括盟主在内的所有參加盟誓者。主盟者若違背誓辭,也要遭受懲罰。瑉生鋬銘文中不能壞亂的命令,是指君氏(召氏宗君)處理召氏宗族(小宗瑉生與大宗公室)土田、附庸問題的命令,這個命令是針對召氏宗族人而言。銘文中咒辭所針對的對象,即召氏宗族之人。仲諓父簋的咒辭"其或貿易",所貿易者,是指仲諓父所作之簋而言。根據銘文,這件簋是用以"從德公"的,不能貿易改換。作器功用頗類似否叔尊(《新收》②1950):"否叔獻彝,疾不已,爲女(汝)宗彝則備,用遣女(汝)。▯▯▯。""▯▯▯"族之人作否叔獻器是爲了"遣汝",即遣送給"疾不已"的否叔③。這與仲諓父作器爲了"從德公",可參照理解。因此仲諓父簋咒辭所針對的對象,應該是指擁有器物自然權屬的仲諓父宗族之人。大師氏姜匜、仲諓父簋等器的咒辭,可能和誓辭一樣,是誓言的一個組成部分④。

---

①石安瑞:《瀕於銘刻暴力:西周金文與中國最早的詛咒》。

②鍾柏生、陳昭容、黄銘崇、袁國華:《新收殷周青銅器銘文暨器影彙編》,藝文印書館,2006 年。

③此銘的"女",研究者多讀爲"母",但西周金文"女"和"母"多不混用,故這裏將之讀爲"汝"。

④關於這一問題,我們擬另文討論。

根據以上的分析,大師氏姜匜銘文中的咒辭,即"其敢有奪,則俾受其百殃",其所針對的對象,應該是銘文中"永寶用"該器的大師氏家族的子子孫孫。銘文中的"奪",解釋成脱失、遺失更爲合適。與此匜銘類似的表達,出現在昭王之即鼎(《銘圖續》①)銘文中:

12. 隹②吉日唯庚,昭王之即擇厥吉金,作鑄倗臣。春秋恭常,靈福之既丞,眉壽無疆。世終既還③,子孫勿敓,倗鼎共行。④

銘文中"子孫勿敓"之"敓",顯然不能解釋爲强取,而當解爲脱失、喪失。意思是希望子孫不要喪失此器。由此反觀太師氏姜匜之"其敢有奪"之"奪",也應解作脱失、喪失。

大師氏姜匜銘文是要求子子孫孫永遠珍用此器,若有脱失,則要遭受禍殃。其希望子孫寶有宗彝的想法,與量侯簋、越王者旨于賜鐘、冉鉦鍼諸器,是相一致的。

可見,勿喪、勿墮、弗墜、(毋)有奪等詞,都是針對所作彝器而言,指不要喪失、墮失、墜失、脱失所作彝器。喪、亡含義相近,指喪失、亡失。因而,伯獄簋中的"其世毋望"的"望",應讀作亡失之亡,是用以説明要珍愛所作彝器,不要亡失,而不是説不要忘記所作的彝器。

二、衛簋"世毋望"

那麼,西周時人爲什麼要諄諄教誨子孫要永寶用所作彝器,不要有所遺失呢?這是一個值得進一步探討的問題。

衛簋、獄盤、獄簋等器與伯獄簋"孫孫子子其萬年永寶用兹彝,其世毋望"類似的語句,作:

13. 衛簋:衛用肇作朕文考甲公寶肆彝,……孫孫子子其萬年永寶用兹王休,其日引勿替,世毋望。

14. 獄盤:獄拜稽首,對揚王休,用作朕文祖戊公盤盉,子子孫孫其萬年永寶用兹王休,其日引勿替。

15. 獄簋:獄拜稽首,對揚王休,用作朕文考甲公寶尊簋,……孫孫子子其

---

①吳鎮烽:《殷周青銅器銘文暨圖像集成續編》,上海古籍出版社,2016年。

②昭王之即鼎(《銘圖續》0224)作:"唯正孟春"。

③昭王之即鼎(《銘圖續》0224)作:"世終之既還"。

④此例銘文資料承李春桃先生告知,謹志謝忱。

萬年永寶用兹王休,其日引勿替。

衛簋、獄盤、獄簋諸器銘文均要求其子子孫孫"萬年永寶用兹王休,日引勿替",衛簋並强調"世毋望"。"日引勿替"即"日日延續,不要廢棄"①。所要"延續"者,即銘文中所記的"王休",是指王對作器者的休蔭、庇佑②。"世毋望"的,也是"王休"。作器者希望其子子孫孫永遠保有、沿襲王的休蔭、庇佑。類似説法還見於公臣簋(《集成》4184、4185):"公臣其萬年永寶兹休。"

衛簋的"世毋望",朱鳳瀚③、李學勤④等先生均括注爲"忘"。與衛簋相似的表達亦見於虞簋、縣妃簋等器。

16. 虞簋:虞弗敢望公伯休,對揚伯休,用作祖考寶尊彝。(《集成》4167)

17. 縣妃簋:其自今日孫孫子子勿敢望伯休。(《集成》4269)

唐蘭將虞簋的"望"括注爲"忘",解釋爲"忘記"⑤。《商周青銅器銘文選》(三)⑥、《金文形義通解》⑦等書均將縣妃簋的"望"括注爲"忘",解作"忘記"。

我們認爲這些器物銘文的"毋(勿)望某休"之望,也應讀作"亡失"之"亡"。

西周金文常見作器者作器銘記所受休蔭的記載:

18. 縣妃簋:(縣妃)肆敢隊于彝。(《集成》4269)

19. 保員簋:犀公賜保員金車,曰:用事。隊于寶簋。(《考古》1991 年第 7 期 650 頁圖一)

20. 中觶:中埶王休,用作父乙寶尊彝。(《集成》6514)

張政烺先生指出,縣妃簋文例與《禮記·祭統》所引孔悝鼎銘"施于烝彝鼎"相合,"隊"當讀爲"施"⑧。馬承源先生亦參照孔悝鼎文例將保員簋"隊"字讀爲"施"⑨。關於"施"的含義,陳劍先生指出,孔悝鼎、縣妃簋、保員簋的"施",都應該是"施陳""施設"之意,只是"施"的對象是某件事,比較抽象而已。"施陳""施設"某事於銅器,就是指作這篇銅器銘文以記録此事。中觶的"埶"字,也應該統一釋讀爲

①吳鎮烽:《獄器銘文考釋》。

②關於"休"的解釋,參看裘錫圭:《文字學概要》(修訂本),北京:商務印書館,2013 年,頁 140—142。

③朱鳳瀚:《衛簋與伯獄諸器》,《南開學報(哲學社會科學版)》,2008 年第 6 期。

④李學勤:《關於伯獄器的補記》,載李學勤:《通向文明之路》,商務印書館,2010 年,頁 192—193。

⑤唐蘭:《西周青銅器銘文分代史徵》,《唐蘭全集》第七卷,上海古籍出版社,2015 年,頁 336。

⑥馬承源主編:《商周青銅器銘文選(三)》,文物出版社,1988 年,頁 123。

⑦張世超、孫凌安、金國泰、馬如森:《金文形義通解》,中文出版社,1996 年,頁 2056。

⑧張政烺:《周厲王胡簋釋文》,《古文字研究》第 3 輯,中華書局,1980 年,頁 107。

⑨馬承源:《新獲西周青銅器研究二則》,《上海博物館集刊》第六期,上海古籍出版社,1992 年,頁 152。

"設"。器主中因爲要"設王休"即將王之休蔭陳設出來誇耀,遂作了這件用於祭祀父乙的銅器,上施銘文記述王之休蔭。[1] 可見,製作銅器銘文的主要目的之一,便是將作器者所受王或者君辟的休蔭記述在銅器上,陳述出來。如此做法,除了供以誇耀外,還要求子孫率循效型,像上輩一樣能夠接受王的休蔭和庇佑。如录伯簋(《集成》4302)記載录伯受到周王賞賜後,"拜手稽首,對揚天子丕顯休,用作朕皇考釐伯寶尊簋。余其永萬年寶用,子子孫孫其帥井(型)受茲休"。衛簋、獄盤、獄簋銘文説明,作器者希望自己的子子孫孫能夠永遠保有這種休蔭,日日延續,不要廢棄。

與衛簋、獄簋、獄盤諸器"永寶用茲王休"類似的表達,又見於終方鼎(《集成》2824)的"永寶茲刺"[2]。陳英傑先生指出,參照終簋(《集成》4322),可知其義是向祖先祈禱能永遠保有祖先所賜予的福佑[3]。"寶"訓保有,"保有"即不要亡失,因此"毋(勿)望某休"之望,當讀爲"亡",解作亡失。

衛簋和伯獄器係同族兄弟所作,兩組器物在銘文格式、遣詞造句上存在高度的一致性和重複性。伯獄簋銘文"孫孫子子萬年永寶用茲彝,其世毋望"這一句話在銘文中的地位,與獄盤、獄簋"孫孫子子其萬年永寶用茲休,其日引勿替",以及衛簋"孫孫子子其萬年永寶用茲王休,其日引勿替,世毋望"在銘文中的地位一致。他們所表達的應該是同一個意思。由於所作銅器銘文記述了王之休蔭,永遠保有彝器,也就是永遠保有王之休蔭。因此,衛簋的"世毋望"之"望",應該和伯獄簋"其世毋望"之"望"採用統一解釋,也應讀爲"亡失"之"亡":希望子孫能夠不會失去王對其家族的休蔭和庇佑。

三、獻簋"十世不望"

討論完伯獄簋和衛簋的"世毋望"的含義後,下面我們探討獻簋銘文與本文相關的問題。

21. 獻簋:隹(唯)九月既望庚寅,楷伯于遘王,休亡愍。朕辟天子、楷伯令厥臣獻金車。對朕辟休,乍(作)朕文考光父乙。十世不望獻身才(在)畢公家受天子休。(《集成》4205)

---

[1] 陳劍:《甲骨金文論集》,綫裝書局,2007 年,頁 250—252。
[2] 該器銘文相關部分作:唯厥使乃子終萬年辟事天子,毋有愍于厥身。終拜稽首,對揚王令,用作文母日庚寶尊肆彝,用穆穆夙夜尊享孝、妥福,其子子孫孫永寶茲刺。
[3] 陳英傑:《西周金文作器用途銘辭研究》,綫裝書局,2009 年,頁 670。

　　羅振玉於 1917 年出版的《夢郼草堂吉金圖》記載獻簋“近出保安”,也就是現在陝北的志丹縣境。關於其時代,研究者多定爲康王前後。銘文涉及楷伯,近年由於山西黎城發現西周時期的楷國墓地①,以及清華簡與西伯戡黎有關的《耆夜》簡文的刊布②,引發了學者研究西周黎(楷)國的興趣,獻簋再次成爲研究者討論的熱點③。

　　韓巍先生在其博士學位論文中,對楷國的姓氏與族源、世系源流、封地和婚姻等情況,結合已有研究成果,作了詳細闡述:楷國是成康時期從畢氏分出的,其始封君楷伯應是畢公高的長子。楷國是姬姓國。黎城大墓的發現,證明楷國的封地就在文王所“戡”之黎的故地。黎國墓地的年代在西周晚期,可見楷國並不是像過去所認爲的那樣,在西周中期已經亡於戎狄。《左傳》中已經没有出現“黎國”,因此楷國的滅亡,很可能是在春秋早期④。這些認識,基本上代表了目前學界對楷國的一些共識。李學勤先生結合清華簡《耆夜》篇的記載,提出該篇簡文主要叙述戡黎還師飲酒慶功的情景,參加者除武王外,有畢公、召公、周公、辛甲、作册逸、吕尚父等人,而以“畢公高爲客”。飲酒間,武王、周公都先酬畢公,這顯然是由於畢公是伐黎的主將,功績最高。這樣就不難理解,周朝建立以後,將畢公一子分封到畢公征服過的黎國,並不是偶然的⑤。陳穎飛女士認爲“《耆夜》簡顯示,畢公是戡黎(楷)的主將。黎國墓地出土楷侯器,證明楷即黎,楷國後來封邦時將黎賜給畢公。這便解開了作爲‘楷伯’之臣的獻‘身在畢公家’的原因了”⑥。可見目前的研究,認定西周時期的楷(黎)國爲畢公高之分支所建,是姬姓國,主要依據獻簋銘文末句:“十世不望獻身才(在)畢公家受天子休。”

　　獻簋的“十世不望”之“望”,郭沫若認爲假借爲“忘”⑦。陳夢家⑧、唐蘭⑨、李學

①中國考古學會編:《中國考古學年鑒2007》,文物出版社,2008年,頁172—174。

②李學勤主編:《清華大學藏戰國竹簡》(壹),中西書局,2010年。

③關於楷國青銅器的討論,可參看:1. 高智、張崇寧:《西伯戡黎——西周黎侯銅器的出土與黎國墓地的確認》,《古代文明研究通訊》第34期,2007年9月。2. 韓巍:《西周金文世族研究》,北京大學博士研究生學位論文,2007年5月,頁60—65,指導教師:李零教授。3. 李學勤:《從清華簡談到周代黎國》,李學勤主編:《出土文獻》第一輯,中西書局,2010年,頁1—5。4. 張懋鎔:《新見西周金文叢考》,收入朱鳳瀚主編:《新出金文與西周歷史》,上海古籍出版社,2011年,頁21—32。5. 陳穎飛:《清華簡畢公高、畢桓與西周畢氏》,《中國國家博物館館刊》,2012年第6期。6. 鄒芙都、余霞:《西周黎國政治軍事地位及姻親關係初探》,《史學集刊》2017年第5期。

④韓巍:《西周金文世族研究》,北京大學博士研究生學位論文,2007年5月,頁60—65,指導教師:李零教授。

⑤李學勤:《從清華簡談到周代黎國》。

⑥陳穎飛:《清華簡畢公高、畢桓與西周畢氏》,《中國國家博物館館刊》,2012年第6期。

⑦郭沫若:《兩周金文辭大系圖録考釋(二)》,《郭沫若全集・考古編第八卷》,科學出版社,2002年,頁108。

⑧陳夢家:《西周銅器斷代》,中華書局,2002年,頁54。

⑨唐蘭:《西周青銅器銘文分代史徵》,《唐蘭全集》第七卷,上海古籍出版社,2015年,頁248—249。

勤等先生①,及《商周青銅器銘文選》亦作如此②。唐蘭先生將之意譯作:"傳十代都不會忘記獻自己在畢公家裏受天子的休賜。"

參考前文對衛簋、猷簋、猷盤等器的討論,可知獻簋的"望"也應讀爲"亡",獻簋該句所要表達的意思,與衛簋類似,是世世不亡失所承受的天子之休蔭、庇佑,即希望天子之蔭庇永存,不會亡失。獻簋銘文的"在畢公家",是指接受天子休蔭時的場所。金文中有强調賞賜場所的記載,如:

22. 小臣孌卣:王賜小臣孌,賜在寝。用作祖乙尊。(《集成》5379)

另外,西周金文常常記載"王在某",也多是註明銘文所載事件發生的地點和場所。"獻身在畢公家"是交代獻接受賞賜的場所,郭沫若謂:"'畢公家'猶卜辭言'母辛家',謂畢公之廟。"③小臣缶方鼎(《集成》2653)有"大子乙家",即"大子乙"的宗廟。獻接受周天子和楷伯賞賜的場所,應該即是銘文記載的楷伯前往覲見周王的場所。至於爲什麽選在畢公的宗廟,確有可能是因爲畢公是楷伯的先輩④。

從銅器銘文可知,周人製作銅器多是在作器者受到周王或上級君辟的册命、嘉勉、賞賜後所作,其作器的一個主要目的,是爲了用銘文記録這一榮耀的事情,將周王或君辟的這種休蔭和庇佑記載在銅器上。作器者希望其子子孫孫永遠保留這種休蔭和恩澤。由於銅器上承載着君上對其家族的休蔭和庇佑,所以作器者希望子子孫孫永遠保有這些器物,不要喪失、亡失器物,亦即希望不要喪失君上對其家族的休蔭和恩澤。

原刊《青銅器與金文》第四輯,上海古籍出版社,2020 年,第 56—65 頁

(作者單位:吉林大學古籍研究所、"古文字與中華文明傳承發展工程"協同攻關創新平臺)

---

①李學勤:《害簋銘文考釋》,《故宫博物院院刊》,2001 年第 1 期。

②馬承源主編:《商周青銅器銘文選》(三),上海古籍出版社,1988 年,頁 56。

③郭沫若:《兩周金文辭大系圖録考釋(二)》,頁 108。

④獻簋銘文的最後一句話,或可斷句爲:"十世不忘獻身在畢公家、受天子休。"將"十世不望獻身在畢公家"與《酒誥》"永不失在王家"相比照,指獻能保其禄位,永不失在畢公家,作畢公家族之家臣。同時,亦不亡失所承受的天子之休蔭。

秦武公銅器銘文的新發現

董　珊

　　大約在 2010 年，我收到一張友人轉贈的銅器銘文拓本（圖 1、圖 2）。拓本的文字部分只有 12 * 9 釐米大小，但據説拓自一件口徑甚大的圓鼎。鼎銘字體爲典型的春秋早期秦文字，可隸寫如下：

圖 1　秦武公鼎銘拓本　　　　　　圖 2　秦武公鼎銘摹本

　　秦公及王姬乍（作）寶（造）元女媵（媵）鼎，毀（其）廣啓邦，夙夕不象（惰），卲合皇卿，虔敬而（爾）祀，以受大福，康虞（娛）屯魯，大壽繁（繁）釐，男子邁(萬)年無彊(疆),其康寶(保)。

據銘文内容,此器可稱爲"秦公及王姬作造元女縢鼎",簡稱"秦公鼎"。

衆所周知,1978年1月,在陝西寶雞縣陽平公社楊家溝太公廟出土一套編鐘,包括5鐘3鎛(《銘圖》15565—15569、15824—15826)①,其銘文開頭説"秦公曰",後面説:"公及王姬曰",以往的學者已經根據鐘銘提到"先祖(即秦襄公)"、"文公、靜公、憲公",至憲公止,指出太公廟編鐘的器主秦公乃是秦武公,王姬是秦武公的正夫人。

新見的這篇鼎銘,無疑是與太公廟編鐘同時代的製作,屬於秦武公及王姬爲他們的大女兒所做的縢器。其年代明確,銘文也並不難懂。但仍可藉此機會,對相關的新老問題做些新的理解和發揮。

一、與晉公盤、盆銘文比較

首先是跟晉公盤、晉公盆銘文相比較。晉公盤與盆是晉文公爲"元女孟姬"所作縢器,其銘文的後半段説:

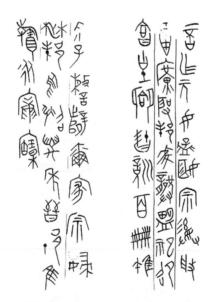

圖3　晉公盤最後兩段銘文的摹本(曾文韜摹)

晉公盤(30952):作元女孟姬宗彝盤,將廣啓邦,虔恭盟祀,卲會(合)皇卿,

---

①吳鎮烽:《商周青銅器銘文暨圖像集成》(簡稱《銘圖》)、《商周青銅器銘文暨圖像集成續編》(簡稱《銘續》),上海古籍出版社,2012年、2016年。以下凡引用銅器著録,皆默認出自此二書,不再於編號前註明。

邿(叶)訓(順)百斯(揆)。雖今小子,敕乂爾家,宗婦楚邦,於昭萬年,晉邦唯翰鞶,永康(康)寶。(圖3)

晉公盆(06274):作元女孟[姬宗]彝媵盨三(四)酉,□□□□,虔恭盟祀,邵會(合)皇卿,邿(叶)訓(順)百斯(揆)。雖今小子,敕乂爾家,宗婦楚邦,於昭萬年,晉邦唯翰,永닝(康)寶。"

秦公鼎銘"其廣啓邦",在晉公盤銘作"將廣啓邦","其"就訓爲"將",表將來和能願。"啓"訓爲"開"。古書講"啓土"、"啓封疆"、"啓宇",《左傳》成公八年:"夫狡焉思啓封疆以利社稷者,何國蔑有。"《書·武成》:"惟先王建邦啓土。"《詩經·魯頌·閟宮》:"王曰叔父,建爾元子,俾侯于魯,大啓爾宇,作周室輔。"金文也講"啓身",例如西周士父鐘銘(15496):"唯康右純魯,用廣啓土父身,擢于永命。"這都是講自我時空範圍或能力的擴大和開發,以至於對他者的影響變大。銘文講作媵器之目的爲"其/將廣啓邦",是説藉國際政治婚姻,來擴大本國的國際影響。

二、釋"邵合皇卿"

"邵合皇卿"句見於秦、晉三器。太公廟秦武公鐘鎛銘文:"秦公曰:我先祖受天命,賞宅受國,烈烈邵文公、静公、憲公,不惰于上,邵合皇天,以號事蠻方。"這是説秦的先祖受天命,與皇天相匹配。這些"邵"、"合"均是匹配、配合義。

晉公盆、盤銘文的"卿"字,舊以爲是"卿"字之誤字,這在形、義兩方面都不合適。"卿"詞義很明確,指的是元女的丈夫。但在先秦時代,"卿"字並没有指"丈夫"這種用法。作爲丈夫的稱謂的"卿",例如"卿卿我我",是甚晚才有的語言現象,不足爲訓。現在這件秦公鼎銘仍作"卿",可以肯定不是"卿"的誤字。

"卿"字還見於西周金文,例如:

義盉蓋(14794):王在魯,卿(佲)即(次)邦君、諸侯、正、有司大射。

令鼎(02451):王射,有司眔師氏、小子卿(佲)射。

鄂侯馭方鼎(02464):王休偃,乃射,馭方卿(佲)王射。

静簋(05320):王以吳夨、呂牭卿(佲)齒蕤師邦君射于大池。

豆卣(13310):乃沈子豆作父癸旅宗尊彝,其以父癸夙夕卿(佲)爾百婚媾。

顨方彝(13539):顨肇卿(佲)宁百姓。

諸例都讀爲"合"（或"會"），或者寫作"佮"。

我認爲，從銘文上下文來看，與"皇卿"之"卿"最能匹配的詞，只有"壻"。除此以外，似别無選擇。

《説文》："壻，夫也。从士、胥聲。《詩》曰：女也不爽，士貳其行。士者，夫也。讀與細同。婿，壻或从女。穌計切。""壻"從胥聲，胥是心母魚部字，而"壻"讀與細同（心母脂部），《古韻通曉》在心母脂部和心母支部下，重收"壻"字。壻與胥、細雖然構成雙聲，但從韻類上説，"胥"屬魚部字，與脂部、支部都有距離，不符合諧聲規則。這令人不能無疑。

從秦簡、漢簡以及漢唐之間的古注來看，"壻"字有一種從"聑"的寫法。睡虎地秦簡《爲吏之道》第五欄的簡 19、21、23 三次出現"贅壻"一詞，"壻"原字形寫作"埑"。"聑"形可參看秦封宗邑瓦書中"輯"字的寫法。西漢宣帝甘露二年丞相府御史律令、武威漢簡《儀禮·服傳》以及漢晉碑刻中，有用作"壻"的"聟"字。這些字形如下：

1	2	3	4	5	6	7	8

1、2、3《睡虎地秦墓竹簡》82 頁《爲吏之道》第五欄 19、21、23 簡，"贅壻"；4、秦封宗邑瓦書"一里廿輯"；5、甘露二年丞相府御史律令（破城子 74EPT43：92、金關 73EJT1：1—3）"材取不審縣里男子，字涒，爲麗戎聟"；6、武威漢簡《服傳》第 55 簡"聟。何以緦也，報之也"；7、漢仙人唐公房碑"聟谷口"；8、晉徐夫人菅洛碑。

將"埑"與"聟"相比較，"埑"從士爲義符，而"聟"字左上所從應是義符"夫"，後來訛變爲"矢"。"夫"、"矢"相訛，在漢隸中常有，例如《説文》"規"字從夫，但隸書有從"矢"的寫法（參看《秦漢魏晉篆隸字形表》736—737 頁、344 頁等）。

"埑"與"聟"共同的部分"聑"，應視作聲符。《説文》："聑，聑語也。从口从耳。《詩》曰：聑聑幡幡。七入切。"據段《注》的解説，"聑"字取口附耳形，表示"附耳私小語"的意思。"在出土簡帛資料中，明確的"聑"及從"聑"的字，作如下之形：

1	2	3	4	5	6	7

續表

8	9	10	11	12	13

1、上博四《曹沫之陳》簡16"上下和且聑(輯)";2、上博四《曹沫之陳》簡33"不和則不聑(輯)";3、上博四《曹沫之陳》簡48"不和則不聑(輯)";4 清華簡《子産》簡25、26"爲民型(刑)程,上下龣(和)聑(輯)";5、清華簡《周公之琴舞》簡11"用頌輯余";6、郭店簡《魯穆公問子思》簡2:"公不悦,聑(揖)而退之";7、郭店簡《緇衣》簡34"於緝熙敬止";8、9、10、11、12 新蔡簡乙四128、乙四139、乙四145、零243、零533"聑(壹)禱";13、馬王堆帛書《陰陽甲》090"以聑墻"。

這些形體均不從"耳"。《説文》認爲"聑"字從口從耳之説恐難成立。徐在國、范常喜和禤健聰等先生認爲"聑"是"揖"的表意初文①,而沈培先生不同意上述三家的説法,認爲見於《曹沫之陳》的那個字,都是"祝"字異體,讀爲"篤"②。

我同意三家之説。《説文》:"揖,攘也。从手咠聲。一曰手箸胷曰揖。伊入切。"上舉字形中,手形大都貼近人的胸部,都像"手著胷",所以"聑"應是"揖"的本字;而"祝"字之"手"旁常作覆手狀,二者不同。"聑"與"祝"的造字本義不同,但字形只有筆勢上的小異,可以説是寫法特別接近,可能很早就有"同形字"的傾向,所以古人在書寫"聑(揖)"字時,要特別強調手的位置,以至於産生了像"耳"形的那種訛變。

從"聑"之字屬精母緝部字。緝部字與"細"(心母脂部)、"蘇計切"的語音關係就比較有根據了。其反切下字"計",在上古音屬緝部字。《韓詩外傳》卷三"持滿之道抑而損",《淮南子·道應》:"抑"作"揖"。《儀禮》常見的"揖拜",或作"擅拜",據註疏,二者雖有小異,仍可視爲音義皆近的同源詞。湖南省博物館藏戰國巴蜀風格的楚銘文戈(16855)"郏竝冥之造戈",我曾指出"郏竝"應讀爲"汁邡"③。又范常喜先生讀新蔡簡的"聑禱"爲"壹禱"。以上"抑"、"擅"、"壹"與"郏"均質部

①徐在國:《説"聑"及其相關字》,簡帛研究網,2005年3月4日。范常喜:《新蔡楚簡"聑禱"即"翟(從羽從能)禱"説》,簡帛網,2006年10月17日(http://www.bsm.org.cn/show_article.php?id=440#_edn27);禤健聰:《楚簡文字與説文互證舉例》,王蘊智主編:《許慎文化研究——首屆許慎文化國際研討會論文集》,中國文藝出版社,2006年。
②沈培:《説古文字裏的"祝"及相關之字》,《簡帛》第二輯,上海古籍出版社,2007年,第14—15頁。
③董珊:《釋楚文字中的"汁邡"與"胸忍"》,《出土文獻》第一輯,中西書局,2010年。

字,爲脂部的入聲,計、汁、咠、揖均爲緝部字,可見緝部與脂部(或質部)聲系相通。

由此可見,以"壻"的異體字"堳"來立論,能够從諧聲和通假情況講通"讀與細同"的語音現象。我認爲早見於秦代竹簡的"堳",乃是正體;西漢就已經出現的"聟"字,則是義符替換或有所訛變;而東漢許慎《説文解字》中的小篆"壻"字形,卻是聲符錯訛的漢代訛俗體。

下面列舉"堳"與"聟"在文獻中的用例,順便也看一下古人對"堳"、"聟"、"壻"三字俗體、正體關係的理解。

1、《左傳》文公八年"且復公壻池之封"杜預注:"公壻池,晉君女婿",《經典釋文》:"壻音細,俗作聟。"

2、《儀禮·士昏禮》"陳三鼎於寢門之外"鄭玄注:"寢,壻之室也",《經典釋文》:"壻本作堳。"

3、《禮記·昏義》"壻執鴈入",《經典釋文》:"壻,字又作聟,女之夫也。依字從士從胥,俗從知下作耳。"

4、《詩·有女同車》"有女同行,顔如舜英"鄭玄箋:"女始乘車,婿禦輪三周,禦者代婿",《經典釋文》:"婿音細,《字書》作堳。"

5、《方言》卷三:"東齊之間,聟謂之倩",錢繹《箋疏》"聟,乃俗壻字。"

6、《太平經》卷六十九"天讖支干相配法":"庚者屬乙,是國家諸侯王之堳也。壬者屬丁,是帝王女弟之堳也。"其中"堳"即壻。

7、《風俗通義·怪神》:"婦尚不知有此妹,新從聟家來,非其所及。"盧文弨《群書拾補》曰"壻之俗體。"

以上是漢唐之間的文獻所保存的"堳"、"聟"(或又訛作"聟")字。這兩種寫法,大多保存在註疏中,通常被認爲是俗字。這種認識,緣於"胥"與"咠"字形相近,"胥"常常訛變爲"咠"。對此,前人早有舉例和説明:

1、《戰國策·魏策三》:"芒卯謂秦王"章"王之士未有爲之中者也。臣聞明王不胥中而行。"胥,鮑本作"咠"。吳師道《戰國策校注》謂一作"胃",即"胥"字俗體。

2、《戰國策·魏策四》:"魏王問張旄"章"張旄對曰:韓且坐而胥亡乎?且割而從天下乎?""胥"鮑本作"咠"。又"或謂魏王王徼彊之内"章:"臣爲土之楚,土胥臣反,乃行。"鮑本胥作咠。吳師道《校注》:"一本作胃"。

3、《戰國策·趙策四》:"左師觸讋願見太后,太后盛氣而揖之。"《史記·趙世家》作"左師觸龍言願見太后,太后盛氣而胥之。"吳師道《校注》引謂"史云:胥之,入,徐趨而坐,胥字當是"(吳説又見《趙策四》"或謂建信君"章"聟"字下)應作

"胥"。馬王堆帛書《戰國縱橫家書》："左師觸龍言願見,大(太)后盛氣而胥之。"

4、《晋書·地理志》"武威郡揖次縣",錢大昕《廿二史考異》卷十九："當作揖次,漢隸胥、耳二字多相亂,故訛爲'揖'。隋開皇初,改廣武縣曰邑次,又因揖、邑同音而訛也。"①

5、《通志·氏族略》、《古今姓氏書辯證·一四》並引《風俗通義》佚文："陽成氏,陽成胥渠,晋隱士也。"王利器《風俗通義校注》引《元和姓纂》十："伯成氏,《風俗通》:伯成耳渠,晋隱士。"指出《姓纂》"伯成耳渠"即"陽成胥渠"之誤。

6、《尚書大傳》"太公曰:臣聞之也,愛其人者兼其屋上之烏,不愛人者及其耳餘(原注:胥餘,里落之壁)。"《説苑》卷五"耳餘"作"餘胥"。

7、《管子·戒》："鮑叔牙之爲人也好直,賓胥無之爲人也好善","賓胥(須)無"有版本作"賓耳無"。

8、《太平御覽》卷六百三十二治道部十三引《國語》曰："文公使原季爲卿。辭曰:夫三德者,偃之出也。"其下原引賈、唐注:"三德:先披、先軫、耳臣也。偃,狐偃也。三子皆偃所進。"又唐李綽《尚書故實序》:"博物自同於壯武,多聞遠邁於耳臣。"兩"耳臣"皆即"胥臣"。

9、章太炎《訄書·訂文第二十五》後附《正名襍義》:"《禮》有追胥,律令訛爲緝捕,而鄙諺謂俾睨、偵伺,猶存胥語。"條下自注:

> 《地官·小司徒》:"以比追胥"注:"胥,伺捕盜賊也。"此本《釋故》"胥,相也"爲訓。今律,緝捕義亦爲伺。然緝字本義、借義,皆與"伺"訓絕遠。此必習用"胥"字,展轉傳訛,隸變"胥"字作"胥",多訛爲"耳",官書又增偏旁,遂爲"緝"字。今楊、越言俾睨、偵伺,則音如疏。②

以上都是原本作"胥",而有訛作"耳"的情況。因爲這種例子較多,學者就形成了思維定勢,具體到"壻"與"聟"二字的關係上來,也認爲是"壻"俗訛作"聟"。例如唐顏元孫《干禄字書》去聲霽韻下:"聟、壻、壻,上俗、中通、下正"。又顧炎武《金石文字記》卷二"孔子廟堂碑"條下説:

> 此碑與皇甫誕碑並書胥爲胥,《廣韵》:胥,俗作胥。然考之漢人,如韓勅孔廟禮器碑、桐柏淮源廟碑、司空宗俱碑、巴郡太守張納碑、竹邑侯相張壽碑、戚伯著碑、金廣延母徐氏碑、殽阮祠碑陰、楊震碑陰及魏公卿上尊號奏、北齊南

---

① 錢大昕撰,陳文和、張連生、曹明升校點:《廿二史考異》卷十九《晋書二》,鳳凰出版社,2008年,第264頁。
② 章炳麟著、徐復注:《訄書詳注》,上海古籍出版社,2000年,第445頁。

陽寺碑，固已書爲胥矣。漢人碑亦或作胥，後周華岳頌作胥。故李善注枚乘《七發》，以通厲骨母之場爲胥母之誤，而婿字一傳爲壻，再傳爲埍，三傳爲聓，四傳爲聟，皆胥之變也。《詩·有女同車》《釋文》：婿音細，《字林》作埍。《戰國策》防韓且坐而胥亡乎、王胥臣之反而行，並作咠。《書大傳》不愛人者及其胥餘，作咠。《晋書·五行志》淪咠於北，《音義》：咠，息魚反。《張駿傳》有黄龍見於揖次之嘉泉，吕光《載記》：迎大豫於揖次，《音義》：揖，子魚反，次音恣。《漢書·地理志》武威郡有揟次縣。此皆胥字之誤。漢仙人唐公房碑壻字作聟。晋王右軍帖有女聟字。

可見，因爲由“胥”向“咠”的訛變較爲常見，所以學者就形成了思維定勢，没能想到“壻”反而是自“埍”訛變而來的。顧炎武和顔元孫都上了許慎《説文解字》的當。

根據目前資料來看，“咠”旁訛變爲“胥”，大約是在東漢①。以下是一些從“咠”向“胥”類字形演變的例子：

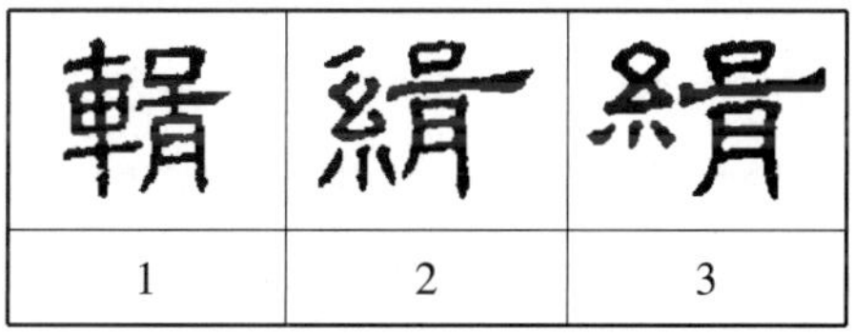

1、白石神君碑“輯寧”；2、孔宙碑“緝熙”；3、曹真碑陰“張緝”

關於“胥”、“咠”相訛的緣由，孟蓬生先生説：

> 自元吴師道倡爲“胥”、“咠”形近之説，而清王念孫援引隸書字形以證成之，今人翕然稱善，莫敢疑之。今按諸載籍，知其説不無可議。形近之説如可成立，亦胥、咠音近有以啓之也。蓋胥、咠之相混，亦猶大家所習知之參之於枲、垩之於臿也。此種現象，前人多有論及，無煩覼縷。②

孟先生認爲這種訛混兼有形、音兩方面的因素，我很贊同他的看法。

總而言之，根據秦簡的文例和年代，“埍”應該是早期構形，是正體，而“壻”是俗體，《説文》小篆之“壻”字，應是許慎根據東漢時代隸楷變化時所産生俗體，又翻改成小篆，同時音隨字轉，“埍（壻）”也就有了“胥”的讀音。如果反過來認爲早期

---

①北大藏西漢簡（約漢武帝時）《蒼頡篇》簡 69 有“袒糈姪娣”句，《説文》：“姻，壻家也。女之所因，故曰姻。”垔、因聲系相通，若“袒糈姪娣”可讀爲“姻壻姪娣”，則“咠”旁訛變爲“胥”的年代可能會更早一些。

②孟蓬生：《〈孟子〉“接淅而行”音釋——談魚通轉例説之三》，簡帛網，2010 年 9 月 6 日。

作"壻",後來訛變爲"埡",在目前得不到證據的支持。

根據以上對"埡（壻）"字構形和讀音的考辯，現在回頭再看鼎銘"皇卿"的讀法。壻字舊歸支部（歸支部恐怕是誤認智上之知爲聲符）或脂部，現在來看，埡應歸緝部，其讀與細同，應屬精母字。而"卿"從"合"聲，合是見母緝部字。精系字與見系字關係密切，例如"及"是見系群母字，從"及"聲的"扱"（楚洽切）是精系清母字。又如"耴"在精母，從"耴"得聲的"揖"在見系影母。由"耴"與"合"音相近，可見"卿"與"埡"聲音也不遠，可以構成通假關係。"皇卿（埡）"之"皇"是美稱，即指元女之美好的夫壻[1]。

上述讀法，反過來也可以證明本文對"埡（壻）"的理解是正確的。

三、祭祀與受福

秦公鼎銘"虔敬而（爾）祀"，晋公盤作"虔敬盟祀"，秦武公鐘鎛作："公及王姬曰：余小子，余夙夕虔敬朕祀，以受多福。"古代女子出嫁以後，作爲女主，奉夫家的祭祀，所以秦武公及王姬在鐘鎛銘文自言"朕祀"，夫妻倆又在秦公鼎銘對元女説"爾祀"。晋公盤、盆銘文之"盟祀"，也見於邾公華鐘銘文（15591）："以卹其祭祀、盟祀。""祭祀"與"盟祀"對文有別，"祭祀"是指對祖先的祭祀，"盟祀"應讀爲"明祀"，《左傳》僖公二十一年："崇明祀，保小寡，周禮也。""盟（明）祀"指對祖先以外其他的明神的祭祀。在晋公盤銘只説"盟祀"，則應統括對祖先和其他地區性的鬼神的祭祀。

"以受大福，康虞（娱）屯魯，大壽繁釐，男子萬年無疆。"從句子結構上説，可將此句"受"字後的"大福"、"康娱"、"屯魯"、"大壽"、"繁釐"、"男子"、"萬年無疆"都視爲"受"的直接賓語。其中"大福"與"大壽"不必解釋。"康娱"，詞常見於西周晚期金文；"屯魯"讀爲"純魯"，專壹而美好；"繁釐"之"釐"，《説文》訓爲"家福"，當從南宋鄭樵《通志略・六書略第三》引《説文》釋義作"蒙福"而改爲"家福"[2]，"繁釐"就是多蒙福祉。"男子"，指男性的子嗣，即兒子。這些都是因爲虔敬各種祭祀，所以接受祖先鬼神給予她的各種美好事物。

"其康寶（保）"在晋公盤作"永康（康）寶"。"寶"作動詞，可讀爲"保"。

---

① 由此反推，"壻"的本義可能也跟"配合"有關。（參看本文附記）
② 説見董珊：《仲大師作孟姬四器研究》，未刊稿。

四、秦晋文化的關係，兼説平陽秦武公墓

晋公盤、盆的年代是晋文公在位時（公元前 636—628 年），比秦武公（公元前 697—678 年在位）晚了差不多 50 年，但二者有不少可以比較的詞句。從字體上説，晋公盤、盆文字的體勢，與同期的子犯編鐘銘文字體有些差異，卻與春秋秦文字有一定程度的相似。另外，在山西侯馬春秋晋國鑄銅遺址，出土有一件"穀安寧壽久"的銘文陶模，字體也屬秦文字①。這件秦公鼎銘的出現，讓我們看到春秋時代秦、晋文化上的某些共性。

《史記·秦本紀》記載秦武公"二十年，武公卒，葬雍平陽。初以人從死，從死者六十六人。有子一人，名曰白，白不立，封平陽。立其弟德公"。今據秦公爲其女兒所做的滕鼎，提示秦武公與王姬尚有一女。2013 年初，陝西省考古研究院在寶雞太公廟村附近勘探，發現 11 座古墓，其中最大的一座東西向中字形墓，總長 106 米。在大墓東南側有"凸"字形車馬坑，大墓東西兩側分別發現了疑似陵園的兆溝設施，此秦公大墓距離 1978 年發現青銅鐘、鎛的窖穴僅百米。根據地理位置、墓葬形制以及墓葬附近已發現的秦武公鐘、鎛的樂器坑，推測墓主人很可能就是秦武公②。此地就應該是秦武公所葬的雍平陽。這件秦武公鼎與平陽的秦武公陵園是否有關，值得今後留意。

2019 年 3 月 12 日寫成

【附記】拙文草成之後，即寄呈陳劍先生請教。陳劍先生在 2019 年 3 月 16 日惠賜大函曰：

大作主要是論"卲合皇卿"之"卿"字，但問題恐還不在於所謂大膽改《説文》。"壻"字應本係從"聑"聲，《説文》作"胥聲"是據訛形爲説，此點毫無問題（中心劉釗老師的博士生李豪，博士論文擬作《古文字的諧聲系統與相關古音問題研究》，17 年開題報告上曾舉此例作爲典型例證，大家都很贊同；其意似尚未單獨寫成文發表）。但逕讀"卿"爲"壻"之説，仍覺不够"平實"。一則"合"聲字與"聑"聲字相通，從音韻地位、有關例證看皆難稱"密合"；二則也是更重要

①山西省考古研究所《侯馬鑄銅遺址》，圖版一二三，3，文物出版社，1993 年，第 199 頁。
②馮國、都紅剛：《陝西寶雞發現"中"字形秦公大墓主人疑爲秦武公》，新華網 2014 年 8 月 21 日。

者，“壻”此詞放在此辭例中亦難稱愜當，覺其義太“專”太“實”。“卿”指其夫君、夫壻應無問題，但其所表之詞殆不待遠求，我意就是“合”。《爾雅·釋詁上》“仇、偶、妃、匹、會，合也”，有關諸詞用於夫妻、君臣等，我講金文“述”字時曾有論；作名詞用，亦即《詩·大雅·大明》“文王初載，天作之合”（注意此係雙賓語結構）、《天問》“女歧無合”（此兩例用於男女）、《離騷》“湯禹儼而求合兮”、《楚辭·九辯》“太公九十乃顯榮兮，誠未遇其匹合”（此兩例用於君臣）之“合”。金文或作動詞用於“合射禮雙方”的場合，或作名詞即“述偶”義（“皇合”猶言“大配”），從其詞的古老程度、語義色彩各方面體會，都是很合適的，更能把金文兩類用法皆統一。其字以“兩人相對”之形之“卯”爲意符，以“合”爲聲符，說爲爲此類義之“｛合｝”所造之本字、專字（後復爲“合”所兼併；其詞與“卲合”之“合”有別，故雖同見亦無所謂、不構成多大障礙；我相信“天作之合”之“合”字，當時應該也是就寫作卿的），亦最爲自然平實（田煒《古璽探研》曾改釋此類字爲“嚮”，恐難信）。不知兄以爲如何？

今按：關於“壻”字本從“耳”聲之說，閉門造車，今知與李豪先生合轍，並非我一己之見，不敢自專，聊存備考。陳劍兄覺得此字若讀爲“壻”，其義顯得太“專”太“實”。關於“皇卿”之“卿”直接就讀爲“合”，我最初也考慮過。2017 年 11 月 18 日，在北京大學中文系召開“重建古典學”討論會上，我發表題目爲《先秦漢語表示“匹配”、“對合”義的幾個詞族》（尚未成文），對有關概念做過系統考察。從音義關係來看，我認爲“壻”與“合”仍是同源詞，女壻之“壻”的核心詞義，應該也是“匹配”、“對合”或“配偶”這類比較“寬泛”、比較“虛”的意思。此點看法，在寄呈陳劍兄請教之際，尚未及展開來寫（參看本文 108 頁注釋①）。所以，從同源詞的角度講，暫不妨“壻”、“合”兩種讀法並存，以供學界參考。

2019 年 3 月 22 日記

（作者單位：北京大學考古文博學院）

温銅銘札

——所謂"仲催父鼎"的器主辨析

[韓]李裕杓

所謂"仲催父鼎"銘文,記載"噂伯邊"與"仲催父"參與征伐南淮夷的戰事。此器已失傳,只傳著録,目前所見最早的著録爲宋代王黼的《博古圖》(3·16)①,此後,又見於宋代、清代的一些著録②。諸著録所見的銘文,大體可分爲"五行本"和"八行本",字數均同爲35字(含重文2字),内容也相同。

> 唯王五月初吉丁亥,噂白(伯)邊玆(及)中(仲)催父伐南淮尸(夷),孚(俘)金,用乍(作)寶鼎,甘(其)萬年子=(子子)孫=(孫孫)永寶用。

"噂伯邊","噂"字形爲"𠁁",前人多釋爲"周"。對此,陳絜先生提出新見。陳先生認爲"𠁁"字,與其他金文中的"周"字字形不類,而接近於甲骨文中釋爲"噂"的字,故而考釋爲"噂"字③。"噂伯",應該是"噂"邦或"噂"族之長,其地望今山東濟南或濟陽附近④,本文從之。

"仲催父","催",銘文作"𤘽",學者多釋爲"倛",陳漢平先生釋讀爲"催",收

---

①(宋)王黼:《博古圖録》卷三,清乾隆十八年天都黄晟亦政堂修補明萬曆二十八年吳萬華寶古堂刻本,第16頁(收入《金文文獻集成》第一册,線裝書局,2005年,第332頁)。

②參見中國社會科學院考古研究所編:《殷周金文集成》(修訂增補本)第二册,中華書局,2007年,第1670頁(以下簡稱《集成》);嚴一萍主編:《金文總集》,藝文印書館,1983年,第587頁(以下簡稱《總集》)。

③陳絜:《"仲催父鼎"補釋及其相關歷史問題》,收入《古文字研究》第28輯,中華書局,2010年,第213—214頁。

④陳絜:《鄂氏諸器銘文及其相關歷史問題》,《故宮博物院院刊》2009年第2期,第20—21頁。

入於《古文四聲韻》的《義雲章》"催"字作""①,這正與""字的右文相同,此字左文從人,故字當釋爲"催",此人之名當讀爲"仲催父"②,本文從之。

五行本(《薛氏》87·1)　　　　　　　八行本(《復齋》15)

圖1　所謂"仲催父鼎"銘文③

宋人、清人的著錄將該器稱爲"仲俰父鼎"或"周仲俰父鼎",這反映出當時學者認爲此器的器主爲"仲俰父(仲催父)"。現代學者也多從這種看法,如陳夢家先生在《斷代》將該器稱爲"中佛父鼎"④;《總集》、《集成》均稱作"仲𠊳父鼎",《夷輯》稱爲"仲倰父鼎"⑤。這樣的話,本銘文中的"孚金","用作寶鼎"的主體也是仲催父。不過,此説尚存在商榷的餘地。筆者認爲,這可從兩個方面考慮。

第一,此銘所見人物的稱號。對此,陳絜先生已提出了新見。陳先生在前賢研究的基礎上,認爲古人在鬼神、尊長甚至同僚之前多以私名自稱,極少以字爲稱,青銅禮器一般是用來敬祀鬼神的,所以器主通常用私名而不稱字,"仲催父鼎"銘文中的"仲催父",顯然是字而非私名,所以將仲催父視爲器主,似有不妥⑥。

第二,"噂伯邊及仲催父"的"及"字的訓詁。"及",在古漢語中主要用作連詞或介詞,此銘的"及"也可看作連詞或介詞。

---

①(宋)夏竦編《古文四聲韻》,收入李零、劉新光整理:《汗簡·古文四聲韻》,中華書局,1983年,第15頁。

②陳漢平先生又指出,古代"崔"、"衰"字通用,此字或可釋"倰"(陳漢平:《古文字釋叢》,文化部文物局古文獻研究室編:《出土文獻研究》,文物出版社,1985年,第232頁)。

③(宋)薛尚功:《歷代鐘鼎款識法帖》,1935年海城于省吾影印崇禎六年朱某埀刻本,第87頁(收入中華書局編《宋人著錄金文叢刊初編》,中華書局,2005年,第365—366頁。)以下簡稱《薛氏》;(宋)王厚之(復齋):《鐘鼎款識》,清嘉慶七年阮元積古齋藏宋拓摹刻本,第15頁(收入《宋人著錄金文叢刊初編》,第509頁)。《集成》(修訂增補本)第二冊,第1670頁:"《復齋》行款與宋代他本異,《積古》等清代諸書均據《復齋》。"

④《斷代》,第246—247頁。

⑤陳秉新、李立芳:《出土夷族史料輯考》,安徽大學出版社,2005年,第218—219頁。

⑥陳絜:《"仲催父鼎"補釋及其相關歷史問題》,第215—216頁。

其一,看作連詞,《春秋》桓公二年曰:"宋督弑其君與夷及其大夫孔父",《穀梁傳》曰:"其曰'及'何也?書尊及卑,《春秋》之義也。"①若是噚伯邊的地位高於仲催父:西周金文中,作器者一般留下自己上司的名稱,而少見留下自己下屬的名稱之例。如此的話,"仲催父"可看作爲作器者。但是我們值得注意的是"噚伯邊"的名稱結構是"噚伯"加"邊",即"身份"加"名"的結構,身爲其下屬的"仲催父"作器之時,自己稱字而稱上司之名,義有未安,因而筆者不同意"及"字的連詞之用。

其二,考慮一下"及"用作介詞的可能性。春秋時期的子犯編鐘(《近出》10—17)銘文中有"子犯及晋公率西之六師⋯⋯"的記載。"子犯",即晋卿狐偃之字,晋文公的舅父,因此又稱舅犯②;"晋公",應指晋文公重耳。如果將此句中的"及"看作連詞,則與"書尊及卑"的春秋筆法互相矛盾,雖然子犯是晋文公之舅父,但是君臣關係上他畢竟是個文公之臣。因此筆者認爲這裏的"及"應該看作介詞,即"跟"、"從"之意,如此的話,"子犯及晋公率西之六師"可釋爲"子犯從晋公率領西之六師",文理很清楚。據此看所謂"仲催父鼎"銘文,"噚伯邊及仲催父伐南淮夷",可解釋爲噚伯邊從仲催父征伐南淮夷,主語是噚伯邊。則其下文"孚金"、"用作寶鼎"的主體,應該是噚伯邊,跟"仲催父"看作主語相比,更加明確。因此筆者認爲這篇銘文的主語是"噚伯邊",他就是作器者。據他從"仲催父"作戰,可見他的地位比"仲催父"低一些③。

綜上所論,所謂"仲催父鼎"的器主,並非仲催父,而是噚伯邊。對銅器的命名,學界默認以器主爲名,如此則對該器的命名有所不妥,當稱爲"噚伯邊鼎"才是。

附表　所謂"仲催父鼎"銘文著錄表

	著錄	器銘	所見人物釋讀		備考
五行本	(宋)《博古》3.16	周仲偶父鼎	(周)伯皋	仲偶父	拓本
	(宋)《薛氏》87.1	仲偶父鼎	(周)伯皋	仲偶父	摹本
	(宋)《嘯堂》15	周仲偶父鼎	(周)伯皋	仲偶父	摹本
	(清)《清乙》1.17	周仲偶鼎			拓本,没有釋文
	(清)《集古》4.22	仲偶父鼎	(周)伯邊	仲偶父	摹本

① 《春秋穀梁傳注疏》,上海古籍出版社影印阮元《十三經注疏》本,1997年,第2372頁。
② 《大學》:"舅犯曰:'亡人無以爲寶,仁親以爲寶。'"鄭玄注:"舅犯,晋文公之舅狐偃也。亡人,謂文公也,時辟驪姬之讒,亡在翟。"(《禮記正義》,第1675頁。)
③ 李裕杓:《西周王朝軍事領導機制研究》,上海古籍出版社,2018年,第28頁。

續表

	著録	器銘	所見人物釋讀		備考
	《斷代》175	中佴父鼎		中佴父	摹本
	《集成》2734	仲催父鼎	（周）伯邊	仲催父	摹本,增訂本有釋文
	《夷輯》75	仲㑇父鼎	（周）伯邊	仲㑇父	摹本
八行本	（宋）《復齋》15	周仲偶父鼎	（周）伯邊	仲偶父	拓本
	（清）《攈古》2 之 3.84	仲偶父鼎	（周）伯邊	仲偶父	摹本
	（清）《奇觚》16.20.1	仲偶父鼎	微伯邊	仲偶父	拓本
	《總集》1243	仲偶父鼎			拓本,没有釋文
其他	（清）《古文審》2.6	仲偶父鼎	微伯邊	仲偶父	不分行款

●本文引用書目簡稱

《博古》:（宋）王黼:《博古圖録》,清乾隆十八年天都黄晟亦政堂修補明萬曆二十八年吳萬華寶古堂刻本。

《嘯堂》:（宋）王俅:《嘯堂集古録》,1922 年涵芬樓本。

《清乙》:（清）王杰:《西清續鑒乙編》,1931 年北平古物陳列所依寶蘊樓鈔本石印本。

《集古》:（清）阮元:《積古齋鐘鼎彝器款識》,清嘉慶九年自刻本。

《攈古》:（清）吳式芬:《攈古録金文》,1913 年西泠印社翻刻光緒二十一年吳氏家刻本。

《古文審》:（清）劉心源:《古文審》,清光緒十七年自寫刻本。

《奇觚》:（清）劉心源:《奇觚室金文述》,清光緒二十八年自寫刻本。以上著録皆用《金文文獻集成》本（北京:綫裝書局,2005 年）。

《薛氏》:（宋）薛尚功:《歷代鐘鼎彝器款識法帖》,1935 年海城于省吾影印明崇禎六年朱謀垔刻本。

《復齋》:（宋）王厚之:《鐘鼎款識》,清嘉慶七年阮元積古齋藏宋拓摹刻木本。《薛氏》、《復齋》均用中華書局編《宋人著録金文叢刊初編》本（北京:中華書局,2005 年）。

《斷代》:陳夢家:《西周銅器斷代》,北京:中華書局,2004 年版。

《集成》:中國社會科學院考古研究所編《殷周金文集成》（修訂增補本）,北京:中華書局,2007 年。

《近出》:劉雨、盧巖編《近出殷周金文集録》,北京:中華書局,2002 年。

《夷輯》:陳秉新、李立芳:《出土夷族史料輯考》,合肥:安徽大學出版社,2005 年。

《總集》:嚴一萍主編《金文總集》,臺北:藝文印書館,1983 年。

初稿:2014 年 11 月 12 日

定稿:2019 年 3 月 7 日

(作者單位:韓國東北亞歷史財團)

棗莊徐樓春秋墓分析[*]

朱鳳瀚

　　2009 年山東省棗莊市博物館發掘的棗莊徐樓 M1、M2,位於棗莊市嶧城區徐樓新村西約 1000 米的山坳中(圖 1),西臨鍋其山,地勢較高。兩墓是北、南並排,間距 5 米的兩座東西向中型土坑竪穴墓[①]。

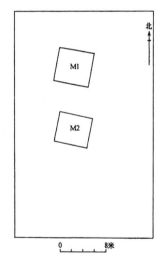

圖 1　墓葬位置示意圖

　　現將此兩座墓的墓制與葬式列表如下:

---

* 本文受到國家社科基金冷門絕學研究專項學術團隊項目"近出兩周封國青銅器與銘文的綜合研究"(20VJXT019)的資助

① 棗莊市博物館等:《山東棗莊徐樓東周墓發掘簡報》,《文物》2014 年 1 期;棗莊市博物館等:《棗莊市嶧城徐樓東周墓葬發掘報告》,《海岱考古》第七輯,科學出版社,2014 年。

表 1　棗莊徐樓 M1、M2 墓制與葬制及葬式登記表

墓號	墓口面積	頭向	葬具	器物箱內隨葬器物位置
M1(椁室與器物箱北部器物被盜)	6. 3×5. 8(37. 7平方米)	東	一椁一棺(在北)器物箱(在南)	銅器主要在西北部,陶器在東南部
M2	5. 9×5. 13(30. 1平方米)	?(東?)	一椁一棺(在北)器物箱(在南)	銅器主要在北部、東部,陶器在西南部

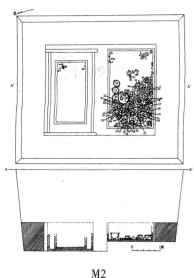

M1　　　　　　　　　　　M2

圖 2　棗莊徐樓 M1、M2 平、剖面圖

　　墓室近方形,墓室內分椁、棺與器物箱兩部分,南北並列,頭向多向東。這種墓葬形制及葬式在魯南區之南部與魯東南地區非常普遍①,學者多認爲這屬於"東夷文化"的一種表現。

　　在徐樓北相隔不遠的滕州市薛城區薛故城內發掘的墓葬均爲長方形豎穴土坑,頭向北偏東,大型墓的銅、陶禮器放在生土二層臺的器物箱中,棺内、椁外四周放置車馬器、兵器。除了仍有器物箱,且多有殉人這兩點與東夷文化相近外,其墓葬形制與隨葬器物放置方式,已與上述徐樓墓葬及魯南、魯東南區習見墓制不同②。

　　徐樓 M1、M2 墓葬形制及葬式與毗鄰的薛國墓葬有明顯差異,即已有文化之別,由此可見,東周時期魯南、魯東南地區確存在不同的區域性文化雜廁並存的狀况。

①2017 年至 2018 年發掘的滕州官橋鎮大韓墓地的大中型墓地也分爲椁室與器物箱,分居南北。
②山東濟寧市文物管理局:《薛國故城勘察和墓葬發掘報告》,《考古學報》1991 年 4 期。

徐樓 M1 爲女性墓,有宋公䣕爲之所作媵鼎。鼎銘曰:"有天乙唐(湯)孫宋公䣕作䰉叔子餞鼎,其𤉲壽萬年,子子孫孫永保用之。"

䣕從豹得聲,《説文》:"豹,似狐,善睡獸,從豸舟聲。《論語》曰'狐豹之厚以居'。"(大徐本臣鉉等曰:"舟,非聲,未詳。下各切")今本《論語·鄉黨》則作"狐貉之厚以居",知"豹"讀同"貉"①。貉,明母魚部字或匣母鐸部字。

春秋中晚期的宋公私名與"貉"音同者,有宋共公固,固是見母魚部字。固聲母爲見母,貉聲母爲匣母,分屬牙、喉音,相近;韻部分別爲魚、鐸,屬陰入對轉,故從字音來考慮,"宋公䣕(𤔲)"只能是宋共公固②。

宋公固之名見於《春秋經》成公十五年(《史記》作"宋公瑕"),前 588 年至前 576 年在位,約在春秋中期末。這個時段與徐樓 M1、M2 隨葬器物的年代也大致相合。宋公固爲 M1 墓主人䰉叔子(䰉是其夫氏,子是父姓,叔是行輩)之父,則她卒年一般會在宋公固卒後,即在前 576 年後,亦即進入春秋晚期偏早,這亦應是徐樓 M1 的大致年代。

M2 既爲其夫,下葬年代亦當與之相近(或略早或略晚)。

徐樓墓主人身份與二墓的年代雖可明確,但 M1、M2 隨葬的青銅器反應出來的文化内涵及其相關問題還是有必要做進一步思考的。

一、棗莊徐樓 M1、M2 隨葬青銅器組合所反映的問題

與棗莊徐樓 M1 年代相近的女性貴族墓有 1978 年發掘的河南固始侯古堆 M1(春秋晚期末葉——戰國初)③,現將二墓所出銅器組合形式比較如下,同時附春秋晚期中葉的中原女性墓長治分水嶺 M290 之組合形式。

表 2　棗莊徐樓 M1、固始侯古堆 M1、長治分水嶺 M290 隨葬青銅器組合登記表

墓號	食器	酒器	水器	樂器	其他
棗莊徐樓 M1(墓室面積 37.7 平米)	鼎 3(形制、紋飾、銘文同,大小有別)敦 2(形制、紋飾、大小同)鋪 2(形制、紋飾、銘文,大小同)簠 4(形制、紋飾、大小同)	罍 2 鉢 1	盤 1 匜 1	編鐘(鈕鐘)3 鎛 1	提鏈罐 1 束腰罐 2 車馬器

①楊樹達:《積微居金文説》(增訂本)"毛公鼎跋(一九四二年八月二十九日)",中華書局,1997 年。

②李學勤:《棗莊徐樓村宋公鼎與費城》,《史學月刊》2012 年 1 期。

③河南省文物考古研究所編著《固始侯古堆一號墓》,大象出版社,2004 年。

墓號	食器	酒器	水器	樂器	其他
固始侯古堆 M1（墓室面積 126 平米）	鼎9（Ⅰ型3Ⅱ型3Ⅲ型3）方豆2（方1、三足1）簠2（形制、紋飾、銘文、大小同）	壺2 鈄2 三足蓋壺1 斗2	盉1 匜1 盤1（報告稱三足爐，但楚式盤春秋晚期有此型）	編鐘（鈕鐘）9 編鎛8	束腰罐1 車馬器
長治分水嶺 M270（墓室面積 25.3 平米）	鼎10（有二型，各5）敦2 簠2	方壺2 罍2 鐎盉1 鈄1 勺1	盤1 匜1	編鐘 17（甬鐘8 鈕鐘9）	

　　棗莊徐樓 M1 與固始侯古堆 M1 所出銅器，從器形上看，有中原式簠、罍或壺、鈄、匜、盉及盤，且皆有編鐘、鎛。組合形式亦與同時期中原墓近同，有鼎、敦、簠、鈄、盤、匜或鼎、豆、簠、鈄、盤、匜之基本組合。

　　此二墓有較完備的隨葬銅器組合，蓋因墓主人皆爲宋國公室女子，女子在夫家下葬，採用所從出父家禮儀。

　　至於隆盛程度，則要看本人出身，侯古堆 M1 身份較高，故隨葬銅器較豐富。

　　2000 年發掘的山東郯城大埠二村 M1 也是女性墓，有腰坑，有殉人，其組合爲鼎2、鬲1、鈄1、瓠壺1、盤1、匜1，此外有罐3（不同形制），隨葬陶鼎7、鬲8、簠7、豆6、罐12（大型6、中型6）。銅器組合中無豆或敦，但有鬲，有不同形制的罐，與以上棗莊徐樓 M1、固始侯古堆 M1 有別，地域色彩濃厚①。

　　棗莊徐樓 M2 青銅器及陶器組合則可與同地區或相鄰地區（魯東南）時間相近的男性貴族墓（如邳州九女墩 M3，春秋晚期；薛故城 M2，春秋晚期中葉；沂水劉家店子，春秋中晚期）相對照②。其中薛故城 M2、沂水劉家店子 M1 與棗莊徐樓 M1 接近，皆屬於較大的中型墓，邳州九女墩 M3 屬於大墓。

---

①山東省文物考古研究所等：《郯城縣大埠二村遺址發掘報告》，《海岱考古》第四輯，科學出版社 2011 年。

②山東省濟寧市文物管理局：《薛國故城勘查和墓葬發掘報告》，《考古學報》1991 年 4 期；山東省文物考古研究所、沂水縣文物管理站：《山東沂水劉家店子春秋墓發掘簡報》，《文物》1984 年 9 期；孔令遠、陳永清：《江蘇邳州市九女墩三號墩的發掘》，《考古》2002 年 5 期。

表 3　棗莊徐樓 M2 與鄰近地區春秋墓隨葬青銅器組合形式對照表

墓葬	食器	酒器	水器	其他銅器
棗莊徐樓 M2(30.1平米)	鼎 3（形狀不同型）	鎝□ 1	盤 1、匜 1	兵器：戈劍矛鏃，工具，車馬器
薛故城 M2(30.4平米)	鼎 8（Ⅰ型 7、Ⅱ型 1）、鬲 6、簋 6、簠 2	壺 2、鈚 1、鎝□ 1	盤 1、匜 1	小罐 1，兵器：戈矛鏃
沂水劉家店子M1(102.4平米)	鼎 16(不同型)、鬲 9、甗 1、豆(鋪)7	壺 7、罍 4、鑴 1、鎝□ 2	盤 1、匜 1	兵器：戈劍鏃，車馬器
邳州九女墩 M3（有封土、殉人，約 101.7 平米）	鼎 6(含四型，其中三件形制、大小同)、鬲 1、豆 5	壺 1、尊 1、罍 1	盆 5、缶 1	盧 1、方儿形器 1、兵器

　　由上表可見，棗莊徐樓 M2 在青銅食器、酒器組合上均相對其他鄰近地區相近時期墓爲少，而且三鼎皆不同型，是拼湊起來的，沒有相應的簋或豆（鋪）的組合。即是説從組合形式上看，作爲 M1 女性墓主人的配偶，青銅禮器組合相對簡陋。其原因可能是因其下葬時，政治、經濟實力已弱，或因隨葬制度別緻。因爲文化類型相近的墓葬目前發現甚少，是否爲獨特葬制還不能確知。

　　但是，徐樓 M2 隨葬了一組數量較多的陶器，即以鬲、簋、豆、罍（鬲 7、簋 8、豆 11、罍 11）相組合。與此墓地相臨近的有 1992 年發掘的春秋晚期墓棗莊嶧城區二疏城 M5（圖 3），此墓與徐樓 M2 相同，亦東西向，頭向東，一椁一棺，也有器物箱。

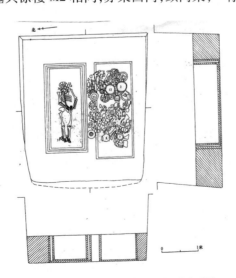

圖 3　棗莊市二疏城 M5 平、剖面圖

隨葬兩件形制、大小相同的青銅鼎與匜1,組合也很簡單。值得注意的是陶器組合亦爲鬲、簋、豆、罍(鬲7、簋4、豆4、罍4)①,由於此兩處墓地相距甚近,墓葬形制與頭向亦相同,特別是陶器組合相同,可能所屬文化亦相近。由此看來,徐樓M2的隨葬器物形式也可能緣於該種文化隨葬制度規定的成分。

二、徐樓 M1 隨葬青銅器的文化歸屬

徐樓 M1 出土的青銅器似可以分爲四類。

第一類是宋國器物,如宋公圝鼎(M1:39),即爲鄟叔子所作媵器。

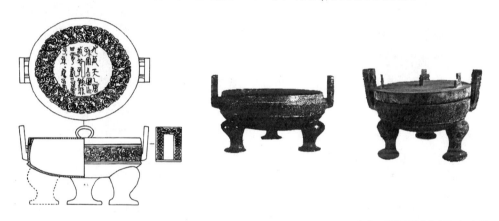

4.1　宋公圝鼎　　　　4.2　趞亥鼎(上海博物館藏)　　4.3　薛國故城 M2 出土鼎及其鼎蓋銘文拓片

圖4　宋公圝鼎及形制近同的宋、薛國鼎

上海博物館藏有趞亥鼎(圖4.2),失蓋,其形制基本同於此墓所出宋公圝鼎。趞亥自稱爲"宋莊公之孫",宋莊公即宋公馮(前710—前692年),所謂"孫",當是指"玄孫"輩,才能與春秋晚期器形相合。

春秋晚期宋鼎的此種平頂蓋、淺腹、雙高附耳、粗狀蹄足、特大足根與足跟的形制,與同時期的薛國鼎如薛故城 M2 出土鼎(圖4.3)特徵極爲相近,且銘文可以銘在蓋頂上也屬同制。宋、薛爲何共有此種獨特的鼎型,值得研究。

---

①中國科學院考古研究所、棗莊市博物館:《棗莊市二疏城遺址發掘簡報》,《海岱考古》第四輯,科學出版社,2011 年。

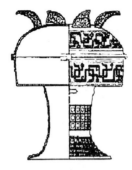

5.1　宋公🔲鋪(棗莊徐樓 M1:24)　　　　5.2　宋公🔲鋪(《銘圖》06157)

5.3　魯大司徒厚氏元鋪
之一(《銘圖》06155)

5.4　長清仙人臺
邿國墓地 M6

5.5　沂水紀王崮 M1 出土
鋪(M1:104《山東大學
文物精品選》圖版 57)

圖 5　M1 出土宋公🔲鋪與魯國、邿國及沂水紀王崮春秋墓出土形近鋪

又如墓中出有兩件同銘的宋公🔲鋪(M1:24,M1:39,圖 5.1),形制、銘文相同的還有另兩件鋪因被盜已流失在外,著録於《銘圖》06157(圖 5.2)與《銘圖續》0531,不能確知是否亦出於此墓。此型鋪,高柄有鏤空方格紋;淺盤,盤壁竪直;蓋壁圓鼓而平頂,頂有環繞一圈的八個透雕狀的蓮瓣附飾。鋪器、蓋均飾有漫散的蟠螭紋。此型鋪似亦流行於魯南、魯北以及魯東南西部地區,亦即所謂海岱地區的西中部。如 1932 年曲阜林前村出土的三件魯大司徒厚氏元鋪(圖 5.3),1995 年發掘的長清仙人臺邿國墓地 M6 出土的此型鋪(圖 5.4)①,2012 年發掘的沂水紀王崮 M1 南器物箱中亦出土 7 件同型鋪,惟蓋兩側有兩片弧狀透雕扉棱(圖 5.5)②。魯大司徒厚氏元鋪有三件,本墓所出宋公🔲鋪有兩件或四件。沂水紀王崮 M1 貴族身份相對較高,故有七件此型鋪。

①山東大學考古系:《山東長清縣仙人臺周代墓地》,《考古》1998 年 9 期。
②山東省文物考古研究所等編著:《沂水紀王崮春秋墓出土文物集萃》,文物出版社,2016 年。

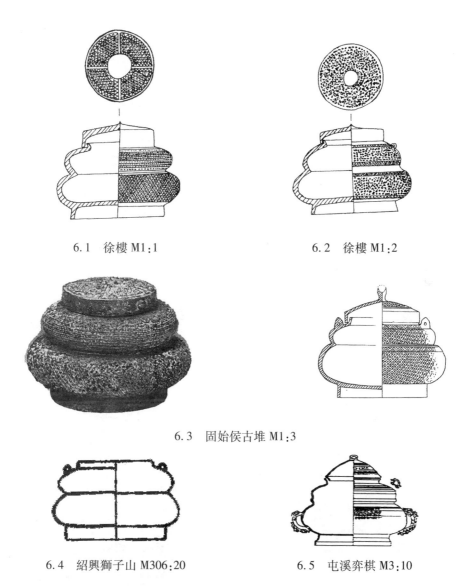

6.1　徐樓 M1:1　　　　　　　　6.2　徐樓 M1:2

6.3　固始侯古堆 M1:3

6.4　紹興獅子山 M306:20　　　6.5　屯溪弈棋 M3:10

圖 6　棗莊徐樓 M1 出土束腰小罐及其形近器

　　徐樓 M1 出土有兩件同形制的束腰小罐(或稱爲"雙腹罐",圖 6.1、6.2),這種罐亦出土於固始侯古堆 M1(圖 6.3),該墓中有宋公欒爲其妹所作媵器(鼎)。所以侯古堆 M1 與徐樓 M1 所出這種同形的小罐也可能同是宋國器物。此形罐還出於紹興獅子山 M306,唯失蓋(圖 6.4)[①]。上述徐樓 M1 年代約在春秋晚期偏早,固始侯古堆 M1 的年代約在春秋末至戰國初,紹興獅子山 M306 亦晚至戰國初,後二墓所出束腰小罐上腹肩部皆有二半環小耳,且圈足均亦作直壁,可見二者之間確有聯

———————————

[①]浙江省文物管理委員會等:《紹興 306 號戰國墓發掘簡報》,《文物》1984 年 1 期。

繫,但從時間上看,徐樓 M1 小罐早出土,在其器型來源上尚未能從南方器上找到關係。但安徽屯溪弈棋 M3 出土有與此形小罐形近的雙耳簋形器(圖 6.5)[1],小口,口沿微侈,蓋作子口,腹部亦二分;上腹部先作折肩狀,繼而向下作直壁;下腹部向外圓鼓,下接矮坡狀圈足,其形制特點確與徐樓 M1 所出束腰小罐有相近處,只是上腹壁並未外鼓,且有雙半環耳,圈足尚有底階。屯溪弈棋 M3 的年代應不晚於西周中期[2]。由此綫索看來,徐樓 M1 這兩件束腰小罐其形制確很可能淵源自安徽南部乃至江蘇西南部西周時的一個文化圈[3],但迄今所見春秋時此形器仍以徐樓 M1 所出爲早,且又出於與宋國有聯繫的固始侯古堆 M1,故仍可暫將之歸爲宋國器。

第二類,是中原器形的器物。

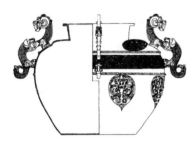

7.1　徐樓 M1B 型銅罍(M1:20)

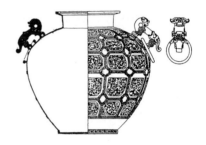

7.2　長治分水嶺 M270:13 罍

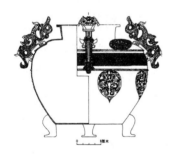

7.3　徐樓 M1A 型銅罍(M1:19)

7.4　1923 年新鄭李家樓大墓出土罍

圖 7　徐樓 M1 出土罍與中原地區出土之形近罍

徐樓 M1 出土的兩件罍作平折口,短直頸,較深腹,圓肩,腹壁圓緩內收,平底,

---

① 李國梁主編:《屯溪土墩墓發掘報告》,安徽人民出版社,2006 年。
② 拙著《中國青銅器綜論》下冊,第十一章,上海古籍出版社,2009 年。
③ 同上書第十一章。井中偉:《論棗莊徐樓春秋墓的幾個問題》(收入《青銅器與山東古國》,上海古籍出版社,2007 年)已指出此型罐發展序列中以屯溪弈棋 M3:10 所出爲最早。

肩上有攀龍形附耳(報告稱"浴缶",圖7.1、7.2),其形制與中原地區春秋晚期的罍特徵相近,如長治分水嶺M270出土罍、1923年新鄭李家樓大墓出土罍(圖7.3、7.4),有可能來自於中原。

第三類,是有楚式風格的器物。

這主要是指徐樓M1所出鑄鑲有紅銅紋飾的銅器。楚國青銅器自春秋晚期始出現鑄鑲紅銅紋飾工藝,在列國中年代較早,而至戰國早期在楚文化圈或受楚文化影響的地區尤盛行。徐樓M1出土敦(M1:44,圖8.1)所鑄鑲的紋飾有奔躍的獸形與橫向的兩端出歧角的雙歧角紋,皆與同時期的楚國鑄鑲紅銅紋飾習見的紋樣(如圖8.2—8.4)相同,故徐樓M1出土的鑄鑲紅銅紋飾的器物有來自楚地或出於楚工匠的可能。

8.1　徐樓M1:44

8.2　淅川下寺M2出土浴缶(M2:51)
(《淅川下寺春秋楚墓》)

8.3　淅川下寺M2出土
敦(M2:54)(《淅川下寺春秋楚墓》)

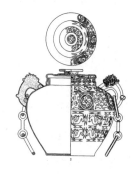

8.4　固始侯古堆M1出土浴缶
(M1:P35)(《固始侯古堆一號墓》)

圖8　徐樓M1出土敦(M1:44)與楚器上的鑄鑲紅銅紋飾

值得注意的是,在徐樓M1出土的一對盤匜上也有此種風格的鑄鑲紅銅紋飾(圖9.1、9.2)。只是其中M1出土匜腹部兩長邊口沿中間向外開有凹槽,這很少見於他處出土的匜,在鄰近的薛國故城M2、M4中所出匜(圖9.3、9.5)兩長邊中間也有這種凹槽,所以徐樓M1的這套盤匜應是在本區域製造的,至於紋飾有可能是本地工匠學習了楚器鑄鑲紅銅的技術,或是有楚國的工匠客居於此地所爲。可以支持這一可能的是,徐樓 M2 也出土了幾件鑄鑲紅銅紋飾的器物(圖 10),如是 M1 墓主人陪嫁物,一般不會出在其配偶的墓中。

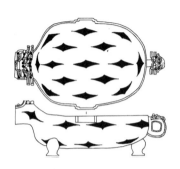

9.1　徐樓 M1 出土匜(M1:38)　　　　9.2　徐樓 M1 出土盤(M1:5)

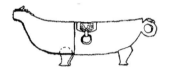

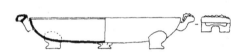

9.3　薛國故城 M2 出土匜(M2:121)　　9.4　薛國故城 M2 出土盤(M2:120)

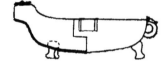

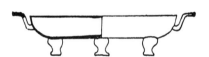

9.5　薛國故城 M4 出土匜(M4:7)　　　9.6　薛國故城 M4 出土盤(M4:8)

圖 9　徐樓 M1 與薛國故城 M2、M4 出土盤、匜

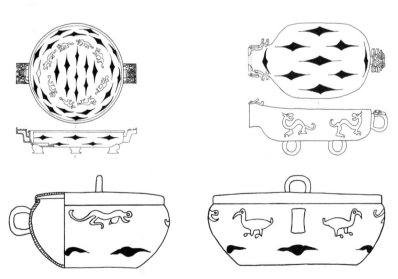

圖 10　徐樓 M2 出土的鑄鑲紅銅紋飾的盤(M2:22)、匜(M2:20)、鉈(M2:21)

　　徐樓兩座墓出土的此種淺盤,折耳,底接三矮粗蹄足的盤,在中原地區約出現于春秋中期偏早,如 1976 年聞喜上郭村 M7 出土盤。徐樓墓出土的管狀流、淺腹、腹作較寬的長橢圓(長徑與流口同向)、平底、三矮蹄足的匜,在中原地區約始流行於春秋中晚期之際(如 1923 年新鄭李家樓大墓出土此型匜)。從出土資料看,魯南區南段與魯東南區,亦是自春秋中期偏晚即開始流行此兩種形制的盤匜,如上引薛故城 M4 與偏居半島南段的海陽嘴子前 M4 出土的盤、匜①。所以徐樓 M1、M2 所出同型盤、匜,在本地區鑄造的可能是有的。

　　徐樓 M1 出土的銅器中,屬於楚式器的還有 M1 出土的鈳(M1:11),路國權已指出徐樓 M1 的這件鈳與 2004 年發掘的湖北襄陽餘崗楚墓 M237 出土鈳(M237:4)形制相同,腹內紋飾也相似,餘崗 M237 年代在春秋中期偏晚至春秋晚期偏早②。

　　第四類,具地方性特點的器物,即屬魯南、魯東南地區的器形。

　　如徐樓 M1 所出簠(M1:7,圖 11.1)與上海博物館所藏邾大宰簠(蓋)(圖 11.2)的形制與紋飾作漫散的蟠螭紋相近同。

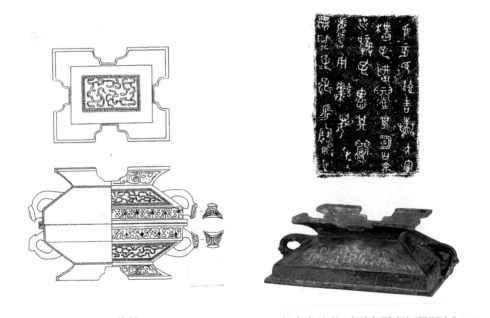

11.1　徐樓 M1:7　　　　　　　11.2　邾大宰簠蓋(《夏商周青銅器研究》499)

圖 11　棗莊徐樓 M1 出土簠(M1:7)與邾大宰簠蓋

---

①烟臺市博物館、海陽市博物館:《海陽嘴子前》,齊魯書社,2002 年。
②路國權:《嶧城徐樓 2009M1、M2 銅器群的年代和意義》,收入《青銅器與山東古國》,上海古籍出版社,2017 年。

在具地方性特點的器物中,更爲典型是具有所謂東夷文化色彩的造型與紋飾,如具鳥形捉手的提鏈小罐(圖 12.1)與罐形器(圖 12.2)。

12.1　徐樓 M1 出土鳥形
捉手提鏈小罐(M1:3)

12.2　徐樓 M1 出土鳥形
捉手罐形器(M1:4)

12.3　臨朐嵩山鄉泉鄉村 M 乙
出土鳥形捉手提鏈小罐(M 乙:10)

12.4　沂水李家莊出土鳥形捉手小罐

圖 12　徐樓 M1 出土提鏈小罐、罐形器及他墓所出形近器

M1 尚存有三件編鐘(圖 13.1),形制、紋飾同,大小相次。據發掘報告,此墓中尚殘留帶銘文的鐘、鎛殘片,故墓中還有若干件編鐘及鎛,可能被盜。此三件編鐘的形制,在鉦、鼓、鐘枚分布上與中原周式編鐘近同,但鐘鈕作絢索狀,鼓部與枚間篆帶紋飾作變形的勾龍紋,都帶有區域特色。與此三鐘有某些共同形制、紋飾特點的是郯城大埠二村 M2 出土的四件編鐘(圖 13.2、13.3),其中三件爲采集品。顯然徐樓 M1 與大埠二村 M2 出土的編鐘屬同一工藝傳統。

根據以上對徐樓 M1 出土青銅器的分類,可知一、二類有可能是墓主人宋公室女子陪嫁之物;三、四類應產自於本地,第四類尤具有魯南區南部的文化特徵,此二類屬於夫家爲之隨葬的器物。

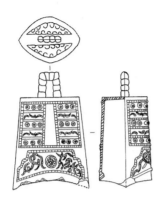
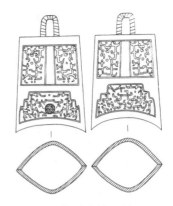

13.1 徐樓 M1:40 　　13.2、13.3　郯城大埠二村 M2 出土 的編鐘(M2 采:04、05)

圖 13　徐樓 M1 與郯城大埠二村 M2 出土的編鐘

另有鎛一件(M1:43),因殘,報告未刊完整圖像,僅刊有殘件及其上銘文,因自稱"▨夫人",應也是夫家所作之器。M1 墓主人▨夫人既隨葬有較多夫家所作器,證明其夫家在她去世時可能尚有一定實力,能夠使隨葬器物與墓主人等級相合。

圖 14　M1 出土鎛(M1:43)殘件

三、徐樓村 M2 出土器物分析

M2 出土的青銅器不多,其中鑄鑲紅銅紋飾的鉈、盤、匜已在上文討論過,需着重討論的是 M2 出土的與墓主人有較密切關係的鼎。

M2 出土的鼎有三件。其中 M2:25 是墓主人▨公所作鼎(M2:25,圖 15.1)。

此鼎形制很值得研究,鼎腹作淺盆形,圜底,兩立耳微外侈,其形制與春秋中期始出現的一直延續至春秋晚期的一種立耳盆鼎腹部相同,但比較特殊的是,此盆形腹鼎下部接有外撇的三較直的蹄足,其根部較粗,飾獸首,下部較細,斷面近半圓形,其足底有明顯外伸的足跟。這種形制不僅不見於中原式鼎與楚式鼎,亦不見於魯北地區與魯南區偏北區域。

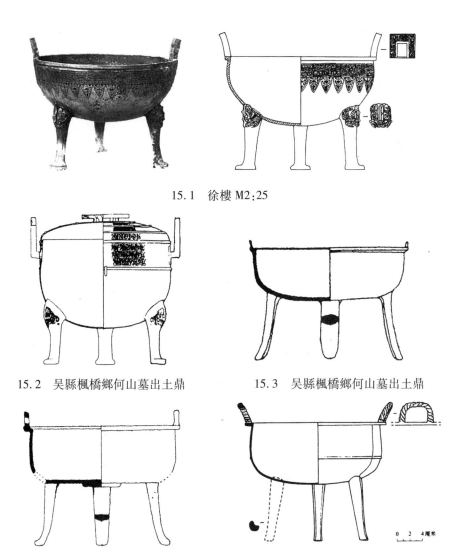

15.1　徐樓 M2:25

15.2　吳縣楓橋鄉何山墓出土鼎　　　　15.3　吳縣楓橋鄉何山墓出土鼎

15.4　吳縣楓橋鄉何山墓出土鼎　　　　15.5　安徽銅陵金口嶺出土鼎

圖 15　徐樓 M2 出土鼎(M2:25)與江蘇、安徽同時期墓出土外撇直鼎足的鼎

此鼎三較扁的直足外撇,不同於楚式鼎足的彎曲外撇,研究者一般認爲這是所謂"越式鼎"的特徵,但實際上,吳文化的鼎也有此種特徵。例如屬春秋晚期偏早的吳縣楓橋鄉何山墓出土的三件鼎中,一件是與同時期中原鼎形同(亦近於同時期的楚式鼎)的深腹有蓋鼎(圖15.2),兩件即是類似的這種扁足外撇(底近平)的淺腹盆鼎(圖

15.3、15.4)①。在皖南春秋時期的銅鼎也有直足外撇的淺腹盆鼎(圖 15.5)②。

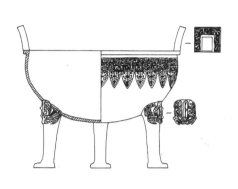

16.1　徐樓村 M2 出土鼎(M2:25)

16.2　鼎銘(M2:25)

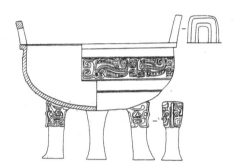

16.3　棗莊市嶧城二疏城 M5 出土鼎

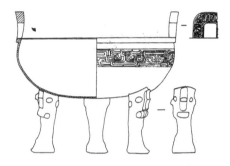

16.4　郯城大埠二村 M1 出土鼎(M1:3)

圖 16　棗莊徐樓 M2 出土鼎與鄰近區域春秋墓中出土的形制特徵近似的鼎

所以,徐樓 M2:25 鼎的形制作三外撇的直蹄足(圖 16.1),這種風格最有可能的是受到了吳文化中三扁足外撇鼎的影響。

在與徐樓墓地較近的魯南區南部其他與魯東南區較相近區域的春秋時期的墓中,有形制更近於徐樓 M2:25 的銅鼎出土,例如:約屬於春秋中期晚葉的棗莊市嶧城二疏城 M5 出土鼎(圖 16.3)③與郯城大埠二村 M1 出土鼎(圖 16.4)④。

因此,徐樓 M2:25 鼎的形制,可能是魯南區南段一種具地域性的鼎制。此鼎有銘文(圖 16.2),其釋文如下:

　　　隹正月初吉日丁亥

①吳縣文物管理委員會:《江蘇省吳縣何山東周墓》,《文物》1984 年 5 期。

②安徽大學、安徽省文物考古研究所編著:《皖南商周青銅器》,文物出版社,2006 年。

③中國社會科學院考古研究所、棗莊市博物館:《棗莊市二疏城遺址發掘簡報》,《海岱考古》第四輯,科學出版社,2011 年。

④山東省文物考古研究所等:《郯城大埠二村遺址發掘簡報》,《海岱考古》第四輯,科學出版社,2011 年。

Ｗ公膏(宜)習(旨),余其扣(臧)

金,用鑄其狄膏(宜)鼎

Ｗ字,就此形應隸定作㳄。趙平安先生釋作㳅,從水㦰聲,㦰,精母談部字,與來母談部字的"濫"字韻同,而聲母分別爲齒、舌音,亦相近,故將此字讀作"濫",即由邾分出的濫國①。

㦰字在甲骨文中寫作Ｗ,楚簡作Ｗ,作戈擊中雙人之腿部。《説文》:"㦰,絕也,一曰田器。从从,持戈,古文讀若咸,……"咸有劉、滅絕之義。在西周金文中蔑字作Ｗ,也作Ｗ,説明在有的表示戈擊中人體的字中,擊中部位似可變化。依此,Ｗ讀作㳅還是可行的。

M2 所出另一件有銘鼎 M2:24(圖17),形制基本特徵近同於上述 M2:25 鼎,紋飾紋樣風格亦相同,惟腹較深,耳較小,三直足根部較粗有獸首形飾,下部更細,外撇更明顯,但仍可歸爲同型。所以,這件鼎也應是在本區域所作,或與徐樓墓葬屬同一文化圈鄰近區域所製。此鼎亦當與墓主人㳅公有密切關係,而非外來饋贈品。

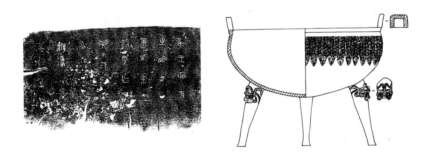

圖17　棗莊徐樓 M2 出土鼎及其銘文拓本(M2:24)

其銘文曰:

唯王正月

之初吉丁

亥,此余王

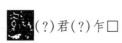(?)君(?)乍□

---

①趙平安:《宋公固作㳅叔子鼎與濫國》,《中華文史論叢》2013 年 3 期。

其小鼎□

永寶□□

無疆,子孫

永寶是尚

　　"余王"可讀作"徐王"(至春秋晚期之後的徐器,"徐"字一般已加"邑"旁作
"郐",而不寫作"余"),但作器者應是徐王下之"□君"。自棗莊向東南不遠即是蘇
北之邳州,1993 年發掘的邳州九女墩 M3、M2 爲春秋晚期墓[1],學者或認爲墓主人
屬徐國。有可能在春秋晚期時,棗莊徐樓 M2 墓主人之潕公與南鄰之徐國有某種
較密切的關係。

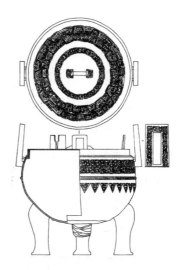

18.1　棗莊徐樓 M2 出土鼎(M2:26)　　　18.2　淅川下寺楚墓 M7 出土鼎(M7:6)

圖 18　棗莊徐樓 M2 出土鼎(M2:26)與淅川下寺楚墓 M7 出土鼎(M7:6)

　　徐樓 M2 還出土有一件鼎(M2:26,圖 18.1),其三矩形紐的平頂蓋、粗大蹄足
接在下腹部較高位置、蓋頂銘文環繞中心展開等,與薛故城所出鼎以及 M1 宋公圝
鼎有共同特徵。但此鼎作圓鼓腹底圓緩,中腹,又與以上薛、宋流行的平頂蓋淺腹
鼎有所不同,而與淅川下寺 M7:6 出土的楚鼎形近同[2],紋飾及佈局亦同於楚器,或
是受到楚器影響所形成的一種鼎形(楚式鼎如圖 18.2),這也證實了徐樓春秋墓與
楚文化的密切關係。

---

[1]孔令遠、陳永清:《江蘇邳州市九女墩三號墩的發掘》,《考古》2002 年 5 期;南京博物院等:《江蘇邳州市九
　女墩二號墩的發掘簡報》,《考古》1999 年 11 期。

[2]河南省文物研究所等:《淅川下寺春秋墓》,文物出版社 1991 年。

M2 出土器物除了上述銅器外，所出有鎏斧（M2：23，圖 19.1）與薛故城 M2 出土的斧（M2：16，圖 19.2）形制近同，應是具地域性的兵器。

19.1　徐樓 M2 出土有鎏斧（M2：23）　　19.2　薛故城 M2 出土有鎏斧（M2：16）

圖 19　徐樓 M2 出土有鎏斧（M2：23）與薛故城 M2 出土有鎏斧（M2：16）

綜上述，徐樓 M2 雖有與薛故城墓出土的器物相近者，但總起來看，M2 隨葬的青銅器以鼎爲代表，展示了與鄰近的文化明顯的差異。不僅如此，如果 M2 墓主人確是濫公，濫出自於郳，在器物上、文化特徵上應該與邾國或小邾國相近，但現在看來，還是有明顯區別的。

現存的鼄（邾）器不多，約春秋中期偏晚的邾公釛鐘（《銘圖》15275）仍作傳統的周式甬鐘的形式。春秋晚期的邾公牼鐘（《銘圖》15421—15424），雖鼓部占鐘體面積較大，但還是周制甬鐘的形式。約春秋晚期的邾叔之伯鐘（《銘圖》15319），亦基本沿用周制甬鐘的形制。上述邾鐘在紋飾上亦未見新形式。

從棗莊東江墓地所出春秋青銅器看，郳國（即後來的小邾國）雖然在組合形式上並不隨周制，但器類形制上仍順了周制，僅少數器物帶有區域（東夷）文化特點。

近期發現並已發掘的滕州大韓墓地，大中型墓屬春秋晚期與戰國時期。春秋晚期墓的形制與徐樓 M1、M2 近同，墓室中亦包括椁室與器物箱，南北分置，所隨葬的青銅容器（鼎、簠、敦、豆、鉼、罍、鈚、盤、匜）與禮器（鈕鐘）在組合與性質上大體仍與同時期中原諸國近同，間有薛式銅器（如鼎）特徵。較晚墓葬中的器物有齊、楚的影響。因墓中出有“郳公”戈與“郳大司馬彊”成套器物，不排除大韓墓地與郳國（小邾）有關。大韓墓地如屬小邾國，其春秋時期青銅器未見徐樓 M2 的青銅器組合形式，亦未見濫公鼎這種形制的鼎。

所以，徐樓 M1、M2 如確屬所謂濫國墓葬，在春秋晚期時，其文化面貌可能已與邾、郳（小邾）爲代表的邾國青銅文化特徵有較大的差別。一是，器主人本人使用特異的器物形制（如有吳越式鼎特徵的鼎形）；二是，有較强的東夷文化因素，墓葬形制、葬式,以及具東夷文化特點的銅器。

此外徐樓 M2 作爲一小國國君之墓葬,其隨葬器物組合相對其夫人墓中可與墓主人身份相合的隨葬器物體系,已過於簡陋,上面已討論過,其原因既有特殊墓葬制的可能,也可能是因歷史背景所致,比如濫此時已衰落。夫人出身於宋國,父家相對强大,故其在夫家仍保持有相對尊貴的身份。此種情況亦見於山西絳縣橫水西周倗氏墓地,倗伯夫人畢姬的墓葬(M1)在規模與隨葬青銅禮器的規格上均要高於其夫一代倗伯之墓(M2)①。

其實所謂濫國,在典籍中的資料並不多見。僅《春秋經》昭公三十一年記"冬,黑肱以濫來奔",杜預注:"黑肱,邾大夫。濫,東海昌慮縣。不書邾,史闕文。"史載昌慮在今滕州東南。《公羊傳》同年傳文言濫爲叔術之屬地,《穀梁傳》同年傳文認爲不言"邾黑肱"是"别乎邾也","其不言濫子"是因"非天子所封也"。《左傳》孔穎達疏認爲二傳之文以濫爲别國,不可通於《左傳》,"左氏無傳,明是闕文"。徐樓 M2 與 M1 如確爲一代"濫公"與其夫人之墓,則爲了解濫地確切地理位置及其歷史文化面貌增添了重要綫索。

四、小結

1、徐樓春秋墓雖只發現兩座墓,但爲了解春秋晚期魯南地區南端的考古學文化類型及文化面貌,特別是爲研究此一區域青銅文化特點提供了罕見的重要資料。其文化面貌與鄰近區域的差別,反映出直到春秋晚期海岱地區仍保有多種地域性文化兼容並存的局面。

2、有助於深入了解在魯南區、魯東南區所謂東夷文化的共性與其類型差異。

3、徐樓 M1 隨葬器中可看到學界了解不多的宋國青銅器的特徵。同時從兩墓中帶有楚式風格的器物,以及薛、宋青銅器的共性,可見到當時列國間文化的交流與青銅鑄造技術的交流。

4、從徐樓 M2 墓主人(城公,即濫公)隨葬器物的組合與類別,可窺見在春秋晚期列國政治勢力角逐的情況下,夾在大國間的小國之困難處境。

5、徐樓 M1 墓主濫夫人出身於宋公室,其墓室面積、隨葬品之豐盛均强於 M1 墓主人(濫公),表明在當時列國政治婚姻背景下,女子在夫家之地位乃會因其父

---

① 山西省考古研究所等:《山西絳縣橫水西周墓地》,《考古》2006 年 7 期;《山西絳縣橫水西周墓發掘簡報》,《文物》2006 年 8 期。

家政治勢力之强弱而定。

6、在研究方法上，徐樓墓葬啓示我們，對於考古發掘已取得的資料要作精細的深入分析，作比較研究，以從中獲取更多的學術信息。

（作者單位：北京大學歷史學系）

墨子"背周道而用夏政"考論

——論墨子的勤儉苦行精神

葛志毅

引言:墨子對大禹治水奉獻精神之繼承

《淮南子》論及墨子學行,曾謂其"前背周道而夏政"。"周道"可謂是以詩書禮樂爲表徵的貴族社會文化制度;關於"夏政",儒道兩家都曾對禹代表的精神風貌及學行宗旨有所稱述,其著者首先如儒家孔、孟,都稱譽有加。《論語·泰伯》:"子曰:'禹,吾無間然矣。菲飲食而致考乎鬼神,惡衣食而致美乎黼冕,卑宮室而盡力乎溝洫。禹,吾無間然矣。'"此謂禹衣食居室節儉,却能盡心於鬼神祭祀與治水事業。《憲問》:"禹、稷躬稼而有天下。"《泰伯》:"巍巍乎,舜、禹之有天下也而不與焉。"即禹、稷以有天下之尊而勤勞躬行,舜、禹則不以天下謀私利。禹如此高行,故得孔子備極推崇而再稱"吾無間然矣"。孔子對禹的稱述亦成爲後人評價禹的主要參照。《孟子·離婁下》:"禹、稷當平世,三過其門而不入,孔子賢之。顔子當亂世,居於陋室,一簞食,一瓢飲,人不堪其憂,顔子不改其樂,孔子賢之。孟子曰:'禹、稷、顔回同道,禹思天下有溺者,由己溺之也;稷思天下有饑者,由己饑之也,是以如是其急也。禹、稷、顔子易地則皆然。'"此孔、孟舉禹、稷、顔回之例,認爲三人同具憂世救民精神,皆能心繫天下,以苦爲樂,皆以拯世濟民爲己任。可以說,禹的人格行事,在儒家看來,與己無異。《論語·堯曰》記堯、舜、禹、湯及周之歷聖相傳及承天受命之辭,《孟子·盡心下》記堯、舜、禹、湯及文王、孔子五百年受命而興之聖跡踵武,皆以禹入儒家所奉聖王之列,逮至荀子更多見稱述大禹之語。如《成相》稱禹治水勤苦之功,曰"避除民害逐共工"、"躬親爲民行勞苦"。荀子不僅列禹爲堯舜聖王之列,更以禹爲踐行儒家修身立德的典型。《非十二子》曰:"聖人之得勢者,舜、禹是也。今夫仁人也,將何務哉?上則法舜、禹之制,下則法仲尼、子弓之義……如是則天下之害除,仁人之事畢,聖王之跡著矣。"《性惡》:"凡禹之所以爲禹者,以其爲仁義法正也。"是禹不僅列入儒家所尊聖王一體,而且又以禹行合乎仁義法正,可爲儒家修身立德的極致典型,故又以"塗之人可以爲禹"號召於天下,教人勵志修德向善。禹在儒家觀念中地位如此,故若一定以大禹精神代表夏政,以孔子儒家代表周道,那麼,在二者之間實很難作出什麼根本區別。故必以繼承大禹勤儉苦行精神自命的墨子爲"背周道而用夏政",那麼,其義究竟如何,其説是否合理,對此令人評量頗費周章,似不可輕下褒貶定義。從根本上講,無論夏政還是周道,都同儒家有關,儒家亦從未視大禹精神爲外道。相反,禹與堯、舜、湯、文、武、周公、孔子同爲儒家道統中人,墨子書中也屢稱堯、舜、禹、湯、文、武之道。但由於墨子要脱離最初從之受業的儒家而自立門户,於是他按己意對大禹的精神人格加以區分和選擇,强制作出自己的闡釋。即刻意强調突出大禹治水的勤儉苦行精神,由此生出周道與夏政兩個互相區別的概念神話,與事實却不符。由於乃是據墨子之意作出的强制曲解,故隨著墨家學派的消失,此對大禹精神人格的刻意曲解,亦再爲人所罕予提及,大禹亦重歸儒家崇奉的聖王行列而無異議。

　　墨子思想宗旨,在《莊子·天下》亦有精要詳備之概述。《天下》曰:"不侈於後世,不靡於萬物,不暉於數度,以繩墨自矯,而備世之急。古之道術有在於是者,墨翟、禽滑釐聞其風而説之。爲之大過,已之大循。"即謂墨子不以奢華教世,却以物用靡麗爲戒;不彰示先王禮樂典章,乃懸仁義爲繩墨矯屬志行,並以匡救世事急難自命;其踐行勤儉苦行之精神雖爲天下所不堪,但却怡然心甘地順適自行。是乃對墨學宗旨的總説,其中特別指出墨子學派踐行色彩之强烈。《天下》又曰:"作爲《非樂》,命之曰《節用》。生不歌,死無服。墨子泛愛兼利而非鬥,其道不怒。又好學而博不異,不與先王同。毁古之禮樂,黄帝有《咸池》,堯有《大章》,舜有《大韶》,禹有《大夏》,湯有《大濩》,文王有辟雍之樂,武王、周公作《武》。古之喪禮,貴賤有儀,上下有等。天子棺椁七重,諸侯五重,大夫三重,士再重。今墨子獨生不歌,死無服,桐棺三寸而無椁,以爲法式。"即墨家思想以兼愛、非攻、非樂、節用、節葬等爲代表,反映出墨家勤儉苦行的宗旨主張。爲貫徹踐行此宗旨,乃非毁先王禮樂,標榜勤儉苦行精神立爲天下法式。其中尤以非樂、薄葬兩者可爲代表,此竟可謂針對堯舜三代以來的禮樂文化傳統,不僅違背周道而已。察墨子所倡勤儉苦行精神本取法自夏禹,但墨子踐行之苛刻厲己程度,實較夏禹猶有過之而無不及。《天下》又曰:"墨子稱道曰:'昔禹之湮洪水,決江河而通四夷九州也。名川三百,支川三千,小者無數。禹親操橐耜,而九雜天下之川。腓無胈,脛無毛,沐甚雨,櫛疾風,置萬國。禹,大聖也,而形勞天下也如此。'使後世之墨者,多以裘褐爲衣,以跂蹻爲服,日夜不休,以自苦爲極,曰:'不能如此,非禹之道也,不足謂墨。'"①此記墨子以夏禹之勤儉苦行精神,號召墨徒起而效法踐行之。其指出禹爲九洲萬國之民,以"日夜不休,以自苦爲極"的辛勞刻苦精神治水除害,櫛風沐雨形勞天下,墨者受其感召而以裘褐跂蹻儉服行己,以爲不如此則無以副墨者之稱。《孟子·盡心上》曾以楊朱、墨子分別比説自利與利人的兩個極端典型,謂"墨子兼愛,摩頂放踵利天下爲之",此墨子竭盡心力毫無保留的利人主張,頗可彰顯"日夜不休,以自苦爲極"的墨者犧牲奉獻精神。但其所言實已超越常人所能容忍的勤苦極限,很難令人接受踐行。故《天下》如此評論墨子的主張説:"以此教人,恐不愛人;以此自行,固不愛己。……其生也勤,其死也薄,其道大觳。使人憂,使人悲,其行難爲也。恐其不可以爲聖人之道,反天下之心,天下不堪。墨子雖能獨任,奈天下何! 離於天下,其去王也遠矣。"又曰:"墨翟、禽滑釐之意則是,其行則非也。將使後世之墨者,必自苦以腓無胈,脛無毛相進而已矣。亂之上也,治之下也。"此深入揭示出,墨子如此苛刻自厲的勤儉苦行精神,完全超出人性之極,爲人所難以承受,因此亦不合王道正義。墨子以此倡行於天下,必將造成適得其反的負面效果。即不但不能救民水火,去除天下患難,反會使天下失望之極,徒增怨望之意。墨子堅持此勤儉自厲、自苦爲極的極端主張,雖必使世人不堪其憂苦,但墨子終不改其樂,行不輟之志,亦廣爲號召於天下。由此所反映的只是他一廂情願,務以完利天下庶民百姓爲目的的主觀自期。墨子一心爲天下的犧牲奉獻精神固然可貴,但根本不存在能夠實現的普適性現實人性根據。墨子的想法,只能證明他身歷社會底層,耳聞目睹了水深火熱中的庶民苦難,其悲憫之心被深深打動感染,爲救民脱離苦難,乃提出如此深切但又不合人性現實的社會拯救方案。最終只能如《天下》所言:"墨子真天下之好也,將求之不得也,雖枯槁不舍也,才士也夫!"雖竭盡畢生之力,墨子所言也只會是一個無法踐行實現的追求願景;只會在中國古代思想史上作爲一位以夏禹爲效法榜樣的大慈大悲之聖哲典型,供後世評説瞻仰。

墨子借助對儒學的批判及對大禹治水精神的推崇表彰,詮釋了他"背道而用夏

①《吕氏春秋·求人》記禹治水行跡遍及天下四方之國,且"不有懈墮,憂其黔首,顏色黎黑,竅藏不通。步不相過,以求賢人,欲盡地利,至勞也",可與《天下》大禹形勞瘁下的描述對比互勘。

政"的思想意義。《淮南子·要略》:"墨子學儒者之業,受孔子之術,以爲其禮煩擾而不説,厚葬靡財而貧民,〔久〕服傷生而害事。故背周道而用夏政。禹之時,天下大水,禹身執虆垂(臿),以爲民先,剔河而道九岐,鑿江而通九路,辟五湖而定東海。當此之時,燒不暇撌,濡不給扢,死陵者葬陵,死澤者葬澤,故節財、薄葬、閑服生焉。"即墨子雖受孔子儒家之學,但因不喜禮樂之繁複及厚葬久喪之靡財害事,於是"背周道而用夏政"。他推崇大禹躬親治水之勤苦辛勞精神,倡導節用、節葬之儉約節制原則。在《墨子》書中,真正能體現其儉約節制思想真諦者,乃《節用》、《節葬》及《非樂》三篇。此三篇大體可反映墨子儉約節制及與儒家相違的學説宗旨,但唯有結合與儒家學説相關者之互爲比較,才能深入理會其義諦所在。察此三篇所述,乃代表下層庶民的思想,即農工商小生産者從維護自己切身經濟利益出發,首要考慮的是如何踐行儉約節制的克己精神問題,那麼,必然反對儒家代表的貴族禮樂文化傳統。如果説《天下》所述,著重在表現墨子作爲救世聖哲承自大禹積極奉獻的勤儉苦行精神,那麼,《節用》等三篇,則集中講述由農工商小生産者切身經濟利益及下層身份所決定,必須貫徹奉行如何克己的儉約節制問題。

　　《韓非子·十過》記由余對秦穆公,以爲治國當尚"儉道",曰:"臣聞昔者堯有天下,飯於土簋,飲於土鉶。其地南至交趾,北至幽都,東西至日月所出入者,莫不賓服。堯禪天下,虞舜受之,作爲食器,斬山木而財之,削鋸修其跡,流漆墨其上,輸之于宮以爲食器。諸侯以爲益侈,國之不服者十三。舜禪天下而傳之于禹,禹作爲祭器,墨漆其外,而朱畫其内,縵帛爲茵,蔣席頗緣,觴酌有采,而樽俎有飾。此彌侈矣,而國之不服者三十三。"是謂由堯、舜至禹,在飲食器具上由儉約而日趨奢侈,由此導致壞地日削,叛者日多的結果。雖謂禹時奢侈至極,但奢侈集中表現在祭器上,那麼,並未有違於"菲飲食而致孝乎鬼神,惡衣食而致美乎黻冕"的精神。祭器奢侈只表明禹益加致敬於天地鬼神,從而在思想意識上反映出國家社稷觀念在天道理念及禮制層面的深化。《史記·太史公自序》:"墨者,儉而難遵",《正義》:"韋云:墨翟之術也,尚儉。"[1]《漢書·藝文志》諸子略墨家曰:"墨家者流,蓋出於清廟之守,茅屋采椽,是以貴儉。"以下歷數兼愛、上賢、右鬼、非命、上同諸命題旨義。《郡齋讀書志》亦謂墨子"以貴儉、兼愛、尊賢、右鬼、非命、尚同爲説云"[2]。此皆以"貴儉"爲墨子思想首義,當承自大禹憂勞治水,勤儉苦行精神,亦足爲墨家行事風格代表。因墨子出身貴族,故其早年必習儒家周道詩書禮樂文化傳統,這在他生平

---

① [日]瀧川資言考証、水澤利忠校補《史記會注考證附校補》,上海古籍出版社,1986 年,第 2063 頁。
② 孫猛:《郡齋讀書志校證》,上海古籍出版社,2006 年,第 500 頁。

思想行事上皆有反映。但因其願爲農工商小生産者利益代言,因此從此立場出發,不能不反對貴族禮樂文化傳統,他以貴儉爲思想首義亦所必然,完全符合小生産者的生活生産習慣。最爲墨子服膺者乃大禹非飲食、惡衣服及卑宮室而盡力乎溝洫的勤儉苦行精神,此除可代表農工商小生産者儉約節制的生活習慣外,亦合墨子貴儉思想包含的積極救世的犧牲奉獻精神。下擬在與儒家思想相互比較的角度,剖析闡示《節用》、《節葬》、《非樂》三篇代表的墨家儉約節制思想。

一、墨子的節用思想

墨子對於物質生活的認識需求,極爲簡單實際。他不要求表面形式上的靡麗奢華,專重方便實用,經濟實惠。凡不實用者,不能節省百姓生活用度者,一概取締。節省下的用度開支,就相當於增加了收入,並可用之於其他更需要之處;如此會有助於整個生活生産事業的補益發展,使百姓生活減輕負擔强度,享受到管理惠利。墨家稱之爲"去其無用之費,足以倍之","用財不費,民德不勞,其興利多矣"①墨子又從經濟實用的角度,認爲各種生活方式,器物用度,只要具備能滿足人們基本生活需求的功能就可以。他首先提出古代聖王的制器節用之法,即天下百工——造車制輪、皮革陶器以及五金木器等百工,各事所能,以滿足人們基本生活需要爲準。又如飲食,以能充實腸胃,增補血氣,强健四肢,使耳目聰明即可。又如衣服,冬足以禦風寒,夏足以避暑雨即可。又如舟車,車足以行陵路,服重致遠,舟足以濟川谷,通達四方即可。此外涉及香鮮美味,華麗裝飾,外在觀美上的"加費",一概不在設計考慮之列。本此儉約節制的原則,制定出器用之法、飲食之法、衣服之法、兵甲舟車之法、節葬之法、宮室之法等,一切製造以簡便實用爲宗旨。此外,還要對"大人"好聚珠玉、蓄鳥獸、養犬馬的奢求,搜羅遠國珍怪異物的侈靡想望,一並限制去除。值得提出者,即墨子雖主兼愛、非攻,但爲防寇亂盜賊,要人們置備堅利的甲盾五兵,可見其思慮周密的現實態度。

物質上的節制儉約外,還須采取保證庶民生息的政策。如減輕對百姓的賦稅、勞役及兵役的徵收,保證人口增殖,社會繁榮。爲此,聖王規定婚嫁之法,男子二十成家,女子十五而嫁,早婚早生子;采取措施,使百姓免於凍餓疾病之苦;避免發動戰争,以保證夫妻男女居家相處的生育機會,避免戰争傷亡,減少戰争開支,爲保證人口生息提供穩定有利的條件。爲百姓的生息繁榮著想,墨子要統治者采取積極

---

① 《墨子·節用上》。以下引《墨子》,只注篇名。

的政策,即"愛民謹忠,利民謹厚,忠信相連,又示之以利"①,即以子愛惠利百姓換取他們的推戴愛敬,同時在道德上爲百姓做出忠信謹厚的典型示範意義。墨子總結節用宗旨有曰:"去無用之費,聖王之道,天下之大利也。"②

二、節用思想與等級制

《荀子·解蔽》批評墨子説:"墨子蔽於用而不知文",即謂墨子過於注重實用而忽略了禮樂文明精神。墨子倡節用,滿足於社會生活停留在經濟實用的簡單層次,忽視了社會物質文明以至精神文明的發展進化趨勢,反映出小生産者的狹隘眼界立場。人類社會的發展大勢是日趨文明進步,墨子過分偏愛倡導實用儉約,表現出懷疑文明進步,甚且是反對文明進化的謬誤,這絶無可取;不能因其代表社會下層民衆的利益,就簡單偏袒肯定。墨子倡導儉約節制,這在物質匱乏艱難的古代,對包括下層庶民在内的全社會的發展,無疑是有益的,但過度倡導儉約節制,對社會的文明進步,必然帶有負面影響。更重要的是,墨子對所謂飲食、衣服及器物等制度,皆從其自然的使用功能上著眼,而没有注意它們被用來表現等級制屬性的社會功能。周代社會分爲天子、諸侯、卿大夫、士、庶人等等級,不同等級在飲食、衣服、器用等的使用上,從數量至質量上各不相同,《荀子·富國》説:"禮者,貴賤有等,長幼有差,貧富輕重皆有稱者也……德必稱位,位必稱禄,禄必稱用。由士以上則必以禮樂節之,衆庶百姓則必以法數制之。"所有使用器物乃至社會意識都被賦予等級制的社會屬性,故不同等級在器物的數量、質量上,彼此各有不同的享用權。這非常重要,其自然使用功能則相對次要,因爲等級就是秩序的象徵,借用器物表現等級層次,維繫起一定的社會秩序,這是其時國家制度、社會生活安定有序的基本保證。没有這個基礎,就無所謂國家、社會乃至家庭的合法存在。等級制是人類社會早期較普遍出現的一種政治制度,據説在新石器中晚期曾發生一次"等級制確立的革命",早期古代社會如埃及、印度、希臘、羅馬等都曾出現過。等級制是可以有效確立社會秩序的制度方式。墨家主張"愛無差等","推兼愛之意,而不知别親疏",在對社會等級制這一根本問題的認識上,墨家遠不如儒家深刻,同樣反映出他們作爲社會小生産者代表的狹隘局限。《孟子·盡心上》曾記孟子如此評論以廉士著稱的陳仲,謂"不義與之齊國而弗受,人皆信之,是舍簞食、豆羹之義也。人莫

①《節用中》。
②《節用中》。

大焉亡親戚君臣上下,以其小者信其大者,奚可哉!"此極言天下無比"亡親戚君臣上下"更大之事。認爲縱有讓國不受的情操,亦不足與無君臣上下這樣的人倫大節相比,故是乃極言等級制乃國家社會制度之根本,無可與之相比者。對此,儒家認識得遠較墨家深刻,是學説立場使然。

三、墨子節葬與儒家禮制

儒墨對立,集中反映在對待禮樂的態度上,墨家反對禮樂。《莊子·天下》説墨子"不與先王同,毀古之禮樂",《荀子·成相》説:"禮樂滅息,聖人隱伏墨術行",《漢書·藝文志》説墨家"見儉之利,因以非禮"。可見墨家反對禮樂的原因之一,是因爲他們倡導儉約節制精神,認爲儒家倡導禮樂耗費了社會財富。墨家反對樂,《墨子》書中專有《非樂》篇;反對禮制,集中表現在其薄葬主張中,喪禮在儒家禮制中占有相當地位。《論語·爲政》説:"生,事之以禮;死,葬之以禮,祭之以禮。"即禮包括人的一生,死時要葬埋以禮。《荀子·禮論》説:"禮者,謹於治生死者也。生,人之始也;死,人之終也。終始俱善,人道畢矣。故君子敬始而慎終,終始如一,是君子之道,禮義之文也。夫厚其生而薄其死,是敬其有知而慢其無知也,是奸人之道而倍叛之心也。"亦認爲禮包括人的生死一世,對親人應生死如一;親人生時應厚待孝敬他,親人已死不能因其無知慢待他,不能背叛死者。即也認爲禮包括人的一生,喪葬禮自在其中。孟子説:"養生喪死無憾,王道之始也。"又説:"養生不足以當大事,唯送死足以當大事"。説明喪禮在禮制中的重要。儒家重喪禮,是利用它鞏固宗法制。儒家規定必須對親人死者盡服喪義務,服喪義務有二,即喪服與喪期。喪服有五,即斬衰、齊衰、大功、小功、緦麻。相應的服喪期有五,即三年、一年、九月、五月、三月。根據生者與死者的親疏關係定此喪服與喪期。關係越親近,喪服越重,喪期越長。所以,生者與死者的關係遠近,決定其服喪義務,亦可見生者在此血緣關係網中的地位及相關的權力、義務。所以喪禮是通過對死者紀念,喚起人們的宗法意識,鞏固族人的團結,重申族人在宗法組織內的親疏等級地位。所以表面上喪禮是生者對死者的紀念,實質是借此密切生者的血緣團結,鞏固宗法制組織。宗法制是周代社會的根基,而喪禮是鞏固宗法制的有效手段。所以墨家對儒家厚葬久喪耗費社會財富的批評,不能簡單認同,必須具體深入分析。

墨子思想以薄葬名於世,相關記載可證。如《莊子·天下》述墨子思想,就舉出其薄葬説,其中説道:"今墨子獨生不歌,死無服,桐棺三寸而無椁,以爲法式。以此教人,恐不愛人;以此自行,固不愛己,未敗墨子道。"此述薄葬之説,用到"法式"、"墨子道"兩個概念,可見薄葬主張在墨子思想中的標志性位置。《淮南子·要略》述墨子學儒者之業,但又以爲"厚葬靡財而貧民,〔久〕服傷生而害事","故節財、薄葬、閑(簡)服生焉"。是皆可證薄葬之説在墨家學説中之相當地位,及其相當影響。

儒家禮制的本質是等級制,故喪禮必以等級制爲特徵,但墨子與此異,提出一個要人們普遍遵行的薄葬法。《國語·楚語上》:"教之禮,使知上下之則","明等級以導之禮"。《左傳》昭公十三年"講禮於等"。《禮記·中庸》:"親親之殺,尊賢之等,禮所生也",皆可證禮的等級制本制。禮的等級制本質,決定喪禮的等級制特徵。墨子倡導薄葬法,欲使一世之人遵行不二,是有意無意淡化喪葬之禮的等級特徵,與其推兼愛之意而抹煞等差之説相合,但與儒家相對。《莊子·天下》謂"古之喪禮,貴賤有儀,上下有等",據此則喪禮等級制非自儒家始,應前有所承。在郭店簡《六德》見到與儒家禮書相近的喪服制,而且在父與君、昆弟與妻、宗族與朋友三對喪服關係中,皆以前者爲主,表明其以自然血緣關係高於社會政治關係,故所言必是較早的喪服制,可證儒家喪禮等級制前有所承。儒家喪禮區分親疏貴賤等級,是爲建立家族、宗族内的宗法秩序,以及國家治下的社會政治秩序。在家族、宗族内所有成員皆須對去世的親人盡服喪義務,如此建立的是血緣親疏等級秩序。在國家層面,所有臣民必須對天子、諸侯服三年之喪,由此建立的是君臣尊卑等級關係。天子、諸侯作爲君的政治地位,使之享有服喪特權,即二者只對父、母、妻、嫡長子服三年之喪,免去對伯父、叔父、兄弟及庶子等的一年服喪義務,禮書稱爲"天子、諸侯絶旁期"。此乃因其至高政治地位所決定,以顯示其在尊卑貴賤等級關係中的無與倫比。故墨子無視喪禮等級制本質,欲使天下一律遵行其薄葬法,彼此無別。這同儒家有著根本區別。

四、墨子薄葬法及其淵源

墨子舉四夷地區不同葬俗相比較,認爲相互間只是風俗不同造成的差異,本無所謂厚薄。這是他爲防止人們批評其葬埋法之苛刻菲薄所設藉口。由此他提出自認爲是最合宜的葬埋法,他説:衣食乃生人之利,猶有節制,葬埋是死人之利,不可無節制。合理的葬埋法應是,棺木三寸,足以待尸骨腐爛;衣服三套,足以待尸肉腐爛;掘墓坑,深不至滲水,淺不至泄氣,墳高足以標明墓地所在,就可以了。葬埋來去過程中可以哭泣,葬後回到家就可以復常從事生產,以備祭禮用度。這就是孝子事親之法,其益處在不失死生之利。墨子強調不能據習俗自然,而是要人們自行合理設計,乃是爲使人相信其薄葬法之合宜。《節葬》曾舉出"古聖王制爲葬埋之法",與其所言基本相近,應該就是他所説的堯、舜、禹之法,事實究竟如何,已無法詳考,但肯定與他假託聖王立説的用意有關。但有記載也值得關注,如《吴越春秋·越王無余外傳第六》載禹將老,命群臣有曰:"吾百世之後,葬我會稽之山,葦椁桐棺,穿壙七尺,下無及泉,墳高三尺,土階三等。葬之後,田無改畝,以爲居之者樂,爲之者苦。"此等記載或許是受到墨子有關禹薄葬之説而成。墨子薄葬法至爲儉約,如其葬具之儉約,"棺三寸"、"衣三領",此外,掘地不深,封土不高,甚而不具喪服,不守喪期,葬埋後返家,就可以從事衣食生産。相關記載也表明,墨家主張穿平常衣服去葬埋死者,返回後,無哭泣之節,無衰麻之服,無親疏喪期月數之守;一切回歸到平時,重新開始,而且葬埋之後,與未曾經歷過喪事一樣。《韓非子·顯學》述墨家薄葬法亦曰:"墨者之葬也,冬日冬服,夏日夏服,桐棺三寸,服喪三月,世主以爲儉而禮之。"察墨家之意,似一切以在世的生者爲重,故在葬埋死者之後,生死之間幾乎往來兩斷,不再有所念及,生者的一切活動恢復往常一樣。雖然墨子也談及對死者的祭祀,但絶不如儒者那樣對死者祭祀的頻繁和重視。這些應與其節用、節葬這些儉約克制的實用信念有關。儒家則不如此,如孟子曾説,只要財力允許,親人棺木應盡量做得好些,因爲"君子不以天下儉其親"①。儒墨兩家是非的評量,決非簡單的一兩句話所能講明。這裏只想指出,儒家以葬禮等級制揭明親疏有别、尊卑有序的等級秩序,墨家所制葬埋法則試圖推行一律無别的薄葬方式,從葬埋形式上抹煞等級制。雖然以此倡導了儉約節制精神,但絶不如儒家對葬埋制度在當下社會意義理解之深刻,而且使之作爲社會小生産者代表的狹隘實用立場也得到清楚反映。

有記載表明,墨子薄葬法與"刑餘罪人"所用方式相近,如《荀子·禮論》篇就曾論述過此"刑餘罪人之喪",所述大致如上述墨子薄葬法,而且還規定不許召集族人,參與葬埋者只能是刑餘罪人的妻及子女;不准選擇白日,只能在晚間葬埋。叙述的最後評論説:"夫是之謂至辱",即認爲此乃最爲屈辱性的葬埋方式。唐代楊倞注説:"此蓋論墨子薄葬,是以至辱之道奉君父也。"他把荀子所述刑餘罪人之喪,指爲墨子薄葬法,甚是。故有論者謂墨家起於刑徒罪人,不可謂全然無據,亦對理解認識墨學之産生根源及特質,具有一定參考意義。考墨子薄葬法首先應與大禹治水時代相關。禹治水時,工程繁重,時間緊迫,乃至傳言禹在外八年,三過其門而不入(一説十三年),結婚第四日即離家治水,生子亦無暇顧及。治水時條件艱

_____

① 《孟子·公孫丑下》。

苦,工作忙迫,若遇死者,只能隨時就地掩埋,所謂"死陵者葬陵,死澤者葬埋澤"①。死者草草掩埋後,生者無暇服喪紀念,只能立刻投入治水工作,所謂"死者既已葬矣,生者必無久哭,而疾而從事"②。起於大禹的薄葬之法,就産生於緊張忙迫而條件艱苦的治水時代,後被墨子認同繼承,宣傳踐行,成爲墨學的一項重要主張。墨子薄葬不僅葬具簡單,葬埋粗略,不講究喪服、喪期,而且葬埋死者之後,一切復常,繼續生産事業,這些都與大禹治水時的條件艱苦、勞動忙迫有關。《尸子》:"禹治水,爲喪法曰:'毁必杖,哀必三年,是則水不救也。'故使死於陵者葬於陵,死於澤者葬於澤,桐棺三寸,制喪三日。"③是明言禹制薄葬法,乃因治水時間緊迫,爲節省時間以不影響治水工程,故喪期短迫,喪具簡單,皆應與此有關。但是,治水期間的臨時應急喪法,是否應在後世平時遵行,值得商榷。《吕氏春秋・安死》:"故先王之葬,必儉,必合,必同。何謂合?何謂同?葬於山林則合乎山林,葬於阪隰則同乎阪隰。此之謂愛人。"按死陵葬陵,死澤葬澤,因地制宜,故以"必合"、"必同"稱之,固有其合理性。但又説爲"愛人",顯爲墨家薄葬法的贊同者;既合"必儉"之義,又可視爲"兼愛"説在喪法上的引申。《淮南子・要略》溯源薄葬法於大禹,《節葬》篇更溯及於堯舜,但其真正歷史思想背景應與禹治水及上古物質生活艱難匱乏有關。儒家往往盛贊唐虞三代雍熙和洽,但從墨子法夏,其薄葬法之苛刻嚴菲視之,唐虞時代物質生活必極爲簡單粗陋。如《韓非子・五蠹》對堯、禹王天下的叙述,稱堯如"監門之服養",禹如"臣虜之勞",即二人生活不比奴隸好多少。故薄葬法從一個層面反映了上古物質匱乏、生活艱難的事實。

五、墨子關於節葬的論述

墨子有强烈的實用主義精神,但他又是傑出的理性論者,因而並未受到純粹經驗論的多少影響。他對問題的闡釋論述,往往是綱領條目具備,而且立論明確,剖析陳述豐贍,邏輯層次連貫深入,結論自然可信。如他對薄葬主張的闡釋論析,即足以展示他的這些理論優長。

他首先提出孝子爲親計、仁者爲天下計的三個原則,即貧者使富,寡者使衆,亂者使治,此三者成爲聖王君子致治追求的目標。他又提出,當以此三者爲據,討論

①《淮南子・要略》。
②《節葬下》。
③(清)汪繼培輯:《尸子》,上海古籍出版社,1991年,第20—21頁。

"厚葬久喪"之是非。他説三代聖王殁後,天下失義,後世君子或以爲厚葬久喪爲仁義,乃孝子之事;或以爲厚葬久喪非仁義,非孝子之事。此二者雖持論相反,是非互相對立,但却都宣稱"吾上祖述堯舜禹湯文武之道者也",導致世人的疑惑。墨子因此提出,應將厚葬久喪發治爲政於國家萬民而審觀其效果。若能富貧衆寡,定危治亂,即爲仁義,爲孝子之事;若不能富貧衆寡,定危治亂,則非仁義,非孝子之事。如此,則厚葬久喪是否可興天下之利,除天下之害,是否可行就清楚了。

墨子指出社會各階層中普遍推行的厚葬現象。如王公大人之喪,要多層棺椁,隨葬大量的衣食飾物,修造高大墳墓。匹夫賤人死者,往往竭盡家中所有。諸侯死者,乃致府庫空虚。除隨葬金玉車馬、鼎壺戈劍等之外,天子貴族等還殺人殉葬,從數人至數百不等。由於葬埋豐厚,耗費衆多的財物人力,是乃厚葬之最大弊病。墨子又論述了久喪之弊及其影響。在守喪期間,服喪者須哭泣不斷,飲食起居簡單粗惡,乃至"耳目不聰明,手足不强勁",使人體力精神上都被極大消耗損毀,其極乃至要借助喪杖才能站立行走,以此營造哀痛悲傷氣氛。由於守喪期間在身體精神上的消耗損毀,會使王公大人不能臨朝,士大夫不能治官府,農夫不能耕種,百工不能制器物,婦女不能紡績。如此悲摧久喪,結果使生者身體精神損毀,亦使生人事業遭受破壞。這裏應予指出的是,墨家爲批評儒家喪禮,《節葬》篇極力誇大儒家如何厚葬靡財無度,久喪傷生害事。其實儒家並未如此極端,大體上能理性面對,認爲能適當表達哀痛追思之情即可,反對刻意過甚之舉,《荀子·禮論》對此有所論述。如曰:"其立哭泣哀戚也,不至於隘懾傷生,是禮之中流也。故情貌之變足以別吉凶,明貴賤親疏之節,期止矣。外是,姦也,雖難,君子賤之。故量食而食之,量要而帶之。相高以毀瘠,是姦人之道也,非禮義之文也,非孝子之情也,將以有爲者也。"即理性適度地表達哀傷悲摧之情即可,此外若超出身體及財物上的承受度而造成傷害損毀者,決不贊同。那些刻意在喪禮上做出極端表現者,因不合禮義文飾之度,皆是些別有居心的姦人之徒。儒家對喪禮的處理比較理性,又如守喪期間一般不准飲酒食肉,但老者與病患者除外。後世出現的"哀毀過禮,毀瘠滅性"現象,因其過度儒家原本不贊同。《禮記·雜記下》記孔子曰:"身有瘍則浴,首有創則沐,病則飲酒食肉。毀瘠爲病,君子弗爲也。毀而死,君子謂之無子。"即自儒家孔子始,即較爲理性地對待喪禮。所以,墨家對厚葬久喪的嚴厲批判,除有具體的針對性外,亦應包含某些儒墨思想上的學派對立因素。

《節葬》批判地指出厚葬久喪在靡費財物、廢壞生人事業上的謬誤,又具體指出其在各方面實踐上的無益於事。如其曰:"細計厚葬,爲多埋賦之財者也;計久喪,爲久禁從事者也。財以成者,扶而埋之;後得生者,而久禁之。以此求富,此譬猶禁耕而求穫也，富之説無可得焉。"即指出厚葬久喪之無益無補於世，既不可富家，亦不可衆人民，不可治刑政，不可禁止大國攻小國，不可以干上帝鬼神之福，無一興利除害之益。墨子由此總結説："是故求以富國家，甚得貧焉；欲以衆人民，甚得寡焉；欲以治刑政，甚得亂焉；求以禁止大國之攻小國也，而既以不得矣；欲以干上帝鬼神之福，又得禍焉。上稽之堯舜禹湯文武之道，而政逆之；下稽之桀紂幽厲之事，猶合符節也。若以此觀，則厚葬久喪其非聖王之道也。"即墨子通過剖析考求，確認厚葬久喪非聖王之道，因此不可踐行於世，由此推出其節葬主張。其曰："今天下之士君子，中請將欲爲仁義，求爲上士，上欲中聖王之道，下欲中國家百姓之利，故當若節喪之爲政，而不可不察者，此也。"墨子通過自己綱目遞進，層層深入的嚴密論證，最後引出自己的節葬之説。若從著論嚴密上視之，墨子實爲一理性論者；若從其極重事實功效言之，其實用主義色彩則較濃烈。此所謂"上欲中聖王之道，下欲中百姓國家之利"乃是一個實用主義者的理性話語。墨子作爲一個大師，有時在偏狹與理性之間游走。

六、"非樂"在墨子思想中的地位

"非樂"與"節用""節葬"相關，構成墨子思想的一個重要側面。《荀子·非十二子》謂墨家"上功用，大儉約"，故墨家的儉約節制精神與其功利實用思想相聯繫。即其遇事多從下層庶民的功利實用角度思考，由此生出其儉約節制主張。其反對禮樂即與儉約節制思想有關，《漢書·藝文志》謂墨家有見儉約之利，故反對禮樂；因爲他們認爲儒家禮樂鋪排張揚，不符合下層庶民的儉約節制習慣。此外，"節用"、"節葬"與"非樂"共同構成墨家"兼愛"、"非攻"主題之外的又一思想主題，即此儉約節制主張。《莊子·天下》曰："作爲《非樂》，命之曰《節用》，生不歌，死無服"，是莊子在評述墨家思想時，把《非樂》、《節用》、《節葬》三篇所述，作爲"兼愛"、"非攻"主題之外的又一主要思想對待，即所謂儉約節制思想。莊子此説頗值得關注。因爲儉約節制精神，恰可彰顯出墨家代表的社會小生産者的學派思想特徵，也成爲墨家在諸子百家中區別於其他各家的獨特主張。

墨子"非樂"，反映出儒墨兩家對立互異的樂道觀。儒家將樂視爲形上層面的超越精神，它具有促進天地陰陽生化萬物的神秘自然功能，亦具有啓發改善人的道德素質及改善社會風俗的教化功能，在政治上則具有使國家達到致治繁榮的治理功能。墨家與此不同，主要把樂視爲通過樂器演奏而發出的聲音娛樂形式，從而出於功利實用的立場，限制了他們對音樂功能的全面認識，僅僅看到音樂在基本娛樂層面的消極作用,因此"非樂"。墨家未能像儒家一樣升華至音樂的形上性精神層面,未能認識到音樂在社會與國家教化及治理上的積極作用。這樣,墨家反映出社會小生産者出於自身利益的功利實用立場,以及較爲狹隘的文化眼界。相比之下,儒家樂道觀在很大程度上可以説,乃代表了當時國家社會制度層面的主導理念。

七、儒家樂論

爲説明墨家"非樂"主張,必須先介紹儒家樂論。儒家認爲,音樂是人類區別於禽獸的文明象徵,音樂與政治相通,可用於國家社會治理,可用於道德教化,使人性臻于完善。《禮記·樂記》説:"凡音者,生於人心者也;樂者,通倫理者也。是故知聲而不知音者,禽獸是也;知音而不知樂者,衆庶是也。唯君子爲能知樂。是故審聲以知音,審音以知樂,審樂以知政,而治道備矣。是故不知聲者不可與言音,不知音者不可與言樂,知樂則幾於知禮矣。禮樂皆得,謂之有德……是故先王之制禮樂也,非以極口腹耳目之欲也,將以教民平好惡,而反人道之正也。"即對音樂的認識不僅是人與禽獸之別,而且音樂知識及其修養如何,至少也是君子與小人之別的標志。由樂入於禮,道德修養才可完備。儒家又認爲,愉悦耳目只是音樂最基本的初級娛樂功能,音樂的高級功能,表現爲社會風俗的調理,及道德教化的層面;最高功能則是借助音樂精神的滲透感化力,使人性升華,達於完美至善之境,即所謂"反人道之正"。

樂在古代成爲聖王美化其文治武功的典範形式,故制禮之外還須制樂。《禮記·樂記》曰:"王者功成作樂,治定制禮。其功大者其樂備,其治辨(遍)者其禮具。"即製作的禮樂規模大小,與其文治武功之大小相關。古代謂天下太平乃制禮作樂,故禮樂成爲政治成功的象徵,古代聖王莫不作樂。《莊子·天下》述黄帝以下六代之樂,即"黄帝有《咸池》,堯有《大章》,舜有《大韶》,禹有《大夏》,湯有《大濩》,文王有辟雍之樂,武王、周公作《武》"。古代聖王必制樂,用以表現其治化之功,在祭祀上帝先祖時,匯報其功業,同時用作伴奏表演娛神的樂舞,亦可營造起感動馴化百官庶民的神聖氣氛。《吕氏春秋·古樂》曾謂樂所從來久遠,不可廢棄,它已成爲歷代興亡的標志,並歷數三皇五帝三王以來的歷代之樂。

儒家重樂,因爲它是風俗合和的象徵,並具有促使風俗合和的功能。《周禮》提出"以樂禮教和",即以樂禮倡導引領天下風俗合和。《荀子·樂論》對此有很好的論述,其曰:"故樂在宗廟之中,君臣上下同聽之,則莫不和敬;閨門之内,父子兄弟同聽之,則莫不和親;鄉里族長同聽之,則莫不和順。故樂者,……足以率一道,足以治萬變。是先王立樂之術也,而墨子非之,奈何!"即樂可營造君臣父子内外和樂之風,可用來和諧美化社會,並作爲治化倡導天下的綱領。荀子在此指出先王立樂的目的,並認爲墨子因不明於音樂之道,故有此"非樂"之論。《荀子·樂論》又指出,墨子説樂乃聖王所批判,而儒者却接受它,是爲謬誤。荀子説君子並非如此,而是認爲聖王崇尚樂,因爲樂"可以善民心,其感人深,其移風易俗[易],故先王導之以禮樂而民心和睦"。這就進一步指出樂具有引導風俗,感化民心,和睦萬民的社會功能。《樂論》又指出:"故樂者,所以道樂也;金石絲竹,所以道德也,樂行而民鄉方矣。故樂者,治人之盛者也,而墨子非之。"這裏又指出樂具有歡樂社會,引導道德,使民向善的社會道德治化功能。但由於墨子非樂,故無法對此有所認識。荀子專作《樂論》,篇中有相當内容批判墨子"非樂"論,正面宣傳儒家樂論。

儒家又從形上層面理解樂的超越性精神,認爲樂是天地陰陽生生變化的推動因素,也是宇宙世界運行不已的精神鼓動力量。《禮記·樂記》曰:"地氣上齊,天氣下降,陰陽相摩,天地相蕩,鼓之以雷霆,奮之以風雨,動之以四時,暖之以日月,而百化興焉,如此則樂者天地之和也。"即在天地陰陽摩蕩,四時日月相推,風雨雷霆互動等引發的萬物變化中,樂居其間起著合和天地的作用。此乃從自然辯證的角度解釋宇宙世界的運動變化現象,由此使樂道的合和性質得到闡釋。《樂記》又論述了因天地陰陽合和相得,發揮著覆育萬物的生長功能,使草木暢茂,萬物發達,所有羽毛鳥獸各類動物生機盎然,自然萬象活力充盈,這些全歸因於樂道所賜。這是從形上的自然生長變化層面,闡釋樂道的精神性神秘動能,此理念同樣高明於墨家。《樂記》論道:"天地訢合,陰陽相得,煦嫗覆育萬物,然後草木茂,區萌達,羽翼奮,角觡生,蟄蟲昭蘇,羽者嫗伏,毛者孕鬻,胎生者不殰而卵生者不殈,則樂之道歸焉耳。"

八、墨子的非樂思想

首先須解決何爲"樂"的問題。一般樂不是簡單指歌唱,亦非簡單指樂器演奏,而是指詩歌、樂器演奏及舞蹈三者的結合,其中舞蹈較重要,具有表演性質,更能傳達樂的内容主旨,故樂又被稱爲樂舞。《非樂》所謂"樂"大體應指這種"樂舞"。

《非樂》首先提出,仁者之事必求爲天下興利除害,若利人則爲,不利人則止。由此決定其對樂的功利實用態度。其實不只樂,對一切社會事業的興辦,墨子基本持此態度。由於樂無助於直接興辦社會實業,不能解決庶民的生活、生產問題,不能制止動亂,直接安定社會秩序,相反樂的表演要靡費大量人力、財力,這就基本上決定了墨子對樂的否定態度。

墨子把樂器與舟車進行比較;"舟用之水,車用之陸……中民之利",因此他表示:"然則當用樂器譬之若聖王之爲舟車也,即我弗敢非也。"此因樂器不如舟車實用而非樂。墨子又提出,民有三大患,即饑者不得食,寒者不得衣,勞者不得息,但此非演奏樂所能解決者。又假如有大國攻小國、大家伐小家以及寇亂盜賊並興而致禍亂,亦非憑藉演奏樂器可解決,這是墨子非樂的又一層意思。這裏應予指出的是,如果説將鐘鼓等娛樂樂器與舟車等交通工具加以比較的話,還有某種可比性,但若讓音樂這種精神性事物直接用於解決饑者得食、寒者得衣、勞者得息這類必須由物質滿足才能解決的問題;以及要音樂解決大國攻小國、大家攻小家及寇亂盜賊並興等社會問題時,已經超出音樂本身精神屬性之功能範圍。在一定意義上可以説,精神可以化物質,亦可解決某些物質問題,但這需要特定的中介條件實現其轉換。如果簡單地讓音樂這種精神性事物直接滿足解決某些物質層面的需要,這是不現實的。音樂可以通過教化的方式過程,改善提升人的素質,也可以改善提升社會風俗,從而使某些物質問題得到某種解決,但這不是簡單直接的,也不會是全部的。因此不能把音樂的精神功能簡單地同物質層面的事物相提並論。墨子所言是過份功利實用的態度,導致認識上的偏頗。

墨子又從樂對朝廷官府及社會等各方面事業發展的不利,論説其非樂主張。墨子提出,王公大人必不會使老人或孩子演奏音樂,因爲二者不能勝任,只能使年富力強者爲之,但若"使丈夫爲之,廢丈夫耕稼樹藝之時;使婦人爲之,廢婦人紡績織紝之事",此皆不合適。大人又不會獨自聽樂,"與君子聽之,廢君子聽治;與賤人聽之,廢賤人之從事",這顯然亦不合適。演奏音樂者不可食粗衣惡,這樣會使效果不好。但若以美衣玉食供養樂師,樂師不事衣食生產而成爲"食於人者",墨子對此亦不認可。墨子又進一步將觀察目光從社會轉移至包括自然在内的整個世界,將人與禽獸的生存方式進行了比較,指出禽獸可從自然直接獲取生存資料,人則不然,"賴其力者生,不賴其力者不生"。人在創造生存資料的過程中,組成社會,各有分工,墨子稱之爲"分事",共同承擔社會的生存職責。墨子所謂分事,大的層面分爲君子聽治、賤人從事兩者,再細分有王公大人、士君子、農夫、婦人等四者。如果各分事的承擔者皆沉溺於"説樂而聽之",必使上自官府治理,下至農工生產各業荒廢,從而導致整個社會生存難以爲繼的危機。墨子因此結論説:"爲樂非也。"

墨子由非樂之論導出必須禁樂的主張,並提出可供借鑒的已有禁樂方式。即先王對沉溺於樂舞者,施以"官刑",不論君子、小人皆罰以絲帛織物。對王公大人沉溺於樂舞者,則有上帝天鬼之罰,其罰之重之大,可致亡國破家。由此懲罰方式反映出,禁樂由來已久,且懲罰頗重,因此為天下除害興利計,"當在樂之為物,將不可不禁而止也"。是即墨子由非樂的理論,導致其禁樂的實踐主張。其非樂、禁樂的立場主張,使其對文化建設及文明進化的態度立場,不是使人看得很清楚嗎?

九、從墨子對禮樂的態度評估墨子思想

綜觀墨子的非樂理論,實乃針對儒家樂論而發。他從社會小生産者的切身利益出發,立於功利實用的觀點,提出對樂的種種批判非難。其主要集中於樂對國家社會治理建設及維護各業生計正常進行的不利影響而發。具體涉及到對朝廷官府行政管理的影響,對農工各業生産活動的影響,從樂器製作及演奏靡費大量人力、財力的影響,最主要者乃其對社會分工各角色職責的影響,使社會結構從整體上受到破壞之虞,使社會生存從根本上受到危脅,如此終使之提出禁樂的主張。墨子的功利實用立場,使其對文明進化的趨勢不抱樂觀積極態度,因此無法正確認識樂的社會屬性及功能。

儒家認為由樂入禮可謂有德,因此禮樂是一整體,二者關係是禮治異,樂合同。即禮制通過嚴格的等級名分規範,嚴上下,明等分,建立起一個等級分明的秩序階梯,使不同等級的人各自歸位到其合適的位置,從而維繫起有條不紊的秩序框架。樂合同,樂的根本屬性是借助其聲音渲染功能製造一個和諧的社會氛圍,使人們加強相互合和,互相認同的感情彌合聯繫,在不同等級的人們之間塗抹潤滑劑、粘合劑,消除禮制差異造成的隔閡對立,使社會整體在和諧的基礎上運行起來。所以禮樂體系是一個完整的社會秩序設計方案,禮樂結合互補是儒家提出的一個理想的社會制度模式。禮樂秩序的建立,既需要精神道義的宣傳宏揚,如禮樂規範在道德層面的教化倡導;也需要物質硬件的配合,如國家機構的組織設施,從官府衙署到官吏配備,以及國家管理活動的相關保證設施,這些都要有相當的財政制度為支撐,這是國家賦稅制度設立的根據。《禮記・王制》記"冢宰制國用"的制度,即歲末五穀皆入,然後制國用;其原則是"量入以為出",即據賦稅收入量決定支出數目,此支出主要用於國家政務活動開支,此即國家財政制度。國家徵稅亦有制度,如孟子論井田,謂國中什一使自賦,野九一而助。此財政賦稅制度亦為禮制之一,是國家機構及其政務活動收支用度的保證。禮樂建設是國家制度中的重要節目,其開支用度必然包括在財政計劃之內。墨子反對禮樂制度,主要是從保護社會小

生産者利益的立場做出的考慮,但他不反對財政稅收制度,認爲官吏應認真執行,這是他認識到國家制度大局的開明之處。但同樣是從保護社會小生産者利益的立場,却反對國家制度中重要的禮樂制度,這其中不免有不辨輕重之嫌。後來秦統一,悉納六國禮儀,采擇其善;漢初叔孫通制禮,漢武帝改制,制禮作樂,皆可證禮樂之重要。墨子主張節用、節葬,反對禮樂,批判其奢侈揮霍鋪張,尤其有意抹煞等級制,使國家治理秩序失去等級制這一禮制根基。《荀子·非十二子》批判墨家説:"不知壹天下、建國家之權稱,上功用,大儉約而僈差等,曾不足以容辨異、縣君臣",即謂墨子出於小社會生産者的狹隘意識,不明曉以君臣關係爲首的等級制在國家社會秩序結構中的核心基礎地位。《尚書》有"維齊非齊"之説,《荀子·王制》就此發揮説:"先王惡其亂也,故制禮義以分之,使有貧富貴賤之等,足以相兼臨者,是養天下之本也。《書》曰:'維齊非齊。'此之謂也。"是荀子深有得於等級制在禮制及國家社會制度中的意義。《荀子·富國》曰:"墨子大有天下,小有一國,將少人徒,省官職,上功勞苦,與百姓均事業,齊功勞,若是則不威。"這裹指出墨子躬親治事,與百姓齊等的做法,無法樹立權威,根本無以治天下國家,亦即指出其"僈差等"之不足爲法。《孟子·滕文公上》記有治神農之言者謂孟子曰:"賢者與民並耕而食,饔飧而治。今也滕有倉廩府庫,則是厲民以自養也,惡得賢?"當時與墨子兼愛思想相近,如農家許行就如此主張無分貴賤,上下平等,君臣同耕共食,並反對國家賦稅於民,斥之爲"厲民以養"的主張。《漢書·藝文志》諸子略記農家就有"以爲無所事聖王,欲使君臣並耕,誖上下之序"者。其實在當時的社會狀態下,小生産者無視國家等級秩序,爲維護自身利益,提倡抽象平等的主張,無論如何是難以實現的。墨子出於功利實用的立場,力主對社會小生産者切身利益的維護,自有其道理。但是,從國家社會全局的利益出發,則未必合適。因爲國家社會秩序是各階層相互妥協的結果,墨家強調所代表的社會階層的利益,這本身没錯,但必須置於全社會的共同利益格局中協調平衡,那麼,墨子主張的相當內容,包括其節用、節葬及非樂思想,就存在商榷校正的必要。這就是我在論述其節用、節葬及非樂思想時,何以提出一些質疑批評的原因。而且正因爲如此,必須加深對儒家禮樂理論的認識,才能客觀正確地評價墨家思想。因爲儒家體系是總結夏商周三代社會主流文化整合而成,其中包括三代文化的國家治理思想與制度設計經驗。由此意義上講,儒家思想在整體上較墨家要高,因爲它是從國家主導層面的大局出發,所見相對周密全面,這是墨家無法相比的,儒家思想可借鑒之處,亦因此較多。墨子既以儒家爲對立面,爲深入全面地研究掌握墨家思想必須對儒墨加以比較,對彼此長短加以區别,力爭整體上的周到評價。如此方可取得對墨家思想客觀真實的認識。

在講到墨子的思想立場時，多處提到他代表社會小生産者的利益，並指出因此導致在思想上的狹隘性及目光局限。但有論者指出佛教的慈悲思想有取於墨家，此不可謂無理。正因爲墨子出身下層和代表社會下層的立場思想，使之深知下層的生活甘若，因此亦激起其思想共鳴與同情心，亦因此激起他日夜不休，以自苦爲極，摩頂放踵以利世人，兼愛天下的熱切救世心態。墨子的慈悲救世心，恰爲此源自下層的思想立場所促成。所以我們在講墨子思想局限性時，亦應認清促成此局限性的環境和立場，又正是其大愛慈悲心産生由來，所以不應只是消極簡單地予以否定，而看不到由此對其人生觀念帶來的積極作用。墨子苦行救世、慈悲利人的大愛大勇，是中國傳統思想中的一份寶貴遺産。

最後還要提到的是，墨子批判禮樂，乃是他繼孔子之後對禮樂衰落趨勢的進一步肯定。三代以禮樂治天下，至西周時禮樂之治盛極，其標志是周公制禮作樂。《莊子》述六代之樂止於武王、周公作《武》，與《周禮》所述大體相合。西周之後，禮樂盛極而趨衰，春秋時其衰勢益明，故孔子有感於禮崩樂壞而有意振起復興之。但其衰勢已無法挽回，墨子的批判正反映了此點。自墨子之後的戰國，禮樂成已陳之芻狗，鑒於禮樂之衰已成定勢，儒家之外，罕見有人再熱衷於禮樂之復興。所以，墨子批判禮樂亦相當於對禮樂衰頹之勢的最終肯定。從這點講，墨子對禮樂的批判值得關注。但由於墨子的思想局限，其禮樂批判的精深度不足，但這不是問題的終結，因爲接下來的問題是，如何總結禮樂和如何從中汲取有益的因素，以爲未來政治與文化的發展作爲借鑒，是乃戰國迄秦漢的思想家們必須面對者。司馬遷作《史記》八書，總結黃帝以迄秦漢的政治、經濟、科技及文化的發展成就，其中以《禮書》、《樂書》爲首，即以史著的形式，把對禮樂的總結作爲首要問題提出，要學術界關注。往前溯，在禮樂的衰變過程中，墨子的禮樂批判是應予關注的一個節點。只是墨子除一味地消極批判外，並未對禮樂制度發展前景，提出任何有益的看法或建議，這才是最重要的。墨子的缺憾，在批判有餘而建設不足。

結論：墨家與孔子儒學間的宗本流衍關係

《淮南子》用"背周道而用夏政"，指謂墨子背叛儒家之義而另辟救世徯徑以自名，但若試推考此説究竟是否合適，却令人頗費評量周章。

察墨子本從儒家受學，詩書禮樂文化修養亦極深厚，那麼，墨子的思想知識體系大體承自儒家可無疑，他與儒家諸子的地位身份亦原本相似。他理想中的聖王英雄偶像選定大禹，大禹又爲儒家孔、孟、荀三大師所一致推崇無異；對後來被稱爲堯舜禹湯文武周公之道統的推戴,墨子與儒家相較亦無二致。那麼,何謂墨子"背周道而用夏政"呢? 察墨子以繼承大禹勤儉苦行精神自命,亦自甘踐行犧牲奉獻的積極救世主張;同時亦關注維護農工商小生產者的利益,自願爲之呼籲代言,於是揭出反對禮樂文化傳統與儉約節制等合于小生產者利益習慣的話語理論,由是招致"背周道而用夏政"的評價。但墨子的學術思想既出儒家,雖對大禹精神的推崇要較儒家偏頗劇烈,但根本性質並無區別。所以從戰國秦漢以來在諸子中始終存在以儒墨並稱的現象,亦足説明二者學説思想必多相通者[1]。察漢初雖仍存儒墨並稱之習,其實只有儒並無墨。試考漢初以來,戰國諸家之學幾皆有傳者,其中唯不見墨學傳授[2],故漢初雖仍儒墨並稱,但只是一種習語,實則有儒無墨。其中原因則爲,墨家因與儒家在學術思想上相承相通,又同宗奉堯舜禹湯文武周公之聖王統系[3],故墨家最終還是被迫變相選擇向儒家返本歸宗。可以説,漢初儒墨並稱概念之下有儒無墨的現象,實即出自儒學的墨家經歷一段繁盛發展之後,又以衰微的形式,完成了向儒學變相回歸的過程。相關如墨子願爲之代言的農工商小生產者之思想影響,亦在墨家學派之後,同墨家一樣在學術思想界消歇衰微下去。

察墨子"背周道而用夏政"之本意,實乃標榜夏禹以爲招牌,實現其取代孔子作爲教祖宗師之想。儒家對此看得極清,於是有孟子繼踵而起,以"辟楊墨"自任,故《孟子》書中多見對墨子徒黨的批判。繼有荀子繼起,駢列墨翟與宋鈃於《非十二子》中抨擊批判,其書中亦多見其他針對墨子的非議之言。經孟、荀前後相繼撻伐,墨子取代孔子作爲教祖宗師的企圖,終未得實現,墨家學派亦經戰國之後無可挽救地衰微没落下去。孔子則以三代文化繼承總結者的身份,不僅在百家之先開創儒學,並坐定百代不祧學術宗師的位置。墨子"背周道而用夏政"之舉,反倒刺激孟、荀二大師相繼而起,由於他們對墨子的批判及對孔子的維護,捍衛了儒學門户,鞏固了孔子宗師的地位,倡大了儒學思想的深遠長久影響。墨子及其學派的挑戰,則在儒家的自衛反擊之後,在漢代以下幾於聲響俱寂。

(作者單位:大連大學中國古代文化研究中心)

---

[1] (清)焦循《孟子正義》卷十一《告子章句上》趙注:告子"兼治儒墨之道者"。上海古籍出版社,1993 年第 327 頁。此從一個側面證儒墨之學在内容上之相通。

[2] 葛志毅:《百家之學與獨尊儒術》,《史學集刊》,1994 年 3 期,又收入《先秦兩漢的制度與文化》,黑龍江教育出版社,1998 年。

[3] 《淮南子·主術》:"孔丘、墨翟修先聖之術,通六藝之論,口道其言,身行其志。"《墨子·尚賢下》:"然昔吾所以貴堯舜禹湯文武之道者",《墨子》書中多稱述"堯舜禹湯文武之道"者。有學者亦指出:"《修身》、《親士》、《所染》三篇,實爲儒家言。"見吕思勉:《先秦學術概論》,中國大百科全書出版社,1985 年,第 120 頁。

山東鄒城南落陵村畫像的故事

——"豫讓刺趙襄子"或"秦王謀殺燕太子"?

邢義田

　　在以前的畫像研究裏,我一再强調榜題和格套是窺探漢代畫像寓意的兩把鑰匙。如果某一畫像和可知的格套不同,又無榜題可據,是否即無法解索其故事或意義了呢? 我意識到這個問題和挑戰,卻久久無法面對。山東鄒城南落陵村出土的石槨畫像無意中給了我一個嘗試面對挑戰的機會。能作嘗試的原因在於偶然發現關鍵性的畫面元素竟然和傳世文獻幾乎若合符節,令我敢於揣測漢畫中可能有"秦王謀殺燕太子丹"的故事。

　　胡新立著《鄒城漢畫像石》圖 207—210 收録有 1975 年在山東鄒縣(今鄒城市)西南六點八公里北宿鎮南落陵村南方一殘墓中發現的畫像石槨①。這一雙室石槨的中隔板兩面有陰線刻畫像,保存十分完好,長 242 公分,寬 86 公分。據石槨形式和畫像風格看,屬西漢中晚期。其中一面的中格畫像,被認爲可能是刻畫"豫讓二刺趙襄子"的故事(圖一——三)。胡新立先生在圖版説明中説:

> 　　畫面爲一橋,上有兩輛馬車通過,前車剛過,中間橋孔被橋下蛟龍頂翻,後車險些掉入河中。右橋孔下一漁夫持罩捕魚。經考證,畫面可能是"豫讓二刺趙襄子"歷史故事。(圖版説明頁 75)

---

① 胡新立:《鄒城漢畫像石》,文物出版社,2008 年,圖版頁 170—173。

圖 1　山東鄒城北宿鎮南落陵村畫像石拓本（《鄒城漢畫像石》圖 207）

圖 2　同上　局部

（《鄒城漢畫像石》圖 209）

圖 3　山東鄒城北宿鎮

南落陵村畫像原石（1992 年作者攝於鄒縣孟廟）

圖 4　山東蒼山蘭陵鄉畫像石①

這一石槨畫像因爲没有榜題，應如何理解畫面描述的故事，曾困惑了我很久。後來見到胡先生之説，一度接受了他的看法。胡先生没説"經考證"，是誰作的考證。我猜測其説可能是受到前輩劉敦愿先生的影響。劉先生曾據山東蒼山蘭陵鄉出土的另一畫面有車馬過橋，橋下有二人，也有漁夫的例子，指出描繪的應是豫讓刺趙襄子的故事（圖 4）。楊愛國先生也曾表示同意②。南落陵村石槨中格畫像不無類似，胡先生或許因而推想可能屬同一個故事。這應該是目前主流的看法③。

————————

①山東省博物館、山東省文物考古研究所編：《山東漢畫像石選集》，齊魯書社，1982 年，頁 183 圖 420。

②劉敦愿：《漢畫像石未詳歷史故事考》，《美術考古與古代文明》，允晨出版公司，1994 年，頁 368—370。楊愛國在所著《不爲觀賞的畫作——漢畫像石和畫像磚》（四川教育出版社，1998 年），頁 69—71 也引用同一畫像石，表達同一説法。又見焦德森、楊愛國主編，《中國畫像石全集 3》（山東美術出版社，2000 年），圖 115 標題題作"豫讓刺趙襄子畫像"，圖版説明見頁 39。

③張從軍先生的《漢畫像石》（山東友誼出版社，2002 年）一書頁 129—131 雖有專節討論到南落陵村石槨，唯對中格畫像的意義未表示意見。

我雖然接受了這一看法,仍感到劉、胡、楊三位所舉之例的畫面其實有重大的歧異:一則橋斷或未斷,二則橋下有龍或無龍,三則橋上車馬和人或落或未落到橋下。如果解釋蘭陵鄉的畫像爲豫讓刺殺趙襄子,在畫面上僅見車馬安穩地過橋,了無刺殺的緊張氣氛或描繪。漢墓畫像磚、石和壁畫中有非常多的車馬過橋圖,龐大或簡單的車馬隊伍一般自橋上通過,用意在於展示官員出巡的場面和威風。蘭陵鄉畫像橋下有二人交頭接耳,狀至親暱,卻没有任何武器在手,難以説是刺客。這一件畫面呈現的重點與氣氛,和山東其他畫像中的刺客必有武器,畫面聚焦在刺殺行動關鍵又緊張的一刻,完全不同。

再者,山東嘉祥武梁祠畫像中有"豫讓殺身以報知己"完整清晰的榜題和"趙襄□子"殘榜(圖5),描繪趙襄子乘於馬車,馬受驚躍起,豫讓謀刺失敗,正欲以劍擊擲於地上的趙襄子衣服以代替報仇。畫面明顯是以豫讓藏於橋下,馬受驚,和豫讓謀刺失敗後的先後情節爲重點,但省略了橋,這和蘭陵鄉畫像的畫面元素和構圖呈現的完全不同。如果武梁祠有榜的畫像可以視爲豫讓刺趙襄子故事的某一種畫像格套,那麼不符合格套的蘭陵鄉石槨畫像是否是描述這個故事呢?

圖5 "中研院"歷史語言研究所藏武梁祠畫像拓本局部

回頭看鄒城北宿鎮南落陵村畫像的畫面,清楚有一座斷橋,又有蛟龍在橋下。就構圖格套而言,它和前述武梁祠有清晰榜題的豫讓刺趙襄子畫像也大不相同。再則傳世文獻中的豫讓刺趙襄子故事並没有蛟龍和橋斷這些故事元素。換言之,鄒城南落陵村畫像的畫面和可考的豫讓刺趙襄子畫像格套有異,也和文獻描述有出入。雖然説畫面可另有所據,不一定要和傳世文獻完全相合,但似乎也該有若干共同的特徵或關鍵的故事元素,不應差別太多。因此我雖一時接受了劉、胡、楊三位之説,内心仍有著不安。

不安之中,欣見胡新立在《鄒城漢畫像石》提到的另一幅畫像或有機會引領我們走出不安。他在《鄒城漢畫像石》圖六的圖版説明中指出,鄒城郭里鎮臥虎山二號墓出土的石槨南槨外側左格畫像十分可能也是描繪豫讓刺趙襄子(圖6—

圖 6　鄒城臥虎山二號墓出土石槨畫像原石(2010 作者攝於鄒城市博物館)

圖 7　原石局部照片(2010 年作者攝於鄒城市博物館)

圖 8.1　《鄒城漢畫像石》　　　　　　**圖 8.2　作者線描圖**

圖 8.2)①。因爲在這幅畫像中,橋斷,多人和馬落水,橋下有一人正以手中的匕首刺另一手中所握的衣服。刺衣這一獨特場景十分符合《戰國策·趙策》和《史記·刺客列傳》記述豫讓謀刺趙襄子失敗後,刺襄子衣服以代替報仇的情節。出於這一場景太過特別,又僅見於豫讓謀刺趙襄子這一個故事,因此感到胡先生的解讀頗具説服力。

①胡新立:《鄒城漢畫像石》,圖版説明頁 2。圖六豫讓二刺趙襄子畫像見圖版頁 4。

　　不過,這一解讀可能仍會遭人懷疑:第一,没有榜題可證,第二,《戰國策》和《史記》都説趙襄子過橋,豫讓伏於橋下,並没説橋斷,這件畫像中怎會出現了斷橋? 第三,《戰國策》和《史記》都説趙襄子過橋,因馬受驚,趙襄子猜想應是豫讓行刺,因而派人搜出藏在橋下的豫讓。臥虎山畫像中豫讓在左右二人的包挾之下①,正舉起匕首刺衣,這應是他被捕後的情節,先後情節出現在同一個畫面裏,豈不有些奇怪?

　　就第一個疑問而言,没有榜題確實是企圖完全坐實畫像意義的死穴;在無榜又無格套可據的情形下,我不能不承認我們僅能盡最大努力作些推斷,難以咬死論定。胡先生之説和本文以下的討論都是盡力而爲罷了。

　　就第二點疑問,或許我們可以説這正反映了圖像、傳世文獻和口傳文本之間的出入。許多故事在傳世文獻中或有省略,甚至根本失載,如七女爲父報仇的故事如今僅見於漢世畫像。關鍵在於臥虎山畫像的"刺衣"場景十分清楚(圖7),呈現的情節和傳世文獻完全相合,而傳世文獻中以刺衣代替報仇的情節又僅見於豫讓刺趙襄子這一個故事。武梁祠畫像中趙襄子的衣服擲於地上,衣裳、衣領和衣袖一一清楚地呈現,臥虎山畫像中的衣服握在豫讓的手中,僅見衣服兩頭自手中垂下,没有更多細節的描繪。這樣握在手中兩頭垂下之物,也見於武梁祠東壁齊宣王與無鹽醜女的故事畫面,孫機先生曾據紋飾論證宣王手中的是綬帶②。從形狀看,垂下之物固然可能是象徵官服的綬帶,但因握在手中,畫面上無法更充份展現衣服的形狀,説它是垂下的衣服也未嘗不可。

　　關於第三個疑問,以前我分析山東漢畫像中的荆軻刺秦王圖,曾指出漢代畫像在處理故事情節的手法上多種多樣,有單景式構圖,也有一種是壓縮先後情節於同一個畫面,謂之"同發式構圖"③。臥虎山畫像的構圖手法即屬後者,並不特別,也不是不可理解。説它是豫讓刺趙襄子故事應是目前較妥當的説法。

　　此外請注意在臥虎山這幅畫像裏,橋雖斷,乘坐馬車的趙襄子在斷橋的右端,人馬都安然過了橋;落下橋的或在水中,或正由斷處落下的是騎在馬上,跟隨趙襄子的從騎,橋上最左一位騎士正伸手試圖拉住前方要落水的人。石工十分成功地

①也有學者認爲左右包挾者是女性,乃聶政的妻子和姐姐,故事主題爲聶政自屠。參張從軍:《漢畫像石》,頁80—81。此説可商,因爲畫面上左右包挾者明顯爲戴冠的男子,山東漢畫中的女性頭頂多有髻、步摇、簪或其他頭飾,無戴冠的例子。

②孫機:《漢代物質文化資料圖説》,文物出版社,1991年,頁250。

③詳見邢義田:《格套、榜題、文獻與畫像解釋——以一個失傳的"七女爲父報仇"漢畫故事爲例》,《畫爲心聲》,中華書局,2011年,頁92—137。

捉捕住人馬將滑落橋下,最危急緊張的一刻。斷橋和正滑落的人馬居於畫面中心(圖8.1、圖8.2),無疑是佈局的焦點。豫讓刺衣一景反居於畫面的左下角,偏在焦點以外。如此以斷橋爲中心的佈局,令我不禁懷疑在刺殺趙襄子的故事版本中,很可能有些有橋斷的情節,因爲預知橋會斷,豫讓才會預先躲在橋下等待行刺。爲什麼能預知橋會斷呢?

日前讀陳橋驛復校本《水經注疏》,無意中看到"渭水"條所引《燕丹子》有如下一段:

> 燕太子丹質于秦,秦王遇之無禮,乃求歸。秦王爲機發之橋,欲以陷丹,丹過之,橋不爲發。又一説,交龍捧轝而機不發。①

按《燕丹子》一書著録於《隋書·經籍志》,久佚,唐初所編《藝文類聚》卷九"水部"下,"橋"條引《燕丹子》作:

> 燕太子丹質於秦,秦王遇之無禮,乃求歸。秦王爲機發之橋,欲以陷丹,丹過之無虞。②

《太平御覽》卷一四七"皇親部"十三,"太子二"條引《燕丹子》有較多的内容:

> 燕丹子質於秦,秦王遇之無禮,不得意,欲歸。秦王不聽,謬言:"令烏白頭,馬生角,乃可。"丹仰天而歎,烏即白頭,馬生角。秦不得已而遣之,爲機發之橋,欲陷丹。丹過之,橋爲不發。夜到關,丹爲雞鳴,遂得逃歸。③

比較殘文可知《水經注疏》所謂"又一説,交龍捧轝而機不發"非出自《燕丹子》,而應出西晉張華的《博物志》。《太平御覽》卷九三〇鱗介部二"蛟"引《博物志》云:"燕太子丹質於秦,見遣而爲機橋於渭,將殺之,蛟龍夾舉機不得發。"④《水經注》的"交龍捧轝",《博物志》作"蛟龍夾舉"。熊會貞認爲捧轝有誤,當從《博物志》改作"夾舉"。

讀後忽悟這個故事和鄒城南落陵村石槨畫像所描繪的不是相當符合嗎?熊會貞按語已指出《燕丹子》所説的交龍,"交當作蛟",交龍就是蛟龍。按山東嘉祥宋山出土安國祠堂永壽三年題記和山東省博物館藏長清大街村出土的東漢墓畫像榜題中的

---

①熊會貞參疏、段仲熙點校、陳橋驛復校《水經注疏》卷十九,江蘇古籍出版社,1989年,頁1582。
②《藝文類聚》,《景印文淵閣四庫全書》第887冊,商務印書館,1983年,頁312。
③《太平御覽(二)》,商務印書館,1975年,頁847。
④《太平御覽(七)》,商務印書館,1975年,頁4267。

蛟龍二字都作"交龍"（圖9.1、圖9.2），其他漢簡和銅鏡也是如此，可證其説①。

圖9.1　安國祠堂題記拓片　　圖9.2　長清大街畫像原石

（局部，作者藏拓）　　　（局部，2015年作者攝）

可是《燕丹子》所説的"機發之橋"或《博物志》所説的"機橋"是什麼呢？初讀原不太理解，經查才知這是古代習語，文獻中常出現，指的是設有機關，可以控制或可以發動機關的橋，用來陷害過橋的敵人。機橋詞意較明確的例子見於《新唐書·康日知傳》日知子"康承訓"條：

> 咸通中……諸道兵屯海州，度賊至，作機橋，維以長緪，賊半度，緪絶，士溺死，度者不得戰，殲之。②

由此可知"機橋"是一種暗設機關的橋，橋看起來好像有又長又粗的繩索綑繫，實際上人馬一旦經過，發動機關，繩索絶，則橋斷人溺。又據杜佑《通典》卷一五二言"守拒法"有所謂"轉關橋"，是另一種暗設機關的橋：

> 轉關橋，一樑，端著橫檢，按去其檢，橋轉關，人馬不得過度，皆傾水中。③

《太平御覽》卷三三七兵部六十八"攻具下"引《通典》文相近，唯"橫檢"作"橫括"④，又在"皆傾水中"後多了"秦用此橋而殺燕丹"八字，而這八字原出於唐代李荃《太白陰經》，《太白陰經》明白説出了秦用暗藏機關的橋陷害燕太子丹一事⑤。

---

①濟南市長清區大街村出土漢畫石拓本參山東省博物館編：《山東省博物館館藏精品》，友誼出版社，2008年。又江蘇連雲港尹灣漢墓出土竹簡《神烏賦》有"交（蛟）龍執（蟄）而深臧（藏）"句。參裘錫圭：《神烏傅（賦）初探》，《裘錫圭學術文集》簡牘帛書卷，復旦大學出版社，2012年，頁266。兩漢銅鏡銘文中的蛟龍幾全書作交龍，作蛟龍者僅一例，參林素清輯：《兩漢鏡銘集録》，收入"中研院"史語所簡帛金石資料庫。

②《新唐書》卷一百四十八《康日知傳》，藝文印書館，1972年，頁1803。《新唐書》卷一百四十八《康日知傳》，中華書局，1975年，頁4776。

③《通典》，中華書局，1988年，頁3896。

④《太平御覽（三）》，商務印書館，1975年，頁1675。

⑤按李荃《太白陰經》卷四《戰具》提到"轉關橋，一梁爲橋梁，端著橫栝，拔去栝，橋轉關，人馬不得渡，皆傾水中。秦用此橋，以殺燕丹。"李荃生平不詳，傳爲代宗時荊南節度副使，較成書於德宗時的《通典》稍早，《通典》兵類採《太白陰經》者甚多。四川大學古籍整理研究所等編：《太白陰經》，《諸子集成續編11》，四川人民出版社，1998年，頁25。

此外《文苑英華》卷七五三録唐貞觀時人朱敬則《陳武帝論》：

> 楚之王孫，歎布衣之未返，燕之太子，踐機橋而不歸。悲夫！①

可見這一故事自漢以後到唐、宋應曾流傳不絶。以上不同的記載也反映出故事在流傳中出現了多樣的結局：或説機關不知何故失靈（"橋不爲發"），或説是因蛟龍捧住車輿，使機關未能發動（"交龍捧舉而機不發"），燕太子得以逃過劫難而歸國，或者説燕太子不幸踏上暗藏機關的橋（"機橋"或"轉關橋"），溺水而不得歸。

無論結局如何，明白了機橋爲何物，則知《水經注》的"捧舉"二字原本無誤，不必據《博物志》改作"夾舉"。《説文》舉，"車輿也"，舉即輿，即車箱乘人之處；過去注疏家或許因爲無法理解或想象蛟龍爲何要捧舉，捧舉又該是什麼樣子，遂以爲文字有誤，建議改成"夾舉"。如果細審鄒城南落陵村畫像中的斷橋，可知它是一座暗設機關的橋，此橋已明顯斷開，但橋下的蛟龍適時伸頭朝上，以吻部頂住了車輪，完全合乎"交龍捧舉"的描述。因蛟龍捧舉，前一車得以安然通過，後一車的車手見橋斷，及時刹住馬和車，化解了危機，橋上車馬和人因而都没落水，太子因而得以逃過秦王的陷害而返國②。

換言之，鄒城南落陵村畫像石上的斷橋其實是一座機橋。就藝術表現而言，我們不得不承認在畫面上很不容易表現暗藏的機關。這幅畫像的石工不去刻畫一座未斷而看不出玄機的橋，反而捕捉機關發動後橋斷，蛟龍伸頭頂住車輪的瞬間，十分精彩地表現了故事最扣人心弦的一刻，帶給觀者最大的緊張和刺激。這和漢畫荆軻刺秦王圖通常以刻畫荆軻擲出匕首，匕首正插入銅柱的瞬間爲重點，頗有異曲同工之妙。

此外還有一點值得注意。傳聞中發生故事的地點雖都和橋有關，《燕丹子》僅存殘文，殘文中没有交待機橋何在，《博物志》則説秦王爲機橋於渭水。據張守節《史記正義》，豫讓謀刺趙襄子於橋下的橋乃汾橋，"在并州晋陽縣東一里"。姑不論張守節根據爲何，是否正確，豫讓行刺發生在三家分晋之時，地點必在三晋，不可能在秦國的渭水。如果設機橋於渭水一事不無根據，多少可旁證機橋比較可能和秦王謀殺燕太子丹有關，而和豫讓行刺趙襄子無涉。

豫讓謀刺趙襄子和秦王謀殺燕太子丹既然是兩個不相干的故事，爲什麼畫像中都出現了斷橋？這一點也須要解釋。我的猜想是：故事中秦王暗設機橋以謀殺

---

① 《文苑英華》第五册，中華書局，1966 年，頁 3940—2。
② 過去一般都看成是蛟龍咬或弄斷了橋，例如前引張從軍：《漢畫像石》，頁 129。

燕太子、豫讓謀殺趙襄子於橋下,在尋常百姓的口傳和想象中,豈不都可利用和橋有關的機關? 傳聞異辭或移花接木是口傳和民間文學中常見的現象,或偷换主人翁,或挪移情節,或變易場景,不一而足①。受到民間口傳影響的畫像,不論誰是花,誰是木,孰先孰後,都圍繞著斷橋展開情節,並不難以想象。

由於《博物志》這一記載明確説出故事發生於渭水,我才又恍然大悟在宋代話本《張協狀元》一段報仇的情節裏,丑、末對話提及的典故:

> (丑):莫管我的女孩兒,爲你争些(錢南揚注:"争些"意爲"差一點兒")不見了性命,(末):大凡壽夭也是天命,不敢説甚年渭水斷橋。②

錢南揚校注《張協狀元》甚詳,唯對"渭水斷橋"何典未曾出注。如果對讀《博物志》、《燕丹子》和漢代畫像,則知"渭水斷橋"之典應出自傳説中燕太子丹在渭水橋的遭遇。傳説中燕太子或因中了橋的機關而喪命,或因機關失靈、或得蛟龍之助而躲過一劫。燕太子或生或死的不同遭遇,正説明了生死或天命之偶然和無常。宋代聽説書的百姓顯然都相當熟悉背後的故事,因此説書人不須多説故事或多作解釋,但言"渭水斷橋",發出"壽夭也是天命"的感嘆,聽者就知何指而心領神會。

此外,自漢世以降,龍無疑是天命的象徵,漢人相信天命,每謂得天下爲"龍興"③,燕太子丹得蛟龍相助,意味著他身膺天命,乃得逢凶化吉,大難不死。東漢應劭《風俗通·正失》的"燕太子丹"條即引俗説云:"丹有神靈,天爲感應,於是遣使歸國。"

總之,本文所涉三件漢世畫像,第一件蒼山蘭陵鄉畫像比較可能是其他的過橋圖,橋下二人狀至親暱,不像刺客,山東畫像中不乏男女交頭親暱的例子,唯二人爲何出現於橋下,涉及什麼故事,仍待研究。第二件鄒城臥虎山石槨畫像則較可能是刻畫豫讓刺趙襄子的故事,刺衣這一獨特的場景刻畫是判斷故事的關鍵。第三件鄒城北宿鎮南落陵村中格畫像雖没有榜題可據,難以百分之百確定它的寓意,但稍一比對傳世文獻透露的蛛絲馬跡,據機橋和蛟龍捧舉推測它是秦王謀殺燕太子丹

---

① 即以我研究過的七女爲父報仇畫像故事爲例,七女報仇的對象在和林格爾小板申漢墓壁畫中標明是"長安令",但在河南安陽曹操墓所出畫像石上卻題爲"咸陽令"。參邢義田:《畫爲心聲》,中華書局,2011 年,頁 92—137;河南省文物考古研究所:《曹操高陵》,中國社會科學出版社,2016 年,頁 235,圖一五四。又我相信漢畫撈鼎圖的主人翁曾被刻意由秦王轉換成墓主,參《漢畫解讀方法試探——以撈鼎圖爲例》,《畫爲心聲》,頁 398—439。

② 錢南揚校注:《永樂大典戲文三種校注》,中華書局,1979 年,頁 153。

③ 例如《漢書·息夫躬傳》謂"先帝龍興",《論衡·偶會》謂漢高祖乃"聖主龍興",公孫述曾以"龍興"爲年號,餘不多舉。

的故事，應該八九不離十。

漢代墓葬石槨上出現秦王謀殺燕太子丹這樣的畫像，寓意何在？漢墓的主人和家人爲什麼要在石槨上刻畫一個謀殺故事呢？我相信這很有可能像宋代的説書人一樣，借他人杯酒澆自家塊壘，感嘆命運或生命的無常。這類感嘆正如大家所熟知，經常出現在漢世詩、賦、墓碑和祠堂題記中。石槨畫像藉用這一故事的重點顯然不在秦王的謀殺，而在藉橋斷或不斷，哀嘆無常難料的命運，從這個角度一想，就没什麼不合理不自然了。

豫讓刺趙襄子的故事出現在鄒城臥虎山出土的石槨上，也須要解釋。難道它也寓有某種對人生的哀嘆？我没有確切的證據，但試想豫讓爲了復仇，不惜殘害自己的身體和形象，用盡一切辦法卻以失敗自殺告終。這樣淒涼的悲劇應會引起無數奮鬥一生卻命運不濟者的同情和嘆息吧？想想從賈誼、董仲舒、東方朔、司馬遷到王充，常令漢代士人困惑和感傷的就是人生的遇不遇或時不時，由此或可推想，像其他荆軻、專諸等等悲劇英雄之所以頻頻出現於漢墓或祠堂畫像中，也應在忠孝節義等道德教誨以外，有更能觸動人心或更能引發共鳴的地方，否則恐怕不會那麼受到歡迎。這些深一層的内涵很值得我們更細心、更深一層地去思索和挖掘。

2017. 11. 21

2018. 8. 1

　　後記：小文初稿曾呈蔣英炬、楊愛國、胡新立先生和學棣高震寰指教，承蒙不棄，多所糾繆，得以避免不必要的錯誤，謹誌謝忱。唯文中仍然存在的錯誤，概由作者自負。

（作者單位："中研院"歷史語言研究所）

讀幣札記（二）

吴良寶

　　筆者曾撰有《讀幣札記（一）》[1]，討論尖首刀幣出土地、楚國金幣鑄造時間等問題。現將另外一些不成熟的想法寫出來，向大家請教。

一

　　戰國貨幣中有一種面文"言昜二鉹"、"言昜一鉹"、"言半鉹"的橋形布幣（《貨系》第 1376—1388 號），以及面文爲"言昜亲刀"、"言昜刀"、"言刀"、"言半"（《貨系》第 3994—3996 號）的直刀幣等。"言昜"舊釋"晋昜"，裘錫圭先生改釋作"言（圓）昜"，即《漢書·地理志》西河郡的圜陽[2]。這一釋字意見得到了古文字學界的公認，部分錢幣學著作也采信了這一觀點[3]，然而有的古錢學、先秦史著作中一直沿用"晋陽"舊説[4]。

　　裘錫圭先生認爲，圜昜在"戰國時當屬趙或魏所有。圜陽布也有屬趙或屬魏兩種可能。圜陽小直刀的形制跟邯鄲直刀、蔺直刀等趙幣極其相似，《起源》（引者

①刊於《出土文獻與古文字研究》第四輯，上海古籍出版社，2011 年，第 128—138 頁。

②裘錫圭：《戰國貨幣考（十二篇）》，《北京大學學報》哲學社會科學版 1978 年第 2 期，第 79、80 頁。

③蕭清：《中國古代貨幣史》，人民出版社，1984 年，第 68 頁。國家文物局《中國古錢譜》編纂組：《中國古錢譜》，文物出版社 1989 年，第 47、110 頁。朱活：《古錢新典》，三秦出版社，1991 年，上册第 90 頁。

④商承祚、王貴忱、譚棣華合編《先秦貨幣文字編》（書目文獻出版社，1983 年，第 101 頁）；汪慶正《貨系》"總論"（第 31 頁）；王毓銓《中國古代貨幣的起源和發展》（中國社會科學出版社，1990 年版，第 89、90 頁）；楊寬《戰國史》（上海人民出版社，1980 年版第 109 頁、1998 年增訂本第 135 頁），等。

按,即王毓銓《我國古代貨幣的起源和發展》一書)把它們定爲趙幣是正確的(56頁)。一般認爲小直刀是時代很晚的一種貨幣,圖陽刀的鑄造時間當較圖陽布爲晚。"①裘文對小直刀幣國別的意見得到了學者的認可。比如,蕭清先生認爲,趙國直刀中時代最晚的是四種面文的"圖陽"小直刀,圖陽"原爲魏地,這種刀幣可能是在改屬於趙以後鑄造的"②;李學勤先生也說,"言易"地名雖見於魏國的圓跨布,"但從傳出地點看,也許圖陽曾短期歸於趙國。就形制而言,作爲趙幣也更妥當一些"③等。不過,這些意見的實質內容都沒有超出上引裘文論述的範疇。

1992 年何琳儀先生在討論魏國橋形布幣時認爲,"'言(圖)易(陽)'橋形布的下限不得晚於魏惠王后元七年(公元前 328 年)","圖陽從魏轉入秦境,後又轉入趙境,這從趙'言陽'刀幣中得到證明","其它橋形布的年代下限,均可由'陰晉'、'圖陽'橋形布類推"④。這一說法首次將"言易"橋形布幣的時代下限、趙國"言易"直刀幣的時間上限與魏國上郡入秦的具體年代繫聯在一起,是對上引裘錫圭先生意見的補充。後來這一意見也被學者用以討論戰國時期魏國上郡的轄境⑤。

2001 黃錫全先生在論述"言易"小直刀幣的國別與年代時認爲,"根據當時形勢,圖陽屬魏之上郡。據《史記·魏世家》,襄王七年"魏盡入上郡于秦",則圖陽已於公元前 312 年屬秦,後再屬魏的可能性不大,而一度屬趙的可能性則較大";據《史記·趙世家》趙惠文王"三年,滅中山,遷其王于膚施","神木(言易)在膚施以北,說明公元前 296 年秦奪魏之上郡時至少部分又屬趙國,"言易刀"的鑄行年代上限早不過此年"⑥。這一說法是對上引何琳儀先生意見的進一步細化,但在具體年代上則有疏誤⑦。

不過,以往學者雖然認定"言易"先屬魏、後屬秦再轉歸趙國,這僅是從傳世文獻推導出來的意見。2003 年吳振武先生考證了澳門珍秦齋收藏的一件"泔陽冶瘠鑄也"戈(後收入《珍秦齋藏金·吳越三晉篇》第 147 頁、《銘像》31·16818),判定

---

①裘錫圭:《戰國貨幣考(十二篇)》,第 80 頁。

②蕭清:《中國古代貨幣史》,第 68 頁。

③李學勤:《東周與秦代文明》,文物出版社,1984 年,第 314 頁。

④何琳儀:《橋形布幣考》,《吉林大學社會科學學報》1992 年第 2 期,第 57 頁。

⑤吳良寶:《戰國時期魏國西河與上郡考》,《中國史研究》2006 年第 4 期,第 14 頁;《〈中國歷史地圖集〉戰國部分地名校補》,《中國歷史地理論叢》2006 年第三輯,第 145 頁。

⑥黃錫全:《先秦貨幣通論》,紫禁城出版社,2001 年,第 221 頁。

⑦黃文誤以爲魏襄王七年是公元前 312 年,忽略了楊寬《戰國史》"戰國大事年表中有關年代的考訂"對魏國文侯至襄王在位年代的訂正意見。又,黃文說"公元前 296 年秦奪魏之上郡時",疑"秦"爲"趙"字之誤,前 296 年正是趙惠文王遷中山王于膚施之時。

是魏國兵器①,才補足了這一缺環。該戈銘文中没有鑄造年代、監造者等信息,也與魏惠王之前的魏國兵器刻銘特徵相符②,是戰國中期魏國上郡轄有言易的直接證據。

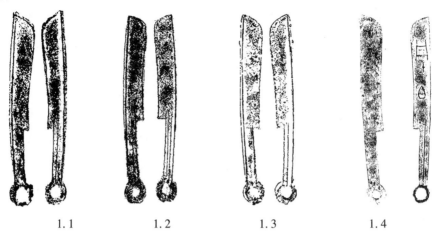

1.1　　　　1.2　　　　1.3　　　　1.4

圖1　采自《中國錢幣》2006年第2期第4、5頁

此外,裘文將"圄(圜)易"地望定在今陝西神木市,是採用了《水經注》的意見。實際上,圜水並非今天的禿尾河,而是無定河。李海俏、吳鎮烽等學者根據漢代畫像石題記推測,"言(圄)易"應在今陝西省綏德縣境内的無定河北岸③,而不是更北面的神木市一帶;而裘文所説"如果圄陽布是魏幣的話,圄陽便應該跟《圓肩圓足三孔布彙考》裏提到的西安陽一樣,是先屬魏而後來改屬趙的",實際是誤信了清代顧觀光《七國地理考》的意見,將《趙世家》惠文王二十四年廉頗攻取的魏國安陽(在今河南安陽市)當做西安陽(在今内蒙古包頭市)④,實際上趙惠王二十四年時魏國已丢失上郡多年,即便在魏國擁有上郡時其轄境也不包括西安陽在内。

至此,裘錫圭先生對"言易"貨幣的考證意見,經過學者間的遞相補充、補正,已是日臻完善。對裘文還可補充的是趙國"言易"刀幣的鑄造時間。從魏、秦、趙三國在今陝北一帶的勢力變動過程看,秦惠文王奪取魏國上郡之後直至昭王初年,

①吳振武:《新見古兵地名考釋兩則》,唐曉峰主編《九州》第三輯,商務印書館,2003年,131—133頁、第138頁附圖1、2。

②吳良寶、張麗娜:《戰國中期魏國兵器斷代研究》,《安徽大學學報》哲學社會科學版2013年第1期,第73—78頁。

③吳鎮烽:《陝西地理沿革》,陝西人民出版社,1981年;《秦晋兩省東漢畫像石題記集釋——兼論漢代圄陽、平周等縣的地理位置》,《考古與文物》2006年第1期,第67頁。李海俏:《關於圄陽地望所在》,《文博》2006年第1期,第54、55頁。

④吳良寶:《古幣三辯》,《古文字研究》第二十四輯,中華書局,2002年,第332、333頁。

秦國先後從魏、趙兩國奪取了平周、中陽與西都等城邑,一直往北擴張到今陝西省最北端的位置;趙武靈王拓地雲中、九原時,黃河南岸基本已爲秦國控制,趙國實行"胡服騎射"導致國力進一步增强,由雲中、九原向南奪取了包括言易、膚施等城邑在內的大片領地,從趙武靈王十年(前 315 年)"秦取我中陽、西都"算起,至趙惠文王三年(前 296 年)遷中山王於膚施、秦昭襄王二十二年(前 285 年)"與趙王會中陽",趙國占據今陝北地區的時間不得少於三十年①,這就是趙國鑄造"言易"刀幣的時間年限。

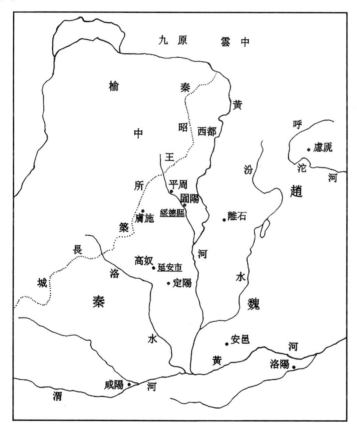

圖 2　相關地名示意圖

　　從"言半"直刀幣"半"字的寫法來看,判定其爲趙國貨幣應無可懷疑。"言易"直刀幣的形制表明,它確實是趙國鑄造時間最晚的刀幣。從河北靈壽、平山出土的中山國早期直刀幣的形態、長度、重量(圖 1.1—1.3)來看,趙國直刀幣是受到了中山國的影響②。也就是説,前 378 年左右復國的中山國開始鑄造早期直刀幣("成

---

①吳良寶:《戰國時期秦國上郡轄境變遷考》(待刊)。

②黃錫全、趙志鵬:《靈壽故城附近發現早期直刀幣》,《中國錢幣》2006 年第 2 期,第 3—6 頁。

白"直刀幣的前身)①,受其影響而鑄造的趙國"甘丹"等面文直刀幣的鑄造時間更在其後②,而"言易"直刀幣應鑄造於趙惠文王三年(前296年)前後,確實是鑄造時間短暫、時代較晚的趙國刀幣。

趙國曾鑄造了"中陽、西都"等面文的尖足布幣以及"言易"直刀幣、"安陽"方足小布(包頭附近曾出土"安陽"方足小布石質鑄範③),這些都是趙國占據今陝北地區、内蒙古河套一帶的貨幣實物證據。其中"中陽、西都"尖足布幣的鑄造不得晚於趙武靈王十年(前315年),"言易"直刀幣的鑄造不晚於趙惠文王三年(前296年),而"安陽"方足小布的鑄造不晚於趙武靈王二十六年(前300年)攘地"西至雲中、九原"之時。在特定的區域、明確的時間段内集中了多種形制的趙國貨幣,這對于探討所謂的"刀布並行"等問題提供了典型材料。

趙國尖足布幣脱胎於春晚戰初的晉國聳肩尖足空首布幣。山西侯馬鑄銅遺址的中期三段地層裏曾出土了多件聳肩尖足空首布鑄範以及大量的空首布芯,晚期地層裏則出土了布幣實物,遺址的年代可以定爲春秋中期偏晚到戰國早期,"前後約200餘年。早、中、晚三期所包括的年代可能相差不多,每期約70年左右,即早期約當公元前600年至公元前530年前後,中期約當公元前530年至公元前450年前後,晚期約當公元前450年至公元前380年前後"④。既然聳肩空首布的最晚類型(聳肩、方襠)一直使用到戰國早期,那麼由其演變而來的平首尖足布幣的鑄造時間就無論如何不得早於前380年前後。

據《竹書紀年》記載,梁惠成王九年(前361年)"與邯鄲榆次、陽邑",這兩個地名只有在轉歸趙國之後才會出現在尖足布幣面文中(《貨系》948—964、982—983),由此可以推知其鑄造時間上限不得早於前361年。這個時間點已經比較接近侯馬鑄銅遺址的年代下限了。由此也就可以明確尖足布幣應是戰國中期的貨系,而不是此前習稱的戰國早中期。

---

①吴良寶:《讀幣札記(一)》,第132頁。

②裘錫圭先生曾受到中山國"成白"直刀幣的形制模仿自趙國直刀的舊説的影響,提出其面文"成白"可能是把"城"、"白人""這兩個離自己較近的鑄有直刀的趙邑的名稱用作面文",也有可能是中山國人"把'成白'讀成'成伯(霸)',以此表示自己的國家會强盛起來"(《談談"成白"直刀》,《中國錢幣論文集》第三輯,中國金融出版社,1998年,第91頁)。今按,目前只見到模仿他國貨幣形制(比如燕國仿照三晋方足小布形制、三晋采用秦國的圓穿圓錢形制)、采用他國(主要是秦國)貨幣單位的(比如趙國三孔布采用"朱兩"制),從没有照搬他國文字、地名的。

③李逸友:《包頭市窩吐爾壕發現安陽布範》,《文物》1959年第4期,第73頁。

④山西省考古研究所:《侯馬鑄銅遺址》,文物出版社,1993年,第102頁、圖版四七,第470—495頁附表四"ⅩⅩⅡ號遺址灰坑、窖穴、水井登記表",第444頁。

　　目前所見趙國小直刀幣上的地名有"言(圜)易、閔(藺)、甘丹(邯鄲)、白(柏)人"等(應該還會有其他暫未出現的地名),邯鄲、柏人在趙國東境,距離中山國較近,藺地在今山西吕梁市西。言易所在的今陝北地區,歷來是狄族居住的區域,而鑄造"成白"直刀幣的中山國則是狄族建立起來的國家。趙國何以在言易、藺地鑄造小直刀幣,是個值得思索的問題。

二

　　《貨系》1608 著録的方足小布面文(圖 3.1),原書誤釋爲"亓(箕)陽"(第 440頁)。何琳儀先生改釋讀爲"开(沃)陽",見於《漢志》雁門郡,在今内蒙古涼城縣西南[1]。李家浩先生讀爲"开(軹)陽",認爲"軹陽"地名也見於居延新簡、張家山漢簡等,具體地望待考,其國别有屬魏、屬趙兩種可能;又引用宋華强博士"軹陽"可能位於《水經注·濁漳水注》枝水之陽,其地大概在今河南安陽西北、漳水之南,正屬於漢代魏郡的意見[2]。

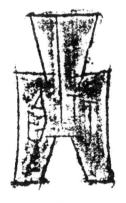
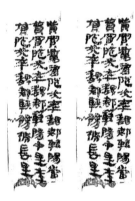

3.1　　　　　　　　　　3.2

圖 3

　　居延新簡 EPT56·224 簡文中原釋爲"黎陽"的地名,何雙全先生改釋爲"軹陽"[3],馬孟龍博士改釋爲"轑陽"[4]。從該簡更清晰的紅外照片[5](圖 3.2)來看,該地名首字確實不是"軹"。因此,居延漢簡資料裏没有魏郡"軹陽"這一縣名。張家

①何琳儀:《趙國方足布三考》,《文物春秋》1992 年第 2 期,第 28、29 頁。
②李家浩:《戰國开陽布考》,《古文字研究》第二十五輯,中華書局,2004 年,第 393—394 頁。
③何雙全:《〈漢簡·鄉里志〉及其研究》,《秦漢簡牘論文集》,甘肅人民出版社,1989 年,第 169、204 頁。
④馬孟龍:《居延漢簡地名校釋六則》,《文史》2013 年第四輯,第 269、270 頁。
⑤甘肅省簡牘博物館肖從禮先生提供了該照片,謹此致謝。

山漢簡《秩律》第 447 號簡的所謂"軹陽"縣名,位於"温、修武"和"臨汾"之間。歷史地理學者認爲,簡文的"温、修武、軹"屬河内郡,而"陽(楊)、臨汾"屬於河東郡①,其排列具有相應的順序。果真如此的話,《秩律》中也没有"軹陽"地名。

居延漢簡、張家山漢簡等資料雖不支持當時有"軹陽"地名的意見,不過李家浩先生讀幣文"开陽"爲"軹陽"的意見還是可信的。春秋戰國時期有"軹"地,見於平肩弧足空首布幣(《貨系》238 號,"开"②字面文)、雲夢睡虎地秦簡《編年記》第 17 號簡③(原文作"枳")、《史記·秦本紀》等,在今河南濟源市南。方足小布"开(軹)陽"疑與該"軹"地有密切關係,如此則"开(軹)陽"很可能是戰國時期韓國鑄造的貨幣。至於"开陽"布幣出土於山西祁縣、陽高等地,三晋貨幣可以在他國境内出土,這是比較常見的現象。

引書簡稱

《貨系》——《中國歷代貨幣大系·1 先秦貨幣》

《銘像》——《商周青銅器銘文暨圖像集成》

《銘像續》——《商周青銅器銘文暨圖像集成續編》

《集成》——《殷周金文集成》

(作者單位:吉林大學古籍研究所、"古文字與中華文明傳承發展工程"協同攻關創新平臺)

---

① 周振鶴:《〈二年律令·秩律〉的歷史地理意義》,《學術月刊》2003 年第 1 期,第 48 頁。晏昌貴:《〈二年律令·秩律〉與漢初政區地理》,《歷史地理》第二十一輯,上海人民出版社 2006 年,第 50 頁。彭浩、陳偉、工藤元男主編:《二年律令與奏讞書——張家山二四七號漢墓出土法律文獻釋讀》,上海古籍出版社 2007 年,第 264、265 頁。

② 吳良寶:《空首布地"軹"地考》,《古文字研究》第二十五輯,中華書局,2004 年,第 397—398 頁。

③ 睡虎地秦墓竹簡整理小組:《睡虎地秦墓竹簡》,文物出版社,1990 年,圖版第四頁。

圜錢"衛釪"試析

黄錫全

寫在前面:吴榮曾先生是我崇敬的學者,不僅具有淵博的知識,而且平易近人,很好相處。他不僅研究先秦兩漢史卓有成就,而且研究中國古代貨幣也頗多建樹。如先生先後發表有《中國古代的錢幣》《從秦簡看秦國商品貨幣關係發展狀況》《若干戰國布錢地名之辨釋》《三銖錢年代考》《兩漢五銖錢研究中的幾個問題》《戰國布幣地名考釋三則》《鵝眼錢考略》《戰國墓出土錢幣及其斷代問題》《"五朱"和漢晋墓葬斷代》《秦漢時的行錢》《從〈史記·貨殖列傳〉看戰國至西漢的商品經濟》等。先生長期擔任中國錢幣學會常務理事,爲中國的錢幣事業發展建言獻策,對我們的工作給予大力支持,我們時時感念在心。有關方面適值先生90周年華誕之際出版紀念文集,功莫大焉。現選擇一篇已刊拙稿入集,聊表心意,並祝吴先生老當益壯,健康長壽!

數年前,筆者曾見到泉界所謂的"衛釪"圜錢,近年又有數枚面世,據説已發現數十枚。從所見實物及網上公佈的圖片看,真僞没有問題。據介紹,這種圜錢首枚於1992年出現於陝西北部安塞縣一帶,山東濟寧也有發現,其出土區域包括陝西、河南、山東等地。這類圜錢由於是新見,銘文及含義不明,一直困擾錢幣界。如果不能正確解讀其上銘文,將難以深入研究有關問題,其歷史價值也不能得到體現。現將個人一點不成熟的意見陳述如下,供大家研究、參考。

先將筆者所知幾枚資料介紹如下:

1.1992年陝西北部安塞縣發現一枚,直徑34毫米,重4.6克。據介紹,初見時保持出土原生態,通體乾坑紅鏽。由於此錢孔大肉薄,加上銅質因鉛錫含量偏高顯得發白,收藏界多持懷疑態度,以致多不認可(圖1)。

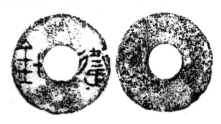

圖 1

2. 2010 年 5 月 10 日,中國嘉德春季拍賣會拍賣一枚。據介紹,此枚生坑,鏽色極美,品相甚佳,早年發現於山東濟寧,直徑 33.8 毫米,重 4.7 克(圖2)。

圖 2

3. 北京藏家賈暉先生收藏一枚,據説出自河南洛陽一帶,直徑 34.5 毫米,重 6.1 克。通體薄綠,紅朱砂鏽,其間有藍結晶鏽點(圖3)。

圖 3

4. 山東煙臺藏家張立俊先生收藏一枚,直徑 33 毫米,重 4.61 克,據説出自山東濟寧附近。

5. 2013 年 9 月 23 日華夏古泉網語音拍賣預展一枚,直徑 34.49 毫米,重 5.9 克(圖4)。

圖 4

6. 北京藏家董瑞先生收藏一枚,直徑 33 毫米,重 4.3 克(圖 5)。

圖 5

7. 山西太原藏家艾亮先生收藏一枚,直徑 34.4 毫米,孔徑 11.1 毫米,重 4. 7 克。

圜錢第一字釋讀爲"衛",沒有問題。衛字見於甲骨文、西周金文,但戰國三晉文字暫且未見。其下增從"止"形者,近年出土楚簡文字多見,如下列諸形(包山楚簡、望山楚簡、天星觀楚簡、新蔡楚簡等):

□—筮忻(祈)福於太 新甲一·七	□需光之純 望二·一〇	一生緐宄一坽緐宄皆— 包二·二六三	—妝爲左尹旎譽禱於新王父司馬子音 包二·二二四	□需光之純 望二·一〇	—一生緐宄一坽緐宄皆 包二·二六三	—妝爲左尹旎譽禱於新王父司馬子音 包二·二二四	□—筮忻(祈)福於太 新甲一·七	□需光之純 望二·一〇	一生緐宄一坽緐宄皆— 包二·二六三	—妝爲左尹旎譽禱於新王父司馬子音 包二·二二四
□—□筭 望二·三五		□—□乘=鞋左 天策		□—□筭 望二·三五	□—□乘=鞋左 天策		□—□筭 望二·三五	□—□乘=鞋左 天策

第二字,泉界多讀爲"釿"。經觀摩多枚實物,我們認爲既不是釿,也不從匕,而應是從古文字中的"乇"。如下列三晉"宅陽"矛之宅、方足布"宅陽"之宅及楚簡宅字等:

"乇"字的構形特點,是中間一小橫多靠上作,與"力"字小橫靠下不同。從金從"乇",即釓。因此,圜錢銘文應釋讀爲"衛釓"。

在探討圜錢"衛釺"含義之前,首先有必要介紹楚簡中兩見所謂的"釺"字:

1. 信陽楚簡 2—015 號:"専(博)一夯(寸)【少】夯(寸),厚夯(寸)。"原報告釋文將"厚"下一字釋爲從金從戈之鈛。商承祚先生摹本作,釋文爲鈛。滕壬生先生摹寫作,與一併列入"鈛"下。李守奎先生《楚文字編》第 629 頁釋爲釺,湯餘惠先生主編《戰國文字編》處理原簡字形作,列爲釺。劉信芳先生釋爲從金,從弋之鈛,讀爲"一"。何琳儀先生認爲"從金,乇聲,疑鉈之省文","疑讀鉈"。陳偉先生等保存原形,未作釋讀。劉國勝先生釋爲從金從才,意爲錙,四分之一寸。李天虹先生據嚴倉楚簡及清華算數簡李學勤先生之説,肯定劉説。

集成 11546
矛 宅陽
包二·一七一
郭·成·三三
信一·〇一六

2. 包山楚墓竹牘 1:"白金大,赤金之釺。"其中釺字不清。滕壬生先生摹寫作,李守奎先生等書作。劉信芳先生認爲"'釺'乃整理者所隸定,原圖版該字不可辨識,疑是'銍'字",與包山簡 272 號簡"赤金之鈦,白金之銍"、276 號簡"白金之鈦,赤金之銍"類同,並引董珊先生之説可讀爲桎,即車轄。

上列第一字應從劉國勝先生説,從"才"不從"乇",爲四分之一寸。第二字存有疑問,需要核實竹簡筆劃才能確定。所以,本文暫且存疑不論。

字書不見釺,考慮到乇與宅通用,如方足布"宅陽"或作"乇陽",釺當即鉈。《康熙字典》:"鉈,音未詳。《唐書·車服志》景隆中腰帶垂頭於下名鉈尾,取順下之義。《宋志》鉈尾即今之魚尾。"

先秦圜錢銘文約有二十餘種,根據現有材料,三晋、兩周圜錢上多記地名,有的記有幣值(或貨幣單位)"釿"。齊、燕圜錢不記地名,僅記幣值"刀"或"幾刀"。秦錢除文信、長安爲封號外,餘皆記重量或幣值"兩"或"甾"。另有"半圜"錢,意爲半個貨幣單位的圜錢,即一兩圜錢的一半。

"衛釺"究竟是地名還是其他,曾有三種考慮:一是作爲地名,讀"衛釺"爲"鄁亳",即"鄁薄",其地可能指河南滑縣,或者山東曹縣。二是讀"衛釺"爲"衛刀"。三是作爲衛國圜錢,讀"衛釺"爲"衛錘"。經仔細斟酌,還是傾向於第三種。

目前所見圜錢,未見以國名名幣者。但先秦貨幣“齊大刀”之齊則爲國名。布幣“梁亢釿”之梁爲魏國國都,也指代魏國。楚金幣“郢稱”之郢爲楚國都城,也指代楚國。衛爲周初所封諸侯國,初都於沬(河南淇縣),春秋初都曹(河南滑縣東),公元前658年遷都楚丘(河南滑縣東北),後又遷帝丘(河南濮陽西南),公元前254年滅於魏。後在秦支持下復國遷都至野王(河南沁陽),公元前209年滅於秦。圜錢衛當指國名。

圜錢“衛釨”可以有兩種理解,一是爲記重或記值,一是稱權。

乇與垂音近字通。如《説文》乇、𠂹(後垂行而𠂹廢,見段注)二字挨著編排。𠂹字古文作[illegible],我們認爲其形就是下列所謂“白金三品”龜幣文字“垂光”之垂:

龜文

古文

其字本從乇從力。《説文》所從之“勿”乃“力”誤。古文乃從力,乇聲。《説文》:“乇,艸葉(段注當作艸華)也,𠂹采。”“𠂹,艸木華葉𠂹。”乇、𠂹均有下垂之義。燕國兵器有“𢻫鋸”、“𢻫鈦”、“𢻫鉾”之類。有學者研究,鋸爲文獻之瞿,爲戟屬,鈦讀爲殺,爲鈹屬,均兵器之名。從乇之字可通垂。“𢻫”可讀爲“捶”,訓擊。新見“防府宅戈”與燕兵器“𢻫鋸”、“𢻫鈦”、“𢻫鉾”句式類似,宅戈也可讀爲捶戈,即防府製作的擊殺用戈。

因此,圜錢“衛釨”可讀爲“衛錘”。

一錘之重過去主要有八銖、六銖之説。八銖説見《説文》及《淮南子·説山》高誘注。六銖説見慧琳《一切經音義》卷二十“錙錘”注引《風俗通》。

雲夢睡虎地秦簡《秦律十八種·司空》見有重量單位錘:

簡130:一脂,攻閒大車一兩(輛),用膠一兩、脂二錘。

整理小組注:“錘,重量單位。相當八銖,即三分之一兩。”

近年岳麓書院藏秦簡也記有重量單位錘(不從金):

0957:貲一甲,直錢千三百四十四,直金二兩一垂。一盾直金二垂。

0970:馬甲一,金三兩一垂,直錢千□百二十。金一朱,直錢二十四。

據此推算:金1銖=24錢;

1甲=1344錢=金2兩1錘

1兩=24銖

1 甲 = 金 56 銖

56 銖 = 2 兩 8 銖

2 兩 1 錘 = 2 兩 8 銖

1 錘 = 8 銖

按一銖重 0.65 克，六銖計 3.9 克，八銖計 5.2 克。前列 7 件"衛釶"圜錢重量，分别爲 4.6、4.7、6.1、4.61、5.9、4.3、4.7 克，平均重爲 4.99 克，與八銖較爲接近。由於所出"衛釶"圜錢重量還難以全知，圜錢銹蝕程度不一，平均 4.99 克之重有一定局限。也可能銘文只是一種價值標度，與實際重量無關。

楚國大布背文"七偵"，陳劍先生釋偵爲展，懷疑展當釋讀爲錘，推算楚布一展（錘）重 5 克左右，齊耳杯展（錘）重 3.9 克。

安徽固鎮新出一種楚布，正面"橈比（幣）忻四"，可理解爲"橈幣一忻爲四枚小幣"；或者讀爲"橈比（幣）四忻"，即這樣的小長幣四枚當一忻。這與普通的楚國小布文字"四比（幣）堂（當）忻（釿）"之義類同。背文"一展三忻展"，是大布背文"七展"的四分之一，一展相當於四忻展。筆者所知三枚重量分别爲 5.5、6.5 和 8.4 克。我們取三枚平均值計算忻與展的重量如下（按一展等於四忻展）：

一展三忻展 = (8.4+6.5+5.5) ÷ 3 = 6.8 克

一忻　　　= 4 小布 × 6.8 克 = 27.2 克

一展　　　= 27.2 ÷ 7 = 3.885 克

1 忻展　　= 6.8 ÷ 7 = 0.97 克

可見，新見三枚楚布平均值的展重 3.885 克，與山東所出耳杯展重 3.89 克相合。如此，戰國時期的展重很可能早期在 5 克左右，相當於 8 銖，晚期在 4 克左右，相當於六銖。

楚國文字的圣，是個老大難問題，説法較多。近見劉剛先生根據學術界的有關研究，認爲楚國銅幣銘文"圣朱"應讀"錘銖"，表示三分之一銖金的價值。李天虹先生據嚴倉楚簡對"圣"表示"三分之一"的用法作了進一步的肯定，但同時指出，它是否就是"垂"字的異體，亦或是"坻"字異體或其他與"垂"字音通的字，"目前似乎不宜斷言，還有待進一步研究"。

如果"圣"讀錘，楚銅貝"圣朱"讀"錘銖"，相當於三分之一銖金，那麽，其他銅貝銘文，如"巽"、"行"、"君"、"全"、"忻"等如何解釋？銅貝"圣朱"究竟表示三分之一銖黄金，還是八銖銅貝，抑或其他？楚大布"展"是否可讀"垂"？等等問題，以及相互之間的關係，還存在諸多疑問，需要進一步深入研究。本文在此暫不作討論。

錘也指稱權。《漢書·律曆志上》"圜而環之"顏師古注:"錘者,稱之錘也。"《廣雅·釋器》:"權謂之錘。"以前見有三晉"宅陽四命"、"皮氏六命"、"露十命"、"梁府半釿"、"半釿之重"、"法律韋雍"等稱量布幣之權,以及下列所謂"半釿之重"、"百家(?)"圜權,分別重 11.8 克與 16.4 克。這些有可能是戰國時期不同階段不同品種的稱權。

如此理解,則"衛釶"可讀"衛錘",指衛重八銖的圜錢。根據下列"衛罻"圜錢的發現,似乎也可以理解爲衛國圜錢的稱權,作爲砝碼錢檢驗流通圜錢。

董瑞先生收藏一枚"衛罻"圜錢,與上述"衛釶"圜錢類同。據拓圖,直徑 33 毫米,孔徑 12 毫米,重 3.6 克。

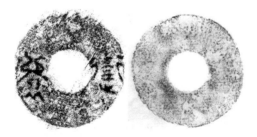

第二字寫法與"罻"小別,目上多出筆劃。目上多出者似眉毛,見於金文罻字,戰國文字似未見。但戰國文字"蔑"上所從則多見。如下列諸字:

　　若此，上列圜錢之罨上部爲金文罨字所從"眉"形的孑遺，當釋讀爲"衛罨"，似爲衛之圜錢。

　　目前，"衛罨"圜錢僅一見，據重量相當於六銖，其與相當於八銖的"衛鈺"圜錢究竟是一種什麼關係，一時還難以斷定，還有待更多實物的發現與研究，望泉界及學術界留意。

　　倘若這就是戰國中晚期衛國重八銖（三分之一兩）、重六銖（四分之一兩）的圜錢，則對於進一步研究衛國或戰國貨幣及衡制，以及諸國圜錢貨幣的關係，都具有非常重要的意義，值得重視。

2012 年 6 月初稿

2014 年 8 月二稿

2015 年 1 月改訂

（作者單位：中國錢幣博物館、吉林大學古籍研究所）

"遵者"名義小考

——《鄉飲酒禮上的遵與僎》補論

閻步克

　　"遵者",是先秦鄉飲酒禮上的一種貴賓。近日我寫成《鄉飲酒禮上的遵與僎》一文,對之有探討①。本文繼續補充若干證據,並對這種貴賓爲何被稱爲"遵者",提出一些推測。

　　在傳統經學中,"遵者"跟一種叫"僎"的人曾發生混淆。《禮記·鄉飲酒義》云,鄉飲酒禮上有"介"以輔賓,又有"僎"以輔主人。而鄭玄注《儀禮》時云"今文遵爲僎",注《禮記》時又説"古文《禮》僎作遵",後之學人往往就把二者混爲一談了。今之禮書注譯、辭書釋義,也有對二者區分不清的。我在前揭拙文中指出,遵、僎並非一事,遵是前來觀禮的諸公大夫,僎則是主人的家吏,在典禮上輔佐主人。清人已有"遵、僎爲二"之論了。

　　目前又查到了幾份清人論述,藉此補述如下。約雍正、乾隆時,任啓運《禮記章句》亦申説"遵、僎爲二":

　　　　僎一作全。鄭讀遵,今如字。介,賓之貳;僎,主之副。禮,必有賓、介與主,而僎或有或無。然有介以輔賓,必有僎以輔主而後全,故又名全也。《儀禮》:賓若有遵者,席于賓東,一人舉觶乃入,賓、介皆降,揖讓升。蓋遵,尊也,

―――――――――――

乃鄉先生爲人所遵法者，本尊于賓，以此時不爲正賓，故後入耳。鄭謂僎即遵，非。①

任啓運認爲，飲酒禮上“必有僎以輔主”，但僎並不是遵，遵是“鄉先生爲人所遵法者”，身份不同於正賓但高於賓，而且在典禮上是“後入”的，即，在較晚時候才入場的。鄭玄以遵、僎爲一，故讀僎爲遵；而任啓運以遵、僎爲二，故改以本音讀僎——“鄭讀遵，今如字”。

康熙皇帝命儒臣進講五經，並將多種日講教材刻印成書。《禮記》是到了乾隆十二年，才由張廷玉、汪由敦等整理刻印的，題《日講禮記解義》，其中有言：

> 鄭注以僎爲遵。遵，尊也，尊于賓者，非輔主人之僎也。《鄉飲酒禮》亦無獻僎之説，于義疑也。

> 鄭注古文《禮》，僎皆作遵。按《儀禮》：賓若有遵者，席于賓東，一人舉觶乃入，賓介皆降揖讓，升。是遵乃賓之尊，非主之輔。注誤。②

又李調元有《儀禮古今考》一書，約成於乾隆二十八年至三十一年間③，其中也有“遵、僎爲二”的意見：

> “遵者降席，東南面”，“今文遵作僎”。考本注，言大夫能以禮樂化其民、使遵法之，故曰遵者；僎則介紹之屬。《六書通》謂僎通作遵，特未深考耳。④

結合此前我所提供的清人同類論述，便可以認爲，乾隆時的儀禮學出現了一波申張“遵、僎爲二”的浪潮。任啓運主張以本音讀僎，此後也有學人採用同樣做法。如杭世駿：“僎，鄭讀遵。今如字，士免反”；“僎，一作全。鄭讀遵，今如字。”⑤劉沅：“僎一作全。鄭讀遵，今如字。”⑥以“遵、僎爲一”則僎讀遵，以“遵、僎爲二”則如字，即“士勉切”⑦。至少在一部分學者那裏，“僎”改讀本音了。

①（清）任啓運：《禮記章句》卷五之三《鄉飲酒義》，《續修四庫全書》，上海古籍出版社，2002 年，第 99 册，第 170 頁上欄。又《四庫全書存目叢書》，齊魯書社，1996 年，經部第 103 册，第 54 頁上欄。

②分見（清）鄂爾泰等：《日講禮記解義》卷三九《少儀》、卷六三《鄉飲酒禮》，《景印文淵閣四庫全書》，臺北商務印書館，1986 年，第 123 册，第 455 頁上欄、第 740 頁上欄。

③參看楊世明：《李調元年譜略稿》，《南充師院學報》，1980 年第 2 期。

④（清）李調元：《儀禮古今考》卷上《鄉飲酒禮》，中華書局，1991 年，第 8 頁。按，所謂“《六書通》”疑作《六書故》。宋人戴侗《六書故》本於鄭玄注，謂“僎通亦作遵”，上海社會科學院出版社，2006 年，第 186 頁下欄。而《六書通》系清人閔齊伋所作，其中無“僎通作遵”之文。

⑤（清）杭世駿：《續禮記集説》卷六六、卷九九，《續修四庫全書》，第 102 册，第 204 頁、第 738 頁。

⑥（清）劉沅：《禮記恒解》卷四五，《續修四庫全書》，第 105 册，第 304 頁上欄。

⑦按《説文解字》卷八上《人部》：“僎，具也，從人巽聲，士勉切。”中華書局，1963 年，第 161 頁下欄。

《説文解字》:"僎,具也。"按《説文解字》又云:"具,共置也。"①清初張自烈據此提出:"僎有毗輔陪貳之義,亦具義也。何所見而必變其音義、改僎爲遵與全也。"②清末郭嵩燾亦云:"《説文》:'僎,具也';'具,共置也。'《鄉飲禮》獻賓及介,及衆賓,及酬賓,皆主人,僎無與焉。謂之僎者,供具以將事,豈可以賓之遵者當之?"③張、郭二人依據《説文解字》,強調僎"亦具義也",這一點頗有意義。《漢書·劉澤傳》顔師古注曰:"具,供具也。"而"供具"正是"陳設酒食的器具"的意思④。飲酒禮上各種輔助工作,包括僎所承擔的工作,都不妨視爲"供具"。因鄭玄讀僎爲遵,後儒便努力證明僎、遵不但可以通假,而且字義也是相通的:遵有"循"義,而僎有"順"義⑤。然而"僎"另有"供具"一義,却是"遵"所不能覆蓋的,儘管僎、遵在"順"之一義上可以繞著彎兒相通。這就再度削弱了"遵、僎爲一"之説的解釋力,而爲"遵、僎爲二"之説增添了又一枚砝碼。

"遵、僎爲一"之説上承東漢鄭玄,而相關清代學者爲"遵、僎爲二"提出的各種論證,迄今未見反駁(當然也是因爲今人對這場討論幾無所知)。平心比較兩種論點,我們目前認爲"遵、僎爲二"居優。這樣在討論"遵者"何義之時,就可以把"僎"置之度外,免於干擾了。

"遵者"之稱很獨特,僅見於《儀禮·鄉飲酒禮》與《鄉射禮》兩篇,凡四見:

1.《儀禮·鄉飲酒禮》:遵者降席,席東南面。

鄭玄注:遵者,謂此鄉之人仕至大夫者也,今來助主人樂賓。

2.《儀禮·鄉飲酒禮》:賓若有遵者諸公、大夫,則既一人舉觶乃入。席于賓東。

鄭玄注:遵者,諸公、大夫也。謂之賓者,同從外來耳。大國有孤,四命謂之公。

3.《儀禮·鄉飲酒禮》:徹俎。賓、介、遵者之俎。受者以降,遂出授從者。

---

① (東漢)許慎:《説文解字》卷八上《亻部》,卷三上《廾部》,第 161 頁下欄、第 59 頁下欄。
② (清)張自烈:《正字通》卷一《亻部》,《續修四庫全書》,第 234 册,第 85 頁上欄。
③ (清)郭嵩燾:《禮記質疑》卷四五《鄉飲酒義》,《續修四庫全書》,第 106 册,第 579 頁下欄。
④ 如《史記·平準書》:"縣治官儲,設供具,而望以待幸。"同書《范雎蔡澤列傳》:"范雎大供具,盡請諸侯使,與坐堂上,食飲甚設。"《漢書·叙傳上》:"請問耆老父祖故人有舊恩者,迎延滿堂,日爲供具,執子孫禮。"《後漢書·趙孝傳》:"太官送供具,令共相對盡歡。"
⑤ 《説文解字》卷二下:"遵,循也";卷十上:"馴,馬順也。"第 39 頁下欄、第 201 頁上欄。《廣雅·釋詁》:"巽,順也。"(清)王念孫《廣雅疏證》卷一上,中華書局,1983 年,第 10 頁上欄。俞樾因云"僎從巽聲,亦得有順意。則與馴義亦可通。"《春在堂全書》,鳳凰出版社,2010 年,第 3 册第 413—414 頁。王夢鷗亦云:"蓋遵、順音義皆通,而順、馴亦如之。"見其《鄭注引述別本禮記考釋》,商務印書館,1969 年,第 46—47 頁。

4.《儀禮·鄉射禮》:大夫若有遵者,則入門左。……席于尊東。

鄭玄注:謂此鄉之人爲大夫者也。①

鄉飲酒禮的席位布局,嚴格依照長幼尊卑:堂下爲子弟之位;堂上北墙偏東之處,放置著兩個酒尊,酒尊西側是父老之席;若有諸公、大夫到場觀禮,則在酒尊東側另設專席。酒尊東側的這些貴賓,就是"遵者"。

尊、遵二字同源相通,可以通假,而諸公、大夫作爲貴賓,完全可以説成"尊者"。一個懷疑便油然而生了:"遵者"與先秦文獻中的"尊者"一詞是什麼關係呢?傳統學人其實已提出了若干解釋。我們將之逐次臚列,以供探索研判。

(1)"遵法"説。對"遵者"之"遵",鄭玄以"遵法"來解釋:

1.《儀禮·鄉飲酒禮》"遵者降席"鄭玄注:遵者,謂此鄉之人仕至大夫者也,今來助主人樂賓,主人所榮而遵法者也。

2.《儀禮·鄉射禮》"大夫若有遵者"鄭玄注:謂此鄉之人爲大夫者也。謂之遵者,方以禮樂化民,欲其遵法之也。

鄭玄認爲,"遵者"稱"遵",是用以表示他們爲人遵法,以貫徹"以禮樂化民"。當然在兩個不同地方,鄭注略有小異,一説爲主人所"遵法",一説爲民衆所"遵法"。無論如何,"遵者"就是"所遵奉效法者"的意思。

(2)"尊者"説。即直接讀"遵"爲"尊"。如:

1.盛應期:遵者,尊也。《傳》曰:鄉人仕至大夫,主人藉以樂賓、取榮而遵法者也。②

2.任啓運:蓋遵,尊也。乃鄉先生爲人所遵法者,本尊于賓。③

3.《欽定禮記義疏》:遵,尊也,尊于賓者也。④

4.《日講禮記解義》:遵,尊也,尊于賓者。⑤

5. 郭嵩燾:《儀禮》明言"賓若有遵者",遵、尊同字,謂賓之尊者也。⑥

①以上分見(清)阮元等校刻:《十三經注疏》,中華書局,1980 年,第 989 頁上欄、第 991 頁上欄、第 995 頁上欄。

②(明)盛應期:《蘇州鄉飲請遵書》。錢穀編:《吳都文粹續集》卷四《學校》,《景印文淵閣四庫全書》,第 1385 册,第 85 頁下欄。

③(清)任啓運:《禮記章句》卷五之三《鄉飲酒義》,《續修四庫全書》,第 99 册,第 169 頁上欄。

④(清)李紱領纂:《欽定禮記義疏》卷四八《少儀》,《景印文淵閣四庫全書》,第 125 册,第 510 頁上欄。

⑤(清)鄂爾泰等:《日講禮記解義》卷三九《少儀》,《景印文淵閣四庫全書》,第 123 册,第 455 頁上欄。

⑥(清)郭嵩燾:《禮記質疑》卷十七《少儀》,《續修四庫全書》,第 106 册,第 444 頁。

上引第 1、2 條雖讀遵爲尊,但仍把"遵法"的意思牽扯進來了。第 3、4、5 條則很明快,唯言"尊于賓"、"賓之尊者"。身份"尊于賓"與"爲人所遵法"語義不同,當然不能等量齊觀。"尊者"僅指身份尊貴,但並不必然"爲人所遵法","爲人所遵法"也並不必然與"禮樂化民"相關。

直接讀遵爲尊,其依據就是古文獻中遵、尊二字同源相通,可以互用。例如:

1.《逸周書·謚法》:秉德遵業曰烈。①

　《史記正義》引:秉德尊業曰烈。②

2.《論語·堯曰》:尊五美,屏四惡。

　漢平都相蔣君碑:遵五迸四。③

3.《墨子·備城門》:然則守者必善,而君尊用之。

　俞樾:尊當爲遵,古字通也。④

4.《韓詩外傳》:行既已尊之。

　俞樾:惟尊字無義,當讀爲遵。⑤

5.《論衡·答佞》:違禮者衆,尊義者希。

　黄暉:尊讀遵。⑥

6.《後漢書·光武帝紀》:擊更始鄧王尹遵,破降之。

　李賢注:遵或作尊。⑦

7.《初學記》何承天《社頌》:乃國乃家,是奉是遵。⑧

　《何衡陽集》:是奉是尊。⑨

在鄉飲酒禮上,"遵者"諸公、大夫確實也倍受尊崇。《儀禮·鄉飲酒禮》"席于賓東,公三重,大夫再重"鄭注:"席此二者于賓東,尊之。"居於酒尊之東是尊崇之

①《逸周書·謚法》,商務印書館,1937 年,第 3 册第 204 頁。黄懷信《逸周書校補注譯(修訂本)》作"秉德尊業"。三秦出版社,2006 年,第 276 頁。黄懷信等《逸周書彙校集注》作"秉德遵業"。上海古籍出版社,2007 年,第 674 頁。

②(唐)張守節:《史記正義》,《史記》(點校修訂本),中華書局,2014 年,第 4047 頁。

③(宋)洪适:《隸釋》卷六,中華書局,1986 年,第 76 頁上欄。

④(清)俞樾:《諸子平議》卷一一《墨子三》,《春在堂全書》,第 2 册,第 118 頁下欄。

⑤(清)俞樾:《曲園雜纂》卷一七《讀韓詩外傳》,《春在堂全書》,第 3 册,第 127 頁下欄。

⑥黄暉:《論衡校釋》,中華書局,1990 年,第 517 頁。

⑦《後漢書》卷一上《光武帝紀第一上》,中華書局,1965,第 29 頁。

⑧(唐)徐堅等:《初學記》卷一三《社稷》,中華書局,1962 年,第 327 頁。

⑨分見(唐)徐堅等:《初學記》卷十三,第 327 頁;《漢魏六朝百三名家集》,江蘇古籍出版社,2002 年,第 290 頁下欄。

意,其席子也比别人多一兩層。又《鄉射禮》"大夫降,立于賓南"賈公彦疏:"大夫尊,在堂則席之于尊東,特尊之。"又《燕禮》賈疏:"諸公、大夫席于尊東西上,彼遵尊于主人。"①又前引《欽定禮記義疏》云遵者"尊于賓客也"。"遵者"被"尊之"以至被"特尊之",而且既"尊于主人"又"尊于賓客",被視爲鄉飲酒禮上的身份最高的人,無愧於"尊者"。

(3)"遵承主人之命而來"説。此説出自元儒敖繼公。當然,敖繼公的推測實際上有兩個:

> 遵者,乃此鄉之人仕至公卿大夫,主人請之來與此會者也。謂之遵者,以其遵承主人之命而來歟? 或曰"遵之爲言尊也",大夫尊于士,故以是名之。未知孰是。②

胡培翬駁斥敖繼公:"案遵之爲義,《爾雅·釋詁》云:'遵,循也。'《廣雅·釋詁》云:'遵,表也。'《毛詩·酌》傳云:'遵,率也。'是遵爲儀表尚可率循之義,故注以爲'主人所榮而遵法者'也。敖説非。"③胡培翬意在維護鄭玄,個人並無新見。敖繼公的"大夫尊于士,故以是名之"一説,仍從身份尊貴出發;至其"以其遵承主人之命而來"一説,則屬孤明先發,具有啓發性。下面就來推敲這個推測。

《儀禮·鄉射禮》:"大夫若有遵者,則入門左。"這話可以這麼理解:本鄉大夫若有前來觀禮的,則入門而左。若然,則此文中"遵"就有"前來"的意思了。一鄉可能生活著若干大夫,他們有應邀前來觀禮的,也有應邀但未能前來的,"遵者"只是其中一部分。以此類推,同書《鄉飲酒禮》"賓若有遵者諸公、大夫,則既一人舉觶乃入"一句,其"遵者"也當含有"應邀前來者"的意思。"遵者諸公、大夫",就是"應邀前來的諸公、大夫"。

遵字從辵,辵有行走之意。《六書故》:"辵,循道疾行也。"④《公羊傳》宣公六年"躇階而走"何休注:"躇……一本作辵。"⑤《説文解字》釋辵爲"乍行乍止也",引《公羊傳》作"辵階而走"。給"尊"加上"辵"旁,寫成"遵",用如動詞,"遵"便有了行走之意,就"遵者"之稱而言,便有了"循之而前"的意思了。"賓"也是應邀前來者,爲什麼其他來賓就不稱"遵者"呢? 很簡單,諸公、大夫是來賓中的最尊者,酒

---

① 以上分見(清)阮元校刻:《十三經注疏》,第 989 頁下欄、第 995 頁下欄、1020 頁上欄。
② (元)敖繼公:《儀禮集説》卷四《鄉飲酒禮》,《景印文淵閣四庫全書》,第 105 册,第 128 頁上欄。
③ (清)胡培翬:《儀禮正義》,江蘇古籍出版社,1993 年,第 401 頁。
④ (宋)戴侗:《六書故》卷十六,第 372 頁上欄。
⑤ (清)阮元校刻:《十三經注疏》,第 2280 頁上欄。

尊之東有其特殊席位,"三命而不齒",其他來賓無法比肩同列。所以敖繼公的"遵承主人之命而來"之説,看上去不無道理。

"遵者"之稱只見於《儀禮·鄉飲酒禮》與《鄉射禮》一點,暗示這個稱謂相當特殊,可能是某個時代、某些地區的鄉飲酒禮的特殊用詞。我猜測,也許是爲了強調諸公、大夫是紆尊降貴、光臨典禮的貴人,這兩篇禮書的作者便自我作古、別出心裁,給尊者之"尊"字添加了辵旁,寫成了"遵",以表明他們是"應邀前來(觀禮)的尊者"。

綜上所述,對"遵者"之義略有三説:1. 爲人所遵法者;2. 尊者;3. 應邀前來的尊者。我們嘗試把這三個選項代入《儀禮》兩句原文,看一看會是什麽情況:

——《鄉射禮》:大夫若有遵者,則入門左。

1. 本鄉大夫中若有爲人遵法者,則入門左。

2. 本鄉大夫中若有尊者,則入門左。

3. 本鄉大夫若有作爲貴人而應邀前來者,則入門左。

——《鄉飲酒禮》:賓若有遵者諸公、大夫,則既一人舉觶乃入。

1. 來賓中若有爲人遵法的諸公、大夫,則既一人舉觶乃入。

2. 來賓中若有尊者諸公、大夫,則既一人舉觶乃入。

3. 來賓中若有應邀前來的貴人諸公、大夫,則既一人舉觶乃入。

在是否貼合、切近於飲酒禮的情境上,三者顯有程度之別。第 1 項"遵法",在這個闡述來賓身份的特定情景中,頗覺汗漫,又聯繫到"禮樂化民"上去,難免過度詮釋之嫌。第 2 項的"本鄉大夫中若有尊者"也不穩妥,因爲大夫都屬"尊者","若有尊者"的提法,等於説大夫還有"不尊者"了。而兩組中的第 3 項,都妥帖順暢、密合無間。

看來把"遵者"解爲"應邀前來的尊者"稍好一些,較爲細密入微。它同時符合這樣兩點:第一,"遵者"是"大夫";第二,"遵者"是"來賓"。換句話説,"大夫"而没有作爲"賓"而前來的,"來賓"而非"大夫"的,都不是"遵者"。"應邀前來的尊者"這個選項,來自敖繼公的啓發。

謹此恭頌吳榮曾先生九十壽辰

後學閻步克

2018.09.29

(作者單位:北京大學歷史學系)

《周易》是中國古代內容充實，理論體系完備的哲學著作

陳恩林

小　序

　　吳榮曾先生，1928 年生於江蘇蘇州，1954 年畢業於北大歷史系，初執教於北京大學、內蒙古大學，後調任社科院《歷史研究》編輯部，1983 年重歸北大，任史學教授，是國內研究先秦、西漢史的著名歷史學家。他治學嚴謹，善於收集各種資料，尤其重視傳世文獻與地下出土文獻的有機結合，剖析問題細緻而深，常能發人所不能發，在歷史、考古與中國古錢幣領域，成果豐富，名聲顯赫，一向爲國內同行所景仰，其人品學問俱嘉。欣聞今逢九秩大壽，特撰小文以恭賀。祈望先生頤神保年，期壽之際，大慶華誕！

陳恩林　敬賀

2018. 8. 26

　　《周易》在先秦文獻中多單稱爲《易》，是中國古代最具中華文化特色的一部典籍。《周易》之名，首見《周禮·春官·大卜》，曰：“太卜，掌三兆之法：一曰玉兆，二曰瓦兆，三曰原兆。其經兆之體，皆百有二十[①]。其頌皆千有二百。掌三易之法：

[①] 經兆之體：謂卜龜正兆之體。體爲兆象，龜體有金、木、水、火、土五兆，兆各有二十四分，故曰百有二十。

一曰《連山》,二曰《歸藏》,三曰《周易》。其經卦皆八,其別皆六十有四。"

夏、殷、周三易皆發源於上古巫術,故三易是三代卜筮之書。因此,《周易》原本是周代神學卜筮系統的代表。這是不容置疑的。

《易》起源於八卦。傳說八卦爲氏族社會伏羲氏所創。《易·繫辭傳下》説:"古者伏羲氏之王天下也,仰則觀象於天,俯則觀法於地,觀鳥獸之文,與地之宜,近取諸身,遠取諸物,於是始作八卦,以通神明之德,以類萬物之情。"這一傳說内容十分生動,具體道出了上古先民經歷了千百年來觀察天象之日月星辰、風雷雨電;地理之山高水深,樹木叢生;路上奔馳的獸,天空飛翔的鳥,水中暢游的魚,千姿百態,豐富多彩。於是,他們在長期的實踐中畫出了天、地、風、雷、水、火、山、澤八種圖形,以代表天、地、風、雷、水、火、山、澤的形象。他們創造的八卦模式,目的在於用來"以通神明之德,以類萬物之情"。"神明",當然是萬物有關時代的"天神、地祇與人鬼"等各種自然神與祖先神。使用八卦所模擬天、地、風、雷、水、火、山、澤的靈性溝通萬物,以認識萬物的内涵及特徵。當時,八卦並不是《易》,只是一種反映自然現象的巫術模型。八卦發展爲《易》是夏代以後的事。二十世紀三十年代,關於《周易》是否具其有哲學内涵,我國學術界多數前輩否定其有哲學思想。尤其疑古學家曾嘲諷《易·繫辭傳》這段話,尤其"茫然無據",代表不了《周易》。由是否定《周易》的哲學性成爲了學術界的主流意識。我們今天應重新認識這段話,我認爲它的本質是真實的,是原始氏族社會先民創造巫筮文化的反映。

法國學者列維·布留爾説:"原始的思維方式的社會成員們,認爲美術像,不論是畫像、雕像或者塑像,都與被造型的個性一樣是實在的。格羅特寫到:'在中國人那裏,像與存在物的聯想不論在物質上或精神上都真正變成了同一。特別是逼真的畫像或者雕塑像乃是有生命的實體的 alter ego(另一個'我'),乃是原型的靈魂之所寓。'"①

從原始思維角度看,當氏族先民創造了天、地、風、雷、水、火、山、澤八種圖形時,他們就認爲其圖形同真的天、地、風、雷、水、火、山、澤一樣,真形與圖形"兩者就真正是同一"的。他們崇拜八卦之象,認爲能通過這些形象去瞭解天、地、風、雷、水、火、山、澤的神明之德,就可以比類天地、山澤等萬物的情狀。這是什麽思想?這應該就是伏羲時代萬物有靈的真實寫照,就是我國氏族社會先民自然崇拜與靈物崇拜思想的真實反映。這樣的傳說於史實是有證明的。《春秋左傳》宣公三年講:"昔夏之方有德也,遠方圖物,貢金九牧,鑄鼎象物,百物而爲之備,使民知神姦。

---

① [法]列維·布留爾著、丁由譯:《原始思維》,商務印書館,1981 年,第 37 頁。

故民入川澤山林,不逢不若。螭魅罔兩,莫能逢之。用能協于上下,以承天休。"這段話告訴我們,早在大禹之世,就曾利用九牧所貢之金屬,主要是銅與鉛錫之類鑄鼎像物,其物之象"有奇異山川",也有"畫鬼神巨人面之形",又有波浪紋、雷電紋等。讓人民分辨、識別神像與姦,以便進入"山林川澤"不逢不順之事,尤其不能遇到"魑魅魍魎"等山精樹怪,不遭遇災害,使人民上下相合,受到天地保護。這是夏代的偶像崇拜,與上古伏羲畫八卦異曲同工,由此可知,《連山》《歸藏》《周易》皆由巫術性質的八卦衍化而來,是毫無疑義的。

可惜的是《連山》《歸藏》二易,至漢代已亡軼(《歸藏》雖尚存些殘留資料,但已構不成一易之體系)。唯有《周易》流傳體世。

在周代,凡國之祭祀與軍政大事都要卜筮。這些事統歸"太史寮"掌管。"太史寮"主要由"大史、太祝、大卜"等三官組成,類似國家宗教體系或者説是天官體系。當時,太史寮權力之大,超過執掌行政的卿士寮。"太史寮"權力之所以大,首先在於他們能"溝通人神"關係,所以又被時人稱爲具有神性的巫。據《周禮》,"太小、卜人、筮人"皆爲巫;據《尚書·金縢》,周公爲武王病禱告上帝、先祖,願以自己的死去替換武王,從性質上來説也具有巫的身份。據《國語·楚語》説,上古顓頊時代一度"夫人作享,家爲巫史"。每家都有巫,是萬物有靈的反映。《周易·巽九二爻》曰:"巽在床下,用史巫紛若。"《馬王堆·帛書易》多巫史邊言,説明古代巫史曾普遍存在。由於在周代擔當祝、宗、卜、史的巫職人員多爲知識分子,他們從事觀察天象,主持祭祀天神、地祇、人鬼(先公、先王等宗廟),主持制定曆法、龜卜、占筮,常把一些自然知識與社會知識、生產活動中的經驗儲藏到《周易》六十四卦的卦爻體系中,於是在他們的神學卜筮體系中就產生了早期哲學的萌芽。《史記·太史公自序》説:"昔西伯居羑里而演《周易》。"《漢書·藝文志》、揚雄《法言·問神篇》《問明篇》、王充《論衡·謝短篇》等皆説文王"重《易》六爻,演爲六十四卦"。一則此説缺乏西周時代材料;二則在安陽四磨盤甲文中已發現商代六位數字卦,故"重《易》六爻"之事可能要早於商代。從《周禮·太卜》講,夏易《連山》、殷易《歸藏》曰"其經卦皆八、其別六十有四",都是重卦早於周代之證。此足以證明文王所演之《周易》,明顯是"六爻的《周易》六十四卦"。《馬王堆·帛書易·要篇》云:"文王仁,不得其志,以成其慮。紂乃無道,文王作諱而辟咎,然後《易》始興也。"《易·繫辭傳》云:"《易》之興也,其於中古乎?""當文王與紂之事邪?是故其辭危。"吾師金先生據此判斷説:《易傳》的"'危者使平,易者使傾',這是《周易》思想,其來源就是文王被囚於羑里時的思想。文王被囚,危險,是'危者',希望平安脱險,故曰'易者使平';紂王高高在上,得意忘形,是'易者',文王的思想是使紂王傾覆滅亡，故曰‘易者使傾’。文王在此時作《周易》，他的思想就變成了《周易》的思想。”①廖名春先生也説：“《周易》産生於‘紂乃無道，文王作’的年代，是文王‘諱而辟咎’之作，是反映文王仁義思想（‘文王仁’）和憂國憂民意識（‘不得其志，以成其慮’）。”②由此可見，由於文王演《周易》，所以《周易》一書的哲學成份有較大增加。

至春秋時代，由於王綱解紐，禮崩樂壞，社會發生了較大變化，用史墨的話説：春秋中葉，許多國家卿大夫專權，不僅王權失落，諸侯也逐漸成爲贅旒。“社稷無常奉，君臣無常位，自古已然。故《詩》曰‘高岸爲谷，深谷爲陵。’三后之姓（指虞、夏、商三代），於今爲庶。”③“魯文公薨，而東門遂殺嫡立庶，魯君於是乎失國，政在季氏，於此君也，四公矣。民不知君，何以得國。”④在這樣“民不知君”的變亂世道，《周易》一書的理性因素得到了進一步發展：

如《泰・九三》爻辭：“無平不陂，無往不復”；《恒・九三》爻辭：“不恒其德，或承之羞。”《大有・上九》爻辭：“自天佑之，吉無不利。”《謙・九三》爻辭：“勞謙，君子有終，吉。”從這些事例可以看到，在春秋時代《周易》的卦爻體系已含有豐富的理性因素與人生哲理。故高亨先生説春秋時的《周易》“已經由筮書領域開始跨入哲理著作領域”⑤。但是，《周易》在春秋時仍被當時的人看作是卜筮之書。《左傳》與《國語》所載當時人占筮用的二十二個卦例，就是明證。何況，《周易》神學卜筮體系並沒有變化，其所問筮的對象還是自然神與祖先神，巫術的帽子並沒有摘去。高亨先生依此説：“春秋時人基本是從占筮角度來利用《周易》的。”⑥應是對的。

重新解讀《周易》，剝去其神學體系的衣冠，使之成爲真正的古代哲學著作，由孔子開始。《史記・孔子世家》説孔子“晚而喜《易》，序《彖》、《繫》、《象》、《説卦》、《文言》。讀《易》韋編三絶。曰：‘假我數年，若是，我於《易》則彬彬矣。’”《史記》的記載雖然遭到疑古學家的否定，但許多學者不贊成疑古派的觀點。如在二十世紀四十年代，蔣伯潛、蔣祖怡父子就説：“十翼是否全出於孔子固是疑問，但孔子對《易》曾下過深切的研究，曾有所著述，而且引天道以論人事，使古時卜筮之書變爲論哲理之書，由宇宙論演繹而爲立身處世的倫理學説，則是不可動搖的事實。”⑦

———————————

①金景芳：《金景芳自序》，《〈周易・繫辭傳〉新篇詳解》，遼海出版社，1998年，第23—24頁。

②廖名春：《〈周易〉經傳十五講》，北京大學出版社，2004年，第192頁。

③《左傳・昭公三十二年》，（清）阮元校刻《十三經注疏》，中華書局，1980年，第2128頁。

④《左傳・昭公三十二年》，（清）阮元校刻《十三經注疏》，中華書局，1980年，第2128頁。

⑤高亨：《周易雜論》，齊魯書社，1979年，第107—108頁。

⑥同上。

⑦蔣伯潛、蔣祖怡：《經與經學》，上海書店出版社，1997年，第90頁。

較早看到了《易傳》對《周易》卜筮性質的改造。自上世紀七十年代以來，由於馬王堆《帛書易》與郭店楚墓簡書儒家著作的發現，儒家著《易傳》的史實，已被學術界主流派肯定。

以孔子爲代表的儒家所著的《易傳》包括《彖傳》上下、《繫辭傳》上下、大小《象傳》、乾坤《文言》、《説卦傳》、《序卦傳》、《雜卦傳》七種形式，十部作品，故稱"十翼"。十翼對《周易》神學卜筮體系做了全面解讀，十分深刻。我不準備全部解讀，只想取其三個重點問題給予簡單說明：

其一，《易傳》對《周易》"神"的概念提出了新的界説。

在《周易》舊的神學卜筮體系裏，"神"無疑是自然神與祖先神。自然界主要有天神、地祇二類；祖先神，既包括先公、先王、先祖；又包括"法施於民"，"以死勤事"，"以勞定國"，"能禦大災"，"能扞大患"的各類英雄人物。[1] 所以周人自古以來就祭祀天神、地祇與祖先神。我們之所以肯定《周易》所説的"神"或"神明"是天神、地祇與人鬼，最明確的證據是《尚書·洪範》。《洪範》是由大禹傳下來的治國之書，内涵"洪範九疇"，即"大法九章"。其第七項曰"稽疑"，由五種人參加決斷國家有疑難問題的事物：曰王、卿士、庶人、龜卜（卜人）、占筮（筮人）。王、卿士、庶人，《尚書·洪範》稱爲"人謀"；龜卜、占筮代表的是"幽微難明"的"蓍龜之道"。這種與"人謀"相對立的道，自然是神明之道。故《易·繫辭傳》稱其爲"神謀、鬼謀"，是正確的。由是觀之，舊《周易》的"鬼神"觀念，無可辯駁，自然是天神、地祇、人鬼。而《易·繫辭傳》重新解讀《周易》"神"的觀念爲"陰陽不測之爲神"。北大張岱年教授明確指出這是："《易大傳》改造了'神'的概念，提出了關於神的新界説。"[2]這就一針見血地道出了《易傳》對舊《周易》根本性的改造。所謂"陰陽不測之爲神"指的並不是自然神與祖先神，而是由陰陽兩物構成的千變萬化的萬物陰陽矛盾變化没有揭曉時的一個發展階段，或曰一個發展過程。《易·繫辭傳》提出的新的"神"的界説，揚棄了舊《周易》的巫術形式與鬼神内容，使其内涵的哲理性得到了充分發展。

其二，《易傳》對《周易》舊的蓍與筮法的重新解讀。蓍，是蓍草，這是中國古代占筮用的工具。中國古代與世界上許多古老民族一樣經歷了氏族時代，認爲世上萬物都是有靈性的。《禮記·禮運》説："何爲四靈？ 麒、鳳、龜、龍，謂之四靈。"草

---

①上海師范大學古籍整理組校點：《國語·魯語上》"展禽論祭爰居非政之宜"，上海古籍出版社，1978 年，第 166 頁。

②張岱年：《論〈易大傳〉的著作年代與哲學思想》，《中國哲學》第一輯，生活·讀書·新知三聯書店，1979 年。

也一樣，《易·繫辭傳》說："探賾索隱，鉤深致遠，以定天下之吉凶，成天下之娓娓者，莫大乎蓍龜。"蓍，即蓍草，龜，即龜甲，皆古代卜筮者的占卜工具。漢《白虎通·蓍龜篇》云："天地之間壽考之物，故問之也。龜之為言，久也。蓍之為言，耆也，久長之意也。"漢王充《論衡·卜筮篇》說："夫蓍之為言，耆也；龜之為言，舊也。明狐疑之事，常問耆舊也。"認為老物有靈，故龜與蓍，即獸與草中有靈性者。故古人用龜甲和蓍草占卜以問神靈。

《易·繫辭傳》所載古代之占筮法曰"大衍筮法"，用"大衍之數五十"，即五十支蓍草進行占筮。但孔門師徒揚棄了用"通靈蓍草"占筮的舊法，取消了"蓍草"的所謂"靈性"，而用天地自然五十五數，即《易·繫辭傳》所說"天一地二，天三地四，天五地六，天七地八，天九地十。天數五，地數五，五位相得而各有合。天數二十有五，地數三十，凡天地之數五十有五，此所以成變化而行鬼神也。"這段話徹底否定了用蓍草占筮的通靈性，從而對改造《周易》的神學卜筮體系起到了重要作用。首先，《易傳》排除了蓍數的神秘性，而改用天陽地陰的天地自然之數進行占筮。《易》道的特點是"一陰一陽之謂道"。乾，陽物也；坤，陰物也。陰陽合德而剛柔有體。天下萬事萬物皆天地陰陽和合而生成。故用天陽、地陰的奇偶之數占筮，反映的就是天地萬事萬物相輔相成、發展變化的自然規律了，並非如蓍草一樣去溝通神靈。由此，通靈的"蓍草"，就被陰陽自然的變化徹底逐出了占筮的舞臺。

對這一理論，後來賢者理解最深的學人，是宋儒朱熹。他說："《易》者，陰陽而已，幽明死生鬼神，皆陰陽之變，天地之道也。"[1]一言道破了《周易》以"陰陽"為核心的理論本質。

其三，《易傳》改造了《周易》八卦與六十四卦模式的根本性質。

何為卦？《說文·卜部》云："所以筮也。從卜圭聲，卜以問疑也。"可見卦是卜以問疑的。但問題僅為筮的開始，所以《說文》沒有回答出卦的根本性質。

唐孔穎達解《易·繫辭傳》"設卦"一句云："謂聖人設畫其卦之時，莫不瞻觀物象，法其物象然後設之卦象。"此說是。卦的特點是象，是《易》法則天下萬事萬物之形容所畫出來的象。但象由數來，以數占筮，筮法為數，占筮定卦，是謂以數定象。所以"象數"是《易》的基本內涵，是《易》的基礎。孔子研究《易》，側重"義理"。故王弼解《易》重視"援象入理"。因為《易》的"義理學"是"形上學"，而"象數學"作為基礎，雖不可缺，但一味追求象數的學者，有時往往不能擺脫"形下學"

---

[1]（宋）朱熹：《周易本義》，收入朱傑人等主編《朱子全書》第一冊，上海古籍出版社、安徽教育出版社，2002年，第126頁。

的束縛，不能進入"形上學"的理論境界。

《周易》的卦畫形式有兩種：一曰八卦，又曰八經卦，是三畫卦；二曰別卦，是由八經卦"因而重之"形成的六十四卦，是六畫卦。

八卦既能代表天、地、雷、風、水、火、山、澤，又能代表天下萬事萬物，詳觀《説卦》《序卦》《雜卦》就能知曉。但只有八經卦，往往不能模擬世上萬事萬物的複雜變化，故被人稱爲"小成"之卦。

六十四卦則能代表天下萬物複雜的變化過程，構成《易》學的龐大體系。

在舊《周易》神學卜筮體系中，八卦與六十四卦，都是"通神明之德，類萬物之情"的工具。但是，由於《周易》"神"的概念被《易傳》重新界説，失去"神"與"神明"的面貌。由於"蓍草"通靈的説法也被推翻，占筮採用天陽爲奇、地陰爲偶，占筮的過程變成了天地陰陽奇偶之數的自然變化過程。一切與神、鬼、巫術相連的觀念全被革除。所以一向被稱爲反映神明意志的八卦、六十四卦全都成了反映、模擬天、地、人三才之道陰陽發生變化的自然規律體系。《易傳》重新解讀《周易》，終於使這部周代巫術卜筮之書脱胎換骨，剥去重重神秘外衣，堂而皇之地登上古代哲學的殿堂。至漢代，連同五經一道成爲了儒家經典。

上文我們説過，《易傳》對《周易》的解讀是全面的，深入的，不僅僅是使之成爲一部古代哲學著作，而且是一部内容豐富、體系完整、獨具民族特色的、成熟的古代哲學。

首先，《易傳》從《周易》陰陽對立統一中發掘出"一陰一陽之謂道，繼之者善也，成之者性也"的"理論核心"。一陰一陽是天地萬物發展變化之道。"善"是天地生育萬物與人類的生生之德。"成之者性也"，是天地生育萬物與人類時禀賦各種生命以不同的形態與特點，使萬物千差萬別各具獨立的特點，謂之"成性"。這恰是《易》學"人德天賦"的"天人之學"的内涵之一。

其次，《易傳》從《周易》八卦與六十四卦體系中抽象出"宇宙生成論"，曰："《易》有太極，是生兩儀，兩儀生四象，四象生八卦。"這短短的幾句話，同《老子》的"道生一，一生二，二生三，三生萬物，萬物以形相生"性質一樣，還有上世紀九十年代湖北郭店出土的"太一生水"，三者皆被學術界稱爲中國古代三種形式的"宇宙生成論"。

韓康伯釋"太極"爲"有之所極"[①]；釋"太極，生兩儀"，謂就氣而言，是陰、陽兩氣；就形象而言，則陽氣爲天，陰氣爲地；釋"四象"，就氣而言，陽上升陽曰老陽，陽

---

① 《周易正義》卷七，（晋）韓康伯注、（清）阮元校刻：《十三經注疏》，中華書局，1980 年，第 82 頁。

上升陰爲少陰；陰上升陰曰老陰，陰上升陽曰少陽。"四象"，就形象而言，是天地變化形成的四季，少陽是春季，老陽是夏季，少陰是秋季，老陰是冬季。"四象生八卦"，據《説卦傳》："乾健、坤順、震動、巽入、坎陷、離麗、艮止、兑悦"，此爲八卦卦德。凡天下萬事萬物其德類似八卦者，八卦皆能代表之。所以八卦是代表天下萬事萬物的模式。顯然，這是一個以象數語言論列的"宇宙生成模式"。

在這一"宇宙生成模式"中，人們看不到、摸不到，只能在理性中存在的"太極"，則是"宇宙"本體。其理論體系的核心，只有兩個字，曰"陰陽"。對《周易》理論爲"陰陽"，《易傳》有許多説明。《易·繫辭傳下》説："剛柔者，立本者也。"又説"乾，陽物也。坤，陰物也。陰陽合德則剛柔有體。"馬王堆《帛書易·易之義》曰："易之義，唯陰與陽。"皆説的清晰明白。"陰陽"是宇宙本體"太極"所生，其具體形態是乾、坤，亦即天、地。故是天地萬物之母。"陰陽"作爲《周易》的理論核心，則天、地、人三才之道皆是《易》學陰陽變化的重要表現形式，也可以説是三種重要内涵。

其實，還不僅如此，凡天地萬事萬物之變化，皆爲"陰陽"之變。因此，"陰陽"作爲《周易》理論核心的地位是不可動搖的。有人否定《周易》是"天人之學"，故説《易》的宗旨是"天地人三才之道"。其説不確。上文我們説過天地人三才，不過是《易》道"陰陽"的三種表現形式，並不是《易》學的理論核心。若以《易》學"天地人三才之道"作爲《易》學的核心，那就明顯貶低了《易》學以"陰陽"爲核心的理論價值。何況天下萬事萬物皆具備"陰陽"之道。哪有一個學説，會有成千上萬核心的道理。《周易》是經《易傳》的重新解讀才成爲真正哲學著作的，並成爲儒家經典的。無《易傳》的新釋，《周易》仍爲卜筮之書；而無《周易》核心是"陰陽統一"，則《易傳》不可能發掘其卦爻體系的陰陽系統。因此《周易》被稱爲"經典"，乃是《周易》與《易傳》上書緊密聯繫的合稱，缺一不可。離開《易傳》的《周易》學，並不是經典《易》學，只能是以卜筮爲生的江湖《易》學而已。對這一點，學術界的易學家們一定要有清醒的認識。

我們之所以説《周易》爲"天人之學"，是有堅實的歷史根據的。

《易·乾卦》卦辭："元、亨、利、貞。"李鼎祚案："《説卦》：乾，健也。言天之體以健爲用，運行不息，應化無窮，故聖人則之，欲使人法天之用，不法天之體。故名乾，不名天也。《子夏傳》曰：'元，始也。亨，通也。利，和也。貞，正也。'言乾稟純陽之性，故能首出庶物，各得元始、開通、和諧、貞固，不失其宜。是以君子法乾而行四德，故曰：元、亨、利、貞矣。"所謂"元始、開通、和諧、貞固"四德，就是"春、夏、秋、冬"。古人釋"元、亨、利、貞"爲"春、夏、秋、冬"四季，是有根據的。《説卦傳》明言：

"震爲春分,爲東方;離爲夏至,爲南方;兑爲秋分,爲西方;坎爲冬至,爲北方。震主春,萬物萌發;離主夏,萬物繁茂;兑主秋,萬物成熟;坎主冬,萬物收藏。"四時,是天地生長萬物的生命周期,故四德,即天地之德。因爲天爲陽、爲大、爲主;地爲陰、爲小、爲順,故簡稱"天德"。

《乾文言》是《易傳》的重要組成部分,其釋"元、亨、利、貞"曰:"元者,善之長也。亨者,嘉之會也。利者,義之和也。貞者,事之幹也。君子體仁,足以長人;嘉會,足以合禮;利物,足以和義;貞固,足以幹事。"①隋儒何妥解:"貞,信也。君子堅貞,正可以委任於事。故《論語》曰'敬事而信',故幹事而配信。"②其説是,應爲古説。至唐李鼎祚受《孟子》"四端"影響,"改信爲智",成爲後來通説。其實"貞固釋信"較之釋"智"更符合《乾文言》本意。《文言》又説:"君子行此四德者,故曰元、亨、利、貞。"此四德,即天地生養萬物的"四時之德",在天曰元亨利貞;在人曰仁義禮信。而人的四德禀賦於天。《易·繫辭傳》明言:"天地之大德曰生。"怎麼生?即《易》道所説的"天地絪緼,萬物化醇,男女構精,萬物化生。"天地產生萬物時把天命信息賦予了各種生命,使之形成自己的特性和生命形式。但是,人是萬物之靈,所以除性與生命形式外,天地還賦予了人以四德與五行之秀氣,賦予了人以德、慧、智、術等各種生存能力。

其實這一説法遠早於孔門師徒所著的《易乾文言》與《繫辭傳》。據《左傳》載,魯襄公九年,魯成公之母穆姜"薨于東宮"。其初遷往東宮時,曾占筮一卦,"遇艮之八",是於《周易》曰:"隨,元亨利貞無咎。"穆姜就輕鬆地解釋説:"元,體之長也。亨,嘉之會也。利,義之和也。貞,事之幹也。體仁足以長人,嘉會足以合禮,利物足以和義,貞固足以幹事。"此時孔子尚未出生,可證此一解釋並非孔門師徒所作。據高亨先生考證説:"把元亨利貞看成四個獨立的術語,認爲元出於仁,亨出於禮,利出於義,貞是堅固的操守。考《周易》'元亨利貞'的原意是'大亨利占',春秋時人給他們以新的含義,用來發揮他們的道德觀點,使《周易》古經增加了哲學因素,這雖然不合《周易》的原意,然而是《周易》學的一個重大發展。"③高先生明明看到《周易》在春秋時已被有識之士進行了新的解釋,這些解釋增加了《周易》的哲理因素,展示了《周易》學中哲學思想的重大發展。這一論述是十分正確的。可惜,他仍然站在保守的立場上,仍視《周易》爲卜筮之書,故説《周易》闡述的新思想"元亨

①《周易·乾文言》,(清)阮元校刻:《十三經注疏》,中華書局,1980年,第15頁。
②(唐)李鼎祚:《周易集解》卷一,《叢書集成初編》,中華書局,1985年,第8頁。
③高亨:《周易雜論》,齊魯書社,1979年版,第107頁。

利貞",考其原意仍是巫史時代的"大亨利占",明顯陷入了矛盾狀態。其實《周易》中的這些哲學思想正是在這種神學巫術思想體系中孕育出來的,不論是東方,還是西方,哲學思想在神學思想體系中萌芽而是一種發展規律。馬克思曾說:"哲學是最初在意識的宗教形式中形成,從而它一方面消滅宗教本身;另一方面,從它的積極內容來說,它自己還只會在這個理論化的,化爲思想的宗教領域內活動。"[1]高先生沒有認識這一點情有可原,但他提出春秋時代《周易》已從占筮之書向哲學方向發展,也有重大意義的。

楊伯峻先生在其《春秋左傳注》中也指出穆姜以"仁、義、禮、智"解"元、亨、利、貞",確爲春秋時代人的思想。其時,"天賦人德"思想在春秋時代已成爲社會上層人物的普遍看法。據《左傳》成公十三年,周王室卿士劉康公與成肅公參加晉伐秦戰役,在出兵祭社受脤時,成肅公表現"惰"即解殆。劉康公說道:"吾聞之,民受天地之中以生,所謂命也。是以有動作禮義威儀之則,以定命也。能者養以之福,不能者敗以取禍。是故君子勤禮,小人盡力。勤禮莫如致敬,盡力莫如敦篤。敬在養神,篤在守業。國之大事,在祀與戎。祀有執膰,戎有受脤,神之大節也。今成子惰,棄其命矣。其不反乎?"成肅公果然死在了此役的晉國瑕地。我們不論這一事件的靈驗與否,我們要講的是,春秋時代社會的上層人物顯然都知道自己是稟賦天地之德而生的,上天賦予自己"動作禮義威儀之則",其實就是禮儀之德,以及"命定"的生命歷程,人人都應慎重對待自己的人生,尊重自己的禮儀道德修養。

《詩經·大雅·烝民》曾云:"天生烝民,有物有則。民之秉彝,好是懿德。天監有周,昭假于下。保茲天子,生仲山甫。仲山甫之德,柔嘉維則。"這是一條"人德天授"的最好證明。烝者,眾也。說天生眾民,自出生以來,就"有物有則"。孟子曾引此《詩》說明"仁、義、禮、智"四端"非由外鑠我也,我固有之也,弗思耳。"並引孔子曰:"爲此《詩》者,其知道乎!故有物必有則,民之秉夷(彝)也,故好是懿德。"朱熹《集注》:"物,事也。則,法也。夷,詩作彝,常也。懿,美也。有物必有法……是民所秉執之常性也,故人之情無不好此懿德者。"[2]而此"懿德"則是上天所賦。

至於說:"天監有周",至"仲山之德,柔嘉維則"一段,更明確認爲:天爲保護周天子,特生仲山甫。仲山甫之德,"柔嘉維則",即溫柔善良維護法則,能完成保衛

①[德]馬克思:《剩餘價值理論(1861—1863年)》,中共中央馬恩列斯著作編譯局《馬克思恩格斯全集》第26卷(Ⅰ),人民出版社,1973年,第26頁。
②(宋)朱熹:《四書章句集注》,中華書局,1983年,第329頁。

周天子的職責。故此《詩》是典型的"人德天授"說例證。

至於《尚書》早在《皋陶謨》中就有"天命有德"，"天罰有罪"。在《尚書》中所見的夏、商、周三王時代，更是大言"天命有德，天罰有罪。"啓伐有扈，湯滅夏桀，武王伐紂，都因順天意而改朝換代，其後人皆因失德而亡國敗家。這已經成爲了中國古代的一條規律。所以"人德天授"的思想，並不是春秋時代的思想，其所由來久矣。惜乎學者們並没有深入發掘而已。春秋時代晚期，孔子"編次《詩》、《書》，修起《禮》、《樂》，贊《易》，作《春秋》"，整理六藝。特別是作《易傳》，把積累於三王時代的"天命有德，天罰有罪"思想與春秋時人提出的"天賦四德於人"説，一並發展爲"人德天賦"思想，吸收到《乾》、《坤》兩个"文言"中公之乎天下，使《易》成爲"天人之學"，徹底擺脱了巫史文化的影響。由是，《中庸》的"天命之謂性"説，《孟子》的"仁義禮智"四端説，四端"根于心"，"本于天"，"盡其心者，知其性也。知其性，則知天矣"諸説紛踏至來，使《周易》的"天人之學"，滲入到其他五經中，成爲了儒家的主流思想。

當然，儒家的《易傳》、《中庸》、《孟子》所講的"人德"皆由上天所賦，但我們也應知道上天所賦的德，只是一種潛質。人類降生以後，需要後天的再教育，再學習，這些潛質才能充分發揮出來。因此，《周易》對人的後天教育十分重視，《易傳》要求人們不斷地進德修業，學天之道，自强不息；學地之道，厚德載物。《乾卦》九三要君子人努力"學聚、問辯、寬居、仁行"，最後達到"飛龍在天"的崇高境界。《周易》一書還三陳"九德"，要求人們做到"履以和行，謙以制禮，復以自知，恒以一德，損以遠害，益以興利，困以寡怨，井以辯義，巽以行權"等各種德行與術業。《乾卦》九五爻曰："飛龍在天，利見大人。"《乾文言》釋之曰："夫大人者，與天地合其德，與日月合其明，與四時合其序，與鬼神合其吉凶，先天下而天弗違，後天而奉天時。天且弗違，况於人乎？况於鬼神乎？"這是典型的"天人合一"之説，不單是《周易》，而且是整個儒學所追求的最高境界。

許多儒學家認爲以孔子及其弟子所作的"十翼"，理論水平遠高於《周易》，然而《周易》爲經，《易傳》却依附於《周易》才攀上經典位置，豈非怪事？

我認爲這並非怪事。宋代大儒朱熹説過："有天地自然之易，有伏羲之易，有文王、周公之易，有孔子之易。"其評判説："自伏羲以上，皆無文字，只有圖畫，最宜深遠，可見作易本原精微之意。"其實自然之易，就是天地陰陽自然的變化規律。所謂"伏羲之易"，僅有天地風雷水火山澤八種自然模式，只是一種不逢不若、"以通神明之德，以類萬物之情"的巫術工具，尚未達到《易》學水平。朱熹又曰："文王以下，方有文字，即今之《周易》卦、爻辭。然讀者亦宜各就本文消息。不可便以孔子之説爲文王之説也。"朱熹的話是正確的。孔門師徒用《易傳》解讀的新《周易》，即經傳合一的《易》，與周代傳下來的舊《周易》是有天壤之别的。高亨先生説在春秋時代，《周易》已處在從占筮之書向哲學方向發展的階段，但其仍未擺脱巫術的束縛，其關於"神明"的説法，仍停留在"自然神"與"祖先神"的階段，這是不争的事實。正因爲這一原因，朱熹才説："不可便以孔子之説爲文王之説。"由此可見，《易傳》的理論水平"幽深奥運"，遠超舊《周易》哲學的萌芽與發展狀態。

我們雖然認爲《易傳》好比是金燦燦的黄金，但是也不會忘記，《周易》經過上千年的積累與鍛煉，内涵十分豐富，其所藴藏的龐大陰陽對立體系，乃是中華民族傳統思想文化寶庫。内中的宇宙生成論、本體論以陰陽爲核心的《易》道論、天賦人德論、天人合一論、以"仁禮義信"爲中心的人性論與價值觀，再加云以辯證思維模式等，經《易傳》揭示發掘，一一展現在人們面前，其各類思想文化形式無所不具備，取之不窮，用之不竭。這座思想寶庫成爲經典是當之無愧的。《易傳》依據《周易》發拙古代精神文明，立有大功，亦成爲經典，也是合情合理的。

經傳合一的經典《周易》，不但具體了宇宙生成論、《易》學本體論、《易》道的陰陽統一論等等，而且其八卦與六十四卦的龐大體系也充實了《易》學理論與實際内容。

就"八卦"而言，有"乾健、坤順、震動、巽入、坎陷、離麗、艮止、兑悦"八德。還能代表天地間萬事萬物。乾卦爲君爲主，坤卦爲母爲藏，在乾君坤母生育萬物時，震動、巽入、坎陷、離麗、艮止、兑悦六子卦能以各自的長處幫助萬物健康成長。

據《説卦傳》，震主春分，萬物生長；離主夏至，萬物亨通；兑主秋分，萬物成熟；坎主冬至，萬物收藏。八卦可代表天地自然界的時間和空間。但八卦爲小成，不能代表天地間複雜的作用。

就六十四卦而言，又是代表天地間複雜事物的。

六十四卦體系，以乾、坤爲門户，也以乾、坤爲《易》之蕴，所謂"蕴"，就理實核心，有陰陽，就有乾、坤，就有《易》之運動不息。若陰陽止息，乾坤就隨之止息，《易》就停止運行了。所以乾、坤，實即陰陽，是《易》學的理論核心。

乾、坤爲首的《易》之門下，六十四卦分爲三十二對陰陽對立統一體，雙方陰陽對立，而又相輔成，互相向自己的對立面轉化。而每一對卦體，非陰即陽，就是你陰我陽，雙雙對立，非反即對。所謂非反即對，如《乾》、《坤》兩卦，乾爲六陽，坤爲六陰，是陰陽互相對立，曰對。再有《周易》第三卦爲屯。卦象爲䷂，上坎下震，故曰"水雷屯"；而其鄰卦爲蒙，是第四卦，卦象爲䷃，上卦爲艮，下卦爲坎，謂"山水蒙"。兩卦象恰恰相反。把水雷屯䷂卦翻轉過來，下卦震☳，就翻成了上卦艮☶；原上卦坎☵，翻轉爲下卦，仍然爲坎。倒轉結果變成了上卦艮，下封坎，卦體依然爲坎，而卦體却變了模樣，由水變成了"山水蒙"，由屯卦變成了蒙卦。這就叫"反"。凡六十四卦相鄰兩卦皆非反即對，無一例外。"陰陽"是六十四卦龐大體系的核心。有陰陽對立，《易》的體系就存在；若一旦陰陽對立停息，《易》就會隨之毀滅。故《易》以第六十三卦，而不是以第六十四卦爲終結，是很有智慧的。

第六十三卦爲"既濟"，卦象爲☲，上卦爲坎，爲水；下卦爲離，爲火。其卦的特點是：凡三陽爻，皆居陽位；反之，凡三陰爻，皆居陰位。故陰、陽互不對立。其《卦辭》説："初吉，終亂。"《易傳》説："終止則亂，其道也。"《雜卦傳》曰："'既濟'定。"注云："濟成六爻，得位定也。"亦謂陰陽停止運動了。這意味着六十四卦這一個龐大體系的陰陽運動宣告終止了。

但是，聰明的作《易》者把"未濟"放到了第六十四卦位置上，"未濟"卦的特點是：☲，上卦爲離，爲火；下卦爲坎，爲水。其卦三陰爻皆處陽位，反之三陽爻皆陰位。説明卦中的陰陽對立又開始運動了。雖然第六十三卦陰陽對立已息，但第六十四卦陰陽爻又重啓運動，標志着一個大的六十四卦代替天地萬物運動周期結束了。但它像天地間的四季變化一樣，冬天在艮卦位置時結束，而逢立春陰陽變化又得到發展，萬物復更生了。故《序卦傳》曰："物不可窮也，故受之以'未濟'終焉。"過去的六十四卦體系已告終，但新的一個六十四卦體系又出現了。只要天地間萬事萬物沒有窮盡，陰陽運動就不會停止，那麼《周易》陰陽對立統一的系統就永遠不會窮盡。

綜上可見，孔門師徒經過勤奮發掘，揚棄了舊《周易》的神學卜筮體系，爲之創立了宇宙生成論、本體論、《易》道"陰陽"的核心理論，提出八卦與六十四卦卦爻體系可以代表天下萬事萬物，模擬四季循環，宇宙時間與空間，指出了《易》卦爻體系的特點、内涵及其陰陽變化所反映的各種自然規律和價值，爲古代中國建設了一套自然觀、人生觀、價值觀、辯證思想形式、人性論、五常説，尤其是"天人合一"之學的理論體系，爲古代中國的思想文化建設做出了重大貢獻。

我們可以驕傲地説：經《易傳》重新解讀的《周易》雖然保留了卜筮的形式，但其揚棄了舊的神學卜筮内涵，是一部理論完備、内容充實，以"天人合一"説爲特點的、成熟的古代哲學著作。

2018 年 8 月 23 日

（作者單位：吉林大學古籍研究所）

《禮記·禮運》篇"殽地"解

——附論"地"觀念的起源

晁福林

　　《禮運》是《禮記》書中闡述"大同"、"小康"理念的名篇。此篇有一段引人注目的話,這段話講君主挾天命而治天下的過程。這段話裏的"殽地"之説頗難理解。今不揣翦陋,試作探討,敬請專家教正。

一、一段表述體例舛駁的話

　　《禮運》篇言帝王之禮的變遷,先言大同、小康之世的帝王創制了"禮義",再闡述禮的起源,然後歷數各種非禮行爲,再述禮對於政治的作用、闡述聖人如何以禮治國。鄭玄《三禮目録》引劉向《别録》説此篇"屬通論"①,蓋謂是篇通論禮之起源、運轉及作用。

　　關於禮之作用,《禮運》篇的作者認爲它必須和君主(亦即聖人)治天下的政令相結合。本文所要研討的"殽地",就出自此篇説君主以天命治國的一段話。這段話是:

　　　　故政者,君之所以藏身也。是故夫政必本於天,殽以降命。命降于社之謂殽地;降于祖廟之謂仁義;降於山川之謂興作;降於五祀之謂制度。此聖人所

---

① (清)阮元校刻:《十三經注疏·禮記注疏》卷二一,中華書局,1980年,第1413頁。

以藏身之固也。①

這段話的意思是説，政治是君主安身立命的所在。因此政治必須以天爲根本，效法天來頌布命令②。命降於社稱爲殽地；命頌佈於祖廟稱之仁義；命頌佈於山川稱之爲興作；命頌佈於五祀稱爲制度。這就是聖人能够牢固安身的依據。

我們這裏不準備討論整段文字，而只研討"命降于社之謂殽地"這句話。引人注目的是，它與這段話的表述體例不一，唐儒孔穎達早就注意到了這個情況，他在疏解此語時謂：

> 上云"命降于社之謂殽地"，此亦當云"命于祖之謂殽廟"，以上文既具，故此又畧而變文。

按，孔疏此説是有道理的，依照孔穎達所理解的此段各句的邏輯關係，既然首句説"命降於社謂之殽地"，那麼以後各句循此格式（"命降于……之謂殽……"），就該變爲如下的説法。

> 命降于社之謂殽地；
> 降于祖廟之謂殽祖廟；
> 降於山川之謂殽山川；
> 降於五祀之謂殽五祀。

顯然易見，經文這段話裏後三個依照整段話的文例本應有的"殽"字以及後面應有的"祖廟"、"山川"、"五祀"等名詞都隱而不見，而變成了"仁義"、"興作"、"制度"等，與這段話開始一句（即"殽地"句）的邏輯結構大不相同。這是什麼原因呢？孔穎達以"變文"爲釋，説是文字表達的一個變化。這當然不錯。其所用字詞的變化，是顯而易見的事，但爲什麼會有這個變化呢？孔疏並未回答這個問題。後儒研《禮記》者，雖然釋"殽地"者不少，但卻未見有回答孔疏所發現的這一問題者。本文先來討論這段話裏的"殽地"，然後再試著回答這個問題。

---

① （清）阮元校刻：《十三經注疏·禮記注疏》卷二一，中華書局，1980 年，第 1413—1419 頁。按，下引《禮運》篇文字及鄭玄注、孔穎達疏，皆出於此，不另注。

② 《禮記·禮運》篇的"殽"字，後儒皆循鄭玄説讀爲"效"，唯明儒郝敬説"殽，分布也"。（《禮記通解》卷八，《續修四庫全書》第 97 册，上海古籍出版社，2002 年，第 254 頁）。但郝敬並未提出任何根據，無法令人信服。

二、關於"殽地"意蘊的縷析

"殽地"之意何在？歷來的釋解多有歧異，可以分別羅列如下：

其一，言"命降于社之謂殽地"，是於社發佈征貢稅之政令。漢儒鄭玄注解這句話說道："謂教令由社下者也。社，土地之主也。《周禮》土會之法，有五地之物生。"他所說的"社"應當是泛指當時社會上所有的"社"，而非禮書所謂"大社"或"國社"①。鄭玄以"命降于社"來釋"殽地"。他所講的"土會之法"見於《周禮・地官・大司徒》，原文是"以土會之法辨五地之物生"，意思是依照山林、川澤、丘陵、墳衍、原隰等五種不同的土地情況來計算賦稅。這項征稅的政令是否君主由"社"發出，文獻無所載。《禮記・郊特牲》篇講社祭情況是，"社祭土而主陰氣也。……是以尊天而親地也。故教民美報焉"，謂社祭之目的，是教導民衆尊天而親地，報本而返始。禮書其他諸篇皆言"諸侯祭社稷"②，而從未有在社發佈征取賦稅之政令者，清儒朱彬說："謂政令由社下者也"③，實非。蓋由於此，所以後儒解釋這句話時多不提在社征稅之說，而只言舉行社祭④。鄭玄此說還有一個較大的問題，那就是他把"命"只理解爲王之政令。其實，從整段來看，王之政令是效法天命而降者，政令中寓有天命；天命也會通過政令而降布。

其二，斷言"命降於社之謂殽地"即通過社祭而頒佈政令。宋儒陳澔將這裏的"社"理解爲社祭，說："社，祭后土也。因祭社而出命，是效地之政。"⑤元儒吳澄亦持此說，謂"由社下"，即"因社祭而降教命，即是法地也"⑥，明儒郝敬講"命降於社"，"如報賽、出師、分封、刑戮之類，殽於地之事也"⑦。此種說法，與前面所說的

①關於君主所立之社，《禮記・祭法》云："王爲群姓立社曰'大社'；王自爲立社曰'王社'。諸侯爲百姓立社曰'國社'，諸侯自爲立社曰'侯社'。大夫以下成群立社曰'置社'。"《禮記・禮運》篇這段話的"社，當指社會上普遍存在的各類別各級別的社。

②關於"諸侯祭社稷"之說，又見於《禮記》的《王制》《曾子問》等篇，及《墨子》《荀子》等子書。

③（清）朱彬：《禮記訓纂》卷九，中華書局，1995年，第342頁。

④清儒郭嵩燾批評鄭玄此說"以降命屬之人，似失經旨"（郭嵩燾：《禮記質疑》卷九，嶽麓書社，1992年，第259頁）。此說指出此處的鄭玄說"失經旨"頗有眼光。然郭說尚有粗疏之處。細繹文意可知，"降命"本來就是由君來完成的。所以鄭玄"以降命屬之人"的說法不可謂全誤，鄭玄說所不足者，是說降命是"由社下"，其實君之降命是效天而下於社，而非從社頒佈政令。郭嵩燾說禮雖然眼光獨到並頗多創獲，但此處卻未中肯綮。

⑤（元）陳澔：《禮記集說》卷四，世界書局，1936年，第121頁。

⑥吳澄說轉引自（清）杭世駿：《續禮記集說》卷四十，《續修四庫全書》第101冊，上海古籍出版社，2002年，第633頁。

⑦（明）郝敬：《禮記通解》卷八，《續修四庫全書》第97冊，上海古籍出版社，2002年，第254頁。

第一種説法，大同而小異，只是第一種説法，謂君主到社頒佈政令，後一種説法是通社祭而頒佈政令。此種説法將社直接等同於土地，是有問題的。社固然是祭地之所在，但社的概念與土地還不是一回事。所以，似不可以説"命降于社"就是本於土地而降政令。這種説法的可疑之處還在於周之政令（亦即鄭玄所説的"教令"），都在朝廷或明堂發出，未見有在社或在社祭時而發出者。見諸史載的王朝社祭，是《尚書·召誥》篇的一個記載。是篇載周公建成洛邑之後，先郊祭天，然後於翌日才"社于新邑，牛一、羊一、豕一"①，只言獻牲爲祭，並無社祭時發佈政令的説法。郝敬所云在"社"發佈政"報賽、出師、分封、刑戮"等政公之事，不僅於史無徵，而且於禮書亦無徵。

其三，或謂"命降于社之謂殽地"是取法於地而下教令，清儒姜兆錫即謂"殽地"之意爲"法於地以命於下，所謂地之義也"②，清儒孫希旦説："謂政令本於地而降者也"③，清儒汪紱亦謂君主"有事於社而出令，則必其順地勢以經理土宜，是則效地之政也"④。當代專家楊天宇先生也持此説，謂："社即土地。案，土地以及下文所云祖廟、山川、五祀，古人以爲皆有天理在其中，故當本之而出政令。"他把這句話譯爲"政令根據土地的需要來下達叫做效地利。"⑤上古時代確實重視"土宜（或稱'地宜'）"，最典型的事情是，前589年，齊晉鞌之戰後晉國使臣要求齊國"盡東其畝"，將農田壟溝皆改爲東西向，以利晉國兵車長驅直入，齊國使臣回應説：

> 先王疆理天下，物土之宜而布其利。故《詩》曰："我疆我理。南東其畝。"今吾子疆理諸侯，而曰盡東其畝而已，唯吾子戎車是利，無顧土宜。其無乃非先王之命也乎。⑥

齊國使臣説晉國讓齊"盡東其畝"的要求是"無顧土宜"，不符合因地制宜的原則⑦。

---

①《尚書·召誥》，（清）阮元校刻：《十三經注疏·尚書正義》卷十五，中華書局，1980年，第211頁。

②姜兆錫説轉引自（清）杭世駿：《續禮記集説》卷四十，《續修四庫全書》第101册，上海古籍出版社，2002年，第633頁。

③（清）孫希旦：《禮記集解》卷二二，中華書局，1989年，第604頁。

④（清）汪紱：《禮記章句》卷四，《續修四庫全書》第100册，上海古籍出版社，2002年，第449頁。

⑤楊天宇：《禮記譯注》上册，上海古籍出版社，2004年，第273頁。

⑥《左傳》成公二年。（清）阮元校刻：《十三經注疏·春秋左傳正義》卷二五，中華書局，1980年，第1895頁。

⑦因地制宜使用土地，稱爲"土宜"或"地宜"。荀子曾説農民務農時要"相高下、視墝肥、序五種"（《荀子·儒效》），唐儒楊倞釋其意謂："高下，原隰也。墝，薄田也。五種，黍稷豆麥麻序，謂不失次序，各當土宜也。"〔（清）王先謙：《荀子集解》卷四，北京：中華書局，1988年，第122頁〕《逸周書·大聚》篇亦謂"別其陰陽之利，相土地之宜、水土之便"，即爲"土宜"。還謂"因其土宜，以爲民資"（黃懷信、張懋鎔、田旭東：《逸周書彙校集注》卷四，上海古籍出版社，1995年，第414、429—431頁）勸農抑或是築城邑、修道路，皆國家之常事，不可能等到社祭時才頒令。

無論是農作,抑或是築路、建城、蓋房,這些事情均需遵循"土宜"的原則。然,這些相關政令的發佈,是君主之常事,也是許多官員的職守①,不可能事事都要到"社"來進行,也不可能都到社抑或是等到社祭時來發佈"經理土宜"的教令。《禮運》篇中另有"殽於地"之論,那是與"殽地"有別的另一種説法②,元儒陳澔説其意爲"效山澤高卑之勢爲上下之等"③,是正確的。《禮運》篇所言"殽於地"才是經理土宜之義。張載和陳澔釋解"殽於地"之意都是正確的。需要注意的是,"殽地"與"殽於地",在《禮運》篇裡的意思有所不同,不當混而爲一。另外,"命降于社之謂殽地"的"殽地"是"命降于社"的結果。它是與"命降于社"聯繫一起的,並非是一個單獨的政令。退一步説,即令是一個單獨的政令,也不可能都到"社"來發佈。

其四,以爵位等差來解釋"命降于社之謂殽地"。明清之際大儒王夫之説:"'降'者,由天而漸播之以差降者也。'殽地'者,天尊地卑自然之事,不亢地於天而祭達於諸侯,所以效地之順也。"④船山先生所講"天尊地卑"確是上古時期普遍的社會觀念,所講"祭達于諸侯",亦不爲錯,《禮記·王制》即云"天子祭天地。諸侯祭社稷。大夫祭五祀"⑤,《禮記·禮運》篇亦謂"天子祭天地。諸侯祭社稷"⑥,可見祭祀社神、稷神確乎爲諸侯之事。所以他理解"殽地"句意即是在天尊地卑觀念下的"效地之順",亦即效法地之順從於天。此猶"諸侯祭社稷"之事表示著諸侯地位在天子之下,所以不能祭天,而只能通過社祭而祭地。這就如船山先生所言,表示著"不亢地於天",諸侯的地位不能與天子相頡頏。若按照"諸侯祭社稷"之説來理解,船山先生此解尚可以成立,但是,此段話中的"社",其範圍甚廣,包括了周天子祭的大社,諸侯的"侯社",以及大夫的"置社",也包括了民間之社。社神在西周時期曾是周天子所祭,以後諸侯亦祭,到了春秋戰國時期則普及到了民間,《吕氏春秋》謂:"問其叢社大祠,民之所不欲廢者而復興之"⑦,照顧到民間祭社的習俗。

---

①《周禮·地官·遂人》謂"遂人"職守之一就是"擾畋以土宜,教畋稼穡以興鋤",《周禮·夏官·土方氏》謂"土方氏"的職守之一,即"掌土圭之法,以致日景。以土地相宅,而建邦國都鄙。以辨土宜土化之法,而授任地者"。其職守中無一要求到社發佈命令。

②(宋)衞湜:《禮記集説》卷五四,《通志堂經解》本。按,同書還載有宋儒應氏之説,亦謂應氏説謂:"大原出乎天,故推其所自出而本之。"其説與張載所云是一致的。

③"殽於地"。宋儒張載説:"禮必本於天,殽於地,列於鬼神,此屬自然而言也。天自然有禮,如天尊地卑是也。殽於地,明於地也,如山川有小大、草木有長短,皆是天生而見於地也。"[轉引自(元)陳澔:《禮記集説》卷四,鳳凰出版社,2010年,第170頁]

④(清)王夫之:《禮記章句》卷九,《船山全書》第四册,嶽麓書社,2011年,第554頁。

⑤《禮記·王制》,(清)阮元校刻:《十三經注疏·禮記注疏》卷十二,中華書局,1980年,第1336頁。

⑥《禮記·禮運》,(清)阮元校刻:《十三經注疏·禮記注疏》卷二一,中華書局,1980年,第1417頁。

⑦《吕氏春秋·懷寵》,陳奇猷:《吕氏春秋新校釋》卷七,上海古籍出版社,2002年,第418頁。

《包山楚簡》載當時的司法文書,要求鑒定證人的身份,指出"同社、同里、同館"之人不可爲證人①。所謂"同社",即同祭一社之人。可見同居一地之人有同立同祭一社之俗。春秋後期,魯昭公曾出居於齊地,齊要將"千社"贈予魯昭公。杜預注:"二十五家爲社,千社,二萬五千家。"②《禮記·郊特牲》篇謂:"唯爲社事,單出里。",鄭注:"單出里,皆往祭社於都鄙,二十五家爲里。畢作,人則盡行。"③謂同里之人,皆離開里居去祭社神。可見,祭社已經是全社會的行爲,非獨君主之專利。因此若以周代爵位等差之説爲解,則似方枘而圓鑿。

總之,鄭玄讀"殽"爲效,不誤。但謂教令由社下則有失經旨。社爲祭地之處,"命降于社之謂殽地",意即王之教令到達社,是讓社效法於天。這段話的綱令是"政必本於天",所謂"仁義"、"興作"、"制度",皆王效法天的結果。然而,比較特殊的是,"地"並非王效法天的結果。在春秋戰國時人的觀念裏,"地"是與天同生同存者,所以老子説"人法地,地法天"④,莊子説"生天生地"⑤,而不言天生地。所以地不是王效法天所出教令的結果,而只能是通過社祭表示地效法於天。"殽地"與後面所云的幾項格式不合,原因就在於"地"和祖廟、山川、五祀等的性質有別。

三、天尊地卑:"殽地"説的理論背景

分析前人的這些解釋可以看到,"命降于社之謂殽地"這句話實有再探討的餘地。今試提出一個新説,看是否可以解決前人釋解中的問題。

愚以爲"殽(效)地"的殽,在這裏爲使動用法。上古時期,動詞、形容詞、名詞多有用爲使動用法者⑥。這種用法,就是主詞並不施行這個動詞所表示的動作,而是使賓語所表示者來施行,如《左傳》所謂"驚姜氏",意即使姜氏吃驚;"飲趙盾酒",意即使趙盾飲酒;《論語》所謂"富之",即使之富;《孟子》所謂"朝秦楚",即使

---

①事見《包山楚簡》第138簡(反面)。載於湖北省荆沙鐵路考古隊:《包山楚簡》上册,文物出版社,1991年,第359頁。

②《左傳》昭公二十五年。(清)阮元校刻:《十三經注疏·春秋左傳正義》卷五一,中華書局,1980年,第2110頁。

③《禮記·郊特牲》,(清)阮元校刻:《十三經注疏·禮記注疏》卷二五,中華書局,1980年,第1449頁。

④《老子》第25章。高明:《帛書老子校注》,中華書局,1996年,第353頁,

⑤《莊子·大宗師》,(清)王先謙:《莊子集解》卷二,中華書局,1987年,第60頁。

⑥關於上古語言的使動用法,參見王力主編:《古代漢語》(校訂重排本)第一册,中書書局,1999年,第344—349頁。

秦楚來朝①。"殽(效)地",依動詞的使動用法來理解,則其意即爲使地殽(效),效法什麼呢？從全段文字可知,"殽(效)地",即使地效法天命。這段話講"政必本於天,殽以降命",顯然,讓社(地),所效法者,天命也。"命降于社之謂殽地"這句話意思就是君主本乎天而頒佈的政令降之社,就是讓地效法天命。其深層的理論邏輯應當是,地上之物皆由天而生,所以地當效法於天。

我們試可討論一下"殽地"説的理論背景。

殷周之際的天命觀念,賦予周人以强大的理論自信。周王自己比擬於天子,稱爲周天子。在此種認識下,"天"被置於無以復加的高處,成爲全社會最高的主宰神靈。有周一代,雖然天命觀念有所變化,但其崇高之地位,卻没有被任何一位神靈取代。戰國時期,天尊地卑的理念甚爲普遍。《禮記·禮運》篇的理論背景就是此種理念。

《禮運》篇雖然敬天敬地,但更多的是强調天之至高無尚的地位,强調天爲主、地爲輔的順序。如謂:禮法,"必本于天",君主乃"承天之道"而行事,世間一切福祉皆"承天之祜"②。天爲何如此重要呢？因爲它是王權(亦即君權)的象徵。就君主而言,天爲本,地爲用。使用地利和安身立命之本比起來,就重要性而言,兩者實不可同日而語。《禮運》篇所謂"祭帝於郊,所以定天位也;祀社于國,所以列地利也",並且還要通過"命"達於社,而讓地效法於天("殽地"),正道出天、地重要性的差異。

春秋戰國之際有"地法天"之説③,此若謂"殽地"意即政令本於地而降,與前文所謂"政必本於天,殽以降命"之意相抵觸。君之降命是效天而下於社,而非由社頒布政令。《禮運》篇曾經講道:

> 故夫禮,必本於天,殽於地,列於鬼神。

這裏説的是禮必須以天命爲根本。至於"殽於地",那是在講以天意爲根本的禮仿效於地之順天,而不是天來仿效於地。而此篇所講"殽地"則與"殽於地"的意思有很大不同。"殽地"者,以地殽天也;"殽於地"者,以禮仿效於地也。禮可以仿效天,而天則不仿效於地,當然,地則是可以效法於天的。"天"和"地",有主從之别。天在上爲主,地在下爲從,關係只能如此而不可能倒轉。先秦時期社會上,"用

---

①這幾條材料依次見《左傳》隱公元年、宣公二年、《論語·子路》、《孟子·梁惠王》上。依次見(清)阮元校刻:《十三經注疏》第1715、1867、2507、2671頁。

②引用《禮運》篇的這些話,見(清)阮元校刻:《十三經注疏·禮記正義》卷二一,第1415、1415、1416頁。

③《老子》第25章,朱謙之:《老子校釋》,中華書局,1984年,第103頁

配皇天"、"敬祀皇天"、"受禄於天"、"承天之休,……承天之祜,……承天之慶"一類辭語①,在各種禮儀上不絶於耳,人們對於天的虔敬之情於此可見一斑。漢儒董仲舒謂:"天爲君而覆露之,地爲臣而持載之……王道之三綱,可求於天。"②意思是説,天猶如君主而庇佑膏澤萬民萬物,地猶如臣下來承載天意,王道的三個綱領原則,出可求之於天。總之,戰國秦漢時期,作爲天地觀念的核心意藴的天尊地卑理念,已經是牢不可破的社會輿論。天地之别猶君臣之等,無論如何也不可動摇和改變。

若以社會觀念而論,在戰國時期,天尊地卑是爲普遍認可的社會觀念。《周易·繫辭》開宗明義即謂"天尊地卑,乾坤定矣。卑高以陳,貴賤位矣"③;《禮記·樂記》亦謂"天尊地卑,君臣定矣。卑高已陳,貴賤位矣"④;莊子講天道,亦謂"天尊地卑,神明之位也"⑤,皆認爲天尊地卑的高下的不同決定了人世間(甚至於神靈)的等級貴踐之别。天尊而地卑,是人世間現實的社會結構的縮影。天之尊就意味著君主之尊、父之尊、夫之尊、男之尊;地之卑就意味著與王相對應的臣之卑、與父相對應的子之卑、與夫相對應的婦之卑、與男相對應的女之卑。《儀禮》所云"父者子之天也,夫者妻之天也"⑥,《禮記》上説:"天無二日,土無二主,國無二君,家無二尊,以一治之也。"⑦皆是這種觀念的表達。要之,由天尊地卑引發的一系列的尊卑觀念,是周代社會結構得以穩定的支柱。反之,若是這個穩定遭到破壞,則社會板蕩,造成嚴重的不良社會後果⑧。在這種理念背景下,"斁地"之義不可能是效法於地,而只能是讓地效法於天。

---

① 上引辭語,依次見《胡簋》銘文(《殷周金文集成》第 8 册第 4317 片)、《大戴禮記·武王踐阼》[(清)王聘珍:《大戴禮記解詁》卷六,中華書局,1983 年,第 106 頁]、《儀禮·少牢饋食禮》[(清)阮元校刻:《十三經注疏·儀禮注疏》卷四八,第 1202 頁]、《儀禮·士冠禮》[(清)阮元校刻:《十三經注疏·儀禮注疏》卷三,第 957 頁]。

② (漢)董仲舒:《春秋繁露·基義》,(清)蘇輿:《春秋繁露義證》卷十二,中華書局,1992 年,第 351 頁。按,董仲舒還説:"故號爲天子者,宜視天如父,事天以孝道也"(同上書,第 286 頁),這是將天命、君權、父權三者合而爲一的典型論述。

③ 《周易·繫辭》上,(清)阮元校刻:《十三經注疏·周易兼義》卷七,第 75 頁。

④ 《禮記·樂記》,阮元校刻:《十三經注疏·禮記正義》卷三七,第 1531 頁。

⑤ 《莊子·天道》,郭慶藩:《莊子集釋》卷五中,中華書局,1961 年,第 469 頁。按,唐僧成玄英釋"天尊,地卑"之義,謂:"天尊,地卑,不刊之位也",之即神明所定的不可更改的序位(同上書,第 470 頁)。

⑥ 《儀禮·喪服》,(清)阮元校刻:《十三經注疏·儀禮注疏》卷三十,第 1106 頁。

⑦ 《禮記·喪服四制》,(清)阮元校刻:《十三經注疏·禮記正義》卷六三,第 1695 頁。

⑧ 這種嚴重社會不良後果,周人認爲主要有兩項,一是女權禍國論,典型的表述見於《尚書·牧誓》"牝雞無晨。牝雞之晨。惟家之索",二是亂臣賊子論,春秋時期以臣弑君之事不絶于史,皆造成了社會動亂。

四、附論：試説"地"觀念的起源

就觀念發生的次第看，一般説來，先有形象的可見的事物，然後漸有印象的出現，再經過思考整理，將諸多印象的共性本質特點抽繹出來，進而抽象出初步的觀念。最初進入人們視野的地上之物，有山、水、土、木、草等，這些在甲骨文字裏皆有形象的摹畫，而比較抽象的"地"卻没有摹畫其形的甲骨文字出現。這説明卜辭時代"地"觀念尚未形成。這種抽象的完成需要將與地相關的許多自然現象統一爲一種形體，將特殊的具體的概念統一爲有涵蓋多種意象的觀念。"地"觀念的一個特色是，與它有關之物，如山、水、草、木等，多由其所派生。所以戰國時期，人們不僅普遍相信"天生萬物"，而且也有"地生萬物"的説法①。

與"地"關係最爲密切的甲骨文字是"土"字，它寫作"Ω"、"Ω̇"、"△"、":Ω:"等形，專家多認爲是土塊形的摹畫②。在卜辭裏，土有表示地域的用法，如稱"東土"、"南土"、"西土"、"北土"，合稱爲"四土"③，分别指殷都四方的地域。另有"唐土"、"亳土"④等具體的地域。商代的"土"，又用若"社"，卜辭多見尞祭、禦祭、祈祭於"土（社）"的記載，"土（社）"是商代主要的自然神之一。雖然從後世的發展看，説它是地神，亦無不妥⑤，但是，有商一代尚未有與天相對應的"地"的觀念出現，則還是可以肯定的。

---

① "地生萬物"説，見託名姜太公所作的戰國晚期的兵家著作《六韜·守國》篇[見（漢）黄石公編：《六韜三略》，陝西旅遊出版社，2003 年，第 24 頁]。是篇謂"天生四時，地生萬物，天下有民，仁聖牧之"，將地與天擺到幾乎相等的位置，這是先秦時期少有的説法。先秦時期，多將"地"喻指爲母，《管子·五行》篇謂"以天爲父，以地爲母"（黎翔鳳：《管子校注》卷十四，中華書局，第 859 頁），《鶡冠子·泰鴻》篇謂"聖人立天爲父，建地爲母"（黄懷信：《鶡冠子匯校集注》卷十，中華書局，2004 年，第 247 頁）。戰國秦漢時期有"天地爲大"（《荀子·不苟》，梁啓雄：《荀子簡釋》，中華書局，1983 年，第 30 頁），"以天地爲大爐，以造化爲大冶"[《莊子·大宗師》，（清）郭嵩燾：《莊子集釋》卷三上，中華書局，1961 年，第 262 頁]以及"天地爲名號之大義"[《春秋繁露·深察名號》，（清）蘇輿：《春秋繁露義證》卷十，中華書局，1992 年，第 285 頁]，"天地生萬物"（見《論衡·非韓》和《太平經·四行本末》篇）之説。這些材料都説明了"地"的位置有逐漸上升的趨勢。

② 認爲甲文"土"字是土塊象形的專家頗多，如陳夢家先生謂這些摹畫的土字，"象土塊之形"（《殷虚卜辭綜述》，中華書局 1988 年，第 583 頁）。

③ 卜辭四土之載，依次見於《合集》第 7084、20576、6357、8783、21091 片。

④ 依次見《合集》第 51105、28106 片。

⑤ 沈建華先生曾舉甲骨卜辭之例，指出卜辭關於"在后"的祭祀，"顯然是指在'后土'的神廟舉行"（《釋卜辭中的"后土"及其相關字》，《古文字研究》第二十六輯，中華書局，第 81 頁）。其説有卜辭爲證，甚有理致，值得重視。愚以爲"后土"之稱與"地"觀念尚非一事，故而本文没有涉及，容當以後再作研究和補充。

　　雖然殷商卜辭迄今尚未見到"地"字,但在可靠的商代文獻裏卻有兩例,很值得討論。這兩例:

　　其一是《尚書·盤庚》"用永地于新邑",僞孔傳和孔疏皆以"長居新邑"爲釋①,諸家無異説。這裏的"地"爲居住之義,而非"天地"之"地"。《盤庚》篇屢稱"天其永我命于兹新邑"、"懷兹新邑",若不聽王言,則"無俾易種于兹新邑";若聽從王言,則"用永地于新邑",就"新邑"而言,"永地于新邑"與周初八誥之一的《召誥》所云"宅新邑"相一致,釋爲"長居新邑",是可靠的解釋。

　　另外一例是《周易·明夷》上六爻辭"初登于天,後入于地"②。《周易》卦、爻辭和寫成於殷周之際,而《易傳》則寫成於戰國時期,兩者撰寫時代不一,所行用的社會觀念自當有所差異。值得我們特別注意的是,卦、爻辭中説"天"甚夥,而言"地"者僅《明夷》上六爻辭一例。《易傳》言與地相關的物象很多,如野、大川、郊、丘園、坎、叢棘、石、葛藟、陵、乾等,皆爲地上景象。就是該作"地"表達意思者,也不用"地"字,如《中孚》九二爻辭言"鶴鳴在陰",它與上九爻辭"翰音登于天"③應當是對應關係。當時若有"地"之觀念,應當説"鶴鳴于地"才與"天"相對,但卻用"陰"來代替。再如《周易·泰》九三爻辭"夫平不陂,無往不復",此明明是説寬廣的大地景象,卻偏偏失缺了"地"字,這只能説當時尚無此觀念出現。我們再看《易傳》,幾乎每卦之傳都提到"地","地"是其最常用的字之一。這説明戰國時期,"地"觀念已經行用於世。但在殷商時期,人們述事的時候,只言説與地相關的各種物象,但卻不用"地"這個詞。可以推測《明夷》所用"地"字可能爲後人所改。就拿《中孚》來説,若後人將"鶴鳴在陰"改爲"鶴鳴在地"以求和"翰音登于天"相對應,誰又能説不對呢? 此處没有後人改動而已。要之,《明夷》上六爻辭一個孤例,並不能够説明商代已經有了"地"之觀念。

　　"地"觀念在商代尚處於形象思維的階段。可以與天相對應的"地"觀念,是在西周時期形成的。這在西周時期的文獻裏有明確記載,《尚書》的《金縢》篇云"定爾子孫于下地",《吕刑》篇云"絶地天通"④,是爲其證。西周彝銘文字,地寫作"𡐔"、"𡑇"等形,楷寫作"墬"。前者見於周厲王的《㝬簋》謂"墬于四方",張政烺先

①見(清)阮元校刻:《十三經注疏·尚書正義》卷九,中華書局,1980年,第172頁。

②《周易·明夷》,(清)阮元校刻:《十三經注疏·周易正義》卷四,中華書局,1980年,第50頁。

③《周易·中孚》,(清)阮元校刻:《十三經注疏·周易正義》卷六,中華書局,1980年,第71頁。

④《尚書·金縢》《吕刑》兩篇的相關材料,見(清)阮元校刻:《十三經注疏·尚書正義》卷十三、十九,第196、248頁。按《金縢》篇的"下地"之説,當是與"上天"的理念相對應的説法。

生讀隊爲施①,可見在周厲王的時候,"隊(地)"字尚作他種用途,並未專用爲土地字。後者見於戰國中期的《奸盜壺》銘則謂"不敢寧處,敬命新隊(地)"②,已明確將隊字作土地字使用。金文中的這個隊字與《説文》地字籀文"隊"相同,皆從阜、從土,象聲,釋其爲"地"是没有疑問的。《説文》訓地字謂:"元氣初分,輕清易(陽)爲天,重滯陰爲地。"③這是戰國秦漢時代氣論盛行時的一種較爲普遍的説法④。按照這個説法,"地"已經不是一個具體的形象之物,而是可以涵蓋衆多自然物的抽象觀念。總之,"地"在商代只是以"土"來代替的一種印象,西周時期才抽象出"地"之觀念。這一觀念的完備則到了春秋戰國時期。

值得注意的是,春秋戰國時期"天地"一辭行用於世的時候,"地"觀念才算真正走完了其起源之路,而成爲表示空間範圍的常用習語。"天地"一辭是很長的時段裏表示最大空間領域的常用之詞。西周後期周卿芮良夫勸諫周厲王專利之語謂"利,百物之所生也,天地之所載也,而或專利,其害多矣。天地百物,皆將取焉,胡可專也"⑤,是"天地"一詞最早的文獻記載。到了春秋戰國時期,"天地"一語廣泛應用,成爲一個普遍行用的社會觀念。天尊地卑觀念所强調的是,天之位在上爲尊,地之位在下爲卑。這是社會上王權、夫權高尚而主導,臣權、婦權從屬而馴服這一情況的折射,亦是商周天命觀念巨大影響的結果。《禮記·禮運》篇的"殽地"説貫穿著地從屬並效法於天這一主旨,與"地"觀念的形成和廣泛影響有密切關係。

附記:欣逢吴榮曾先生九秩華誕,特撰此文以志慶賀。吴先生學問精

---

① 張政烺先生説:"隊,見《侯馬盟書》'晋邦之隊',是地之異體字。"並謂"隊"字所從的"隊""見《縣妃簋》'敢隊於邑',從阜,象聲。象,見《説文》口部,'讀若弛'。《縣妃簋》隊蓋讀爲施,衛孔悝鼎銘結尾言'施於烝彝鼎',文例正合。"(《周厲王'胡簋'釋文》,《古文字研究》第三輯,中華書局,1980 年,第 107 頁)按馬承源先生把這個字楷寫作"隊",説在此句銘文裏,"讀作遂,義爲達。《吕氏春秋·季春紀·圜道》'遂於四方',高誘注:'遂,達也。'"(《商周青銅器銘文選》第三册,文物出版社,1990 年,第 278 頁)。按,兩説不同,本於對這個字的楷寫之别。今暫從張先生説。

② 《胡簋》和《奸盜壺》銘文,見《集成》第 4317、9734 片

③ (清)段玉裁:《説文解字注》十二篇下,上海古籍出版社,1988 年,第 682 頁。

④ 《莊子·知北遊》篇有"通天下一氣"的説法,《韓非子·解老》亦有"天地剖判"之説[(清)王先慎:《韓非子集解》卷六,中華書局,1998 年,第 137 頁],《淮南子·天文訓》云"氣有涯垠,清陽者薄靡而顯天,重濁者凝滯而爲地"(劉文典:《淮南鴻烈集解》卷三,中華書局,1989 年,第 79 頁),此類説法,有可能爲許慎釋"地"説所本。

⑤ 《國語·周語》上。

博,嘉惠學林。愚多得先生提攜鼓勵,感激不盡。敬祝先生康健長壽,福祉吉祥!

（作者單位：北京師範大學歷史學院）

周代的人文覺醒與天文探索

彭　林

古希臘德爾斐的阿波羅神廟門楣上的“認識你自己”一語，被蘇格拉底作爲自己哲學原則的宣言，認爲“德性（美德）即知識”，認識自己就是認識德性，人應該過有道德的生活。中國早在西周便已進入以人爲中心的民本主義時代，將德性作爲人之所以爲人的基本屬性。《周易》説：“觀乎天文，以察時變。觀乎人文，以化成天下。”人文與天文，乃中國先哲的兩大研究主題。不斷擴大的天文探索的成就，有力地壓縮了鬼神世界存在的空間，令先秦的人文精神獲得長足的進步。

一、周公立德：以君德與官德爲主體

牧野之戰，周人代有天下之後的思考的第一件大事：便是夏、殷何以亡？ 周人如何才能避免重蹈其覆轍，做到天禄永終、長治久安？ 周公、召公從正反兩方面考察歷史，得出有德必昌、失德必亡的結論。

夏朝享祚四百年，殷人享祚六百年，歷年都不短。夏朝之亡，桀當負主要責任；殷之亡，則早已露出端倪，祖甲以後諸王，“生則逸，不知稼穡之艱難，不聞小人之勞，惟耽樂之從”，所以“罔或克壽”①，在位没有超過十年的，都是短命君王。紂在位時，貴族的腐敗空前絶後，“好酒淫樂，嬖于婦女”，酒池肉林，“爲長夜之飲”；此

---

①《尚書正義》卷十六，《無逸》，北京大學出版社，1999 年，433 頁。

外，“重刑辟”①，鎮壓反對者；激起天怨人怒，一朝覆亡。就兩朝歷史的負面部分而言，夏、殷斷送國祚的根本原因在於，“惟不敬厥德，乃早墜厥命”②。

　　儘管殷亡於周，但周公能客觀理性評價殷商史，殷王之中亦有明君，同樣值得周人學習。例如中宗大戊，“嚴恭寅畏天命，自命，治民祗懼，不敢荒寧”，所以享國七十五年；高宗武丁，早年曾經久居民間，與小民一同稼穡，故在位之後，亦“不敢荒寧”，“嘉靖殷邦，至于小大，無時或怨”，所以享國五十九年；祖甲是武丁之子，亦曾亡命民間，故即位後“爰知小人之依，能保惠于庶民，不敢侮矜寡”，所以享國三十三年。他們德行高尚，有人傳言“小人怨汝詈汝”，他們“則皇自敬德”，大自敬德，增修善政，絕對“不敢含怒”③。故周公將此三王與周文王並稱爲“迪哲”④。

　　周人有厚德仁愛的傳統，尤其是太王、王季、文王三代，更是以德性醇厚廣受愛戴，“惟我周太王、王季，克自抑畏”，文王“徽柔懿恭，懷保小民，惠鮮鰥寡。自朝至於日中昃，不遑暇食，用咸和萬民”⑤。在紂王肆虐於國中之時，文王“遵后稷、公劉之業，則古公、公季之法，篤仁，敬老，慈少。禮下賢者，日中不暇食以待士，士以此多歸之”⑥；“惟乃丕顯考文王，克明德慎罰，不敢侮鰥寡”⑦。文王厚德與紂王無道，不啻天壤之別，成爲天下歸心的主要原因。文王的懿德嘉行，爲周人所津津樂道，直到周平王賞賜晋文侯時，還提及“丕顯文武，克慎明德，昭升於上，敷聞在下”⑧，要求文侯作爲楷模，做到“柔遠能邇，惠康小民”，“用成爾顯德”⑨。此外，太王長子泰伯有“至德”，曾“三以天下讓”⑩，最後遠走荆蠻之地，以成全父親欲傳位於長孫季歷（文王）的意願。東遷洛邑時，召公要求成王“王其疾敬德”⑪，“不可不敬德”⑫。周公作誥時，引古人“人無于水監，當於民監”之言作爲訓誡⑬。“小民”生

---

①《史記》卷三，《殷本紀》，中華書局，1975 年，105 頁。

②《尚書正義》卷十五，《召誥》，北京大學出版社，1999 年，399 頁。

③《尚書正義》卷十六，《無逸》，北京大學出版社，1999 年，437 頁。

④同上，430 頁。

⑤同上，433 頁。

⑥《史記殷本紀》。

⑦《尚書正義》卷十四，《康誥》，北京大學出版社，1999 年，359 頁。

⑧《尚書正義》卷二十，《文侯之命》，北京大學出版社，1999 年，556 頁。

⑨同上，560 頁。

⑩《論語·泰伯》。

⑪《尚書正義》卷十五，《召誥》，北京大學出版社，1999 年，400 頁。

⑫同上，398 頁。

⑬《尚書正義》卷十四，《酒誥》，北京大學出版社，1999 年，380 頁。

活艱難,執政者要體恤。"先知稼穡之艱難,乃逸;則知小人之依"①,要求"繼自今嗣王,則其無淫于觀、于逸、于游、于田"②,周公誥康叔:"天畏棐忱,民情大可見。小人難保;往盡乃心,無康好逸豫,乃其乂民。"③中心都是勤政恤民。

歷史充分證明,夏、殷之亡在失德;周人之興在有德。在《尚書》中,"明德"是高頻詞,如《康誥》"克明德慎罰",《梓材》"勤用明德","既用明德",《召誥》"王威命明德",《多士》"明德恤祀",《君奭》"恭明德",《多方》"明德慎罰",《君陳》"明德惟馨",《文侯之命》"克慎明德"等皆其例。有德者昌,無德者亡,成爲周人堅定的信念。

周公制禮作樂,撥正了中國政治哲學的發展方向,奠定了此後兩千年中國德治主義的底蘊,在文化史上的意義,無論如何估計都不爲過。但毋庸諱言,當時天下初定,諸事草創,德治思想尚未形成理論體系,德治的主體僅是以王室爲中心的執政團體,以及在全國各地藩屏中央的諸侯。《尚書》所見周初諸誥,周公、召公所作訓誡,無不圍繞貴族守德、行德,防止民心背離而展開,立德修身的理念遠未深入民間,德治的運作法則還有待細化,這一時期,我們稱之爲君德、官德的時代。

二、東周:士君子之德的崛起

東周王綱解紐,群雄逐鹿,"百川沸騰,山冢崒崩。高岸爲谷,深谷爲陵"④,陪臣執國命;社會動蕩,生靈塗炭,"如蜩如螗,如沸如羹"⑤。太史公說及這一時期的社會,傷感無比:"《春秋》之中,弒君三十六,亡國五十二,諸侯奔走不得保其社稷者不可勝數。"⑥故歷來被視爲衰亂之世。耐人尋味的是,中國社會並未由此墜入道德淪喪、萬劫不復的深淵,周公制禮作樂及其德治理念猶在人心,故知識精英依然視爲救世振民之具,對於道德的信念始終不變。魯昭公二年,晋大夫韓宣子適魯,見到《易·象》與魯《春秋》,感慨地說:"吾乃今知周公之德與周之所以王。"⑦隱公四年,州吁弒衛桓公而自立。隱公問魯大夫衆仲:"衛州能成功否?"衆仲回答

①《尚書正義》卷十六,《無逸》,北京大學出版社,1999年,429頁。
②同上,435頁。
③《尚書正義》卷十四,《康誥》,北京大學出版社,1999年,363頁。
④《毛詩注疏》卷十二,《小雅·十月之交》,上海古籍出版社,2013年,1039頁。
⑤《毛詩注疏》卷十八,《大雅·蕩》,上海古籍出版社,2013年,1691頁。
⑥《史記》卷一百三十,《太史公自序》,中華書局,1975年,3297頁。
⑦《春秋左傳正義》卷四十二,北京大學出版社,1999年,1172頁。

説:"臣聞以德和民,不聞以亂。"①昭公二十五年,鄭國執政子大叔見趙鞅,趙鞅問
"何謂禮"? 子大叔引用子産之語説:"夫禮,天之經也,地之義也,民之行也。"②魯
文公元年,公孫敖奉命出聘齊國,踐修舊好,君子評論説:"忠,德之正也;信,德之固
也;卑讓,德之基也。"③東周由是成爲中國古代思想史上最爲活躍、空前燦爛的
時期。

《國語》《左傳》有關德的討論在在多有,政治精英追求道德完美的觸角,幾乎
深入到社會生活的所有方面,漸次形成了某些公認的德目,如周大夫富辰提及"尊
貴、明賢、庸勛、長老、愛親、禮新、親舊"等七德④;晋悼公早年師事單襄公時,表現
出敬、忠、信、仁、義、智、勇、教、孝、惠、讓等十一種美德⑤,而爲人稱道。作於戰國
時代的《尚書·皋陶謨》以栗、立、恭、敬、毅、温、廉、塞、義等九德爲標榜。智、仁、
勇更是被稱爲"三達德",屢屢受到贊譽。《管子·牧民》不將兵力、財富等作爲立
國支柱,而是將禮、義、廉、恥作爲"國之四維",令人感慨。

東周社會動蕩,原有的貴族階層不復存在,此外由於私學興起,學術下移,社會
文化水準普遍提高,出現大批階級身份不高、財富不多,但以道德追求爲人生與學
術第一要義之人。由《詩經》可知,各國之風,都有將德行高尚者稱爲"君子",並熱
情推戴的現象。歌頌君子的詩句,在《詩經》中幾乎觸目皆是,君子之德已然走向
民間,成爲人們内心最大的亮色:

> 豈弟君子,四方爲則。……豈弟君子,四方爲綱。(《卷阿》)
>
> 豈弟君子,民之父母。……豈弟君子,民之攸歸。(《泂酌》)
>
> 君子至止,福禄既同。君子萬年,保其家邦。(《瞻彼洛矣》)
>
> 樂只君子,遐不眉壽? ……樂只君子,德音是茂。(《南山有臺》)
>
> 有匪君子,如切如磋,如琢如磨。(《淇奥》)
>
> 言念君子,温其如玉。(《小戎》)
>
> 君子萬年,永錫祚胤。(《既醉》)
>
> 既見君子,德音孔膠。(《隰桑》)
>
> 樂只君子,殿天子之。(《魚藻》)
>
> 君子所履,小人所視。(《大東》)

---

①《春秋左傳正義》卷三,北京大學出版社,1999年,87頁。
②《春秋左傳正義》卷五十一,北京大學出版社,1999年,1447頁。
③《春秋左傳正義》卷十八,北京大學出版社,1999年,488頁。
④《國語·周語中》。
⑤《國語·周語下》。

> 淑人君子,其德不猶。(《鼓鐘》)

孔子繼承周公德治的遺志,"周之德,其可謂至德也已矣"(《泰伯》),將德譬作天體中的"北辰";主張"爲政以德","道之以德,齊之以禮"(《爲政》),"遠人不服,則修文德以來之"(《季氏》);認爲"君子懷德",堅信"德不孤,必有鄰"(《里仁》),"志於道,據於德,依於仁,游於藝"(《述而》)。君子應該以自身的德性影響天下萬民,"君子之德,風;小人之德,草;草上之風,必偃"(《顏淵》)等,以道德引領社會向上。

此外,儒家努力將道德理論化、體系化,使之具有更強的生命力。孔子提出"人不可與鳥獸同群"的命題,喚醒大衆的人文自覺。七十子及其後學開始討論"人何以爲人"、人與禽獸的根本區別究竟何在的重大命題:

> 鸚鵡能言,不離飛鳥。猩猩能言,不離禽獸。今人而無禮,雖能言,不亦禽
> 獸之心乎?……是故聖人作,爲禮以教人,使人以有禮,知自別於禽獸。(《禮
> 記·曲禮》)

人之所以爲人,根本原因在於人能按照禮的要求生活。是否知禮,是區別人與禽獸的關鍵。人惟有"知自別於禽獸",方才具有了文化自覺。

東周道德建設走向理論化的標誌,是將心性與德性交融,根植於人的本體。如果做大略的分別,《大學》論德直指人心,《中庸》論德則深入性情。

《大學》將"明明德"作爲"三綱領"之首,將人定義爲有明德的社會成員,將修身、齊家、治國、平天下作爲明明德的層層展開。四者有邏輯次第,不得躐等而行,"自天子以至於庶人,壹是皆以修身爲本",無人可以例外。人們的道德修養應該"苟日新,日日新,又日新",日進新境,必達"至善"而後止。篇中引《詩·淇澳》讚美君子"如切如磋"地爲學,"如琢如磨"地修身,外有威儀,內有"盛德至善"。尤其重要的是,"欲修其身者,先正其心",心爲一身之主。道德惟有植根於人心,方是真道德。《大學》説:"君子先慎乎德。有德此有人,有人此有土,有土此有財,有財此有用。德者本也,財者末也。"君子對道德的追求,矢志不渝,無論在何種環境,都始終如一:

> 君子素其位而行,不願乎其外。素富貴,行乎富貴;素貧賤,行乎貧賤;素
> 夷狄,行乎夷狄;素患難,行乎患難;君子無入而不自得焉。(《中庸》)

《中庸》主旨在人的性情的調適,要求人們理性地把握自己的情感,在喜怒哀樂外發之後,能做到"發而皆中節",中正不倚,無過無不及。體現了儒家對於心性

問題精深的學理研究,以及在道德修養上的轉換。這方面的内容極之豐富,限於篇幅,無法在此展開。

儒家對道德文化的貢獻,還表現於將道德内涵外顯,使之具象化,以便操作與踐行,更有效地善化人身。《禮記·儒行》記孔子答魯哀公之問,列舉儒者十五種高尚德行,句句鏗鏘,擲地有聲,足以爲天下楷模:

> 儒有席上之珍以待聘,夙夜强學以待問,懷忠信以待舉,力行以待取,其自立有如此者。
>
> 儒有忠信以爲甲胄,禮義以爲干櫓;戴仁而行,抱義而處,雖有暴政,不更其所。
>
> 儒有不寶金玉,而忠信以爲寶;不祈土地,立義以爲土地;不祈多積,多文以爲富。(《禮記·儒行》)

孟子將仁、義、禮、智作爲人之所以爲人的基本配置,是超越地位、財富、年齡、性別等差異,與生俱來的德性,而非外爍於我的,從而爲全社會制定了人格標準:

> 無惻隱之心,非人也;無羞惡之心,非人也;無辭讓之心,非人也;無是非之心,非人也。惻隱之心,仁之端也;羞惡之心,義之端也;辭讓之心,禮之端也;是非之心,智之端也。人之有是四端也,猶其有四體也。(《孟子·公孫丑上》)

孟子賦予上述四端以普世意義,而將"士"作爲人類良知與社會責任主要擔當者的稱謂,並賦以更高遠的境界:

> 無恒産而有恒心者,惟士爲能。若民,則無恒産,因無恒心。苟無恒心,放辟,邪侈,無不爲已。(《孟子·梁惠王上》)
>
> 古之人,得志,澤加於民;不得志,修身見於世。窮則獨善其身,達則兼善天下。(《孟子·盡心上》)

儒家將周公之德與周公禮樂整合爲一,禮樂與德不别,"禮樂皆得,謂之有德。德者,得也",君子内外皆修,"凡三王教世子必以禮樂。樂,所以修内也;禮,所以修外也。禮樂交錯於中,發形於外,是故其成也懌,恭敬而温文"(《禮記·文王世子》),"仁,内也。義,外也。禮樂,共也"[1]。

綜上所述,東周道德建設的最大成就,不僅在於培育了根植於民間、聳立於社

---

① 荆門市博物館編:《郭店楚墓竹簡·六德》,文物出版社,1998年,第188頁。

會的士君子之德,而且使道德體系化,成爲貫穿於修齊治平全過程的主線,成爲兩千年人文中國的强大內核。

三、周代的天文探索與人文進步

近代以來,由於特殊的歷史背景,古代中國文明被人貼上"封建迷信"的標籤,斥爲漆黑一團,愚不可及。最典型的例證,是古代帝王多稱"天子",天子冬至祭天,故被視爲裝神弄鬼,愚弄百姓。這一影響至今揮之不去。

按照邏輯而言,人文與迷信彼此對立,此消彼長。人文以人爲中心,迷信以鬼神爲靈魂。在迷信佔據主導地位的社會裏,人文難有立足之地。相反,在人文精神卓然獨立的時代,怪力亂神自然沒有市場。古代中國若真是迷信盛行,則必然匍匐於天體與鬼神腳下,不敢仰視。但是,事實並非如此。中國自古以農業立國,靠天吃飯。日月星辰、寒來暑往,關乎人的生存與社會安定。故先民不能不探索"天文"。中國現存最古老的文獻《尚書》的第一篇是《堯典》,其中有如下記載:

乃命羲和,欽若昊天,歷象日月星辰,敬授民時。

分命羲仲,宅嵎夷,曰暘谷。寅賓出日,平秩東作,日中星鳥,以殷仲春。厥民析,鳥獸孳尾。

申命羲叔,宅南交。平秩南訛,敬致。日永星火,以正仲夏。厥民因,鳥獸希革。

分命和仲,宅西,曰昧谷。寅餞納日,平秩西成,宵中星虛,以殷仲秋。厥民夷,鳥獸毛毨。

申命和叔,宅朔方,曰幽都。平在朔易,日短星昴,以正仲冬。厥民隩,鳥獸氄毛。

帝曰:"咨!汝羲暨和,期三百有六旬有六日,以閏月定四時,成歲。"

文中的"日中"、"日永"、"宵中"、"日短",分別指春分、夏至、秋分、冬至;"星鳥"、"星火"、"星虛"、"星昴",即著名的"四仲中星",分別是昏時在南正觀察二分、二至出現的標誌星。文中還提及,當時已知一年的時長爲 366 日,已知用閏月調節四時,亦即已使用陰陽曆,則當時的天文知識已達到一定水準。

近代天文史學界對《堯典》的上述記載頗有質疑,許多學者認爲此篇乃是戰國時人的僞託,不足爲憑。2003 年,考古工作者在山西襄汾陶寺新石器時代遺址發現一處遺跡:在弧形夯土牆基礎上有人爲挖出的淺槽縫,形成 11 根夯土柱基礎,外側另有兩根夯土立柱,總數爲十三根,彼此之間形成的 12 道縫隙,向外分別對應遠處塔兒山的某處山頭或山脊,向内則聚焦於作爲觀察點的圓形夯土臺上。經模擬實測,在觀測點,從第二個狹縫看到日出之日爲冬至,第 12 個狹縫看到日出之日爲夏至,第 7 個狹縫看到日出爲春、秋分。此後,考古學家又會同天文學家、歷史學家研究,判定該遺址爲古觀象臺遺跡。遺跡距今約 4100 多年,與《堯典》年代相若,可知該篇所記"歷象日月星辰"、以及四仲中星的記載並非空穴來風。

夏代的曆法已比較成熟,《夏小正》流傳至今。《左傳》有夏王仲康時發生日食的記載;殷墟甲骨採用干支紀年;有屬於年終置閏的"十三月";有"新大星並火"的記載,新大星即變星,正向火星(心宿二)靠近;還有日食、月食,以及鳥、畢等恒星名的記載。

周人使用初吉、既生霸、既望、既死霸的月相計時法,《詩經·十月之交》已有"朔"的概念。1978 年,考古學家在湖北隨縣擂鼓墩發現戰國早期的曾侯乙墓中出土一件漆箱,蓋子上部有彩繪,中間是一個大寫的"斗"字,四周寫有二十八宿的名稱,以及青龍、白虎的圖案。該墓下葬的年代是西元前 433 年左右,證明至遲在春秋晚期,中國就已建立二十八宿的恒星座標體系。

春秋時期已有較高水準的天文觀察與測量工作。魯僖公五年(B. C. 655)、昭公二十年(B. C. 522)有觀測冬至時刻的記録。《春秋》242 年所記 37 次日食,至少有 31 次能得到證實。馬王堆漢墓帛書中的彗星圖,繪有 29 種形態不同的彗星。成書於戰國時期的《甘石星經》已有行星逆行的記載,以及水星、金星、木星、火星的會合週期,與現代學者的測定數據都很接近。

先秦的古六曆都是四分曆,已知歲實的長度爲 365. 25 日。天文學家據《左傳》所記的一百三十三年中有四十九個閏月,證明公元前 500 年已有十九年七閏的置閏法。二十四節氣標記黃道上的二十四個特定位置。此外,還出現了歲星紀年法,沿赤道將周天劃分成十二等分,即十二次。

古代中國學者在天文學領域的卓越貢獻,英國著名科學史家李約瑟曾給予高度評價:

> 除了很大部分大概已完全散佚的巴比倫人的天象記事以外,中國人的天象記事表明,中國人是阿拉伯人之前的世界中最持久、最精確的天文觀測者。[①]
> 當 16 世紀末利瑪竇到達中國並同中國學者討論天文學時,這些中國學者

---

①[英]李約瑟:《中國科學技術史》第三卷《數學、天學和地學》,科學出版社、上海古籍出版社,2018 年版,第 157 頁。

的思想(利瑪竇將其保存在他的談話記録中),從各方面聽起來,都比利瑪竇自己的托勒密-亞裏士多德式的世界觀更爲近代一些。①

一個顯著的例子是新星和超新星的出現,這對於現代學宙論是很重要的,而中國關於這些星的記事覆蓋了從喜帕恰斯到第谷的整個時期,在這個時期,世界其他地區對於天上有時會出現"新星"這一事實幾乎一無所知。對其他方面(例如太陽黑子)的現象,中國人也早已有規律地觀測了許多世紀,歐洲人則不僅不知道,而由於他們在宇宙論上的成見,也不能承認這種現象存在。這一切構成了對人類認知天象的歷史的不小的貢獻。②

由先秦文獻可知,東周知識精英大多有很好的天文學素養,熟知天體運行規律,能對各種奇異天象予以科學解釋。魯昭公二十一年秋七月壬午朔,發生日食。昭公問梓慎是禍是福,梓慎回答説:"二至二分,日有食之,不爲災。日月之行也,分,同道也;至,相過也。"(《左傳》昭公二十一年)意思是説,二至(夏至、冬至)、二分(春分秋分)、日食,都不是災,而是由於日月運行的軌跡或者同道,或者交叉而造成的。深入言之,"交在望前,朔則日食,望則月食。交在望後,望則月食,後月朔則日食,此自然之常數也。"(《左傳》桓公二年孔穎達疏)

再如,昭公十七年冬,有彗星掃及大辰星的位置,往西及於河漢,有人預測宋、衛、陳、鄭四國將有火災,請求用宗廟中的玉器等寶物爲鄭國攘除災難。子産斷然拒絶:"天道遠,人道邇。非所及也,何以知之?"(《左傳》昭公十八年)

面對各種水旱災害,知識精英大多能正確處置,不染絲毫迷信色彩。僖公二十一年夏,大旱,魯僖公爲攘除旱災,打算燒死巫尪。臧文仲説:"非旱備也。修城郭,貶食,省用,務穡,勤分,此其務也。巫尪何爲? 天欲殺之,則如勿生;若能爲旱,焚之滋甚。"(《左傳》僖公二十一年)若有如此的科學知識,而又迷信天體,豈非咄咄怪事?

毋庸諱言,先哲有時亦提及天、天命、天道,但只要仔細閱讀之,即可知此等名詞已與"民"合爲一體,已成爲道德之天,毫無無迷信色彩。《詩·大雅·文王》有"自求多福"一語,至今閃耀著理性的光芒,足見先哲早已不再將自己的命運寄託於鬼神。再如"天視自我民視,天聽自我民聽"(《孟子·萬章下》引《泰誓》),句中之"天"實際即是"我民",兩者完全可以置換。又如,"民之所欲,天必從之"(《國

---

① [英]李約瑟:《中國科學技術史》第三卷《數學、天學和地學》,科學出版社、上海古籍出版社,2018年版,第158頁。
② 同上。

語·鄭語》史佰引《泰誓》），民之所欲與天之所欲，無疑可以等量齊觀。再如春秋季梁云："夫民，神之主也，是以聖王先成民而後致力於神。"（《左傳》桓公六年）公開昌明以民爲"神之主"的信念。又，史嚚曰："虢其亡乎！吾聞之：國將興，聽於民；將亡，聽於神。神，聰明正直而壹者也，依人而行。"（《左傳》莊公三十二年）認爲神"依人而行"；二氏之説，何等的理性！

春秋諸賢，將道德置於高於一切、決定一切的地位來論述。如"天作孽，猶可違；自作孽，不可活"（《孟子·離婁上》引《太甲》），不可活的原因不是在天，而是自己作孽。又如，"善之代不善，天命也"（《左傳》襄公二十九年）。子胥曰："盈必毀，天之道也"（《左傳》哀公十一年），被人替代，是因爲自己不善；自己被毀，是因爲滿盈；天不過是體現了這些規律而已，並無私下的好惡在内。

春秋虞國名臣宫之奇談及鬼神、皇天時明確指出，只有德，才是它們的憑依：

> 臣聞之：鬼神非人實親，惟德是依。故《周書》曰"皇天無親，惟德是輔"，又曰"黍稷非馨，明德惟馨"，又曰"民不易物，惟德繄物"。如是，則非德，民不和、神不享矣。神所馮依，將在德矣。（《左傳》僖公五年）

無獨有偶，楚莊王陳兵周朝邊境，周定王委派襄王之孫王孫滿勞師，楚王詢問九鼎的輕重，意圖取而代之，王孫滿則以國祚轉移"在德不在鼎"，嚴詞作答：

> 桀有昏德，鼎遷于商，載祀六百。商紂暴虐，鼎遷于周。德之休明，雖小，重也。其姦回昏亂，雖大，輕也。天祚明德，有所厎止。（《左傳》宣公三年）

荀子是戰國著名的無神論者，《荀子·天論》所論之天，完全脱離了神鬼的束縛，已是純粹的自然意義上的天：

> 天行有常，不爲堯存，不爲桀亡。
>
> 列星隨旋，日月遞照，四時代禦，陰陽大化，風雨博施，萬物各得其和以生，各得其養以成，不見其事，而見其功，夫是之謂神。皆知其所以成，莫知其無形，夫是之謂天功。唯聖人爲不求知天。
>
> 治亂，天邪？曰：日月星辰瑞曆，是禹、桀之所同也。禹以治，桀以亂，治亂非天也。

細讀文獻，可知先秦學者談及之天有兩種：一是客觀存在的自然之天，屬於科學研究對象，學者世代賡續，致力於此，成就可觀；二是被賦予道德屬性的概念之天，已成爲正義的代名詞。之所以依然指天爲言，不過是要爲自己的學説取得形而上的依據。如前所論，先秦時代對天體的運行規律的認識相當客觀、進步；對於天道與人道的關係的認識,堪稱深刻、到位,斷然不會進入迷信歧途。

最後,我們要談及的問題是,既然古人明瞭作爲自然客體的天象,爲何還要祭祀天? 若非迷信,又當作何解釋? 其實,文獻對於天子祭天的理由論述很多,也很清晰,此處略舉一二。《大戴禮記》說:

> 禮有三本:天地者,性(生)之本也;先祖者,類之本也;君師者,治之本也。無天地焉生? 無先祖焉出? 無君師焉治? 三者偏亡,無安之人。故禮,上事天,下事地,宗事先祖,而寵君師,是禮之三本也。(《大戴禮記·禮三本》)

可見,祭天的目的,旨在"報",即報答天生萬物之恩。天是萬物的本源,人類豈能知恩不報? 三讀此文,內中絲毫不見因皇帝是上天之子,故要隆重祭祀的意思。此外,南郊祭天的時間是冬至,此日是一年中白日最長的一天,故稱"長日之至";天上的日月星辰等,亦都有恩于天下萬民,故要"大報天"。由於日最爲光明,故祭天"主日",並非之祭祀日。凡此種種,禮書中都有清楚的解釋:

> 萬物本乎天,人本乎祖,此所以配上帝也。郊之祭也,大報本反始也。
>
> 郊之祭也,迎長日之至也故知祭天非唯祭日也。大報天而主日也。(《禮記·郊特牲》)

近代以來,有人出於佞洋的心理,以極端偏激的態度否定儒家文化,以"封建迷信"四字一筆抹煞中國上古的天文學成就。久之,三人成虎,今之國人多已不知上古天文學是中華文化中的瑰寶,令人扼腕長歎。梁啓超先生如此評價中國的儒學與科學:

> 儒學與科學,不特兩不相悖,而且異常接近。因爲儒家以人作本位,以自己環境作出發點,比較近於科學精神,至少可以說它不違反科學精神。[①]

梁先生所言,堪稱公允。時過境遷,今非昔比,回歸傳統文化的熱潮,正在迎面撲來。冷靜反思近一個世紀以來的文化迷誤,正確評價歷史,不負先哲追求人文與科學的卓越貢獻,是其時矣。讀者諸君以爲然否?

(作者單位:清華大學人文學院)

---

① 梁啓超:《儒家哲學》。

先秦伐鼓救日考

——日食救助方式中非理性因素研究

衛崇文

　　日月星辰的運行,風雨雷電的發作,看似有規律,實際上是變化多端的。這使得古人很難預測,於是便疑惑之、敬畏之、感激之,複雜心情難以表達,正如《左傳》所説的"山川之神,則水旱癘疫之災,於是乎禜之。日月星辰之神,則雪霜風雨之不時,於是乎禜之"①。日食原本是一種自然天象,但在古人看來卻是一種災異,而且非同一般。我們目前看到有關日食災異的最早文字是殷商時期的甲骨文。許進雄先生曾指出:"甲骨文是向神靈徵求忠告的貞問文辭。所問的大都是日常生活中所面臨的具體問題,有關天文的知識只偶爾間接的反映出來。所以對於商人的天文知識,我們也只有模糊的概念而已。"②但不管怎麽説,這些卜辭文獻畢竟對殷商時代的日食災異狀況作了較早的記録。到了春秋時期,這種記載的文獻就更爲多了,特別是在《春秋》和《左傳》中記載的更爲詳備,那麽對於日食災異,先秦時期主要採用哪些救助方式? 這些救助方式中的非理性因素是如何體現的? 這將成爲本文所要討論的主要問題。

---

①楊伯峻:《春秋左傳注·昭公元年》,中華書局,1981年,第1219頁。

②許進雄:《中國古代社會:文字與人類學透視》,臺北臺灣商務印書館股份有限公司,1988年9月初版,第458頁。

一、日食的記載

早在商代就有關於日食的記載,如"貞日㞢食"(《合集》11480);"癸酉,貞日夕㞢食,隹若","癸酉,貞日夕㞢食,裵若"(《合集》33694);"□酉□,日夕〔㞢〕食…"(《屯南》379),等等。"貞日㞢食"和"貞日夕㞢食",都是對日食是否發生的占問。西周時期,亦有關於日食的記載,如《詩經·小雅·十月之交》曰:

> 十月之交,朔月辛卯。日有食之,亦孔之醜。彼月而微,此日而微;今此下民,亦孔之哀。[①]

春秋時期關於日食的記載就更加豐富,如《左傳》隱公三年、《春秋》桓公三年、《春秋》桓公十七年、《春秋》莊公十七年、《春秋》莊公二十五年、《春秋》莊公二十六年、《春秋》莊公二十九年、《春秋》僖公五年、《春秋》僖公十二年、《春秋》僖公十五年、《春秋》文公元年、《春秋》文公十五年、《春秋》宣公八年、《春秋》宣公十年、《春秋》宣公十七年、《春秋》成公十六年、《春秋》成公十七年、《春秋》襄公十四年、《春秋》襄公十五年、《春秋》襄公二十年、《春秋》襄公二十一年、《春秋》襄公二十三年、《春秋》襄公二十四年、《春秋》襄公二十七年、《春秋》昭公七年、《春秋》昭公十五年、《春秋》昭公十七年、《春秋》昭公二十一年、《春秋》昭公二十二年、《春秋》昭公二十四年、《春秋》昭公三十一年、《春秋》定公五年、《春秋》定公十二年、《春秋》定公十五年、《春秋》哀公十四年等都有"日有食之"的記載,而"日有食之"即日食。

在先秦時期,人們往往將日食視爲上天的示警,即認爲日食的出現將預示著人世間的災禍。如卜辭占卜"叀食日彡,王受㞢"(《屯南》2666),"彡"是祭名,"㞢"通"佑",這條卜辭的意思是對日食進行"彡"祭,占問商王會受到保佑嗎?這説明商人認爲日食與商王的禍福休戚相關,故而要進行祭祀。《詩經·小雅·十月之交》曰:"日月告凶,不用其行。四國無政,不用其良。彼月而食,則維其常;此日而食,于何不臧。""日月告凶"就是日月示人以災凶,"不用其行"即没有遵循常軌運行,"此日而食,于何不臧","于",猶如也,"臧",善也,這兩句是説日月不遵循常軌運行,發生日食或月食,預示著人世間的凶災。西周末年發生日食,預示著災禍即將降臨,這是多麼的不吉利啊!對於這首詩,《毛詩序》的作者認爲是"大夫刺幽王

---

①(清)阮元校刻:《十三經注疏·毛詩正義·小雅》,中華書局,1987年,第445頁。

也”，故這裏所説的告凶就是指西周末年，“百川沸騰，山冢崒崩。高岸爲谷，深谷爲陵”等天災和幽王廢嫡立庶致使西周滅亡之人禍。《左傳》昭公七年云：

夏四月甲辰朔，日有食之。晋侯問於士文伯曰：“誰將當日食？”對曰：“魯、衛惡之，衛大魯小。”公曰：“何故？”對曰：“去衛地，如魯地。於是有災，魯實受之。其大咎，其衛君乎？魯將上卿。”①

接著同年八月，衛襄公卒。十一月，季武子卒，這正好印證了魯、衛當日食。而衛國爲君，魯國爲臣，故曰“衛大魯小”。《左傳》昭公二十年云：

七月壬午朔，日有食之。公問於梓慎曰：“是何物也？禍福何爲？”對曰：“二至二分，日有食之，不爲災。日月之行也，分，同道也；至，相過也。其它月則爲災，陽不克也，故常爲水。”②

依照梓慎對日食的解釋，日食爲災因爲“陽不克”，並且會導致水災。《左傳》昭公二十四年云：

五月乙未朔，日有食之。梓慎曰：“將水。”昭子曰：“旱也。日過分而陽猶不克，克必甚，能無旱乎？陽不克莫，將積聚也。”

可見，日食也可以導致旱災。《左傳》昭公三十一年云：

十二月，辛亥朔，日有食之。是夜也，趙簡子夢童子“臝而轉以歌”。旦，占諸史墨。曰：“吾夢如是，今而日食，何也？”史墨對曰：“六年及此月也，吳其入郢乎！終亦弗克。入郢，必以庚辰，日月在辰尾。庚午之日，日始有謫。火勝金，故弗克。”③

史墨認爲此次日食預示著六年後十二月庚辰，吳入郢。果然六年後，即《左傳》定公四年，“庚辰，吳入郢，以班處宮”。這段材料很可能是後人所記，但把日食和吳國入郢聯繫起來，本身就可以反映當時人們認爲日食告凶的觀念。《春秋》隱公三年二月己巳書“日有食之”，緊接著，三月庚戌書“天王崩”。儘管《左傳》並未對此連續兩月之事有所記載，但《春秋》將二者相繼爲書，我們就很難將二者割裂開來看待。以上這些資料都説明在殷周至春秋，時人多認爲日食與人世間的災禍有著密切的關聯。

---

①楊伯峻：《春秋左傳注·昭公七年》，中華書局，1981 年，第 1287 頁。
②楊伯峻：《春秋左傳注·昭公二十一年》，中華書局，1981 年，第 1423 頁。
③楊伯峻：《春秋左傳注·昭公二十四年》，中華書局，1981 年，第 1451 頁。

二、日食的救助及其非理性因素考察

由前面的論述可知,在先秦時期日食被當時人認爲是一種災害,也就是《左傳》昭公七年所説的"日月之災"。同時,人們相信這種災害可以通過人世間的活動得到救助,而救日的主要措施就是伐鼓、用幣。魯國的歷史上就曾多次記載"日有食之,鼓,用牲于社"。但是在《左傳》的作者看來,這卻是一種違禮行爲。《左傳》文公十五年曰:

> 六月辛丑朔,日有食之,鼓,用牲于社。非禮也。日有食之,天子不舉,伐鼓于社;諸侯用幣于社,伐鼓于朝,以昭事神、訓民、事君,示有等威,古之道也。[①]

《左傳》昭公十七年亦曰:

> 夏六月甲戌朔,日有食之。祝史請所用幣。昭子曰:"日有食之,天子不舉,伐鼓于社;諸侯用幣于社,伐鼓于朝,禮也。"

可見唯有天子才能"伐鼓于社",而諸侯只能"用幣于社,伐鼓于朝"。《左傳》昭公十七年,昭子主張伐鼓、用幣,而平子反對説:"止也。唯正月朔,慝未作,日有食之,於是乎有伐鼓用幣,禮也。其餘則否。"關於救日的儀式,《左傳》昭公十七年載:

> 夏六月甲戌朔,日有食之。祝史請所用幣。昭子曰:"日有食之,天子不舉,伐鼓于社;諸侯用幣于社,伐鼓于朝,禮也。"平子禦之,曰:"止也。唯正月朔,慝未作,日有食之,於是乎有伐鼓、用幣,禮也。其餘則否。"大史曰:"在此月也。日過分而未至,三辰有災。於是乎百官降物,君不舉,辟移時;樂奏鼓,祝用幣,史用辭。故《夏書》曰:'辰不集于房,瞽奏鼓,嗇夫馳,庶人走。'此月朔之謂也。當夏四月,是謂孟夏。"平子弗從,昭子退,曰:"夫子將有異志,不君君也。"[②]

平子所講正月日食才能舉行伐鼓用幣之禮,因爲正月乃正陽之月,此月發生日食則是陰侵陽也,正説明救日之禮是助陽抑陰。太史所講"在此月也"是説明三代

---

①楊伯峻《春秋左傳注·文公十五年》,中華書局,1981年,第608頁。
②楊伯峻《春秋左傳注·昭公十七年》,中華書局,1981年,第1384頁。

曆法之不同,亦或是所謂三正,不在此文討論之列。杜注:"慝,陰氣也。四月純陽用事,陰氣未動而侵陽,災重,故有伐鼓用幣之禮也。"孔疏:"日食,陰侵陽,臣侵君之象。救日食,所以助君抑臣也。平子不肯救日,劉炫云:'乃是不復以君爲君也。'""百官降物",就是百官穿素服。"君不舉",就是國君食不殺牲,菜肴也不求豐盛,更不用音樂助食。"辟移時",杜注:"避正寢,過日食時。""樂奏鼓",杜注:"伐鼓。""祝用幣",杜注:"用幣於社。""史用辭",杜注:"用辭以自責",古人迷信日食爲上天的示譴,故自責。

又《穀梁傳》莊公二十五年曰:"天子救日,置五麾,陳五兵、五鼓,諸侯置三麾,陳三鼓、三兵;大夫擊門,士擊柝。"《禮記·昏義》亦曰:

> 男教不修,陽事不得,讁見於天,日爲之食;婦順不修,陰事不得,讁見於天,月爲之食。是故日食則天子素服而修六官之職,蕩天下之陽事;月食則后素服而修六官之職,蕩天下之陰事。[1]

《白虎通義·禮樂》對鼓的意義做了詳盡闡述:

> 鼓,震音煩氣也。萬物憤懣震動而出,雷以動之,温以暖之,風以散之,雨以濡之,奮至德之聲,感和平之氣也,同聲相應,同氣相求,神明報應,天地佑之,其本乃在萬物之始耶,故謂之鼓也。[2]

---

[1]（清）孫希旦《禮記集解·昏義》,中華書局,1989年,第1423頁。

[2] 關於"樂"的助陽作用,《白虎通義·禮樂》講的十分明白:"樂者,陽也,陽倡始,故言作;禮者,陰也,陰制度于陽,故言制。樂象陽,禮法陰也。"而鼓又是我國傳統的打擊樂器中的一種重要樂器,鼓的出現比較早,可以確定鼓大約有4500年的歷史(高煒李健民:《1978—1980年山西襄汾陶寺墓地發掘簡報》,《考古》1983年第1期)。傳說中"伊耆氏"之時就已有"土鼓"。由於鼓有良好的共鳴作用,聲音激越雄壯且傳聲很遠,古人很早就把鼓作爲軍隊上助威之用。據《山海經·大荒東經》記載:"東海中有流波山,入海七千里。其上有獸,狀如牛,蒼身而無角,一足,出入水,則必風雨;其光如日月,其聲如雷,其名曰夔。黃帝得之,以其皮爲鼓,橛之以雷獸之骨,聲聞五百里,以威天下。"據《周禮·地官司徒》記載,周代已專門設置了"鼓人"來管理鼓制、擊鼓等事。"鼓人,掌教六鼓、四金之音聲,以節聲樂,以和軍旅,以正田役。教爲鼓而辨其聲用,以雷鼓鼓神祀,以靈鼓鼓社祭,以路鼓鼓鬼享,以鼖鼓鼓軍事,以鼛鼓鼓役事,以晉鼓鼓金奏,以金錞和鼓,以金鐲節鼓,以金鐃止鼓,以金鐸通鼓。凡祭祀百物之神,鼓兵舞、帗舞者。凡軍旅,夜鼓鼜,軍動,則鼓其衆,田役亦如之。救日月,則詔王鼓。大喪,則詔大僕鼓。"鄭注:"救日月食,王必親擊鼓者,聲大異。"孔疏:"謂日月食時,鼓人詔告王擊鼓,聲大異以救之。案《大僕職》云'軍旅田役贊王鼓'。鄭注云:'佐擊其餘面。'又云'救日月食亦如之'。大僕亦佐擊其餘面。鄭既云佐擊其餘面,則非只兩面之鼓。……則此救日月亦宜用雷鼓,八面,故《大僕》與《戎右》俱云'贊王鼓',得佐擊餘面也。案莊二十五年《左氏傳》:'夏六月辛未,朔,日有食之,鼓用牲于社,非常也。唯正月之朔,慝未作,日有食之,于是乎用幣于社,伐鼓于朝。'若然,此救日食用鼓,惟據夏四月陰氣未作,純陽用事,日又太陽之精,于正陽之月,被食爲災,故有救日食之法也。月似無救理。《尚書·胤征》季秋九月日食,救之者,上代之禮,不與周同。諸侯用幣于社,伐鼓于朝,退自攻責。若天子法,則伐鼓于社。昭十七年,昭子曰'日食,天子伐鼓于社'是也。'救日（轉下頁注）

《白虎通義·災變》亦曰:

> 日食者必殺之何? 陰侵陽也。鼓用牲于社。社者衆陰之主,以朱絲縈之,鳴鼓攻之,以陽責陰也。

可見春秋戰國時期,日食即預示著陰侵陽、臣侵君的觀念已相當流行,而救日儀式就是爲了助君抑臣,期目的在於人事。孔穎達在《周禮正義·鼓人》中解釋《春秋》只記載日食而不記載月食的原因從另一個方面進一步説明了這一觀念。《白虎通義·災變》又曰:

> 《春秋》不記救月食者,但日食是陰侵陽、臣侵君之象,故記之;月食是陽侵陰、君侵臣之象,非逆事,故略不記之也。[①]

實際上,日食原本是在日月推移過程中,日舒月速,三者恰好或幾乎在同一條直線上,而月亮在太陽和地球中間,完全或部分擋住了太陽光線,是爲合朔。正如張培瑜先生所説:"先民認爲日月相合,安於其位是正常的,不安於其位是不正常的,反常則出現日食。"[②]

由上述分析可見,古人的救日方式主要是一種非理性行爲。日食被古人認爲是"陽不克"而爲災,所以伐鼓、用幣的主要目的就是爲了達到"充其陽"的目的。《荀子·樂論》曰:"鼓似天,鐘似地,磬似水。"救日伐鼓於社,概因鼓似天,模擬天,代表陽氣,已達到助陽抑陰的目的。《周禮·地官》有專門的鼓人之官,"掌教六鼓、四金之音聲",凡"救日月,則詔王鼓"[③],另《周禮·秋官·庭氏》記載與日食儀式有關的"法器","庭氏掌射國中之夭鳥。若不見其鳥獸,則以救日之弓與救月之

(接上頁注)月食,王必親擊鼓者,聲大異'者,言聲大異者,但日月食始見其微兆,未有災驗,故云異也。……《春秋》不記救月食者,但日食是陰侵陽、臣侵君之象,故記之;月食是陽侵陰、君侵臣之象,非逆事,故略不記之也。"從鄭注孔疏中可知:日食發生時,王擊鼓的正面,鼓人則是協助王擊打八面之鼓的餘面,日食擊鼓是爲了發揮鼓的助陽抑陰作用昭然自明,而不是坊間所傳擊鼓是爲了趕走吃太陽的天狗(天狗吃太陽當爲後起之説)。《春秋穀梁傳·莊公二十五年》:"言日言朔,食正朔也。鼓,禮也。用牲,非禮也。天子救日,置五麾,陳五兵五鼓;諸侯置三麾,陳三鼓三兵;大夫擊門;士擊柝。言充其陽也。"范寧《集解》:"鼓有聲,皆陽事以厭陰氣。"《穀梁傳》所記救日時天子、諸侯、大大、士在規模和方式上各有等衰,但是"充其陽"的助陽抑陰的原理是一致的。

① 陳立:《白虎通疏證·灾變》,中華書局,1994年,第275頁。
② 張培瑜:《中國古日食記録和地球自轉長期變化》,《紫金山天文臺臺刊》,1994年第1期。
③ 《周禮》一書很可能編定於戰國時期。所用官名及設官分職的總體框架襲自王官之舊,但被塞進框架内的政治、經濟措施却多取自戰國現實,見陳高華、陳智超:《中國古代史史料學》,北京出版社,1983年。

矢射之。若神也,則以大陰之弓與枉矢射之。"①概日食之爲災,其最早應是給人類帶來恐懼所至,突然的變異引起人類的恐慌,又無法解釋,只好模擬以救之。美國學者李克特認爲:

> 當被觀察的情況模糊不清時,人們一般用想象的推論來填補他們通過觀察所得到的知識的空白。最終的推論性解釋可能是與文化相一致的,這可以從各種原始的、古代的和中世紀的宇宙學和天文學上看出來,這些學説爲天體加上了各種各樣的遠遠超出了所能觀察到的或由通過對天體的觀察所能合理

---

① 鄭注:"鄭司農云:'救日之弓,救月之矢,謂日月食所作弓矢。'玄謂日月之食,陰陽相勝之變也,於日食則射大陰,月食則射大陽與? 神,謂非鳥獸之聲,若或叫於宋大廟譆譆出出者。大陰之弓,救月之弓,枉矢救日之矢與? 不言救月之矢與救日之矢者,互言之。救日用枉矢,則救月以恒矢可知也。"孔疏:"'玄謂日月之食,陰陽相勝之變也'者,日之食,晦朔之間,月之食惟在於望。日食是陰勝陽,月食是陽勝陰,未至爲災,故云陰陽相勝之變也。所以救日月用弓矢射之者,鄭以意推量。'日食則射大陽'者,以陰侵陽,臣侵君之象,故射大陰是其常,不足可疑。月食是陽侵陰,君侵臣之象,陽侵陰非逆,既用弓,不得不射,若射當射大陽,以是爲疑,故云'月食,則射大陽與'以疑之。'若神也'者,謂不見其身,直聞其聲,非鳥獸之神耳,則以大陰救月之弓與救日枉矢射之。鄭知'神,謂非鳥獸之聲'者,見宋大廟有聲,非鳥獸之聲,既有聲又非鳥獸之聲,故知是神聲,若神降于莘之類是也。云'若或叫于宋太廟譆譆出出者',《左傳》文言'太陰救月之弓,枉矢救日之矢與'者,太陰之弓爲救月之弓,不言與,則不疑,不疑者,以其與經云'救日之弓'相對,彼言救日之弓,明此太陰之弓是救月之弓可知。若然,上言'救月之矢',則此枉矢是救日可知。而言'與'以疑之者,但救日與太陰相對,故不疑,上言救月,此不言太陽之矢,直言枉矢矢名而已,故須疑之。云'不言救月之弓與救日之矢者',互言之者,若此文云救月之弓與救日之矢,爲文自足,何暇須互,既不須互,則上下二文全不見弓矢之名矣。是以互見其文,欲見有弓矢之名故也。互者,上文云救日,明太陰是救月;此文救月,是太陰,則上文救日是太陽也。又枉矢,見矢名不言救,明有救名,救月之矢,見救不見矢名,明亦有名,亦是互也。云'救日用枉矢,則救月以恒矢可知也'者,見《司弓矢》枉矢最在前,明救月矢當在枉矢之下,故知救月用恒矢可知。不用庫矢,以其庫矢弩所用故也。"筆者按:"庭氏"所用救日月之弓矢經鄭玄和孔穎達考釋的十分清楚,我們要説明的是這與日食發生後天子要"伐鼓于社",諸侯"伐鼓于朝","瞽奏鼓,嗇夫馳,庶人走"具有同等意義,是不同等級或身份者按照其職守采取不同的救日舉措。這就如同奧吉布威人"把帶火的箭頭射入天空,希望這樣能重新點燃它已熄滅的火焰"一樣是一種模擬巫術儀式,只是到了此時,這種巫術儀式已經被定型爲文明時代的禮了。又據《春秋公羊傳·莊公二十五年》:"六月,辛未,朔,日有食之。鼓用牲于社。日食則曷爲鼓用牲于社? 求乎陰之道也。以朱絲營社,或曰脅之,或曰爲闇,恐人犯之,故營之。"何休注:"或曰者,或人辭,其義各異也。或曰脅之,與責求同義。社者,土地之主也。月者,土地之精也。上系于天而犯日,故鳴鼓而攻之,脅其本也。朱絲營之,助陽抑陰也。或曰爲闇者,社者,土地之主,尊也,爲日光盡,天闇冥,恐人犯歷之,故營之。然此説非也。記或傳者,示不欲絶異説爾。先言鼓,後言用牲者,明先以尊命責之,後以臣子禮接之,所以爲順也。不言鼓於社用牲者,與禘於大廟用致夫人同,嫌起用牲爲非禮。書者,善内感懼天災應變得禮也。是後夫人遂不制,通于二叔,殺二嗣子也。"徐彦疏:"知其非者,正以日食者,陰氣侵陽,社官五土之神,理宜抑之,而反營衛,失抑陰之義故也。《公羊》之義,救日食而有牲者,以臣子之道接之故也,與《左氏》天災有幣無牲異矣。僖八年'秋,七月,禘于大廟,用致夫人',彼注云'以致文在廟下,不使入廟,知非禮也'。然則此經若鼓用牲之文,在于社之下,不使在社上,則用牲爲非禮。若然,上二十四年傳云'用者不宜用也',而此注復以用牲爲得禮者,《公羊》之義,以用爲時事,不必著不宜也。謂經書日食,善内之得禮矣。夫人遂不制以下,是其日食之義。"

地推導出的特點。①

這種解釋,同樣適用於中國的救日行爲。實際上,通過巫術控制太陽的現象在世界上的許多民族中普遍存在。弗雷澤《金枝》中記載:

> 在發生日蝕的時候,奧吉布威人常常想象那是由於太陽的火焰被撲滅了。於是,他們把帶火的箭頭射入天空,希望這樣能重新點燃它已經熄滅的火焰。秘魯的森西人也在日蝕之時向太陽射去燃燒著的箭,但他們這樣做,顯然主要不是去點燃太陽的燈,而是爲了去趕走那只他們想像中的與太陽搏鬥的野獸。……堪察加人習慣從屋裡把火帶到屋外,並祈禱這偉大發光的天體再像以前一樣發光。……在類似情況下的純粹巫術儀式曾在奇爾科廷印第安人那裏被發現,男人和婦女們象徵在旅行時那樣撩起長袍,像他們正背著重物一樣拄著棍子,不停地繞著圓圈走,直到日蝕結束。顯然,他們想這樣去支持太陽在它環繞著天空疲倦地移動時那無力的腳步。與此相似,在古埃及作爲太陽的代表的過往肅穆地繞著一個廟宇的圍牆轉圈,爲的是保證太陽也將完成它每天的行程,不致於因日蝕或其它意外而停頓。②

弗雷澤所舉各地土著救日的方式與前文所述的"伐鼓"儀式只是具體手段有所差異,而其救助原理則是一致的。

在人類社會早期,太陽崇拜普遍存在,中國先秦時期也是如此③。太陽作爲萬物之源,是五穀蕃熟、晴雨温潤的保證。在中國先秦時期天子和諸侯都設有管日之官,如《尚書·堯典》曰:

> 乃命羲和,欽若昊天,歷象日月星辰,敬授民時……分命羲仲,宅嵎夷,曰暘谷。寅賓出日,平秩東作……分命和仲,宅西,曰昧谷。寅餞納日,平秩西成。④

周秉鈞在《尚書易解》中認爲:"寅",敬也;"賓",導也;"餞",送也⑤。"寅賓出

---

①[美]李克特著,顧昕、張小天譯:《科學是一種文化過程》,生活·讀書·新知三聯書店,1989 年,第 58 頁。

②[英]詹姆斯·喬·弗雷澤撰,徐育新、汪培基、張澤石譯:《金枝》,大衆文藝出版社,1998 年,第 118—119 頁。

③關於太陽崇拜的論述如宋鎮豪:《夏商社會生活史》,中國社會科學出版社,1994 年;朱狄:《信仰時代的文明》,中國青年出版社,1999 年;王輝:《商周文化比較研究》,北京人民出版社,2000 年;楊希枚:《先秦文化史論集》,中國社會科學出版社,1995 年。

④(清)孫星衍:《尚書古今文注疏·堯典》,中華書局,1986 年,第 10—20 頁。

⑤周秉鈞:《尚書易解》,岳麓書社,1984 年,第 4—6 頁。

日",就是敬導春分之出日;"寅餞納日",就是敬送秋分之落日。趙世超先生認爲這是以神話爲基礎的巫術儀式①。《山海經·大荒南經》曰:

> 東南海之外,甘水之間,有羲和之國。有女子名曰羲和,方日浴于甘淵。

郭璞注:"羲和蓋天地始生,主日月者也……作日月之象而掌之,沐浴運轉之於甘水中,以效其出入暘谷虞淵也。"②由此可見,羲和是中國最古的天文學家或管理天文之官。《左傳》桓公十七年曰:"天子有日官,諸侯有日禦。日官居卿以底日,禮也。日禦不失日,以授百官於朝。""日官"和"日禦"都是負責管日之官,並掌管制定曆法。

太陽崇拜的盛行,使得日食時出現的"天再旦"和"日夜出"現象給人們帶來巨大的恐懼感,於是才有伐鼓、用幣的救日活動。日食之爲災,其最早應是給人類帶來恐懼所致,突然的變異引起人類的恐慌,又無法解釋,只好模擬以救之。後來太陽被賦於君主之政治神話的意義,則救日的意義就更爲明確,而且愈加豐富了,但救助儀式的巫術性卻始終沒有消除。其巫術性表現在兩個方面:一是主持者即巫師的身份漸漸的發生變換;二是被祭者太陽的象徵意義也發生變化。因而其儀式不斷地被豐富。

三、小結

由上面的論述可知,在先秦時期的日食救助中,陰陽五行與模擬巫術的非理性因素在其中起著重要作用,有時甚至處於主導地位。這與當時的思想觀念是密切相關的,古人認爲"天反時爲災,地反物爲妖,民反德爲亂。亂則妖災生"③。故而"山川之神,則水旱癘疫之災,於是乎禜之。日月星辰之神,則雪霜風雨之不時,於是乎禜之"④。這種非理性因素代表那個時代的一種文化心理,我們必須設身處地以原始的心境來體驗這種原初狀態。

在學術界,非理性行爲一直以來都被看作是一種反科學的因素而受到摒棄和批評。我們認爲非理性思維的措施中既有荒唐的東西,但有時又能起到一定的積極作用,所以應當正確對待。如在贊地亞人看來,巫術是解釋事件的一種合理方

---

① 趙世超:《浴日和禦日》,《歷史研究》2003 年第 3 期。
② 袁珂:《山海經校注》,巴蜀書社,1996 年,第 438 頁。
③ 楊伯峻:《春秋左傳注·宣公十五年》,中華書局,1981 年,第 763 頁。
④ 楊伯峻:《春秋左傳注·昭公元年》,中華書局,1981 年,第 1219 頁。

式,並不是一種非理性的觀念。巫術還塑造人們的道德世界①。美國學者安德魯·斯特拉森和帕梅拉·斯圖瓦德認爲:"巫術和妖法的觀念成爲解釋不幸遭遇的形式。重點在於,這種解釋並非不加甄别地胡亂用到事件上,而是理性的。它們屬於當地的解釋邏輯,它們被用於在本土邏輯中需要特殊關注的個案中。"②但是,在今天看來,他確實是非理性的,而這些非理性因素畢竟是一種僞科學的,它的作用也許只停留在精神層面上,在實際生活中大多不起什麼客觀作用。非理性是在人與世界的物件性關係中産生的,是以非邏輯思維表現出來的各種非智力意識形式的總和。從它對人類認識的作用上看,它同理性一起構成人類精神的兩翼,共同推動人類認知的發展。

(作者單位:長治職業技術學院)

---

①[美]安德魯·斯特拉森、帕梅拉·斯圖瓦德,梁永佳、阿嘎佐詩譯《人類學的四個講座:謡言、想象、身體、歷史》,中國人民大學出版社,2005年,第90頁。
②同上,第95頁。

《嶽麓秦簡(伍)》001—008簡補釋

楊振紅

  《嶽麓書院藏秦簡(伍)》①第一組001—008號簡是秦始皇二十六年十二月頒布的有關女子重組家庭的系列法令,從目前的編聯來看,内容大體完整,可以通讀其意思。整理者對這組簡作了簡釋,其後一些學者也論及簡文中的一些問題,對於理解這組簡頗有裨益。但若要很好地理解這一法令的内容和意義,還需對簡文作更深入的探討。本文是一嘗試,不當之處敬請指正。

  001/1025:●廿六年十二月戊寅以來,禁毋敢謂母之後夫叚(假)父[一],不同父者,[二]毋敢相仁(認)[三]爲兄、姊、弟ㄥ。[四]犯令者耐隸臣妾[五]而

  注釋:

  【一】整理小組:叚(假)父,即後父。秦始皇統一六國後,對各類名稱作了統一規定,如《里耶秦簡》中的更名木方(8—461),就記録了很多更换名稱,如:"毋敢曰王父曰泰父,毋敢曰巫帝曰巫……"

  按:此令當與更名木方無關,而是專門針對女子重組家庭方面的法令。"毋敢"是秦漢時期常用語,意不能、不允許。如睡虎地秦簡《秦律十八種·内史雜》:"令史毋從事官府。非史子殹(也),<u>毋敢</u>學學室,犯令者有辠(罪)。 内史雜

---

①陳松長主編:《嶽麓書院藏秦簡(伍)》,上海辭書出版社,2017年。後文略稱《嶽麓秦簡(伍)》。第一組正面編聯圖版,彩色,第3頁;黑白,第27頁;第一組單簡正背面圖版及釋文、簡注,分别在第39—41、第73頁。

（簡 191）"①"下吏能書者，<u>毋敢</u>從史之事。　　內史雜（簡 192）"②《漢書·高帝紀下》："帝置酒雒陽南宮。上曰：'通侯諸將<u>毋敢</u>隱朕，皆言其情。吾所以有天下者何？項氏之所以失天下者何？'"③這也可以從下文中的"毋敢相仁爲兄、姊、弟"得到佐證。

王博凱認爲，"假父"爲秦統一前後對母親後夫的稱謂，同於現在所説的"繼父"。"假父"稱謂的前提是已與其改嫁母親具有事實上的夫妻關係④。其關於假父即繼父的意見是正確的，但繼父並非晚出的概念，戰國秦漢時即有繼父之稱。如《禮記·喪服小記》："繼父不同居也者，必嘗同居。"鄭玄注："録恩服深淺也。見同財則期；同居異財，故同居今異居，及繼父有子，亦爲異居，則三月未嘗同居，則不服。"孔穎達疏："繼父者，謂母後嫁之夫也。"⑤《孔子家語》："邾人以同母異父之昆弟死，將爲之服，因顏克而問禮於孔子。子曰：'繼父同居者，則異父昆弟從爲之服；不同居，繼父且猶不服，況其子乎？'"⑥

戰國秦漢時期，"假父""繼父"也稱"後父"。睡虎地秦簡《爲吏之道》所附《魏户律》和《魏奔命律》中有"後父"："·廿五年閏再十二月丙午朔辛亥，○告（16 伍）相邦：民或弃邑居壄（野），入人孤寡，徹（17 伍）人婦女，非邦之故也。自今以來，叚（假）門逆（18 伍）吕（旅），贅壻後父，勿令爲户，勿鼠（予）田宇。（19 伍）三枼（世）之後，欲士士之，仍署其籍曰：故（20 伍）某慮贅壻某叟之乃（仍）孫。　　（魏）户律""·廿五年閏再十二月丙午朔辛亥，○告（22 伍）將軍：叚（假）門逆（旅），贅壻後父，或衛（率）民（23 伍）不作，不治室屋，寡人弗欲。且殺之，不（24 伍）忍其宗族昆弟。今遣從軍，將軍（25 伍）勿卹（恤）視。享（烹）牛食士，賜之參飯而（26 伍）勿鼠（予）殽。攻城用其不足，將軍以埋豪（壕）。（27 伍）　　（魏）奔命律（28 伍）"整理者注釋："後父，應指招贅於有子寡婦的男子，實際是贅壻的一種。"⑦現在根據上引《嶽麓秦簡（伍）》簡 001—008 和其他資料，可確定"後父"當不局限於入

①陳偉主編，彭浩、劉樂賢等撰著：《秦簡牘合集：釋文注釋修訂本（壹）》，武漢大學出版社，2016 年，第 137 頁。

②同上，第 138 頁。

③《漢書》卷一下《高帝紀下》，中華書局，1962 年，第 56 頁。

④王博凱：《讀〈嶽麓書院藏秦簡（伍）〉札記》，"簡帛網"2018 年 3 月 12 日，http://www.bsm.org.cn/show_article. php? id＝3014。

⑤（漢）鄭玄注，（唐）孔穎達疏：《禮記正義》卷三三《喪服小記》，（清）阮元校刻《十三經注疏》本，上海古籍出版社，1997 年，第 1500 頁中欄。

⑥楊朝明、宋立林主編：《孔子家語通解》卷一〇，齊魯書社，2013 年，第 524 頁。

⑦陳偉主編，彭浩、劉樂賢等撰著：《秦簡牘合集：釋文注釋修訂本（壹）·睡虎地秦墓簡牘上》，"睡虎地 11 號秦墓竹簡"，八"爲吏之道"，武漢大學出版社，2016 年，第 321—323 頁。

贅到有子寡婦家的男子,而是指所有與有子寡婦再婚的男子。

【二】從語法角度,此處不宜斷開。

【三】仁,整理者認爲通"認"。

按:當讀作本字。《説文》人部:"仁,親也。从人二。"段玉裁注:"見部曰:'親者,密至也。'會意。《中庸》曰:'仁者,人也。'注:'人也讀如相人偶之人,以人意相存問之言。'《大射儀》:'揖以耦。'注:'言以者,耦之事成於此意相人耦也。'《聘禮》:'每曲揖。'注:'以相人耦爲敬也。''公食大夫禮,賓入三揖。'注:'相人耦。'《詩·匪風》箋云:'人偶能烹魚者。''人偶能輔周道治民者。'正義曰:'人偶者,謂以人意尊偶之也。'《論語》注:'人偶同位人偶之辭。'《禮》注云:'人偶相與爲禮儀皆同也。'按:人耦猶言爾我親密之詞。獨則無耦,耦則相親。故其字从人二。《孟子》曰:'仁也者,人也。'謂能行仁恩者人也。又曰:'仁,人心也。'謂仁乃是人之所以爲心也,與《中庸》語意皆不同。"①因此,仁指人相見後互致問候。

【四】此處當改爲逗號。

【五】此處似宜斷開。

002/1107:[一]毋得相爲夫妻[二],相爲夫妻及相與奸者,[三]皆黥爲城旦舂。[四]有子者,[五]毋得以其前夫、前夫子之財嫁[六]及入姨夫[七]及予

注釋:

【一】001與002簡之間當缺簡。睡虎地秦簡《法律答問》:"同母異父相與奸,可(何)論?弃市。(172簡)"②由於此答問中仍將不同母者稱作"父",而且,同母異父的兄弟姊妹通奸要處以弃市刑,重於戊寅令"相與奸者"處以黥城旦舂刑,因此可推斷此律當是秦始皇二十六年十二月戊寅令頒布前制定的法律。所以,001與002簡不能連讀,其間當缺簡。

【二】"相爲夫妻",男女二人結爲夫妻。也可簡稱"相夫妻"。睡虎地秦簡《法律答問》:"女子甲去夫亡,男子乙亦闌亡,相夫妻,甲弗告請(情),居二歲,生子,乃告請(情),乙即弗弃,而得,論可(何)也?當黥城旦舂。(簡166)"③

【三】此處不宜斷開。

【四】睡虎地秦簡《法律答問》:"女子甲去夫亡,男子乙亦闌亡,相夫妻,甲弗告

---

① (清)段玉裁注:《説文解字注》第八篇上,中華書局,2013年,第369頁上下欄。

② 陳偉主編,彭浩、劉樂賢等撰著:《秦簡牘合集:釋文注釋修訂本(壹)》,第248頁。

③ 同上,第246頁。

請（情），居二歲，生子，乃告請（情），乙即弗弃，而得，論可（何）殹（也）？當黥城旦舂。"①同因"相夫妻"犯法，所處刑均爲"黥城旦舂"，或可參考。

【五】此處不宜斷開。

【六】嫁，《説文》女部："女適人也。从女、家聲。"段玉裁注："《白虎通》曰：'嫁者，家也。婦人外成以出適人爲家。'按自家而出謂之嫁，至夫之家曰歸。《喪服經》謂'嫁於大夫曰嫁，適士庶人曰適'。此析言之也，渾言之皆可曰適，皆可曰嫁。"②出嫁，嫁人。此處指女子再嫁。先秦秦漢時期，初嫁女有"齎媵僮"風俗。《急就篇》："妻婦聘嫁齎媵僮。"顏師古注："嫁謂自家而往適人也。齎者將持而遣之也。媵送女也。僮謂僕使之未冠笄者也。言婦人初嫁，其父母以僕妾財物將送之也。"③睡虎地秦簡《法律答問》："'夫有辠（罪），妻先告，不收。'妻賸（媵）臣妾、衣器當收不收？不當收。（簡170）""妻有辠（罪）以收，妻賸（媵）臣妾、衣器當收，且畀夫？畀夫。（171 簡）"④均是關於如何處置妻子陪嫁的法律，反映出女子出嫁"媵臣妾、衣器"是普遍社會風俗。再嫁女也有陪嫁。《漢書·張耳傳》載：外黃富人女與前夫離婚後，嫁給張耳，"女家厚奉給耳，耳以故致千里客，宦爲外黃令"⑤。此令禁止有子的女子再嫁時，以前夫和前夫子的財產作陪嫁，以保護前夫子的繼承權和財產。

【七】入姨夫，整理者："入，交、交納。《説文》：'入，内也。'姨夫，妻之姐妹的丈夫。入姨夫，即交給姨夫。"

按：《説文》入部："入，内也。象從上俱下也。凡入之屬皆从入。"段玉裁注："自外而中也。上下者、外中之象。"⑥秦漢時期將繳納財物稱"入財"。《史記·平準書》："入財者得補郎，郎選衰矣。"⑦《漢書·高惠高后文功臣表》："征和二年，坐與中人奸，闌入宫掖門，入財贖完爲城旦。"⑧

《爾雅·釋親·妻黨》："妻之姊妹同出爲姨。女子謂姊妹之夫爲私。"郭璞注："同出謂俱已嫁。《詩》曰：'邢侯之姨。'《詩》曰：'譚公維私。'"⑨《釋名·釋親

---

①陳偉主編，彭浩、劉樂賢等撰著：《秦簡牘合集：釋文注釋修訂本（壹）》，第246頁。

②（清）段玉裁注：《説文解字注》第十二篇下，第619頁下欄。

③（漢）史游撰，（唐）顏師古注：《急就篇》，《四部叢刊續編》景明鈔本，"中國基本古籍庫"電子版。

④陳偉主編，彭浩、劉樂賢等撰著：《秦簡牘合集：釋文注釋修訂本（壹）》，第247頁。

⑤《漢書》卷三二《張耳傳》，第1829頁。

⑥（清）段玉裁注：《説文解字注》第五篇下，第226頁下欄。

⑦《史記》卷三〇《平準書》，中華書局，1982年，第1437頁。

⑧《漢書》卷一六《高惠高后文功臣表》，第532頁。

⑨（晉）郭璞注，（宋）邢昺疏，王世偉整理：《爾雅注疏》卷四《釋親》，上海古籍出版社，2010年，第212頁。

屬》：“妻之姊妹曰姨。姨，弟也，言與己妻相長弟也。”畢沅曰：“今本‘姨’誤作‘娣’。據下條‘母之姊妹曰姨亦如之’，則此當爲‘姨’可知矣。”①“入姨夫”當是指女子喪夫或離異後，投奔已出嫁的姊妹家，或是當時風俗。此令規定，若再嫁女有子，不得將前夫或前夫子家財帶到姨夫家。

003/1108：後夫、後夫子及予所與奸者[一]，犯令及受者[二]，[三]皆與盜同灋。母更嫁，子敢以其財予母之後夫、後夫子者，[四]弃

注釋：

【一】“毋得以其前夫、前夫子之財嫁及入姨夫及予後夫、後夫子及予所與奸者”，實際上分以下四種情況：第一，“嫁”，即陪嫁；第二，“入姨夫”，即交給姨夫家；第三，“予後夫、後夫子”，贈予後夫、後夫子；第四，“予所與奸者”，即贈予通奸的奸夫。

【二】受者，指接受女子所嫁、入、予前夫、前夫子之財者。

【三】此處不宜斷開。

【四】此處不宜斷開。

004/1023：市。[一]其受者，[二]與盜同灋。前令[三]予及以[四]嫁入姨夫[五]而今有見[六]存者[七]環（還）之，[八]及相與同居共作務錢財者[九]，亟相

注釋：

【一】此處當爲逗號。

【二】此處不當斷開。

【三】前令，以前所頒令。

【四】以，介詞，拿，用。指拿前夫、前夫子財。

【五】嫁入姨夫：何有祖認爲“003 正‘以其前夫、前夫子之財嫁及入姨夫’之‘嫁’、‘入’之間用‘及’斷開，可知是需要區別的、並列的二動詞”，因此“此處用頓號以區別”②。可從。

【六】見，通“現”。

【七】此處宜以逗號斷開。

---

① （清）王先謙：《釋名疏證補》卷三，上海古籍出版社，1984 年，第 158 頁。

② 何有祖：《〈岳麓書院藏秦簡〔伍〕〉讀記（一）》，“簡帛網”2018 年 3 月 10 日。http://www.bsm.org.cn/show_article.php? id＝3004。

【八】此處當改爲分號。

【九】整理者："錢財者"三字比較密集,疑爲刮削之後補入。此卷所收嶽麓簡中有不少這種後補寫的情況,後不出注。

按："同居共作務錢財",相當後世所謂"同居共財"。《唐律疏議·擅興》228條"征人冒名相代":"諸征人冒名相代者徒二年,同居親屬代者減二等。"疏議曰:"稱同居親屬者,謂同居共財者。"①

005/1024:與會計[一]分異相去[二]。令到盈六月而弗環(還)及不分異相去者,皆與盜同瀻∟。雖不身[三]相予而以它巧詐(詐)

注釋:

【一】會計,整理者:"核計,計算。《周禮·地官·舍人》:'歲終則會計其政。'"

按:《説文》會部:"會,合也。从亼、曾省。"段玉裁注:"凡曰會計者,謂合計之也。"②言部:"計,會也。筭也。从言十。"③會計,合計,合算。

【二】整理者:"分異:分户。《史記·商君列傳》:'民有二男以上不分異者,倍其賦。'這裏的'分異'是針對前文所説'同居共作務'而言的,即户籍要分開。"

按:《管子·四時》"圉分異"下房玄齡注:"分異,謂離居者。"④《漢書·地理志下》:"潁川好爭訟分異,黄、韓化以篤厚。"⑤也稱作"異居"。《後漢書·劉趙淳于江劉周趙列傳·序》:"既而弟子求分財異居,(薛)包不能止,乃中分其財。"⑥"分異"是針對前文所説"同居共作務錢財者"而言。"相與會計分異相去",即前引《後漢書》中的"分財異居"。

【三】整理者:"身:親身,親自。《爾雅·釋言二》:'身,親也。'"

006/1027:相予者,以相受予[一]論之。有後夫者不得告皋[二]其前夫子∟。能捕耐皋一人購錢二千,完城旦舂皋

---

①劉俊文:《唐律疏議箋解》卷第十六《擅興》,中華書局,1996年,第1176頁。

②(清)段玉裁注:《説文解字注》第五篇下,第225頁下欄。

③(清)段玉裁注:《説文解字注》第三篇上,第94頁上欄。

④黎翔鳳撰,梁運華整理:《管子校注》第二十《四時》,中華書局,2004年,第855頁。

⑤《漢書》卷二八下《地理志下》,第1654頁。

⑥《後漢書》卷三九《劉趙淳于江劉周趙列傳》,中華書局,1965年,第1295頁。

注釋：

【一】"受予"之間當斷開，"受"指接受女子所予前夫、前夫子之財，予指女子將前夫、前夫子之財予人。

【二】辠，古"罪"字。依照睡虎地秦簡等整理文例，後當括出今字。後同。

007/1026：一人購錢三千 ⌐，刑城旦舂以上之辠一人購錢四千。女子寡，有子及毋子而欲毋稼（嫁）者，許之。謹布令，令黔首盡

008/0916：☐【智（知）之。毋】[一]巨（距）辠。[二]有□□除，毋用此令者，黥爲城旦。 ・二[三]

注釋：

【一】整理者：根據嶽麓秦簡 0341 簡補字。

【二】巨，睡虎地秦簡《語書》"故騰爲是而脩灋（法）律令、田令及爲閒私方而下之，令吏明布，令吏民皆明智（知）之，毋巨（距）於罪。"整理者認爲"巨"通"距"，"距，至"，"毋巨（距）於罪，不要犯罪"①。《説文》止部："距，止也。從止，巨聲。一曰槍也。一曰超距。"段玉裁注："許無'拒'字。距即拒也。此與彼相抵爲拒。相抵則止矣。《書傳》云：'距，至也。'至則止矣。其義一也。漢石經《論語》：'其不可者距之。'字作距。許距與距義別。其吕切。五部。木部曰：'槍，距也。'兩字互訓。槍者，謂牴觸也。《史記》：'投石超距。'超一作拔。《漢書》：'甘延壽投石拔拒，絕於等倫。'張晏曰：'拔拒，超距也。'劉逵曰：'拔拒謂兩人以手相按，能拔引之也。'"巨（距）辠，即觸犯法律以至入罪。

【三】二，整理者："簡末數字，嶽麓秦簡中這種簡末數字有重複出現的情況，比如 1022、0873+1102 簡末都有'九'，此數字究竟代表令文編號，還是表示抄寫令文的順序號，尚難確定。"

改訂後的釋文：

001/1025：●廿六年十二月戊寅以來，禁毋敢謂母之後夫叚（假）父，不同父者毋敢相仁爲兄、姊、弟 ⌐，犯令者耐隸臣妾。而

（缺簡）

002/1107：毋得相爲夫妻，相爲夫妻及相與奸者皆黥爲城旦舂。有子者毋

①睡虎地秦墓竹簡整理小組：《睡虎地秦墓竹簡・語書釋文注釋》，文物出版社，1990 年，第 14 頁。

得以其前夫、前夫子之財嫁及入姨夫及予

003/1108：後夫、後夫子及予所與奸者，犯令及受者皆與盜同灋。母更嫁，子敢以其財予母之後夫、後夫子者弃

004/1023：市，其受者與盜同灋。前令予及以嫁、入姨夫而今有見(現)存者，環(還)之；及相與同居共作務錢財者，亟相

005/1024：與會計，分異相去。令到盈六月而弗環(還)及不分異相去者，皆與盜同灋∟。雖不身相予而以它巧詐(詐)

006/1027：相予者，以相受、予論之。有後夫者不得告辠(罪)其前夫子∟。能捕耐辠(罪)一人購錢二千，完城旦舂辠(罪)

007/1026：一人購錢三千∟，刑城旦舂以上之辠(罪)一人購錢四千。女子寡，有子及毋子而欲毋稼(嫁)者，許之。謹布令，令黔首盡

008/0916：☒【智(知)之，毋】巨(距)辠(罪)。有□□除，毋用此令者，黥爲城旦。‧二

譯文：

自廿六年十二月戊寅以後，禁止稱呼母親的後夫爲假父，不同父者不得彼此稱呼兄、姊、弟，違犯此令者判爲耐隸臣妾。而(缺簡)不得互相結爲夫妻，結爲夫妻和互相通奸者，都要判黥城旦舂刑。有子的女子不得以其前夫、前夫子的財産作嫁妝改嫁，及交給姊妹的丈夫，及贈予後夫、後夫的子女，及贈予通奸的人。違犯此令以及接受財産者，都按照盜罪判罪。母親改嫁，子女敢以自己的財産贈予母的後夫、後夫子者判弃市刑，接受贈予的人按照盜罪判罪。因前令贈予及以財産陪嫁、交給姨夫家而現在仍在對方家中者，退還回去；及和同居一起共同經營産業錢財者，立即進行財産統計，分家離開。自令到達之日起滿六個月而不退還及不分家離開者，要按照盜罪判罪。即使沒有親自明確贈予，但以其他欺詐手段贈予者，也要按照接受、贈予的法律論處。有後夫的人不能告發其前夫子的罪。能抓捕耐罪一人賞錢二千，抓捕完城旦舂罪一人賞錢三千，抓捕刑城旦舂以上罪一人賞錢四千。女子成了寡婦，有子或沒有子而不想改嫁者，必須允許。要認真傳達令，讓百姓都知道這道法令，不要觸犯法令致罪。有□□除，不用此令者，判爲黥城旦。‧二

（作者單位：南開大學歷史學院）

也談秦簡所見縣屬守吏

沈　剛

與職官相連的“守”在秦漢文獻中頻現，是瞭解秦漢官制不可缺少的一個方面。《漢書》古注中對此有解釋，《漢書・平帝紀》“吏在位二百石以上，一切滿秩如真”一句下，如淳曰：“諸官吏初除，皆試守一歲乃爲真，食全奉。平帝即位，故賜真。”師古曰：“此説非也。時諸官有試守者，特加非常之恩，令如真耳。非凡除吏皆當試守也。”兩人説法雖然不同，但皆不否認漢代官吏任用全部或部分存在着試守之制。《漢舊儀》也記有這樣的記載：選能治劇長安、三輔令，取治劇。皆試守，小冠，滿歲爲真。這些説法爲後世學者所沿用，如《陔餘叢考》卷二六“假守”條：“（秦漢）其官吏試職者則曰守。”[①]現代研究秦漢官制的論著中，亦多持此説，並有所細化[②]。儘管如此，因秦代史料比較匱乏，學者對秦代守官問題措意不多，在討論官制時，只是將秦漢統而言之，而没有單獨觀察。隨着秦和漢初出土資料的不斷增多，關於守官的材料也相應增加，這一問題漸漸引起了學界關注。在秦和漢初出土文獻中，這一群體被稱作“守吏”[③]，特别是對縣級以下官吏而言，故本文亦使用這一稱謂。學者們對秦代守吏，特别是簡牘中出現頻率頗高的“守丞”等職官提出了各種解讀意見。如陳松長先生認爲守丞不是代理或

---

①（清）趙翼：《陔餘叢考》，商務印書館，1957年。

②如安作璋、熊鐵基《秦漢官制史稿》第三編第二章第一節《任用方式》，齊魯書社，2007年，第854—854頁；大庭脩著、林劍鳴等譯：《秦漢法制史研究》第四篇第五章《漢代官吏的兼任》，上海人民出版社，1991年，第424—442頁；武普照：《秦漢守官制度考述》，《山東師範大學學報》1988年第4期。

③如《嶽麓書院藏秦簡（伍）》：“●令曰：諸有乘馬者，毋敢步遠行衝道，行沖道過五日〈百〉里，貲一甲。吏及守吏六百石以上已受令……”；《張家山漢墓竹簡・二年律令・具律》：“縣道官守丞毋得斷獄及潚（讞）。相國、御史及二千石官所置守、叚（假）吏，若丞缺，令一尉爲守丞。”

試用之丞,是輔佐郡守或縣令的官吏,機構守或鄉守則是表示掌管、主管的泛稱①。另外,陳先生和王偉先生在討論嶽麓書院藏秦簡中郡名問題時也涉及到假官和守官問題②。孫聞博先生系統地考察了秦代的"守"和"守丞",提出了"守"爲代理,"守丞"是縣丞在職、因故不在署時的一種權宜設置的觀點③。孫先生寫作此文時,所能利用的里耶秦簡資料還是較早公佈的《湘西里耶秦代簡牘選釋》④。2012 年里耶古井第五、六、八等幾層簡牘以《里耶秦簡(壹)》爲名全部發表,陸續零星公佈的里耶秦簡又增添了一些實例⑤。高震寰先生、楊智宇先生和王偉先生與此觀點相近,但做了更爲細緻、深入的論證⑥。也是因爲材料的增多,對這一問題也有了更多的不同意見:王彥輝先生在研究遷陵縣各機構時,認爲其中大量出現的"守官",在不同的語境下,具有不同意義⑦。于洪濤先生則重點關注了守丞和丞的關係⑧。張朝陽先生則認爲鄉守非守官,而是和鄉嗇夫一起構成基層管理的雙頭模式⑨。劉正華先生認爲"守"是"嗇夫"的具體稱謂,表示機構負責人;"守丞"中的"守"爲"試守"⑩。《嶽麓書院藏秦簡(三)》中,注釋者把其中的守官分成了三種類型:"郡名+守"、"守+官職"、"官職/地名+守",雖然對舊説有所懷疑,但亦未提出新的解釋⑪。此外,鄔文玲先生從"守""主"使用的語境著眼,認爲在文書中,呈文者自稱"守",而稱收文者爲"主"⑫。朱錦

①陳松長:《〈湘西里耶秦代簡牘選釋〉校讀(八則)》,甘肅省文物考古研究所、西北師範大學文學院歷史系編:《簡牘學研究》(第四輯),甘肅人民出版社,2004 年。

②陳松長:《嶽麓書院藏秦簡中的郡名考略》,《湖南大學學報》2009 年第 2 期;王偉:《嶽麓書院藏秦簡所見秦郡名稱補正》,《考古與文物》2010 年第 5 期。

③孫聞博:《里耶秦簡"守""守丞"新考——兼談秦漢的守官制度》,卜憲群、楊振紅主編:《簡帛研究》(2010),廣西師範大學出版社,2012 年。

④張春龍、龍京沙:《湘西里耶秦代簡牘選釋》,《中國歷史文物》2013 年第 1 期。

⑤湖南省文物考古研究所編:《里耶秦簡(壹)》,文物出版社,2012 年;陳偉主編:《里耶秦簡牘校釋(第一卷)》,武漢大學出版社,2012 年。

⑥高震寰:《試論秦漢簡牘中"守"、"假"、"行"》,載王沛主編:《出土文獻與法律史研究》(第四輯),上海古籍出版社,2015 年;楊智宇:《里耶秦簡牘所見"遷陵守丞"補正》,武漢大學簡帛研究中心主辦:《簡帛》(第十三輯),上海古籍出版社,2016 年;王偉:《秦守官、假官制度綜考》,楊振紅、鄔文玲主編:《簡帛研究》(2016秋冬卷),廣西師範大學出版社,2017 年。

⑦王彥輝:《〈里耶秦簡〉(壹)所見秦代縣鄉機構設置問題蠡測》,《古代文明》2012 年第 4 期。

⑧于洪濤:《秦簡牘"質日"考釋三則》,《魯東大學學報》2013 年第 3 期。

⑨張朝陽:《也從里耶簡談秦代鄉嗇夫與鄉守:論基層管理的雙頭模式》,《史林》2013 年第 1 期。

⑩劉正華:《再論里耶秦簡中的"守"和"守丞"》,《延安職業技術學院學報》2013 年第 1 期。

⑪朱漢民、陳松長主編:《嶽麓書院藏秦簡(三)》,上海辭書出版社,2013 年,第 105 頁。

⑫鄔文玲:《"守"、"主"稱謂與秦代官文書用語》,中國文化遺產研究院編:《出土文獻研究》(第十一輯),中西書局,2013 年。這一角度頗爲新穎。但是我們在《里耶秦簡》(第一卷)中同樣會找到很多反例:1. 呈文者爲官員,但單以"官+守"形式出現的簡有 8—47、8—62、8—71 等 18 例;2."官+守"形式在非呈文者位置出現有簡 8—142、8—409 等 39 例。因而這一規律能否成立,仍當存疑。

程先生通過對《嶽麓書院藏秦簡》中一條律文的解讀入手,考察了秦代郡級官吏代理制度①。這些也是與本論題相關的成果。由此可見,這一問題尚無的論,故本文在重新梳理材料的基礎上,對秦代的守吏及與此相關的"假官"問題做一補説。

一、秦代守丞的身份

對秦和漢初簡牘中出現的守丞,有幾種不同的解釋。一種是傳統説法,認爲"守"是轉任真官之前的代理,正常情況下,其出路會"滿歲爲真"②。第二種意見認爲守、守丞無別,楊宗兵、陳松長、于洪濤、陸德富持這種意見③。第三種認爲守吏是臨時代理,持此説的是陳治國、王偉、孫聞博、楊智宇④。我們基本贊同最後一種意見,即"臨時代理"説,並申論之。

陳治國和孫聞博兩位先生立論的一個重要基礎是以時間爲序列製表格,將里耶秦簡中的守丞進行了排比,材料來源是先期公佈的幾件里耶秦簡文書,包含遷陵和陽陵兩縣的情況。《里耶秦簡(壹)》中的材料以遷陵縣爲主,對於其中的縣級官吏,葉山先生也繪製了類似表格⑤,後來游逸飛、趙岩、楊智宇等先生也通過考證文書時間、先期刊發未見簡牘等方式,又補充了一些内容⑥。我們以上述學者的工作爲基礎,並利用最新公佈的《里耶秦簡(貳)》,補充和修正部分材料,以守丞人物和有明確記載的任職時間爲横縱坐標再列製一幅表格:

①朱錦程:《秦郡官吏代理制度考略》,張德芳主編:《甘肅省第三屆簡牘學國際學術研討會論文集》,上海辭書出版社,2017年。

②如張家山二四七號漢墓竹簡整理小組編著:《張家山漢墓竹簡·二年律令·具律》[二四七號墓](釋文修訂本),文物出版社,2006年,第23頁;蔡萬進:《〈奏讞書〉與漢代奏讞制度》,中國文物研究所編:《出土文獻研究》(第六輯),上海古籍出版社,2004年。

③楊宗兵先生認爲,守、守丞、丞含義相同,都是官長的意思,參看楊宗兵:《里耶秦簡縣"守"、"丞"、"守丞"同義説》,《北方論叢》2004年第6期;于洪濤則從秦代戰亂背景和守丞職權角度認爲丞和守丞無別,守丞是固定職官,參看于洪濤:《秦簡牘"質日"考釋三則》;陳説見前文;陸德富先生認爲某縣守是守官,是一縣之長,而守丞也可以擔任此職,參看陸德富:《試説戰國至秦代的縣級職官名稱"守"》,《中國博物館館刊》2013年第1期。

④陳治國:《里耶秦簡"守"和"守丞"釋義及其它》,《中國歷史文物》2006年第3期,陳治國、農茜:《從出土文獻再釋秦漢守官》,《陝西師範大學學報》2007年第4期;王偉:《嶽麓書院藏秦簡所見秦郡名稱補正》;孫聞博:《里耶秦簡"守""守丞"新考——兼談秦漢的守官制度》;楊智宇:《里耶秦簡牘所見"遷陵守丞"補正》,武漢大學簡帛研究中心主辦:《簡帛》(第十三輯),上海古籍出版社,2016年;王偉:《秦守官、假官制度綜考》。

⑤葉山:《解讀里耶秦簡——秦代地方行政制度》附表,武漢大學簡帛研究中心主辦:《簡帛》(第八輯),上海古籍出版社,2013年。

⑥游逸飛、陳弘音:《里耶秦簡博物館藏第九層簡牘釋文校釋》,武漢大學簡帛網2013年12月22日;趙岩:《里耶秦紀日簡牘劄記》,《簡帛》(第八輯),上海古籍出版社,2013年。

里耶秦簡所見遷陵縣丞與守丞任職表

職官	年度（秦始皇）											
	26	27	28	29	30	31	32	33	34	35	36	37（二世元年）
守丞固												七月
守丞繹										十一月辛卯朔己酉		
守丞戉			四月己卯								十一月壬辰	
守丞敦狐	二月辛巳；五月庚子；六月癸亥，癸丑；八月丙子；九月庚辰	二月辛亥、庚戌；十一月乙亥；十二月丁酉									五月乙酉	
守丞都							九月朔日	二月朔日？				
守丞色							正月甲寅；四月丙午，甲寅，癸丑					

續表

職官	年度（秦始皇）											
	26	27	28	29	30	31	32	33	34	35	36	37（二世元年）
守丞說							十月辛丑					
守丞配									正月庚午，辛未,壬辰;二月庚戌,乙丑;七月癸酉,乙亥;八月己未			
守丞膧												
守丞齮												
守丞律									六月甲辰	五月庚子		
守丞銜										六月戊寅		
守丞有								六月丁未,壬子				
守丞祿	十二月庚申											
守丞膧之			十二月癸未	七月癸卯								

續表

職官	年度（秦始皇）											
	26	27	28	29	30	31	32	33	34	35	36	37（二世元年）
守丞歷	八月癸巳											
守丞敬	十月庚子											
守丞胡			九月甲辰									
丞昌			七月丁巳朔	正月甲辰；九月辛亥	卅年	正月；二月丙戌；九月丁卯；十月甲寅、壬子；後九月辛巳	正月丁酉；三月丁丑朔日、乙酉					
丞歇									六月甲辰（守丞昌）			
丞遷										八月甲申		

從這份表格可以看出以下幾個問題:其一,守丞任職沒有連續性,每一年度遷陵縣都存在多位"守丞"。比如二十七年三月、八月、十月分別由敦狐、陘、敬擔任守丞;二十八年四月、九月、十二月分別由敦狐、胡、膻之擔任。一年中由不同的人擔任守丞,且無規律,説明守丞只是臨時充任。其二,在守丞任職的年度,甚至月度里,還存在著正式的"丞",兩者並存,比如三十二年正月、四月色擔任守丞,但是在正月、三月還有丞昌。二十七年雖然已經有三位守丞,但是在三月和六月還是出現了丞歐。在敦狐任期也出現了類似的情形。而且就敦狐而言,他從秦始皇二十六年到三十六年至少有四個年度擔任過守丞,但是仍然沒有做縣丞,説明這個守和試用沒有關係。其三,和守丞某相比,丞某任職相對固定,比如丞昌是連續三年擔任丞,並且從丞昌、丞遷、丞歐的任職時間看,三人前後相繼,時間並無交叉,其任職穩定,或許表明丞爲正式職官,守丞爲代理。這也説明和丞相比,守丞任期沒有制度化。當然還需要更多的資料才能肯定這一點①。

我們再看秦代常態的選官制度。如所周知,漢代官吏的選任,除了蔭任、訾選,以及武帝之後的察舉、辟舉等,積功升遷也是重要一途。特別是出土文獻所反映的地方官制中,這一途徑所占比例很大,如據李解民先生統計,在尹灣漢簡可考的120個長吏中,其任職來源於"以功遷"類型的有74人,占了61.7%,比例最大②。這種"積功升遷"之"功",是由日常考課中通過積勞爲功而來。胡平生先生依據居延漢簡,認爲是積勞四年爲一功③。秦代選官制度的完整面貌,黄留珠先生曾做過研究④。但因爲材料差異,黄先生所梳理出來的幾類仕進方式,在里耶秦簡這類地方行政文書中無法反映出來。地方行政機構官吏常態化選任,應該有一套常態化的機制做保障。特別是秦統一前後,面對幅員廣闊的新疆土,更需要一套標準化的制度,才能爲各地源源不斷地選拔輸送稱職官吏,有效地完成對地方統治。我們懷疑,漢代的積功升遷制度或許在秦代就已經實施。在睡虎地秦簡中不乏關於勞績的記載:

> 以四月、七月、十月、正月膚田牛。卒歲,以正月大課之,最,賜田嗇夫壺酉(酒)束脯,爲旱〈皂〉者除一更,賜牛長日三旬;殿者,誶田嗇夫,罰冗皂者二

①這裏資料的增加一方面有賴於尚未公佈的里耶秦簡;另一方面是已公佈里耶秦簡的綴合,以及通過殘存記日干支推算出相應年月。

②李解民:《〈東海郡下轄長吏名籍〉研究》,連雲港博物館、中國文物研究所編:《尹灣漢墓簡牘研究》,科學出版社,1999年。

③胡平生:《居延漢簡中的"功"與"勞"》,收入其著《胡平生簡牘文物論稿》,中西書局,2012年。

④黄留珠:《秦漢仕進制度》,西北大學出版社,1985年。

月。其以牛田,牛減絜,治(笞)主者寸十。①

注釋小組把"賜牛長日三旬"和居延漢簡中的賜勞制度相比擬。在軍爵律中亦有:

> 從軍當以勞論及賜,未拜而死,有罪法耐䙴(遷)其後;及法耐䙴(遷)者,皆不得受其爵及賜。②

這裏勞和賜爵等優待相關,所以國家對勞要嚴格控制,若虛報勞績數字會受到懲罰:

> 敢深益其勞歲數者,貲一甲,棄勞。·中勞律③

需要注意的是,後面"中勞律"三字,説明秦代勞績統計已經寫入法律條文,也進一步昭示著勞績制度覆蓋到國家體制的各個方面,除了作爲賜爵依據之一,還和基層官吏的工作有關。基層官吏計算勞績,最可能的用處是影響到其遷選。也就是説,秦代官吏的升遷有時也要遵循勞績規則。並且的確也有這樣例證,《嶽麓書院藏秦簡(三)》案例一〇《觸盜殺安、宜等案》:

> 觸爲令史廿(二十)二歲,年卌(四十)三;彭沮、衷勞、年中令。皆請(清)絜(潔),毋(無)害,敦愨(愨);守吏(事),心平端禮。任謁課以補卒史,勸它吏。敢言之。④

這裏提到觸、彭沮、衷三人符合遷選官吏的條件,除了"清潔,無害,敦愨;守事,心平端禮"等爲官的道德素質外,特別强調了任職年限,和"勞、年中令",這印證了我們前面推測秦代選官在勞績方面的規定。

從前面表格中守丞等任職時間看,他們任職時間短且時斷時續,顯然不可能是制度化的遷選,並且從出現頻次較高的敦狐看,他在秦始皇 26 年到秦始皇 36 年間屢次出任"守丞",卻沒有擔任"丞"的記録,或許一直是屬吏的身份,因而守丞一職只能是爲了政府日常行政有效運轉而實行的權宜之計。代行真"丞"工作的"守丞",其職權是否相同,並不能作爲判斷守丞是否爲固定職官標準的必要條件。

我們再從漢代制度反觀秦簡中的守吏問題。漢代的守官試守一年,既有明確

---

① 睡虎地秦墓竹簡整理小組:《睡虎地秦墓竹簡》,文物出版社,1990 年,第 22 頁。
② 睡虎地秦墓竹簡整理小組:《睡虎地秦墓竹簡》,第 55 頁。
③ 睡虎地秦墓竹簡整理小組:《睡虎地秦墓竹簡》,第 83 頁。
④ 朱漢民、陳松長主編:《嶽麓書院藏秦簡(三)》,第 191 頁。

的制度規定,也可以找到實例來佐證,毋庸贅言。但後來研究守官制度的成果,發現除了這種試守制度外,還有一種"守缺"類型①。其實,在此之前,日本學者濱口重國就曾有非常明晰的分類,大庭脩先生引其觀點並評述:

> 濱口在論文中對東漢碑文資料詳細考證以後,得出了下列結論:"守令一類的官是不具備敕命官資格的人,即在其官曆中没有經過孝廉選拔,或者通過公府的推舉等,經郎中官的人,是暫時的任命爲令、長、丞、尉的,因此,即使在職幾年,也不能稱爲真官。這些守官的任用,是由郡太守或王國的丞相決定的,並且以任用該郡國内的人爲原則,但本人出身縣的守官通常是應該避免的。"這就是説,在東漢的守縣令、長、丞、尉的場合,試守滿歲爲真的原則是不適用的,因此,他的結論没有反駁的餘地。這樣,在漢代官界已存在的守官中,至少以守縣令級畫線爲界,其上下所用的原則是不同的。②

我們還可以找到漢代出土文獻的例子加强濱口重國的結論。在居延新簡中,有這樣一組遷免牒書:

> 建武五年四月丙午朔癸酉甲渠守候　謂弟十四　　　EPF22:250A
> 掾譚　EPF22:250B
> 隧長孝書到聽書從事如律令　EPF22:251
> 第十四隧長李孝　今調守第十守士吏　EPF22:252
> 第十士吏馮匡　厈免缺　EPF22:253
> 建武五年四月丙午朔癸酉甲渠守候　謂第十守　EPF22:254A
> 掾譚　EPF22:254B
> 士吏孝書到聽書從事如律令　EPF22:255
> 第十守士吏李孝　　　今調守萬歲候長有代罷　EPF22:256③

隧長李孝爲何在同一天被兩次任命爲守官,原因不詳。但無論是由低級吏員隧長守較高的士吏還是由士吏守平級官吏候長,其秩級均低於相當於縣令長的"候";兩次守吏皆與"調"字連用,和漢代任用官吏術語"除"不同;特别是後一次調守,如果有"真官"到來,即復歸原職。這些特點,説明低級官吏的守正是臨時守缺。王偉先生則將這一原則推廣到秦代,他説:"據我們觀察,與郡一級官吏用

①王剛:《秦漢假官、守官問題考辨》,《史林》2005年第2期。
②大庭脩著,林劍鳴等譯:《秦漢法制史研究》,第426頁。
③甘肅文物考古研究所等編:《居延新簡——甲渠候官與第四隧》,文物出版社,1990年,第493—494頁。

‘假’表示臨時代理不同,秦縣及其以下級别的官吏表示行爲主體與所擔任職務之間臨時的、合法的,但不是固定的或真實的關係時,使用的專用詞是‘守’,表示長官——縣令、丞、司空等人員暫時離開的情況下臨時指派的負責人,因爲‘臨時性’,所以可能會頻繁調換,也可能不止一個人擔任。”①又説:“所謂‘守官’,與‘離官’相對而言,是指長官在職但因外出、病休等不在署時臨時指派的居署者,是依據法律規定臨時指派符合某種條件(如秩級達到一定要求)的官吏代爲處理相關事務的一種便宜措施,守官一般需要居守在官署。”②漢代低級吏員之“守”多爲守缺,或許源於秦制。

作爲代理之吏的守丞,其内部卻很複雜。《張家山漢墓竹簡·二年律令·具律》:

> 縣道官守丞毋得斷獄及瀡(讞)。相國、御史及二千石官所置守、叚(假)吏,若丞缺,令一尉爲守丞。皆得斷獄、瀡(讞)獄……事當治論者,其令、長、丞或行鄉官視它事,不存,及病,而非出縣道界也,及諸都官令、長、丞行離官有它事,而皆其官之事也,及病,非之官在所縣道界也,其守丞及令、長若真丞存者所獨斷治論有不當者,令真令、長、丞不存及病者皆共坐之,如身斷治論及存者之罪。③

這段文字表明,守丞的身份分爲縣道官自置和“相國、御史及二千石官”等上級機構所置兩類,從司法權的角度體現出其職權範圍也有差異。即使同爲縣道官自置的守丞,由尉出任的守丞在職權上和上級機構所置類似。

二、縣鄉機構的其他守官

在秦代簡牘中,除了出現頻率較高的守丞外,還有另外一種書寫形式不同的守吏,即“官署+守”的形式,如田官守、司空守、少内守、鄉守等,裴錫圭先生認爲這是守嗇夫的省稱④。馬怡先生、陳治國先生等也持此説⑤。不過,陸德富先生的新説

---

① 王偉:《嶽麓書院藏秦簡所見秦郡名稱補正》。
② 王偉:《秦守官、假官制度綜考》。
③ 張家山二四七號漢墓竹簡整理小組編著:《張家山漢墓竹簡·二年律令·具律》[二四七號墓](釋文修訂本),第23頁。
④ 裴錫圭:《嗇夫初探》,收入其著《古代文史研究新探》,江蘇古籍出版社,1992年,第462頁。
⑤ 馬怡:《里耶秦簡選校》,中國社會科學院歷史研究所編:《中國社會科學院歷史研究所學刊》(第四集),商務印書館,2007年;陳治國《里耶秦簡“守”和“守丞”釋義及其它》。

卻認爲，"將這些'守'字直接理解爲守官，也就是負責人似乎更好些。這些'守'可能分別指都鄉嗇夫、司空嗇夫、田官嗇夫和少内嗇夫"①。我們認爲其身份和守丞一樣，也是臨時代理。

首先和官守+人名相對稱的官+人名，當然是真官，如少内某爲少内嗇夫某的省稱。同一職官出現兩種名稱，就十分費解，所以守某也只是臨時代理的守吏。我們把里耶秦簡中這類"官+守"出現頻率較高的少内、司空、倉等機構的職官同樣按照任職時間進行排列，列表如下：

里耶秦簡所見遷陵縣少内與少内守任職表

少内/少内守名	年度（秦始皇）								二世元年
	26	28	30	31	32	33	34	35	
少内守不害	六月乙亥								
少内守敞				後九月壬寅					
少内守履						二月庚戌			
少内守扁			九月甲戌						
少内守繞								九月朔日	
少内守狐							九月甲子、戊寅、庚辰、癸亥		
少内守增			九月庚申						
少内守是					正月丙戌；四月甲寅				
少内守公		廿八年							
少内守敬		八月乙酉							
少内守疵									二月辛巳
少内守佚名1							八月辛巳		

---

①陸德富：《試說戰國至秦代的縣級職官名稱"守"》。

續表

少内/少内守名	年度（秦始皇）								二世元年
	26	28	30	31	32	33	34	35	
少内守佚名2							十一月庚寅		
少内守佚名3							二月癸丑		
少内守佚名4								六月丁卯	
少内武									後九月丁亥
少内壬									六月丁酉；八月戊戌、癸巳；十一月丙午
少内沈								六月丙子；八月癸亥、甲子、戊寅。	
少内殷					九月丁酉				
少内段							十二月		

里耶秦簡所見遷陵縣倉與倉守任職表

倉/倉守名	年度（秦始皇）									
	26	27	28	29	31	32	33	34	35	37
倉守陽										七月丁未
倉守妃					十月乙酉、甲寅；十一月乙卯、丙辰；十二月甲申					
倉妃					十二月戊戌、甲申					

續表

倉/倉守名	年度（秦始皇）									
	26	27	28	29	31	32	33	34	35	37
倉守武					正月丁丑；二月辛卯、己丑；三月癸丑					
倉武		正月丁未	六月甲午		三月丙寅					
倉守擇									正月朔日；八月辛酉	
倉守言									七月乙巳	
倉守壬								十一月甲午		
倉守就								十一月丁卯		
倉守敬	十月己卯		五月辛丑		七月癸酉					
倉守慶								七月癸酉		
倉守趙				三月丁酉						
倉守客										四月戊子
倉守平										六月辛巳
倉是					四月甲午；五月壬戌、癸酉、壬子；七月壬子、乙丑；八月壬寅；九月庚申	二月庚戌；三月丙申	九月乙酉、癸未			
倉富								七月辛巳		
倉銜									三月辛亥	
倉茲					五月辛巳（假倉茲）				八月丙戌；九月丙申	

續表

倉/倉守名	年度(秦始皇)									
	26	27	28	29	31	32	33	34	35	37
假倉信						十月乙亥				

里耶秦簡所見遷陵縣司空與司空守任職表

司空/司空守名	年度(秦始皇)								
	27	26	29	30	31	32	33	34	35
司空守樛		八月丙子							
司空守茲				七月丙子				六月辛亥;八月乙巳、戊申	
司空守文								四月辛酉	
司空守敞				五月辛巳					
司空守諯					七月甲子				
司空守敱									五月辛巳
司空守俱									八月丙戌、辛酉、乙酉
司空守圉						十月乙亥			
司空厭								六月乙卯	
司空昌	十一月乙卯								
司空色				二月丙子；十二月己卯		正月丙戌		十二月己卯	
司空得		三月甲午							

我們觀察這幾個表格：少内守,在三十年九月甲戌、庚申兩天分別是扁、增兩位,甲戌、庚申之間相差 14 天。扁在任守職之後,又出現了另一位守吏。在三十五

年,六月丁卯、八月辛巳、九月朔日少内長官是少内守繞和兩個佚名少内守(也不排除就是"繞"),然而在六月丙子、八月癸亥、甲子、戊寅三天卻是少内沈,這就意味著少内的守吏並不是連續任職。同樣,在三十二年擔任少内守的爲"是",然而他最終也未轉守爲真。倉也有類似的情形:三十五年,擇於正月和八月兩次出現在倉守的位置,但其間穿插了倉守言和倉衛。三十一年的情況較爲複雜,我們按照時間線索排列:"妃"至少從十月乙酉(1日)開始爲倉守、最遲在十二月甲申(2日)爲倉嗇夫,最晚在三月丙寅(16日)被倉武取代;"武"最晚在正月丁丑(25日)爲倉守,最晚在三月丙寅(16日)爲倉嗇夫;四月甲午(14日)被"是"取代做倉嗇夫;"是"則没有發現做倉守的經歷。從這個時間鏈看,"妃"做倉守在一個月至兩個月以上,做倉嗇夫在三個多月到四個多月之間,這也是"武"做倉守的時間;"武"做倉守在28到41天之間;"是"則没發現做倉守的記載,但大約之後連續三年爲倉嗇夫。從這條線索看,雖然有從倉守到倉嗇夫的途徑,但在時間上没有規律,同時也有不經過守直接爲倉嗇夫。這無法證明從守吏轉向真吏是制度規定①。並且從倉嗇夫的任職看,倉妃、倉武、倉是、倉富之間是明顯的前後相繼關係,與倉守表現出不同的特徵。司空則表現出任職穩定且時間較長,如色從二十九年到三十三年長達四年時間裏都有擔任司空嗇夫的記載,司空昌、色、得、厭也表現出前後相繼的關係。其間在三十年、三十一年、三十二年茲、敢、諯和圂分別做過司空守,或可視爲偶爾爲之。機構守吏表現出的這些現象,在前面排比守丞時都曾出現過,因而可以肯定兩者性質相同。嗇夫和守嗇夫性質不同,不能混爲一談。從制度角度看,守嗇夫最終的結果也不一定必然是嗇夫。

在里耶秦簡中,這種和守某吏形式相連的機構主要有司空、少内、庫、倉、發弩、廄、屬鄉等。它們皆爲縣屬諸官,負責相應的具體事務,在縣廷之外,有印綬,具有更多獨立性②。由此我們推想,負責具體事務的官嗇夫以及掌民政的民嗇夫,其守官均採用"機構+守"的形式。

不過這種解説還需要解決一個問題。按照秦漢制度,縣丞和縣尉都是縣令、長的佐官,然而縣尉的守官不是比照縣守丞稱爲"守尉",而是稱"尉守"這種和各類守嗇夫一樣的形式。對於這一矛盾,我們從秦代縣尉的特點方面去尋找答案。

---

① 王彦輝先生通過排比這個例子,認爲武和妃兩人在作了一段時間倉守後,緊接着就擔任真官,這完全符合漢代試守含義。里耶秦簡中的"守"既有"試守"之意,也有"臨時代理"之意。參看王彦輝:《〈里耶秦簡〉(壹)所見秦代縣鄉機構設置問題蠡測》。
② 孫聞博:《秦縣的列曹與諸官——從〈洪範五行傳〉一則佚文談起》。

漢代縣丞的職掌,按照《續漢書·百官志》的説法是"丞署文書,典知倉獄";縣尉的職掌除了《續漢志》所説的"主盜賊"以外,嚴耕望先生還指出了在漢代縣尉"又主更卒番上"①。從職掌比較,在文書爲主要行政手段的秦漢時期,丞的職責涉及面要較負責具體事務的尉寬,因而愈顯重要。那麽秦代的情況是否也將尉視爲比丞低而負責具體事務的職官呢?

《睡虎地秦墓竹簡·效律》:"尉計及尉官吏節(即)有劾,其令、丞坐之,如它官然。"注釋小組:"尉,此處指縣尉。"②縣尉在進行會計統計時如果發現問題,縣之令、丞皆要連坐。從秦律不同職官的連坐關係看,通常是由高級官吏連坐低級官吏,也就是説在法律上尉要低於丞一等,而丞的地位要接近於其長吏③。在尉和丞同時出現的場合,也能明顯的看出丞高於尉:

☐朔甲午,尉守備敢言之:遷陵丞昌曰:屯戍士五(伍)桑唐趙歸Ⅰ

☐曰巳,以酒十一月戊寅遣之署。遷陵曰:趙不到,具爲報·問:審以卅Ⅱ

☐【署】,不智(知)趙不到故,謁告遷陵以從事。敢言之。/六月甲午,Ⅲ臨沮丞秃敢告遷陵丞主、令史,可以律令從事。敢告主。/胥手。Ⅳ

九月庚戌朔丁卯,遷陵昌告尉主,以律令從事。/氣手/九月戊辰旦,守府快行。Ⅴ8—140

☐悟手　8—140背④

廿八年七月戊戌朔癸卯,尉守竊敢之:洞庭尉遣巫居貸公卒Ⅰ安成徐署遷陵。今徐以壬寅事,謁令倉貣食,移尉以展約日。敢言之。Ⅱ七月癸卯,遷陵守丞膪之告倉主,以律令從事。/逐手。即徐☐入☐。Ⅲ8—1563

癸卯,胸忍宜利錡以來。/敝手。　齮手。8—1563背⑤

這兩段話中,我們注意到在文書中彼此稱呼用的慣用語:尉對丞用"敢言之"(簡8—1563當脱"言"字),在秦漢時代,這是上行文書的標誌用語。也就是説,在

---

① 嚴耕望:《中國地方行政制度史——秦漢地方行政制度》,上海古籍出版社,2007年,第220頁。

② 睡虎地秦墓竹簡整理小組:《睡虎地秦墓竹簡》,第75頁。

③ 楊振紅先生在討論"尉"的除吏權時,説:"除吏是縣尉的基本職責之一,但是由於縣尉的地位低於縣嗇夫(縣令長),因此,縣嗇夫有最終審核權。由於縣的事務多有縣丞具體承擔,因此,這一審核權又往往體現在縣丞身上。"並引用該簡作爲令、丞是尉上級的旁證。參看楊振紅:《秦漢時期的"尉"、"尉律"與"置吏"、"除吏"——兼論"吏"的屬性》,武漢大學簡帛研究中心主辦:《簡帛》(第八輯),上海古籍出版社,2013年。

④ 陳偉主編:《里耶秦簡牘校釋》(第一卷),第80頁。

⑤ 同上,第361頁。

當時的行政體系中,丞也被視爲尉的上級,尉則等同於負責具體事務的嗇夫。不僅如此,在傳世文獻裏也能找到這樣的痕跡。《史記·秦始皇本紀》:"山東郡縣少年苦秦吏,皆殺其守尉令丞反,以應陳涉。""守尉令丞"和前面"郡縣"對應,"守尉"指郡之郡守、郡尉,"令丞"指縣之縣令、縣丞,並且在《漢書·張耳陳餘傳》中也有如此明確的區分,"縣殺其令丞,郡殺其守尉"。顯然秦的縣級主官和佐官,不似漢代那樣令、丞、尉並稱。尉的守官同各類嗇夫一樣,稱"尉守",是當時職官制度的反映。

秦代法律對出任各機構守吏者也有身份規定:

> 官嗇夫節(即)不存,令君子毋(無)害者若令史守官,毋令官佐、史守。①

整理小組認爲,君子"疑指有爵的人"。令史,秦漢時期各種軍政機構的屬吏,職能多樣,並且在縣級政府屬吏中,其排名靠前②。以這兩類人作爲守吏人選,説明秦代國家對此比較重視,以保證行政效率。儘管如此,守吏畢竟是權宜之計,所以在官嗇夫免缺後,官吏守缺也不能超過一定期限,如"官嗇夫免,□□□□□□其官亟置嗇夫。過二月弗置嗇夫,令、丞爲不從令"③。文中所説,守的時限最多不能超過兩個月。這也反映出守吏的臨時性。

秦代對守吏稱謂的兩種不同形式也延續到了漢代,如在居延漢簡中有"守丞"(5·25;)、"守卒史"(16·6)這種"守+具體職官"形式。"機構+守"的形式在出土文獻中也有反映,如肩水金關漢簡有"都鄉守嗇夫宗"(73EJT21:60A);居延新簡有"倉守"(EPT52:16A);銅器銘文有"女(汝)陰庫守斤"④。唯一例外的是"尉守"在漢代改稱爲"守尉"。《漢書·田廣明傳》:"而公孫勇衣繡衣,乘駟馬車至圉,圉使小史侍之,亦知其非是,守尉魏不害與廄嗇夫江德、尉史蘇昌共收捕之。"顏師古注"圉"曰:"陳留圉縣。"即魏不害爲圉縣守尉。這種變化可能是與縣尉在漢代地位提高,與丞並稱有關係。

三、秦簡中守與假

秦漢時期與代理職官相關的名詞除了"守"以外,還有"假"。關於它的含義,

---

①睡虎地秦墓竹簡整理小組:《睡虎地秦墓竹簡》,第56頁。
②劉曉滿:《秦漢令史考》,《南都學壇》2011年第4期。
③睡虎地秦墓竹簡整理小組:《睡虎地秦墓竹簡》,第62頁。
④徐正考:《漢代銅器銘文研究》,吉林教育出版社,1999年,第214頁。

《漢書》古注中常做兼職解，如《漢書·項籍傳》"會稽假守通素賢梁，乃召與計事"，張晏曰："假守，兼守也。"《漢書·蘇建傳》："武與副中郎將張勝及假吏常惠等募士斥候百餘人俱。"師古曰："假吏猶言兼吏也。時權爲使之吏，若今之差人充使典矣。"所謂兼吏，顧名思義，就是兼任某吏，也是臨時性質。

具體到秦簡，這與我們前述"守"的性質就無明顯區別。所以針對秦簡中假與守，幾種簡牘注釋者似乎没有做特别的區分，比如《睡虎地秦墓竹簡·秦律雜抄》："任灋（廢）官者爲吏，貲二甲。有興，除守嗇夫、叚（假）佐居守者，上造以上不從令，貲二甲。"整理小組注云："守、假，意均爲代理。在漢代，假佐成爲一種低級官吏名稱，見《漢書·王尊傳》、《續漢書·百官志》及《急就篇》，也見於居延漢簡。"[1]里耶秦簡簡8—2"☐☐計叚（假）丞☐"，校釋者注：叚，讀爲"假"，代理。《史記·項羽本紀》："乃相與共立羽爲假上將軍。"張守節《正義》："未得懷王命也，假，攝也。"《秦律雜抄》1—2號簡："有興，除守嗇夫，叚（假）守居守者，上造以上不從令，貲二甲。"整理小組注釋云："守、假，意均爲代理。"《二年律令·具律》102號簡："縣道官守丞毋得斷獄及瀧（讞）。相國、御史及二千石官所置守、叚（假）吏，若丞缺，令一尉爲守丞，皆得斷獄、瀧（讞）。"[2]當然也有學者似乎注意到兩者區别，比如蔡萬進先生對這條律文的注釋説："假，有攝事、代理之意。《陔餘叢考》：'秦漢時官吏攝事者皆曰假，蓋言借也。'守，即試守。'試守'未拜爲'真'的縣、道丞。"[3]但是，他是把"守"作爲傳統意義上的試守，"假"和它相對而言。馬怡先生則將兼攝、代理進一步引申，對先期公佈的里耶秦簡的一條材料：廿七年二月丙子朔庚寅，洞庭守禮謂縣嗇夫、卒史嘉、縣（徭）叚（假）卒史谷、屬尉：（J1（16）5A）注釋説："'假'，官制用語，代理、兼攝。暫時代行職權而未授權正式官銜的官職，其地位低於正式的官職。或爲副職。"[4]但是這種暫時代行職權和我們前面提到守的臨時代理，其界限依然不明顯。

隨着秦簡材料的增多，也有學者開始將秦代"假"官納入研究視野。如王偉先生認爲：所謂"假官"，是與"真官"相對而言，是指"真官"離職（職位空缺或無法行使職權）時的代理者，一般是由官員自薦或上級授權，使任"假官"者在約定時間内

①睡虎地秦墓竹簡整理小組：《睡虎地秦墓竹簡》，第79頁。
②陳偉主編：《里耶秦簡牘校釋》（第一卷），第28頁。
③蔡萬進：《〈奏讞書〉與漢代的奏讞制度》，中國文物研究所編：《出土文獻研究》（第六輯），上海古籍出版社，2004年。
④馬怡《里耶秦簡選校》。

擁有"真官"的職能和權威、假借真官的職權行事,也可以離署辦事①。高震寰先生在反駁筆者舊稿觀點基礎上,提出"假"是權宜借號②。

我們從歸納秦簡中帶有"守"與"假"的職官身份來入手分析。前面已經考察了"守吏"的身份,再看"假官"。在里耶秦簡和《嶽麓書院藏秦簡》這些反映日常行政實態的文書中,和"假"相連接的職官有:假御史③、假郡守④、假郡尉⑤、假丞⑥、假卒史⑦、假令史⑧、假令佐⑨、假官嗇夫⑩、假佐、假校長⑪、假廷史⑫。

這些職官可以分爲幾類情況:一是卒史、令史、令佐等並不單獨掌管某一機構的事務,只是以個體吏員形式出現。這也就是説,假是指"假官職",守是"守事務"。能夠"守事務"還因爲他們是具體機構的長官。所以能夠"守"的是長官。二是里耶秦簡中出現的假丞、假倉。似乎與上一條原則相悖。假丞出現在一條殘簡中,我們以較爲完整的假倉來分析。假倉在里耶簡中出現了兩次,一次是司空分配作徒的簿籍中,相關簡文爲"三人付叚倉信";而緊鄰其簡文爲"二人付倉",兩條簡文相比較,雖然都是"付倉",但前一條特別提出長官的身份、名字,而不是機構,即假的是官職。另一條出現在一條呈報文書中:"廿一年五月壬子朔辛巳,將捕爰,叚(假)倉茲敢Ⅰ言之:……(8—1559)。"⑬這也是在文書交往的場合。而倉守身份出現最多的場合是從倉廩給相關吏員的口糧,這也是倉最主要的本職工作,但在這種場合卻沒有發現假倉的稱呼。也就是説在涉及到具體事務時,還是強調"守"。三是御史、郡守、郡尉等,他們本身就是一種職官身份,因而使用"假"。當然從後面嶽麓簡文看,需要一定的秩級高低限制。

---

①王偉:《秦守官、假官制度綜考》。

②筆者舊稿爲2014年5月首都師範大學主辦的"中古中國的政治與制度學術研討會"會議提交論文,本文對此問題重新補述。高震寰:《試論秦漢簡牘中"守"、"假"、"行"》。

③陳偉主編:《里耶秦簡牘校釋》(第一卷),第174頁,簡8-528+532+674有"叚(假)御史誓"。

④朱漢民、陳松長主編:《嶽麓書院藏秦簡》【三】,第103頁,案例一《癸、瑣移謀購案》有"南郡叚(假)守賈";陳偉主編《里耶秦簡牘校釋》(第一卷),第46頁,簡8-61+8-293+8-2012有"巴叚(假)守"、簡8—657"琅邪叚(假)【守】□"、簡8—974有"南郡叚(假)守□"、簡8—2115有"洞庭叚(假)守□"。

⑤馬怡《里耶秦簡選校》,簡J1(1911B)有"洞庭叚(假)尉觸"。

⑥陳偉主編:《里耶秦簡牘校釋》(第一卷),第174頁,簡8—2有"叚(假)丞"。

⑦同上,第57頁,簡8—78有"洞庭簡叚(假)卒史悍"。

⑧同上,第229頁,簡8—802有"叚(假)令史部"。

⑨同上,第296頁,簡8—1231有"叚(假)令佐"。

⑩同上,第358頁,簡8—1559有"叚(假)倉茲"。

⑪游逸飛、陳弘音:《里耶秦簡博物館藏第九層簡牘釋文校釋》,簡9—1112正。

⑫陳松長主編:《嶽麓書院藏秦簡(伍)》,上海辭書出版社,2017年,第184頁,1924號簡。

⑬陳偉主編:《里耶秦簡牘校釋》(第一卷),第358頁。

“假官職”在《嶽麓書院藏秦簡(伍)》的律令條文中也有體現。

1924：●令曰：叚(假)廷史、廷史、卒史覆獄乘傳(使)馬乚，及乘馬有物故不備，若益驂駟者乚。①

廷史爲廷尉之史，卒史爲郡之屬吏，他們在這條簡文語境中，是顯示職官(或者身份)與出行騎乘待遇之間的關係。

1867：□□免，縣官不視【事】若(?)主及曹事有不當及廢之、留者，盡坐之，雖有叚(假)代爲行之，病者與共坐，皆如身斷治論及存者之辠，唯謁屬所吏官長歸乃坐之。②

從這句簡文的結構中“假”的對象是“縣官”和有曹事者，郡縣列曹分署辦公，皆由郡之卒史和縣之令史主管，爲不負責具體機構的屬吏，縣官不視事，同樣是强調具有特定官職的人，而不是具體的事務。

守、假的不同，甚至出現在秦律的同一條律文中：“有興，除守嗇夫、叚(假)佐居守者。”③這條材料來源於《秦律雜抄》，是當時法律原文，在用語精確的法律條文中也區分假、守，亦能佐證上述的推測。

假、守雖然有上述區別，但是“假”究竟是何種性質，現有的材料裏並沒有明確說明。但是，既然“假”之官職，那麼是否和試守遷轉等職官制度有關係呢？我們想是有這種可能的。前面説過，秦代對做守吏的人規定爲有爵者或令史，這是相對籠統的範圍。而假吏則有下面兩條材料：

郡尉不存，以守行尉事，太守不存，令尉爲假守，泰守、尉皆不存，令吏六百石以上及守吏風莫(模)官……④

謂令佐唐叚(假)爲畜官□8—919⑤

第一條材料，在郡守、尉之間的行、假關係上，假是下級代行上級官職，並且秩級接近，在守、尉皆不存的情況下，後面那句話不清楚，但説“吏六百石”云云，似乎

①陳松長主編：《嶽麓書院藏秦簡(伍)》，第184頁。
②同上，第185頁。
③睡虎地秦墓竹簡整理小組：《睡虎地秦墓竹簡》，第79頁。
④陳松長：《嶽麓書院藏秦簡中的郡名考略》，引嶽麓書院所藏秦簡0370號簡文。朱錦程將這句話中的“莫”字改釋爲“真”字，參見朱錦程：《秦郡官吏代理制度考略》。此説當是。鄔文玲曾將漢簡中被稱爲算簿的一類簿書皆改釋爲“真簿”，文意皆通。這兩批材料中釋爲“真”的字形完全一致。參見鄔文玲：《簡牘中的“真”字與“算”字》，武漢大學簡帛研究中心主辦：《簡帛》(第十五輯)，上海古籍出版社，2017年。
⑤陳偉主編：《里耶秦簡牘校釋》(第一卷)，第249頁。

也表明假不同的職官有秩級限定,和漢簡中所說的"以秩次行某事"相仿。第二條材料雖然不清楚二者秩級的差別,但還是由指定的職官來充任。這種以秩級相近的官員來做假官,一方面可以起到加強假官權威的效果,另一方面,若假官接著被任命爲真官,也不顯突兀。並且從傳世文獻記載的例子看,和職官相關的這種"假"轉變成真官的機會很大。比如《史記·項羽本紀》:項羽殺宋義後,諸將"乃相與共立羽爲假上將軍……使桓楚報命于懷王。懷王因使項羽爲上將軍"。由假即真只需程序上的認可,並且這種認可是可以預期的。另一個可以模擬的例子是王莽從假皇帝到真皇帝,這雖然不完全是職官制度,但從過程看,王莽從假皇帝過渡到真皇帝,在王莽篡權計劃中被認爲是順理成章,只需要天命而已。儘管關於縣級政權中的假官材料不多,但是,前面《里耶秦簡所見遷陵縣倉與倉守任職表》中的假倉"信",秦始皇三十五年的時候變成了倉嗇夫這一真官。因而似可以這樣認爲,守官只是代理某一臨時出缺職官事務,和遷轉沒有直接關係;假官則有變成真官的可能。

　　漢代非真官情況比秦代更複雜,守、假、行等含義較之秦代也發生了變化,比如守官有時是試用官制度,有時甚至直接與"試"連用,稱"試守"①。但臨時代理和兼任的含義也存在②。假吏有固定化的趨向,成爲固定結構③。秦簡中的行官可以從高秩級行低秩級之職,漢代則多由秩級接近的低級官吏行高級官吏之職等。這些變化固然可以看成是秦漢職官制度演化過程中逐漸規範的結果,但也提醒我們在討論秦漢制度時,秦代和漢代不宜籠統論之,特別是在新資料不斷增加,可資比較素材逐漸豐富的情況下,更應注意到秦、漢之間的差異性。

　　　　附記:本文爲國家社會科學基金冷門絶學研究專項學術團隊項目"秦
　　　　至晉簡牘所見地方行政史料匯編與研究(20VJXT020)"階段成果,曾提交
　　　　到首都師範大學歷史學院主辦的"中古中國的政治與制度學術研討會"
　　　　(2014 年 5 月),得到評議人陳侃理、孫聞博及侯旭東、鄔水傑、劉嘯等諸
　　　　位先生指正,敬致謝忱! 今又根據此後公佈的《嶽麓書院藏秦簡》第三、

---

① 如《居延新簡》:十月辛酉將屯偏將軍張掖大尹遵尹騎司馬武行副咸事試守徒丞司徒□循下部大尉官縣承
　　書從事下當者如詔書書到言　兼掾義史馮書吏　　F22:65A
② 《故司隸校尉楗爲楊君頌》:"伯玉即日徙署行丞事,守安陽長。"見葉程義《漢魏石刻文學考釋》,臺北:新文
　　豐出版有限公司,1997 年,第 1054 頁;《斥章長田君斷碑》:"劉君招命,署議曹掾,假除百石,遷補任尉,巨鹿
　　大(上闕),假印綬,守廣平、夏曲陽令、斥章長。……"見(宋)洪适:《隸釋·隸續》,中華書局,1986 年,第
　　443 頁下。
③ 王剛:《秦漢假官、守官問題考辨》。

四、五卷和《里耶秦簡（貳）》等新資料，以及學界新發表的相關研究成果做了補充和修訂。

（作者單位：吉林大學古籍研究所）

沅陵侯國志

張春龍

一、侯國之前的沅陵

吴陽西漢高后元年(公元前187年)獲封沅陵侯,侯國的具體範圍,現在已不能明確,但其中心區域在今天的沅陵縣没有疑義。今天的沅陵縣位於武陵山東南麓和雪峰山東北尾端的山地河谷地帶,沅江自南向北縱貫全境,酉水由西北向東南匯入沅江,加上沅、酉衆多支流蜿蜒其間,山間平壩和河谷階地層疊,氣候温暖濕潤,宜墾宜居。

沅陵一地的考古工作始於上世紀五十年代。太常木馬嶺洞穴遺址證明舊石器時代晚期人類涉足其間且已較長時間居留;張家灘鄉冉家村洞穴、張子灣,舒溪口鄉小龍溪、三洲坪等二十處新石器、商周遺址[①],遠古的沅陵土地上炊煙相接,人們漁獵採集營生。

酉水匯入沅江處向上游十公里處有太常古城遺址,2002—2003年曾對古城遺址進行考古發掘,"就考古發現的情況而言,窑頭古城的始建年基本可以定在戰國中期……延續的時間則由戰國晚期、秦朝而到了西漢"[②]。城址和大量楚墓的發現,説明公元前300年以前楚國已在此地行使有效的行政治理。城址應當是《水經

---

① 參見國家文物局:《中國文物地圖集·湖南分册》,湖南地圖出版社,1997年。
② 湖南省文物考古研究所:《沅陵窑頭發掘報告》,文物出版社,2015年,第1頁。

注》所指的秦黔中郡故址所在。太常古城址地層中出土有"元陵"的銅質印章①,出土編號爲03T5:5,銅印的形制和文字具有秦人的特徵,是"元(沅)陵"之名出自沅陵境内的最早物證。

里耶秦簡8—145"除道沅陵"、8—186"沅陵獄史治所"、8—1618"沅陵輸遷陵粟二千石書"、9—825"覆獄沅陵獄"等十數處②記載了沅陵及沅陵和其他縣區的聯繫。

楚秦黔中郡之確然存在與否,還可討論。據里耶秦簡,沅陵和周圍縣區,明確是洞庭郡轄縣,我們傾向於洞庭郡的郡治在"臨沅(今常德)"或"沅陵",而"黔中郡"在今天湘西北武陵山區則不再有存在的空間和歷史時間了,《水經注》等文獻應當是誤記"洞庭郡"爲"黔中郡",或"黔中郡"別有區劃。

迄至吴陽獲封,涖境治事,沅陵之土,先民導夫前路已越萬年了。

二、沅陵侯吴陽墓的考古發現

1999年夏天,配合沅陵縣政府宿舍建設工程,湖南省文物部門發掘虎溪山一號墓,因棺室中出土"吴陽"玉印,文中逕稱之爲"吴陽"墓。

發掘經過、墓葬規格、棺槨結構、出土文物,將有《沅陵虎溪山一號墓發掘報告》介紹,這裏大致介紹竹簡出土情況。竹簡分別出土於頭廂和北邊廂,共1346枚(包含殘段和空白簡,簡報發表的數量爲1336枚),有字簡1290枚(段)。内容可分爲《沅陵侯國計簿》(簡報中稱爲《黄籍》)、《閻昭》、《閻氏乘日》、《食方》四種③。

《計簿》出自頭廂,現場清理時編號T49,出土時分散在淤泥和積水中,失卻原有編次,殘損較嚴重。共241枚(含殘段),有字簡188(含整簡120)枚。長14、寬0.7、厚0.1釐米。完整簡兩端齊平,三道編繩。字體隸書,書寫工整,墨色濃重。詳細記載了西漢初年沅陵侯國的鄉、里、聚等行政設置、吏員人數、户口人民、田畝賦税、大型牲畜如耕牛、經濟林木如梨梅等的數量,兵甲船隻數量以及與前次統計數量增減的原因,道路交通、驛亭、往來長安的路綫和水陸里程。是目前出土的這一類資料中時間比較早的,對研究西漢初期的行政、户籍管理制度和社會生產狀況很有參考意義。

---

①湖南省文物考古研究所:《沅陵窯頭發掘報告》,文物出版社,2015年,第30頁。

②參見湖南省文物考古研究所:《里耶秦簡(壹)》,文物出版社,2012年;《里耶秦簡(貳)》,文物出版社,2018年。

③參見湖南省文物考古研究所:《沅陵虎溪山一號漢墓發掘簡報》,《文物》2003.1,文物出版社,第22—55頁。

三、沅陵侯國志

《計簿》缺乏抄録的具體年月,以西漢的案比制度,每年統計郡、國、縣的人口、田地、賦稅等,沅陵侯吳陽終於前 162 年,則抄録的時間當在吳陽終年的當年或前一年。據文獻和簡文記載,我們編寫《沅陵侯國志》。

沅陵侯吳陽,《史記・惠景間侯者年表》"長沙嗣成王子",高后元年(公元前87)十二月壬申獲封;《漢書・高惠高后文功臣表》"以父長沙王功侯",可以理解爲以父吳芮之功獲封,也可以是以父吳臣之功獲封。始封時間是高后元年七月丙申。吳陽在位 25 年,孝文帝後元二年(公元前 162)薨,頃侯吳福繼位,吳福在位 17 年,漢景帝中元五年(公元前 145),傳位哀侯吳周,又三年(公元前 142),周死,無後,國除。共歷三代 45 年。

"沅陵在長沙武陵郡","沅陵"是沅陵侯國,"長沙"指長沙國。沅陵秦代是洞庭郡轄縣,"沅陵"十數次出現在里耶秦簡中,結合里耶秦簡的記述,西漢初年的長沙國封地是秦的"洞庭"、"蒼梧"二郡。西漢建國之初,沅陵地域的行政建置與歸屬未見文獻有明確記載,應當是長沙國轄地。吳陽以功臣之後而獲封侯,其封地是分長沙國之地。

沅陵侯國治所在沅陵城,境内有沅水、酉水等河流,沅陵到當時首都長安,沅江水路四百三十二里,再向北,道路有兩條,取道武關總里程是二千六百九十六里,取道函谷關三千二百一十九里,都包含四百三十二里沅江水道。測量並記録到長安而不是到長沙的具體里程,説明侯國政治上聽命於中央王朝,也説明西漢前期的統治者早已意識到王國疆域過大將形成尾大不掉之勢而採取了相關措施,不待漢武帝時"衆建諸侯以少其力"推恩令的頒佈,"別屬漢郡",已直接聽命於中央王朝,而非血緣親舊之長沙國,另有可能是沅陵到長沙國國都臨湘的里程書簡已隕滅或未隨葬。

侯國轄下有六鄉四聚:都鄉、黔梁鄉、廉鄉、郪鄉、武春鄉、平阿鄉,泣聚、粟聚、□里聚、□聚。提封(總面積)二十六萬三千六百七十頃。

侯國南界是死谷,離沅陵城一百一十六里,再向南是辰春縣境。辰春作爲縣名不見於《漢書・地理志》等歷史文獻。2009 年追繳的盜掘文物銘文有"辰陽"[1],今

---

[1] 長沙市文物考古研究所:《長沙"12. 29"古墓葬被盜案移交文物工作報告》,《湖南省博物館館刊》第六集,嶽麓書社,2010 年,第 341 頁。

天的沅陵南鄰是辰溪縣。

西界溯酉水而上百二十里,指向具體,地名不詳。

沅陵城臨水一側長五里六十八步,沒有城牆。

境內驛道設亭八處,求盜四人。這記録應是當時實際情況,可以相信,求盜一人負責兩處亭的工作,這是以前没有見過的資料。

都鄉共有一個聚落,居民七百四十二户,二千八百一十八人,斗食嗇夫若干(數量不詳,可參看"武春鄉的六十四户,斗食嗇夫一人"。稍前一次統計户數爲六百八十户。

黔梁鄉居民卌三户,百六十九人。

廉鄉居民百一十七户,四百五十三人,斗食嗇夫若干。

鄋鄉居民一百卅一户,卌百卅九人。到沅陵的道路有兩種方式,一是陸路,八十七里;二是水陸相雜共五十三里,其中陸路十三里,設有亭一處。

武春鄉居民六十四户,二百一十五人。斗食嗇夫一人,佐二人。

平阿鄉居民一百一十八户,人口四百多。

泣聚到沅陵一百六十五里,居民百卅四户,五百廿一人。

上述各鄉、聚共 1349 户,約 5015 人,户均 3.72 人。各鄉居民户數差異較大,不計都鄉,户數最多者是鄋鄉一百卅一户,最少的是黔梁鄉卌三户,而泣聚居民有百卅四户,户數和人口規模大過各鄉。"□聚千六百一十三户",是侯國所轄鄉、聚中户數最多的單位,多過其他鄉、聚户數之和,没有記録人口數量。聚的規模大於鄉,這是以往研究秦漢史所未聞知者。

見於簡文的户數共有 2962 户。

"五十二萬六千四百",是沅陵侯某年收得的賦税。

倉庫和財物管理斗食嗇夫一人,佐二人。

鄉、聚、少内等單位各設斗食嗇夫一、佐吏一或二人管理,另有尉史三人。

民醫三人。

居民有爵級者,分别爲一級至九級:公士、上造、簪裊、不更、大夫、官大夫、公大夫、公乘、五大夫……人數歷歷在册,爵級最高的是第九級;老年人、殘障人士依法免除勞役(免老、篤癃),也有客居的移民和少數民族(蠻夷),侯國對待蠻夷的政策有别於常人,至少有一百零九户蠻夷不用服勞役。

二十二人在侯府服務。

小婢二十一人,大婢七十多人。

刑徒有作如司寇、隱官、鬼薪。

男兒健卒當服兵役,沅陵男丁也不能例外,"屯長沙邊","長沙邊"應當是長沙國和漢王朝共同的南界,針對南越國,而不是長沙國的北境。北境是大漢的郡縣,若屯兵北邊即是造反了。

矛、盾、甲胄登記詳細,民船、民牛是侯國管理者重點關注的事,居民種植糧食作物之外,也種桃、梨、橘、楊梅、棗、栗、茱萸等。

此外侯國的統治者沅陵侯吳陽篤信術數,愛好美食,應當對沅陵民衆有較大的影響。

沅陵侯國存續多在文景之朝,沅陵一地當得到相應的發展,墾殖土地、發展生産、人户增加等項與其他郡縣無異。沅陵所在的武陵山區,木漆器生産達到相當的技術高度和規模,2009 年前後,湖南政府部門追繳了一批盜掘出土的文物,可以查實這些文物出自長沙河西的西漢長沙王室墓,其中漆耳杯上多針刻製作年份、縣域、令長、工匠等,有"酉陽"、"義陵"、"沅陽"、"辰陽"、"臨沅"、"零陽"、"沅陵"等。這些漆器製作精美。因缺乏具體的月朔干支,無從查核其生産年份,"關於該批漆器的時代,推測可能爲劉姓長沙定王發前後的器物"①。這些縣名都在"沅陵"周邊地區。銘文中"沅陵侯"與"沅陵長"並出,侯國内又設有沅陵縣。當年侯府與縣衙是否在太常同城而治,或侯府與縣衙分别在太常和虎溪山下的沅水傍,卻難於探究明確。吳陽殁後葬於沅酉交匯處,沅水左側的虎溪山,也許提示侯府就在山下,曾經的沅陵城内,五强溪水庫的碧波之中。

　　附記:這些資料曾在 2015 年 11 月桂林"第三屆簡牘學國際研討會"介紹。

附:吳榮曾先生指導整理里耶秦簡

2003 年 4 月 15 日,成府路車水馬龍,藍旗營院内春光明媚。我代表湖南省考古研究所上吳先生家送聘書,請他指導里耶秦簡的整理。2002 年夏天發掘里耶遺址,一號井出土秦簡,七月底在長沙召開論證會。時任所長袁家榮會後專程向宿白先生彙報,宿先生對湖南所的人員構成和工作能力非常瞭解,知道湖南所不太可能獨立完成整理工作,建議請吳先生把關。

吳先生和師母非常客氣,看我有些拘謹,吳先生先説:"天氣真好,桃紅柳綠。"

---

① 長沙市文物考古研究所:《長沙"12.29"古墓葬被盜案移交文物工作報告》,《湖南省博物館館刊》第六集,嶽麓書社,2010 年,第 341 頁。

我心中一寬,想起 1986 年春天選修吳先生講授的《先秦史籍舉要》,教室在一教二樓東頭。記憶中非常美好的春夏時節,確是"天氣真好",因爲聽了吳先生的課而記憶更加充實。

吳先生在長沙整理走馬樓三國吳簡,當時我正配合基本建設,在田野工作中游走,沒有認真準備,未敢貿然請益。

文物出版社拍攝並印製的里耶秦簡照片完成,吳先生據照片核對釋文,覺得有很多未妥之處,應當檢視原簡牘,於是他 2004 年 11 月、2005 年 4 月兩次來到長沙。前一次有師母陪伴,後一次則獨自一人。先生年屆八旬,每天堅持工作七個小時,讓我和同事非常感動。這時我們已完成里耶簡的第一遍釋文,並曾試圖將簡文分類整理,也爲此作過努力,但不得要領。吳先生綜合考慮我們的人力和能力,建議不分類,不斷句,只發釋文和圖版。

期間我們正整理郴州蘇仙橋四號井發掘報告,吳先生對出土吳簡的整理,提供了很多幫助。他爲大家作專題報告"古代錢幣斷代研究",予我和同事們啓發良多。連續的工作加上講座,結束時吳先生很有些疲倦。

吳先生還抽空到長沙市考古研究所望麓園庫房檢視長沙東牌樓東漢簡。又參觀岳麓書院,由于振波兄接待,一起討論郴州蘇仙橋四號井三國吳簡。

五一假期我和家人陪吳先生到湘潭市,參觀湘潭文物處所在的關聖殿等處。1937 年日軍入侵,先生隨父母避亂,流寓湘潭一段時間,1938 年春往桂林,六歲的弟弟卻因缺醫少食永遠留在湘潭。遺憾的是,除湘江和關聖殿之外,地面上可資記憶的建築古跡不多。

有一回,吳先生提前下班,我以爲他不舒服先回了旅館,便到賓館等了兩個小時,才發現原來老人家是乘公共汽車往中山路買藥(他當時没有手機)。這讓我小有恐慌,這種小事他完全可以吩咐我們麽。

在長沙期間吳先生住在我單位附近的招待所,條件非常簡陋,我覺得很息慢,師母和吳老師吳先生卻都不以爲意。

"博學、嚴謹與敬業",北大歷史系網站上對吳老師的介紹文字,是我們受過教誨和幫助的同學的共同感受。

吳老師稍後撰寫《里耶簡概論》和《遷陵縣誌》,《概論》採納在《里耶秦簡》前言中,《遷陵縣誌》啓發了《沅陵侯國志》。

吳先生賜我"西漢長樂未央瓦當"拓本和題跋,所鈐之印都是吳老師手刻。正值吳先生九秩華誕,我謹表對吳先生的尊敬和感謝,非常感謝吳老師和師母對我的關心、對我單位工作的支援。

祝先生和師母健康長壽！長樂未央！

（作者單位：湖南省文物考古研究所）

廣州南越國宮苑遺址出土木簡釋文十則

郝本性

關於本文將要討論的這十則木簡的情況,可以參見《考古》2006 年第 3 期刊出的《廣州市南越國宮署遺址出土木簡的發掘簡報》,其中有十則木簡的考釋。《考古》2010 年第 1 期又刊出何有祖的二則簡文考釋。黃展岳同志關於秦漢考古的論文集中也有數則簡文考釋。

2006 年我應麥英豪與韓維龍同志之邀,對寄來的一百多則木簡摹本與照片進行了考釋,當年寄還給南越王宮博物館。現選取其中十則簡文加以考釋,以徵求諸位同志斧正。

1、(073)野雄雞七,其六雌一雄,以四月辛丑屬,中官租　縱

第二字“雄”爲衍文。四月辛丑登録。秦封泥有“中官”、“中官丞印”;南越國承秦制。《漢書·高后紀》:“諸中官宦者令丞。”顏注:“諸中官,凡閹人給事於中者,皆是也。”説明中官爲宦者充任。租爲租税,在簡文又注一“縱”字,應讀爲“賨”,是南越國對於民族地區越人租税的特殊措施。“賨者,總率其所有而已,不切責之也。”(《説文·貝部》徐鍇繫傳)。張家山漢簡《奏讞書》(一)引律,“蠻夷男子歲出賨錢,以當徭賦”。簡文內容是以貢納野雞以當徭賦。《漢書·食貨志》説滅兩粵“番禺以西至蜀南者置初郡丨七,且以其故俗治,無賦税”。其實蠻夷男子很可能並不耕種土地,而以漁獵爲生,所以僅取漁獵物充當徭賦。

2、(053)食之,内中迺者少肥,戊等朝發内户置萆,日中

“食”讀去聲,義爲飼之,牧苑牛馬較瘠瘦。“迺”爲指示代詞,就是這些,少肥,就是瘠瘦。秦從商鞅變法以後,開始實行户籍登計,計口授田,收取地租,徵發徭

役,搜刮户賦。此外還規定農民每年必須爲官府從事一定時間無償勞動。

南越社會中,户成爲社會生活的基本單位,是國家賦税、徭役、軍隊的基本來源,因此國家在法律上對於户籍的管理作了種種規定。内户相對於外户,一定是離都城不遠,所以戍等内户送蒭草,早晨發出命令,要求内户置辦蒭料,日中即中午的一個時段,便要辦妥。這就是農民負擔的無償勞動,而且必須馬上辦成。

3、(017)王所□泰子,今案齒十一歲,高六尺一寸,身□母狼傷。

《漢書·東方朔傳》説:"八九月中,與侍中、常侍、武騎及待詔隴西、北地良家子能騎射者期諸殿門……旦明,入山下馳射鹿豕狐兔,手格熊羆。"

校獵時王一定騎馬,難免被母狼傷。秦漢人説"齒若干歲",皆指牲畜,形容牲畜高若干,對人則説"年若干,長幾尺"。這一規律,幾無例外。

《居延漢簡》:"用馬一匹,騂牡,齒十歲,高六尺。"(53·15)"當陽里唐并,年十九,長七尺三寸"。王所下一字從貝,字殘,疑爲購字。馬有專名,此馬爲王之愛馬,故起名"泰子"。南越王墓曾出土印文"泰子",確指"太子",但此簡則另當別論。

4、(097)弗得,至日夕時,望見典憲,驅其所技三

此簡,無上下文,從僅存之文推測爲南越王校獵或遊獵的記録,類似近世的起居注。孔臧《諫格虎賦》説下國之君,帥將士與中原"昧爽而出,見星而還。國政不恤,惟此爲歡"。漢代校獵活動,不僅常早出晚歸,還注重禮儀,有所謂"三驅"之云。《東京賦》云:"成禮三驅,解罘放麟。"①

至日夕時,爲黄昏時分,望見典憲,"典憲",疑爲傍晚時分習見的星宿名。驅其所技的技,從手從攴不從木。《玉篇》有此字,"技,匹角切,打也。"與攴撲同。《説文》:"收,捕也。"吳振武同志謂收技義近,三體石經應是假技爲收。② 依此,簡文中技釋爲"捕"之義。即驅其所捕三。三後爲動物名稱。

弗得,可見於秦簡,如《龍崗秦簡一三八》"有犯令者而弗得,貲官嗇夫□"。《雲夢秦簡·秦律雜抄》85.26:"虎欲犯,徒出射之,弗得,貲一甲。"在此簡中,弗得則爲射獵某動物没有捕獲之義。

5、(081)近弩令緹　故遊衛特將則卒,二十六年一月屬,五百口,引未引□

近弩令爲武官名,近爲進的假借字,《釋名·釋言語》謂:"進,引也,引而前也。"其實,引除牽引之義外,還有一義爲開弓。《吕氏春秋·壅塞》:"其嘗所用不過三石,以示左右,左右皆試引之,中關而止。"這就是弩機的開弓。緹,爲該官之

---

①費振剛等輯校:《全漢賦》,北京大學出版社,1993年,第444頁。
②吳振武:《古文字考釋數則·釋技》,《古文字研究》第十七輯,中華書局,1989年版,第294頁。

名。過去曾任遊衛特將則的卒，即則所將的士卒，《漢書·灌嬰傳》“卒斬敝及特將五人”，顏師古注謂“所將之卒也”。此卒字，另有終結、完畢與死亡之義，但與另外二簡對照，不應作死亡解，而且，如作死亡解，則前後文義不通。

據《雲夢秦簡·秦律雜抄》有發弩嗇夫，爲基層武官，令比嗇夫職位要高，由卒升爲令，此緹是作戰勇敢、臂力强勁、經驗豐富者。

官吏任免、遷升、死亡均要注明於册。居延漢簡記録事物稱“薄”，記録人與馬等生物稱“籍”，爲署名籍。此爲二十六年一月記入署名籍，“五百”二字後一字，不清，爲糧食容量單位，與石相近宜爲該人的俸禄。引未引口，不詳其義，或爲政治待遇。

引字從已故老友于豪亮先生釋[1]秦實現統一以後，普遍推行郡縣制和常務兵制，並建立了官吏俸禄制度。當時，秦以石、斗來計算。以五十石爲一級，秦國最大的官員的米俸爲六百石以上。五百石以下爲下級官吏俸禄。“始皇十二年，不韋死，竊葬，其舍人臨者，秦人六百石以上，奪爵，遷；五百石以下，不臨，遷，勿奪爵。”（《史記·秦始皇本紀》）可見，五百石爲中下官吏的俸禄。

以上木簡所見的廿六年八月或七月，是簡文中出現的紀年，當然這可能是秦始皇的廿六年，但更大可能是南越王的紀年。

南越王從趙佗到建德，共傳五代。據史載，趙胡（眜）即位於漢武帝建元四年，而南越亡滅在元鼎六年。即從趙眜到最後一代建德，一共 26 年。趙眜在位十餘年，則其子、孫在位不過幾年。故在位能到 26 年者只有趙佗了。

史記記載皆云佗卒於漢武建元四年（前 137）。關於這一年代，從來就引起大家的懷疑。早在魏晋時，如皇甫謐以爲：“越王趙佗從建元四年卒，爾時漢興七十年，佗蓋百歲矣。”清王鳴盛云：“趙佗於文帝元年已自稱‘老夫’，處越四十九年，歷文帝二十三年，景帝十六年，至武帝建元四年，凡四十三年，即以二十餘歲爲龍川令，亦一百餘歲矣。”總之，認爲趙佗活一百多歲猶在位，這是不可能的事。

現在從文獻記載中也能找到一些疑點，如《史記》説趙佗死後，其孫胡（眜）繼位。可見，照史書所説，繼佗而登位者是其孫輩，而佗之子不見，如果從佗到胡（眜）中間還有其子一代，則佗就不會年壽超過一百以外了。如其子在位三四十年，情況就合理多了。當然，現在有關的史料一點也沒有，這只能是猜測罷了。

6、（111）即操其書來予景巷令，有左問不邪，不邪已以對。

景巷即永巷。《爾雅·釋天》之景風，又可謂永風。《尸子·仁意》：“春爲發

---

①《説引字》，《于豪亮學術文存》，中華書局，第 1985 年，第 74 頁。

生,夏爲長羸,秋爲方盛,冬爲安静,四氣和爲通正,此之謂永風。"吴榮曾先生認爲西漢王國官制有永巷,《爾雅·釋宫》邢疏引王肅曰:"今後宫稱永巷,是宫内道名也。"①按此簡文,即是持其爰書來給予景巷令。左問爲證左,左驗明白之義。(見《史記·酷吏列傳》與《漢書·張湯傳》顏注。)

不邪爲人名,下有重文號,就是審問不邪,不邪已經對答。

此簡"予"字形較特殊,但秦文字予字如此。② 秦文字中,來與求形近易混,從文義推斷,應爲來。

7、(118)適(謫)令穿兕頸皮,置卷,鬮其皮,史福有可。

適爲謫,適令爲責令,置爲置,與秦簡文字作置近似。置卷與鬮其皮爲制甲過程中鞣皮的工序。史福爲人名,"有可"不知後文爲何。推測其大意爲責令史福(或他人)製作皮甲。兕,一説爲野牛,一説爲與犀相似的一種獸,一説即雌犀,當以犀牛爲是。《荀子·議兵》云:"楚人鮫革犀兕以爲甲鞈,如金石",《一切經音義》引《南州異物志》云:"兕角長二尺餘,其皮堅,可爲鎧甲。"

8、(099)丙午,左北郎丞等下死(屍)靈泰宫。出入。

《居延漢簡》凡是出入簡,均記有日期。死讀屍,東漢人猶如此。洛陽出土東漢刑徒磚:"永元四年七月廿六日……髡鉗朱次死(屍)在此下。"有的墓磚上面只刻"鄭少死(屍)"、"趙伯死(屍)"(見羅振玉《恒農磚録》)。

《曾子·天圓》云:"陽之精氣曰神,陰之精氣曰靈。"③

泰宫爲祖廟,鄭國宗廟便稱大(太)宫。始皇二十六年,令丞相御史曰:"賴宗廟之靈,六王咸伏其辜。"(《史記·始皇本紀》)在太宫前冠以靈太宫是順理成章的。左北郎爲官名。此簡大意是丙午這天,左北郎豕等數人,將屍體取出宗廟(準備下葬)。這種出入符牌便是爲了這件事而設立的。

9、(047)問最曰:北亦有紞無有? 最曰:我□未嘗用紞□。

此簡爲獄案的供辭記録。北爲人名,訊問最説,北也有紞没有,最辯解説未曾用紞。我及其後一字不清。紞字見於《左傳·桓公二年》"衡紞紘綖",楊伯峻注:"紞,音膽,懸瑱之繩,織綫爲之,垂於冠之兩旁,當兩耳,下懸以瑱。"廣西貴縣羅泊灣一號漢墓出土木牘《從器志》④"有州二小紞一:筩繒緣",有州爲有孔,第三欄還有"大紞二一筩繒緣"。這種小紞或大紞,均爲冠飾,又稱充耳。紞下懸瑱。《詩·

---

① 吴榮曾:《西漢王國官制考實》,載於其所著《先秦兩漢史研究》,中華書局,1995 年,第 301 頁。
② 見中國社會科學院考古研究所、湖北省考古研究所編:《龍崗秦簡》,中華書局,2001 年,第 53 頁。
③ 王聘珍:《大戴禮記解詁》,中華書局,1983 年,第 99 頁。
④ 廣西壯族自治區博物館編:《廣西貴縣羅泊灣漢墓》,文物出版社,1988 年,圖版四一。

鄘風・君子偕老》:"玉之瑱也。"瑱又或稱珥。《說文・玉部》:"珥,瑱也。"《周禮・夏官・弁師》言諸侯"玉瑱",可見紞玉所懸之瑱,是十分貴重的,也不是一般人所能使用的。羅泊灣墓主的年代在漢文帝時,爲南越王國時期郡尉,他們重視冠紞。

10、(012) 乃智(知)之,菌等上﹝崖﹞(?)者卅(三十)七人,循北崖東行一月。

崖字通涯,《爾雅》郭注:"水邊也。"《左傳・襄公二十八年》記有"黄崖",釋文:"崖,本又作涯",《爾雅・釋詁》:"循、由、從,自也。"從北側沿水邊往東,三十七人走了一個月。頗疑此爲樓船之士從江河上航行。秦國的戰船,一舫可載五十人,裝三月之食,順水而下,日行三百里。(見《戰國策・楚策一》)

小　結

一、南越王國仍沿用秦始皇時的嚴刑重罰的法治措施,動輒追究責任。不僅戍邊十分艱苦,剝製皮甲的工作也十分繁重。從53簡來看,户籍區分爲内户與外户。而内户的服役與勞役負擔也很重。隨趙佗的南征秦軍在建國後,依邊遠地區少數民族居住的實情與習俗,入鄉隨俗。有些人可以實物租代替租錢,如貢獻野雞等。

二、南越王國貴族愛校獵活動,早出晚歸,樂而忘返。並且購得愛馬,競以"泰(太)子"稱之。行獵時被狼咬傷,還要如實記録。這一事實反映戰國時期"大夫畜狗馬"(《管子・侈靡》、《大戴禮記・勸學》)之風,至此仍有延續並有發展。

三、關於81簡所涉及的二十六年定爲趙佗的紀年,還有91簡、96簡的二十六年我們也作此解。這一推斷還可以進一步討論。

附言:

1956年我考入北京大學歷史系,在學習張政烺先生中國先秦史課程時,吳榮曾先生任助教。從此,我便與吳先生結下了師生之緣。

數十年來,我在學習工作中,遇到了難題,便想同先生聯係,請教。雖兩地相隔,先生總不吝賜教。就以此《廣州南越國宮苑遺址出土木簡釋文》爲例,我將釋文初稿,請吳先生審閱。並得到他的寶貴指點。值此吳先生九十大壽之際,我祝願先生諸事如意。

(作者單位:河南省文物考古研究院)

"蕭何爲主吏"考

鄒水傑

《史記》中多次提到,蕭何在參加劉邦起義軍之前,在沛縣的身份爲"主吏",或記爲"主吏掾":

1.《高祖本紀》:單父人吕公,善沛令,避仇從之客,因家沛焉。沛中豪傑吏聞令有重客,皆往賀。蕭何爲主吏,主進,令諸大夫曰:"進不滿千錢,坐之堂下。"①

2.《高祖本紀》:秦二世元年秋,陳勝等起蘄,至陳而王,號爲"張楚"。諸郡縣皆多殺其長吏以應陳涉。沛令恐,欲以沛應涉。掾、主吏蕭何、曹參乃曰:"君爲秦吏,今欲背之,率沛子弟,恐不聽。願君召諸亡在外者,可得數百人,因劫衆。衆不敢不聽。"②

3.《蕭相國世家》:蕭相國何者,沛豐人也。以文無害爲沛主吏掾。③

4.《曹相國世家》:平陽侯曹參者,沛人也。秦時爲沛獄掾,而蕭何爲主吏,居縣爲豪吏矣。④

雖然蕭何只是小小縣吏,但在沛縣可是"豪吏",在縣中是能呼風喚雨的人物,能多次"以吏事"袒護布衣時的高祖,也常能幫助擔任亭長的劉季。蕭何任職的這

①(漢)司馬遷:《史記》,中華書局點校本1982年,第344頁。
②同上,第349頁。
③同上,第2013頁。
④同上,第2021頁。

個"主吏",漢唐注家有注釋,《集解》引孟康曰:"主吏,功曹也。"《索隱》也謂:"《漢書》云'何爲主吏'。主吏,功曹也。又云'何爲沛掾',是何爲功曹掾也。"按照漢唐古注的解釋,"主吏"即"功曹","主吏掾"也就是"功曹掾"了。後世的史漢注家基本都採納了這一解釋,没有人提出疑問①。如所周知,"功曹"作爲漢代郡縣的"極右曹",地位非常重要,但史籍中並未見到秦時設有此職。蕭何作爲"主吏",爲何就是"功曹"了呢? 本文擬從新出秦簡中的"主吏"與"吏曹"文書入手,探尋這一問題,以就教於方家。

一、秦代的"主吏"與"吏曹"

近年來出土了衆多秦代簡牘文獻,在文書中發現了許多以"曹"爲名的縣廷機構,如倉曹、户曹、吏曹、令曹、司空曹、尉曹、獄曹、兵曹、車曹等,也出現了廷主倉、主户、主吏、主令、主司空、主薄、主計、主爵、主錢、主責等用法②,但就是没有出現"功曹"或"主功"。順着孟康以"功曹"注"主吏"的線索,我們重點分析這些含有"吏曹"與"主吏"的簡牘文書。

里耶秦簡這類文書中很多是封檢題署,部分封檢利用舊有的文書簡,將原文字刮削後書寫而成,大部分下端削尖,文字分爲"廷吏曹(發)"和"廷主吏(發)"兩大類③:

廷吏曹:8—98④,8—241,8—554,8—699 正⑤,8—829,8—1126,8—1700,9—1498,9—1627;

廷吏曹發:8—2017,8—2507,9—51 正⑥,9—196,9—523,9—616,9—773,9—

---

①嚴耕望曰:"蓋秦世尚無功曹之目,而有主吏掾,主群吏之進退。或漢初尚然。其後有功曹之名,故《索隱》以釋主吏掾也。"嚴耕望:《中國地方行政制度史甲部——秦漢地方行政制度》,臺北"中研院"史語所,1990年,第224頁。

②參見孫聞博:《秦縣的列曹與諸官(增訂稿)》,載里耶秦簡博物館、出土文獻與中國古代文明研究協同創新中心中國人民大學中心編著:《里耶秦簡博物館藏秦簡》,中西書局,2016年,第244—261頁;鄒水傑:《簡牘所見秦代縣廷令史與諸曹關係考》,載楊振紅、鄔文玲主編:《簡帛研究2016春夏卷》,廣西師範大學出版社,2016年,第132—146頁。

③姚磊對里耶壹的"檢"有詳細討論,見姚磊:《里耶秦簡[壹]所見"檢"初探》,"簡帛網",2015-12-28,http://www.bsm.org.cn/show_article.php? id=2407,2018-08-28。

④本簡有殘,全部的簡文爲:"☑□(廷)吏曹,當上尉府☑(8—98)"

⑤本簡下部削尖,簡背只有一個"尉"字。

⑥本簡完整,下端未削尖,正面爲"廷/吏曹發"二行,簡背有"卅 卅五年三月庚寅卅/敢言之廷下 下恒署"等字,不成行,也不成文句,像是習字。

1488,9—1695 背①；

廷主吏發：8—52,8—347,8—526 正②,8—709 背,8—1305,8—1606③,8—1651,8—1701,8—1750,8—1869,8—1881,9—118,9—287④,9—305,9—515,9—1150,9—1326,9—1963,9—1979,9—2225,9—2270,9—2277,9—2319⑤,9—2485,9—2500,9—2558；

廷主吏：8—1696,8—1758；

廷吏發：9—369⑥。

這些檢給我們最直接的資訊之一，就是"主吏"並非"重要官吏"之意，而是設於縣廷"主管屬吏事務"的部門或機構；其次，不管是吏曹還是主吏，均設於縣廷之中，而非廷外的諸官機構。又由於檢中文字没有標示出郡縣，可以認爲這是縣內的文書⑦。處於縣廷之外的諸官機構將文書傳送給縣廷時，需要根據文書事務的內容，在封檢上明確寫出由縣廷某曹或主管某類事務之部門拆封審閱。雖然已經不知道繫於這些檢上的文書有哪些內容，但完全可以想像，吏曹與主吏文書涉及的是與縣下屬吏有關的事務。

其次是涉及吏曹事務的檢楬，標識了與吏曹相關之文書數量或歸類存檔之所：

5. 吏曹書二封,丞☐(9—905)

6. ☐吏曹☐☐(9—2628)

7. 卅四年十月以盡四月吏曹以事笥。(9—982)

8. 廿六年十月以來盡後九月往來書具此中。·廿五年二月、三月、六月、七月已事。尉、吏曹。(9—1125,楬首半圓,塗黑,上有四孔。)

9. 卅三年十月以盡五月吏曹以事笥。(9—1132,楬首半圓,塗黑,上有二孔。)

簡 5 是一枚收文登記的封檢,已殘斷,表示有二封吏曹文書,已有縣丞之印,需

---

① 本簡下端稍殘,正面尚有文字,或爲改削未盡的原簡文字。
② 本簡下端削尖,正面爲"廷吏曹發/勿留",有隔斷符；背面有字,爲原簡文未削盡。
③ 本簡下端殘,但從書寫看爲封檢。由於更多爲"廷主吏發"的文例,故暫歸入。9—118 情況相同。
④ 本簡下端斜著削尖,"廷主吏發"後面有倒書"署死"二字(整理者釋爲"死署")。
⑤ 本簡上端燒殘,下端削尖,正面餘"吏發"二字,背面有"書縣道官☐如書"等字,應爲原簡改削未盡。
⑥ 本簡完整,下端未削尖,上面殘留有改削未盡的字跡。
⑦ 其他曹有接收郡府下發的文書,如 6—18:"遷陵金布發。洞庭。"表示洞庭郡直接下達給遷陵金布的文書。或縣際往來的平行文書,如 8—1130:"酉陽金布發。"表示遷陵縣給酉陽縣金布的文書。文書中均有郡縣名。

要送往縣外。里耶簡中有很多相似的檢,完整的如 8—1155:"獄東曹書一封,丞印,詣泰守府。廿八年九月己亥水下四刻,隸臣申以來。"8—959:"獄東曹書一封,令印,詣洞庭守府。・九月戊戌,水下二刻,走佁以來。"①從這些文書可知,由於縣廷列曹和諸官没有直接對外核發文書的許可權,因此需要長吏簽署,再加上丞印,或令印,或者縣道官之印,代表縣道發出文書。如牘 8—63 在送到遷陵縣之前的内容爲:

> 10. 廿六年三月壬午朔癸卯,左公田丁敢言之:佐州里煩故爲公田吏,徙屬。事荅不備,分負各十五石少半斗,直錢三百一十四。煩,冗佐,署遷陵。今上責(債)校券二,謁告遷陵。令官計者定,以錢三百一十四受旬陽左公田錢計,問可(何)計付? 署計年爲報。敢言之。
>
> 三月辛亥,旬陽丞滂敢告遷陵丞主:寫移,移券,可爲報。敢告主。/兼手。……
>
> 兵手。(8—63)

這是旬陽縣左公田的文書,要送往遷陵縣。這個丁是左公田的主官,文書擬定好了以後,旬陽丞在文書後面簽署發文意見,再以丞印封緘,才能交給郵傳機構遞送文書。按照 8—481"倉曹計録"中有"田官計"一項,可能左公田的文書送到縣廷以後,是由倉曹負責處理,再報送縣丞簽署。這份文書封好後,其封檢上的文字或爲:"倉曹書一封,丞印,詣遷陵。某年某月某日,某時某刻某人以來。"岳麓秦簡所載律令對文書的檢署有明確規定:"●令曰:書當以郵行,爲檢令高可以旁見印章;堅約之,書檢上應署,令並負以疾走。不從令,貲一甲。・卒令丙三。"②因此這種封檢是與文書繫在一起存放於縣廷的。文書中的兩位書手,一位是"兵",是左公田的文書吏,負責擬定、謄録左公田的文書;一位是"兼",是旬陽縣廷的令史或令佐,負責將文書完整製作後交由旬陽縣丞滂簽署,再製作好封檢,在封泥上打好官印,然後交給郵傳機構。里耶井中所出簡牘是遷陵縣廷再次録副後製作的文書,故不能體現旬陽丞滂簽署的原始狀態③。

7、8、9 三枚楬,是吏曹文書存檔的標記。這些楬是繫在笥上的標籤,標明笥中

---

① 居延漢簡中也有很多收、發文登記的封檢,參見汪桂海:《漢代官文書制度》中"發文、收文與啓封",廣西教育出版社,1999 年,第 144—152 頁。

② 陳松長主編:《岳麓書院藏秦簡(伍)》,上海辭書出版社,2017 年,第 104 頁。

③ 文書吏會有"旬陽丞"後面空出簽署的空白,由縣丞親自簽署。漢簡中有大量長吏簽署的"真書",保留了長吏簽署的原始狀態。

所存放的是哪個時間段吏曹已經完成的文書,以備存檔或查閱。可惜由於兩千多年的時間之後,我們看不到這種檔案保存的原始狀態,而且里耶秦簡也是在某種原因下丟棄於井中,再也不可能復原哪些文書是在哪些笥中的了。但從文字中我們還是能知曉當時文書運作的大致情況。

最後一部分是記載需要吏曹處理的行政文書,其中有"署吏曹發"、"署主吏發",意爲文書送往縣廷後,應由吏曹或主吏拆封、處理,如:

11. 卅四年正月丁卯朔辛未,遷陵守丞巸敢言之:遷陵黔首☒

佐均、史佐日有泰抵已備歸,居吏被縣使,及☒

前後書,至今未得其代,居吏少,不足以給事☒

吏。謁報,署主吏發。敢言之。

正月辛未旦,居貲枳壽陵左行。　☒(背)

二月丙申朔庚戌,遷陵守丞巸敢言之:寫上☒

旦,令佐信行。(正)

報別臧。(背)(8—197)

12. ☒☒巳朔甲子,貳☒

☒[署]吏曹發,☒☒

☒☐謁言治☒(8—2149)

13. ☒☐。署主吏發。書☒(9—1683)

14. 罷未可狀,皆以書言。署主吏發。☒

七月辛卯,酉陽守除下遷陵☒

八月癸巳朔癸丑,遷陵守丞茲下☒(9—2224)

雖然上述4枚簡牘均已殘斷,其中二枚甚至文意皆不可曉,但根據類似的完整文書可以推測出這些是關於哪方面事務的文書,如9—1至9—12號文書就可以提供重要的資訊。現以9—1爲例:

15. 卅三年四月辛丑朔丙午,司空騰敢言之:陽陵宜居士五毌死有貲余錢八千六十四。毌死戍洞庭郡,不智(知)何縣署。•今爲錢校券一,上謁言洞庭尉,令毌死署所縣責,以受(授)陽陵司空。司空不名計,問何縣官,計年爲報。已訾其家,家貧弗能入,乃移戍所。報署主責發。敢言之。四月己酉,陽陵守丞厨敢言之:寫上,謁報,報署金布發。敢言之。/儋手。(正)

卅四年六月甲午朔戊午,陽陵守慶敢言之:未報,謁追,敢言之。/堪手。

卅五年四月己未朔乙丑,洞庭叚(假)尉觿謂遷陵丞:陽陵卒署遷陵,其以

律令從事。報之。當騰(謄),騰(謄)。/嘉手。‧以洞庭司馬印行事。　敬手。(背)

文書由陽陵縣司空嗇夫騰擬定,內容是關於戍卒毋死所欠貲錢之事。騰只知道毋死在洞庭郡行戍,因而向洞庭郡諮詢毋死的戍所在何縣,以便讓戍所縣追債。文書由陽陵縣守丞厨簽署後,發往洞庭郡。但事隔14月有餘,仍然沒有回音,陽陵縣再次追發文書。又過了十個月,洞庭郡終於向遷陵縣發出文書,告知毋死所欠貲錢之事,讓遷陵縣按律令規定處理,並回復陽陵縣。司空騰擬定文書的時候,要遷陵縣在回復文書上標明由陽陵縣廷的"主責"拆封,但或許是縣廷沒有設置"主責"一職,或許是縣際財務往來文書由縣廷的金布專門處理,因此縣丞改爲"報署金布發",即告知對方,文書封檢要署爲陽陵金布接收、拆封。從已經公佈的里耶秦簡來看,並沒有署"主責"的封檢,而署有"金布"或"遷陵金布"的則相當多,説明縣廷財務文書由金布負責處理。

殘牘11的文書格式與此相類。從殘存的內容來看,涉及的是由於來遷陵縣更戍的佐、史部分已期滿歸家①,居吏又有部分在外徭使,導致部分小吏不得輪換,縣中給事吏過少,直接導致政府事務無人處理。文書內容涉及縣屬吏配額的事務,故"署主吏發"。文書由遷陵縣丞"敢言之",屬平行或上行文書,但缺少佐史之事應是縣廷向郡府報告,故很可能是向洞庭郡發出的上行文書。像8—922"遷陵主倉發。洞庭",就是郡府回復遷陵主管倉儲文書之封檢;8—303"遷陵主簿發。洞庭",表明文書需要由縣廷主管簿籍類文書的小吏拆封。而8—264"遷陵發丞前。洞庭",則表示這份郡府文書一定要當著縣丞的面拆封。我們雖然沒能看到洞庭郡府回復遷陵縣吏曹或主吏的文書封檢,但根據這枚殘牘,這類文書應該是存在的。或者這種文書封檢上直接以"遷陵。洞庭"(如8—553等)或"遷陵以郵行。洞庭"(如8—555等)標出,由縣丞直接拆封,也未可知②。

材料14可能是涉及酉陽縣已被罷免的縣吏之申訴,但縣吏可能罰戍在遷陵縣,酉陽需要遷陵縣就這名罰戍吏的情況出具書面説明,同樣是有關縣屬吏的問題,因而要"署主吏發"。

從上述材料可知,秦代遷陵和酉陽縣廷管理屬吏事務的部門爲"吏曹",也稱

---

① 如9—588:"爲陝尉賢,士五,彭陽西益,日備,歸。"秦代服更役的百姓只需服數月不等的戍役,期滿就可以歸家。

② 長沙五一廣場東漢簡牘中,有許多文書寫明由"史白開",如CWJ1①:92B、CWJ1②:124B 等,也有些是由縣丞直接啓封,如CWJ1③:250("五月廿二日丞開")、CWJ1③:255("五月廿五日丞開")等。參見長沙市文物考古研究所等編:《長沙五一廣場東漢簡牘選釋》,中西書局,2015 年。

爲"主吏",從名稱上也很容易看出其職掌。蕭何任職沛縣主吏,其職掌就爲管理沛縣吏員之事,與後世功曹"主選署"之職相同。從西漢後期的尹灣6號漢墓名刺木牘記錄可知,這個"主吏",的確發展爲漢世的"功曹"。投給師饒的名刺正面文字,木牘一四爲"進卒史師卿",一五爲"進東海大守功曹師卿"(牘一七同),一六爲"奏東海大守功曹",一八爲"奏主吏師卿親",一九爲"進主吏師卿"。在名刺中,卒史、功曹、主吏都是指師饒的身份或官職。而師饒投謁名刺的自稱在木牘二二爲"東海大守功曹史饒再拜謁",投謁長安令的名刺反面爲"東海大守功曹史饒謹請吏奉謁再拜"(二三反)①。説明師饒的自稱爲"功曹史"。綜合這些往來名刺上的稱謂可知,我們所稱的東海郡功曹師饒,其正式的官名爲郡"卒史",即木牘二《東海郡吏員簿》太守府"卒史九人"之一,而其所署的具體曹職則爲"功曹史",其職事乃爲"主吏"②。

不僅郡縣如此,公府屬吏也可以主吏名之。《續漢書·百官志一》"太尉"條下注曰:"西曹主府史署用,東曹主二千石長吏遷除及軍吏。"③《通典·選舉典》叙後漢之制:"選舉於郡國屬功曹,於公府屬東西曹,於天臺屬吏曹尚書。"④明確了公府屬吏的選署由西曹主管,與郡國功曹相當。對於西曹的主官,《漢書·丙吉傳》有載:丙吉升任丞相,對於官屬掾史,都力求"掩過揚善",並舉一事例:"吉馭吏耆酒,數逋蕩,嘗從吉出,醉歐丞相車上。西曹主吏白欲斥之,吉曰:'以醉飽之失去士,使此人將復何所容?西曹地忍之,此不過汙丞相車茵耳。'遂不去也。"丞相的車夫嗜酒,喝醉了還嘔吐於丞相車上,主管屬吏的西曹主吏就想要斥逐車夫。這個西曹的主官,按照《續漢志》,稱爲西曹掾,但在西漢宣帝時還稱爲"西曹主吏",表明丞相西曹與郡國功曹一樣,是"主吏"之職⑤。

---

①連雲港市博物館等:《尹灣漢墓簡牘》,中華書局,1997,133—137頁,圖版爲25—34頁。

②蔡萬進先生曰:"其實際情況是墓主師饒的身份爲'卒史',因其分掌功曹,故又稱'太守功曹'、'功曹史',因太守府諸曹中功曹最爲緊要,故又稱'主吏'。"蔡萬進:《尹灣簡牘所反映的漢代卒史署曹制度》,載李學勤、謝桂華主編:《簡帛研究二○○二、二○○三》,廣西師範大學出版社2005年,第272頁。從秦簡可知,稱"主吏"並非因其職緊要,而是因其職爲主管吏事。

③(梁)沈約:《宋書·百官上》"太尉"條作:"西曹主府吏署用事。"中華書局點校本,1974年,第1220頁。

④(唐)杜佑:《通典》,中華書局點校本,1958年,第315頁。

⑤居延漢簡127.27記載吞遠候有"主吏七人,卒十八人",李均明先生認爲此處的"主吏"爲"主部吏、主隧吏的簡稱","主吏七人"爲"候長及其屬下主持烽火臺事務的六位元隧長"。李均明:《〈居延漢簡甲編〉七一四號漢簡"主吏"解》,《文史》第15輯,中華書局,1982年,第102頁。東漢碑刻中也有許多"主吏",但都不爲"令史"、"卒史",不做"功曹"解。如《都鄉孝子嚴舉碑》的碑陰中出現的屬吏有"向主吏""趙主吏""楊主吏""文主吏"等五位"主吏",另外有都鄉有秩、鹽官有秩、督郵和楊侯、趙掾(《隸續》卷一一,頁六);《成陽靈臺碑》所記出錢人中更是出現了24位仲姓"主吏",其他只有五官掾、從事、督郵(《隸釋》卷一,頁一三),説明這些"主吏"可能作"主要屬吏"或"重要屬吏"解。

綜上考述,雖然秦時尚未有功曹名稱,但孟康以"功曹"釋"主吏",誠爲確詁。蕭何作爲沛縣"主吏",是主管縣中屬吏事務的重要吏員。

二、秦及漢初文獻中的"掾"

《高祖本紀》載"蕭何爲主吏",但《蕭相國世家》則記蕭何爲"沛主吏掾",《曹相國世家》也記曹參爲"沛獄掾"。上述所引秦簡中,只有"(廷)主吏"和"(廷)吏曹",全未出現"主吏掾"或"吏曹掾",遷陵縣屬列曹中也全没有"掾"。王偉曾將睡簡和張家山簡中出現的六個"掾"字作了排比,指出其全爲動詞,可作"審核"理解,完全没有後世"屬吏"之意①。爲方便分析,現將出土的秦及漢初所見"掾"列舉如下:

16. 官嗇夫貲二甲,令、丞貲一甲;官嗇夫貲一甲,令、丞貲一盾。其吏主者坐以貲、諄如官嗇夫。其它冗吏、令史掾計者,及都倉、庫、田、亭嗇夫坐其離官屬於鄉者,如令、丞。(《睡虎地秦墓竹簡·效律》,簡51)

17. 司馬令史掾苑計,計有劾,司馬令史坐之,如令史坐官計劾然。(《睡虎地秦墓竹簡·效律》,簡55)

18. ☐各謹掾其官券書(《里耶秦簡貳》,9—1332)

19. 令史尚掾☐ (9—1579)

20. 掾 (9—2322,上爲半圓形,有孔,殘存兩行,右殘,似爲楬)

21. ☐掾枳☐ (9—3114,碎片)

22. ●監禦史下劾郡守∟,縣官已論,言夬(決)郡守,郡守謹案致之,不具者,輒卻,道近易具,具者,郡守輒移御史,以盍(齎)使及有事咸陽者,御史掾平之如令。有不具不平者,御史卻郡而歲郡課,郡所移(《岳麓伍》,048/0963+049/2059)

23. ●治皋及諸有告劾而不當論者,皆具傳告劾辭論夬(決),上屬所執濾,與計偕。·執濾案掾其論(《岳麓伍》,335/2025)

---

①王偉指出:"目前我們所見到的屬於秦和漢初的出土材料中所出現的6個'掾'字都是作動詞用,都可以解爲'審核',卻並無一例可作'屬吏'解。而且從這些材料所反映的官制來看,也似乎毫無後來那種屬吏之'掾'存在的跡象,甚至没有這種'掾'存在的空間,這與《史記》的記載是矛盾的。我覺得可以這樣理解:出現這種矛盾的原因,並非出土材料未能完全反映當時的官制,而是《史記》的記載是司馬遷根據較晚制度的追述;在秦和漢初,較晚的那種屬吏之'掾'還未出現。"見王偉:《張家山漢簡〈二年律令〉雜考》,《簡帛研究》網,2003年1月21日。但網上現已找不到王偉此文。

24. 縣道官所治死罪及過失、戲而殺人，獄已具，毋庸論，上獄屬所二千石官。二千石官令毋害都吏復案，問(聞)二千石官，二千石官丞謹掾，當論，乃告二千石官以從事。徹侯邑上在所郡守。(張家山《二年律令·興律》，396+397)

25. ·淮陽守行縣掾新郪獄。(張家山《奏讞書》，案例一六，簡75)

26. 庫視事掾獄，問氏，氏即以告庫，恐其怒，以自解於庫，實須駈來別籍，以偕捕之，請(情)也。毋它解。·詰庫：毄(繫)反群盜，儋乏不鬥，論之有法。庫掾掾獄，見罪人，不以法論之，而上書言獨財(裁)新黔首罪，是庫欲繹(釋)縱罪人也。何解？(張家山《奏讞書》案例一八，簡144—147)

這11處除《里耶貳》的兩條殘碎太甚，無法確知外，其餘的"掾"均爲動詞，與王偉的分析一致。然《史記》所叙秦代時事，除記蕭何爲沛縣"主吏掾"、曹參爲"獄掾"外，尚有《項羽本紀》所載的"蘄獄掾曹咎"和"櫟陽獄掾司馬欣"，甚至《田單列傳》還記有齊湣王時田單爲"臨菑市掾"。似乎從傳世史籍中，戰國至秦已經有以"曹掾"稱呼縣廷屬吏的用法，但學者對出土簡牘所載秦代縣下列曹和諸官的統計研究表明，縣廷列曹均以令史署曹或主某事務，諸官則全以嗇夫爲官長①。這就不得不讓人懷疑，是否因爲武帝時代出現了曹掾的稱謂，司馬遷將其用到了對秦代官制的叙述上。

史籍所載西漢後期以降，的確有以"掾"稱呼"令史"的情況。李迎春先生根據居延新簡中新莽天鳳六年(19年)至東漢建武八年(32年)的"主官令史"夏侯譚又稱"主官掾"的情況，指出"掾"同樣是"令史"級別，只是在佐助郵候負責文書責任大小上與普通令史有別②。爲避免重複，現只列部分文書於下：

27. 建武五年五月乙亥朔丁丑，主官令史譚敢言之。

謹移劾狀一編。敢言之。

五月丁丑，甲渠守候博移居延，寫移，如律令。／掾譚。 (EPT68:1-3)③

28. 建武五年五月乙亥朔丁丑，主官令史譚劾移居延獄。以律令從事。

(EPT68:7-8)

---

①參見郭洪伯：《稗官與諸曹——秦漢基層機構的部門設置》，中國社會科學院簡帛研究中心編：《簡帛研究二○一三》，廣西師範大學出版社，2014年，101—127頁；及前引孫聞博：《秦縣的列曹與諸官(增訂稿)》。

②李迎春：《論居延漢簡"主官"稱謂——兼談漢代"掾""史"稱謂之關係》，載中共金塔縣委等編：《金塔居延遺址與絲綢之路歷史文化研究》，甘肅教育出版社，2014年，第314—321頁。

③圖版見甘肅省文物考古研究所等編：《居延新簡：甲渠候官》，中華書局，1994年，第450頁。釋文見馬怡、張榮强主編：《居延新簡釋校》，天津古籍出版社，2013年，第722頁。

這裏的“主官令史”在居延漢簡中有稱爲“主官掾”的情況，如 264.8：“甲渠候告主官掾齊：對府已，急詣官，所留事即難得，即。”而夏侯譚本身爲甲渠候官的斗食令史，因其署主官，故稱“主官令史”，下面的簡文明確了這一點：

> 29.·狀辤：公乘，居延鞮汗里，年卌九歲，姓夏侯氏，爲甲渠候官斗食令史，署主官，以主領吏備盜賊爲職。士吏馮匡，始建國天鳳上戊六年七月壬辰除署第十部士吏。案：匡軟弱不任吏職，以令斥免。 （EPT68：9—10）

雖主官令史也可稱“主官掾”，但其秩級仍然是斗食。稱“某曹掾”或“主某掾”是表示其具體的職事。在漢人眼中，常不會嚴格地區分“史”與“掾”，如《後漢書·王良傳》載建武六年：“時司徒史鮑恢以事到東海，過候其家，而良妻布裙曳柴，從田中歸。恢告曰：‘我司徒史也，故來受書，欲見夫人。’妻曰：‘妾是也。苦掾，無書。’”[1]鮑恢爲司徒史，大司徒司直王良的妻子則稱他爲掾，雖有尊稱之意，但也表示了當時有混稱的習慣。嚴耕望根據居延漢簡中署名的順序“掾某、卒史某”和“掾某、令史某”，認爲：“西漢中葉以後，卒史地位已下於掾矣。”“縣令屬吏之等級有掾、史、佐史諸等，略如郡制。”[2]從簡中夏侯譚的情況來看，掾與史在地位等級上的區別，東漢初年尚處在形成過程中。

根據《史記》多處屬吏爲掾的記載可知[3]，司馬遷生活的漢武帝時代，肯定有屬吏稱掾史的情況出現。他利用自己的經驗認知，將記載不是很明確的蕭何、曹參等人在秦代的任職情況也記爲“掾”。時隔兩千多年後，當地下出土了未經改寫的同時代材料以後，我們就可以還歷史一個本來面目：秦代縣廷吏並不稱掾，只是令史。

三、蕭何爲沛縣主吏令史

高祖劉邦壯年成爲秦吏，做了泗水亭長，但他“廷中吏無所不狎侮”。《正義》注：“廷中吏，泗水及沛縣之廷也。府縣之吏，高祖皆輕慢也。”[4]瀧川資言《考證》引

---

①《後漢書》，第 933 頁。

②嚴耕望：《秦漢地方行政制度》，第 114、222 頁。

③如《儒林列傳》“伏生”條記兒寬爲廷尉張湯的“奏讞掾”，後又爲御史大夫掾（第 3125 頁）；《酷吏張湯傳》載張湯先爲内史甯成掾，且多次提到廷尉有正、監、掾史（第 3138—3139 頁）；《遊俠郭解傳》載軹人楊季主子爲軹縣掾（第 3188 頁）。

④三家注的《正義》無此注，此乃瀧川收集的《正義》佚文。張衍田據水澤利忠的《校補》輯出此注見南化、幻、謙、岩本。見司馬遷撰、瀧川資言考證、水澤利忠校補：《史記會注考證附校補》，上海古籍出版社縮印本，1986 年，第 254 頁下左；張衍田：《史記正義佚文集校》，北京大學出版社，1985 年，第 29 頁。

中井積德曰："廷，謂縣廷也。"①秦簡出土後，明確廷指縣廷，與郡府無關。故《正義》所注有誤。根據學界對秦簡的研究，已經很清楚秦縣下分爲縣廷之中的列曹和分散於其外的諸官機構，劉邦這個亭長更是派出地方的所謂鄉亭部吏。而蕭何作爲主吏，屬"廷中吏"，所以呂公前來沛縣作客，縣令擺酒慶賀，由蕭何"主進"，即幫助縣令收受禮金。這明顯是縣令身邊親近吏才能擔任的角色。

從里耶秦簡的記載來看，這個"主吏"的身份就是令史。下面以遷陵縣廷的毛季爲例：

30. 私進遷陵主吏毛季自發。（8—272）

31. 進書令史毛季從者。（正, 8—1529）②

32. 詣毛季。（8—1694）

33. 私進令史毛季。（9—509）

這幾枚都是下端削尖的封檢，從題署的"私進"來看，應爲私人書信的封緘。這個遷陵縣屬吏毛季，既爲令史，又被稱主吏，就是以令史署主吏，是爲縣廷中的"主吏令史"，與東海郡府的"主吏卒史"師饒性質完全相同。簡牘中還有類似的例子：

34. 卅四年八月癸巳朔癸卯，户曹令史觶疏書：廿八年以盡卅三年見户數牘北、移獄具集上，如請史書。／觶手。（正）（《里耶秦簡（壹）》, 8-487＋8-2004）

35. ·蜀守灟（讞）：佐啓、主徒令史冰私使城旦環爲家作，告啓，啓詐簿曰治官府，疑罪。·廷報：啓爲僞書也。（張家山漢簡《奏讞書》，案例九，簡 54—55）③

36. 鞠：勳，不更，坐爲守令史署金曹，八月丙申爲縣輸元年池加錢萬三千臨湘，勳匿不輸，即盜以自給。勳主守縣官錢，臧二百五十以上，守令史敤劾無長吏使者，審。（J3⑤:2）（益陽兔子山漢簡，元始二年）④

---

① 司馬遷撰、[日]瀧川資言考證：《史記會注考證》，新世界出版社影印本，2008 年，第 609 頁。

② 此檢背面有"見徼十五人"，可能爲未刊削盡的原簡文字。

③ 張建國認爲職官中没有"主徒令史"一職，因而將簡文斷讀成："佐啓主徒。令史冰私使城旦環爲家作，告啓。"參見張建國：《漢簡〈奏讞書〉和秦漢刑事訴訟程式初探》，《中外法學》1997 年第 2 期，第 50—51 頁。後《二年律令與奏讞書》從之（第 348 頁）。由於里耶秦簡出土後，我們對秦漢簡牘中的"主某令史"已經有了更清楚的認識，不會再說没有類似職官了。

④ 湖南省文物考古研究所：《二十年風雲激蕩　兩千年沉寂後顯真容——益陽兔子山遺址簡牘再現益陽古代歷史》，《中國文物報》2013 年 12 月 3 日，第 6、7 版。

簡中的䡮、冰和勳，還有前引甲渠候官的夏侯譚，其身份均爲令史，只是因爲其署户曹、金曹和主徒、主官之職務區分，才將二者結合稱爲某曹令史或主某令史。因而主吏毛季與主吏蕭何，其實都是縣廷令史。而且從里耶秦木牘《遷陵吏志》來看，縣廷中重要的屬吏就是"令史二十八人"①。

附帶還得分析一下曹參的問題。《史記》載其爲"沛獄掾"，但實際上曹參也是令史。從睡虎地秦簡《編年記》中可以看出，墓主喜在秦王政三年八月"揄史"，於四年十一月"除安陸鄉史"②，六年四月"爲安陸令史"，並於七年正月爲"鄢令史"，在十二年四月，"喜治獄鄢"③，即以獄史的職務治獄，但其身份仍爲令史。在嶽麓秦簡所載秦王政廿年《魋盗殺安、宜等案》文書中，開頭爲"即令獄史彭沮、衷往診"（簡0511），中間再次説"即令獄史觸與彭沮、衷求其盗"（簡0422），後面還有"今獄史觸、彭沮、衷得微難獄磔罪"（簡1830），説明整個獄訟過程中，三人的職位没有發生變化。但最後則記録爲："觸爲令史廿二歳，年卅三；彭沮、衷勞年中令，皆請（清）絜毋害、敦慤守事④、心平端禮，任謁課以補卒史，勸它吏。"（簡1821+1819）⑤這就説明，雖然觸、彭沮、衷三人從事的是獄史的職事，但其正式的身份還是令史。里耶秦簡中的獄曹、獄東曹、獄南曹，實質上也是由令史署獄曹辦事。因此曹參可稱爲令史或獄史。由於秦代獄訟之事重要，故蕭、曹爲沛縣廷中的重要屬吏，因而《曹相國世家》記其二人"居縣爲豪吏矣"。

縣下令史屬於處理文書事務的史類小吏，嶽麓簡中的觸、彭沮、衷三位令史治微難獄有功，縣令向郡守報告，推薦他們升任郡卒史。張家山漢簡《奏讞書》所載秦王政六年的案例中有："六年八月丙子朔壬辰，咸陽丞彀禮敢言之。令曰：獄史能得微難獄，上。今獄史舉闕得微難獄，爲奏廿二牒。舉閒毋害、謙絜（廉潔）敦慤，

①木牘全文爲："遷陵吏志：吏員百三人。令史廿八人，[其十]人徭使，[今見]十八人。（第一欄）官嗇夫十人，其二人缺，三人徭使，今見五人。校長六人，其四人缺，（第二欄）今見二人。官佐五十三人，其七人缺，廿二人徭使，今見廿四人。牢監一人。（第三欄）長吏三人，其二人缺，今見一人。凡見吏五十一人。（第四欄）"（7-67+9-631）載《里耶秦簡博物館藏秦簡》，第3頁。

②原整理者釋爲"除安陸□史"。所缺之字，陳侃理先生根據右邊殘存的"阝"，結合上引材料6的"扣"，推測爲"卿"，即"鄉"。因此，喜此時除爲安陸鄉史。陳侃理：《睡虎地秦簡〈編年記〉中"喜"的宦曆》，《國學學刊》2015年第4期，48頁。

③最近武漢大學簡帛研究中心重新的考釋稱《編年記》爲《葉書》，文字也有所訂正。見陳偉主編，武漢大學簡帛研究中心、湖北省博物館、湖北省文物考古研究所編：《秦簡牘合集（壹）》，武漢大學出版社，2014，6—11頁。

④整理小組將"守事"釋爲"守吏"。

⑤朱漢民、陳松長主編：《嶽麓書院藏秦簡（三）》，上海辭書出版社，2013，彩色圖版見47—50頁。

守吏也,平端。謁以補卒史,勸它吏,敢言之。"(簡 227+228)①同樣是推薦舉閭升爲郡卒史。而蕭何在得到監郡御史的賞識後,"乃給泗水卒史事",同樣遵循由令史升任郡卒史的遷轉途徑,也可從側面論證蕭何是令史的身份。

從《遷陵吏志》來看,縣廷的 28 名令史排在屬吏的首位,雖然不能因此而説令史是整個縣廷屬吏中最重要的,但至少可以説在縣廷屬吏中最爲重要。前引睡簡《葉書》中,墓主喜揄史後,經鄉史再升爲令史,時間差不多三年。里耶簡 8—269 所記扣的閥閲也表明,扣成爲史後,經歷了鄉史、田部史,再升爲令史,所用時間爲十一年多。但對於秦代的史來講,最重要的關口是通過史的考試,得到史的身份。張家山漢簡《史律》②規定:"史、蔔子年十七歲學。史、蔔、祝學童學三歲,學佴將詣大史、大蔔、大祝,郡史學童詣其守,皆會八月朔日試之。"(簡 474)也即史之子年滿 17 歲開始學習史需要的知識,學滿三年後的八月初一日參加考試。考試的內容爲:"試史學童以十五篇,能風(諷)書五千字以上,乃得爲史。有(又)以八膿(體)試之,郡移其八膿(體)課大史,大史誦課,取冣(最)一人以爲其縣令史,殿者勿以爲史。三歲壹並課,取冣(最)一人以爲尚書卒史。"(簡 475—476)整理小組注:"十五篇,指《史籀篇》。《漢書·藝文志》:'《史籀》十五篇。'"③也即史學童要學完《史籀篇》,能背誦、會書寫五千字以上,才可以取得史的身份。再在這些人中考試八種書體,最優秀的直接任命爲縣令史,最後一名不得爲史。按照這個規定,蕭何應該從年輕時就接受過史的教育,能讀會寫,在任職的過程中也接受了不少秦的律令文書,因此,當劉邦集團進入咸陽,來到宮廷之內時,其他諸將爭相分搶金帛財物,蕭何卻能認識到秦丞相御史所藏圖書律令的重要,盡數收集,這就是緣於他作爲令史的知識背景和任職經歷。

《蕭相國世家》記蕭何"以文無害爲沛主吏掾",古今注家對"文無害"有過許多注釋和探討④。因爲這個問題關涉到蕭何遷署主吏令史的途徑,故需要簡單分析。古注更多從字義上分析,但日人中井積德曰:"文無害,是通套稱呼,如後世科目。"⑤中井氏開啓了另外一條思路。《論衡·程材篇》曰:"是以選舉取常故,案吏

---

①彭浩、陳偉、[日]工藤元男主編:《二年律令與奏讞書——張家山二四七號漢墓出土法律文獻釋讀》,上海古籍出版社,2007 年,第 378 頁。

②廣瀬薰雄根據《説文》所引《尉律》的內容,認爲本律是《尉律》的可能性更大。見[日]廣瀬薰雄:《〈二年律令·史律〉劄記》,載丁四新主編:《楚地簡帛思想研究(二)》,湖北教育出版社,2005 年,第 428—433 頁。

③彭浩、陳偉、工藤元男主編:《二年律令與奏讞書》,第 297 頁。

④瀧川資言《史記會注考證》(第 3036 頁)和施之勉《漢書集釋》(三民書局,2003 年,第 5119—5121 頁)收集了多家古注和部分中日學者的注釋。

⑤瀧川資言:《史記會注考證》引,第 3036 頁。

取無害。"黄暉已經指出："'無害'、'文無害',漢人常語。"①陳直根據居延漢簡中的"能書、會計、治官民、頗知律令文"這一漢代公牘上固定的術語來解"文毋害",認爲"文毋害"爲秦代功令的固定術語②。金少英指出："'文無害'三字爲品評,猶後代所謂考語。"③張伯元認爲"文無害"與"毋害都吏"涉及到司法官員的選拔和任用,"文毋害"是一個專用法律語詞,爲"公平吏"的代稱④。對照喜和扣的任職經歷,蕭何在署主吏令史之前應該已經通過了史的考試,也有過基層史職的鍛煉,再以"文無害"署爲主吏,主管縣屬吏的選任之事。由於蕭何並非獄訟之吏,也不需要"精通律令無與倫比"⑤,只需"能爲文書無疵病"⑥,處事幹練,認真負責,不出差錯即可⑦。這也就是桓譚所謂："作健曉惠,文史無害,縣廷之士也。"⑧結合後文"秦御史監郡者與從事,常辨之",就可以清楚蕭何的確是處事幹練,才得到監郡御史的提拔。在泗水卒史任上,又課最爲第一,這同樣是因爲他善於處事、不出差錯而來。故身爲縣廷令史的蕭何,得以爲主吏,乃因他符合秦代功令中"文無害"這一標準,得署"主吏令史",從而成爲縣廷"豪吏"。

綜合以上考述,可以推測蕭何應該是通過了"史"的考試,獲得了史的身份,逐漸成爲縣廷令史。又以"文無害"署爲沛縣縣廷的"主吏令史",主管屬吏選署之事,與漢世功曹的職掌相同,是縣廷的重要屬吏。司馬遷記蕭何爲"主吏掾",載曹參、曹咎和司馬欣爲"獄掾",是將漢武時代方出現、作"屬吏"解的"掾"字移到了秦時,並非秦已出現這一稱謂。

（作者單位：湖南師範大學歷史與人類學研究所）

---

①黄暉撰:《論衡校釋（附劉盼遂集解）》,北京,中華書局,1990年,第536頁。

②陳直:《漢書新證》,天津人民出版社1979年,第259頁。

③金少英:《秦官考——"秦會要訂補職官編"補正》,《西北師範大學學報（社會科學版）》,1958年第1期。在另一篇文章《漢簡臆談（一）》之"文武"條,他從楊樹達之説。參見金少英:《漢簡臆談及其它》,西北師範大學内部印刷,1978年,第70—71頁。

④張伯元:《"害"、"文無害"及"毋害都吏"辨》,載陳金全、汪世榮主編:《中國傳統司法與司法傳統》上册,陝西師範大學出版社,2009年,第114—116頁。

⑤王繼如認爲"無害"乃"言其精通法律條文"。參見王繼如:《釋"文毋害"》,《中華文史論叢》1985年第4輯,第39—44頁。孫雍長謂爲"精通律文","通曉簿書"。參見孫雍長:《"文無害"探源》,《文史》第30輯,中華書局,1988年,第72頁。

⑥楊樹達:《漢書窺管》,科學出版社,1955年,第240頁。

⑦參見于振波:《秦漢法律與社會》,湖南人民出版社,2000年,第216—219頁。

⑧桓譚撰、朱謙之校輯:《新輯本桓譚新論·求輔篇》,中華書局,2009年,第7頁。

論樓蘭"當空道"*

王子今

　　《史記》《漢書》皆説樓蘭"當空道"。考察這一問題,涉及絲綢之路民族地理與交通地理。按照王念孫的解説,"空道"即大道。這一意見可以得到出土簡牘資料的支援。從這一認識出發,有益於理解所謂"張騫鑿空"的真實語義。所謂樓蘭"當空道",言樓蘭的交通地理位置正當絲綢之路大道。這成爲影響西域民族史進程與絲綢之路史進程的重要因素。樓蘭劫殺漢王朝西行使團,即所謂"苦""漢使",導致漢武帝時代將軍趙破奴的軍事攻擊與漢昭帝時代使者傅介子特殊形式的報復,成爲絲綢之路民族交往阻斷與開通的曲折情節。近年有關於"高原絲綢之路"的考古發現。考察樓蘭與婼羌的空間關係,也是我們認識西域與"南羌"方向的西藏高原往來的民族史與交通史的重要條件。

一、樓蘭"當空道""當漢道衝"

　　《史記》卷一二三《大宛列傳》記述張騫出使西域歸來後,將考察獲得的資訊報告漢武帝:"騫身所至者大宛、大月氏、大夏、康居,而傳聞其旁大國五六,具爲天子言之。"一種是得自"身所至"即親自調查獲得的資料,一種是得自"傳聞"的信息。其中説到"樓蘭":"樓蘭、姑師①邑有城郭,臨鹽澤。鹽澤去長安可五千里。匈奴右

*基金項目:教育部後期資助項目"漢代絲綢之路交通史"(項目編號:2017010247)
①張守節《正義》:"二國名。姑師即車師也。"《史記》,中華書局,1959 年,第 3160 頁。

方居鹽澤以東,至隴西長城,南接羌,鬲漢道焉。"①這是中原人得到的關於"樓蘭"最初的地理人文知識,其中說到兩方面的交通條件:1."臨鹽澤",而"鹽澤去長安可五千里"。這是空間距離。2."匈奴右方居鹽澤以東,至隴西長城,南接羌,鬲漢道焉。"由於匈奴軍事力量控制了自"鹽澤"至"隴西長城"之間的地區,"樓蘭"與"漢"的交通路徑即"漢道"被隔絕。

霍去病戰勝匈奴,取得河西的控制權,開通了往西域的道路。與起初匈奴"南接羌,鬲漢道焉"的情形不同,取"隔絕羌胡"的戰略②。河西置郡的重要目的,是開通往西域通道並保障其暢通。然而河西行政又有斷絕匈奴人與羌人聯繫的作用。這後一主題,當時稱作"鬲絕胡與羌通之路"。《史記》卷一一〇《匈奴列傳》同時說到兩個方面的意義:"西置酒泉郡以鬲絕胡與羌通之路。漢又西通月氏、大夏,又以公主妻烏孫王,以分匈奴西方之援國。"③《漢書》卷九四上《匈奴傳上》有大致同樣的記載,而"鬲絕"寫作"隔絕"④。

樓蘭在漢王朝"西通"西域諸國的交通格局中,地位相當重要。《史記》《漢書》言其形勢,均說"當空道"⑤。

顏師古注解釋"空道":"'空,孔也。猶言始鑿其孔穴也。'故此下言'當空道',而《西域傳》謂'孔道'也。"⑥所說"謂'孔道'也",即《漢書》卷九六上《西域傳上》"婼羌"條:"去陽關千八百里,去長安六千三百里,辟在西南,不當孔道。"⑦王念孫《讀書雜誌·漢書雜誌》"孔道"條提出"孔道""空道""猶言大道"的說法,而"大道亦謂之通道",也就是通常所說的"通衢大道"。王先謙《漢書補注》引錄此說。徐松《漢書西域傳補注》卷上也採用了這一意見。

《史記》卷一一〇《匈奴列傳》"定樓蘭"句,張守節《正義》:"《漢書》云鄯善國名樓蘭,去長安一千六百里也。"⑧這一里程信息,也是值得注意的。

---

①《史記》,第 3160 頁。

②《後漢書》卷八七《西羌傳》:"初開河西,列置四郡,通道玉門,隔絕羌胡,使南北不得交關。"中華書局,1965 年,第 2876 頁。

③《史記》,第 2913 頁。

④《漢書》,第 3773 頁。《漢書》卷九八下《西域傳下》:"表河西,列四郡,開玉門,通西域,以斷匈奴右臂,隔絕南羌、月氏。"第 3928 頁。

⑤《史記》卷一二三《大宛列傳》,第 3171 頁;《漢書》卷六一《張騫傳》,第 2695 頁。

⑥《漢書》,第 2693 頁。又說:"空即孔也。"第 2695 頁。《漢書》卷六一《李廣利傳》顏師古注也說:"空,孔也。"第 2700 頁。

⑦《漢書》,第 3875 頁。

⑧《史記》,第 2896 頁。

“樓蘭”後來更名“鄯善”。《漢書》卷九六上《西域傳上》説：“鄯善當漢道衝。”①也强調這一地方位於交通要衝的戰略地位。

《漢書》卷九六上《西域傳上》説“小宛國”形勢，曰：“東與婼羌接，辟南不當道。”②可與“婼羌”“辟在西南，不當孔道”聯繫起來理解。對照“樓蘭”“當空道”，可知“當道”與“不當道”在交通地理格局中其地位的明顯區別。

二、地灣“空道”簡文的旁證與“張騫鑿空”的理解

河西地灣烽燧遺址出土漢簡可見“……當空道便處稟食如律……”簡文（86EDT8：14A）。

地灣漢簡“當空道”文字與《史記》卷一二三《大宛列傳》及《漢書》卷六一《張騫傳》“當空道”表述形式完全相同。這一語句形式，是符合漢代史家記載與基層文書共同通行的語言習慣的。

由“空道”這一交通地理概念，可以真切理解“張騫鑿空”的涵義。“鑿空”即開通大道的意思。而河西走廊就是中原通向西北方向的最便捷最重要的“大道”。所謂“樓蘭”“當空道”，指出這一國度在西域絲綢之路交通格局中的地位。

《漢書》卷六四上《西域傳上》寫道：“樓蘭國最在東垂，近漢，當白龍堆，乏水草，常主發導，負水儋糧，送迎漢使，又數爲吏卒所寇，懲艾不便與漢通。”③所謂“樓蘭國最在東垂，近漢，當白龍堆”，説明了其交通地理形勢，所謂“常主發導，負水儋糧，送迎漢使”，指出樓蘭事實上承擔了絲路交通的中繼作用。

樓蘭在西域絲綢之路交通格局的地位，通過《三國志》卷三〇《魏書·東夷傳》裴松之注引《魏略·西戎傳》的説法可以得到説明：“從玉門關西出，發都護井，回三隴沙北頭，經居盧倉，從沙西井轉西北，過龍堆，到故樓蘭，轉西詣龜兹，至蔥領，爲中道。”④

所謂“轉西詣龜兹，至蔥領”，提示了“龜兹”在絲綢之路交通系統中的地位。這一問題我們曾經有所討論⑤。而與“樓蘭”結合起來認識，或許可以得到更深入的理解。

---

①《漢書》，第 3879 頁。
②顔師古注：“辟讀曰僻。”《漢書》，第 3879 頁至第 3880 頁。
③《漢書》，第 3878 頁。
④《三國志》，中華書局，1959 年，第 865 頁。
⑤王子今：《漢匈西域爭奪背景下的龜兹外交》，《龜兹學研究》第 5 輯，新疆大學出版社，2012 年。

三、樓蘭“攻劫漢使”

前引《漢書》卷六四上《西域傳上》説到“樓蘭國最在東垂,近漢,當白龍堆,乏水草,常主發導,負水儋糧,送迎漢使”。在絲綢之路交通格局中。“近漢,當白龍堆”的地理位置使得“樓蘭國”承擔了“常主發導,負水儋糧,送迎漢使”的職任。“發導”,應是提供嚮導。而《史記》卷一二三《大宛列傳》中其實已經可以看到“樓蘭”對於“漢使”有與“送迎”接待完全相反的行爲:“樓蘭、姑師小國耳,當空道,攻劫漢使王恢等尤甚。”①又寫道:“王恢數使,爲樓蘭所苦,……”②《漢書》卷九六上《西域傳上》記載:“初,武帝感張騫之言,甘心欲通大宛諸國,使者相望于道,一歲中多至十餘輩。樓蘭、姑師當道,苦之,攻劫漢使王恢等,又數爲匈奴耳目,令其兵遮漢使。”“王恢數爲樓蘭所苦,……”③所謂“樓蘭”“當道,苦之”,或許可以與前引“又數爲吏卒所寇,懲艾不便與漢通”聯繫起來理解。即由於“當道”“當空道”的緣故,因“漢使”頻繁西行不勝煩擾。所謂“數爲吏卒所寇”,體現漢王朝使團可能有更嚴重的侵害行爲。

《史記》卷一二三《大宛列傳》記述了“漢使”往西北方向出行的情形:“漢始築令居以西,初置酒泉郡以通西北國。因益發使抵安息、奄蔡、黎軒、條枝、身毒國。而天子好宛馬,使者相望於道。諸使外國一輩大者數百,少者百餘人,人所齎操大放博望侯時。其後益習而衰少焉。漢率一歲中使多者十餘,少者五六輩,遠者八九歲,近者數歲而反。”在言及西南方向的使團行跡之後,司馬遷又寫道:“北道酒泉抵大夏,使者既多,而外國益厭漢幣,不貴其物。”漢王朝“使者”與“外國”關係的複雜性,有所透露。此外,“其使皆貧人子,私縣官齎物,欲賤市以私其利外國。外國亦厭漢使人人有言輕重,度漢兵遠不能至,而禁其食物以苦漢使。漢使乏絶積怨,至相攻擊。”④“漢使”的特殊表現,也許是其境遇異常的因素之一。所謂“漢使人人有言輕重”,裴駰《集解》:“服虔曰:‘漢使言於外國,人人輕重不實。’如淳曰:‘外國人人自言數爲漢使所侵易。’”⑤現在看來,應以服虔説爲是。服虔、如淳理解雖有

①下文又説:“而匈奴奇兵時時遮擊使西國者。”而《漢書》卷九六上《西域傳上》:“……又數爲匈奴耳目,令其兵遮漢使。”
②《史記》,第3171—3172頁。
③《漢書》,第3876頁。
④《史記》,第3170—3171頁。
⑤《史記》,第3171頁。

不同,但是都注意到"漢使"與"外國"之間"厭""苦""禁",或説"侵易"的情感矛盾與政策争鬥。事態之嚴重,甚至因"禁其食物以苦漢使",導致發生"漢使"與"漢使"之間"積怨""攻擊"的情形。考察與樓蘭有關的這些民族史與外交史的情節,是絲綢之路交通史研究者應當關注的史實。

"外國""度漢兵遠不能至",是絲綢之路交通條件的實際情狀。樓蘭"攻劫漢使",與這一條件有關。

四、趙破奴"擊虜樓蘭王"

"漢使"在西域的通行條件後來得以改善。《史記》卷一二三《大宛列傳》記載,漢武帝時代以軍事力量解決了"漢使"面對的交通阻障問題。

其關鍵措施,是趙破奴率"輕騎七百余"俘虜樓蘭王:"樓蘭、姑師小國耳,當空道,攻劫漢使王恢等尤甚。而匈奴奇兵時時遮擊使西國者。使者争徧言外國災害,皆有城邑,兵弱易擊。於是天子以故遣從驃侯破奴將屬國騎及郡兵數萬,至匈河水,欲以擊胡,胡皆去。其明年,擊姑師,破奴與輕騎七百餘先至,虜樓蘭王,遂破姑師。因舉兵威以困烏孫、大宛之屬。還,封破奴爲浞野侯。王恢數使,爲樓蘭所苦,言天子,天子發兵令恢佐破奴擊破之,封恢爲浩侯。於是酒泉列亭鄣至玉門矣。"①趙破奴"虜樓蘭王"事,與絲綢之路河西段交通條件的健全,即所謂"酒泉列亭鄣至玉門"有直接關係。

趙破奴"虜樓蘭王"功致封侯史事,又見於《史記》卷一一一《衛將軍驃騎列傳》言趙破奴事蹟的文字:"擊虜樓蘭王,復封爲浞野侯。"②《漢書》卷一七《景武昭宣元成功臣表》:"元封三年,以匈河將軍擊樓蘭,封浞野侯。"③《漢書》卷五五《趙破奴傳》:"後一歲,擊虜樓蘭王,後爲浞野侯。"④《漢書》卷六一《張騫傳》:"明年,擊破姑師,虜樓蘭王。"⑤

此後遠征大宛的戰争的發起,也與趙破奴"擊虜樓蘭王"的成功有一定關係。《史記》卷一二三《大宛列傳》:"……而漢使者往既多,其少從率多進熟于天子,言

---

① 《史記》,第 3171—3172 頁。
② 《史記》,第 2945 頁。
③ 《漢書》,第 647 頁。
④ 《漢書》,第 2493 頁。
⑤ 《漢書》,第 2695 頁。

曰：‘宛有善馬在貳師城，匿不肯與漢使。’天子既好宛馬，聞之甘心，使壯士車令等持千金及金馬以請宛王貳師城善馬。宛國饒漢物，相與謀曰：‘漢去我遠，而鹽水中數敗，出其北有胡寇，出其南乏水草。又且往往而絶邑，乏食者多。漢使數百人爲輩來，而常乏食，死者過半，是安能致大軍乎？無奈我何。且貳師馬，宛寶馬也。’遂不肯予漢使。漢使怒，妄言，椎金馬而去。宛貴人怒曰：‘漢使至輕我！’遣漢使去，令其東邊郁成遮攻殺漢使，取其財物。於是天子大怒。諸嘗使宛姚定漢等言宛兵弱，誠以漢兵不過三千人，强弩射之，即盡虜破宛矣。天子已嘗使浞野侯攻樓蘭，以七百騎先至，虜其王，以定漢等言爲然，而欲侯寵姬李氏，拜李廣利爲貳師將軍，發屬國六千騎，及郡國惡少年數萬人，以往伐宛。期至貳師城取善馬，故號‘貳師將軍’。趙始成爲軍正，故浩侯王恢使導軍，而李哆爲校尉，制軍事。是歲太初元年也。”漢武帝的決策，有考慮到“已嘗使浞野侯攻樓蘭，以七百騎先至，虜其王”的因素。而“故浩侯王恢使導軍”，直接任用曾經“佐破奴擊破”“樓蘭”的王恢承擔“導軍”任務。

關於“宛國”貴族所謂“漢去我遠，而鹽水中數敗”，裴駰《集解》：“服虔曰：‘水名，道從外水中行。’如淳曰：‘道絶遠，無穀草。’”張守節《正義》：“孔文祥云：‘鹽，鹽澤也。言水廣遠，或致風波，而數敗也。’裴矩《西域記》云：‘在西州高昌縣東，東南去瓜州一千三百里，並沙磧之地，水草難行，四面危，道路不可準記，行人唯以人畜骸骨及馳馬糞爲標驗。以其地道路惡，人畜即不約行，曾有人於磧内時聞人喚聲，不見形，亦有歌哭聲，數失人，瞬息之間不知所在，由此數有死亡。蓋魑魅魍魎也。’”[1]有關“漢”與“宛國”之間交通條件的具體描述，提供了有助於我們全面認識西域絲綢之路交通條件的重要信息。

[1]《史記》，第 3174—3175 頁。《漢書》卷六一《張騫傳》：“漢使往既多，其少從率進孰於天子，言大宛有善馬在貳師城，匿不肯示漢使。天子既好宛馬，聞之甘心，使壯士車令等持千金及金馬以請宛王貳師城善馬。宛國饒漢物，相與謀曰：‘漢去我遠，而鹽水中數有敗，出其北有胡寇，出其南乏水草，又且往往而絶邑，乏食者多。漢使數百人爲輩來，常乏食，死者過半，是安能致大軍乎？且貳師馬，宛寶馬也。’遂不肯予漢使。漢使怒，妄言，椎金馬而去。宛中貴人怒曰：‘漢使至輕我！’遣漢使去，令其東邊郁成王遮攻，殺漢使，取其財物。天子大怒。諸嘗使宛姚定漢等言：‘宛兵弱，誠以漢兵不過三千人，强弩射之，即破宛矣。’天子以嘗使浞野侯攻樓蘭，以七百騎先至，虜其王，以定漢等言爲然，而欲侯寵姬李氏，乃以李廣利爲將軍，伐宛。”關於“漢去我遠，而鹽水中數有敗”，顏師古注：“服虔曰：‘水名，道從水中行。’師古曰：‘沙磧之中不生草木，水又鹹苦，即今敦煌西北惡磧者也。數有敗，言每自死亡也。’”關於“出其南乏水草，又且往往而絶邑”，顏師古注：“言近道之處無城郭之居也。”第 3697—3698 頁。

五、"以直報怨"：傅介子"誅斬樓蘭王"

樓蘭起初爲匈奴控制①。"降服貢獻"之後,在漢與匈奴之間艱難生存②。樓蘭軍人曾經在漢王朝軍官統率下征戰③。漢武帝時代晚期,"後復爲匈奴反間,數遮殺漢使。其弟尉屠耆降漢,具言狀。"④漢昭帝時,漢使傅介子殺樓蘭王,書寫了漢王朝與樓蘭關係史重要的一頁。

《漢書》卷七〇《傅介子傳》："先是龜兹、樓蘭皆嘗殺漢使者","至元鳳中,介子以駿馬監求使大宛,因詔令責樓蘭、龜兹國。介子至樓蘭,責其王教匈奴遮殺漢使：'大兵方至,王苟不教匈奴,匈奴使過至諸國,何爲不言？'王謝服。"傅介子又到龜兹,責其王,龜兹王"亦服罪"。得知匈奴使者在龜兹,"介子因率其吏士共誅斬匈奴使者。還奏事,詔拜介子爲中郎,遷平樂監。"

傅介子提出"往刺"龜兹王的計畫,霍光指示刺殺計劃實施於樓蘭："介子謂大將軍霍光曰：'樓蘭、龜兹數反復而不誅,無所懲艾。介子過龜兹時,其王近就人,易得也,願往刺之,以威示諸國。'大將軍曰：'龜兹道遠,且驗之於樓蘭。'於是白遣之。"傅介子"至樓蘭",成功刺殺樓蘭王："介子與士卒俱齎金幣,揚言以賜外國爲名。至樓蘭,樓蘭王意不親介子,介子陽引去,至其西界,使譯謂曰：'漢使者持黃金錦繡行賜諸國,王不來受,我去之西國矣。'即出金幣以示譯。譯還報王,王貪漢物,來見使者。介子與坐飲,陳物示之。飲酒皆醉,介子謂王曰：'天子使我私報王。'王起隨介子入帳中,屏語,壯士二人從後刺之,刃交胸,立死。其貴人左右皆散走。

①《漢書》卷九四上《匈奴傳上》："樓蘭、烏孫、呼揭及其旁二十六國皆已爲匈奴。"第3757頁。
②《漢書》卷九六上《西域傳上》："樓蘭既降服貢獻,匈奴聞,發兵擊之。於是樓蘭遣一子質匈奴,一子質漢。後貳師軍擊大宛,匈奴欲遮之,貳師兵盛不敢當,即遣騎因樓蘭候漢使後過者,欲絕勿通。時漢軍正任文將兵屯玉門關,爲貳師後距,捕得生口,知狀以聞。上詔文便道引兵捕樓蘭王。將詣闕,簿責王,對曰：'小國在大國間,不兩屬無以自安。願徙國入居漢地。'上直其言,遣歸國,亦因使候司匈奴。匈奴自是不甚親信樓蘭。征和元年,樓蘭王死,國人來請質子在漢者,欲立之。質子常坐漢法,下蠶室宮刑,故不遣。報曰：'侍子,天子愛之,不能遣。其更立其次當立者。'樓蘭更立王,漢復責其質子,亦遣一子質匈奴。後王又死,匈奴先聞之,遣質子歸,得立爲王。漢遣使詔新王,令入朝,天子將加厚賞。樓蘭後妻,故繼母也,謂王曰：'先王遣兩子質漢皆不還,奈何欲往朝乎？'王用其計,謝使曰：'新立,國未定,願待後年入見天子。'"第3877—3878頁。
③如《漢書》卷九六下《西域傳下》："武帝天漢二年,以匈奴降者介和王爲開陵侯,將樓蘭國兵始擊車師,……""征和四年,遣重合侯馬通將四萬騎擊匈奴,道過車師北,復遣開陵侯將樓蘭、尉犁、危須凡六國兵別擊車師,勿令得遮重合侯。"第3922頁。
④《漢書》卷九六上《西域傳上》,第3878頁。

介子告諭以‘王負漢罪，天子遣我來誅王，當更立前太子質在漢者。漢兵方至，毋敢動，動，滅國矣！’”傅介子回到長安，得到嘉獎，因功封侯。“遂持王首還詣闕，公卿將軍議者咸嘉其功。上乃下詔曰：‘樓蘭王安歸嘗爲匈奴閒，候遮漢使者，發兵殺略衛司馬安樂、光禄大夫忠、期門郎遂成等三輩，及安息、大宛使，盜取節印獻物，甚逆天理。平樂監傅介子持節使誅斬樓蘭王安歸首，縣之北闕，以直報怨，不煩師衆。其封介子爲義陽侯，食邑七百户。士刺王者皆補侍郎。’”①《漢書》卷一七《景武昭宣元成功臣表》：“義陽侯傅介子以平樂庶監使誅樓蘭王，斬首，侯，七百五十九户。”②《史記》卷二〇《建元以來侯者年表》褚先生補述：“昭帝時，刺殺外國王，天子下詔書曰：‘平樂監傅介子使外國，殺樓蘭王，以直報怨，不煩師，有功，其以邑千三百户封介子爲義陽侯。’”③義陽侯封邑規模有“七百户”、“七百五十九户”、“千三百户”三種説法。

《漢書》卷七《昭帝紀》記載：“（元鳳四年）夏四月，詔曰：‘……平樂監傅介子持節使，誅斬樓蘭王安歸，首縣北闕，封義陽侯。’”④與《漢書》卷七〇《傅介子傳》載漢昭帝詔同樣提示了“樓蘭王”的名字。《漢書》卷七《昭帝紀》及《漢書》卷七〇《傅介子傳》皆稱“樓蘭王安歸”，《漢書》卷九六上《西域傳上》則作“王嘗歸”：“介子遂斬王嘗歸首，馳傳詣闕，縣首北闕下。”⑤所謂“誅斬樓蘭王”“首縣北闕”，記録了西域侯王千里“馳傳”懸首長安的第一例。

讀《漢書》卷七〇《傅介子傳》載漢昭帝詔對“樓蘭王安歸”的指責，言及“樓蘭王安歸嘗爲匈奴閒，候遮漢使者，發兵殺略衛司馬安樂、光禄大夫忠、期門郎遂成等三輩，及安息、大宛使，盜取節印獻物，甚逆天理”，“殺略”“漢使者”“三輩”，又殺害“安息、大宛使，盜取節印獻物”⑥，所説具體，看來是確實的。這正是利用“當空道”的交通地理優勢實施的違背“天理”及外交常規的惡劣行爲。從這一角度來説，詔

---

①《漢書》，第3001—3002頁。《漢書》卷九六上《西域傳上》：“既至樓蘭，詐其王欲賜之，王喜，與介子飲，醉，將其王屏語，壯士二人從後刺殺之，貴人左右皆散走。”第3878頁。

②《漢書》，第669頁。

③《史記》，第1060頁。

④中華書局1962年標點本《漢書》卷七《昭帝紀》作“誅斬樓蘭王安，歸首縣北闕”。第230頁。對照《漢書》卷七〇《傅介子傳》載漢昭帝詔“樓蘭王安歸嘗爲匈奴閒”及“平樂監傅介子持節使誅斬樓蘭王安歸首，縣之北闕”，可知“安歸”不當分斷。

⑤顏師古注：“嘗歸者，其王名也。《昭紀》言安歸，今此作嘗歸，紀傳不同，當有誤者。”《漢書》，第3878—3879頁。

⑥顏師古注：“晉灼曰：‘此安息、大宛遠遣使獻漢，而樓蘭王使人盜取所獻之物也。’師古曰：‘節及印，漢使者所齎也。獻物，大宛等使所獻也。樓蘭既殺漢使，又殺諸國使者。’”第3003頁。

文傅介子"以直報怨"的評價①,是有根據的。

傅介子行爲對於控制樓蘭,進而改善絲綢之路通行條件的意義受到肯定。《漢書》卷一〇〇下《叙傳下》:"義陽樓蘭,長羅昆彌,安遠日逐,義成郅支。陳湯誕節,救在三恝;會宗勤事,疆外之桀。述《傅常鄭甘陳段傳》第四十。"②義陽侯傅介子因"樓蘭"建功,被看作名列在先的"疆外之桀"。著名的班超投筆從戎的故事:"家貧,常爲官傭書以供養。久勞苦,嘗輟業投筆歎曰:'大丈夫無它志略,猶當效傅介子、張騫立功異域,以取封侯,安能久事筆研間乎?'"③"傅介子、張騫"的序次值得注意。延熹五年(162),"武陵蠻夷悉反,寇掠江陵間","於是拜(馮)緄爲車騎將軍,將兵十余萬討之,詔策緄曰:'將軍素有威猛,是以擢授六師。前代陳湯、馮、傅之徒,以寡擊衆,郅支、夜郎、樓蘭之戎,頭懸都街,衛、霍北征,功列金石,是皆將軍所究覽也。今非將軍,誰與修復前跡?'"④所謂"陳湯、馮、傅之徒",傅介子、馮奉世、陳湯實際的時序又被顛倒。看來,傅介子等作爲精神榜樣之文化符號的意義,可能比具體史實的記憶更爲重要。

六、班勇"樓蘭之屯"

樓蘭因軍事交通地位之重要,在西域戰略規劃中長期受到重視。

漢安帝元初六年(119),在討論西域控制方案時,班勇又建議:"舊敦煌郡有營兵三百人,今宜復之,復置護西域副校尉,居於敦煌,如永元故事。又宜遣西域長史將五百人屯樓蘭,西當焉耆、龜兹徑路,南强鄯善、於寘心膽,北扞匈奴,東近敦煌。如此誠便。"⑤重點控制交通要道的意圖非常明朗。

後來又有關於"樓蘭"是否作爲重要軍事據點經營以保障西域通路的爭議。《後漢書》卷四七《班勇傳》記載:"尚書問勇曰:'今立副校尉,何以爲便?又置長史屯樓蘭,利害云何?'"班勇的回答,明確强調"出屯樓蘭"對於"通西域"的重要意義:"昔永平之末,始通西域,初遣中郎將居敦煌,後置副校尉於車師,既爲胡虜節度,又禁漢人不得有所侵擾。故外夷歸心,匈奴畏威。今鄯善王尤還,漢人外孫,若匈奴得志,則尤還必死。此等雖同鳥獸,亦知避害。若出屯樓蘭,足以招附其心,愚

①顏師古注:"《論語》載孔子言'以直報怨,以德報德',言怨於我者則直道而報之。故詔引之也。"第3003頁。
②《漢書》,第4259頁。
③《後漢書》卷四七《班超傳》,第1571頁。
④《後漢書》卷三八《馮緄傳》,第1281頁。
⑤《後漢書》卷四七《班勇傳》,第1587—1588頁。

以爲便。"隨後有長樂衛尉鐔顯、廷尉綦母參、司隷校尉崔據、太尉屬毛軫與班勇關於"棄西域"還是"通西域"的激烈爭論。班勇警告:"今置校尉以扞撫西域,設長史以招懷諸國,若棄而不立,則西域望絶。望絶之後,屈就北虜,緣邊之郡將受困害,恐河西城門必復有晝閉之儆矣。"最終"雖復羈縻西域,然亦未能出屯"。於是,果然匈奴"數與車師共入寇鈔,河西大被其害"。

後來班勇任爲西域長史,又有"樓蘭"經營,情況好轉:"延光二年夏,復以勇爲西域長史,將兵五百人出屯柳中。明年正月,勇至樓蘭,以鄯善歸附,特加三綏。……四年秋,勇發敦煌、張掖、酒泉六千騎及鄯善、疏勒、車師前部兵擊後部王軍就,大破之。首虜八千余人,馬畜五萬餘頭。捕得軍就及匈奴持節使者,將至索班没處斬之,以報其恥,傳首京師。"①班勇能發"鄯善"兵參與會戰,可知對"樓蘭""鄯善"地方的控制獲得成功②。

班勇"若出屯樓蘭,足以招附其心,愚以爲便"的態度所以堅定,是因爲注意到"樓蘭"軍事交通地位之重要。所謂"出屯樓蘭",《後漢書》卷四八《楊終傳》稱"遠屯""樓蘭","樓蘭之屯"③。

七、婼羌與"高原絲綢之路"

《後漢書》卷四七《班超傳》李賢注:"鄯善本西域樓蘭國也,昭帝元鳳四年改爲鄯善。"然而《三國志》卷三〇《魏書·烏丸鮮卑東夷傳》裴松之注引《魏略·西戎傳》說"從燉煌玉門關入西域,前有二道,今又三道"時,"中道"說到"故樓蘭","南道"說到"樓蘭國"和"鄯善":"從玉門關西出,發都護井,回三隴沙北頭,經居盧倉,從沙西井轉西北,過龍堆,到故樓蘭,轉西詣龜兹,至蔥領,爲中道。""南道西行,且志國、小宛國、精絶國、樓蘭國皆並屬鄯善也。"④可知"樓蘭""鄯善"在西域交通系統中地位之重要。

"樓蘭""鄯善"臨近"婼羌"。《漢書》卷九六上《西域傳上》:"出陽關,自近者始,曰婼羌。婼羌國王號去胡來王⑤。去陽關千八百里,去長安六千三百里,辟在

①《後漢書》,第1588—1590頁。
②《漢書》卷九六上《西域傳上》:"鄯善國,本名樓蘭。"第3875頁。《後漢書》卷四七《班超傳》:"超到鄯善。"
　李賢注:"鄯善本西域樓蘭國也,昭帝元鳳四年改爲鄯善。"第1572頁。
③《後漢書》,第1597頁,第1598頁。
④《三國志》,中華書局,1959年,第859頁。
⑤顏師古注:"言去離胡戎來附漢也。"

西南,不當孔道。户四百五十,口千七百五十,勝兵者五百人。西與且末接。隨畜逐水草,不田作,仰鄯善、且末穀。山有鐵,自作兵,兵有弓、矛、服刀、劍、甲。西北至鄯善,乃當道云。"①理解所謂"辟在西南,不當孔道",還可以注意《漢書》卷九六上《西域傳上》關於"小宛國"的記述:"西北至都護治所二千五百五十八里,東與婼羌接,辟南不當道。"②婼羌"辟在西南,不當孔道","西北至鄯善,乃當道云",就是説,與西域"中道""南道"的連通,需經過"樓蘭""鄯善"這一樞紐。然而就另一交通方向而言,"婼羌"的地位特别重要。

上文引録《史記》卷一一〇《匈奴列傳》"西置酒泉郡以鬲絶胡與羌通之路",《漢書》卷九四上《匈奴傳上》"西置酒泉郡以隔絶胡與羌通之路",《漢書》卷九六下《西域傳下》"表河西,列四郡,開玉門,通西域,以斷匈奴右臂,隔絶南羌、月氏",而《漢書》卷七三《韋玄成傳》則寫作"以鬲婼羌":"西伐大宛,並三十六國,結烏孫,起敦煌、酒泉、張掖,以鬲婼羌,裂匈奴之右肩。"③所謂"以鬲婼羌"之説應當受到重視。我們看到如下信息:《後漢書》卷五八《傅燮傳》李賢注:"劉歆等議曰:'孝武帝北攘匈奴,降昆邪十萬之衆,置五屬國,起朔方,以奪其肥饒之地。東伐朝鮮,起玄菟、樂浪,以斷匈奴之左臂。西伐大宛,並三十六國,結烏孫,起敦煌、酒泉、張掖,以鬲婼羌,裂匈奴之右臂。'"④又《後漢書》卷八八《西域傳》李賢注:"《前書》云起敦煌、酒泉、張掖,以隔婼羌,裂匈奴之右臂也。"⑤

"婼羌"與"樓蘭"有一定的文化共性。《漢書》卷九六上《西域傳上》關於"鄯善國,本名樓蘭"的内容中,寫道:"地沙鹵,少田,寄田仰谷旁國。國出玉,多葭葦、檉柳、胡桐、白草。民隨畜牧逐水草,有驢馬,多橐它。能作兵,與婼羌同。"⑥

《三國志》卷三〇《魏書·烏丸鮮卑東夷傳》裴松之注引《魏略·西戎傳》説到"婼羌"在西域交通體系中的位置及相鄰部族的人文形勢:"燉煌西域之南山中,從婼羌西至蔥領數千里,有月氏餘種蔥茈羌、白馬、黄牛羌,各有酋豪,北與諸國接,不知其道里廣狹。傳聞黄牛羌各有種類,孕身六月生,南與白馬羌鄰。"⑦所謂"婼羌"及相鄰諸"羌",位於"燉煌西域之南山中",可能就是所謂"南羌"。《三國志》卷三〇《魏書·烏丸鮮卑東夷傳》裴松之注引《魏略·西戎傳》還説道:"從玉門關西

①《漢書》,第 3875 頁。
②《漢書》,第 3879 頁。
③《漢書》,第 3126 頁。
④《後漢書》,第 1876 頁。
⑤《後漢書》,第 2912 頁。
⑥《漢書》,第 3876 頁。
⑦《三國志》,第 859 頁。

出,經婼羌轉西,越蔥領,經縣度,入大月氏,爲南道。"①也許"南羌"名號直接來自所居"燉煌西域之南山中",也許間接亦與"從燉煌玉門關入西域"之"南道"有關。前引婼羌"辟在西南,不當孔道",此說"經婼羌轉西""爲南道",或許與交通條件的歷史變化有關。《三國志》卷三〇《魏書·烏丸鮮卑東夷傳》裴松之注引《魏略·西戎傳》說"從燉煌玉門關入西域,前有二道,今有三道",應是說西域絲綢之路交通幹線。又說:"漢初開其道,時有三十六,後分爲五十餘。從建武以來,更相吞滅,於今有二十道。"②則往西域各國皆"開其道"。在注意到西域道路複雜性的認識基點上考察"南羌"交通條件,是有意義的。

無論是《漢書》卷二八下《地理志下》所謂"鬲絕南羌、匈奴"③,還是《漢書》卷九六下《西域傳下》所謂"隔絕南羌、月氏"④,"南羌"都是漢王朝戰略防備的重心。"南羌"作爲民族稱謂,在《漢書》卷二八《地理志》中出現多例⑤。可知"南羌"體現了當時比較確定的民族地理知識。新疆漢代遺存所見有"討南羌"字樣的織錦,告知我們"南羌"曾經是絲綢之路交通長期提防與警備的民族力量⑥。

與軍事學家克勞塞維茨"戰爭是一種人類交往的行爲"⑦的論點類似,馬克思和恩格斯也曾經指出:"戰爭本身""是一種經常的交往形式"。他們特別重視民族關係在這種"交往"中的動態⑧。從漢代歷史文化研究獲得的資訊看,"南羌"作爲在河西地方以南曾經相當活躍的民族力量,對於與絲綢之路史有關的民族交往的實現,也曾經發揮過積極的作用。

在"婼羌"以南,與絲綢之路河西段西端形成某種空間對應關係的今西藏阿里地區,出土漢代"宜侯王"文字織錦及其他文物。有的學者以爲"高原絲路"的文化

①《三國志》,第 859 頁。

②《三國志》,第 859 頁。

③《漢書》,第 1644 頁。

④《漢書》,第 3928 頁。

⑤《漢書》卷二八下《地理志下》"金城郡"條:"河關,積石山在西南羌中。"第 1611 頁。"酒泉郡"條:"禄福,呼蠶水出南羌中,東北至會水入羌穀。""敦煌郡"條:"冥安,南籍端水出南羌中,西北入其澤,溉民田。""龍勒,有陽關、玉門關,皆都尉治。氐置水出南羌中,東北入澤,溉民田。"第 1614 頁。今按:"積石山在西南羌中",中華書局標點本對"西南羌中"四字均不使用底線,似不以爲其中有可以理解爲地名者,即讀作"西南"方向"羌中"。其實,也可以理解爲"西"方之"南羌中"。《後漢書》卷八七《西羌傳》:"舜流四凶,徙之三危,河關之西南羌地是也。"李賢注:"河關,縣,屬金城郡。以上並《續漢書》文。""河關之西南羌地是也"可以與《地理志》"河關,積石山在西南羌中"對照讀。中華書局標點本《後漢書》"河關之西南羌地","羌"字標示底線以指示族名(第 2869—2870 頁),也不理解爲"河關之西"的"南羌地"。

⑥"南羌"作爲民族稱謂在漢末依然使用。《三國志》卷一八《魏書·張就傳》裴松之注,第 552—553 頁。

⑦ [德]克勞塞維茨:《戰爭論》,中國人民解放軍軍事科學院譯,解放軍出版社,1964 年,第 1 卷第 179 頁。

⑧ [德]馬克思、[德]恩格斯:《德意志意識形態》,《馬克思恩格斯選集》,人民出版社,1972 年,第 1 卷第 2 頁。

溝通效應①，由此得到證明。這一歷史進步，或許與"南羌"的活動有關。敦煌馬圈灣漢簡可見"驢五百匹驅驢士五十人之蜀"簡文②。從河西軍事據點出發南下"之蜀"的這一規模頗可觀的運輸活動，是要經過羌人控制的地區即所謂"南羌"地方的。許多跡象表明，追溯巴蜀地方與河西地方的早期聯繫，羌人的活動有交通開發的意義③。考察"婼羌"方向通往藏地的交通條件，是重要的學術主題。現在看來，結合考古文物資料就此進行更深層次的考論與説明，還需要繼續進行細緻持久的工作。

（作者單位：西北大學歷史學院）

①霍巍：《高原絲綢之路的形成、發展及其歷史意義》，《社會科學家》2017 年 11 期；《高原絲路吉隆道的考古發現》，北京大學絲綢之路文明高峰論壇論文，無錫，2018 年 10 月。

②王子今：《説敦煌馬圈灣簡文"驅驢士""之蜀"》，《簡帛》第 12 輯，上海古籍出版社 2016 年。

③王子今、高大倫：《説"鮮水"：康巴草原民族交通考古劄記》，《中華文化論壇》2006 年 4 期；王子今：《河西"之蜀"草原通道：絲路別支考》，《絲綢之路研究集刊》第 1 輯，商務印書館，2017 年。

漢武帝"立樂府"新解

汪桂海

漢武帝立樂府是中國古代文學史、音樂史上一個較受關注的問題,但因爲史書中有一些在漢武帝立樂府之前的樂府材料,形成"矛盾",導致學界對武帝"立樂府"的記載產生了疑問和爭論。信之者,多否定漢武帝之前樂府記載的可信度;疑之者,則認爲漢武帝之前已有樂府,漢武帝"立樂府"非設立樂府,乃擴充樂府,增其人員與職能。考古資料的新發現貌似提供了解決問題的新工具,實際上並未真正解決問題,反而使得該問題的討論更加複雜,迄今未有定論。

學術史上的一些爭論往往緣於資料的欠缺,導致事後還原歷史真相時出現了缺環,人們面對一些不完整的資料,又往往未注意這些資料所反映的時空關係,造成時空錯位,把原本反映不同歷史節點的材料放在一起,當作互相矛盾、有你無我的"死敵",如此下去,問題的解決很難得到切實推進。武帝"立樂府"問題的爭議即屬於此類。本文試圖從原始記載出發,探討漢武帝"立樂府"的歷史真實,希望給該問題的理解提供一個新的思路。

一、關於樂府爭議的回顧

漢武帝立樂府的記載見於《漢書》卷二二《禮樂志》和卷三十《藝文志》:

> 至武帝,定郊祀之禮,祠太一於甘泉,就乾位也;祭后土於汾陰,澤中方丘也。乃立樂府,采詩夜誦,有趙、代、秦、楚之謳。以李延年爲協律都尉,多舉司

馬相如等數十人造爲詩賦,略論律呂,以合八音之調,作十九章之歌。(《禮樂志》)①

自孝武立樂府而采歌謠,於是有代趙之謳,秦楚之風,皆感於哀樂,緣事而發,亦可以觀風俗,知薄厚云。(《藝文志》"詩賦略"序)②

兩處都明確記載説漢武帝"立樂府"。何謂"立"?《禮樂志》顏師古注曰:"始置之也。"③從文字訓詁上講,該解釋是正確的,没有任何問題。但同樣是《禮樂志》,還有另一處記載:

又有《房中祠樂》,高祖唐山夫人所作也。……高祖樂楚聲,故《房中樂》楚聲也。孝惠二年,使樂府令夏侯寬備其簫管,更名曰《安世樂》。④

漢惠帝時已經有了樂府。這條材料説明漢代樂府的出現時間早在漢武帝之前,而非始自武帝。這顯然與上面的兩處記載之間有"矛盾"。

宋代,有人開始注意到這個問題。首先提出質疑的是南宋前期的王益之,他在《西漢年紀》卷三引《禮樂志》漢惠帝二年"使樂府令夏侯寬備其簫管"一條記載時,作《考異》曰:"按,樂府,武帝時始立,'樂府令'疑當作'大樂令'。"⑤王益之認爲既然樂府立自武帝,則惠帝時不應有樂府,故而懷疑此"樂府令"應是"太樂令"之誤。這是首次有人因爲兩處記載的不同而對其中一處産生懷疑。

之後,王應麟《漢藝文志考證》卷八於"自孝武立樂府"下則對這個問題提出另一種看法,他説:"《禮樂志》孝惠二年(前193)有樂府令夏侯寬,似非始於武帝。"⑥這個意見與王益之正好相反。王應麟懷疑的對象不是"樂府令夏侯寬",而是"武帝立樂府"記載的可靠性,認爲樂府在武帝之前已經出現,不始於武帝。可見,在這個問題上從一開始就出現了兩種截然不同的意見,而無論哪種意見,都認爲兩處記載存在矛盾,必有一誤。此後的爭議基本上是王益之、王應麟兩種觀點的延續,其中較爲有影響者,如顧炎武《日知録》卷二六"漢書"條:

史家之文多據原本,或兩收而不覺其異,或並存而未及歸一。……《禮樂志》上云:"孝惠二年,使樂府令夏侯寬備其簫管。"下云:"武帝定郊祀之

---

①《漢書》卷二二《禮樂志》,中華書局點校本,1962年,第1045頁。

②《漢書》卷三十《藝文志》,第1756頁。

③《漢書》卷二二《禮樂志》,第1045頁。

④《漢書》卷二二《禮樂志》,第1043頁。

⑤(宋)王益之撰,王根林點校:《西漢年紀》卷三,中州古籍出版社,1993年,第58頁。

⑥(宋)王應麟著,張三夕、楊毅點校:《漢藝文志考證》卷八,中華書局,2011年,第258頁。

禮，……乃立樂府。"……樂府之名蓋立於孝惠之世。……此兩收而未貫通者也。①

顧氏列舉了《漢書》中記載同一事而歧互並存的幾個例子，認爲這是史家所據材料有差異而前後失於照應，未能予以折中統一，《禮樂志》關於樂府的這兩條材料也屬於這類情況，"樂府之名蓋立於孝惠之世"，不得曰武帝時始"立樂府"。此與王應麟説正同。

乾隆年間校刻武英殿本二十四史，於各卷之末皆附《考證》，其中《漢書》卷二二《禮樂志》卷末所附《考證》針對"乃立樂府"及顏注"樂府之名蓋起於此"引録了王應麟和顧炎武的意見②，顯然，殿本《漢書》校勘諸臣認可王、顧之説，認爲《禮樂志》稱武帝"立樂府"有誤。當時參與殿本《漢書》校勘的學者有十二人，杭世駿即爲其一，他在事後又單獨撰寫了《史記疏證》六十卷和《漢書疏證》三十七卷③，在《漢書疏證》卷一二《藝文志》"自孝武立樂府"條下亦曰："《（殿本漢書）考證》曰：《禮樂志》孝惠二年有樂府令夏侯寬，似非始於武帝。"④所持觀點與王、顧以及殿本考證一脈相承。殿本的這條考證很有可能與杭氏有一定關係，至少他也是認同的。

王應麟、顧炎武都是重量級的學者，而乾隆年間校勘的殿本作爲官方定本，流通較爲廣泛，影響較大，因此，漢代樂府立於武帝之前，非始於武帝的主張，應該是廣爲人接受的主流觀點。最早關注這一問題的王益之所著《西漢年紀》及《考異》原書散佚，直至乾隆年間修《四庫全書》時纔從《永樂大典》中輯出，知之者不多，其懷疑漢惠帝時"樂府令夏侯寬"之"樂府令"有可能是"太樂令"之誤的觀點，更是幾乎没有人瞭解，但這不意味著無人與之呼應。例如清初何焯《義門讀書記》卷一六在《漢書·禮樂志》"孝惠二年使樂府令夏侯寬備其簫管"條下説："武帝始立樂府，此'樂府令'疑作'大樂令'。"⑤何焯的意見就與王益之完全相同。乾嘉年間，沈欽韓《漢書疏證》卷一四在《禮樂志》"孝惠二年使樂府令夏侯寬"條下除了引《日知

---

① （清）顧炎武著，（清）黃汝成集釋：《日知録》卷二六，中州古籍出版社據 1936 年世界書局仿古字版影印，1990 年，第 593—594 頁。

② 殿本《漢書》卷二二《禮樂志》卷末附《考證》。

③ 杭世駿《史記疏證》六十卷及《漢書疏證》二十七卷僅有鈔本存世，均藏國家圖書館。二書均無作者著名，亦無序跋，故此前於其作者及成書年代不明確。因沈欽韓著有《漢書疏證》，書名與此全同，舊藏此書者於卷前題識中誤以爲沈欽韓撰，然細加比對，二者實非一書，故《北京圖書館古籍善本書目》著録爲"佚名撰，清鈔本"。經董恩林先生考證，知乃康雍乾時期的著名學者杭世駿所撰，此一謎案始得解開。詳參董恩林：《佚名〈史記疏證〉、〈漢書疏證〉作者考》，載《歷史研究》2010 年第 3 期，第 183—188 頁。

④ （清）杭世駿：《漢書疏證》卷一二，《續修四庫全書》第 265 册，上海古籍出版社，1994 年—2002 年，第 479 頁。

⑤ （清）何焯著，崔高維點校：《義門讀書記》卷一六，中華書局，1987 年，第 259 頁。

録》的説法外，又作按語曰：“按《史記・樂書》亦云‘孝惠、孝文、孝景無所增更，於樂府習常舊肄而已。’此以後制追述前事，《史》、《漢》每有此病。”①也在樂府始於武帝之前還是武帝之時這兩者之間選擇了後者。清末，王先謙《漢書補注》乃《漢書》校注的集大成之作，其在《禮樂志》“樂府令夏侯寬”下僅僅引了何焯、沈欽韓的説法，没有提及包括殿本考證在内的其他觀點，傾向性亦由此可見②。

進入現當代，關於武帝“立樂府”的爭議仍然不斷③。由於爭論雙方所依據的就那麼幾條材料，各作各的解釋，或曰始置於漢武帝，或曰立於武帝前，繼續依違於宋代以來的兩派之間，難定是非。自二十世紀七十年代，地下陸續出土了一些漢武帝之前的樂府材料，給該問題的討論帶來新的動力。

最早的發現是清末民國陸續出土並逐漸爲學者所認識、重視的漢代封泥，其中臨淄出土的漢代齊國遺留封泥中有“齊樂府印”，在羅振玉《齊魯封泥集存》、陳寶琛《澂秋館藏古封泥》、周明泰《再續封泥考略》、王獻唐《臨淄封泥文字》中都先後著録，共計有三枚。另，吳式芬、陳介祺《封泥考略》著録“左樂之印”一枚，《再續封泥考略》著録“樂印”（半通印）一枚，《齊魯封泥集存》著録“樂府鐘官”一枚，然各家皆未利用這些封泥中的“樂府”資料來考察漢代樂府的設立問題。陳直先生是首次將該資料引入樂府問題討論的學者，在1988年出版的《文史考古論叢》一書中提到“齊樂府印”封泥，認爲該封泥大致屬於西漢菑川王和齊懿王時，早於漢武帝，但陳先生没有因此否定漢武帝始立樂府的説法，衹是認爲“樂府疑即太樂之初名”④。後來者則往往借用該封泥資料作爲樂府非始於武帝，早在武帝之前即有的證據之一⑤。

雖非最早發現，但是最早進入人們視野的武帝以前樂府新資料，是一枚秦樂府編鐘。1976年春節期間，陝西省考古研究所袁仲一先生在秦始皇陵附近發現了一

①（清）沈欽韓：《漢書疏證》卷一四，《續修四庫全書》第266册，上海古籍出版社，1994年—2002年，第440頁。

②（漢）班固著，（清）王先謙補注，上海師范大學古籍整理研究所整理：《漢書補注》，上海古籍出版社，2008年，第1469頁。

③參蕭滌非：《漢魏六朝樂府文學史》，人民文學出版社，1984年，第5—6頁；王運熙：《漢武始立樂府説》，收入王運熙：《樂府詩述論》，上海古籍出版社，1996年，第192—194頁，又收入王運熙：《望海樓筆記》，陝西人民出版社，2008年，第69—71頁；王運熙：《關於漢武帝立樂府》，收入王運熙：《望海樓筆記》，第71—73頁；劉永濟：《十四朝文學要略（上古至隋）》，黑龍江人民出版社，1984年，第92頁；孫尚勇：《樂府文學文獻研究》，人民文學出版社，2007年，第45—56頁；趙敏俐：《漢代樂府官署興廢考論》，《文獻》2009年第3期，第17—33頁，等等。

④陳直：《漢封泥考略》，收入陳直：《文史考古論叢》，天津古籍出版社，1988年，第345頁。

⑤趙敏俐：《漢代樂府官署興廢考論》，第18頁。

枚秦代編鐘,編鐘的鈕上篆刻"樂府"二字,證明漢之前的秦就有了樂府機構①。寇效信《秦漢樂府考略——由秦始皇陵出土的秦樂府編鐘談起》一文最早公布該資料,並根據這一新發現,證實樂府非始立於漢武帝之説,認爲武帝"立樂府"絕非顔師古注説的"始立",而是包括設立、擴充的意思,是"重新設立樂府機構,擴大了樂府的編制,擴充了樂府職能"②。學界通常認爲此發現"徹底打破"樂府始立於漢武帝的觀點③。

第三個發現是 1983 年在廣州市象崗發掘南越王墓出土八件銅勾鑃,每件皆刻"文帝九年樂府工造"。此"文帝"應指南越文帝。黃展岳先生據銘文推斷"此八件勾鑃爲南越文帝九年樂府中的工師所監造","表明南越王國也設有樂府。勾鑃和同出的編鐘、編磬,器形與戰國末至西漢初的同類器相同,由此推測南越樂府的肄習樂章當係仿自漢廷"④。南越文帝九年當漢武帝元光六年(前 129),在漢武帝元鼎六年(前 111)"立樂府"之前,故而此條材料也成爲支持樂府非始於漢武帝説的旁證。

第四個發現是二十世紀末在西安北郊相家巷秦甘泉宮遺址出土大批秦封泥,裏面有"樂府"(半通印)、"樂府丞印"、"左樂丞印"、"寺樂左瑟"、"外樂"(半通印)、"雒左樂鐘"⑤,都足以證明秦代已設立樂府。

由於以上新資料的發現,使得先前支持樂府始於漢武帝的觀點幾乎失去了發聲的基礎,秦代已設有樂府官署,漢代樂府非漢武帝創立的的説法,逐漸成爲大多數學者們的共識,大家對《漢書》武帝"立樂府"記載的理解普遍趨同於擴大、擴充樂府,不認同顔師古"始置之也"的解釋。事實是否確實如此?《漢書》的記載是否確有矛盾?顔師古的解釋是否存在缺陷?前人對《漢書》的理解是否妥當?關於武帝始立樂府的記載是否如學界所普遍認爲的那樣,所立樂府與少府之樂府無别?這些疑問其實並未真正解決,仍然需要一一解答。

二、武帝"立樂府"之前的漢樂府

認爲樂府不始於武帝的文獻依據除了《漢書·禮樂志》惠帝時樂府令夏侯寬

---

①袁仲一:《秦代金文、陶文雜考三則》,《考古與文物》1982 年第 4 期,第 92—93 頁。

②寇效信:《秦漢樂府考略——由秦始皇陵出土的秦樂府編鐘談起》,《陝西師范大學學報(哲學社會科學版)》1978 年第 1 期,第 35—37 頁。

③趙敏俐:《漢代樂府官署興廢考論》,第 18 頁。

④黃展岳:《南越王墓出土文字資料匯考·一四、"文帝九年樂府工造"銅勾鑃》,收入黃展岳:《先秦兩漢考古與文化》,(臺北)允晨文化實業股份有限公司,1999 年,第 282—283 頁。

⑤傅嘉儀:《秦封泥彙考》,上海書店出版社,2007 年,第 13—18 頁。

的一條外,學界經常提到的還有如下幾條出自傳世文獻的直接記載:

一是《史記》卷二四《樂書》:

> 高祖過沛詩《三侯之章》,令小兒歌之。高祖崩,令沛得以四時歌儛宗廟。孝惠、孝文、孝景無所增更,於樂府習常肆舊而已。①

二是賈誼《新書》卷四《匈奴篇》提出消磨匈奴人意志的五條措施,其一曰:

> 上使樂府幸假之倡樂,吹簫鼓鞀,倒挈面者更進,舞者蹈者時作。少間擊鼓,舞其偶人。莫時乃爲戎樂,攜手胥彊上客之後,婦人先後扶侍之者固十餘人,令使者、降者時或得此而樂之耳。②

三是應劭《風俗通義》:

> 巴有賨人,剽勇。高帝爲漢王時,閬中人范目説高祖募取賨人,定三秦,封目爲閬中慈鳧鄉侯,並復除目所發賨人盧、朴、沓、鄂、度、夕、襲七姓,不供租賦。閬中有渝水,賨人左右居,銳氣善舞,高祖樂其猛銳,數觀其舞,後令樂府習之。(《文選·蜀都賦》李善注引)③

《史記·樂書》、《漢書·禮樂志》兩條中的樂府與宗廟樂有關,《新書》、《風俗通義》兩條中的樂府則與帝王日常宴樂有關。漢代宗廟樂專由太常屬官太樂令丞掌管,帝王日常宴樂由少府屬官樂府令丞掌管,二者有明確分工。那麽,惠帝二年,使樂府令夏侯寬爲《房中祠樂》備簫笙,更名曰《安世樂》,是否如有的學者所認爲的此樂府是太樂或太樂令的泛稱呢?恐怕不能作如此推斷。因爲有資料可以證明,西漢時宗廟樂演奏所使用的樂器,由少府屬下的樂府與考工共同負責制作、提供。《西清古鑑》卷三六著録一件綏和二年(前7)鐘,銘文曰:

> 銅鐘,綏和二年,考工宗造,守佐常、嗇夫欽、掾豐主,左丞憚、令譚省。
> 《四時》《嘉至》摇鐘,未中角。

《漢金文録》卷三著録如下三件樂器,第一件建平二年(前5)鐘,銘文曰:

> 建平二年,共工工憚造,嗇夫合、守令史循、掾式主,左丞輔市、令豐省。
> 《嘉至》摇鐘,甲堵中羽。

第二件是居攝元年(公元6)鐘,銘文曰:

---

①(漢)司馬遷:《史記》卷二四《樂書》,中華書局點校本,2014年,第1399頁。

②(漢)賈誼著,閻振益、鍾夏校注:《新書校注》卷四《匈奴篇》,中華書局,2000年,第136頁。

③(漢)應劭撰,王利器校注:《風俗通義校注》,中華書局,2010年,第490—491頁。

居攝元年,考工□□繕,守嗇夫□、守令史獲、掾裦主,守左丞□、令□省。

第三件是新候騎鉦,銘文曰:

候騎鉦,重九斤五兩,新始建國地皇上戊二年,右工工瑁造,嗇夫放、掾□、守丞況、令嘉掌,共工大夫弘省。

以上凡四件漢代樂器,綏和二年鐘、建平二年鐘都是專用於演奏《四時》、《嘉至》樂舞的編鐘。《漢書·禮樂志》說,《嘉至》是漢高帝時叔孫通因秦樂人所制作的宗廟樂之一,"太祝迎神於廟門,奏《嘉至》,猶古降神之樂",是祭祀宗廟時的迎神樂。《四時》是漢文帝所作樂舞,頌揚天下安和。西漢諸帝廟皆常奏《四時》之舞。這說明,綏和二年鐘、建平二年鐘都應該是西漢宗廟祭祀使用的樂器,屬於太常屬下的太樂掌管。

兩件編鐘上分別有一些負責監造官吏的勒銘,考工、共工總負責樂器的制造,(守)佐、嗇夫、令史、掾直接督率工匠制造,(守)左丞、令在制造過程中負責監察指導。

考工在漢武帝太初元年之前稱考工室,爲少府屬官,有令有丞。據顏師古引臣瓚注,考工"主作器械"。東漢考工轉屬太僕,《續漢書·百官志三》載其職責是"主作兵器弓弩刀鎧之屬,成則傳執金吾入武庫,及主織綬諸雜工",也似乎與樂器制造無關。實際則並非如此。漢章帝建初二年(公元77)七月,太常樂丞鮑鄴上書建議"作十二月均,各應其月氣",爲此需要製造專用的樂器,鮑鄴提出"願與待詔嚴崇及能作樂器者共作治,考工給所當"。詔下太常。太常上書曰:"作樂器直錢百四十六萬,請太僕作成上。"由於作樂器花費太多,此事暫時擱置[1]。後來在建初五年冬最終"始行月令迎氣樂",但"以作樂器費多,遂獨行十月迎氣樂"[2]。可以注意到,在太常樂丞鮑鄴的動議中,考工、能作樂器者以及像待詔嚴崇一樣曉律準以調音者都是製作樂器時所不可缺少的。因此,兩漢的考工雖歸屬不同(西漢歸少府,東漢歸太僕),但都承擔國家重大禮儀活動所需樂器的製造。

銘文中的共工即少府,王莽主政時改少府曰共工,西漢時是主管考工的職官。直接督率工匠制造樂器的(守)佐、嗇夫、令史、掾等應該是考工令的屬吏。至於負責監察指導樂器制造的(守)左丞、令很有可能是樂府令丞,因爲與考工同屬少府,

①(晋)司馬彪:《續漢書·律曆志上》劉昭注補引《薛瑩書》,中華書局點校本,1965年第1版,第3015頁。《薛瑩書》即《隋書·經籍志》所著錄《後漢記》六十五卷,注曰:"本一百卷,梁有,今殘缺。晉散騎常侍薛瑩撰。"

②(南朝宋)范曄:《後漢書》卷三《章帝紀》及李賢注引《東觀記》,中華書局點校本,1965年第1版,第141頁。

故而在銘文中只簡單刻作令、丞。武帝太初元年之後,樂府丞有三人,銘文中的左丞應即其一。樂器按照規格製造出來,需要有人根據音準給予調音。樂府令丞職掌樂舞之事,知曉音律,他們是樂器製造過程中不可缺少的人員。

綏和二年鐘、建平二年鐘上的銘文説明,這兩件用於宗廟祭祀樂演奏的樂器是由少府屬下的考工、樂府聯合製造的,在製造並調音完畢之後,交給了太常。

不僅宗廟樂器如此,其他樂器也皆由考工、樂府共同製作。例如上面所列舉的後兩件樂器,即居攝元年(公元6)鐘和新始建國地皇二年(公元21)新候騎鉦。居攝元年鐘没有銘文證明它用於宗廟樂演奏,可能是在其他場合使用的樂器。新候騎鉦則更是確切屬於行軍時使用的打擊樂器。根據銘文,無論是新候騎鉦的制造,還是居攝元年鐘的修繕,主管、協助、監管的官吏都是來自考工、樂府,與綏和二年鐘、建平二年鐘基本一致,充分證明漢代無論是宗廟祭祀用樂器,還是非宗廟用樂器,都是由少府屬下的考工、樂府共同負責制造,甚至樂器的修繕也是如此。西漢南越王墓出土的八件南越文帝銅勾鑃,其銘文皆曰“文帝九年樂府工造”。黃展岳先生認爲“此八件勾鑃爲南越文帝九年樂府中的工師所監造”[1],是正確的,這證明南越國的樂府也掌管國家所用樂器的製造,這一制度應是仿效自秦朝和漢朝。

明白了漢代官府各種樂器製造與樂府之間的關係,有助於重新審視惠帝二年“使樂府令夏侯寬爲《房中祠樂》備簫管”這條材料。否認漢武帝之前存在樂府的學者一般認爲此材料中的樂府應是太樂或太樂令的泛稱。現在可以基本確定,這種解釋是不對的。樂府令夏侯寬爲宗廟樂配備簫管等樂器,並不是因爲夏侯寬爲太常屬吏太樂令,而是因爲漢代少府下面的樂府本來就有爲朝廷各種重大樂舞活動配備樂器的職責,此“樂府令”非“太樂令”的泛稱。《禮樂志》説漢高祖喜歡楚聲,所以唐山夫人所作《房中祠樂》也是楚聲。房中祠指爲受祭對象專門建造祠堂屋舍的祭祀方式,與露天祭祀不同[2]。宗廟祭祀屬於房中祠,故而其祭祀樂可稱爲房中樂。《禮樂志》收錄了此樂歌的歌詞,共十七章,名《安世房中歌》,從其歌詞中反復强調“大孝”、“孝德”、“孝道”,以及其中“乃立祖廟,敬明尊親”的語詞看,《房

---

[1] 黃展岳:《南越王墓出土文字資料匯考·一四、“文帝九年樂府工造”銅勾鑃》,收入黃展岳:《先秦兩漢考古與文化》,第282頁。

[2] 《後漢書》卷七《桓帝紀》延熹八年(165)夏四月“丁巳,壞郡國諸房祀”。李賢注:“房謂祠堂也。《王涣傳》曰:‘時唯密縣存故太傅卓茂廟,洛陽留令王涣祠。’”(第314頁)卷五七《欒巴傳》記載欒巴就任豫章太守,鑒於當地多山川鬼怪,貧民百姓常破費資産去祭祀祈禱,“乃悉毀壞房祀,翦理姦巫”。李賢注:“房謂爲房堂而祀者。”(第1841頁)

中樂》是屬於宗廟祭樂是毫無疑問的,該樂歌最初很可能是在大約漢高祖十年秋修造太上皇廟後,爲祖廟祭禮而創作①。《房中祠樂》演唱時需要配樂,配樂需要配備合適的樂器,即根據樂曲的特點和樂器的音色效果等要素來確定配用哪些樂器。漢惠帝爲了在宗廟祭祀時演奏《房中樂》,遂命樂府令夏侯寬爲之"備簫笠",爲《房中樂》演奏配備所需要的簫管等樂器。

同樣的道理,秦始皇陵附近發現篆刻"樂府"二字的秦代編鐘,也應該是由秦樂府爲秦始皇陵寢祭祀機構所監造的樂器。從出土地點爲秦始皇陵寢之地,以及同時出土有"麗山食官"陶片等情況看,它應該是在秦始皇陵寢殿祭祀時用於奏樂助祭的樂器②。該編鐘確應如先前學者所指出的,屬於掌管秦宗廟陵寢祭祀奏樂的奉常屬官太樂令所有,而非少府屬官樂府令所有③。但該編鐘上鎸刻的"樂府",應是少府屬下的樂府,非太樂令管理的樂器庫和樂人教習之所。編鐘上的"樂府"二字是監造者鎸刻,非所有者和使用者鎸刻。瞭解了這一點,就不會對編鐘出土地與其上銘文之間的不一致産生疑問乃至不恰當的解釋了。

漢朝承襲秦制,在漢武帝"立樂府"之前,已經設有奉常(太常)屬官太樂、少府屬官樂府兩個主管樂舞活動的專門機構和官員,這在《漢書·百官公卿表》記載得很清楚。太樂與樂府之間在職能上有一定的分工。奉常(太常)掌宗廟禮儀,其下所設的太樂則掌管宗廟以及各陵寢歲時祭祀用樂。另外,秦在雍地有四畤,祭祀白、青、黃、赤四帝,出土秦封泥有"雝左樂鐘",一般認爲應是雍祠時之樂官之一④。劉邦入關占領秦地後,增立黑帝祠,合而爲五畤。漢代,雍五畤由奉常(太常)主管,有雍太宰令丞、太祝令丞,五畤各一尉,歲時祭祀,當如秦時,其用樂亦由太樂掌管。至於樂府所掌樂舞活動,應主要是日常朝儀用樂和帝王宴樂、舞蹈、雜技等。漢武帝之前有樂府,這已經爲銅器銘文、封泥等衆多出土資料所證實,論者較多,此處不贅言。

---

①《漢書》卷一下《高帝紀下》漢高祖十年"秋七月癸卯,太上皇崩,八月,令諸侯王皆立太上皇廟于國都"。太上皇廟應是漢代的祖廟。漢高祖駕崩,"五月丙寅,葬長陵。已下,皇太子羣臣皆反至太上皇廟。羣臣曰:'帝起細微,撥亂世反之正,平定天下,爲漢太祖,功最高。'上尊號曰高皇帝。"確定並宣布其廟號的儀式即在太上皇廟舉行。

②袁仲一:《秦代金文、陶文雜考三則》,《考古與文物》1982年第4期,第92—93頁。

③周天游:《秦樂府新議》,《西北大學學報》(哲學社會科學版),1997年第1期,第43—44頁。

④周天游:《秦樂府新議》,第44頁;又,傅嘉儀:《秦封泥彙考》,第13—18頁。或讀作"雝樂左鐘"、"左樂雝鐘",疑皆非。

三、武帝"立樂府"

　　既然漢武帝之前已經設立了樂府,那麼《禮樂志》、《藝文志》説的武帝"立樂府"究竟是怎麼回事呢? 是否如目前肯定武帝之前有樂府的學者所理解的那樣,漢武帝"立樂府"只是擴大、擴充原來少府屬下的樂府呢? 要想徹底弄清楚這個問題,還得從認真閱讀理解最原始的材料出發。

　　《漢書·禮樂志》在武帝"乃立樂府"這句話之前,有一段文字交待"立樂府"的緣由,原文作:"至武帝,定郊祀之禮,祠太一於甘泉,就乾位也;祭后土於汾陰,澤中方丘也。乃立樂府"①云云。一个"乃"字道出了"立樂府"與定郊祀之禮之間的淵源關係。制定祠泰一、后土的郊祀之禮,不僅是武帝"立樂府"的動因,而且決定了所立樂府的職能。衆所周知,武帝以前,漢朝郊祀的對象不是泰一和后土。漢代從劉邦入關中之初就繼承了秦雍四時祭祀白、青、黄、赤四帝的傳統,並增立黑帝祠,合而爲五時。雍五時在很長的時間内一直是漢朝的郊祀對象,由奉常(太常)負責。從漢文帝開始,皇帝經常每年到雍親自郊祭五時。但隨著大一統國家的逐漸鞏固,異姓諸侯國消滅,同姓諸侯國到漢武帝時也削弱,無力與朝廷抗衡,中央集權日益强化。在宗教祭祀對象上,五帝並立的局面開始與皇帝獨尊的現實政治體制不適應了。漢武帝元光二年(前133),亳人謬忌奏祠泰一方,提出在五帝之上有更高的泰一神,"天神貴者泰一,泰一佐曰五帝"。並編造出古代天子祭祀泰一的一套禮制②。漢武帝令太祝在長安城東南郊立泰一祠,定期祭祀。元鼎四年(前113)秋,武帝將要郊祀雍五時的時候,有人又提出説:"五帝,泰一之佐也,宜立泰一而上親郊之。"次年,漢武帝正式命祠官寬舒等立泰一祠壇於甘泉,並於當年十一月辛巳朔旦冬至,"始郊拜泰一"。而元鼎四年,已經於汾陰立后土祠並按照上帝之禮祭祀。從此,甘泉泰一與汾陰后土成爲西漢郊祀的對象。但皇帝親自到雍五時祭祀的制度還保留了很長時期,漢成帝建始二年(前31),纔最終罷雍五時③。

　　古代祭神儀式往往與樂歌舞蹈分不開,樂舞被人們用來娱神,以感動鬼神賜福。《淮南子·説山訓》:"夫理情性,動天地,感鬼神,莫近於詩樂。"出土的秦"雍左樂鐘"封泥證明,秦爲郊祀雍時設立了奏樂機構。漢延續秦對雍時的郊祀之禮,

①《漢書》卷二二《禮樂志》,第1045頁。

②《漢書》卷二五上《郊祀志上》(第1218頁)記載此事無繫年。《通鑑》卷十八(中華書局點校本,1956年,第580頁)繫此於元光二年,可從。

③《漢書》卷十《成帝紀》,第305頁。

也應保留類似的機構，以便郊祀時爲神奏樂。同樣，漢武帝創立祠泰一於甘泉、祭后土於汾陰的郊祀之禮，必然需要有一個與之相配套的樂舞機構。而從史書記載看，在確立新郊祀禮的第二年，漢武帝就提出了這個議題，要求專門成立一個樂府，爲郊祀泰一、后土所需樂舞服務。《漢書》卷二五上《郊祀志上》記載：

> 其春，既滅南越，嬖臣李延年以好音見。上善之，下公卿議，曰："民間祠有鼓舞樂，今郊祀而無樂，豈稱乎？"公卿曰："古者祠天地皆有樂，而神祇可得而禮。"或曰："泰帝使素女鼓五十絃瑟，悲，帝禁，不止，故破其瑟爲二十五絃。"於是塞南越禱，祠泰一、后土，始用樂舞。益召歌兒，作二十五絃及空侯、瑟自此起。[1]

據《郊祀志上》，元鼎五年秋，爲了討伐南越，漢武帝曾禱告泰一佑助。次年春，滅南越的消息傳來，使漢武帝對泰一神的崇拜更加堅定，恰好擅長音律的李延年正得到武帝寵信，故而決定郊祀泰一、后土時用樂舞，"乃立樂府"，成立一個爲郊祀泰一、后土提供樂舞的機構，負責徵集樂舞素材（"采詩夜誦，有趙、代、秦、楚之謳"），招收樂舞人員（"益召歌兒"），創新樂器（"作二十五絃及空侯，瑟自此起"），編定樂舞，並很快在因討伐南越成功而酬答泰一、后土的祭祀中得到使用。

按照當時的制度，郊祀樂舞通常由太常屬下的太樂負責。爲什麼漢武帝在決定給郊祀泰一、后土配備樂舞時，沒有依照常規交給太常呢？這很可能是爲了給他所寵信的李延年安排職位。根據《禮樂志》、《郊祀志》的記載，漢武帝爲新的郊祀配樂舞，除了因爲祠神皆應"有鼓舞樂"外，還有一個原因，即李延年此時正深受武帝寵信。李延年是漢武帝特別寵愛的李夫人的兄長，又善爲"新聲曲"，故而很得武帝寵信。《漢書》卷九三《佞幸·李延年傳》記載：

> 延年善歌，爲新變聲。是時，上方興天地祠，欲造樂，令司馬相如等作詩頌。延年輒丞意弦歌所造詩，爲之新聲曲。而李夫人產昌邑王，延年繇是貴爲協律都尉，佩二千石印綬，而與上臥起，其愛幸埒韓嫣。[2]

漢武帝喜歡"新聲曲"，想用"新聲曲"娛天地之神，他需要創新，故而在最初設立了這樣一個獨立於太常（太樂）、少府（樂府）之外的郊祀樂機構。李延年爲協律都尉，很有可能是新樂府的臨時主管職官，他的秩級也很高，爲二千石。在漢武帝的安排下，司馬相如等數十人創作詩賦，李延年則"丞意弦歌所造詩，爲之新聲

①《漢書》卷二五上《郊祀志上》，第 1232 頁。
②《漢書》卷九三《佞幸·李延年傳》，第 3725 頁。

曲”，爲之配樂，成《郊祀歌》十九章。從《郊祀志》所記録的歌詞看，新樂府創作的《郊祀歌》是爲郊祀泰一、后土所作。泰一、后土除了皇帝每年親自祭祀一次外，負責管理的官員還要定期祭祀。《史記》卷二四《樂書》云：

> 漢家常以正月上辛祠太一甘泉，以昏時夜祠，到明而終。常有流星經於祠壇上。使僮男僮女七十人俱歌。春歌《青陽》，夏歌《朱明》，秋歌《西暤》，冬歌《玄冥》。[1]

祭祀泰一選擇在昏時，天色已黑[2]。《禮樂志》説“采詩夜誦”，是因爲祭泰一的活動安排在夜間進行，歌者必在夜間誦詩。顏師古注曰：“夜誦者，其言辭或祕不可宣露，故於夜中歌誦也。”此説不正確。夜間誦詩與言辭是否秘不可宣毫無關係，且娱神詩歌有何不可宣之言辭？今人或謂漢武帝新設樂府的主要目的是爲了娱樂，“采詩夜誦”是因爲“帝王白天政務忙，因此在晚上吟誦（或由伎人演唱）用以娱樂”[3]。此説距離史實更遠。對泰一的日常祭祀主要是四時，在春夏秋冬不同季節祭祀泰一，需要分别歌唱《青陽》、《朱明》、《西暤》、《玄冥》，這四章樂歌俱屬《郊祀歌》。

總之，元鼎六年新立的樂府是專爲郊祀泰一、后土而設，它與少府屬下的樂府不是一回事，二者名同而實異。無論是官員設置，還是人員配備，樂舞特色，新設的樂府均具有一定的獨立性、獨特性。史書既有武帝“立樂府”的記載，又有武帝之前樂府活動的記載，還有武帝時樂府丞由一人增至三人的記載，這些材料相互之間不存在任何矛盾，它們分别屬於漢代樂府發展過程中的不同節點，不同階段，並非在同一時空下所發生。此前，對武帝“立樂府”記載，無論是持肯定觀點者，還是持否定觀點者，其失皆在於將武帝所立樂府完全等同於少府之樂府。持肯定意見者，認爲少府之樂府即武帝所創立，無視武帝之前樂府資料的記載，認爲此等資料皆非指向少府之樂府。持否定意見者，雖承認武帝之前的樂府資料，但爲了彌合武帝“立樂府”與之前已經有樂府之間所謂“矛盾”，曲解史書中武帝“立樂府”的確切含義，認爲是擴充原來的樂府，非創立新樂府。

“立樂府”之“立”即“設置、設立”之謂，先前所無，今始設之，故曰“立”，與擴

---

[1]《史記》卷二四《樂書》，第1400頁。

[2] 漢代一日分十六時，昏時在日入之後，大約相當于二十四時制的十九時三十分至二十一時，天色已黑。參張德芳：《懸泉漢簡中若干“時稱”的考察》，《出土文獻研究》第6輯，上海古籍出版社，2004年，第190—216頁；該文内容後收入郝樹聲、張德芳：《懸泉漢簡研究》第二章第二節，甘肅文化出版社，2009年，第68—105頁。

[3] 王運熙：《關於漢武帝立樂府》，收入王運熙：《望海樓筆記》，第71—73頁。

充之類的意思没有關係。顏師古注解"立"字曰:"始置之也。"没有錯。他的錯在於誤以爲武帝所立樂府即少府之樂府,稱"樂府之名蓋起於此",對後人認識該問題形成錯誤引導。稍後於顏師古的李善也搞不清武帝所立"樂府"與少府之樂府的區別。《文選》左思《蜀都賦》:"鋭氣剽於中葉,蹻容世於樂府。"李善注曰:

> 應劭《風俗通》曰:巴有賨人,剽勇,高祖爲漢王時,閬中人范目説高祖募取賨人,定三秦,封目爲閬中慈凫鄉侯;並復除目所發賨人盧、朴、沓、鄂、度、夕、襲七姓,不供租賦。閬中有渝水,賨人左右居,鋭氣喜舞。高祖樂其猛鋭,數觀其舞,後令樂府習之。《漢書》曰:武帝立樂府①。

習練巴渝舞的樂府顯然是少府之樂府,與郊祀樂府不同。李善徵引二者,並互爲佐證,顯然是誤將武帝所立郊祀樂府與少府之樂府混淆。可見,後人對漢代樂府認識上的混亂由來已久,習非成是,真相反而被遮掩。

四、餘論

武帝元鼎六年(前111)所立樂府與少府之樂府是否一直毫無關係呢? 當然不是。綏和二年(前7)六月,漢哀帝即位剛兩個多月,曾下了一道詔書,要求裁撤樂府,説:"其罷樂府官。郊祭樂及古兵法武樂,在經非鄭衛之樂者,條奏,別屬他官。"漢哀帝要求裁撤的樂府即少府屬下的樂府。根據丞相孔光、大司空何武奏書,當時樂府人員有八百二十九人,其中包括郊祭樂人員六十二人,他們都是給祠南北郊的樂舞人員。南北郊即祭泰一於長安南郊,祭后土於長安北郊。西漢末年,原來由漢武帝確立的郊祀甘泉、汾陰的制度在祭祀地點的選擇上產生了分歧,漢成帝建始元年(前32)十二月,"作長安南北郊,罷甘泉、汾陰祠"②。後來因無繼嗣,一度恢復甘泉、汾陰祠。綏和二年三月,成帝駕崩,皇太后認爲未得其祐,故而再次下詔罷甘泉、汾陰祠,復還長安南北郊如故。漢哀帝罷樂府詔書所説的南北郊即於長安南北郊祀泰一、后土,郊祭樂人員六十二人即郊祀泰一、后土的樂舞人員。這説明,最初獨立建制的郊祀泰一、后土的樂府,後來併入少府屬下的樂府。

合併發生在什麽時間呢? 史書没有明確的直接記載。但大家都知道,太初元年(前104),漢武帝改曆法,定官制,部分職官的廢置、名稱、職責等作了調整,其

---

① (梁)蕭統編,(唐)李善注:《文選》卷四左思《蜀都賦》,上海古籍出版社,1986年,第179—180頁。"立"字原無,據《蜀都賦》末附胡克家《文選考異》補,第193頁。
②《漢書》卷十《成帝紀》,第304頁。

中,少府屬下的樂府原本是令丞各一人,太初元年改爲"丞三人",即增加了兩名樂府丞。樂府丞名額的增加應該不會是簡單的對原有樂府的擴編,而是應與郊祀泰一、后土的樂府有關,後者被併入了少府屬下的樂府一定是發生在此次官制的統一調整之時,爲此,需要增設至少一名樂府丞的編制,來專門負責。可見,元鼎六年武帝所立樂府成爲原少府樂府的一部分是在七年之後的太初元年,而非成立之初。持武帝"立樂府"非"始置之"乃擴大、擴充樂府之論者,其證據之一即樂府丞在武帝時由一人增至三人,忽視了武帝"立樂府"在前,而樂府丞增至三人在後,前後相差七年,不能混而爲一。

原刊《文史》2016 年第 2 輯(總第 115 輯),中華書局,此爲修改稿。

(作者單位:北京師範大學歷史學院)

《肩水金關漢簡》所見漢武帝"茂陵邑"探微

孫家洲

　　肩水金關遺址位於甘肅省金塔縣城東北 152 公里的黑河東岸,爲漢代邊塞關城,是河西走廊進入居延地區的必經之地。1973 年甘肅省博物館居延考古隊發掘出土漢簡 11000 餘枚。這批爲學界所矚目的寶貴資料在被擱置四十餘年之後,由甘肅簡牘博物館等 5 家單位合作編纂的《肩水金關漢簡》(五卷十五册)①,終於全部出版,爲學者利用這部分材料提供了寶貴的資料。

　　《肩水金關漢簡》的内容非常豐富,保存了西漢中期到東漢初年的重要資料,具有極高的科學、歷史與文物價值。它的出版,爲研究漢代的歷史,提供了新的史料,也爲結合傳世文獻,研究漢代歷史的某些問題,開闢了新的空間。《肩水金關漢簡》中散見的關於漢武帝"茂陵邑"的若干條簡文,就具備這樣的研究價值,迄今似乎未見有專文討論。本文對之試加梳理和詮釋,冀收拋磚引玉之效。

　　茂陵,是漢武帝的陵墓,位於今陝西咸陽市渭水北岸。武帝茂陵與高祖長陵、惠帝安陵、景帝陽陵、昭帝平陵合稱"五陵"。按照西漢的陵寢制度,在武帝即位的第二年,就開始置邑修陵了。建元二年(前 139 年),"初置茂陵邑"。"三年春,河

---

①甘肅簡牘博物館、甘肅省文物考古研究所、甘肅省博物館、中國文化遺産研究院古文獻研究室、中國社會科學院簡帛研究中心 5 家單位合作編纂的《肩水金關漢簡》(五卷十五册),由中西書局於 2011—2016 年出版發行。此下引用簡文,爲減省字數起見,不再標明編纂單位,也不注明各卷的具體出版年份,只注明卷次和簡號。

水溢于平原,大饑,人相食。賜徙茂陵者户錢二十萬,田二頃。"①可見,茂陵從興建之初,朝廷就特别重視,從增加投入到多方設法提升茂陵邑的影響,茂陵邑的行政區劃級别雖然只是與縣並列,但是,其特殊性隨着武帝在位時間的延伸和權位日尊而更加突出。茂陵邑在設置之初,就承擔了特殊的政治使命。漢武帝採納了主父偃的建議,推行"徙陵制度",强制遷徙關東地區的豪强到茂陵居住,這是摧折地方勢力以加强京畿實力的重大舉措②。但是,傳世史料對茂陵邑内部情況的記載,卻很少見。而《肩水金關漢簡》的散見簡文給我們討論這一問題,提供了全新的材料。

一、《肩水金關漢簡》所見"茂陵邑"里名考釋

在傳世文獻中,茂陵邑下設"里"的基本情況,記載語焉不詳。

《漢書·地理志上》關於茂陵的記載特别簡單:"茂陵,武帝置。户六萬一千八十七,口二十七萬七千二百七十七。莽曰宣城。"③以其行文慣例,未及其下所設的邑里名稱。遍查傳世兩漢史書,與茂陵邑里名相關的記載,僅見下列3條:

1. 顯武里。《史記·太史公自序》在"卒三歲而遷爲太史令"④的正文之下,有《史記索隱》注引《博物志》"太史令茂陵顯武里大夫司馬遷"之説。據此,我們可以知道茂陵邑之下的一個里名"顯武"。

2. 陵里。材料見於《史記·石奮列傳》。"萬石君徙居陵里。"此處"陵里"的内涵,據《索隱》注引小顏云:"陵里,里名,在茂陵,非長安之戚里也。"《史記正義》也注釋爲"茂陵邑中里也。"⑤此處的"陵里",雖然有小顏注文指爲"里名",我依然以爲可能是"陵邑里名"的簡化表達。因爲"陵里"與下文考訂的漢簡所見里名的意蘊,完全不一致。在此,我雖有存疑,還是姑且尊重小顏之説,把"陵里"列爲文獻所見茂陵邑的里名之一。

3. 成歡里。材料見於東漢開國名臣馬援及其後裔列傳的注釋。"馬援字文淵,扶風茂陵人也。其先……武帝時,以吏二千石自邯鄲徙焉。"注引《東觀記》曰:"徙

---

① (漢)班固:《漢書》卷六《武帝紀》。注引應劭曰:"武帝自作陵也。"師古曰:"本槐里縣之茂鄉,故曰茂陵。"中華書局,1962年,第158頁。

② "徙陵"政策的提出者主父偃,曾經把政治意圖説得很透徹:"茂陵初立,天下豪桀並兼之家,亂衆之民,皆可徙茂陵,内實京師,外銷奸猾,此所謂不誅而害除。"(漢)司馬遷:《史記》卷一百一十二《主父傳》,中華書局,1959年,第2961頁。

③ (漢)班固:《漢書》卷二十八上《地理志上》,第1547頁。

④ (漢)司馬遷:《史記》卷一百三十《太史公自序》,第3296頁。

⑤ (漢)司馬遷:《史記》卷一百三《萬石列傳》,第2766頁。

茂陵成歡里。"①"馬融字季長,扶風茂陵人也",注引《融集》云:"茂陵成歡里人也。"②

而《肩水金關漢簡》提供的茂陵邑下屬的里名,卻多達15個。具體材料分見以下簡文:

1. 當利里。茂陵當利里任安世　73EJT22:62(《肩水金關漢簡》貳)

2. 息衆里。□茂陵息衆里五大夫□□……▨　73EJT22:109(《肩水金關漢簡》二)

又見:肩水候茂陵息衆里五大夫□□□未得神爵三年四月……73EJT37:805B(《肩水金關漢簡》肆)

3. 壽成上里。茂陵壽成上里董葉年十九長……大車一兩▨73EJT23:1005(《肩水金關漢簡》貳)

4. 信德里。茂陵信德里公乘兒華年十六二月乙亥南入　73EJT31:143(《肩水金關漢簡》三)

5. 嘉平里。茂陵嘉平▨　73EJT30:44(《肩水金關漢簡》三)(引者注:此簡爲斷簡,依據漢簡行文慣例,"嘉平"之後,當爲"里"字無疑。)

又見:茂陵嘉平里莊强年卅三(削衣)　72EJC:14(《肩水金關漢簡》伍)

6. 孔嘉里。茂陵孔嘉里公乘□　73EJT37:1114(《肩水金關漢簡》肆)

7. 精期里。茂陵精期里女子聊佩年廿七軺車一乘馬一匹三月癸亥入□□73EJT37:1505(《肩水金關漢簡》肆)

8. 常賀里。茂陵常賀里公乘莊永年廿八□□　73EJT37:1511(《肩水金關漢簡》肆)

9. 始樂里。大常郡茂陵始樂里公乘史立年廿七長七尺三寸黑色軺車一乘驪牡馬一匹齒十五歲弓一矢五十枚　73EJT37:1586(《肩水金關漢簡》肆)

又見:茂陵始樂里李談年廿八字君功乘方箱車駕騂牡□□　73EJT37:858(《肩水金關漢簡》肆)

10. 萬延里。葆茂陵萬延里陳廣漢年卅二長七尺六寸□□　73EJT37:669(《肩水金關漢簡》肆)

11. 脩禮里。▨□成居延守丞武移過所縣道津關收流民張掖武威
▨郡中遣茂陵脩禮里男子公乘陳客年廿五歲□□□□　73EJT37:693

①(南朝宋)范曄:《後漢書》卷二十四《馬援列傳》,北京:中華書局,1965年,第827頁。
②(南朝宋)范曄:《後漢書》卷六十上《馬融列傳》,第1953頁。

(《肩水金關漢簡》肆)

12. 昌德里。茂陵昌德里虞昌年　73EJT37:892(《肩水金關漢簡》肆)

13. 敬老里。茂陵敬老里王臨字遊君□□　73EJT37:468A(《肩水金關漢簡》肆)

14. 道德里。茂陵道德里王永年五十二　用牛一　十一月　73EJF3:572(《肩水金關漢簡》伍)

以上摘録的 17 條簡文,共得茂陵邑的 14 個里名。

此外,還有一個里名"界成里",也可以大致推論得出。簡文見下:

　☑□□茂陵令賢丞可移過所/令史欣　73EJT2:29A
　☑……界成里里……
　☑□□□茂陵令印　　　73EJT2:29B(《肩水金關漢簡》壹)

這支漢簡,A/B 兩面,均有"茂陵令"的字樣,A 面有"移過所"之目,猜測其下的"界成里"爲茂陵邑的屬下里名,應該是大致無誤。稍存疑慮的是:"界成里"的命名與其他里名的"風格"不一致,或許另有我們所不瞭解的背景和原因。

如果把"界成里"計算在内,通過《肩水金關漢簡》的新出資料,我們掌握了茂陵邑的 15 個里名。就此而言,《肩水金關漢簡》提供給我們的邑里名稱,已經遠遠超出了傳世文獻記載的幾倍。

如果我們分析上述里名的含義,除了"界成里"意義不明之外,其他均爲"嘉名",而且大多與儒學的文化要素有關。由此我們還可以進一步推論:茂陵邑的里名,可能是在設邑的過程中,以儒學文化爲依據而確定。這與漢武帝"尊崇儒術"的重大政治舉措是一致的。

二、與"茂陵邑"其他相關問題的討論

(一)簡文所見茂陵邑官員配置

漢代的傳世文獻中,涉及茂陵邑官員配置的文字,很簡略。僅有茂陵令、茂陵尉的片段記載。

關於官員擔任"茂陵令"的仕宦記録,《史記》與《漢書》凡三見。

其中兩項記載均與名臣魏相的任職履歷相關。"魏相,家在濟陰。少學《易》,爲府卒史,以賢良舉爲茂陵令,遷河南太守。坐賊殺不辜,系獄,當死,會赦,免爲庶

人。有詔守茂陵令……"①"魏相字弱翁,濟陰定陶人也,徙平陵。少學《易》,爲郡卒史,舉賢良,以對策高第,爲茂陵令。頃之,御史大夫桑弘羊客詐稱御史止傳,丞不以時謁,客怒縛丞。相疑其有姦,收捕,案致其罪,論棄客市,茂陵大治。"②魏相,在漢武帝後期就步入了官場,後來更是漢昭帝—漢宣帝時期的名臣。在他仕途的起步階段,擔任過茂陵令,並且贏得了官場聲譽。

另外的一項記載,見於西漢後期名臣蕭育(蕭育之父蕭望之在漢宣帝、漢元帝時期曾經官居首輔之位)的仕宦記録,"育字次君,少以父任爲太子庶子。元帝即位,爲郎,病免,後爲御史。大將軍王鳳以育名父子,著材能,除爲功曹,遷謁者,使匈奴副校尉。後爲茂陵令,會課,育弟六。……遂趨出,欲去官。明旦,詔召入,拜爲司隸校尉。"③蕭育在出任茂陵令之前,曾因爲得到時任輔政重臣王鳳的另眼相看而從"謁者、使匈奴副校尉"的原任而得到新職的。後來,蕭育又因爲堅持個人尊嚴而自行辭職的背景下,而被突然詔拜爲司隸校尉,得到了一次重用。蕭育的兩次仕宦奇遇,似乎都在暗示著"茂陵令"是一個特別炙手可熱的官場位置。其重要性應該超出於一般縣令與縣長之上。

茂陵尉,傳世史書所見,是修築陵墓的負責官員之一。史料記載見於《史記·張湯傳》的正文和注文。"周陽侯始爲諸卿時,嘗系長安,湯傾身爲之。及出爲侯,大與湯交,遍見湯貴人。湯給事内史,爲甯成掾,以湯爲無害,言大府,調爲茂陵尉,治方中。"《史記集解》注引如淳曰:"大府,幕府也。茂陵尉,主作陵之尉也。"④至於在茂陵興建完畢、漢武帝殯葬入土之後,茂陵尉是否依舊設置?傳世史料沒有留下片言隻語。根據一般情況推測,茂陵邑是與縣同級的行政區劃,茂陵尉常設,應該是情理之中的事情。

《肩水金關漢簡》的記載,爲研究茂陵邑官員配置提供了有意義的資料。

　　　　☑□□茂陵令賢丞可移過所　／令史欣　　73EJT2:29A

　　　　☑……界戌里……

　　　　☑□□□茂陵令印　　73EJT2:29B(《肩水金關漢簡》壹)

據此可知:此簡書寫之時,茂陵邑兩位主要行政官員的名字:茂陵令名爲"賢",而茂陵丞的名爲"可"。

①(漢)司馬遷:《史記》卷二十《建元以來侯者年表》,"高平侯"條,第1065頁。
②(漢)班固:《漢書》卷七十四《魏相列傳》,第3133頁。
③(漢)班固:《漢書》卷七十八《蕭望之列傳附蕭育傳》,第3289頁。
④(漢)司馬遷:《史記》卷一百二十二《酷吏列傳·張湯》,第3138頁。

☑申朔辛巳茂陵令獄丞福□□□□鄉□☑　73EJT24:535(《肩水金關漢簡》三)

正月甲戌茂陵令憙丞勳移□□　/掾□令史□　73EJT32:16A

章曰茂陵令印　73EJT32:16B(《肩水金關漢簡》三)

據此二簡可知:簡文書寫之時,茂陵邑三位主要行政和獄政官員的名字:茂陵令名爲"憙",茂陵丞的名爲"勳",茂陵獄丞名爲"福"。

九月丁酉茂陵令閣丞護移觻得如□□　73EJT37:1460(《肩水金關漢簡》肆)

二月辛亥茂陵令守左尉親行丞事丿掾充□　73EJT37:523A(《肩水金關漢簡》肆)

茂陵左尉□□　73EJT37:523B(《肩水金關漢簡》肆)

言之八月辛卯茂陵令守左尉循行丞事移居延移　73EJT37:425(《肩水金關漢簡》肆)

據此四簡可知:簡文書寫之時,茂陵邑的官員,至少出現了三個官員職位:茂陵令、茂陵丞、茂陵左尉,並且兩次出現了"茂陵令守左尉"的記載。官員的名字也豁然在目:茂陵令名爲"閣"和"親",茂陵丞的名爲"護"。

至此,我們通過金關簡文,可以確知的茂陵邑官職有:茂陵令、茂陵丞、茂陵左尉、茂陵獄丞。其中,"茂陵左尉"與"守左尉"數次出現,自然令人聯想到"茂陵右尉"的相應存在。從上引《漢書·地理志》的户數可知,茂陵邑的規模只相當於"小縣"的建制,卻有"左尉"與"右尉"的並設,這是否意味着:因爲是漢武帝陵墓所在,導致朝廷對茂陵邑"武備"、"武事"的重視超過了一般縣邑之上,由此在官員設置上以"左右尉並立"的方式加以體現? 金關漢簡還出現了四任茂陵令的名字(賢、憙、閣、親),以及三任茂陵丞的名字(可、勳、護)。這都是傳世史書不曾給我們提供的資訊。

(二)對茂陵邑特殊地位的分析

1.從漢武帝時期開始,朝廷大臣、名臣定居於茂陵者衆多。略舉如下:董仲舒,"自武帝初立,魏其、武安侯爲相而隆儒矣。及仲舒對册,推明孔氏,抑黜百家。立學校之官,州郡舉茂材孝廉,皆自仲舒發之。年老,以壽終於家。家徙茂陵,子及孫皆以學至大官"[1]。杜周,"初,杜周武帝時徙茂陵"[2]。司馬相如,"相如既病免,家

---

① (漢)班固:《漢書》卷五十六《董仲舒列傳》,第2525頁。

② (漢)班固:《漢書》卷六十《杜周列傳附杜欽傳》,第2682頁。

居茂陵"①。這裏列舉的三位名臣或者是其家人遷居茂陵的實例,都發生在漢武帝在位時期。當時處於茂陵邑建設的過程之中,鼓勵增加茂陵邑的户數也是朝廷的政策,名臣舉家遷入茂陵,當然是"合情合理"的應時之舉。

2. 在西漢中晚期,達官貴人及其後裔紛紛遷入茂陵定居。其人數無法做出具體的統計,但有一項特殊恩典的記載,可以給我們提供思考的線索:在元康四年(前 62 年),漢宣帝推行了一項"德政",把此前由於各種原因而被廢除侯國封爵的漢高祖開國功臣的後代給與特詔"復家"的優待。我根據《漢書》卷十六《高惠高后文功臣表》的記載,做過統計:其中大約有十位蒙恩者的里籍,都記載爲"茂陵"。如:博陽嚴侯陳濞的曾孫陳壽,"元康四年,濞曾孫茂陵公乘壽詔復家"。赤泉嚴侯楊喜玄孫楊孟嘗,"元康四年,喜玄孫茂陵不更孟嘗詔賜黄金十斤,復家"②。他們遷入茂陵的具體時間不可考,應該大多在武帝—宣帝時期。功臣封侯者的後裔大量遷入茂陵邑定居,也從一個方面反映了茂陵邑在西漢中後期地位之特殊③。

3. 更耐人尋味的是:直到兩漢之交,籍貫出自茂陵邑的名人名臣很多,似乎在官場裏面頗有以出身於茂陵邑爲榮的時尚。略舉數例如下:曾經長期割據蜀中的公孫述是茂陵人,"公孫述字子陽,扶風茂陵人也"④。再看東漢開國名臣耿弇,"耿弇字伯昭,扶風茂陵人也。其先武帝時,以吏二千石自鉅鹿徙焉"⑤。另外一位參與了東漢開國之戰的將軍萬修,也是茂陵人,"萬修字君遊,扶風茂陵人也。更始時,爲信都令,與太守任光、都尉李忠共城守,迎世祖,拜爲偏將軍,封造義侯。及破邯鄲,拜右將軍,從平河北。建武二年,更封槐里侯"⑥。萬修的封爵名號,尤其值得我們注意——"茂陵邑"設邑之前本名"茂鄉",隸屬於"槐里"縣之下,光武帝以"槐里侯"作爲萬修的"更封"爵號,無疑是在表達對萬修的示寵和籠絡之意。對光武帝的開國之業做出過獨特貢獻的馬援,也是茂陵人,文獻記載,已見上述。一度擁兵割據河西後來決策歸附光武帝的竇融,其所倚重的張掖都尉史苞(是五位"州

① (漢) 司馬遷:《史記》卷一百一十七《司馬相如列傳》,第 3063 頁。

② (漢) 班固:《漢書》卷十六《高惠高後文功臣表》,第 537 頁,第 583 頁。

③ 任小波:《釋所謂"元康四年詔"——兼論高帝首封與西漢政治》,載《民族史研究》,2008 年第 8 輯。

④ (南朝宋) 范曄:《後漢書》卷十三《公孫述列傳》,第 533 頁。

⑤ (南朝宋) 范曄:《後漢書》卷十九《耿弇列傳》,第 703 頁。耿弇之父耿况在兩漢之際出任上谷郡(今北京市懷來)地方官,儘管耿氏家族是以上谷地方勢力而躋身東漢開國陣營之内的,但是,耿氏父子的出生地應該是茂陵無疑。與數年的仕宦經歷相比較,本籍的人事脈絡與親情之感理應更重。耿弇對茂陵故里的認同感肯定在上谷郡之上。

⑥ (南朝宋) 范曄:《後漢書》卷二十一《萬修列傳》,第 757 頁。

郡英俊"之一），也是茂陵人①。如果我們把上列耿弇、萬修、馬援、石苞四位的籍貫做聯合考察，原來他們都是茂陵邑的"鄉黨"！以區區一邑之地而同時湧現出幾位一流的人才，他們都在光武帝的中興之業中有傑出貢獻，茂陵邑人才之盛，可以由此得到確認。除了上舉以政治和軍事功業著稱的人物之外，在光武中興的歷史進程中，還有一批出自茂陵的名臣，以其博學多識或者剛毅正直而名垂青史。如："孔奮字君魚，扶風茂陵人也。"②"杜林字伯山，扶風茂陵人也。"③"申屠剛字巨卿，扶風茂陵人也。"④"郭伋字細侯，扶風茂陵人也。"⑤人才濟濟，堪稱佳話！由此而言，茂陵人得到社會輿論的尊重，也是合乎情理、順乎人心的自然過程。

4. 茂陵的附屬建築物發生災變，從西漢到東漢，在位皇帝都要採取下詔罪己、遣使祭祀等特殊措施，以圖補救。如：西漢元帝時，茂陵白鶴館發生火災。元帝下詔："乃者火災降於孝武園館，朕戰慄恐懼。不燭變異，咎在朕躬。群司又未肯極言朕過，以至於斯，將何以寤焉。百姓仍遭凶厄，無以相振，加以煩擾乎苛吏，拘牽乎微文，不得永終性命，朕甚閔焉。其赦天下。"⑥東漢順帝永建二年（前127），"秋七月丁酉，茂陵園寢災，帝縞素避正殿。辛亥，使太常王龔持節告祠茂陵"⑦。漢代統治者以此顯示朝廷對茂陵的特殊敬重。

上述數端，足以確證茂陵設邑之後，在兩漢之世曾經長期享受特殊的尊榮。

（三）關於茂陵邑規模的探討

茂陵邑係由原來槐里縣下轄的茂鄉"升格"而設立。其規模大小，從地方行政區劃的慣例推測，應該大致與關中地區的一鄉之地相當。可惜的是，傳世文獻和出土的簡牘文字，都沒有這方面的直接記載，要討論和解決這個問題，唯有寄望於考古勘察與發掘。在撰寫本文的過程中，我留意查找這方面的學術資訊，找到了兩篇相關的考古文獻：一是劉衛鵬、岳起合寫的文章《茂陵邑的探索》，二是陝西省考古研究院等三家單位的《漢武帝茂陵考古調查、勘探簡報》。在茂陵邑規模和形制方面，兩篇文獻的描述文字尚有局部的不同。前者細述他們確定茂陵邑的探索過程：

①（南朝宋）范曄：《後漢書》卷二十三《竇融列傳》，言及"張掖都尉史苞"，注引《三輔決錄》注："苞字叔文，茂陵人也。"第796頁。

②（南朝宋）范曄：《後漢書》卷三十一《孔奮列傳》，第1098頁。

③（南朝宋）范曄：《後漢書》卷二十七《杜林列傳》，第934頁。

④（南朝宋）范曄：《後漢書》卷二十九《申屠剛列傳》，第1011頁。

⑤（南朝宋）范曄：《後漢書》卷三十一《郭伋列傳》，第1091頁。

⑥（漢）班固：《漢書》卷九《元帝本紀》，第283頁。

⑦（南朝宋）范曄：《後漢書》卷六《孝順帝本紀》，第255頁。

"順著這條線索,終於找到了一個周圍以溝渠環繞的、曲尺形的面積達 553 萬多平方米的漢代建築遺址群,從它的位置、内涵以及歷史記載的情況來看,它應該就是西漢時期的茂陵邑。……經鑽探,茂陵邑平面呈曲尺形,四周圍饒有溝渠。"①後者的《簡報》,除了也注意到茂陵邑周圍沒有垣墙而以溝濠環繞之外,對其平面佈局的描述卻是長方形,與前者所説"曲尺形"明顯不同。其中,很值得研究者注意的信息是:"茂陵邑位於茂陵區的東北部,南鄰東司馬道,西與茂陵陵園東墙間隔370.5—380.5 米。茂陵邑平面東西向長方形,長 1813.5—1844.5、寬 1534—1542.7 米。……茂陵邑内道路縱横交錯,主幹道爲'三横七縱',將整個陵邑劃分爲約三十個矩形區間。"②我認爲,這份《簡報》所説的縱横交錯的道路"將整個陵邑劃分爲約三十個矩形區間",值得我們高度關注。因爲這個佈局對於我們依據新出漢簡的材料,來"復活"茂陵邑的"邑里"結構,至少用來討論茂陵邑的里名,應該有重要的借鑒意義。

通過本文的考釋,我已經依據《肩水金關漢簡》的材料,確定了史籍失載的茂陵邑里名 15 個,再加上史籍所載的 3 個里名,我們可以確知的里名已經是 18 個了。陝西省考古研究院等三家單位的《簡報》所説的"三十個矩形區間",假如我們據此推測:茂陵邑的這個平面佈局,可能就是 30 個里的設置,那麽,我們通過對漢簡所見茂陵邑的里名,繼續加以查找和考釋,將茂陵邑 30 個里的里名體系加以全面恢復與確認,是完全有可能的。這是下一步要做的工作了。

研究漢武帝茂陵邑,其重要的學術價值在於,可以從一個側面,深化對秦漢帝陵制度的研究。在帝陵附近設置陵邑,並賦予與縣同等的行政級别,是秦朝和西漢帝陵制度的特色之一。正如徐衞民先生所言:"秦漢帝陵普遍設置了陵邑,這在中國帝陵制度上開了先例,既是空前的,也是絕後的。陵邑的設置,始於秦始皇陵所設之麗邑。漢承秦制,自漢初至漢元帝下詔罷置陵邑止,其間各陵也都設置陵邑。……西漢的陵邑與漢長安城的關係極爲密切,相當於漢長安城的衞星城。"③研究秦漢帝陵制度,當然應該把陵邑研究設定爲重要的組成部分。但是,受限於文獻資料不多,帝陵考古提供的陵邑材料也有限,此前的研究難以深化,其原因不難理解。我欣喜地發現,漢武帝茂陵邑同時兼有考古簡報與漢簡文字,這對於研究陵邑和帝陵制度而言,實在是難得的研究標本。

──────────

① 劉衞鵬、岳起:《茂陵邑的探索》,載《考古與文物》,2008 年第 1 期。

② 陝西省考古研究院、咸陽市文物考古研究所、茂陵博物館:《漢武帝茂陵考古調查、勘探簡報》,載《考古與文物》,2011 年第 2 期。

③ 徐衞民:《秦漢帝陵制度與當時社會》,載《西北大學學報》(哲學社會科學版),2015 年第 5 期。

　　漢武帝茂陵邑研究的重要性自不待言，在傳世文獻的記載爲數甚少的情況之下，我們借助於《肩水金關漢簡》的記載，得以對茂陵邑的里名和官員設置等多方面的問題有了新的認識，在欣喜之餘，更有一層欣慰：出土文獻的研究，確實可以爲我們打開古代史研究的更大空間。

原刊《中國人民大學學報》2018 年第 3 期（第 36—42 頁）

　　（作者單位：中國人民大學歷史學院、"古文字與中華文明傳承發展工程"協同攻關創新平臺）

肩水塞漢簡研讀劄記二則[*]

劉　釗

　　漢代肩水塞位於額濟納河（古稱弱水）下游，處於漢代張掖郡主體部分與居延塞之間，控扼連接二者的咽喉要道。漢代在這一區域設置肩水都尉、肩水候官、金關等機構加以管理和屯戍。20 世紀 30 年代以來，肩水漢塞的城鄣烽燧遺址中出土了近兩萬枚漢簡，主要包括居延舊簡中的大灣、地灣、金關出土簡牘，肩水金關漢簡，和地灣漢簡等批次。簡牘書寫年代主要爲西漢中期至新莽末年，文字風格以隸書和草書爲主，偶有篆書，簡文所涉内容十分豐富，研究價值極高。我們在研讀肩水塞出土漢簡時，有一些千慮之得，今擇劄記二則，以就正於方家。

一、《甘露二年丞相御史書》人名"可置"小考

　　肩水金關所出編號 73EJT1∶1—3 的三枚木牘，是漢宣帝甘露二年（前 52 年）丞相府和御史府聯合下達的一道官文書的抄本，研究者多稱之爲"甘露二年丞相御史書"①。金關漢簡 1973 年出土後，該文書因形制完整且内容重要，1978 年即被提前

＊本文得到吉林省教育廳"十三五"社會科學專案"漢簡所見中央官文書輯録與研究"（批准號
　JJKH20170885sk），國家社科基金重大研究專項"漢簡所見官文書整理與研究"（批准號 18VJX078）的資助
①按，另外，甲渠候官出土的居延新簡中，編號 EPT43∶92 的殘牘也記載了同一道文書的殘篇。居延舊簡 116.
　30 的内容也可能與之有關。

公佈並引起學者的關注①，産生了衆多研究論著②。近年鄔文玲先生綜合諸家舊說，全面加以新釋③，更基本上解決了簡文中所有的文字釋讀和文句疏解的問題。但我們細讀之下，還有一個字的釋讀尚有疑問，尚未能稱圓滿，這裏試做探討。

73EJT1：2 的最末一行是這道丞相御史書下達到張掖郡之後，由張掖太守繼續向郡内下達的行下文，我們將鄔文玲先生對該行簡文的釋文和標點釋寫於下：

> 六月，張掖太守毋適、丞勳敢告部都尉卒人：謂縣：寫移；書到，趣報，如御史書、律令。敢告卒人。掾很、守卒史禹、置佐財。

“禹”“置”二字舊或釋“安國”，裘錫圭先生已辨其非，改釋爲“禹”“置”，斷讀爲“守卒史禹、置佐財”，並據居延舊簡中的辭例，謂“置佐”爲一種佐史④。但裘先生對“禹”字的釋讀尚存有疑問。其後學者多信從裘先生對“禹”“置”二字的釋讀。鄔文玲先生亦從之，並認爲置佐“很可能是驛站傳置的佐，或者負責驛站傳置事務的佐”。

---

①甘肅居延考古隊：《居延漢代遺址的發掘和新出土的簡册文物》，《文物》，1978 年第 1 期，圖版五：6—8。近出《肩水金關漢簡（壹）》一書中則全面公佈了該簡册的彩色、紅外圖版與釋文，使原簡狀況得以清晰展現，見甘肅簡牘保護研究中心、甘肅省文物考古研究所、甘肅省博物館、中國文化遺産研究院古文獻研究室、中國社會科學院簡帛研究中心編：《肩水金關漢簡（壹）》，中西書局，2011 年 8 月，上册第 1 頁、中册第 1 頁。

②按：主要研究論著有伍德煦：《居延出土〈甘露二年丞相御史律令〉簡牘考釋》，《甘肅師大學報（哲學社會科學版）》，1979 年第 4 期；初仕賓：《居延簡册〈甘露二年丞相御史律令〉考述》，《考古》，1980 年第 2 期；徐元邦、曹延尊：《居延新出土的甘露二年“詔所逐驗”簡考釋》，《考古與文物》，1980 年第 3 期；裘錫圭：《關於新出甘露二年御史書》，《考古與文物》1981 年第 1 期；裘錫圭：《〈關於新出甘露二年御史書〉一文的更正信》，《考古與文物》，1981 年第 3 期；朱紹侯：《對〈居延簡册甘露二年丞相御史律令考述〉的商榷》，《河南師大學報（社會科學版）》，1982 年第 4 期；林劍鳴：《秦漢時代的丞相和御史——居延漢簡讀解筆記》，《蘭州大學學報（社會科學版）》，1983 年第 3 期；初仕賓、伍德煦：《居延甘露二年御史書册考述補》，《考古與文物》，1984 年第 4 期；許青松：《“甘露二年逐驗外人簡”考釋中的一些問題》，《中國歷史博物館館刊》，1986 年 6 月總第 8 期；裘錫圭：《再談甘露二年御史書》，《考古與文物》1987 年第 1 期；甘肅省文物考古研究所編，薛英群、何雙全、李永良等注：《居延新簡釋粹》，蘭州大學出版社，1988 年 1 月，第 99—102 頁；張小鋒：《〈甘露二年丞相御史書〉探微》，《首都師範大學學報（社會科學版）》，2000 年第 5 期；修改版收入氏著《西漢中後期政局演變探微》，天津古籍出版社，2007 年 4 月，第 107—117 頁。楊媚：《〈甘露二年丞相御史律令〉册釋文輯校》，《簡牘學研究》第四輯，甘肅人民出版社，2004 年 12 月，第 194—199 頁；趙寵亮：《〈甘露二年丞相御史書册〉考釋補議》，張德芳主編：《甘肅省第二屆簡牘學國際學術研討會論文集》，上海古籍出版社，2012 年 12 月，第 265—273 頁；劉倩倩：《〈甘露二年丞相御史律令〉校注》，復旦大學出土文獻與古文字研究中心網站，2015 年 1 月，http：//www.gwz.fudan.edu.cn/Web/Show/2421。

③鄔文玲：《〈甘露二年御史書〉校讀》，載《中國古代法律文獻研究》第五輯，社會科學文獻出版社，2012 年 1 月，第 46—60 頁。文中對以往誤釋或未釋的“從居”之“從”、“候長廣宗等”之“等”、“失期”之“失”等字做出了準確的釋讀，對文句的疏解也很準確。

④裘錫圭：《關於新出甘露二年御史書》，《考古與文物》1981 年第 1 期；後收入《裘錫圭學術文集》第二卷，復旦大學出版社，2012 年 6 月，第 45—49 頁。

我們認爲，"禹"字之釋恐不可信，裘先生的疑問並非無道理。此字應改釋爲"可"，並重新斷讀相應簡文爲"守卒史可置、佐財"。

首先，從字形上看，簡文書寫草率，紅外圖版作如下形體（以下行文中以 A 代替）：

漢簡草書所見可確釋的"禹"字，草寫最甚者有如下諸形①：

禹	禹	禹	禹
敦 1671	敦 1975A	居 214 · 135	居 306 · 25
禹	禹	禹	禹
居 10 · 34B	居新 EPT20:19A	居新 EPT44:57	肩 73EJT4:166

漢簡草書雖然變化多樣，但釋讀時應重視的是有無相應的特徵性筆劃。通過上面的比較可見，"禹"字草書的特徵性筆劃一是上部都明確體現出撇劃，二是左下方多見向外的撇劃。A 字並不具備上述特徵，與之其實並不相類。而漢簡所見草書"可"字有如下形體：

可	可	可	可
敦 502	居 10 · 21	居 10 · 14	居 10 · 21
可	可	可	可
居新 EPT4 · 20	肩 73EJT1:27	肩 73EJT1:75	居新 EPT6 · 29

如果將 A 字的筆劃主幹抽取出來，實應作"可"形，與上舉"可"字相比，基本筆劃構成是很一致的，只是上端橫劃較粗，右下弧筆未向左鉤出。這可能是書寫草率所致。同篇中也有兩個"可"字，作"可"、"可"，與此字看似有所不同，但其實基本筆

①相關草書字形見李洪財：《漢簡草字整理與研究》，吉林大學博士學位論文，2014 年 6 月，指導教師：林澐教授。下同。

劃與結構並無實質差異,手寫文本中同篇字形差異十分常見,本篇中即有其例,前舉兩個"可"字本身亦不盡相同。

從辭例上看,"置佐"這一職務確實存在,也確實應當是驛站傳置的佐,在出土於郵驛機構懸泉置的簡牘中十分明確,其屬於郵驛機構"置"的基層吏員,其上級有置嗇夫、置丞等①。居延、肩水等地也有"置",常依託候官或倉而設立,主要負責食物、驛馬等的供應,多數規模較小,多見不設嗇夫,而由置佐負責的情況②。

"置佐"雖確實廣泛存在,但要注意的是《甘露二年丞相御史書》中的相關簡文屬於太守府所下的行下文,漢代各級官文書後需要署文書製作的負責人,職務逐級遞降。如縣級文書後署名如果依照完整格式的話當是"掾某、令史某、(書)佐某",而像太守府、都尉府文書的署名按照完整的格式,應是"掾某、屬某、(書/府)佐某"或"掾某、卒史某、(書/府)佐某",如:

　　金關如律令/兼掾放、卒史殷、書佐廣鳳　　　　　　　　　肩 73EJT3:78
　　七月乙丑,敦煌大(太)守千秋、長史奉憙、守部候修仁行丞事下當用者、小府、伊循城都尉、守部都尉、尉官候,移縣(懸)泉、廣至、敦煌郡庫、承書從事下當用者、如詔書。/掾平、卒史敞、府佐壽宗。　　　　　　懸Ⅴ1312③:267
　　七月庚申,敦煌大(太)守弘、長史章、守部候修仁行丞事,敢告部都尉卒人,謂縣官:官寫移書到,如律令。/掾登、屬建、佐政、光。　　　懸Ⅱ0216②:869
　　十二月乙丑,張掖大守延年、長史長壽、丞褽下居延都尉、縣:承書從事,下當用者,如詔書、律令/掾段昌、卒史利、助府佐賢世　　　　　居新 EPT52:96

前例中的佐是正常在崗的太守府的佐,而第四例中的佐即屬於有一定臨時徵調性質的"助吏",另外在漢簡官文書中還見"助府令史"等③。可見,即使在太守府自身的吏員不夠用的情況下臨時從其他機構借調補充人員,在文書署名時也要特意揭出其助吏的身份。而《甘露二年丞相御史書》中,卒史之後明顯應當是太守府的佐署名的位置,"置佐"的本職工作與製作太守府文書無關。如果確實跨機構調用了置佐,而不加"助府"以說明,顯然亦與文書制度不合。因此,如果佐前的"置"字理解爲人名字可以講通,則從辭例上還是應該屬上讀更合乎文書行政的制度。

───────────

① 郝樹聲、張德芳:《懸泉漢簡研究》,甘肅文化出版社,2009 年 8 月,第 24—26 頁。
② 郭偉濤:《漢代張掖郡肩水塞研究》,清華大學博士學位論文,2017 年 3 月,第 163—182 頁,指導教師:侯旭東教授。
③ 趙寵亮:《居延漢簡所見助吏》,《南都學壇》2009 年第 4 期,第 7—10 頁;邢義田:《肩水金關漢簡(壹)》初讀劄記之一》,簡帛網,2012 年 5 月 8 日,http://www.bsm.org.cn/show_article.php? id=1686;京都大學人文科學研究所簡牘研究班編:《漢簡語彙:中國古代木簡辭典辭典》,岩波書店,2015 年 3 月,第 261 頁。

恰好，漢代人正有以"可置"爲雙名者。在傳世典籍中《漢書·王子侯表》"懷昌夷侯高遂"的"曾孫"一欄謂"侯可置嗣"。漢印中有"宋可置"、"趙可置""金可置"等，魏宜輝先生認爲這裏的"置"有廢義，與"可舍""可遺""可釋"同類，皆言輕賤可棄，或有輕賤易於養活的意思①。西北漢簡如肩水金關漢簡、懸泉漢簡中亦數見名"可置"者：

地節三年正月戊午朔己卯，將兵護民田官居延都尉章、居延右尉可置行丞事，謂過所縣道河津關，遣從史畢歸取衣用。隴西郡興小婢利主從者刑合之、趙奇俱乘所佔用馬四匹，當舍傳舍，如律令。

/掾定、屬延壽、給事佐充宗。 肩 73EJT24:269A+264A

定昌衣用乃九月中渡肩水河，車反，亡所取纝得丞傳。今以令爲取傳，謁移過所縣道關，毋苛留，敢言之。/十一月乙丑朔癸未，居延守丞右尉可置……

肩 73EJT21:56

·□二月乙丑，居延令勝之、守丞右尉可置□ 肩 73EJT21:254

五鳳四年十二月丁酉朔甲子，佐安世敢言之。遣第一亭長護衆逐命張掖、酒泉、敦煌、金城郡中，與從者安漢里齊赦之，乘所佔用馬一匹、軺車一乘，謁移過所縣道河津金關，勿苛留。如律令，敢言之。

十二月甲子，居延令弘丞移過所，如律令。/令史可置、佐安世。正月己卯，入。 肩 73EJT31:66

五鳳四年九月己巳朔己卯，縣（懸）泉置丞可置敢言之。延移府書曰：效谷移傳馬病死爰書：縣泉傳馬一匹，驪，乘，齒十八歲，高五尺九寸，送渠犁軍司馬令史…… 懸Ⅱ90DXT0115③:98

五鳳五年四月丙申朔丙申，縣（懸）泉置丞可置敢言之，鬼新（薪）陳道自言，以縣 懸Ⅱ90DXT0214③:213

上舉六例中人名"可置"，第二例原釋文未釋，第三例原誤釋爲"丙寅"，第四例原誤釋爲"可遺"，皆從胡永鵬先生改釋②。前三例的"可置"年代、身份相近應爲同一人，第四例應爲另一人，最後兩例亦爲同一人。比較巧的是，簡牘中這幾位"可置"，活動時間均在漢宣帝時代，《漢書》中的懷昌侯劉可置，從其同輩其他人嗣侯的年代來看，也很可能在宣帝時期。如此，據現有年代可考的材料，"可置"在漢代

①魏宜輝：《秦漢璽印人名考釋（九題）》，《中國文字學報》第七輯，商務印書館，2017年7月，第139—148頁。
②胡永鵬：《西北邊塞漢簡編年及相關問題研究》，吉林大學博士學位論文，2016年6月，第673—692頁，指導教師：吳良寶教授。

似是一個在武帝晚期至昭宣時代間流行的人名。《甘露二年丞相御史書》中的卒史名若確爲"可置",亦恰好在這個時段,若合符節。

因此,《甘露二年丞相御史書》中的張掖太守府行下文可釋寫並標點爲:

> 六月,張掖太守毋適、丞勳敢告部都尉卒人:謂縣:寫移;書到,趣報,如御史書、律令。敢告卒人。掾很、守卒史可置、佐財。

至此,該文書中的文字釋讀問題,應可算已全部得到解決。

二、地灣漢簡《與成卿孟卿書》及相關簡牘補釋

地灣漢簡 86EDT7:1(圖 1)爲一封大致完整的私信木牘①,材料公佈後,馬智全、孫占宇先生擬補背面文漫漶的"叩"字②,馮玉先生命名爲《與成卿孟卿書》,並做了很好的全面研究與疏解③。唯幾處文意理解問題尚有探討的餘地,又此件私信中的用語實有助於解決其他簡牘材料的釋讀,學者似未措意,今略做補釋。爲便討論,先迻録馮先生釋文及標點於下:

> 李翕、李業、任況、楊鴻叩頭言成卿、孟卿坐前:頃起居人馬毋它? 善! 間者,虜從南方北過,幸毋它。掾、尉卿寧當來北耶? 願劄記告,令知之:二卿當何時來北? 諸事長,毋累郵書,將爲見。且自憐,慎出入。　　　86EDT7:1A
>
> 南方□(緩?)急願以記書相聞。記單(憚)路,不一一二二。……人。受記,願爲謝官中諸人。叩頭叩頭。　　　86EDT7:1B

"善"原釋"害","北過"原釋"北追","幸毋它"之"幸"原闕釋,"爲見"原釋"爲兄","自憐"原釋"自愛","南方□(緩?)急"原釋"南來□□急",馮文對這些字的校訂皆可信從。但對簡文中幾處文字、文意理解尚有疑問之處。

"掾尉卿寧當來北耶"一句,馮文在"掾"後加頓號,斷讀爲"掾、尉卿",並將"掾"、"尉"與作爲收信人的成、孟二人相對應,謂:"受信人當爲肩水候官掾和塞尉,即成卿、孟卿"。此處對文意的理解有誤。據漢簡文例,尊稱别人爲卿,有"姓+

---

① 甘肅簡牘博物館、甘肅省文物考古研究所、出土文獻與中國古代文明研究協同創新中心中國人民大學分中心編:《地灣漢簡》,中西書局,2017 年 12 月,第 108 頁。

② 孫占宇、馬智全:《〈地灣漢簡〉研讀劄記(一)》,簡帛網 2018 年 5 月 19 日,http://www.bsm.org.cn/show_article.php? id=3114。

③ 馮玉:《〈地灣漢簡〉書信簡校讀劄記一則》,簡帛網,2018 年 6 月 7 日,http://www.bsm.org.cn/show_article.php? id=3156#_ednref1。

卿"和"身份+姓+卿"兩種結構,簡文中"成卿""孟卿"即爲前者,後者如"令史某卿""士吏某卿"等,如:

　　尉史李卿六月盡八月二千七百　　　　　　　　　　居 161·12

圖 1

　　教問令史範卿與士吏☐　　　　　　　　　　　　　　居 180·10

　　登山隧長紳五十丈,傳詣候長王卿治所,各完全封相付屬毋留73EJT28:10

簡文此處也應是同類結構,即姓氏爲"尉"而職務爲"掾"的人。且此信中後文中有"二卿當何時來北",顯然是對應成、孟二人的,若"掾尉卿"亦同指此二人,則文意明顯重複。這裏的"掾尉卿"從文意推測,應是肩水候官的掾,在肩水塞内地位較高,與成、孟二人同在肩水候官,故寫信的李翁等四人向身份近似的成、孟詢問其狀況。簡文中的"寧"應是假歸之意,漢簡中多指喪假。該句應斷讀爲"掾尉卿寧,當來北耶?"據此,其後的"令知之"後即不應是冒號,而是句號。前文是寫信諸人詢問"掾尉卿"的動向,後文是詢問成、孟二人的情況,所涉並非一事。

"諸事長毋累郵書",馮文在"長"後斷句,置於原文語境中似不易理解。因爲從該書信自身的内容來看,信中已反復向收信的成、孟二人叮囑"願劾記告""以記書相聞",要求回信告知所關心的事情,與馮文斷讀的"毋累郵書"顯然有些矛盾。今按,"諸事長毋累郵書"或可作一整句讀,猶言"諸事毋累郵書",加"長"以起到增強情感表達的意味。其文意上緊承"二卿當何時來北"之後,意謂成、孟二人如果什麽時候能够來寄信諸人處,各種事情就可以再也不用煩累郵書往返(而是可以面談了)。

簡背有"記單路,不一∟二"之語。"不一∟二"是漢代書信中習語,指不能一一細説之意。一、二間加入分隔符號,是爲防止與"三"混淆,學者已有探討,冨谷至先生主編的《漢簡語彙考證》還列有其撰寫的專門條目加以考述①。馮文釋讀爲"一一二二",理解爲重文,似未盡準確。"記單路"之單,馮文讀爲憚,謂爲"畏懼"之意,於文義也似不太容易講通。因爲正是路途遥遠,無法當面交流才會寫信,但既然能正常通信,"畏懼"似亦無從講起。且"記單路"與"不一∟二"連言,兩者内容上也有聯繫,體味文意,似應是表示書信内容有限,無法一一細説。西北漢簡所見書信中也有"倉卒(倉猝)爲記,不一二"(敦煌漢簡7、居延新簡EPT65:200),用語結構相近,可相類比,此皆猶後世所謂"紙短意長""書不盡言、言不盡意"一類。又肩水金關漢簡73EJT23:896A有"單記,不一∟二"之用例,與地灣簡《與成卿孟卿書》相對照,無疑是同類用法,但文辭有所簡省。在這類辭例中,如果讀"單"爲動詞性的"憚",則完全不易索解。"單""單路"應具有形容詞的意味,是對"記"的一種修飾。

我們頗疑"單路"應讀爲"單略",即簡略之意。"單"有微、少之意,《韓非子·有度》"朝廷群下,直湊單微,不敢相逾越",《後漢書·耿恭傳》"耿恭以單兵固守孤

---

① 楊芬:《出土秦漢私信匯校集注》,武漢大學博士學位論文,2010年5月,第43頁,指導教師:李天虹教授;鄔文玲:《敦煌漢簡〈侯普致左子淵書〉校讀》,載《甘肅省第二屆簡牘學國際學術研討會論文集》,上海古籍出版社,2012年12月,第229—237頁。[日]冨谷至編:《漢簡語彙考證》,岩波書店,2015年3月,第403—407頁。[日]冨谷至編、張西艷譯:《漢簡語彙考證》,中西書局,2018年9月,第243—246頁。

城,當匈奴之沖,對數萬之衆",皆類似用例,《耿恭傳》之"單兵"與前舉金關73EJT23:896"單記"較爲近似。"路""略"同從各得聲,有相互通用的基礎,《淮南子·繆稱》"故至德者言同略",《文子·符言》略作路。"略"有簡略、不充分之意,如《荀子·天論》"養略而動罕,則天不能使之全"。"單略"連用,文獻亦有其例,《舊唐書·禮儀志》"臣前狀單略,議者未識臣之懇誠。謹具狀重進,請付中書門下商量處分",與簡文的文意、用法,頗相類似。唯此辭例時代較晚,不過作爲奏疏文體,用語相對典重,出現時代來源較早的語詞,也是有可能的。當然,我們還是期待發現更多早期的文獻用例。另外,從西北漢簡所見用例來看,"略"字絕大多數用作"略取"之略,偶用作"方略"之略,似未見明確用爲"簡略"之略的用例,不排除在當時當地有將"簡略"之略寫作"路"的用字習慣有關,猶待更多新材料檢驗。

由此,我們將該簡釋文重新標點於下:

> 李翕、李業、任況、楊鴻叩頭言,成卿、孟卿坐前:頃起居人馬毋它? 善! 間者,虜從南方北過,幸毋它。掾尉卿寧,當來北耶? 願劄記告,令知之。二卿當何時來北? 諸事長毋累郵書,將爲見,且自憐,慎出入。　　　　　86EDT7:1A

> 南方□(緩?)急願以記書相聞。記單路(略),不一二。叩[頭]……人受記,願爲謝官中諸人。叩頭叩頭。　　　　　　　　　　　　　86EDT7:1B

該信出土於地灣城(A33),西漢爲張掖郡肩水都尉府所統轄的肩水塞的治所,稱"肩水候官",則該信應當是在肩水候官以北的李翕、李業、任況、楊鴻四人寄奉身在候官的成、孟二人的,故信中也有"謝官中諸人"之語。據漢簡可知,肩水都尉府自南至北下轄肩水、橐佗、廣地三塞,肩水塞烽燧線呈向南開口的袋狀,最北端是南北要道"肩水金關",其候官距金關僅500餘米,已處於肩水塞的最北端。橐佗、廣地兩塞的烽燧則是延弱水(額濟納河)右岸向北一字形延伸的,以保障北通居延地區的道路。寫信的四人顯然在肩水候官有不少關係,且十分關心肩水塞方面(南方)的情況。其寫信時必在候官以北較爲遙遠的位置,則應已不在肩水塞的範圍,可能是由上級(如肩水都尉府)從肩水塞派到橐佗塞或廣地塞的。信中所提到的掾尉卿,寧歸時要到肩水候官北面去,路過四人駐地。橐佗、廣地二塞轄地狹窄,不宜有大規模居民點,則其家可能在居延縣。

值得注意的是,有了地灣漢簡《與成卿孟卿書》中可以確釋的"記單路"辭例,我們回頭研讀既往發表的簡牘材料,可發現相關的語句其實早已出現,但因爲草書字體或簡文殘損的緣故,並未得到準確的釋讀,今試加以探討。

居延新簡 EPT48:14 是一枚書信簡,其上部殘斷,僅餘下段。《居延新簡集釋》

給出了紅外圖版（圖2），品質較高，其書所附該簡正面釋文如下①：

圖2　　　　　圖3

☑□比比欲泛叩=頭=先☑

☑及以月一日去當作跡俓☑

☑命爲泛單路不言☑　　　　　　　　　　　　　　EPT48：14A

《居延新簡釋校》補出首字下的"月"形，但該字仍不易釋讀，仍闕疑②。我們細看圖版，全簡最末舊釋爲"言"之字作如下形體：

漢簡草書中"言"字變化繁多，有如下各類形體③：

敦71　敦60　居128·1　額2000ES7SF2：1B　居新 EPT51·203A　居新 EPT51·92A　居新 EPT50·22　居新 EPT50·20　居新 EPT50·6B　居新 EPT51·288 A　肩73EJT4：142　肩73EJT4：68　肩73EJT4：44B

①張德芳主編、楊眉著：《居延新簡集釋（二）》，甘肅文化出版社，2016年6月，第202、431頁。

②馬怡、張榮强主編：《居延新簡釋校》，天津古籍出版社，2013年12月，第198—199頁。

③相關草書字形見李洪財：《漢簡草字整理與研究》，吉林大學博士學位論文，2014年6月，指導教師：林澐教授。

但目前所見,似尚無如該簡中第二、三兩橫轉折連寫,而口形與此同時變爲兩橫者。再參以辭例,頗疑此處實際上就是"一 ㄴ二",唯"ㄴ"符轉折較重,容易誤認爲筆劃。

"單路"前一字亦見於首行,舊皆釋"泛",然在辭例中不可通。此字作 九、九 形,依地灣《與成卿孟卿書》之辭例,可改釋爲"記"。漢簡草書中草化嚴重的"記"字或做如下形體

居 339・21A+146・5A+146・95A 記 居 183・15A 居 287・15A 居新 EPT20・5 居新 EPF22・191、居新 EPF22・188

故此二字改釋爲"記",從字形上來說,應該也沒有問題。如此,則該信與地灣《與成卿孟卿書》用語相同,皆是"記單路,不一 ㄴ二"。

首行舊釋"欲"之字作 ,其右半與漢簡常見的欲字草書所從欠旁有所差異,我們曾頗疑應釋"數",從辭例似可講通,但其字形左旁與"數"也不盡相類,姑從舊釋。"泛"字改釋"記"後,"比=欲記"似亦不太通暢,其間或有缺字,本應作"欲奉記""欲奏記"之類。是故,該殘簡正面應改釋並大致釋讀並標點如下:

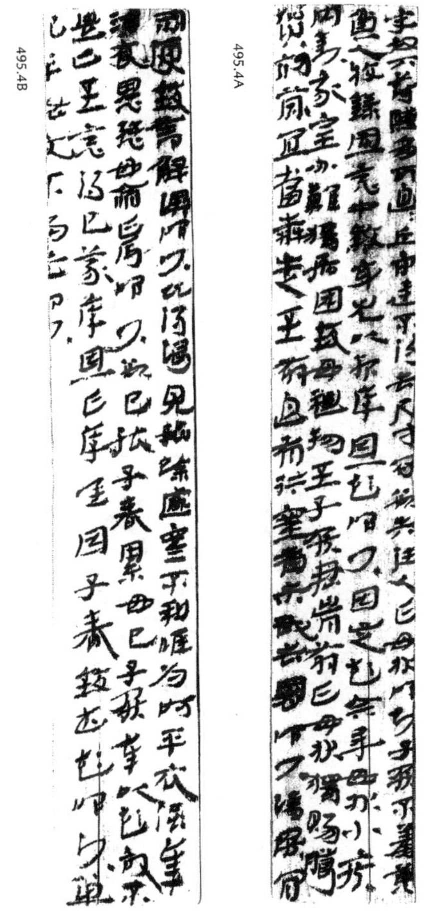

圖 4

☒□比比欲記。叩頭叩頭。先☒

☒及以月一日去,當作跡,俓☒

☒命。爲記單路不一 ㄴ二。☒

可惜原簡殘損嚴重,影響進一步探討文意。

地灣漢簡 86EDT3:3(圖 3)也是一枚書信殘簡①,馬智全先生曾改原釋文之"君"爲"見",改釋"等"爲"出",當可信②。"見"下二字原釋文爲"單氾",其釋泛之字作，從我們前文的字形比較,和肩水金關簡 73EJT23:896A"單記,不一└二"的用例看,亦應改釋爲"記"。其下一字殘損,整理者未釋。由圖版可知其頂部爲橫劃,故很有可能應擬補爲"不一└二"。"見"前或可擬補"爲"字,"爲見"爲漢代書信習語,即有機會見面。整句可補作"爲見,單記,不一└二"。與居延新簡EPT2:5B"爲見,不一└二"類似。

又居延舊簡 495·4 是一封較完整的書信,《居延漢簡(肆)》公佈了紅外圖版(圖4),並進行了很好的釋讀③。最近又當面聆聽了劉樂賢先生對此書信的精彩釋讀④,並承其厚意,得以拜讀未刊原稿,受益匪淺⑤。該簡背面末行殘損,其末句釋文爲"單□□□□不□□叩頭",自"單"以下皆缺損左半,我們將這些殘字表列於下。

殘字							
序號	1	2	3	4	5(不)	6	7

劉先生在所賜稿本中認爲第一字很可能是"記",且與金關漢簡 73EJT23:896A的"單記"相聯繫,但出於嚴謹,仍持闕疑態度,皆從《居延漢簡》釋文。我們參照前文探討過的"單記"、"記單路"等辭例推斷,第 1 字擬補作"記"應當是沒有問題的,第 3 字殘筆與漢簡草書"各"字作 (居 113·18) (居 4·13B)之形者相近,按辭例應可擬補爲"路"字,唯第 2 字無其他辭例參考,不易推求,不排除爲"卒"字,讀爲"猝"的可能性⑥。後四字舊或釋"□不謁彭",字形上看明顯不可信,楊芬曾懷疑應補爲"文不多言"⑦。第 4 字爲"文",筆劃較爲明顯。簡正面"多所迫"之"多"作 形,與第 6 字對比,爲一字的可能性極大。漢簡草書"言"字確實有與第 7 字

---

① 甘肅簡牘博物館、甘肅省文物考古研究所、出土文獻與中國古代文明研究協同創新中心中國人民大學分中心編:《地灣漢簡》,中西書局,2017 年 12 月,第 105 頁。

② 孫占宇、馬智全:《〈地灣漢簡〉研讀劄記(一)》,簡帛網 2018 年 5 月 19 日,http://www.bsm.org.cn/show_article.php? id=3114

③ 簡牘整理小組:《居延漢簡(肆)》,"中研院"史語所,2017 年 11 月,第 131 頁。

④ 聞自劉樂賢先生 2018 年 6 月 2 日上午在吉林大學古籍研究所的講座。

⑤ 劉樂賢:《談居延漢簡中的幾封書信》,修訂未刊稿。

⑥ 從殘劃來看,有釋爲"卒"或"平"字的可能性,但難以確論,若確爲卒,則,"單記猝路(略)"似乎是可以講通的。

⑦ 楊芬:《出土秦漢私信匯校集注》,武漢大學博士學位論文,2010 年 5 月,第 79 頁,指導教師:李天虹教授。

相同的寫法,但同簡"致言解誤"之"言"在形體上與該字有所區別,故尚存疑問。由此,該書信的末尾可以嘗試釋爲"單記□路,文不多言(?),叩頭。""單記□路"顯然是"記單路"一類含義的另一種表達方式,"文不多言"與"不一└二",都是不多説的意思,居延新簡 EPF22:463 也是書信簡,其背面有"爲見,不多文"之語,與"文不多言"應是同類的表達方式。

附記:本文第二則初稿寫成後曾蒙劉樂賢先生審閱指正,謹致謝忱!

(作者單位:復旦大學出土文獻與古文字研究中心、"古文字與中華文明傳承發展工程"協同攻關創新平臺)

天長紀莊木牘所見楥姓考

蔡萬進

2004 年 11 月，安徽省天長市安樂鎮紀莊村發掘清理一座西漢中期墓葬（M19），出土木牘 34 方①。《簡帛研究 2006》刊發《天長西漢木牘述略》（以下稱《述略》），文中首次公布了該墓 17 號木牘的初步釋文②；《文物研究》2010 年第 17 輯登載《芻議天長紀莊西漢木牘》，隨文又發表了 17 號木牘的圖版照片③。17 號木牘是一份記錄墓主患病時親朋好友探視所送禮品的清單，内容涉及致送人姓名、致送物品名稱及數量，對研究漢代江淮地區姓氏構成、社會風俗與生態環境變遷等具有重要史料價值。學界於此牘姓氏學價值迄今鮮有討論④，本文擬就木牘所見漢

---

① 天長市文物管理所、天長市博物館：《安徽天長西漢墓發掘簡報》，《文物》2006 年第 11 期。目前學界對於天長紀莊漢墓年代學的考察，已將墓葬年代由《簡報》的"西漢中期偏早"，調整確定在武帝末年太初改曆以後（前 103）至宣帝五鳳四年（前 54）間，如楊振紅《紀莊漢墓"貴且"書牘的釋讀及相關問題》（《簡帛研究 2009》，廣西師範大學出版社，2011 年）："根據書牘中十二月上計以及廣陵國存續的時間，確定墓葬的年代在武帝太初三年至宣帝五鳳三年間"；陳剛、李則斌《關於安徽天長紀莊漢墓年代學的考察——以出土陶器的類型學研究爲線索》（《簡帛研究 2010》，廣西師範大學出版社，2012 年）："墓葬下葬的時代接近於前 127 年和前 70 年的中間時段"；王曉光《天長紀莊木牘墨蹟研究及書寫時間新探》（《簡帛研究 2010》）：墓葬時間或在"宣帝五鳳三年十二月末至四年正月初之間"的此後不久。

② 楊以平、喬國榮：《天長西漢木牘述略》，卜憲群、楊振紅主編《簡帛研究 2006》，廣西師範大學出版社，2008 年，第 195—202 頁。

③ 楊以平、王震：《芻議天長紀莊西漢木牘》，彩版一二·5，安徽省文物考古研究所、安徽省考古學會編：《文物研究》第 17 輯，科學出版社，2010 年，第 314—321 頁。

④ 目前僅見戴衛紅《天長紀莊漢墓木牘所見禮單考析》（《簡帛研究 2010》，第 82—88 頁），該文就 17 號木牘的人名"姓+字"組合特徵、性質等進行了探討。

代棱姓及其相關史實試作考述。

一、木牘所見漢代棱姓及其分佈

17 號木牘,長 22.8 釐米,寬 6.7 釐米,正背面各分兩欄書寫文字,内容爲①:

☑(第 1 行)

棱中翁石四斗雉一隻 （第 2 行）

棱卿石四斗 （第 3 行）

棱中君石鳴(?)一 （第 4 行）

棱□人五斗魚一 （第 5 行）

☑翁□石雉一隻 （第 6 行）

（以上爲正面第一欄）

棱翁中粱米二斗 （第 1 行）

董父酒一斗彊糗二隻 （第 2 行）

朱中孺四斗糗一隻 （第 3 行）

蔡正(?)彊糗四隻 （第 4 行）

陳嘷(?)麋一 （第 5 行）

陳中公麋鳴(?)一隻 （第 6 行）

（以上爲正面第二欄）

☑少翁彊糗二隻 （第 1 行）

棱少君雉一隻 （第 2 行）

范卿魚一枚 （第 3 行）

（以上爲背面第一欄）

□

匠

旁(?)

（以上爲背面第二欄）

---

①該處木牘釋文,已據楊以平、王震《芻議天長紀莊西漢木牘》一文提供的 17 號木牘圖版照片校改,其中個别文字的校改同時還吸收了天長紀莊漢墓木牘整理小組的意見。

木牘正、背面記載了致送人姓名及致送物品如米、酒、雉、魚、麋、楊(鷺)①等的名稱與數量,《述略》稱這是"一張禮品記録單,是孟生病時親朋好友探視帶來的禮品"。

漢代某人生病,親朋好友乃至皇帝有探視致醫藥、送飲食、致信存問患者之俗。《史記·淮南列傳》:"前日長病,陛下憂苦之,使使者賜書、棗脯。"《漢書·公孫弘傳》:"君不幸罹霜露之疾,何恙不已,乃上書歸侯,乞骸骨,是章朕之不德也。今事少閑,君其存精神,止念慮,輔助醫藥以自持。因賜告、牛、酒、雜帛。"《漢書·蓋寬饒傳》:"寬饒初拜爲司馬,……躬案行士卒廬室,視其飲食居處,有疾病者身自撫循臨問,加致醫藥,遇之甚有恩。"天長紀莊漢墓出土的木牘書信多與墓主謝孟生病有關,如6號木牘"孫霸致謝卿書":"甚苦病者,玉體毋恙。……寒時不禾(和),霸願卿爲侍前者幸强酒食,近衣炭,以安萬年";12號木牘"方被致孟書":"孟脾(體)不安,善少諭(愈)","寒時少進酒食,近衣炭,慎病自寬毋憂(正面)";13號木牘載有"桔梗一兩,烏喙三果(顆),甘草三尺"等中草藥名與劑量的藥方②。墓主謝孟生病期間,這些親朋好友不僅紛紛來信表達關切、問候並致送醫藥,有的甚至同時還送來了"米一石雞一隻"等物品,如12號木牘背面:

米一石雞一隻(第1行)　賤弟方被謹使使者伏地再拜(第2行)　進(第3行)　孟外厨　野物幸勿逆被幸甚幸甚(第4行)。

17號木牘所記與上述文獻記載一致,表明17號木牘的性質當爲墓主患病期間親朋好友致送物品的記録無疑。

17號木牘所記致送謝孟物品的人員當中,若計姓氏用字釋讀明確者,共涉及六姓十二人③,分別是樣、董、朱、蔡、陳、范等,其中以樣姓人員爲最多,有樣中翁、樣卿、樣中君、樣□人、樣翁中、樣少君等。天長紀莊漢墓墓主,由木牘文字推知爲謝孟,漢時東陽縣人,如11號木牘書有"謹伏地再拜進書　謝孟馬足下",14號木牘書有"謝漢進東陽謝孟"。秦漢東陽城遺址地在今江蘇省盱眙縣東陽鎮,《史記·項羽本紀》張守節《正義》引《括地志》:"東陽故城在楚州盱眙縣東七十里,秦

---

①楊,或同"楊",爲"鷺"的俗寫。《爾雅·釋鳥》:"鷺,白鷺。"郭璞注:"似鶴,尾上白。"參見戴衛紅:《天長紀莊漢墓木牘所見禮單考析》,第86頁。

②天長市文物管理所、天長市博物館《安徽天長西漢墓發掘簡報》(以下稱《簡報》)公布了該墓出土的其中10方木牘的圖版照片與釋文,楊以平、喬國榮《天長西漢木牘述略》(簡稱《述略》)又新增公布了包括17號木牘在内的3方木牘釋文。以下凡引天長紀莊木牘,皆見《簡報》和《述略》,不再一一出注。

③17號木牘正面第一行前半部分殘缺,後半殘留部分不見文字;另有兩人的姓氏因木牘殘缺而無法辨識。

東陽縣城也,在淮水南。"①《太平寰宇記》卷十六:東陽故城"在縣東七十五里。按:《史記·項羽本紀》注云,東陽縣本屬臨淮郡,漢明帝分屬下邳,後復分屬廣陵。……楚漢之際,曾以爲封國,封劉賈爲荆王,而王東陽,即此地也。"②《困學紀聞》卷十:"廣陵郡東陽縣有長洲澤,吳王濞太倉在此,東陽今盱眙縣。"③從地望上看,秦漢東陽城與今盱眙東陽位置相符。1961 和 1976 年南京博物院對東陽故城遺址進行的考古調查和試掘,確認這是一處漢代城市遺址④。近年在城址周圍的秦漢墓葬發掘中,也多次發現與"東陽"有關的文字資料,1990 年小雲山一號漢墓出土的 10 件漆盤,外底朱書"東陽廬里巨田侯外家"⑤;2009 年搶救發掘的大雲山西漢古墓群,在陪葬墓中發現刻有"東陽"的陶器殘片⑥;這次天長紀莊漢墓出土木牘中又多次出現"東陽"地名,如 14 號、25 號木牘寫有"進東陽",10 號、15 號木牘書有"留東陽"、"東陽丞",這些漢墓都緊鄰東陽故城,可證東陽故城必爲秦漢東陽縣城無疑,這些墓地亦應都是秦漢東陽城中居民的墓葬。墓主謝孟患病,各方面人士或致信問候,或致送藥方,或送來米、雞、野物等慰問品,對照 17 號木牘所記物品,除米、酒外,多有雉、魚、麋等野物、鮮物,據文獻所載,這些都應是漢代江淮地區所産之物,有的本身即是秦漢東陽縣之特有物産。如雉,《説文》:"伊洛而南曰翬,江淮而南曰搖(鷂),南方曰翟,東方曰甾(鶅),北方曰稀(鵗),西方曰蹲(鷷)。"⑦《後漢書·明帝紀》:"(十一年)是歲,巢湖出黃金,廬江太守以獻。時,麒麟、白雉、醴泉、嘉禾所在出焉。"麋,《續漢書·郡國志三》"廣陵郡東陽縣"劉昭注:"縣多麋。《博物記》曰:'千千爲群,掘食草根,其處成泥,名曰麋畯。民人隨此畯種稻,不耕而獲,其收百倍。'"魚,《續漢書·郡國志三》"廣陵郡"條云:"東陽,故屬臨淮。有長洲澤。"⑧秦漢文獻中所謂的"澤",是指沼澤濕地⑨,秦漢東陽縣地當"淮東"(淮河以南),緊鄰淮河,境内"長洲澤"魚類資源豐富。雉、魚、麋等乃漢時民間狩獵之物,《史記·田叔列傳》:"安以爲武功小邑,無豪,易高也,安留,代人爲求盜亭父。

①(漢)司馬遷:《史記》卷七《項羽本紀》,中華書局,1992 年,第 299 頁。
②(宋)樂史撰,王文楚等點校:《太平寰宇記》,中華書局,2007 年,第 319 頁。
③(宋)王應麟撰,(清)翁元圻注:《困學紀聞》卷一〇《地理》,商務印書館,1959 年,第 841—842 頁。
④尹煥章、趙青芳:《淮陰地區考古調查》,《考古》1963 年第 1 期;國家文物局:《中國文物地圖集·江蘇分冊》下冊"泰安市·盱眙縣·東陽城遺址"條,中國地圖出版社,2008 年,第 619—620 頁。
⑤盱眙縣博物館:《江蘇東陽小雲山一號漢墓》,《文物》2004 年第 5 期。
⑥蔡震:《盱眙千年漢墓初揭面紗》,《揚子晚報》2010 年 7 月 16 日第 A10—11 版。
⑦(清)段玉裁:《説文解字注》,許慎等著《漢小學四種》,巴蜀書社,2001 年,第 148 頁。
⑧(南朝宋)范曄:《後漢書》,中華書局,1991 年,第 3461 頁。
⑨王子今:《秦漢時期生態環境研究》,北京大學出版社,2007 年,第 112—116 頁。

後爲亭長。邑中人民俱出獵,任安常爲人分麕鹿雉兔,部署老小當壯劇易處,衆人皆喜。"上述記載反映,木牘所記這些致送物品人員所居當離東陽不遠,抑或即是東陽城中居民或本縣人①,準此,漢代東陽有樣姓存在和分佈當爲不爭之事實。

二、漢代樣姓播遷與武帝徙民會稽

天長紀莊 17 號木牘所載樣姓,爲迄今出土秦漢簡帛所首見。該姓見於秦漢傳世文獻,《漢書·閩粵傳》:元封元年(前 110)冬,"東粵素發兵距險,使徇北將軍守武林,敗樓船將軍數校尉,殺長吏。樓船軍卒錢唐樣終古斬徇北將軍,爲語兒侯。"師古曰:"錢唐,會稽縣也。樣,姓;終古,名也。樣音袁。"②王先謙《漢書補注》曰:"錢唐,秦縣。《始皇紀》,至錢唐臨浙江也。隋以前,皆作錢唐。至唐以字係國號,加土爲錢塘。《續志》,後漢省。"③如是,則漢代江南會稽郡錢唐縣亦應有樣姓分佈。

漢代姓氏用字"樣",許慎《説文》小篆不見收録。《方言》卷五:"籆,樣也。兗豫河濟之間謂之樣。"郭璞注:"所以絡絲者也。"《説文》:"籆,收絲者也。從竹,蒦聲。"段注:"今俗謂之籰車。"④樣與籆,字異而物同,指一種繞絲線的工具,"兗豫河濟之間"這一地區的方言謂"籆"爲"樣"。樣字在"兗豫河濟之間"的使用可能較早,如《管子·霸形》:"於是令之縣鐘磬之樣,陳歌舞竽瑟之樂,日殺數十牛者數旬。"《諸子評議·管子三》俞樾按:"此文樣字,當訓爲絡。"⑤《管子》一書乃戰國秦漢文字總匯,秦漢之際諸家學説尤多彙集於此⑥。戰國時期齊國西、北邊境,《通釋》載"西有濁河之限"、《博物志》云"北有河、濟"⑦,地處"河濟之間","樣"字的使用正與揚雄《方言》所載"兗豫河濟之間"方言區域相合。上述情況或可表明,在"兗豫河濟之間"同時亦應有以"樣"爲姓氏用字的,換言之,即漢代樣姓最早亦應

①目前這一推斷也得到考古發掘證明,據南京博物院陳剛先生告知,在新近東陽漢墓群發掘中,有 6 座西漢中期昭宣時期的墓葬出有樣姓的印章和漆器銘文,疑爲一處樣姓墓地。發掘資料現存南京博物院,尚未正式公布。

②(漢)班固:《漢書》卷九五《閩粵傳》,中華書局,2002 年,第 3862 頁。

③(清)王先謙:《漢書補注》,書目文獻出版社,1995 年,第 738 頁。

④(清)段玉裁:《説文解字注》,許慎著等《漢小學四種》,第 198 頁。

⑤宗福邦、陳世鐃、蕭海波主編:《故訓彙編》"樣"字義項⑤,商務印書館,2003 年,第 1135 頁。

⑥郭沫若:《管子集校·校畢書後》,科學出版社,1956 年,第 2 頁。

⑦(明)董説:《七國考》卷三《田齊都邑》,中華書局,1998 年,第 117、119 頁;譚其驤主編:《中國歷史地圖集(精裝本)》第一册,地圖出版社,1982 年,第 33—34 頁。

主要地分佈在"兗豫河濟之間"①,江南會稽錢唐槳姓以及上述江淮東陽槳姓皆應係由他處播遷而來。

江南會稽錢唐槳姓的播遷,據考應與西漢武帝徙民會稽一事有關。武帝徙民會稽,事見《漢書·武帝紀》:

> (元狩)四年冬,有司言關東貧民徙隴西、北地、西河、上郡、會稽凡七十二萬五千口,縣官衣食振業,用度不足,請收銀、錫造白金及皮幣以足用。

《漢書·武帝紀》所記徙民會稽一事,是目前所知自中原移民會稽的最早記載,前人研究一向認爲《漢書》記載有誤,事實上並不存在此事,如葛劍雄認爲,《武帝紀》"會稽"二字應屬衍文②;史念海認爲,《漢書·武帝紀》"會稽"有誤③。辛德勇《漢武帝徙民會稽史事證釋》一文認爲,《漢書》所記元狩四年(前119)徙民會稽事確實可信,指出:從地理條件上講,會稽亦比同時接納受災移民的隴西等地更爲適宜;瓠子河決造成的持續水災,是促成朝廷移民的直接原因,而移民會稽的深層動機,除徙民實邊,以抵禦越人侵襲的原因外,則有通過移民會稽來鞏固東南邊防的意圖④。證諸史籍所載西漢會稽郡所面臨的嚴峻形勢及元狩四年徙民會稽十幾年後即東越平定,辛氏之説可從。

會稽郡,秦置,《史記·秦始皇本紀》始皇二十五年:"王翦遂定荊江南地,降越君,置會稽郡。"《漢書·嚴助傳》武帝賜書會稽太守嚴助曰:"會稽東接於海,南近諸越,北枕大江。"知此時之會稽郡境與秦末漢初同,武帝平定東越,東甌、閩粵地屬會稽郡,會稽郡南界遂至南海海境,領《漢書·地理志》會稽郡二十六縣。會稽郡是西漢武帝時征伐東越的前沿基地,《漢書·嚴助傳》:"建元三年(前138),閩越舉兵圍東甌,東甌告急於漢。乃遣助以節發兵會稽。會稽守欲距法,不爲發。助乃斬一司馬,諭意指,遂發兵浮海救東甌。"又,元鼎六年(前111)東粵王餘善刻"武帝"璽自立,"上遣橫海將軍韓説出句章,浮海從東方往;樓船將軍僕出武林,中尉王溫舒出梅嶺,粵侯爲戈船、下瀨將軍出如邪、白沙,元封元年冬(前110),咸入東粵"。師古曰:"句章,會稽之縣。"《史記·漢興以來將相名臣年表》:元鼎六年,"韓説爲

---

① 槳姓與轅姓同係一族,其得姓受氏當與轅姓同,參見本文第三節相關論述。轅姓源於春秋陳國(西漢地屬兗州刺史部,東漢改屬豫州刺史部),後陳公子完出奔齊國,後裔在齊,齊地亦當有轅姓存在(如漢初齊人轅固,見《史記·儒林列傳》《漢書·儒林傳》),或有改"轅"爲"槳"作爲姓氏用字的(古音轅與槳通,槳字在齊地的使用又較早),因此漢代槳姓與轅姓一樣,最早亦應主要地分佈在"兗豫河濟之間"。

② 葛劍雄:《西漢人口地理》第10章第3節《武帝時徙民會稽辨證》,人民出版社,1986年。

③ 史念海:《中國歷史地理綱要》第4章第3節《人口的遷徙》,山西人民出版社,1991年。

④ 辛德勇:《漢武帝徙民會稽史事證釋》,《歷史研究》2005年第1期。

横海將軍,出會稽,樓船將軍楊僕出豫章,中尉王温舒出會稽,皆破東越"。終武帝一代,漢對東越用兵,都曾是從會稽出兵的,這説明會稽是漢朝對東越用兵的軍事前哨,具有非常重要的政治、軍事地位。

漢武帝對於東越用兵的過程,可以清晰地看出,在採取軍事步驟予以堅決打擊的同時,也採取了移其民、虚其地的政策,如《漢書·閩粵傳》:"建元三年(前138),閩粵發兵圍東甌,東甌使人告急天子。天子遣助發會稽郡兵浮海救之。漢兵未至,閩粵引兵去。東粵請舉國徙中國,乃悉與衆處江、淮之間。"《史記·東越列傳》:"東甌請舉國徙中國,乃悉舉衆來,處江淮之間。"元封元年(前110),漢武帝平滅東粵,"於是天子曰東粵狹多阻,閩粵悍,數反復,詔軍史皆將其民徙處江淮之間。東粵地遂虚"①。與此相對應,徙民實邊勢在必行,一方面在用兵過程中可以就地、就近徵用兵員,另一方面又可將内地之民補充到東越人故地,穩固邊防。因此,元狩四年冬武帝徙民會稽之舉,是有歷史根據的。

元狩四年徙民會稽的貧民來源,辛氏一文認爲,自武帝元光三年(前132)瓠子河決水災至元封二年(前109)武帝親臨瓠子這場災難結束的二十餘年間,"歲因以數不登,而梁、楚之地尤甚",元狩三、四年應當是其中災情較重的一個時期,武帝所徙的這部分"關東貧民"應當即是來自於"梁、楚之地"的災民②。漢時的梁王國、楚王國,地在今淮河北岸的黄淮之間,這些來自於淮河北岸地區"梁、楚之地"的貧民,南渡淮河、長江,是很容易進入會稽地區,遠比遷往西北邊地要近便許多。西漢"梁、楚之地",正處於上述"樃"字方言區——"兖豫河濟之間"範圍内,結合此後不久武帝元鼎年間又曾有詔令"梁、楚之地"饑民"得流就食江、淮間,欲留,留處"之舉③,我們有理由認爲漢代江南錢塘樃姓的存在和分佈或與武帝徙民會稽這一重要歷史事件有關④,而天長紀莊17號木牘所載東陽樃姓的發現,雖然具體播遷原因尚難明確,但無論何種情形,從現有資料看,漢代樃姓由"兖豫河濟之間"較早發源而後播遷"江淮(徐州刺史部)"、"江南(揚州刺史部)"的客觀事實,或許又爲文獻所載武帝徙民會稽史事提供了佐證。

---

①(漢)班固:《漢書》卷九五《閩粵傳》,第3863頁。

②辛德勇:《漢武帝徙民會稽史事證釋》,《歷史研究》2005年第1期。

③(漢)司馬遷:《史記》卷三〇《平準書》,第1437頁。

④《漢書》記載元狩四年(前119)徙民會稽,元封元年(前110)"樓船軍卒錢唐樃終古斬徇北將軍",二者相距九年,樃終古作爲移民會稽錢唐之人,數年後被應征服兵役是完全可能的。

三、漢代榱姓流變與《國三老袁良碑》

17 號木牘所載榱姓,秦漢傳世文獻中僅一見,即上引《漢書》所載的"樓船軍卒錢唐榱終古斬徇北將軍"之事。此事又見於《史記·東越列傳》記載,只是《史記》作"樓船將軍率錢唐轅終古斬徇北將軍,爲禦兒侯",張守節《正義》曰:"錢唐,杭州縣。轅,姓;終古,名。"

轅之爲姓,起源較早。秦嘉謨《世本輯補》卷六《傳》:"轅氏,申公犀生靖伯庚。申公生靖伯。濤塗生選,選生聲子罕,罕生惠子雅,雅生頗。桓子僑者,濤塗四世孫。"①《通志·氏族略三》:"轅氏,陳轅濤塗之後。《史記》儒林有轅固,《漢書》有轅豐。"②轅濤塗,見於文獻記載,《左傳·僖公四年經》:"齊人執陳轅濤塗。"《史記·陳杞世家》:"三十七年,齊桓公伐蔡,蔡敗,南侵楚,至召陵,還過陳。陳大夫轅濤塗惡其過陳,詐齊令出東道,道惡,桓公怒,執陳轅濤塗。"琅邪王相箋注《百家姓考略》:"陳大夫莊伯轅孫濤塗,以祖字爲氏,後世去車爲袁,或作爰,實同出一源也。"③顧炎武《日知錄》卷二十三《氏族》曰:"《禮記·大傳》正義:諸侯賜卿大夫以氏,若同姓,公之子曰公子,公子之子曰公孫,公孫之子其親已遠,不得上連於公,故以王父字爲氏。"④

《史記》、《漢書》於"終古"的姓氏用字——"榱"與"轅"的不同,恰恰反映兩者之間應有一定的關係。"榱"與"轅"古韻皆在元部,同爲於母平聲⑤,二字讀音相同;其次,兩者亦有義近之項,榱,典籍中又訓作"絡"、"爰",已見前述,"榱"的形制,行如車輪,如《方言》卷五"篗,榱也",錢繹箋疏:"今人絡絲之器,刻木爲六角,圍尺許,以細竹長五六寸者六聯其上,下復爲穿,納柄於其中,長二三尺,持其柄而搖之,則旋轉如車輪,爲之絡車,疑即此歟。"⑥轅,《左傳·宣公十二年》"軍行,右轅,左追蓐",孔穎達疏杜預注曰:"楚陳以車爲主,故以轅表車。"⑦由此可見,榱與

---

①(漢)宋衷注、(清)秦嘉謨等輯:《世本八種》,商務印書館,1957 年,第 157—158 頁。

②(宋)鄭樵:《通志》,中華書局,1987 年,第 461 頁。

③(清)王相箋注:《百家姓考略》,中國書店,1991 年。

④(清)顧炎武著,黃汝成集釋:《日知錄集釋》,上海古籍出版社,1985 年,第 1690—1691 頁。

⑤《辭源》(修訂本),商務印書館,1992 年,"榱",第二冊第 1616 頁;轅,第四冊第 3031 頁。

⑥(清)錢繹:《方言箋疏》,許慎等著《漢小學四種》,巴蜀書社,2001 年,第 1317 頁。

⑦(晉)杜預注,(唐)孔穎達等正義:《春秋左傳正義》,阮元校刻本《十三經注疏》,上海古籍出版社,1997 年,第 1879 頁。

轅音同義近，可通①。班固改《史記》"轅終古"作"棤終古"，表明漢代確有"棤"之姓氏用字；"棤"與"轅"通，説明天長紀莊漢墓 17 號木牘所載棤姓實即轅姓，兩者同係一族。

天長紀莊漢墓 17 號木牘所載棤姓即轅姓，已如上述，而相關傳世文獻記載反映漢代棤（轅）姓與袁姓之間也有着密切的關係，如古之轅姓，漢時姓氏用字已有改轅爲袁和改袁爲轅之例：

《左傳·僖公四年經》："齊人執轅濤塗。"《史記·齊太公世家》作"袁濤塗"。

《左傳·僖公四年傳》："陳轅濤塗爲鄭申侯曰。"《史記·魯周公世家》作"袁濤塗"。

《左傳·哀公十一年經》："陳轅頗出奔鄭。"《公羊傳》作"袁頗"②。

《史記·高祖本紀》"袁生説漢王曰"。《漢書·高帝紀》："轅生"。

又，據中華書局 1998 年版《二十四史人名索引》對"前四史"中棤、轅、袁姓人名出現頻率的統計，結果如下③：

	《史記》	《漢書》	《後漢書》	《三國志》
棤	0	1	0	0
轅	3	4	1④	0
袁	5	2	25	30

上述統計結果表明，漢代姓氏用字"棤（轅）"的消失與"袁"姓有關。

袁，《説文》："長衣兒。"段注："此字之本義，今只謂爲姓而本義廢矣。古與爰通用，如袁盎，《漢書》作爰盎是也。《王風》：有兔爰爰，《傳》曰：爰爰，緩意。遠、轅等字，以袁爲聲亦取其意也。"⑤古文字"袁"與"轅"、"爰"並通。《周禮·考工記·輈人》"今夫大車之轅縶"，孫詒讓正義："古轅與爰、袁三字通用。"⑥《方言》卷九"轅，楚衛之間謂之輈"，錢繹箋疏："轅、袁、爰三字古並通。"⑦《釋名·釋車》"轅，援也"，王先謙疏證補引皮錫瑞曰"古轅、袁、爰三字通。"⑧又，《元和姓纂》卷四

---

①高亨纂著、董治安整理《古字通假會典》（齊魯書社，1989 年，第 167 頁）亦云："轅與棤"通。

②（漢）何休注，（唐）徐彥疏：《春秋公羊傳注疏》，阮元校刻本《十三經注疏》，第 2351 頁。

③據《二十四史人名索引（上）》（中華書局，1998 年）中"前四史"人名索引主目統計，特此説明。

④《後漢書·儒林列傳》出現姓氏用字"轅"1 例，係追述西漢轅固；東漢"轅"姓人名，《後漢書》不見。

⑤（清）段玉裁：《説文解字注》，許慎等著《漢小學四種》，巴蜀書社，2001 年，第 403 頁。

⑥（清）孫詒讓撰，王文錦、陳玉霞點校：《周禮正義》，北京：中華書局，2000 年，第 3222 頁。

⑦（清）錢繹：《方言箋疏》，《漢小學四種》，第 1358—1359 頁。

⑧（清）王先謙：《釋名疏證補》，許慎等著《漢小學四種》，第 1548 頁。

《袁》："生諸，字伯爰，孫宣仲濤塗，以王父字爲氏。"岑仲勉校引溫校云："古文爰、袁、轅、滾、榱、援通用。"①如是，可知漢代榱（轅）姓與袁姓亦同係一族②。

"前四史"榱、轅、袁姓人名出現頻率統計中，《史記》只有轅姓、袁姓而無榱姓，説明西漢前期"轅"與"袁"通假並用，姓氏用字很少或不用"榱"；比《史記》晚出的《漢書》，榱、轅、袁同時出現，表明三字在姓氏上雖然通假，但還是有所區別，特別是班固改《史記》的"轅終古"作"榱終古"，説明漢代確有"榱"之姓氏用字，天長紀莊漢墓17號木牘印證班固所改正確；《後漢書》、《三國志》中"袁"姓共55例，"榱"姓未見，"轅"姓僅1見，而且是在追述西漢"轅固"時提及，如果拋此而論，《後漢書》、《三國志》中只有"袁"姓，這表明東漢三國以後，史書中的姓氏用字榱、轅消失而袁獨存，古代文獻姓氏用字上的這種變化，反映了姓氏與社會的變遷。

漢代姓氏用字"袁"取代"榱"、"轅"等成爲該族姓氏的惟一用字（正字），確有歷史根據和線索。《隸釋》卷六《國三老袁良碑》云：

> 君諱良，字厚卿，陳國扶樂人也。厥先舜苗，世爲封君。周之興，虞閼父典陶正，嗣滿爲陳侯。至玄孫濤塗，初氏父字，立姓曰袁。魯僖公四年爲大夫，哀十一年頗作司徒。其末或適齊楚，而袁生（缺）獨留陳。當秦之亂，隱居河洛，高祖破項，實從其册，天下既定，還宅扶樂。孝武征和三年，生曾孫幹，斬賊公先勇，拜黃門郎，封關内侯，食遺鄉六百户。後錫金紫，□修城之寮邑。幹薨，子經嗣。經薨，子山嗣。傳國三世，至王莽而斷。君即山之曾孫。繽神明之洪族，資天德之清則，惇綜《易》《詩》而悦《禮》、《樂》。舉孝廉、郎中、謁者、將作大匠、丞相令、廣陵太守，討江賊張路等，威震徐方，謝病歸家。孝順初政，詔（缺二字）白。三府舉君，征拜議郎、符節令。時元子光，博平令；中子騰，尚書郎；少子璋，謁者。詔書壁（缺二字）可父事。群司以君父子俱列三台。夫人結髮，上爲三老。使者（缺）節安車親（缺）几杖之尊，袒割之養，君實饗之。後拜梁相，帝禦九龍，殿引君對，覿與酒飯，賜飲宴……

碑文記載袁良以順帝永建六年（131年）二月卒，其孫衛尉袁滂立此石。南宋洪适云："滂以光和年爲相，其作九卿當在靈帝之初。"③袁滂正史有載，《後漢書·靈帝紀》："（光和元年春二月）癸丑，光禄勳陳國袁滂爲司徒"，"（二年春）二月，司

---

① （唐）林寶撰，岑仲勉校記：《元和姓纂（附四校記）》，中華書局，1994年，第433—434頁。
② 漢代榱姓與袁姓同係一族，目前也得到考古發掘證明，據南京博物院陳剛先生告知，新近東陽漢墓群發掘的6座出有榱姓印章和漆器銘文的西漢昭宣時期墓葬中，"榱"字即或省作"袁"同出。
③ （宋）洪适：《隸釋·隸續》，中華書局，1986年，第70—71頁。

徒袁滂免"。袁滂身爲九卿及相,溯源姓氏,認爲其祖"濤塗初氏父字,立姓曰袁",反映至遲東漢晚期"袁"已取代"榬"、"轅"等姓氏用字而成爲該族姓氏的惟一用字①,這一當時社會共識與《後漢書》、《三國志》等正史文獻中僅見"袁"氏人名的統計結果也是一致的。天長紀莊漢墓 17 號木牘所載榬姓在東漢及其以後各代的消失,正與今之"袁"姓在秦漢歷史上的這一氏姓流變過程有關,這也恰恰即是天長紀莊 17 號木牘在姓氏學上的獨特價值所在。

原刊《文獻》2014 年第 5 期

(作者單位:首都師範大學歷史學院、中國社會科學院簡帛研究中心)

---

① 《潛夫論·志氏姓》:"帝舜姓虞,又爲姚,居嬀。武王克殷,而封嬀滿於陳,是爲胡公。陳袁氏咸氏、舀氏……司城氏,皆嬀姓也。"《國三老袁良碑》與東漢王符《潛夫論·志氏姓》中的有關袁姓記載相合,反映"濤塗初氏父字,立姓曰袁"是當時社會普遍的認識。

漢代"賦額"試探

岳慶平

一、關於漢代"賦額"的幾種主要觀點

漢代"賦額"①是研究漢代賦稅制度的重要問題之一,前人對此多有論述,因在有關史料的理解上各存己見,故至今仍未取得統一認識。如將前人的論述歸納起來,大致可分爲五種觀點,爲了便於討論,不妨將其列舉如下:

(一)除文帝時"民賦四十"和偶有減免外,終兩漢之世"賦額"皆爲百二十錢。這是史學界的傳統觀點。

(二)韓連琪先生認爲,高帝十一年之前賦無定額,高帝十一年之後"賦額"爲六十三錢,文帝、景帝時"賦額"爲四十錢,武帝之後"賦額"爲百二十錢②。

(三)日本學者加藤繁認爲,宣帝甘露二年以前除中間文帝時四十錢外,"賦額"一般爲百九十錢,宣帝甘露二年至成帝建始二年"賦額"爲百六十錢,成帝建始二年後"賦額"爲百二十錢③。

(四)裘錫圭先生認爲,漢初"賦額"爲四百多錢,武帝之後"賦額"減爲百二十錢④。

①此係簡稱,即漢代十五歲至五十六歲的成年者每人每年承擔的算賦額。
②韓連琪:《漢代的田租、口賦和徭役》,《文史哲》1956 年第七期。
③[日]加藤繁著,吳傑譯:《關于算賦的小研究》,《中國經濟史考證》第一卷,商務印書館,1959 年。
④裘錫圭:《湖北江陵鳳凰山十號漢墓出土簡牘考釋》,《文物》1974 年第七期。

（五）高敏先生認爲，漢初"賦額"爲二百二十七錢，後來"賦額"減爲百二十錢①。

以上所舉關於漢代"賦額"的五種觀點，就其自身某一部分説，均有令人信服之處；可就其整體説，又皆有美中不足之感。幾相對比，韓連琪先生的觀點較爲可取，但其對"賦額"的理解恐稍有不周。筆者認爲，漢代"賦額"似分兩種：一種是取民之"賦額"，即取於民間之算賦額；一種是上交之"賦額"，即上交中央之算賦額。韓先生所言"賦額"應屬後者。這樣理解，很多有關的疑難問題或許能得到較爲合理的解釋。以下試據湖北江陵鳳凰山十號漢墓出土的4號木牘（下面簡稱"鳳牘4號"）中有關漢代"賦額"、吏俸、獻費等問題談點个人淺見，然後就取民之賦無定額的影響問題作點粗略分析。

二、從"鳳牘4號"探漢代"賦額"

"鳳牘4號"爲漢代"賦額"問題的研究提供了新的寶貴資料，使我們有可能在前人的基礎上進行更深一步的探討。爲了後文論述時能够有的放矢，兹先將裘錫圭先生關於"鳳牘4號"的釋文摘抄於下：

市陽二月百一十二算算卅五錢三千九百廿正偃付西鄉偃佐纏吏奉（俸）卪受正忠（？）二百卌八

市陽二月百一十二算算十錢千一百廿正偃付西鄉佐賜　口錢卪

市陽二月百一十二算算八錢八百九十六正偃付西鄉偃佐纏傳送卪

市陽三月百九算算九錢九百八十一正偃付西鄉偃佐賜

市陽三月百九算算廿六錢二千八百卅四正偃付西鄉偃佐賜

市陽三月百九算算八錢八百七十二正偃付西鄉偃佐賜

市陽四月百九算算廿六錢二千八百卅四正偃付西鄉偃佐賜

市陽四月百九算算八錢八百七十二正偃付西鄉偃佐賜

以上爲"鳳牘4號"正面，其背面：

市陽四月百九算算九錢九百八十一正偃付西鄉偃佐賜

市陽四月百九算算九錢九百八十一正偃付西鄉偃佐賜　四月五千六百六十八

---

① 高敏：《從江陵鳳凰山十號漢墓出土簡牘看漢代的口錢、算賦制度》，《文史》第20輯。

市陽五月百九算算九錢九百八十一正偃付西鄉佐悉

市陽五月百九算算廿六錢二千八百卅四正偃付西鄉佐悉

市陽五月百九算算八錢八百七十二正偃付西鄉佐悉　五月四千六百八

十七

市陽六月百廿算算卅六錢四千三百廿付囗得奴

鄭里二月七十二算算卅五錢二千五百廿正偃付西鄉偃佐纏吏奉卩

鄭里二月七十二算算八錢五百七十六正偃付西鄉佐佐纏傳送卩

鄭里二月七十二算算十錢七百廿正偃付西鄉佐賜口錢卩①

上引牘文有兩點特別值得注意:(一)"口錢"的含義。(二)算賦的數額。現分別予以探討:

(一)"口錢"的含義。黃盛璋先生認爲,"口錢就是7—14歲幼年人口税"②。高敏先生最近重申此説,認爲"口錢"同"算賦徵納的情況並列,顯然是《漢儀注》中所説的'七歲至十四,出口錢人二十'的'口錢',也是《漢書·貢禹傳》中所説的'口錢',是人口税的另一類别,否則,決不可能如此偶合。"③並進一步對此説作了較詳細的論述。可如仔細推敲,則會發現高敏先生的論述存在不少難圓其説之處,試析如下:

第一,關於向未成年人徵收的口賦額,史學界目前有兩種説法:一説二十錢,一説二十三錢。高敏先生贊成前者。但"鳳牘4號"所載"口錢"只有十錢,高敏先生認爲牘文無缺,市陽里的"口錢"和算賦是全年的徵收量。如此,則"鳳牘4號"所載"口錢"不僅與二十三錢之説不合,且亦與高敏先生贊成的二十錢之説相謬。

第二,算賦向成年人徵收,口錢向未成年人徵收,既然二者對象絕然不同,則承擔人數亦應有異。據牘文,市陽里二月的算賦和"口錢"承擔者皆爲百一十二算,鄭里二月的算賦和"口錢"承擔者皆爲七十二算。可見,"鳳牘4號"所載算賦和"口錢"的承擔者理應爲一。

第三,如果認爲"鳳牘4號"所載算賦和"口錢"的承擔者是未成年人,顯然解釋不通;如果認爲"鳳牘4號"所載算賦和"口錢"的承擔者是成年人,又難以回答何以成年人替未成年人交納"口錢"。由此可知,"鳳牘4號"所載"口錢"與未成年者人口税毫無關係。

①裘錫圭:《湖北江陵鳳凰山十號漢墓出土簡牘考釋》,《文物》1974年第七期。
②黃盛璋:《江陵鳳凰山漢墓簡牘及其在歷史地理研究上的價值》,《文物》1974年第六期。
③高敏:《從江陵鳳凰山十號漢墓出土簡牘看漢代的口錢、算賦制度》,《文史》第20輯。

第四，裘錫圭先生認爲，"鳳凰4號"中的"卩"是説明算賦處理情況的押記，筆者從此説。"鳳凰4號"所載"吏奉"、"口錢"和"傳送"皆指算賦的用途，其處理完畢後，即用"卩"加以標明。既然"口錢"是算賦的用途之一，則知其與未成年者人口税毫無關係。

第五，退一步説，假設"鳳凰4號"所載"口錢"確爲未成年的人口税，則合計每算賦額時應減去十文"口錢"，即每算賦額應是二百一十七錢，而不是高敏先生合計的二百二十七錢。

通過上述分析，可以斷定"鳳凰4號"所載"口錢"並非未成年者的人口税。既然如此？那麼"鳳凰4號"所載"口錢"究竟是什麼呢？

我們知道，出土資料只有結合文獻記載才有價值。但以前的研究成果表明，"鳳凰4號"所云與文獻記載風馬牛不相及。"鳳凰4號"明言文帝、景帝時"賦額"至少二百多錢，可查諸《漢書》，其又確載文帝、景帝時實行薄賦政策，如《漢書·賈捐之傳》：文帝時"民賦四十"。《漢書·刑法志》："及孝文即位，躬修玄默，勸趣農桑，減省租賦。"《漢書·景帝紀》："減太官，省徭賦。"如此看來，"鳳凰4號"與《漢書》二者好似必有一誤。兩相對比，"鳳凰4號"較《漢書》更爲可靠，故有人斷言《漢書》所載有虛美之處，不足爲信。可這裏出現了一個無法回避的問題：《漢書》關於算賦的記載甚多，且自成系統，我們能否因"鳳凰4號"而將其全部推翻呢？從目前看，答案顯然是否定的，因爲"鳳凰4號"所云並不足以推翻《漢書》有關記載，即使上引《漢書》的三條史料，如拿來和"鳳凰4號"之文反復比較，深入鑽研，也會感到二者不是風馬牛不相及，勢不兩立，而是在一定程度上尚有調合餘地。

考諸有關史書得知，漢代上交之賦名稱頗多，除算賦、賦算、賦、算、口算、算泉、軍賦和獻費外，有時易和未成年者人口税之名相混。如其可稱爲口賦，《鹽鐵論·未通》："……口賦更徭之役，率一人之作，中分其功。"《文獻通考·户口一》："漢法，民年十五而算出口賦，至五十六而除。""漢法有口賦，有户賦，口賦則算賦是也。"口賦之稱，似沿襲秦制，《漢書·食貨志》：秦代"田租口賦，鹽鐵之利，二十倍於古。……漢興，循而未改。"其又可稱爲口賦錢，《周禮·太宰》賈公彦疏引"漢法，民年二十五已上至六十出口賦錢，人百二十以爲算。"其還可稱爲口錢，《後漢書·左雄傳》："寬其(指儒生，筆者注)負算。"李賢注："負，欠也。算，口錢也。"

因此，"鳳凰4號"所載"口錢"有可能爲上交之賦，即《漢書》所載的"民賦四十"，其只是取民之賦(即"鳳凰4號"所載算賦)的一部分。這種認識能否成立，取決於下述問題能否解決：既然"口錢"爲《漢書》所載的"民賦四十"，則何以在"鳳凰4號"中只有十錢呢？這個問題比較棘手，因爲牘文殘缺，我們難窺全豹，故很多現

象不得而詳。但儘管如此,我們仍可以從目前的牘文中尋些蛛絲馬跡:

第一,在徵收"口錢"的二月,市陽里和鄭里的總算數皆爲四的倍數①。算數爲四的倍數,每算"口錢"十文,二者之積即爲四十的倍數。當時"民賦四十","口錢"總額爲四十的倍數便於上交,如市陽里二月百一十二算,每算十錢,共計千一百二十錢,折合後正好爲二十八人一年上交之賦。細查牘文,發現算數爲四的倍數,除二月外,唯有市陽里的六月,可六月的算賦只記了一次,並非全貌,看來賬目不全②。雖不全之原因難定,但估計記賬恰值收完六月第一次算賦後。因此,六月大概還會徵收二至三次算賦。按算數爲四的倍數時出現"口錢"推論,六月有可能出現十文"口錢"。

第二,"鳳牘4號"中,以月計每算定額爲三十錢以上者只有三次:鄭里二月每算三十五錢,市陽里二月每算三十五錢,市陽里六月每算三十六錢。其中前兩次之後各記一次十文的"口錢",而市陽里六月賬目不全,按每算定額超過三十錢時出現"口錢"推論,六月有可能出現十文"口錢"。這樣,上半年共徵兩次十文的"口錢",推而廣之,如下半年再徵兩次十文的"口錢",則正符《漢書》所載"民賦四十"。

第三,按上述兩方面的推論,似乎"口錢"爲每季度徵收一次,但有無這種可能性呢? 居延漢簡爲回答這個問題提供了佐證,《居延漢簡甲乙編》(以下簡稱《甲乙編》)所載賦錢多爲每季度最後一月到達,如第53.19號:"元始五年九月吏奉賦有不到。"第139.35號:"入六月賦用錢三百六十檄之。"第280.15號:"入秋賦錢千二百,元鳳三年九月乙卯□□。"《甲乙編》所載吏俸多爲每季度發一次,如第35.5號:"居延甲渠候長張忠,未得正月盡三月積三月奉用錢三千六百。"第82.33:"未得四月盡六月積三月奉用錢千八百。"第127.28號:"候一人,未得七月盡九月積三月奉用錢九千。"第159.22號:"□出十月盡十二月奉錢千八百。"因邊地吏俸有一部分來自內地賦錢,如《甲乙編》第498.8號:"已得河內賦錢千八百。"故邊地的賦錢到達情況和吏俸發放情況當在一定程度上反映了內地的賦錢徵收情況。據此,估計內地按季度徵收上交之賦,並將其按季度送往中央或邊地。這樣,上面關於"口錢"即上交之賦的認識便可成立,"鳳牘4號"和《漢書》關於算賦記載的矛盾亦可獲妥善解決。

---

①這種恰爲四倍數的總算數,究竟是市陽里和鄭里納算者的實際人數,還是記賬時出於某種原因而人爲的數字,尚需進一步研究。

②市陽里的算賦賬從第二季度始,每月累計一次,如四月累計五千六百六十八錢,五月累計四千六百八十七錢,累計數字皆載於本月最末一筆算賦後,可是同爲第二季度的六月却未見累計數字,此證市陽里六月賬目不全。

（二）算賦的數額。"鳳牘 4 號"所載"賦額"，只四个多月便達二百二十七錢，如繼續按此徵收，估計全年"賦額"可達五百至六百錢。假設上面對"口錢"的推論不誤，則在五百至六百錢中，每年只上交中央四十錢，餘者均爲地方機構的費用，中央與地方對算賦的分配比例約爲 1：11—14。顯然，地方機構對算賦的分配比例過大，但這種分配比例非屬普遍現象，其之所以出現，大概有兩個特殊原因：

第一，據裘錫圭先生考證，"10 號墓的所在地江陵鳳凰山，在漢代應爲南郡郡治江陵的郊區。據《漢書》的《諸侯王表》、《景十三王傳》和《地理志》，景帝二年改南郡爲臨江國，封其子閼爲王。閼在位三年，於景帝四年死去，國除爲郡。所以這批簡牘大概有不少是臨江王國時代的東西"①。考《漢書·高帝紀》，其載："今獻未有程，吏或多賦以爲獻，而諸侯王尤多。"中央對諸候、列侯放任自流，"皆令自置吏，得賦斂。"既然諸候、列侯可自由賦斂，並通常比中央所屬郡縣爲多，臨江國收賦超過常制，其對算賦分配比例過大則不奇怪。

第二，據黄盛璋先生考證，"漢景帝三年吳楚七國起兵，據《史記》，時間在正月，而二月正是兩方爭戰激烈，軍備與軍糧皆屬緊急之際，依後文推算，此年正當死者死前一年"②。可見，"鳳牘 4 號"所載算賦的徵收時值"吳楚七國之亂"，南郡又靠近戰場，故爲供軍需，各級地方機構的費用必然大增，人民承擔的"賦額"也必然非比尋常。既然如此，"賦額"多於常制、地方對算賦分配比例過大則獲解釋。

雖然"鳳牘 4 號"所載"賦額"爲特例，我們無法通過它推算出漢代正常"賦額"，但它至少給了我們三點有益的啓示：第一，地方吏俸雖以算賦的名義徵收，但不出自上交之賦。關於這一點啓示，將在第三部分論述。第二，"算"不是一個固定的計算單位，因時因地而異。關於這一點啓示，將在第四部分論述。第三，取民之賦和上交之賦迥然不同，後者只是前者的一部分。關於這點啓示，上文已有涉及，此處作點推理補充。

如將取民之賦和上交之賦混爲一談，不加區別，則關於"漢代賦額"問題無論如何也難得確解，試看以下三種假設：

（1）假設對"鳳牘 4 號"所載"賦額"數百錢和《漢書》所載"賦額"四十錢的真僞一時難予定奪，暫讓二者並存，以待來日，則目前無論何人只要論及"漢代賦額"，就會不是以前者否定後者，即是以後者否定前者，結果二者永遠無法結合。

（2）假設"鳳牘 4 號"所載"賦額"數百錢可信，《漢書》所載"賦額"四十錢是虛

---

①裘錫圭：《湖北江陵鳳凰山十號漢墓出土簡牘考釋》，《文物》1974 年第七期。
②黄盛璋：《江陵鳳凰山漢墓簡牘及其在歷史地理研究上的價值》，《文物》一九七四年第六期。

美之詞,則難以解釋何以武帝時各種費用大增,“賦額”却由數百錢降至百二十錢。

(3)假設《漢書》所載“賦額”四十錢正確,“鳳凰4號”所載數百錢是其他税額,與“賦額”無關。則文帝時各項開支無論多麼節省,取民之賦只有四十錢恐怕也會入不敷出。

如將取民之賦和上交之賦分爲兩個概念,“鳳凰4號”所載“賦額”數百錢是取民之賦,《漢書》所載文帝和景帝時四十錢、武帝後百二十錢是上交之賦,上交之賦只是取民之賦的一部分,則可明顯看出,“賦額”不是由文帝和景帝時數百錢降至武帝後百二十錢,而是由文帝和景帝時四十錢升至武帝後百二十錢。如此,不僅可把“鳳凰4號”記載“賦額”和《漢書》所載“賦額”統一起來,而且説來於理頗通。

三、從算賦用途之一——吏俸探漢代“賦額”

桓譚曰:“漢宣以來,百姓賦錢一歲爲四十餘萬萬,吏俸用共半,餘二十萬萬藏於都内爲禁錢。”[1]這是目前僅見的一條極有價值的關於漢代“賦錢”年收入量的史料。但對“賦錢”的含義,史家有不同看法:范老認爲,“賦錢”指大司農從百姓賦斂來的錢,其中包括田租、算賦、口賦、更賦、鹽鐵和均輸[2];黄今言先生認爲,“賦錢”應含算賦、口賦和更賦三項[3];魏良㲹先生認爲,“賦錢”是算賦和口賦的合稱[4]。筆者認爲,三者解釋雖稍有不同,但皆有範圍擴大之嫌,因爲田租、鹽鐵和均輸顯然與“賦錢”無涉,而口賦、更賦也難與“賦錢”有關。衆所周知,漢代賦錢有廣義、狹義之分,廣義的賦錢可含算賦、口賦和更賦,狹義的賦錢唯指算賦。桓譚所言“賦錢”應爲後者,如此判斷的原因有二:(一)口賦入於少府。《漢書·昭帝紀》注引如淳曰:《漢儀注》民年七歲至十四出口賦錢人二十三。二十錢以食天子,其三錢者,武帝加口錢以補車騎馬。”少府掌管“食天子”錢,而桓譚所言“賦錢”入於大司農,此證“賦錢”不含口賦在内。(二)在桓譚之前,更賦的主要用途是作爲代役錢,《漢書·昭帝紀》注引如淳曰:“天下人皆直戍邊三日……不可人人自行三日戍,又行者當自戍三日,不可往便還,因便住一歲一更。諸不行者,出錢三百入官,官以給戍者,是謂過更也。”而桓譚所言“賦錢”的用途作爲“吏俸”和都内禁錢,此證“賦錢”不含更賦在内。再者,如將更賦納入“賦錢”,以宣帝至西漢末總人平均五千五百

①《新論·譴非》,《全後漢文》卷一四。
②《中國通史》第二册。
③《論兩漢的賦斂制度及其演變》,《秦漢史論叢》第二輯。
④《西漢“三十税一”和“獻費”初探》,《南京大學學報》一九八〇年第三期。

萬計,按《漢書·食貨志》,五口之家"服役者不下二人",則 2/5×55,000,000×300＝6,600,000,000(錢)。惟更賦一項,即達六十六萬萬,如再加上算賦、口賦,顯然與桓譚所言"賦錢"四十餘萬萬之數大相徑庭,此又證"賦錢"不含更賦在内。

　　既然桓譚所言"賦錢"唯指算賦,那麼四十餘萬萬之數是如何算出的呢?計算漢代算賦的年徵收量,首先應搞清漢代算賦承擔者究竟佔總人口的多大比例。對此史學界歷來算法殊多,有認爲五分之二、五分之三,還有認爲二分之一的,這幾種算法均屬估算,缺乏具體史料根據,因而相差極大。據《漢書·地理志》,漢平帝時全國人口約六千萬,算賦承擔者如以五分之二計,則爲二千四百萬;如以五分之三計,則爲三千六百萬。顯而易見,用這種謬以千里的統計數字來研究歷史,必將無法解決任何問題。可貴的是,在湖北江陵鳳凰山簡牘中,我們找到了關於漢代算賦承擔者比例的具體史料。先看記載每戶承擔算數的 B 類竹簡:

　　　　鄧得二、任甲二、宋財(?)二、野人四·凡十算徙一男一女·男野人女惠

　　　　寄三、□一、□一(?)、張母三、夏幸一徙一男一女·男母邛、女□□

　　　　□□一、姚卑(?)三、□□三、寅(?)三·凡十算徙一男一女·男孝、女掾(?)

　　　　晨一、説一、不害二、□伏(?)三、□三1·凡十算徙一男一女·男□女辯

　　　　(上缺)四、倀(張)伯三、翁□一、楊□二·凡十算徙一男一女·男慶、女某□

　　　　邸(?)期三、黑一、啤一、宋上一、恄(恥?)二、除二·凡十算徙一男一女·男邸(?)期、女方

　　　　□涓二、□多一毋寇三、壯(?)□四·凡十算·徙一男一女·男□女□①

此外還有四簡,但簡文殘缺不全,無統計意義②。經演算得知,上列七簡中的三十二户共承擔六十九算,平均每户承擔二·一六算。已知每户承擔的算數,尚需查知每户平均的人數。漢代每户平均人數前後有異,總的趨勢是逐漸增多。據有關史料推算,平帝元始二年爲四·八七人,光武帝中元二年爲四·九一人,明帝永平十八年爲五·八二人,順帝永和五年爲五·〇七人。這些數字皆難適用於 B 類竹簡的計算結果,因兩者所處時間相差太大。但每户平均人數又不能簡單地採用史學

---

① 裘錫圭:《湖北江陵鳳凰山十號漢墓出土簡牘考釋》,《文物》1974 年第七期。

② B 類竹簡共十一枚,其中七枚各載十算,一枚載九算,三枚算數不詳,如果算數不詳者每枚原載十算,則將各簡算數相加,正合"鳳牘4號"所載市陽里三月至五月每月一百九算的總算數,故 B 類竹簡可能是市陽里的定算簿。

界流行的"五口之家"説,因這會大大影響漢代算賦承擔者比例計算的精確性,幸好,鳳凰山簡牘中的 A 類竹筒(鄭里廩簿)解決了每户平均人數問題。據裘錫圭先生的釋文,A 類竹簡涉及二十五户,其中一户只有勞力數,不見人口數,故無統計意義,餘二十四户共有百一十人,每户平均四·五八人。A 類竹簡和 B 類竹簡的記載皆反映文帝和景帝時的情況,所以通過兩者算出的比例應當可靠。按每户四·五八人中有二·一六人承擔算賦計,得知漢代算賦承擔者一般佔總人口的百分之四七·一六,如果换算成史學界通常使用的比例,即"五口之家"中約有二·三六人需承擔算賦。

既已搞清漢代算賦承擔者的比例,則可算出漢代算賦的年徵收量,權以"漢宣以來"人口總數平均五千五百萬,上交之賦爲百二十錢計,則:2.36/5×55,000,000×120 = 3,115,200,000(錢),即"漢宣以來"上交之賦總額爲三十一萬萬多錢。可這個數字與桓譚所謂"百姓賦錢一歲爲四十餘萬萬"有很大差異,對這種差異如何解釋呢?

要解釋這種差異,必須從桓譚所謂"吏俸用其半"入手。《漢書·百官公卿表》載:"吏員自佐史至丞相,十二萬二百八十五人。"這是指西漢後期的官吏數字,其和桓譚所言情況約值同時。西漢吏俸以錢爲主,佐史月俸九百錢,《甲乙編》第161·5 號:"出賦錢八萬一百,給佐史八十九人十月俸。"丞相月俸六萬錢,《漢書·成帝紀》注引如淳曰:"律,丞相、大司馬大將軍奉錢月六萬。"如佐史至丞相以人均月俸千五百錢計,則:1500×12×120,285 = 2,165,130,000(錢),即"漢宣以來"佐史至丞相的俸禄每年約費二十一萬萬多錢。這个數字正佔桓譚所言四十餘萬萬"賦錢"的一半,即所謂"吏俸用其半"。這裏告訴我們一个重要的問題,桓譚所言"賦錢"雖指算賦,但不是唯指上交之賦,其中可能包括一部分上交之賦以外的算賦。據有關史籍,算賦的主要用途爲吏俸、軍費和日常行政費用。桓譚將四十餘萬萬"賦錢"分爲兩部分:一部分爲吏俸,共二十餘萬萬錢;一部分爲都内禁錢,大概用作中央的軍費和日常行政費用,共二十萬萬錢。後一部分藏於都内成爲大司農的庫存,故這二十萬萬錢無活動餘地,完全屬於上交之賦。如此,上交之賦三十一萬萬多錢減去二十萬萬都内禁錢,只剩十一萬萬多吏俸錢,據前所計,佐史至丞相的俸禄每年約費二十一萬萬多錢,因此,必有十萬萬左右吏俸錢被排除在上交之賦以外。估計中央和邊地的吏俸出自上交之賦,而内地佐史以上地方官吏之俸不出自上交之賦。假設内地佐史以上地方官吏之俸爲十萬萬錢,再加上交之賦三十一萬萬多錢,則正符桓譚所言"賦錢"四十餘萬萬。可問題的關鍵是:關於内地地方吏俸不出自上交之賦的估計有無根據呢? 下文從四方面試加論證:

（一）"鳳牘4號"載有兩筆注明"吏奉"用途的賦錢，其中市陽里、鄭里各一筆，每筆"吏奉"三十五錢，牘文内容見第二部分。"鳳牘5號"載有當利里六筆注明"吏奉"用途的賦錢，現據裘錫圭先生的釋文，將其摘抄於此："正月算十四吏奉卩，正月算十三吏奉卩"，"二月算十四吏奉卩，二月算十三吏奉卩"，"三月算十四吏奉卩，三月算十三吏奉卩"。從"鳳牘4號"看，"吏奉"和"口錢"分屬兩種不同用途，吏俸用于地方機構，"口錢"用於上交中央，由此推之，"鳳牘4號、5號"所載"吏奉"不取諸上交之賦，而直接取諸民間。唯因史料闕如，郡、縣、鄉、里等各級地方機構吏俸所佔比例已無從考得。

（二）《後漢書·左雄傳》載："鄉官部吏，職斯禄薄，車馬衣服，一出於民，廉者取足，貪者充家。"據嚴耕望先生考證，"鄉官部吏"指鄉有秩、鄉嗇夫以下，皆爲縣廷屬官①。已知縣廷屬官的俸禄直接"出於民"，不取於上交之賦，又知郡、縣皆屬地方行政單位，故郡之屬官的俸禄也可能直接"出於民"，不取於上交之賦。從有關史料看，漢朝政府掌握佐史以上地方官吏的人數，並統一規定其俸禄，地方上計時，需將算賦中用於佐吏以上官吏之俸的數字報與大司農，而算賦中用於佐史以下小吏之俸的數字則由各地自己掌握，不必上報。據居延漢簡，大司農掌握關於各地算賦主要收支情況的計簿，如《甲乙編》第82·18A："建昭元年十月盡二年九月，大司農部丞簿录簿算。"桓譚所言關於算賦年收入量的情況，可能本於大司農所掌握的各地上計簿。

（三）邊地不交或少交算賦②，《漢書·食貨志》："番禺以西至蜀南者置初郡十七，且以其故俗治，無賦税。"《後漢書·南蠻傳》：高帝時，板楯蠻夷"歲入賨錢③，口四十"。因此，邊地吏俸主要來自内地的賦錢。内地賦錢到達邊地的主要途徑有二：第一，内地直接將賦錢送往邊地，如《甲乙編》第498.8號："已得河内賦錢千八百。"第二，内地先將賦錢送往大司農，再由大司農撥到邊地，如《甲乙編》第111·7號："入都内賦錢五千一百册。"

内地賦錢送往邊地後，邊地上計時需向大司農彙報賦錢出入情況，如《甲乙編》第35·8A號："府書移賦錢出入簿，與計偕，謹移應書一編敢言之。"既然内地送往邊地賦錢的數字亦由大司農掌握，則内地將賦錢送往邊地或送往大司農皆屬同樣

---

① 嚴耕望：《中國地方行政制度史》上編，卷上《秦漢地方行政制度》。

② 邊地不交或少交算賦，但賈人與奴婢倍算，女子到齡不嫁五算，兩相折合，不會嚴重影響我們對漢代算賦承擔者總數的推算。

③《説文》："賨，南蠻賦也。"《晋書·李特載記》："巴人呼賦爲賨。"可知"賨錢"即算賦。又知對板楯蠻夷來説，每算爲四十錢，此證每算定額不僅因時而異，而且因地而異。

性質,是上交之賦的兩種不同處理方式。所以,如能證明內地送往邊地的賦錢爲百二十的倍數,則可説明內地上交大司農的賦錢也爲百二十的倍數,進而説明上交之"賦額"一般爲百二十錢。這樣,前述內地地方吏俸不出自上交之賦的估計將可成立。

首先,我們檢諸上引兩條居延簡文,發現從河內郡入的賦錢恰爲百二十錢的十五倍,似爲十五人一年的上交之賦;從都內入的賦錢卻和百二十錢的倍數毫無關係,以爲大司農據邊地所需具體錢數撥的款。

其次,我們檢諸《甲乙編》其他簡文,發現數條與第 498·8 號簡格式相同者,其所及賦錢全爲百二十錢的倍數:

第 282·15 號:"已得七月盡九月積三月奉用錢六千。"六千爲百二十的五十倍。

第 26·19 號:"〔已〕得十月盡十二月積三月奉用錢千八百。"

第 57·8 號:"已得賦錢千八百。"

第 82·33 號:"已得賦錢千八百。"千八百爲百二十的十五倍。

第 407·12 號:"已得賦錢千二百☒。"千二百爲百二十的十倍。

第 104·17 號:"已得九月奉錢六百。"六百爲百二十的五倍。

除上引"已得"格式的簡文外,尚有數條"未得"格式的簡文。據第 498·8 號簡:"未得本始三年正月盡三月積三月奉用錢千八百……已得河內賦錢千八百",可知"未得"乃指內地賦錢未到,不能按時發俸。"未得"格式的簡文除一條外①,其餘所及賦錢皆爲百二十錢的倍數:

第 127·28 號:"未得七月盡九月積三月奉用錢九千。"九千爲百二十的七十五倍。

第 35·5 號:"未得正月盡三月積三月奉用錢三千六百。"三千六百爲百二十的三十倍。

第 57·8 號:"未得七月盡九月積三月奉用錢千八百。"

第 82·33 號:"未得四月盡六月積三月奉用錢千八百。"

第 507·4 號:"未得正月盡三月積三月奉用錢千八百。"千八百爲百二十的十五倍。

----

① 《甲乙編》"未得"格式中本有三條簡文所及賦錢不是百二十的倍數:第 216·6 號:"未得廿三月廿九日奉用錢萬一千九百四錢。"第 560·4 號:"未得元康四年三月十四日用錢三百八十。"第 4·20 號:"□未得四月盡六月積三月奉用錢二千七百。"因前兩條簡文所及俸錢非以月計,而以日計,這與一般不同,因此,其實"未得"格式中只有一條簡文所及俸錢不是百二十的倍數。如上所述,邊地吏俸有一部分來自都內,而都內所入賦錢通常與百二十錢的倍數毫無關係,所以,"未得"格式中個別簡文例外亦屬正常。

第 216·7:"☐未得始元六年九月奉用錢七百廿。"七百二十爲百二十的六倍。

第 40·19 號:"未得正月奉用錢六百。"六百爲百二十的五倍。

第 90·2 號:"未得始元六年十月奉用錢四百八十。"

第 513·38 號:"未得始元六年十一月奉用錢四百八十。"

第 513·40 號:"未得始元六年九月奉用錢四百八☐。"四百八十爲百二十的四倍。

第 303·21 號:"未得始元六年八月奉用錢三百六十。"

第 303·49 號:"未得始元六年五月奉用錢三百六十。"三百六十爲百二十的三倍。

由上引"已得"、"未得"格式得知,内地送往邊地的賦餞皆爲百二十錢的倍數,可證内地上交之"賦額"爲百二十錢,内地地方吏俸不出自上交之賦。況且,"鳳牘4 號"可與居延漢簡相印證,"鳳牘 4 號"所載"口錢"皆爲四十錢的倍數,而當時上交之"賦額"亦確爲四十錢。如將兩者結合起來,又可看出漢代上交之"賦額"的演變序列。

(四)居延漢簡所見俸例共分二十級①,其中十五級月俸額是整百數,五級不是整百數。不是整百數的五級俸額分別爲百二十錢、三百六十餞、四百八十錢、五百七十一錢②和七百二十錢,這裏的五百七十一錢當爲特例,其之所以出現有兩種可能:

第一,漢代對官吏實行考課制度,五百七十一錢可能是受罰減俸的結果。

第二,據《甲乙編》第 123·31 號:"☐十二月奉留責錢五百六十",得知債錢可在俸禄中扣除,五百七十一錢可能是扣除債錢的結果。

涉及候史月俸額之簡頗多,除五百七十一錢一簡外,餘簡均爲六百或九百錢,看來候史的正常月俸爲六百或九百錢,故月俸五百七十一錢的等級可併至月俸六百或九百錢的等級中去。如此,月俸額不是整百數者只有四級,值得注意的是,這四級月俸額皆爲百二十的倍數③。這種很有規律的現象恐非偶然巧合,而應與内

①陳夢家先生分爲十九級,參見《漢簡綴述》中《漢簡所見奉例》。查諸《甲乙編》,發現第 176·58 號載:"☐☐還七月奉錢百廿☐。""還"似爲人名,第 231·38 號"……☐光六月奉錢三百……"可資證明,故居延漢簡所見俸例還應加上百二十錢一級。

②據《甲乙編》第 111·7 號簡算出,係大約數字。陳夢家先生將這級月俸定爲五百七十錢,因爲對於第 111·7 號簡,陳先生和《甲乙編》的釋文有異,今從《甲乙編》釋文。

③居延漢簡未載月俸額二百四十一級,但《漢書·東方朔傳》載:"朱儒長三尺餘,奉一囊粟,錢二百四十。臣朔長九尺餘,亦奉一囊粟,錢二百四十。"可見,侏儒和待詔公車者之俸皆爲二百四十。如將居延漢簡和《漢書》兩者所載月俸額結合起來,便可清楚地看出一个從百二十的一倍到百二十的六倍連續排列的層次:一百二十錢,二百四十錢、三百六十錢、四百八十錢、六百錢、七百二十錢。有目共睹,凡不是整百數的月俸額皆爲百二十的倍數。這種現象如不是與上交之"賦額"一般爲百二十錢有關,恐怕難得他解。

地送往邊地的賦錢皆爲百二十錢的倍數有關。設此推算不誤,又證内地上交之"賦額"爲百二十錢,則内地地方吏俸不出自上交之賦。

通過上述四方面的論證,既知内地地方吏俸不出自上交之賦,則桓譚所言"賦錢"四十餘萬萬和上交之賦三十一萬萬多錢的差異可獲解釋。原來桓譚所言"賦錢"四十萬萬由兩部分組成:第一,上交之賦三十一萬萬多錢;第二,内地佐史以上地方官吏之俸約十萬萬錢,顯而易見,上交之賦並非"賦錢"的全部,除上交之賦外,還有部分地方吏俸以算賦的名義徵收,此證取民之賦確實存在。但取民之賦不僅多於上交之賦,且亦多於桓譚所言"賦錢",因取民之賦除包括上交之賦和内地佐史以上地方官吏之俸外,還包括佐史以下官吏之俸和各級地方機構的有關開支。

四、從獻費探漢代"賦額"

《漢書·高帝紀》十一年二月,詔曰:"欲省賦甚。今獻未有程,吏或多賦以爲獻,而諸侯王尤多,民疾之。令諸侯王、通侯常以十月朝獻,及郡各以其口數率,人歲六十三錢,以給獻費。"這條史料是關於漢代獻費的唯一記載。由於語焉不詳,故史家對獻費的性質見仁見智,至今聚訟未決,舉其要者,大率有四種意見:(一)獻費即是算賦。此説以韓連琪先生爲代表,詳見《漢代的田租、口賦和徭役》[1]。(二)獻費是百二十錢算錢的一部分。此説以黃今言先生爲代表,詳見《論兩漢的賦斂制度及其演變》[2]。(三)獻費只是封國百二十錢算賦的一部分。此説以周振鶴先生爲代表,詳見《西漢獻費考》[3]。(四)獻費是算賦以外的另一種税目。此説以王毓銓先生爲代表,詳見《"民數"與漢代封建政權》[4]。上述第一、第二兩種意見皆有合理因素,但尚難稱確解。第一種意見認爲獻費即算賦是對的,但應明確這裏算賦乃指上交之賦。第二種意見認爲獻費是算賦的一部分也不錯,但應明確兩點:其一,這裏算賦乃指取民之賦;其二,漢初算賦並不存在百二十錢的定額。

論述漢代獻費,首先需作點史料的考訂工作。因筆者認爲關於漢代獻費的史料唯有一條,並以此種認識作爲本文立論的前提;而不少人認爲關於漢代獻費的史料存在數條,這與筆者認識不一。所以,爲了確保本文立論前提無誤,有必要排除其他所謂"獻費"的史料。

①韓連琪:《漢代的田租、口賦和徭役》,《文史哲》1956 年第七期。
②黃今言:《論兩漢的賦斂制度及其演變》,《秦漢史論叢》第二輯,陝西人民出版社,1983 年。
③《中華文史論叢》1981 年第四輯。
④《中國史研究》1979 年第三期。

此前,論者多以《漢書・文帝紀》元年"六月令郡國無來獻"中的"獻"指獻費,有人還將文帝元年作爲廢止獻費的年份。其實,這是缺乏根據的。稽諸《漢書・賈捐之傳》,其中載:文帝"時,有獻千里馬者……。於是還馬,與道里費,而下詔曰:'朕不受獻也,其令四方毋求來獻。'"兩相對照,可知《漢書・文帝紀》中"獻"乃指獻物。所謂"獻",意爲"奉獻",多指從下向上,既可指錢,又可指物,前者如上引《漢書・高帝紀》中的"獻",後者如上引《漢書・文帝紀》中的"獻"。我們不能一見"獻"就以爲其指獻費,判斷"獻"指錢還是指物,主要應據上下文。筆者認爲下列史料中的"獻"皆指獻物,與獻費無涉:《漢書・高帝紀》十二年:"沛中空縣皆之邑西獻。"《漢書・景帝紀》元年詔曰:文帝"減嗜欲,不受獻。"后二年詔曰:"不受獻,減太官。"《漢書・武帝紀》天漢元年:"匈奴歸漢使者,使使來獻。"天漢二年:"渠黎六國使使來獻。"《漢書・宣帝紀》神爵二年:"匈奴單于遣名王奉獻。"《後漢書・光武帝紀》六年:"匈奴遣使來獻。"十三年詔曰:"異味不得有所獻御。"

通過上述考訂,已證關於漢代獻費的史料只有一條。因此,如能將這條詔令解釋清楚,獻費之意則明。從這條詔令看,高帝行文頗講修辭,故爲醒目起見,我們不妨從修辭學的角度著眼,探討這條詔令中的三種特殊表達方式:

(一)互文。此指在復句中,某些詞語依據上下文條件互相補充來説明事物。詔令中的"令諸侯王、通侯常以十月朝獻,及郡各以其口數率,人歲六十三錢,以給獻費",同於"令諸侯王、通侯及郡常以十月朝獻,各以其口數率,人歲六十三錢,以給獻費。"明乎此,可知兩點:其一,獻費並非封國特有,而是郡、國皆需交納;其二,獻費"各以其口數率",與算賦計征方法無異,故獻費有可能爲上交之賦。

(二)變文。此指爲避免與上文重複而變換字面,改用與上文同義的詞語。詔令中的"欲省賦甚,今獻未有程,吏或多賦以爲獻",同於"欲省賦甚,今賦未有程,吏或多賦以爲賦。"只是後者用"賦"凡四,重複感太強。這裏"賦"、"獻"同義,"賦"是"獻"的對象,"獻"是交"賦"方式。明確這點,可知獻費即上交之賦。

(三)兼語省略。此指被省略的詞既是賓語,又是後面動詞的主語。詔令中的"吏或多賦以爲獻",同於"吏或多賦以之爲獻,即"以爲"同於"以之爲"。"以"和"爲"中間省略代詞"之",《史》、《漢》中常見,兹擇幾例,以資證明:《史記・藺相如列傳》:"相如既歸,趙王以爲賢大夫。"《史記・孫子列傳》:"于是闔廬知孫子能用兵,卒以爲將。"《史記・陳涉世家》:"項燕爲楚將……或以爲死,或以爲亡。"《漢書・蕭望之傳》:"户賦口斂以贍其困乏,古之通義,百姓莫以爲非。"明確這點,則可將"吏或多賦以爲獻"譯爲"有的官吏多徵收算賦把它作爲獻費。"這句話將獻費即上交之賦説得再清楚不過了。

正因這條詔令中"賦"、"獻"同義,所以高帝"欲省賦甚",便將上交之賦從"未有程"、"多賦"和"尤多"省至"人歲六十三錢"。既然六十三錢獻費爲上交之賦,則似乎當時上交之賦並非百二十錢爲一算,而是六十三錢爲一算,可六十三錢能否作爲一算呢?要回答這個問題,首先必須搞清漢代"算"的一些用法。漢代"算"的用法較多,此處難能盡舉,今只選與本文有關的三種用法述下:

(一)用作名詞,專指算賦。如《漢書·武帝紀》元封元年詔曰:"四年無出今年算。"《後漢書·左雄傳》:"鄉部親民之吏,皆用儒生清白任從政者,寬其負算。"

(二)用作動詞,意爲"税"或"計算"。如"算訾"、"算緡"、"算軺車"、"算馬牛羊"、"八月算民"。

(三)用作量詞,意爲"單位"。"算"作量詞的用法最爲複雜,兹分四個方面加以剖析:

第一,作爲家資的計算單位。《漢書·景帝紀》:"今訾算十以上乃得宦。"應劭曰:"十算,十萬也。"可見家資一萬錢爲一算。

第二,作爲考課官吏的計算單位。居延漢簡中常見"得算"、"負算"等字樣,考查"算"之字意,不僅與賦税無關,而且與錢數難及。"算"在此處應被用來計算官吏考績。如《甲乙編》第 206.4 號:"萬歲候長充,受官錢它課四千,負四算。毋自言堂煌者第一,得七算。相除,它得三算,第一。"第 265.1 號:"☐弦☐☐負三算。☐辟一箭道不端敝,負五算。"

第三,作爲一些税目的計算單位。《漢書·景帝紀》注引服虔曰:"訾萬錢,算百二十七也。"可見"算訾"百二十七錢爲一算。《史記·平準書》:商人"各以其物自占,率緡錢二千而一算。諸作有租及鑄,率緡錢四千一算。非吏比者三老、北邊騎士,軺車以一算;商賈人軺車二算;船五丈以上一算。"多少錢爲一算不可確考。《漢書·武帝紀》:"初算緡錢。"李斐曰:"一貫千錢,出算二十也。"《漢書·翟方進傳》注引張晏曰:"牛馬羊頭數出税,算千輸二十也。"可見"算緡"、"算馬牛羊"二十錢爲一算。

第四,作爲算賦的計算單位。《漢書·高帝紀》如淳注引《漢儀注》:"民年十五以上至五十六出賦錢,人百二十爲一算。"《漢書·惠帝紀》注引應劭曰:"漢律:人出一算,算百二十錢。"關於漢初"賦額",《史》、《漢》無文。論者多據上引兩條注解,斷定漢初"賦額"爲百二十錢。其實,這兩條注解當是如淳、應劭誤以武帝後之"賦額"附會漢初,考諸有關史料,發現漢初並不存在百二十錢的"賦額"。漢代用"算"作量詞計人頭税本於秦代,《漢書·晁錯傳》:秦卒"死事之後不得一算之復"。可知"算"在秦代就是計賦單位,但估計十一算不可能爲百二十錢。

　　漢初不存在百二十錢"賦額"的力證是"鳳凰4號"，其載算賦如按次數爲單位計，則每算分別爲三十六錢、三十五錢、二十六錢、十錢、九錢和八錢：如按月份爲單位計，則每算分別爲五十三錢、五十二錢、四十三錢和三十六錢；如按目前所見的市陽里徵收量爲單位計，則每算爲二百二十七錢；如按推算的市陽里徵收量爲單位計，則每算約爲五百至六百錢。

　　漢初不存在百二十錢"賦額"的旁證之一是如下三條史料：《史記‧平準書》："量吏禄，度官用，以賦於民。"《漢書‧高帝紀》："今獻未有程，吏或多賦以爲獻。"《漢書‧食貨志》："急政暴賦，賦斂不時，朝令而暮改。"

　　漢初不存在百二十錢"賦額"的旁證之二是《漢書》對"賦額"的記載方式，《漢書》所載漢初"賦額"皆爲絶對數字，如《漢書‧高帝紀》十一年詔曰："人歲六十三錢，以給獻費。"《漢書‧賈捐之傳》：文帝時"民賦四十"。《漢書》所載武帝後"賦額"皆爲相對數字，如《漢書‧西域傳》武帝詔曰："前有司奏，欲益民賦三十助邊用。"《漢書‧宣帝紀》甘露二年："減民算三十。"《漢書‧成帝紀》建始二年："減天下賦錢算四十。"

　　因此，"算"作爲算賦的計算單位並不固定，當時無論是取民之賦還是上交之賦都不存在百二十錢的定額。上交之賦百二十錢爲一算應始於武帝時，即《漢書‧貢禹傳》所載："古民無賦算口錢，起武帝征伐四夷，重賦於民。"算賦此前早存，"起"當指武帝時始將上交之賦提高到百二十錢，故又言"重賦"。正因武帝後上交之賦每算一般固定於百二十錢[①]，所以當時人逐漸把"算"和百二十錢聯繫在一起，《漢書》所載武帝後"賦額"皆爲相對數字是爲明證，如淳、應劭作注用武帝後"賦額"比附漢初亦爲證明。

　　漢代"算"的用法既明，上面提及的六十三錢能否作爲一算的問題也就得到回答。既然獻費六十三錢即上交之賦的一算，而據"鳳凰4號、5號"，地方各項開支也是以算賦的名義取於民間，則由此可知，上交之"賦額"六十三錢只是取民之"賦額"的一部分；既然漢初取民之"賦額"並無百二十錢的規定，則由此可知，漢初用於地方各項開支的算賦不是有人説的五十七錢而是無定額，而是各地根據自己的不同情況量出爲入。

---

① 特殊情況下偶有變化，例如：宣帝甘露二年，一算爲九十錢；成帝建始二年，一算爲八十錢；《漢書‧西域傳》武帝詔曰："前有司奏，欲益民賦三十助邊用。"《漢書補注》引徐松曰："今口增三十，是百五十爲一算。"儘管有司奏而未行，我們仍可得知，假設"口增三十"，則一算之額又有變化。這些雖爲特例，但亦應予注意。

五、取民之賦無定額的影響

綜上所述,可作小結如下:漢代的"賦額"有狹廣二義:狹義的"賦額"指上交之"賦額",是取民之"賦額"的一部分。上交之"賦額"存在一個演變過程,高帝四年至十一年並無定制,高帝十一年始爲六十三錢;文帝、景帝時減爲四十錢;武帝時升爲百二十錢,此後基本固定,終兩漢之世,除偶然減免外未再變更。廣義的"賦額"指取民之"賦額",其中包括以各種名目向一個十五至五十六歲的成年者徵收的所有人頭税。"賦額"中的一部分上交中央,另一部分用於地方開支,取民之"賦額"從無定制,因地而異,因時而異①。

據有關史料,漢代田租、更賦、口賦和筭算等皆有定量。如此看來,漢代賦税中取民之賦未有定額。這種僅見的無定額現象對漢代徵税制度影響頗多,要者大率有二。因力求充分説明問題,兹將有關這兩種影響的史料各擇數條舉下:

(一)大量臨時費用皆以算賦的名義徵收:《漢書・石慶傳》武帝詔曰:"惟吏多私,徵求無已,去者便,居者擾,故爲流民法,以禁重賦。"《漢書・成帝紀》:營作昌陵,"多賦斂徭役,興卒暴之作。"《漢書・薛宣傳》:"會邛成太后崩,喪事倉卒,吏賦斂以趨辦。"《漢書・平帝紀》:"以元壽二年倉卒者橫賦斂者,償其直。"《漢書・王莽傳》:擊句町時,"賦斂民財什取五,益州虛耗而不克……復大賦斂。"《漢書・食貨志》:王莽時,"用度不足,數橫賦斂,民俞貧困。"《後漢書・朱穆傳》:"公賦既重,私斂又深。"《後漢書・翟酺傳》:"卒有不虞,復當重賦百姓。"《後漢書・李固傳》:"新創憲陵,賦發非一。"《後漢書・吳祐傳》:"嗇夫孫性私賦民錢,市衣以進其父。"《後漢書・賈琮傳》:"黃巾新破,兵凶之後,郡縣重斂。"《後漢書・傅燮傳》:"會西羌反,邊章、韓遂作亂隴右,徵發天下,役賦無已。"《隸續》卷十五《漢安長陳君閣道碑》:修繕根閣,"行旅創苦,發賦加民。"

(二)官吏肆意徵發,賦斂繁重:《漢書・賈誼傳》:矯僞者"賦六百餘萬錢,乘傳而行郡國。"師古曰:"矯僞之人詐爲詔令,妄作賦斂,其數甚多,又詐稱傳而行郡國也。"《漢書・西域傳》武帝詔曰:"當今務在禁苛暴,止擅賦。"《漢書・匡衡

---

① 關於漢代取民之賦的無定額徵收,顏師古在《漢書・昭帝紀》始元六年注中認爲是"律外而取",其實不然。中央對取民之賦的徵收雖有些基本原則,但並無數量限制的律文,有關史料中常見地方官吏輕賦、重賦之載,因各地具體開支情況不同,中央無法在徵賦數量上作出嚴格規定;中央對上交之賦雖有每算若干錢的律文,但又明令地方開支取于算賦,這意味著中央允許地方于上交之賦外另行徵收,體現了算賦存在一個中央與地方的分配問題。故取民之賦的無定額徵收是合法的,不是"律外",而是"律内"。

傳》："今關東連年饑饉,百姓乏困,或至相食,此皆生於賦斂多,民所共者大。"《漢書·薛宣傳》:"三輔賦斂無度。"《漢書·龔勝傳》:"刑罰泰深,賦斂泰重。"《後漢書·隗囂傳》:"增重賦斂,刻剝百姓。"《後漢書·申屠剛傳》:"公家屈竭,賦斂重數,苛吏奪其時,貪夫侵其財。"《後漢書·西南夷傳》:"郡縣賦斂煩數。"《後漢書·皇后紀》:"賦斂煩數,官民困竭。"《後漢書·吕强傳》:穀"案法當貴而今更賤者,由賦發繁數。"《東觀漢記》卷十四《馮衍》:"刑法彌深,賦斂愈重。"《淮南子·本經訓》:"民力竭於徭役,財用殫於會賦。"《鹽鐵論·輕重》:"中國困於徭賦。"《天禄閣外史》卷三《將才》:"郡無循吏,重賦斂十室而九空。"《潛夫論·忠貴》:"重賦殫民,以奉無功。"《三國志·蜀志·劉焉傳》:靈帝時,"益州刺史郗儉賦斂煩擾,謡言遠聞。"《華陽國志·巴志》:"孝桓帝時,河南李盛仲和爲郡守,貪財重賦。"

正因取民之賦無定額,官吏借此橫徵暴斂,所以漢代賦重於租的現象十分明顯。可是,有人却往往被上交之賦百二十錢的律文所蒙蔽,對這種現象認識不足。據韓連琪先生研究,漢代田租由政府按頃畝定額徵收,畝約三升①。因此,設每户佔田六十七畝(據《漢書·地理志》),則需交租約二石,以糧價石百錢計,二石糧合錢二百文。再設取民之"賦額"二百四十錢②,"五口之家"有二·三六人承擔算賦,則每户賦錢約合五百六十文。這樣,田租算賦的比例爲:200:566 = 1:2.83,即算賦約二點八倍於田租。如將更賦、口賦等計算在内,租與賦的比例出入更大。漢代賦稅制度中這種賦重於租的畸形現象,對社會發展至少起兩種作用,因其並非本文主旨,以下只是簡略提及;

(1)加速了土地兼並。土地佔有者向國家交納三十分之一的地稅,却向佃農收取十分之五以上的地租,這顯然有利可圖,且佔地越多,獲利越大,正如荀悦所説,輕地稅"適足以資富强"③。因而,漢代盛行土地兼並,不僅皇親貴族、官僚地主爭相兼並土地,富商大賈也不甘落後。盡管政府三令五申限田,可是收效甚微。土地兼並固然爲整個封建社會所難避免,但漢代土地兼併進程之快,實爲前所未有,後所罕見。

(2)迫使農民脱離户籍。《漢書·公孫賀傳》:"下吏妄賦,百姓流亡。"《漢書·石慶傳》:"去者便,居者擾。"農民爲逃避繁重的賦斂,競相脱離户籍,或成爲無名

---

①韓連琪:《漢代的田租、口賦和徭役》,《文史哲》1956 年第七期。
②這是以上交之"賦額"一般爲百二十錢爲基礎推算的,即假設中央和地方對取民之賦的分配比例爲一比一。
③(漢)荀悦:《前漢紀》卷八《孝文皇帝紀》(下),《四部叢刊》函一一。

數、流民,或淪爲依附農、奴婢。農民與其保存户籍而承擔重賦,寧可失去自由而依附大家。

原刊《中國史研究》1985 年第四期

（作者單位：北京大學歷史學系）

居延漢簡《彭與子侯書》校釋

劉樂賢

居延漢簡中有一封由彭寫給子侯的書信，這裏按照慣例將其擬題爲《彭與子侯書》。《彭與子侯書》抄寫在一塊正、背兩面各有四行文字的木牘之上，除背面最後一行的文字有部分殘損以外，保存較爲完好，是研究漢代書信的難得資料。近年《居延漢簡》刊佈的照片較以往更爲清晰，同時刊出的釋文也比以前準確，爲深入研究這一書信提供了很好的條件。爲便於分析，現將《居延漢簡》的釋文按原行款抄録於下：

　　　　吏奴下薄賤多所迫＝近官廷不得去尺寸閒數失往入甚毋狀叩頭子侯不羞惡

　　　　貧人收録置意中殺身允以報厚恩彭叩頭因道彭今年毋狀小疾

　　　　內錢家室分離獨居困致毋禮物至子侯君晉前甚毋狀獨賜朡

　　　　賀初歲宜當奔走至前迫有行塞者未敢去署叩頭請侯閒（495.4A）

　　　　司便致言解誤叩頭比得謁見始餘盛寒不和唯爲時平衣強奉

　　酒食愚戀毋俞焉叩頭數已張子春累毋已子侯奉以彭故不

　　遣已至意得已蒙厚恩甚厚謹因子春致書彭叩頭單

　　□□□□不□□叩頭（495.4B）①

《居延漢簡》的這一釋文是在吸收以往研究成果的基礎上形成的，因而較爲準

---

①簡牘整理小組：《居延漢簡（肆）》第131頁，"中研院"歷史語言研究所，2017年。

確,頗具參考價值。據此通讀全文,書信的大意已經較爲清楚。但是,其中仍有一些字詞或句子不好理解,有待進一步研究。爲此我們特寫這篇小文,對《彭與子侯書》進行校釋,希望能够爲閱讀這封書信的讀者提供一些幫助。

正面第一行"吏奴下薄賤"的"吏",是寫信人的自稱。從書信的後文看,寫信人名叫"彭",是一位在候官署附近工作的戍吏,故在書信的開頭即以"吏"自稱。楊芬將"奴下"讀爲"駑下",認爲"駑下"和後面的"薄賤"都是寫信人彭的自謙之詞①,可從。這封書信直接以"吏奴下薄賤"開頭,在目前所見漢代書信中較爲特別,如楊芬所説,"這封書信的格式和一般漢代書信格式不一樣,不是以致信人稱謂、拜禮及啓事等語起首"②。也就是説,《彭與子侯書》對研究漢代書信的格式頗具參考價值。

"多所迫"的"迫"字,是逼迫、拘迫的意思。後面的"迫近官廷",是説自己的工作地點靠近候官署。居延漢簡中的候官這一機構經常可以用"官"表示,有時也可以用"廷"表示,故此處的"官廷"應當是指候官或候官署。"不得去尺寸",是説自己一步也不能離開工作崗位,與後文的"未敢去署"意思相近。彭在這裏大致是説,自己平庸低賤,工作地點又靠近候官署,平時完全没有離開工作崗位的自由。彭在書信的一開頭就寫下這些帶有自謙和抱怨口吻的話,無非是要説明自己是因爲工作所迫,平時實在没有辦法去看望子侯。

"閒數失往人",除《居延漢簡甲乙編》釋作"閒數失往人"以外,諸家釋文都是如此③。實際上,其中的"數失往人"費解,以前似乎也很少有人對此作過分析。我們在討論肩水金關漢簡的《譚與丈人書》時曾經指出,《彭與子侯書》的"數失往人"應從《居延漢簡甲乙編》釋作"數失往人"④。漢簡中別的書信上有"叩頭叩頭,謹因往人奉記"(EPF22:463)⑤的記載,其"往人"與此處的"往人"一樣是指往來之人,亦即當時能够順路幫忙捎帶書信的人,如此信後文提到的"子春"及居延漢簡《周仁與范掾書》(157.10)⑥中的"第卅二吏□卿"之類。"閒數失往人",近來屢次錯過了捎信的人。這其實是説,近來久未給您寫信問候。後面的"毋(無)狀"一詞習

---

①楊芬:《出土秦漢書信匯校集注》第78頁,武漢大學2010年歷史文獻學專業博士學位論文。

②楊芬:《出土秦漢書信匯校集注》第77頁。

③參看謝桂華等:《居延漢簡釋文合校》第592—593頁,文物出版社,1987年。

④劉樂賢:《金關漢簡〈譚致丈人書〉校釋》,《古文字論壇》第1輯(曾憲通教授八十慶壽專號),第266—274頁,中山大學出版社,2015年。今按:《譚與丈人書》原擬題作《譚致丈人書》,現改爲《譚與丈人書》,以求統一。

⑤張德芳:《居延新簡集釋(七)》第297頁,甘肅文化出版社,2016年。

⑥簡牘整理小組:《居延漢簡(貳)》第138頁,"中研院"歷史語言研究所,2015年。

見於古書及漢簡，大致是無善狀的意思。這顯然是寫信人彭在爲自己近期未曾給子侯寫信問安一事自責，並向子侯道歉。

第一行和第二行之間的"子侯不羞惡貧人"，以往的釋文多不準確①，《居延漢簡》的釋文後出轉精②，可信。"羞惡"，是見於古書的成詞，是感到羞恥或厭惡的意思。"貧人"，即窮人，習見於古書。"子侯不羞惡貧人"，子侯不厭惡窮人，或子侯不羞於與窮人交往的意思。彭在這裏以窮人自居，一方面是在感激子侯不嫌棄自己的窘況，另一方面也是爲後文説自己在今年臘節期間置辦不起禮物去看望子侯的事情作鋪墊。

第二行的"收録置意中"，或解釋爲"收置到意地"③，意思仍然不甚清楚。圖版上"收録"的"收"字寫法有些特別，其辨識不能完全肯定，但考慮到"收録"一詞古書常見，故這裏仍然釋作"收録"。"收録"在後世可以表示"接納"、"容納"等義，用在此處也很合適。"收録"的這種用法可能不會很晚才出現，至少在《太平經》中已經可以見到："欲知其明信效也，比若道人知道人，德人知德人，各自相收録，故命迭相在。故道人者好興道人，德人者好興德人，有道德之人與無道德之人不比，故不肯相收録，命不繫天也。"俞理明將其中的"收録"解釋爲"接納，結交往來同等對待"④，可從。"意中"一詞見於古書，大概是"心中"或"念中"的意思。《漢書·史丹傳》："天子素仁，不忍見丹涕泣，言又切至，上意大感，喟然太息曰：'吾日困劣，而太子、兩王幼少，意中戀戀，亦何不念乎！'"⑤《釋名·釋言語》："憶，意也，恒在意中也。"⑥收録置意中，大概是接納並重視我的意思。彭在這裏寫這些話，是想感謝子侯不嫌棄自己貧窮，願意接納並重視自己。

"殺身允以報厚恩"的"殺身"，以前還有"教身"、"數年"等異釋⑦。《中國簡牘集成》釋作"教耳"，並將其與前面的文字連讀成"子侯不羞蒐貧人收録置意中教耳"一長句⑧。李洪財通過字形比較以後認爲，以往釋作"殺身"的意見可信⑨。從

---

①參看謝桂華等：《居延漢簡釋文合校》，第592—593頁。

②其中"惡"字和"人"字的釋讀，可參看李洪財：《漢簡草字整理與研究》上編第301頁，吉林大學2014年歷史文獻學專業博士學位論文。

③李洪財：《漢簡草字整理與研究》上編，第302頁。

④俞理明：《〈太平經〉正讀》，巴蜀書社，2001年，第347頁。

⑤（漢）班固：《漢書》，中華書局，1962年，第3377頁。

⑥任繼昉：《釋名匯校》，齊魯書社，2006年，第202頁。

⑦參看謝桂華等：《居延漢簡釋文合校》，第592—593頁。

⑧中國簡牘集成編委會：《中國簡牘集成》第8册，敦煌文藝出版社，2001年，第109頁。

⑨李洪財：《漢簡草字整理與研究》上編，第301頁。

新的清晰圖版看,前面兩個字釋作"殺身"完全正確,李洪財的意見可從,《居延漢簡》的選擇也很恰當。之後的"允"字,以前還有釋"見"、釋"无"等異説①。《居延漢簡》釋作"允",採用的是李洪財的意見。李洪財認爲,允字"在此處用作表示程度的副詞","是'確實'之義"②。今按:此句如按李洪財説釋作"殺身允以報厚恩",並理解爲"一定捨身報大恩"③,則似乎與寫信人的意圖不甚相合。寫信人彭用"殺身 X 以報厚恩"這樣的句子,無非是要表達對收信人子侯的感恩戴德,用的是修辭手法,大致是説我即使獻出生命也報答不了子侯對我的厚恩,並不是説真的要用"殺身"的方式向子侯報恩。不妨先看一下其他漢簡中的類似表述,或許可以爲正確解讀這一句子提供啓示。居延新簡有"明官哀憐全命,未忍加重誅,殺身靡骨不足以報塞厚恩,叩頭,死罪"(EPT59:110)④,肩水金關漢簡有"恩澤甚深厚,成殺身際(實)命毋已(以)復德,叩頭,叩頭"(73EJT7:13A)⑤,肩水金關漢簡有"伏自維念,殺身靡骨毋以報,叩頭"(73EJT23:412)⑥。古書也有類似説法,如《史記·南越列傳》:"天子使莊助往諭意南越王,胡頓首曰:'天子乃爲臣興兵討閩越,死無以報德!'"⑦《漢書·東方朔傳》:"上往臨疾,問所欲,主辭謝曰:'妾幸蒙陛下厚恩,先帝遺德,奉朝請之禮,備臣妾之使,列爲公主,賞賜邑入,隆天重地,死無以塞責。'"⑧《後漢書·馮魴列傳》:"季謝曰:'蒙恩得全,死無以爲報(恩),有牛馬財物,願悉獻之。'"⑨參照上引簡文及傳世文獻中的類似表述,"殺身 X 以報厚恩"中 X 的含義,應當與"毋(無)"或"不足"等表示否定的詞相當。由此可見,釋"允"的説法並不可取。而且"允以"連用於古無徵,也有助於説明釋"允"之説不盡可信。而《居延漢簡甲乙編》釋作"无"的意見,卻很切合簡文語境。查看圖版,該字寫法特別,與"見"或"允"的常見寫法都有區別,與"无"的通常寫法也不完全一致。結合文義並分析字形,此字或可看作"无"的潦草寫法。這個"无"字的特別之處,在於其上面一橫寫得很短,下面一橫又呈明顯的弧形狀,以致初看起來已經有些不像

①參看謝桂華等:《居延漢簡釋文合校》,第 592—593 頁。

②李洪財:《漢簡草字整理與研究》上編,第 301 頁。

③李洪財:《漢簡草字整理與研究》上編,第 302 頁。

④肖從禮:《居延新簡集釋(五)》,甘肅文化出版社,2016 年,第 135 頁。

⑤甘肅簡牘保護研究中心等:《肩水金關漢簡(壹)》中册,中西書局,2011 年,第 154 頁。按:"際"字原作左"日"右"示"形,似不見於字書,這裏暫將其看作左"目"右"示"的"睞"字的異體。

⑥甘肅簡牘保護研究中心等:《肩水金關漢簡(貳)》中册,中西書局,2012 年,第 173 頁。

⑦(漢)司馬遷:《史記》,中華書局,1959 年,第 2971 頁。

⑧(漢)班固:《漢書》,第 2854 頁。

⑨(南朝宋)范曄:《後漢書》,中華書局,1965 年,第 1148 頁。

"无"字了。若結合文例考慮,釋"无"其實甚爲合適。"殺身无以報厚恩",與前引簡文"殺身靡骨不足以報塞厚恩"、"殺身視(實)命毋已(以)復德"、"殺身靡骨毋以報",以及傳世文獻的"死無以報德"、"死無以塞責"、"死無以爲報(恩)"等意思相近。因此,將"殺身"後面一字釋作"无"在文義上是十分合適的。但是,居延漢簡中的否定詞多用"毋"表示,有時也用"無"表示,迄今似未見有用"无"表示的情況。這樣的用字習慣,與釋此字爲"无"的説法多少有些衝突。今按:"无"字在漢初簡帛以及東漢碑刻中都較爲常見①,如果在居延漢簡中偶爾使用,似乎也是理所當然的事情。或許可以期待,以後在西北邊塞出土的漢簡中有可能找到更多確鑿無疑的"无"字。

第二行至第三行之間的文字,其辨識和斷句在以往學者中頗有分歧②。經過再三考慮,我們贊成這樣釋讀:彭今年毋(無)狀,小疾,内(納)錢家室,分離獨居,困致毋(無)禮物至子侯、君胥前,甚毋(無)狀。

"毋(無)狀"已經見於上文,這裏不必再作解釋。"内(納)錢家室",給家裏人錢。"分離獨居",是説自己與家人分離,獨自一人在邊塞工作。後面的"困"字,李洪財認爲與背面第三行"謹因子春致書"的"因"似爲一字,因而將其改釋爲"因"③。今按:從《居延漢簡》刊佈的清晰圖版看,此字與背面第三行"謹因子春致書"的"因"寫法明顯不同,故該字仍然應當釋作"困"。困,理解爲"貧困"或"窘迫"皆可。"子侯",收信人的名字。漢代人多以"子某"爲字,此處"子侯"就是收信人的字。此信的"彭"是寫信人以名自稱,"子侯"則是以字尊稱對方。後面"君胥"的"胥"字,李洪財據任攀之説改釋爲"歲",認爲"釋'歲'文義較通順"④。從《居延漢簡》刊佈的清晰圖版看,此字與第四行"賀初歲"的"歲"字寫法明顯不同,釋"歲"既無字形根據,在文義上也並不通順。《居延漢簡》從勞榦之説釋作"胥",可信。"君胥",如勞榦所説,可能是指子侯的妻子⑤。漢代女子多以"某君"或"君某"爲

---

①參看張守中:《睡虎地秦簡文字編》,文物出版社,1994 年,第 90 頁;陳松長:《馬王堆簡帛文字編》,文物出版社,2001 年,第 512 頁;駢宇騫:《銀雀山漢簡文字編》,文物出版社,2001 年,第 404—405 頁;漢語大字典字形組:《秦漢魏晋篆隸字形表》,四川辭書出版社,1985 年,第 904 頁。

②參看謝桂華等:《居延漢簡釋文合校》,第 592—593 頁;中國簡牘集成編委會:《中國簡牘集成》第 8 册,第 109 頁;楊芬:《出土秦漢書信匯校集注》,第 77 頁;李洪財:《漢簡草字整理與研究》上編,第 302 頁。

③李洪財:《漢簡草字整理與研究》上編,第 301—302 頁。

④李洪財:《漢簡草字整理與研究》上編,第 302 頁。

⑤勞榦:《居延漢簡考釋之部·居延漢簡考證》,第 75 頁,"中研院"歷史語言研究所,1960 年。

名字①,此處"君胥"可能是子侯妻子的字,正好符合當時習慣。這一段文字的大意是説:我今年很不像話,身患小恙,一個人獨居邊塞,需要給家裏寄錢,窮困到没有錢置備禮物去看望子侯及君胥伉儷,真是很不像話。

第三行至第四行之間的文字,可以連讀爲"獨賜䐿(臘)賀初歲"一句。這裏的"獨"字可能表示轉折,用法同"卻"一致②。"䐿(臘)",指臘日。臘日在漢代是一個十分重要的節日,因爲其時已經接近歲末,與正旦接近,因而如簡文所説,又有"賀初歲"的意涵③。"獨賜䐿(臘)賀初歲",是説反而蒙您贈送慶賀新年的臘日禮物。"宜當奔走至前",是理當趕緊前來致謝之意。勞榦據此段文字分析漢代的臘日禮俗時説,"今據此簡,則酒食之外,更相互饋遺,以爲儀文。此書之致書者即言未備饋遺,而受書者饋遺已先至。以此書爲謝也"④。勞榦所説很有道理,對理解此段簡文頗有參考價值。"迫有行塞者",迫於有上級官員前來巡視邊塞。"未敢去署",未敢離開工作崗位。這是在解釋自己由於工作上的原因,即使在收到子侯的臘日禮物以後,也無法前往子侯處致謝。彭在臘節期間本來是有時間去探親訪友的,但這次因爲有上級領導來視察工作,可能需要加班加點,所以竟然没有時間去子侯處致謝。

第四行末尾的"請侯閒",可與背面第一行的前幾字連讀爲一句。《居延漢簡》釋作"請侯閒司便致言解誤",大致可信。細看圖版,此處《居延漢簡》及諸家都釋作"侯"的字,其左邊比"子侯"的"侯"明顯多出一豎,故應當改釋爲"候"。從文義看,該字作動詞用,顯然也以釋作"候"合適。"閒",古書或作"間",閒隙或時機。"候閒"或"候間"見於古書,與"伺閒"或"伺間"同義。《史記·淮南衡山列傳》:"此所謂蹈瑕候閒,因秦之亡而動者也。"⑤《白虎通義》卷五《誅伐》:"弑者何謂也?弑者,試也。欲言臣子殺其君父,不敢卒,候閒司事,可稍稍試之。"⑥《釋名·釋喪制》:"下殺上曰'弑'。弑,伺也,伺間而後得施也。"⑦《後漢書·王允傳》:"若王允

---

① 參看劉增貴:《漢代婦女的名字》,《新史學》第 7 卷第 4 期,1996 年。收入《臺灣學者中國史研究論叢·婦女與社會》,中國大百科出版社,2005 年。此據後者,第 54—56 頁。
② 李洪財在譯述這段文字的大意時,已經將"獨"字理解爲"卻"。參看李洪財:《漢簡草字整理與研究》上編,第 302 頁。
③ 關於秦漢時期臘日的概況,可參看彭衛、楊振紅:《中國風俗通史·秦漢卷》,上海文藝出版社,2002 年,第 639—644 頁。
④ 勞榦:《居延漢簡考釋之部·居延漢簡考證》,第 75 頁。
⑤ (漢)司馬遷:《史記》,第 3086 頁。
⑥ 陳立:《白虎通疏證》,中華書局,1994 年,第 223 頁。
⑦ 任繼昉:《釋名匯校》,第 466 頁。

之推董卓而引其權，伺其閒而敝其罪，當此之時天下懸解矣。而終不以猜忤爲釁者，知其本於忠義之誠也。故推卓不爲失正，分權不爲苟冒，伺閒不爲狙詐。"①"司"，古書或作"伺"，與"候"同義。"伺便"亦見於古書，《三國志·魏書·董卓傳》裴松之注引謝承《後漢書》之《伍孚傳》："董卓作亂，百僚震慄。孚著小鎧，於朝服裏挾佩刀見卓，欲伺便刺殺之。"②"請候閒司便"，請允許我尋找方便的時機。《春秋公羊傳》襄公二十五年："曷爲不言入於衛？諼君以弒也。"何休注："時衛侯爲剽所篡逐，不能以義自復，詐願居是邑爲剽臣，然後候間伺便，使甯喜弒之。君子恥其所爲，故就爲臣以諼君惡之。"③其"候間伺便"，即此處的"候閒司便"。"誤"，以往多釋作"俱"，也有釋作"謁"的④，從新的清晰圖版看，應從《居延漢簡》釋作"誤"。"致言解誤"，不易確解，猜測可能有解釋誤會或登門道歉的意思。彭的這一段話是説，自己以後會尋找方便的時機解釋誤會或上門道歉。

　　背面第一行的"比得謁見"，以往諸家都釋作"頃得謁見"。從文義看，這一句似可釋作"願得謁見"。第一個字的右邊與常見的"願"字右邊略有差別，致使該字初看起來似乎更像"比"。但漢簡中"願"字的寫法變化多端，此字仍有可能是"願"的變體。從文義看，也以釋作"願"更爲合適，因爲"願得"連用習見於古書。"始餘"，楊芬釋作"始除"⑤。從字形看，還是應當釋作"始餘"。"始餘"，可以讀爲"始除"。這裏的"餘（除）"，可能與"除夕"的"除"用法一致。"始除"，可能是舊歲始除、新歲始至的意思。彭寫此信時臘日剛到，稱爲"始除"正好切合時令。《風俗通義·祀典》："於是縣官常以臘除夕飾桃人，垂葦茭，畫虎於門，皆追效於前事，冀以禦凶也。"⑥其中"臘除夕"的含義雖然不易確解，但似乎也透露出臘日與"除"有關，或可與此互相説明。後面一段講時氣不和，希望對方留意飲食和衣著的文字，在漢代書信中常見，這裏没有必要多作解釋。這一行的最後兩字，《居延漢簡》及以往諸家皆釋作"强奉"，楊芬釋作"强幸"⑦。從字形看，後面一字釋作"奉"並無問題，但從文例看似以釋作"幸"更爲合適。考慮到漢簡中"幸"、"奉"二字的寫法較爲接近，有時甚至不易區別，故此處宜據文例釋爲"幸"。"强幸"應與下一行的"酒食"二字連讀。"强幸酒食"或"幸酒食"，是漢代書信中的常用語。

---

①（南朝宋）范曄：《後漢書》，第2178頁。

②（晋）陳壽：《三國志》，中華書局，1959年，第175—176頁。

③《十三經注疏》整理委員會：《春秋公羊傳注疏（十三經注疏）》，北京大學出版社，2000年，第522—523頁。

④中國簡牘集成編委會：《中國簡牘集成》第8冊，第109頁。

⑤楊芬：《出土秦漢書信匯校集注》，第78頁。

⑥吳樹平：《風俗通義校釋》，天津人民出版社，1980年，第306頁。

⑦楊芬：《出土秦漢書信匯校集注》，第78頁。

　　背面第二行的"愚戀毋俞焉"，勞榦釋作"愚戀毋俞甚厚"①，其餘各家多釋作"愚戀毋倫甚焉"。從新的清晰圖版看，第四個字左邊没有"人"旁，明顯不是"倫"字。該字下部與"俞"字下部的構件一致，只是其左右兩部分的方位與"俞"字下部的習見寫法正好相反。《居延漢簡》取勞榦釋"俞"之説，可從。"俞"字後面，以往或以爲是"甚厚"兩字，或以爲是"甚焉"兩字。從新的清晰圖版看，此處明顯只有一字，《居延漢簡》將其釋作"焉"，可信。"愚戀毋俞焉"，仍然不好理解。"毋俞"，或可讀作"無喻"。《莊子·齊物論》："以馬喻馬之非馬，不若以非馬喻馬之非馬也。"成玄英疏："喻，比也。"②無喻，無比。"無喻"一詞見於三國至西晉的漢譯佛經，也見於二王雜帖，如三國吳支謙譯《梵摩渝經》"二十四相：齒白無喻"，王羲之雜帖"永嘉至，欣喜無喻，餘可耳"③。"愚戀毋（無）俞（喻）焉"，愚笨無比，這當然是寫信人彭的自謙之詞。彭在這裏説自己愚笨無比看似突兀，其實是爲了方便後文提及張子春的事情。在彭看來，之所以讓子侯爲張子春的事情勞累不已，乃是因爲自己愚笨無能所致。

　　對於背面第二行至背面第三行之間的文字到底應當如何釋讀和斷句，以往學者的意見頗不一致。勞榦讀作"愚戀毋俞，甚厚。叩頭。數已張子春累毋已。子覆奉以彭故不遣亡至意得。已蒙厚恩甚厚"④。《中國簡牘集成》讀作"愚戀毋倫甚焉，叩頭數已。張子春累毋已，子侯奉以彭故不遣。亡至意得，已蒙厚恩，甚厚"⑤。楊芬讀作"愚戀毋倫甚焉。叩頭，數已張子春累毋已，子侯幸以彭故，不遣亡至意，得已蒙厚恩，甚厚"⑥。

　　先説釋字方面的問題。所謂"愚戀毋俞焉"，上文已經辨析並讀作"愚戀毋（無）俞（喻）焉"，並且已經指出是寫信人彭的自謙之詞。所謂"奉"字，寫法與前文分析過的所謂"强奉酒食"的"奉"字完全一致。從文例看，這個"奉"字同樣也應當改釋爲"幸"。"遣"後面一字，以往都釋作"亡"，唯《居延漢簡》改釋作"已"。從圖版看，該字字跡清晰，釋"已"或釋"亡"皆無充足把握。爲叙述方便，這裏暫且依《居延漢簡》釋作"已"。

　　"愚戀毋（無）俞（喻）焉"後面的文字應當如何斷句，很不容易確定。其中"數

①勞榦：《居延漢簡考釋之部·居延漢簡考證》，第 74 頁。
②郭慶藩：《莊子集釋》，中華書局，1961 年，第 66 頁，第 69 頁。
③參看張俊之：《二王雜帖詞彙研究》，中國社會科學出版社，2015 年，第 208 頁。
④勞榦：《居延漢簡考釋之部·居延漢簡考證》，第 74 頁。
⑤中國簡牘集成編委會：《中國簡牘集成》第 8 册，第 109—110 頁。
⑥楊芬：《出土秦漢書信匯校集注》，第 78 頁。

已(以)張子春累毋已"似宜作一句讀,是説屢次因張子春的事情讓您勞累不已。其後面的文字可能要在"遣"字處讀斷,即以"子侯幸以彭故不遣"爲一句。這裏的"遣"字,可能是表示罷遣或打發走的意思。《史記·白起列傳》:"秦王乃使人遣白起,不得留咸陽中。"[①]《史記·匈奴列傳》:"漢使任敞於單于。單于聞敞計,大怒,留之不遣。"[②]"子侯幸以彭故不遣",彭可能是在感謝子侯因爲自己的緣故而留用了張子春其人。考慮到後面的"得已(以)蒙厚恩"必須連讀,故其前面的"已至意"三字也必須作一句讀。"至意"一詞見於古書,楊芬認爲是"極誠摯的情意"的意思[③]。猜測彭在這裏是想對子侯留用張子春的情意表示感激和感謝。不過,"已至意"的搭配不是很好理解。如前文所述,所謂"已"字的辨識其實並無充足把握,故這一句話的釋讀還可以再加斟酌。後面的"得已(以)蒙厚恩,甚厚",仍然是在爲張子春的事情感謝子侯。"謹因子春致書"的"子春",應當就是前面提到過的"張子春"。彭顯然是趁張子春回子侯處的機會,請張子春捎帶此信給子侯。

最後一行文字已有殘損,雖然尚存部分字迹,卻已很不容易辨識。《居延漢簡》釋作"□□□□不□□叩頭",態度甚爲謹慎。第一字,以往研究者或釋作"記"。如釋作"記",則可以與前一行文字的末字連讀爲"單記"。從肩水金關漢簡73EJT23:896A 也有"單記"連文的情況看[④],釋作"記"是有道理的。但因後面的缺文太多,畢竟不能十分肯定,所以還是從《居延漢簡》作不識字處理更爲穩妥。這一行末尾"叩頭"前面的四個字,楊芬疑作"文不多言"[⑤]。這些字都只存右邊的部分筆跡,暫時無法確釋,故仍以沿用《居延漢簡》的釋文較爲穩妥。

根據以上的分析和討論,可以將《彭與子侯書》的釋文校正並標點於下:

吏奴(駑)下薄賤,多所迫,迫近官廷,不得去尺寸,閒數失往人,甚毋(無)狀。叩頭。子侯不羞惡

貧人,收録置意中,殺身无以報厚恩。彭叩頭,因道:彭今年毋(無)狀,小疾,内(納)錢家室,分離獨居,困致毋(無)禮物至子侯、君胥前,甚毋(無)狀。獨賜朕(臘)

賀初歲,宜當奔走至前,迫有行塞者,未敢去署。叩頭。請侯閒(495.4A)

司(伺)便致言解誤。叩頭。願得謁見。始餘(除),盛寒不和,唯爲時平

①(漢)司馬遷:《史記》第 2337 頁。

②(漢)司馬遷:《史記》第 2911 頁。

③楊芬:《出土秦漢書信匯校集注》第 79 頁。

④甘肅簡牘保護研究中心等:《肩水金關漢簡(貳)》中册第 236 頁。

⑤楊芬:《出土秦漢書信匯校集注》第 79 頁。

衣，强幸

　　酒食。愚戇毋俞（喻）焉。叩頭。數已（以）張子春累毋已，子侯幸以彭故不

　　遣，已至意，得已（以）蒙厚恩，甚厚。謹因子春致書。彭叩頭。單

　　□□□□不□□叩頭。（495.4B）

　　此信的寫信人叫彭，收信人叫子侯。彭是漢代常見的人名，子侯也常被漢代人取作字。因此，居延漢簡中雖然有不少以彭爲名、以子侯爲字的記載，但暫時都無法與《彭與子侯書》中的彭和子侯對應。從該信以“吏奴（駑）下薄賤，多所迫，迫近官廷，不得去尺寸”開頭，中間又有“迫有行塞者，未敢去署”推測，寫信人彭的身份應爲戍吏，其工作地點可能在某一候官署的附近，但其具體職務及秩級不詳。從該信出土於肩水都尉府所在的 A35 大灣遺址推測，收信人子侯當時可能是在肩水都尉府任職，其職務及秩級已無從知曉。

　　彭此次給子侯寫信，首先對子侯的關心特別是子侯給自己贈送臘日禮物一事表示感謝，對自己今年因貧病交困而未能及時在臘節期間去看望子侯表示抱歉，並對此次因有上級領導視察而不敢離開工作崗位，不能親自至子侯處感謝其贈送臘日禮物一事作了解釋。臘日在漢代是一個十分重要的節日，是當時吏民休息及家族團聚的日子，也是親友間互相走訪或會飲的日子。從居延漢簡的記載看，官府在臘日期間還會向吏民賜錢賜肉①。這封書信則表明，當時親友之間在臘日除互相走訪或會飲以外，還會互贈禮物以慶賀新年的到來。彭在臘節期本來應當有時間去看望並感謝子侯，但恰逢有上級官員來巡視邊塞，彭因工作無法脫身，只好寫此信託張子春帶給子侯，向子侯進行解釋並道歉。另外，彭在此信中對子侯關照過張子春的事情也表達了特別的感激之情。張子春與彭的關係不詳，但從彭在信中對子侯因關照過張子春一事而再三致謝，又提到此信是由張子春攜往，則張子春的住處可能與彭的住處相近，張子春應當是一位與彭關係密切的親友，此時則很可能是在子侯手下工作。總之，這是一封在臘節期間向親友致謝和問候的信件，表達了戍吏彭對親友子侯的感謝和祝願。

　　附記：本文初稿曾作爲《讀居延漢簡中的幾封書信》的一部分，分別於 2018 年 2 月 1 日、2018 年 6 月 2 日在臺北“中研院”歷史語言研究所和

---

①參看汪桂海：《漢代的臘節》，《中國歷史文物》2007 年第 3 期。收入氏著《秦漢簡牘探研》第 243—257 頁，文津出版社 2009 年。此據後者，第 254—257 頁。

吉林大學古籍研究所演講。現將其抽出並增補爲一文，以慶賀吴榮曾先生九十華誕。

（作者單位：首都師範大學歷史學院）

長沙五一廣場東漢簡牘"陰微"解

李均明

簡牘文書的不同用途或不同運行方向,常常使用與其功能密切相關的慣用語:如詔書之"制曰:可",專用於皇帝的指令;"如律令"專用於下行文書;"敢言之"專用於上行文書等等。凡此種種,可讓人們對其性質一目了然。長沙五一廣場東漢簡牘中與刑偵相關的文書,屢見"陰微"一詞,亦爲慣用語,有特定的意義——表示秘密的刑偵方式,今擇數例,試解如下,望大家指正。

一、

A面:

永元十六年十月丁亥朔廿日戊午,南部游徼栩、柚州例游徼京、縹溪例亭長福叩頭死罪敢言之:

廷前以府唐掾書,陰微起居,逐捕殺獨櫟例亭長、盜發塚者男子區義。

B面:

南部游徼張栩名印

　　　　史白開

十月　日郵人以來　　　　　　　　　《五一簡》【二】426①

---

①長沙市文物考古研究所、清華大學出土文獻研究與保護中心、中國文化遺産研究院、湖南大學嶽麓書院:《長沙五一廣場東漢簡牘》【二】,中西書局,2018年。本文簡稱《五一簡》【二】。

二、

陰微逐捕秩必得，考實，有後情，正處，復言，不敢出二年正月。胤惶恐，
騏、尚、

皋職事無狀，叩頭叩頭，死罪死罪，敢言之。《五一簡》【二】459

三、

寶謹已劾。盡力廣設方略，陰微求捕嵩，必得爲故。推辟何、充、倉等，
還，實

核，辯有增異，正處，復言。奉、配、寶惶恐叩頭，死罪死罪，敢言之。《五一
簡》【二】528

四、

奉得書，輒尋擇推求何人，未能得，期日迫盡，不能趨會，願復假期，盡力辟
切，陰微起居，逐捕何人必發立主名。捕得，考實，正處復言。馮、蒼、元職事惶
恐，叩頭死罪死《五一簡》【三】881+882①

五、

絶靬，凡創十四所。林以拒辜立物故。貞辟則，不問。即怗、聞等證。案：
拒挾董毒、

刃賊殺人，發覺，持犯法兵亡。齎謹已劾。盡力廣布耳目，陰微推起，逐捕
拒喻曉《五一簡》【三】1119

以上僅舉五例。例一爲南部游徼栩、柚州例游徼京及纍溪例亭長福上報給縣
廷的刑偵報告呈文。"永元十六年"乃公元 104 年②。丁亥朔廿五日的干支應該是
"丙午"，今見作"戊午"或爲誤寫。游徼，縣級治安吏。《漢書·朱博傳》"檄到，令
丞就職，游徼王卿力有餘，如律令！"師古注："游徼職主捕盜賊，故言如律令。"安作
璋、熊鐵基認爲"游徼是直屬於縣而派往各鄉徼巡者"③，説是。他們所執行的任務
是依據太守府姓唐的某曹掾的指令進行。抓捕的對象是殺害獨櫟例亭長又盜墓的
嫌疑人區義。簡背爲收文記録，從中知南部游徼栩的全名叫張栩。例二爲一份文

①長沙市文物考古研究所、清華大學出土文獻研究與保護中心、中國文化遺産研究院、湖南大學嶽麓書院：
《長沙五一廣場東漢簡牘》【三】，中西書局，2019 年，本文簡稱《五一簡》【三】。
②陳垣：《二十史朔閏表》，中華書局，1962 年，第 32 頁。
③安作璋、熊鐵基：《秦漢官制史稿》，齊魯書社，1984 年，第 202 頁。

書的末尾部分,與刑偵有關。文書責任人爲騏、尚、皋。被抓對象名秩。"不出二年正月"爲執行抓捕者自我保證的完成任務時間下限。例三也是與刑偵有關的文書末尾。文書責任人是奉、配、賓三人。嫌疑人名嵩。需再調查的相關當事人名何、充、倉。例四爲與刑偵相關的延期報告中段。嫌疑人叫"何人"。"期日迫近,不能期會",指規定的期限快到,估計不能按時彙報。"願復假期"指申請再次延期。例五亦爲與刑偵有關文書中段,上下缺。嫌疑人或爲林、拒、齋三人。其中林因拒捕死亡。拒既擁有違禁毒物,且故意殺人,事後還攜帶兇器逃跑,雖已被發覺,但未捕得。齋已被舉劾。案件在繼續偵辦中。

五例皆見"陰微"一語,乃爲關鍵字。

密而不宣稱"陰"。《漢書·周仁傳》"仁爲人陰重不泄",師古注:"陰,密也。"《資治通鑑·漢紀三十八》"憲陰喝不得對",胡三省注:"陰,密也,潛也。"隱密的行爲則稱"微"。《説文》:"微,隱行也。"此乃本義。《荀子·堯問》:"行微無怠。"王先謙《集解》引郝懿行曰:"微者,隱也。"凡冠以"微"字的行動皆爲秘密行爲,如《史記·張儀列傳》:"使人微隨張儀,與同宿舍,稍稍就近之。""微隨"本指秘密跟蹤,此處"與同宿舍",行爲還未被發覺,可見隱密性極强。《史記·廉頗藺相如列傳》"趙使人微捕得李牧,斬之。""微捕"指秘密抓捕。《穀梁傳》哀公四年:"《春秋》有三盜:微殺大夫謂之盜,非所取而取之謂之盜,辟中國之正道以襲利謂之盜。""微殺"即暗殺。

簡文陰、微連用則進一步强化對行爲隱密性的形容。今見簡文"陰微"往往又冠於若干行爲之上,如:

例一和例四之"陰微起居",指廣泛的秘密行動。《禮記·儒行》"雖危,起居竟信其志,猶將不忘百姓之病也",鄭玄注:"起居,猶舉事動作。"起居指人的行動。

例二之"陰微逐捕"和例三之"陰微求捕"指秘密抓捕。

例五之"陰微推起"指進行秘密調查。推,調查推究。《大戴禮記·文王官人》"推前惡忠府知物焉",王聘珍解詁:"推,推究也。"西北簡或稱"推辟"。《流沙墜簡補遺考釋》八號簡:"州下郡推辟",王國維考證云:"推辟者,《魏志·荀攸傳》'乃推問相權果殺人亡命',六朝以後均謂讞獄爲推,則推辟謂驗治也。"其説甚是。

例五所見"盡力廣布耳目"指盡可能廣泛地佈設偵察人員,是進行秘密行動的重要舉措。它簡所見如《新簡》EPF22·167:"將軍令:月生民皆布在田野,以塞候望,爲耳目。檄到,恭等令隧長旦番跡,士吏、候長常以日中跡。"此簡乃指以廣泛分佈在各個地點的老百姓充當偵察人員。史籍所見如:《史記·魏其武安侯列傳》:"武安吏皆爲耳目,諸灌氏皆亡匿,夫系,遂不得告言武安隱事。"又,《北史·房彦謙傳》："唯願遠布耳目,精加採訪,褒秋毫之善,貶纖介之惡。"與秘密行動並舉的除設耳目外,常常要注重策略,如例三所見"廣設方略",且兩者常常並舉。"方略"通常指具體策略。《後漢書·皇甫張段傳》："規到官,廣設方略,寇賊悉平。"《魏書》列傳第三十九:"均清身率下,明爲耳目,廣設方略,禁斷奸邪。"

《張家山漢簡·奏讞書》最後一則涉及秘密偵察的成功,是嘉獎提拔執法官員的範例,具典型意義。

此例從基層里典的報案談起,所涉基本事實是"不知何人刺女子婢最里中,奪錢,不知之所",懸念多多。爲破此案,開始時官府委派獄史順、去疢、忠等偵辦。順等曾公開訊問與此案相關的各種人,卻始終未果,成爲棘手的難案。後來改由獄史舉關接手。舉關有關此案的偵破過程與方法是案例的核心,敘述冗長,他接手後即擴大調查範圍,再逐一排除,最後終於瞄上重大嫌疑人及疑點。嫌疑人即簡文所云"其一人公士孔,起室之市,落暮行正旗下,有頃即歸,明又然。衣故有帶,帶有佩處而毋佩也。瞻視應對甚奇,不與他人等"。從刀與刀鞘分離的事實入手,獲得衆多旁人舉證,使嫌疑人最終不得不對犯罪事實供認不諱。此案中,犯罪嫌疑人製造之假象,對偵破工作起了干擾與誤導。其假象如"佯爲券……券置盜其旁,令吏求賈布者",以此誤導偵察方向與範圍。同時,犯罪嫌疑人又利用百姓都出去救災,邑中少人的機會作案,盡可能避開見證人。而獄史舉關用自己的智慧與經驗,排除干擾,偵破了此案。所以此例中專設評語云"孔端爲券,賊刺人,盜奪錢,置券其旁,令吏勿知,未嘗有。黔首畏害之,出入不敢,若斯甚大害也。順等求弗得,乃令舉關代,毋徵物,舉關以智研訽求得,其所以得者甚微巧,俾令盜賊不敢發。"

很明顯,奏文的意圖不是爲了釋疑解難,而是爲偵辦人報功請賞,即呈文所云:"令曰:獄史能得微難獄,上。今獄史舉關得微難獄,爲奏廿二牒,舉關毋害,謙潔敦慤;守吏也,平端,謁以補卒史,勸它吏,敢言之。"知《奏讞書》引此案例意在強調偵破之細緻入微,不放過任何有用的線索,給當時的司法人員提供一則偵破疑難案件的範例。與前任不同的是舉關在偵辦過程中遇到曲直後,便採用更多的秘密手段,如簡文所云"舉關有(又)將司寇裘等……收置□□□□而從之□不□□□□□……視行□不□,(飲)食靡大,疑爲盜賊者,弗得。舉關求偏(徧)悉,弗得。□□□□徧(?)□□用(?)隸妾每等晨昧里,(研)訽謙(廉)問不日作市販,貧急窮困,出入不節,疑爲盜賊者公卒癭等,偏(徧)令人微隨視爲謂、出入、居處狀。"大體確定嫌疑人爲公卒癭等,便派遣大量人員秘密跟蹤(即簡文所云"偏令人微隨"),對其住所、言行做進一步的瞭解,不放過每一個細節,才最終偵破此案,獲得充分肯定。

綜上,五一簡所見"陰微"一詞乃用於形容隱密的活動方式,常見於與刑偵有關的司法文書。此類活動方式無疑適用於古今中外。

（作者單位:清華大學出土文獻研究與保護中心）

璽書考

——兼論漢代詔書的若干問題

孫聞博

一、璽書發兵與《獨斷》"制書"條考辨

東漢光武初年,制度不備。發兵一度不以虎符,而僅憑璽書或詔書。《後漢書》卷三一《杜詩傳》記:

> 初,禁網尚簡,<u>但以璽書發兵</u>,未有虎符之信,詩上疏曰:"……<u>舊制發兵,皆以虎符,其餘徵調,竹使而已</u>。……間者發兵,<u>但用璽書</u>,或以詔令,如有奸人詐僞,無由知覺。愚以爲軍旅尚興,賊虜未殄,<u>徵兵郡國</u>,宜有重慎,<u>可立虎符</u>,以絕奸端。……事有煩而不可省,費而不得已,蓋謂此也。"書奏,從之。①

《唐六典》卷八《門下省》"符寶郎"條"主符三十人"下注文也提及東漢情形:"後漢太守、都尉初除,與璽書;及發兵,亦與璽書,或與詔書,奸僞刻造,無由檢知。至順帝,以此制煩擾,但召符節令發銅獸、竹使符耳。"②陳仲夫注意到相關文字與

---

① (南朝宋)范曄:《後漢書》,中華書局,1965年,第1096—1097頁。嚴可均《全後漢文》卷一九擬名作《請以虎符發兵疏》。《全上古三代秦漢三國六朝文》,中華書局影印光緒王毓藻校刻本,1958年,第576頁上欄。

② (唐)李林甫著,陳仲夫點校:《唐六典》,中華書局,1992年,第251頁。又見《職官分紀》卷六"符寶郎"條"主符三十人"注引,《景印文淵閣四庫全書》之《子部二二九·類書類》,臺灣商務印書館影印本,1983年,第923冊,第163頁,"檢"作"驗","耳"作"璽"。

《杜詩傳》的聯繫，並出校語："杜詩卒于光武建武十四年，《六典》原注謂'至順帝，以此制煩擾，但召符節令發銅獸、竹使符'者，錯矣。"①《六典》注文非僅節略言之，不排除參據了其他史料。不過，所言與范曄《後漢書》記載抵牾，也是存在的。這提示我們：《六典》原注叙制度流變，未盡準確，應查對史源，審慎對待。下面探討即以《杜詩傳》爲主要史料依據。上述説到東漢初年，"但以璽書發兵，未有虎符之信"。所謂"璽書發兵"，更具體作"但用璽書，或以詔令"，《六典》注引、《職官分紀》作"亦與璽書，或與詔書"。"璽書"與"詔令"、"詔書"相別，當指使用帝璽封印的文書。是時一度無虎符合符之制，依靠璽書、甚或詔書徵兵於郡國，頗顯簡率。不過，問題並未就此結束，進而關涉的是，"璽書"是否屬於詔書，詔書是否多不使用璽封？這是重要的制度問題，也體現著皇帝的角色與地位。既往研究涉及不多，且頗有分歧，需要進一步解釋。

關於漢代"璽書"，宋人王觀國引《漢舊儀》"天子六璽"條文末部分，云："然則雖用尺一板以寫詔書，而必封之以囊，中約之。而書題其封，又用璽焉，故謂之璽書。人君降詔命，謂之賜璽書。"②此言尺一之詔均用璽封，故稱璽書；而下發詔書，又稱賜璽書，認識上已有推進。不過，璽書固然皆用璽封，但詔書是否皆璽封，進而稱璽書？"降詔命"又是否皆可謂"賜璽書"？卻非理所當然，均須思考。

王國維研究敦煌漢簡"制詔酒泉太守敦煌郡到戍卒二千人……"等二簡，引《獨斷》"制書"條以證，謂"此宣帝神爵元年所賜酒泉太守制書"，"故漢人亦謂之璽書"，"璽書之首，例云'制詔某官'"③。敦煌漢簡相關材料大體屬於制書④。不過，《獨斷》雖言制書除赦令、贖令外，"下遠近皆璽封"，但相關內容未敢稱爲完具，且前言《六典》、《職官分紀》尚有異文，實須辨析。至於璽書起篇格式，文獻所記固多作"制詔某官"，但實際作"皇帝問某某"，同樣不在少數。王氏後一方面的歸納，也

①《唐六典》，第 267 頁校勘記一〇六。

②（宋）王觀國著，田瑞娟點校：《學林》卷五"尺一"條，中華書局，1988 年，第 153 頁。

③羅振玉、王國維編著：《流沙墜簡》之《屯戍叢殘考釋·簿書類》，中華書局據上虞羅氏永慕園叢書 1934 年修訂版重印，1993 年，第 101—102 頁。王國維又題《敦煌所出漢簡跋一》，收入所著《觀堂集林》卷一七《史林九》，彭林整理，河北教育出版社，2001 年，第 521—522 頁。唯後者《獨斷》云：'……。'又云：'……，故漢人亦謂之璽書'"中，點校稍有疏誤。點校整理者將王氏結論置於《獨斷》引文中，應調整。

④學者有參《獨斷》，將之歸入詔書三品之第一種，或可斟酌。李均明、劉軍：《簡牘文書學》第九章，廣西教育出版社，1999 年，第 213 頁；李均明：《秦漢簡牘文書分類輯解》"書檄類"，文物出版社，2009 年，第 27—28 頁；馬怡：《漢代詔書之三品》，北京大學中國古代史研究中心編：《田餘慶先生九十華誕頌壽論文集》，中華書局，2014 年，第 69 頁。又有意見認爲"就該簡內容而言，似非屬'制度之命'，而實是告白之意，但用制書形式"。薛英群：《漢簡官文書考略》，甘肅省文物工作隊、甘肅省博物館編：《漢簡研究文集》，甘肅人民出版社，1984 年，第 263 頁；薛英群：《居延漢簡通論》第五章，甘肅教育出版社，1991 年，第 173 頁。

不够準確全面。

　　就觀堂所論，賀昌群較早指出“‘璽書之首，例云制詔’，是不盡然”。不過，例舉《吾丘壽王傳》：賜壽王璽書曰，捕斬反者，自有賞罰”①，顯然引誤。璽書内容出自《漢書》卷六六《劉屈氂傳》②。薛英群也多有保留意見：“至於璽書，並不專指制書，凡‘有印使符下遠近而璽封者’，均可稱爲璽書，如‘詔書’、‘符令’、‘詔記’等。”③所言有啓發性，但“符令”、“詔記”的史例是否存在，具體又指哪些？應予交代説明。陳力同樣不同意王國維關於璽書是制書别稱的意見。他通過對比文獻，認爲璽書、制書在文書内容、格式、傳遞方式上均有差異，不應將文獻所記璽書視作策書、制書的别稱。制書有“制度之命”的含義，内容涉及高官任免、諸侯封建等命令。而璽書在文書發出與接受者範圍等層面存在著不同，内容上與“制度之命”没有關係，是策書、制書、詔書、戒書之外一種獨立的王言類文書，屬皇帝發出的信件，具有私的性質④。相關探討已較爲細化，並揭示出諸多重要問題。不過，他雖以璽書不涉“制度之命”，但交代璽書具體内容時，提到包括有皇室内部問題處理、政策方針討論、軍事命令、與外國君主聯絡、慰勞寵答及指導、地方郡縣長官的部分任命、借錢返還的催促等。這些應該如何把握，需要進一步探討。唐代王言中，制類王言地位較敕類要高，前者有慰勞制書，多涉慰勞寵答等内容。這類在唐代尚屬正式王言範疇，包括“軍事命令”在内的漢代璽書爲何反而是册、制、詔、戒之外私人性質的獨立類别，顯然也需加以解釋。

　　卜憲群留意到“璽書”，謹慎提及“璽書是否與制、詔、策、敕在形式上有别還不十分清楚”⑤。馬怡指出“詔書是面向中央和地方各級官員的文告，内容多爲普遍實施的政策法令等，由朝廷發出，依次傳遞，規格較璽書低，也不具有太多的機密性。而璽書則封以皇帝專用之璽，是以皇帝本人名義直接發出並專達於某特定物

---

① 賀昌群：《〈流沙墜簡〉校補》（原刊《圖書季刊》第二卷第一期，1935 年），修訂稿收入《賀昌群文集》第一卷《史學叢論》，商務印書館，2003 年，第 103—104 頁。

②（漢）班固：《漢書》，中華書局，1962 年，第 2880 頁。《漢書》卷六四上《吾丘壽王傳》作“詔賜壽王璽書曰：‘子在朕前之時，知略輻湊，以爲天下少雙，海内寡二。及至連十餘城之守，任四千石之重，職事並廢，盜賊從横，甚不稱在前時，何也？’”第 2795 頁。

③ 薛英群：《漢簡官文書考略》，甘肅省文物工作隊、甘肅省博物館編：《漢簡研究文集》，第 263 頁；薛英群：《居延漢簡通論》第五章，第 173 頁。又，薛氏還提到“有人認爲制書、詔書、璽書是一回事，這還需要進一步討論”。今據注釋回查原文，未找到相關説法，不知何故。參見姜亮夫《敦煌學必須容納的一些古跡文物》，《西北師院學報》（社會科學版）1982 年第 4 期。

④ 陳力：《漢代の璽書と制書》，《阪南論集》（人文・自然科學編）33—2，1997 年，第 18—22 頁。

⑤ 卜憲群：《秦漢公文文書與官僚行政管理》（原刊《歷史研究》1997 年第 4 期），收入所著《秦漢官僚制度》第七章，社會科學文獻出版社，2002 年，第 260 頁。

件的文書,規格隆重,也更具有機密性",“驛騎的傳送速度大概亦分等次,傳送璽書者爲其極"[1]。她還認爲文獻中“璽書"用例,“應屬狹義之詔書的第一品"[2]。相關探討更顯系統深入,並提出了許多重要意見。張俊民討論“騎置"時,引用懸泉漢簡“璽書"簡文,提到“‘璽書'是皇帝使用文書的一個種類。‘璽書'一詞,在《漢書》中有19篇38見,多用在‘賜'‘勞'‘勉'之時。但就一般而言,漢代皇帝的文書分爲四種,分別稱‘策書、制書、詔書、誡敕',並不包括‘璽書'"[3]。辛德勇近年檢討舊作,曾提示“‘璽書'本是鄭重其事的一種禮遇形式,而不是離得遠才需要寫的書信"[4]。代國璽認爲“實際上,璽書與制書、詔書等詔令文書的區別十分顯著,兩者不但在形式和功能上有很大差異,性質也是不同的。……我們看到,兩漢書常把詔令與璽書區別開來,發佈制書或詔書一般謂之‘下詔';皇帝賜予璽書常謂之‘賜書'",“璽書更强調皇帝的個人性,其實就是皇帝的個人書信",“除皇帝用以問候寵臣故舊的璽書,完全可以歸爲私人文書外,用諸其餘場合的璽書,皆不能簡單用公文書或私文書來概括其性質。……無疑,璽書具有特殊性和複雜性"[5]。研究更趨細緻,進一步豐富了相關認識。此外,祝總斌提到“魏晉南北朝時中書省草擬、宣出的詔書,與皇帝個人的手詔(手敕、中詔、中旨、墨敕、璽書等皆屬這一類,均不經中書省)並行,都有效力",將“璽書"劃入與“詔書"相對而不經中書省的“手詔"一類[6]。

可以看到,諸説實際各有側重,彼此頗有出入。既然相關討論多由《獨斷》展開,這裏考慮回歸文本,先從“制書"條的辨析出發,輔以對前引“天子六璽"叙述的參照;隨後進一步系統分析傳世史籍、簡牘文書相關用例的涵義,並注意與後世唐代王言之制的對照。

王國維引“《獨斷》云:‘制書,其文曰制詔三公刺史太守相。'又云:‘凡制書有印使符下遠近皆璽封,尚書令重封'"[7],由此得出漢代制書又名璽書[8]。後人多存

①馬怡:《皂囊與漢簡所見皂緯書》(原刊《文史》2004年第4輯),收入吳榮曾、汪桂海主編《簡牘與古代史研究》,北京大學出版社,2012年,第131、137頁。類似意見又見馬怡:《“始建國二年詔書"册所見詔書之下行》,《歷史研究》2006年第5期,第169頁。

②馬怡:《漢代詔書之三品》,《田餘慶先生九十華誕頌壽論文集》,第69—70頁。

③張經久、張俊民:《敦煌漢代懸泉置遺址出土的“騎置"簡》(原刊《敦煌學輯刊》2008年第2期),收入張俊民《敦煌懸泉置出土文書研究》,甘肅教育出版社,2015年,第156頁。

④辛德勇:《古代交通與地理文獻研究》“再版後記",商務印書館,2018年,第316頁。

⑤代國璽:《漢代公文形態新探》,《中國史研究》2015年第2期,第42、45、47頁。

⑥祝總斌:《兩漢魏晉南北朝宰相制度研究》第九章,中國社會科學出版社,1998年2版,第358頁。

⑦羅振玉、王國維編著:《流沙墜簡》之《屯戍叢殘考釋·簿書類》,第101頁;王國維:《敦煌所出漢簡跋一》,《觀堂集林》卷一七《史林九》,彭林整理,第521頁。

⑧《中國歷史大辭典·秦漢史卷》“璽書"條,文末也提示“又據蔡邕《獨斷》,漢代凡制書‘皆璽封,(轉下頁注)

疑問。按王氏所引，前則雖節略不全，《獨斷》"制書"條相關原作："其文曰'制詔三公'，赦令贖令之屬，是也。刺史、太守、相劾奏……"[1]，但制書下達對象不限東漢三公及西漢御史、丞相，還包括皇太子、將軍、九卿、太守、諸侯相等[2]，某種意義尚有可取處；後則雖較精確，僅"尚書令"下脱"印"字，但因内容重要，如何理解把握，反需進一步斟酌。

前引《獨斷》云：

> 凡制書，有印使符，下遠近皆璽封，尚書令印重封。唯赦令贖令召三公詣朝堂受制書，司徒印封，露布下州郡。[3]

將制書分作兩種：1. 常規制書；2. 赦令、贖令類制書。先説後者。赦令、贖令類制書由皇帝在朝堂面授三公，不用帝璽，東漢以司徒印封，隨後下發。所謂"露布下州郡"，指層層下發時，赦令、贖令類制書不特别封緘，每級保存所收，同時謄録副本轉下[4]。這些反映赦令、贖令類制書從接收至下發，具有較强的公開性。

前者既與後者明確區分，常規制書當在授予方式、封緘用印、下發方式上，與之相異。"凡制書，有印、使符，下遠近皆璽封，尚書令印重封"句，《漢制度》作"皆璽封，尚書令印重封"，《漢官儀》作"凡制書皆璽封，尚書令重封"，初看表述幾乎無别，然仔細對讀，後兩種實際均未出現"下遠近"語。而《唐六典》注引所存異文，卻作"近道印付使，遠道皆璽封，尚書令即准赦、贖令召三公詣朝堂受，制書司徒露布州郡"。因屬早期引文，須予辨析。相關脱訛較多，影響今日點校。"付使"，對應《獨斷》"使符"，恐是文字互乙。"即"，《職官分紀》作"印"。此與《後漢書》李賢注引《漢制度》"尚書令印重封"，《御覽》作"尚書令即重封"，訛"印"爲"即"同例。"准"，當作"唯"、"惟"。今將《六典》注引重新整理、句讀，可作：

（接上頁注）尚書令印重封'"，林甘泉撰，上海辭書出版社，1990 年，第 367 頁。

①標點爲重新所作。

②汪桂海：《漢代官文書制度》第二章，廣西教育出版社，1999 年，第 31 頁；卜憲群：《秦漢公文文書與官僚行政管理》，《秦漢官僚制度》第七章，第 257—258 頁；代國璽：《漢代公文形態新探》，第 32 頁。這裏還可補充一條證據。《三國志》卷四《魏書·三少帝紀》"至于制書，國之正典，朝廷所以辨章公制，宣昭軌儀于天下者也，宜循法，故曰'制詔燕王'"，中華書局，1982 年 2 版，第 148 頁。又，《獨斷》"帝之下書有四"，注意對各類詔書起首格式的交代，如策書"起年月日，稱皇帝曰"，制書"其文曰制詔三公"，詔書"其文曰告某官"，戒書"某被敕文曰，有詔敕某官"。除制書外，"制詔"語目前僅偶見於規格較高的策書，如《漢官典職儀式選用》載靈帝建寧四年（171）立宋皇后策文，《續漢書·禮儀志中》劉昭注補"丁孚《漢儀》有夏勤策文，曰：'維元初六年三月甲子，制詔以大鴻臚勤爲司徒。……'"，《文選》卷三五《册魏公九錫文》也有"制詔"語。

③蔡邕：《獨斷》卷上，叢書集成初編本，商務印書館，1939 年，第 28 册，第 4 頁。

④此類文書在後世仍存特别之處。《唐六典》卷九《中書省》"中書令"條注云"今册書用簡，制書、慰勞制書、發日敕用黄麻紙，敕旨、論事敕及敕牒用黄籘紙，其赦書頒下諸州用絹"，第 274 頁。

近道印付(符?)使,遠道皆璽封,尚書令(即)〔印〕【重封】。(准)〔惟〕赦、贖令召三公詣朝堂受制書,司徒【印封】,露布州郡。

所言制書傳遞分近道、遠道,且封裝處理有別,內容更顯豐富。不過,後文"(准)〔唯〕赦、贖令……司徒【印封】"顯然是在強調與常規制書的差別。而"近道印付(符?)使",顯示常規制書也有不用帝璽而徑以印封者,前後文義不易疏通。李賢注引《漢制度》"皆璽封,尚書令印重封",及《漢官儀》"凡制書皆璽封,尚書令重封",固然既可視作今本《獨斷》節略,又可視作《六典》注引節略。不過,若非流傳脫文,而爲引者從權摘録,二者實際均與《獨斷》本文意相同。考慮到《六典》注引諸書,文字時有訛誤、甚或變改,這裏仍應以《獨斷》本爲主。常規制書一般都使用印和竹使符,下發時用帝璽封之,並用尚書令印再封。而"皆璽封"之帝書,正可與前引《漢舊儀》"天子六璽"條"璽皆以武都紫泥封,青囊白素裹,兩端無縫,尺一板中約署。……奉璽書使者乘馳傳。其驛騎也,三騎行,晝夜千里爲程"的制度規定,銜接起來,等級規格爲最高。需提示,此類重封,當以帝璽封詔書,放入專用書囊後,再以尚書令印封緘書囊①。與之同時,《獨斷》所論還有兩點值得注意。一是如"凡制書,有印、使符"所言不誤②,策書、詔書、戒書似不一定均以印封及使用使符。二是"皆璽封,尚書令印重封"之"皆",雖主要對應"璽印",但實際也關照"尚書令印重封"。這意味著,策書、詔書、戒書固然不一定使用"皆璽封,尚書令印重封"的方式,但並不排斥部分使用"璽封"及"重封"。制書可能使用璽封較多,但不表明璽書只涉及制書一類③。

①葛洪撰,周天游校注:《西京雜記》卷四"武都紫泥"條云"中書以武都紫泥爲璽室,加緑綈其上",三秦出版社,2006年,第200頁。王國維引此,"又似封而後加囊者。案,漢詔皆璽封,……殆璽封在囊内,而尚書令印封在囊外。宫中書,御史中丞印封亦在囊外,觀《趙后傳》語可知"。胡平生、馬月華校注:《簡牘檢署考校注》,上海古籍出版社,2004年,第95頁。《西京雜記》成書偏晚,在齊梁時期,作者也向有爭議。近年陳偉文考證,認爲作者仍是吳均,所收史料多有問題,故引用當謹慎。不過,該書交代名物制度時,仍當符合實際情形,與其他可信史料參照下,應可使用。
②王國維《簡牘檢署考》引《獨斷》又作"凡制書,有竹使符"。胡平生視作王氏改字,並贊同相關處理。胡平生、馬月華校注:《簡牘檢署考校注》,第95頁。所言存疑。
③前論《獨斷》内容雖相對充實,但記載仍不完整,存在脫漏。其他類別帝書雖皆未交待封緘用印内容,但不宜徑斷其無。筆者還注意到《漢代官文書制度》第二章"詔令文書·制書"條,實際只引用了《獨斷》前半部分文字(第30頁)。汪桂海2018年9月30日來信告知,《獨斷》對其他三種詔書都没有涉及如何封緘和用印,只有制書提到了,無法比較;另外,其他三種制書也應該存在封緘和用印問題,《獨斷》没有提及,因此,在討論制書時只從文書的功能和程式方面進行討論。

二、西北漢簡所見"詔書"與"皇帝璽書"

之前討論《獨斷》"制書"條時,我們已注意到"其文曰'制詔三公'"與兩漢制書實際下達物件存在距離,並不完全相合。因而,《獨斷》關於制書封緘用印相關記述,是否也與實際行用存在距離,同樣需要考慮。下面,我們將結合傳世、出土文獻作進一步考察。此前由《獨斷》"制書"條辨析所得推論,也可加以檢驗。

敦煌漢簡記:

六月戊午府下制書曰安衆侯劉崇與相張紹等謀反已伏辜崇季父蒲及令罤解印授肉袒自護　　書丁卯日入到(四九七)①

安衆侯劉崇起兵反莽事,除傳世文獻有載外,又見於居延新簡簡ESC・1②。此處"簡文所載當爲居攝元年或二年事"③。按漢代制書大體可分爲兩類,一類是面向全國發佈的,另一類下達給特定官僚機構的。面向全國發佈制書的一般程式是:御史大夫—丞相—中二千石、二千石、郡國守相"。這裏所謂"府下制書",應屬於前一類,發佈後層層錄副傳下。換言之,此爲非璽封之制書,下發使用一般方式傳遞,印信僅僅反映的是上一個傳遞點,比如這件對應的是敦煌太守府。

居延新簡又記:

甲渠言府下赦令

●

詔書・謹案毋應書　　　　　　　　　　　　　　　(EPF22・162)

建武五年八月甲辰朔　　甲渠鄣候　　敢言之府下赦令　(EPF22・163)

詔書曰其赦天下自殊死以下諸不當得赦者皆赦除之上赦者人數罪別之

(EPF22・164)

會月廿八日●謹案毋應書敢言之　　　　　　　　　(EPF22・165)

(上略)●聞赦詔書未下部●月廿一日守尉刺白掾・甲渠君有恙未來趨之莫府　　　　　　　　　　　　　　　　　　(EPT50・209B)④

其中,前四枚簡(EPF22・162—165)"屬同一簡冊,可名之爲《建武五年八月甲

---

① 甘肅省文物考古研究所編:《敦煌漢簡》,中華書局,1991年,圖版伍貳、釋文238頁。

② 甘肅省文物考古研究所等編:《居延新簡:甲渠候官》,中華書局,1994年,上冊,第254頁。

③ 饒宗頤、李均明:《敦煌漢簡編年考證》,新文豐出版社公司,1995年,第95頁。

④ 甘肅省文物考古研究所等編:《居延新簡:甲渠候官》,上冊,第215、220頁。

渠言府下赦令詔書毋應書》簡册①。此言"府下"、"下部"固然符合赦令、贖令類制書"露布下州郡"的行下制度：郡→候官→部。不過，"赦令詔書"、"赦令詔書曰其赦天下……"、"赦詔書"中，將赦令實際主要表述作泛指的詔書，作"赦令詔書"，或簡作"赦詔書"，而非制書。有意思的是，西北漢簡對"帝之下書"所使用的，正是寬泛性分類，作"詔書"：

　　十二月十二日
　　　二封<u>張掖大守章</u>一封<u>詔書</u>十二月乙卯起　一封十二
　　月丁巳起四封皆府君章其三封□□□☑　　　　　　　　　（495・2）
　　十二月三日
　　　北書七封
　　　其四封<u>皆張掖大守章詔書一封書一封皆十一月丙午起詔書一封十一月</u>
　　<u>甲辰起</u>
　　　　一封十一月戊戌起皆詣居延都尉府
　　　　二封河東大守章皆詣居延都尉一封十月
　　　　甲子起一封十月丁卯起一封府君章詣肩水
　　　　十二月乙卯日入時卒憲受不今卒恭
　　　　夜昏時沙頭卒忠付騂北卒護　　　　　　（502・9A，505・22A）②
　　　　　　　其一封<u>詔書</u>詣居延……
　　北書三封　　一封詣肩水……　　　　　　　　今月壬申騂北卒豐□□受
　　□□卒同
　　　　　　　一封張掖……閏月壬申起　　　　（73EJT23：300）
　　　　三封<u>張掖大守章詣居延府其二封詔書六月</u>□□<u>辛丑起</u>　七月辛
　　亥東中時永受沙頭吏趙
　　　　月六日　二枚角□塞尉詣廣地□肩水　　　　　　卿八分付莫當
　　　　北書七封　　一枚楊成掾□詣肩水
　　　　一封都尉詣肩水　　　　　　　　　　（73EJT23：804B）③
　　　　　　一封張掖大守章詣居延都尉二月乙巳起
　　　　三月一日　　一封張掖長史行大守事詣居延都尉二月己酉起・□□兌

①張德芳：《居延新簡集釋（七）》，甘肅文化出版社，2016 年，第 470 頁。
②謝桂華、李均明、朱國炤：《居延漢簡釋文合校》，文物出版社，1987 年，第 592、599—600 頁。
③甘肅簡牘保護中心等編：《肩水金關漢簡（貳）》，中西書局，2012 年，中册，第 153、221 頁；下册，第 78、113 頁。

恩□

　　北書十一封　　九封肩水都尉詣三官=三封其三詔書

□□☑

　　　　　　　　　一封角得丞印詣廣地　　　　　　　　　（73EJT31:114A）①

書曰詔書一封大農丞印居聑三年十一月甲子起三月辛（下殘）

　　　　　　　　　　　　　　　　　　　　　　（86EDT5H:36+177）②

　　　　　　丞相府印車師後城司馬

　　出詔書一封　　建平三年二月己卯玉門隧長具兵□□□□隧長尹恭雜興

鄯善民□□□□□

　　　　　　詣西域都護庭置課驗行（五一三）③

　　建始元年盡

　　■

　　四年詔書　　　　　　　　　　　　　　　　　　　　（EPT50·209A）

　　建始元年盡

　　■

　　四年詔書　　　　　　　　　　　　　　　　　　　　（EPT50·209B）④

上述可分作詔書與官文書兩類。“詔書”名稱一再出現，顯係諸種詔書的泛稱。居延新簡 EPT50·20，是作爲甲渠候官對西漢成帝建始元年至四年（前32—前29）下發各類詔書歸檔後標記的楬牌，而留存下來。更值得注意的，是相關詔書的封緘用印。目前所見，居延漢簡 495·2、502·9A、505·22A，肩水金關漢簡 73EJT23:804B 均以“張掖大守章”封，肩水金關漢簡 73EJT31:114A 當以“肩水都尉章”封，地灣漢簡 86EDT5H:36+177 以“大農丞印”封，敦煌漢簡簡五一三以丞相府相關用印封⑤。這些詔書多稱“封”，以印封緘，但同樣未用璽封；採用一般傳遞方式諸層下發，據簡文交代，邊地所見多爲“隧次行”、“亭次行”，故印信仍是上一個傳遞點的呈現。由此推之，包括制書在内各類詔書，一般並不使用璽封。

---

① 甘肅簡牘博物館等編：《肩水金關漢簡（叁）》，中西書局，2013 年，中册，第 225 頁；下册，第 134 頁。

② 甘肅簡牘博物館等編：《地灣漢簡》，中西書局，2017 年，第 73、169 頁。

③ 甘肅省文物考古所編：《敦煌漢簡》，圖版伍叁、釋文 239 頁。

④ 甘肅省文物考古研究所等編：《居延新簡：甲渠候官》，上册，第 71 頁。

⑤ “直按：《封泥考略》卷一、九至十頁，有‘御史府印’三封泥，蓋御史府中所用之公章，並不稱爲侍御史，是其明證。此等公章，類於後來公牘上僅以官署出名，在適合情況下用之。若御史大夫章、御史中丞印、御史印，則皆爲專用印章，與此性質不同，在封泥文中此例最多，特先爲在此發凡。”陳直：《漢書新證》，中華書局，2008 年，第 80—81 頁。

而西北漢簡中與"詔書"相對言者,主要是"璽書":

> 皇帝璽書一封賜敦煌大守　　元平元年十一月癸丑夜幾少半時縣泉譯騎
> 得受萬年譯騎廣宗到夜少半付平望譯騎☐。(正)
> 　　　　四(背)　　　　　　　　　　　　　　　　(VT1612④:11)①
> 皇帝璽書一封賜使伏虜居延騎千人光
> 制曰騎置馳行傳詣張掖居延使伏虜騎千人光所在毋留=二千石坐之
> ·從安定道　　　元康元年四月丙午日入時界亭驛小史安以來望☐行
> (73EJT21:1)②

懸泉、肩水金關兩簡在文書名稱"璽書"前,皆有"皇帝"二字,強調璽封使用了皇帝專用之璽。"皇帝璽書"應是"璽書"的完整稱呼。與之相應,"皇帝璽書"下達均用"賜",以示敬重,並且使用了"騎置"③,以傳送速度最快的"譯(驛)騎"傳遞。④"皇帝璽書"與"詔書"在緘封與傳遞方式上存在差別⑤,由此形成大類區分。

三、璽書史例及漢唐制度源流——兼論宣帝賜陳遂璽書事

進一步的問題是:"璽書"是否仍屬詔書? 與策、制、詔、戒書的關係爲何?

前面提到,學界從緘封、傳遞方式的差別出發,傾向"璽書更強調皇帝的個人性,其實就是皇帝的個人書信";後來屬於與"詔書"並行的"手詔"一類,而"均不經中書省"。"璽書"由此成爲制書、詔書等詔令文書之外的特殊類別。這同時意味著胡廣、蔡邕等所做策、制、詔、戒的分類和歸納無法涵蓋"璽書"。從《獨斷》等著作對"帝之下書有四"的記述來,簡牘形制、用字書體、用語格式、文書結構、封緘用印、傳遞方式,均應是各類文書的屬性構成,甚至成爲各類之下諸小類不同性質文書的特徵體現。加之《獨斷》本身文字存在脱漏,與實際行用也存在一些距離,僅從等級規格上論定"璽書"高於"詔書",似乎尚不足以表明前者屬於另外的類別。

---

① 張經久、張俊民:《敦煌漢代懸泉置遺址出土的"騎置"簡》,《敦煌懸泉置出土文書研究》,第 155 頁。又見郝樹聲、張德芳《懸泉漢簡研究》第二章,甘肅文化出版社,2009 年,第 89 頁。兩文所作釋文稍有出入。
② 甘肅簡牘保護中心等編:《肩水金關漢簡(貳)》,中册,第 22 頁;卜册,第 10 頁。
③ 漢代文獻數見"騎置以聞",如《漢書》卷五四《李廣傳附孫陵傳》、卷九六下《西域傳下》,第 2451、3912 頁。相關並延續至宋代等後世。
④ 張經久、張俊民:《敦煌漢代懸泉置遺址出土的"騎置"簡》,《敦煌懸泉置出土文書研究》,第 147—167 頁。
⑤ 馬怡還認爲,相較璽書用青布囊包裹,一般詔書及"封事"用皂囊包裹。《皂囊與漢簡所見皂緯書》,《簡牘與古代史研究》,第 131 頁。

居延新簡記:

爵疑者灖作士督臧者考察無令有姦聖恩宜以時布縣廄置驛騎行詔書臣稽
首以聞

十桼　　　　　　　　　　　　　　　　　　　　　　（EPF22·64A、B）①

張德芳指出:"簡 F22:63、64 出土地一,書寫相同,兩道編,屬同一簡冊,名之
《新莽詔書》冊。從簡背編號可知,此簡冊缺佚較多。簡文所記爲新莽時所下詔
書。"②學者對簡文正面已有初步句讀:"爵,疑者灖作士。督臧者考察,無令有姦。
聖恩宜以時布,縣廄置驛騎,行詔書。臣稽首以聞。"③前已考述,"縣廄置驛騎"所
"行詔書",應主要對應"皇帝璽書",而這裏稱"詔書"。此雖屬新莽時期簡文,具有
一定特殊性,但"皇帝璽書"本質仍屬廣義詔書範疇。《隴右記》又云:

武都紫水有泥,其色赤紫而粘,貢之,〔用〕封璽書,故詔誥有紫泥之美。④

是書作者不詳,成書一般認爲在南北朝時期。著名的武都紫泥,"用封璽書",
下文又以"詔誥"相與對應。

現將傳世文獻所見兩漢三國"璽書"用例加以整理,側重內容層面,並特別注
意保存有部分文書格式者,進行分類考述。目前"璽書"史例雖頗顯多樣,但仍可
大體歸類,或有以下幾種:

(一)重要命令

1. 即皇帝位

立十三年,昭帝崩,無嗣,大將軍霍光徵王賀典喪。璽書曰:"制詔昌邑王:
使行大鴻臚事少府樂成、宗正德、光禄大夫吉、中郎將利漢徵王,乘七乘傳詣長
安邸。"　　　　　　　　　　　　　　　　　　　（《漢書》卷六三《武五子傳》)⑤

乙卯,冊詔魏王禪代天下曰:"……。"於是尚書令桓階等奏曰:"……發璽

---

①甘肅省文物考古研究所等編:《居延新簡:甲渠候官》,上冊,第 212 頁。

②張德芳:《居延新簡集釋(七)》,第 448 頁。

③[日]冨谷至編:《漢簡語彙考証》"Ⅱ事項考証",岩波書店,2015 年,第 103 頁。

④(宋)樂史:《太平寰宇記》卷一五四《隴右道五》"階州"條,王文楚等點校,中華書局,2007 年,第 2973 頁。
　筆者對標點重做調整並補"用"字。此又見《太平御覽》卷五九《地部二四》"水下"條、卷七四《地部三九》
　"泥"條、卷一六七《州郡部一三》"武州"條,中華書局據商務印書館影宋本縮印,1960 年,第 285、347、814
　頁。《御覽》前兩則引文相關作"其色亦紫而粘貢之用封璽書",後一則相關作"其色紫而粘貢之用封璽
　書"。"亦"當爲"赤"字之訛。

⑤(漢)班固:《漢書》,第 2764 頁。

書,順天命,具禮儀列奏。"……。令曰:"……今當辭讓不受詔也。但於帳前發璽書,威儀如常,且天寒,罷作壇士使歸。"既發璽書,王令曰:"當奉還璽綬爲讓章。吾豈奉此詔承此貺邪?……不奉漢朝之詔也。亟爲上章還璽綬,宣之天下,使咸聞焉。"……。庚申,魏王上書曰:"皇帝陛下:奉被今月乙卯璽書,伏聽冊命,……謹拜章陳情,使行相國永壽少府糞土臣毛宗奏,並上璽綬。"……。壬戌,冊詔曰:"皇帝問魏王言:遣宗奉庚申書到,所稱引,聞之。……今使音奉皇帝璽綬,王其陟帝位,無逆朕命,以祇奉天心焉。"於是尚書令桓階等奏曰:"今漢使音奉璽書到,……臣等敢以死請,輒敕有司修治壇場,擇吉日,受禪命,發璽綬。"……。甲子,魏王上書曰:"奉今月壬戌璽書,重被聖命,伏聽冊告,……謹拜表陳情,使並奉上璽綬。"……。丁卯,冊詔魏王曰:……。己巳,魏王上書曰:"……而音重複銜命,申制詔臣,臣實戰惕,不發璽書,而音迫于嚴詔,不敢覆命。願陛下馳傳騁驛,召音還台。不勝至誠,謹使宗奉書。" (《三國志》卷二《魏書·文帝紀》裴注引《獻帝傳》)[1]

2.命令指示

(武帝)乃賜丞相璽書曰:"捕斬反者,自有賞罰。以牛車爲櫓,毋接短兵,多殺傷士衆。堅閉城門,毋令反者得出。" (《漢書》卷六六《劉屈氂傳》)[2]

(宣帝)即位,心內忌賀,元康二年遣使者賜山陽太守張敞璽書曰:"制詔山陽太守:其謹備盜賊,察往來過客。毋下所賜書!"

(《漢書》卷六三《武五子傳》)[3]

乃下璽書曰:"制詔大司馬,虎牙、建威、漢(中)〔忠〕、捕虜、武威將軍:虜兵猥下,三輔驚恐。……今遣太中大夫賜征西吏士死傷者醫藥、棺斂,大司馬已下親吊死問疾,以崇謙讓。" (《後漢書》卷一七《馮異傳》)[4]

3.封爵拜官

(元始元年)六月,使少傅左將軍豐賜帝母中山孝王姬璽書,拜爲中山孝王后。 (《漢書》卷一二《平帝紀》)[5]

武帝病,封璽書曰:"帝崩發書以從事。"遺詔封金日磾爲秺侯,上官桀爲

---

① (晋)陳壽:《三國志》,第 67、68、70、71—72、73 頁。
② (漢)班固:《漢書》,第 2880 頁。
③ (漢)班固:《漢書》,第 2767 頁。
④ (南朝宋)范曄:《後漢書》,第 650 頁。
⑤ (漢)班固:《漢書》,第 351 頁。

安陽侯,光爲博陸侯,皆以前捕反者功封。 （《漢書》卷六八《霍光傳》）①

明年,莽遣使者即拜勝爲講學祭酒,勝稱疾不應徵。後二年,莽復遣使者奉璽書,太子師友祭酒印綬,安車駟馬迎勝,即拜,秩上卿,先賜六月禄直以辦裝,使者與郡太守、縣長吏、三老官屬、行義諸生千人以上入勝里致詔。……使者入户,西行南面立,致詔付璽書,遷延再拜奉印綬,内安車駟馬,……。

（《漢書》卷七二《龔勝傳》）②

莽以璽書令（田）況領青、徐二州牧事。……莽畏惡況,陰爲發代,遣使者賜況璽書。使者至,見況,因令代監其兵。……莽遣中郎將奉璽書勞（廉）丹、（王）匡,進爵爲公,封吏士有功者十餘人。 （《漢書》卷九九下《王莽傳下》）③

（班）伯上狀,因自請願試守期月。上遣侍中中郎將王舜馳傳代伯護單于,並奉璽書印綬,即拜伯爲定襄太守。 （《漢書》卷一〇〇上《叙傳上》）④

（建武）七年,使使者持璽書即拜（王）常爲横野大將軍,位次與諸將絶席。

（《後漢書》卷一五《王常傳》）⑤

帝使使者璽書定封（吴）漢爲廣平侯,食廣平、斥漳、曲周、廣年,凡四縣。

（《後漢書》卷一八《吴漢傳》）⑥

璽書拜（王）霸上谷太守,領屯兵如故,捕擊胡虜,無拘郡界。

（《後漢書》卷二二《王霸傳》）⑦

4. 削諸侯封

初,（中山恭王曹）衮來朝,犯京都禁。青龍元年,有司奏衮。詔曰:“王素敬慎,邂逅至此,其以議親之典議之。”有司固執。詔削縣二,户七百五十。（裴注引《魏書》載璽書曰:“制詔中山王:有司奏,王乃者來朝,犯交通京師之禁。朕惟親親之恩,用寢吏議。然法者,所與天下共也,不可得廢。今削王縣二,户七百五十。夫克己復禮,聖人稱仁,朝過夕改,君子與之。王其戒諸,無貳忝悔也。”） （《三國志》卷二〇《魏書・武文世王公傳》）⑧

①（漢）班固:《漢書》,第 2933 頁。又見《漢書》卷七《昭帝紀》,第 220 頁。

②（漢）班固:《漢書》,第 3084—3085 頁。

③（漢）班固:《漢書》,第 4172、4173、4177 頁。

④（漢）班固:《漢書》,第 4199 頁。

⑤（南朝宋）范曄:《後漢書》,第 581 頁。

⑥（南朝宋）范曄:《後漢書》,第 678 頁。

⑦（南朝宋）范曄:《後漢書》,第 737 頁。

⑧參見（晋）陳壽:《三國志》,第 583、584 頁。

景初元年,(彭城王曹)據坐私遣人詣中尚方作禁物,削縣二千户。(裴注引《魏書》載璽書曰:"制詔彭城王:有司奏,王遣司馬董和,齎珠玉來到京師中尚方,多作禁物,交通工官,出入近署,逾侈非度,慢令違制,繩王以法。……今詔有司宥王,削縣二千户,以彰八柄與奪之法。昔羲、文作《易》,著休復之語,仲尼論行,既過能改。王其改行,茂昭斯義,率意無怠。")

(《三國志》卷二○《魏書·武文世王公傳》)①

(二)慰勞責讓

1.慰勞

帝見(劉)鈞歡甚,禮饗畢,乃遣令還,賜(竇)融璽書曰:"制詔行河西五郡大將軍事、屬國都尉:勞鎮守邊五郡,兵馬精强,倉庫有蓄,民庶殷富,外則折挫羌胡,内則百姓蒙福。威德流聞,虚心相望,道路隔塞,邑邑何已!……今以黄金二百斤賜將軍,便宜輒言。" (《後漢書》卷二三《竇融傳》)②

祖父遂,字長子,宣帝微時與有故,相隨博弈,數負進。及宣帝即位,用(陳)遂,稍遷至太原太守,乃賜遂璽書曰:"制詔太原太守:官尊禄厚,可以償博進矣。妻君寧時在旁,知狀。"遂於是辭謝,因曰:"事在元平元年赦令前。"其見厚如此。 (《漢書》卷九二《游俠傳》)③

永始、元延間,比年日蝕,故久不還(張)放,璽書勞問不絕。

(《漢書》卷五九《張湯傳附孫延壽傳》)④

2.論事、敕誡

是時匈奴强,數寇邊,上發兵以禦之。(晁)錯上言兵事,曰:"……。"文帝嘉之,乃賜錯璽書寵答焉,曰:"皇帝問太子家令:上書言兵體三章,聞之。……。"

(《漢書》卷四九《晁錯傳》)⑤

(宣帝)即拜酒泉太守(辛)武賢爲破羌將軍,賜璽書嘉納其册。以書敕讓充國曰:皇帝問後將軍,甚苦暴露。……。充既得讓,以爲將任兵在外,便宜有守,以安國家。乃上書謝罪,因陳兵利害,曰:臣竊見騎都尉安國前幸賜

---

① 參見(晋)陳壽:《三國志》,第581、582頁。

②(南朝宋)范曄:《後漢書》,第799頁。

③(漢)班固:《漢書》,第3709頁。

④(漢)班固:《漢書》,第2656頁。

⑤(漢)班固:《漢書》,第2278—2283頁。

書，……。六月戊申奏，七月甲寅璽書報從充國計焉。……充國以聞，……璽
書報，令靡忘以贖論。後罕竟不煩兵而下。其秋，充國病，上賜書曰："制詔後
將軍：聞苦腳脛、寒泄，……今詔破羌將軍詣屯所，爲將軍副，急因天時大利，吏
士鋭氣，以十二月擊先零羌。即疾劇，留屯毋行，獨遣破羌、強弩將軍。"時……
作奏未上，會得進兵璽書，……遂上屯田奏曰：……。上報曰："皇帝問後將軍，
言欲……，復奏。"充國上狀曰：……唯明詔博詳公卿議臣採擇。上復賜報曰：
"皇帝問後將軍，言十二便，聞之。……復奏。"充國奏曰：……。充國奏每上，
輒下公卿議臣。……上於是報充國曰："皇帝問後將軍，上書言……將軍強食，
慎兵事，自愛！" （《漢書》卷六九《趙充國傳》）①

（馮）奉世上言："願得其衆，不須（復）煩大將。"因陳轉輸之費。上於是以
璽書勞奉世，且讓之，曰："皇帝問將兵右將軍，甚苦暴露。……今乃有畔敵之
名，大爲中國羞。以昔不閑習之故邪？以恩厚未洽，信約不明也？朕甚怪
之。……須奮武將軍到，合擊羌虜。" （《漢書》卷七九《馮奉世傳》）②

（杜）延年以故九卿外爲邊吏，治郡不進，上以璽書讓延年。
（《漢書》卷六○《杜周傳》）③

有司奏請逮捕（淮陽憲王劉）欽，上不忍致法，遣諫大夫王駿賜欽璽書曰：
"皇帝問淮陽王。有司奏王，王舅張博數遺王書，非毀政治，謗訕天子，褒舉諸
侯，稱引周、湯，以謵惑王，所言尤惡，悖逆無道。……王其勉之！"駿諭指曰：
"……今聖主赦王之罪，又憐王失計忘本，爲博所惑，加賜璽書，使諫大夫申諭
至意，殷勤之恩，豈有量哉！……"於是淮南王欽免冠稽首謝曰："……臣欽
願悉心自新，奉承詔策。頓首死罪。" （《漢書》卷八○《宣元六王傳》）④

上於是遣太中大夫張子蟜奉璽書敕諭之，曰："皇帝問東平王。……故臨
遣太中大夫子蟜諭王朕意。……王其深惟孰思之，無違朕意。"又特以璽書賜
王太后，曰："皇帝使諸吏宦者令承問東平王太后。朕有聞，……王太后強餐，
止思念，慎疾自愛。"……詔書又敕傅相曰："……，輒以名聞"。
（《漢書》卷八○《宣元六王傳》）⑤

①（漢）班固：《漢書》，第 2979—2992 頁。
②（漢）班固：《漢書》，第 3298—3299 頁。
③（漢）班固：《漢書》，第 2665 頁。
④（漢）班固：《漢書》，第 3316—3318 頁。
⑤（漢）班固：《漢書》，第 3320—3323 頁。《漢書》卷六四上《嚴助傳》"助還，又諭淮南曰：'皇帝問淮南
王：……使中大夫助諭朕意，告王越事。'助諭意曰：'今者大王以發屯臨越事上書，陛下故遣臣助告王
事。……故使臣助來諭王意'"，第 2786—2788 頁。此爲璽書的可能性較大，與東平王璽書類似，同爲
"諭"，起首格式爲"皇帝問某某"。

青龍二年，私通賓客，爲有司所奏，賜(趙王曹)幹璽書誡誨之，曰：“《易》稱‘開國承家，小人勿用’，《詩》著‘大車惟塵’之誡。……叔父兹率先聖之典，以纂乃先帝之遺命，戰戰兢兢，靖恭厥位，稱朕意焉。”

　　　　　　　　　　　　　　　　　　(《三國志》卷二〇《魏書·武文世王公傳》)①

3. 賜死

上乃召見(翟)方進。還歸，未及引決，上遂賜册曰：“皇帝問丞相：……其咎安在？ 觀君之治，無欲輔朕富民便安元元之念。……朕誠怪君，何持容容之計，無忠固意，將何以輔朕帥道群下？ 而欲久蒙顯尊之位，豈不難哉！ 傳曰：‘高而不危，所以長守貴也。’欲退君位，尚未忍。 君其執念詳計，塞絶奸原，憂國如家，務便百姓以輔朕。 朕既已改，君其自思，强食慎職。 使尚書令賜君上尊酒十石，養牛一，君審處焉。　　　　　(《漢書》卷八四《翟方進傳》)②

會天子使使者賜燕王璽書曰：“昔高皇帝王天下，建立子弟以藩屛社稷。……今王骨肉至親，敵吾一體，乃與他姓異族謀害社稷，親其所疏，疏其所親，有逆悖之心，無忠愛之義。 如使古人有知，當何面目復(舉)〔奉〕齊酌見高祖之廟乎！”　　　　　　　　　　　　　　(《漢書》卷六三《武五子傳》)③

於是依漢燕王旦故事，使兼廷尉大鴻臚持節賜(楚王曹)彪璽書切責之，使自圖焉。 彪乃自殺。(裴注引孔衍《漢魏春秋》載璽書曰：“夫先王行賞不遺仇讎，用戮不違親戚，至公之義也。……宗廟有靈，王其何面目以見先帝？ 朕深痛王自陷罪辜，既得王情，深用憮然。 有司奏王當就大理，朕惟公族甸師之義，不忍肆王市朝，故遣使者賜書。 王自作孼，匪由於他，燕刺之事，宜足以觀。 王其自圖之。”)　　　(《三國志》卷二〇《魏書·武文世王公傳》)④

　　這裏，我們將史籍所見“璽書”材料初步分作兩個大類。 一爲重要命令，二爲慰勞責讓。 其中，前一大類又分作小類四種：即皇帝位、命令指示、封爵拜官、削諸侯封。 後一大類分作小類三種：慰勞、敕讓(論事)、賜死。 以往對“璽書”的分析關注個人性、私密性的一面。 這固然應予重視。 但另一方面，“璽書”涉及重要命令指示者，也並不少見，甚至較爲突出。

　　首列即皇帝位一類，就很引人注目。 所引兩則，一爲西漢昭帝去世時，朝廷徵

①(晋)陳壽：《三國志》，第585—586頁。
②(漢)班固：《漢書》，第3422—3423頁。
③(漢)班固：《漢書》，第2758頁。
④(晋)陳壽：《三國志》，第587頁。

外藩昌邑王劉賀入長安"典喪"。此可參考始皇帝臨死賜書扶蘇事：

> 上病益甚，乃爲璽書賜公子扶蘇曰："與喪會咸陽而葬。"①

　　相較"典喪"，後者稱"與喪"。據"趙高因留所賜扶蘇璽書，而謂公子胡亥曰：'上崩，無詔封王諸子而獨賜長子書。長子至，即立爲皇帝，而子無尺寸之地，爲之奈何？'"②"與喪會咸陽而葬"不過爲委婉之言，實令扶蘇返回咸陽，"立爲皇帝"。後者尚且如此，"徵王賀典喪"更應作此理解，乃徵昌邑王入即皇帝位。璽書起首語爲"制詔昌邑王"，屬制書格式。二爲東漢末年獻帝禪位於魏王曹丕，行用璽書爲策書，所謂"冊詔魏王禪代天下"、"伏聽冊命"、"伏聽冊告"、"冊詔魏王曰"，起首語爲"皇帝問魏王"。曹丕多次假意推辭，上書求還璽綬，致使禪代璽書不得不下發數回。相關策書除頻繁以"璽書"指代外，還有"不受詔"、"奉此詔"、"不奉漢朝之詔"、"申制詔臣"等表述，反映璽書與廣義"詔"的對應關係。

　　前類第二小類爲命令指示。武帝末年，戾太子劉據發兵，攻丞相府，丞相劉屈氂逃脱後未敢應對。待丞相長史上報後，武帝特賜丞相璽書。所謂"捕斬反者，自有賞罰。以牛車爲櫓，毋接短兵，多殺傷士衆。堅閉城門，毋令反者得出"，是明確的命令指示。武帝將劉據起兵，定性爲"反"，命令丞相堅決鎮壓，消滅相關武裝力量，並對具體交戰策略有所指示。宣帝賜山陽太守張敞璽書，以往有兩種認識。一種認識是"密令性質的詔書"，將其歸入"狹義之詔書的第一品"③。另一種認爲"璽書是賜給個人而非官僚機構的文書"，由此與制書、詔書等詔令文書明確區分④。此爲監視前廢帝昌邑王劉賀而特予下達者，應是對地方郡守非常重要的指示命令。璽書起首語爲"制詔山陽太守"，屬制書格式。制書、詔書下達過程中，下級收到上級文書後，録副轉下。"毋下所賜書"，因涉事機密，而特予叮囑。反推一般情況下，璽書應當也可進一步下行。第三則是光武帝擔心諸將分占馮異軍功，而下璽書。具體是派太中大夫賜軍吏卒醫藥、棺斂；同時命令大司馬以下諸將對吏卒親行慰問，以示謙讓。璽書起首語爲"制詔大司馬，虎牙、建威、漢忠、捕虜、武威將軍"，屬制書格式。璽書同時示告六位高級軍事長官，而非專抵一人。内容也非個性化、私密化。

---

①（漢）司馬遷：《史記》卷六《秦始皇本紀》，中華書局，1982 年 2 版，第 264 頁。又見《史記》卷八七《李斯列傳》，第 2548 頁。

②（漢）司馬遷：《史記》卷八七《李斯列傳》，第 2548 頁。

③馬怡：《漢代詔書之三品》，《田餘慶先生九十華誕頌壽論文集》，第 69 頁。

④代國璽：《漢代公文形態新探》，第 43 頁。

前類第三小類封爵拜官，涉及重要的封授、任命事宜。此類璽書特徵非個人化、私密化，而屬君主下達人事任免一類的重要命令。這與"璽書"較一般"詔書"等級規格爲高，也是基本呼應的。西漢平帝即位初，朝廷拜帝母中山孝王姬爲中山孝王后，使用璽書。武帝臨終，特留遺詔封顧命三大臣金日磾、上官桀、霍光爲列侯，使用璽書。新莽時，任命龔勝爲太子師友祭酒，使用璽書。班固還交代使者"致詔付璽書，遷延再拜奉印綬"的具體執行程式。山東民眾反抗浪潮洶湧，王莽特令田況領青、徐二州牧事，以便鎮壓，使用璽書；後因忌憚，令田況將兵權交付使者，同樣使用璽書。此外，廉丹、王匡進兵取勝，王莽慰勞二人，並依軍功進爵位爲公，也使用璽書。成帝時，班伯奉命持節迎入朝匈奴單于於塞下。適逢定襄動亂，班伯上狀自請代理郡守，朝廷遂遣侍中中郎將王舜接替他原本出使任務，而以璽書、印綬，拜班伯爲定襄太守。東漢初，光武定封戰功極爲顯赫之吳漢爲廣平侯，及拜王常爲橫野大將軍，使之享位次與諸將軍絶席的特權；拜王霸爲上谷太守，使之享統領屯兵、出戰無拘郡界的特權，也都是使用璽書。這些璽書未見起首語提示，推想對應制書及策書格式。

前類第四小類削諸侯封，同屬重要的命令下達，且爲懲戒性質。目前所見魏明帝曹睿在位時期所下璽書，涉及中山恭王曹袞"犯交通京師之禁"，彭城王曹據"私遣人詣中尚方作禁物"。二王分別被削縣二、户七百五十及削縣二千户。陳壽《魏書》對此交代簡潔，裴注引王沈《魏書》，有助於幫我們瞭解實際情形。相關璽書起首語爲"制詔中山王"、"制詔彭城王"，與第一、二小類基本相同，屬制書格式，也可泛稱爲"詔"。

後一大類偏重慰勞責讓。第一小類爲慰勞。劉秀以璽書賜河西竇融，多加勞勉，以堅固後者對己支持。璽書起首語爲"制詔行河西五郡大將軍事、屬國都尉"。成帝寵信張安世後人張放，迫於朝廷上下壓力，外放張放爲天水屬國都尉後，而多次以璽書加以慰勞。

至於陳遂史例，以往多被引用，問題稍顯複雜。宣帝劉詢在民間時，和陳遂曾是好友。他即位後起用陳遂，所賜璽書有"官尊禄厚，可以償博進矣。妻君寧時在旁，知狀"語。按《漢書》所載陳遂事，又見荀悦《漢紀》，作：

> 及杜陵陳遂字長子，上微時，與上遊戲博奕，數負遂。上即位，稍見進用，至太原太守，乃賜遂璽書曰："制詔太原太守：官尊禄重，可以償遂博負矣。妻君寧時在旁，知狀。"遂乃上書謝恩曰："事在元平元年赦前。"其見厚如此。①

① （漢）荀悦：《漢紀·孝宣皇帝紀二卷第十八》，《兩漢紀》，張烈點校，中華書局，2002 年，上册，第 320 頁。

“數負進”，作“數負遂”；“可以償博進矣”，作“可以償遂博負矣”；“遂於是辭謝，因曰”，作“乃上書謝恩曰”。可以看到，文義差别較大，甚至明顯相反，《漢書》以陳遂負宣帝賭債，《漢紀》卻以宣帝負陳遂賭債。顏師古、俞樾、朱一新、孫詒讓、楊樹達等古今學人多以《漢書》所記爲是①，但理解存在一些差異。除此之外，范文瀾認爲“宣帝微時，依許廣漢兄弟及祖母家史氏，其貧可知。陳遂杜陵豪右，何至博負而不償耶”②。以往疑問還包括，若陳遂負帝賭債，宣帝不計前嫌，任用使之官至郡太守，已“見厚如此”，似無必要又特下璽書，戲謔令陳遂還債。因爲作爲“鄭重其事的一種禮遇形式”，這封專抵的璽書不具有多少實質内容及政治意義。責陳遂還債，璽書言“禄厚”，似不必並言“官尊”。而璽書特提及陳遂妻君寧當時在旁事③，固示親近，然若爲陳遂負債，即便戲謔語境下也不當舉陳遂之妻以爲人證。更大的問題是，循上述叙述，“遂於是辭謝”之“辭謝”，不得不理解作道歉、謝罪，但下面緊接有“因曰：‘事在元平元年赦令前。’”此言當年之事，發生在宣帝即位初的元平元年（前74）“九月，大赦天下”④之前。陳遂“辭謝”後，即便同樣使用戲謔方式回復，是絶無必要去提及自己實際並不欠付宣帝債務。前人之中，唯楊樹達意識到這一問題，故云“俞説是矣，而以‘事在元平元年赦令前’爲遂自解之辭，則仍誤説。此謂陳遂辭謝，詔書因稱‘事在元平元年赦令前，’免其補償耳”⑤。由此，前後文意，終得完全貫通。

然而遺憾的是，這個判斷及句讀調整，卻無法成立。按虛詞“因”可有數義，此處爲副詞，“於今語之‘就’或‘就著’同”⑥，“‘因’猶‘而’也”⑦。“遂於是辭謝，因曰”中，“因曰”的主語，應是陳遂，而不是改換並省略的皇帝或詔書一類。包括《漢書》在内諸種文獻使用“因曰”，主語皆是“因曰”之上所緊接的對象，一般不會變換

---

① （漢）班固：《漢書》，第3709頁；俞樾：《湖樓筆談》四，收入所著《九九消夏録》，崔高維點校，中華書局，1995年，第228—229頁，又見俞樾《日知録小箋》，（清）顧炎武著，（清）黄汝成集釋：《日知録集釋》卷二六，樂保群、吕宗力點校，上海古籍出版社，2006年，第1441—1442頁，文字稍異；（清）王先謙：《漢書補注》，中華書局影印光緒二十六年虚受堂刊本，1983年，第1554頁上欄引“朱一新曰”；（清）孫詒讓：《札迻》卷一二，梁運華點校，中華書局，1989年，第425頁；楊樹達：《與陳援庵論史諱舉例書》，收入所著《積微居小學金石論叢》卷五，上海古籍出版社，2007年，第398頁；楊樹達：《漢書窺管》卷一〇，上海古籍出版社，2006年，第726—727頁，所引“稀見進用”（第726頁），誤，影響文意，當作“稍見進用”。

② （梁）劉勰著，范文瀾注：《文心雕龍注》卷四《詔策十九》，人民文學出版社，1958年，第367頁。

③ 王國維考買衣契約，引此以爲中人、證人之意。陳直認爲“其實是坐旁之旁，與中人義不相涉”。參見陳直《漢書新證》，第417—418頁。

④ （漢）班固：《漢書》卷八《宣帝紀》，第239頁。

⑤ 楊樹達：《漢書窺管》卷一〇，第727頁。

⑥ 楊樹達：《詞詮》卷七，中華書局，2004年，第396—397頁。

⑦ 裴學海：《古書虛字集釋》卷二，中華書局，1954年，第79頁。

主語。由此言之,《漢書》所記需要重新辨析。至於《漢紀》,因是荀悦奉東漢獻帝之命,删削鈔録《漢書》而成,學界對其史料價值,一向評價不高,甚且認爲尚低於袁宏《後漢紀》①。不過,"荀悦並非全系鈔書,他對《漢書》有所訂正增補"②。"遂於是辭謝,因曰",作"乃上書謝恩曰",提示了"辭謝"當爲謝恩義,且上書所言者應是陳遂。《漢書》卷六四上《朱買臣傳》云:"上拜買臣會稽太守。上謂買臣曰:'富貴不歸故鄉,如衣繡夜行,今子何如?'買臣頓首辭謝。"③相關叙述語境,與此頗爲近似。朱買臣對武帝的"辭謝",同樣爲謝恩、道謝義,而絶無可能是道歉、謝罪義。

在此基礎上,參考顏師古"進者,會禮之財也,謂博所賭也,解在《高紀》。一説進,勝也,帝博而勝,故遂有所負",及"進者,會禮之財也。字本作贙,又作賮,音皆同耳。古字假借,故轉而爲進。贙又音才忍反。《陳遵傳》雲陳遂與宣帝博,數負進,帝后詔云可以償博進未。其進雖有别解,然而所賭者之財疑充會食,義又與此通",④"進"即"贙"、"賮",指財物,進而指稱賭資,"負進"指虧欠債務。相較于陳垣云"則悦所見《漢書》乃遂字,而非進字也",⑤《漢紀》"與上遊戲博奕,數負遂"的主語是陳遂,"數負遂"之"遂"反而應爲"進(進)"字之訛。調整後,《漢書》、《漢紀》所記内容實際一致,兩文所見"償",皆爲償還義,而非補償義。此事經過應爲:陳遵的祖父陳遂與流落民間時的宣帝是故交好友,曾隨宣帝遊戲博奕,並多次輸錢給宣帝(變相資助?)。宣帝即位後,陳遂得到任用,被提拔至太原太守。宣帝特賜陳遂璽書一封,説:"皇帝告諭太原太守,我賜你高官厚禄,應該可以償還舊時你輸

①顧炎武即云"荀悦《漢紀》改表、志、傳爲編年,其叙事處處索然無復意味,間或首尾不備。其小有不同,皆以班書爲長"。雖亦言"惟一二條可采者",但因所舉陳遂事"進"字避悼皇考例,難爲定論,反而影響"後有善讀者,仿裴松之《三國志》之體,取此不同者注於班書之下,足爲史家之一助"的説法了。(清)顧炎武著,(清)黃汝成集釋:《日知録集釋》卷二六,欒保群、吕宗力校點,第1440—1441頁。

②具體參見《兩漢紀》"點校説明",張烈點校,上册,第2頁。王鳴盛雖云"觀其書蓋專取班《書》,别加銓次論斷之,而班《書》外未嘗有所增益,覼自序可見",但又承認"而其間或與班《書》亦有小小立異者,在悦似當各有所據。若班《書》傳刻脱誤處,藉此校改者亦間有之"。(清)王鳴盛:《十七史商榷》卷二八"漢紀"條,黃曙輝點校,上海古籍出版社,2013年,第309頁。筆者此前討論,注意到《史記》卷一〇二《張釋之馮唐列傳》、《漢書》卷五〇《馮唐傳》"而拜唐爲車騎都尉,主中尉及郡國車士",《漢紀》作"主中尉及郡車騎士";《漢書》卷二四上《食貨志上》"又加月爲更卒,已,復爲正一歲,屯戍一歲,力役三十倍於古",《漢紀》作"又加月(有吏)〔爲更〕卒,徼衛、屯戍一歲,力役(四)〔三〕十倍於古",文字雖有脱誤,但仍保留不少更爲可取的關鍵信息。後則爲陳偉較早進行對照研究。相關參見孫聞博《秦漢邊地胡騎的使用——基于新獲史料與傳世文獻的再考察》(原刊《簡牘學研究》第六輯,甘肅人民出版社,2016年),《秦及漢初"徭"的内涵與組織管理——兼論"月爲更卒"的性質》(原刊《中國經濟史研究》2015年5期),修訂稿均收入所著《秦漢軍制演變史稿》第二章第四節、第四章第一節,2016年,2018年2印修訂,第200、274頁。

③(漢)班固:《漢書》,第2792頁。

④(漢)班固:《漢書》卷一上《高帝紀上》,第3頁。

⑤陳垣:《史諱舉例》卷七,中華書局,2004年2版,第97頁。

我的錢吧。你的妻子君寧當時在場,知曉具體情况。"(戲謔)陳遂於是上書謝恩說:"這些事發生在您元平元年大赦天下以前(博負不需償還)。"(戲謔)

第二小類爲敕讓(論事)。這類璽書起首格式一般作"皇帝問某某"。文帝賜晁錯璽書事,常常被人引用。不過,此璽書實際是對晁錯上言兵事的回復,所謂"寵答焉",類似後世詔答、批答,於唐代王言分類或屬敕旨。璽書内容涉及事務討論,兼有勉勵之意。宣帝時,趙充國西出平羌,曾先後收到多封璽書。宣帝拜酒泉太守辛武賢爲破羌將軍,佐助趙充國開展軍事行動,最初在賜璽書慰勞前者同時,又對後者予以"敕讓",文書起首語爲"皇帝問後將軍",參後"前幸賜書",可知同爲璽書。趙充國此後又兩次上奏,均獲璽書回復,稱"璽書報"云云。隨後,在趙充國生病期間,宣帝第四次下璽書,令趙充國在十二月匯合他軍,共擊先零羌,此即下文所謂"進兵璽書"。這次涉及重要命令下達,起首語爲"制詔後將軍",可另歸入命令指示,對應制書。當時,趙充國原本草擬的上奏尚未完成,收到這封璽書後,改上屯田之奏。此後,宣帝與之往復討論多次,又先後三次以璽書回復,並最終採納了趙充國的意見。這類"璽書報"起首語仍爲"皇帝問後將軍",對應詔答、敕書。需要指出,宣帝前後多次賜予趙充國璽書,事涉平羌作戰方略,内容極爲重要,並不個人化。趙充國上奏,還希望"唯明詔博詳公卿議臣採擇"。而實際情况也是如此,"充國奏每上,輒下公卿議臣。初是充國計者十三,中十五,最後十八。有詔詰前言不便者,皆頓首服。丞相魏相曰:'臣愚不習兵事屬害,後將軍數畫軍册,其言常是,臣任其計可必用也。'"[1]這些充分表明,宣帝所下諸封璽書的旨意,並非僅是君主個人私見,而是得自廷議充分討論的結果。

平羌之役中,宣帝還曾以璽書慰勞並敕讓馮奉世,起首語爲"皇帝問將兵右將軍"。杜延年以九卿出外爲北地太守,治理不力,也收到宣帝璽書責讓。此外,當朝廷對諸侯王暫不予賜死、削縣等治罪而考慮以敕諭爲主時,也下璽書。元帝遣使賜淮陽王劉欽璽書,起首語爲"皇帝問淮陽王";元帝遣使賜東平思王劉宇璽書,起首語爲"皇帝問東平王";賜王太后璽書,起首語爲"皇帝使諸吏宦者令承問東平王太后"。後者特添加有"使諸吏宦者令承問",以示委婉禮敬。至於東平國傅、相,使用了"詔書又敕"。這類群體的政治地位相較略低,下書規格也相應降等。上述賜璽書"敕讓"、"敕諭"而起首格式爲"皇帝問某某"者,或屬戒書[2],不過是使用了璽封的戒書。

---

①(漢)班固:《漢書》卷六九《趙充國傳》,第 2991—2992 頁。
②汪桂海此前將元帝賜東平王璽書,歸入戒書。《漢代官文書制度》第二章,第 36 頁。

　　第三小類爲賜死。成帝遇到"熒惑守心"的險惡天象,移禍於丞相,賜翟方進璽書,迫其自裁。此璽書對應策書,起首語作"皇帝問丞相",與獻帝禪位曹丕時下册書稱"皇帝問魏王"近似。關於策書起首格式,汪桂海曾認爲"蔡邕所説的'皇帝曰'尚不足以全面概括漢代策書行文的開頭用語"①。這裏進一步顯示,册書也可以使用"皇帝問某某"。另外兩則史例爲昭帝遣使賜燕剌王劉旦璽書,列舉罪狀,嚴厲斥責;魏明帝參西漢賜死燕王旦故事,遣使賜楚王曹彪璽書,嚴加責問,最後皆令自裁。後兩封璽書起首引述往事,目前得見引文未出現格式用語。

　　綜上論之,以往對兩漢璽書的認識,多有可調整之處。

　　從内容而言,璽書涉及即皇帝位、命令指示、封爵拜官、削諸侯封、賜諸侯死、慰勞、敕讓、論事等諸多重要内容。

　　從格式而言,璽書起首格式以"制詔某某"及"皇帝問某某"爲多。

　　若申論之,《獨斷》言制書皆璽封,尚書令重封。璽書起首格式爲"制詔某某"者,除個別對應策書外,當主要對應制書。《獨斷》又言策書"起年月日,稱皇帝曰,以命諸侯王三公。其諸侯王三公之薨於位者,亦以策書誄謚其行而賜之,如諸侯之策。三公以罪免,亦賜策"。據"亦以……而賜之,如諸侯之策。……亦賜策",三類策書的下達實際皆稱"賜",傳世文獻也多見"賜策"語,相關應同樣多用璽封。而六璽之制,對内封授、賜慰使用皇帝行璽、皇帝信璽,尚可與之相互參照。策書起首格式在"皇帝曰"、"制詔某某"外,還有"皇帝問某某"。不過,"皇帝問某某"更多用於詔書。《三國志》卷四《魏書・三少帝紀》記陳留王曹奐即位爲帝,父親燕王曹宇尚在,有司就文書問題上奏稱"中詔所施,或存好問,准之義類,則'(宴)〔燕〕覿之(族)〔敬〕'也,可少順聖敬,加崇儀稱,示不敢斥,宜曰'皇帝敬問大王侍御'。至於制書,國之正典,朝廷所以辨章公制,宜昭軌儀於天下者也,宜循法,故曰'制詔燕王'。凡詔命、制書、奏事、上書諸稱燕王者,可皆上平"②,"中詔"指中書所作"詔命",起首格式爲"皇帝敬問某某",以與"制書"之"制詔某某"相别。又,《晋書》卷三四《荀勖傳》載荀奕議曰:"又至尊與公書手詔則曰'頓首言',中書爲詔則云'敬問',散騎優册則曰'制命'",《晋書》卷六五《王導傳》"又嘗與導書手詔,則云'惶恐言',中書作詔,則曰'敬問',於是以爲定制。"③"手詔"、"中書爲詔"與"散騎優、册"是並舉的。中書所作"詔"並非泛稱,與制書、優文、册書對言,當屬狹義詔書。

────────

①汪桂海:《漢代官文書制度》第二章,第 29 頁。

②(晋)陳壽:《三國志》,第 148 頁。

③(唐)房玄齡:《晋書》,第 1161、1751 頁。

而王導位重,成帝紓尊稱"頓首言(惶恐言)"、"敬問"、"制命",後二者通常情況下當是"(皇帝)問"、"制詔"。這同樣反映"皇帝問某某"多見於詔書。前論漢代璽書史例中,此格式還見於敕讓之戒書。如此而言,璽書起首格式中,"皇帝問某某"多用於詔書及戒書、策書,"制詔某某"用於制書及策書。"璽書"可泛稱爲詔書,實際涵蓋策書、制書、詔書、戒書①。

由此進言之,璽書屬於詔書,更强調行用帝璽的封裝方式,並相應使用高規格傳遞手段,以送抵有關物件,凸顯下達時的皇帝名義、皇帝色彩。而一般詔書是非璽封的詔令,採用一般方式傳遞,體現下達時皇帝與宰相機構所代表的朝廷名義。這也意味著,漢代大多數詔書是不用璽封的。《漢書》卷九七下《外戚傳下》記成帝時趙昭儀加害後宮子。許美人與故中宫史曹宫御幸産子後,有"子隱不見"事。文獻具體提到,曹宫産子後,"中黄門田客持詔記,盛綠綈方底,封御史中丞印","客復持詔記,封如前予(掖庭獄丞籍)武,中有封小綠篋,記曰"云云;許美人産子後,"(中黄門吴)恭受詔,持篋方底予武,皆封以御史中丞印"②。這裏數次提及下詔使用御史中丞印封。宋人王應麟由此歸納"詔記綠綈方底,用御史中丞印"③。清人何焯又云"御史中丞在殿中蘭臺。《周禮·小宰》'掌建邦之宫刑,以治王宫之政令,凡宫之糾禁'。鄭氏曰:'若今御史中丞。'蓋漢宫中事皆御史中丞所掌,故用其印封"④。王、何二氏所論可參。可以補充的是,《漢書》卷一九上《百官公卿表上》言"御史大夫,……掌副丞相","御史中丞,……内領侍御史員十五人,受公卿奏事,舉劾按章"。所統一般御史,無秩級,無印綬,而"其僕射、御史治書尚符璽者,有印綬"⑤,及

①王應麟結合文獻所見,對漢詔令有歸納叙説,分類涉及策、敕、書、詔、令、論等。其中,相關小類列舉有"璽敕"、"璽書"等。(宋)王應麟:《玉海》卷六四《詔令·漢詔令總叙》,江蘇古籍出版社、上海書店影印光緒九年浙江書局本,1987年,第1200頁下欄。

②(漢)班固:《漢書》,第3990—3991、3993—3994頁。《列女傳》卷八《續列女傳·趙飛燕姊娣》記作"乃詔許氏夫人,令殺所生兒,革篋盛緘之,帝與昭儀共視,復緘,封以御史中丞印,出埋獄垣下",不過同樣提到"封以御史中丞印"事。張濤:《列女傳譯注》,山東大學出版社,1990年,第329頁。山東沂南畫像石墓前室南壁上横額圖像,發掘整理者曾認爲是"祭祀圖",並提到相關畫面中有"兩個糧袋,兩個似竹編的方篋"。南京博物院、山東省文物管理處編著:《沂南古畫像石墓發掘報告》第三章,文化部文物管理局,1956年,第14頁,圖版29。揚之水研究認爲是上計圖,"引人注目的是竹篋與囊,囊與篋均加封檢","出現在沂南畫像石中與計篋同在一處的囊,方底,上施封檢,正是書囊"。《沂南畫像石墓所見漢故事考證》,《故宫博物院院刊》2004年第6期,第31、32頁。所論予人啟發,相關圖像也可供參照。唯"方底"者是所謂"計篋",非書囊,後者爲袋狀。

③(宋)王應麟:《玉海》卷六四《詔令·漢詔令總叙》,第1201頁上欄。

④(清)何焯:《義門讀書記》卷二○《前漢書·列傳》,崔高維點校,中華書局,1987年,第344頁。句讀重新處理;"糾"原作"斜",今亦調整。

⑤(漢)班固:《漢書》,第725、743頁。

《漢官儀》"治書侍御史,……後置,秩六百石,印綬與符璽郎共,平治廷尉奏事"①。《續漢書·百官志五》"尚書條""左右丞各一人,四百石。本注曰:……右丞假署印綬,及紙筆墨諸財用庫藏"②,《漢官舊儀》"尚書令主贊奏封下書"③。由此來看,詔書在西漢當主要使用御史中丞印及治書侍御史印封,在東漢應是尚書令印封④。

　　《史記》卷六《秦始皇本紀》記"長信侯毐作亂而覺,矯王御璽及太后璽以發縣卒及衛卒、官騎、戎翟君公、舍人,將欲攻蘄年宮爲亂"。蘄年宮之亂,嫪毐曾通過矯用秦王及王太后璽印來徵發軍隊。具體操作,應當是用璽封的詔書來加以實施。本紀明確出現"璽書"語詞的史例,又見前引始皇帝臨死賜書扶蘇事:"上病益甚,乃爲璽書賜公子扶蘇曰:'與喪會咸陽而葬。'書已封,在中車府令趙高行璽事所,未授使者。"⑤此又見《史記》卷八七《李斯列傳》:"病甚,令趙高爲書賜公子扶蘇曰:'以兵屬蒙恬,與喪會咸陽而葬。'書已封,未授使者,始皇崩。書及璽皆在趙高所,……更爲書賜長子扶蘇曰:……。封其書以皇帝璽,遣胡亥客奉書賜扶蘇於上郡。"⑥二者在内容細節上,可以相互補充。此與"即皇帝位"一類漢代璽書近同,應是君主口授,趙高草擬並封以帝璽。而改賜扶蘇僞書封以"皇帝璽",又可與河西漢簡"皇帝璽書"的記録聯繫。東漢初權以璽書發兵及漢魏璽書制度的淵源,皆可

<hr>

① (漢)應劭撰,(清)孫星衍校集:《漢官儀》卷上,(清)孫星衍等輯:《漢官六種》,周天游點校,中華書局,1990年,第145頁。句讀、文義辨析又見代國璽《説"制詔御史"》,《史學月刊》2017年第7期,第44頁。

② (南朝宋)范曄:《後漢書》,第3597頁。

③ (清)孫星衍等輯:《漢官六種》,周天游點校,第32、64頁。此爲東漢制,分析又參見祝總斌《兩漢魏晉南北朝宰相制度研究》第五章,第122頁。

④ 這與兩漢間詔書多由侍御史、尚書郎起草,關係密切。《周禮·春官·御史》"御史掌邦國都鄙及萬民之治令,以贊塚宰。凡治者受法令焉。掌贊書",鄭玄注"王有命,當以書致志,則贊爲辭,若今尚書作詔文",孫詒讓疏"王有詔命,當書之簡策,宣佈中外,則代王爲辭令以致之。蓋與大祝六辭之掌互相備,若尚書諸命誥之類"〔(清)孫詒讓:《周禮正義》卷五二,王文錦、陳玉霞點校,中華書局,1987年,第2140頁〕;《漢官舊儀》"御史,員四十五人,皆六百石。其十五人衣絳,給事殿中爲侍御史。宿廬(左右)〔在右〕渠門外。二人尚璽,四人持書給事,二人侍〔前〕,中丞一人領。餘三十人留寺,理百官也";《漢官儀》"尚書郎主作文書起草,夜更直五日於建禮門内"(孫星衍等輯:《漢官六種》,周天遊點校,第32、63、142頁);《續漢書·百官志五》"尚書"條"侍郎三十六人,四百石。本注曰:一曹有六人,主作文書起草"(《後漢書》,第3597頁)。沈欽韓、楊鴻年、祝總斌、大庭脩、汪桂海多傾向此認識。而代國璽認爲"學界以往之成説,即西漢時期由御史或尚書負責草擬詔文,不能成立","王命一般用口頭方式發佈,……人臣'記王言'的制度""在秦漢大一統帝國建立之後,仍持續了一段時間"。梳理及探討參見《由"記王言"而"代王言":戰國秦漢人臣草詔制度的演生》,《文史哲》2015年第6期;《説"制詔御史"》,第36—39頁。侯旭東等學者又認爲西漢以來詔書始終由尚書起草。參見《西漢御史大夫寺位置的變遷:兼論御史大夫的職掌》,《中華文史論叢》2015年第1期,第192—193頁及引諸家説。

⑤ (漢)司馬遷:《史記》卷六《秦始皇本紀》,第264頁。

⑥ (漢)司馬遷:《史記》,第2548—2551頁。

從秦制中加以探尋①。

唐代王言一般分册書、制書、慰勞制書、發日敕、敕旨、論事敕書、敕牒七種②。此外,《唐六典》還提到"中書舍人掌侍奉進奏,參議表章。凡詔旨、制敕及璽書、册命,皆按典故起草進畫;既下,則署而行之"③。此又見《舊唐書》卷四三《職官志二》、《新唐書》卷四七《百官志二》及《册府元龜》卷五五〇《詞臣部·總序》。"制敕",《舊唐書》作"敕制"④。所言可與御史中丞、尚書令在兩漢先後所負職能對照。"詔旨、制敕及璽書、册命",或因修辭需要,皆屬泛指。這其中,璽書與一般詔旨、制敕、册命有所區別,但同時仍屬王言範疇,依然多由中書舍人"起草進畫"⑤。而詔旨、制敕、册命既與璽書相別,一般不鈐印帝璽,當多由中書省、門下省官員簽署,並使用中書、門下省印⑥。此種情形與漢代有類似處,由漢制逐漸發展演變而來⑦。

我們還注意到,漢代璽書除涉及重要指示命令外,還有慰勞、敕讓一類,且包含論事。起首格式除"制詔某某"外,多使用"皇帝問某某"。關於漢代制書,汪桂海

①漢代璽書"尺一板中約署"、"策書"用尺一木"等制度,很可能也淵源自秦。嶽麓書院藏秦簡"御史上議:御牘尺二寸 ㄴ,官券牒尺六寸。·制曰:更尺一寸牘、牒。·卒令丙四"(1852 正/121 正、1702 正/122 正)。陳松長主編:《嶽麓書院藏秦簡(伍)》,上海辭書出版社,2017 年,第 108 頁。

②(唐)李林甫:《唐六典》卷九《中書省》"中書令"條,第 273—274 頁。相關辨析又參見李錦繡:《唐"王言之制"初探——讀唐六典札記之一》,李錚、蔣忠新主編:《季羨林教授八十華誕紀念論文集》,江西人民出版社,1991 年,第 273—290 頁。

③(唐)李林甫:《唐六典》卷九《中書省》"中書舍人"條,第 276 頁。

④參見(後晋)劉昫:《舊唐書》,中華書局,1975 年,第 1850 頁;(宋)歐陽脩、(宋)宋祁:《新唐書》,中華書局,1975 年,第 1208 頁;(宋)王欽若:《册府元龜》(校訂本),周勛初等校訂,鳳凰出版社,2006 年,第 6295 頁。

⑤李錦繡認爲"不論從内容上還是形式上,發日敕都是對御畫後的奏抄的另一種稱謂。……六典所記七種王言,並非每種都由中書舍人起草"。《唐"王言之制"初探——讀唐六典札記之一》,李錚、蔣忠新主編:《季羨林教授八十華誕紀念論文集》,第 284 頁。雷聞對此持保留意見。

⑥(唐)魏徵:《隋書》卷一二《禮儀志六》云"常行詔敕,則用内史門下印",中華書局,1973 年,第 255 頁。

⑦唐中期至宋代,詔敕起草制度的"一大變化是兩制即内、外制的區分,而這項區分正是伴隨翰林學士的出現開始的。唐中期設翰林學士,分割了中書舍人的一部分草擬詔敕職權,是後翰林所草稱爲内制,中書舍人所草稱爲外制。北宋前中期,草擬詔敕的職務稱爲'知制誥',以翰林學士知制誥掌内制,他官制職知誥者掌外制。元豐改制後,仍恢復唐朝制度","内制是一部分特別強調以皇帝個人或私人名義下達的詔敕,包括赦書德音、立后建儲、拜免將相、批答奏表、獎諭臣下、致書外國、祭祝齋文等等;外制則是以朝廷(皇帝與宰相機構)名義共同下達的詔敕,主要是百官(將相以下)除授遷轉、以及頒行宰相機構議定的政策條例。與外制相比,内制的内容更爲複雜,既有事關國家大政的決策性文書,也包含了了一些純粹的禮儀文字。其共同特點,則是代表皇帝個人,因此被認爲級別更高、性質更重要"。此外,"元朝璽書的概念也有廣義、狹義之別。廣義上,凡是蓋有皇帝璽印的下發檔都可稱爲璽書。其中,應當包括詔書、聖旨(狹義)、宣命(或制書)。……但不包括未形成書面檔的口傳聖旨。狹義的璽書與狹義的聖旨相近,尤其被多用以指稱那些内容較爲瑣細的聖旨文書"。參見張帆:《元代詔敕制度研究》,《國學研究》第十卷,北京大學出版社,2002 年,第 134、114—115 頁。後續制度發展及相關區分,對理解漢代廣狹義璽書及璽書與詔書關係,也多有啓示。

提到“所涉及的內容事項有赦、贖令，有任免令，有關於其他諸事的指示命令。當
然，個別的制書也可能不帶有任何命令的色彩，……具有慰勞、致意、獎勸的含義和
傾向。這很有些像唐代的慰勞制書。……唐的慰勞制書或即是自漢代的制書中經
歷演變劃分出的”①。日本學界研究唐代王言，也注意到相關問題。中村裕一探討
唐代慰勞制書淵源時，由隋、南北朝、東漢進而溯至西漢，分析了漢代史料中“皇帝
〔敬〕問某”格式的文書。她認爲漢代的“璽書”之一、又被稱作“册書”的“皇帝
〔敬〕問某”，其目的用於回答臣僚上奏及慰諭臣下，是表現皇帝私人意志的文書，
與有關國政的“制詔”不同。唐代的七種王言中，慰勞制書（詔書）在用途與文書格
式上，與册書一樣，都殘留了漢代王言的色彩。又因慰勞制書使用璽書較爲突出，
璽書成爲唐代慰勞制書的別稱②。中村氏還對唐代“璽書”有所梳理，大體包括册
書、慰勞制書、論事敕書、弔祭文書、鐵券等③。

　　此問題可進一步分析。按唐王言之制七種在大類上，可分册、制、敕或制類、敕
類，且制類（册書、制書、慰勞制書）與敕類（發日敕、敕旨、論事敕書、敕牒）在指令
的重要性上，存在前大後小的差別④。秦代“制”、“詔”，兩漢册書、制書、詔書、戒敕
在指令重要性上，也分別存在前大後小之別。然而，從淵源脈絡上，唐代制書不能
與漢代制書簡單對應。唐代早期，廣狹義“制書”本稱“詔書”，武則天稱帝避諱始
改稱“制書”，此後一直沿用⑤。前引《唐六典》卷九《中書省》“中書令”條注“自魏、
晉已後因循，有册書、詔、敕，總名曰詔。皇朝因隋不改。天后天授元年，以避諱，改
詔爲制”⑥。這一方面交代上述唐制變化，另一方面也叙及此前“有册書、詔、敕，總
名曰詔”的情形。後者提示漢代“帝之下書”在南北朝時期發生一些變化，制書在
分類上已不甚突出。孟憲實提到漢代“標誌性的‘制詔’一詞，從晉朝開始使用越
來越少，代之以‘詔曰’、‘制曰’，北魏與晉朝相似，多用‘詔曰’、‘制曰’。但是，南
北朝時期的變化在繼續，北周、北齊、南齊、蕭梁和陳朝，最多的用法是‘詔曰’”，

①汪桂海：《漢代官文書制度》第二章，第31—32頁。
②〔日〕中村裕一：《唐代的慰勞制書的起源》（原刊《中國都市的歷史的研究》，刀水書房，1988年），收入所著
　《唐代制敕研究》第二章第二節，汲古書院，1991年，第292—298頁；〔日〕中村裕一：《隋唐王言の研究》第
　一章第四節，汲古書院，2003年，第69—86頁。
③〔日〕中村裕一：《唐代制敕研究》第四章第三節，第821—858頁；〔日〕中村裕一：《隋唐王言の研究》第五章
　第一節，第301—309頁。
④李錦繡：《唐“王言之制”初探——讀唐六典札記之一》，李錚、蔣忠新主編：《季羨林教授八十華誕紀念論文
　集》，第273頁。
⑤〔日〕中村裕一：《唐代制敕研究》第一章第一節，第35—41頁；〔日〕中村裕一：《隋唐王言の研究》序說，第
　3—14頁。
⑥（唐）李林甫：《唐六典》，第274頁。

"隋朝繼承了南北朝的趨勢,以'詔曰'的使用方式爲主,但'制曰'也時有出現,特別是'制曰可'這種文書運算式,使用比較普遍"①。唐代制書(詔書)的淵源,可上溯唐初、隋代,並論至門下出現並發揮作用的南北朝及東晋時期②。據唐代制書格式及形成過程的復原,可知其中出現"制書(詔書)"、"制可"語③。前者實際對應詔書,後者在漢代詔書三品之第二品中使用較多。而唐代王言之中,"制書"(即原稱"詔書")功能又爲"行大賞罰,授大官爵,釐年舊政,赦宥降慮則用之"④,對應"制度之命",且包含"赦令贖令",與漢代"制書"性質相近。由此推斷,漢代制書、詔書在魏晋南北朝發展過程中,可能存在調整合併,詔書逐漸承擔、發揮原制書的作用與功能,地位相應上升。漢代制書、唐代制書雖名稱完全相同,但因唐代制書乃詔書更名,兩者不能簡單對應,背後實際反映漢唐王言發展的微妙變化。武周改"詔"之時,考慮以"制"語替代,也可視作對唐前期詔書地位、性質的側面反映。

值得注意的是,學者在唐代"詔"、"制"混用之外,指出"制(詔)"、"敕"同樣存在混用⑤。後種情形得以出現,恐怕正在於伴隨詔書在中古地位上升,發揮原來制書功能的同時,原爲戒敕性質的"敕"地位上升,逐漸擴展舊有功能,開始發揮漢代原本較制書指令功能略低的詔書的作用。如果做一比喻,這或許可以看作詔書地位功能上升,相應對敕書産生的一種"拉動"。在此基礎上,重新審視唐代慰勞制書,就會發現,"皇帝〔敬〕問某"的慰勞制書,雖然也包含"制書"字樣,但是並非是由漢代"制書"分化發展所致。唐代制書的淵源主要是前代詔書;慰勞制書所使用的"皇帝〔敬〕問某"也不曾在漢代制書中使用,而主要出現於漢代詔書等其他"帝之下書"。因此,慰勞制書應是由漢代詔書(之一種)而非制書發展而來。

四、結語

最後,這裏在前文探討基礎上,對相關認識略作總結:

1. 秦君最高軍事權力的實現方式多樣。兵符、信璽等信物外,君主詔書在軍事

---

① 孟憲實:《從"詔書"到"制書"》,《文獻》2019 年第 5 期,第 116 頁。

② 〔日〕中村裕一:《唐代制敕研究》第一章第五節,第 128—159 頁;《隋唐王言の研究》第一章第三節,第 53—69 頁。

③ 〔日〕中村裕一:《唐代制敕研究》第一章第二節,第 46—76 頁;《隋唐王言の研究》第一章第二節,第 33—51 頁;李錦繡:《唐"王言之制"初探——讀唐六典札記之一》,李錚、蔣忠新主編:《季羨林教授八十華誕紀念論文集》,第 273—277 頁。

④ (唐)李林甫:《唐六典》卷九《中書省》"中書令"條,第 274 頁注文。

⑤ 〔日〕中村裕一:《唐代制敕研究》第一章第一節,第 41—44 頁;《隋唐王言の研究》序説,第 14—15 頁。

活動中頗爲重要,三者實際配合而行。東漢光武初年等特殊時期,還一度出現發兵不以虎符,而憑節、詔書甚或僅用璽書、詔書的做法。

2. 漢代"帝之下書有四",包括策書、制書、詔書與戒書。其中,西北漢簡所見包括制書在内各類行下詔書,一般並不使用璽封。"皇帝璽書"是"璽書"的完整稱呼,與"詔書"在緘封與傳遞方式上存在差别,由此形成大類區分。

3. 以往對兩漢璽書的認識,有可調整之處。漢魏史籍所載璽書,涉及即皇帝位、命令指示、封爵拜官、削諸侯封、賜諸侯死、慰勞、敕讓、論事等諸多重要内容。制書及策書使用璽書較多。璽書起首格式"制詔某某"多用於制書及策書,"皇帝問某某"多用於詔書及戒書、策書。璽書可泛稱詔書,涵蓋策書、制書、詔書、戒書。璽書屬於詔書,更强調行用帝璽的封裝方式,並相應使用高規格傳遞手段,以送抵有關物件,凸顯下達時的皇帝名義、皇帝色彩。一般詔書是非璽封的詔令,採用一般方式傳遞,體現下達時皇帝與宰相機構所代表的朝廷名義。漢代大多數詔書不用璽封,主要使用中央治書官吏印封。

4. 蘄年宫之亂,嫪毐"矯王御璽及太后璽"發兵;始皇帝臨死,"令趙高爲書賜公子扶蘇"回咸陽主喪。這些對認知秦璽書問題,多有幫助。東漢初權以璽書發兵,及漢魏璽書的制度特徵,皆可從秦制中探尋淵源。

5. 唐代王言一般分册書、制書、慰勞制書、發日敕、敕旨、論事敕書、敕牒七種。璽書與一般詔旨、制敕、册命有所區别,但仍屬王言範疇,依然多由中書舍人"起草進畫"。而詔旨、制敕、册命既與璽書相别,一般不鈐印帝璽,多由中書省、門下省官員簽署,並使用中書、門下省印。相關情形與漢代璽書有類似處,當由漢制逐漸發展而來。漢代制書、詔書經魏晉南北朝發展,存在調整。詔書逐漸承擔、發揮原制書的作用功能,地位上升,並相應對原敕書産生"拉動"。漢唐制書雖名稱相同,但因唐代制書乃詔書更名,兩者不能簡單對應,背後實際反映漢唐王言發展的微妙變化。慰勞制書應是由漢代詔書(之一種)而非制書發展而來。

附記:文章修改得到孟憲實、汪桂海、葉煒、唐雯、趙晶、丁義珏、李永、周文俊、黄楨、郭洪伯等先生,孫梓辛、尚宇昌、王通、邱文傑、王冠華等同學的幫助,謹致謝忱。

(作者單位:"古文字與中華文明傳承發展工程"
協同攻關創新平臺、中國人民大學國學院)

王充"崇漢頌聖"文化情結平議

黄樸民

　　王充,毫無疑問,是漢代第一流的思想家。他的著作《論衡》一書,也是漢代思想史乃至整個中國古代思想史上偉大的著作,全書三十卷,八十五篇,其中的《招致》僅存篇目,實存八十四篇,思想進步,内容翔實,哲理深刻,影響深遠,其學術地位之突出,思想價值之重大,乃是古今學術界所公認,爲後人所推崇備至。

　　但是,人們在充分肯定王充的思想史、文化史貢獻的同時,對充斥《論衡》一書中頌漢的言辭,不無保留;對《論衡》中津津樂道的"命定"論,多有批評。過去,我也曾持類似的看法,曾撰有《王充的另一面》(載《尋找本色》,泰山出版社,1998年版)一文,批評了王充的"歌德""獻媚"的行徑。但是,隨著對兩漢歷史與文化考察的逐漸深入,我認爲,有關王充的"歌德"言辭的討論,應該持更辯證、更客觀、更公允的態度,"知人論世",抱"同情之理解",從而得出相對合理的評價。

一、崇今頌漢:王充的文化情結

　　毋庸諱言,王充有强烈的肯定現實、歌頌漢德的文化心理情結,這在《論衡》一書中有大量的文字實録,事實確鑿,不必隱諱,更無須曲意回護。

　　打開《論衡》一書,裏面有《宣漢》、《齊世》、《恢國》、《符驗》、《須頌》等篇什。一看標題,就可知道這都屬於百分之百的肯定現實,"歌頌漢德"的文字。其基本主旨,乃是粉飾太平,謳歌兩漢王朝的"盛德",不厭其煩地論證漢代是勝過以往各個朝代的太平世界:"恢論漢國在百代之上","漢德非常,實然乃在百代之上。"他的基本觀點是,"亡秦惡甚於桀、紂,則亦知大漢之德不劣于唐、虞也。唐之萬國,固增而非實者也。有虞之鳳凰,宣帝已五致之矣。孝明帝符瑞並至。夫德優故有瑞,瑞鈞則功不相下。宣帝、孝明如劣不及堯、舜,何以能致堯、舜之瑞? 光武皇帝龍興鳳舉,取天下若拾遺,何以不及殷湯、周武? 世稱周之成、康不虧文王之隆,舜巍巍不虧堯之盛功也。方今聖朝承光武,襲孝明,有浸鄷溢美之化,無細小毫髮之虧,上何以不逮舜、禹? 下何以不及成、康?"(《論衡・齊世》)顯而易見,按照王充他自己的邏輯,漢朝的功德,曠世獨有,殆無疑義!

所以,兩漢的皇帝,在王充看來,幾乎個個都是"聖明天子","今上、上王至高祖,皆爲聖帝"(《論衡・宣漢》),"漢,今天下之家也;先帝、今上,民臣之翁也。夫曉主德而頌其美,識國奇而恢其功,孰與疑暗不能也!"(《論衡・須頌》)。"漢家功德,頗可觀見",既然漢朝這麼美,天子如此好,簡直就是大臣與普通民衆的再生父母,那麼在王充看來,那些身爲漢家的臣民,就不應該有任何的抱怨,而理所當然要肯定漢朝的功業,贊美聖上的英明,按王充自己的理解,這才是身爲臣民應有的立場,應盡的義務:"臣子當褒君父,於義較矣"(《論衡・須頌》)。對那些好是古非今,獨立特行,與朝廷之間存在著疏離感,而不樂意大聲謳歌與贊美"漢德"的儒生,王充内心是頗不以爲然的,不惜加以嚴辭抨擊:"涉聖世不知聖主,是則盲者不能別青黃也;知聖主不能頌,是則暗者不能言是非也。然則方今盲暗之儒,與唐擊壤之民,同一才也!"(同上)針砭鞭撻"俗儒""陋儒",可謂不遺餘力:"俗儒好長古而短今,言瑞則渥前而薄後。是應實而定之,漢不爲少。漢有實事,儒者不稱;古有虛美,誠心然之。信久遠之僞,忽近今之實。斯蓋三增九虛,所以成也;能聖實聖,所以興也。儒者稱聖過實,稽合於漢,漢不能及。非不能及,儒者之説使難及也。"(同上)

王充他本人有憾於"漢代德澤"沒有得到充分宣傳的現實,心有戚戚然。爲漢朝朝廷"浩廣之德未光於世也"的不公遭遇而大鳴不平,於是,全力以赴,爲改變這一局面而不懈努力,用華麗動人的詞藻歌頌"漢德",爲漢家江山的統治合理性與合法性"背書",矯枉過正,有時候甚至於爲明明存在著的社會動盪進行辯解和開脱:"建初孟年,無妄氣至,歲之疾疫也。比旱不雨,牛死民流,可謂劇矣。"局勢固然是嚴峻,可王充筆鋒一轉,壞事變成了"好事":"皇帝敦德,俊乂在官,第五司空股肱國維,轉穀振贍,民不乏餓。天下慕德,雖危不亂,民饑於穀,飽於道德,身流在道,心回鄉内,以故道路無盜賊之跡,深幽迥絕無劫奪之奸。以危爲寧,以困爲通,五帝、三王,孰能堪斯哉!"(《論衡・恢國》)"民饑於穀,飽於道德",但卻能"以危爲寧,以困爲通"! 這樣的歌頌,尺度是夠大的。多少有些突破身爲士人的道德底線,而幾近於阿諛溢美了。

王充在《論衡》一書中,以樸素唯物主義的立場,懷疑和否定了神學目的論,但是,也應該看到,與此同時,他也陷入了"命定論",熱衷於主張符瑞天命,五德終始,這當然是他思想上的一個特色,也可以說,是一個缺陷,因爲這與當時的俗儒方士,並没有什麽本質的區别,近乎"五十步笑一百步"。王充愛談"天命",推銷"命定論",這屬於不争的事實。他把"天"看成是有意志的人格神,"天,百神主也"(《論衡·辨祟》),這與董仲舒所説的"天者,百神之大君也"(《春秋繁露·郊語》);"天者,百神之君也,王者之所最尊也"(《春秋繁露·郊義》),可謂如出一轍,並無差異。天有意志,既有所欲,又能夠"愛"得熱烈,"憎"得火爆,所有一切都是命定之數,漢室之興,在於天之所爲;國祚長短,也在於天之定數:"堯、舜之禪,湯、武之誅,皆有天命"(《論衡·齊世》);"國之存亡,在期之長短,不在於政之得失……亡象已見,雖修孝行,其何益哉!"(《論衡·異虚》)而王充之所以主張"命定論",在某種程度上,也是爲自己的"崇漢"説法尋找理論上的依據:即"炎漢"之興,乃是天命之註定,漢室所擁有的生殺予奪之權威,也是受之於天,有天然的合法性,"皇端比見,其出不空,必有象爲,隨德是應"(《論衡·驗符》)。

爲此,王充在《論衡》一書中列舉了許多"符瑞"神話,來系統"證明"所謂"漢致太平"並非虚構。風傳廬江某個湖裏發現了一塊金子,王充就馬上記上一筆,然後不忘給朝廷送上一個禮物:"皆起盛德,爲聖王瑞,金玉之世,故有金玉之應。"(《論衡·驗符》)湖南零陵地帶冒出"新聞","忽生芝草五本",王充聽到消息後,更是喜不自禁,急急忙忙作出自己的政治表態,"天下並聞,吏民歡喜,咸知漢德豐雍,瑞應出也"(同上);"四海混一,天下定寧,物瑞已極,人應是隆"(《論衡·宣漢》)。

綜上所述,"崇漢"頌聖情結,的確是王充思想體系中的重要組成部分,而提倡"命定"之説,大談"祥瑞"吉兆,也顯然在《論衡》一書中佔有不小的篇幅。今天我們研究王充,就不能回避其思想體系中這類命題。

二、王充"崇漢頌今"情結的深層次原因

王充對漢室統治予以不遺餘力的謳歌與贊美,似乎給人們留下一味順從與迎合當權者的印象,與"不事王侯,高尚其事""説大人,則藐之,勿視其巍巍然"的士文化傳統,有些格格不入,更看不到那種"富貴不能淫,貧賤不能移,威武不能屈"士大夫的偉岸風骨。這恐怕多少會影響其在後人心目中的形象。

但是,如果這麽來看待和評價王充的氣節與境界,則未免太簡單化了,有很大

的片面性。“知人論世”，我們認爲，對王充的崇今頌漢言辭，不能够予以泛道德化的批判與否定，而應該結合東漢時期具體的歷史文化語境，進行實事求是、客觀公允的分析與討論。

在我們看來，王充喋喋不休地謳歌帝王，贊美漢德，這首先決不是爲了邀功取寵，謀取政治上的實際利益，而完全是出於保護自身安全的天然本性所致，屬於“全身免禍”，趨利避害的被動選擇。關於這一點，他自己就做過清晰的表達，並沒有對自己這一初衷與動機作絲毫的掩飾和回避。爲此，他千方百計尋找機會表白自己政治表態、政治輸誠乃有不得已的苦衷，即爲了“免罪”，從而得以太太平平過日子：“且凡造作之過，意其言妄而謗誹也。《論衡》實事疾妄，《齊世》、《宣漢》、《恢國》、《驗符》、《盛褒》、《須頌》之言，無誹謗之，造作如此，可以免於罪矣！”（《論衡·對作》）

兩漢的政治生態，較之于暴秦，當然是大有改觀，士人們所擁有的安全感相對比較具體而切實，與此同時，他們也有了一定程度上的議論政治、批評時弊的言論空間，有時候，其言辭還相當的尖銳激烈，千載之後，讀來猶凜凜充沛生氣、洋溢正義。如鹽鐵會議上，賢良文學毫不留情地全方位批判和否定漢武帝時代的政治、經濟與軍事實踐，認爲反擊匈奴是勞民傷財，得不償失，“軍用於外，政敗於內”（《鹽鐵論·備胡》），“不能弱匈奴，而反衰中國也”（《鹽鐵論·伐功》）。强調推行鹽鐵官營、設置均輸、徵發酒榷等國家經濟壟斷體制是“與民争利”，純屬急功近利，禍國殃民，“刻急細民，細民不堪，流亡遠去”，“田地荒蕪，城郭空虛”（《鹽鐵論·未通》），嚴重的本末倒置，敗壞社會風氣，“散敦厚之樸，成貪鄙之化”（《鹽鐵論·本議》）。屬行法治，集中君權，是典型的無事生非，庸人自擾，“地廣而不得（德）者國危，兵强而淩敵者身亡”（《鹽鐵論·擊之》）。歸根結底一個結論，漢武帝生前所實施的政策一塌糊塗，給社會、國家與民衆都帶來極其深重的災難：“黎人困苦，奸僞萌生，盜賊並起。守尉不能禁，城邑不能止”（《鹽鐵論·西城》），“竊見其亡，不睹其成”（《鹽鐵論·結和》）。“田園荒蕪，城市空虛”，“言之足以流涕寒心，則仁者不忍也。”（《鹽鐵論·未通》）

又如，如漢宣帝本始二年（前72年），朝議立武帝廟樂，長信少府名儒夏侯勝對此當即提出異議，毫不留情加以反對：“武帝雖有攘四夷，廣土斥境之功，然多殺士衆，竭民財力，奢泰亡度，天下虛耗，百姓流離，物故者半，蝗蟲大起，赤地數千里，或人民相食，畜積至今未復；亡德澤於民，不宜爲立廟樂。”（《漢書》卷七十五，《夏侯勝傳》）總之，直斥帝王行爲之非，絲毫不留一點情面：“奢侈無限，窮兵極武，百姓空竭，天下騷然……海內無聊，而孝文之業衰矣。”（《藝文類聚》卷十二引荀悦《漢

紀》佚文）

但是，總的來看，兩漢的政治還是有非常嚴峻的一面的，其殘酷冷峻的程度，也往往超乎今天我們的想象！當時，大部分官吏汲汲於以法刑施政馭民。如薛宣就明白透底："吏道以法令爲師。"這與秦代"以法爲教，以吏爲師"的做法一脈相承，如出一轍，可謂是"霸王道雜之"的具體注腳。

從兩漢時期法令煩苛的程度，也可以看到當時政治生活中充滿著法家政治的血腥氣息。漢律是直接繼承秦律而來的，它最大的特色即嚴酷細密，見血封喉："律令凡三百五十九章，大辟四百九條，千八百八十二事。死罪決事比萬三千四百七十二事。文書盈於几閣，典者不能遍睹。"法律條令的煩苛，意味著受法面的普遍和執法上的殘酷。這從大臣路温舒的揭露可以察見一斑："今治獄吏則不然，上下相毆，以刻爲明，深者獲公名，平者多後患，故治獄之吏皆欲人死，非憎人也，自安之道在人之死。"（《尚德緩刑疏》，載《漢書·路舒温傳》）用刑愈重、執法愈暴，對官吏本身好處愈大，機會愈多，反之，則會被扣上立場不堅定、態度不鮮明的"帽子"，就意味著自絕于"自安之道"，葬送大好前程。這樣一來，各級官吏當然要爭先恐後扮演兇神惡煞，與民爲敵，"以刻爲明"了！

漢朝法令的嚴酷，還表現爲文帝時業已廢除的"妖言誹謗罪"重新啓用，而且還新創了腹誹罪。大臣顏異之死就是這種恐怖刑法的鮮活案例：顏異在漢武帝時擔任大農之官，一次他和別人私下聊天，那人談起朝廷有些法令下得不盡恰當，有可改進的地方。顏異深知兹事體大，豈可説三道四，所以沒有隨聲附和，只是下意識地稍稍動了動嘴唇，"微反唇"，誰知還是讓人給告發了，酷吏張湯借此大做文章，聲稱顏異身爲九卿高官，"見令不便，不入言而腹誹"，罪當論死。漢武帝二話沒説，批准了張湯的奏章，顏異的腦袋便莫名其妙給搬了家。"自是之後，有腹誹之法比，而公卿大夫多諂諛取容矣。"（參見《史記·平準書》、《漢書·食貨志》）從言論定罪發展到揣摩人們内心思想定罪，漢代的刑律之殘酷的確到了無以復加的程度。而這一切的發生，則當屬於"前主所是著爲律，後主所是疏爲令"這種"人治"傳統的必有之義。

即使是像董仲舒這樣的"帝師"級曠代大儒，著寫了《災異之記》，就長陵高園殿火災與遼東高廟火災説了些不合時宜的個人看法，遭人舉報，也難免鋃鐺入獄，差一點丟了性命，總算運氣還好，最終只是被"中廢爲中大夫"，但從此肝膽俱裂，"遂不敢復言災異"（《漢書·董仲舒傳》）了！

這樣的政治氛圍，一定會影響到士人的言行表現空間，使得他們在發言前，自我審查，力求平安。王充出身於"細族孤門"，沒有什麽靠山可以倚仗，一旦不經意成爲體制的整肅對象,那真的會是萬劫不復了。因此,尤其需要小心翼翼,"戰戰兢兢,如履薄冰",致力於自安自保,這乃是非常自然的做法。所以,與其責怪王充的膽小慎微,怯懦軟弱,不如去考究導致這種現象出現的深層次原因,去鞭撻和抨擊造成無數像王充一類的士人之所以不能揚起頭顱,像孟子那樣發出"富貴不能淫,威武不能屈,貧賤不能移"時代強音的體制。換言之,王充和其他士人身上的優點或不足,都是形格勢禁,受體制或環境的壓抑與束縛,問題不在個人,而在於體制的結構性矛盾。

三、漢代思潮與王充"崇漢頌聖"文化情結的成立

另外,我們必須注意的是,"崇漢頌聖",在漢代歷史上,乃是一個非常普遍的社會政治文化現象,王充這方面的言行不是個別的,孤立的。所以,我們必須將視野進一步拓寬,將關注的光譜,從王充的身上,轉移到整個漢代政治文化的層面,去解讀王充《論衡》一書中的"崇漢頌聖"情結的政治文化因素。

應該説,兩漢的"崇漢頌聖"情結,乃是一個普遍的社會政治文化現象。對現實予以肯定,對漢室政治與漢朝天子不遺餘力加以歌功頌德,決非是個別的、孤立的做法,而是當時大部份士人的基本政治認同和價值取向,具有群體性的行爲方式特徵。換言之,王充的所作所爲,並非是標新立異,自唱自演。

如將文景之治積蓄下來的家底搞得幾乎蕩然無存,"海内虛耗,户口減半",導致社會危機深重的漢武帝,人們雖不乏發出批評的聲音,但是,更多的士人卻是千方百計爲之辯護,對其歌頌有加:"孝武皇帝滔中國罷勞,無安寧之時,乃遣大將軍、驃騎……北攘匈奴,降昆邪十萬之衆,置五屬國,起朔方以奪其肥美之地……功業既定,至今累世賴之"(《漢書》卷七十三,《韋賢傳》)。"先帝興義兵以征厥罪,遂破祁連、天山,散其聚黨,北略至龍城,大圍匈奴,單于失魂,僅以身免,乘奔逐北,斬首捕虜十餘萬","長城之内,河山之外,罕被寇災","功勳粲然,著於海内,藏於記室"(《鹽鐵論・結和》),認爲他是漢朝統治走向強盛的關鍵人物。如劉歆曾高度評價武帝的功業:"單于守藩,百蠻服從,萬世之基地。中興之功,未有高焉者也。"(《漢魏六朝百三家集・劉子駿集・武帝廟不宜毀議》)

不但西漢時期的人是這麼説,東漢時期的人也不能免俗,對漢武帝同樣推崇備至,贊美有加:如,桓譚曾指出:"漢武帝材質高妙,有崇先廣統之規。故即位而開發大志,考合古今,模獲前聖故事,建正朔,定制度,招選俊傑,奮揚威武,武儀四加,所征者服。興起六藝,廣進儒術。自開闢以來,惟漢家最爲盛焉,故顯爲世宗,可謂卓

爾絕世之主矣。”(《新論》)流露出無限的仰慕崇敬之心。又如,著名史學家班固更是極力稱道武帝的雄才大略,敬慕之心躍然紙上:“號令文章,煥焉可述。後嗣得遵洪業,而有三代之風。如武帝之雄才大略,不改文景之恭儉,以濟斯民,雖《詩》、《書》所稱,何有加焉。”(《漢書》卷六《武帝紀贊語》)

對於漢代其他的君主,當時的士人也不乏謳歌肯定之詞,例如,推崇漢文帝睿哲高明:“玄默躬行以移風俗”(《漢書·賈誼傳》),即所謂“太宗穆穆,允恭玄默,化民以躬,帥下以德。”(《漢書·敘傳》)從而達到了“天下殷富,財力有餘,士馬強盛”的戰略目標。無怪乎司馬遷要激賞不已,大加贊頌了:“漢興,至孝文四十有餘載,德至盛也!”(《史記·孝文本紀》)

又如,對實現“昭宣中興”的標誌性人物漢宣帝,從班固到王充、崔寔等人,同樣是不勝仰慕,謳歌贊譽。如崔寔嘗言:“近孝宣皇帝明於君人之道,審於爲政之理。故嚴刑峻法,破奸軌之膽,海內清肅,天下密如……政道得失,於斯可鑒。”(《後漢書·崔駰列傳附崔寔傳》)由此可見,“崇漢頌聖”是不少漢代士人的價值取向與自覺選擇,是他們對現存統治秩序的積極肯定,是對大一統集權體制的認同與皈依。王充作爲漢代士人的一員,參與其中,並盡力發聲,在當時的歷史條件下,乃是完全正常的做法,是應該予以“同情之理解”的。

衆所周知,王充生於公元 27 年,卒於公元 97 年,他一生所經歷的,正是東漢光武帝、明帝、章帝、和帝的統治時期。這個時期,“光武中興”剛剛完成,整個東漢王朝正處於積極上升、繁榮昌盛的階段。當時的統治者,在政治上,致力於推行緩和社會矛盾的政策方針,這包括:減省刑法,釋放奴婢,假民和賦民公田,減免租賦與減輕民衆兵徭役負擔,選拔與任用“循吏”,強化皇帝的專制權力,改革職官制度,健全監察制度,削弱諸侯王勢力,妥善解決功臣問題,整頓吏治,徵辟“志士”以宣揚名節,提倡儒學以強化思想控制,等等,使得整個國家的經濟迅速恢復和發展,政治秩序穩定而基本和諧,文化建設卓有成效,邊疆治理穩中有進,民族矛盾相對緩和,社會風氣健康良好。可以這麽說,東漢前期的統治是相當成功的,是中國歷史上一個難得的“治世”。

因此,時人與後賢對東漢前期幾位君主,都是不吝褒獎之辭,予以高度的肯定,如李靖稱道漢光武帝劉秀是:“獨能推赤心用柔治保全功臣,賢於高祖遠矣。”(《李衛公問對》卷下)而王夫之對光武帝的評價則是:“自三代已下,唯光武允冠百王矣。”(《讀通鑑論》卷三)又如,對漢明帝,《後漢書》的作者也有非常良好的確評:“明帝善刑理,法令分明。日晏坐朝,幽枉必達。內外無倖曲之私,在上無矜大之色。斷獄得情,號居前代十二。故後之言事者,莫不先建武、永平之政!”(《後漢

書》卷二《顯宗孝明帝紀》)

由此，也可以說明一個問題，王充《論衡》一書中諸多“崇尚漢室”，歌頌漢帝的言辭，並不是無的放矢、誇大其詞、阿諛奉迎、搖尾乞憐的官樣文章，而是在相當程度上反映了歷史的真實，是表達了當時民衆、尤其是衆多士人們的共同心聲，所體現的是東漢前期王朝崛起、繁榮昌盛的歷史場景一個縮影。

綜上所述，我認爲，在歷史人物的研究和評價問題上，我們不能簡單提倡“泛道德”主義，只強調“政治正確”，提倡“道德高尚”，因爲在許多情況下，“泛道德化”會是一把雙刃劍，例如，總是推崇歷史上那些敢於針砭時事，痛斥王權的人與事，而鄙視菲薄那些強調綱紀，肯定統治的人與事，認爲這是保守，是爲虎作倀，爲專制集權張目背書，是政治上的糊塗，人格上的墮落，氣節上的投降，因而大張鞭撻，痛加貶斥。其實，世上萬事萬物，何嘗是這麽的簡單。士人作爲社會的良心，道德的楷模，一方面，固然要堅守獨立的立場，貫徹自由的精神，做社會政治當局的建設性批判者，但是，另一方面，也要有政治上的大智慧，客觀對待所處的現實，保持足夠的清醒與冷靜，知所進退，善於妥協，防止陷入“嶢嶢者易缺，皎皎者易汙”的人生困境，把捏分寸，恰到好處，收放自如，見好就收，做好社會生活的熱愛者，做好政治當局的建設性合作者。這就是我們在今天認識與解讀王充“崇漢頌聖”文化情結之後應該汲取的哲學啓迪！

（作者單位：中國人民大學國學院）

論漢代的法律教育

張　積

　　自成文法公佈以來，面向全社會的法律教育便成爲一個重要的問題進入政治家、教育家與思想家的視野，並逐步引起政府和社會公衆的注意。《商君書·定分》即主張"天下之吏民無不知法者"。其邏輯是：假如天下的吏民都能知法，則"吏明知民知法令也，吏不敢以非法遇民"，而"民又不敢犯法"，最終天下無犯法之人，國家就會得到大治。當然，法家這樣的推論和期望不免簡單化和理想化，但是不可否認，政府各級官員和社會公衆知法、懂法的程度普遍提高，距離吏民相安、犯罪減少、政治清明的政治目標就會更近一步。所以，荀子也曾提出"法教"的主張，認爲它是整齊社會行爲的强有力的工具①。到了秦代，統治者更是奉此爲治國的圭臬，從中央到地方無不重視學法和知法②。漢興，繼續堅持這一方略，努力推行法律教育，不斷探索教育形式，而且收到了良好的效果。

---

① 《荀子·儒效》："法後王，一制度，隆禮義而殺《詩》、《書》，其言行已有大法矣，然而明不能齊，法教之所不及，聞見之所未至，則知不能類也。"王先謙：《荀子集解》，中華書局 1988 年版，第 140 頁。

② 《史記》卷六《秦始皇本紀》云："趙高故嘗教胡亥書及獄律令法事，胡亥私幸之。"這表明秦始皇對皇子學習法律比較重視，見中華書局點校本 1985 年版（後同），第 264 頁。《睡虎地秦墓竹簡·語書》南郡太守勸屬縣官員云："凡良吏明法律令，事無不能殹；……惡吏不明法律令，不知事，不廉潔，毋以佐上，……"見文物出版社 1978 年版（後同），第 19 頁。秦丞相李斯亦言："今天下已定，法令出一，百姓當家則力農工，士則學習法令辟禁。"見《史記》卷六《秦始皇本紀》，第 255 頁。

一、政府對法律教育的態度

兩漢的統治者，總的來看對於法律制定與法律教育等工作是比較重視的。他們這樣做，與漢代初年所形成的治國傳統恐怕有一定的關係。西漢的開國君臣，雖有長於文或擅於武的不同，但因深受秦代重視法治的傳統的浸染，不僅對法律的重要性有所理解，而且對法律的完整性也有所認識。在他們看來，法律的制定和實施固然十分重要，但是如果只重視立法和司法而忽略法律的宣傳教育，那麼法律只能成爲單純的懲罰手段，而不能展示它的其他功能，更不可能實現法律與社會的有效結合，這樣則必然會重蹈亡秦的覆轍。因此，漢代統治者在不斷加强立法和司法的同時，也積極推進法律的學習和教育。主要表現是：

1. 公開頒佈詔令，讓普通民衆瞭解詔書的内容

秦始皇建立皇帝制度時確定："命爲制，令爲詔。"①漢承此制，凡以制詔形式發佈的文告，皆屬令的範疇。令與律相輔而行，是皇帝根據現實需要對律所作的必要補充。律令構成了秦漢法律形式的主幹。漢代公開頒布詔書的做法，本由古制演變而來。據《周禮》記載，每年正月天官、地官、夏官、秋官，分別都有布治、布教、布刑的制度②。其時，一方面在諸宫闕懸掛法律規章供四方人士前來觀瞻學習，另一方面則由地方官分赴各官接受法律，再回去向治下的老百姓進行傳達。漢代的"班春"之制頗類似於此。班春，班同頒，意思是頒布春令。每年春天，各郡的太守例赴所屬縣分行縣時，要把象徵皇帝恩澤、反映皇帝心聲和國家制度的詔書，頒布給下屬官員和普通百姓，使他們振奮精神，感恩戴德，知悉國家大政，從而爲實現本年政平訟理、老百姓豐家足食的目標而努力勞作。《後漢書》卷三九《劉平傳》叙述劉平任全椒縣長時，工作出色，致令刺史、太守行部、行縣時，別無所事，"唯班詔書而已"。可證漢代刺史、太守向基層頒佈詔書，實有其事。

除這種時間較爲固定的頒詔形式外，漢代還有時間不太固定，完全是因事而頒詔的形式。它的主要作用是向官民通報重大的政治措施，讓各地的官民及時

---

①《史記》卷六《秦始皇本紀》，第 236 頁。

②《周禮·天官·大宰》云："正月之吉，始和布治于邦國都鄙，乃縣治象之法于象魏，使萬民觀治象，挾日而斂之。"《周禮·地官·大司徒》云："正月之吉，始和布教于邦國都鄙，乃縣教象之法于象魏，使萬民觀教象，挾日而斂之，乃施教法于邦國都鄙，使之各以教其所治民。"其他各官布刑之制，各見本職，不具引。見孫詒讓：《周禮正義》，中華書局 1987 年版。

瞭解國家大事,支持政府的決策。例如,漢文帝即位後,繼續推行黃老政治,採取了一系列輕徭薄賦、與民休息的重要措施。當時,山東的老百姓欣聞這些舉措,備受鼓舞。西漢賈山所著的《至言》描述了當時老百姓前往聞聽皇帝詔書的情狀,云:

> 臣聞山東吏布詔令,民雖老羸癃疾,扶杖而往聽之,願少須臾毋死,思見德化之成也。①

而《漢書》卷八一《匡衡傳》叙元帝時老百姓看到廢罷珠崖郡的詔書時亦云:

> 諸見罷珠崖詔書者,莫不欣欣,人自以將見太平也。

這些詔令所涉及的都是較爲具體的治國措施,與定期在正月頒佈的主要以慰問鼓勵民衆爲内容的詔令有所不同。可知漢代政府對重大的政治措施,都要以詔令的形式向全國公佈,儘量讓各地民衆對其有所瞭解,有所認識。由於這些詔令的内容與民衆的生活息息相關,所以老百姓對政府頒佈的詔書絕非漠不關心。"民雖老羸癃疾,扶杖而往聽之",就是對老百姓關心詔書情狀的生動的描繪。

由上引記述推斷,向下級官民頒佈重要詔令是漢代的基本制度。當然,建立制度是一回事,能否真正執行照辦得到有效落實是另一回事。漢代的這項制度,特別是在非固定時間的頒詔活動究竟能不能得到落實,關鍵取決於郡守等地方大員的態度。漢宣帝時期就曾出現過詔書下達而"吏不奉宣"的現象。《漢書》卷八九《循吏傳》云:"時上垂意於治,數下恩澤詔書,吏不奉宣。"這樣的情況當時恐怕具有普遍性。一般來説,所謂"循吏"在這方面要做得好一些。西漢的黃霸是一位著名的循吏,他擔任太守後,即"選擇良吏,分部宣佈詔令,令民咸知上意"②。不過,到了東漢由於皇權衰落,吏治日益敗壞,地方官特別是縣令長不頒詔書已成爲一種常見的現象。對此,當時民間流行的謠諺做了辛辣的諷刺:"州郡記,如霹靂;得詔書,但掛壁。"③在漢末一些縣令長的眼裏,只知有刺史、太守而不知有皇帝,皇權之不振竟到了這種地步!

當然,這畢竟不是一種常態。應該肯定,漢代的頒詔制度在正常情況下還是得到了有力的落實。它在宣傳政府的政策法律,引導公衆關心國家大事,提高人們的精神素質,加強中央政府的號召力和凝聚力諸方面,都産生了重要的影響,不失爲

---

① 《漢書》卷五一《賈山傳》,中華書局點校本,1962 年(後同),第 2336 頁。
② 《漢書》卷八九《循吏傳》,第 3629 頁。
③ 見(東漢)崔寔:《政論》,轉引自逯欽立輯校:《先秦漢魏晋南北朝詩》,中華書局,1983 年,第 243 頁。

漢代一項良善的制度。

2. 皇子帶頭學習

從戰國以來,法律是治國的重要工具的觀念已經深入人心。受此影響,國家的上層人士,不論身處九五之尊的帝王,還是期望致身通顯的政客,都把學習律令視爲培養從政素質的基本要求。秦代是這樣,漢代更是這樣。

在漢代上層人士中,皇子是非常重要的一個部分。儘管漢代表面承認嫡長子繼承制,但因許多偶然因素的作用,往往又使不少庶子榮登皇位。這樣,對皇子的要求就不能不從他們未來可能擔當的重大使命來著眼。既然法律是皇帝經邦治國的重要工具,那麼對皇子進行法律教育,使其學習法律、掌握法律就成爲皇子教育的一項基本要求。漢代皇子是否法定必須學習法律,現在尚未見到明文規定,但就側面的一些記載判斷,當時有意安排皇子學習法律是毋庸置疑的。

首先,兩漢的許多皇帝都明習法律,其中像漢宣帝、漢明帝、漢章帝、漢和帝及臨朝稱制的鄧太后等都曾親自審問人犯或參加"錄囚"[1]活動,這說明他們對法律不僅僅是泛泛的瞭解,而且達到了一定的造詣。那麼,他們的這種專門的法律知識是從哪裏得來的呢? 當然,登極以後出於實際需要,他們有意識地去學習鑽研自然是一個來源,但恐怕主要的來源還是他們身爲皇子時所接受的專門而系統的法律教育。

其次,兩漢不少成爲諸侯王的皇子不僅喜歡法律,而且深通法律[2]。一些人甚至還善於利用法律巧妙地除掉被他們視爲眼中釘的朝廷派來的傅相,表明他們對法律的掌握已經達到了非常精悉的程度[3]。

顯然這些人在法律方面的興趣和造詣,是接受了正規化法律教育的結果。目

[1] 漢宣帝事見《漢書》卷二三《刑法志》,云:"時上常幸宣室,齋居而決事,獄刑號爲平矣。"第1102頁。漢章帝事見《後漢書》卷八二《方術列傳》李賢注引謝承《後漢書》,云:"(謝)夷吾雅性明遠,能決斷罪疑。行部始到南陽縣,遇孝章皇帝巡狩,駕幸魯陽,有詔敕荊州刺史入傳錄見囚徒,誡長吏'勿廢舊儀,朕將覽焉'。"中華書局點校本1987年版(後同),第2714頁。餘俱見(清)沈家本:《歷代刑法考》第二册《赦十二·漢代錄囚》,中華書局,1985年(後同),第792頁。

[2] 《漢書》卷七三《韋賢傳》附《韋玄成傳》云:"初,宣帝寵姬張婕妤男淮陽王憲好政事,通法律,上奇其材,有意欲以爲嗣,然用太子起於細微,又早失母,故不忍也。"第3112—3113頁。同書卷十一《哀帝紀》云:"孝哀皇帝,元帝庶孫,定陶恭王子也。母曰丁姬。年三歲嗣立爲王,長好文辭法律。"第333頁。按:此皆爲漢代皇子明習法律之證。

[3] 《漢書》卷五三《景十三王傳》云:"(趙王)彭祖爲人巧佞,卑諂足共,而心刻深,好法律,持詭辯以中人。"第2419頁。《後漢書》卷四二《光武十王列傳》云:"(廣陵思王)荊性刻急隱害,有才能而喜文法。光武崩,大行在前殿,荊哭不哀,而作飛書,封以方底,令蒼頭詐稱東海王彊舅大鴻臚郭況書與彊曰:……"第1446頁。按:文法,指法律。

前限於史料,我們尚不能知悉當時皇子接受法律教育的詳細情況,但勾稽一些零星的材料,尚可以看出當時法律教育在皇子教育中已經佔有重要的位置。無疑,皇家子弟接受法律教育的情況,必然要在官宦子弟及其他人群中發生影響。東漢時期爲"四姓小侯"子弟所建立的教育機構①,很可能就與皇子們的教育機構相仿佛。當然,對於大多數官僚来説,他們的子弟未必都能够擁有如此優厚的學習條件,但皇子的學習内容必定會在達官貴族中間産生不小的示範和引導作用,這也是不言而喻的。最終的結果是社會上學法懂法的人數得到增加,推動法律教育在更大範圍内得到推廣。

3. 通過政府用人鼓勵學習

漢代政府的用人途徑不一,要求各别。但是,如果從中尋找某種共同性的話,那麽强調使用對象的法律素養,大體可以當之。在漢代的各級政府機構中,很多職務都需要明習法律的人士来擔任,這是基本的事實②。當時的法律也對這一點作出了明確的規定,例如漢武帝時命令丞相以"四科"辟官,其中第三科就是:"明法曉令,足以決獄,能案章覆問,文中御史。"③核諸當時政府用人的實際情況,可以看出此類規定基本上得到了嚴格的執行。

在中央機構中,廷尉、御史中丞、尚書、中書等重要官職,例由深通法律的人員充任。三公雖然不必由法律之家出任,但漢代三公多明法律這也是一個事實。此外,還有一些職務則明文規定須由明習法律的人士擔任,如治書侍御史、廷尉正、廷尉平、廷尉監、尚符璽郎中、洛陽市長等④。由於這種用人取向所提供的機會,使得不少人憑着精通法律、長於文牘的優勢,逐步升遷自己的官職,最終厠身於宰臣之列。

在地方機構中,用人導向也是如此。郡守、縣令(或縣長)職掌司法,明習法律是一項基本的任職要求。而由守、令所辟除的掾史胥吏,雖有文吏、武吏的區别,但也需要一定的法律素養。對於衆多的吏員来説,掌握法律與自己今後職務的升遷有着密切的關係。西漢的丙吉、于定國早年都是地方的獄吏,由於明習法律後来都

---

①事見《後漢書》卷二《明帝紀》,該文李賢注引(晋)袁宏《漢紀》曰:"又爲外戚樊氏、郭氏、陰氏、馬氏諸子弟立學,號四姓小侯,置《五經》師。以非列侯,故曰小侯。"第113頁。

②漢宣帝時擔任太子庶子的王生給蓋寬饒寫信云:"方今用事之人皆明習法令,言足以飾君之辭,文足以成君之過。"此可見漢代用人之傾向。見《漢書》卷七七《蓋寬饒傳》,第3246頁。

③《續漢書·百官志》注引《漢官儀》,載《後漢書·志》第二十四,第2558頁。

④俱見(清)孫星衍等輯、周天游點校《漢官六種》之《漢舊儀》,中華書局,1990年。

被提拔到中央做了高官①。

從漢簡材料來看,漢代在邊塞的軍事機構中補充燧長、候長這樣的低級官員,"知律令"同樣是一個重要的條件。西北漢簡中常常可見的"能書,會計,治官民頗知律令"的文字,極有可能就是當時關於辟除下級官吏的具體規定②。

漢代政府將明法與出仕緊密結合的用人政策,向社會顯示了明確的價值取向,必然會引導更多的願意步入仕途的人士主動地瞭解法律,認真地學習法律。正所謂"士之明於法律者見重于一時,而一時之士亦知講求此事"③。

二、教育方式

既然漢代政府和社會多數成員對於法律教育已經形成共識,那麼,當時的人們是通過哪些方式和途徑得到法律知識的呢? 概括起來看,基本的方式是兩種:

1. 以吏爲師

"以吏爲師"的規定,明文始見於秦代李斯關於"焚書"的奏請:

> 史官非秦紀皆燒之,非博士官所職,天下敢有藏《詩》、《書》、百家語者,悉詣守尉雜燒之。若欲學法令者,以吏爲師。

不過,論其淵源,它仍是古代"學在官府"的遺制,而且早在李斯之前,李斯的同學韓非就曾暢論其說④。李斯向秦始皇提出此說,不過爲適應其所推行的文化專制政策,特崇重其事罷了。

漢朝建立以後,一面繼承"以吏爲師"的學習法律的舊法,另外也爲"以吏爲師"賦予新的內容,即特別強調"吏"的師表作用。漢景帝在一道詔書中就明確指

---

① 《漢書》卷七四《丙吉傳》記其"治律令,爲魯獄史,積功勞,稍遷至廷尉右監",最後官至丞相。同書卷七一《于定國傳》記其"少學法於父,父死","亦爲獄吏,郡決曹,補廷尉史,以選與御史中丞從事治反者獄,以材高舉侍御史,遷御史中丞",最終也官至丞相。

② 謝桂華等編:《居延漢簡釋文合校》37·57:"肩水候官始安隧長公乘許宗:中功一勞一歲十五日,能書會計,治官民頗知律令义,年卅六,長七尺二寸,觻得千秋里家,去官六百里。"文物出版社1987年版,第63頁。同書49·9:"(前殘)半日能書會計,治官民頗知律令文,年五十一歲,長七尺二寸,□□□里家,去官千六十三里□□□□和百□(後殘)。"第84頁。漢簡此文甚多,不煩具引。

③ (清)沈家本:《漢律摭遺》卷20《律説》,載《歷代刑法考》第三冊,第1748頁。

④ 《韓非子·五蠹》云:"故明主之國,無書簡之文,以法爲教;無先王之語,以吏爲師;無私劍之捍,以斬首爲勇。"(清)王先慎:《韓非子集解》,中華書局1998年版,第452頁。

出:"夫吏者,民之師也。"①董仲舒説的更加深刻:"今之郡守、縣令,民之師帥,所使承流而宣化也;故師帥不賢,則主德不宣,恩澤不流。"②官吏既然是老百姓的"師帥",既然承擔着那樣重大的責任,那麼其自身首先應該做到品端行正,遵守法紀,廉潔奉公,自不待言。另一方面,官吏個人潔身自好固然非常重要,但還遠遠不够。作爲民之"師帥",官吏應該更加主動地承擔教民之責。大家知道,漢代法律是政府行政的依據,所謂"吏道以法令爲師"③,"如太守漢吏,奉三尺律令以從事耳"④,是對其最恰當不過的概括。因此,吏對老百姓的教育,根本的内容是法律。這在漢高祖劉邦的一道詔令中説得非常明確:"吏以文法教訓辨告,勿笞辱。"⑤文法,就是法律。也就是説,對待老百姓,國家希望地方官吏用法律規定去曉告和教育,而不是採用笞打侮辱的方式。這種將吏的教育内容落實在法律上的要求,在漢代極具代表性。

從受教育者一方來説,"以吏爲師",既意味着將官吏視爲自己行爲的儀表,更意味着可以直接執弟子禮拜官吏爲師,從而登堂入室,學習律令以及爲官之道。由於政府對這種教育方式的提倡,同時也由於該種方式本身所具有的明顯實效,它成了漢人瞭解、掌握法律和晋身仕途的基本途徑。

現存漢代文獻有關漢人"以吏爲師"的材料較爲零碎,不過分析這些材料仍然可以看出當時政府機關師授弟子的大略情況。如《漢書》卷八九《循吏傳》云:

> 景帝末,(文翁)爲署郡守,仁愛好教化。見蜀地僻陋有蠻夷風,文翁欲誘進之,乃選郡縣小吏開敏有材者張叔等十餘人親自飭厲,遣詣京師,受業博士,或學律令。

同書卷九〇《酷吏傳》云:

> (顔)延年少學法律丞相府,歸爲郡吏。

可見,漢代中央的一些機關都曾接受弟子學習法律。《史記·賈生列傳》云:

> 賈生名誼,洛陽人也。年十八,以能誦《詩》屬書聞於郡中。吴廷尉爲河南守,聞其秀才,召置門下,甚幸愛。孝文皇帝初立,聞河南守吴公治平爲天下

①《漢書》卷五《景帝紀》,第148頁。
②《漢書》卷五六《董仲舒傳》,第2512頁。
③《漢書》卷八三《薛宣傳》,第3397頁。
④《漢書》卷八三《朱博傳》,第3400頁。
⑤《漢書》卷一《高帝紀》,第54頁。

第一，故與李斯同邑而常學事焉，乃徵爲廷尉。

這位明習法律的吳公，在河南郡守任上將聰明少年賈誼置於門下傳授學業，從賈誼來說自屬"以吏爲師"。《漢書》本傳又記賈誼成爲博士後，大膽嘗試完善漢朝"諸法令"[1]，確見他在法律方面具有不低的造詣，這應與吳公的傳授分不開。同書卷七六《王尊傳》云：

> （王尊）年十三，求爲獄小吏。數歲，給事太守府，問詔書行事，尊無不對。

這些例子表明地方機關也接受弟子學習法律。上文提到的丙吉"治律令"，黃霸"少學律令"，本傳未詳其所從學，或許就是在地方機關吧。

秦漢時期在大力推行中央集權政治的環境中，政府强調"以吏爲師"，確能在一定程度上增强官吏的使命感和責任感，從而促進吏治的改善。此其意義之一。法律的學習，理論的理解固然重要，但更重要的還在於掌握實務，培養實際工作能力。"以吏爲師"的教育方式，縮短了理論知識與實踐之間的距離，有利於人才脱穎而出。此其意義之二。作爲漢代基本的培養吏員的渠道和傳授法律的手段，"以吏爲師"的教育方式不僅對漢代政治發揮了積極影響，而且對古代中國的官吏教育與培養也有很大的借鑒價值。此其意義之三。

2. 家學傳授

漢代的家學傳授最爲興盛，其歷史與漢代國祚一樣長久。尤其是到了西漢末期和東漢時期，由於世家大族和門閥世族的形成，家學更是得到了空前的發展。漢代家學傳播突出表現在經學和律學兩個方面。關於經學的傳播情況，昔人論之已詳，而對律學的傳授相對而言關注不够，以至於仍有不少問題説不清楚[2]。

漢代法律的家學傳授經歷了很長的過程，張湯和于定國父子承傳法律的模式，最具典型性。當時，像這種兒子受到明習法律的父親的影響從而對法律和治獄活動產生興趣，又在父親的指導幫助下通曉了法律，並掌握了治獄之法的現象，可能具有一定的普遍性。這種傳授模式演化到東漢，最終形成了最具漢代特色的傳授法律的世家。

---

[1]《漢書》卷四八《賈誼傳》云："誼以爲漢興二十餘年，天下和洽，宜當改正朔，易服色制度，定官名，興禮樂。乃草具其儀法，色上黃，數用五，爲官名悉更。文帝謙讓未遑也。然諸法令所更定，及列侯就國，其説皆誼發之。"第2222頁。

[2] 目前，臺灣歷史學家邢義田先生把該問題的研究向前推進了一大步，參見其所著《秦漢的律令學》一文，載臺北《"中研院"歷史語言研究所集刊》第54本。

　　需要指出的是,在法律形成家學的過程中,"大杜律"與"小杜律"發生了劃時代的影響。"大杜"指漢武帝時的杜周,他深通法律,曾任廷尉、御史大夫,以治獄酷暴著稱。"小杜"指昭、宣時期的杜延年,系杜周第三子,"亦明法律"①,喜行寬厚之治。"大杜律"與"小杜律"的區別,主要由奉行不同的法律解釋和法律價值觀所致。它們都在漢代得到了廣泛的流行,擁有衆多的信從者。這些信從者世代傳授,到東漢時期終於出現了專門的法律世家。其中最著名的有下列幾家:

　　(1)郭氏

　　郭氏律學始于郭弘。郭弘習小杜律,于東漢光武帝時任決曹掾,斷獄達30年。其第二代郭躬,少傳父業,官至廷尉。而郭弘中子郭晊亦明法律,官至汝陽太守。第三代郭鎮(爲郭躬侄),少修家學,官至廷尉。郭鎮之弟郭禎亦能法律,位至廷尉。第四代郭賀(系郭鎮長子)、郭禧(郭鎮侄)皆官至廷尉。第五代郭旻(郭禧子),官至南陽太守。郭氏世傳律令,子孫多獵取青紫,成爲東漢名望顯赫的世家②。

　　(2)陳氏

　　陳氏律學始於西漢成、哀之際。第一代陳咸因通律令,爲尚書。第二代陳參、陳豐、陳欽,本傳未明言其通律令,但以其皆在官位及乃父誡其"爲人議法,當依於輕"來看,必通法律無疑。第三代陳躬(陳欽子),在東漢光武帝建武初官廷尉左監。第四代陳寵(陳躬子),明習家業,官至廷尉。第五代陳忠(陳寵子),曾三遷廷尉正,後又因曉習法律,擢拜尚書。陳忠任職期間,對東漢法律建樹甚多,撰有多種法律著作③。

　　(3)吳氏

　　吳氏律學始于東漢順帝時的吳雄。吳雄以明法律,致位司徒。其子吳訢、孫吳恭,都曾擔任廷尉④。

　　(4)鍾氏

　　鍾氏世傳律學,鍾皓以上不知始於何時。鍾皓曾以《詩》、律教授,生徒達千餘人。鍾皓有二子鍾迪、鍾敷,都因黨錮不仕。鍾迪之孫鍾繇,曹魏時是著名的刑名

---

①《漢書》卷六〇《杜周傳》附《杜延年傳》,第2662頁。

②參見程樹德:《九朝律考》卷一《漢律考八·律家考》,中華書局,1963年,第185頁。

③同上,第186—187頁。

④同上,第187頁。

家①。程樹德云“東漢以律世其家者,吳陳二家之外,當推鍾氏矣”②,甚是。

以上四氏的律學,第一個顯著的特點是傳授綿延不絕,幾乎與漢魏歷史相始終;第二個特點是各家的人物中或多或少都曾位至廷尉,這就使各家所奉律學(大杜律、小杜律)實質上蒙上了官學的色彩,極便於擴大各派律學的影響;第三個特點是各派實際上都把律學視爲步入仕途、獵取功名的憑藉。因此,法律的傳授基本上限於親族範圍。這對於律學的發展當然不是一件好事。魏晋以後律博士之設③,恐怕不無排除此種教育方式的狹隘性的考慮。

這裏留下一個問題:漢代的私學教育或學校教育中有没有法律方面的教育内容? 也就是説,在漢代是否還存在法律傳授的第三種方式——私學或學校傳授?限於史料,現在還不敢遽然確定。不過,如果從人材培養的角度去考慮,利用私學或學校的便利條件,向生徒、諸生傳授一些法律知識,不失爲一種好的渠道。當然,法律的學習與實務聯繫密切,“以吏爲師”的教法,相比而言較爲妥善。或許出於這種考慮,私學或學校不作爲傳授法律的場所? 不能盡知。不過也須注意,漢代,尤其是東漢,私學極爲興盛,甚至竟出現了這種奇特現象:名師所至,“學者隨之,所居成市”④。在東漢,名師門徒名籍成千上萬並不鮮見。那麽,這些老師是單單傳授經學,還是經律兼授? 從衆多記載來看,恐怕屬於後者的成分居多。當時很多設帳名師的知識結構都是經律並長,其中馬融與鄭玄最爲典型。從學習者一方來講,經律並修確是一個突出的現象。例如,《後漢書》卷七六《循吏傳》云:

> (王涣)敦儒學,習《尚書》,讀律令,略舉大義。

同書卷七七《酷吏傳》云:

> 黄昌……會稽餘姚人也。……居近學官,數見諸生修庠序之禮,因好之,遂就經學。又曉習文法,仕郡爲决曹。

同書卷五六《陳球傳》云:

> (陳)球少涉儒學,善律令。

《隸釋》卷七《車騎將軍馮緄碑》云:

> 少耽學問,習父業,治《春秋嚴(氏)》、《韓詩》、《倉氏》,兼律大杜。

---

①程樹德:《九朝律考》卷一《漢律考八・律家考》,第188頁;同書卷二《魏律考》,第222頁。

②程樹德:《九朝律考》卷二《魏律考》,第222頁。

③《晋書》卷三十《刑法志》記衛凱上奏云:“請置律博士,轉相教授。”

④《後漢書》卷三六《張霸傳》附《張楷傳》。

此例甚多,不必枚舉。法律與經學並立,顯示出當時社會對法律的重視態度。那麽,他們的法律知識是怎麽修得的? 除了"以吏爲師"之外,我們推測漢代的私學很可能也是一個傳授法律的重要的渠道和場所。可惜,目前尚不能舉出直接的證據,只提出這樣一個推測,也許以後的出土文獻可以證成此説。

三、教材

法律教育雖然講求實踐,但仍然需要掌握基本的法規條文、文書程式,同樣離不開專門的教材。自然,漢代在法律教育中也是有教材可依的。概括而言,主要有下列幾種教材:

1. 詔令

詔令是法律的基本構成,是國家行政的主要依據。不明詔令,則難以掌握行政的要領與核心。漢代有頒佈詔令之制,通過這個途徑,人們可以瞭解詔令。另外,下達地方的詔令均要編輯成册,由專官保管,隨吏求學的學子,可能都有機會觀覽。

2. 法律條文

漢代法律有律、令、科、比之分,内容龐雜,數量浩繁。但儘管如此,學子仍要掌握基本的法律條文,以便有效應付實際需要。湖北睡虎地出土秦簡與江陵張家山出土漢簡,皆係墓主的隨葬物品。邢義田先生推測睡虎地秦墓主人喜很可能就是一位兼有授徒之職的"吏",那些隨葬的法律,蓋即充作教材之用[①]。今以張家山墓主的情況來看,也許邢先生的判斷是對的[②]。

3. 法律解釋

法律解釋既是司法人員的判案依據,也是訓練法官良好的教材。因對象、功用不同,法律解釋所闡釋的重點自不一樣。有的側重基本概念,例如湖北睡虎地秦簡《法律答問》對"同居"、"抉鑰"等所作的解釋[③],《周禮·秋官》鄭玄注對"不識"、

---

① 見前揭邢義田《秦漢的律令學》一文。
② 1983 年 12 月至 1984 年 1 月,在湖北江陵張家山 247 號漢墓發現了西漢律令簡,其中包括《二年律令》和司法案例彙編《奏讞書》,現已被收入 2001 年文物出版社出版的《張家山漢墓竹簡[247 號墓]》一書。
③ 《睡虎地秦墓竹簡·法律答問》云:"可(何)謂'同居'? 户爲'同居',坐隸,隸不坐户謂毆。"第 160 頁。同書《法律答問》又云:"可(何)謂'抉籥(鑰)'? 抉籥(鑰)者已抉啓之乃爲抉,且未啓亦爲抉? 抉之弗能啓即去,一日而得,論皆可(何)殹? ……"第 164 頁。

"過失"、"遺忘"等詞語所作的解釋①,都屬於此類。有的側重斷獄,這是法律解釋的主體,像秦簡《法律答問》的主要部分、董仲舒的《春秋決獄》等,皆屬此類。在漢代具有廣泛影響的"大杜律"、"小杜律",其實也是法律解釋。從這些法律解釋流行的狀況來看,法律解釋以及它的衍生物《律説》②、《律章句》③等,在漢武帝以後可能成了法律教育最流行的教材。

4. 案例

案例本是反映司法過程的文字紀録,但因案例内容可以極大地彌補法律規定的不足,因此不少案件在審判時需要比照以前的案例定讞。因此,案例實際上也就具有了法律效用。作爲司法過程的紀録,案例中包含着司法公文的格式、審判程式、定罪依據等多方面的内容。大量接觸案例,可以極大地豐富法律知識,有效地提高審斷能力。睡虎地秦簡的《封診式》中保存了不少案例④,江陵張家山漢簡中的《奏讞書》,更是一個罕見的案例彙編。這説明秦漢時期人們對案例是非常重視的,以案例爲教材恐怕是當時通行的做法。西漢末年的丞相孔光能够通習漢家制度與法律,即借助這種途徑。《漢書》卷八一《孔光傳》云:"(孔)光以高第爲尚書,觀故事品式,數歲明習漢制及法令。"按:故事、品式,其中有些就屬於案例。

5. 字書

傳統的看法認爲,字書是屬於小學類的蒙訓讀物。但是,就秦代李斯《蒼頡篇》、趙高《爰歷篇》和胡母敬《博學篇》産生的背景來看,它們既是秦始皇統一國家之後滿足政治與文化需要的産物,又是推行新的政治與文化政策的工具。

漢代爲了滿足讀者的實際需要,不斷對《蒼頡篇》等三篇進行充實與完善。《漢書》卷三十《藝文志》云:

---

①《周禮·秋官·司刑》"壹宥曰不識,再宥曰過失,三宥曰遺忘",鄭玄注:"鄭司農云:'不識,謂愚民無所識則宥之。過失,若今律過失殺人不坐死。'玄謂識,審也。不審,若今仇讎當報甲,見乙,誠以爲甲而殺之者。過失,若舉刃欲斫伐,而軼中人者。遺忘,若間帷薄,忘有在焉,而以兵矢投射之。"孫詒讓:《周禮正義》,第2842頁。

②沈家本《漢律摭遺》卷二十《律説》"律説"條云:"《漢書》諸家注頗引《律説》。按:諸家注中頗引《律説》,而不著名,無以知其爲何人之語,然必漢時説律諸家。此《漢律》原文也。"載《歷代刑法考》第三册,第1745—1746頁。

③《晋書》卷三十《刑法志》云:"後人生意,各爲章句。叔孫宣、郭令卿、馬融、鄭玄諸儒章句十有餘家,家數十萬言。"

④見前揭《睡虎地秦墓竹簡》一書。

　　漢興,閭里書師合《蒼頡》、《爰歷》、《博學》三篇,斷六十字爲一章,凡五十五章,并爲《蒼頡篇》。

　　這是對《蒼頡篇》等所進行的第一次改造。該《藝文志》又云:

　　　　(揚雄)作《訓纂篇》,順續《蒼頡》,又易《蒼頡》中重復之字,凡八十九章。

　　這是所進行的第二次改造。改造的結果,使它更便於閱讀,更適合社會需要。據考證,《蒼頡篇》每4字爲句,每15句爲一章①。這樣的形式與字數,不便於容納更爲豐富的内容。於是適應新的社會需要,一部嶄新的字書——西漢史游所著的《急就篇》應運而生了。

　　據上引《藝文志》稱,《急就篇》皆《蒼頡》正字。對此,王國維在《重輯〈蒼頡篇〉叙録》中進行了一番推算:"《急就》三十一章,章六十三字,得千九百五十三字,除復重字三百三十五,尚得千六百八十字;而《蒼頡》三千三百字,且有復字,則《急就》之字固已逾《蒼頡》之半。"②

　　《急就篇》不僅在文字的數量上大大增加,而且突破了相沿已久的四言句式,採取了更便於記誦,能容納更多内容的七言句式。此外,《急就篇》還創造性地推出了"分别部居不雜厠"的編排體例。清人段玉裁對此解釋説:"按:史游《急就篇》亦曰:'分别部居不雜厠。'而其所謂分别者,如姓名爲一部,衣服爲一部,飲食爲一部,器用爲一部。《急就》之例如是,勝於李斯、胡母敬、趙高、司馬相如、楊雄所作諸篇散無友紀者,故自述曰'急就奇觚與衆異'也。"③《急就篇》是對秦漢字書的總結,也標誌着此後的字書編纂進入了一個新的時代。

　　從上面的叙述可以看出,漢代字書的反復變化,都不過是爲了滿足社會的客觀需要。那麼,當時哪些人群對識字需求表現得最爲强烈呢? 我們認爲主要是遍佈各地的"學宦"者。學宦首先需要識字,漢代法律規定,"能諷書九千字以上,乃得爲史,又以六體試之,課最者以爲尚書御史史書令史"④,可見識字如果不能達到相當的程度,不能掌握規定的多種書體,想步入吏途是非常困難的。因此,"學書"便成爲仕宦的第一步。既然識字的目的就是爲了學宦,那麼在識字讀物中有意識地安排一些與仕宦有關的内容,使學童在識字過程中引發學宦的興趣,能够粗通職官之事,就是很自然的事情了。具有劃時代意義的《急就篇》就表現出這種特點。明

----

①沈兼士:《文字形義學》,《沈兼士學術文集》,中華書局,1986年,第450頁。

②轉引自《沈兼士學術文集》,第450頁。

③(清)段玉裁:《説文解字注》,上海古籍出版社1981年影印本,第764頁。

④《漢書》卷三〇《藝文志》,第1721頁。

白了這一點,對於該書利用很大篇幅羅列職官與刑獄内容①,就不應該感到奇怪了。這樣做,其目的就在於滿足學宦者的實際需要。從這個意義上説,這樣的字書其實就是學習法律的基本教材。從上世紀以來在西北各地出土的漢簡中,《急就篇》殘文多有發現②。在主要是戍邊者活動的地區發現這樣的書籍,表明它是當時戍卒的一種常用讀物,或者説就是戍卒的一種基本的識字教材與學宦明法的教材。

附記:謹以此文慶祝恩師吴先生九秩壽誕!

(原刊《中國政法大學學報》2009 年第 3 期,此次對文字略有訂正。)

(作者單位:北京大學新聞與傳播學院)

---

①見《急就篇》第二八至第二〇章,《玉海》本,清光緒九年浙江書局刻本。

②林梅村、李均明編:《疏勒河流域出土漢簡》757:"急就奇觚與衆異,羅列囗(後殘)。"文物出版社 1984 年版,第 81 頁。林梅村編:《樓蘭尼雅出土文書》334:"急就奇觚與衆異,羅列諸物名姓字,分別部居不雜厠,用日(日)約少誠快意,勉力務之必有熹(喜)。"文物出版社 1985 年版,第 59—60 頁。甘肅省文物考古研究所等編:《居延新簡》14A:"急就奇觚與衆異,羅列諸物名姓字,分別部居不雜厠。用日約少誠快意,勉力務之必有熹(喜)。……"文物出版社,1990 年,第 18 頁。

簡牘時代的書寫

——以漢晉視覺資料爲中心的考察

　　中國曾有過一個漫長的簡牘時代。在那個時代,竹、木製作的簡牘是最流行的文字載體。漢世雖出現了紙,但簡牘並没有被迅即淘汰,而是與紙共存了數百年,到東晉纔漸漸廢止①。這樣算來,簡牘在中國的使用歷史至少有千餘年②。

　　"簡"(又稱爲"牒"、"札"),是經過修治的細長的竹、木條。將簡用繩子編連起來,就製成簡册。"牘",是經過修治的長方形的薄木板(也包括竹板)。後人將竹、木條統稱爲"簡",將其與"牘"合稱爲"簡牘"。文獻中關於簡牘的記載很多。例如,《尚書·周書·多士》曰:"惟殷先人,有册有典。"③《後漢書·宦者列傳》曰:"自古書契多編以竹簡。"④東漢王充《論衡·量知篇》曰:"截竹爲筒,破以爲牒,加筆墨之跡,乃成文字,大者爲經,小者爲傳記。斷木爲槧,析之爲板,力加刮削,乃成奏牘。"⑤

　　自 20 世紀初以來,一批又一批的簡牘在中國各地陸續出土,目前已達數十萬枚。其年代大致是從戰國至魏晉,以秦漢時期爲最多。在它們當中,既有細長的簡支,也有較寬的牘板。多數簡支原本應是編連起來的簡册,因編繩朽斷而散亂,但

---

① 《初學記》引《桓玄僞事》曰:"古無紙,故用簡,非主於敬也。今諸用簡者,皆以黄紙代之。"(唐)徐堅等:《初學記》卷二一《文部·紙》,中華書局,1962 年,第 517 頁。按桓玄主政的時間在 5 世紀初,當東晉後期。

② 商王武丁(卒於公元前 1192 年)時的甲骨文已見"册"字,可推知簡册出現的時間當早於此。而從商王武丁時代至東晉桓玄時代,已長達 1500 年以上。

③ 《尚書正義》卷一六《周書·多士》,《十三經注疏》,中華書局 1980 年影印本,第 220 頁中欄。

④ 《後漢書》卷七八《宦者列傳·蔡倫》,第 2513 頁。

⑤ 黄暉:《論衡校釋》卷一二《量知篇》,中華書局,1990 年,第 551 頁。

也有很少量編繩未斷、編連完整的簡册尚存。它們都是十分寶貴的古代遺物。

查看這些出土簡牘上的書跡,知其幾乎全部是以毛筆和墨寫就的。在戰國至魏晉的墓葬和其他遺址中,往往有文具出土,包括毛筆、石硯、墨和書刀等。毛筆、石硯、墨是供應書寫的,書刀則是用來修治簡牘和删削墨跡的。那麽,當人們以簡牘爲書寫材品時,其書寫方式是怎樣的?如何握持簡牘、如何運筆?與紙時代有無差別?在傳世文獻中,幾乎看不到具體的記載。但是,在文物考古資料中,卻有一些展示了簡牘時代書寫情形的圖像和塑像。

此類内容的資料固然不多,但在留意搜尋後發現,其數量也不算是很少。筆者曾對這些非文字的視覺資料進行考察,並以此爲基礎,對簡牘時代書寫方式的起源、特徵及變遷等問題試作探討①。其後,隨著收集資料的增加,對相關問題的思考和研究也在繼續。在本文中,筆者擬將這些非文字的視覺資料集中起來,重新考辨,並加以分析、歸納,以期對簡牘時代的書寫有進一步的了解。

必須指出,這些資料所經歷的年代已甚爲久遠。它們多有殘損,不易清晰辨識。由於時代的隔膜,其原本的意義也往往顯得含糊費解。而且,它們係出自墓葬,依託於喪葬文化,其内容可能會有所偏狹。種種局限之處,都是需要我們審慎對待的。

(一)圖像與塑像示例

在這些視覺資料中,簡册因其特徵較爲明顯,故不難認出。例如圖1:

圖1　東漢畫像石,山東嘉祥武氏祠左石室後壁小龕後壁畫像②　　　　局部

①見筆者所撰《中國古代書寫方式探源》(《文史》2013年第3輯,第147—189頁)、《從"握卷寫"到"伏紙寫"——圖像所見中國古人的書寫姿勢及其變遷》(中國社會科學院歷史研究所文化史研究室編《形象史學研究》2013,人民出版社,2014年,第72—102頁)、《漢畫所見簡牘時代的書寫》(《中國漢畫學會第14屆年會論文集》,三秦出版社,2013年,第151—181頁)等文。

②中國畫像石全集編輯委員會:《中國畫像石全集》1《山東漢畫像石》,山東美術出版社,2000年,第60頁,圖84。

這是山東嘉祥武氏祠畫像石中的書寫圖,年代屬東漢。畫面裏,幾個男子席地跪坐;靠右的兩人相對,皆戴尖角前傾之冠,著寬大長服。其中一人張口,似在説話;另一人左手握持簡册,右手執筆,正在簡册上懸腕書寫。該簡册的展開部分約有 10 枚簡支,簡支不太長,可能是一尺之簡①,依稀可見兩道橫貫的編繩。執筆人處於書寫過程中,他的左手露在簡册之外,則展開並懸垂的那段簡册應是該簡册之右段,且應是寫了字的。據此,可推知是從右到左而書。因畫面不甚清晰,書寫者握持簡册的具體方法、執筆的手勢和簡册細部的情況不詳。

又如圖 2:

圖 2　東漢畫像磚,四川什邡搜集②　　　　　　局部

這是四川什邡畫像磚中的書寫圖,年代屬東漢。畫面裏,兩男子相向而立,皆戴尖角前傾之冠,著長服,而左立者袖子甚肥。此人左手握持簡册,簡册已有部分展開並下垂;其右手執筆而懸腕③,爲正待書寫狀。簡册的展開部分約有 10 餘枚簡支,簡支不太長,可能是一尺之簡,似見兩道編繩。此人所面對的,應爲簡册的書寫面,垂下的一端則爲簡册的右端。據此,可推知是從右到左而書。因畫面不甚清晰,書寫者握持簡册的具體方法、執筆的手勢和簡册細部的情況不詳。

又如圖 3:

①本文中的"尺",皆指漢尺。1 漢尺約合 23.1cm。下不出注。

②中國畫像磚全集編輯委員會:《中國畫像磚全集·四川畫像磚》,四川美術出版社,2006 年,第 115 頁,圖 156。

③中國畫像磚全集編輯委員會,前引書,《圖版説明》第 67 頁。

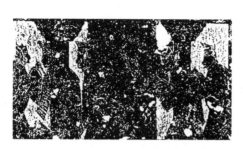

圖3　東漢畫像石,山東陽穀八里廟①　　　　　局部

　　這是山東陽穀八里廟畫像石中的書寫圖,年代屬東漢。畫面裏,幾個男子立於廳堂。靠左邊的兩人相對,其中一人戴幘,正在向另一人説話。後者戴尖角前傾之冠,著寬大長服,右手執筆,正在簡册上懸腕書寫。該簡册展開並下垂,展開的部分約有10餘枚簡支。簡支似較短而寬,依稀可見編繩。因畫面模糊,書寫者怎樣握持簡册、怎樣執筆以及簡册的編聯情況等不詳。

　　又如圖4:

圖4　東漢畫像石,曲阜漢畫藝術博物館②

局部A　　　　　　　　　局部B

①中國畫像石全集編輯委員會:《中國畫像石全集》3《山東漢畫像石》,山東美術出版社,2000年,第207頁,圖223。
②該拓片見《漢畫大展》(中國漢畫學會主辦,2018年4月,北京山水美術館),展出時題作"講經圖"。筆者攝。

　　這是山東曲阜漢畫藝術博物館所藏畫像石中的書寫圖，年代屬東漢。畫面裏，多個男子跪坐，皆戴尖角前傾之冠，著寬大長服。其中有兩人執筆。一是左起第四人（見局部 A），他跪坐於榻，直腰，張口，在向對面的人說話。其左手豎持一簡册，簡支較長，捲爲册卷，整體稍向前上方傾斜，左手大部被其遮擋。册卷的一端稍許張開，似是剛開始書寫不久。此人所面對的應是册卷的書寫面，則張開的一端爲册卷的右端。據此，可推知其書寫順序是從右到左。還可作進一步的猜測：此人左手所握持、接觸的，可能是簡册的空白部分，即尚在捲起狀態、未書寫的部分。他的右手懸腕持筆，筆桿豎直，筆毫朝上，似正待書寫或在書寫中暫停。因畫面模糊，此人握持簡册的方法、簡册編繩的情況不詳。

　　另一執筆者是右起第三人（見局部 B）。此人也跪坐於榻，豎持一簡册。簡册較大，捲爲册卷，整體稍向前上方傾斜，未打開。其左手外露，握持册卷的中腰部。簡支細長，顯然不是普通的一尺之簡，而近於較長的經書之簡①。其右手舉筆，正在接近册卷上緣的地方懸腕書寫。這一情形和册卷的捲起狀態，顯示此人應是剛開始書寫，所拿的應是空白册卷。既以左手拿册卷，可推知是從右端寫起，册卷在書寫中會順序打開。因畫面模糊，此人執筆的手勢、簡册編繩的情況不詳。將這兩件以長簡編聯的簡册同圖 4 的整幅畫面聯繫起來，察看衆人的位置、姿態、神情等，則知本圖所刻畫的大約是講論、記錄經典的場景。

　　上面的四幅圖展示了人們在簡册上書寫的情形。在另一些圖中，則可看到在牘板和單枚簡支上書寫的情形。例如圖 5：

---

①據文獻記載，經書所用簡（牒、札）的長度超過普通的簡。如上文提到王充《論衡》第三五《量知篇》曰："截竹爲筒，破以爲牒……大者爲經，小者爲傳記。"第三六《謝短篇》曰："二尺四寸，聖人文語。"見黃暉，前引書，第 551 頁、第 557 頁。另，《後漢書》卷三五《曹褒傳》記載："乃次序禮事，依準舊典，雜以五經讖記之文……寫以二尺四寸簡。"卷三十九《周磐傳》："編二尺四寸簡，寫《堯典》一篇。"分見第 1203 頁、第 1311 頁。二尺四寸，約合 55.4cm。不過，今存的漢代的書籍簡中，長度爲二尺四寸的不多，僅武威磨嘴子 6 號漢墓所出《儀禮》甲本、丙本等數例。而長度爲一尺三寸（約合 30cm）左右的似乎不少，如江陵張家山 247 號漢墓所出書籍簡的全部（包括《二年律令》等 6 種）、北京大學藏西漢竹書中的大部分（包括《老子》、《周馴》等 11 種）等。漢畫中所見的書籍簡，其情況似與之相仿（例如文末附圖 A）。不過，在出土牘實物中，長度爲一尺的書籍簡也並不乏見。

圖5　東漢壁畫,河北望都1號漢墓①　　　　　摹本

　　這是河北望都1號漢墓壁畫中的書寫圖,年代屬東漢。畫面裏,一男子跪坐於枰,其頭後有墨色榜題"主薄(簿)"二字。此人蓄須,戴尖角前傾之冠,著寬大長服,袖子甚肥。他左手豎持一牘板的下端,右手執筆而懸腕,當在書寫過程中。從牘板的長度看,應是一尺之牘。枰前地面上,放置着三足圓形研和水器。因畫面殘損模糊,書寫者握持牘板和執筆的手勢不詳。

　　又如圖6:

圖6　東漢畫像石,江蘇徐州賈汪區汴塘鎮②　　　　局部

　　這是江蘇徐州賈汪區汴塘鎮畫像石中的書寫圖,年代屬東漢。畫面裏,除左邊那個持牘板侍立的從者戴幘外,圖中人物皆戴尖角前傾之冠,著寬大長服。廳堂外,多個男子手執牘板,伏地跪拜。爲首者直身長跪,兩手相合高舉,似在稟告,其手中是否執牘板不詳。廳堂內懸掛幔帳,兩個體量較大的蓄鬚男子安坐於榻,他們皆佩綬帶,知是有品秩的官員③。居前者以左手豎握一牘板的下端,牘板的上端向前上方傾斜。

──────────

① 河北省文物研究所:《河北古代墓葬壁畫》,文物出版社,2000年,圖44;摹本見胡文彦、于淑岩:《中國家具文化》,河北美術出版社,2003年,《家具與繪畫》圖31。

② 此拓片係承徐州畫像石藝術博物館武利華先生提供,謹此向武利華先生致謝。原石現藏白集漢墓陳列館。

③ 漢時,從皇帝和公、侯、九卿等貴族大臣,到三百石、二百石、百石等低級官吏,皆身佩顯示其身份的綬帶。見《後漢書》志三〇《興服下》,第3673—3675頁。

他右手舉筆,正在牘板上懸腕書寫。從牘板的長度看,應是一尺之牘。榻前地面上置一案,案甚矮。因該圖刻畫較爲簡單,書寫者握持牘板和執筆的手勢不詳。

又如圖7:

圖7　東漢畫像石,江蘇徐州賈汪區泉河蘆葦山①　　　　局部

　　這是江蘇徐州賈汪區泉河蘆葦山所出畫像石中的書寫圖,年代屬東漢。此圖的發現地與圖6相近,兩圖的人物造型和風格亦相近。畫面裏,四個男子在懸掛幔帳的廳堂内,皆戴尖角前傾之冠,著長服。其中三人手持牘板跪地,爲首者直腰,將牘板舉起,似在向榻上人稟告。榻上,一蓄鬚者獨自跪坐,其左手豎握一牘板的下端,牘板的上端向前上方傾斜;其右手舉筆,正在牘板上懸腕書寫。牘板長約一尺或一尺有餘。因該圖刻畫簡單,書寫者執筆的手勢不詳。

又如圖8:

圖8　東漢畫像石,徐州漢畫像石藝術館②　　　　局部

①此拓片係承徐州畫像石藝術博物館武利華先生提供,謹此向武利華先生致謝。原石現藏徐州聖旨博物館,題作《講學博士圖》。

②徐州漢畫像石藝術館題作《建築人物》。照片,筆者2015年10月攝。

這是江蘇徐州漢畫像石藝術館所藏畫像石中的書寫圖,年代屬東漢。畫面裏,兩男子在亭內相對,一立一跪。他們皆戴尖角前傾之冠,[①]著長服。弓腰而立的是長者,其右手扶一物,左手攬鬚,似在講述。跪坐的是年輕的書寫者,其左手豎握一牘板的下段,牘板的上端向前上方傾斜;其右手執筆,正在牘板上懸腕書寫。從牘板的長度看,應是一尺之牘。因該圖刻畫較爲簡單,書寫者握持牘板和執筆的手勢不詳。

又如圖9:

圖9 東漢畫像石,山東沂南北寨漢墓中室北壁中柱畫像[②]　　　　局部

這是山東沂南北寨漢墓畫像石中的書寫圖,年代屬東漢。畫面裏,兩男子相對而立,似在交談。一人戴武冠,蓄須,持戟;另一人亦蓄須,戴尖角前傾之冠(其形略似進賢冠。進賢冠的樣式詳後文)而無幘,額前似有簪筆,著寬大長服。他一手執牘板,牘板稍向前上方傾斜,其上略見字跡,另一手執筆而懸腕,當在書寫過程中。[③]

又如圖10:

①圖中的跪坐者雖是側身,但頭臉卻被刻畫成正面,故未能明確顯示其冠之"尖角前傾"。原應在腦後的介幘之長耳,則被刻畫在腦側。

②中國畫像石全集編輯委員會:《中國畫像石全集》1《山東漢畫像石》,山東美術出版社,2000年,第161頁,圖212。局部線圖,見山東博物館編著:《沂南北寨漢墓畫像》,文物出版社,2015年,第67頁,圖44。

③《沂南北寨漢墓畫像》認爲,該圖"刻持簡册與筆的史官,有榜無題,故事無考"。山東博物館編著:《沂南北寨漢墓畫像》,第104頁。

圖 10　東漢畫像石,山東長清孝堂山石祠東壁畫像①　　　　局部

　　這是山東長清孝堂山石祠畫像石中的書寫圖,年代屬東漢。該圖的背景是一座倉廩,因畫幅較大,兹從略。畫面裏,三男子席地跪坐。居中者著寬大長服,戴冠。其冠的樣式不清,但見後低前高,略似進賢冠。此人以手豎持一枚簡支(也可能是牘板)的中下段,簡支的上端略向前上方傾斜;另一手執筆,正在簡支上懸腕書寫。從簡支的長度看,應是一尺之簡。因該圖刻畫簡單,書寫者握持簡支和執筆的手勢不詳。

　　又如圖 11:

圖 11　東漢畫像石,山東汶上城關鎮先農壇②　　　　局部

　　這是山東汶上城關鎮先農壇所出畫像石中的書寫圖,年代屬東漢早期(25—88)。畫面的右邊,一位戴武冠、體量稍大的男子憑几跪坐,手抬起,似在向對面跪坐的男子講話。後者也戴冠,其冠的樣式不清,但見後低前高,有昂起的尖角,頗似文吏的進賢冠。他身著長服,袖子寬肥,這種裝束也正與文者的身份相符,知此人應是軍中文吏。他挺直腰,姿態恭謹,左手持一牘板(也有可能是稍許打開的簡册),右手執筆,正在懸

① 王家雲、王傳昌主編:《山東長清孝堂山漢石祠畫像》,齊魯書社,2001 年,東壁畫像拓片。
② 中國畫像石全集編輯委員會:《中國畫像石全集》2《山東漢畫像石》,第 10 頁,圖 16,《說明》第 6 頁。該圖題作《胡漢戰交戰畫像》,並說明是"縛俘進獻"的場景,"將軍憑几坐,前一人執笏跽……二人被反綁"。原石現藏汶上縣博物館。

腕書寫。其身後有兩個被俘的胡人,皆戴尖角帽,雙手反綁。另有一人倒地,已無首級。因圖像模糊,書寫者所持的書寫材品和其左右兩手的手勢不詳。

又如圖12:

圖12　東漢畫像石,山東諸城漢墓①　　　　　　局部

這是山東諸城前涼臺孫琮墓畫像石中的書寫圖,年代屬東漢晚期②。畫面中,兩男子相向而立,皆戴尖角前傾之冠,著長服,袖子寬肥。左立者蓄鬚,手抬起,似在講話。右立者略微欠身,持一打開的卷狀物。卷狀物長約二尺餘,寬約一尺,其右端垂下,末尾似有懸吊而結起的細繩。此人以左手托起該物,在接近其左端的地方夾住下緣,使局部平展;其右手持筆,正懸腕在平展處書寫。因該圖刻畫潦草、簡單,書寫者左右兩手的手勢不詳,卷狀物右端末尾的細繩作何用亦不詳③。

圖12中的卷狀物是什麼書寫材品?是用竹木製作的簡册之卷,因作畫的工匠手法粗率而未刻出細條的簡支?還是經過了某種加工而變得挺括的帛卷?或是當時行用未久、質地厚硬的紙卷?上文提到,本圖出自東漢晚期的墓葬。從古代書寫載體的發展進程看,東漢晚期正值紙時代的早期,爲簡、帛、紙並用之際,故三者皆有可能是圖中卷狀物的用材。相比較而言,帛、紙在外觀上同該物或較爲接近。但囿於證據缺乏,尚難以作確切的判定。

在這裏,附帶談談漢晉書寫中使用帛、紙的問題。在該時期,除了大量使用簡牘,人們也使用以蠶絲紡織的帛(此處以"帛"作爲絲織品的統稱)、以麻和樹皮等

①此圖係承徐州漢畫藝術館武利華先生示知並提供照片。謹此向武利華武先生致謝。該圖的拓片,見山東省博物館《山東漢畫像石選集》,齊魯書社,1982年,圖548。

②據任日新:《山東諸城漢墓畫像石》,《文物》1981年第10期,第17頁。

③簡册通常是以其右端爲起首,編繩自右向左而編,繩頭在簡册的左端打結。而此卷狀物未刻畫出簡支,繩頭又在其右端,與一般簡册有別。未知何故,俟考。

製造的紙爲書寫材品。同簡牘相比,帛的幅面大而長,質地細軟、平滑、輕薄,頗宜於書寫。據文獻記載,至遲在春秋時已有帛書。但因帛價貴,故行用不廣泛,只作爲抄寫重要典籍和繪圖的材品。應劭《風俗通》曰:"劉向典校書籍,皆先書竹,爲易刊定。可繕寫者,以上素也。"①"素"是細密的白色絲織物②。"上素",即抄寫成帛書。紙是價廉而又方便的書寫材品,但出現較遲,東漢以後纔漸漸普及。加之早期紙的品質欠佳,甚易損毀,故在當時地位不高。

大概由於這些緣故,在漢晋時期的圖像中,表現"書於帛"、"書於紙"的例子寥寥無幾。目前所見最具參考價值的圖像,當爲東晋顧愷之(348—409)的《女史箴圖卷》和作者佚名的《北齊校書圖卷》(見文末"附圖 B 紙時代早期的握卷書寫方式示例")。顧愷之的年代偏晚,其時紙已流行,故其畫作中女史持以書寫的卷子很可能是紙卷(但也不完全排除其爲帛卷之可能)。《北齊校書圖卷》的年代更遲。該圖描繪了北齊天保七年(556)樊遜等人奉文宣帝高洋之命校訂五經諸史的情形。上述兩幅"書寫圖"都屬於紙時代早期,故圖中所顯示的書寫樣貌,如手持書寫材品的姿勢、書寫的順序等,與簡牘時代多有近似之處(詳後文)。

漢晋時期的文獻中有關"書於帛"、"書於紙"的記載也同樣零落,缺少具體的描述。例如,西漢末揚雄《答劉歆書》的一段文字:"天下上計孝廉及内郡衛卒會者,雄常把三寸弱翰,齎油素四尺,以問其異語。"③"翰",本義爲長而硬的羽毛④,此處借指毛筆,"三寸弱翰"爲短小的毛筆("三寸"約合今 7 厘米)。"油素",用來書寫的絲織品,可能作過了一些處理(如刷過薄膠或油、蠟之類的塗料,經過研光之類的加工),外觀光亮、硬滑,故稱"油素"。該"油素"較長("四尺"約合今 92.4 厘米),當收捲成卷。則知揚雄在向各地入京人員調查"異語"時,使用的是短小的毛筆和"油素"之卷這樣便攜的文具。據此推測,他很可能是以隨問隨寫的方式在現場筆錄,惜未詳述其具體情況。另一些記載則更爲簡略。例如,西晋成公綏《隸書體》曰:"動纖指,舉弱腕,握素紈,染玄翰。"⑤"素""紈",皆優質絲織品名。"握素紈,染玄翰",大意是(一手)握持帛卷,(另一手)以筆蘸墨。又如,西晋潘岳《秋興

---

①(宋)王應麟:《玉海》卷四三《藝文》引《風俗通》,廣陵書社,2003 年,第 807 頁上欄。

②《説文解字》素部釋"素"曰"白致繒也"。

③(漢)揚雄著、(清)錢繹撰集《輶軒使者絕代語釋別國方言箋疏》,《漢小學四種》,巴蜀書社,2001 年,第 1436 頁上欄。

④《説文解字》羽部釋"翰"曰"天雞赤羽也"。

⑤(西晋)成公綏《隸書體》,引自(宋)陳思:《書苑菁華》卷三,景印文淵閣四庫全書,第 814 冊,臺灣商務印書館,1986 年,第 32 頁上下欄。

賦序》曰:“染翰操紙,慨然而賦。”①“染翰操紙”,大意是(一手)以筆蘸墨,(另一手)持紙。這三條記載都是用手握持書寫材品(帛或紙)而書的例子,應當都未使用几、案等承具。後兩條尤其明顯。

以上所舉 12 幅圖,都是來自漢代墓葬的畫像。在晋代墓葬中,則出土了表現書寫者形相的俑人。例如圖 13(俑像):

圖 13　書寫俑,湖南長沙金盆嶺西晋墓出土②

這是發現於湖南長沙金盆嶺 9 號西晋墓的青瓷“書寫俑”,其年代爲西晋惠帝永寧二年(302)。一跪坐的男子,戴尖角前傾之冠,著長服。其冠下襯幘,幘耳寬大。其左手豎持一牘板的下段,牘板的上端向前上方傾斜。其右手執筆而懸腕,作正待書寫狀。或因是瓷塑,該牘板較厚而短。

又如圖 14(俑像):

圖 14　對書俑,湖南長沙金盆嶺西晋墓出土③　　　　**書案上的毛筆及其盛具**

---

① (唐)歐陽詢:《藝文類聚》卷三《歲時部上·秋》引(西晋)潘岳《秋興賦序》,上海古籍出版社,1965 年,第 51 頁。

② 湖南省博物館:《長沙兩晋隋墓發掘報告》,《考古學報》1959 年第 3 期,第 84 頁,圖版玖:5。該瓷俑現藏中國國家博物館。彩色照片(右),練春海先生 2019 年 2 月攝。

③ 湖南省博物館編:《湖南省博物館》,文物出版社,1983 年,圖 158,第 201 頁。該瓷俑現藏湖南省博物館。

　　這是發現於湖南長沙金盆嶺9號西晋墓的青瓷“對書俑”,與圖13的“書寫俑”同出,其年代亦爲西晋惠帝永寧二年(302)。一對神情嚴肅的年輕男子,相向跪坐於低矮的書案前,彼此湊近,書案上有硯、毛筆和小書箱。他們皆戴尖角前傾之冠,著長服。其冠下襯幘,幘耳寬大。一人以左手竪持一牘板的下段,該牘板的上端向前上方傾斜。其右手執筆,正在牘板上懸腕書寫。或因是瓷塑,該牘板亦較厚而短。另一人手捧一很小的書案,似在向書寫者説話。

　　此外,在東晋的墓葬壁畫中,仍可見手執板牘書寫的圖像。如圖15:

圖15　東晋壁畫,高句麗安岳3號墓(冬壽墓)①　　　　局部

　　這是朝鮮黃海南道高句麗安岳3號古墳的前室西側室西壁的壁畫,其年代爲東晋穆帝永和十三年(357)。墓主人冬壽,曾爲前燕司馬,後逃亡高句麗②。畫面裏,正面端坐、體量較大的墓主人身旁有一男子,面蓄髭鬚,戴高耳黑帽,著長服,頭側有紅色榜題“記室”。其身形似爲立姿,左手執一牘板的下段,右手執毛筆而懸腕,似正待書寫。

(二)書寫者的形相

　　在上文臚列的15幅圖(包括畫像和塑像)中,共有16位書寫者③。如前所説,

①彩圖取自[日]平山郁夫:《高句麗壁畫古墳》,東京:共同通信社2005年版,第72—73頁,圖5。線圖取自洪晴玉:《關於冬壽墓的發現和研究》,《考古》1959年第1期,第30頁,圖六。

②見《晋書》卷一〇九《慕容皝載記》(第2815頁)、《資治通鑑》卷九五(第2990頁),“冬壽”作“佟壽”。參宿白:《朝鮮安岳所發現的冬壽墓》,《文物參考資料》1952年第1期,第101—104頁。

③附帶一提:在陝西咸陽市楊家灣西漢墓葬群中,出土了一件被認爲是表現書寫的“彩繪步兵俑(簿書)”(見中國文物交流中心編《漢風:中國漢代文物展》,科學出版社,2014年,第53頁)。不過,該俑的裝束、樣貌等不似文職人員,其手中原有的物件也已缺失。儘管其右手之形似握持一細桿(筆桿),但左手之形不似握持簡牘,故本文未將此俑視爲書寫者之例。

其數量不算很少。今試對這些視覺資料進行考辨,並將它們同文獻記載和其他考古資料結合起來進行討論。

先來看書寫者。這些資料的年代爲東漢至晉代。16位書寫者都是男性,無一女性。他們幾乎都戴冠(圖15例外),應是成年男子。在這些人中,有官吏(包括地方政府的官吏、軍中的官吏等),有倉廩的管理人,有作書記類服務的從者,有學者(包括講論經書的經師、儒生),等等。

他們所戴的冠,其前部皆有聳起的尖角(唯圖10之書寫者所戴冠的樣式不清),而且他們皆身著長服,此是文者的裝束。圖11之書寫者顯示,即便他身在戰場軍營,其冠、服也是如此。據文獻記載,漢代的文者一般戴進賢冠。《後漢書·輿服志下》:"進賢冠,古緇布冠也,文儒者之服也。前高七寸,後高三寸,長八寸。公侯三梁,中二千石以下至博士兩梁,自博士以下至小史、私學弟子皆一梁。"①東漢蔡邕《獨斷》記載略同:"進賢冠,文官服之。前高七寸,後三寸,長八寸。公侯三梁,卿大夫、尚書、博士兩梁,千石、六百石以下一梁。"②進賢冠的主體爲折角的"展筩",其前部高企,折角向後而低,正面可有表示身份的"梁"③。將本文諸圖中書寫者所戴冠的樣式同文獻記載對照,知是進賢冠。不過,這些人在畫面中多爲側面或造型粗簡,其冠之"梁"的情況不明;只有少數人顯示了冠的正面,卻似乎未見有"梁",如圖8、圖13(俑像)、圖14(俑像)。唯一的例外是圖5之書寫者。此人在畫面中不是全側,而是稍許偏側,其冠的正面可見一"梁"。按該圖榜題,他的身份是"主薄(簿)"。據考,這位主簿的品秩可能是百石或四百石④,正與文獻中"六百石以下一梁"之記載相合。

文者當著袍或儒服,這是兩種約略相近的服裝。《後漢書·輿服志下》:"袍者,或曰周公抱成王宴居,故施袍。《禮記》'孔子衣逢掖之衣'。縫掖其袖,合而縫大之,近今袍者也。今下至賤更小史,皆通制袍。"⑤《釋名·釋衣服》:"袍,丈夫著,

---

① 《後漢書》志三〇《輿服下》,第3666頁。

② (漢)蔡邕:《獨斷》卷之下,《漢魏叢書》,吉林大學出版社1992年影印本,第187頁。

③ 參孫機:《進賢冠與武弁大冠》,該文對進賢冠的研討甚詳。孫機:《中國古輿服論叢》(增訂本),文物出版社,2001年,第161—165頁。

④ 陳直指出,河北望都1號漢墓的墓主是由河南尹入爲三公,但壁畫"所畫屬吏,多爲外官典制",見陳直《望都漢墓壁畫題字通釋》,《考古》1962年第3期,第163頁。則壁畫中的群吏當爲河南尹之屬吏。《後漢書》志二八《百官五》"州郡"條注引《漢官》曰:"河南尹員吏九百二十七人,十二人百石。"嚴耕望認爲"百石"上脫一數字,並說可參看同書《百官五》"縣鄉"條注引《漢官》:"雒陽……員吏七百九十六人,十三人四百石。"見嚴耕望:《中國地方行政制度史——秦漢地方行政制度》,上海古籍出版社,2007年,第111頁,第223頁。主簿是重要的屬吏,按此,其品秩當爲百石或四百石。

⑤ 見《後漢書》志三〇《輿服下》,第3666頁。

下至跗者也。"①則知當時的"丈夫"(指成年男子)皆可著袍②,包括"小史"之類身份較低的文者。袍爲長服,其長度達到脚背。又孔子所著袍的腋間尺寸、袖子皆寬大,爲"縫掖"之衣,此即後世儒者所著的儒服③。"縫掖"也作"逢掖"。《禮記·儒行》鄭玄注:"逢猶大也。大掖之衣,大袂禪衣也。此君子有道藝者所衣也。"④《列子·黄帝篇》:丈人謂孔子曰:"汝逢衣徒也。"張湛注引向秀曰:"儒服寬而長大。"⑤按此,儒服的樣式當與袍相近而較寬,有大袖。將這些記載同諸圖對照,見圖1—圖12之書寫者皆著長服,該長服與袍相似;其中有些人的袖子甚肥,有可能是儒服。而圖13(俑像)、圖14(俑像)、圖15的情況與前述12幅圖不同,其年代較晚,屬晉代。這幾個書寫者雖然也著長服,而袖子較窄,不似傳統儒服,但仍應是袍。所以會有這種差別,可能由於他們所代表的純是文吏,而非儒者⑥,也可能與時代和服裝的變遷有關。

　　諸例中,除圖5、圖13(俑像)外,每幅圖中的書寫者對面都有一個説話者,故書寫者大抵是在記録。圖13(俑像)之書寫者雖獨自一人,但從隨葬俑的性質看,他可能是跟從並服務於墓主的記録者⑦。儘管這些人的行爲多是記録,但其身份有異,每個人的具體表現也不同。圖1、圖3、圖4(該圖右起第3人)、圖8、圖12之書寫者弓身前傾,恭敬而認真;圖9之書寫者立而抬首,神色嚴肅;圖11、圖13(俑像)之書寫者坐姿端整,挺腰,頗顯鄭重;圖10、圖15之書寫者坐、立安穩,樣態平和;圖14(俑像)之書寫者聳身湊近對方,形神專注而嚴肅⑧。而圖2、圖4(該圖左起第4人)、圖6、圖7之書寫者卻與多數人不同,顯得有些倨傲:前兩位似在質詢,後兩位似在居高臨下地批答。此外,圖5之書寫者在畫面中是單個出現的,故此人應是獨

---

① (清)王先謙:《釋名疏證補》卷五《釋衣服》,上海古籍出版社1984年影印本,第258頁。

② (晋)范甯集解,(唐)楊士勛疏:《春秋穀梁傳註疏·文公十二年》:"男子二十而冠,冠而列丈夫。三十而娶。"《十三經註疏》,中華書局,1980年影印本,第2408頁下欄。

③ 《後漢書》卷四九《王符列傳》:"度遼將軍皇甫規解官歸安定,鄉人有以貨得鴈門太守者,亦去職還家,書刺謁規,規臥不迎⋯⋯有頃,又白王符在門。規素聞符名,乃驚遽而起,衣不及帶,屣履出迎⋯⋯時人爲之語曰:'徒見二千石,不如一縫掖。'"(第1643頁)可知"縫掖"在漢代是儒服,可作儒者的代稱。

④ 《禮記正義》卷五九《儒行》,中華書局1980年影印《十三經注疏》本,第1668頁。

⑤ (晋)張湛:《列子注》卷二《黄帝第二》,中華書局《諸子集成》本,1986年,第21頁。

⑥ 有研究者認爲,那幾個西晉俑像所代表的不是凡間的人物,而是來自天上的"仙官"。見姜生《長沙金盆嶺晉墓與太陰煉形——以及墓葬器物群的分佈邏輯》,《宗教學研究》2011年第1期,第17—41頁。此説值得注意。但無論如何,作爲"象徵符號"的俑人之冠、服,應自有其時代與世俗的來源。

⑦ 姜生認爲,長沙金盆嶺西晉墓的形制模擬北斗,乃是死者臥斗修煉成仙的"煉形之宫";本文圖13(俑像)之書寫者,應是對死者進行考定的"鬼官北斗"。姜生,前引文,第31頁。

⑧ 姜生認爲,"這組對俑所代表的,當是司命、司録兩位神君",其中的執筆者是"司命君"。見姜生,前引文,第32—34頁。

自書寫,而不像别的書寫者那樣記録他人的言論。如前所述,這是一位主掌文書的官吏"主簿",書寫、處理公牘等事務是其本職。

總之,諸圖中的書寫者皆爲男性、文者,其書寫多爲"記録"。應當指出,記録説話者的言論是書寫的基本功能之一,但未必是最主要的功能。這裏出現的"書寫多爲'記録'"的現象,恐與本文所舉諸例全部來自墓葬相關。而墓葬中的圖像、俑人等所表現的内容多有局限性、單一性,且往往包含了誇飾的成分。即便如此,這些書寫者的狀況和表現還是各有差别。因而"書寫"這一行爲本身不足以作爲判斷書寫者身份高低的依據。

接下來看書寫姿勢。在這些書寫者中,除圖2、圖3、圖9、圖12、圖15中的5人是立姿外,其他圖中的11人都是坐姿。坐姿皆爲跪坐,席地而坐時如此(見圖1、圖8、圖10、圖11、圖13俑像、圖14俑像),以枰、榻爲坐具時亦然(見圖4—圖7)。跪坐又稱"跽坐",即雙膝併攏曲折,雙腳在後,腳背向下,臀部坐在腳跟上或兩腳間。這是當時的正規坐法,其他坐法皆不合禮儀①。

從先秦至晋代②,與席地起居的習俗相應,家具皆爲矮式,主要包括席、矮足的床和几、案等。③ 几、案或窄或低,通常並不用來承托書寫④。還應指出,假使當時的几、案有足夠的大小和高度,恐怕也不能全然適合跪坐狀態下的書寫。⑤ 文具則陳於地面(見圖5、文末"附圖F 漢硯示例"),或放在矮小的書案上(見圖14、文末"附圖H 書案示例")。不依賴家具承托而書寫時,臂腕自當懸空。在諸圖裏,不單5個立姿的書寫者懸腕,那11個坐姿的書寫者也都懸腕。正如書法家啓功所説:"古人席地而坐,直接用右手往左手所持的卷上書寫,右手本無桌面可倚,當然要懸腕,想不懸腕也不行。"⑥

畫面顯示,書寫者皆以單手豎持書寫材品(簡册、牘板、簡支)。當落筆時,書寫材品(尤其是牘板、簡支)的上端多向前上方傾斜,筆桿頭則斜向後方,書寫材品

---

① 參看林澐:《古人的坐姿和坐具》,《中國典籍與文化》1993年第1期,第76頁;並見馬怡,前引文《中國古代書寫方式探源》,第151—153頁。

② "晋代",這裏主要指西晋。到東晋時,席地起居的生活方式已有所改變。

③ 參楊泓:《華燭帳前明:從文物看古人的生活與戰爭》,香港城市大學出版社,2009年,第1—4頁,第9頁。

④ 參揚之水:《古詩文名物新證》(二)《兩漢書事》,紫禁城出版社,2004年,第377—380頁。邢義田也説:"書案有可能只供放置文書,未必供伏案抄寫。"邢義田:《漢代簡牘的體積、重量和使用》,收入所著《地不愛寶》,中華書局,2011年,第23頁,第30—31頁。

⑤ 因跪坐時人體的重心在腳跟,雙腿是折叠而相對放鬆的;倘若跪坐時俯身在几案上書寫,重心就要前移,腿肌會緊張,膝蓋會受壓,且腰背蜷曲,讓人感到吃力和不適。見馬怡,前引文《中國古代書寫方式探源》,第155頁。

⑥ 啓功:《學書首需破迷信》,《文藝研究》2000年第3期,第120頁。

與筆桿大致呈垂直的狀態(見圖 4 右起第 3 人、圖 6—圖 8、圖 10、圖 11、圖 14 俑像)。① 由於是懸腕,且因牘板、簡支很窄,而簡册的寫畢部分會順勢下垂(圖 1—圖 3 較爲明顯),故書寫者寬肥的袖子似不大妨礙書寫(見圖 1—圖 5,圖 7、圖 9—圖 12)。但窄些的袖口會利索一些(見圖 6、圖 8),窄袖則更顯方便(見圖 13 俑像、圖 14 俑像、圖 15)。

總之,這些書寫者無論是立姿、坐姿,都以一手握持簡册等書寫材品,另一手執筆,不使用家具承托而懸腕書寫,全無例外。且就筆者目力所及,在漢晋時期的圖像、塑像等視覺資料中,尚未發現以其他姿勢(如伏案或几、伏桌等)書寫的例子。故推測這種姿勢(即以一隻手握持書寫材品、另一隻手執筆懸腕而書,不使用書寫承具)應是該時期通行的書寫姿勢,至少也是佔據主流的書寫姿勢②。該姿勢同後世的一般書寫姿勢有很大的差別,當屬簡牘時代書寫的一個重要特徵。它是與古老的席地起居的習俗、低矮的家具、跪坐的坐姿以及簡牘這種硬質的書寫材品相關聯、相適應的。在上述諸因素的共同作用下,該特徵對中國古人的書寫方法乃至"從上到下之豎行、自右而左之排列"的書寫格式產生了深刻的影響。筆者已作專文詳論,兹不贅述③。

(三)簡牘與文具的運用

在 16 位書寫者中,有 5 位的書寫材品是簡册(見圖 1—圖 4)。在這些簡册中,有 3 件可能是用 1 漢尺長的簡支編聯而成,它們都有上下兩道編繩(見圖 1—圖 3)。在出土簡册中,與之類似的實物有多例④。畫面顯示,這 3 件簡册的懸垂部分各有約 10 餘枚簡支。假定這些簡册是打開了一半,則整件簡册當有約 30 枚簡支。若以每枚簡支的容字量爲 30 餘字計算⑤,則整件簡册可寫約 1000 餘字。未知其是否此類先編後寫、用以記錄的簡册的尋常規制。與上述 3 件簡册不同,圖 4 中的兩

---

① 古人的執筆方式亦因此與後世不同,爲"三指握管法",與我們今天握鋼筆的方法一致。參啓功,前引文,第 119 頁。

② 詳馬怡:《從"握卷寫"到"伏紙寫"——圖像所見中國古人的書寫姿勢及其變遷》。

③ 見馬怡,前引文《中國古代書寫方式探源》,第 155—177 頁。

④ 如肩水金關漢簡之"勞邊使者過界中費"册(見文末"附圖 C　漢代簡册、牘板、簡支實物示例"),以及懸泉漢簡之"陽朔二年車輦簿"册、"失亡傳信册",居延漢簡之"永元器物簿"册、"寧書"册,額濟納漢簡之"專部士吏典趣輒"册等。

⑤ 邢義田曾以江蘇連雲港尹灣漢簡中的《神烏傅》簡(簡長 22—23cm)、山東臨沂銀雀山漢簡中的《孫臏兵法》簡(簡長 28cm)爲樣本進行估算,認爲單簡的容字量約爲 38 字左右。見邢義田:《漢代簡牘的體積、重量和使用》,收入所著《地不愛寶:漢代的簡牘》,中華書局,2011 年,第 12 頁。

件簡册所用簡支頗長,明顯超過了 1 漢尺。如前所述,該圖所展現的大約是講經、論學的場景,圖中書寫者所持的册卷(簡册)當關乎經典,而記録、抄寫經典的簡支往往要長於普通的簡支(可參看文末"附圖 A 使用長簡的經典之册卷示例")。

畫面顯示,當材品爲簡册時,書寫者的手大致握在簡册(册卷)未展開部分的中段(圖 2 較爲明顯)。依理推想,這部分簡册是捲起的;其捲起的方式,可能與紙時代早期人們將握在手中的紙張反捲爲紙卷相似(可參看文末"附圖 B 紙時代早期的握卷書寫方式示例")①。由於没有家具承托,簡册的一端在書寫過程中會呈懸垂狀,懸垂的這部分簡册是寫畢的部分。懸垂可使簡册上的墨跡免被沾拭,也便其晾乾。由於未寫的那部分簡册是捲起的,可推知整個簡册是在書寫的過程中漸次展開。還可注意的是,簡册垂下的一端皆爲其右端(圖 1、圖 2 及圖 4 左起第 4 人所持的簡册較爲明顯),則其右端當爲首端。由此又推知簡册的行序是從右到左,這與後世在紙上的寫法是一致的。

在 16 人中,有 9 人的書寫材品可能是牘板(見圖 5—圖 9,圖 11,圖 13—圖 15,共 9 幅圖)。其中,圖 11 的畫像較爲模糊,未敢斷定;圖 13、圖 14 或因是瓷塑,牘板規制失真,故此 3 幅圖(瓷塑)不論。而其餘 6 幅圖皆顯示,其畫面中的牘板長度約爲 1 漢尺(圖 9、圖 15 中的牘板展露不多,稍顯短些),寬度似不大於手掌。此與今存的出土實物相近。在這 6 幅圖中,書寫者的手皆握在牘板的下端或下段②。

在全部例子中,唯有圖 10 中的書寫材品可能是簡支。雖不能完全排除其爲刻畫簡單的牘板,但從圖 10 的背景爲倉廩來考慮,其爲簡支的可能性很大③。而且,書寫者握持它的方式也與握持牘板有别。畫面顯示,該材品長約 1 漢尺,此與出土的大量單枚簡支(也包括單券)實物一致,書寫者的手托在其下,持(似爲捏持)其中下段(可參看文末"附圖 C 漢代簡册、牘板、簡支實物示例";"附圖 D 使用不同材品時的書寫樣貌")。另外,圖 12 中的書寫材品較爲特殊,似是打開的卷子,而未見排列的簡支與編聯之繩,因而有可能是紙卷或帛卷。

在本文所舉諸圖中,書寫者所持的筆應當都是毛筆。畫面顯示,這些筆的長度大致都與圖中同時出現的簡支或牘板相似,約爲 1 漢尺。該長度也與出土的漢筆

---

① 見馬怡,前引文《中國古代書寫方式探源》,第 175—177 頁。

② 一般是以左手持牘板。而圖 9 中的書寫者是以右手持牘板,圖 10 中的書寫者則以右手執簡支。這種左右混淆不分的情況,在漢畫像中並不乏見。

③ 出現在倉廩圖中的簡牘,有可能是記録糧食出納的券或簡札,二者皆爲細長的簡支。可參看馬怡:《簡牘時代的倉廩圖:糧倉、量器與簡牘——從漢晉畫像所見糧食出納場景説起》,《中國社會科學院歷史研究所學刊》第七集,商務印書館,2011 年,第 163—198 頁。本文圖 10 中,在書寫者對面的跪坐者所執的可能也是一枚簡支。

實物接近(可參看文末"附圖 E　毛筆示例")①。東漢王充《論衡·效力》曰:"須三寸之舌,一尺之筆。"②則該長度同文獻記載也一致。又,東晉王羲之《筆經》曰:"(筆毫)令長九分,管修二握,須圓正方可。"③按其説,筆的毫長爲"九分",筆的管(筆桿)長爲"二握"。《春秋穀梁傳》昭公八年:"流旁握。"范甯集解:"謂車兩轊頭各去門邊空握。握,四寸也。"④晉尺長約 24.5 厘米,⑤則"九分"加"二握"爲 0.09 尺+(0.4 尺 × 2)= 0.89 尺,約合 21.8 厘米。按此,晉筆或較漢筆略短,但差别不甚大⑥。當書寫時,執筆人皆懸腕,多持筆的中段。

在圖 14(俑像)中,出現了放置毛筆的器具。二位俑人之間的書案上,有個形似小架的器具,上面平放着兩支毛筆。該器具是何物? 在漢晉文獻記載中,除了韜筆的"筆管"⑦,還有放置毛筆的"筆格"和"筆床"。"筆格",見梁簡文帝《詠筆格詩》:"仰出寫含花,橫插學仙掌。"又梁人吴均《筆格賦》:"翦其片條,爲此筆格。跌則嚴嚴方爽,似華山之孤上。管則員員峻逸,若九疑之争出。"⑧按此,"筆格"或如後世的筆插、筆架或筆山,其樣貌與圖 14 中的擱筆器具不合。"筆床",見吴人張敞《東宮舊事》:"皇太子初拜,給漆筆四枝,銅博山、筆床副焉。"⑨此處的"筆床"係"漆筆"的配套之物,然不知其形制。顧名思義,筆床的樣貌、功用或略似小床,當能够平置毛筆。查看圖 14 中的擱筆器具,其形不似床,但可平置筆身。在漢晉考古資料中,似未見能與之明確對應的實物。該器具會不會是筆床? 尚待進一步考辨。

在圖 5 中,出現了陳於地面的三足圓形硯和水器。硯中有一立起的研子,水器的下面有底托。三足圓形硯是典型的漢硯,一般爲石質,厚重沉穩,體量大,常放在地面。今存的各式漢硯(包括圓形硯、方形硯和扁薄的長方形板研)之硯面,多爲

---

① 又如,江陵鳳凰山 167 號墓的西漢筆(24.9cm)、江陵鳳凰山 168 號墓的西漢筆(24.8cm)、西北邊塞的東漢"居延筆"(23.2cm),武威磨咀子墓的東漢"白馬"筆(23.5cm),敦煌懸泉置的東漢"張氏"筆(24.5cm)等。參王學雷:《古筆考》,蘇州大學出版社,2013 年,第 6—7 頁。

② 黄暉,前引書,第 585 頁。

③ (東晉)王羲之:《筆經》,引自(宋)蘇易簡著,石祥編著:《文房四譜·筆譜·二之造》,中華書局,2011 年,第 57 頁。

④ (晉)范甯集解,(唐)楊士勛疏:《春秋穀梁注疏》卷十七,《十三經註疏》,中華書局 1980 年影印本,第 2435 頁上欄。

⑤ 丘光明:《中國歷代度量衡考》第三章,科學出版社 1992 年,第 69 頁,《兩晉尺度一覽表》。

⑥ 《女史箴圖卷》、《北齊校書圖卷》中的毛筆似略短於漢代畫像中的毛筆。見文末"附圖 B　紙時代早期的握卷書寫方式示例"。

⑦ 筆管,見東晉葛洪《西京雜記》:"天子筆管,以錯寶爲跗。"尹灣六號漢墓的隨葬品清單《君兄繒方緹中物疏》記載:"箕(筆)二枚,管及衣各一。"該墓所出的兩支毛筆皆套在木胎的漆管内。

⑧ (唐)歐陽詢撰,汪紹楹校:《藝文類聚》卷五八《雜文部四·筆》,上海古籍出版社,1999 年,第 1054—1055 頁。

⑨ (宋)蘇易簡著,石祥編著:《文房四譜·筆譜·一之叙事》,第 30 頁。

光滑的石質平面(參看文末"附圖 F　漢硯示例"),缺少墨池,即貯存墨汁的斜面或凹心。陶宗儀《南村輟耕録》曰:"至魏晋時,始有墨丸……所以晋人多用凹心硯者,欲磨墨貯瀋耳。"①陶氏説"魏晋始有墨丸",不够準確②。但他認爲晋人爲了貯存墨汁而"多用凹心硯"的觀點卻值得注意。漢硯稀見凹心,此應與當時的主要書寫材品爲簡牘相關:由於簡牘的書寫面較窄,通常只能以尖細的毛筆寫小字,不寫大字;且簡牘以竹木爲材,其吸水性、受墨性皆遜於紙,故用墨不多③。加之簡牘笨重,製作、使用、傳遞、收藏等頗爲麻煩,在一定程度上限制了簡牘時代的書寫量與用墨量。晋人逐漸棄簡牘而改用紙,紙輕便且價廉,又宜於吸水受墨,可大面積地揮灑,致使書寫量、用墨量劇增,硯的樣貌和使用也就隨之改變,出現了盛放墨汁的硯池。此外,與硯、墨相關,水器也是墨筆書寫時的用具。該物也見於其他畫像(可參看文末"附圖 G　水器示例")。④

在圖 4、圖 6 和圖 14(俑像)中出現了書案。當時的案,高度一般爲 10—20 厘米⑤,僅用來承物。畫面顯示,圖 4、圖 6 之書寫者身前的書案比其坐榻還低。圖 14(俑像)中有兩個小書案,也都很矮:一個放在兩位跪坐者的膝前,其上有小箱、筆架(或筆床)、毛筆和硯;另一個更小,被書寫者對面的人用手捧着,其上有牘板等物。此類書案也見於其他圖像資料(可參看文末"附圖 H　書案示例")。⑥

綜上,在這些有關漢晋時期書寫的視覺資料中,包含了豐富的信息。本文所舉出的十餘位書寫者,其所處場合,其冠服、神態,其坐立姿勢,其書寫方法,其所用書寫材品和文具等,林林總總,組合起來,爲我們展示了簡牘時代書寫者的形相和書寫場景。抛開書寫者的身份和書寫目的等不論,單就其書寫樣態來説,這些資料已

①(元)陶宗儀撰,李夢生校點:《南村輟耕録》卷二九《墨》,上海古籍出版社,2012 年,第 326 頁。晋人不用凹心硯的説法,張萱認爲係出自宋人米芾:"魏晋間始有墨丸……故米元章《畫史》謂晋人多用凹心硯,正以磨墨丸貯墨瀋耳。"[(明)張萱:《疑耀》卷七《墨》]但在今本《畫史》中未見此語。

②陶氏當不知秦漢人用的小粒的墨塊(如湖北雲夢睡虎地四號秦墓所出的小圓柱形墨、湖北江陵鳳凰山 168 號西漢墓、廣州南越王墓所出的瓜子形墨)。其所謂"墨丸",可能是指東漢至西晋出現的那種體積較大的含膠的墨塊(如寧夏固原縣西郊所出的松塔形墨)。

③劉紹剛指出:"紙的普及使用並取代竹簡,是使硯開始有凹心硯池的主要原因。"他認爲,丟掉硯石(即硯子)和增加硯池"是石硯的形制中最重要的演變",該演變發生於魏晋時期。見所著《中國古代文房四寶》,山東教育出版社,1990 年,第 64—66 頁。其説是。

④河北望都 1 號漢墓壁畫之"主記史"畫像中亦見水器,與三足圓形硯相伴而陳於地面。其樣式與本文圖 5(河北望都 1 號漢墓壁畫之"主簿"畫像)中的水器極似。見河北省文物研究所,前引書,第 43 頁。

⑤孫機:《漢代物質文化資料圖説》(增訂本),上海古籍出版社,2008 年,第 256 頁。又揚之水説,"(案)高者十幾厘米或二三十厘米,矮者五厘米左右,或更矮"。揚之水,前引書,第 377 頁。

⑥並可參看文末附圖 F。在四川廣漢東漢墓畫像磚的"拜謁圖"中,地面有一大一小兩個書案,其上放了簡牘和筆。

提供了大量可研究的細節。某些細節還會在不同的畫面中一再呈現,提示我們留意它們的蹤跡和潛在的意義。有的信息是能够同傳世文獻或其他考古實物相印證的,也有的信息是我們僅能够從這些直觀而生動的視覺資料中獲知的。它們都很寶貴,後者尤值得珍視。

附圖:

手捧經書
《孔子見老子圖》
中的孔門弟子

陝西靖邊楊橋畔
東漢壁畫墓（局部）

附圖 A　使用長簡的經典之册卷示例①

東晋顧愷之《女史箴圖卷》(局部)　　　　　《北齊校書圖卷》(局部)

附圖 B　紙時代早期的握卷書寫方式示例②

---

① 陝西靖邊縣楊橋畔一村東漢墓壁畫《孔子見老子圖》(局部),徐光冀主編:《中國出土壁畫全集》6《陝西上》,科學出版社,2012 年,第 74 頁,圖 69。

② 《女史箴圖卷》,作者東晋顧愷之;《北齊校書圖卷》,作者佚名,見中國美術全集編輯委員會編:《中國美術全集》繪畫編《原始社會至南北朝繪畫》,人民美術出版社,1986 年,第 121 頁,圖 93;第 170 頁,圖 104。

《候粟君所責寇恩事册》局部　　　　《侈與督郵書》　　　　《勞邊使者過界中費册》

簡支，長 22.8cm　　　　牘板，長 23cm　　　　簡册，長 23cm

附圖 C　漢代簡册、牘板、簡支實物示例①

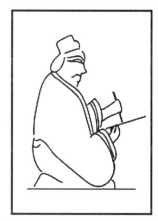

書於簡册（圖 1 局部）　　　書於牘板（圖 6 局部）　　　書於簡支（圖 10 局部）

附圖 D　使用不同材品時的書寫樣貌

---

①《勞邊使者過界中費册》的圖版，見馬建華：《河西簡牘》，重慶出版社，2003 年，第 34 頁。《侈與督郵書》的
　圖版，見長沙市文物考古研究所、中國文物研究所：《長沙東牌樓東漢簡牘》，文物出版社，2006 年，第 37 頁；
　《候粟君所責寇恩事册》的圖版，見馬建華：《河西簡牘》，第 168 頁。

簪筆

書刀

居延破城子遺址出土漢代毛筆，
通長23.2厘米，徑0.65厘米。筆
桿為木質，其尾端嵌接一圓錐體。
可便簪戴。

山東沂南北寨東漢墓畫像石（線圖），跪者前額
右側可見簪戴的毛筆，左側腰下可見懸掛的書刀。

附圖 E　毛筆示例①

西漢三足圓形硯，安徽省博物館藏

拜謁圖，地面可見三足圓形硯和書案
東漢畫像磚（線圖），四川廣漢

西漢漆盒板硯，中國國家博物館藏
山東臨沂金雀山漢墓出土

附圖 F　漢硯示例②

①居延破城子遺址所出毛筆，見黃進興：《小學之道——從漢簡看漢代識字教育》，臺灣"中研院"歷史語言研
究所，2013 年，第 16 頁；馬衡：《記漢居延筆》，收入《馬衡講金石學》，鳳凰出版社，2010 年，第 212 頁。第
276 頁。山東沂南北寨東漢墓畫像石之簪筆圖(線圖)，見沈從文：《中國古代服飾研究》(增訂本)，上海書
店出版社，1997 年，第 145 頁，圖七八；原拓本見中國畫像石全集編輯委員會：《中國畫像石全集》1《山東漢
畫像石》，山東美術出版社，2000 年，第 136 頁，圖 186。
②西漢三足圓形石硯、西漢漆盒石硯(板研)，見張淑芬編：《文房四寶·硯》，北京出版社，2007 年，第 4 頁圖
4、第 5 頁圖5。四川廣漢東漢畫像磚之線圖，見李宗山：《中國家具史圖說》，湖北美術出版社，2001 年，第
169 頁，Ⅲ·圖五一；原圖見中國畫像磚全集編輯委員會：《中國畫像磚全集·四川畫像磚》，四川美術出版
社 2006 年，第 104 頁，圖 139。

《北齊校書圖卷》（局部），榻上可見水器和辟雍硯（有硯池）

附圖 G　水器示例①

洛陽朱村東漢至曹魏墓壁畫，墓主身前可見書案，上有圓硯、簡牘等物

附圖 H　書案示例②

---

①中國美術全集編輯委員會，前引書，第 170 頁，圖 104《北齊校書圖卷》；線圖見沈從文，前引書，第 198 頁，圖
　九九。

②韋娜：《洛陽漢墓壁畫藝術》，河南美術出版社，2004 年，第 185 頁。

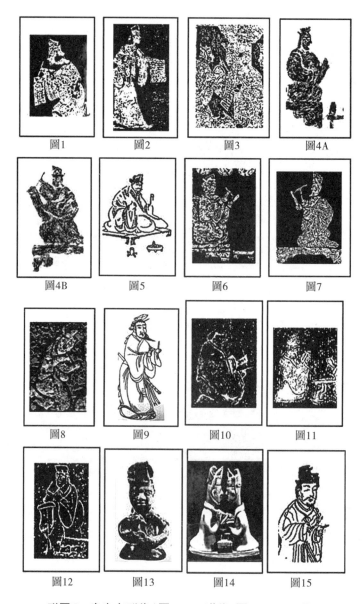

圖1　　　　圖2　　　　圖3　　　　圖4A

圖4B　　　　圖5　　　　圖6　　　　圖7

圖8　　　　圖9　　　　圖10　　　　圖11

圖12　　　　圖13　　　　圖14　　　　圖15

附圖 I　書寫者群像(圖 1-12,漢代;圖 13-15,晉代)

附記:

本文的初稿,題爲《漢畫所見簡牘時代的書寫》,收入《中國漢畫學會第 14 屆年會論文集》,三秦出版社 2013 年 10 月。後經多次修改和增訂,寫成此稿。文中的部分線圖,係承徐呈瑞先生幫助繪製,謹此致謝。

2021 年 8 月

(作者單位:中國社會科學院古代史研究所)

漢代的靈魂觀與死後世界觀

[韓]具聖姬

一、序　論

　　在古代,靈魂觀念産生以前,特別是在靈魂崇拜還没有發展成熟之前,人們採取了將屍體置於山野的處理方法,而且也没有"封墳"以及服喪期限的規定。而當開始思考靈魂與屍體的相互關係之後,各種葬法和葬式隨之發展起來,並且發展成爲具有地域特色的葬禮文化。

　　土葬的歷史久遠,因爲在人的觀念裏認爲死者入土是人的必然歸宿。《周禮》中稱死者入土爲"歸"。肉體爲陰,歸於土,精氣爲陽,升於天。把死者生前使用過的生活用品、陶器、牲畜等與死者一起埋入墓穴的習慣始於新石器時代早期,這些隨葬品是讓死者在墳墓裏也能够繼續生前的活動,此外還有將死者的妻妾、奴僕進行"殉葬"的習俗。雖然根據地域和時代的不同存在一些差異,但這種風俗到漢代依然存在,只不過逐漸以陪葬俑、陶制牲畜、木製品等來替代。

　　人的魂魄與鬼神、死後世界有著密切的聯繫。絶大部分宗教信仰的基本前提是確信人死後仍會以某種形式繼續生存。那麼人死後會以什麼樣的形態存在呢?商代甲骨文中還看不到關於靈魂或是魂魄的記録,即便如此也不能斷定商代或是商代以前没有靈魂觀念。因爲通過殉葬的事實可以看出,商代的人若是不信臣下或是奴隸死後仍存在,就不會進行殉葬。當然,當時的任何記録都不能證明商代人是否相信人死後會繼續生存。有關魂魄的記録最早出現在《左傳》中,其中最爲著名的就是昭公七年子産的話。

　　本文通過探討漢代的喪葬禮俗來説明漢代人在日常生活中的"靈魂觀"的表現形式，並且簡單介紹一下"鬼魂觀"，有助於我們理解古代中國人的"靈魂觀與死後世界觀"。

二、表現於喪葬禮俗中的靈魂觀

　　秦漢時期的皇室貴族、官僚、巨富等大部分重視"事死如事生"的先秦禮制，對死者的葬禮和祭祀等各種活動相當謹慎，因此漢代形成了更爲莊嚴、複雜的禮儀制度和習俗。在解釋漢代人的喪葬禮俗之前，首先來看《禮記》裏關於喪禮的一些記録。喪禮基本上源於對死者魂魄的敬畏心和祖先崇拜信仰。《禮記・禮運篇》裏有如下記載："夫禮之初，始諸飲食，其燔黍捭豚，汙尊而抔飲，蕢桴而土鼓，猶若可以致其敬於鬼神，及其死也，升屋而號告曰：皋某復，然後飯腥而苴孰，故天望而地藏也，體魄則降，知氣在上，故死者北首，生者南鄉，皆從其初。"從上述記載可以看出，在古代中國人的觀念中很早就有靈魂不滅的思想。下面考察一下在漢代喪葬禮俗變化中表現出來的靈魂不滅思想。

　　西漢初期基本上沿襲了春秋戰國時期的棺槨制度和禮器制度。西漢前期的某些墓葬的棺槨和禮器雖然不如戰國時期那般嚴格，但是墓主人依然使用了象徵自己身份、地位、勢力的物品。舉例來説，長沙馬王堆一號漢墓的墓主位列諸侯，使用了四棺和井槨，陪葬的漆禮器基本上有鼎、盒、壺、鈁、盤等。若從出土的"遣策"裏看有關"鼎"的記録，就會看到跟戰國時期一樣沿襲了一級諸侯王墓葬的特徵和上卿之禮。隨葬品中包含大量木制侍俑、歌舞俑以及樂俑，大概源於相信墓主人死後依然能被他們所侍奉，能够繼續快樂下去的想法。在江陵鳳凰山八號墓出土的"遣策"①裏記録了漢初陪葬於此地區的木俑象徵著"奴婢"，而馬王堆漢墓中陪葬的木俑中比較大的"冠人"俑，就是指"倌人"，也就是指宦官。

　　到了西漢中期，墓葬的結構和隨葬品與漢初有了相當大的不同。舉例來説，河北滿城的中山靖王劉勝墓和他的王后竇綰墓，没有沿襲西漢初期的棺槨制度，而是鑿山造了墓室。後室四方有回廊，室内用石板建造了跟生前的寢室一樣大小的便房。在便房的一側還建造了小的石室，從石室裏放置了青銅木盤和盛水用的青銅罍等來看，這大概是模仿了浴室和更衣室。而且前室（中室）中放置著跟生前基本

---

① 魏靈水：《從漢墓遣策看漢代喪葬文化》，《塔里木大學學報》2005 年，第 4 期，第 44—46 頁。

相同的宴會場,墓室前端的兩側耳室,一側配置了車馬,而另一側配置了厨房用品,從這一點也可以看出這是模仿了馬廄和厨房。

從以上可以看出,墓室直接模仿了諸侯王的宫室模樣,隨葬品也脱離了舊禮制的框框。到西漢初期爲止,隨葬品還主要是象徵墓主人生前特殊身份和地位的禮器,但是隨著時間的變遷逐漸改爲象徵權力和財富的珍貴日用品。劉勝墓裏雖然使用了鼎,但是銅鼎只有兩個,禮器也不如從前多。儘管是地位很高的諸侯王,但是所擁有的鼎還不如馬王堆一號漢墓列侯之妻多。但是劉勝穿著的金縷玉衣①作爲"絞衾"(裝飾屍體的束帶),代表了墓主人的身份,卻超出了先秦和漢初的舊制度。

到了漢代中期,舊禮制的葬俗漸漸地被破壞,形成了新葬俗,表現爲新形態的靈魂觀。到了東漢前期,靈魂觀的具體變化之一就是"買地券"開始經常出現。陵墓裏發現的"買地券"②就是所謂的"購買墓地"的契約,而這種"買地券"正是現實生活的反映,也可以説表現了東漢人的靈魂不滅觀。到了東漢後期又出現了"鎮墓券",所謂"鎮墓券"就是用朱砂在陶質瓶罐上寫文字,大體上是請求消除邪惡災殃的通知書。鎮墓券的起首寫著"天帝使者"或是"天帝神師",而這個"天帝使者"和"天帝神師"是指"太平道方士",他們是由天帝派遣的使者或是神師專門執行天帝的命令。所以説從鎮墓券的出現可以看出太平道在哪一個地區曾經流行過,同時也可以看出道教對東漢後期的埋葬風俗影響很深③。

從以上的漢代喪葬禮俗中可以看出,當時的人們基本上相信"靈魂不滅",而這種"靈魂不滅觀"④又促進了漢代的喪葬禮俗的大發展。漢代的喪葬禮大體上繼承了春秋戰國時期的喪葬禮儀制度,只不過是比前代在程式和形式上更加莊重而已⑤。

三、靈魂不滅觀與厚葬風俗

儒家思想所重視的"孝道"精神,被看作是根據喪禮的排場規模衡量對父母是

---

①那志良:《珠襦玉匣與金縷玉衣》,臺北《故宫學術季刊》,1984 年,第 2 卷,第 2 期,第 67—79 頁。

②蔡子鶴:《買地券詞語拾零》,《中國歷史文物》,2008 年第 6 期,第 81—85 頁;陳杏留、蔡子鶴:《"買地券"録文劄記十則》,《西華大學學報》(哲學社會科學版)2008 年第 2 期,第 28—33 頁。

③黄景春:《買地券、鎮墓文研究及其語言文字學意義》,《上海大學學報(社會科學版)》2007 年,第 5 期,第110—115 頁。

④潘慧生:《從喪葬習俗看人的生死觀》,《滄桑》2006 年,第 3 期,第 53—55 頁。

⑤[韓]具聖姬:《漢代人的死亡觀》,民族出版社,2005 年,第 60—73 頁。

否孝順,以及對國家是否忠誠的標準。這是漢代初期社會繼承了先秦思想,相信死者的靈魂不但能害生者且與死者生前相差無幾,這種社會思潮與人死後也要把生前的全部生活必需品埋入墳墓的風俗相結合,帶來了如此導致的結果。如前所述,這種葬禮儀式並不是從秦漢時期開始的。隨著西周時期葬俗制度化與等級化,"喪葬之禮"得到了不斷完善,而改進的"喪葬之禮",不僅強化了"慎終追遠"的禮孝功能,而且更鞏固了"民德歸厚"的教化和統治力。在生產力不發達、科學技術水準比較低的情況下,喪葬禮俗無法排除以前的迷信成分,反倒隨著等級和禮教等的倫理規範的強化,葬俗的迷信成分得以披上了"禮"的外衣。

因爲到了漢代,鬼神觀和冥世觀在民間已經根深蒂固,而葬俗的迷信也越發氾濫,由此留意選擇喪葬、忌日、葬曆禍福的風俗極爲盛行。在漢代葬俗中具有迷信特徵的主要有巫術,而且從這些巫術中衍生出來的禁忌相當多。加之,秦漢時期興起的風水術與巫術有著很深的淵源,特別是根據風水術中的地形學和建築學理論,風水先生所説的墓的環境、位置、方向等要素將決定居喪之家將來的吉凶,或是所宣傳的風水術可"奪神功、改天命",其結果使得迷信成爲漢代葬俗的重要組成部分。

不僅漢代的地主、官僚,而且大部分漢代人把死人當作活人看待。他們相信靈魂不滅的信仰,在前面解釋喪葬禮俗時已經詳細説明。王充在《論衡·薄葬篇》中所説的"謂死如生"[1]正是反映了當時的情況,所以墓室的形態和結構與生前的房屋結構完全一樣,並且把生前使用的物品放進墓葬中,有時甚至製作房屋、田地、家畜等的模型和俑來陪葬[2]。就像《鹽鐵論·散不足篇》中所説的一樣,"厚資多藏,器用如生人",對當時厚葬風俗給予了極其尖鋭的批判。其中有一部分内容把當今與古代的簡樸風俗進行了對比,並對浪費、豪奢的當世風俗進行了攻擊。在這裏批評者指出古時"瓦棺容屍,木板堲周,足以收形骸,藏髮齒而已。……今富者繡牆題湊,……明器有形無實,……厚資多藏,器用如生人,……積土成山,列樹成林,臺榭連閣",並指出當時這種風俗與真正的葬禮儀式的精神相違背,之後又進一步指出:"古者,事生盡愛,送死盡哀。故聖人爲制節,非虛加之。今生不能致其愛敬,死以奢侈相高;雖無哀戚之心,而厚葬重幣者,則稱以爲孝,顯名立於世,光榮著於俗。故黎民相慕效,至於發屋賣業。"

從以上記載不僅可以瞭解到當時盛行厚葬風俗,同時也能瞭解當時死者的隨

①吳志淩:《事死如生——喪葬文化與新時期小説》,湖南師範大學碩士論文,2007年,第15—33頁。
②徐吉軍、賀雲翱:《中國喪葬禮俗》,浙江人民出版社,1991年,第80—159頁,第403—407頁。

葬品基本上與生前使用的物品相差無幾。通過這些事實不僅能瞭解他們的靈魂觀,而且迄今爲止發掘出來的大量隨葬品也證明了以上事實。隨葬品大體上以衣物類、食品、貨幣、生活用具、文具類、武器、樂器、裝飾品、醫療品、藥品①等各式各樣的生活必需品爲主流,其種類非常豐富。如前所說,喪葬的程式以及隨葬品質和量的差異僅僅顯示墓主人身份、地位、財力上的差異,並不意味著漢代人的靈魂觀有什麼不同。

漢代的這種"靈魂不滅觀"經過發展,促進了整個漢代的陰陽五行學、讖緯學說、神仙方術等的發展,而且到了漢末,在神仙方術基礎上最終形成了道教,這種現象正是當時盛行厚葬風俗的土壤和基礎。漢代歷任統治者中的大部分對建立在"靈魂不滅觀"基礎上的鬼神世界表現出極大的興趣。例如,漢高祖劉邦"甚重祠而敬祭"②,漢文帝重用新垣平建造渭陽五帝墓,在宣室(皇帝齋戒的宮殿)中向賈誼詢問鬼神的根本。當時的人們相信人死後存在的形態是鬼神,到了漢武帝時期,隨著國力的強盛便更加重視侍鬼神。由於漢武帝一生數次向鬼神獻祭,且又傾心於鬼神和神仙思想,使得當時燕、齊等地的蹩腳方士不斷向漢武帝遊説神仙修煉。漢武帝之後的宣帝、成帝、哀帝等大部分皇帝沉迷於神仙、鬼神、方術等中,而王莽也是由於重視神仙思想而導致了社會混亂。到了東漢,隨著道教的興盛,統治者醉心於道教,同時民間流傳的迷信又進一步深化了"靈魂不滅觀",而"靈魂不滅觀"的深化又助長了厚葬風俗,使得厚葬成爲漢代喪葬禮俗的標誌。與漢代厚葬風俗相關的資料不僅有考古資料,還有文獻資料,而文獻資料又可分爲官方的與民間的資料。官方資料中首屈一指的是皇帝的詔書,本文通過幾個皇帝的詔書來簡單探討當時人們的"靈魂不滅觀"和厚葬風俗的弊害。

漢文帝以重節儉和自稱爲百姓的皇帝而著稱,在他的遺詔裏也論到厚葬的弊害,勸百姓實行薄葬。文帝在遺詔中如此説到:"朕聞蓋天下萬物之萌生,靡不有死,死者天地之理,物之自然者,奚可甚哀。當今之時,世咸嘉生而惡死,厚葬以破業,重服以傷生,吾甚不取。……今乃幸以天年,得復供養於高廟,朕之不明與,嘉之,其奚哀悲之有!其令天下吏民,令到出臨三日,皆釋服。毋禁取婦嫁女祠祀飲酒食肉者。自當給喪事服臨者,皆無踐。絰帶無過三寸,毋布車及兵器,毋發民男女哭臨宮殿。宮殿中當臨者,皆以旦夕各十五舉聲,禮畢罷。非旦夕臨時,禁毋得

①鍾依研:《西漢劉勝墓出土的醫療器具》,《考古》1972 年第 3 期,第 49—53 頁。魏啓鵬、胡翔驊:《馬王堆漢墓醫書校釋(壹)》,成都出版社,1992 年,第 1—4 頁。
②(漢)司馬遷:《史記》卷二十八《封禪書》卷二十八,中華書局,1982 年,第 1378 頁。

擅哭。已下，服大紅十五日，小紅十四日，纖七日，釋服。佗不在令中者，皆以此令比率從事。"①但以上的遺詔也只能看作是漢文帝以皇帝的身份主張薄葬而已。400多年之後，漢文帝、漢宣帝的皇帝陵墓被盜，我們通過《晉書・索靖傳》卷六十的記錄可以略知漢代的皇帝陵墓裏有多少奢華的隨葬品，提倡節儉的漢文帝也不例外。從中是否可以看出當時人在潛意識裏確信"靈魂不滅"的死後世界觀呢？皇帝的厚葬風俗也影響了民間，也助長了老百姓厚葬的風氣。所以西漢皇帝的詔書並沒有在遏制或改變當時社會中蔓延的厚葬風俗上發揮多少效用，反倒使得到東漢厚葬越發猖獗。

《後漢書・劉玄劉盆子列傳》卷十一中記載了赤眉盜掘皇陵，對這種厚葬的危險性《呂氏春秋》中早有警告。但是從上述詔書中也可看出，在兵荒馬亂中厚葬依舊如故，朝廷進入穩定期後厚葬風俗又甚囂張。明帝永平十二年(69)詔書如下："昔曾、閔奉親，竭歡致養；仲尼葬子，有棺無槨。喪貴致哀，禮存寧儉。今百姓送終之制，競為奢靡。生者無擔石之儲，而財力盡於墳土。伏臘無糟糠，而牲牢兼於一奠。糜破積世之業，以供終朝之費，子孫饑寒，絕命於此，豈祖考之意哉！又車服制度，恣極耳目。田荒不耕，遊食者衆。有司其申明科禁，宜於今者，宣下郡國。"(《後漢書・顯宗孝明帝紀》卷二)

和帝永元十一年(99)詔曰："吏民逾僭，厚死傷生，是以舊令節之制度。頃者，貴戚近親，百僚師尹，莫肯率從，有司不舉，怠放日甚。又商賈小民，或忘法禁，奇巧靡貨，流積公行。其在位犯者，當先舉正。市道小民，但具申明憲綱，勿因科令，加虐羸弱。"②安帝永初元年(107)詔曰："三公明申舊令，禁奢侈，毋作浮巧之物，殫財厚葬。"③

以上介紹的幾個詔書頒佈的時期大致是社會動蕩、天災人禍較多的時期，但厚葬風俗依然盛行，這與在漢代已根深蒂固的祖先崇拜觀和"靈魂不滅觀"支配了當時人的思想，同時王公貴族等有權勢者誇富密不可分。這種厚葬風俗佔社會主流，主要與漢代人相信靈魂不滅和死後世界，從上到下都熱衷於厚葬有關。漢代的陵墓結構和隨葬品等也充分反映當時人的"靈魂不滅觀"。考察大量的文獻和考古資料就會發現，漢代人的喪葬禮俗基本上模仿了生前的生活樣式，似乎要把地上的建築全盤複製到地下，即他們認為，死後的生活與陽界裏的生活無異，所以陪葬的

①(漢)司馬遷：《史記・孝文本紀》卷十，中華書局，1982年，第433—434頁。
②(南朝宋)范曄：《後漢書・孝和孝殤帝紀》卷四，中華書局，1996年，第186頁。
③(南朝宋)范曄：《後漢書・孝安帝紀》卷五，中華書局，1996年，第207頁。

器物及陵寢的結構與生前基本一樣,漢代帝陵的設計也是與傳統的"事死如事生"的靈魂觀有關。

四、死後存在形態

漢代人相信死後的歸屬爲天上和地下,只有少數的帝王、公侯、仙人等人才能上天,而大部分人都要在黃泉下過著與生前一樣的生活,而且就算王公貴族中有些人不能上天而下陰間,也依然能够佔據統治階級的地位,擁有富貴、榮華和權勢。人死後無論是上天堂還是下陰間,絕大多數的人都變成自由自在的鬼神。

秦漢時期的人們信奉各種各樣的神和鬼。其中有一些是限定於特定地區的,有的是像風、雨一樣與自然之力相關聯的神,而且還有被稱之爲"鬼"的陰魂。在中國的民間信仰中,人、鬼、祖先以及神靈間的轉換是以死亡爲臨界點的。一個人死後若有家族給他舉行葬禮,從初喪到入殮之前爲家鬼。若是死者有子孫後代,葬禮後與家裏供奉的神主家族牌位一起得到供奉,從此就變成家族祭拜的對象,換句話説,家鬼進入家中變成家神。但是,如果死者因爲沒有兒孫而草草地進行了葬禮,那麼死者仍是家鬼,經年累月不被祭拜就會變成孤獨的遊鬼,就算是由官府或慈善家出資進行了埋葬,若是長時期得不到子孫的祭拜,也會淪落爲野鬼。不用説,客死他鄉等死於非命的人沒有子孫祭拜,所以自然成爲人們最忌諱的惡鬼。爲了避免他向人們搗蛋,人們不僅合力埋葬那些與自己無親無故的死者,還集資建祠堂進行祭拜,以此謀取當地的平安。在中國各地到處可見的"萬應公廟"和"大衆廟"就屬這一類型。供於公廟中的"厲神"(惡鬼)歷經長久祭拜,在偶然的機會借由巫婆或降神的童子講話,偶爾還會解決一些當地人的疾苦,施功德,這時候當地人又會反過來更加虔誠地舉行隆重的祭拜。由此可見,人的魂魄與死後世界的問題與鬼神觀念有著緊密的聯繫,大部分宗教和信仰基本上都相信人死後的存在形態。

若是翻閱先秦時代的史料,就會看到其中記載的鬼神與靈魂的內容,它們把鬼神當作人死後的存在形態,有時被命名爲鬼、神或是鬼神。聞一多先生曾經這樣論述鬼神説:"鬼神就像是生活在另一種狀態中的人一樣的存在而並不是幻想。"從中可以看出他把鬼神與人的關係看得相當密切。J. J. M. de Groot 認爲:"中國人極其鞏固地確立了一種信仰、學説、理論,那就是死者的陰魂和生者有著密切的聯繫,這種密切關係基本上與生者之間的關係一樣,毋庸置疑生者與死者確實有著明確的分界線,但這種界限太不明確,以至於無法分辨清楚。無論從哪個方面看,兩個世界之間的關係相當活潑,這種往來又是福的根源,也是禍的根源,因此鬼神實際上支配著生者的命運。"①上述説法不僅解釋了人死後變成鬼,而且試圖更進一步證明人鬼之間相互往來的事實。以鬼神信仰爲中心的宗教在統治階級和普通老百姓中間流行,若説有差異也不外乎統治階級的信仰側重於政治層面,而普通老百姓的信仰則側重在個人幸福和祝福等方面而已。

漢代除了極少數不信鬼神的人之外,大部分人相信人生活的世界之外還有"鬼神世界"的存在。第一,可以通過各地分佈的種類繁多的各種祭祀場所,祭拜祖宗的祠堂或是祭祀社神的"社",祭拜各種神、山川、人鬼、怪物等的"祠"或是"廟"等,推斷出大多數漢代人相信鬼神的存在。第二,通過漢代人遺留下來的各種遺物,即銅鏡、畫像石、帛畫、刻畫等,可以更加具體地推斷出漢代人觀念裹的"鬼神世界"。漢代人相信鬼神具有超能力,支配著人的吉凶禍福,由此漢代民間有很多與鬼神相關的風俗,其中對後世影響很深的有"關落陰"和臨終時"從墓裹有死者來迎接"等説法。這種從漢代開始流傳下來的古老風俗,經過 2000 年的發展依然在當今的某些地方存在,這恐怕是從人的"趨吉避凶"的心理產生出來的迷信。漢代人認爲鬼神擁有超能力,能够給人帶來禍福,並且相信人和鬼之間有著不能割斷的因緣。由此他們認爲不僅是日常生活,就連生老病死等都與鬼神有關,很多病人把在病床上看見鬼神來抓自己的魂或是看見墓裹的祖先來接自己等的幻覺當作真實的。漢代人認爲應該相信平時少見的事物或現象,也就是妖怪、怪物,因爲他們相信這些妖怪、怪物不僅能醫治人的病,也能讓人死,所以認爲有必要驅鬼,因此在歲末進行"大儺"。

從以上可知,漢代民間的大部分風俗是相信鬼神的存在並供奉他們。事實上漢代的鬼神雖然没有比先秦時代的勢力强,但建立在"靈魂不滅觀"基礎上的鬼神觀在漢代人的日常生活中佔據著相當重要的位置。

五、結　論

秦漢時期的皇室貴族、官僚、巨富以及大部分普通百姓重視靈魂不滅的先秦禮制,對死者的葬禮和祭祀等各種活動相當謹慎,因此漢代形成了更爲莊嚴、複雜的禮儀制度和習俗。這種"靈魂觀"經過長足演進,在整個漢代促進了陰陽五行學、讖緯學説、神仙方術等的發展。到漢末,在神仙方術的基礎上最終形成了道教,且

①[法]列維-布留爾著,丁由譯:《原始思維》,商務印書館,1981 年,第 296—297 頁。

漢代"靈魂不滅觀"的深化正是當時盛行厚葬風俗的土壤和基礎。秦漢時期的宗教迷信思想滲透到社會各階層,使得禪、求仙、推災異、圖讖等在統治階層中自然地流行起來。

可以說漢代是中國歷史上厚葬風俗最爲鼎盛的時期,這種厚葬風俗的形成和發展是源於對死後世界想象的具體化,即與牢固的"靈魂不滅"信仰有關。漢代並不是厚葬風俗的起始階段,更不是信仰靈魂和死後世界的開始,但漢代人對死後世界的想象力比以往更加具體和豐富。

如果看先秦時期史料裏所涉及的鬼神與靈魂的内容,不難發現鬼神被視爲人死後的存在形態,有時稱之爲鬼或是鬼神。考察漢代民間流行的風俗,就會看到大部分漢代人盲信鬼神,他們的日常生活幾乎被鬼神所左右,很難從鬼神的支配中擺脱出來。人死後無論升天還是下地,大多數漢代人認爲人死後的存在就是自由的鬼神,所以神和人之間需要有"巫"這種中介者。

（作者單位：韓國江南大學中國文化學系）

《晋書·北狄匈奴傳》兩漢記事辨誤

曹永年

《晋書·北狄匈奴傳》在追溯西晋并州匈奴諸部由來時曰：

> 前漢末，匈奴大亂，五單于争立，而呼韓邪單于失其國，攜率部落，入臣於漢。漢嘉其意，割并州北界以安之。於是匈奴五千余落入居朔方諸郡，與漢人雜處。

> 呼韓邪感漢恩，來朝，漢因留之，賜其邸舍，猶因本號，聽稱單于，歲給綿絹錢穀，有如列侯。子孫傳襲，歷代不絶。其部落隨所居郡縣，使宰牧之，與編户大同，而不輸貢賦。多歷年所，户口漸滋，彌漫北朔，轉難禁制。後漢末，天下騷動，群臣競言胡人猥多，懼必爲寇，宜先爲其防。建安中，魏武帝始分其衆爲五部，部立其中貴者爲帥，選漢人爲司馬以監督之。①

對於此節文字，吳士鑑作《晋書斠注》出斠注一條，針對"漢嘉其意，割并州北界以安之"云云，指出：

> 案《漢書·匈奴傳》但言單于自請留居光禄塞下，有急保漢受降城。漢遣長樂衛尉高昌侯董忠等送單于出朔方雞鹿塞。受降城在五原郡邊界，雞鹿塞在朔方窳渾縣西北，不得竟謂之割并州北界也。②

此外，迄未見有人再提出疑議。

---

① 《晋書》卷九七《北狄匈奴傳》，中華書局點校本，第 8 册，第 2548 頁。
② （清）吳士鑑：《晋書斠注》卷九七《北狄匈奴傳》嘉業堂刊本，1928 年，第 41 册，第 37 頁。

但是,此節文字混亂訛誤不少。今提出來供大家討論。敬請指正。

一

關於呼韓邪單于降漢事,其原始記載見於《漢書·匈奴傳》:

> 郅支單于⋯⋯遂進攻呼韓邪。呼韓邪破,其兵走,郅支單于都單于庭。呼韓邪之敗也,左伊秩訾王爲呼韓邪計,勸令稱臣入朝事漢,從漢求助,如此匈奴乃定。⋯⋯呼韓邪從其計,引衆南近塞,遣子右賢王銖婁渠堂入侍。⋯⋯是歲,甘露元年也。明年,呼韓邪單于款五原塞,願朝三年正月。⋯⋯單于正月朝天子于甘泉宮,漢寵以殊禮,位在諸侯王上,贊謁稱臣而不名。⋯⋯單于就邸,留月餘,遣歸國。單于自請願留居光禄塞下,有急保漢受降城。漢遣常樂衛尉高昌侯董忠、車騎都尉韓昌將騎萬六千,又發邊郡士馬以千數,送單于出朔方雞鹿塞。①

這是宣帝甘露三年的事情。後來黄龍元年、元帝竟甯元年,呼韓邪單于又兩次入朝至長安,也都是如期返回塞外。

以《漢書·匈奴傳》有關呼韓邪單于之記事,與大約五百年以後成書之《晋書·北狄匈奴傳》作比較,可以發現許多岐義:

第一,關於"割并州北界"問題。

《漢書·匈奴傳》的記載是,呼韓邪單于甘露三年入朝,"自請願留居光禄塞下,有急,保受降城"。按,受降城,元封六年匈奴左大都尉謀殺兒單于降漢,"使人間告漢曰:我欲殺單于降漢,漢遠,漢即來兵近我,我即發。"於是漢使因杅將軍築塞外受降城②。遣"因杅將軍公孫敖築塞外受降城"③,事在第二年太初元年。此城應在五原郡塞外。隨後,武帝太初三年,"漢使光禄徐自爲出五原塞數百里,遠者千里,築城列亭至廬朐"④。此塞以光禄卿徐自爲築,被稱爲光禄塞。《漢書·地理志》五原郡條有其具體走向的記載。然而就在當年秋天,"匈奴大入雲中、定襄、五原、朔方殺掠數千人,敗數二千石而去,行壞光禄所築亭障"⑤。光禄塞在修成當年

①《漢書》卷九四上《匈奴傳》,中華書局點校本,第 11 册,第 3797—8 頁。
②《漢書》卷九四上《匈奴傳》,第 11 册,第 3775 頁。
③《漢書》卷六《武帝紀》,第 1 册,第 200 頁。
④《漢書》卷九四上《匈奴傳》,第 11 册,第 3776 頁。
⑤《漢書》卷九四上《匈奴傳》,第 11 册,第 3776 頁。

便已殘破,此後未見修復之舉,似乎已經廢棄。從呼韓邪單于自請"留居光禄塞下,有急保受降城"看,光禄塞又在受降城之外。總之,受降城、光禄塞都位於漢朝設重兵防守的五原郡長城之外。所以呼韓邪單于入朝以後返回駐牧之地,屬於朔方刺史部五原郡邊界之外,不僅不在"并州北界",而且西漢方面也不存在"割"地的問題。

第二,關於呼韓邪單于入朝"於是匈奴五千余落入居朔方諸郡"問題。

上文已言,甘露三年入朝,《漢書·匈奴傳》的記載是"就邸,留月餘,遣歸國"。漢遣長樂衛尉董忠等將萬騎,送出雞鹿塞,暫居光禄塞下。没有提及部衆入居朔方諸郡事。兩年以後,黄龍元年呼韓邪單于第二次入朝,"禮賜如初……以有屯兵,故不復發騎爲送"①。也没有相關記載。漢既誅郅支單于,竟甯元年呼韓邪單于第三次入朝。單于"上書,願保塞上谷以西至敦煌,傳之無窮。請罷備邊塞吏卒,以休天子人民"。元帝下有司議,引發了一場著名的争議。郎中侯應習邊事,列舉十不可。元帝因此婉拒。單于又請降漢之左伊秩訾王返鄉,亦不從,史稱"單于因請不能得而歸"②,亦無一字涉及"匈奴五千余落入居朔方諸郡"。所以,"因呼韓邪單于入朝,匈奴五千余落入居朔方諸郡"云云,也是子虚烏有之詞。

第三,呼韓邪單于前後三次入朝西漢,皆如期返回光禄塞下。《晋書·北狄匈奴傳》所云"呼韓邪單于感漢恩來朝,漢因留之,賜其邸舍,猶因本號,聽稱單于,歲給綿絹錢穀,有如列侯"云云,自然也是無稽之談。

總之,《晋書·北狄匈奴傳》所記呼韓邪單于入朝被留,以及匈奴部衆入居朔方諸郡云云,我們從《漢書·匈奴傳》看到的是完全相反的歷史事實。

那麽,有没有一種可能,《晋書》作者看到了另外一種史料。可補《漢書》之未載,甚或推翻《漢書》的記事呢?

記前漢史事者歷來只有《史記》《漢書》兩家。《史記》所記迄於武帝,通記西漢一朝者只有《漢書》。不錯,記前漢史者另有荀悦《漢記》。然劉知幾已經指出:"漢獻帝以固書文繁難省,乃詔侍中荀悦依《左傳》體,删爲《漢記》三十篇。"③《漢記》只是《漢書》之變體和簡編。所以,無論陸機等十八家《晋書》的作者,還是唐貞觀中受命撰作新《晋書》的臣工,當他們追溯西漢後期匈奴史事時,其唯一史料依據只能是《漢書》。另有新史料的可能並不存在。

---

① 《漢書》卷九四下《匈奴傳》,第 11 册,第 3798 頁。
② 《漢書》卷九四下《匈奴傳》第 11 册,第 3803—3806 頁。
③ (清)浦起龍:《史通通釋》卷一二《古今正史》,下册,上海古籍出版社,1978 年,第 339 頁。

所以《晋書·北狄匈奴傳》關於呼韓邪單于的記載是錯誤的。

二

《晋書·北狄匈奴傳》致誤之由，亦有可説。

在匈奴歷史上，有兩個呼韓邪單于。一位是稽侯狦，居閒權渠單于之子，王昭君的第一任丈夫，西漢宣帝、元帝時在位，本文稱他爲第一呼韓邪單于。另一位比，本右薁鞬日逐王，是第一呼韓邪單于稽侯狦與他的顓渠閼氏所生次子烏珠留若鞮單于知牙斯之子。東漢初，第一呼韓邪單于稽侯狦第三閼氏之子孝單于輿在位，圍繞繼承問題攣鞮氏家族内部矛盾白熱化。右薁鞬日逐王"部領南邊及烏桓"，建武二十四年春，"八部大人共議立比爲呼韓邪單于，以其大父嘗依漢乃安，故欲襲其號。……其冬，比自立爲呼韓邪單于。"①此爲第二呼韓邪單于。

按《後漢書·南匈奴列傳》所載，建武二十四年春，右薁鞬日逐王比得南邊八部大人擁戴，有衆四五萬人，謀求自立，"款五原塞，願永爲藩蔽，扞禦北虜"，得到東漢朝廷許諾。建武二十五年冬，比自立，亦稱呼韓邪單于。二十六年，朝廷遣中郎將段郴使南單于，"立其庭，去五原西部塞八十里。"大體就在其祖父第一呼韓邪單于甘露三年入朝後所請自願居留之塞下。當段郴回朝覆命以後，光武帝又"詔乃聽南單于入居雲中"，由塞外移居雲中長城以内，今呼和浩特平原。同年冬，迫於北匈奴的進攻，南單于逆戰不利，東漢復詔南單于徙居西河美稷。自是南匈奴遷居鄂爾多斯高原。史稱"南單于既居西河，亦列置諸部王，助爲扞戍。使韓氏骨都侯屯北地，右賢王屯朔方，當于骨都侯屯五原，呼衍骨都侯屯雲中，郎氏骨都侯屯定襄，左南將軍屯雁門，栗籍骨都侯屯代郡，皆領部衆爲郡縣偵羅耳目"②。於是形成以西河美稷爲中心，南匈奴部衆遍佈北地、朔方、五原、雲中、定襄、雁門、代諸郡長城沿線與漢民雜居的格局。據《續漢書·郡國志》，後漢地方行政建置，西河、五原、雲中、定襄、雁門、朔方諸郡，皆屬并州刺史部③。所以《晋書·北狄匈奴傳》所謂南匈奴單于"攜其部落入居於漢，漢嘉其意，割并州北界以安之。於是匈奴五千余落入居朔方諸郡，與漢人雜處"云云，所割地西河美稷，以及南匈奴諸部衆與漢人雜處的朔方諸郡皆屬并州，其事與建武時第二呼韓邪單于比所爲吻合。《晋書·北狄匈

①《後漢書》卷八九《南匈奴列傳》，第 10 册，第 2942 頁。
②《後漢書》卷八九《南匈奴列傳》第 10 册，第 2943—2945 頁。
③《後漢書》第 12 册，司馬彪《續漢書·郡國志五》第 3524—3526 頁。

奴傳》將這一切歸諸前漢末,匈奴大亂五單于爭立,而呼韓邪失國引發之事件,是不明匈奴史上曾有兩個呼韓邪單于之故實,張冠李戴的結果。

順便指出,吳士鑑《晋書斠注》按西漢建置考察,受降城所在之五原邊界,雞鹿塞所在之朔方窳渾縣,當時屬於朔方刺史部,所以提出批評"不得竟謂之割並并北界也"。這是因爲他相信了《晋書·北狄匈奴傳》將一切歸諸第一呼韓邪單于的錯誤説法,没有抓住《晋書》錯誤之要害。

三

問題還不僅是第二呼韓邪的行事被轉嫁第一呼韓邪的頭上;與第二呼韓邪無關的事情也被轉嫁過去。

第二呼韓邪單于在光武帝建武二十四年秋五原塞内附,二十六年接受東漢代表中郎將段郴帶來的詔書,伏拜稱臣,入居雲中,同年秋"南單于遣子入侍,奉奏詣闕。詔賜單于冠帶、衣裳"等禮物。此後"單于歲盡輒遣奉奏,送侍子入朝,中郎將從事一人將領詣闕。漢遣謁者送前侍子還單于庭,交會道路。元正朝賀,拜祠陵廟畢,漢乃遣單于使,令謁者將送",並賜單于及諸親貴彩繒等,"歲以爲常"[1]。並無第二呼韓邪單于本人親赴洛陽入朝的記載,更遑論留朝不遣。所以《晋書·北狄匈奴傳》所謂呼韓邪單于"來朝,漢因留之,賜其邸舍"云云,既不是第一呼韓邪單于之事,也與第二呼韓邪單于無關。

考《後漢書·南匈奴列傳》,南匈奴單于到過洛陽的只有三位。

一位是萬氏尸逐鞮單于檀。安帝永初三年夏,漢人韓琮隨南單于入朝,"既還",以關東水潦,人民饑死,説單于起兵反叛[2]。明確指出是入朝,返回了單于庭。

一位是呼蘭若尸逐就單于兜樓儲。傳云"呼蘭若尸逐就單于兜樓儲先在京師,漢安二年立之。天子臨軒,大鴻臚持節拜授璽綬,引上殿。賜……遣行中郎將持節護送單于歸南庭"。可見即使是本在洛陽朝廷的兜樓儲,一旦即位爲單于,也要送歸南庭。

另一位是持至尸逐侯單于於扶羅,中平五年立。《後漢書·南匈奴列傳》云"國人殺其父者遂畔,共立須卜骨都侯爲單于,而於扶羅詣闕自訟。會靈帝崩,天下大亂,單于將數千騎與白波賊合兵寇河内諸郡。時民皆保聚,抄掠無利,而兵遂挫

---

①《後漢書》卷八九《南匈奴列傳》,第 10 册,第 2943—2944 頁。
②《後漢書》卷八九《南匈奴列傳》,第 10 册,第 2957 頁。

傷。復欲歸國,國人不受,乃止河東。"①於扶羅"詣闕自訟",只在洛陽短暫停留,以
天下大亂,"國人不受",流落河東平陽一帶。亦與《晋書》所云"漢因留之,賜其邸
舍"云云不符。

遍查南匈奴的歷史,似乎只有於扶羅單于的弟弟呼厨泉單于的事蹟差可相當,
但是他所入之"朝"不是東漢之洛陽,而是魏王曹操之鄴。按《後漢書·南匈奴
傳》云:

> 單于呼厨泉,興平二年立。以兄被逐,不得歸國,數爲鮮卑所抄。建安元
> 年,獻帝自長安東歸,右賢王去卑與白波賊帥韓暹等待衛天子,拒擊李傕、郭
> 汜。及車駕還洛陽,又徙遷許,然後歸國。二十一年,單于來朝,曹操因留於
> 鄴,而遣去卑歸監其國焉。②

關於呼厨泉單于事,《三國志·魏書·武帝紀》亦有記載。建安二十一年

> 秋七月,匈奴南單于呼厨泉將其名王來朝,待以客禮,遂留魏,使右賢王去
> 卑監其國。③

按建安九年,曹操攻取鄴。同年九月漢獻帝以操領冀州牧。自此鄴成爲他的
根據地。十八年五月,天子使御史大夫郗慮持節以冀州之河東、河内、魏郡、趙國、
中山、常山、鉅鹿、安平、甘陵、平原凡十郡,策命曹操爲魏公④。所以建安二十一年
呼厨泉單于來朝之地,不是東漢之洛陽,而是曹操魏國之鄴。

這位呼厨泉單于,還參與了黃初元年曹丕代漢建魏的禪位大典。據裴注引《獻
帝傳》:十月"辛未,魏王登壇受禪,公卿、列侯、諸將、匈奴單于、四夷朝者數萬人陪
位"⑤。同年十一月,曹丕"更授南匈奴單于呼厨泉魏璽綬,賜青蓋車、乘輿、寶劍、
玉玦。"⑥

所以,《晋書·北狄匈奴傳》所謂"來朝,漢因留之,賜其邸舍,猶因本號,聽稱
單于,歲給錦絹錢穀,有如列侯。子孫傳襲,歷代不絕"云云,實際上是將呼厨泉單
于入朝于魏公曹操,被留於鄴之故實,張冠李戴,按在二百多年前他的祖先第一呼
韓邪單于的頭上。

---

①《後漢書》卷八九《南匈奴列傳》,第 10 册,第 2965 頁。
②《後漢書》卷八九《南匈奴列傳》,第 10 册,第 2965 頁。
③《三國志》卷一《武帝紀》,第 1 册,中華書局點校本,第 47 頁。
④《三國志》卷一《武帝紀》,第 1 册,第 25、26、37—39。
⑤《三國志》卷二《文帝紀》,第 1 册,第 75 頁。
⑥《三國志》卷二《文帝紀》,第 1 册,第 76 頁。

其實《晉書·北狄匈奴傳》這一錯誤,司馬光修《通鑑》時已經發現,並作了改正。《通鑑》卷 67,漢獻帝建安二十一年

> 初,南匈奴久居塞内,與編户大同而不輸貢賦。議者恐其户口滋蔓,浸難禁制,宜豫爲之防。秋七月,南單于呼厨泉入朝于魏,魏王操因留之於鄴,使右賢王去卑監其國。單于歲給綿、絹、錢、穀如列侯,子孫傳襲其號。分其衆爲五部,各立其貴人爲帥,選漢人爲司馬監督之。①

《通鑑》與《晉書·北狄匈奴傳》所叙皆爲魏武分匈奴爲五部及其緣由,二者基本一致。差别只在於,《通鑑》將《晉書》之"呼韓邪感漢恩,來朝"作爲整個事件的緣起,改成"南單于呼厨泉入朝于魏",以表明匈奴五部之分,是爲應對"南匈奴久居塞内"引發的社會矛盾,而採取的政策。司馬光於此條未出《考異》,没有作出説明。根據上文考證,《通鑑》之改動正確,反映了温公對歷史事件的敏鋭的洞察力和處理史料的精密審慎。

近陳勇先生作《〈資治通鑑〉漢趙國史跡考證》,亦發現《通鑑》此節文字與《晉書·北狄匈奴傳》的差異,提出"《通鑑》所謂'單于歲給綿、絹、錢、穀如列侯,子孫傳襲其號',與《晉書·北狄·匈奴傳》雷同,實爲漢宣帝朝呼韓邪歸漢事,而與建安末呼厨泉留鄴事無關,疑爲手民誤植。"②相信《晉書》的錯誤記載,而批評《通鑑》,結果顛倒了是非,顯然是錯了。

(作者單位:内蒙古師範大學歷史文化學院)

①《資治通鑑》卷六七,建安二十一年,第 5 册,中華書局點校本,第 2146—2147 頁。
②陳勇:《漢趙史論稿》,商務印書館,2009 年,第 213 頁。

統萬城與統萬突

羅　新

　　赫連勃勃下令興築統萬城在大夏鳳翔元年(晋安帝義熙九年,413 年),去他於龍昇元年(義熙三年,407 年)稱天王、建大夏已六年,距真興元年(晋恭帝元熙元年,419 年)宮城竣工、城門命名還有六年。統萬即一統萬國,得名在築城之始。赫連勃勃説:"朕方統一天下,君臨萬邦,可以統萬爲名。"①在夏國統治集團的多語言環境中,統萬顯然是漢語。那麽,在非漢語人群所説的某種(或某幾種)混雜著突厥語(Turkic)和蒙古語(Mongolic)的語言中,如何稱呼統萬城呢?

　　由文獻和出土墓誌,知統萬城又作統萬突或吐萬突。《周書》記北周明帝"小名統萬突,……生帝於統萬城,因以名焉"②。當時習見以出生地之名爲名,可見統萬突即統萬城。元彬墓誌記元彬曾任"統萬突鎮都大將、夏州刺史",元昭墓誌記元昭祖父歷官,元融墓誌記元融父親歷官,元舉墓誌記元舉祖父歷官,元湛墓誌記元湛父親歷官,都有"統萬突鎮都大將"一職③。元保洛墓誌記保洛曾祖素連歷官,有"吐萬突鎮都大將"。以上六例,其實所指只是兩個人。元保洛墓誌中的曾祖素連,即元昭墓誌之"祖連",其鮮卑語本名之音譯見於文成帝南巡碑④,亦即史書之

---

①《晋書》卷一三〇《赫連勃勃載記》,北京:中華書局,1974 年,第 3205 頁。

②《周書》卷四《明帝紀》,中華書局,1971 年,第 53 頁。

③趙超:《漢魏南北朝墓誌匯編》,天津古籍出版社,1992 年,第 38、146、205、215、239 頁。

④文成帝南巡碑碑陰題名有"征西將軍常山王直〔勤素〕連戊烈",見山西省考古研究所、靈丘縣文物局:《山西靈丘北魏文成帝南巡碑》,《文物》1997 年第 12 期,第 73 頁。

常山王拓跋(元)素①。可見吐萬突即統萬突之異寫。其餘四例都是指拓跋(元)彬,因爲元彬就是元融和元湛的父親,也是元舉的祖父。《魏書》記元彬歷官,作"統萬鎮都大將"②。元彬及其子孫的四方墓誌均以"統萬突"代替"統萬",可能反映了家族内部先人記憶的某種連續性。

北魏繼承了赫連夏的城名,即漢語的"統萬"和非漢語的"統(吐)萬突"。"統(吐)萬突"這個非漢語名稱可以視爲"統(吐)萬"與"突"兩個部分聯合構成的一個詞組,其中"統(吐)萬"很容易就可以辨識出它的語源是阿爾泰語系(Altaic)各語族共有的 tümen(意思是"一萬")。這個 tümen 是阿爾泰各人群很常見的人名,匈奴的頭曼,突厥的土門,其語源都被研究者認定爲 tümen 一詞。

北魏時期有不少代人以 tümen 爲名,比如陽平王拓跋(元)熙有個孫子叫吐萬③,穆崇的孫子穆壽有個孫子叫吐萬④,《魏書》記北魏末年的爾朱兆"字萬仁"⑤,《周書》記爲"吐萬兒",知萬仁即吐萬兒的漢譯雅化,因仁、兒同音。南朝史料中,音譯其名爲"吐没兒",與吐萬兒也基本一致。阿爾泰語數字詞中萬最大,故以萬爲名者甚衆。有意思的是,爾朱兆本名 tümen(後面加"兒"應該是愛稱或暱稱),但定漢名時卻不滿足於 tümen 對應的漢語詞"萬",而是提高了一百倍,以"兆"爲名⑥。

不僅人名,代人姓氏中也有吐萬氏,比如隋代有個吐萬緒。這説明草原部落中本有以 tümen 爲號者,内入之後,部落首領家族乃至部落屬民都以吐萬爲姓。《元和姓纂》稱《魏書·官氏志》載吐萬氏後改爲萬(万)氏⑦。這一條雖不見於今本《魏書》,但鄭樵《通志·氏族略》"代北複姓"條,記"統萬氏,改爲萬氏",當有所本⑧。吐萬/統萬之改萬(万)氏,音義兩通,且可以搭上華夏原有萬氏的順風車,最契合非華夏姓氏的華夏化規則。當然中古蠻人華夏化過程中也有些家族以萬爲姓,這和其他蠻人家族姓梅姓文的定姓機制一樣,都是取一個與"蠻"字音同形異

①《北史》卷一五《昭成子孫列傳》,中華書局,1974 年,第 566 頁。

②《魏書》卷一九下《景穆十二王列傳下》,中華書局修訂本,2017 頁,第 585 頁。

③《魏書》卷一六《道武七王列傳》,第 456 頁。

④《魏書》卷二七《穆崇傳》,第 754 頁。

⑤《魏書》卷七五《爾朱兆傳》,第 1797 頁。

⑥王逸注《楚辭·九章》"又衆兆之所讎"句:"兆,衆也,百萬爲兆。"見王泗原:《楚辭校釋》,中華書局,2014 年,第 155 頁。

⑦(唐)林寶:《元和姓纂》卷九"奮氏"條:"吐萬氏後改爲奮氏。"據岑仲勉校記,此處奮字是萬字之誤。見岑仲勉四校記本《元和姓纂》,中華書局,1994 年,第 1277 頁。

⑧鄭樵:《通志二十略》,王樹民點校本,1995 年,第 179 頁。

的漢字爲姓。這些萬氏與來自内亞的萬(万)氏雖源流各異,時過境遷,也就難以區分了。

有研究者認爲,漢語的"統萬"是"統萬突"的省稱①。這个看法是不對的,兩者的關係可能恰恰相反。蒲立本(Edwin G. Pulleyblank)構擬"萬/万"的早期中古音是 muan②。用漢字"吐萬"來音譯阿爾泰語的 tümen,可以説相當合適。可是,"統萬"就有問題了,因爲 tümen 的第一個音節 tü 並不存在"統"字元音部分所含的鼻音。可以肯定,通常情況下,用"統"對譯 tü 不符合中古時代的音譯習慣。那麼,如何理解"統萬突"比"吐萬突"更多見這個事實呢? 我們知道,統萬城在獲得非漢語名稱的同時,也有了漢語名稱"統萬"。在漢語環境下,人們不會使用它的非漢語名稱。在非漢語的口語環境下,人們只會使用她的非漢語名稱。統萬城的非漢語名稱音譯爲漢字,是比較晚的,在漢語名稱與非漢語名稱都廣爲人知之後。在這種情況下,非漢語名稱的音譯書寫,受到了漢語名稱的影響,tümen 更多地被寫成"統萬",於是就有了較多的"統萬突"。

"統(吐)萬突"這一詞組的第二個部分是"突"。卜弼德(Peter A. Boodberg)早在 1933 年所寫的《胡天漢月方諸》第五章中,對周明帝的小名統萬突進行語源分析,把"突"理解爲蒙古語的形容詞詞尾-tü,稱"統萬突"的意思是"生於統萬城"③。卜弼德那時還没有見到墓誌中的"吐萬突"用例,所以把"統萬突"中的"統萬"等同於統萬城的漢語名稱"統萬"。近年研究者已經知道"統(吐)萬突"中的"統(吐)萬"其實是 tümen,但仍然和卜弼德一樣建議"突"是蒙古語的詞尾-tü④。我不同意這個説法,下面嘗試另外提供一個解釋。

漢語名稱"統萬"由"統+萬"兩個詞構成,字面意義完美表達了赫連勃勃所説的"統一天下,君臨萬邦"。它其實是一個省略了主語的短句:大夏(省略)+統+萬。這個短句的語序在語法上就是:施動詞(省略)+動詞(統)+受動詞(萬),即主語(省略)+謂語(統)+賓語(萬)。這完全符合漢語語法的 SVO 語序。然而,阿爾泰語言(Altaic)不同於漢語,是 SOV 語序,即動詞(謂語)在受動詞(賓語)之後。也就是説,在非漢語環境下,提到統萬城的非漢語名稱時,要説成"萬+統"而不是"統

①陳喜波、韓光輝:《統萬城名稱考釋》,《中國歷史地理論叢》第 19 卷第 3 輯(2004 年 9 月),第 156—157 頁。

②Edwin G. Pulleyblank, *Lexicon of Reconstruction Pronunciation in Early Middle Chinese, Late Middle Chinese, and Early Mandarin*, Vancouver: UBC Press, 1991, p. 318.

③Peter A. Boodberg, "Selections from *Hu T'ian Han Yüeh Fang Chu*", in: *Selected Works of Peter A. Boodberg*, complied by Alvin P. Cohen, Berkeley: University of California Press, 1979, p. 108.

④陳喜波、韓光輝:《統萬城名稱考釋》,第 157 頁。

+萬",名詞"萬"在前,動詞"統"在後。非漢語名稱"統(吐)萬突"便是"統(吐)萬+突"的 SOV 語序,其中"統(吐)萬"對應漢語的"萬",也就是阿爾泰語的 tümen,而"突"對應漢語的"統",必定是一個獨立的動詞,不會是一個如-tü 這樣意義含混的詞尾後綴。

那麼"突"是哪一個阿爾泰語詞的漢字音譯呢?

根據蒲立本的擬音,漢字"突"在魏晉時期(中古早期)的讀音是 dwət,隋唐時期(中古後期)是 tɦiut[1]。中古後期以前,在音、義兩方面都與以上討論相契合的阿爾泰語詞,是鄂爾渾古突厥文碑銘中的 tut,詞義大致上是統治、控制、獲取等等。鄂爾渾碑銘里用例甚多,下面略舉三條[2]:

1)毗伽可汗碑南面第 9 行

män toquz yegirmi yïl šad olurtum,toquz yegirmi yïl qaɣan olurtum,il tutdum.

(譯文:我爲設九年,爲可汗九年,治理了國家。)

這個用例中,tut 以單數第一人稱過去時態 tutdum 出現在句子的最後,意思是統治、治理。

2)暾欲谷碑第二碑西面第 6 行

qaɣanīn tutdumïz.

(譯文:我們抓住了他們的可汗。)

這個用例中,tut 以複數第一人稱過去時態出現在句末,意思是獲取、抓獲。

3)闕特勤碑東面第 38 行

anta yana kirip türgis qaɣan buyruqī az tutuquɣ äligin tutdï.

(譯文:在那裏,他再次衝入敵陣,親手抓獲了突騎施可汗手下的梅録阿孜都督。)

這個用例中,tut 以單數第三人稱的過去時態出現在句末,意思是抓住、抓獲。

第三條語例中的官號(tutuq)官稱,研究者一般都認爲是借自漢語的都督。但也有一些研究者,比如丹尼斯·塞諾(Denis Sinor),認爲這個官稱可能是從突厥語的動詞 tut 發展出來的,意思是指揮者[3]。儘管這個説法至今也不爲大多數研究者

---

[1]Edwin G. Pulleyblank, *Lexicon of Reconstruction Pronunciation in Early Middle Chinese*, *Late Middle Chinese*, *and Early Mandarin*, p. 311.

[2]後所列三條鄂爾渾碑銘語例,皆出自 Talât Tekin, *A Grammar of Orkhon Turkic*, Indiana University Publications, 1968, p. 246, p. 252, p. 236.

[3]Denis Sinor, The Turkic Title *tutuq* Rehabilitated, in: *Turcica et Orientalia*, *Studies in Honour of Gunnar Jarring on his Eightieth Birthday*, Istanbul: Swedish Research Institute, Transactions vol. I, 1988, pp. 145—148.

接受,但還是很具啓發力的。另外一個突厥汗國時代的官稱 tutun(中古漢語史書譯作吐屯),一定是從突厥語動詞 tut 發展出來的稱號。與 tutuq 通常用在那些軍事高官身上不同,吐屯一般是突厥汗國派遣到賓附屬國行使管理權的官員,這和該名號的動詞詞根 tut 原有的抓住、管理、統治、治理等詞義是相關的。

綜上所述,我們的結論是:統萬城的非漢語名稱"統(吐)萬突"的語源(etymology)是 tümen tut,非漢語環境下人們就是用 tümen tut 指稱統萬城。

漢語 SVO 語序與阿爾泰語 SOV 語序的差異,在兩大語言集團的長期深度接觸中,當然會留下許多痕跡,但這些痕跡在漢文史料里不太容易保存,即使偶有記錄,也不大容易引起讀史者注意。我舉兩個例子來說明這一點。

第一個是人所共知的,匈奴帝國西部的軍政長官號曰"日逐王",這個名號原來肯定是匈奴語(大概屬於突厥語族),意思是追逐太陽,引申爲向西方擴張。漢人把這個名號意譯爲"日逐王"時,尊重了這個名號原來的 SOV 語序,没有按照漢語的 SVO 語序改爲"逐日王"。從漢語語法的内在要求來說,這個翻譯是不徹底的,可謂半道而止。後之讀史者習而不察,不大留意這個名號其實是兩種語言衝撞的結果。

另一個例子反映了不同語序衝撞的全過程。據金富軾《三國史記》,新羅漢陽郡有一個縣,名爲"遇王縣",小注云:"本高句麗皆伯縣,景德王改名。"[1];同書又記高句麗北漢山郡有"王逢縣",小注云:"一云皆伯,漢氏美女迎安臧王之地,故名王迎。"[2]兩縣其實指同一個地方,名稱不同,源於高句麗和新羅不同政權時期的漢文書寫差異。前人已經指出,"王逢"是對"皆伯"的漢文翻譯,"王"對應的是"皆","逢"對應的是"伯"[3]。縣名來自漢氏美女在此迎見安臧王的故事,在高句麗語中,動詞後置,受動詞前置,皆(王)在前,伯(逢)在後。高句麗政權需要書面記錄時,先是把縣名用漢字音譯成皆伯,後進一步意譯爲王逢,但語序未變,保留了高句麗語的 SOV 語序。到新羅時期整理行政建置,把王逢縣改爲遇王縣,改成了漢語的SVO 語序。從皆伯到王逢,從王逢到遇王,完成了漢譯的全過程。

中古以後史料豐富,有了直接討論漢語與阿爾泰語語序差異的記錄。南宋洪

---

① [朝]金富軾:《三國史記》卷三五《雜誌第四·地理二》,李丙燾校勘本,首爾:乙酉文化社,1977年,第336頁。

② [朝]金富軾:《三國史記》卷三五《雜誌第四·地理二》,第351頁。

③ [日]板橋義三:《高句麗の地名から高句麗語と朝鮮語·日本語との史的関係をさぐる》,載アレキサンダー·ボビン/長田俊樹共同主編的《日本語系統論の現在:Perspectives on the Origins of the Japanese Language》(日文研叢書31),京都:國際日本文化研究センター,2003年,第131—186頁。板橋此文的英文題名是"A Study of the Historical Relationship of the Koguryo Lnguage, the Old Japanese Language, and the Middle Korean Language on the Basis of Fragmentary Glosses Preserved as Place Names in the *Samguk Sagi*".

邁《夷堅志》丙志卷一八"契丹誦詩"條:"契丹小兒初讀書,先以俗語顛倒其文句而習之,至有一字用兩三字者。頃奉使金國時,接伴副使秘書少監王補每爲予言以爲笑。如'鳥宿池中樹,僧敲月下門'兩句,其讀時則曰'月明裏和尚門子打,水底裏樹上老鴉坐'。大率如此。"從漢語的 SVO 語序到契丹語(屬於蒙古語族)的 SOV 語序,動詞"打"、"坐"全都放在句末。值得注意的是不僅語序顛倒,動詞(謂語)後置,甚至連句子的次序也改變了,漢語兩句詩的先後被契丹人顛倒了①。當然這種句序顛倒的情況可能別有原因,未必反映了兩種語言間的語法差異或對譯習慣②。

不同語言間語法、詞彙和語音等因素的衝撞,甚至可能因某種敏感而引發政治反應。宋元之際的周密《癸辛雜識》"桃符獲罪"條:"鹽官縣學教諭黃謙之,永嘉人,甲午歲題桃符云:'宜入新年怎生呵,百事大吉那般者。'爲人告之官,遂罷去。"③

語言接觸反映了不同人群、不同文化間的深度接觸④,當然這種接觸歸根結底是不同政治體之間複雜關係的結果。我在討論歷史上多語言社會書寫語言與口頭語言差異時説過:"從語言深度接觸來理解族群接觸和政治體接觸,就可以給我們提供一個新的觀察角度,讓我們看到古代東亞世界的歷史變遷,其實也是不同語言之間交互作用的過程,讓我們對東亞當今狀況的形成有一個具有歷史縱深感的理解。"⑤本文探討十六國北朝時期統萬城的漢語名稱與非漢語名稱間的關係,算是爲這個研究視角補充了一個材料。

(作者單位:北京大學中國古代史研究中心)

---

①聶鴻音:《〈夷堅志〉契丹誦詩新證》,《滿語研究》,2001 年第 2 期,第 118—120 頁。

②高山杉:《辨析所謂"契丹小兒誦詩新證"》,《南方都市報》2015 年 2 月 1 日。

③(宋)周密:《癸辛雜識》續集下,吳企明點校,中華書局,1988 年,第 195 頁。

④白玉冬:《華言胡語水乳之契》,《上海書評》2018 年 8 月 22 日。

⑤羅新:《當人們都寫漢語時》,《上海書評》2013 年 5 月 26 日。

北魏、北齊的門下省

陳蘇鎮

《通典·職官三》："後魏……尤重門下官,多以侍中輔政,則侍中爲樞密之任。北齊……爲宰相秉持朝政者,亦多爲侍中。"[1]侍中是不是宰相,取決於如何定義宰相概念。杜佑認爲"自魏晉以來,宰相但以他官參掌機密或委知政事者則是矣,無有常官",而"侍中職任機務之司,不必他名,亦多爲宰相"[2]。祝總斌先生則認爲,宰相必須擁有"議政權"和"監督百官執行權",而侍中雖可參與議政,卻無"監督百官執行權",所以不是宰相[3]。侍中算不算宰相,姑且不論。但和魏晉南朝相比,北魏、北齊的門下官員和皇帝更爲親近,因而權力較大,確是事實。《魏書·元暉傳》:世宗時,"遷侍中,領右衛將軍,雖無補益,深被親寵。凡在禁中要密之事,暉別奉旨藏之於櫃,唯暉入乃開,其餘侍中、黃門莫有知者。侍中盧昶亦蒙恩昵,故時人號曰'餓虎將軍,饞鷹侍中'。"[4]同書《王遵業傳》:"時政歸門下,世謂侍中、黃門爲小宰相。"[5]同書《于忠傳》:"遷侍中、領軍將軍……既居門下,又總禁衛,遂秉朝政,權傾一時。"[6]同書《斛斯椿傳》:"出帝拜椿侍中,儀同開府……軍謀朝政,一決

①《通典》卷二一《職官二》,中華書局,1988年,第539、540頁。

②《通典》卷二一《職官三》,第538、539頁。

③參祝總斌:《兩漢魏晉南北朝宰相制度研究》,中國社會科學出版社,1998年,第301—305頁。

④《魏書》卷一五《常山王遵傳附暉傳》,中華書局,1974年,第379頁。

⑤《魏書》卷三八《王慧龍傳附王遵業傳》,第879頁。

⑥《魏書》卷三一《于栗磾傳附于忠傳》,第742、743頁。

於椿。"①《北齊書·劉騰傳》:"爲侍中……入居門下,與斛斯椿同掌機密。"②類似記載,不一而足。

此事或可從門下省在宫中所處位置的變化加以解釋。《續漢書·百官志三》侍中條注引蔡質《漢儀》曰:"侍中舊與中官俱止禁中,武帝時,侍中莽何羅挾刃謀逆,由是侍中出禁外,有事乃入,畢即出。王莽秉政,侍中復入,與中官共止。章帝元和中,侍中郭舉與後宫通,拔佩刀驚上,舉伏誅,侍中由是復出外。"③同書黄門侍郎條注引《獻帝起居注》:"帝初即位,初置侍中、給事黄門侍郎,員各六人,出入禁中,近侍帷幄,省尚書事"。後因"機事頗露",司徒王允"乃奏比尚書,不得出入,不通賓客,自此始也。"④根據這兩條史料,漢代侍中最初"止禁中",武帝時"出禁外",王莽時"復入",章帝時"復出",獻帝時一度"出入禁中",不久又"不得出入"。

曹魏以後的情況如何呢? 史籍未作明確記載。《晋書·職官志》對此隻字不提,可能是因爲未再發生重要變化。《宋書·百官志》侍中條則曰:"漢世,與中官俱止禁中。武帝時,侍中莽何羅挾刃謀逆,由是侍中出禁外,有事乃入,事畢即出。王莽秉政,侍中復入,與中官共止。章帝元和中,侍中郭舉與後宫通,拔佩刀驚御,舉伏誅,侍中由是復出外。魏晋以來,置四人,别加官不主數。"⑤這段文字基本照抄蔡質之説,詳述漢代侍中或"止禁中"或"出禁外"的變化,對獻帝朝的變化則未提及,至於"魏晋以來"的情形,只及員額,未説在禁中還是禁外。這似乎是在暗示,魏晋及劉宋的門下省都和漢章帝以後的情形一樣,仍在"禁外"。南朝史籍不見門下復入禁中的記載,則齊、梁、陳的門下省應該也在"禁外"。

北魏則不同。《魏書·序紀》:昭成帝建國二年春,"始置百官,分掌衆職"。同書《官氏志》載此事曰:"建國二年,初置左右近侍之職,無常員,或至百數,侍直禁中,傳宣詔命。……又置内侍長四人,主顧問,拾遺應對,若今之侍中、散騎常侍也。"⑥可見拓拔部很早就設置了類似侍中、散騎常侍的近侍之職,並"侍直禁中"。《官氏志》又載:道武帝登國元年,置"外朝大人官","自侍中已下,中散已上,皆統之外朝大人,無常員。主受詔命,外使,出入禁中。"⑦所謂"出入禁中",當與漢代一

①《魏書》卷八〇《斛斯椿傳》,第1774頁。

②《北齊書》卷一八《劉騰傳》,中華書局,1972年,第234頁。

③《後漢書》,中華書局,1965年,第3593頁。

④《後漢書》,第3594頁。

⑤《宋書》卷三九《百官志上》,中華書局,1974年,第1239頁。

⑥《魏書》卷一《序紀》,第12頁;卷一一三《官氏志》,第2971頁。

⑦《魏書》卷一一三《官氏志》,第2972頁。

樣,指侍中居止禁中,並可隨時出入禁門。下文又載:道武帝天賜二年,"置内官員二十人,比侍中、常侍,迭直左右。"明元帝永興元年,"置麒麟官四十人,宿直殿省,比常侍、侍郎。"①是北魏初道武帝、明元帝時,仍有侍中、常侍等官員在"禁中"宿直。北魏早期的侍中、常侍等職,顯然是模仿魏晉南朝而設,但受其傳統的内外官制度影響,皆宿直"禁中",在皇帝左右。

太和十七年,孝文帝決意遷都洛陽,遂"詔征司空穆亮與尚書李沖、將作大匠董爵經始洛京"②。中書侍郎韓顯宗上書曰:"今洛陽基址,魏明帝所營,取譏前代。伏願陛下損之又損。"③勸孝文帝不要完全恢復魏晉洛陽宮的規模,以免奢侈之譏。可見孝文帝是打算按魏晉基址重建洛陽宮的。據考古勘探和發掘,北魏洛陽宮主要建築的規模、位置都和魏晉洛陽宮一樣④。從史籍記載看,宮中主要建築的名稱也和魏晉一樣。但門下省的位置,仍沿北魏之舊,設於禁中。

北魏洛陽宮的"禁中"在"上閤"之内,以顯陽殿爲中心,又有含章、徽音等殿。《北史·后妃傳上》載領軍元叉殺清河王懌之事曰:"時太后逼幸清河王懌,淫亂肆情,爲天下所惡。領軍元叉、長秋卿劉騰等奉明帝於顯陽殿,幽太后於北宫,於禁中殺懌。"⑤明言懌被殺於"禁中"。同書《清河王懌傳》載此事曰:"懌才長從政……孝明熙平初,遷太尉,侍中如故。詔懌裁門下之事。""靈太后……委以朝政,事擬周、霍……正光元年七月,又與劉騰逼孝明於顯陽殿,閉靈太后於後宫,囚懌於門下省,懌罪伏,遂害之。"⑥是懌當時以侍中輔政,"裁門下之事",元叉發動政變,將其囚殺於門下省。此證門下省在禁中。《魏書·元叉傳》亦載此事:"叉……與侍中劉騰密謀",誣告懌欲"以毒藥置御食中以害帝","肅宗聞而信之,乃御顯陽殿。騰閉永巷門,靈太后不得出。懌入,遇叉於含章殿后,欲入徽章東閤,又屬聲不聽……命宗士及直齋等三十人執懌衣袂,將入含章東省,使數十人防守之……夜中殺懌。"⑦文中"徽章"顯係"徽音"之訛。"含章東省"應指含章殿。《太平御覽》引山謙之《丹陽記》載東晉南朝之制曰:"皇后正殿曰顯陽,東曰含章,西曰徽音,又洛宫

①《魏書》卷一一三《官氏志》,第 2974 頁。
②《魏書》卷七下《高祖紀下》,第 173 頁。
③《魏書》卷六〇《韓麒麟傳附弟顯宗傳》,第 1338 頁。
④參錢國祥:《由閶闔門談漢魏洛陽城宫城形制》,《考古》2003 年第 7 期,第 54 頁;《漢魏洛陽故城居中宫城制度考》,《中國社會科學報》2018 年 7 月 3 日。
⑤《北史》卷一三《后妃傳上》,中華書局,1974 年,第 504 頁。
⑥《北史》卷一九《清河王懌傳》,第 716、717 頁。
⑦《魏書》卷一六《京兆王黎傳附元叉傳》,第 404 頁。

之舊也。"①此"洛宮之舊"指曹魏、西晉之制,北魏洛陽宮當同。禁中諸殿以顯陽爲中心,含章在其東,故稱"東省"。由此可知,清河王懌被囚殺的門下省在含章殿中。

《隋書·百官志中》:"後齊制官,多循後魏。"②北齊的門下省也大致沿用北魏之制。《隋書·百官志中》載北齊制曰:"門下省,掌獻納諫正,及司進御之職。侍中、黃門侍郎各六人,録事四人,通事令史、主事令史八人。統局六:領左右局……尚食局……上藥局……主衣局……齋帥局……殿中局"。其中,領左右局"掌知朱華閣内諸事",尚食局"總知御膳事",尚藥局"總知御藥事",主衣局"掌御衣服玩弄事",齋帥局"掌鋪設灑掃事",殿中局"掌駕前奏引行事,制請修補"③。這些職掌,漢代大多屬少府,魏晉轉歸光禄勳④,北魏、北齊則歸了門下省。特別值得注意的是,領左右局"掌知朱華閣内諸事"一條。《資治通鑑·陳紀二》文帝天嘉元年:"(長山王)演入,至昭陽殿,(長廣王)湛及(平秦王)歸彥在朱華門外。"胡三省注:"後齊禁中有朱華閣。"⑤是"朱華閣"又作"朱華閣"、"朱華門",乃禁中昭陽殿前之門。顧炎武《歷代宅京記·鄴下》"朱華門"條引《鄴中記》云:"太極殿後三十步,至朱華門,門内即昭陽殿。"⑥北魏、北齊的皇帝或太后常在該殿處理政務,故"朱華閣内"是當時最高權力所在。"領左右局"掌"諸華閣内諸事",大致相當於兩漢魏晉的"黃門令"。領左右局屬門下省,則意味著皇帝身邊的日常事務都歸門下掌管。侍中、黃門侍郎常在皇帝左右,不僅負責"獻納諫正",還兼掌"進御之職"。其權力"尤重",在皇帝年幼時甚至可以專權,便不難理解了。

(作者單位:北京大學中國古代史研究中心)

---

①《太平御覽》卷一七五《居處部三》引,中華書局,1960年,第855頁上欄。

②《隋書》卷二七《百官志中》,中華書局,1973年,第751頁。

③《隋書》卷二七《百官志中》,第753頁。

④參拙文《魏晉洛陽宮禁軍制度的變遷》,待刊。

⑤《資治通鑑》卷一六八,中華書局,1956年,第5199頁。

⑥(清)顧炎武:《歷代宅京記》,中華書局,1984年,第183頁。

唐虢國夫人衣食住行研究

李志生

　　虢國夫人（？—756），楊貴妃三姊之一，"玄宗並封（三姊）國夫人之號：長曰大姨，封韓國；三姨，封虢國；八姨，封秦國"①。她是楊氏外戚的重要成員，死後，被指爲大唐由盛轉衰的禍首之一，"禄山反幽陵……咸言國忠、虢國、貴妃三罪"②。

　　今人在談論虢國夫人時，也多與玄宗天寶時期的怠政、政治腐化聯繫在一起，對她的奢靡生活多有批評③。雖然如此，學界對虢國夫人的研究其實並不充分，對她僭制和奢靡的程度，更是有欠具體分析，這也是促成本文撰寫的基本原因。除此，研究這一主題還基於其他兩原因，第一，圍繞虢國夫人的日常生活、特別是她的衣食住行，唐宋人爲我們留下了相對豐富的史料，從而使這一主題的研究，能够成爲難得的唐代婦女個案（case study）之一，儘管這一個案有特殊之處，它反映的是頂級貴婦的日常生活。第二，以唐玄宗時期的政治和其個人生活附論虢國夫人，其自是男性視角，而社會性別理論强調關注婦女的主體性（subjectivity）、能動性（agency），側重她們的自我感受（self-perceptions）④。本文以虢國夫人爲考察的主角，

---

① （後晋）劉昫等：《舊唐書·楊貴妃傳》，中華書局，1975 年，第 2178 頁。

② （宋）樂史：《楊太真外傳》，《開元天寶遺事十種》，上海古籍出版社，1985 年，丁如明輯校，第 141 頁。

③ 如閻守誠、吴宗國：《唐玄宗》，三秦出版社，1989 年，187—188 頁；許道勛、趙克堯：《唐玄宗傳》，人民出版社，1993 年，第 353—355 頁；烏廷玉：《唐玄宗傳》，吉林文史出版社，1995 年，第 308 頁。

④ "主體性"和"能動性"是女性主義針對婦女在父權社會中的"客體性"（objectivity）與"被動性"（passivity）而提出的。傳統史學忽視婦女在歷史中的聲音，將婦女描述爲受壓迫的被動形象。"主體性"（subjectivity）則强調關注婦女的個人或集體的生活體驗與感受；"主動性"（agency）强調的是婦女參與歷史的主動性。參見高世瑜：《發展與困惑——新時期中國大陸的婦女史研究》，《史學理論研究》3（2004）：102—103。

分析其衣食住行的具體内容及内在成因,希望能够透過女性視角,來觀察她的日常生活。

另外,在本文使用的史料中,唐詩是一個重要門類,而其中最重要的是杜甫的《麗人行》一詩。《麗人行》作于天寶末期(753或754年)①,杜甫其時正在京城爲官②,因此,他對楊氏外戚的生活當有所瞭解,他通過此詩,對楊氏諸姊的衣食,做了符號性的提煉,而通過分析這些符號,我們可以更清楚地瞭解楊氏諸姊日常生活的奢靡程度。另外,本文也使用了繪畫材料,特別是唐人張萱的《虢國夫人游春圖》。關於此畫,學界認爲,其"爲流傳有緒的唐宋名跡中稀有瑰寶之一"③;但對於畫中人物、特別是虢國夫人的指認,學界目前則多存争議④。所以本文在使用此畫時,並非特別據其解釋虢國夫人的衣、行。

圖1　虢國夫人游春圖卷張萱(宋摹本)⑤

引言　"車服邸第與大長公主侔"

唐人陳鴻在《長恨歌傳》中,稱楊貴妃"姊妹封國夫人,富埒王宫,車服邸第與大長公主侔"⑥。所謂"與大長公主侔",其意在譴責楊氏三姊的僭制,因在唐代的禮律中,大長公主與國夫人雖同爲外命婦,但它們是存在明顯等差的。

唐代的大長公主是爲外命婦之首,地位最尊貴。關於大長公主與國夫人的命

---

①錢謙益繫於天寶十三載(754)[(唐)杜甫著、(清)錢謙益箋注:《錢注杜詩》附《少陵先生年譜》,上海古籍出版社,2009年,第725頁];仇兆鼇繫於天寶十二載(753)[(唐)杜甫撰、(清)仇兆鼇注:《杜詩詳注》,中華書局,2015年,第136頁]。

②《舊唐書·文苑傳》記:"天寶末,獻《三大禮賦》,玄宗奇之,召試文章,授京兆府兵曹參軍。"(第5054頁)。

③金維諾主編:《中國美術全集·繪畫編》2《隋唐五代繪畫》圖版説明,人民美術出版社,1984年,第11頁。

④參見朱萍:《試析〈虢國夫人游春圖〉中的主體人物》,《美術大觀》2(2011):42—43。

⑤《中國美術全集·繪畫編》2《隋唐五代繪畫》,第44頁。

⑥(唐)白居易著、朱金城箋校:《白居易集箋校》,上海古籍出版社,1988年,第657頁。

婦等差,唐代外命婦制規定:"皇姑封大長公主,皇姊妹封長公主,皇女封公主,皆視正一品;皇太子之女封郡主,視從一品;王之女封縣主,視正二品。……王母妻爲妃;一品及國公母妻爲國夫人。"①除邑號外,妃及國夫人等外命婦,也以從夫的形式,而被授以相應的官品,"婦人有官品者,依令,妃及夫人,郡、縣、鄉君等是也"②。國夫人對應的當爲一品。雖然虢國夫人等楊氏三姊的外命婦封號並非因夫而來,但以她們所受的寵待,其爲一品國夫人,當屬自然。類似的情況,還可見於高宗的乳母盧氏,"帝既即位,封燕國夫人,品第一"③。

依上,在外命婦中,以大長公主爲首的公主等宗親命婦,要優於其他外命婦,而這在車、服上都有體現。唐時車制規定,"外命婦、公主、王妃乘厭翟車,駕二馬。自餘一品乘白銅飾犢車,青通幰,朱裏油纁,朱絲絡網,駕以牛",在車的種類及拉駕牲畜上,公主與命婦都有區別;再如服制,"諸公主、王妃珮綬同,諸王縣主、內命婦准品。外命婦五品已上,皆准夫、子,即非因夫、子別加邑號者,亦准品"④,公主、王妃的珮綬,也明顯有別於其他外命婦。

大長公主的命婦之首身份,在唐禮中也有反映。如《大唐開元禮》規定,元正、冬至二日,外命婦有朝賀皇后之禮,朝會之前,"司贊設外命婦版位於殿庭:大長公主以下在東,太夫人以下在西"⑤,朝賀皇后的兩列外命婦,分別由大長公主和王母居首,而"皇宗親"的大長公主,又居"皇宗親"和"異姓親"之首。

雖然唐代的大長公主尊崇如此,但在現實的衣食住行中,虢國夫人卻有著許多大長公主都無以望其項背的特權;其超高的生活水準,在很多方面,甚至舉朝都罕見。

一、虢國夫人的衣生活

唐代貴婦的服飾一般分爲常服和禮服兩大類,常服爲日常所著,禮服則爲禮儀場合所穿。虢國夫人衣生活的特點,主要表現在常服的豪貴上。另外,她受賜的千貫脂粉錢,也是其豪貴生活的突出反映之一。

---

① (唐)李林甫等:《大唐六典》尚書史部司封郎中員外郎條(廣池學園事業部,1973),廣池千九郎訓點,內田智雄補訂,第41頁。

② (唐)長孫無忌等:《唐律疏議·名例律》,中華書局1983年,劉俊文點校,第39頁。

③ (唐)劉餗:《隋唐嘉話》,中華書局,1979年,程毅中點校,第32頁。

④ 《舊唐書·輿服制》,第1935、1956—1957頁。

⑤ 《大唐開元禮·嘉禮》,民族出版社,2000年,第458頁。

（一）常服

唐代婦女常服主要有上衫下裙、胡服和男裝等三大類，其中又以上衫下裙爲主要款式，其構成一般爲裙、衫、帔（或加半臂）。虢國夫人的常服也如此，如在她强奪韋嗣立宅時，就穿戴著衫帔，“韋氏諸子方偃息於堂廡間。忽見婦人衣黃羅帔衫，降自步輦”①。這種常服的構成，也見於《虢國夫人游春圖》。

虢國夫人帔衫的顏色——黃色，則是其時的流行色。楊貴妃因曾入道，而“好服黃裙”②。在她的帶動下，天寶女裝掀起了一股黃色潮，其流波甚至遠及益州（今四川成都），像益州士曹柳某妻李氏，在赴節帥章仇兼瓊夫人之宴時，穿的就是黃羅銀泥裙③。

虢國夫人的衫裙也多以羅爲面料，除上引的“黃羅帔衫”外，《麗人行》中的楊氏諸姊，也是“繡羅衣裳”，這其實是她的身份和財力的顯現。羅在唐代絲織品中，屬於精貴之品、奢侈之物，這從唐人對紡織品的排序就可看到，“錦、羅、紗、縠、綾、紬、絁、絹、布”④，羅高居前列。因此，羅也成爲了五品以上官員的服裝面料，“三品已上，大科紬綾及羅”，“五品已上，小科紬綾及羅”；同時，唐令規定，“婦人宴服，准令各依夫色，上得兼下，下不得僭上”，也即五品以上官夫人的常服，也可以羅爲之。至於像虢國夫人這種非依夫而來的命婦，唐令對她們的禮服規定是，“外命婦五品已上，皆准夫、子，即非因夫、子別加邑號者，亦准品”。其常服等級，或也與此類似。如此，身爲一品國夫人並極得皇寵的虢國夫人，以羅爲面料，其當屬制度之内和情理之中。另外，開天時期，奢靡之風盛行，婦女違制衣羅並不鮮見，“婦人……既不在公庭，而風俗奢靡，不依格令，綺羅錦繡，隨所好尚。上自宮掖，下至匹庶，遞相仿效，貴賤無別”⑤。像如上所説益州士曹妻赴宴時，穿著的就是羅裙，而此士曹參軍的職事品，僅爲正七品下⑥。

緣於如上原因，虢國夫人的衣羅，並未引起特别關注。但作爲奢侈品的羅，其價格自應不會太低。唐時的羅主要供給上層，流通不多，故對其價格的記載鮮少。依《朝野僉載》，“汴州刺史王志愔……令買單絲羅，匹至三千”⑦。王志愔任汴州刺

① （唐）鄭處誨：《明皇雜録》，中華書局，1994 年，田廷柱點校，第 29 頁。
② （宋）歐陽修、宋祁：《新唐書·五行志》，中華書局，1975 年，第 879 頁。
③ 見（宋）李昉：《太平廣記許·老翁》，中華書局，1961 年，第 197—198 頁。
④ 《新唐書·百官志》，第 1271 頁。
⑤ 《舊唐書·輿服志》，第 1952—1957 頁。
⑥ 參見《大唐六典》大都督府條，第 518 頁。
⑦ （唐）張鷟：《朝野僉載》，中華書局，1979 年，趙守儼點校，第 76—77 頁。

史的時間,在景雲二年(711)至太極元年(712)間①。而在各色羅中,單絲羅的織造稍顯簡單②,故其價格當非羅中的最高。我們暫且就依此價,來看一下羅與其他民間絲織品的價格對比,以及它的購買力。

在《唐天寶二年交河郡市估案》③這一文書中,載有多種民間流通的絲織品價格,其中價格最高的是細綿紬,其一尺的次估價(中價)爲 45 文。按唐令,"布帛皆闊尺八寸,長四丈爲匹,布五丈爲端"④,也即一匹細綿紬的價格爲 1800 文。與單絲羅相比,民間流通的最高檔絲織品的價格,也要低之不少。

再以《唐天寶二年交河郡市估案》中的一些衣食價格,來估算一下單絲羅一匹的購買力。衣方面,緤鞋(棉布鞋)、馳靴、益州半臂、帛高布衫的次估價,分別爲 27 文、35 文、400 文和 900 文,如此,一匹單絲羅的 3000 文,就分別可以購買 111 雙緤鞋、85.7 雙馳靴、7.5 件益州半臂和 3.33 件帛高布衫。食方面,一斗白麵或烏豆的次估價,分別爲 37 文和 45 文⑤,3000 文可購約 81.08 斗白麵或 66.66 斗烏豆。

除精貴的面料,虢國夫人等裙衫上的刺繡,也是耗工、華奢的蹙金繡——"蹙金孔雀銀麒麟"(《麗人行》)。蹙金繡的耗工和華奢,主要表現在原材料的昂貴和費工費時上。其金綫的製作,須先將金銀捶打成金箔,再以金箔製成捻金綫⑥。唐時蹙金繡的實物,可見唐法門寺地宮的出土遺物(圖 2)。

圖 2　法門寺出土唐紫紅羅地蹙金繡半臂⑦

①《舊唐書·王志愔傳》,第 3123 頁。

②參見趙豐:《唐代絲綢與絲綢之路》,三秦出版社,1992 年,第 113 頁。

③見[日]池田温:《中國古代籍帳研究》,中華書局,2007 年,龔澤銑譯,第 303—318 頁。

④(唐)杜佑:《通典·食貨典·賦稅下》,中華書局,王文錦等點校,第 107—108 頁。

⑤在《唐天寶二年交河郡市估案》中,烏豆的次估價殘缺,此依"上直錢伍拾文"推算。

⑥參見黃能馥主編:《中國美術全集·工藝美術 6·印染織繡(上)》,文物出版社,1985 年,第 9—10 頁。法門寺出土絲織品中的撚金綫,直徑爲 125—550 微米,製作金綫所用爲金銀合金[見楊軍昌等:《法門寺地宮出土唐代撚金綫的製作工藝》,《文物》2(2013):97—104]。

⑦陝西省考古研究院等:《法門寺考古發掘報告》,文物出版社,2007 年,彩版 243。

另外，以孔雀、麒麟爲圖案，也頗涉浮華，代宗即位後，就對包括孔雀、麒麟在内的"異彩奇文"，予以了禁斷："其綾錦花文，所織盤龍、對鳳、麒麟、獅子、天馬、辟邪、孔雀、仙鶴、芝草、萬字、雙勝及諸織造差樣文字，亦宜禁斷。"①按，麒麟爲古時的聖靈、瑞應之獸，"麟鳳龜龍，謂之四靈"②，"麒麟，獸之聖者也"，故常與聖王、太平聯繫在一起，"鳳皇麒麟，太平之瑞也"③。孔雀雖非靈獸，但因出南方僻遠之地，且毛、尾光翠奪目，故唐人也視爲珍禽，入于其時的土貢名録④。

虢國夫人等的服飾上，還綴有周身的珠寶，"頭上何所有？翠微盍葉垂鬢唇。背後何所見？珠壓腰衱穩稱身"（《麗人行》），"蓋舉頭與腰之飾，而一身之服備矣"⑤。關於頭飾，"翠微匐葉，則翡翠微布於匐彩之葉"，而所謂匐彩，即花鈿。關於腰飾，其所謂腰衱，即裙腰，"以珠綴之，故言珠壓腰衱"⑥。虢國夫人等的這種珠玉滿身，也由《舊唐書》的記載得到印證，每年十月楊氏諸姊隨玄宗幸華清宮時，也是"遺鈿墜舄，瑟瑟珠翠，璨瓓芳馥於路"⑦。

虢國夫人等的這一身珠寶價值幾何？我們可依唐人的《富貴曲》一詩忖奪："美人梳洗時，滿頭間珠翠。豈知兩片雲，戴卻數鄉税。"⑧虢國夫人等的一身珠翠，當遠不止數鄉税了。

（二）禮服

在正式禮儀場合，唐代命婦須穿著禮服。按《舊唐書·輿服志》，五品以上外命婦所著禮服有兩種，即花衩翟衣和鈿釵禮衣：

> 内外命婦服花釵，施兩博鬢，寶鈿飾也。翟衣青質，羅爲之，繡爲雉，編次於衣及裳，重爲九等而下。第一品花鈿九樹，寶鈿准花數，以下准此也。翟九等。第二品花鈿八樹，翟八等。……並素紗中單，黼領，朱褾、襈，……蔽膝，……大帶，……青衣，革帶，青襪、舄，珮，綬。……其外命婦嫁及受册、從蠶、大朝會亦准此。鈿釵禮衣，通用雜色，制與上同，唯無雉及珮綬。去舄，加

①（宋）宋敏求：《唐大詔令集政事禁約下》，學林出版社，1992年，洪丕謨等點校，第519頁。
②《禮記·禮運》。
③（漢）王充：《論衡·講瑞篇》，上海書店，1986年，《諸子集成》本，第163、165頁。
④開元時期，嶺南道的土貢中有孔雀（見《唐六典》户部郎中員外郎之職，第63頁）。
⑤《杜詩引得·九家集注杜詩》（哈佛燕京學社引得編纂處，1940年），第25頁。
⑥《錢注杜詩·麗人行》，第25頁。
⑦《舊唐書·楊貴妃傳》，第2179頁。
⑧《全唐詩》，中華書局，1960年，第9666頁。

履。第一品九鈿,第二品八鈿,……外命婦朝參辭見及禮會則服之。[1]

據此,唐代命婦的禮服等差,主要表現在花鈿、寶鈿及翟飾的數量上。除此,公主、王妃等與其他内外命婦的禮服,在珮綬上也存在差别:"諸公主、王妃珮綬同,諸王縣主、内命婦准品。外命婦五品已上,皆准夫、子,即非因夫、子别加邑號者,亦准品。"[2]

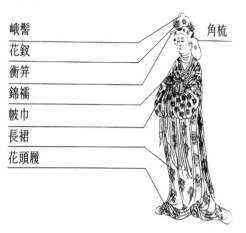

峨髻　　　　　角梳
花釵
衡笄
錦襦
帔巾
長裙
花頭履

圖3　唐代貴婦禮服[3]

再按照上引《舊唐書》衣服令,唐代外命婦的禮服及其穿著場合,可見下表:

身份	禮服	場合
外命婦	花釵翟衣	嫁,受册,從蠶,大朝會
	鈿釵禮衣	朝參,辭見,禮會

按,從蠶,是爲内外命婦於季春吉巳日,跟隨皇后享先蠶及親桑。而朝參和朝會,均有朝賀參拜之儀,但朝會還有朝迄的宴會之儀。朝會一般在元正、冬至或納后、臨軒册后、册皇太子時舉行;朝參則於朔望或固定時間舉行,如每月的二十六日及元正、冬至、寒食、五月五日。出嫁、受册,外命婦出嫁、受册時,應按品級穿著花釵翟衣。辭見,其屬"因事得入宫殿者"[4],外命婦辭見,奏請和禮服均須合乎規定。禮會,是爲親王、公主和百官婚禮中的一種儀式,僅限女子參加,其與男子參加的婚會之儀相對。

由如上分析的外命婦穿著禮服的場合看,虢國夫人著禮服的機會實並不多。

①《舊唐書·輿服志》,第 1956 頁。
②《舊唐書·輿服志》,第 1956—1957 頁。
③譚嬋雪主編:《敦煌石窟全集》24《服飾畫卷》,商務印書館(香港)有限公司,2005 年,第 252 頁。
④《唐律疏議·衛禁律》,第 154 頁。

如從蠶、朝參和朝會,在她受封國夫人後的天寶時期,皇后闕位,故這些朝儀活動都無從舉行。再如出嫁和受册,虢國夫人喪夫後,未見再嫁;而她一封即爲國夫人,故册封著禮衣,也當僅發生過一次。還有辭行,她自楊貴妃受寵入長安後,未見離開,故辭見穿禮服也當不存在。而禮會,或是虢國夫人穿著禮服最多的場合,史載,"十宅諸王百孫院婚嫁,皆因韓、虢爲紹介,仍先納賂千貫,而奏請罔不稱旨"①,作爲媒人的虢國夫人,出席新人婚禮,自是順理成章。

由目前的史料看,虢國夫人在不多的穿著禮服的場合,未見有明顯的僭禮越制行爲。雖然如此,其聲勢、氣焰,確可比於大長公主了。史載,楊氏三姊"出入宫掖,恩寵聲焰震天下。每命婦入班,持盈公主等皆讓不敢就位"②。持盈公主爲睿宗女、玄宗同母妹,玄宗時進爲玉真長公主。這位長公主在命婦入班時,是以楊氏三姊的落座爲準的,其稱"與大長公主侔",實並不爲過。

(三)千貫脂粉錢

關於楊氏三姊的受寵,玄宗每年給賜的千貫脂粉錢,是一個重要表現,"韓、虢、秦三夫人歲給錢千貫,爲脂粉之資"③。

漢唐時期的脂粉錢,約略相當於官員的俸料錢④,依命婦的地位、品級給授。皇帝的内官明確有此類常規收入,"古制,天子六宫,皆有品秩高下,其俸物因有等差。唐法沿於周、隋,妃嬪宫官,位有尊卑,亦隨其品而給授,以供衣服鉛粉之費,以奉於宸極"⑤。有學人據開元二十四年(736)朝官的俸禄錢收入推測,盛唐時正一品惠妃、麗妃、華妃的俸錢收入,當爲每月 31 貫,即每年 372 貫⑥。東宫内命婦、公主王妃等外命婦,也當有據品級高下而給授的脂粉錢。其他外命婦是否有此項收入,暫無所知,但特殊的優寵給授,在史料中還是可以看到,如玄宗時,突厥毗伽可汗妻骨咄禄婆匐可敦率衆歸降,"歲給粉直二十萬"⑦。所以,優寵楊氏三姊而給授脂粉錢,當非違制,但千貫之數,則遠超了三妃之資,這就或嫌僭制了。

開天時期的千貫錢購買力如何? 下表就以開天時期的一些重要物價,與之進行對比:

①《舊唐書·楊貴妃傳》,第 2180 頁。
②《新唐書·楊貴妃傳》,第 3493 頁。
③《舊唐書·楊貴妃傳》,第 2179 頁。
④關於秦漢時期的后妃等級與俸錢收入,參見朱子彦:《秦漢後宫制度論述》,《學術月刊》6(2000):81—87。
⑤《舊唐書·王鉷傳》,3229 頁。
⑥參見李晶瑩:《唐代后妃與公主經濟生活初探》,首都師範大學碩士學位論文(2007),第 7 頁。
⑦《新唐書·突厥傳下》,第 6055 頁

開元、天寶時期千貫錢的對比值

時間	對比值	千貫錢的對比值
開元十九（731）—二十年（732）	西州婢價爲大練 40 匹①。 1 匹大練的中價爲 460 文②。 1 婢的價格爲 18.4 貫。	約可購買 54.35 個婢。
開元十三年（725）以後	"兩京米斗不至二十文，面三十二文"③。 千貫可買 5000 余石米、3215 石面。 唐代成丁男子年均食量 7.2 石④。	以米爲食，每年可供養兩京丁男 694 位。 以麵爲食，每年可供養兩京丁男約 434 位。
開元二十四年（736）	一品京官月俸 31 貫⑤。	約爲 32.26 位一品京官的月俸總和。
開元之際	小生産者日産絹三尺，折錢 15 文⑥。	約合 66667 位小生産者日産絹值總和。
天寶二年（743）	交河郡每斗白麵中價 37 文⑦。 千貫可購約 2702.7 石麵。 唐代成丁男子年均食量約 7.2 石。	每年可供養 375.4 位交河郡丁男。
盛唐	每丁調絹 2 匹。 1 匹絹 550 文⑧，2 匹絹計錢 1.1 貫。 千貫可購約 1818 匹絹。	約爲 909 位丁男的調絹。

二、虢國夫人的食生活

"紫駝之峰出翠釜，水精之盤行素鱗。犀箸厭飫久未下，鸞刀縷切空紛綸。黄門飛鞚不動塵，御厨絡繹送八珍"，這是《麗人行》對楊家外戚游春時飲饌的描述。杜甫以幾種典型珍饌——紫駝之峰、素麟、八珍，幾種華奢食器——翠釜、水精盤、犀箸，暗喻了楊家外戚食生活的奢靡。這些珍饌、華器的具體内容如何？目前尚無全面、深入的探討。

---

①見"唐開元十九年（西元 731 年）唐榮買婢市券"、"唐開元二十年（西元 732 年）薛十五娘買婢市券"，《吐魯番出土文書》，文物出版社，1996 年，中國文物研究所等編，〔肆〕，第 264、266 頁。

②見"唐天寶二年（743）交河郡市估案"，《中國古代籍帳研究》，第 304 頁。

③《通典·歷代盛衰户口》，第 152 頁。

④本文以 7.2 石爲標準，主要依據如下："凡反逆相坐，没其家爲官奴婢"，"其糧：丁口日給二升"；"給公糧者"，"丁男口給米二升"（《唐六典》都官郎中員外郎之職，第 149—151 頁、司農寺太倉署令之職，第 375 頁）。

⑤見黄惠賢、陳鋒主編：《中國俸禄制度史》，武漢大學出版社，1996 年，第 187 頁。

⑥見李埏：《略論唐代的"錢帛兼行"》，《中國封建經濟史論集》，雲南教育出版社，1987 年，第 226—227 頁。

⑦見"唐天寶二年（743）交河郡市估案"，《中國古代籍帳研究》，第 303 頁。

⑧見（宋）王溥：《唐會要定贓估》，中華書局，1955 年，第 727 頁。

(一) 珍饌:紫駝之峰、素鱗、八珍

1. 紫駝之峰

顧名思義,此道珍饌的食材爲駝峰。中國人食用駝肉的時間並不早,其在南北朝之後。唐時,駝峰入饌也開始見諸史料,《麗人行》中的紫駝之峰,是對此較早的記載;至晚唐,駝峰炙則已成爲"衣冠家名食",並有"將軍曲良翰,能爲……駝峰炙"[①]。

駝峰炙,是爲以火燒烤的駝峰,紫駝之峰或是其別稱。此道食饌珍貴的原因,主要在於食材的稀有和菜肴的美味。唐時,駱駝是重要的馱畜,被視爲沙漠中的聖物,主要來自西域及其他政權的禮贈和貢獻,在内陸的長安較爲稀有[②]。而駝峰又是駝肉中的精華,其由膠質脂肪構成,少雜質,柔嫩腴潤,是爲烹飪原料中的珍品。所以,至宋代時,駝峰就從唐衣冠家流行的名食,躋身爲了頂級美饌,"駝峰之雋,列於八珍"[③]。

2. 素鱗

素鱗,有學者以其食材爲白鱗魚[④],而筆者更傾向于白魚。白鱗魚生長於沿海地區,在歷史上從未被視爲珍饌。但白魚不同,自南朝以來,它就被視爲了高級食材,像"侈於味"的何胤,"食必方丈,後稍欲去其甚者,猶食白魚、鮑脯、糖蟹,以爲非見生物"[⑤]。隋時,白魚成爲了太湖地區的土貢,"白魚,出太湖者爲勝。……民得采之,隨時貢入洛陽"[⑥];因宮中的喜愛,白魚魚種還被引入了洛陽禁中,"白魚種子。隋大業六年,吳郡貢入洛京,敕付西苑内海中"[⑦]。至唐後期時,白魚依然是一些地方的土貢,如江陵府江陵郡[⑧],潁州汝陰郡則貢有糟白魚[⑨]。

3. 八珍

八珍在歷史上出現得很早,《周禮·天官·膳夫》就稱"珍用八物",但八物的

---

① (唐)段成式撰、許逸民校箋:《酉陽雜俎校箋·酒食》,中華書局,2015 年,第 607 頁。

② 參見[美]謝弗:《唐代的外來文明》,中國社會科學出版社,1995 年,吳玉貴譯,第 153—156 頁。

③ (宋)周密:《癸辛雜識》,中華書局,1988 年,吳企明點校,第 160 頁。

④ 參見蕭滌非:《杜甫詩選注》,上海古籍出版社,1983 年,第 20 頁。

⑤ (唐)李延壽:《南史·何尚之傳附何胤》,中華書局,1975 年,第 793 頁。

⑥ (宋)范成大:《吳郡志·土物》,江蘇古籍出版社,1999 年,陸振嶽點校,第 436 頁。

⑦ 《吳郡志·土物下》,第 441 頁。

⑧ 見《新唐書·地理志》,第 1027 頁。

⑨ 見《新唐書·地理志》,第 987 頁。

内容,其書缺載,漢人鄭玄對此的注釋是:"珍謂淳熬、淳母、炮豚、炮牂、搗珍、漬、熬、肝膋也。"①另一部經典《禮記·内則》,則詳載了八珍②的食材和烹飪、食用方法。此時八珍的食材,主要有米、豬、牛、羊、鹿、麕、狗肝等;而烹製、食用方法,則有烤、炸、燉、捶、澆、醮醬汁等,這也是早期農牧業和飲食發展水平的反映。

社會發展到唐代,農牧業水準已有很大提高,像米,社會上層或富裕人家以之爲食,已非難事;豬牛羊等肉類、特別是羊肉,也已成爲上層或富裕人家的常見食物③。所以,對唐人、特別是唐代上層來説,周時的八珍僅可稱爲美食、但絶非珍饌了。

那麼,唐八珍是由哪些珍饌所構成? 對此,史書無載。遼、元兩代的八珍倒是見於史册,這也爲探討唐八珍,提供了綫索。下面我們就借助元八珍,來對唐八珍做初步分析。

元八珍的構成,見於元人所撰的《饌史》:"龍肝,鳳髓,豹胎,鯉尾,鶚(鴞)炙,猩脣,熊掌,酥酪蟬(羊脂爲之)。"④唐時,也頗有與這些相似的珍饌,其分述如下。

龍肝:漢晉時期的龍肝,或以狗肝、鳥肝爲之⑤。而唐人張鷟除以其爲肉外——"肉則龍肝鳳髓"⑥,還記其爲水産,蜀縣令妻因病須食生龍肝,"須臾有龍下,入甕水中,剔取食之而差"⑦。

鳳髓:食材、烹製方法均無可考,唐人也未見食之。但在唐代珍饌中,另有以"鳳"相稱的鳳脯、鳳臘。鳳脯,爲傳説中神仙享用的食物,"西王母曰:'仙之上藥有九色鳳腦,次藥有蒙山白鳳之脯'"⑧。此珍饌也出現在了張鷟所撰的《遊仙窟》中,在此篇女主人的酒菜中,就有"東海鯔條,西山鳳脯"⑨。鳳臘也爲唐代珍味之一,在珍羞令趙慶所掌中,就有"鳳臘猩脣"⑩。鳳脯、鳳臘的食材或爲孔雀肉⑪,唐

①《周禮注疏》卷四鄭注,中華書局,1980年,《十三經注疏》本,第659頁。

②《禮記·内則》所記八珍與《周禮》略有不同,其不含炮牂而有糁。

③《大唐六典》膳部郎中員外郎之職載,五品已上官,每天供羊肉,親王更是"月給羊二十口、豬肉六十斤"(第107頁)。20口羊約産羊肉260斤[唐制430餘斤。參見王利華:《中古華北飲食文化的變遷》,中國社會科學出版社,2000年,第113頁]。

④(元)佚名:《饌史》,(清)曹溶輯、陶樾增訂:《學海類編保翿》,廣陵書社,2007年,第5393頁。

⑤參見莊申:《從"八珍"的演變看中國飲食文化的演變》,《"中研院"歷史語言研究所集刊》61:2(1990):469—470。

⑥(唐)張文成撰、李時人、詹緒左校注:《遊仙窟校注》,中華書局,2010年,第17頁。張文成名鷟,字文成。

⑦《朝野僉載》,第65頁。

⑧(宋)李昉等:《太平御覽羽族部鳳》引《漢武内傳》,中華書局,1992年,第4057頁。

⑨《遊仙窟校注》,第14頁。

⑩(唐)張鷟撰、田濤、郭成偉校注:《〈龍筋鳳髓判〉校注》,中國政法大學出版社,1996年,第168頁。

⑪馮玉濤對鳳凰爲孔雀進行了論證,參見氏文:《鳳凰崇拜之謎》,《人文雜誌》5(1991):108—113。

人視孔雀爲珍禽，已在上文述及。

豹胎：至遲在戰國末年以前，豹胎就已被視爲珍饌，在《韓非子》中，有"象箸玉杯，必不羹菽藿，則必旄象豹胎"的説法①。唐代文獻中，也可見此道珍饌，像《遊仙窟》女主人的美食中，有"麟脯豹胎"②；杜牧詩中，也稱宮人杜秋娘"歸來煮豹胎"③。

鯉尾：鯉與李唐國姓同音，故玄宗於開元三年（715）和開元十九年（731）兩次下詔，禁斷天下採捕鯉魚④。如此，在開天時期上層的食饌中，當無以鯉爲食材的菜品。但唐人是有食鯉傳統的，他們多以鯉魚製成生魚片，以爲美味之用⑤。

鴞炙：鴞，古時對貓頭鷹一類鳥的統稱，這一食法也出現頗早，《莊子》中記長梧子語，"見彈而求鴞炙"⑥。唐時，人們以之爲不入流的另類美食，像段成式在《酉陽雜俎序》中，以各類食物、調味品，來喻比諸類書籍："《詩》、《書》之味大羹，史爲折俎，子爲醯醢也。炙鴞羞鱉，豈容下箸乎？固役而不恥者，抑志怪小説之書也。"⑦他以炙鴞和小鱉，來比喻其所著之志怪小説。

猩唇：此食至遲在戰國末年，也已被視爲美味，《吕氏春秋》有"肉之美者，猩猩之唇"⑧的説法。但猩猩屬靈長目人科，與人類十分相近，故唐時有人提倡禁食猩肉，如杜佑即以猩猩靈異，認爲"不可容易而爲庖膳也"⑨。這或也反證了唐人是食猩肉或猩唇的。

熊掌：春秋中期，人們已知食熊掌，《孟子》中著名的魚和熊掌之説，是爲其證。唐人仍視熊掌爲珍品，如陸龜蒙言"熊掌稱珍"⑩，白居易也説"陸珍熊掌爛"⑪。

酥酪蟬：有學者推測，此饌當是以奶酥或乳酪製成的蟬形食品。唐時，也有一種雕刻花紋的乳製品，稱"玉露團"或"雕酥"，其見於尚書令韋巨源的燒尾食單

---

① 《韓非子喻老》，《諸子集成》本，第 119 頁。
② 《遊仙窟校注》，第 17 頁。
③ （唐）杜牧：《樊川文集·杜秋娘詩並序》，上海古籍出版社，1978 年，陳允吉校點，第 5 頁。
④ 《舊唐書·玄宗紀上》，第 175、196 頁。
⑤ 如唐朝初年，"有進生魚於建成者，將召饗人作膾。時唐儉、趙元楷在座，各自贊能爲膾"（《舊唐書·李綱傳》，第 2376 頁）。
⑥ 《莊子集解·齊物論》，《諸子集成》本，第 16 頁。
⑦ 《酉陽雜俎序》，《酉陽雜俎校箋》，第 1 頁。
⑧ 《吕氏春秋·孝行覽·本味》，《諸子集成》本，第 141 頁。
⑨ 《通典·邊防典·南蠻上·哀牢》注，第 5062 頁。
⑩ （唐）陸龜蒙：《甫里先生文集·中酒》，河南大學出版社，1996 年，宋景昌、王立群點校，第 210 頁。
⑪ 《白居易集箋校·奉和汴州令狐令公二十二韻》，第 1613 頁。

中①。"玉露團"或是元代酥酪蟬的前身②。

綜此,我們看到,元八珍的構成,已從周時的以稻米、畜産爲主要食材,轉變爲了以珍禽異味爲主要原材料。通過元八珍與唐代珍饌的對比,我們還看到,元八珍中的龍肝、鳳髓、豹胎、猩唇、熊掌,在唐朝也同樣被視爲食中珍品;酥酪蟬的前身,或也可追溯到唐代上層食用的玉露團。以此推測,唐八珍或是元八珍的重要開啓時代。

盛唐前八珍的稀有、珍貴,可從其食用的人群看到。玄宗之前,八珍一般僅與皇帝和太子聯繫在一起。玄宗即位後,也開始賜臣下八珍,並將其視爲一種禮遇。玄宗賜李林甫八珍,李林甫感戴皇恩:"伏以九天之使,頻過衡門;八珍之羞,屢霑御膳。"③《麗人行》顯示,玄宗也賜楊家外戚八珍。玄宗之後,帝王賞賜八珍、宰相和其他官員食用八珍的情況,都有所增加。

關於唐時八珍的價格,史書無載,但據《明皇雜録》,"天寶中,諸公主相效進食,……一盤之貴,蓋中人十家之産"④。以此推論,唐時一種八珍的價格,當不低於"中人十家之産"。當然,唐時中人之産的價值幾何,並無確論,如此,我們不妨以另一個例子,來看看唐人眼中的"奢侈"。史載,"武宗朝,宰相李德裕奢侈,每食一杯羹,其費約三萬"⑤。武宗朝的物價較盛唐時期有所提高,但唐人眼中的奢侈之度,由此可知大略。

(二)食器——翠釜、水精盤、犀箸

虢國夫人等楊氏外戚的食饌珍稀昂貴,而盛放這些珍饌的食器,也同樣稀有奢華。

1. 翠釜

翠,清人錢大昕以"鮮新爲鮮翠"⑥,翠釜即色澤金黃鮮豔的銅釜⑦。依此,翠釜的材質並不稀有,但其鮮翠的色澤,襯托了"紫駝之峰"的精美與食主人身份的

---

①(唐)韋巨源《食譜》,(明)陶宗儀等編:《説郛三種·一百二十弓本》,上海古籍出版社,1988 年,第 4338 頁。

②參見莊申:《從"八珍"的演變看中國飲食文化的演變》,《"中研院"歷史語言研究所集刊》61:2(1990);第 476 頁。

③(清)董浩等:《全唐文·爲李林甫謝賜魚狀》,上海古籍出版社,1990 年,第 1491 頁。

④《明皇雜録補遺》,第 47 頁。

⑤《太平廣記·奢侈》,第 1824 頁。

⑥(清)錢大昕:《十駕齋養新録》,上海書店,1983 年,第 442 頁。

⑦對翠釜一詞的考證,見夏松涼:《杜詩雜考》,《寧波職業技術學院學報》4(2002):51。

高貴。

2. 水精盤

水精,無色的自然矽石,唐時,其高端製品主要來自域外,故珍貴稀有①。所以,在唐人眼中,水精製品更適合在仙境中出現,如《柳歸舜》描寫的仙境中,有水精床;《邵敬伯》中的河伯,也坐在水精床上;《柳毅傳》中的洞庭龍宮,也有水精簾②。

3. 犀箸

犀箸,又稱犀頭箸,在玄宗賜給"恩寵莫比"的安禄山的物品中,也有"金平脱犀頭匙箸"③,其原材料爲犀角,而犀角在唐中後期是較爲稀有的。

早期的中國盛產犀牛,但漢代以後,數量劇減,盛唐時,犀牛更是從一些地方消失,如江南道的盧溪郡(辰州),開元時期的土貢中有犀牛,但天寶時消失,這也反映了犀角的漸趨短缺。因此,唐中後期時,犀飾已被視爲奢侈之物,如許夫人墓誌褒揚其德性,"金璧犀象,不視於目"④;史載懿宗朝宰相楊收"愛奢侈",而其表現之一,就是以"臥魚犀"爲女兒的"嫁資"⑤。

除原材料犀角的珍稀,虢國夫人等使用的犀箸,或也像玄宗賜安禄山的犀頭匙箸一樣,使用了金銀平脱技術。金銀平脱是唐代流行的一種工藝,它是運用厚度不超過 0.5 毫米的金銀紋片,鑲嵌於胎地上,髹漆打磨後,表面依舊平齊的漆器工藝⑥。因此工藝費工費時,所以肅宗即位後,對其予以了禁斷,"禁珠玉、寶鈿、平脱、金泥、刺繡"⑦。

(三)其他精美飲饌

除享用珍饌外,虢國夫人的日常飲食也十分講究,這從如下三事可以看出。

1. 透花糍

這是虢國夫人府內的一種知名糕點,由其厨吏鄧連發明。其做法是將熟豆泥

①參見《唐代的外來文明》,第 494—495 頁。

②分別見《太平廣記·柳歸舜》、《邵敬伯》、《柳毅》,第 123、2352、3411 頁。

③《酉陽雜俎校箋·忠志》,第 31 頁。

④《唐故廣州都督府長史吳郡朱公妻潁川郡君許氏墓誌銘》,周紹良主編:《唐代墓誌彙編》,上海古籍出版社,1992 年,第 1269 頁。

⑤(五代)孫光憲:《北夢瑣言》,中華書局,2002 年,賈二强點校,第 202 頁。

⑥參見高志强:《唐代平脱工藝考略》,《中國生漆》4(2013):25。

⑦《新唐書·肅宗紀》,第 159 頁。

中的豆皮濾掉,製成豆沙,美名"靈沙臛"。再將上好的吳興糯米蒸熟,搗打成糍糕,夾入靈沙臛做餡。糍糕的糕體呈半透明狀,豆沙的花形隱現於外,故美其名爲"透花糍"①。

2. 洞天瓶

這實爲一種注酒之物,"虢國夫人就屋樑上懸鹿腸於半空,筵宴則使人從屋上注酒於腸中,結其端,欲飲則解開,注於杯中,號'洞天聖酒將軍',又號'洞天瓶'"②。唐時,鹿類動物最多,鹿腸並不稀缺,這一方法主要是提高了飲酒的方便度。

3. 芝草

虢國夫人的食生活或也講究延年益壽,這從楊貴妃的贈物可做推測,"楊貴妃遺(虢國)夫人芝草"③。"芝,神草也"④,古時道家服以成仙、長生之物,故又稱靈芝、神芝、仙草、還魂草。唐時,慕道之人也常以此爲食,如"蕭復親弟,少慕道不仕,服食芝桂"⑤。楊貴妃曾入道爲女冠,服食道教仙物,是她入宮後的日常生活内容之一,如"平生服杏丹"⑥,贈予諸姊道家仙物、諸姊服食以求延年,也自在情理之中。

三、虢國夫人的住生活

在中國古代,住宅除其基本的居住功能外,還是權力、財富、地位的象徵,也是統治者創建倫理秩序的重要物化形態,更是那些不惜僭越社會等級,而達到奢侈享受之人追逐的目標,像唐代"武后已後,王侯妃主京城第宅日加崇麗"⑦;玄宗時,節將權臣外戚更是大建豪宅,其中楊家外戚的宅邸就十分豪奢,"姊妹昆仲五家,甲第洞開,僭擬宮掖"⑧。

所謂"僭擬宮掖",指的是楊家外戚對住宅制度的僭越。在唐代,居住等級明確、完善,"凡宫室之制,自天子至於士庶,各有等差",而這種等差,在開元時期的

①(後唐)馮贄編:《雲仙散錄》,中華書局,1985 年,張力偉點校,第 13 頁。
②《雲仙散錄》,第 71 頁。
③《太平廣記·虢國夫人》,第 2932 頁。
④(漢)許慎:《説文解字》,中華書局,1963 年,第 15 頁。
⑤《太平廣記·蕭復弟》,第 2417 頁。
⑥(唐)劉禹錫著、徐蜕園箋證:《劉禹錫集箋證·馬嵬行》,上海古籍出版社,1989 年,第 798 頁。
⑦(宋)王讜撰、周勛初校證:《唐語林校證·補遺》,中華書局,1987 年,第 498 頁。
⑧《舊唐書·楊貴妃傳》,第 2179 頁。

《營繕令》中,有具體規定:

> 天子之宫殿,皆施重拱、藻井。王公諸臣,三品已上九架,五品已上七架,並廳廈兩頭,六品已下五架。其門舍三品已上,五架三間,五品已上三間兩廈,六品已下及庶人,一間兩廈。五品已上得制烏頭門。若官修者,左校爲之;私家自修者,制度如此。①

開元令對官員住宅等級的規定,主要表現在中堂和門屋的間/架數、房屋的裝飾、大門的類型等幾個方面。而違制建宅,則要受到懲處,"諸營造舍宅……,於令有違者,杖一百"②。

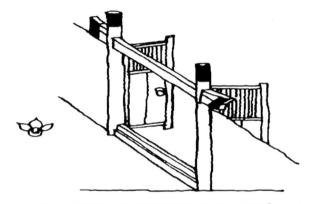

圖 4　烏頭門(敦煌莫高窟第 431 窟,初唐)③

從目前的史料看,楊家外戚對如上居住等級的僭越,似並不明顯,史書的記載也如是,"天寶中,貴戚勛家,已務奢靡,而垣屋猶存制度"④。故所謂的"僭擬",更多指向的是奢靡——宅多且修造奢華。虢國夫人的住生活就是如此,史載她"恩寵一時,大治宅第。棟宇之華盛,舉無與比"⑤,她在長安城和華清宮有多所宅第,其豪華程度更是令人瞠目。

(一)長安城的住宅

虢國夫人在長安城的住宅,目前可知者有三所。一所位於宣陽坊,地處東北部的政治中心;另一所位於宣義坊,處於風景優美的城南;第三處的具體位置和規模,都暫無所知。

---

①《唐六典》左校令之職,第 423—424 頁。
②《唐律疏議·雜律》,第 488 頁。
③蕭默:《敦煌建築研究》,機械工業出版社,2002 年,第 180 頁。
④《舊唐書·馬璘傳》,第 4067 頁。
⑤《明皇雜録》,第 29 頁。

1. 宣陽坊宅

唐長安城的佈局原從隋大興城而來,它以位於正北中央的宮城爲核心,以朱雀大街爲中軸。但至中唐,由於玄宗將理政、居住之處,由宮城的太極殿遷到了興慶宮,故長安城的政治核心區由正北移到了東北。隨著這一變化,官員宅第位置的選擇,也轉向了長安城東北。唐時,大臣上朝的時間非常早,黎明時分宮門開啓後即要進行,爲了便於上朝理事,靠近宮城和官衙的地理位置,就成了高級官員的首選。

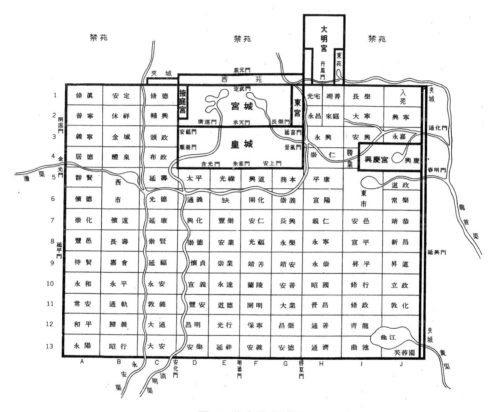

圖 5　隋唐長安城圖

宣陽坊就是靠近興慶宮的諸坊之一,其位於朱雀門街東第三街,北向南第六坊,皇城南橫街南第二坊,地處三宮之間、東市附近,並居於高地之上[1],最重要的是毗鄰其時的政治中心——興慶宮,政治、地理位置都極佳。所以開天年間,官員多有在此坊建宅者[2]。

---

[1] 唐長安城東高西低,宣陽坊居於高地之上,避免了低處的潮濕、積潦、悶熱。參見馬正林:《唐長安城總體佈局的地理特徵》,《歷史地理》第 3 輯,上海人民出版社,1983 年,第 72 頁。

[2] 目前可考的宣陽坊官宦宅第有 15 所,在長安各坊中居第一。參見[日]妹尾達彦:《韋述的〈兩京新記〉與八世紀前葉的長安》,榮新江主編:《唐研究》,北京大學出版社,2009 年,第 9 卷,第 31—51 頁;袁婧:《關於唐代住宅的幾個問題》,首都師範大學碩士學位論文(2007),第 42—43 頁。

　　虢國夫人在宣陽坊的宅第①與楊國忠宅相毗鄰，"虢國居宣陽坊左，國忠在其南"②。官員選擇宣陽坊置宅，是因靠近皇帝與上朝近便，而虢國夫人以此爲居，也同樣方便了她的入宮，"虢國夫人承主恩，平明騎馬入宮門"③，因距宮城近，故在黎明時分，她已進到宮中。

　　虢國夫人的這所宅第，是否爲强買的韋嗣立舊宅，暫無定論④。但這一强買之事，則是她臭名昭著的劣跡之一。史載，"虢國尤爲豪蕩，一旦，帥工徒突入韋嗣立宅，即撤去舊屋，自爲新第，但授韋氏以隙地十畝而已"⑤。韋嗣立，武周、中宗時期的重臣，官至宰相，並奉詔附入韋後屬籍。虢國夫人强奪此宅，看中的並非舊宅本身，這從她當場開拆舊宅就可看出，她相中的應是此宅的地理位置，而這一地理位置或就是絶佳的宣陽坊。

　　其後，虢國夫人又在此宅中，建造了一座超豪華的中堂——合歡堂，"虢國創一堂，價費萬金"⑥。中堂在唐人的生活中至爲重要，它是宅邸的中心，宴客待賓均於此進行，故權貴都講究中堂的建造，楊家外戚也如是，"姊妹昆仲五家……每構一堂，費逾千萬計"⑦。但虢國夫人合歡堂的造價，又遠超了楊家的一般奢華水準。

　　關於"萬金"的購買力，按，安史之亂前，1斤金價約合100貫⑧，萬金則高達百萬貫，其造價遠超了名將馬璘的中堂，"璘之第，經始中堂，費錢二十萬貫……德宗在東宮，宿聞其事，及踐祚……仍詔毀璘中堂。……"⑨馬璘二十萬貫的中堂，已被視爲了奢華的典型。

　　我們再以唐時長安城的房價，來與100萬貫的合歡堂做一對比。史載，"元和十二年，上都永平里西南隅，有一小宅……大歷年，安太清始用二百千買得……傳受凡十七主……有日者寇鄘……因送四十千與（賣家）寺家……有堂屋三間，甚庳，東西廂共五間，地約三畝"⑩。永平里位於朱雀門街西第三街第九坊，相對偏僻。這所小宅因頻繁喪主成爲凶宅後，由200貫跌至40貫。再有，德宗初年，"崇

----

① 具體位置見（清）徐松撰、張穆校補：《唐兩京城坊考西京外郭城》，中華書局，1985年，第58—59頁。
② 《新唐書·楊國忠傳》，第5848頁。
③ 《全唐詩·集靈臺》，第5843頁。
④ 《唐兩京城坊考》記有兩説，即中書令馬周宅和韋嗣立舊宅（第58頁）。
⑤ （宋）司馬光：《資治通鑑》唐玄宗天寶七載（748），中華書局，1956年，第6892頁。
⑥ 《全唐詩·津陽門詩並序》，第6562頁。
⑦ 《舊唐書·楊貴妃傳》，第2179頁。
⑧ （唐）《夏侯陽算經》載："今有金一斤，值錢一百貫。"（《算經十書》，中華書局，1963年，錢寶琮校點，第590頁）。
⑨ 《舊唐書·馬璘傳》，第4067頁。
⑩ 《太平廣記·寇鄘》，第2725頁。

賢里有小宅出賣，直二百千文"①。崇賢里位於朱雀門街西第二街第八坊，不算太偏僻。中唐前後的物價多有浮動，但在長安城中，一所小宅的房價大致在 200 貫上下。依此計算，虢國夫人建造合歡堂的萬金，可以購買 5000 所此類小宅。

除了造價，合歡堂的内部塗飾同樣豪奢，"中堂既成，召工圬墁，約錢二百萬；復求賞技，虢國以絳羅五百段賞之"②。付給圬墁工匠的 200 萬錢，依天寶時兩京的糧價"米斗不至二十文，面三十二文"，可購買 1 萬餘石米或 6250 石麵。而賞技的 500 段（匹）絳羅，也權以單絲羅的每匹 3000 文計，共計 150 萬錢，天寶時，在兩京可購買 7500 餘石米或 4687.5 石麵。關於虢國夫人的"賞技"，另有史記爲"復以金盞瑟瑟三斗爲賞"③，這是在以珍稀物品爲賞。按，陳寅恪先生認爲，"瑟瑟，綠色透明的玻璃"，是爲"外來之物"④。唐時，因其稀有而被視爲珍物。

2. 宣義坊宅

虢國夫人在長安城的另一處宅邸位於宣義坊，此宅也與楊國忠宅相臨，"貴妃姊虢國夫人，國忠與之私，于宣義里構連甲第，土木被綈繡，棟宇之盛，兩都莫比"⑤，這也是一處豪宅。

與長安城北、特別是東北一帶形成對照，長安城南是地廣人稀，"自興善寺以南四坊，東西盡郭，率無第宅。雖時有居者，煙火不接，耕墾種植，阡陌相連"⑥。興善寺位於靖善坊，靖善坊則位於朱雀門街東第一街，北向南第五坊，此坊的東、西、南都是人煙稀少，但環境絕佳。虢國夫人豪宅所在的宣義坊，地處靖善坊西南，其近有湖泊泉池——宣義坊池，遠可眺覽南山幽翠，詩人曾贊其美景："暮色繞柯亭，南山幽竹青。夜深斜舫月，風定一池星。島嶼無人跡，菰蒲有鶴翎。此中足吟眺，何用泛滄溟。"⑦

玄宗時的另一些權臣如張說、安禄山，也在此坊有別宅⑧。虢國夫人和楊國忠選此地建別墅，或也有與安禄山爲鄰的考慮。

---

①《太平廣記·寶义》，第 1877 頁。

②《資治通鑑》唐玄宗天寶七載（748），第 6892 頁。

③《明皇雜録》，第 29 頁。

④高隆凱整理：《陳寅恪〈元白詩證史〉講席側記》，湖北教育出版社，2005 年，第 23 頁。

⑤《舊唐書·楊國忠傳》，第 3245 頁。

⑥《唐兩京城坊考西京外郭城》，第 39 頁。

⑦《全唐詩·宿宣義池亭》，第 6289 頁。劉禹錫也贊王郎中的宣義里新居："門前巷陌三條近，墙内池亭萬境閑。"（《劉禹錫集箋證·題王郎中宣義里新居》，第 741 頁）。

⑧見《兩京城坊考西京外郭城》，第 101 頁。

3. 玄宗賜宅

天寶四載(745)八月,楊太真被册爲貴妃,因此推恩,"貴妃三姊,皆賜第京師"①。但關於這一處住宅的位置、規模等,都暫無所知。

(二)華清宫東西兩山第

隨著玄宗駐蹕次數和天數的增加,作爲離宫的華清宫,逐漸兼具了遊幸與政治副都的性質,"天寶六載更名華清宫,治湯井爲池,環山列宫室,又築羅城,置百司及十宅"②。隨駕的宗室外戚、文武百官,也紛紛於華清宫周邊置宅,虢國夫人就在華清宫東、西兩側,各有一座山第。

1. 華清宫東側山第

虢國夫人的這處山第,是與楊氏外戚比鄰而建的,"國忠山第在宫東門之南,與虢國相對,韓國、秦國甍棟相接,天子幸其第,必過五家"③。玄宗曾欲私幸虢國夫人宅,但被禁軍首領陳玄禮制止,"天寶中,玄宗在華清宫,乘馬出宫門,欲幸虢國夫

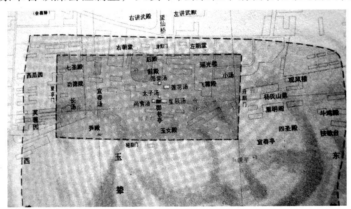

圖 6　楊氏外戚華清宫東側山第位置④

人宅,玄禮曰:'未宣敕報臣,天子不可輕去就。'玄宗爲之回鑾"⑤。這裏所記的虢國宅,或就是此東側山第,因它距華清宫非常近便。

2. 華清宫西側山第

虢國夫人的這處山宅,位於華清宫的西門望京門西南,具體位置見宋人游師雄

---

① 《資治通鑑》唐玄宗天寶四載(745),第 6866 頁。

② (清)顧炎武:《歷代宅京記關中》,中華書局,1984 年,于傑點校,第 108 頁。

③ 《舊唐書·楊國忠傳》,第 3245 頁。

④ "唐驪山華清宫圖",史念海主編:《西安歷史地圖集》,西安地圖出版社,1996 年,第 100 頁。

⑤ 《舊唐書·王毛仲傳》,第 3255 頁。

的《唐驪山宮圖》(圖7)。上世紀九十年代,還發現了疑是此山第的遺址①。

圖7　虢國夫人華清宮西側山第位置②

從《唐驪山宮圖》看,此宅背靠華清宮山城,地處鳳凰原上,近有飲濟泉、石駝嶺,遠可眺韋嗣立逍遥莊。關於逍遥莊,史載,"神龍景龍之間,故人中書令韋公嗣立有別業在驪山之下,雲松泉石,奇勝幽絶,中宗皇帝嘗親幸焉"③。由逍遥莊的情形及附近的泉嶺推測,虢國夫人的這處山宅,也當是風景絶佳。

四、虢國夫人的行生活

關於虢國夫人等楊氏諸姊的出行,《明皇雜録》有如下記載:"上將幸華清宮,貴妃姊妹競車服,爲一犢車,飾以金翠,間以珠玉,一車之費,不下數十萬貫。既而重甚,牛不能引,因復上聞,請各乘馬。於是競購名馬,以黃金爲銜籠,組繡爲障泥。"④這條材料點明了虢國夫人等出行的兩種重要方式,即乘車和騎馬,而這兩種方式,也是其時中上層婦女出行的主要方式。

---

① 趙康民:《唐華清宮調查記》,《考古與文物》1(1983):32。
② (宋)游師雄:"唐驪山宮圖上",(宋)宋敏求撰、(清)畢沅校正:《長安志》附(元)李好問《長安圖志》,成文出版社有限公司,1970年,第550頁。
③ (宋)李昉:《文苑英華·王處士鑒山引瀑記》,中華書局,1966年,第4371頁。
④ 《明皇雜録》,第29頁。

（一）乘車

唐代中前期時，中上層婦女出行時，一般以乘車爲主，所乘之車爲牛拉、車箱嚴密的輻輧車；依用車的功能，其有命婦的禮儀用車和婦女的日常用車①。

關於命婦的禮儀用車，玄宗開元二十五年（737）令規定，一品外命婦乘“厭翟車，駕二馬，馭人八”，“非公主、王妃，即乘白銅飾犢車，駕牛，馭人四”②。唐時命婦使用禮儀用車的場合不多，一般僅限於出嫁、受册、從蠶、大朝會、朝參、辭見、禮會等。而玄宗時命婦隨帝妃的游幸華清宮，也當屬隨行伴駕的正式場合，故而《長恨歌傳》做如此的描述：“時每歲十月，駕幸華清宮，内外命婦，熠耀景從。”③

依開元二十五年的命婦車制，身爲一品外命婦的虢國夫人等，當以白銅爲飾的犢車爲乘，但上引《明皇雜録》載其犢車“飾以金翠”，這顯然已超越出了命婦車制要求。同時，其“一車之費，不下數十萬貫”，按唐代每丁調絹 2 匹、計錢 1.1 貫來算，50 萬個丁男的調絹總和爲 55 萬貫。

（二）騎馬

唐玄宗時，騎馬是婦女出行的時尚方式，虢國夫人是時尚的積極追隨者，所以她在出遊、隨幸甚至入宮時，都常騎馬。她的騎馬出遊，可見《虢國夫人游春圖》；而入宮，史載，“虢國每入禁中，常乘驄馬，使小黄門御。紫驄之俊健，黄門之端秀，皆冠絶一時”④。雖然此時的上層婦女騎馬出行並不鮮見，但騎馬入宮就暗含殊遇了，依唐制，外命婦入宮，一般是參加正式的禮儀活動，如朝參皇后或皇太后等，故須以厭翟車爲乘。虢國夫人的隨時騎馬入宮——“平明上馬入金門”、“每入禁中，常乘驄馬”，都顯示了她在玄宗宮中得到的殊遇。

而虢國夫人的“乘驄馬”、“購名馬”，則是她的經濟實力的體現。唐時，馬屬較高級的出行工具，價格昂貴，而虢國夫人的名馬，價格更當不菲。按，天寶時期，一匹突厥良馬的價格不低於四十餘匹絹⑤，依如上所引絹價，一匹計錢 550 文，40 匹絹計錢 22 貫。再看名馬的價格，史載，“寧王方集賓客宴話之際，鬻馬牙人麴神奴

---

①參見李志生：《唐代婦女的出行禮儀——兼談嚴男女之防與等級秩序》，袁行霈主編：《國學研究》，北京大學出版社，2010 年，第 25 卷，第 167—172 頁。

②［日］仁井田陞：《唐令拾遺鹵簿令》，長春出版社，1989 年，栗勁等編譯，第 456 頁。

③《白居易集箋校·長恨歌傳》，第 656 頁。

④《明皇雜録》，29—30 頁。

⑤參見岑仲勉：《隋唐史·唐之馬政》，河北教育出版社，2000 年，第 294—295 頁；馬俊民：《唐與回紇的絹馬貿易——唐代馬價絹新探》，《中國史研究》1（1984）：70。

者,請呈二馬焉。……寧王顧問神奴曰:'其價幾何?'牙人先指曰:'此一千緡。'次指曰:'此五百緡。'寧王忻然謂左右曰:'如言付錢,馬送上廄。'"①寧王所購的兩匹馬價,更高達 1000 貫和 500 貫。以楊家外戚"競購名馬"推測,虢國夫人等的坐騎價格,當不低於寧王所購的馬價。

　　除價格昂貴的名馬,虢國夫人等的馬具也極奢華,"以黃金爲銜籠,組繡爲障泥"。銜籠,即絡頭,由絡頭、銜、鑣等組合而成②。虢國夫人等使用金制絡頭,並非違制,因在文宗大和六年(832)前,唐朝並未出臺過馬具規定。天寶時的一些中級品官,也有使用金銜籠者,如官居四、五品折衝都尉③的蔡希魯,就是"馬頭金匼匝"④。

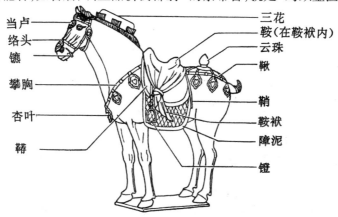

当卢　　　　　　　　　　　三花
络头　　　　　　　　　　　鞍(在鞍袱内)
镳　　　　　　　　　　　　云珠
攀胸　　　　　　　　　　　鞦
杏叶　　　　　　　　　　　鞘
鞯　　　　　　　　　　　　鞍袱
　　　　　　　　　　　　　障泥
　　　　　　　　　　　　　镫

圖 8　中國 4 至 8 世紀的鞍具⑤

　　障泥爲鞍具之一,用以遮擋塵泥。唐代中上層使用的障泥,多以錦爲材料,此可見"綠地障泥錦"⑥、"早送錦障泥"⑦等詩句。唐時,錦居高檔絲綢面料之首,"錦、羅、紗、縠、綾、紬、絁、絹、布"。虢國夫人的障泥也有以錦爲之者,在《虢國夫人游春圖》中,諸人所乘馬上,就都覆有"錦繡障泥"⑧。而"錦繡"的繡法,則是組繡,即至爲精緻的刺繡,這在唐後期時,也被視爲了勞民傷財之舉,文宗、懿宗都曾做過禁斷,文宗"即位,勵精求治,去奢從儉。……先宣索組繡、雕鏤之物,悉罷

①(唐)薛用弱:《集異記》,中華書局,1980 年,第 15 頁。
②參見孫機:《唐具的馬具與馬飾》,《中國古輿服論叢(增訂本)》,文物出版社,2001 年,第 98—99 頁。
③按《唐六典》諸府折衝都尉條,"諸府,折衝都尉各一人","上府正四品上,中府從四品上,下府正五品下"
　　(第 457 頁)。
④匼匝,"周繞貌。此言金絡馬頭,其狀密匼匝也"(《杜詩詳注送蔡希魯都尉還隴右因寄高三十五書記》,第 205 頁)。
⑤孫機:"唐代的馬具與馬飾",《中國古輿服論叢(增訂本)》,第 115 頁。
⑥(唐)李白著、(清)王琦注:《李太白全集·白鼻騧》,中華書局,1977 年,第 342 頁。
⑦《全唐詩·春雨》,第 3470 頁。
⑧沈從文:《中國古代服飾研究》,上海書店出版社,2005 年,第 322 頁。

之"①;懿宗也規定,"歌舞衣服,綺繪組繡,雕鏤珠璣,頗害女工,實妨農事……其諸道不得進奉紋繡、宮錦、雕鏤、輕縻、彩章之物"②。

(三)出行時的"不施障幕"

唐時禮教要求,"(女子)出門必掩蔽其面"③。而唐代婦女也依不同的等級和身份,有著各自的障蔽方法④。但虢國夫人並不遵從這一禮教要求,出行時無所自蔽。關於此,各書的記載略有不同:

《舊唐書·楊貴妃傳》:"國忠私於虢國而不避雄狐之刺,每入朝或聯鑣方駕,不施帷幔。"⑤

《楊太真外傳》:"虢國又與國忠亂焉。略無儀檢,每入朝謁,國忠於韓、虢連轡,揮鞭驟馬,以爲諧謔。從官監嫗百餘騎。秉燭如晝,鮮裝袨服而行,亦無蒙蔽。衢路觀者如堵,無不駭歎。"⑥

《資治通鑑》:"楊國忠與虢國夫人居第相鄰,晝夜往來,無復期度,或並轡走馬入朝,不施障幕,道路爲之掩目。"胡注:"婦人出必有障幕以自蔽。"⑦

如上三部史書,都抨擊了虢國夫人出行時的無所自蔽,但關於自蔽的方法,《舊唐書》所説的"帷幔",大致與《通鑑》的"障幕"涵義相近。按,帷,"圍也,所以自障圍也"⑧;"在傍曰帷,在上曰幕,皆以布爲之"⑨。也即虢國夫人出行時,當以帷障自隨,以區隔內外。《楊太真外傳》所記的"亦無蒙蔽",其方法或是戴帷帽。帷帽,也稱圍帽、席帽,"則近於在闊邊笠子四周、或前後、或兩側施網"⑩,其形制可見玄宗時人李昭道所繪的《明皇幸蜀圖》⑪。所以,胡注所説的"婦人出必有障幕以自蔽",其方法可以帷障遮蔽,也可以帷帽"掩蔽其面"。

男女有別是儒家性別理論的兩大支柱之一,它除要求女子"出門必擁蔽其面"

---

① 《資治通鑑》敬宗寶曆二年(826),第 7853 頁。
② 《唐大詔令集·政事恩宥光啓三年七月德音》,第 449 頁。
③ (唐)鄭氏:《女孝經·廣要道章》,中華書局,1991 年,《叢書集成初編》本,第 15 頁。
④ 參見《唐代婦女的出行禮儀——兼談嚴男女之防與等級秩序》,第 179—181 頁。
⑤ 《舊唐書·楊貴妃傳》,第 2179 頁。
⑥ 《開元天寶遺事十種》,第 140 頁。
⑦ 《資治通鑑》唐玄宗天寶十二載(753),第 6919 頁。
⑧ (漢)劉熙:《釋名·釋床帳》,中華書局,1985 年,第 94 頁。
⑨ (宋)高承撰、(明)李果訂:《事物紀原·禮記郊祀部青城》,中華書局,1989 年,金圓、許沛藻點校,第 78 頁。
⑩ 《中國古代服飾研究》,第 290 頁。
⑪ 見《中國美術全集·繪畫編》2《隋唐五代繪畫》,第 33 頁。李昭道生活于玄宗時代,見同書圖版説明,第 9 頁。

外,還要求"(男女)非祭非喪,不相授器"、"男女不雜坐"①。唐代女教也强調,"内外各處,男女異群"②。所以,虢國夫人出行時,除了她的"不施障幕"外,與楊國忠的"聯鑣方駕",也是與其時禮教相違背的。

圖9 《關山行旅圖》(《明皇幸蜀圖》)中戴帷帽的婦女③

結語 女性視角與虢國夫人的衣食住行

唐肅宗至德元載(756),龍武大將軍陳玄禮率禁軍在馬嵬驛發動兵變後,虢國夫人及其家人被殺:"馬嵬之誅國忠也,虢國夫人聞難作,奔馬至陳倉。縣令薛景仙率人吏追之,走入竹林。先殺其男裴徽及一女。國忠妻裴柔曰:"娘子爲我盡命。"即刺殺之。已而自刎,不死,縣吏載之,閉於獄中……血凝至喉而卒。"④對於虢國夫人之死,《舊唐書》的這一記載,給出的是一個痛苦的死亡過程。而在同書《楊國忠傳》中,其卻是兩種簡單記載:"韓國、虢國二夫人亦爲亂兵所殺";"國忠既死,(裴)柔與虢國夫人皆自到死"⑤。以考史見稱的《資治通鑑》,採用的也是相對簡單的記載:虢國夫人等"至陳倉,縣令薛景仙帥吏士追捕,誅之"⑥。時至今日,虢國夫人死亡的方式已不得而知,但《舊唐書·楊貴妃傳》的"極致"死亡過程,或許是男性史家對這位禍首之死,表達的某種殘忍快感。

在中國歷史上,當男性君主的統治出現問題時,男性文人或史家下意識尋找禍根緣由的路徑,就是指向女人,對唐朝由盛轉衰的看法也如此。誠然,史家對虢國

---

① 分別見《禮記·内則》、《曲禮》。
② (唐)宋尚宫:"女論語",《說郛三種·一百二十弓本》,第3291頁。
③ 孫機:《唐代婦女的服裝與化妝》,《中國古輿服論叢(增訂本)》,第233頁。
④ 《舊唐書·楊貴妃傳》,第2181頁。
⑤ 《舊唐書·楊國忠傳》,第3246、3247頁。
⑥ 《資治通鑑》唐肅宗至德元載(756),第6974頁。

夫人于唐朝盛衰負面作用的批判並不誤,但如衆所知,在天寶轉衰的禍因天平上,玄宗的砝碼應更重,虢國夫人的奢靡生活,只不過是他晚年"窮天下之欲不足爲其樂"①的衍生物。除此,在以男性江山盛衰爲指歸而對虢國夫人做批判的同時,我們也應從虢國夫人自我感受這一女性視角,做一番思考。

虢國夫人對自己的"驕奢僭侈之態"、"終不能致令名",可能也是清楚的。楊國忠曾説過:"某家起於細微,因緣椒房之親,以至於是。吾今未知稅駕之所,念終不能致令名,要當取樂於富貴耳。"②楊氏三姊的想法,或與楊國忠都近似,但其中的虢國夫人,明顯最爲特殊。史載,楊貴妃三姊"皆有才貌"③,雖然韓國、秦國也同樣違制、奢靡,但虢國夫人衣食住行的"豪蕩",卻更爲突出;同時,她也是三姊中,唯一被指爲安史之亂禍首的。這其中的獨特成因,頗值得探究。

虢國夫人衣食住行的僭奢,在很大程度上,應源自她强烈的不甘人後性格,這從她對時尚的態度就可看到。楊貴妃的行止、穿佩,無疑是當時宮中和上層的時尚風向標,虢國夫人因此而緊緊追隨:她隨楊貴妃的衣黄,而穿上了"黄羅帔衫";楊貴妃擅彈琵琶,虢國夫人就與諸王貴主一道,"競爲貴妃琵琶弟子"④。除了追逐時尚,她還要勝於時尚,也即勝於他人。唐朝女子講究雍容華貴,虢國夫人就劍走偏峰,"卻嫌脂粉涴顔色,淡掃蛾眉朝至尊"⑤。虢國夫人的衣食住行,也一如她對待時尚的態度,雖然其他楊氏也奢靡、僭制,但虢國夫人一如既往地要勝過他們,無論是她的"價費萬金"的合歡堂,還是所騎的驄馬和御馬的小黄門,都是"冠絶一時"的。

而虢國夫人這種不甘人後的性格,又當與她的遭際和欲望的缺失有關。她本人素顔皎美,驚爲天人,卻不得貴爲皇妃;她早年喪夫,而其姐妹韓國、秦國,姿貌或並不如她,卻可以夫妻比翼。這等等缺失,只有倚仗她自己去争得或攫取。

爲了不甘人後,虢國夫人爲自己尋找到了最强有力的保護傘,這就是楊國忠和唐玄宗。我們知道,虢國夫人在蜀州時,就受到了楊國忠的特殊"關照","(國忠)從父玄琰死蜀州,國忠護視其家,因與妹通,所謂虢國夫人者";楊貴妃受寵後,諸姊入京,"於時虢國新寡,國忠多分賂,宣淫不止"⑥。無夫可"從"的虢國夫人,更仰仗

①《新唐書玄宗本紀贊》,第154頁。
②《明皇雜録》,第29頁。
③《舊唐書·楊貴妃傳》,第2178頁。
④《明皇雜録·逸文》,第51頁。
⑤《杜甫全集校注·虢國夫人》,第354頁。
⑥《新唐書·楊國忠傳》,第5846頁。

著自己的素顏姣容,得到了玄宗皇帝的特殊恩寵,"虢國夫人承主恩,平明騎馬入宮門";虢國夫人再憑此特殊關係,而提攜了楊國忠,"虢國居中用事,帝所好惡,國忠必探知其微,帝以爲能"[1],楊國忠也因此一路騰達至宰相。而與宰相之兄的"居第相鄰"和"並轡走馬",也將虢國夫人的氣焰烘托到了極致,使她的不甘人後,表現得淋漓盡致。而與玄宗的曖昧關係,則爲她不甘人後、張揚奢靡的衣食住行生活,提供了絕好的物質保障和政治庇護。

　　衣食住行屬於物質文化史(Material Cultural History) 的範疇,而物質文化史和性別史(Gender History) ,又同屬於新文化史(New Cultural History) 的研究領域[2]。新文化史與實證史學的研究路徑存在差異,"文化的分析,並不是一種尋找規律的實驗科學,而是一種尋找意義的解釋科學"[3]。本文的基礎是實證史學,但對於虢國夫人僭奢生活心理的分析,也借鑒了新文化的分析方法,它提出的只是一種解釋而已。

(作者單位:北京大學歷史學系)

---

①《新唐書·楊國忠傳》,第 5846 頁。

②參見楊豫、李霞、舒小昀:《新文化史學的興起——與劍橋大學彼得·伯克教授座談側記》,《史學理論研究》1(2000) :143—144。

③Clifford Geertz. *The Interpretation of Cultures*: *Selected Essays*. New York: Basic Books, 1973, p. 5.

道德仁義禮："蜀學"核心價值觀

舒大剛

中華學術有修身和致用的優良傳統,大凡成熟的學術在追求廣博的同時,也形成了精要可行的核心價值。自老聃、孔子而後的諸子聖賢,其學術思想皆各有主旨,也各自形成了簡明的核心價值結構。《吕氏春秋·不二》總結説:"老聃貴柔,孔子貴仁,墨翟貴廉(兼),關尹貴清,子列子貴虚,陳駢貴齊,陽生貴己,孫臏貴勢,王廖貴先,兒良貴後。"①可見,諸子學術都有自己的核心内涵和主體精神,構成了諸子學術的重要歸趨和實現價值。實際上,綜觀中華學術史,一些地域學術也是如此,歷史上曾經煊赫一時、盛行一世的"蜀學"也不例外。蜀學發展源遠流長,上可比於齊魯,下可方駕中原,自來享有"蜀學之盛,冠天下而垂無窮"②、"蜀儒文章冠天下"③之美譽。作爲一支歷史悠久、内涵豐富的文化類型和學術流派,蜀學根植於巴蜀大地,但影響絶不限於巴蜀文化圈,它對周邊乃至中原地區都産生了輻射作用,促進了中國傳統文化和學術思想的繁榮。蜀學之所以能産生如此廣泛的影響,是與其博大的内容和精深的内核分不開的。本文所要揭示的"道德仁義禮",就是歷史上"蜀學"在價值體系方面的成功構建和重要創新脉絡。當然核心價值的形成和構建,也可能隨著時代變化而發展變化,但是綜觀前後文獻,"蜀學"在核心價值上表現出來的總體精神、固定結構和歷史繼承與創新脉絡,還是比較一致和連貫

---

①《吕氏春秋·審分覽·不二》,許維遹《集釋》本,中華書局,2009,第467—468頁。
②(宋)吕陶:《經史閣落成記》,《浄德集》卷一四,文淵閣《四庫全書》本。
③(宋)席旦:《府學石經堂圖籍記》,《全蜀藝文志》卷三六,文淵閣《四庫全書》本。

的,這一現象也是十分明顯的。放在整個中華學術的歷史背景下,也是比較獨特和有影響的。

一、從孔夫子到董仲舒:儒家核心價值觀的繼承與演變

孔子以"仁"爲核心的"仁智勇"和"仁義禮"結構:孔子在他的言行中,曾經提出過多種價值觀念,但最核心的還是"仁",所以《吕氏春秋》說"孔子貴仁"是正確的。那麼,如何行仁或輔仁呢?《論語・憲問》曰:"君子道者三,我無能焉:仁者不憂,知者不惑,勇者不懼。"將仁、智、勇搭配。《中庸》云:"天下之達道五,所以行之者三。曰:君臣也,父子也,夫婦也,昆弟也,朋友之交也。五者,天下之達道也。知、仁、勇三者,天下之達德也,所以行之者一也。(略)子曰:'好學近乎知,力行近乎仁,知恥近乎勇。知斯三者,則知所以修身;知所以修身,則知所以治人;知所以治人,則知所以治天下國家矣。'"《中庸》將仁智勇稱爲"三達德",同時又將仁義禮組合到一起,"仁者人也,親親爲大;義者宜也,尊賢爲大。親親之殺,尊賢之等,禮所生焉"。由此可見,"仁智勇"、"仁義禮"便是孔子思想的核心内容。儒家"祖述堯舜,憲章文武,宗師仲尼"(《漢書・藝文志》),其思想淵源上可追溯於堯、舜傳統,中則繼承於周文、周武和周公,晚則師事乎孔夫子,因此孔子所構建的核心價值體系,對後世儒家學派的發展演變具有重要的指導作用。

孔子之後,"儒分爲八","有子思之儒,有孟氏之儒,有孫氏之儒"(《韓非子・顯學》),子思、孟子、荀子(即孫氏)是孔子之後對儒家學術具有重大推動作用的三大家。子思係孔子之孫,孟子又學於子思之門人,前後相承形成了"思孟學派"。子思祖述其先祖之意,形成以"四端"(仁義禮智)爲核心的"五行"(仁義禮智聖)結構,得到孟子的極大弘揚。《孟子・盡心下》說:"仁之於父子也,義之於君臣也,禮之於賓主也,知之於賢者也,聖人之於天道也,命也,有性焉,君子不謂命也。"①朱熹注《孟子》"聖人之於天道也"引"或曰":"'人',衍字。"這個說法已被新出土文獻所證實,此處的"聖人"應爲"聖"字,即指"聖"者的德行。孟子將"仁、義、禮、智"稱爲"四德"或"四端"並加以大力提倡。《離婁上》也說:"仁之實,事親是也。義之實,從兄是也。智之實,知斯二者弗夫是也。禮之實,節文斯二者是也。"《告子上》云:"惻隱之心,仁也;羞惡之心,義也;恭敬之心,禮也;是非之心,智也。仁義禮智,非由外鑠我也,我固有之也,弗思耳矣。"可見"仁義禮智"是孟子强調的核

①(漢)趙岐注、(宋)孫奭疏:《孟子注疏》,北京大學出版社,1999年,第463—464頁。

心觀念,其最高境界便是成爲聖人,於是將"仁、義、禮、智"與"聖"結合形成"五行"。孟子的這套主張,就其學術淵源來講,應當始于子思。這個理論曾受到荀子的批判,從中可以看出其淵源關係。《荀子·非十二子》:"案往舊造説,謂之'五行'……案飾其辭而祇敬之,曰'此真先君子之言也。'子思唱之,孟軻和之。"①照荀子的説法,思、孟曾經"案往舊造説"形成"五行"説,不過這個"五行"具體指的什麼,荀子並没有列出,但其爲五種德目是可以肯定的。唐楊倞《荀子注》曰:"五行:五常,仁、義、禮、智、信是也。"楊氏説"五行"又稱"五常",即仁義禮智信。楊倞之説殆本于鄭玄。鄭玄注《樂記》"道五常之行"説:"五常,五行也。"鄭玄又在注子思《中庸》時,開宗明義便是"木神則仁,金神則義,火神則禮,水神則信,土神則知",説暗示了子思"五行"説就是後來的"五常"。但這個説法未必正確,據現存文獻記載,仁義禮智信並稱"五常",始於漢代董仲舒。戰國時,仁義禮智四德是與"聖"搭配的②。新出土郭店楚簡《五行》篇説:"仁形於内謂之德之行,不形於内謂之行;義形於内謂之德之行,不形於内謂之行;禮形於内謂之德之行,不形於内謂之行;智形於内謂之德之行,不形於内謂之行;聖形於内謂之德之行,不形於内謂之(德之)行。德之行五,和謂之德;四行和,謂之善。善,人道也;德,天道也。"③(馬王堆帛書《五行》略同,而以"仁知義禮聖"爲序)漢初賈誼《新語·六術》曰:"天地有六合之事,人有仁、義、禮、智、聖之行。"④仍然沿用了戰國時期思、孟學派核心價值觀的搭配法。

戰國後期,作爲"孫氏之儒"的荀子,也建立起"仁義禮樂"的核心體系。荀子告訴士人的學習和成德路徑説:"將原先王,本仁義,則禮、正其經緯蹊徑也。若挈裘領,詘五指而頓之,順者不可勝數也。不道禮憲……不可以得之矣。故隆禮,雖未明,法士也;不隆禮,雖察辯,散儒也。"⑤在荀子看來,"仁義禮"是成其爲雅儒的必備條件。又《榮辱篇》提出"先王之道,仁義之統,詩書禮樂之分"⑥,在"仁義禮"之外又涉及"詩書"。不過他在前一篇認爲,"詩書故而不切",憑據詩書而欲究大道,"猶以指測河,以戈春黍",是絕對不行的,"詩書"在此僅爲虛設,具體所重仍爲仁義禮樂⑦。在荀子思想中,仁義仍然是其核心中的核心,《議兵篇》載:"陳囂問於

①王先謙:《荀子集解》,中華書局,1988年,第110—111頁。

②詳李耀仙:《子思孟子"五行"説考辨》,《先秦儒學新論》,巴蜀書社,1991年。

③劉釗校釋:《郭店楚簡校釋》,福建人民出版社,2003年,第69頁。

④(漢)賈誼著:《新書·六術》,閻振益、鐘夏校注本,中華書局,2000年,第316頁。

⑤王先謙:《荀子集解》,中華書局,1988年,第18—20頁。

⑥王先謙:《荀子集解》,中華書局,1988年,第80頁。

⑦王先謙:《荀子集解》,中華書局,1988年,第16頁。

荀卿子曰:'先生議兵,常以仁義爲本。仁者愛人,義者循理,然則又何以兵爲?"①
《性惡篇》又提出:"凡禹之所以爲禹者,以其爲仁義法正也。然則仁義法正有可知
可能之理"②云云。法正即禮,《勸學》謂"禮樂法而不説"③,可見"仁義禮樂"是荀
子比較固定的核心觀念。《大略篇》還對這四個概念進行解説:"仁,愛也,故親。
義,理也,故行。禮,節也,故成。仁有里,義有門。仁非其里而虛之,非禮也。義非
其門而由之,非義也。推恩而不理不成仁,遂理而不敢不成義,審節而不知不成禮,
和而不發不成樂。故曰仁義禮樂,其致一也。君子處仁以義,然後仁也。行義以禮
然後義也,制禮反本成末然後禮也。三者皆通,然後道也。"④仁義禮樂相輔相成,
然後致"道"也。由此可見,荀子的核心價值觀已然具有"道仁義禮樂"的意涵。

　　自戰國以來,隨着列國紛争、縱橫盛行的局勢漫延,世儒已經重視"忠信"的價
值。《荀子·王霸篇》在强調"仁義"的同時,還提升了"忠信"的地位:"致忠信,著
仁義,足以竭人矣。"⑤至西漢董仲舒便形成了"仁義禮智信"的固定搭配。董仲舒
十分重視"信",《春秋繁露·楚莊王》:"《春秋》尊禮而重信",《漢書·董仲舒傳》:
"《春秋》之義,貴信而賤詐",等等。于是以"信"易"聖",將思、孟學派"仁義禮智
聖"的"五行"觀改造成爲"仁義禮智信",構成"仁、義、禮、智、信五常之道"⑥。他
認爲此五者可以常行不替,是與天地長久的經常法則("常道"),故號稱"五常"。
伴隨著漢武帝"罷黜百家,表章六經"文化政策的推行,"仁、義、禮、智、信"便成爲
中國價值體系中的核心要素而影響了中國兩千餘年。爲了神化"五常"之教,董仲
舒進而將"五常"與陰陽五行哲學聯繫起來,在他看來,人類有五常之行,天地有五
行之理,二將互相照應,互相影響。於是他將五常與五行相配起來:《春秋繁露·五
行相生》:"東方者木,農之本,司農尚仁,進經術之士,道之以帝王之路,將順其美,
匡救其惡。……南方者火也,本朝司馬尚智,進賢聖之士,上知天文,其形兆未見,
其萌芽未生,昭然獨見存亡之機,得失之要,治亂之源。……中央者土,君官也,司
營尚信,卑身賤體,夙興夜寐,稱述往古,以屬主意。……西方者金,大理,司徒也,
司徒尚義,臣死君,而衆人死父,親有尊卑,位有上下,各死其事。……北方者水,執
法,司寇也,司寇尚禮,君臣有位,長幼有序。"董仲舒以"五方"配"五行","五行"釋

①王先謙:《荀子集解》,中華書局,1988年,第330頁。
②王先謙:《荀子集解》,中華書局,1988年,第523頁。
③王先謙:《荀子集解》,中華書局,1988年,第16頁。
④王先謙:《荀子集解》,中華書局,1988年,第580頁。
⑤王先謙:《荀子集解》,中華書局,1988年,第254頁。
⑥(漢)班固:《漢書》卷五六《董仲舒傳》,中華書局,1962年,第2505頁。

"五常",以"天道"釋"人道",不僅將社會道德規範神秘化,更賦予其絕對權威性,從而完成了思孟學派沒有完成的道德哲學化、倫理本體化的過程。

二、獨闢蹊徑:"蜀學"的核心價值觀構建

孕育於巴蜀大地的古代"蜀學",也有自己的核心價值觀,那就是"道德仁義禮"。據現存文獻,其固定搭配的系統構建實始於漢代嚴遵。

《道德指歸·上德不德篇》云:

> 天地所由,物類所以,道爲之元,德爲之始,神明爲宗,太和爲祖。道有深微,德有厚薄,神有清濁,和有高下。清者爲天,濁者爲地;陽者爲男,陰者爲女。人物稟假,受有多少,性有精粗,命有長短,情有美惡,意有大小。或爲小人,或爲君子,變化分離,剖判爲數等。故有道人,有德人,有仁人,有義人,有禮人。敢問彼人何行,而名號殊謬以至於斯? 莊子曰:虛無無爲,開導萬物,謂之道人。清静因應,無所不爲,謂之德人。兼愛萬物,博施無窮,謂之仁人。理名正實,處事之義,謂之義人。謙退辭讓,敬以守和,謂之禮人。凡此五人,皆樂長生。[1]

這裏提出"道人、德人、仁人、義人、禮人"五人"皆樂長生"的觀念,是對《老子》"失道而後德,失德而後仁,失仁而後義,失義而後禮"等五德對立學説的修補,也是對儒道相反狀態的矯正。嚴氏之説,構建了兼融易、儒、道的"道、德、仁、義、禮"一體的核心價值觀念。這一體系的構建,是由天地、陰陽、男女、厚薄、性命、情意、神明、太和等發展衍化而來,與蜀中"天皇、地皇、人皇"之"三才合一"構建是一脉相承的。

嚴遵之外,學而有體系的蜀學中人也多采用這一體系。如漢王褒《四子講德論》:"聖主冠道德,履純仁,被六藝,佩禮文,屢下明詔,舉賢良,求術士,招異倫,拔駿茂。"[2]

揚雄《法言·問道》:"道、德、仁、義、禮譬諸身乎? 夫道以導之,德以得之,仁以人之,義以宜之,禮以體之。天也。合則渾,離則散。"[3]將道德仁義禮五德視爲

---

① (漢)嚴遵:《道德指歸》卷一《上德不德》篇,明津逮秘書本。
② (梁)蕭衍:《文選》卷五一《四子講德論》,中華書局,1997年,第715頁。
③ (漢)揚雄著、韓敬注:《法言注》,中華書局,1992年,第74頁。

一個人的修養所必須。又卷四《問神》：“事繫諸道、德、仁、義、禮。”①《太玄經·玄摘》：“虛形萬物所道之謂道也，因循無革天下之理得之謂德也，理生昆群兼愛之謂仁也，列敵度宜之謂義也，秉道、德、仁、義而施之之謂業也。”②或又根據董仲舒“五常”直接冠以“道德”，而成“六德”搭配：雄《劇秦美新》：“神明所祚，兆民所托，罔不云道、德、仁、義、禮、智。”③

後有唐代蜀中高士趙蕤更從人的行動的角度，完整地闡釋了“道德仁義禮”以及“智信”的重要性及其相互關係。他在《長短經·量才》中也説：“故道、德、仁、義定而天下正。”④又《定名》曰：“故稱之曰道、德、仁、義、禮、智、信。夫道者人之所蹈也，居知所爲，行知所之，事知所乘，動知所止，謂之道。德者人之所得也，使人各得其所欲謂之德。仁者愛也，致利除害，兼愛無私謂之仁。義者宜也，明是非，立可否，謂之義。禮者履也，進退有度，尊卑有分，謂之禮。智者人之所知也，以定乎得失是非之情，謂之智。信者人之所承也，發號施令，以一人心，謂之信。”⑤

宋代新津人張商英繼承了趙蕤的基本理路，在其所傳《黃石公素書》卷一《原始章》中説：“夫道、德、仁、義、禮五者，一體也。道者，人之所蹈，使萬物不知其所由。德者，人之所得，使萬物各得其所欲。仁者人之所親，有慈惠惻隱之心，以遂其生成。義者人之所宜，賞善罰惡，以立功立事。禮者人之所履，夙興夜寐，以成人倫之序。”⑥可見，張商英對趙氏學説的繼承，但在對五德的具體表述和解説上，却又有所推進和提升。甚至從《素書》的分章布局中，也可看出他對從嚴遵、揚雄以來“道德仁義禮”核心價值的繼承和推崇：首章《原始》（即嚴遵“德爲之始”），第二曰《正道》（即嚴氏“道爲之元”），第三曰《求人之志》（即儒家“仁孝爲本”），第四曰《本德宗道》（即揚雄、趙蕤“道以導之”、“德以得之”），五曰《遵義》（即揚、趙“義者宜也”），六曰《安禮》（即揚、趙“禮得體也”、“禮者履也”），等等。

蘇東坡《六一居士集序》：“著禮、樂、仁、義之實，以合于大道。”⑦“禮樂仁義”之上還有“大道”。又其《范文正公文集叙》：“其於仁、義、禮、樂、忠、信、孝、弟，蓋如饑渴之於飲食，欲須臾忘而不可得；如火之熱，如水之濕，蓋其天性有不得不然

①（漢）揚雄著、韓敬注：《法言注》，中華書局，1992年，第374頁。

②（漢）揚雄著、鄭萬耕校注：《太玄校注》，中華書局，2014年，第256頁。

③（漢）揚雄：《揚子云集》卷四，清文淵閣四庫全書本。

④（唐）趙蕤：《長短經》卷一《量才》，文淵閣四庫全書本。

⑤（唐）趙蕤：《長短經》卷八《定名》，文淵閣四庫全書本。

⑥（舊題漢）黃石公撰、（宋）張商英注：《素書》不分卷，明漢魏叢書本。

⑦（宋）蘇軾著、孔凡禮校點：《蘇軾文集》，中華書局，1986年，第315—316頁。

者。"①"仁義禮樂忠信孝弟"是由其天性決定的,天即道,性即德,其中也暗含了"道德仁義禮"的價值判斷。又在《儒者可與守成論》中說:"聖人之於天下也,無意於取也,譬之江海百谷赴焉,譬之麟鳳鳥獸萃焉,雖欲辭之,豈可得哉!禹治洪水……契爲司徒而五教行,弃爲後稷而蒸民粒,世濟其德,至於湯武拯塗炭之民而置之於仁壽之域,故天下相率而朝之,此三聖人者……豈有二道哉?周室既衰,諸侯並起力征争奪者,天下皆是也。德既無以相過,則智勝而已矣。智既無以相傾,則力奪而已矣。至秦之亂,則天下蕩然無復知有仁義矣。漢高帝……五年而併天下,雖稍輔於仁義,然所用之人常先於智勇,所行之策常主於權謀……故陸賈譏之曰:陛下以馬上得之,豈可馬上治? 叔孫通亦曰:儒者難與進取,可與守成。于是酌古今之宜與禮樂之中"②云云。"聖人"至"豈可得哉",講"道法自然"問題。此後,"禹""契""稷"以"道德"治天下,"湯""武"以"仁義"得天下。秦毀弃"仁義",漢高祖恢復"仁義",重建"禮樂"政治。蘇東坡的這段文字雖是叙述歷史,但也闡釋了"道—德—仁義—禮樂"的轉化規律。

蘇子由也在《古史》的老子傳後發表議論説:"孔子以仁義教人而以禮樂治天下,仁義禮樂之變無窮,而其稱曰'吾道一以貫之'。苟無以貫之,則因變而行義,必有支離而不合者矣。《易》曰'形而上者謂之道,形而下者謂之器';《語》曰'君子上達,小人下達'。而孔子自謂'下學而上達'者。灑埽應對,《詩》《書》《禮》《樂》皆所從學也。而君子由是以達其道,小人由是以得其器。達其道,故萬變而致一;得其器,故有守而不蕩。此孔子之所以兩得之也。蓋孔子之爲人也周,故示人以器而晦其道,使達者有見,而未達者不眩也。老子之自爲也深,故示人以道而略其器,使達者易入,而不恤其未達也。要之,其實皆志於道,而所從施之有先後耳。"③孔子注重實踐,故以仁義禮樂教人,至于道則懸於空中以待其人。老子以超脱自處,不恤於器使之爲,故追求形上之道而忽略形下之器。他又在《老子解》注釋"絶聖弃智"説:"孔子以仁義禮樂治天下,老子絶而棄之,或者以爲不同。《易》曰'形而上者謂之道,形而下者謂之器',孔子之慮後世也深,故示人以器而晦其道,使中人以下守其器,不爲道之所眩,以不失爲君子。而中人以上,自是以上達也。老子則不然,志於明道。夫道不可言,可言皆其似者也。達者因僞以識真,而昧者執似以陷於大過。故後世執老子之言以亂天下者有之,而學孔子者無大過。因老子之言

①(宋)蘇軾著、孔凡禮校點:《蘇軾文集》,中華書局,1986年,第311—312頁。

②(宋)蘇軾著、孔凡禮校點:《蘇軾文集》,中華書局,1986年,第39—40頁。

③曾棗莊、舒大剛主編:《三蘇全書》第三冊,語文出版社,2001年,第225頁。

以達道者不少,而求之於孔子者常苦其無所從入。二聖人者,皆不得已也,全於此必略於彼矣。"①其思維形式也與上述引文相同。他又在"是謂覆命"下注説:"命者,性之妙也。性猶可言,至於命則不可言矣。《易》曰'窮理盡性以至於命'。聖人之學道,必始於窮理,中於盡性,終於復命。仁義禮樂,聖人之所以接物也。而仁義禮樂之用,必有所以然者……知其所以然而後行之,君子也,此之謂窮理。……聖人外不爲物所蔽,其性湛然,不勉而中,不思而得,物至而能應,此之謂盡性。……君之命曰命,天之命曰命,以性接物而不知其爲我,是以寄之命也,此之謂復命。"②説在"仁義禮樂"的背後還有"理""性"與"命",理就是道,性與命就是德。由此可見,"道德仁義禮樂"也是蘇轍思想的重要框架和内容。

此外,明代楊升庵《璅語》保存了道家的思想,"仁義起而道德遷,禮法興而淳樸散。"③稍後的來知德却承襲了蜀學自嚴遵以來融合儒道、會通道德仁義禮的傳統,"冠道德,履仁義,衣百家,佩六藝"④。此後,直至晚清劉沅創立"劉門道"、民國段正元創道德學社,巴蜀學人皆致力於會通三教(甚至五教),突出道德仁義禮樂,將儒家精神與道家修養結合起來。

由上可以看出,蜀人在使用"道德仁義禮"這五個概念時是有意識的、自覺的,而且是完整的、系統的。而且從王褒、嚴遵、揚雄以下,至趙蕤、張商英等人,在使用和解釋這些概念時,是互相連貫,互相繼承,層層推進的,具體來講是前有所承,後出轉精的。蜀學核心價值觀的一貫性和發展性由此可見一斑。蜀學之所以產生"道德仁義禮"的組合,與蜀人身兼儒學、道學兩種身分有關。嚴遵專精《大易》、耽于《老》《莊》,揚雄出入儒道、撰著《太玄》《法言》,趙蕤縱橫百家,張商英涵融三教,二蘇不棄道釋(朱子斥爲"雜學")都突出地代表了蜀學博雜、貫通百氏等特點。

三、其他地區學人對"道德仁義禮"的運用

在巴蜀文獻之外,其他文獻中也有列舉"道德仁義禮"的現象。但這些文獻的時間或在嚴遵、揚雄之後,或與其他諸事並列,不是過晚,就是太過泛化,缺乏核心觀念的原創性。兹略舉數例,説明如下:

《鬼谷子·内揵》曰:"故聖人立事,以此先知而揵萬物,由夫道、德、仁、義、禮、

①曾棗莊、舒大剛主編:《三蘇全書》第五册,語文出版社,2001年,第422頁。
②曾棗莊、舒大剛主編:《三蘇全書》第五册,語文出版社,2001年,第417頁。
③(明)楊慎:《升庵集》卷六五,文淵閣四庫全書補配文津閣四庫全書本。
④(清)黃宗羲:《明文海》卷一三八來知德《答問》,清涵芬樓鈔本。

樂、計、謀,先取《詩》《書》,混説《損》《益》,議論去就,欲合者用内,欲去者用外。外内者必明道數。"①將道家(道德)、儒家(仁義禮樂)、縱横家(計謀)等觀念並列,有似雜家。不過蘇秦、張儀雖然曾學於楚人鬼谷子,但是《鬼谷子》一書却不作於先秦。此書不見於《漢志》著録,《説苑》雖引有"鬼谷子"的話卻不見於今本,故《四庫全書總目》提要採納明儒胡應麟《筆叢》之説,以爲"《隋志》有《蘇秦》三十一篇,《張儀》十篇,必東漢人本二書之言,會粹爲此,而托於鬼谷,若子虚、亡是之屬。"館臣又據《隋志》著録有《鬼谷子》皇甫謐注,認爲"則爲魏晋以來書,固無疑耳"②。無論是東漢所會粹,還是魏晋所流傳,都在嚴遵《道德指歸》之後矣。

《北史·序傳》:"(李)或七子,並彭城王勰女豐亭公主所生,以道、德、仁、義、禮、智、信爲名。"③將道家與儒家觀念合用,也只出於命名考慮,不涉及正規的價值體系。

受巴蜀文化影響的唐代隴西李筌,在《太白陰經》中説:"夫用探心之數者,先以道、德、仁、義、禮、樂、忠、信,詩、書、經、傳、子、史"云云,④似乎將蜀學"道、德、仁、義、禮"並重的組合,進而與"禮、樂、忠、信"和文獻載體"經、傳、子、史"相搭配,形成了更加廣博的核心價值結構和文化體系。但是這一搭配混淆概念、制度和文獻,實在不能稱爲核心價值。

唐玄宗時曾經主纂《三教珠英》的張説融合了儒道核心觀念。在《大唐封禪壇頌》中説:"封禪之義有三,帝王之略有七。七者何? 傳不云乎:道、德、仁、義、禮、智、信,順之稱聖哲,逆之號狂悖"⑤云云。明明是轉引他人,他却稱説"傳云",也許正是受《道德指歸》、《太玄》、《法言》以及《鬼谷子》等文獻的影響。

張君房《雲笈七籤》卷五六《元氣論》:"是知道、德、仁、義、禮此五者,不可斯須暫離,可離者非道德仁義禮也。道則信也,故尊於中宫,曰黄帝之道。德則智也,故尊於北方,曰黑帝之德。仁則人也,故尊於東方,曰青帝之仁。義則時也,故尊於西方,曰白帝之義。禮則法也,故尊於南方,曰赤帝之禮。然三皇稱曰大道,五帝稱曰常道,此兩者同出異名。"⑥《華陽國志·蜀志》稱開明王朝"未有謚列,但以五色爲主,故其廟稱青、赤、黑、黄、白帝也。"⑦可見,"青帝、赤帝、黑帝、黄帝、白帝"等"五

①《鬼谷子》,許富宏《集校集注》本,中華書局,2008年,第53—56頁。
②(清)永瑢等撰:《四庫全書總目提要》卷一一七"子部"二十七,乾隆武英殿本。
③(唐)李延壽等撰:《北史》卷八八《序傳》,中華書局1974年,第3334頁。
④(唐)李筌:《太白陰經》卷一《人謀上》,虞山毛氏汲古閣鈔本。
⑤(唐)張説:《張燕公集》卷一二,四部叢刊景明嘉靖本。
⑥(宋)張君房著:《雲笈七籤》卷五六《元氣論》,四部叢刊景明正統道藏本。
⑦(晋)常璩著、劉琳校注:《華陽國志新校注》,四川大學出版社,2014年,第103頁。

帝"系統是蜀人的歷史傳統。道教創立於巴蜀,教義中吸收了許多巴蜀文化觀念,如吸收蜀人"天皇、地皇、人皇"的三皇觀念,創立道教的前三皇、中三皇、後三皇的鬼神譜系和信仰體系。總的來説,《雲笈七籤》借鑒了巴蜀文化中"五帝""五行"等思想内容而融會貫通。

張商英所注《素書》,系統解釋了"道德仁義禮"。該書雖題西漢黄石公,以爲圯上老人以授張良者,但並非真正的漢代作品。稍後的晁公武《郡齋讀書志》就揭示其書"厖亂無統,蓋采諸書以成之者也"①。南宋黄震《黄氏日抄》卷五六更系統地辯駁曰:"《素書》六篇,曰原始、曰正道、曰求人之志、曰本德宗道、曰遵義、曰安禮。其説以道、德、仁、義、禮五者爲一體,雖於指要不無所取,而其間言語雜出,多生於卑謙損節,背理者寡。特非圯上老人授子房於亂世之書耳。張商英乃妄爲訓釋,取《老子》'失道而後德,失德而後仁,失仁而後義,失義而後禮'之説以言之,與本書五者一體之説正相反;甚至爲之《後序》,謂'晋亂,有盜發子房塚,於玉枕中獲此書',何其鄙歟! 幸此言出于商英,識者固所不屑觀爾。"②清《四庫全書總目》該書提要:"晁公武謂商英之言,世未有信之者。至明都穆《聽雨紀談》以爲'自晋迄宋,學者未嘗一言及之,不應獨出於商英',而斷其有三僞。胡應麟《筆叢》亦謂'其書中悲莫悲於精散,病莫病於無常',皆仙經、佛典之絶淺近者。蓋商英嘗學浮屠法於從悦,喜講禪理,此數語皆近其所爲。前後注文,與本文亦多如出一手。以是核之,其即爲商英所僞撰明矣。"③張商英爲蜀中新津人,其爲是説也固宜。

柳開《河東集》卷六《答臧丙第三書》:"聖人之道,豈以復能删定贊修於《詩》《書》《禮》《樂》《大易》《春秋》,即曰果在於我也,但思行其教而已。其爲教也,曰道、德、仁、義、禮、樂、刑、政,得其時,則執而行之,化於天下;不得其時,則務在昭明於聖人之德音,興存其書,使不隕墜,何必删定贊修乎?"④這裏將"道德"(道家)與"仁義禮樂"(儒家)、"刑政"(法家)結合起來,是出於修齊治平的全面考慮,可惜沒有深入構建核心價值體系。

又卷七《請家兄明法改科書》:"夫法者,爲士之末者也,亂世之事也。皇者用道德,帝者用仁義,王者用禮樂,霸者用忠信;亡者不能用道、德、仁、義、禮、樂、忠、信,即復取法以制其衰壞焉,將用之峻則民叛而生逆,將用之緩則民奸而起賊,俱爲

---

①(宋)晁公武、孫猛校證:《郡齋讀書志》,上海古籍出版社,1990年,第486頁。

②(南宋)黄震:《黄氏日鈔》卷五六《讀諸子》,元刻本。

③(清)永瑢等撰:《四庫全書總目提要》卷九九《子部》九,乾隆武英殿本。

④(宋)柳開:《河東集》卷六《答臧丙第三書》,四部叢刊景舊鈔本。

覆敗之道。"①也是將道家(道德)、儒家(仁義禮樂)、法家(忠信)以及亡國者(以法制衰)的觀念和方法相提並列,只是出於治世與亂世的考量,也没有系統構建核心價值觀念。

王禹偁《小畜集》卷一四《譯對》:"古者巢居穴處,茹毛飲血,無君臣、父子、夫婦、長幼之制,無道、德、仁、義、禮、樂、刑、政之法,蠢然而生,僕然而斃。當是時,天下之人皆如是爾。是以伏羲、神農、黄帝氏始善譯者也,以皇道譯天下之人心,故飲食、衣服、器械、耒耜、牛馬之用作焉。少昊、顓頊、高辛、唐虞又善譯者也,以帝道譯天下之人心,故君臣、父子、夫婦、長幼之制行焉。夏、商、周又善譯者也,以王道譯天下之人心,故道、德、仁、義、禮、樂、刑、政之法興焉。三代之下,譯天下者或非其人,故諸侯之善譯者,以霸道譯之,齊桓、晋文,譯霸之傑也。"②此處也是客觀地叙述歷史,"皇道、帝道、王道、霸道"等概念隨着社會的變遷而演變。其中將"王道"定義爲"道、德、仁、義、禮、樂、刑、政",也是出于治道的考慮,是方法而非核心價值。

曾子固《説非異》曰:"人不能相持以生,于是聖人者起,紹天開治,治者罔不云道、德、仁、義、禮、智,六達而不悖,然後人乃克群游族處,生養舒愉,歷選列辟,無有改此者也。獨浮屠崛起西陲荒忽梟亂之地,假漢魏之衰世,基潜跡,文詭辯,奮醜行,至晋終梁,破正擅邪,鼓行中國。"③在儒、釋、道三教争論中,曾氏强調儒之"仁義禮智",道之"道德",而貶斥佛法之"詭辯"和"醜行"。

《二程遺書》卷二五:"老子曰:'失道而後德,失德而後仁,失仁而後義,失義而後禮。'則道、德、仁、義、禮分而爲五也。"④出於批判老子之説,程頤才將"道德仁義禮"連言,目的是要把此五者統於一個"理"字之下,理才是他的核心觀念。這種提法還見於晁説之《晁氏客語》:"堯舜之爲善,與桀跖之爲惡,其自信一也。老子曰:'失道而後德,失德而後仁,失仁而後義,失義而後禮。'則道、德、仁、義、禮分而爲五也。"⑤

朱熹《孟子精義》:"孟子曰:'人之有四端,猶其有四體也。'夫四體與生俱生,一體不備謂之不成人,闕一不可,亦無先後之次。老子言:'失道而後德,失德而後仁,失仁而後義,失義而後禮。禮者忠信之薄而亂之首。'此可謂不知道、德、仁、義、禮者之言也。謂禮爲忠信之薄,是特見後世爲禮者之敝耳。先王之禮,本諸人心,

---

①(宋)柳開:《河東集》卷七《請家兄明法改科書》,四部叢刊景舊鈔本。
②(宋)王禹偁:《小畜集》卷一四《譯對》,四部叢刊景宋本。
③(宋)佚名撰:《宋文選》卷一三曾子固《説非異》,文淵閣四庫全書本。
④(宋)程頤、程顥:《二程集》,中華書局,1981年,第324頁。
⑤(宋)晁説之:《晁氏客語》不分卷,宋百川學海本。

所以節文仁義是也,顧所用如何,豈有先後?"①該文主旨在駁老子之言,並非有意建立核心價值體系。

清人陸世儀《思辨録輯要》卷二〇:"取士與養士不同,取士不論詩、賦、詞、曲,總只此幾個聰明才辨之士,無往不可以自見。養士必須道、德、仁、義、禮、樂、詩、書,所以古之王者,只重養士不重取士。"②此處只是簡單列舉作爲教學科目的"道德仁義禮樂"與"詩書",並未作更多、更深入的意義詮釋。

由此看來,雖然巴蜀之外的學人也時或連言"道德仁義禮",但皆未有系統解説,並不是核心價值的有意構建。從文獻上看,巴蜀學人既將五詞連言,又對五個概念進行了全面系統的詮釋,從而構建成一個價值體系,成爲他們信守不渝的價值觀念。

結　語

在蜀學的核心價值構建中,以"道、德"爲統率,以"仁、義、禮"爲實行,這樣一個學術體系,體現出以下幾個層次的價值和意義:

一是實現了道家與儒家的和諧統一。老子言道德而貶仁義,孔子講仁義而重禮樂,不免都各有側重,也各有偏頗,蜀學將二者結合起來,是巴蜀地區多教並存、諸學互補文化氛圍的集中反映。

二是實現了形上與形下的統一。《易》曰:"形而上者謂之道,形而下者謂之器。"道主於無形,德生於有形,仁義禮樂更是身體力行的日用常行。自然無形是道家追求的終極目標,老子主張:"人法地,地法天,天法道,道法自然。"孔子則罕言命與天道,墨家更是反對天命而倡言鬼神。蜀學將形上之道德,與形下之仁義禮樂結合起來,糾正上述各家的偏執,更利於在現實中貫徹和推廣。

三是理論與實踐結合、務虛與務實結合。道德偏於理論,仁義禮偏重實踐。道德如果缺乏仁義禮樂,則道德必爲虛位。仁義禮樂如果缺乏道德,則仁義禮樂淪於庸俗。蜀學將二者結合,使仁義禮樂具有道德的哲學基礎,也使道德學説更具有切實可行的價值。

蜀學的"道德仁義禮"結構,是中國哲學史上"知行合一"的最好範本,認真發掘和發揮這一價值體系,是解決儒學缺乏本體的終極關懷、道家缺乏日用常行的現

---

① (宋)朱熹著、黄坤、張祝平校點:《論孟精義》,朱傑人、嚴佐之、劉永祥主編:《朱子全書》第七册,上海古籍出版社,2002年,第690頁。

② (清)陸世儀:《思辨録輯要》卷二〇,文淵閣四庫全書本。

實關懷之偏頗的有效途徑,對於改善當下華而不實的學風和人心不古的世風皆有十分重要的理論意義和現實價值。

（作者單位:四川大學古籍整理研究所）

試論宋以來史注中評點之風的興起與發展

何　晉

南宋慶元元年(1195)建安劉元起刻本《漢書》①,除了收録顏師古注,還包括宋代宋祁校語和劉敞、劉攽、劉奉世《刊誤》等内容,這不僅對我們瞭解《漢書》在宋代的刊佈有著重要意義,對我們研究宋人箋注《漢書》亦多有裨益,因爲其中並非全爲版本校勘文字歧異的内容,還有部分實屬史書箋注的範疇。不過,古人不論是校書還是注書,"校"與"注"有時往往是相互聯繫的,不免"校"中會有"注",有時"注"中也會有"校",此不足爲怪。

然而閱讀慶元本《漢書》"本紀"部分時,亦有所可怪者:

《漢書·高帝紀上》:

> 吕媪怒吕公曰:"公始常欲奇此女,與貴人。沛令善公,求之不與,何自妄許與劉季?"

"與貴人"下顏注:"奇,異也。謂顯而異之,而嫁於貴人。"顏注下有朱子文曰:"'欲'字宜在'女'字之下,當曰'公始常奇此女,欲與貴人'於文爲順。"

又《高帝紀上》:

> 高祖乃立爲沛公。祠黄帝,祭蚩尤於沛廷,而釁鼓。旗幟皆赤,由所殺蛇

①以下簡稱此本爲"慶元本"。本書所引《漢書》文字及朱子文《漢書》注,未注明出處者,均出自此慶元本,北京圖書館出版社"中華再造善本"叢書,2006 年。

白帝子,所殺者赤帝子故也。

句末亦有朱子文曰:"於文爲繁。自'由所殺蛇'以下,宜去十字卻添四字,當曰'旗幟皆赤,符嫗所言赤帝子故也',義自顯然,何必更述斬蛇一事。"

又《高帝紀上》:

沛公攻豐,不能取。沛公還之沛,怨雍齒與豐子弟畔之。

"沛公還之沛"下朱子文曰:"當去下'沛公'二字。"

又《高帝紀上》:

漢王西過梁地,至虞,謂謁者隨何曰:"公能說九江王布使舉兵畔楚,項王必留擊之。得留數月,吾取天下必矣。"隨何往說布,果使畔楚。

句末朱子文曰:"此數語中有兩'使'字皆不必用,用之覺文理不順,況既已曰說九江王,說則使在其中矣。前當曰'公能說九江王布舉兵畔楚',後當曰'隨何往說布,果畔楚',文義俱顯耳。"

又《高后紀》:

惠帝即位,尊呂后爲太后。

句末朱子文曰:"'呂后'二字可去,當曰:'惠帝即位,尊爲太后。'"

筆者不禁詫異於慶元本所收宋人朱子文之注,與之前的漢唐人《漢書》注如此迥異,也明顯與北宋宋祁、三劉校語有別。其明顯的特點是:(一)不再致力於文字的訓詁、義理的闡釋,而著意於文理的通順、語辭的繁簡;(二)在沒有任何版本依據的情況下,可以主觀地對文本本身作去舍的評斷。這裏,朱氏不再像一位傳統的注史者,而儼然成了一位寫作鑒賞家,一位教人寫作的文法老師,其文字與其說是注釋,不如說是對班固的《漢書》文字在進行評點。

史學上的評點其實早已有之,不過主要集中在兩個方面,一是對史事的論評,其方式多是在叙事之後集中用一段文字進行議論,最早如《左傳》中的"君子曰",《史記》中的"太史公曰",兩晋以後還出現了以專著的形式論評史事,如徐衆的《三國志評》;二是對史書的編纂方法和思想進行論評,如《左傳》成公四年對"《春秋》筆法"的評論:"《春秋》之稱,微而顯,志而晦,婉而成章,盡而不汙,懲惡而勸善。"這方面的第一部專著則始於唐代劉知幾的《史通》。南宋晁公武在《郡齋讀書志》中專門創設了"史評"這一類目,即著録上述兩類著作。

很明顯,這裏朱子文對《漢書》的"評點",與此前對史事和史書的論評很不一樣,不能視之爲"史評"。作爲一種史注,其風格特點,又與傳統的史注迥然有別,在此前的史書箋注中,似乎還找不到類似的,它是一種相當獨特的評點風格的史注。

但如果我們不被史書所囿,放開視野,就會發現這種獨特評點風格的產生,其實大有來頭:在一些宋人著述或詩文選編這些集部作品中,宋人已開始專門、集中地對詩作、文章進行這樣的評點——即今天文學研究者們所謂的"文學評點"(本文後面簡稱的"評點"一詞均指這類"文學評點")。文學評點的產生,大概可以追述到北宋後期以黃庭堅(1045—1105)爲領袖的"江西詩派",他們對作詩的"句法",爲文的"脈絡"、"立意",作了相當多的論述和強調;但文學評點產生的標誌性著作則是南宋初年呂祖謙(1137—1181)的《古文關鍵》,此書對所編選的六十餘篇唐宋古文家的文章,進行了文章文勢、佈局、用筆、句法、字法等多方面的評點①;其後呂祖謙的學生樓昉,在其《崇古文訣》中又選錄了先秦至宋代的二百多篇文章,每篇之首都進行評點②。

值得注意的是,劉元起《漢書》慶元本的刊刻(1195),正緊接在南宋評點產生興起這一時期之後。朱子文對《漢書》的這些注評,今之所見,最早僅見錄於慶元本《漢書》,已不見其原書③,實難確知朱子文對《漢書》的這些注評產生於何時,然而宋祁、三劉均爲北宋末人,朱子文的《漢書》注亦當在北宋末南宋初這一時期內,我推測,不僅其產生的時期可能正是評點興起的時期,且其作爲一種風格迥異的史注和宋祁校語、三劉《刊誤》一起被劉元起收錄,也正是因爲當時評點之風興起而影響所致。

文學評點之所以興起於宋代,其原因學者已作了多方面的叙述和探討④,但最根本、最核心的一個原因,是當時科舉考試的現實需要。科舉考試自隋唐以來逐漸程式化,在考試中占重要地位的策、論的寫作,促使服務於科舉應試的文章評點產生,它們討論文章寫作技法、文字句法,用範文加評點的方式爲士人們提供理論和

---

①例如其卷首《總論》中有"論作文法"云:"文字:一篇之中,須有數行齊整處,須有數行不齊整處,或緩或急,或顯或晦,緩急顯晦相間,使人不知其爲緩急顯晦,常使經緯相通有一脈過接乎其間也。蓋有形者,綱目;無形者,血脈也。"

②這二百多篇中,收有少數幾篇《史記》、《漢書》中文,如《史記》中司馬遷《太史公自序》,《漢書》中漢文帝賜南粵王佗書、司馬遷答任安書等。其於司馬遷《太史公自序》的評點是:"家世源流、論著本末,備見於此篇終自叙處,文字反復委折有開闔變化之妙,尤宜玩味。"於《答任安書》的評點是:"反復曲折,首尾相續,叙事明白,讀之令人感激悲痛,然看得豪氣猶未盡除。"

③據慶元本卷前所列參校諸本,朱子文此書名爲《漢書辨正》。

④參吳承學:《評點之興——文學評點的形成和南宋的詩文評點》,《文學評論》1995 年第 1 期,第 24—33 頁。

操作上的指導①。無論是呂祖謙的《古文關鍵》，還是樓昉的《崇古文訣》，均可作如是觀。

爲科舉時文寫作的需要，呂祖謙《古文關鍵》只收録唐宋古文，但樓昉《崇古文訣》的取材收録範圍則擴大爲先秦至宋代，《漢書》中的漢文帝與南粵王趙佗書、司馬遷答任安書等選入其中。如果暫時撇開《漢書》的史書性質，從學習文章寫作的角度而言，則《漢書》未嘗不可進入評點者的視野。

讓我們再把目光收回到朱子文的《漢書》注上：它確實算得上是朱子文對《漢書》所作的一種文學評點嗎？和後世文學評點通常包含的豐富内容相較，朱子文對《漢書》的評點内容，僅著意於文理與字辭而鮮及其他；它具有史注的一些特徵但又與傳統的史注有很大的不同。也許我們可以這樣説，它是一種具有强烈評點風格的史注。這使得它在史書箋注中，看起來像一種由義及辭的轉變中的過渡産物。不過考慮到其産生的時期，也正是評點産生的初期，而評點本身也是從傳統的箋注中發展起來的，這個角度上我們把朱子文的《漢書》注看作是評點也未嘗不可。

可見，在宋代，評點之風最早興於集部之林，但也開始侵染到史部。此後，隨著評點之風愈來愈盛，除了南宋時期興起的詩文評點，明代、清代還興起了小説評點、戲曲評點。明清以來，更多的史書被納入到評點的範圍，尤其是《史記》、《漢書》，被當作文章典範成爲了評點的重要對象，於是萬曆年間便有凌稚隆彙集衆家對《史記》的評點，以及自己的評點，編成集評性質的《史記評林》，"這些評點並不是考證性的訓詁注釋，也不是從政治和倫理的角度對歷史事實進行評論。雖然不能説評語裏完全没有這樣的内容，但評林本中的明人評語的很大部分是近於文學批評的。對明代人而言，他們所看重《史記》的，並非彙集既定事實的史書的意義，而是極力發現和闡釋其作爲文章範本、作爲文學的意義。"②例如，其書對《史記·商君列傳》的評點，其特點可見一斑：

> 太史公首言鞅好刑名之學，則鞅所以説君而君説者，刑名也。故通篇以"法"爲骨，曰"鞅欲變法"，曰"卒定變法之令"，曰"於是太子犯法"，曰"將法太子"，而終之曰"嗟乎！爲法之弊一至此"，血脈何等貫穿！③

---

① 見張伯偉：《評點溯源》，《中國文學評點研究論集》，上海古籍出版社，2002 年，第 25 頁—37 頁；與祝尚書：《南宋古文評點緣起發覆——兼論古文評點的文章學意義》，《四川大學學報（哲學社會科學版）》2005 年第 4 期，總第 139 期，第 74—82 頁。
② 高津孝：《明代評點考》，《中國文學評點研究論集》，上海古籍出版社，2002 年，第 92 頁。
③ 凌稚隆：《史記評林》，《四庫全書》文淵閣本。

幾年後,《漢書評林》又以淩稚隆的名義編成。明末,大評點家金聖歎列評的
"六才子書"中,除了小說、戲曲、詩詞、諸子書,也包括了《史記》①。在清代的史注
中,浦起龍的《史通通釋》,亦是有著濃郁評點風格的史注。評點發展到後來,其内
容不僅囊括了經、史、子、集,而且其目的與功效也已遠遠溢出最初爲科舉時文的這
一狹小範圍。

那麼,在史書箋注中,評點風格的興起有什麼樣的價值和意義呢? 首先這顯示
了史書箋注可以由義及辭,提供了從另外一種角度對史書文字進行審視和詮釋的
可能,而在此之前,史注往往注重的是"義"而忽略了"辭",致力於訓詁而忽略了文
理。對文理、文氣的注重,其實對内容的理解往往是非常關鍵的,例如《漢書·高帝
紀下》:

> 七年冬十月,上自將擊韓王信於銅鞮,斬其將,信亡走匈奴,與其將曼丘
> 臣、王黄共立故趙後趙利爲王,收信散兵,與匈奴共距漢。

"其將曼丘臣、王黄"下顔注:"姓曼丘,名臣也。曼丘、母丘本一姓也,語有緩
急耳。曼音萬。"顔注下朱子文曰:"考其文理意義,於'信亡走匈奴'句下多一'與'
字。既云信與其將共立趙利爲王,如何卻云'收信散兵'? '信'字不當下矣。又信
本傳拘於《紀》文亦多一'與'字,更無義理。《傳》云信亡走云云,又曰'復收信散
兵,而與信及冒頓謀攻漢'。既云信與其將立趙利爲王,如何又云'收信散兵而與
信'? 以此觀之,信既亡走匈奴,兵亂未知所在,其將乃共立趙利爲王,收信散兵,與
匈奴共距漢。若去一'與'字,《紀》、《傳》皆分明。"

朱子文從文理意義上認爲"信亡走匈奴"句下多一"與"字,雖然和其他地方一
樣,這裏他並没有什麼版本或其他書證依據,而僅從文理和内容上進行分析判斷,
但清代王先謙《漢書補注》認爲朱氏此說極是②。皮錫瑞在其《經學通論》中也說:
"宋人解經,善於體會語氣,有勝於前人處。"③皮氏所論,雖是就《書經》而言,但也
不妨推廣視爲對宋人讀書善於體會語氣、文理這一特點的總體概括。

此外,我們認爲評點的興起對史書來說還存在另一種意義:在某種程度上會對
史書的普及傳播起到積極作用,會增加讀者的興趣,擴大讀者的數量。明代評林本

---

①金聖歎"六才子書"爲:《水滸》、《西廂》、《離騷》、《史記》、《杜詩》、《莊子》。其實早在金聖歎之前,評點諸
  子的著作就已紛紛出現,如陳仁錫的《諸子奇賞前集》、《後集》等,經部書則有題名穆文熙所輯的《春秋左
  傳評林》。
②楊樹達:《漢書窺管》卷一引武億說以爲當斷"信亡走"爲一句,則《紀》文自明。上海古籍出版社,1984 年,
  第 22—23 頁。但若依武說,"匈奴"二字屬下,則後面"與匈奴共距漢"句便無著落了。
③皮錫瑞:《經學通論·書經》,商務印書館,1930 年"萬有文庫"本,第 87 頁。

的出現,背後其實就有書賈爲適應市場閱讀需求而編印這一驅動力。

但另一方面我們也注意到,在評點產生的時期宋代,被納入評點範圍的史書内容非常有限,史注中的評點之風也還十分微弱,基本處於萌生階段①;明代才是史書評點的興盛與高峰期,無論在史書的數量還是評點的數量上,都是後來清代也趕不上的。此外,還應該看到,與集部書的評點在清代仍有長足的發展不同,史書的評點在清代不再像明代那樣興盛。評點風格的史注雖然產生於宋代,盛於明代,延及清代,但始終並未在史注中成爲主流,作爲被詮釋的對象,史書畢竟是史書,其寫作的風格、目的、功用,與文學作品還是有著很大差異的。

(作者單位:北京大學歷史學系)

---

①值得注意的是,朱子文的《漢書》注主要集中在最前面的"本紀"部分,從《文帝紀》以後竟然幾乎就消聲匿跡了,如果並非闕佚所致,朱氏對《漢書》的這種工作,與其說是史注,不如說完全就是一種興之所至的評點。

金代買地券述略

宋德金

買地券是置於墓葬中的地契，鐫刻或書寫在鉛、錫、玉、石、磚、鐵、木等質板之上，也有書寫於紙上者，不過後者很難長期保存下來。買地券内容，一般包括購買墓地的時間、主人、證人及墓地四至、價錢等。買地券屬於隨葬品，是一種象徵性的契約，旨在使死者和墓地所有權不受侵犯，並祈禱保佑死者和生者平安無虞等。

一、宋金時期買地券文的定型

買地券作爲一種明器，産生于東漢前期，歷時長達一千七八百年，一直沿用到明清。此物在歷史上原無定名，時代不同，名稱略異。民國以來，多稱之爲"買地券"，也有稱"地券"的①。

唐宋金元時期沿襲東漢以來喪葬風俗，流行在墓葬中置放買地券。

金元好問《續夷堅志》卷3"王處存墓"條載："王處存墓在曲陽燕川西北白虎山之青龍碣，己卯八月，完州人劫破之，骨已灰燼，得銀百餘星，一硯一鏡，唐哀帝所賜鐵券，券刻金字云：'敕葬忠臣王處存。賜錢九萬九千九百九十九貫九百九十九文。'"②説明唐代墓葬買地券的存在及金人對此俗的關注。

宋金時期，買地券更爲流行，而且券文樣式大體定型。北宋王洙等編撰，金畢

---

① 見張傳璽：《契約史買地券研究》，中華書局，2008年，第23頁。
② 中華書局，1986年，第61頁。

履道、張謙校注的《地理新書》是一部講述風水，或稱堪輿術的書，被認爲是宋金元時期此類著述的經典。該書卷14“斬草建旐”條，詳細記載有喪葬禮儀習俗及買地券。其中，在述及買地券材質和券文時説，“用鐵爲地券”，文曰：“某年月日，具官封姓名，以某年月日歿故，龜筮葉從，相地襲吉，宜於某州某縣某鄉某原安厝宅兆，謹用錢九萬九千九百九十九貫文，兼五彩信幣，買地一段。東西若干步，南北若干步，東至青龍，西至白虎，南至朱雀，北至玄武，内方勾陳，分擘四域，丘丞墓伯，封部界畔，道路將軍，齊整阡陌，千秋萬歲，永無殃咎。若輒干犯呵禁者，將軍亭長收付河伯。今以牲牢酒飯，百味香新，共爲信契。財地交相分付工匠修造，安厝已後，永保休吉。知見人歲月主，保人今日直符，故氣邪精，不得爈悋。先有居者，永避萬里，若違此約，地府主吏自當其禍，主人内外存亡，悉皆安吉。急急如五帝使者女青律令。”①這則買地券文幾乎成了當時和後世買地券的範文。

宋元之際的周密《癸辛雜識·别集下》“買地券”條，在述及當時喪葬習俗時説：“今人造墓，必用買地券，以梓木爲之，朱書云：‘用錢九萬九千九百九十九文買地’云云，此村巫風俗如此，殊爲可笑。及觀元遺山《續夷堅志》，載曲陽燕川青陽壩有人起墓，得鐵券刻金字，云：‘敕葬忠臣王處存……’此唐哀宗之時，然則此事又來久矣。”②周密關於“買地券”的記載，除説明唐宋金時期的喪葬風俗中存在和流行之外，也表達了當時一些士人對這種“村巫風俗”的鄙視態度。

二、金代買地券出土概況

目前，在考古發掘中發現、出土許多買地券實物，其中以10—14世紀，即宋金元時期爲多，尤以金代出土最多。張傳璽《契約史買地券研究》著録金代買地券3件，韓森《傳統中國日常生活中的協商》③著録7件，王新英《全金石刻文輯校》④著録21件。筆者在其基礎上，又搜羅其他書刊登載的考古發掘報告及零星報導，共得30件，兹列表如下：

①湘潭大學出版社，2012年，第428—429頁。

②中華書局，1988年，第277頁。

③江蘇人民出版社，2009年。

④吉林文史出版社，2012年。

金代出土買地券一覽表

序號	時間	墓主	出土或收藏地點	規格	材質	券文狀況	資料來源
1	天會六年 (1128)	李澤	甘肅隴西		石質		陳賢儒:《甘肅隴西縣的宋墓》,《文物參考資料》1955.9
2	天眷元年 (1138)①	馮三翁	河南焦作		銅質	290字	劉建洲等:《焦作金代壁畫墓發掘簡報》,《中原文物》1980年第4期
3	皇統九年 (1149)	李幹妻翟氏	遼寧朝陽	方形,長寬均40釐米,厚7釐米,背面有溝紋	磚質	豎行陰刻,共120字	王新英:《全金石刻文輯校》,吉林文史出版社,2012年,第74頁
4	偽齊阜昌八年 (1191)	朱近	陝西虢縣		磚質		葉昌熾:《語石》卷1"偽齊",宣統元年刻本
5	天德二年 (1150)	郭仲謙	河北蔚縣	高34釐米,寬24釐米,厚7釐米	磚質	券文朱砂書寫	王新英,76頁
6	天德二年 (1150)	錢擇	河南洛陽孟津	方形,邊長29.5釐米,厚9釐米	灰陶質	陰刻楷書後塗朱,12行,滿行21字,最少17字,共219字	俞涼亘:《洛陽孟津縣麻屯金墓發掘簡報》,《華夏考古》1996.1
7	正隆二年 (1157)	王口	河北內丘	方形,邊長29釐米,厚7釐米	灰陶質	券文朱砂書寫,字跡剝脫嚴重	王新英,96頁

①據買地券署"戊午年十月二十三日安葬大吉利",金代歷經兩個"戊午",另一"戊午"為承安三年(1198)。發掘簡報未見其他線索,不能確指,暫著錄於此。

續表

序號	時間	墓主	出土或收藏地點	規格	材質	券文狀況	資料來源
8	正隆五年(1160)	王公	遼寧遼陽	正面上端書"明堂之券",板高41釐米,寬26釐米,厚4釐米	瓷質	券文用鐵彩勾勒,以透明釉,12行,每行12—13字	彭善國等:《遼陽金正隆五年瓷質"明堂之券"》,《文物》2010.12
9	大定二年(1162)		陝西漢中		石質		韓森:《傳統中國日常生活中的協商》155頁
10	大定十年(1170)	杜氏父母及張外翁外婆	河南洛陽邙山	方形,邊長30.3釐米,厚5.6釐米	泥質灰陶	行楷朱書,12行,滿行23字,共200餘字	褚衛紅等:《洛陽邙山出土金代買地券》,《文物》1999.12
11	大定十一年(1171)	郭氏	甘肅隴西	上方呈圓首狀,上圓下方,碑狀。券高45釐米,寬35.8釐米,厚6.5釐米	青石質	楷書豎刻12行,滿行20字	王新英,163頁
12	大定十五年(1175)	王吉	甘肅臨夏	方形,上端弧圓,高30釐米,寬28.5釐米,厚4.5釐米	磚質	豎刻楷書9行,滿行14字	王新英,191頁
13	大定十七年(1177)		山西昔陽		木質	朱砂楷體書寫	劉岩、史永紅:《四面欄杆彩畫檐——山西昔陽金墓的發現與保護》,中國文物信息網,2015.6.8
14	大定二十三年(1183)	鄧文貴	內蒙古東勝	拓本高38釐米,寬28釐米		豎刻楷書11行,滿行16字	王新英,257頁
15	大定二十三年	張口	山西垣曲		磚質	券文朱砂逆順相見書寫	呂遵諤:《山西垣曲東鋪村的金墓》,《考古通訊》1956.1

續表

序號	時間	墓主	出土或收藏地點	規格	材質	券文狀況	資料來源
16	大定二十四年(1184)	張通之祖父母、父母	陝西淳化	長32釐米,寬32釐米,厚5釐米	磚質	14行,行20字	王新英,267頁
17	大定二十八年(1188)	司翌	河南焦作	長50釐米,寬43釐米,厚8釐米	青石質	豎刻13行,每行字數不等	王新英,313頁
18	大定二十九年(1189)	董貴等	河南洛陽嵩山	正方形,邊長32釐米,厚5釐米	磚質	朱色楷書,11行,滿行25字,共257字	李獻奇:《河南嵩山縣發現金大定董承祖買地券》,《中原文物》1993.1
或著錄	大定二十九年	董貴口	河南洛陽嵩山	方形,長31.7釐米,寬33釐米,厚5.2釐米	磚質	豎行楷書朱色,11行,每行22—24字,共約270字	刁淑琴:《洛陽嵩山縣發現金代買地券》,《文物》1997.9
19	大定二十九年	邢禹	內蒙古托克托	長方形,長36.5釐米,寬24釐米,厚5.7釐米	磚質	刀刻塗朱,豎行楷書8行,每行20—23字,共174字	閻建春、石俊貴:《托克托縣發現金代買地合同分券》,《內蒙古文物考古》1998.1
20	明昌二年(1191)	潘順、李氏	陝西西安	寬32釐米,厚5.5釐米	磚質	朱砂書文,12行,280字	倪志俊等:《西安市北郊金代墓葬發掘簡報》,《考古與文物》1984.5
21	明昌四年(1193)	趙海等	陝西千陽	方形,邊長30.5釐米,厚5.5釐米	磚質	豎刻,16行	王新英,361頁
22	明昌四年	郜震	陝西耀縣	正方形,邊長35釐米,厚5釐米	泥質灰陶	朱砂書寫,楷書,10行,每行24—26字,共249字	銅川考古研究所:《陝西耀縣董家河金墓清理簡報》,《文博》1998.1

續表

序號	時間	墓主	出土或收藏地點	規格	材質	券文狀況	資料來源
23	明昌六年(1195)	王立	山西汾陽	正方形	磚質	朱砂書寫	王俊、暘紅霞:《2008年山西汾陽東龍觀宋墓金墓地發掘簡報》,《文物》2010.2
24	明昌七年(1196)	董海	山西侯馬		磚質	墨書,21行,約300字	謝堯亭、楊富斗:《侯馬102號金墓》,《文物集刊》1997.4
25	泰和元年(1201)	劉瑀父母	遼寧遼陽	方形,高32釐米,寬31釐米,厚4釐米	瓷質	黑釉書丹,豎寫14行,每行字數不等,其中2行個8之外爲16—23字	鴻跡堂:《金代泰和元年瓷質買地券文字及其書法藝術之我見》,http://blog.sina.com.cn/jianingyisheng
26	大安二年(1210)	董明	山西侯馬				劉念茲:《戲曲文物叢考》55頁,中國戲曲出版社,1986
27	大安二年	董玘堅	山西侯馬				劉念茲,54頁
28	大安二年	郭裕	山西孝義	長方形,長45釐米,寬28.5釐米,厚5釐米	磚質	朱砂豎寫,268字	康孝紅:《山西孝義市發現一座金墓》,《考古》2001.4
29	正大三年(1226)	李居柔	陝西西安				www.cnwn.com.cn. 2015.03.19
30	正大五年	孟選	山西晉中	正方形,長35.3釐米,寬35釐米,厚4釐米	磚質	朱砂楷書,豎寫13行,每行約16字,共193字	王俊、閻晨:《山西晉中發現金代正大五年墓》,《中國國家博物館館刊》2013.10

從上表可以看出,金代買地券分別出現在今遼寧、内蒙古、河北、河南、山東、山西、陝西、甘肅等省區,幾乎涵蓋金國大部地區。其中,山西 8,陝西 7,河南 5,甘肅 3,遼寧 3,河北 2,内蒙古 2。雖然考古發現難免帶有一定的偶然性,但是從統計數字排列看,大體上還是有其内在聯繫的。金代買地券基本上沿襲是唐宋葬俗,陝西、河南分別是唐宋腹心地區,不僅是當時的政治中心,而且那裏的經濟繁榮,文化發達,而山西在宋金時期也是經濟、文化的繁榮發達地區。從已經發現的買地券反映出祭主、墓主都是漢人。出現買地券的時間,自金代前期熙宗、海陵朝到金末都有發現,以金代繁盛時期的世宗、章宗兩朝居多。

金代買地券材質有磚、石、陶、瓷、木、銅等。磚、石、陶質買地券是歷史上其他時期所常見的,而瓷、銅、木質則不多見。金代兩塊瓷質買地券均發現在今遼寧遼陽,當與距今遼陽市東三十公里太子河南岸的遼金時期的江官屯窰有關。該窰初建於遼,金代達到全盛,元代漸衰至廢。金代前期的瓷器生產主要在東北地區,而江官屯窰是其主要生產地之一,江官屯窰受磁州窰影響較大,瓷質比較堅細,瓷器燒制精美,品質不遜於北宋。

三、金代買地券文舉隅及其反映的宗教因素

由於買地券的材質不同,買地券文字有鐫刻和書寫兩種方式。其中磚、石質者多爲鐫刻,而陶、瓷質者則用朱砂或墨書寫,其上塗以透明釉,或逕用彩釉書寫,以防字跡脱落。

券文字數不等,少者百餘字,多者三四百字,其中以二三百字者居多。買地券文内容一般包含如下幾個要素:殯葬時間,祭主及墓主關係、姓名,安葬地點,宅地價錢,四至,見證人、保人以及墓地不容侵犯、保佑生者死者平安等語。

以下選擇三塊金代買地券,略作詮釋,重點是對買地券中經常出現的習慣用語略作説明。其一是目前所見金代最早一塊買地券全文[1],其二是券文最短者,其三是券文較長者,它們具有一定代表性,從中可見金代買地券之一斑。

其一,《馮三翁買地券》天眷元年(1138)　佚名

　　維南瞻部州懷孟州

　　長官馮汝楫伏爲曾祖馮三翁,奄逝在於淺土,未卜塋墳,自心憂思不遑所

---

[1] 目前見於著録的金代最早買地券當爲天會六年(1128)甘肅隴西李澤券,見陳賢儒《甘肅隴西縣的宋墓》,《文物參考資料》1955.9,但報導未附全文。

厝,遂於本州河内縣舊居馮封村正北偏西舊祖塋墳西南方,龜筮協從,擇此高原,相地襲吉,堪爲宅兆。立契券謹用錢九千九百九十九貫文,兼五彩信幣,買地一段,南北長二十步,東西闊十七步五厘。東至青龍,西至白虎,南至朱雀,北至玄武,内方勾陳,分掌四域。丘丞墓伯,封部界畔,道路將軍,齊整阡陌,致使千秋百載,永無殃咎。若有干犯訶禁者,將軍亭長縛付河伯。今備牲牢酒脯、百味香新,共爲信契,財地交相各分付,工匠修塋安厝,已後永保安吉。知見人歲月主,保人今日直符。故氣邪精,不得忤恠,先有居者,永避萬里。若違此約,地府主吏自當其禍。葬主内外存亡,悉皆安吉。急急如女青律令。

戊午年十月二十二日安葬大吉利①

其二,《王吉買地券》大定十五年(1175) 佚名

進義校尉。

維大金河州廊下寺家店居住王吉於二月二十日歿,故自辦淨財,修磚堂一所,卜宅兆四月二十二日遷葬。東至青龍,西至白虎,南至朱雀,北至玄武。見從時壽命延長,亡過者早達西天之路。乙未大定十五年進義校尉王吉碑。

其三,《潘順買地券》明昌二年(1191) 佚名

維大金明昌二年歲次壬子正月乙巳朔二十六日庚午,祭主男潘志。遷葬亡夫潘順,以明昌二年次月初二日亡化。亡婦李氏於今年二十日亡化。龜筮協從,相地襲吉。宜於京兆府長安縣葬西鄉萬城門西北原下安厝。宅地謹用錢九萬九千九百九十九貫兼五彩信幣,買地一段,東西闊寬九步,南北長三步,東至青龍,西至白虎,南至朱雀,北至真武。内方勾陳,擘掌四域。丘丞墓陌,封步界畔。道路將軍,齊整阡陌。千秋萬歲,永無殃咎。若輒干犯封禁者,將軍亭長收付。今以□□牢酒,百味香新,同爲信契,財地交相分付,工匠修營安厝,已後永保休吉。知見人歲月主,保人今日直符。故氣邪精,不得□兆。先有居者,永避萬里。若違此約,此約地府主吏自當莫禍。主人内外存亡墓皆安吉。急急如五帝使者女青律。

從上引買地券文,不難發現它與前引由北宋官修、金人增補、校訂的《地理新書》所載買地券文樣式大體相同。即包括:殯葬時間,祭主姓名,墓主姓名及與祭主關係,墓地價錢、地點、四至,保佑生者和死者平安吉祥、死者不受侵犯、倘若違約當

---

①券文係據劉建洲等《焦作金代壁畫墓發掘簡報》(《中原文物》1980 年第 4 期)所附拓片著錄,文字、標點與該文中著錄略有校正。

遭禍殃等語,最後表明這是遵從五帝(或作玉帝)旨意下達的命令。

由於買地券文撰寫者文化程度不一,現已發現的歷代買地券文時有錯別字、甚至文理不通之處,再加上原件剝蝕或據拓片輾轉傳抄,這些缺陷都是在所難免的。宋金時期買地券多已形成固定格式,茲選取其中常見和較爲關鍵的詞語、字段略作詮釋,並在此基礎上瞭解金代買地券内涵和所反映的宗教因素、喪葬習俗以及從中折射出的現實社會形態,等等。

"龜筮協從,相地襲吉。"

龜筮,就是用龜甲和蓍草占卜。協從,即和合、順從。《書·大禹謨》:"鬼神其依,龜筮協從。"孔穎達疏:"鬼神其依我矣,龜筮復合從矣。"相地襲吉,經風水先生勘驗地段,獲得吉兆。大意是無論用龜甲、蓍草占卜,還是實地勘驗,都很吉利。

"用錢九萬九千九百九十九貫。"

據已發現的金代買地券文,除個别者(如王□買地券"用錢□九百九十九貫文",郭裕買地券用錢"三百九十九貫文")外,地價均爲九萬九千九百九十九貫。文獻記載也多是如此,前引《地理新書》卷 14 載"謹用錢九萬九千九百九十九貫文,兼五彩信幣,買地一段"。周密《癸辛雜識·别集下》"買地券"條也説"用錢九萬九千九百九十九文買地"。

金代買地券中地價是直接襲用了前代買地券用錢之數。從已發現的東漢魏晉買地券看,並無"九萬九千九百九十九"之數,如東漢(81 年)麋嬰券,"爲田廿三畝奇百六十四步,直錢十萬二千";三國吳(227 年)鄭丑券,"合四畝半地,直錢三萬";西晉(291 年)李達券,"買地買宅,雇錢(即契價、酬價)三百;等等。到南朝宋(420—479 年)時,券價發生了變化,表現爲券價迷信化,固定化,交割趨向玄虚化。如南朝宋(442 年)妳女券,"買此塚地……雇錢萬萬九千九百九十九",南朝齊(485年)劉凱券,"雇錢八萬萬九千九百九十九文","萬萬"之前又增加了一個"八"。直到武周時,還是用"萬萬九千九百九十九文"。自唐(837 年)姚仲然券起,改"用錢九萬九千九百九十九文",此後幾乎成爲固定的模式。有時又將"文"改用"貫",就成了九萬九千九百九十九貫,一貫等於一千文,即上漲了一千倍[1]。前引元好問《續夷堅志》載,唐哀帝敕葬忠臣王處存,即"賜錢九萬九千九百九十九貫九百九十九文"。宋金時期,乃至以後多採用唐以來"九萬九千九百九十九貫"之數。不過亦有例外,如前引金初天眷元年《馮三翁買地券》"用錢九千九百九十九貫文",而無"九萬"。不僅宋金如此,宋金以後的元明清買地券也多是用錢九萬九千九百九

---

[1]見張傳璽:《契約史買地券研究》,第 210 頁。

十九貫文。

南朝宋以降,至宋金元明清的買地券所刻買地用錢,不論墓地面積多大,地價都是九萬九千九百九十九貫文,顯然是一個虛擬的數字。

有研究者從另外一塊宋代買地券文中,揭示了這個將現世真錢折算成陰間冥錢的秘密。宋仁宗明道二年(1033年)出自山西太原的一塊買地券文説:"明道貳年歲次癸巳朔八日庚子,陶美遽奉三世者主。在并州左第一廂大鐵爐爲活,買到陽曲縣武臺鄉孟村百姓劉密地貳畝,准作價錢壹拾貳貫伍佰文,足陌。其地陽間並無差税,陰司東王公西王母處,折錢九萬九千九百九十九貫九文。"大意説,一位在并州大鐵爐做工的名叫陶美的鐵匠,用十二貫五百文,折成九萬九千九百九十九貫九文,買了一塊墓地①。至於爲何採用"九萬九千九百九十九貫文"? 這位研究者稱:"'九'是陰間一個特别吉祥的數字,因爲它是'三'的三倍。'三'是陽數,它讓世界充滿了陽剛之氣和光明。'九'還是一個很有力量的數字,人們認爲它的光明可以抵消陰間的黑暗。"②此論可備一説。至於究竟如何,尚待繼續探討。

"五色彩幣。"

五色指青、赤、白、黑、黄五種顔色,古代以此五者爲正色,它們分别代表五個方位,即東方謂之青,南方謂之赤,西方謂之白,北方謂之黑,中央謂之黄。彩幣或許屬紙錢之類。唐封演《封氏聞見記》卷六"紙錢"條:"按古者享祀鬼神,有圭璧、幣帛,事畢則埋之。後代既寶錢貨,遂以錢送死。"③

"東至青龍,西至白虎,南至朱雀,北至真(玄)武。"

青龍、白虎、朱雀、玄武(真武)指古代神話中掌東西南北四方之神。三國魏曹植《神龜賦》:"嘉四靈之建德,各潛位乎一方。蒼龍蚪于東嶽,白虎嘯於西岡,玄武集於寒門,朱雀棲于南鄉。"④券文所謂"東至青龍,西至白虎,南至朱雀,北至真(玄)武",實際上並非具體距離,可以理解爲墓地在四方神保護之中的意思。

"丘丞墓伯,封步界畔。道路將軍,齊整阡陌。"

丞、伯、將軍本爲陽間的品官爵位,這裏的丘丞、墓伯、將軍是掌管陰間墓葬地界及治安的神煞。亦有人將伯解釋爲伯父、父老的,不過丘丞、墓伯相連,因此説源於陽間地方官吏似乎更妥。

"今以牲牢酒飯、百味香新,共爲信契,財地相交分付。工匠修營安厝,以後永

---

① [美]韓森:《傳統中國日常生活中的協商》,江蘇人民出版社,2009年,第156頁。
② [美]韓森:《傳統中國日常生活中的協商》,江蘇人民出版社,2009年,第158頁。
③ 文淵閣《四庫全書》本。
④ (唐)歐陽詢撰:《藝文類聚》卷九六,文淵閣《四庫全書》本。

保休吉。"

除了冥錢、彩幣之外，還要備齊肉食、酒饌和各種食物、果蔬等，表示財地已經交割完畢，契約宣告成立。隨後工匠修營墳墓，安葬死者，並祈永保生者、死者平安吉祥。

"知見人歲月主，保人今日直符。"

這裏的知見人（見證人）、"保人"顯然都不是陽間的人，而是地下神煞。歲月主，不詳。直符本爲漢代官名，掌印信，這裏是神名。漢王符《潛夫論》卷6曰："若乃巫覡之所獨語，小人之所望畏，土公、飛屍、咎魅、北君、衛聚、當路、直符七神。"①神仙輪流值班，今日直符就是當天的值班神仙。《女青鬼律》卷1曰，"天有六十日，日有一神，神直一日"②，說的就是這個意思。

"故氣邪精，不得忤怪。先有居者，永避萬里。若違此約，地府主吏自當其禍。"

忤怪，或作忏恠，觸犯的意思。墓主下葬之後，其他鬼魂不得觸犯。凡是原先葬此者，一律遠避他處。如果違反此約，地府主吏因管理不力而要受到懲罰。

"急急如五帝使者女青律令。"

金代及南朝唐宋元明清買地券末尾多爲"急急如五帝使者女青律令"，亦有作"急急如玉帝使者律令"（如天德二年郭仲謙買地券）者。"如律令"，即按照已有的律令執行。漢代下詔書常用"如詔書""如律令"之語，是指如果一事爲律令所未具而以詔書定之者，則說如詔書；如果爲律令所已定但以詔書督促之者，則曰如律令。"後來民間契約，道家符咒，亦皆用之。"③買地券中的急急如律令即由此演化而來。東漢以來，買地券文末往往有"如律令"，"如天帝律令"等④。至南朝宋元嘉九年（432年）王佛女券文末爲"如女青〔律令〕"⑤，十年（433年），徐副買地券文末爲"一如太清玄元上三天無極大道太上老君地下女青詔書律令"，元徽元年（473年）一塊買地券文末爲"如五帝使者女青律令"⑥。以上是買地券中較早出現"女青"的幾例，以後"女青"時常出現在買地券中。

五帝，古代所謂五方天帝。《周禮·天官·大宰》："祀五帝。"唐賈公彥疏："五帝者，東方青帝靈威仰，南方赤帝赤熛怒，中央黃帝含樞紐，西方白帝白招拒，北方

①文淵閣《四庫全書》本。
②《中華道藏》第8册。
③見王國維：《觀堂集林》第3册，第845—846頁。
④長沙文物工作隊：《長沙出土南朝徐副買地券》，《湖南考古學輯刊》1982年。
⑤張傳璽：《契約史買地券研究》，第227頁。
⑥張傳璽：《契約史買地券研究》，第227頁。

黑帝葉光紀。"玉帝,即昊天金闕至尊玉皇大帝的簡稱。南朝梁陶弘景《真靈位業圖》:"玉帝居玉清三元宫第一中位。"五帝和玉皇都是道教供奉的神。

至於"女青"作何解釋,尚無定説①。根據相關文獻記載,就詞義解釋大致有三:

一,植物名。《廣雅》卷 10 曰:女青,烏葛也。《續通志》卷 174 曰:女青一名雀瓢。《本草綱目》卷 16 也説女青即"雀瓢",又稱"蛇銜根"。李時珍綜合各家説法,稱女青分兩種:一是藤生,似蘿藦;一爲草生,則蛇銜根也。即便有人稱之爲它有起死回生之功效,試圖將它與買地券文中女青聯繫起來,但是作爲植物的女青應該與女青律令無關。

買地券文中的女青,要從它同道教信仰有關的文獻中查詢。

二,地獄名。隋顔之推《還冤記》載,"女青亭者,是第三地獄名,在黄泉下,專治女鬼"②。唐段成式《酉陽雜俎》前集卷 2 曰:"炎帝甲爲北太帝君,主天下鬼神。三元品式、明真科、九幽章,皆律也。連苑、曲泉、泰煞、九幽、雲夜、九都、三靈、萬掠、四極、九科,皆治所也。三十六獄,流沙赤等號溟澤獄,北嶽獄也。又二十四獄,有九平、元正、女青、河北等號。人犯五千惡爲五嶽鬼,六千惡爲二十八獄獄囚,萬惡乃墮薜荔也。"③道教經典多提及地獄名稱,各經典中列舉的地獄名稱不盡相同,略有差異。其中,《元始天尊説酆都滅罪經》列舉地獄即有"女青":"天尊告曰:'衆生父母眷屬,當隨地獄死亡之後,建修功德善會,死魂托生上天,不墮惡道,流傳國界,依教修行,拔度亡魂,不經地獄。如修道教,功德無量,隨罪輕重,各受果報,或造廣惡,不修片善,命没之後,勒入二十四獄,依法考罪。'"④以下依次列舉地獄名稱,第十一即"女青地獄"⑤。可見女青爲獄名,是二十四獄之一。

三,五帝、玉帝或太上老君的使者。女青作爲五帝、玉帝或太上老君的使者,並與律、律令、律戒相關聯,經常出現在買地券中。兹據所見金代買地券文末與女青關聯者,列表如下:⑥

---

①韓森《傳統中國日常生活中的協商》:"'女青'的來源不詳。它被認爲是一種有起死回生之功效的植物藥種。"黄景春《早期道教神仙女青考》認爲女青是早期道教(天師道)一個重要神仙,見《中國道教》2003 年第 2 期。

②《還冤記》,見《説郛》卷七二,上海古籍出版社,1988 年。

③《唐五代筆記小説大觀》上册,上海古籍出版社,2000 年,第 567 頁。

④《元始天尊説酆都滅罪經》,《中華道藏》第 6 册,華夏出版社。

⑤《元始天尊説酆都滅罪經》,《中華道藏》第 6 册。

⑥資料出處分別參見前表,這裏從略。

金代買地券文含"女青"及"五帝"、"玉帝"者

序號	時間	買地券名	券文中含"女青"及"五帝""玉帝"
1	天眷元年（1138）	馮三翁	急急如五（原文釋作"玉"，按拓片辨識應爲"五"）帝使者女青律令
2	天德二年（1150）	郭仲謙	急急如玉帝使者女青律令
3	天德二年	錢擇	急急如五帝使者律令
4	大定十年（1170）	杜氏父母及張外翁外婆	急急如□帝使者侶青律令
5	大定十一年（1171）	郭氏	急急如律五帝使者女青律令
6	大定二十三年（1183）	鄧文貴	如律令
7	大定二十三年	張□	急急如□
8	大定二十四年（1184）	張通之祖父母、父母	急急如五帝使者
9	大定二十八年（1188）	司翌	急急如五帝使者
10	大定二十九年（1179）	董貴夻	急如五帝使者女青律令
或著録	大定二十九年	董貴□	急急如五帝□者□□
11	大定二十九年	邢禹	急急如律令
12	明昌二年（1191）	潘順、李氏	急急如五帝使者女青律
13	明昌四年（1193）	趙海等	急急如五帝使者女青律令
14	明昌四年	郄震	急急如五帝使者女青律令
15	明昌六年（1195）	王立	急急如五帝使者女青律令
16	明昌七年（1196）	董海	急急如律
17	泰和元年（1201）	劉瑀父母	急急如五帝使者女青律令
18	大安二年（1210）	郭裕	急急如五帝使者女青律令

女青作爲五帝、玉帝或太上老君的使者，並與與律、律令、律戒相關聯，歷代文獻也多有記載。如《太平御覽》卷679曰，"依舊典府仰之格付度道君女青律……"《崇文總目》卷4著録有《女青神律》10卷，《文淵閣書目》有《女青天律》，《道藏目録》中也有《女青鬼律》《女青天律》，《雲笈七籤》卷40引《太玄都中宮女青律戒》，等等。此外還有《太上太玄女青三元品戒拔罪妙經》等。《女青鬼律》約出於魏晋南北朝，是當時天師道戒律，疑爲寇謙之所作。原本8卷，現存6卷，紀天下鬼神姓名、吉凶之術，以敕天師張道陵，使敕鬼神，不得妄轉東西南北[①]。《太上太玄女青

---

① 見任繼愈主編：《道藏提要》第569頁，中國社會科學出版社，1991年。

三元品誡拔罪妙經》假託太玄女青傳述元始天尊之法旨,分三篇叙述神君、宫府、仙官等明以及於三元(正月十五、七月十五、十月十五)考校人間功過以定生死罪福等事。

從考古和文獻中所見女青與律、令相關的名目,有女青律、女青律令、女青神律、女青天律、女青鬼律、女青詔書天律,等等。那麼它們究竟是指同一律令還是各有所指? 從歷代買地券看,稱女青律、女青律令者都有,二者應爲一事,在稱呼上有繁簡之别。上引《道藏目録詳注》之《女青天律》條下曰,《鬼律》八卷云云,似乎視二者爲同一部書,而且在《女青鬼律》收入于《中華道藏》第八册 066/599 頁,卷首注云:"撰人不祥、約出於魏晋南北朝,原本八卷、現存六卷。"卷數也相符合。然而,據傳世的《太上女青天律》,又名《太上混洞赤文女青詔書天律》①,與《女青鬼律》分明並非一書。現在能見到的冠名女青的律、律令、天律有《女青鬼律》6 卷、《太上混洞赤文女青詔書天律》2 卷,以及散見於其他書引用的《太玄都中宫女青律戒》、《女青玄都鬼律》軼文。從流傳下來的上述與女青相關的道教經典看,女青爲早期道教神仙②。

四、金代與歷代買地券的異同

金代買地券與此前歷代買地券相同之處,都是由陽間土地私有權的證明文書——契約發展而來的。買地券内有交易時間、買主姓名、業主姓名、地塊四至、錢地交割、中保人姓名等,並於文末設神道以護法權③。

金代買地券與以往特別是早期的買地券也有一些不同之處,表現在以下幾個方面:一,早期買地券一般字數較少,行文不盡相同,並無較固定的格式。到北宋、金代,買地券字數有所增加,而且行文格式大體確定下來,宋金以後多以《地理新書》中的買地券文爲範本。二,早期買地券文内容基本上是摹仿實在的土地買賣文

---

①收入《道法會元》卷 251—252,《中華道藏》第 38 册。
②參見黄景春:《早期道教神仙女青考》,《中國道教》2003 年第 2 期。該文説,"現在可見到的最早的女青名字的買地券是南朝劉宋元嘉十年(433 年)的徐副買地券",不甚準確,而應是元嘉九年(432)王佛女券。該文説還:"在買地券、鎮墓文中的女青,在她剛出現不久的南北朝時期還不够活躍;唐朝以後,在五代、北宋時期,她出現的頻率是最高的;然後,在南宋(包括金)、元代、明代,出現的頻率依次降低……這説明在南宋以降的 400 多年裏,女青在她最後的活動領地内也逐漸淡出,日益變得陌生。"其實,從所見金代買地券中,出現"女青"的並不在少數。
③見張傳璽:《契約史買地券研究》第 174 頁。

書,真實性較强,史料價值較高①。南朝以後買地券中迷信色彩增强,到北宋、金代已經定型。其經濟史料價值已經不大,但是從中可以反映當時道教流行及喪葬習俗,還是有一定價值的。三,金代以前買地券大多出現在中原、江南,金代買地券分佈地區較前廣泛,除黑龍江地區外,北方多有發現,反映了道教傳播及中原文化影響地區擴大。四,早期買地券材質有鉛、錫、玉、磚、石等,而金代已不見材質較貴的鉛、錫、玉等質,而多爲石、磚,還有陶、瓷質買地券。因此,金代買地券是古代買地券發過程中的重要一環,值得引起相關研究者的重視。

（作者單位：中國社會科學院《歷史研究》編輯部）

---

① 吳天穎:《漢代買地券考》,《考古學報》1982 年第 2 期。

滿洲旗人家族的權力傳承、地位與利益

——以八旗文武官員"兼佐領"爲視角

徐　凱

　　兼任官職之法,歷代王朝均有。其因不同,往往爲高級官員兼任下等職銜,又多爲樞要之臣兼任屬下部院長官之職,一定期限後,去其兼職。在閱讀清代八旗典籍時,映入眼簾的一個較爲普遍現象,即八旗滿洲官員不論爵位高低,亦不分文武職位、品級大小,多"兼佐領"一職。此種作法從後金之初一直沿用至清末,成爲有清一代滿洲官制一種獨特的景象。這在古代政治制度史上也是罕見的。滿官多"兼佐領",在"首崇滿洲"的清朝社會裏,折射出家族權力傳承、社會地位及其切身利益,以致八旗蒙古、八旗漢軍官員亦"兼佐領"。這是八旗制度研究一個值得探討的問題。

　　八旗滿洲爲何會產生這種特殊的"兼佐領"狀況? 其官制特徵是什麼? 根源何在? 映襯出什麼樣的家國利益關係? 兹據相關文獻記載,加以闡述,以期對八旗制度的探討有所補益。

一

　　兹以《八旗滿洲氏族通譜》、兩部《八旗通志·旗分志》爲主,參以《八旗雜檔》等文獻,考察八旗滿洲文武官員"兼佐領"(正四品)一事。滿官"兼佐領",似可分爲六類。

1. 宗室覺羅"兼佐領"

諸如,鑲黄旗第一參領第一佐領,係康熙十三年(1674)編隸輔國公常舒之佐領,"以其子鎮國將軍德寧管理。德寧緣事革退,以其弟閑散宗室海寧管理。海寧故,以其弟閑散宗室德永管理"①。正黄旗第四參領第七佐領,"係國初編立",始以固山額真覺羅托博輝,及其子孫達賴、額爾克、功格特、額素圖、鍾特、巴霈、巴海、永福、進德、奉泰、保寧管理②。正白旗第二參領第十七佐領,"係國初編立覺羅十佐領之一",以覺羅微准,及其子孫昂阿拉、穆成額、五十、海藍、永安、蘇敬安、盛福等管理③;第五參領第七佐領,"係國初編立",始令覺羅阿特泰,其子孫新泰、星訥、阿思哈管理④。正紅旗第一參領第一佐領,"係國初編立",始令固山額真覺羅多弼,及其子孫驀章京布爾海、王府長史阿爾海、都統巴爾布、副都統安圖、副都統都業立、步軍總尉赫麟,及覺羅恭阿代、子富昌、孫金良管理。第二佐領、第三佐領,均係第一佐領内滋生人丁分立,覺羅富興、覺羅公托、覺羅英祖曾任佐領⑤。鑲白旗第二參領第一佐領,"係國初編立之半個牛錄",始以大學士兼都統覺羅巴哈那等管理⑥。正藍旗第一參領第二佐領,由鎮國將軍宗室瑚什布,及家族輔國將軍宗室拉克達、奉國將軍宗室敬德、奉恩將軍宗室巴進泰等管理;第三佐領、第四佐領、第五佐領等均由宗室成員管理等⑦。

2. 封爵世職"兼佐領"

例如,鑲黄旗第一參領第十二佐領,鈕祜禄氏達理善故,"以其叔父之子、一等阿思哈尼哈番(男爵)蘇合管理。蘇合故,以達理善之弟、公達福管理。達福陣亡,以其子公岱屯管理"⑧;富察氏拉弼之元孫鄂内,"授一等輕車都尉(正三品),任佐領"⑨。正黄旗第二參領第十一佐領,康熙十一年(1672)分編,"令鎮國將軍兼散秩大臣(從二品)瑚實禄管理。瑚實禄故,以其兄之子、輔國將軍德義管理。德義

---

①《八旗通志》(初集)卷三《旗分志三》,東北師範大學出版社,1985年,第77頁。
②《欽定八旗通志》卷五《旗分志五》,吉林文史出版社,2002年,第107—108頁。
③同上。
④《欽定八旗通志》卷七《旗分志七》,第121頁。
⑤《欽定八旗通志》卷八《旗分志八》,第133—134頁。
⑥《欽定八旗通志》卷十《旗分志十》,第167頁。
⑦《欽定八旗通志》卷十四《旗分志十四》,第236—238頁。
⑧《欽定八旗通志》卷二《旗分志二》,第25頁。
⑨《八旗滿洲氏族通譜》卷二十六《拉弼》,第340頁下。

故,以其子、奉國將軍尚嘉實管理"①。光緒三十年(1904),正紅旗第三甲喇(參領)第三佐領承啓,"輕車都尉兼佐領";第十四佐領松華,"騎都尉加雲騎尉,兼世管佐領",鹿苓"二等輕車都尉兼佐領"②。鑲藍旗第三參領第十五佐領,係康熙三十四年(1695)自寧古泰佐領内分出,"始以拜他喇布勒哈番兼前鋒統領碩蕭管理"③等;第四參領第七佐領,"係國初以多爾吉畢喇地方來歸人丁編立",始以二等阿達哈哈番雅木布禮管理,其陣亡後,以侄兒二等阿達哈哈番葉勒深、一等阿達哈哈番、又一拖沙喇哈番兼刑部侍郎、護軍參領格爾特管理④等。

3. 文武大員(三品以上)"兼佐領"

比如,鑲黄旗人瓜爾佳氏費英東的五世孫哈達哈承襲三等公,"任都統(從一品)、議政大臣、領侍衛内大臣(正一品)、工部尚書(從一品),兼佐領"⑤;耀普托諾的元孫三泰,任"經筵講官、議政大臣、協理内閣大學士(從一品)、禮部尚書(從一品),兼佐領"⑥;鈕祜禄氏額亦都之孫陳泰,"歷任都統、吏部尚書(從一品)、國史館大學士(正一品),兼佐領"⑦;富察氏旺吉努之孫哈錫,"歷任太子太保(正一品)、議政大臣、内大臣(從一品)、内務府總管(正二品),兼佐領";旺吉努之曾孫馬齊,"歷任太保、太子太傅、議政大臣、保和殿大學士(正一品)户部尚書,兼佐領"⑧。正黄旗人舒穆禄氏楊古利的二弟楞格理,"歷官刑部尚書(從一品)、都統,兼佐領"。其長子穆成額,"歷任副都統(正二品)、兵部侍郎(正二品),兼佐領"⑨。正白旗人瓜爾佳氏吳拜之子郎坦,"歷任議政大臣、領侍衛内大臣、都統、昭武將軍,兼佐領"⑩。正紅旗人納喇氏約蘭之噶達渾,"歷任兵部尚書、都統,兼佐領"⑪;光緒三十年,頭等甲喇第七佐領承厚,"甘肅游擊(從三品)兼佐領";第三甲喇第二佐領恩志,"參領(正三品)兼公中佐領",隆順"參領兼公中佐領"⑫。正藍旗人大學士兼

---

①《欽定八旗通志》卷四《旗分志四》,第 66 頁。

②《八旗都統衙門旗務類檔》第 7 號、8 號,中國第一歷史檔案館藏。

③《欽定八旗通志》卷十六《旗分志十六》,第 290 頁。

④《欽定八旗通志》卷十七《旗分志十七》,第 294 頁。

⑤《八旗滿洲氏族通譜》卷一《費英東扎爾固齊》,第 31 頁下。

⑥《八旗滿洲氏族通譜》卷三《耀普托諾》,第 77 頁上。

⑦《八旗滿洲氏族通譜》卷五《車爾格》,第 101 頁下。

⑧《八旗滿洲氏族通譜》卷二五《旺吉努》,第 325 頁下。

⑨《八旗滿洲氏族通譜》卷六《楞格理》,第 116 頁上。

⑩《八旗滿洲氏族通譜》卷四《吳拜》,第 87 頁上。

⑪《八旗滿洲氏族通譜》卷二三《約蘭》,第 303 頁下。

⑫《八旗都統衙門旗務類檔》第 7 號。

尚書對哈納管理佐領①；納喇氏三檀次子吳達禮，"原任吏部尚書，兼佐領"；三檀之孫揚岱，"原任都統，兼佐領"②。鑲白旗人納喇氏蘇巴海之曾孫馬緝，"原任都統、鎮安將軍，兼佐領"③等。

4. 同級（正四品）官員"兼佐領"

譬如，鑲黃旗人納喇氏吳爾瑚達之元孫渾布，"任太僕寺卿（正四品），兼佐領"④。正黃旗人伊爾根覺羅氏瓜喇次子董阿布，"原任二等侍衛（正四品），兼佐領"；孫吳爾卿阿，"任副參領（正四品），兼佐領"⑤。正白旗人瓜爾佳氏吳理戩之孫常明，"原任雲麾使（正四品），兼佐領"⑥；佟佳氏沙納海之曾孫賫柱，"現任副參領（正四品），兼佐領"⑦。正紅旗人納喇氏布揚古之四世孫恩特赫，"現任副護軍參領，兼佐領"⑧；納喇氏多博諾之六世孫，"現任副護軍參領（正四品），兼佐領"⑨。鑲白旗人納喇氏圖達理親弟阿齋之元孫阿什圖，"襲雲騎尉，歷任鴻臚寺卿（正四品），兼佐領"⑩。正藍旗第五參領第五佐領，"以護軍參領釋迦保管理，釋迦保故，以侍讀學士（正四品）傅繼祖管理"⑪。鑲藍旗人佟佳氏阿爾瑚理之孫都色密，"原係騎都尉（正四品），兼任佐領"⑫等。

5. 中下級（四品以下）官員"兼佐領"

比方，鑲黃旗人伊爾根覺羅氏富拉塔之元孫莽泰，"原任員外郎（從五品），兼佐領"⑬；瓜爾佳氏耀普托諾的元孫桑吉納，"任筆帖式（六至八品），署佐領"⑭等。正黃旗人伊爾根覺羅氏赫臣之四世孫定長，"任內閣侍讀（正六品），兼佐領"⑮。正

---

① 《欽定八旗通志》卷十五《旗分志十五》，第260頁。
② 《八旗滿洲氏族通譜》卷二四《三檀》，第313頁上、下。
③ 《八旗滿洲氏族通譜》卷二三《蘇巴海》，第303頁上。
④ 《八旗滿洲氏族通譜》卷二三《吳爾瑚達》，第302頁上。
⑤ 《八旗滿洲氏族通譜》卷十五《瓜喇》，第211頁下。
⑥ 《八旗滿洲氏族通譜》卷四《吳理戩》，第86頁下。
⑦ 《八旗滿洲氏族通譜》卷十九《沙納海》，第254頁上。
⑧ 《八旗滿洲氏族通譜》卷二二《布揚古》，第281頁下。
⑨ 《八旗滿洲氏族通譜》卷二四《多博諾》，第318頁下。
⑩ 《八旗滿洲氏族通譜》卷二三《圖達理》，第296頁上。
⑪ 《欽定八旗通志》卷十五《旗分志十五》，第258頁。
⑫ 《八旗滿洲氏族通譜》卷二十《阿爾瑚理》，第263頁上。
⑬ 《八旗滿洲氏族通譜》卷十二《富拉塔》，第183頁下。
⑭ 《八旗滿洲氏族通譜》卷三《耀普托諾》，第77頁上。
⑮ 《八旗滿洲氏族通譜》卷十四《赫臣》，第201頁上。

白旗人富察氏策穆特赫之子索博多，"原係騎都尉（正四品），任佐領"①；瓜爾佳氏吳拜之子綏赫圖，"原任翰林院侍講（從四品），兼佐領"；他塔喇氏岱圖庫哈理之元孫常在，"原任光禄寺少卿（正五品），兼佐領"②；佟佳氏巴篤理扎爾固齊次弟蒙阿圖之元孫進愛，"現任欽天監監正（正五品），兼佐領"③。正紅旗人伊爾根覺羅氏巴岱之五世孫三保，"己未科（乾隆四年）翻譯進士，現任中書（從七品），兼佐領"④。鑲白旗人瓜爾佳氏多内四世孫綏蘭，任員外郎（從五品）兼佐領；納喇氏常住之元孫文殊保，"原任親軍校（正六品），署佐領"⑤。正藍旗人伊爾根覺羅氏齊瑪塔之元孫明德，"原任三等侍衛（正五品），兼佐領"⑥；第四參領第七佐領，係順治八年（1651）于張八十、蘇和濟二佐領内分出，以工部啓心郎（正五品）五十八管理⑦。鑲藍旗人瓜爾佳氏桂勒赫之孫佛爾津，"原任步軍副尉（正五品），兼佐領"⑧等。

6. 其他人員"兼佐領"

科舉功名"兼佐領"。例如，正黄旗第一參領第七佐領，係康熙二十三年（1684）分編，"（佐領）德山緣事革退，以馬爾薩之弟、舉人永慶管理"⑨。以聽差辦事的拜唐阿、書記人筆帖式"兼佐領"，比如，正黄旗第三參領第四佐領，"（佐領）朱賢緣事革退，以其叔父之子拜唐阿明德管理。明德緣事革退，以其伯父之孫筆帖式察岱管理"⑩。當然，此類"兼佐領"的例子較爲少見。

此外，包衣佐領也有"兼佐領"者，内務府文武官員總管、郎中、員外郎、護軍統領、護軍參領、驍騎參領等，多兼任佐領⑪。例如，鑲黄旗包衣第三參領第四滿洲佐領海拉孫，"原任内務府總管，兼佐領"⑫。正黄旗包衣第四參領第一高麗佐領，以内務府總管、署理領侍衛内大臣、兼管奉宸苑常明、内務府大臣塔克圖、郎中福成管

---

① 《八旗滿洲氏族通譜》卷二五《策穆特赫》，第 335 頁上。
② 《八旗滿洲氏族通譜》卷十一《岱圖庫哈理》，第 168 頁上。
③ 《八旗滿洲氏族通譜》卷十九《巴篤理扎爾固齊》，第 248 頁下。
④ 《八旗滿洲氏族通譜》卷十五《巴岱》，第 210 頁下。
⑤ 《八旗滿洲氏族通譜》卷二三《常住》，第 297 頁下。
⑥ 《八旗滿洲氏族通譜》卷十二《齊瑪塔》，第 182 頁上。
⑦ 《欽定八旗通志》卷十五《旗分志十五》，第 253 頁。
⑧ 《八旗滿洲氏族通譜》卷四《桂勒赫》，第 88 頁上。
⑨ 《欽定八旗通志》卷四《旗分志四》，第 60 頁。
⑩ 《欽定八旗通志》卷四《旗分志四》，第 70 頁。
⑪ 《雍正朝滿文朱批奏摺全譯》（下册），編號 5431《内府文官名單和武官名單》，黄山書社 1998 年版，第 2642 頁。
⑫ 《八旗滿洲氏族通譜》卷二五《多賴》，第 330 頁下；《欽定八旗通志》卷三《旗分志三》，第 53 頁。

理①。正白旗包衣第二參領第一滿洲佐領,以拜唐阿鄭泰、前鋒侍衛千里保、員外郎哈青阿、内務府總管海璋、員外郎勞密等管理②。正紅旗包衣第四參領第一滿洲佐領,以拖沙喇哈番薩爾進、三等護衛山圖、三等護衛黑雅圖、五品典儀官偏圖、三等護衛四格、三等護衛農衣、六品典儀官色克圖等管理③。鑲白旗包衣人博托波之元孫勒爾謹,"現任四品典儀,兼佐領"④。鑲紅旗包衣第一參領第一佐領,以一等護衛得德、拜他喇布勒哈番莽伊、包衣大希佛、典儀官拴德、二等護衛巴爾護、典儀官白度、二等護衛立柱、典儀官泥岳紫、參領官保、典儀官焦宏勛、一等護衛諾爾特等管理⑤。正藍旗包衣第三參領第八分管,以驍騎校四德、二等侍衛伊勒登額、五品典儀七達色、頭等護衛達清阿、二等護衛伊昌阿、四品典儀福珠隆阿管理⑥。鑲藍旗包衣第五參領,由三等護衛來往、三等護衛黑達子、八品典儀官朱申太、護軍校托雲太等管理⑦。這些包衣佐領多爲"互管佐領"、"公中佐領",與閥閲之家的"勛舊佐領"等所"兼佐領"之性質是不同的。

還有滿洲旗分内的蒙古、朝鮮、尼堪(漢人)家族亦"兼佐領"。例如,扎魯特蒙古博爾濟吉特氏喀喇巴拜家族,隸屬鑲黄旗第二參領第十六佐領。

> 係國初以扎魯特地方來歸人丁編立,始以其人布爾賽統之。後改令喀喇巴拜之孫、副都統色楞管理,續以孫二等侍衛伊穆薩管理,續以曾孫理藩院尚書阿爾尼管理,續以曾孫巴特瑪管理,續又以阿爾尼管理,續以元孫内大臣阿齊圖管理,續以四世孫散秩大臣安楚庫管理。安楚庫緣事革退,以其叔那木塔爾之孫雲保管理。雲保升任副都統,以其弟保德管理。保德升任副都統,以其伯祖阿爾尼之二世孫色倫特管理。色倫特故,以其子中孚管理。中孚故,以其子惠昌管理。惠昌故,以其弟惠英管理。惠英故,以其弟惠寧管理。⑧

此佐領爲"世管佐領",即"族中承襲佐領"。

又如,正紅旗滿洲都統第一參領第十四佐領,即朝鮮佐領。

---

① 《欽定八旗通志》卷五《旗分志五》,第92頁。
② 《欽定八旗通志》卷七《旗分志七》,第127頁;《八旗滿洲氏族通譜》卷二《達士希》記載:達士希之孫錢禮保,"任護軍參領兼佐領"。千里保與錢禮保,音同字不同,實爲一人,職務有差,第65頁下。
③ 《欽定八旗通志》卷九《旗分志九》,第159頁。
④ 《八旗滿洲氏族通譜》卷五十《博托波》,第563頁下。
⑤ 《欽定八旗通志》卷十三《旗分志十三》,第229頁。
⑥ 《欽定八旗通志》卷十五《旗分志十五》,第269頁。
⑦ 《欽定八旗通志》卷十七《旗分志十七》,第308頁。
⑧ 《欽定八旗通志》卷二,《旗分志二》,第32—33頁。

　　　　原係國初以朝鮮來歸人丁，編爲半個佐領，始以韓運管理。韓運故，以其子韓季管理。韓季故，以韓泥之子那秦管理。那秦升任寧古塔協領，以韓季之孫、二等哈思尼哈番鈕鈕管理。康熙三十三年，人丁繁盛，定爲整佐領，仍以鈕鈕管理。鈕鈕故，以其子阿達哈哈番韓都管理。韓都緣事革退，以那秦弟之子、一等哈達哈哈番、又托沙拉哈番進德管理。進德緣事革退，以其伯祖之三世孫韓占管理。韓占故，以副都統明圖管理。續以其子鄂爾克圖管理。①

　　此佐領也爲"世管佐領"，即"族中承襲佐領"。

　　再如，尼堪滿洲正白旗包衣人尚大德家族，其子尚興，"原任郎中，兼佐領"；孫尚志傑，"原任郎中，兼佐領"，尚志舜，"原任內務府總管，兼佐領"；曾孫尚琳，"原任郎中，兼佐領"，常柱，"現任參領，兼佐領"②。鑲白旗包衣人雷宏華家族，其孫雷繼宗，"原任都統，兼佐領"，雷繼志，"原任佐領"；曾孫雷世俊，"原任佐領"③。雍正十二年（1734）九月，由包衣旗人"奉旨"抬入滿洲鑲黃旗的陳善道，是尼堪家族的特例。該家族"編爲一個佐領，令其族人管轄"，其孫陳秉正，"原任鑾儀衛鑾儀使，兼佐領"，陳秉恒，"原任郎中，兼佐領"；曾孫阿琳，"原任雲麾使，兼佐領"；元孫陳鏷，"現任參領，兼佐領"等④。

　　八旗滿洲中蒙古、朝鮮、尼堪"兼佐領"，表明他們與滿洲人無異，佐領亦爲世襲的。因此類家族數量少，所轄多單一佐領，"兼佐領"之程度遠非滿洲望族大姓可比。

　　八旗蒙古、八旗漢軍中，蒙古、漢人亦"兼佐領"，大姓尤顯。比如，鑲黃旗蒙古右參領第一佐領。

　　　　原係國初編立，初令松愛管理。松愛故，以其子阿南達管理。阿南達故，以其子七十八管理。七十八故，以其子佛寶管理。佛寶因病革退，以其弟勒圖管理。勒圖升任山東濟寧州副將，以伊常阿管理。伊常阿故，仍以勒圖管理。勒圖告病，以定德管理。⑤

　　再如，正藍旗漢軍第二參領第一佐領。

　　　　係天聰年間編設，初以鎮江殉難撥什庫佟恒年之弟佟成年管理。佟成年

①《八旗滿洲氏族通譜》卷六十六，《喀喇巴拜》，第 722 頁下；《欽定八旗通志》卷八，《旗分志八》，第 137 頁。

②《八旗滿洲氏族通譜》卷七十四，《尚大德》，第 807 頁下、808 頁上。

③同上，《雷宏華》，第 806 頁上。

④同上，《陳善道》，第 806 頁上。

⑤《欽定八旗通志》卷十八，《旗分志十八》，第 312 頁。

故,以其兄佟岳年之子拜他喇布勒哈番、兼工部員外郎佟國印管理。佟國印年老辭退,以其弟佟國卿管理。佟國卿升任廣東瓊州總兵官,以佟國印之子阿思哈尼哈番、兼副都統佟世德管理。佟世德隨征陝西病故,以其子佟鎬管理。佟鎬緣事,以其弟阿思哈尼哈番佟銓管理。佟銓故,以其子佟溥管理。佟溥故,以其伯父之子佟湧管理。佟湧故,以其弟佟澍管理。佟澍故,以其子佟槤貴管理。佟槤貴故,以其弟佟槤升管理。佟槤升故,以其子永存管理。①

此二佐領皆爲"世管佐領",即"族中承襲佐領"。

以上資料説明,在八旗滿洲、八旗蒙古、八旗漢軍之中,世家大族所轄佐領多爲"勛舊佐領"、"世管佐領",爲子孫世襲,而大多數的"互管佐領"、"公中佐領","兼佐領"准襲次數有限,影響不大。

應當説,清入關前,處于長期征戰狀態下的牛録額真"遴選補放"並不規範。滿洲貴族定鼎中原後,隨著統治秩序的穩定,佐領的"撿放"則日趨制度化。八旗佐領"授官"主要分成兩類,即世襲佐領與公中佐領,其中必涉及滿洲官員如何"兼佐領"的問題。

世襲佐領,包括勛舊佐領,優異世管佐領、世管佐領。順治初年,佐領"簡選"一般不受任何限制,"八旗滿洲、蒙古、漢軍世襲佐領員缺,其子孫不論有官無官,及年歲未滿,均得與擬正陪,具體補授"。雍正年間規定,"補授世襲佐領,若有應行列名而不列名者,於家譜本名之下,注明情由";"家譜内著將原立佐領人之子孫,按其名數盡行開入。如一譜不能盡書,即繕兩譜具奏";"擬補世襲佐領,將出缺人之子孫,揀選擬正。若無子孫,於親兄弟内揀選擬正,近族内揀選一人擬陪,仍於有分宗支内,每支揀選一人,通行引見簡補"。乾隆時期,因管旗大臣辦理不善,世管佐領的補授,彼此争訟不息。高宗弘曆指示,既有家譜,又要查其佐領根源,擬長房子孫擬定正陪等。直至清末,世襲佐領揀選,或"兼佐領"並不受職位高低,或有無官爵的限制②。這是滿洲世家大族所享受特權決定的。

公中佐領,不用審閱家譜,以其管理能力選派,要求條件相對寬泛一些。順治初年,規定"八旗滿洲、蒙古、漢軍公中佐領員缺,以公、侯、伯、大學士、尚書、都統以下,護軍校、驍騎校以上官,擬定正陪,具題補授"。各級官員均可"兼佐領"。雍正四年,世宗胤禛指出:"公中佐領員缺,與原管、世管佐領不同,護官校、驍騎校,乃六

---

① 《欽定八旗通志》卷二十八,《旗分志二十八》,第476頁。
② 參閱(光緒)《欽定大清會典事例》卷一一三〇《八旗都統·授官》,第18351—18360頁。

品微員,選補佐領,未免逾越。嗣後以該旗大員引見補授。"①低級官充任佐領,似與體制不合,還有"大臣管理事件甚多,無暇復辦佐領事務"。他指令仍由章京等揀選補授,即從該旗三品以下、五品以上文武官員及世爵。乾隆初,制定《欽定揀選佐領則例》②。高宗弘曆主張,"與其令職官兼管,不如令大臣兼管","各該旗將事簡未兼部務之大臣,簡選引見"。後來他又修訂揀選則例,公中佐領員缺,"尚書職任甚繁,無暇管理,殊屬無益。著交八旗,嗣後除本家應襲佐領,仍照例辦理外,致補放公中佐領,不必擬及尚書,但由侍郎以下,帶領引見補放",等等。這些不斷調整的規定即滿洲文武官員"兼佐領"延綿不斷之因。

二

《清朝通典》卷六十八《八旗官制》將佐領分成兩類五種:

> 佐領之制,有世襲,有公中。世襲佐領有四等,國初各部落長,率其屬來歸,授之佐領,以統其眾,爰及苗裔,曰勛舊佐領;其率眾歸誠,功在旗常,得賜戶口者,曰優異世管佐領;其僅同兄弟族裏來歸,因授之以職者,奕葉相承者,曰世管佐領;其戶少丁稀,合編佐領,兩姓三姓迭爲是官者,曰互管佐領;皆以應襲者,引見除授。公中佐領,則因八旗戶口繁衍,于康熙十三年以各佐領撥出余丁增編佐領,使旗員統之,有缺則以不兼部務之大臣、世爵,及五品以上文武內,簡選除授。③

《欽定八旗通志》中《旗分志》記載,乾隆時期,佐領又增"族中承襲佐領"、"無根源佐領"兩個名目,二者實爲世管佐領、公中佐領。簡而言之,滿洲佐領世襲的四種,即勛舊佐領、優異世管佐領、世管佐領,包括部分互管佐領,"皆以應襲者,引見除授",不受宗室、世爵、文武任職限制。另一種爲公中佐領,各佐領內撥出餘丁增編的,"有缺則以不兼部務之大臣、世爵,及五品以上文武內簡選除授",以旗員補授。

滿洲官員"兼佐領",遍及八旗旗分佐領。其源始于八旗創立之初,努爾哈赤、皇太極編設牛錄的特殊政策,不少牛錄(佐領)從建立時起就打上家族世襲的烙

---

① 參閱(光緒)《欽定大清會典事例》卷一一三〇《八旗都統·授官》,第18360—18363頁。

② 參閱細谷良夫、趙令志:《〈欽定撥放佐領則例〉研究》,《紀念王鍾翰先生百年誕辰學術文集》,中央民族大學出版社,2013年,第588頁。

③ 《清朝通志》卷六十八《職官略五·佐領》,《十通》第六種,商務印書館,1935年,第7157—1758頁。

印,使得他們世代根植於八旗之中。

早在建州首領努爾哈赤統一女真各部時期,其策略之一,凡攻克城寨,感化城主,“賜以牛録之爵”,使之歸依建州。萬曆十二年(1584)九月,努爾哈赤攻克翁鄂洛城,就是一例。《滿洲實録》卷二記載:

> 太祖瘡愈,率兵復攻翁鄂洛城,克之。衆將欲殺鄂爾果尼洛科。太祖曰:“二人射我,乃鋒鏑之下,各爲其主,孰不欲勝? 吾今釋而用之,後或遇敵,彼豈不爲我用命哉。此等之人,死于鋒鏑者,尤當惜之,何忍因傷我而殺之也。賜以牛録之爵,屬三百人厚養之。”①

策略之二,以軍功“特賜”牛録。天命九年(1624),努爾哈赤以額亦都巴圖魯獨取舒勒格布占,攻取巴爾達城,敗薩克寨之來軍,奮戰於尼瑪蘭城,“論功列爲一等,特賜三牛録”②等。

策略之三,對蒙古部落率衆歸附者,賜牛録,授職官,給人口、物資,以鞏固滿蒙聯盟。天命六年(1621)十一月,北蒙古五部落率部來歸,努爾哈赤就采用此法。《清太祖實録》卷八記録:

> 北蒙古五部落,喀爾喀台吉古爾布什、莽果爾,率民六百户,並驅畜産來歸。上御殿,二台吉朝見畢,大宴之。各賜貂裘三、猞狸猻裘二、虎裘二、貉裘二、狐裘一、貂鑲朝衣五、鑲獺裘二、鑲青鼠裘三、蟒衣九、蟒緞六、緞三十五、布五百、金以兩計者十、銀以兩計者五百、雕鞍一、沙魚皮鞍七、玲瓏撒袋一、撒袋兼弓矢者八、甲冑十、僮僕、牛、馬、房舍、田畝及一切器具等物畢備。上以女妻台吉古爾布什,賜名青卓禮克圖,給以滿洲牛録一,凡三百人,並蒙古牛録一,授爲總兵。③

努爾哈赤以軍功、舉族來歸,“賜以牛録”、“給以牛録”,令牛録額真子孫家族世襲,此策收到良好的實效。女真將領殺敵,攻城拔寨,蒙古部落等紛紛歸附後金國,擴大了建州女真的社會基礎。

後金建國伊始,戰爭頻仍。皇太極繼承其父衣鉢,獎勵軍功,對功績卓著者,授予“專管牛録”,以此激勵八旗將士的鬥志。

---

①《滿洲實録》卷二,甲申六月,《清實録》,中華書局,1986 年,第 54 頁;《清太祖實録》卷二,甲申年(萬曆十二年)九月甲戌,《清實録》,第 31—32 頁上;兩者記載有差異。

②中國第一歷史檔案館、中國社科院歷史研究所譯注:《滿文老檔》第六十三册,天命九年,中華書局,1990 年,第 606 頁。

③《清太祖實録》卷八,天命六年十一月乙卯,第 114 頁上。

天聰七年(1633)十二月,皇太極頒布宗室、額駙、功臣"分定專管牛録"令。《清太宗實録》卷二十一記載:

> 分定專管牛録。宗室拜尹圖,三個半牛録;宗室巴布海,一個牛録;額駙楊古利,兩個牛録;索海衛齊、公衮,各半個牛録;額駙達爾哈,一個半牛録;巴哈納、何洛會,各半個牛録;伊縣,一個牛録;董鄂公主,兩個牛録;南褚和爾本格巴庫,各兩個牛録;布爾海,一個牛録;穆爾察、範察,各半個牛録;阿山、布爾堪、馬喇希、董世禄、翁格尼、固山額真葉臣等,給以新附虎爾哈百人,授爲專管牛録;額駙顧三台、諾木渾克什納,各兩個牛録;宗室色勒、薩璧翰、昂阿喇、奧塔、額爾克、吳賴,各半個牛録;圖爾格、超哈爾、敖對、巴顔、達爾泰、額駙蘇納、毛墨爾根、固山額真阿山,原係半個牛録,因戰功,增給虎爾哈人,編爲全牛録,令其專管;巴都禮,原係包衣牛録,因陣亡,令其子卓羅專管;宗室阿拜、花善、姚塔、吳達海、鄂碩,各半個牛録,及韓岱等,皆永授爲專管牛録。①

天聰八年五月,皇太極"始叙各官功次,賜之敕書":

> 額駙揚古利,爲左翼超品一等公,仍帶六章京職。三等公、額駙和碩圖子和爾本、吳訥格,一等昂邦章京楞額禮子穆成格,三等昂邦章京、扎爾固齊費英東子察喀尼,巴圖魯額亦都子遏必隆,六人准世襲不替。其餘一等昂邦章京、二等昂邦章京、三等昂邦章京,一等梅勒章京、二等梅勒章京、三等梅勒章京,一等甲喇章京、二等甲喇章京、三等甲喇章京,暨牛録章京,一切衆官,不論官職,以功之大小,俱賜敕書。仍諭吏部,將國家開創以來諸功臣,其祖父以部落來歸,及身歷行間,率先攻戰,著有勛績者,一一分別詳載,撰給世襲敕書。其無功績而因才授職,及因管牛録事授職者,撰給不世襲敕書。舊例敕書,開載大臣及各官,以勤修政事約束,兵馬授某職,微員以不負任使,著有成效,授某職俱准世襲不替。其分別撰給兩等敕書,自此始。②

這就表明,皇太極所授昂邦章京、梅勒章京、甲喇章京、牛録章京的"敕書"分成兩類,一是開國以來功臣,"著有勛績者","撰給世襲敕書";二爲無功績而因才授職,又"因管牛録事"授職者,"撰給不世襲敕書"。"撰給世襲敕書"將"專管牛録"的子孫"兼佐領"法定化。

天聰九年(1635)正月,皇太極再授"專管牛録":

---

① 《清太宗實録》卷二十一,天聰八年十二月丙申,第 281 頁下、282 頁上。
② 《清太宗實録》卷十八,天聰八年五月壬寅,第 242 頁。

　　命專管各牛錄,拜尹圖,三牛錄有半。額駙楊古利、南褚,各兩牛錄。巴布海察喀尼、衛齊,各一牛錄。公袞,半牛錄。圖魯什,原係內牛錄,善於攻戰,效力陣亡,追贈爲碩翁科羅巴圖魯,另給其子巴世泰壯丁百名,使之管轄。正紅旗和爾本、董鄂公主、格巴庫,各兩牛錄。額駙達爾哈,一牛錄有半。伊孫察木布星鼐、布爾海、阿山、布爾堪、馬喇希、董世祿,各一牛錄。巴哈納、何洛會、穆爾察、蘭泰、傅喀蟾,各半牛錄。別賜固山額真葉臣壯丁百名,使之專管。勞薩,原係內牛錄,因戰功,賜號碩翁科羅巴圖魯,另給壯丁百名,使之專管。額駙顧三台、諾木渾,各一牛錄。孟坦,原係內牛錄,因陣亡,賜其子艾音塔木壯丁五十名,使之專管。克什訥,兩牛錄。喇瑪色勒、昂阿喇、奧塔、額爾克、遏必隆、超哈爾敖對額駙蘇納、巴彦、毛墨爾根達爾泰,各一牛錄。扈什布、吳賴,各半牛錄。英俄爾岱,原係內牛錄,因勤於職事,著有成勞,另給壯丁五十名,使之專管。阿什達爾漢、准塔、阿喇密各一牛錄。阿山,原係半牛錄,因戰功益以虎爾哈人爲一牛錄,使之專管。巴都禮,原係內牛錄,因陣亡,賜其子卓羅一牛錄,使之專管。阿拜,一牛錄有半。巴特瑪、姚塔、韓岱,各一牛錄。吳達海、鄂碩,各半牛錄。吳訥格,原係內牛錄,因戰功,給一牛錄,使之專管。[1]

十二月,皇太極又令對宗室、公主、額駙、功臣"分定專管牛錄":

　　分定專管牛錄。宗室拜尹圖,三個半牛錄;宗室巴布海,一個牛錄;額駙楊古利,兩個牛錄;索海衛齊、公袞,各半個牛錄;額駙達爾哈,一個半牛錄;巴哈納、何洛會,各半個牛錄;伊縣,一個牛錄;董鄂公主,兩個牛錄;南褚和爾本格巴庫,各兩個牛錄;布爾海,一個牛錄;穆爾察、範察,各半個牛錄;阿山、布爾堪、馬喇希、董世祿、翁格尼、固山額真葉臣等,給以新附虎爾哈百人,授爲專管牛錄;額駙顧三台、諾木渾克什訥,各兩個牛錄;宗室色勒、薩璧翰、昂阿喇、奧塔、額爾克、吳賴,各半個牛錄;圖爾格、超哈爾、敖對、巴顔、達爾泰、額駙蘇納、毛墨爾根、固山額真阿山,原係半個牛錄,因戰功,增給虎爾哈人,編爲全牛錄,令其專管;巴都禮,原係包衣牛錄,因陣亡,令其子卓羅專管;宗室阿拜、花善、姚塔、吳達海、鄂碩,各半個牛錄,及韓岱等,皆永授爲專管牛錄。[2]

此令將宗室、公主、額駙、功臣的"專管牛錄","皆永授爲專管牛錄",這説明此類牛錄已經成爲家族的專屬牛錄。

①《清太宗實錄》卷二十二,天聰九年正月癸酉,第288—289頁。
②《清太宗實錄》卷二十一,天聰八年十二月丙申,第281頁下、282頁上。

崇德四年(1639)九月,先是固山額真杜雷,因獲罪故,"止專管一牛録"。皇太極派啓心郎索尼,"傳旨"諸王貝勒等:"杜雷以不肖得罪,但公主在,可仍令專管二牛録。"諸王貝勒等"遵旨","遂仍以公主二牛録,令之專管"①。

確定宗室、額駙、公主、文武功臣等"永授爲專管牛録",擴充了牛録世襲的範圍,爲該家族子孫兼任牛録額真(佐領)提供了重要保障。

崇德八年(1643)二月,皇太極將考滿稱職者,再授牛録章京。

> 以考滿稱職,授吏部啓心郎焦安民、禮部啓心郎渥赫、兵部啓心郎丁文盛、工部啓心郎喀木圖,爲牛録章京;授户部啓心郎張尚、蘇弘祖、工部啓心郎馬鳴佩、王來,用半個牛録章京;加授二等甲喇章京、吏部理事官朱瑪喇,兵部理事官屠賴,三等甲喇章京、户部理事官綽貝,牛録章京、吏部理事官雅秦、席特庫,户部理事官李茂芳,兵部理事官何托,半個牛録章京、户部副理事官克習圖,俱半個牛録章京;授兵部副理事官希綬,半個牛録章京。②

文武官考滿稱職者,亦授牛録章京。天聰八年十一月,"以六部各官三年考績,分別升授官職",提升一批牛録章京。他們是啓心郎索尼,以白身授牛録章京;啓心郎祁充格,以白身授牛録章京;參政傅喀,授牛録章京;啓心郎穆成格,以白身授牛録章京;刑部承政車爾格、參政郎球,先俱革職,復並授牛録章京;啓心郎額爾格圖,以白身授牛録章京;薩璧翰,先經革職,復授牛録章京;啓心郎布丹,以白身授牛録章京;參政馬福塔、庫禮,先俱革職,復並授牛録章京;薩木哈圖,初以驍騎校從征大同,率本甲喇兵攻保安,有第四登城功,擢户部參政,至是考滿,以稱職升牛録章京。喀愷,以白身從攻廣寧北三寨,身先擊敵,又代吳巴海管牛録,撫字有方,升牛録章京③。

皇太極還按照氏族出身、事迹優劣,規定牛録准襲次數。天聰八年十二月下令:

> 以一等甲喇章京翁格尼,管牛録不稱職,黜之。令其子傅喀蟾,管牛録事,並襲其職仍准襲四次。三等甲喇章京吳納蓋,原以白身,自明來歸,授今職,仍准襲四次。一等甲喇章京吉巴克達本瓦爾喀,馮家屯人,率本屯來歸,授半個牛録,以壯丁二百五十人,令其專管。及征明時,升一等甲喇章京,因於奉集堡

---

①《清太宗實録》卷四十八,崇德四年九月乙卯,第 643 頁年。

②《清世祖實録》卷二,崇德八年十二月壬午,第 40—41 頁。

③《清太宗實録》卷二十一,天聰八年十一月乙丑,第 277—278 頁。

陣亡,授其子卦爾察,爲二等甲喇章京,仍准襲三次。①

天聰九年六月,皇太極嘉獎軍功,授予牛録章京。三等甲喇章京吴巴海,前征兀扎喇部落,俘獲甚多。今又征阿庫裏尼滿部落,收其人民,編爲户口,勞績可嘉,升爲一等甲喇章京,加世襲二次,准襲六次。嘉獎隨吴巴海等征戰有功者,默默裏,原係半個牛録章京,復加半個前程,升爲牛録章京,准再襲二次,湯糾,原係半個牛録章京,復加半個前程,升爲牛録章京,准再襲二次;席爾泰,授牛録章京,准再襲二次;滿都户,授半個牛録章京,准再襲二次;噶爾珠,原係喇發地方小撥什庫,升爲半個半録章京,准再襲二次;阿福尼,授爲牛録章京,准再襲二次②。對於一般家族而言,依照軍功大小,制定牛録章京承襲次數不等。也就是説,他們“兼佐領”人數是有限的,這與“永授爲專管牛録”之家的世襲制是不能相比的。

“軍功議叙,乃國家賞功之大典。”③世祖福臨延續乃父祖政策,對征戰有功、考滿稱職等人“授牛録章京”。崇德八年九月,通事顧爾馬渾“屢發朝鮮國陰謀,纖悉無隱,致親族爲朝鮮所殺”。世祖以他“忠於國事,不負任使,授爲牛録章京”④。次月,議叙戰功,授牛録章京:

> 叙征錦州、松山、燕京、山東等處功,……白身魯席、尼雅哈納、羅多渾,爲牛録章京;……白身塔爾希善、俄内、姚鼐、噶尼高、赫德、鼐赫、朝艮、艮特,爲牛録章京兼半個前程;白身開木布、多尼喀、莫泰、翁習庫、宋峩圖、朱成格、達揚、噶喀齊喀、祁拜、鄂爾退、科爾堪、恩特席、星納、噶爾、祁雅喀、祁塔特、薄洛、塔克圖、圖爾伯深、吴格塞、查爾布、鄂爾晋、薩克察、護壽、布勒拜、尹達禮、德禄、卜勒衮泰、滿羆、噶布喇、吞泰、扈爾班、索寧、席圖綽諾、護軍校查木蘇、達爾布、驍騎校唐蘇蘭,爲牛録章京;……牛録章京兼半個前程譚拜、蘇拜、牛録章京陳泰,爲三等甲喇章京,管牛録章京事;……護軍參領吴達納,爲牛録章京,弟子扈席屯襲職,登城戰殁;白身薩爾納、多羅岱、扈習、東貴、索爾果諾、吴珠克圖、傅察、喀喇、納哈達、歸木臣、圖爾噶圖、特木深、赫圖、特庫尹,俱爲牛録章京。⑤

順治四年(1647)六月,世祖福臨以考滿稱職,授内翰林弘文院大學士祁充格、

①《清太宗實録》卷二十一,天聰八年十二月壬寅,第282頁下。

②《清太宗實録》卷二十三,天聰九年六月丁未,第311頁。

③《雍正朝起居注册》(第五册),雍正十二年十二月二十一日,第4204頁。

④《清世祖實録》卷二,崇德八年九月癸卯,第34頁。

⑤《清世祖實録》卷二,崇德八年十月甲子,第37頁。

甯完我,禮部侍郎祖澤遠,爲牛録章京;内翰林國史院學士吴達禮、來袞,内翰林弘文院學士查布海,吏部啓心郎寧古裏、伊成格,兵部啓心郎常蕭,都察院啓心郎朱喇察,理藩院啓心郎蕭格,吏部理事官周國佐,禮部理事官恩格德、薩齊庫,兵部理事官扈習霸、格霸庫,管兵部大庫馬場官訥木齊,刑部副理事官羅察,工部理事官趙山、卜顔圖,理藩院副理事官阿都賚、郭弼爾圖、伊木圖、傅喀半個牛録章京①。

順治十六年(1659)閏三月,世祖下令治罪内大臣費揚古、郭邁,解出牛録之任。《清世祖實録》卷一百二十五記載:

> 初,内大臣費揚古、郭邁,有罪。上命隨旗上朝,復以違旨罷職,下刑部議罪。至是,各擬絞具奏。上免其死,革費揚古,少傅兼太子太傅、内大臣、議政大臣,並所加之級,及二等阿思哈尼哈番職,解牛録任,止留一拜他喇布勒哈番;革郭邁内大臣,二等阿思哈尼哈番職,解牛録,及上駟院任,止留一拜他喇布勒哈番,仍令隨旗上朝。②

上述事例説明,滿洲文武官員"兼佐領",世家大族佐領子孫傳承,根源於太祖努爾哈赤以軍功"特賜"牛録和皇太極"專管牛録",形成了家族牛録額真的世襲制。順治末年,隨著大規模軍事戰争的結束,"特賜"佐領現象仍存在,多爲宗室人等,而非功臣,數量有限,而文武官員"兼佐領"仍在繼續。

滿洲世家大族"專管牛録"、"兼佐領",家族世襲,尤爲突出。例如,"開國佐命第一功臣"的瓜爾佳氏費英東家族,所轄鑲黄旗第二參領第七至十二佐領、第一參領第十二佐領,計7個佐領;正黄旗第一參領第六佐領、第七佐領,2個佐領;鑲白旗第五參領第四佐領、第五佐領,2個佐領,計11個佐領,9個佐領在"上三旗"。開國"五大臣"之一、鈕祜禄氏額亦都家族,所轄鑲黄旗第一參領第二、第三、第四、第六、第七、第八、第九、第十、第十一、第十七佐領,計10個佐領。"超品公"、"位次貝勒八人下"、額駙舒穆禄氏楊古利家族,所轄正黄旗第二參領第五至第九佐領,5個佐領。文化世家、赫舍裏氏碩色家族,所轄正黄旗第三參領第一至第四佐領,5個佐領。開國"五大臣"之一、佟佳氏扈爾漢家族,所轄正白旗第三參領第二佐領至第八佐領,7個佐領。開國"五大臣"之一、額駙董鄂氏何和理家族,所轄正紅旗第一參領第四、第五、第七至十一佐領,7個佐領。開國"五大臣"之一、覺爾察氏安費揚古家族,所轄鑲藍旗第一參領第一至第四佐領,4個佐領。這些佐領均爲"世襲罔替"的勛舊佐領,或爲世管佐領,其"兼佐領"極爲普遍。這足以説明,滿洲世

①《清世祖實録》卷三十二,順治四年六月甲戌,第266頁。
②《清世祖實録》卷一百二十五,順治十六年閏三月甲子,第965頁。

家大族掌管佐領愈多,越發彰顯他們的社會地位。

三

滿洲官員"兼佐領",主要集中在"勳舊佐領""優異世管佐領""世管佐領",及"族中承襲佐領",特別是滿洲世家大族尤爲顯著,其子孫"世相承襲牛録"。這直接涉及八旗内家族權力傳承和切身利益。滿洲"乃國家之根本",佐領爲朝廷基石。雍正時期以來,滿洲官員仍看重"兼佐領"。官修《實録》等典籍纂修人員名單上,均署"兼佐領"之銜。例如,乾隆四年(1739)再次編修的《世祖實録》"進實録表"列校對官:提調,"通奉大夫内閣侍讀學士兼佐領加三級紀録二次臣德通"。校閲滿漢文官,"中憲大夫内閣侍讀學士兼佐領臣德新","通議大夫翰林院侍講學士兼佐領加二級臣石介","資政大夫左春坊左庶子兼佐領加四級臣文保","中憲大夫翰林院侍讀兼佐領加二級級録二次臣赫瞻","資政大夫二等輕車都尉兼佐領加三級臣阿濟圖","通議大夫内閣侍讀學士兼佐領加二級紀録二次臣鼐滿岱"等①。從世宗到高宗,重整八旗滿洲,以此提升民族凝聚力,以致清中期滿洲官員皆以"兼佐領"爲榮。

《正白旗滿洲自順治年來進士舉人及世爵檔》記載了順治壬辰科(1652)翻譯進士、吏部尚書達哈他(一作達哈塔)兼任佐領之事:

> 雍正七年九月二十七日,蘇爾泰佐領下,吏部尚書兼管佐領事達哈他,初任内弘文院他赤哈哈番,……四任管佐領事,仍爲侍讀學士兼太常卿;……六任太僕寺卿,仍管佐領事。七任太僕寺卿,仍管佐領事。八任通政使司,仍管佐領事。九任都察院左副都御史,仍管佐領事。十任授兵部督捕侍郎,仍管佐領事。十一任轉吏部左侍郎,仍管佐領事。十二任轉都察院正堂,仍管佐領事。十三任升吏部尚書,仍管佐領事。②

吏部尚書佟佳氏達哈他十三次調動職務,仍兼任佐領,這是八旗滿洲官員"兼佐領"的典型事例。在清代像這樣無論品級高低的官員多次"兼佐領"情況也實屬罕見。其根本原因是清朝統治者將"首崇滿洲"作爲治國的重要理念之一。

---

① 《清世祖實録》首卷三,第20—21頁。

② 《歷朝八旗雜檔》第五包168號《正白旗滿洲自順治年來進士舉人及世爵檔》,中國第一歷史檔案館藏。達哈他一名,《清世祖實録》作達哈塔,《欽定八旗通志》卷一百五十九《人物志》作達哈塔,《清史列傳》亦作達哈塔;《清聖祖實録》作達哈他;《清史稿》作達哈他,又作達哈塔,實爲一人。

　　康熙九年(1670)三月,聖祖玄燁指示户部、兵部:"滿洲甲兵,係國家根本,雖天下平定,不可不加意愛養。"①十二年十二月,他召集八旗都統、副都統,及六部滿尚書等,指示:"滿洲乃國家根本,宜加軫恤。"②三十年(1691)二月,又"降旨"户部:"八旗甲兵,國家根本。當使生計充裕,匱乏無虞。"③四十五年(1706)十一月,聖祖告訴户部:"朕念八旗禁旅,爲國家根本所繫,時加恩愛養用,俾生計充盈。"④雍正元年(1723)十月,世宗面諭八旗大臣等:"八旗滿洲,爲我朝根本,植本不可不固。"⑤五年四月,他再次强調:"朕視滿洲最爲關切,乃國家之根本,非其他所可比。"⑥乾隆元年(1736)四月,高宗面諭總理事務王大臣:"八旗爲國家根本。"⑦七年(1742)四月,他指出:"八旗爲國家根本,凡有關教養之處,朕無時不繫於懷。"⑧康雍乾三帝屢次"降旨",突出八旗的重要地位,是在强化國家之本,保持民族本色,防止漢化,以利社稷永固。

　　八旗滿洲將士在開創國家、建設與鞏固政權上,皆立下豐功偉績。康雍乾三帝重視八旗滿洲建設,維護八旗將兵的利益。尤其是世家大族功勞顯著,佐領世襲保證了家族的權力、地位與利益,反映在以下四方面。

1、功授職官

　　天命九年(1624),努爾哈赤以軍功授予官職。額亦都巴圖魯,獨取舒勒格布占,攻克巴爾達城,擊敗薩克寨來兵,"著爲一等大臣,授總兵官之職"。阿達海,同烏拉之戰中,身先士卒,下馬步行,奮勇攻戰,滅掉烏喇,"賞一千總四人,三名把總各三人"。班塔什,在烏拉其馬被刺傷一處,"賜一等備禦";雅拜、賴達、奧蘭、勞漢、拉立、拜塔等,在烏拉、宜罕山、輝發戰鬥中,被射傷、槌傷等,各"賞一千總四人,三名把總各三人"。賞車爾格依,代理參將,"賞一千總四人,三名把總各三人"。賜貝和齊叔,"一千總四人,三名把總各三人"。達柱虎,數處征戰,屢有所獲,"著代理副將之職,賞一千總四人,三名把總各三人"等⑨。

---

①《清聖祖實錄》卷三十二,康熙九年三月丁丑,第438—439頁。

②《清聖祖實錄》卷四十四,康熙十二年十二月辛丑,第583頁。

③《清聖祖實錄》卷一百五十,康熙三十年二月癸酉,第664頁。

④《清聖祖實錄》卷二百二十七,康熙四十五年十一月癸酉,第278頁。

⑤《清世宗實錄》卷十二,雍正元年十月辛未,第227頁。

⑥《欽定八旗通志》卷首九《敕諭三》,第194頁。

⑦《清高宗實錄》卷十七,乾隆元年四月丙戌,第442頁。

⑧《清高宗實錄》卷一百六十五,乾隆七年四月乙卯,第86頁。

⑨中國第一歷史檔案館、中國社科院歷史研究所譯注:《滿文老檔》第六十三册,天命九年,第592—597頁。

國家樞要部門的文武大員多選自"專管牛録"（佐領）的世家大族。例如，費英東家族，其本人授一等大臣、五大臣，長子富爾丹任領侍衛內大臣、吏部尚書、靖邊將軍，孫哈達哈任都統、議政大臣、領侍衛內大臣、工部尚書；第六子索海任刑部尚書，孫多頗洛任副都統；第七子圖賴之子頗爾噴任領侍衛內大臣，孫永謙任副都統、馬爾泰任都統署理川陝總督印、馬爾薩任內大臣兼參贊大臣。費英東第七弟朗格歷任尚書、議政大臣，孫席卜臣任都統、鎮西將軍；第九弟衛齊三子鰲拜顧命爲輔政大臣，子納穆福任領侍衛內大臣，六子穆理瑪任都統、靖西將軍等①。再如，額亦都家族，其本人授左翼總兵官、一等大臣，第三子車爾格任三等總兵官、理政八大臣、都統、兵部承政、工部侍郎、戶部尚書，其子拉哈達工部尚書、都統、議政大臣、鎮東將軍、署杭州將軍、寧海將軍，陳泰任都統、吏部尚書、國史院大學士；第八子圖爾格任十六大臣、都統、吏部尚書、內大臣；第十子宜爾登任領侍衛內大臣、議政大臣，其子唐保住任奉天將軍；第十六子遏必隆任內大臣、顧命爲輔政大臣，其長子法喀任御前侍衛、內大臣、護軍統領等②。這也充分體現"兼佐領"的世家大族在國家政治生活中的特殊地位。

2、賞賜人物

天命九年，以軍功獎勵將領。努爾哈赤指示，額亦都巴圖魯，因屢戰軍功顯赫，令"其本身及子孫三世，食百人之錢糧"。阿達海，以滅烏拉之功，賜"一等備禦之錢糧、十人"，賞"三名守城堡，各二人；駐都城之甲兵、哨兵、門卒、匠人，各二人，鐵匠、瓦匠，各三人，臺上四人，守獵六人"。達龍阿，在烏拉被砍傷一處，賞七人。班塔什，在烏拉其馬被刺傷一處，賜"食十人錢糧"。雅拜、賴達、奧蘭、勞漢、拉立、拜塔等，在烏拉、宜罕山、輝發戰鬥中，多次被創等，賞"三名守城堡，各二人；駐都城之甲兵、哨兵、門卒、匠人，各二人；鑽孔匠一人，鐵匠、瓦匠，各三人；臺上四人，守獵六人"。賞車爾格依代理參將，"一等備禦之錢糧、十人"，"三名守城堡，各二人；駐都城之甲兵、哨兵、門卒、匠人，各二人，鐵匠、瓦匠，各三人，臺上四人，守獵六人"。賞貝和齊叔，"二等參將之錢糧，二十二人"，"三名守城堡，各二人；駐都城之甲兵、哨兵、門卒、匠人，各二人，鐵匠、瓦匠，各三人，臺上四人，守獵六人"③。

天聰七年正月，皇太極下令："滿洲八旗、蒙古二旗、舊漢兵一旗，各牛録額真

---

① 參閱《八旗滿洲氏族通譜》卷一《費英東扎爾固齊》，第31—34頁。
② 參閱《八旗滿洲氏族通譜》卷五《額亦都巴圖魯》，第100—103頁。
③ 《滿文老檔》第六十三冊，天命九年，第592—594頁。

等,歷任年久無過者,各依品級,賞緞有差。其歷任雖久而有過者,不賞。"①八年六月,他命令出征各軍:"大軍遠征,念爾等行間勞苦,凡所獲牲畜及布匹衣服等物,聽爾等取之,每牛錄會同均給。至於金珠緞疋珍貴之物,宜獻之各貝勒,毋得擅取。"②九年六月,明登州所屬黃城島千總李進功,率男子二十三人、婦女幼稚四十五口,乘舟來歸後金,"授李進功爲牛錄章京,賜鞍馬、白金、狐裘、弓、矢、撒袋等物"③。崇德五年(1640)四月,皇太極授土默特部落托博克,爲一等甲喇章京,賜貂鑲朝衣、朝帽、玲瓏輕帶、撒袋、弓、矢、畫鞍、銀兩;牛錄章京宜蘇得爾,及從役人等,各賜銀兩④等。

3、免除差銀

天命九年,努爾哈赤指示,牛錄之下,以軍功免除差役銀兩不等。達龍阿、窩濟、勞札、額赫楚、寧古裏、阿海,在與烏拉、輝發戰鬥中被傷,各"免差丁之人,未賞免銀敕書;未免差丁之人,仍賞免銀敕書"。倉薩裏,在扎庫塔被傷一處;哲紳,在薩爾滸被傷一處;屯岱,在宜罕山攻戰;胡希吞,在宜罕山被傷一處,各"免差丁之人,未賞免銀敕書;未免差丁之人,仍賞免銀敕書"。伊勒德恩、圖爾格依,戰烏拉被傷,"准免八人"。烏拉之圖梅牛錄,"准於四年之後,服勞役"⑤。

努爾哈赤還依據作戰受傷程度,制定了"准折"銀兩抵罪的政策。天命九年,窩濟,"在烏拉被刺傷二處,砍傷一處,准折十三兩之罪"。勞札,"在輝發被傷一處,在烏拉被傷一處";額赫楚,"在扎庫塔被傷八處,在烏拉被傷一處,准各折七兩之罪"。寧古裏、佟色、阿海、託密多、阿裏布,均"被傷一處","准各折五兩之罪"。翁噶岱,"被傷二處";舒舒布,"被傷三處","准各折十一兩之罪"。阿濟幹、費揚古,"攻戰二處","准折八兩之罪"。扎庫欽,"被傷一處","准折四兩之罪"。錫翰,"在烏拉被刺傷一處,砍傷一處,准折十七兩之罪"。穆依納,在輝發、烏拉,各被傷一處,"准折九兩之罪"。音達乎齊,死于烏拉,"准折十五兩之罪"。車爾格依牛錄之伊勒德恩,"在烏拉被刺一次,被射傷一次,被槌傷一次","准折二十三兩之罪,已銷一兩五錢,尚有二十一兩五錢"等。都木拜,"原有九兩,銷一兩五錢,尚有

---

①《清太宗實錄》卷十三,天聰七年正月甲辰,第180頁。
②《清太宗實錄》卷十九,天聰八年六月丁丑,第248—249頁。
③《清太宗實錄》卷二十三,天聰九年六月丁酉,第310頁。
④《清太宗實錄》卷五十一,崇德五年四月甲寅,第680頁。
⑤《滿文老檔》(譯注)第六十三册,天命九年,第592—594頁、613頁。

七兩五錢"。烏納哈賴,"原有十一兩,銷四兩,尚有七兩"①。後金初,記錄銀兩抵罪,這也是免交銀兩的一部分。

天聰九年(1635)正月,皇太極下令免除功臣所轄牛録徭役。

崇德八年八月初九日,皇太極逝世。章京敦達裏、安達裏二人,願以身殉先帝。《清世祖實録》卷一記載:

> 時章京敦達裏、安達裏二人願殉。敦達裏,滿洲人,幼事太宗,後分隸和碩肅親王豪格。及太宗賓天后,敦達裏以幼蒙恩養,不忍永離,遂以身殉。諸王貝勒等甚義之,以敦達裏志不忘君,忠忱足尚贈甲喇章京,子孫永免徭役。倘干犯重典,應赦者即與開釋,不應赦者仍減等,官爵世襲勿替。安達裏,葉赫人,自來歸時,先帝憐而養之。由微賤沐殊恩,授官職亦請殉。諸王貝勒等,亦甚義之,各予安達裏衣一襲,豫議恤典,加贈牛録章京爲梅勒章京,子孫世襲,其免徭宥罪,一如敦達裏例。②

免除功臣專管世襲牛録徭役,惠及子孫,這也是清朝的一貫政策。

4、優免壯丁

天聰八年正月,衆漢官訴苦"差徭繁重",提出滿漢官員照"官職功次","加以賞賚","給以壯丁"。皇太極批駁道:"從前分撥遼東人民時,滿漢一等功臣,占丁百名,其餘俱照功,以次給散。如爾等照官職功次之言,果出於誠心,則滿漢官員之奴僕,俱宜多寡相均。乃爾漢官或有千丁者,或有八九百丁者,餘亦不下百丁。滿官曾有千丁者乎? 計功而論,滿洲一品大臣,應得千丁。今自分撥人丁以來,八九年間,爾漢官人丁,多有溢額者。"③當然,滿洲貝勒、大臣、八旗各級額真的奴僕數量遠超漢官。

崇德八年八月,諸王大臣議處罰"國舅"額駙阿布泰私下與和碩豫親王多鐸交往等罪過。《清世祖實録》卷一記載:

> 初,國舅額駙阿布泰,原在内大臣列,令出入大内。及值國家有喪,不入内廷,私從和碩豫親王多鐸游。諸王、貝勒、貝子、固山額真、議政大臣等,以阿布泰負主恩,無人臣禮,議奪牛録,除國舅額駙名爲民,其優免壯丁百名,仍充

---

①《滿文老檔》(譯注)第六十三册,天命九年,第592—599頁、607頁、618頁。
②《清世祖實録》卷一,崇德八年八月辛未,第28頁。
③《清太宗實録》卷十七,天聰八年正月乙未,第223頁。

公役。①

後金建國前,設立八旗,基層組織牛録,努爾哈赤"以諸國徠服人衆,復編三百人爲一牛録,每牛録設額真一。先是我國凡出兵校獵,不計人之多寡,各隨族黨屯寨而行"②。牛録編立之初就以"族黨"爲基礎,具有宗族的特性。天命、天聰、崇德、順治時期,戰爭頻繁,牛録設置均與戰功和利益相關。軍功卓著的世族專管牛録,權力世襲,享受豐厚利益,而功勞一般的家族,牛録額真世襲的次數有限。從康熙時期起,爲了强化皇權,八旗制度不斷地調整,佐領世襲制依然存在,但他們的權益已大不如前。

入關之後,八旗牛録改稱佐領,"掌稽所治人户、田宅、兵籍"③。隨著清朝全國統治的穩定,國家戰略部署已由戰爭狀態轉向經濟文化建設,清朝面臨著急劇的社會轉型。康熙末年至雍正初期,全國戰事漸少,八旗的功能出現兩大變化,一是向單純兵制轉變,二爲向滿洲宗族組織轉化。雍正八年(1730)十月,世宗指出:"我朝定鼎之時,漢軍從龍入關,技勇皆爲可用。今海内承平日久,伊等耽於安逸,且意在文職而不在武弁,是以韜略騎射,遠不如前。目今官至提、鎮、副、參者,寥寥無幾,而在内簡用都統、副都統時,亦覺難得其人。"④他説的是八旗漢軍,而八旗滿洲、八旗蒙古的情況亦如此。

雍正三年(1725)正月十二日,監察御史苗壽以滿文本上"奏陳八旗大臣引妥員兼理佐領事務折",指出:

> 竊思,八旗官兵之中,佐領一職甚要,可以管轄一佐領内百餘滿洲,至關官兵、閑散、老幼、孀獨等人之生計養育。又奉遵聖主,屢頒訓諭、禁令,恭謹勸勉、訓導、管理。一有緊要之事,即行召集、交代。總之,至關大小諸事,雖有管理大臣官員,然佐領一職,實乃不時查看管理之根本。若有佐領昏聵懦弱,不能彈壓;或有佐領,依仗世襲,只撫育奉承迎合之輩,其不善奉迎之人,則加傷害,而該佐領之子弟,更爲依仗聲勢。又不及歲世襲佐領,或從軍、出遠差之佐領,均按各自指定之人署理,而署理之人,不念職任之重要,苟且塞責,因而領催等夥同舞弊,加以勒措佐領之下人。又文武大臣兼管之佐領,凡有緊急召集曉諭之事,大臣等皆辦理各自任内事務,不能親自前來,只派領催等前來,因而

---

①《清世祖實録》卷一,崇德八年八月乙亥,第29—30頁。

②《清太祖實録》卷三,辛丑年正月庚子,第46頁。

③《清朝通志》卷六十八《職官略五·佐領》,第7157頁。

④《清世宗實録》卷九十九,雍正八年十月甲辰,第314頁。

事多遺漏延誤,亦未可知。①

苗壽從兩個方面闡述了八旗佐領存在的弊端,一方面,一些佐領有的昏庸懦弱,不能彈壓所屬;有的依仗聲勢,加傷害不善奉迎之人;有的不及歲世襲,從軍、出遠差,各自指定署理之人,苟且塞責,夥同舞弊,勒掯下人。另一方面,文武官員兼管佐領,均以任内政務爲主,少及所兼佐領事宜,以致領催等代理誤事。他建言:"各該旗文職官員,自侍讀學士以下,主事品級官員以上;武職自男爵品級官員以下,拖沙喇哈番品級官員以上,將其品正行勤者,由旗大臣奏請引見。每佐領各一人兼理事務,凡有問罪之事,亦應一體治罪。佐領缺出,仍引見原佐領之子孫以補放,則不違背聖主因衆奴才,並祖父輩建功效力而體恤表彰之至意,且不肖佐領亦不敢獨斷勒掯佐領下之人。凡奉差、出遠差而缺出時,即行管理查看,不致延誤。"②苗壽的建策是嚴格選拔佐領和加强督責佐領,改掉弊病,但並不影響文武官員"兼佐領"。

雍正十二年(1734)三月,針對正白旗漢軍都統奏請補授佐領員缺,帶領揀選人員引見事,世宗胤禛指示:

> 佐領員缺,甚爲緊要。從前因大臣等兼管,恐本旗大臣,瞻顧掣肘,故降旨於世職或對品,或應升官員内,揀選補放,並没有永遠不令大臣兼管之旨。即如爾旗一時不得相當應補之人,當仍著大臣等兼管,將情由奏明。何得將驍騎校等員,越等擬補,帶領引見,品級既不能及,又非出衆之材,更無出兵效力之處,所辦是何意見? 甚屬錯誤。著另行辦理具奏。並將此旨傳諭八旗知之。③

世宗堅持佐領員缺在無適當人選之時,大臣可以兼管佐領;對品級低下,"越等擬補",以及"非出衆之材,更無出兵效力之處"之人,補選佐領,慎重選拔,另行具奏。以此維護旗人家族佐領的利益。

乾隆三年(1738)十一月,高宗弘曆認爲,從前八旗官員承襲佐領時,並無家譜,擔心管旗大臣、辦理偏私。今雖有家譜,或將不該挑之人挑選,把應挑之人,反爲裁減,日後必至爭訟不息。指示王大臣等制定具體方案。王大臣針對"勛舊佐領"、"世管佐領"、"優異佐領"的世襲官員,及世襲家譜存在的問題,定擬具奏:

> 原立佐領人員親子孫,照勛舊佐領例,長房缺出,本人子孫擬正,次房擬陪

①《雍正朝滿文朱批奏摺全譯》1873 號《監察御史苗壽奏陳八旗大臣引妥員兼理佐領事務折》,第 1038 頁,黄山出版社,1998 年。

②此件滿文檔案在《雍正朝滿文朱批奏摺全譯》中無清世宗朱批;《雍正朝起居注册》中無録,《清世宗實録》中亦無載。

③《雍正朝起居注册》(第五册)雍正十二年三月十七日,中華書局,1993 年,第 3782 頁。

列名;本人無嗣,或緣罪革職,子孫不應入挑,仍於長房內,量材擬正;二房缺出,本人子孫擬正,長房擬陪,次房列名,有故,長房擬正。長房現有管理佐領之人,即於未管佐領內選擬,餘皆擬陪列名。一支派管二三佐領者,缺出,如長房現有管理佐領例辦理。又弟兄帶來人,編立佐領,與二三姓遞管佐領,此支缺出,本人子孫擬正,彼支擬陪,餘皆列名。一支派管二佐領者,於無佐領內選擇擬正,本人子孫擬陪,餘皆列名。又原立佐領人員之子孫無嗣,過養近派之人爲子,准照養父應得,予其有分,過養異姓者不准。原立佐領子孫,過與無分支派人爲嗣者,照養父無分,不與承襲。又原立佐領人員無嗣,將遠近支派人管理,缺出,無嗣人親弟兄子孫,不論曾否管過,均與同分;親伯叔之子孫管理者,亦與同分,親弟兄伯叔子孫皆無嗣,予近支派子孫,有分承襲;親伯叔祖、伯叔曾祖之子孫管理者,均予擬陪;高祖以上,暨不能入譜遠派之人管理者,均予列名。又原立佐領子孫,有情願不管佐領,讓與遠近支派人同分者,准其推讓;管理佐領子孫,情願不要承襲之分者,不予有分。又一戶之人,編立世管佐領,缺出,本人子孫擬正,戶中有分人員,擬陪列名,並將補放佐領家譜,詳悉注明。有分載入,無分裁減。①

高宗予以批准,確立了八旗佐領世襲官員由長房、次房子孫量才,擬正陪列名,及無嗣者親兄弟子孫、過養者承襲、情願不管佐領者的具體規則;明確了佐領家譜編纂的原則,這樣就避免了因佐領承襲引發的族人等糾紛訴訟,維護了滿洲社會的穩定。當然,晚晴時期隨著清朝統治的衰落,八旗佐領世襲制度也逐漸廢止了。

八旗滿洲是清王朝大廈的基石,佐領爲旗人得以安身立命之本,同時也是他們身份與地位的標志。因此,滿洲世家大族的文武官員無論擔任何種職務,均"兼佐領",以此始終維繫家族佐領的世襲制。在"首崇滿洲"社會中,滿官"兼佐領"是清代政治制度的獨特現象,世襲兼管若干個佐領,關涉滿洲閥閱之家在八旗的權力傳承、社會地位和切身利益,此即他們須臾不脫離民族情感的聚集地——佐領之緣由。"兼佐領"也反映了八旗滿洲旗分權力的分配,彰顯滿洲貴族的特權利益。八旗滿洲"兼佐領"自然也延展至八旗蒙古、八旗漢軍,但他們與八旗滿洲相比,其作用就顯得不那麼重要了。

（作者單位:北京大學歷史學系）

---

①《清高宗實錄》卷八十,乾隆三年十一月戊午,第261—262頁。

納蘭性德之詩學思想與詩作

——讀詩札記之一

孟繁之

相對於納蘭詞的"家家爭唱"、"傳寫徧於村校郵壁,海内文士競所摹仿",納蘭性德的詩要寂寞得多。《清史稿·納蘭性德傳》稱性德"善詩,尤長倚聲"①,沈德潛《清詩別裁集》、鄧之誠《清詩紀事初編》及清人詩話,均稱容若詩"清新秀儁,自然超逸","有開天豐格"②,"纏綿秀麗"③,"吐屬清儁"④,"一代詩才,俊逸飄飄淩雲"⑤;即使放在整個清初詩壇而論,納蘭詩亦有一定之地位,非泛泛而作,只惜詩名爲詞名所掩,由是不彰。而歷來談論納蘭性德者,亦多著力於性德之詞,鮮有將其詩納入研究視域。本篇擬就前人鮮曾涉獵的納蘭性德詩作及詩學思想,作一探索性的勾勒與敷述,希冀藉此一側面,概見清初詩壇之風貌,及清初社會風氣、政壇好尚與藝文之關係。

(一)

納蘭性德生活於康熙朝的早期。在他生活的時代,詞壇是朱彝尊思想籠罩的

---

① 《清史稿》卷四百八十四,中華書局,1977 年,13361 頁。
② 兩句皆徐乾學語,爲清人詩話所引。
③ 陳融:《顒園詩話》。轉引自錢仲聯:《清詩紀事》"納蘭性德"條。
④ 鄧之誠:《清詩紀事初編》卷六,中華書局,2012 年,645 頁。
⑤ 徐世昌:《晚晴簃詩匯》,卷三七,參見《續修四庫全書》,"集部·總集類",第 1629 册,633 頁。蔡冠洛《清代七百名人傳》(明文書局,1985 年)亦曾説:"其詩飄忽要眇,絕句近韓偓,尤工於詞。所作《飲水》、《側帽詞》,當時傳寫,遍於村校郵壁,人謂李璟後身云。"(1754 頁)

天下，詩壇則是錢謙益、王士禛“代興”的時代①。納蘭性德與朱彝尊的關係衆所周知，是以學問相尚、以詩詞互爲友聲的摯友，朱彝尊《納蘭性德祭文》：“我按樂章，綴以歌詩，剪綃補衲，他人則嗤，君爲絕倒，百過誦之……自我交君，今逾一紀，領契披襟，敷文析理，若苔在岑，若蘭在沚。”②“苔岑”、“蘭沚”所出有典③，均是指志同道合的朋友，用此具見二人交誼之非同一般。納蘭性德詞的創作，很大程度受了朱彝尊思想的影響。朱長性德二十六歲，年二十即以詩名令天下側目④，無論年齡及詩詞創作，於性德均是前輩。《通志堂集》卷十三有納蘭性德《與梁藥亭書》，言：“近得朱錫鬯《詞綜》一選，可稱善本。聞錫鬯所收詞集凡百六十餘種，網羅之博，鑑別之精，真不易及。”⑤朱氏論詩，亦與性德相近，如其《錢舍人詩序》云：“緣情以爲詩。詩之所由作，其情之不容已者乎！夫其感春而思，遇秋而悲，醖於中者深，斯出之也善”；“情之摯者，詩未有不工者。後之稱詩者，或漫無所感於中，取古人之聲律字句而規倣之，必求其合。好奇之士，則又務離乎古人，以自鳴其異。均以爲詩未有無情之言可以傳後者也。”⑥此與性德詩説，“詩乃心聲，性情之事也”一旨，最爲契合。

錢謙益是明末清初詩壇的“盟主”，詩界領袖，於性德自是前輩，他的詩論及詩

①王士禛並非不能詞，其不爲耳，早年嘗著《衍波詞》，嗣響絕代，自離揚州後，便絕口不再言詞，甚爲可怪。嚴迪昌《金元明清詞精選》（江蘇古籍出版社，1995 年）214 頁作者題注：“王士禛（1634—1711），字貽上，號阮亭，又號漁洋山人。初名士禛，因避雍正帝胤禛之諱，曾被改作士正，乾隆時命改士禎。山東新城（今屬桓臺）人。順治十五年（1658）進士，初授揚州府推官，調內累官至刑部尚書，乾隆朝追謚‘文簡’。著有《衍波詞》。王士禛爲清初詩壇宗師，倡‘神韻説’，領袖一代。詞爲前期所作，調離揚州後，即絕口不言詞。其詞清雋處類其詩，惻艷之作則追摹‘花間’。”朱彝尊長漁洋五歲，同書 190 頁記：“朱彝尊（1629—1709），字錫鬯，號竹垞，晚號小長蘆釣師，又別署金風亭長。浙江秀水（今嘉興）人，明大學士朱國祚之曾孫。順治二年（1645）清兵入浙，一度參與抗清事。十三年（1656）起遠走嶺南、雲中、通潞，歷爲幕賓。康熙十七年（1678）以‘名布衣’應‘鴻博’徵召，翌年春中式授翰林院檢討。康熙二十二年（1683）入直南書房。中經浮沉，於三十一年（1692）告歸鄉里，著述以終。長於經義研攷，詩與王士禛並稱‘南朱北王’。詞名尤著，爲‘浙派’宗師，有《眉匠詞》、《静志居琴趣》、《江湖載酒集》、《茶煙閣體物詞》、《蕃錦集》等。又編輯《詞綜》三十四卷。其詞以清空醇雅爲審美旨歸，宗尚南宋姜夔、張炎一派。一生詞創作成就以‘江湖載酒’時期爲高，《琴趣》情愛之寫亦多佳構。”

②《通志堂集》卷十九，818 頁。性德殁後，竹垞有輓詩六首，其第五云：“主客披圖得，雲煙過眼諳。吟花成絕筆，聽雨罷深譚。畫裡韶顔在，尊前麗語耽。憑將腸斷句，流轉到江南。”痛失知音，語極沉痛。

③典出郭璞《贈溫嶠》詩：“人亦有言，松竹有林。及余（爾）臭味，異苔同岑。”趙翼《哭筠浦相公》：“交誼苔岑五十秋，喜聽撰席懋勛猷。”

④朱氏《曝書亭集·亡妻馮孺人行述》言：“予年二十，即以詩古文辭見知於江左之耆儒遺老，時方結文社，興詛誓，樹同異，予槪謝不與。”

⑤《通志堂集》，533 頁。

⑥《曝書亭集·錢舍人詩序》，影印《文淵閣四庫全書》本。

歌創作實踐極大程度展現出明末清初詩學風尚與詩學思想的演進、轉折及發展。他反對明代的摹古風向，繼承了公安派"申寫性靈"的思想，在重視真情感的同時，又強調外在事物以至時代遷演之於真情實感觸發的重要性，提出"窮於時，迫於境"而"發爲詩"，方是"古今之真詩"的論説。他的藝文思想對於清初幾位思想家如黄宗羲、顧炎武、王夫之等均影響甚大。如錢仲聯《簡論清詩》嘗謂：

> 謙益在降清後又反清，寫了大量反清内容的作品，激楚蒼涼，律詩尤勝。偉業創造"梅村體"，五七言古近體詩，也是名篇絡繹，號稱一代詩史。謙益以兩朝詩壇領袖的資格，對清初重要詩人，如吳偉業、屈大均、宋琬、施閏章、王士禎都有影響，論定他們的詩，並給他們的詩集都寫了序。特別是對王士禎有"代興"的期許。士禎因謙益的揄揚，繼謙益而起，逐步成爲康熙時期詩壇的領袖。①

王士禎是繼錢謙益之後，對清初乃至整個清代詩壇影響至鉅的人物，被目爲"一代正宗"②，"神韻"説是其詩歌理論的核心③。錢、王二家之於清初詩壇乃或整代清詩的貢獻，一是將清初詩人的視眼從"盛唐詩"擴充至整代唐詩（這一思想對康熙帝影響甚大，最後成爲康熙帝藝文思想之一部分，《全唐詩》可説是這一思想的産物），二是引啓清詩由單純的宗唐，發展至兼取宋詩（有清二百六十餘年詩學，起首和最末，都是"宋詩派"的天下，最是耐人尋味）。清詩經此二家，方初具規模。王士禎的"神韻説"更是影響了清前期的詩壇，幾達百餘年之久④。

錢謙益於康熙三年（1664）逝世，時性德方九歲，當不及親接謦咳，近瞻岱嶽。性德與漁洋，除《通志堂集》卷三所載《爲王阮亭題戴務旃畫》外，餘則未見有二人

---

① 錢仲聯：《簡論清詩》，《夢苕盦論集》，176—177頁。
② 袁枚《隨園詩話》，卷二，第三九："本朝古文有方望溪，猶詩之有阮亭，俱爲一代正宗。"
③ 然王氏"神韻"説並不局限於字面層意，是既重風調，又重雄渾，漁洋《跋陳説嚴太宰丁丑詩卷》言："自昔稱詩尚雄渾則鮮風調，擅神韻則乏豪健，二者互交讓"，主張"去其二短而兼其兩長"。參見《蠶尾續文》卷二〇。
④ 俞大綱《寥音閣詩話》三四："家伯兄嘗爲余言，曹雪芹於其《紅樓夢》説部中，假史湘雲、香菱之問答以論詩，其宗旨實實淵源於王漁洋詩主神韻之説，可證以漁洋所撰之《唐賢三昧集》序言及其所選詩，此説甚精。雪芹身世，今人考證紛紜。其詩集久佚，然零篇斷句，猶存人間。屬辭清雅，而格調殊不高，似尚不及其紅樓夢中'姽嫿將軍辭'，及'寒塘度鶴影，冷月葬詩魂'等警句也。以雪芹之才，造詣誠若不止此；或者其一生精力，寄於説部，詩詞抛餘力爲之，故未能盡工耳。然當時詩體，類皆重神韻，清麗有餘，而雅健不足；曹詩如此，亦風習使然。雪芹之詞，世無傳什，《紅樓夢》有〔粉墮白花州〕一闋，亦嫌纖弱。然其神貌，似得之於納蘭容若；曩蔡子民先生以《飲水詞》有'葬花天氣'一語，而《紅樓夢》有黛玉葬花故事，因謂《紅樓夢》影射明珠家世，似不如謂雪芹詩詞受當時風會所染，無論詩詞，皆與當時文藝潮流相迎合也。"（參見俞大綱紀念基金會編：《俞大綱全集·詩文詩話卷》，幼獅文化事業公司，1987年，210—211頁）

明顯交往的痕跡及記述。但這並不代表納蘭性德詩歌的創作及詩學思想，未曾受到過王士禛的影響。性德歿後，陸肯堂所爲輓詩的第二首有句云："例從文選起，語自衍波傳。"①士禛曾有詞集《衍波詞》，當是指此②。士禛是山東新城人，生於明崇禎七年(1634)，長性德二十一歲，十六歲便名滿天下，被錢謙益目爲後輩中的翹楚人物，"所爲詩，立追漢唐人風格。古文雅正得體，與朱檢討彝尊齊名，時稱'南朱北王'"③。性德孩提時，士禛在詩壇的盟主地位即已基本確立，深得朝野上下眷注。宋犖《西陂類稿》卷三一《資政大夫刑部尚書王公士禛暨配張宜人墓誌銘》(同見錢儀吉《碑傳集》卷十八)記："時(康熙十七年，1678)上留意古學，特詔公懋勤殿試詩，稱旨。次日傳諭：'王某詩文兼優，著以翰林官用。'遂改侍講，旋轉侍讀。本朝由部曹改詞臣由公始，實異數也。上令入直南書房，頒賜飲食、文綺無算。"備見隆遇。坊間彼時推崇阮亭，更是視爲天下盟主，"莫不仰其德以和順"。納蘭性德的詩歌創作及其詩學思想，現今回視，實在是在"王學"的空氣下培植、養成並進行的，"王學"的影響，不容忽視。

---

①《通志堂集》，卷二十，877頁。

②趙秀亭《納蘭叢話》四五："張任政《納蘭性德年譜》稱：性德、馬雲翎定交康熙十二年，是年雲翎初應會試不第，性德爲作《送馬雲翎歸江南》詩。康熙十七年，雲翎再上春官不第，性德重以《又贈馬雲翎》詩爲別。今人黃天驥亦同張氏説。按，此説實誤。據秦松齡《馬雲翎傳》，雲翎爲壬子(康熙十一年)舉人，旋入京應癸丑(十二年)禮部試，不中。丙辰(十五年)復赴京再試，又不中。戊午(十七年)秋，病歿，壽僅三十。雲翎至京，僅癸丑、丙辰兩度耳。十七年(戊午)雲翎未入京，是歲亦非會試之年，'落第'、'贈詩'顯無可能。又，《送馬雲翎歸江南》作在先，《又贈馬雲翎》作在後，然《又贈馬雲翎》有'一朝傾蓋便相歡'句，可知《又贈》詩亦定交初之作。如是，則知二詩乃同年同次相別之贈，其先後相差，不過旬日間耳。若以二詩繫於康熙十二年，亦於理不通。雲翎既卒，性德猶以〔柳枝詞〕寄其懷思之情，知其交誼終始無變。倘以十二年定交並贈二詩，則十五年舊友重逢，當不少倡和過從；雲翎再試不售，更當有作以慰之矣。今性德集中再無贈馬之章，固知十二年定交、贈詩之説爲不可信。綜以前論，性德、雲翎交誼之實已見，即定交、贈詩必在康熙十五年。舍此而外，他説皆難從信。另，馬雲翎以詩名鳴京師，原藉王士禛之揄揚。雲翎癸丑初次入京，時漁洋遠在川中；丙辰再次至京，漁洋方任户部郎中，始得以賞譽助成雲翎盛名。性德以《側帽》詞顯名，恰在同一年，竊疑性德、雲翎曾並承王氏稱賞，由得定交之機緣。陸肯堂輓性德詩云'例從文選起，語自衍波傳'，即容若嘗得漁洋稱美之證。容若《爲王阮亭題戴務旃畫》詩，猶存與王一度交好之跡。未幾，阮亭惡明珠，且忌父及子，拒不與性德接，反頓成陌路。漁洋集中無性德名，甚有暗示譏諷處，即由此。性德之諸般煩惱，此爲其一。漁洋之鄙棄性詞，疑亦有故意貶抑性德之目的。顧貞觀有云：'國初輦轂諸公，尊前酒邊，借長短句以吐其胸中。漁洋之數載廣陵，實倡斯道總持。最後吾友容若，其門第才華，直越晏小山而上之，欲盡海內詞人，畢出其奇，遠方頗有應者。而天奪之年，未幾輒風流雲散。漁洋復位高望重，絶口不談於是。向之言詞者，悉去而言詩古文辭，回視花間草堂，頓如雕蟲之見恥於壯夫矣，雖云盛極而衰，風會使然，然亦頗怪習俗移人，涼燠之態，浸淫而入於風雅，可爲太息！'性德生前身後名，每受累於其父弟兄，此等不幸，自古才人少其比哉！"(見 http://blog.163.com/lst_rongruo/blog/static/58969290200821833336730/)

③語出孫星衍《資政大夫經筵講官刑部尚書王公傳》，見錢仲聯主編：《廣清人碑傳集》，蘇州大學出版社，1999年，319—320頁。

走筆至此,亦須談及者,從後世的角度看,無論錢謙益,或是王士禎,或是再後來之翁方綱,之所以能引領一時風氣,其原因一方面固然在他們深厚的學養及詩文創作實踐;但另層面,則在他們均屬朝中大員,皆先後主持過一次或多次鄉試或會試,有一大批門生故吏,聲氣同求,遂爲天下士林所宗,故隻言片談,蔚然成風,影響天下藝文風氣習尚。按即他們之所能取得天下讀書人的尊崇,奉爲盟主,很大一部分原因,即係爾時勢位顯赫,"屢畀以衡文之任",凡所首舉,影響風氣,皆爲詞林矚目。他們的文藝思想及風尚好惡,由以很容易成爲天下讀書人追逐競尚的方向。

當然,論及影響,自還是帝王爲大。清代十二位皇帝,個頂個都比明代出色,其中關心文藝思潮、才思出衆者,則要推康熙帝和乾隆帝。康熙帝的《御制文集》和《御制詩集》今天很容易看到,從中我們不難窺見他的藝文創作實踐及文藝思路,結合有清二百六十餘年的文藝思想,很難以忽視他的貢獻。

康熙帝的藝文思想,歸納而言,主要有三項:一是重性靈。如其《詩説》曾謂:"詩者,心之聲也。原於性而發於情,觸於境而宣於言。"①《全唐詩序》亦曾説:"又堂陛之廣和,友朋之贈處,與夫登臨讌賞之即事感懷,勞人遷客之觸物寓興,一舉而託之於詩,雖窮達殊途,悲愉異境,而以言乎攄寫性情,則其致一也。夫性情所寄,千載同符。"②這一思想可説是與王士禎頗爲暗合③,納蘭性德亦堅持這一理路。此點是清詩自具面目的第一要義。清詩能脱穎而出,即堅持了這一理論,可説是清詩的立國之本。二是反對摹擬。此條與上一條相輔相成,是有清以降詩家所遵奉的最基本原則。清人論詩,最重有無獨創。然其思想源頭,實自清初詩壇宗匠及康熙帝所提倡。康熙帝《全唐詩序》言:"夫詩盈數萬,格調各殊,溯其學問本原,雖悉有師承指授,而其精思獨悟,不屑爲苟同者,皆能殫其才力所至,沿尋風雅,以卓然自成其家。又其甚者,寧爲幽僻奇誦,雜出於變風變雅之外,而絶不致有蹈襲剽竊之弊,是則唐人深造極詣之能事也。"又説:"學者問途於此,探珠於淵海,選材於鄧林,博收約守,而不自失其性情之正,則真能善學唐人者矣。豈其漫無持擇,汎求優孟之形似者可以語詩也哉?"三是重詩教,看重詩的教化之功用。如《御制文集》三集卷二〇《全唐詩録序》言:"在昔詩教之興,本性情之微,導中和之旨,所以感人心

_____

①見《聖祖仁皇帝御製文集》卷二十一。臺北商務印書館影印《文淵閣四庫全書》,"集部·別集類"。

②《御製文集》三集,卷二十。

③其中談唐詩分期的,如"論次唐人之詩者,輒執初、盛、中晚,岐分疆陌,而抑揚軒輊之過甚,此皆後人强爲之名,非通論也。自昔唐人選唐詩,有殷璠、元結、令狐楚、姚合數家,卷帙未爲詳備。至宋初撰輯《英華》,收録唐篇什極盛,然詩以類從,仍多脱漏,未成一代鉅觀。朕兹發内府所有《全唐詩》,命諸詞臣合《唐音統籤》諸編,參互校勘,蒐補缺遺,略去初、盛、中、晚之名,一依時代分置次第,其人有通籍登朝歲月可考者,以歲月先後爲斷;無可考者,則援據詩中所詠之事與所同時之人繫焉",可説是明顯受到王士禎學説的影響。

而美謠俗,被金石而格神祗,故大舜以教胄子,樂正以造俊秀。"《全唐詩録序》裏亦曾說:"唐之太宗,致治幾於三代之隆,躬自撰著,一時文人才士將相名臣,詠吟遞發,藻采繽紛,踵襲雅騷之迹,光昭正始之音,而歌行律絶,獨創兼能,自邃古以來未嘗有也。"結合康熙帝的文治武功,此可説是他在文治上的抱負,欲追蹤三代,步法太宗,開一代聖明政治。此類再如寫於康熙四十六年七月十二日的《歷代詩餘選序》:

> 然則詞亦何可廢歟? 朕萬幾清暇,博綜典籍,於經史諸書有關政教,而裨益身心者,良已纂輯無遺。因流覽風雅,廣識名物,欲極賦學之全,而有《賦彙》;欲萃詩學之富,而有《全唐詩》刊本、《宋金元明四代詩選》。更以詞者,繼響夫詩者也,乃命詞臣輯其風華典麗悉歸於正者爲若干卷,而朕親裁定焉。夫詩之揚厲功德,鋪陳政事,固無論矣。至於《桑中》《蔓草》諸什,而孔子以一言蔽之曰"思無邪",蓋蕙茝可以比賢者,嚶鳴可以喻友生。苟讀其詞而引伸之,觸類之,範其軼志,砥厥貞心,則是編之含英咀華、敲金戛玉者,何在不可以"思無邪"之一言該之也? 若夫一唱三歎,譜入絲竹,清濁高下,無相奪倫。殆宇宙之元音具是,推此而沿流討源,由詞以溯之詩,由詩以溯之樂,即《簫韶》九成,其亦不外於本人心以求自然之聲也夫? [①]

"詩餘"是詞之别稱,舊時地位甚低,《四庫總目》卷一九八"集部五一·詞曲一"即曾説過:"詞曲二體,在文章技藝之間,厥品頗卑,作者弗貴,特才華之士以綺語相高耳,其於文苑尚屬附庸。"康熙帝能如是重視,足見其胸襟之大,抱負之深,而反看有清二百餘年之詞學,直與宋詞抗衡,不能説没有康熙帝的倡導之功。

康熙帝在位六十年,武功之外,文事實足彪炳,曾主持編纂《歷代賦彙》、《全唐詩》、《宋金元明四代詩選》、《歷代詩餘選》、《康熙字典》、《淵鑑類函》、《古今圖書集成》(《古今圖書集成》實編成於康熙之手,最後刊刻印刷是在雍正朝)等一系列大型圖書,對清代的藝文思潮影響至偉。以往談清代思潮,多忽略他的影響力,這是不應該的,要知一種風氣的轉移及趨向,很多時候是與政治氣候及權勢人物的提倡密切相關的。

納蘭性德小康熙帝一歲,二十二歲中進士後,即在康熙帝身邊服侍,深得隆遇,一再擢升,日從可謂之密。從《通志堂集》附載的詩文看,許多詩文都是承應康熙帝之命而寫,二人必有公事之暇談詩論文的機會及分能,因此談納蘭性德詩文創作

---

① 《御製文集》三集,卷二二。

及藝文思想,除時代大潮流及前輩宗匠影響外,康熙帝也實在是位繞不開的人物。

(二)

納蘭性德的詩學思想,主要體現在他的《渌水亭雜識》及《通志堂集》卷十四所載的隨札(如《賦論》、《原詩》等)中。《通志堂集》凡二十卷,爲性德歿後,由鄉試座師徐乾學所哀輯,徐氏《通志堂集·序》謂:"余里居杜門,檢其詩詞、古文遺稿,太傅公所手授者及友人秦對巖、顧梁汾所藏,並經解、小序合而梓之,以存梗概,爲《通志堂集》。碑志、哀輓之作,附於卷後。"①全集包括賦一卷,詩、詞、文、《渌水亭雜識》各四卷,雜文一卷,附録二卷②。其中賦收五篇,如《金山賦》、《五色蝴蝶賦》、《自鳴鐘賦》等;詩收三百二十九首,古近體皆備,如《曹子建七哀》、《和友人飲酒》、《擬古四十首》、《新晴》、《歲晚感書》、《即日又賦》、《古北口》等;文四卷中,《經解序》佔三卷六十七篇,如《子夏易傳序》、《吳氏易圖説序》、《文公易説序》等,之外一卷,序、記、書等,凡十篇;卷十四收録雜文十六篇;卷十五至卷十八爲《渌水亭雜識》;卷十九至卷二十,附載性德歿後,師友所贈誄詞、哀祭文、輓詩、輓詞等一百三十篇。

集中諸體皆備,尤以詞爲最具特色。清代前期,浙西詞派聲勢煊赫。該派奉周邦彦、姜夔爲圭臬,而實不足追蹤周、姜。性德詞題材雖狹窄,然盡洗模擬餖飣之習,純以自然勝;多數篇章詞風凄婉,而雄渾之作亦不爲少,尤爲擅場。其成就實在浙西詞派之上,爲清詞中有代表性的作家之一。集中卷六至卷九共收有詞三百首。其詞集初名《側帽》③,增補後又取名爲《飲水詞》,嘗另行④。《飲水詩集》二卷、《詞

---

①《通志堂集》,頁2—3。

②《通志堂集》卷十九至卷二十爲附録部分,資料豐富,歷來被目爲研究納蘭性德之第一手材料。然前人或有評説,如張任政《清納蘭容若先生性德年譜》"康熙二十四年乙丑"條下謂:"《通志堂集》附刊碑志哀祭詩文爲二卷,篇什既富,所收皆當時名流,然往往稱述其家世勳貴,無足當性德生平者。其中惟嚴繩孫、姜宸英、梁佩蘭諸篇,皆叙述交誼,而懇切真摯,尤以顧貞觀一篇爲最。"(《通志堂經解研究論集》,上册,43頁)頗須引起注意。

③本義指斜戴帽子。《周書·獨孤信傳》:"在秦州,嘗因獵,日暮,馳馬入城,其帽微側,詰旦,而吏人有戴帽者,咸慕信而側帽焉。"後以之謂灑脱不羈的裝束。宋陳師道〔南鄉子〕詞:"側帽獨行斜照裏,颼颼,卷地風前更掉頭。"劉國鈞《并遊俠行》:"疲驢側帽傲王侯,萬金三卻權門聘。"

④"飲水"本義指喝水。語出《禮記·檀弓下》:"啜菽飲水,盡其歡,斯之謂孝。"孫希旦集解:"飲有漿醴之屬,今但飲水而已,飲之貧也。"唐韓愈《復志賦》:"固余異於牛馬兮,寧止乎飲水而求芻?"清沈初《西清筆記·紀名跡》:"其詩有'人到心閒飲水甜'之句,余甚愛之。"亦指喝的和做飯用的水。後引申爲清廉。語本《晋書·良吏傳·鄧攸》:"時吳郡闕守,人多欲之,帝以授攸。攸載米之郡,俸禄無所受,唯飲吳水（轉下頁注）

集》三卷,於康熙十七年(1678)爲顧貞觀、吴綺所選刻①;之前已有詞集《側帽集》行世,徐釚《詞苑叢談》"時有以成容若《側帽詞》、顧貞觀《彈指詞》寄朝鮮者,朝鮮人有'誰料曉風殘月後,而今重見柳屯田'"句,即是指此。二種於道光中經汪珊漁整理,合編爲《納蘭詞》,共收入詞三百五十首。此書有《四部備要》本、世界書局本、"人人文庫"本,甚是常見;其中1954年文學古籍刊行社影印本保留原版面目,最具特色。此外,嘉慶中袁通在南京選刻《飲水詞鈔》二卷,列入"隨園三十六種"之一,光緒十八年(1892)上海圖書集成印書局曾予重印,亦是常見。

性德詩和詞,下文將重點辨析,兹不贅言。單就賦和文而言,性德之賦今僅存五首,或呈沉雄之皇威,或抒輕捷之性靈。文之部分,三卷《經解序》是性德爲所刊經解作的序(即解題),每書一序,"叙其大義",足見其平生之抱負及博識②。四卷《渌水亭雜識》爲性德早歲披覽經史之心得,其卷前有小序云:"癸丑(康熙十二年,1673)病起,披讀經史,偶有管見,書之別簡,或良朋蒞止,傳述異聞,客去輒録而藏焉。逾三四年,遂成卷,曰《渌水亭雜識》,以備説家之流覽云爾。"其内容所涉甚廣,多有警語,不少卓識之見。《雜識》後亦被刊入《昭代叢書》、張氏《適園叢書》,流佈甚廣。

在納蘭性德生活的時代,儘管王士禛已被尊爲"天下盟主",引領清詩新的走向,但當時的情致並非如後世看的那樣明朗,詩界的創作也存在不斷反復、摸索前進的態勢。清初人在掃蕩元明摹古遺風的同時③,自身也在摹做。只不過針對元

(接上頁注)而已。"唐杜甫《贈裴南部》詩:"塵滿萊蕪甑,堂横單父琴。人皆知飲水,公輩不偷金。"納蘭性德的詞集《側帽集》於康熙十七年(1678)問世,是年性德僅24歲。繼而,《飲水詞》在吴中刊行。性德歿後,徐乾學綜合將性德的詩詞、文賦裒輯爲《通志堂集》。

①此本刻於吴中。康熙三十年張純修在揚州重刻《飲水詩詞集》,與十七年吴中本相較,略有增益,據言此本刻工極佳,然流傳極少,世之罕見。

②或以爲經解既非性德自輯,而懷疑這些文字亦係他人代筆。

③元明兩代詩文,出現了倒退的摹古逆流。元詩摹唐,元文没有越出宋六家樊籬;明人變本加厲,出現了前後七子"文必秦漢、詩必盛唐"的摹古流派。雖然有唐宋古文派出與抗衡,但唐宋派本身也乏創新。詩則復古之風一直泛濫到明後期,公安、竟陵二派意圖挽此狂瀾,然並未奏效,明末以陳子龍爲首的幾社詩人的詩,實可看作是"七子派"的迴光返照。——整個元明詩文,可説是比較衰落的時期,當然,這其中也有少數優秀的作家與作品,不能一筆抹煞。元明兩代詩文復古道路走到盡頭,弊病暴露無遺,於是窮則變,變則通。誠如劉勰《文心雕龍·通變》所言:"文律運周,日新其業,變則其久,通則不乏,趨時必果,乘機無怯,望今製奇,參古定法。"清王朝初期,詩文作家正是在總結元明兩代復古逆流的經驗教訓的基礎上,在怎樣繼承和發展前代遺產的實踐中,在滄桑變革時代風暴的振蕩下,開出有清一代超明越元、抗衡唐宋的詩文新局面的。

明兩代的"詩必盛唐",他們一方面將視眼擴大至整代唐詩,同時更看重宋詩而已①。此固然與清初的學風、思潮有關。清人與元明人在詩詞創作上的極大不同,即是他們更看重文字背後的學養與"經世"思想(當然,走到被人詬病的另一極端是之後的事,並非初衷),不純以"詩人"、"詞人"、"文人"目世。且要知易代之際士人的出處行退,往往體現並關係社會道德標準、風尚習氣之蛻嬗變遷。如黃宗羲、呂留良、高旦中等,前後耗費極大心血,協助吳之振編《宋詩鈔》②,此中顯然有用世的思想之在,實有借宋調的真樸以抒發自己不臣異族的鬱勃不平之氣(此點之後嘗爲翁方綱看破,有所指責)。此時風尚之下,其流弊所在,即如一枚硬幣的兩面,宋詩開始引發人們關注的同時,伴隨的是極度貶抑唐詩的思潮:宗唐與宗宋,孰優孰劣,各成派系,互爲攻訐③。錢鍾書《談藝錄》嘗別唐、宋詩云:"唐詩、宋詩,亦非僅朝代之別,乃體格性分之殊。天下有兩種人,斯分兩種詩。唐詩多以豐神情韻擅長,宋詩多以筋骨思理見勝。嚴儀卿首倡斷代言詩,《滄浪詩話》即謂'本朝人尚理,唐人尚意興'云云。曰唐曰宋,特舉大概而言,爲稱謂之便。非曰唐詩必出唐人,宋詩必出宋人也。故唐之少陵、昌黎、香山、東野,實唐人之開宋調者;宋之柯山、白石、九僧、四靈,則宋人之有唐音者。《楊誠齋集》卷七十九《江西宗派詩序》曰:'詩江西也,非人皆江西也。'《劉後村大全集》卷九十五《江西詩派小序》仍以後山、陵陽、子勉、均父、二林等皆非江西人爲疑,似未聞誠齋此論。詩人之分唐宋,亦略同楊序之恉。"④此於唐詩、宋詩理解,最是精闢。但明人和清人則未必如是觀,從今日能看到的明清人別集而言,他們大多還是極爲盲目的,認爲唐詩即是唐人之

①明人摹古變本加厲,出現了何景明、李夢陽、王世貞、李攀龍等前後七子"文必秦漢、詩必盛唐"的摹古流派。但至明代中後期,鑒於"前後七子"復古主義詩派濫捧唐詩而貶抑宋詩的偏見,就有人出來反對,如袁宏道、陶望齡、譚元春等人,這時便開始大力鼓吹宋詩。這一風氣,在清初由於黃宗羲、呂留良、吳之振、葉燮的大力倡導而更爲高漲。吳之振、呂留良、吳自牧所編《宋詩鈔》就是這一風氣之下的產物,這也是當時流傳最廣、影響最大的宋詩選集。

②吳之振(1640—1717)字孟舉,號橙齋,別號黃葉村農,浙江石門人。據《清代學者像傳》第一集說,他在年輕的時候,曾從倡導宋詩最力的黃宗羲問學,後以貢授中書,不就還鄉,與王士禛、施閏章等人爲詩友,著有《黃葉村莊集》。《國朝耆獻類徵》卷四三一引《文獻徵存錄》,說吳之振得"宋人精髓",其集中如《寒食口占》、《乞蘭》、《送黃晦木東歸》等,確實有宋詩韻味。吳之振和呂留良選編《宋詩鈔》始於康熙二年(1663)癸卯初夏,成書於康熙十年(1671)辛亥之秋,歷時九年。除吳之振、吳自牧叔侄和呂留良外,還有黃宗羲(太沖)、高旦中等人也參與了《宋詩鈔》的選編工作。《宋詩鈔》刊行後,在清初影響彌深,如宋犖《漫堂說詩》即謂:"明自嘉、隆以後,稱詩家皆諱言宋,至舉以相訾謷,故宋人詩集,庋閣不行。近二十年來,乃專尚宋詩,至余友吳孟舉《宋詩鈔》出,幾於家有其書。"

③唐宋詩之爭,至乾隆時猶有爭端,袁枚《隨園詩話》卷六,第七十九:"詩分唐宋,至今人猶恪守。不知詩者,人之性情;唐宋者,帝王之國號。人之性情,豈因國號而轉移哉?"

④錢鍾書:《談藝錄》,中華書局 1984 年,頁 2。

詩,宋詩即是宋人之詩,主唐詩者必一概反對宋人詩,主宋詩者則一概詆毀唐人詩。流弊所之,社會思潮隨之涌動,釀成清初詩文界的兩種勢若水火趨向。納蘭性德的詩學思想與詩學理論,許多即針對這一現象而作。①

針對這種反元明摹古之風的"新摹古之風",納蘭性德心有所會,嘗發之爲文,如《淥水亭雜識》四云:"宋人專意於詞,實爲精絶;詩其塵飯塗羹,故遠不及唐人。"②又説:"人情好新,今日忽尚宋詩,舉業欲干禄,人操其柄,不得不隨人轉步。詩取自適,何以隨人?"③其《原詩》一篇亦説:

> 世道江河,動成積習,風雅之道,而有高髻廣額之憂④。十年前之詩人,皆唐之詩人也,必嗤點夫宋。近年來之詩人,皆宋之詩人也,必嗤點夫唐。萬户同聲,千車一轍。其始,亦因一二聰明才智之士深惡積習,欲闢新機,意見孤行,排衆獨出。而一時附和之家,吠聲四起。善者爲新豐之雞犬,不善者爲鮑老之衣冠,向之意見孤出、排衆獨出者,又成積習矣。蓋俗學無基,迎風欲僕,隨踵而立。故其於詩也,如矮子之觀場,隨人喜怒而不知自有之面目,寧不悲哉!⑤

均指出這一流弊所至,語皆中肯。然納蘭性德並非反對摹仿,他反對的是一味摹仿而不能自我創新的文學現象。《淥水亭雜識》四進一步闡述説:"詩之學古,如孩提不能無乳姆也,必自立而後成詩,猶之能自立而後成人也。明之學老杜、學盛唐者,皆一生在乳姆胸前過日。"⑥又謂:

> 有客問詩於予者曰:"學唐優乎? 學宋優乎?"予曰:"子無問唐也宋也,亦問子之詩安在耳?《書》曰'詩言志',虞摯曰'詩發乎情,止乎禮義',此爲詩之本也。未聞有臨摹仿傚之習也。古詩稱'陶謝',而陶自有陶之詩,謝自有謝

---

① 朱則傑《清詩史》(江蘇古籍出版社,2000 年),190 頁:"入清伊始,明代詩歌餘風尚熾,不少詩人依然墨守'詩必盛唐'的框框。自錢謙益出,人們逐漸從'盛唐'擴大到整個唐詩,又從單純的'宗唐'發展到'兼取宋詩',甚而至於還從學唐爲主而變爲以學宋爲主。這樣,無形中就出現了宗唐與宗宋的分歧。這種分歧的極端表現,就是宗唐與宗宋各自成派别,互爲攻擊,指摘對方在文學方面的流弊。"

② 《通志堂集》,699 頁。"塵飯塗羹",以土作飯,以泥作羹,比喻以假當真或無足輕重的事物。《韓非子·外儲説左上》:"夫嬰兒相與戲也,以塵爲飯,以塗爲羹,以木爲胾;然至日晚必歸饟者,塵飯塗羹可以戲而不可食也。"亦作"塵羹塗飯"。錢謙益《答唐訓導論文書》:"南宋以後之俗學,如塵羹塗飯,稍知滋味者,皆能唾而棄之。"

③ 《通志堂集》,699 頁。

④ "高髻廣額",不知所本。案"高髻"本指高綰之髮髻。《後漢書·馬廖傳》:"長安語曰:'城中好高髻,四方高一尺。'""廣額",本義指寬廣的額頭,左思《嬌女》:"鬢髮覆廣額,雙耳似連璧";後引申爲放寬考試録取的名額,顧炎武《日知録·中式額數》:"今人論科舉,多以廣額爲盛,不知前代乃以减數爲美論。"

⑤ 《通志堂集》,557—558 頁。

⑥ 《通志堂集》,699 頁。

之詩。唐詩稱'李杜',而李自有之詩,杜自有杜之詩。人必有好奇緪險、伐山通道之事,而後有謝詩;人必有北窗高臥、不肯折腰鄉里小兒之意,而後有陶詩;人必有流離道路、每飯不忘君之心,而後有杜詩;人必有放浪江湖、騎鯨捉月之氣,而後有李詩。近時龍眠錢飲光以能詩稱,有人譽其詩爲劍南,飲光怒;復譽之爲香山,飲光愈怒。人知其意不慊,竟譽之爲浣花,飲光更大怒曰:'我自爲錢飲光之詩耳,何浣花爲!'此雖狂言,然不可謂不知詩之理也。"客曰:"然則,詩可無師承乎?"曰:"何可無也。杜老不云乎:'別裁僞體親風雅,轉益多師是汝師。'凡騷、雅以來,皆汝師也。今之爲唐爲宋者,皆僞體也。能別裁之而不爲所誤,則師承得矣。"①

這是一篇很重要的詩論,從中可以看出納蘭性德詩歌創作的旨趣。在納蘭性德看來,"詩乃心聲,性情中事也。發乎情,止乎禮義,故謂之性。亦須有才,乃能揮拓;有學,乃不虛薄杜撰。才學之用於詩者,如是而已。"②性德認爲,韓愈過於逞才,蘇軾過於逞學,皆與性情相隔。

在這一思想前提下,納蘭性德進一步主張根據表述需要、時代特點,摭取適合的體裁樣式,反對一味摹擬、襲套,借題發揮。如其《通志堂集》卷十八云:

曲起而詞廢,詞起而詩廢,唐體起而古詩廢。作詩欲以言情耳,生乎今之世,近體足以言情矣。好古之士,本無其情,而強效其體,以作古樂府,殊覺無謂!

又説:

樂府題今人多不能解,則不必強作。李于鱗優孟衣冠,徒爲人笑。③

皆是有見之言。從《淥水亭雜識》、《通志堂集》所收納蘭性德致友人函,以及《原詩》、《填詞》、《賦論》諸篇的論述看,納蘭性德強調創作應貫穿真情實感,"詩乃心聲,性情中事也"、"詩取自適,何以隨人",主張以真實的感情爲詩歌創作的第一要義,堅決反對明代以來文壇流行的摹擬風習,指出"萬戶同聲,千車一轍"現象的根源在於"隨人喜怒,而不知自有之面目"。他認爲真實的性情或感情只能來自每個人具體的生活實踐,"人必有好奇緪險、伐山通道之事,而後有謝詩;人必有北窗高臥、不肯折腰鄉里小兒之意,而後有陶詩;人必有流離道路、每飯不忘君之心,而

①《通志堂集》,558—560頁。
②《通志堂集》,697頁。
③《通志堂集》,705—706頁。

後有杜詩;人必有放浪江湖、騎鯨捉月之氣,而後有李詩",指出"無其情"是絕對寫不出好詩來的;詩人必須立足於生活實踐從事創作,抒寫自己的思想、見聞、喜怒哀樂,要於筆底見其所聞所感所思。

性德同時也十分重視繼承與創新的關係,要求人們正視文學形式不斷發展變化的客觀規律,錘鍊辭章。他主張應廣泛汲取前人創作的長處、經驗,"凡騷、雅以來,皆汝師也",但也指出,決不可拘泥於一味摹擬、仿效某一朝代或某一作家。他進一步申言,"詩之學古,如孩提不能無乳姆",但向古人學習的目的,在於形成自己獨特的創作個性,目具面目。他反對爲復古而學古,反對只以拾掇古人牙慧爲能事,"必自立而後成詩,猶之能自立而後成人也,明之學老杜、學盛唐者,皆一生在乳姆胸前過日"。

性德還提倡文學創作力要求做到内容與形式的完美統一,反對以形式束縛内容,他把詩歌創作中撇開内容表達需要而盲目搬弄故實的文字稱爲"死句",同時堅決反對"自縛手臂"的"步韻詩"①。性德同時還主張作詩填詞要有比興。他從文藝批評的角度,對唐、宋、明的詩詞作品進行比較,指出,"雅頌多賦,國風多比興,楚詞從國風而出,純是比興,賦義絶少。唐人詩宗風騷,多比興。宋詩比興已少,明人詩皆賦也,便覺版腐少味。"在他的詩詞中,他常以竹、松、蘭、荷等自比,借物起興,循著他的"發乎情,止於禮義"的創作過程,抒寫高潔的情懷,辯明超脱的心志。

在詞論方面,性德的《填詞》一詩集中批評了人們重詩輕詞的錯誤看法,從理論上予詞以高的地位。此外,他還提出在史傳文學的創作中,要盡力避免滲入作者個人主觀感性色彩,以保持評價、叙述的客觀允正。

納蘭性德的這些見解和詩學思想,均顯示了他對當時文壇、詩壇風尚的清醒認識,展示了他在文學批評方面的修養和才具。

(三)

徐乾學《通志堂集序》謂:"容若病且殆,邀余訣別,泣而言曰:'性德承先生之

---

①《小説月報》1923 年 1 月期(總第 14 卷第 1 號),有鄭振鐸一篇談"步韻詩"的文章,文章引用了納蘭性德的話,說:"中國詩裏,有一個束縛真情最甚的桎梏,便是步韻,在作步韻詩者的意見,不過以步和前人或同時人的韻,而能工切,益可顯出他們的雕斫的才能。而不知五七言的格律,已足限制真情的流露;如並選韻的自由而更剝奪之,則恐即詩才極盛的人,也決不能暢其所欲言了。納蘭容若有一段話說得極好:'今世之大爲詩害者,莫過於作步韻詩。唐人中晚稍有之,宋乃大盛。故元人作《韻府群玉》。今世非步韻無詩,豈非怪事。詩既不敵前人,而又自縛手臂以臨敵,失計極矣!愚曾與友人言此。'渠曰:'今人只是做韻,誰曾做詩!'此言利害,不可不畏。若人不戒絶此病,必無好詩。"(參見《渌水亭雜識》卷四)

教,思鑽研古人文字,以有成就,今已矣。生平詩文本不多,隨手揮寫,輒復散佚,不甚存録。辱先生不鄙棄,執經左右,十有四年。先生語以讀書之要,及經史、諸子百家源流,如行者之得路。然性喜作詩餘,禁之難止。今方欲從事古文,不幸遘疾短命,長負明誨,歿有餘恨。'余聞其言而痛之。"嚴繩孫《通志堂集序》也曾説:"成子雖處貴盛,閒庭蕭寂,外之無掃門望塵之謁,内之無裙屐、絲管、呼盧、秉燭之遊,每夙夜寒暑休沐定省,片晷之暇,遊情藝林,而又能擷其英華,匠心獨至,宜其無所不工也。至於樂府、小詞,以爲近騷人之遺,尤嘗好爲之,故其合作,飄忽要眇,雖列之花間、草堂,左清真而右屯田,亦足以自名其家矣。"這些話,一者可謂納蘭性德專力於詞的自我剖白,"性喜作詩餘,禁之難止",其專力可以想見。復次,也點出納蘭詞創作的成績,即使同周邦彦、柳永相較,也不遑多讓,前後輝映,絶代當時。而納蘭性德之所以耽於長短句,一者係與其自身性格特點有關,二與長短句之語句特點有關。納蘭性德之性格特點,摯友韓菼説得最是明白:"君雖履盛處豐,抑然不自多於世,無所芬華,若戚戚於富貴,而以貧賤爲可安者。身在高門廣廈,常有山澤魚鳥之思。"①而長短句之特點,跌宕流連,最便於且適於叙寫胸中所難言。

納蘭性德的詩,歷來注意者不多。沈德潛《清詩别裁集》選録納蘭詩僅六首,鄧之誠《清詩紀事初編》選録三首,錢仲聯《清詩紀事》所收稍多,亦不過十首,餘則不大見有選本行世。清人詩話評介,亦不過一二首。納蘭性德之詩名,當時後世,遠不如乃弟揆叙之盛②。

現據《通志堂集》,其卷二至卷四所收納蘭詩,凡三百二十九首,想非完璧,當有遺珠。其詩古、近體皆備,核其目,五言古詩100首,七言古詩9首,五言律詩18首,七言律詩29首,五言排律3首,五言絶句8首,七言絶句162首。各寫作年月多不可曉,今依其叙寫題材,分述如下:

---

① 韓菼:《進士一等侍衛納蘭君神道碑》,《通志堂集》卷十九,附録上。
② 揆叙字凱功,號惟實居士,謚文敏。康熙間由二等侍衛授侍讀,官至左都御史,著有《隙光亭雜識》、《益戒堂詩集》、《雞肋集》。楊鍾羲《雪橋詩話》(不詳卷次,轉引自錢仲聯主編《清詩紀事》册六康熙朝卷,3783頁):"凱功爲初白弟子。初白詩以透露爲宗,肖物能工,用意必切,得宋人之長而無粗直之病。凱功《歸化城觀打鬼》詩,波瀾不二,其功力實過於乃兄。孫愷似序《益戒堂》,謂其辭必達意,語必肖題,非虛譽也。"鄧之誠《清詩紀事初編》卷六:"揆叙少師吳兆騫、查慎行、唐孫華。詩筆通敏,篇翰甚富。二十年間,謁陵游幸,南巡出塞,無役不從,詩皆編年,於山川道里産物風俗,紀載特詳。域外見聞,多可徵信。屬辭巽雅,多作俗退語。"徐世昌《晚晴簃詩匯》(不詳卷次,轉引自錢仲聯主編《清詩紀事》册六康熙朝卷,3783頁):"〔詩話〕凱功纓組承家,篤尚風雅。延查初白於邸第,請受詩法,集内詩多瓣香初白。才調雖亞於其兄容若,亦一時佳公子也。"沈德潛《清詩别裁集》卷二十録揆叙詩一首,即《鷹坊歌》,末評其詩曰:"議論正大,不及唐東江作,而筆力亦自矯健。"

　　第一類爲擬古詩和詠史詩。見《通志堂集》卷二至卷三。其中《倣江醴陵雜擬古體詩二十首》和《擬古四十首》，最爲人稱道。如《倣江醴陵雜擬古體詩二十首》之第十一《陶淵明田家》："結廬柴桑村，避喧非避人。當春務東作，植杖躬耔耘。秋場登早秫，酒熟漉葛巾。采罷東籬菊，還坐彈鳴琴。磬折辱我志，形役悲我心。歸華托陳荄，倦鳥棲故林。壺觴取自酌，吟嘯披予襟。"第十七《謝玄暉觀雨》："冉冉敬亭雲，泠泠北崎風。仰見城西隅，崇朝隮蝃蝀。霢霖散帷幔，霏微入簾櫳。訟庭滋草碧，鈴閣泫花紅。之子期未至，琴尊誰與同。登樓一以望，山城如畫中。青笠巖際曳，綠蓑溪上翁。白鳥詎有營，飛飛西復東。嗟予徇微禄，潤物愧無功。"語質清麗，皆有魏晋人風致①。

　　《擬古四十首》，其第十三最爲著名，一般看作是納蘭性德的自述詩，後世談論納蘭性德者多有引述。其詩云："予生未三十，憂愁居其半。心事如落花，春風吹已斷。行當適遠道，作記殊汗漫。寒食青草多，薄暮煙冥冥。山桃一夜紅，茵箈隨飄零。願餐玉紅草，一醉不復醒。"語極寥落，"予生未三十，憂愁居其半"兩句，堪爲觸目驚心。再如其第十："天地忽如寄，人生多苦辛。何如但飲酒，邈然懷古人。南上有閒田，不治委荆榛。今年適種豆，枝葉何莘莘。豆實既可采，豆秸亦可薪。"雖自《古詩十九首》之第十三"驅車上東門，遥望郭北墓。白楊何蕭蕭，松柏夾廣路。下有陳死人，杳杳即長暮。潛寐黄泉下，千載永不寤。浩浩陰陽移，年命如朝露。人生忽如寄，壽無金石固。萬歲更相送，賢聖莫能度。服食求神仙，多爲藥所誤。不如飲美酒，被服紈與素"化來，然凄涼之情，溢於言表，遠不如第四十詠趙孟頫句清雋。再如其第四十："吾憐趙松雪，身是帝王裔。神采照殿廷，至尊歎映麗。少年疎遠臣，侃侃持正義。才高興轉逸，敏妙擅一切。旁通佛老言，窮探音律細。鑒古定誰作，真僞不容諦。亦有同心人，閨中金蘭契。書畫掩文章，文章掩經濟。得此良亦足，風流渺誰繼？"

　　《擬古四十首》的第三首，寫漢代楊震拒賄的故事，後世論者，或有認爲是規勸乃翁明珠而作。句云："乘險歎王陽，叱馭來王尊。委身置歧路，忠孝難並論。有客齎黄金，誤投關西門。凜然四知言，請自貽子孫。"明珠爲康熙朝大學士，深得康熙帝信用，勢焰薰灼，奔走其門者，絡繹不絕於途。《清史稿》卷二六九記："明珠既擅政，簠簋不飭，貨賄山積"，又説："康熙中，滿洲大臣以權位相尚者，惟索額圖、明珠，一時氣勢薰灼，然不能終保令名，卒以貪侈敗。"同書卷二七〇《郭琇傳》亦説：

---

①其十六《盧子諒時興》詩，沈德潛評語："砥礪志節，傳出子諒心聲。"足見浸淫之深。參見沈德潛：《清詩別裁集》，上海古籍出版社，1984 年，卷十，407 頁。

"大學士明珠柄政,與余國柱比,頗營賄賂,權傾一時。"清人筆記亦多有類似記述,茲不一一贅引①。性德可能很早即深覺其父事久必敗,但又不能明説,故有此詩。當是借古發端,借他人之酒,澆自家塊壘,別有隱寓隱衷在焉。然明珠終不悟,或尾大不掉,以有後來之敗。

康熙初用兵頗多,性德亦有擬古摹寫征人之作,如《通志堂集》卷五所録《記征人語》十三首。如其第三云:"樓船昨過洞庭湖,蘆荻蕭蕭宿雁呼。一夜寒砧霜外急,書來知有寄衣無?"其第十一:"一曲金笳客淚垂,鐵衣閒卻臥斜輝。衡陽十月南來雁,不待征人盡北歸。"詩中描述了征南清兵久戍不歸的幽怨之情,展露了性德對戰爭的態度。納蘭詞〔滿庭芳〕:"堠雪翻鴉,河冰躍馬,驚風吹度龍堆,陰燐夜泣,此景總堪悲。待向中宵起舞,無人處、那有村雞。祇應是,金笳暗拍,一樣淚沾衣。須知今古事,棋枰勝負,翻覆如斯。歎紛紛蠻觸,回首成非。賺得幾行青史,斜陽下、斷碣殘碑。年華共,混同江水,流去幾時回。"所描述的,是同類情感。

納蘭詩的第二類爲紀游蹤的山水詩。前文談性德生平,曾引徐乾學《墓誌銘》所記,説"上之幸海子、沙河、西山、湯泉,及畿輔、五臺、口外、盛京、烏喇,及登東嶽,幸闕里,省江南,未嘗不從"。此外,《墓誌銘》裏也説性德曾"奉使覘梭龍諸羌"。其沿途見聞皆有詩,或描摹山水,或抒發幽思,董訥《進士納蘭君誄詞》所説"字追米蔡,詞抗蘇黃,詩則拾遺、王、孟之間,罔不各臻其妙"②,即是指這類詩。此類詩爲人稱道者如《虎阜》:"孤峰一片石,卻疑誰家園。煙林晚逾密,草花冬尚繁。人因警蹕静,地從歌吹喧。一泓劍池水,可以清心魂。金虎既銷滅,玉燕亦飛翻。美人與死士,中夜相爲言。"《金陵》:"勝絶江南望,依然圖畫中。六朝幾興廢,滅没但歸鴻。王氣攸雲盡,霸圖誰復雄。尚疑鐘隱在,回首月空明。"《秣陵懷古》:"山色江聲共寂寥,十三陵樹晚蕭蕭。中原事業如江左,芳草何須怨六朝。"康熙二十三年(1684),康熙帝先是駐蹕古北口,九月沿京杭運河南巡,十一月迴鑾。上述諸詩,當作於此時。此外尚有七絶《江南雜詩》四首,皆同一風格。如《江南雜詩》第四:"妙高雲級試孤攀,一片長江去不還。最是銷魂難別處,揚州風月潤州山。"此類詩深得唐人精髓,假使混入唐人集中,頗不易辨出。

性德多次隨康熙出巡北方邊塞,寫下了一篇篇蒼涼清怨的邊塞之作,以其獨特

①(清)昭槤《嘯亭雜録》(中華書局,1980 年):"時納蘭太傅明珠掌朝柄,前撫軍某,歲以萬金饋之,習以爲常。"
②《通志堂集》,804—805 頁。

的筆觸,描繪了北國的遼闊、壯美,時事亦不時納入筆底。如《古北口》詩:"亂山如戟擁孤城,一線人爭鳥道行。地險東西分障塞,雲開南北望神京。新圖已入三關志,往事休論十萬兵。都護近來長不調,年年烽火報昇平。"《山海關》詩:"雄關阻塞戴靈鼇,控制盧龍勝百牢。山界萬重橫翠黛,海當三面湧銀濤。哀笳帶月傳聲切,早雁迎秋度影高。舊是六師開險處,待陪巡幸扈星旄。"皆可詩史互證。

"扈從……恭紀"詩亦屬此類,如《扈從聖駕祀東岳禮成恭紀》、《扈駕馬蘭峪賜觀溫泉恭紀十韻》、《扈蹕霸州》、《興京陪祭福陵》、《駕幸五臺恭紀》等。此類詩屬應制之作,寫好即進呈御覽,容易程式化,但性德寫得亦甚清雋自然,"騰光彩,異凡品"。如《扈駕馬蘭峪賜觀溫泉恭紀十韻》:"御天來鳳輦,浴日啓龍池。野迥紆皇覽,春濃值聖時。落花縈綵仗,初柳拂朱旗。行漏三辰擁,停鑾萬象隨。瑞徵泉是醴,喜溢沼生芝。特許觀靈液,相將涉禁墀。氣凝漿五色,味結露三危。仙蹕程遥度,慈闈駕近移。倍隆長樂養,兼採廣微詩。扈從誠多幸,重華賞薦辭。"再如《净業寺》:"紅樓高聳碧池深,荷芰生涼豁遠襟。湖色静涵孤刹影,花香暗入定僧心。經翻佛藏研朱莢,地賜朝家布紫金。下馬長堤一吟望,梵鐘雜送海潮音。"均可看出作者的才性來。

納蘭詩第三類爲閒情雜詠之作,包括友朋贈答、相和之辭。此類詩在納蘭詩中比重不少,如《通志堂集》所録《幸舉禮闈以病未與廷試》、《有感》、《四時無題詩》、《秋意》、《爲王阮亭題戴務旃畫》、《填詞》、《題趙松學畫鵲華秋色卷》、《題趙松學水村圖》、《新晴》、《歲晚感舊》、《題照》、《渌水亭》、《初夏月偕仲弟作》、《雪中和友》、《西苑雜詠和蓀友韻》、《渌水亭》,及寫丁香、杏花之作,皆屬此類。此類亦各有其美,風格雖異,然多體物細膩,真切自然,用語清麗流暢,迄今讀來,猶令人贊賞不已。如《秋意》其三:"雨聲池館秋,漠漠橫塘水。水鳥故窺人,飛入荷花裏。"《中元前一夕枕上偶成》:"酒醒池亭耿不眠,帳紋漠漠隔輕煙。溪風到竹初疑雨,秋月如弓漸滿弦。殘夢遠經吹角戍,明河長亙擣衣天。哀蛩餞曉渾多事,也似嚴更古驛邊。"

《幸舉禮闈以病未與廷試》寫成於康熙十二年(1673)癸丑,即徐乾學《墓誌銘》所叙"會試中式,將廷對,患寒疾"事,語極抑鬱。詩云:"晚榻茶煙攬鬢絲,萬春園裏誤春期。誰知江上題名日,虛擬蘭成射策時。紫陌無遊非隔面,玉墀有夢鎖愁眉。漳濱强對新紅杏,一夜東風感舊知。"再如《雨後》:"宿雨蘆村暑乍清,歸雲天外一峰晴。蟬四柳陌多相應,燕踏琴絃別作聲。白日旋消高枕過,秋風又向亂砧生。傷心咫尺江干路,擬著漁簑計未成。"題詠之作,則如《題趙松雪水村圖》:"北苑古神品,斯圖得其秀。爲問鷗波亭,煙水無恙否。"《題蘇文忠黃州寒食詩卷》:

"古今誠落落,何意得斯人。紫禁稱才子,黃州憶逐臣。風流如可接,翰墨不無神。展卷逢寒食,標題想後塵。"《爲王阮亭題戴務旃畫》:"心與西山清,坐對西山雪。山空多幽響,芳草久雲歇。白雲如滄州,縹緲不可越。丹青意何長,宛此山徑折。臥游失所見,空林一片月。"

第四類爲師友贈別、懷念遠人及追悼亡人之作。此類詩寫得真摯感人,在納蘭詩中最具特色。《暮春別嚴四蓀友》、《送施尊師歸穹窿》、《寄朱錫鬯》、《送梁汾》、《輓劉富川》、《送馬雲翎歸江南》、《長安行贈葉訒菴庶子》、《送蓀友》、《寄梁汾并葺茅屋以招之》等,即屬此類。如《輓劉富川》詩云:"人生非金石,胡爲年歲憂。有如我早死,誰復爲沉浮。我生二十年,四海息戈矛。逆節忽萌生,斬木起炎州。窮荒苦焚掠,野哭聲啾啾。墟落斷炊煙,津梁絕行舟。片紙入西粵,連營倏相投。長吏或奔竄,城郭等廢丘。背恩寧有忌,降賊竟無羞。余聞空太息,嗟彼巾幗儔。黯澹金臺望,蒼茫桂林愁。卓哉劉先生,浩氣凌鬥牛。投軀赴清川,嘖薄萬古流。誰過汨羅水,作賦從君遊。白雲如君心,蒼梧遠悠悠。"揆其辭,當寫於吳三桂叛亂、西南平叛之時。劉富川其人今不可考,事蹟不詳,想是當時的一位疆場英豪。詩句語質雄渾,頗有少陵遺意,可稱一代詩史。再如《送蓀友》:"人生何如不相識,君老江南我燕北。何如相逢不相合,更無別恨橫胸臆。留君不住我心苦,橫門驪歌淚如雨。君行四月草萋萋,柳花桃花半委泥。江流浩淼江月墜,此時君亦應思我。我今落拓何所止,一事無成已如此。平生縱有英雄血,無由一濺荆江水。荆江日落陣雲低,橫戈躍馬今何時。忽憶去年風雨夜,與君展卷論王霸。君今偃仰九龍間,吾欲從茲事耕稼。芙蓉湖上芙蓉花,秋風未落如朝霞。君如載酒須盡醉,醉來不復思天涯。"《清詩別裁集》所選六首即有此篇,沈德潛評曰:"酣嬉淋漓,一起警覺,深情人轉作無情語也。"[1]即使今天讀來,依然令人迴腸蕩氣,頗有《春江花月夜》的風致,而豪健則過之。此類作品,在納蘭詞中尤多,最爲人稱述,其實無論詩詞,在藝術上的最大特色都是感情真率,在信筆揮灑中流露出天然之美、天然之真。

上述四類,第一類詩可看出納蘭性德的胸襟和抱負。第二類、第三類詩,可以窺見他的才學。這三類詩皆寫得風格清新,抒情狀物不落窠臼,別開生面,在清初人的詩集中,誠屬上品。第四類詩,"淡柔情於俗內,負雅志於高雲",最可見納蘭性德的真情和柔情。納蘭一生篤於交誼,生平交際半大卜,摯友如嚴繩孫、顧貞觀、朱彝尊、姜宸英等,初皆不過布衣,而他禮賢下士,虛己納交,竭至誠,傾肺腑,"凡士之走京師,侘傺而失路者,必親訪慰籍;及邀寓其家,每不忍其辭去;間有經時之別,

---

[1](清)沈德潛:《清詩別裁集》,卷十,407—408頁。

書札、詩詞之寄甚頻"①。韓菼撰神道碑亦曾説："或未一造門,而聞聲相思,必致之乃已。"而從這些詩看來,皆寫得真切自然,感情直率,在其詩集中最具特色。

　　縱觀納蘭性德的詩,清新雋秀,自然超逸,哀婉動人,間有雄渾之作。王國維評價納蘭性德説："納蘭容若以自然之眼觀物,以自然之舌言情。此初入中原未染漢人風氣,故能真切如此。北宋以來,一人而已。"②這固然是針對納蘭詞的狀況而言,但移來評價納蘭詩,亦不爲過。納蘭詩的創作,清亮自然,同樣體現了"以自然之眼觀物,以自然之舌言情"、"真切"、"自然"的品質。

（作者單位：北京大學人文社會科學研究院）

---

①張任政:《清納蘭容若先生性德年譜·自序》,收入林慶彰、蔣秋華主編:《通志堂經解研究論集》,"中研院"
　中國文哲研究所,2005年,2頁。
②王國維:《人間詞話》,上海世紀出版集團,2008年,卷上,第52條,12頁。

回憶王承祒

周清澍

　　王承祒是我在北大史學系的同班同學，他原來考入哲學系，由於有志研究先秦史，1951年二年級時轉入史學系。我們同住三院工字樓，他和吳榮曾等同學同住一室，我住在他的斜對門。在我的印象中，他是一位性格開朗善談的人，所以很快就同我們熟悉了。有些同學還喜歡到他的宿舍串門，記憶中主要有徐連城、俞偉超和我，前二位對先秦史頗有興趣，願意向學有根柢的吳、王二位請教。

　　我則學無專長，腦中並沒有具體發展方向，只不過喜歡同他們瞎聊。我雖然在中學和家裏讀了一點《古文觀止》、《孟子》和《左傳》，高中學的是呂思勉的歷史課本，內容大多是《史記》中《五帝本紀》之類大段引文，對張苑峰先生的課仍感到大開眼界，如所謂仰韶、龍山等皆前所未聞，至於得知王國維協助羅振玉編著的《殷虛書契》，郭沫若的《卜辭通纂》、《殷契粹編》、《兩周金文辭大系》，容庚的《商周彝器通考》等書名，純粹是從王、吳二位處聽來的耳食之學。

　　當時新中國剛成立不久，同學們對新中國的認識並不統一，有思想進步的，也有落後的，我就是黨團組織說明改造的對象。王承祒雖不是黨團員，但思想非常進步。在他宿舍中閒聊時，我好幾次碰到他對現實有抵觸的落後言論直言駁斥，因此在我印象中，將他歸入思想進步的同學一類。1951冬至1952年4月，北大基本上停課搞思想改造運動，通過運動，同學們思想認識提高了，我和老吳等都申請入團，大家都很奇怪，王承祒這位一貫思想進步的同學卻毫無表示。有人還直接問過他，他回答得非常含糊，只感到他別有苦衷。

圖1　後:周清澍、王承祒;前:徐連城、吳榮曾(攝於北海公園)

　　思想改造運動先是批判老師,運動結束前組織同學們座談,向大家坦白和批判自己的錯誤思想,如有歷史問題就要向組織交待。王承祒暴露的思想確實驚人,他認爲自己在歷史學領域,將是"前無古人,後無來者"。理由是老一代學者不懂馬列,後來者不可能有他這種國學功底。至於他交待的歷史問題,原來是曾加入過國民黨,所以他痛苦地不敢提出入團申請。

圖2　從前往後:周清澍、徐連城、吳榮曾、馬模貞、王承祒(攝於北海公園)

　　1952年適逢院系調整,北大將遷往西郊燕園,由於修建新校舍和搬家,這年暑假拖得很長。在假期中王承祒顯得非常忙碌,我一次問起他,他回答說是每天跑北京圖書館讀有關甲骨的書,因爲北大所有的書他已讀過了。如此説來,一個大學二年級學生讀書讀到這種程度,他的前述豪言壯語也不算無端狂妄了。

我們轉入新北大後升三年級,分出部分同學學考古。歷史專業的課程已無中國古代史内容,僅有中國近代史、世界史和學習蘇聯新增的亞洲史、國際關係史等,本無意學考古的吳榮曾、徐連城只得報名考古專業,只有王承祒堅持留在歷史專業。由於他患肺結核,當時尚無特效藥可治,在未名湖北岸的德齋。才齋和第一食堂設立隔離食宿區,名爲"肺病同學促健會",簡稱"肺健會"。他四年級時病癒後才與我們同一宿舍,我和梁從誡調到馬列學院學習,系裏決定免除我們校内的課程,因此同學們上課時間我仍留在宿舍自習,這時常發現王承祒也在,可能有些課他没去聽。我還發現他只有一個筆記本,本上只有前一頁有字,後面全是空白,可見他每門課都只帶這個本,從不記筆記。我還發現,臨考試前他才問同學這門課老師指定了什麽參考書,於是就借來閲讀,他這樣臨時應付也能考個"良好"。

圖3　1953年同班同學游頤和園,前排坐者爲王承祒

在大學的最後兩年,他仍堅持他的先秦史方向,全靠自修,而且開始著書立説。

我們十齋宿舍是容納24人的大屋子,用上空的隔板分爲三間,他住外間臨窗靠外的下鋪,睡對面下鋪的張磊成天跟他開玩笑,給他起外號爲王五堂,意思是在甲骨學領域,繼羅雪堂(振玉)、王觀堂(國維)、郭鼎堂(沫若)、董彦堂(作賓)四堂之後就得數他。他的論文反對前人對《詩經·小雅·大田》中"雨我公田,遂及我私"的解釋,認爲此"公田",並非相對私有的"公田(國家所有)",而是王公相對庶民(私)的"公",恰巧他姓王,因此我們又改稱他爲"王公"。每逢他向人顯示他的得意之作時,張磊就湊趣地驚呼:"王公才華!"

他每天就伏在床前的小桌上忙於著作。桌上放著一大摞稿紙,除了將寫成的文稿收藏外,其餘稿紙仍留在桌上,並在首葉題寫"種牡丹者得花,種蒺藜者得刺"這12字。張磊存心找他開心,上廁所就用他這張紙擦屁股,他又在空白葉上補寫上這幾個字。如此丟失多次,終於發現是張磊所爲並向他問罪,張磊則辯説是利用他寫壞無用的稿紙,他則堅持寫這幾個字是必要的,以後他仍照樣寫,表示他在從事種牡丹的著作。

王承祒在思想改造運動中雖檢討自己的狂妄,但在平時與同學交往中,並不自恃有學問而咄咄逼人,反而顯得有點憨厚,常常成爲愛嬉鬧的同學嘲弄開心的對象,如前説的張磊、他對面下舖的梁從誠和後來專攻甲骨文的女同學蕭良瓊等。他不擅體育活動,但冬天喜歡在未名湖上滑冰。他個子高,穿著古老的長袍大褂,特別引人觸目。一次以跪坐的姿勢踤了一跤,冰刀從身後的大褂捅穿過去,幸虧有大褂阻擋,不然屁股就稀爛了,此事被我們嘲笑了好久。

圖4 桌前面朝外站的是王承祒和周清澍

有一次我特意瞭解他在寫什麼,好像是寫一部周代思想史,當時正在寫諸子中的一家,參考書只有兩三本,攤在床上,既不作卡片,也無筆記,寫到哪裏,就臨時查書動筆。我心想,憑幾本書就從事著述,似乎也沒多高深的學問。可是,1954年的《新建設》雜誌第六期,發表馮友蘭、黃子通、馬采合寫的《孔子思想研究》一文,開頭聲明:"這篇文章是在[北京大學哲學系中國哲學史]教研室集體討論的基礎上寫的,北大歷史系王承祒同學一篇講孔子的稿子也給我們不少的幫助"。一個大學生的文稿得到哲學泰斗的肯定,不能不承認他屬於異數奇才。

　　王承祒對班上的課外活動非常熱心,他和張磊等同學發起組織中國歷史人物研究社。我作爲團支部宣傳委員,對他們的課外研究活動積極支援。1954 年是五四運動 35 周年,我建議由研究社辦一期紀念五四的專刊,重點介紹參加運動的中共青年,還專門採訪曾闖入趙家樓曹汝霖宅的中文系主任楊晦教授。五四專刊以壁報的形式張貼在大食堂外,在校内産生了較好的反響。

　　1954 年大學畢業後,他留在中國古代史教研室,擔任講授基礎課中國古代史一(先秦史)的張政烺教授的助教。我以亞洲史研究生留校,教研室主任是周一良先生,室内僅有李克珍和夏應元兩位助教,他們只在有事時才來教研室,因此,周先生將門鑰匙交給我,以便我利用教研室自習,因此我還能常和對門古代史研究室的王承祒見面。

圖5　五四專刊墙報

　　1955 年初,他的《關於西周的社會性質問題——兼評郭沫若先生的"奴隸制時代"》一文,發表在年前創刊的權威雜誌《歷史研究》第 1 期。當時我聽説,翦伯贊先生贊揚在同期發表文章的幾位青年學者,首先就是王承祒,敢於對郭沫若提出不同意見。

　　1955 年 3 月 5 日,中科院召開"胡適歷史觀點批判第一次討論會",顧頡剛先生在會上作了題爲《考據學的反封建性》的講話。我們北京大學歷史系的青年助教和研究生也出席了會議,推出助教王承祒和研究生梁從誠繼顧先生發言,他們的言辭激烈,除了批判對象胡適外,也捎帶到與會的顧頡剛先生。近年出版的《顧頡剛日記》,提到他作了題爲《考據學的反封建性》的發言後,結果導致"與會者聞之大嘩","群起而攻之"。這些"大嘩"者就是我們這批北大研究生和助教,當場鬧得顧先生非常難堪和緊張,當時黨對老知識份了還較尊重,劉人年同志連忙去進行安慰。

　　這年暑假期中,學校展開肅反運動。一天,系黨支部通知我到文史樓一個教室參加會議,與會者僅幾個人,只記得是由田餘慶主持,内容是由 1953 級的學生任嘉禾揭發王承祒。任嘉禾家住北京,王承祒家是租住任家的房客,那時北京剛解放,王上高三,任上初三。高中生王承祒居然醞釀一個挑戰古今中外學術權威的計畫,提出讓任嘉禾也參加。初中生遠没這種能力，王就要求任加强學習，由他指導，每週開出必讀書單，並結合讀馬列著作。當時還没有《馬恩全集》中譯本，只有所謂"幹部必讀"十本和《資本論》，他都讀過，也責令任結合必讀學術著作讀相應馬列原著。任嘉禾回憶説：我被逼無奈，一個初中生怎能看懂和消化這些書呢？

王承袑還向他宣佈挑戰權威的計畫，並令他記録在小本上，這次他向我們報告的就是宣讀小本上所記的内容。挑戰分五個步驟：一、征番，批判外國人；二、捉鬼，批判古人；三、幫兇，政府要批誰就跟著批；四、打虎，分五個學術領域：1. 史學—郭沫若；2. 文學—周揚；3. 哲學—艾思奇；4. 美學—蔡儀；5. 已記不起來。五、擒王—延安文藝座談會。王承袑還分派任嘉禾重點專注文學，而將史學批判的任務留給自己。任還透露，王承袑考入北大哲學系後，結識同班同學李澤厚，又將美學批判的任務推薦給他。

我聽了任嘉禾的揭發，感到無比驚愕，揭發者是手持筆記照本宣科，令人不得不信。接著系裏在俄文樓小禮堂舉行批判會，老教授張政烺先生也被推出發言批判。張先生不擅於從政治方面上綱上線，發言只能從王承袑的學術上挑毛病，似乎還説了不該推薦出版他的著作的話（在我的記憶中，苑峰師提到他所推薦又建議收回的似乎是有關甲骨的書，不是《中國古代社會史試論》）。

批判會後，田餘慶曾找過我，詢問我對王承袑的問題有何看法，因爲參加王專案的人只有我同他較熟悉。我憑對他轉系到我班後的瞭解，認爲他的思想表現完全和任嘉禾揭發的事實不符，因此應容許他有一個思想轉變過程，當年他是思想尚未成熟的高中生，雖一度曾年輕狂妄，等上大學後逐漸成熟，自然否定了當年的幼稚想法，所以在我們的交往中，他的政治表現正常，與同學們也能和諧共處。

當時我還没經歷反右和"文革"，尤其是"文革"後，我回想此事，如果王承袑"文革"時被人揭發，他的遭遇會難以想像，我也不敢爲他辯護。田餘慶當時也没反駁我的看法，不久黨組織就向王承袑宣佈結案。

在肅反運動中，肅反對象還是自由的，但無論在室和出外都有專人陪同，防止有人自殺。由於王承袑已宣佈結案解脱，陪同人也鬆懈了。第二天中午，陪同人出外午餐，王承袑從宿舍走出，爬上鄰近新建尚未完工的 28 樓樓頂跳樓身亡。

（作者單位：内蒙古大學蒙古史研究所）

學術史上的失蹤者

——王承祒先生對古史研究的貢獻

韓 巍

王承祒先生,生年不詳①,出身於河北定縣(1986年改名定州市)的大族王氏,據說其祖父是晚清光緒年間編輯刊印《畿輔叢書》的王灝。王承祒1950年考入北京大學歷史系②,同級系友包括周清澍、吳榮曾、俞偉超、徐蘋芳、鄭振香等知名學者。1954年王承祒畢業後,留在歷史系中國古代史教研室擔任張政烺先生的助教。在1955年夏天開展的"肅反"運動中,王承祒因解放前曾參加三青團等"歷史問題"受到審查,不幸尋了短見,英年早逝。

由於王承祒去世太早且有政治原因,他的生平和學術貢獻早已被學界遺忘。直到近年,在一些前輩學者的口述回憶中才重新出現王承祒的名字。北京大學考古文博學院爲慶祝建院六十周年編輯的《記憶——北大考古口述史(一)》中,收入了北大歷史系考古專業(含博物館專修科)1949—1952級十七位同學的訪談記錄,其中吳榮曾、楊建芳、鄭振香、徐元邦、王世民五位先生談到了王承祒③。另外,曾任暨南大學教授的歷史系1954級系友陳斯駿先生,在其回憶錄《劫灰絮語》第二十章中專門寫有一節"王承祒之死及其餘波",詳細敘述了王承祒接受審查和自殺,

---

① 關於王承祒的生年至今沒有找到明確記錄,吳榮曾先生説他當時二十幾歲,王世民先生説他去世時"肯定不到三十歲",根據他上大學的時間推測,他可能生於1930年前後。

② 據楊建芳先生回憶,王承祒此前曾在北師大歷史系讀過一年,降了一級到北大來。

③ 北京大學考古文博學院編:《記憶——北大考古口述史(一)》,北京大學出版社,2012年。以上五位先生對王承祒的回憶分別見該書第78—79頁、第113頁、第142頁、第470—471頁。

以及當時歷史系處理此事的經過①。可見王承祒在北大歷史系學習、任教雖然只有短短五年時間,但他的才華、學識、成就以及最後的遭遇給當時的同學留下了難以磨滅的印象。

根據這些前輩學者的回憶,王承祒在歷史系讀書期間就開始追隨張政烺先生,鑽研甲骨、金文和先秦史,可以説是張先生最早的學生之一。他不僅學問功底扎實,而且十分用功,勤於寫作,對同學和後進更是熱心幫助。如鄭振香先生提到:

> 我跟王承祒是同班同學,他最早教了我甲骨文的基礎知識。那是因爲在"三反五反"的時候,博專讓我們倆人整理圖書②。他問我,你懂甲骨文不? 我説我不懂,我就在我哥哥寫字的時候認識了幾個小篆。他就説:"我教你!"他這個人也挺熱情的,後來很可惜,在肅反的時候自殺了。王承祒當時説"你不要從一個字一個字地認",他教我是從甲子表開始的。那時候結合古代史分期的討論,我就把有關農業、奴隸賞賜這一類的片子看了一些,我學他用很小的紙條做了卡片。到後來聽張先生講課,我有了看過甲骨和小部分片子的基礎,就比其他同學容易一些,比如哪些字和哪些有聯繫什麽的,就都比較容易了。

"三反"、"五反"運動開展的時間是 1951 年底至 1952 年 10 月,當時王承祒只是大二、大三的學生,但他對甲骨文已有相當深入的了解,並能幫助同學學習甲骨文基礎知識。

1952 級考古專業的王世民先生也與王承祒有過交往,在學習古文字方面得到他的幫助:

> 王承祒爲鑽研甲骨、金文花費很大的精力,經常看到他在大圖書館(現校檔案館那兒)閲讀《殷墟文字甲編》和《乙編》,因爲被列爲善本書,只允許在出納臺裏邊看。偶爾聽他説:"這兩天眼睛受不了,得休息休息。"那時單身教職工在第二食堂用餐,他從文史樓過來吃飯,曾不時到我的宿舍(才齋)小坐③。由於他的影響,使我對古文字進一步感興趣。在他的指導下借閲郭沫若的《卜辭通纂》,又借來胡厚宣的《寧滬新獲甲骨集》。胡先生的書是字跡清楚的摹

① 此書未見公開出版,僅連載於陳斯駿先生的新浪博客,網址鏈接: http://blog. sina. com. cn/s/blog_6af8cecc0100n6rl. html。

② "博專"指"博物館專修科",鄭先生 1950 年入學時就讀於博物館專修科,1952 年院系調整後轉入歷史系考古專業。

③ 1950 年代初期由於患肺結核的學生很多,在未名湖北岸的德齋、才齋和第一食堂設立隔離宿舍,名爲"肺病同學促健會",簡稱"肺健會",最多時有兩百多人。王世民先生因患肺病也在那裏住過兩年。

本,便於對照釋文識字,我就用半透明的片頁紙將這部書從頭到底描摹一遍。我對青銅器發生興趣,他將中國史教研室的容庚《商周彝器通考》借給我很長時間,而到圖書館去借,限期很嚴。我是在 1954 年王承祒畢業前不久與他相識的,到 1955 年暑假"肅反",交往也就是一年多的時間,得到他很大的幫助。

王世民先生還提到:"記得 1956 年暑假,我在旁聽故宮銅器鑒定會上,第一次見到于省吾先生,于老曾向我打聽王承祒,說自己想培養他。"可見王承祒生前發表的論著已得到古文字學泰斗于省吾的注意和肯定,而于老在王承祒去世一年後還未曾得知消息。

與王承祒同班,畢業後又一同留系擔任助教的吳榮曾先生,對王承祒的才華、成就也有很高的評價:

> 我是 1954 年畢業分配在考古專業裏,到了 1955 年搞肅反,我們班上有一個同學叫王承祒,他被懷疑是胡風分子,他應該說是歷史系最傑出的學生之一。歷史系有兩個學生很特殊,一個就是王承祒,還有一個是沈元,沈元後來是在北京市給槍斃的,王承祒後來就在三角地那個地方的五樓跳下來自殺的。我覺得這兩個學生應該說是非常聰明、非常棒的學生,在歷史系很少出這樣的學生。他們死的時候才二十幾歲,但他們已經寫了很多的文章了。

吳先生認爲王承祒和 1955 級的沈元是歷史系培養的最傑出的兩個學生,這並非溢美之詞。他們兩人確有很多共同點,都是家庭出身不好但才華橫溢,都是年紀輕輕就在史學界嶄露頭角,都在《歷史研究》這樣的權威刊物上發表過相當有分量的文章,最後都是在政治運動中遭受衝擊而英年早逝。相比之下,沈元因生前發表《〈急就篇〉研究》、《洪秀全和太平天國革命》等名篇在學界引起轟動,再加上"文革"期間化妝闖入外國大使館而獲罪的悲劇結局,直到今日仍不時被人提起①。而王承祒由於去世過早,且論著在身後遭到查禁,其生平和成就六十餘年來幾乎無人知曉,成爲名副其實的"學術史上的失蹤者"。

經過一番檢索,我找到了王承祒生前發表的四篇論文:

1.《周代社會史試論》,《文史哲》1953 年第 1 期。

2.《試論殷代的直接生産者　釋羌釋衆》,《文史哲》1954 年第 6 期。

3.《試論殷代的"奚"、"妾"、"服"的社會身分》,《北京大學學報》(人文科學)1955 年第 1 期。

① 參看劉志琴:《沈元:一代知識分子的傷痛》,《炎黄春秋》2006 年第 5 期。

4.《關於西周的社會性質問題——兼評郭沫若先生的"奴隸制時代"》，《歷史研究》1955 年第 1 期。

另外，王承祒生前還將幾篇已刊論文和未刊文稿合編爲一册論文集《中國古代社會史試論》，由上海的學習生活出版社在 1955 年 8 月出版。據王世民先生介紹：

> 他非常用功，也很能寫。畢業以前就在《文史哲》發表很有分量的文章《中國社會史試論》①，好像是持西周封建論。後來又陸續發表文章。再加上幾篇未刊稿，合起來編成一本書。

> 1955 年暑期，他的一本論文集，已由上海人民出版社出版，因北大發去通知停售銷毁。

> 這本書，上海的書店已經發行，聽説胡厚宣先生手頭有一本，最近我還請胡先生的兒子找一下，很想複印一本留作紀念。

吴榮曾先生對於王承祒著作遭"停售銷毁"的原因介紹更爲詳細：

> 王承祒臨死的時候，他的一本小册子已經在上海印出來了。你們都不太了解，過去的"左派"太厲害了，當時的歷史系竟然下令對出版社説，這個人政治上有問題，他的東西不能出，後來全部銷毁了。前兩天我們有一個校友陳紹棣，也是搞秦漢考古的，他問我這個事情，我就跟他説，這個書没有了，找不着了，都毁掉了，只有北京圖書館有一本。他前兩天去了，他説果然是有，這個書别的地方一本都没有，北大都没有，北大全給銷毁了。

經檢索北大圖書館館藏目録，發現確實没有王承祒的《中國古代社會史試論》。後又檢索中國國家圖書館網站，顯示該館（即吴先生所説"北京圖書館"）和紹興市圖書館各藏有一册。另有友人告知，上海師範大學圖書館也有此書。可能是因爲此書首先在上海發行，北大下令收繳時已經售出一部分，所以上海和江浙地區的圖書館保存較多。王世民先生提到胡厚宣藏有一册，應該也是胡先生在復旦大學任教時所得②。由於當時北大歷史系當權者對此書屬行"禁毁"，導致此書成爲存世無幾的"珍本"，學者很難見到，自然也就無從産生學術影響。同時由於政治上的長期禁忌，王承祒生前發表的文章也無人提及，更不用説徵引，隨着時間的

---

① 應爲《周代社會史試論》，此處是王先生誤記。
② 胡先生 1956 年才由復旦大學歷史系調入中國科學院歷史研究所。

推移也逐漸被人淡忘①。

　　幸運的是,2014 年春,我在孔夫子舊書網上無意中發現一册《中國古代社會史試論》,當即以 400 元高價買下這一"珍本"。這册《中國古代社會史試論》(圖 1)扉頁蓋有"北京文化學院圖書館藏書"印,版權頁顯示是學習生活出版社(上海)1955 年 8 月一版一印,印數 6000 册。書的篇幅很小,包括"前言"2 頁,"目録"1頁,"徵引甲骨卜辭時所用符號説明"1 頁,"徵引甲骨卜辭著録書籍簡名表"1 頁,正文 71 頁。内容包括四篇文章:

　　　1.《試論殷代的奴隸》
　　　2.《試論西周的社會性質問題——兼評郭沫若先生的"奴隸制時代"》
　　　3.《試論戰國時代的土地制度》
　　　4.《試論戰國時代的奴隸與奴隸主》

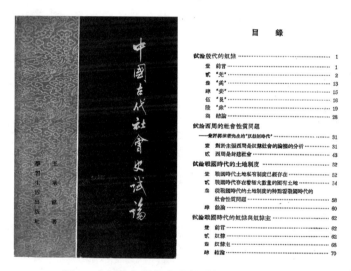

圖 1　《中國古代社會史試論》一書封面和目録

①《歷史研究》編輯部於 1955 年 10 月編輯的《中國的奴隸制與封建制分期問題論文選集》(三聯書店 1956年)收入建國後至 1955 年 8 月發表於報刊上的 25 篇有關"古史分期"的論文,其中並無王承祒的文章。此後《歷史研究》編輯部又將 1955 年 8 月至 1956 年 8 月間發表的代表性論文選編爲《中國古代史分期問題討論集》(三聯書店 1957 年),其"附録"《中國古代史分期問題論文目録(1949 年 10 月至 1956 年 8 月)》收入王承祒生前發表的四篇論文,但未收《中國古代社會史試論》一書。"文革"後由林甘泉、田人隆、李祖德編寫的《中國古代史分期討論五十年(1929— 1979 年)》(上海人民出版社 1982 年),有四處提及王承祒的學術觀點(分見該書第 233、266、285、293—294 頁),出自他生前發表的《試論殷代的直接生產者——釋羌釋衆》和《關於西周的社會性質問題》二文;該書"附録"《中國古代史分期問題討論五十年論著目録索引(1929—1979 年)》,收入王承祒生前發表的三篇論文(見該書第 461—462 頁),以及《中國古代社會史試論》一書(見 485 頁),漏收了發於《北京大學學報》1955 年第 1 期的論文。這些就是目前能夠找到的王承祒在史學界留下的痕跡。

　　其中第一篇《試論殷代的奴隸》，是由 1954 年發表的《試論殷代的直接生產者——釋羌釋衆》和 1955 年發表的《試論殷代的"奚"、"妾"、"服"的社會身分》兩篇文章合併而成，王承祒在"前言"中稱"現在作了很多的修改和補充"。經對照可知，本書與先前發表的版本相比的確補充了一些甲骨材料，有些論述也做了修改，但總體上改動並不大。第二篇《試論西周的社會性質問題——兼評郭沫若先生的"奴隸制時代"》，與《歷史研究》1955 年第 1 期上發表的文章相比，除標題改動兩個字外，內容基本沒有變化。第三、四篇討論戰國社會性質的文章就是本書新增的"未刊稿"，篇幅並不長，自 52 頁至 71 頁，不過 20 頁。

　　《張政烺文集》第五卷《苑峰雜著》收有張先生 1950 年代寫給胡厚宣先生的四封書信，其中寫於 1954 年 4 月 25 日的一封開頭就說：

　　　　因爲忙亂，關於王承祒的稿子的介紹書遲遲未寫，也老沒給你寫信。今天把介紹書草草寫就，寄上請教正，如果老兄有不同意見，可隨時塗改或增添。既然出面介紹，便希望能達到目的，全仗老兄鼎立扶持矣①。

　　信中提到的"王承祒的稿子"，很可能就是《中國古代社會史試論》的書稿。當時張先生爲此稿專門寫了"介紹書"，隨信寄給胡厚宣先生，讓胡先生根據己意加以修改，並請他鼎力相助出面介紹。從張先生的鄭重態度看來，所介紹的"稿子"應該不會是一般論文；而且王承祒的幾篇論文都發表在北方的刊物上，亦無必要委托遠在上海的胡先生幫忙介紹。正因爲胡先生當時在上海任教，跟上海的出版機構比較熟悉，張先生才請他幫忙向出版社推薦王承祒的書稿。一年多以後這部書稿正是由上海的學習生活出版社出版，其中應該有胡厚宣先生的牽綫搭橋之功。由此信亦可看出，至遲在 1954 年 4 月，《中國古代社會史試論》的初稿已經完成，其中包括即將在 1954 年底和 1955 年初發表的三篇論文，以及有關戰國社會性質的兩篇"未刊稿"。

　　這本小册子的內容可以說是王承祒生前短暫的史學研究工作的總結，正如書名所示，其主題是中國先秦時期的"社會性質"。作者的觀點非常鮮明：殷（商）代是奴隸社會，西周是"前期封建社會"（亦稱"領主封建社會"），戰國是"後期封建社會"（亦稱"地主封建社會"）；戰國時期國有土地與私有土地並存，奴隸在社會生產中無足輕重，主要剝削形態是小自耕農向"國家地主"繳納地租（賦稅）。王承祒急於將尚未刊出的三篇論文和兩篇"未刊稿"結集出版，顯然是爲了早日向學界展示

①《張政烺文集·苑峰雜著》，中華書局，2012 年，第 111 頁。信中"鼎立"之"立"當是張先生筆誤。

自己對"古史分期"問題的整體見解。儘管由於作者涉足先秦史時日尚淺,很多問題未及深入研究,他在這本小册子中搭建起來的"框架"非常簡陋,很多具體認識也顯得相當粗疏、稚嫩。但作爲初出茅廬的青年學者,能夠獨立出版專著提出自己的史學體系,在當時恐怕也是極爲罕見的。

衆所周知,"古史分期"問題是 1950 年代史學界熱烈討論的"五朵金花"之首①。郭沫若 1930 年出版《中國古代社會研究》一書②,將馬克思主義的唯物史觀和階級分析方法與"羅王之學"開掘的地下出土古文字資料相結合,開創了古史研究的嶄新體系。在《中國古代社會研究》中,郭氏認爲商代尚處於原始公社末期,西周爲典型奴隸社會,東周以下逐漸進入封建社會③。其後,范文瀾、吕振羽、翦伯贊等馬克思主義史學元老先後在其論著中提出"西周封建論",即商代是奴隸社會,西周是領主制封建社會,這派觀點在馬克思主義史學内部曾一度佔據主流。1952 年郭沫若出版《奴隸制時代》④,將中國古代奴隸社會與封建社會的分界綫劃在春秋戰國之際,系統論證了他的"戰國封建論"。因此,在 1950 年代前期的"古史分期"大討論中,西周時期的社會性質究竟是奴隸社會還是封建社會成爲學者爭論的焦點之一。而在 1952 年院系調整之後的北大歷史系,"中國通史"課程第一部分(先秦)由張政烺先生講授,教學大綱基本遵循范文瀾《中國通史簡編》的框架,採用的是"西周封建論"⑤,這與系主任翦伯贊先生持"西周封建論"顯然有直接關係。

王承祒是一位堅定的"西周封建論"支持者,而且他在"古史分期"方面的整體見解與當時北大歷史系教學大綱的體系基本一致,這可能是系主任翦伯贊欣賞他的一個重要原因⑥。然而,王承祒的老師張政烺先生在"古史分期"問題上卻主張"魏晉封建論",認爲戰國秦漢是典型奴隸社會,商和西周還處於父家長制氏族和農村公社尚未完全解體的階段。張先生在 1951 年發表《漢代的鐵官徒》和《古代

①參看林甘泉、田人隆、李祖德:《中國古代史分期討論五十年(1929—1979 年)》,上海人民出版社,1982 年。

②郭沫若:《中國古代社會研究》,上海聯合書店,1930 年。

③1940 年代,郭沫若在《十批判書》、《青銅時代》等論著中承認商代已進入奴隸社會,但對"西周奴隸社會説"始終沒有改變。

④郭沫若:《奴隸制時代》,上海新文藝出版社,1952 年。

⑤可參看張政烺先生 1952 年的授課講義,此講義由王世民先生提供,收入《張政烺文集·古史講義》,中華書局,2012 年。值得一提的是,張先生在 1956 年以後講授此課時改用"戰國封建論",但在殷商西周時期加入了自己有關"氏族公社"的很多看法,參看陳紹棣先生提供的 1959 年授課講義,亦收入上書。

⑥據陳斯駿《劫灰絮語》所述,翦老在王承祒死後召開的全系會議上曾表示"王承祒是我的學生中最出色的一個"。

中國的十進制氏族組織》二文①，系統論述了他關於"古史分期"的認識，是史學界最早提出"魏晉封建論"的學者之一。但由於政治上的原因，張先生在北大上課並不能講授自己的學術觀點，此後也没有再發表過有關中國古代社會性質的文章，甚至他後來被迫調離北大也和持"魏晉封建論"有關②。雖然王承祒在《中國古代社會史試論》一書的"前言"中對老師"致以最高的謝忱"③，但可以想見，張先生對書中的很多看法其實並不贊同。例如王承祒認爲殷墟卜辭中的"衆"是奴隸，這也是他判斷商代爲奴隸社會的重要根據。而張先生始終認爲"衆"是以"族"爲組織的農村公社成員④。在 1973 年 9 月致裘錫圭先生的一封信中，張先生還講到："過去有個學生叫王承祒，作了一篇釋羌釋衆，説衆人是奴隸，我不同意這個説法。"⑤但這種學術觀點上的差異並没有影響張先生對後輩的提攜，他仍然熱心幫助聯繫和推薦王承祒出版著作，體現了老一輩學者寬厚包容的風範。

　　時隔六十餘年再來看王承祒的論著，大多數觀點和論述當然顯得有些"過時"。而且平心而論，他的文章寫得並不"好看"，文風拘謹、干澀，大部分篇幅用於羅列甲骨、金文材料，然後加上簡短的"定性"式的判斷，缺乏環環相扣、邏輯嚴密的論證，使他的很多結論顯得過於突兀、武斷。他的文章中隨處可見斬釘截鐵、不容置疑的語氣，例如"這一論點大概是不易推翻的"、"我們的答覆是肯定的"、"以下一鐵的事實都絶對不能否認"、"這是毫無疑問的"等等。這種文風當然與時代風氣有一定關係，但也不能不説是王承祒狂傲自負個性的一種體現⑥。他在《歷史研究》發表的《關於西周的社會性質問題——兼評郭沫若先生的"奴隸制時代"》一文，對郭氏的學説展開直接、尖鋭的批評，文章開門見山地説："在《奴隸制時代》中，郭沫若先生主張西周是奴隸社會。我們不同意這種看法，我們認爲西周應當是封建社會。所以，我們願意在這裏提出我們自己的意見來，以供大家參考。並且，

---

① 張政烺：《漢代的鐵官徒》，原載《歷史教學》第一卷第一期（1951 年 1 月），收入《張政烺文集·文史叢考》；《中國古代的十進制氏族組織》，原載《歷史教學》第二卷第三、四、六期（1951 年 9—12 月），收入《張政烺文集·甲骨金文與商周史研究》，中華書局，2012 年。

② 關於此問題，可參看王恩田：《張政烺先生調離北大的前前後後》，收入張永山編《張政烺先生學行録》，中華書局，2010 年。

③ 王承祒在"前言"最後一段説："在這幾篇文章的寫作過程中，著者曾經得到北京大學張政烺教授極大的幫助和鼓勵，於此特致以最高的謝忱。"

④ 張政烺：《中國古代的十進制氏族組織》、《卜辭"裒田"及其相關諸問題》，均收入《張政烺文集·甲骨金文與商周史研究》。

⑤ 張政烺：《致裘錫圭討論殷墟卜辭"族"與"衆人"性質的信》，見《張政烺文集·甲骨金文與商周史研究》，第 173—174 頁。

⑥ 很多對王承祒的回憶都談及了他的這種個性。

希望郭沫若先生能夠給予作者以批評和教誨,鼓勵和幫助。"①即使在今天,一個二十多歲初出茅廬的青年學者以這樣的口氣對頭號學術權威提出批評和商榷,其後果都難以想象,更何況是在那個一切都高度"政治化"的年代。王承祒後來的悲劇結局,其實早已注定。

如果換用學術史的視角,王承祒的論著仍然能幫助我們追尋那個時代的學術發展脈絡。王著的一個突出特點,就是運用馬克思主義的理論方法來分析地下出土的古文字資料,而這一研究範式正是郭沫若在 1930 年代奠定的。郭氏在 1949 年以後的學術權威地位,不僅來源於《中國古代社會研究》、《十批判書》、《青銅時代》等史學論著,更有賴於《甲骨文字研究》、《卜辭通纂》、《殷契粹編》、《殷周青銅器銘文研究》、《兩周金文辭大系圖錄考釋》等古文字學方面的鴻篇巨製。即使是政治上身處敵對陣營的傅斯年、董作賓等學者,也不得不承認郭氏是繼羅、王之後將地下出土古文字資料與古史研究融會貫通,初步形成體系的一位大師。在馬克思主義史學陣營內部,與主要依靠傳世文獻開展研究的范文瀾、翦伯贊等學者相比,郭沫若在古文字學、考古學方面的精深造詣使他具有難以替代的優勢。在 1950 年代積極參與"古史分期"討論的學者中,無論是童書業、楊向奎等解放前已經成名者,還是解放後嶄露頭角的年輕一輩,他們的論著仍然是以引用馬列原典和傳世文獻爲主,很少涉及古文字資料。這種狀況應該與當時歷史學者普遍欠缺古文字學、考古學方面的知識和訓練有關。而當時古文字學界的代表人物,無論是與郭沫若同輩的唐蘭、于省吾,還是比他們年輕一輩的陳夢家、胡厚宣,他們或是由於學術興趣不同,或是出於政治上的顧慮,對這場討論都採取了比較消極的態度。唯一對"古史分期"問題抱有濃厚興趣的張政烺先生,卻因爲來自政治方面的壓制,而不得不中斷發表論著②,長期保持沉默。因此五十年代的論爭雖然熱鬧一時,卻極少聽到從資料層面對郭氏學説提出有力挑戰的聲音。王承祒恰恰是這爲數不多的挑戰者之一。

與王承祒同輩,在 1950 年代開始投身古文字研究的學者,如李學勤、裘錫圭等先生,大都受時代風氣影響,關注過"古史分期"問題,而郭沫若在古文字和古史方面的論著都是他們的入門必讀之書。例如裘錫圭先生在自述中談到,他在復旦大學歷史系讀本科時,因爲對"古史分期"問題感興趣,覺得必須到出土古文字資料

①見《歷史研究》1955 年第 1 期,第 47 頁;《中國古代社會史試論》,第 31 頁。
②張先生 1951 年連載於《歷史教學》的《中國古代的十進制氏族組織》一文,是綜合傳世文獻、古文字資料與馬克思主義理論來探討中國古代社會性質的經典範例,至今仍有很高的參考價值,但該文尚有"六、庶人和奴隸"和"七、結論"兩節,始終未能發表。

裏去找史料,所以產生了學好古文字的强烈願望。當時郭沫若的《卜辭通纂》、《殷契粹編》、《兩周金文辭大系》等大部頭著作,他都曾完整抄録過。到歷史研究所攻讀研究生以後,他還曾花大量時間,主要按照研究古代社會性質的需要,做了《左傳》、《周禮》等書以及殷墟甲骨文資料的卡片①。與王承祒不同,李、裘兩位先生早年都没有在"古史分期"方面發表過論著。王承祒身處那個熱火朝天的時代,求學於學術論争和政治運動漩渦的中心——北大歷史系,又有幸師從張政烺先生這位兼通古史、古文字和古器物的大家。這幾方面因素疊加在一起,他選擇從甲骨、金文入手研究"古史分期"問題,將其作爲學術生涯的奠基石,幾乎是一種必然。從王世民先生的回憶中可以看出,王承祒學習甲骨、金文也是從《卜辭通纂》等兼有拓片、釋文和考釋的著作開始,然後將重點放在通讀《殷墟文字甲乙編》等大型資料集上,在研讀原始資料過程中摘抄大量卡片②。他後來發表的論著中那些豐富的甲骨、金文資料,顯然就是來自日積月累的卡片。鄭振香先生回憶王承祒教她學甲骨文時"不要一個字一個字地認",而是從干支表開始,其後結合"古史分期"討論選讀一些跟農業、奴隸賞賜有關的甲骨片。這充分説明王承祒學習古文字的出發點是古史研究而不是文字考釋,因此他選擇從認識常見字入手,進而達到通讀和利用原始資料的目的,而他關注的重點始終是"古史分期"。

　　六十多年過去,當年熱火朝天的學術争論早已成爲"明日黄花",今日重提"古史分期"恐怕很難引起人們的興趣。然而王承祒生前發表的第一篇論文《周代社會史試論》(載《文史哲》1953 年第 1 期)卻讓我有意外的發現。饒有意味的是,這篇文章並未收入《中國古代社會史試論》。其中的部分原因,可能是此文的大部分内容經修改、增補後,已經融入發表於《歷史研究》1954 年第 1 期的《關於西周的社會性質問題》一文中,而後者已收入《中國古代社會史試論》,再收入此文恐有重複之嫌。另一部分原因,則可能與王承祒學術思想的前後變化有關。

　　《周代社會史試論》和《關於西周的社會性質問題》二文都旨在論證西周爲領主制封建社會而非奴隸社會,具體從西周時期直接生產者的身份、土地所有權形態、統治階級的内部結構等方面展開論述。由於《關於西周的社會性質問題》是直接針對郭沫若《奴隸制時代》而發,故問題顯得更爲集中,論證的層次也更爲清晰。王承祒對郭氏的反駁没有流於泛泛之論,而是將問題集中在"西周是否存在奴隸和

---

①裘錫圭:《我和古文字研究》,收入《裘錫圭學術文集》第六卷《雜著卷》,復旦大學出版社,2012 年。
②承王世民先生告知,王承祒積累資料的特點就是描甲骨片,將不同類别分别裝訂成册,而不是一般地抄卡片。

奴隸制"上，從郭氏的具體論據入手，抓住四個關鍵問題一一加以辨析。首先，針對郭氏將《左傳》定公四年的"殷民六族"、"殷民七族"、"懷姓九宗"視爲奴隸這一點，王承祒列舉西周金文中的"大黽"氏族①、"□子異"氏族②、"□"氏族、"□"氏族、"□"氏族、"□"氏族等，指出帶有這些族氏銘文的青銅器所屬的家族均爲殷遺民貴族。然後，對於西周金文中經常作爲賞賜對象或貴族隸屬者出現的"臣"、"鬲"（或"人鬲"）、"衆"等人群的身份，王承祒也做了詳盡分析。他認爲作爲從事生産的奴隸的"衆"，在西周時期已不再作爲一個階級存在；西周金文中的"臣"雖然有一些確爲奴隸，但皆以"家"爲單位，其身份不是從事生産的奴隸而是貴族的"管家"或"聽差"。但是對於金文中以"人"爲單位被大量賞賜的"鬲（人鬲）"，王承祒也不得不承認他們是奴隸；如令簋的"鬲百人"、大盂鼎的"人鬲自馭至於庶人六百又五十又九夫"，正是"西周奴隸社會説"强有力的證據。面對這些反證，王承祒提出一個巧妙的解釋：令簋的主人"作册令"和大盂鼎的主人"盂"皆爲殷遺民③。"某些西周的殷遺民貴族，在殷代已經佔有奴隸。而在周人滅殷以後，西周的統治者對於他們所已經佔有的奴隸並未加以侵犯或限制，所以他們在入周以後仍然佔有奴隸。"④這個解釋著眼於殷周兩個族群之間的文化傳統差異，迥異於馬克思主義史學單純强調生産關係和階級屬性的做法，在1950年代的古史學界實屬"異類"。

顯然，西周金文中的"殷遺民"能否被準確識别，以什麽樣的標準來識别，乃是王承祒的論點能否成立的關鍵。在《關於西周的社會性質問題》一文中，王承祒並未專門論證這一前提，只是通過一些從商代延續至西周的族氏銘文來判定"殷遺民"家族。而在《周代社會史試論》一文的開篇，王承祒卻用整整一節的篇幅詳盡論述了識别"殷遺民"銅器的標準問題⑤：

①即商周金文中常見的族氏銘文"□"，舊或釋爲"天黿"。

②即商周金文中常見的族氏銘文"□"，宋人釋爲"析子孫"，現多釋爲"舉"。

③作册令所作銅器還有著名的夨令方尊、方彝，都帶有"□"族氏銘文，且使用日名，故作册令當爲殷遺民無疑。至於大、小盂鼎的器主"盂"，王承祒將其與盂卣相聯繫，認爲他屬於殷遺民"羊頭"氏族（帶有族氏銘文"□"或"□"），其説恐非。大、小盂鼎銘文皆無"□"族氏銘文，亦不使用日名，現在我們知道"盂"屬於姬姓的南宫氏家族，與盂卣的器主並非同一人。因此王承祒提出西周金文中被賞賜"人鬲"者皆屬殷遺民，現在看來是不能成立的。

④見《歷史研究》1955年第1期，第51—54頁；《中國古代社會史試論》，第35—38頁。

⑤見《文史哲》1953年第1期，第50—51頁。爲了突出王承祒的這一創見，此處大段摘録原文，僅省略文中所引用的銅器銘文資料和少量無關緊要的語句。

在研究周代社會史之前,以下這一問題至爲重要。周代銅器中多有"日名"之器(嚴格的説應爲"日諡"之器)。例如:……此等周代銅器中的"日名"之器,根據著者的研究,知其皆是周代的"殷遺民貴族"所作之銅器。其證明如下:

(一)殷人有日名之習慣,殷代的帝王之諡號皆是日名。

(二)周人没有日名之習慣,周代的帝王之諡號皆不是日名。

(三)根據其他外證可以確定爲周人所作之銅器者皆絶無日名。

(四)根據其他外證可以確定爲周代的殷遺民所作之銅器者大多數皆有日名。

第一點及第二點盡人皆知,無需詳論。

第三點則根據其他外證可以確定爲周人所作之銅器者,例如周公鼎……等等皆絶無日名,是其明證。

第四點則需要解釋。周代的銅器銘文之末尾每有一圖形文字。此等圖形文字,郭沫若氏在《殷周青銅器銘文研究》中,容庚氏在《商周彝器通考》中,著者在《甲骨金文中所見之殷周氏族》(未刊)中皆主張其是氏族名。蓋已成定論。著者曾經根據甲骨卜辭及銅器銘文對於此等氏族作綜合研究(詳見拙著《甲骨金文中所見之殷周氏族》,未刊)發現此等氏族大都在殷代已經存在並且是殷王之臣屬。所以,在周代,屬於此等氏族的人,當然便都是"殷遺民"。例如大黽氏族在殷代已經存在並且是殷王之臣屬。所以,在周代,屬於大黽氏族的人(例如獻侯),當然,便是殷遺民。而此等人所作之銅器當然便是殷遺民所作之銅器。此等銅器中大多數皆有"日名"。……

有以上四點證據,則"周代銅器中的'日名'之器皆是'殷遺民貴族'所作之銅器"這一論點,大概是不易推翻的。

此等日名之器,再加上其他雖然没有日名但是可以其他外證證明是殷遺民貴族所作的銅器,便構成總的"周代銅器中殷遺民貴族所作之銅器"。而周代銅器中的其餘的一部分,便是周人貴族所作之銅器。

於此,便可以發現一極有重要意義的問題,那就是:

主張周代是奴隸社會的史學工作者們,他們的主要證論都是在殷遺民貴族所作之銅器中。

主張周代是封建社會的史學工作者們,他們的主要證論都是在《詩經》中及周人貴族所作之銅器中。

那麽,我們便可以追問,其所以如此者,是不是周人貴族是封建主而殷遺民貴族則是奴隸主？我們的答覆是肯定的。……

　　如果如此，則周代社會性質問題實甚易理解。蓋周代已經進入封建社會，而殷遺民則仍然保留着其傳統的奴隸主之身分。

　　這段文字與《關於西周的社會性質問題》並無重複之處，王承祒之所以没有將其收入《中國古代社會史試論》一書，在我看來，應該是因爲他的思想在其後兩年中發生了某些微妙變化。在這段文字中，王承祒提到他有一部題爲《甲骨金文中所見之殷周氏族》的未刊稿，可見“殷周氏族”曾一度是他研究的重點；但在其後發表的論著中，他再也没有提過這部文稿，也没有將其收入《中國古代社會史試論》一書，此稿應該早已亡佚，實爲古史學界的一大損失①。在《周代社會史試論》中，王承祒著力强調“周人貴族”和“殷遺民貴族”的區別，甚至認爲“周人貴族是封建主而殷遺民貴族則是奴隸主”，將其作爲認識西周社會性質的鑰匙；而區分“周人貴族”和“殷遺民貴族”的標誌，就是青銅器銘文中的“圖形文字”和“日名”②。而到兩年後的《關於西周的社會性質問題》一文中，王承祒似乎在有意淡化“周人”和“殷遺民”的差異。他不再提“日名”在區分“周人”和“殷遺民”銅器時的標誌性意義，而是通過一些從商代延續至西周的“圖形文字”來確認“殷遺民”家族，這種做法相比之下更爲穩妥。他也不再强調“周人封建主”和“殷遺民奴隸主”的並存，而是將“殷遺民”佔有奴隸的現象解釋爲周人克商之初爲安撫“殷遺民”而採取的權宜之策。我推測，隨着“古史分期”討論的深入，王承祒可能從各方面的反饋中意識到他有關“殷周族群文化差異”的思想與馬克思主義社會發展史觀的不相容，意識到這種思想方法不利於他建立以“西周封建論”爲主幹的“古史分期”體系，甚至會給他帶來某些麻煩。於是，他在自己短暫學術生涯的後期嘗試尋找“殷周族群文化差異論”與主流“西周封建論”之間的平衡點，將二者加以磨合，甚至有意地隱藏了早年的一些觀點和成果③。這可以視爲一位青年學者爲融入“主流學界”、追求生存和發展而主動做出的一種“適應”，放在當時的時代背景下是很容易理解的。

　　而在我們今天看來，王承祒爲了“追求進步”而捨棄的東西，才是他短暫學術生命中最有價值的“閃光點”。他爲了解决金文中有關奴隸賞賜的材料與“西周封

①在買到《中國古代社會中試論》之前，我曾寄希望於此書中會收有《甲骨金文所見之殷周氏族》，但後來期望落空，深感遺憾。

②王承祒繼承了郭沫若、容庚“圖形文字”的説法，後來學界曾普遍稱爲“族徽”，目前很多學者認爲“圖形文字”或“族徽”的概念並不準確，主張稱爲“族氏銘文”。

③以王承祒有些“好大喜功”的個性，如果不是出於某些顧慮，他大概是不會將一部已經完成的《甲骨金文所見之殷周氏族》書稿隱藏起來不發表的。

建論"的矛盾,另闢蹊徑找到"周人"與"殷遺民"的族群文化差異這一切入點,無意中發現了"周人不用族徽、日名説"這個在今天已被青銅器、金文和西周史研究者廣泛接受的重要"原則"。六十多年前的王承祒當然不可能意識到,他的"無心插柳",竟然"歪打正着"造就了一個石破天驚的大發現。

早在宋代,金石學家就注意到使用"日名"和所謂"族徽"是商代銅器銘文的顯著特徵,甚至將其作爲斷代的標準。但學者逐漸認識到,這兩種特徵並非商代銅器銘文所獨有,而是一直延續到西周時期。如容庚在《商周彝器通考》中指出:"吾人據以定爲商器者,一爲圖形文字,一爲以日爲名。然二者皆下及周代,故頗難塙定。"①此後雖然陸續有學者提出西周金文中的日名和族徽是"殷遺民"的文化特徵,但最早對此問題加以系統論證並得到學界公認的,還是張懋鎔先生在1990年代發表的《周人不用日名説》和《周人不用族徽説》二文②。張文發表至今二十餘年間,雖然也有不少反對意見,但"周人不用族徽、日名説"卻得到越來越多的古文字、古史和考古學者的贊同。如今研究者在提到"周人不用族徽、日名説"時,都會徵引張懋鎔先生的兩篇文章,卻從没有人注意到,早在張文發表的四十年前,王承祒在《周代社會史試論》一文中就已經完整、明確地提出了同樣的觀點,並做了令人信服的論證。王文提出的四條原則,邏輯上無懈可擊,所舉證據大多也確鑿可靠③。而且他還提出貫通商代甲骨、金文和西周金文,由西周金文中的"圖形文字"上溯商代卜辭和青銅器銘文中的家族,由此確定西周"殷遺民"家族的來源,這一設想即使在今天仍是頗具潛力的研究課題。王文中提到的未刊稿《甲骨金文中所見之殷周氏族》,雖然我們已經永遠無法看到,但僅從題目就可以知道,此稿堪稱立足古文字資料研究殷周家族的開山之作。此前雖然有丁山《甲骨文所見氏族及其制度》這樣的論著④,但其研究範圍僅限於商代,而綜合甲骨金文、貫通殷周兩代、對貴族家族進行綜合研究的著作,至今仍未出現。

王承祒對殷周兩大族群文化差異的關注絕非無源之水,其源頭應該到民國時期的史學傳統中去尋找。早在1917年9月王國維寫作名篇《殷周制度論》時,就開

---

① 容庚:《商周彝器通考》,哈佛燕京學社,1941年,上册,第75頁。

② 前者刊於《歷史研究》1993年第5期,後者刊於《考古》1995年第9期。

③ 直到目前爲止,明確爲周王室嫡系後裔者使用日名的唯一一例,是平頂山應國墓地M8出土的應公鼎,其銘文稱"武帝日丁",即應國始封君"所自出"的武王。但應公鼎的年代已到春秋早期,而西周時期的應國銅器銘文並未見使用日名的現象,因此應公鼎銘使用日名當有其特殊原因。僅僅根據這一特例還遠不足以否定"周人不用日名説"。

④ 丁山:《甲骨文所見氏族及其制度》,科學出版社,1956年。此書出版時丁山先生已去世,其寫作應在1940年代後期。

創性地提出"都邑者,政治與文化之標徵也",指出"自上古以來帝王之都皆在東方"、"惟周獨崛起西土",因此"中國政治與文化之變革莫劇於殷、周之際"。王國維的這一論斷實已開啓由地域、族群出發討論政治、文化和制度變遷的先河。1930年代,馬克思主義史學尚處於"在野"地位,佔據當時史學思潮主流的可稱爲"種族文化史觀"。這一"史觀"深受近代歐洲民族主義思潮影響,將關注的重點放在歷史上通過血緣、地緣、文化傳統等紐帶形成的族群集團,以及作爲不同族群身份標誌的文化特徵。傅斯年在"九一八"前後寫成題爲《民族與古代中國史》的系列論文,其中《夷夏東西説》將上古族群劃分爲"東西不同的兩個系統","夷與商屬於東系,夏與周屬於西系";《周東封與殷遺民》則沿着同一思路,首次探討了西周"殷遺民"的政治處境。其餘如徐旭生和蒙文通各自獨立提出對古史傳説時代"三集團"的劃分,乃至陳寅恪以"種族與文化"爲主綫對北朝隋唐政治史的構建,均可視爲這一"史觀"的具體實踐。

　　早年就讀於北大歷史系,其後長期任職於中央研究院歷史語言研究所的張政烺先生,在治史方法上深受胡適、傅斯年影響,傅斯年對"殷遺民"問題的關注也傳遞給了張先生。《古代中國的十進制氏族組織》一文中,張先生因論及西周金文中的"百生(姓)",順便談到1929年出土於洛陽馬坡的"臣辰册先"銅器群,他説:

> 　　不過就此我們可以推測"先"族在當時準是一個强宗。稱父癸、父乙、父辛和祭祀的方法有關,是殷人的禮俗,周人從來沒有仿行過,所以我們完全有理由推斷"先"族是殷遺民。他們雖然被周公、召公遷到洛邑,卻保全了氏族組織和舊有的習慣。我們試從甲骨文裏探尋他們的祖先,找到"先"是人名(祖庚、祖甲時卜人……)、地名(……),亦就是氏族名(這一道理在甲骨文裏表示得很清楚,將來另作説明)。殷墟出土銅器銘文上亦常見過"先"(……),可見"先"族從殷代祖庚、祖甲時當卜人(即史官),到周初又擔任作册,雖然亡國被遷到洛邑,職業未變,氏族組織和禮俗依舊保存,並且是"百姓",即編入十進制氏族組織之中。

　　通過這段文字,可以看出王承祒對西周"殷遺民"的基本觀點,以及通過"日名"和"圖形文字"判斷"殷遺民"的方法,顯然是繼承自他的老師張政烺。張先生不僅明確提出使用"日名"是"殷人的禮俗,周人從來沒有仿行過",而且進一步指出這種稱謂形式"和祭祀的方法有關",這就爲殷人使用"日名"找到了文化和制度上的根源。張先生還以"先"族爲例,示範了從商代甲骨文和銅器銘文中尋找"殷遺民"族源的方法。他提出的商代人名、地名、族名"三位一體"的意見,至今仍受到甲骨文殷商史研究者的重視。此後張先生再未就這些問題發表過系統論述,但他提出的觀點和方法卻被他的學生王承祒貫徹到研究之中。王承祒的《甲骨金文中所見之殷周氏族》很可能就是在張先生的啓發和指導下完成。

如果我們將眼光擴展到 1950 年代前期的整個古史學界和考古學界,就會發現對"殷遺民"問題的關注並非孤例。如陳夢家先生《西周文中的殷人身分》一文①,對《尚書》中有關周初"殷遺民"的記載做了詳盡梳理,並結合西周金文和其他文獻,討論了西周時期各種隸屬者的身份。考古方面如郭寶鈞、林壽晋二位先生執筆的《一九五二年秋季洛陽東郊發掘報告》②,將洛陽新發現的一批有腰坑殉狗的西周墓葬認定爲"殷遺民墓",首次將腰坑殉狗葬俗與西周"殷遺民"文化聯繫在一起。然而在馬克思主義的"社會進化史觀"統治下,史學界只强調不同社會發展階段之間的差别,忽視同一社會發展階段之内不同區域、族群之間的差異,强調族群差異甚至會引來批判。到五十年代後期,隨着史學領域意識形態色彩日益强烈,這種對族群文化差異的關注才最終消失③。王承祒作爲 1949 年以後成長起來的新一代學者,雖然在政治和業務上都追求進步,積極投身"古史分期"討論,但在研究問題的視角和方法上卻深受張政烺先生這樣從民國過來的老一輩學者的影響。這充分説明學術傳承有其内在邏輯,舊的學術傳統不會因改朝換代而戛然終止,它不僅在積極靠攏新時代的"舊"學者身上時隱時現,也以或隱或顯的形態反映在"新"學人的身上。

王承祒的天才和卓識,最終還是被歲月無情地掩埋,就像一顆劃過天際的流星,幾乎沒有在學術史的星空中留下任何痕跡。歷史是冷酷的,個人在它面前猶如狂風中的微塵,然而歷史學家的使命總是與遺忘作鬥爭,其中也包括對歷史旋渦中個人命運的關照。我希望通過此文,從積滿灰塵的故紙堆中將王承祒發掘出來,讓他的學術貢獻重新爲世人所知。但作爲一個"人",王承祒仍然只是一個模糊的身影,至今我也沒有見過一張他的照片。據王世民先生回憶,王承祒"個子高高的,很魁梧,留着大背頭",身高大約有一米八,想來應該是儀表堂堂。他雖然出身望族,但到他這一輩早已敗落,他上學時一直穿破舊衣服,直到畢業以後拿了工資才買了

---

①原刊《歷史研究》1954 年第 6 期,另收入《殷虚卜辭綜述》第十八章第二節,科學出版社,1956 年。

②刊於《考古學報》第九册,1955 年。郭寶鈞先生提出這一看法顯然是基於他在 1930 年代發掘殷墟墓葬和浚縣辛村西周墓的經驗。

③但在中國臺灣和日本史學界,這一學術傳統仍然在延續。如杜正勝在 1982 年發表《殷遺民的遭遇與地位》一文(《"中央研究院"歷史語言研究所集刊》53 本 4 分)。日本學者貝塚茂樹、白川静等都將"殷遺民"問題作爲探索西周史的重要切入點。

一件白襯衫①。他去世時還没有成家,住在單身宿舍,他的家人據説因爲他的事情受到很嚴重的連累。像王承祒這樣的"失蹤者",在那個時代還有很多,還有無數塵封的往事有待我們去發掘、追尋。

(作者單位:北京大學中國古代史研究中心)

———————————

①此承王世民先生告知,王先生還説:"他説自己不好意思穿,天真地説要不你幫忙穿舊了自己再穿,後來還是他自己穿上,但褲子還是很舊的。"王承祒這種有些古怪的行爲其實透露出一位涉世未深的年輕人内心的矛盾:一方面好面子,有了經濟條件總希望改善儀表;另一方面又對自己的家庭出身有所顧慮,希望以"艱苦樸素"的面貌示人。

波斯統一度量衡與中國之比較研究

李　零

　　統一度量衡是統一計量單位（units of measurement）：統一長度（和面積）單位，統一容量單位，統一重量（和質量）單位。這類措施，屬於標準化（standardization）。研究標準化，現在叫計量學（metrology）。

　　現代標準時間是格林威治時間，標準度量衡是米千克秒制（MKS），即以米定距離，千克定重量，秒定時間。

　　米制最初是以經過巴黎的地球子午線的四千萬分之一作爲長度單位，現在的定義是氪—86 光譜的橘紅色光在真空中的 165076373 倍。

　　千克制最初是以 1 立方分米的純水在 4℃時的質量爲重量單位，用鉑銥合金製原器，保存在巴黎，號稱國際千克原器。

　　秒制最初是以平均太陽日的 1/86400 爲一秒，現在的定義是銫原子擺動 9192631770 次所經歷的時間。

　　標準化，古已有之，不自今日始。波斯大一統，秦漢大一統，都包括統一度量衡。中國傳統，研究度量衡屬於律學，如《史記·律書》《漢書·律曆志》，歷代史書都有記載。律是律管，曆是曆法。它是以律吕（五音十二律）定度量衡，並與曆法相結合[1]。

----

[1]波斯曆法與巴比倫有密切關係。這種曆法屬於陽曆，以今 3 月 21 日（諾魯孜節）爲歲首。這裏暫不討論。

(一)大流士一世的改革

波斯帝國分五區：

札格羅斯山以西，巴比倫和亞述爲一區。

札格羅斯山以東，米底、波斯、蘇西亞那及其以東爲一區。

兩河流域以西（河西地區），地中海以東，從叙利亞到巴勒斯坦爲一區。

兩河流域以北，小亞細亞半島爲一區。

兩河流域以南，埃及、利比亞和埃塞俄比亞爲一區。

上述五區，標準不同，大流士一世做了統一。

奥姆斯特德説：

> 在古代衆多的君主之中，我們發現很少有哪一位統治者能够如此透徹地理解一個成功的國家，必須依靠堅固的經濟基礎。他認爲，第一個必要的條件就是度量衡的標準化。正如我們所見到的，"國王的量器"（大約相當於現代 1 蒲式耳）早已順利地取代了土地所有者各式各樣的私製量器。到大流士在位晚年，這個轉變過程已經接近完成。這是意義重大的事情。我們有一根官方的"國王的肘尺"，這是一根標準的、18 英寸長的黑色石灰石材質的尺，並且刻上了大流士的名字和尊號以示權威。有三位亞述國王，提格帕拉薩三世、撒緾以色五世和辛那克里布曾經製造過獅形銅權。銅權上用阿拉米文字刻著他們的名字和銅權重若干馬納（mana，或磅）。並且，銅權還刻上了銘文"國王的"，以示其合法性。在蘇薩，發現了一個比這重得多的獅權。它緊靠著獻給布蘭奇代阿波羅神廟的巨大銅權。它有一個把手，以便把它放在天平中稱量。但是大銅權重達 465 磅，表明它必定有 7 塔蘭特。另一個獅權發現在赫勒斯滂的阿拜多斯，上面刻有阿拉美銘文"按照國王的總督之命準確製造"。它的重量表明，它使用的單位是埃維亞制的塔蘭特①。

出土發現，有不少實物，可以反映這一改革。

---

① A. T. 奥姆斯特德著，李鐵匠、顧國梅譯：《波斯帝國史》，上海三聯書店，2010 年，第 230—231 頁。

(二)波斯度量衡

1. 長度

1 指(*angosht*)≈2 釐米

1 掌(*dva*)≈20 釐米

1 足(*trayas*)≈30 釐米

1 臂(*ammatu*)≈46 釐米

1 步(*remen*)≈150 釐米

1 帕拉桑(*parasang*)≈4—6 公里

1 舍(*stathmos*)≈24—30 公里

2. 容量

1 謝克爾(*shekel*)≈8.3 毫升

1 俗米納(profane *mina*)≈500 毫升

1 聖米納(sacred *mina*)≈600 毫升

1 塔蘭特(*talent*)≈25 公升

3. 重量

1 卡薩(*karša*)≈83 克

1 米納(*mina*)≈498 克

1 塔蘭特(*talent*)≈30.25 公斤

(三)出土發現

奧姆斯特德提到的出土物,"國王的肘尺",未見;"國王的量器",也未見。他提到的銅權,有不少實物,倒是看到過一點兒。

這類銅權,其中最大,可能要屬盧浮宮第 12 展室的兩件銅權。

一件作臥獅形,高 30 釐米,長 53 釐米,重 121 公斤,約合 4 塔蘭特,獅身下面有方板形底座,背上有提環,是典型的波斯衡器。

一件作羊拐形,高 27.5 釐米,長 39 釐米,重 93.7 公斤,約合 3 塔蘭特。羊拐上面、側面各有一提環,頂刻古希臘文。此器是獻給迪迪馬(Didyma)的阿波羅神廟,估計作於公元前 550—前 525 年。公元前 494 年,大流士平定米利都叛亂後,移置蘇薩①。迪迪馬,在今土耳其東南艾登省的迪迪姆(Didim)。

這兩件大銅權是 1901 年摩根發掘,出土於蘇薩衛城的祠廟區,就是上引奧姆斯特德提到的兩件大銅權。但他説的重量不準確,比實際大出很多。

此外,比這兩件大銅權小一點兒,還有兩件獅形銅權,可以用作參考。

一件是 19 世紀 40 年代豪爾薩巴德(Khorsabad)出土,重 61 公斤,約合 2 塔蘭特②。

一件傳出赫勒斯滂的阿拜多斯(Abydos),即今土耳其的恰納卡萊(Çanakkale),1877 年入藏不列顛博物館,高 19 釐米,長 35.5 釐米,重 31.8 公斤,約合 1 塔蘭特③。上引奧姆斯特德文提到的刻有阿拉美銘文的獅形銅權,就是這件器物。

小一點兒的權,大體分五種。

一種是獅形銅權(lion weight),伊朗國家博物館有展品,波斯波利斯出土,形制模仿亞述、埃蘭。

一種是鴨形石權(duck weight),伊朗國家博物館有展品,蘇薩出土,形制模仿亞述、埃蘭。

一種是珠形石權(oval weight),伊朗國家博物館有展品,蘇薩出土,形制模仿亞述、埃蘭。這種權,兩頭細、中間粗,類似西藏的天珠(漢籍叫瑟瑟)。

一種是獅首形石權(lion head weight),波斯波利斯出土過一件,赫茨菲爾德認爲是家具腿,今多以爲權,現在在伊朗國家博物館展出。

一種是饅頭形石權(pyramidal weight),就我所知,一共有四件。這種權,皆用閃長岩(diorite)雕刻,有點像饅頭,pyramidal 是取其四面有坡,類似金字塔。

最後這種,有大流士一世的記重銘文,對研究波斯衡制很重要。銘文簡稱 DW④。

DWa,傳出伊拉克希拉市,即古巴比倫,1888 年入藏不列顛博物館。高 5.1 釐米,底徑 4.4×4.3 釐米,重 166 克,恰合 2 卡薩,最小。短銘,三體並用。銘文作"2

---

①羊拐,英文叫 knuckle bone,世界各國,吃肉的地方都有這種玩意兒。這種玩意兒,滿語叫 Gachuha,東北人叫嘎拉哈。

②Prudence O. Harper, Joan Aruz, and Françoise Tallon ed., *The Royal City of Susa*, pp. 221–222.

③Jone E. Curtis and Nigel Tallis ed. , *Forgotten Empire*, pp. 194–195.

④D 是大流士一世,W 是 Weight。Weight 是權衡的權。

卡薩。我是大流士,偉大的王,希斯塔斯普之子,阿契美尼德人"。

DWb,波斯波利斯内府出土,現藏伊朗國家博物館。器物殘損,只剩原器的一半多一點兒。高 5.6 釐米,寬 5.3 釐米,殘厚 6.5 釐米,重 269.94 克,估計原重約498 克,合 6 卡薩或 1 米納,比前者重。短銘,存阿卡德文四行,内容類似下 DWc。

DWc,波斯波利斯出土,現藏伊朗國家博物館。高 20.3 釐米,底徑 17.7×13 釐米,重 9950 克,約合 120 卡薩,等於 20 米納。短銘,三體並用,古波斯文作"120 卡薩。我是大流士,偉大的王,王中王,天下王,希斯塔斯普之子,阿契美尼德人",埃蘭文亦以"120 卡薩"開頭,阿卡德文則以"20 米納"開頭。

DWd,現藏芝加哥東方研究所。重 4930 克,相當 10 米納。短銘,三體並用。銘文作"我是大流士,偉大的王,王中王,萬邦王,天下王,希斯塔斯普之子,阿契美尼德人"。其中古波斯文和埃蘭文以"60 卡薩"開頭。

(四)與兩河流域和埃蘭比較

上述發現,前三種是模仿兩河流域出土的銅權和石權。

獅形銅權,上引奧姆斯特德文提到,有三位亞述國王製造過獅形銅權。如 19世紀 40 年代,萊亞德(Austen Henry Layard,1817—1894 年)在尼姆魯德發掘,出土過一套獅形銅權,共 16 件,器座長度從 2.5 到 30 釐米,重量從 56.7 克到 18.1 公斤,有些還有用楔形文字和阿拉美文刻寫的王名和重量。

鴨形石權和珠形石權,不但流行於兩河流域,也流行於蘇薩。如芝加哥大學東方研究所的展廳就有不少樣品,蘇薩博物館和盧浮宮也有埃蘭時期的這類石權。

(五)與中國比較

1. 長度,近取諸身,與世界其他地方類似

長度與查田定産有關,是計算土地面積的重要依據。

出土發現,商尺只有 16 或 17 釐米長;西周、春秋尺,尚未發現;戰國、秦漢尺,一般在 23.1 釐米左右[①]。

文獻記載的長度單位,主要是戰國、秦漢的記載,比如下面九種。

---

①丘光明:《中國歷代度量衡考》,科學出版社,1992 年,1—11 頁。

分：約 2.31 毫米。古代長度，寸最基本。寸以下，還可細分，有毫、釐、程、分等單位[1]。分是十分之一寸。

寸，約 2.31 釐米。或説一指之寬[2]。一指之寬，只有 1.5 釐米左右，不足 2.31 釐米，許慎是以脈診的寸口爲説。寸口是從掌下到脈點的距離，約 2.31 釐米[3]。古文字，商代西周未見"寸"字，商鞅方升是以"尊"字爲"寸"字。我懷疑，秦漢時期的"寸"字可能是"尊"字的省文，與"肘"、"紂"等字所從的"寸"無關。"尊"可讀爲搏節的"搏"或忖度的"忖"，或與掌握分寸之義有關。

咫，約 18.5 釐米，相當一掌之長。人之手掌，長短不一，許慎是以中等身高的婦女爲標準，定爲八寸之長。八寸是他理解的周尺之長，其實是以漢尺八寸爲周尺十寸[4]。這種計量單位非十進位，很少見於實用。

尺，約 23.1 釐米。或説一拃之長[5]。一拃之長，約與咫等，不足 23.1 釐米，許慎是以寸口以下十寸爲尺，相當小臂之長。人之小臂有二骨，位於拇指一側者叫橈骨，位於小指一側者叫尺骨。小臂之長約與尺骨之長同[6]。

尋，古文字象人張雙臂。人張雙臂，約與身高等。漢以八尺爲尋[7]，八尺約合 184 釐米。

仞，指人之身高。人之身高，長短不一，没有統一標準[8]。尋、丈也非十進制的計量單位，同樣很少見於實用。

丈，古之所謂丈夫，或説身高八尺，或説身高七尺[9]。身高八尺，約合 185 釐米，屬於大個子。身高七尺，約合 162 釐米，屬於較矮的身材。漢以身高八尺爲丈夫，是以漢尺八尺爲周尺十尺，但漢代的丈卻是漢尺十尺，約合 231 釐米[10]。

常，約 370 釐米。古之車載兩倍于身高，古人説，倍尋曰常[11]。

---

[1] 古人以十絲爲毫，十毫爲釐，十髮爲程，十程爲分。《説文解字·禾部》："程，品也。十髮爲程，十程爲分，十分爲寸。"畫家程十髮的名字即出此説。

[2] 丘光明等：《中國科學史》度量衡卷，科學出版社，2001 年，15 頁。

[3] 《説文解字·寸部》："寸，十分也。人手卻一寸動脈，謂之寸口。"

[4] 《説文解字·尺部》："中婦人手，長八寸，謂之咫尺，周尺也。"

[5] 丘光明等：《中國科學史》度量衡卷，14—15 頁。

[6] 《説文解字·尺部》："尺，十寸也。手卻十分動脈爲寸口。十寸爲尺。尺所以指尺規矩事也，從尸從乙，乙所以識也。周制寸、尺、咫、尋、常、仞諸度量，皆以人之體爲法。"案：尺在寸口和肘之間，脈法有寸、關、尺，尺澤穴在肘内側。

[7] 《説文解字·寸部》："尋，繹理也。……度人之兩臂爲尋，八尺也。"

[8] 《説文解字·人部》："伸臂一尋八尺，從人刃聲。"

[9] 《説文解字·夫部》："丈夫也。從大，一以象簪也。周制以八寸爲尺，十尺爲丈。人長八尺，故曰丈夫。"

[10] 《説文解字·尺部》："丈，十尺也。從又持十。"

[11] 《釋名·釋兵》："車戟曰常，長丈六尺，車上所持也。八尺曰尋，倍尋曰常，故稱常也。"

引,約 23.1 米,相當十丈。這種計量單位很少見於文獻,可能是一種丈地尺度。

上述九種,王莽以來,主要是分、寸、尺、丈、引。《漢書·律曆志上》講五度,以 10 分爲寸,10 寸爲尺,10 尺爲丈,10 丈爲引,屬於十進制。

2. 容量,以容器爲量

量器的用途,主要是給官員、軍人和刑徒發口糧。

古代量器,最初是利用現成的容器,後來才有專門的量器。

商代、西周是否有專門的量器,情況不明。春秋量器,也缺乏實物。戰國量器,齊有子禾子釜、陳純釜、左關錍,仍以普通容器爲量,三晉兩周記容器,也主要是鼎、壺①。

專門的量器,目前發現,齊有右里敀銅量,楚有郢大府銅量、燕客銅量等,秦有商鞅方升。

齊右里敀銅量作斗勺形(屬於一升量和五升量)。秦商鞅方升作有柄方升,亦可歸入斗勺類(屬於一升量)。楚量多爲環耳杯(有一升、五升和一斗量三種)。這些都爲秦代量器做了鋪墊。

此外,各國還有各國的陶量,如山東淄博市臨淄古城出土的齊陶量有帶自名的陶升、陶豆和陶區。山東鄒城市紀王城出土的三件廩陶量(屬於斗量),從器形看,與内蒙古赤峰市蜘蛛山出土的秦代大陶量頗爲相似(屬於一桶六斗量)。

文獻記載的量制單位,主要是戰國秦漢的記載,如下面七種。

龠,約 10 毫升。龠同籥,本來是一種三孔的管樂器,作爲量器,最初可能是一種管狀器。秦漢量制,龠最基本。龠以下還有圭、撮等更細小的劃分②。

合,約 20 毫升。合同盒,本指雙合小器,有蓋③。

升,約 200 毫升。升,從字形看,是在斗字的勺口加一短橫;從讀音看,則與"登"通,登是豆的別名。

斗,約 2000 毫升。斗是勺狀器,有柄有勺(斗魁),可以把取。

①丘光明:《中國歷代度量衡考》,第 128—187 頁。

②《漢書·律曆志上》:"度長短者不失毫釐,量多少者不失圭撮。"顏師古注引應劭説:"四圭曰撮,三指撮之也。"引孟康説:"六十四黍爲圭。"案:圭、撮,醫家用於量藥,出土醫方頻見。圭也叫刀圭,即醫家所謂方寸匕的尖頭。醫家配藥,可以用這類器物的尖頭刮取藥粉。撮也叫三指撮,則是用拇指、食指、中指撮取藥粉。

③熊長雲認爲,秦代、西漢本來是用升龠制,王莽改制後,才變成升合制。《漢書·律曆志上》的二龠爲合説是後起。參看氏著《秦漢度量衡研究》,北京大學博士研究生學位論文,第 169—177 頁。

桶,約 20000 毫升或 2 公升。桶是直壁圜器,類似王莽嘉量的斛。

斛,約 20000 毫升或 2 公升。王莽復古,以斛爲最高一級。斛,不僅見於先秦古書,也見於先秦器銘。王莽的斛是借用古名,並非憑空創造[①]。

石,約 20000 毫升或 2 公升。容量石與重量石有對等關係。《國語·周語下》引《夏書》有所謂"關石和鈞",韋昭注:"石,今之斛也。"

出土發現,戰國時期,各國情況比較複雜,秦漢逐漸統一。秦漢時期的量器是紹繼戰國秦,斗以下各級多作斗勺形,大器柄粗,小器柄細,勺口或圓或方,或橢圓或橢方,但也有作環耳杯者,帶有楚風,斗以上的桶、斛則作雙耳圓桶形,雙耳多作短柄,但也有作環耳者。

上述七種,王莽以來,主要是龠、合、升、斗、斛。《漢書·律曆志上》講五量,以秬黍 1200 粒爲龠,2 龠爲合,10 合爲升,10 升爲斗,10 斗爲斛[②],亦屬十進制。

3. 重量單位,以權衡爲量

古代稱重,是用權衡。權衡是利用杠杆原理。權是懸垂的重物,秤砣或砝碼,《説文解字·金部》以銓爲權,段玉裁注謂銓、錘是一音之轉。衡是橫木,分兩種,一種是桿秤,支點可前後移動;一種是天平,支點在中間。桿秤用秤錘(帶鼻紐的錘形權),主要用來稱糧食、芻藁;天平用砝碼(環形權),主要用來稱金銀。兩者都可以叫衡,也可以叫秤。秤即俗稱字(繁體作"稱",亦作"再"、"偁")。楚國金幣的郢再,再就是這個意思。

古代衡制,西周有鋝、鈞兩級,見於出土銘文,是用來表示金屬重量,衡器未見[③]。出土發現主要是戰國秦漢以來的東西。秦衡多用錘形權,未見衡杆;楚衡多用環形權,有天平式衡杆發現。

文獻記載的衡制單位,主要是戰國秦漢的記載,比如下面十種。

銖,一説 100 粟,一説 120 粟,重約 0.65 克。秦漢量制,銖最基本。銖以下,文

---

①熊長雲認爲,秦代、西漢本來是以桶爲最高一級,王莽改制後,才改桶爲斛。《漢書·律曆志上》的斛就是原來的桶。參看氏著《秦漢度量衡研究》,北京大學博士研究生學位論文,46—64 頁。案:斛,從斗角聲,字與角、斛迪。

②《漢書·律曆志上》:"龠者,黃鐘律之實也,躍微動氣而生物也。合者,合龠之量也。升者,登合之量也。斗者,聚升之量也。斛者,角斗平多少之量也。夫量者,躍於龠,合於合,登於升,聚於斗,角於斛也。"

③《説文解字·金部》:"鋝,十一銖二十五分銖之十三也。從金寽聲,《周禮》曰'重三鋝'。北方以二十兩爲三鋝。""鍰,鋝也。從金爰聲。《書》曰'罰百鍰'。""鈞,三十斤也。"案:鋝,約重 7.5 克。3 鋝約合 22.5 克。20 兩約重 300 克。

獻還有絫、分等更細小的劃分①。銖之稱銖,可能與其形似珠有關。戰國貝幣,以楚爲多,俗稱蟻鼻錢,其形橢圓,正似珠。這種貝幣,重量從 1 銖到 8 銖,大小不一,多數爲 5 銖②。銘文以"巽"字爲多,其次作"夆朱"。"夆朱",疑讀隆銖或降銖,指大小不等的銖。

鍢,6 銖,重約 3.9 克③。

錘,8 銖,重約 3.9 克④。錘是權的別稱,疑指小權。

兩,24 銖,重約 15.6 克。兩是兩鍢。

釿,2 兩,重約 30 克⑤。

斤,16 兩,重約 250 克。斤是伐木的斧鑄。

鎰,20 兩,重約 300 克。一鎰也叫一金,是稱量黃金的單位⑥。

鈞,30 斤,重約 7500 克或 7.5 公斤。

石,120 斤或 4 鈞,重約 30000 克或 30 公斤⑦。

鼓,480 斤或 4 石,重約 120000 公斤或 120 公斤⑧。

上述十種,主要是銖、兩、斤、鈞、石。《漢書·律曆志上》講五權,以秬黍 1200 粒爲龠,重 12 銖,24 銖爲兩,16 兩爲斤,30 斤爲鈞,4 鈞爲石,並非十進制。

(六)秦漢的標準化

秦始皇二十六年,天下初定,有秦詔版、秦刻石,用來詔告天下,有點像居魯士圓柱和貝希斯敦銘文。

---

①絫是 10 粟,分是 12 粟。《説文解字·晶部》:"絫,十粟之重也。"《説文解字·金部》:"銖,權十分黍之重也。"

②參看黃錫全:《先秦貨幣通論》,紫禁城出版社,2001 年,356—371 頁。

③鍢爲 6 銖。《淮南子·説山》"有千金之璧,而無鍢錘之礒諸",高誘注:"六銖曰鍢,八銖曰錘,言其賤也。"《説文解字·金部》也説:"鍢,六銖也。"戰國秦圜錢,有銘"兩甾"者,相當秦半兩,可見鍢爲六銖。

④錘,有二説。八銖説見《淮南子·説山》《説文解字·金部》。六銖説見《風俗通義》佚文,一爲《玄應一切經音義》卷七五引:"銖六則錘,錘,暉也。二錘則鍢,鍢,燬也。"一爲《慧琳一切經音義》引:"銖六則錘,二錘則鍢,二鍢則兩。"案:《風俗通義》的鍢是 12 銖。

⑤魏國銅器有釿,實測重量爲 30 克,相當鍢的十分之一。

⑥鎰,一説 20 兩,一説 24 兩。1945 年長沙出土楚鈞益環權,十枚相加 500 克,約合兩斤,疑銘文"鈞益"讀均鎰。或説楚國以斤爲鎰,參看黃錫全:《試説楚國黃金貨幣稱量單位"半鎰"》,收入氏著《先秦貨幣研究》,中華書局,2001 年,236—241 頁。

⑦《晋書·律曆志上》:"古有黍、絫、錘、鍢、鐶、鈞、溢之目,歷代參差。"除鐶,均見於上。鐶即鍰。

⑧晋趙鞅、荀寅賦晋國一鼓鐵,鑄刑鼎,見《左傳》昭公二十九年。《小爾雅·廣衡》:"石四謂之衡。"

1. 秦詔版

秦始皇詔版："廿六年,皇帝初并兼天下,諸侯、黔首大安,立號爲皇帝,乃詔丞相狀綰:法度量則不壹、歉(嫌)疑者,皆明壹之。"

秦二世詔版："元年,制詔丞相斯、去疾:法度量盡始皇帝爲之者,皆有刻辭焉。今襲號而刻辭,不稱始皇帝。其于久遠也,如後嗣爲之者,不稱成功盛德,刻此詔。故刻左,使毋疑。"

這種詔版往往是預先做好,然後鑲嵌在量器上。

2. 秦刻石

秦始皇五次出遊,沿途所刻,凡六種,曰《嶧山刻石》、《泰山刻石》、《琅琊刻石》《東觀刻石》、《碣石刻石》、《會稽刻石》。立石地點,四在山東,一在河北,一在浙江,很多都在海島、海岬或離海不遠的山上,目的是把他的統一之功宣傳到天涯海角。

秦始皇大一統,據他的廿六年詔書講,主要是統一"法度量則"。

什麼是"法度量則",一向有爭論①。我理解,這四個字應連在一起讀,不僅包含通常説的法律,即法典、法令、法規、法制一類東西,也包含概念更爲寬泛的標準化。中國古代標準化,東方六國曰法,秦曰律,只是叫法不同而已。

李悝《法經》分《盜》《賊》《囚》《捕》《雜》《具》六篇,以法爲刑,側重刑法。古代兵刑不分,軍法、兵法也叫法。法、刑二字本來都有示範和標準的意義。

商鞅改六法爲六律,很有深意。古之所謂"律",本指五音六律,音律的律。六律與六吕相配,亦稱律吕或十二律。古人有"皋陶作刑"(《吕氏春秋·君守》)、"伶倫作律"説(《史記·曆書》索隱引《世本》)。"伶倫作律"的"律"就是這種律。

3. 王莽復古

新莽詔版是模仿始皇詔版②,也是宣傳大一統。

王莽把統一度量衡叫"同律度量衡",語出《尚書·舜典》。律者,既可指法律,也可指標準化。法律只是標準化的一種。

---

①熊長雲:《秦漢度量衡研究》,95—98 頁。

②這兩件詔版,一件是甘肅合水縣出土,見花平寧、李永平:《新莽"戊辰詔書"紫銅刻版》,《絲綢之路》1988 年 1 期,58 頁;一件是上海博物館徵集,見唐友波:《上海博物館新莽衡桿與詔版及詔書解讀》,《上海博物館集刊》第 11 輯(2008 年),190—207 頁。

《史記》八書,據《太史公自序》,《律書》講軍法,《曆書》講曆法,互爲表裏。褚少孫補《律書》云"王者制事立法,物度軌則,壹秉于六律,六律爲萬事根本焉。其于兵械尤重,故云'望敵知吉凶,聞聲效勝負',百王不易之道也。武王伐紂,吹律定聲,推孟春以至於季冬,殺氣相並,而音尚宫。同聲相從,物之自然,何足怪哉",就是講律字的本義。

《漢書·律曆志》,律是音律和度量衡,曆是曆法。班固講度量衡,"一曰備數,二曰和聲,三曰審度,四曰嘉量,五曰權衡"。

古人試圖以數字標準、律管長度、絫粟法和標準器,把度量衡整合成一套整齊劃一的制度。中國的度量衡制度是建立在數字標準和十二平均律之上①。

中國大一統,秦始皇是開拓者,漢武帝是發展者,王莽是集大成者。他們對秦漢大一統都有重要貢獻。

（作者單位:北京大學中文系）

---

①丘光明等:《中國科學技術史》度量衡卷,39—50頁。

中國古代的虛歲與周歲[①]

張榮强

我們現在常用計算年齡的方法有兩種:周歲是以出生時爲零歲,每過一次西曆生日增一歲;虛歲是出生當年爲一歲,每過一個農曆新年即我們通常説的春節就增加一歲。由於計齡方法不同,周歲與虛歲往往差一到兩個年頭[②]。在現行法律制度下,無論户籍檔案還是官方文書,理論上民衆登録的都是周歲[③];但在民間尤其是農村,虛歲使用的場合也非常普遍。因此談到中國人的年齡問題時,不僅外國人

---

① 關於中國古代官方計算年齡的方式,筆者在《從"歲盡增年"到"歲初增年"——中國中古官方計齡方式的演變》(《歷史研究》2015 年第 2 期)一文有過討論。考慮到學界至今仍有"古人周歲紀年"的説法,故有必要對此問題再做集中論述。

② 民國十九年(1930),教育部下令各級學校的學生年齡必須改成周歲,爲此專門下發了一份《就舊曆虛歲推算國曆實足年齡用表》,其推算方法就是虛歲減去兩歲,再根據推算時的陽曆月份及被推算者的陰曆生月,加上與之相對應的 0—22 個月,就是周歲。見《浙江省教育行政週刊》1930 年第 36 期,第 1 頁。事實上,虛歲與周歲没有嚴格的對應關係;就同個人來説,在一年的不同時段裏,其虛歲與周歲的對應關係是在不斷變動的。春節前後出生的人在個別時段下,甚至會出現虛歲與周歲相同或者虛歲比周歲大 3 歲的現象。如 2012 年 1 月 23 日、2013 年 2 月 10 日、2014 年 1 月 31 日分别是陰曆的春節,如果某人 2012 年 1 月 23 日出生,始生虛歲即爲一歲,至 2013 年 1 月 23 日時周歲爲一歲,而這時還未到 13 年的春節,虛歲仍爲一歲。所以此人在 2013 年 1 月 23 日至 2 月 9 日這幾天裏,虛歲與周歲是相同的。同樣,如果某人 2013 年 2 月 9 日出生,經過 2013 年春節(2 月 10 日),到 2014 年春節(1 月 31 日)時,按虛歲算,已經 3 歲了。但按照周歲,這時距他的第一個生日還差九天。則此人在 2014 年 1 月 31 日至 2 月 9 日這幾天裏,虛歲比周歲大 3 歲。

③ 實際上,據《中國國家天文》記者的調查,現在有 25% 左右的人在身份證上寫的是農曆生日。見《他們的生日怎麼過》,《中國國家天文》2013 年第 2 期。

如墜霧裏雲裏,中國人自己往往也大傷腦筋①。

現在的"周歲"以西曆生日爲增年標準,自然是近代西曆傳入中國之後的産物。但"周歲"這個詞不是舶來品,至遲在南北朝時期就出現了。例如《魏書》卷21《獻文六王·北海王傳》元詳向孝文帝上疏中,就有"謹尋奪禄事條班已周歲"一語;同書卷59《劉昶傳》記載劉輝與蘭陵長公主離婚後,"公主在宫中周歲"云云。在唐代的詩詞中,我們也可以見到"二周歲"、"三周歲"、"五周歲"此類的説法。當然,這些例子説的"周歲"是指純粹的時間長度,即從一個時間點到來年同一時間點的天數,並不是用來指稱年齡的。但我們知道,年齡本身也是一種時間尺規,既然古代已經開始用周歲度量時間,會不會在計算年齡時也採用以農曆生日爲增年標準的周歲方式呢?關於這個問題,從清代的學者開始就有激烈的争論。如錢大昕②、俞樾③以賈逵所載孔子享年爲例,認爲古代有周歲計年的現象;但近人錢穆質疑錢大昕的説法,並舉多例説明古人是以"相距之年"也就是我們説的虚歲計年④;吕思勉則折衷兩説,認爲在上古時代流行周歲計年的現象,"曆法通行後稍棄之,皆以相距之年計矣"⑤。現代學者如周國林、高敏等人也支持古人有周歲計年的説法⑥。

歸納一下,主張古代存在周歲計年的學者所舉例證主要有四,我們下面對此逐一做些分析。

1. 絳縣人疑年的故事。錢大昕(1728—1804)《十駕齋養新録》卷2"絳縣人七十三歲"條:

> 絳縣人生於文公十一年,至襄公三十年,當爲七十四年。而傳稱七十三年

①張培瑜專文討論過今人計齡的問題,見《關於歷史年代計數的規範化問題》,《歷史研究》1991年第4期。根據百度搜索的結果,網上有成千上萬個帖子在討論諸如"周歲與虚歲的區別""周歲、虚歲怎麼算"等問題。

②陳文和、孫顯軍校點:《十駕齋養新録》卷二"絳縣人七十三歲"條、"孔子生年月日"條,江蘇古籍出版社,2000年校點本,第37、43頁。

③(清)俞樾:《九九消夏録》卷9"孔子生年"條,中華書局,1995年整理本,第94頁。

④見錢穆:《先秦諸子繫年》卷1《孔子卒年考》,中華書局,1985年,第58—59頁。

⑤《吕思勉讀史劄記》甲秩"先秦·古人周歲增年"條,上海古籍出版社1981年版,第226—269頁。

⑥周國林:《古代記歲法略説》,《歷史檔案》1988年第4期;王佳偉:《古人年齡都是以虚歲算的?》,《閱讀與寫作》2011年第1期。一些治中國古代史尤其秦漢史的學者也認同當時有周歲計年的做法,如睡虎地秦墓竹簡整理小組根據雲夢秦簡《編年記》"今元年,喜傅"的記載,指出"據簡文,本年喜十七周歲"。參見睡虎地秦墓竹簡整理小組:《睡虎地秦墓竹簡·編年記》,文物出版社1990年版,(釋文·注釋)第9頁。而高敏、黃今言推測喜傅籍時的年齡是十五周歲。參見高敏:《關於秦時服役者年齡問題的探討——讀〈雲夢秦簡〉劄記》,收入《雲夢秦簡初探(增訂本)》,河南人民出版社,1981年,第16—25頁;黃今言:《秦代租賦徭役制度初探》,《秦漢史論叢》第1輯,陝西人民出版社,1981年,第61—82頁。

者,古人以週一歲爲一年。絳縣人生正月甲子朔,于周正爲三月,至是年周正二月癸未,尚未及夏正月朔故也。①

"絳縣老人"的典故出自《春秋左傳·襄公三十年》。傳稱絳縣人"不知紀年",只知自己"生之歲,正月甲子朔,四百有四十五甲子矣,其季於今三之一"。師曠推算出他生於"魯叔仲惠伯會郤成子于承匡之歲"即文公十一年(前616),時年七十三歲。我們注意到,絳縣老人出生的日期比較特殊,他的生日是"正月甲子朔"即夏正的歲首。這樣,周歲、虛歲的增年標準在同一天;但在計齡上,周歲因爲不算出生的這一年,就比虛歲少一年。到魯襄公三十年(前543)二月,表面上看已經過了歲首和絳縣老人的生日;但當時行的是周正,三十年二月即夏正的二十九年十二月,實際上距歲首和絳縣老人的生日還差幾天。所以按照周歲算,絳縣老人只有72歲;師曠説的73實際上正是虛歲即加上出生那一年的算法②。

2. 孔子享年問題。錢大昕《十駕齋養新録》上條接著説:

> 仲尼生於襄廿一年,至哀十六年卒,亦是七十四年,而賈逵《注》云"七十三年",正以未周歲故,與絳縣人記年一例。

同書卷2《孔子生年月日》條又説:"自襄廿一年至哀十六年實七十四歲,而賈云年'七十三'者,古人以周歲始增年也。"孔子的生年有兩説,《春秋公羊傳》、《春秋穀梁傳》謂生於襄公二十一年(前552),《史記·孔子世家》的記載晚一年。目前學術界更傾向於司馬遷的説法③,謂孔子生於襄公二十二年(前551年),則至哀公十六年(前479年)卒,也正好是虛歲73。

3. 曹丕的年齡。魏文帝曹丕曾提到自己的早年經歷,《魏志·文帝紀》注引曹

---

① 《十駕齋養新録》卷二"絳縣人七十三歲"條。

② 北周時期的數學家甄鸞對絳縣老人的年齡做過詳細的推算,《五經算術》卷下《推絳縣老人生經四百四十五甲子法》(收入錢寶琮校點:《算經十書》,中華書局,1963年,第479頁)記載其算法:

> "四百四十五甲子,其季於今三之一"者,計四百四十五甲子有二萬六千七百日。其季三之一者,謂不滿四百四十五甲子。于未滿一甲子六十日之中,三分取一,謂去四十日,止留二十日也。是以注云三分六甲之一得甲子、甲戌盡癸未,謂止有四百四十四甲子,奇二十日,合二萬六千六百六十日⋯⋯術曰:置積日二萬六千六百六十日,以四乘之,得十萬六千六百四十日爲實。又置周天三百六十五日四分日之一,以四乘之,内子一,得一千四百六十一,爲一歲之日法。以除實,得七十二歲,餘一千四百四十八,少十三分不滿法。計四分爲一日,更少三日,不終季年。算法,半法以上收成一,爲七十三歲。據多而言也。

> 甄鸞用數學方法推算年齡,算出的只能是周歲;而其又以四捨五入法來彌合"七十二歲"和"七十三歲"的差異,更不合常識。

③ 現在將孔子的生日定於西曆9月28日,就是根據孔子生於襄公二十二年十月庚子推算出來的。但也有學者堅持孔子生於襄公二十一年的説法,見畢寶魁:《孔子生年生日詳考》,《遼寧大學學報》2011年第2期。

丕《典論·自敘》説:建安二年(197),張繡反叛,"時余年十歲,乘馬得脱"。徐紹楨《三國志質疑》卷 2 曰:"據本紀,文帝生於中平四年冬,而張繡既降復反,事在建安二年春,上距中平四年已十一年,而《典論》自云十歲者,蓋自中平四年之冬距至建安二年之冬,始實周十歲也。"①但張繡反叛的時間是在春季,沒有到曹丕的十月生日,其説的十歲顯然指的不是周歲。

4. 劉秀享年。《東觀漢記》卷 1《光武帝紀》記載劉秀生於建平元年(前 6)十二月甲子,建武中元二年(57)二月戊戌"崩於南宫前殿,在位三十三年,時年六十二"。根據劉秀的生、卒年推算,其享年應該是虚歲 63。吕思勉懷疑史籍記載的 62 指的是周歲②。但劉秀死時差十個月才到生日,按周歲算應該是 61,也不是 62。

看來,以上四例都無法證實古代有周歲計年的做法。相反,根據我們對中國古代制度的瞭解,卻可以得出否定的結論。一個明顯的事實就是,從秦始皇十六年(前 231)"令男子書年",官府開始掌握民衆年齡時起,到清朝宣統三年(1911)頒佈《户籍法》之前,官府的户籍和檔案只記載民衆的生年或年齡,不記出生的月和日③,所以從制度上説,中國古代二千多年裏官府不可能用周歲計年。

官方層面如此,民間習俗又怎樣呢? 使用周歲計年的前提是民衆普遍有了生日的概念和重視生日的意識。古人大概很早就有重視自己出生日期的傳統④,但並不意味著他們因此就有了生日的概念。我們知道,中國古代由於天文曆法不發達,最早從商代開始使用的是干支紀日而非數字紀日。而干支紀日不利於産生生日的概念。這是因爲:一方面,傳統曆法中一個曆月有 29 天或 30 天,而一甲子卻有 60 天,這就可能導致連續多年某月沒有某個干支日期的情形(也就是説一個人可能會連續多年過不了生日);另一方面,普通民衆不掌握曆法知識,而曆年又有平、閏之别,民衆即使知道自己出生當天的所有時間信息(年、月及干支日),也無法按照六十一週期的簡單算法算出自己每年的生日。上舉絳縣老人的例子中,老人的生日就是歲首,他清楚自己經歷的甲子數,卻算不出自己的年齡,原因是他不知道何時過歲首也就是自己的生日。絳縣老人忘了出生的年代,但還是記住了自己出生的月份;但我們知道,在用干支紀日的時代,民衆對具體日期的記憶,更普遍的情況卻是僅僅能選擇性地記住這天的干支。清咸豐二年(1852)浙江余姚縣出土

①收入張舜徽編《二十五史三編》第 4 册,嶽麓書社,1994 年,第 945 頁。

②見《吕思勉讀史劄記》甲秩"先秦·古人周歲增年"條。

③侯旭東對此也有説明,見《秦漢六朝的生日記憶與生日稱慶》,《中華文史論叢》2011 年第 4 期。

④屈原在《離騷》中説"攝提貞于孟陬兮,惟庚寅吾以降",這大概是我們知道的古人有關自己出生日期的最早記載。

的《三老碑》,碑文有云:

> (1)三老諱通,字小父,庚午忌日。祖母失諱,字宗君,癸未忌日。
>
> (2)掾諱忽,字子儀,建武十七年,歲在辛丑。四月五日辛卯忌日。母諱捐,字謁君,建武廿八年,歲在壬子,五月十日甲戌忌日。①

該碑是一個名叫邯的人所立,内容主要記其祖、父名字與忌日。就碑文反映的問題,清人俞樾有一番詳細的分析:

> 碑云:"三老諱通,字小父,庚午忌日。祖母失諱,字宗君,癸未忌日"。但云庚午、癸未,不載年月,余始譏其疏略。既而思之,其于父既備載年月,何于祖父祖母,遂疏略如此? 此必有故也。竊疑古人以干支紀日,不以初一、初二紀日。其家相傳,三老於庚午日死,祖母于癸未日死,相傳既久,忘其年月。民間不知曆術,安能推知爲某年某月某日乎? 於是子孫遇庚午、癸未日,則以爲忌日。蓋古人忌日之制,本是如此。試以子卯疾日證之,子有二説,鄭司農以爲五行子卯相刑,此固不必問其何月也。賈逵云桀以乙卯日死,紂以甲子日亡,則有日無月,似不可通。乃鄭康成、何劭公等翕然宗之,無異詞者,蓋援忌日之例,止論干支,不問爲某月第幾日。知紂以甲子亡,以《三統術》推之,爲武王十一年二月五日,至次年二月五日,乃上年紂亡之日,在今人必以此爲疾日矣,古人不然,二月五日不值甲子,即非疾日;而凡遇甲子,即爲疾日。一年有六甲子,是有六疾日也。疾日、忌日,其例並同。②

干支紀日與數字紀日相比,前者有個明顯的劣勢,就是民衆主要關注該日的干支,而過慮掉其他日期信息。忌日是這樣,生日亦當如此。隨著天文知識的發展,漢代的民衆開始逐漸用數字紀日代替干支紀日③,這就爲生日的産生提供了前提。到南北朝後期,受到佛誕故事的影響,民間出現了慶祝生日的現象④;唐代中期尤其是唐玄宗之後,朝野上下生日做壽的風氣流行開來。按道理説,隨著生日祝壽的流行,民間也應該出現生日增歲的觀念。但事實上,唐宋以後的民衆通常是將生日作爲個人的節日,在這一天慶生祝賀,並没有把生日作爲計年的標準⑤。即使在做壽風氣最盛的明清時期,學者們都否認當時社會上存在着生日增歲的習慣。如明

---

① 此碑又名《三老諱字忌日記》,錄文見高文:《漢碑集釋》,河南大學出版社,1997 年,第 1 頁。
② 方霈點校:《春在堂隨筆》卷七,江蘇古籍出版社,2000 年,第 105—106 頁。
③ 關於漢代何時行用數字紀日,學界有不同觀點,早者認爲是漢武帝時期,晚者認爲是西漢末年、東漢初年。
④ 有關古人過生日的問題,古今學者已有充分的論述,最新研究成果見前揭侯旭東一文。
⑤ 今天在占據絶大多數人口的農村中仍是如此。

末清初著名學者顧炎武就説，"今人以歲初之日而增年"。時代稍後的陳澧甚至專門討論過生日祝壽和周歲計年的關係，其在《東塾集》卷 4《與人論祝壽書》中説：

> 自唐以來，以生日祝壽，澧嘗推其故，當由爾時人之紀年以生日爲增一歲，故於是日行此禮。今人既不以生日增一歲，則此禮不必於生日行之。今京官多擇日爲親壽者，不知起自何時？近者平定張穆爲《亭林年譜》，考亭林之母六月二十六日生日，而稱觴乃在五月朔，蓋即生日不受賀之義。然則亭林固已擇日爲母壽矣。①

陳澧字蘭甫，是清代中後期的著名學者。按照他的説法，清代的人没有生日計歲的習慣，甚至當時存在著擇日祝壽的現象。這種説法也和顧炎武的説法相呼應。但是陳澧不清楚唐代爲什麽興起生日做壽，懷疑是由當時生日計歲的做法導致的。我們知道，唐代中期之所以流行生日祝壽，主要是受了唐玄宗設立誕節的影響；從邏輯上説，生日計歲也只能是在民衆有了生日祝壽的活動後出現的，不可能相反。事實上，唐代官方或民間的記載中也見不到生日計歲的做法。所以，同時代的文廷式對陳澧的説法提出質疑：

> 陳蘭甫師《東塾文集與人論祝壽》一篇……云自唐以來以生日祝壽，澧推其故，當由爾時人之紀年以生日爲增一歲，則恐未然也。《魏志·朱建平傳》云夏侯威爲兗州刺史，年四十九，十二月上旬得疾，念建平之言，自分必死。至下旬轉差，垂以平復，三十日昃，請紀綱大吏設酒，曰"吾所苦漸平，明日雞鳴，年便五十，建平之戒，真必過矣。"疾動，夜半遂卒，是古人歲盡增年之證。白香山《七年元日對酒詩》云："衆老憂添歲，餘衰喜入春，年聞第七秩，屈指幾多人。"元微之《除夜酬樂天》云："莫道明朝始添歲，今年春在歲前三"。是唐人亦以歲盡增年也。②

文廷式舉的朱建平例子，見於《三國志》卷 29《方技·朱建平傳》。傳稱朱建平預言夏侯威四十九歲有劫，但如果能順利度過這一年，就可以活到 70 歲；結果夏侯威死在了四十九歲最後一天（即十二月三十日的半夜），最終没能熬到 50 歲（即第二天元旦雞鳴時分，相當於凌晨 1—3 點）。這是三國時期的例子。元積、白居易的酬唱詩進一步表明，唐代後期的人也是以元日作爲增年的標準。

看來，無論是生日祝壽開始流行的唐代，還是做壽風氣大盛的明清時期，一般

---

① 黃國聲主編：《陳澧集[壹]》，上海古籍出版社，2008 年，第 158 頁。
② 《純常子枝語》卷三，收入《續修四庫全書》，上海古籍出版社，2002 年影印本，第 1165 册，第 75 頁。

民衆並没有因此轉用生日增歲的做法。所以,1930年民國教育部下發的《就舊曆虛歲推算國曆實足年齡用表》中,開頭第一句話就是"我國舊習,計算年歲,都用舊曆,所以所説的年歲,都是虛的,不是實足的"①。

但是,我們如果就此提出中國古代根本不存在周歲計年的結論,也不合事實。與現代社會更重視爲老人祝壽不同,古代生日的起源是和剛滿歲的小孩聯繫在一起的。根據顏之推《顏氏家訓》卷2《風操》記載,南朝時民間已經有父母在小孩滿歲時,舉行"試兒"的風俗②;唐宋之際,這一風俗流行大江南北,俗稱"試周"③。大概在此前後,民間就出現了稱滿歲的小孩爲"周歲"的説法。這時的周歲大概還是特定的概念,但到明清時期我們發現了在"周歲"之前冠以一以上的數詞來稱呼不同年齡段的小孩的例子。如15世紀初刊印的《普濟方》卷373《嬰孩驚風門》提到乳麝丸的用量時,説"三周歲以下小兒一餅,一周歲下半之"④。明朝晚期用"周歲"的記載就多一些,如:鄧原岳給門人舒孺立的信中寫道"兒生已十二周歲,頑鈍懶散,酷似其父"⑤。馮夢龍講的《楊八老越國奇逢》故事,説楊八老入贅檗家,"二月檗氏懷孕,期年之後生下一個孩兒,……不覺住了三年,孩兒也兩周歲了。"⑥清代

---

①《浙江省教育行政週刊》1930年第36期,第1頁。上世紀50年代,姜亮夫修訂的《歷代人物年里碑傳綜表》收録上古至1919年以來12,000人,其在《訂補歷代人物年里碑傳綜表序例》中也指出,"碑傳書年及生卒常例都用虛數,生的那年即算一歲"(見《歷代人物年里碑傳綜表》,中華書局,1959年,第6頁)。既使他舉出的一些特例,如認爲馮守信、何中立、吳隧、張瑶、趙芳、趙瑜、蔣陳錫、李漢臣、顏頤仲、閭丘觀、吉台徹爾、錢肅範等12人享年與虛歲計年不合,懷疑這些人用的是"實歲"即周歲的説法,亦恐與事實不符。我們知道,包括行狀、碑刻、正史等史料在内,在記載人物的生、卒及享年時往往互有出入;如果僅據其中的一、二條材料就認定這些人的年數不符,顯然有失輕率。所以姜書出版後,許多學者做過訂補工作,如:鄭騫《宋人生卒考示例》[(臺北)華世出版社1977年版]、來新夏《〈歷代人物年里碑傳綜表〉清人部分校記》(收入《結網録》,南開大學出版社,1984年,第209—226頁)、陳鴻森《清代學者疑年考——姜亮夫〈歷代人物年里碑傳綜表〉訂訛》(《中華文史論叢》2007年第4期,第155—199頁)。即如姜氏所舉馮守信、何中立、吳隧、李漢臣以及顏頤仲這5個宋代人,昌彼德、王德毅等著《宋人傳記資料索引》一書就綜合了多種史料,得出:馮守信生於956年,卒於1021年,享年66;何中立生於1004年,卒於1057年,享年54;李漢臣生於1061年,卒於1101年,享年47(應爲"41"之誤);顏頤仲生於1188年,卒於1262年,享年75;吳隧生於1200年,卒於1264年,享年65的結論。這些人享年全部用的是虛歲。以上所列人物生、卒、享年,依次見於昌彼德、王德毅、程元敏、侯俊德:《宋人傳記資料索引》,(臺北)鼎文書局,1984年,第4册2753頁、第2册1272頁、第2册1045頁、第5册4213頁以及第2册1128頁。
②王利器集解:《顏氏家訓集解(增補本)》卷二《風操》,中華書局,1993年,第115頁。
③(宋)葉寘撰,孔凡禮點校:《愛日齋叢抄》卷1,中華書局,2010年,第25頁。
④參見(明)朱橚等編:《普濟方》,人民衛生出版社,1958年,第446頁。但奇怪的是,《普濟方》卷358—408記載的是小孩常見病症及藥方,唯上引乳麝丸的用量時提到周歲,其他藥方劑量注明的都是"兩歲""三歲"等等,未見"周歲"的提法。
⑤《西樓全集》卷一八《尺牘及門人舒孺立編修》,明崇禎元年(1628)鄧慶采刻本,第183頁。
⑥《古今小説》卷一八,人民文學出版社,1958年標點本,第258頁。

有個明顯例子,戴鈞衡爲其女兒撰寫的墓誌銘中,寫道"女以道光二十年十二月除夕生,以二十八年二月五日卒,計年周七歲耳。"①

可以說,我們目前見到古籍中用"周歲"的場合指稱的都是小孩。民間之所以出現兒童用周歲計齡的事例,我想,除了受"抓周"之類風俗的影響外,恐怕也和他們正處於快速生長階段,虛歲難以反映其個體生理、心智水準的實際差異有關。隨著年齡的增長,這種差異越來越小,人們就又回到用虛歲計齡的習慣上來了。現在的河北、河南等農村,人們稱三四周歲以内的小孩也經常用周歲,過了這個年齡就不再說了。

如果對古人是否以周歲計年的問題做一個簡短結論的話,就是在唐宋之前,無論官方還是民間都没有周歲計年的方式;唐宋之後尤其在明清時期,民間偶見周歲計年的現象指稱的也都是小孩。

不過,隨著中唐以後生日祝壽之風的興起,民間在遵用歲首增年的同時,也出現了將生日視爲新增一歲的跡象。如宋朝詩人蘇轍在《壬辰生日兒侄諸孫有詩所言皆過記胸中所懷亦自作》中就說,"生日今朝是,匆匆又一年"②。一些文人也喜歡將生日稱爲"初度",這個詞不僅指生日,也兼具一歲之始的涵義。但是受到民間習慣兼或官方制度的影響,當時社會上流行的做法仍是以虛歲而不是按生日計算年齡。如上引蘇轍生日詩中有以生日增歲之意,但他在《除日二首》中又說"七十四年明日是"③。最典型的例子就是顧炎武。顧炎武生于明萬曆四十一年(1613),他在康熙元年(1662)生日時作有《五十初度時在昌平》一詩;但他前面又說"今人以歲初之日而增年",他自己就不認爲生日意味著增年,所以他的"五十初度"仍是按虛歲而非周歲算④。真正在户籍中採用周歲計年,已經是清末民初的事⑤,而這主要是借鑒了世界各國的做法,未必和民間習俗有太大關係。

(作者單位:南開大學歷史學院)

---

①《味經山館文抄》卷四《女有壙志銘》,清咸豐三年(1853)刻本,第43頁。

②曾棗莊、馬德富校點:《欒城集·欒城第三集》卷三,上海古籍出版社,2009年校點本,第1510頁。

③《欒城三集》,第1510頁。

④馬斗全指出,古人說的"初度"都是指虛歲,見《說"初度"》,《廈門晚報》2007年5月27日。

⑤宣統三年(1911)頒佈的《户籍法》中,規定"其記(出生)年月日時及年歲之數目字須用一五十大寫字樣",未明確說是記周歲;但民國四年(1915)八月二十日頒佈的《員警廳户口調查規則》第十二條,規定了在編造户口清册時,要統計"年滿六周歲至十三歲之學童"。相關户籍法規,參見張慶五輯:《舊中國户籍法規史料》(清朝末期至中華民國),中國公安大學、包頭市公安局編印,第6、109頁。

中國帝制時代"君主專制"問題片論

張　帆

　　中國古代國家的發展，從政權組織結構和統治方式的角度來看，可以分爲兩個階段。第一階段包括夏、商、周三代，當時的國家建立在部族聯合和分封制的基礎之上，屬於貴族君主制形態，集權程度不高，管理比較鬆散。第二階段從秦朝統一開始，直至清朝滅亡，其特點是以皇帝爲核心的中央集權官僚制統治，政權組織結構更加緊密，統治力度也大大加强了。如馬端臨所總結："三代而上，天下非天子之所得私也。秦廢封建，而始以天下奉一人也。"[1]爲方便起見，也可以將這兩個階段稱爲中國的"王制時代"和"帝制時代"。一般認爲，君主專制是中國帝制時代政治體制區別于此前王制時代的主要特徵，也可以説是中國古代皇帝制度的基本特點。但關於"君主專制"這個概念是否恰當，以及對它究竟應該怎樣理解，學術界還存在一定的爭議。[2]　在此僅結合中國通史教學中遇到的問題，就其中兩個問題略做討論。

一、"專制"概念是否可以使用

　　在中國古代文獻中，"專制"一詞通常是指大臣、貴戚或宦官掌管本應屬於君

---

[1]（元）馬端臨：《文獻通考》卷一《田賦考一》，上海師範大學古籍研究所、華東師範大學古籍研究所點校，中華書局，2011年，第一册，第28頁。

[2]相關爭議由來已久，論著繁多，部分代表論文見下文轉引。總結性的討論可參閲閻步克：《政體類型學視角中的"中國專制主義"問題》，載《北京大學學報（哲學社會科學版）》2012年第6期；王義保：《近年來國内專制主義理論研究述論》，載《學術論壇》2006年第10期。

主的職權,基本不用來描述君主,更不是指一種政治體制。而當代習慣使用的"專制"或"專制主義"概念,乃是晚清出現的新含義,是對西方政治學術語英文 Despotism 的翻譯。它的詞根 despot 源於希臘語,本意爲"家長"或"(奴隸的)主人",引伸爲專制君主。從古希臘的亞里斯多德開始,西方學者經常使用 despot 或 Despotism 來描述古代東方的君主制政體,强調古代東方君主的專橫與暴虐,以及人民像奴隸般的順從。在歐洲的中世紀後期和近代早期,許多國家先後建立起集權的君主制度,取代了原來的等級君主制。這種集權的君主制度儘管與古代東方君主制(如中國的皇帝制度)頗爲相似,但在西方學術語境中卻被冠以不同的概念。前者被稱爲 absolute monarchy 或 Absolutism,即"絕對君主制"或"絕對主義"。後者則被稱爲 Despotism,即"專制主義"。也就是説,"專制"或"專制主義"在西方政治學理論中是被用來特指東方的(有時使用一個更明確的稱謂 Oriental despotism 即"東方專制主義"),帶有一定的歧視色彩。十九世紀末到二十世紀初,一些受到西學影響的中國知識份子才開始使用"專制"一詞來概括帝制時代的中國政體,一直沿用到今天。

由於以上原因,一些學者對中國古代"專制"論提出了質疑。甘懷真指出:"專制是一個外來的概念,……必須清楚認識到它的局限性。""專制的概念被引進中國不是基於單純的學術興趣,而是出於現實的政治運動的需求。"①侯旭東進一步認爲:"秦至清的帝制時代的中國政體爲專制政體、皇帝爲專制皇帝的論斷……並非科學研究的結果,而是亞里斯多德以來的西方人對東方的偏見。……這一説法實際未經充分的事實論證,不加反思地用它來認識帝制時代中國的統治機制只會妨礙研究的深入。"②王紹光也抨擊"專制"概念在中國歷史研究領域是一種"詞的霸權","在相當大程度上遮蔽了我們對古代中國以至於現代中國的想像"。③

平心而論,上述質疑有一定道理,但並不完全成立。誠然,從君主集權的意義上來説,"專制"是一個外來概念。但它自晚清以來被廣大學者普遍接受和使用,卻並非出於盲目和偶然。如姜鵬所反問:"這麽多一流學者,在這麽大的觀念轉變問題上,有如此一致的決斷,如果毫無事實基礎作爲他們的認知前提,難道是他們

①甘懷真:《皇帝制度是否爲專制?》,收入氏著《皇權、禮儀與經典詮釋:中國古代政治史研究》,華東師範大學出版社,2008年。
②侯旭東:《中國古代專制説的知識考古》,載《近代史研究》2008年第4期。
③王紹光:《政體與政道:中西政治分析的異同》,載北京大學中國與世界研究中心編《研究報告》2011年第7期(總第49號)。

集體認知失範?"①萬昌華指出:"'專制主義''專制政體'……雖然是在晚清時才開始對譯英文 despotism 及 despot 的,但是,與之相對應的中國政治人物與思想家的此類政治主張,以及對中國秦代以來是實行的君主專制政治制度的認識,其歷史卻是相當悠久的。""儘管晚清時期人們在翻譯外語與名詞使用上有失誤,但他們……在對事物的本質把握上卻是正確的。"②不可否認,從"正名"的角度考慮,在概括帝制時代的中國政體時,還有比"專制"更加合適的詞彙。例如由法家首先使用的"獨制"。與"專制"主語多指大臣有別,"獨制"的主語通常是君主。《管子·明法解》:"故明主之治天下也,……法政獨制於主,而不從臣出。"《商君書·修權》:"權者,君之所獨制也。"《韓非子·有度》:"故法省而不侵,獨制四海之內。"李斯《論督責書》:"是故主獨制於天下,而無所制也。"曹元首《六代論》:"秦王獨制其民,故傾危而莫救。"另外,考慮到西方學者在"專制"一詞用法上隱含的歧視東方色彩,直接使用西方專用的"絕對君主制"或"絕對主義"概念來代替東方的"君主專制"或"專制主義",也是一個可以接受的選擇。西方學術界一般認爲,絕對君主制在形式上的特徵主要有兩點:首先,君主是世間的唯一法律來源。當然如果他破壞了上帝的法律或自然法,人們還保留著某些反抗的權利。其次,君主憑藉著常備軍和官僚機構進行統治。③從歐洲近代歷史來看,絕對君主制打破了中世紀等級制對中央權力的限制,力圖實現中央政府對每一個臣民的直接統治。在確立中央政府絕對權威的同時,也把君主等同于國家,從而形成君主集權。以上內容用來形容中國古代的"君主專制"政體,其實也是比較合適的。

但是,對於已經使用了一百餘年的"專制"概念,我們固然可以進行一些正本清源的詞義辨析,而如果膠柱鼓瑟,一定要用詞義上更少爭議但大家並不熟悉的"獨制"或"絕對主義"取而代之,則似乎尚無必要。畢竟用"專制"一詞來表述帝制時代君主掌控國家政權的政治體制,已經約定俗成,深入人心,不僅基本切合歷史事實,在字面上也易於理解。如果説"封建"一詞在近代的翻譯和使用造成了比較嚴重的認識混亂,則"專制"基本上沒有這樣的問題。因此,在對"專制"一詞詞源、詞義稍加辨析的前提下,它的使用應該沒有什麼問題。

---

①姜鵬:《讀〈中國古代專制説的知識考古〉:認識自我不應脱離"他者"》,載《文匯報》2009 年 1 月 4 日,第 8 版。

②萬昌華:《一場偏離了基點的"知識考古"——侯旭東〈中國古代專制説的知識考古〉一文駁議》,載《史學月刊》2009 年第 9 期。

③參見劉北成:《論近代歐洲絕對君主制》,載《北京師範大學學報(社科版)》1997 年第 1 期。

二、"專制"是否意味著絶對不受制約

"專制"一詞的使用之所以引起爭議,有一個很重要的原因,就是人們往往把"君主專制"機械地理解爲君權絶對不受制約,然後發現這種情況與中國歷史並不完全符合,因而對"專制"概念産生質疑。

一般認爲,"君主專制"的含義就廣義而言包括三個方面:一是君主終身制和世襲制,二是君主至高無上的地位,三是君主高度集中的終極權力。其中,前兩個方面是夏、商、周的貴族君主制乃至現代君主立憲制都具備的特徵,第三個方面亦即權力因素才是理解君主專制的關鍵。權威辭書《現代漢語詞典》將"君主專制"解釋爲"君主獨攬國家政權、不受任何限制的政治制度",就是從權力角度進行界定的。這個解釋來源於18世紀法國啓蒙思想家孟德斯鳩。孟德斯鳩是較早用"專制"來概括一種政體、並進行深入討論的學者。他在《論法的精神》一書中説:"專制政體是既無法律又無規章,由單獨一個人按照一己的意志與反復無常的性情領導一切。"①晚清思想家嚴復將這句話簡明地翻譯爲:"專制者,治以一君,而一切出於獨行之己意。"②這可以説是最有影響的"專制"定義。在《論法的精神》書中的其他地方,孟德斯鳩對"專制"也進行了類似的描述。例如説:"在專制的國家裏,政體的性質要求絶對服從。君主的意志一旦發出,便應確實發生效力。……絶無所謂調節、限制、和解、條件、等值、商談、諫静這些東西。"③如果用上述對"專制"的理解來對照中國帝制時代的歷史,則大約只有秦朝和以後王朝的個別暴君統治勉强稱得上"專制",其餘大部分時間都明顯達不到"專制"的標準。

但是,孟德斯鳩也指出:他對包括"專制政體"在内各種政體的描述是就基本性質和原則而言的,屬於"應該如此"④,實際情況要更加複雜。比孟德斯鳩生活年代稍晚的法國重農學派代表人物魁奈,就對專制政體進行了類型劃分。他認爲:專制君主有"合法的"和"爲所欲爲的或不合法的"兩種類型,前者"執行法定絶對權力",後者則"執政不論好壞,其政府都不受基本法則的保護"。他一方面承認"中國的君主獨掌國家大權",因此將其歸入專制政體;另一方面卻强調中國屬於專制政體的合法類型,"中國的制度建立于明智和確定不移的法律之上,皇帝執行這些

---

① [法]孟德斯鳩:《論法的精神》,張雁深譯,商務印書館,1961年,上册,第8頁。
② [法]孟德斯鳩:《孟德斯鳩法意》,嚴復譯,商務印書館,1981年,上册,第11頁。
③ [法]孟德斯鳩:《論法的精神》,上册,第27頁。
④ 同上書,上册,第28—29頁。

法律,而他自己也審慎地遵守這些法律”。① 他還專門論述了中國“皇帝的絕對權力受到制約”的問題。②

不妨説孟德斯鳩和魁奈對專制政體的解釋各有道理。孟德斯鳩總結了專制政體的“純粹”形態或“理想類型（ideal-type）”,魁奈則對專制政體在現實中的具體表現形式進行了初步歸納。首先應當承認,“純粹”或“理想”的專制權力在中外歷史上都非常罕見。正如愛德格·博登海默所指出,“歷史上記載的大多數專制主義形式”都没有表現出“純粹專制統治的一些極端特徵”。③ 佩里·安德森對西方近代絕對君主制的研究也表明,所謂絕對君主制並不“絕對”,没有一個西方君主享有不受約束的絕對統治權力,甚至可以説“所有君權都是有限的”。④ 然而,這並不意味著抽象地揭示專制政體的“純粹”或“理想”形態没有意義。揭示出專制政體的“純粹”或“理想”形態,才能真正把握專制權力的本質。

如果認識到上述“專制”概念的兩重性,就有可能更加準確地理解中國帝制時代君主專制統治的特徵。“專制”儘管在法理上不受約束,但在絕大多數的實際運行場合仍然會受到制約,君主並不能够隨意地爲所欲爲。當然也要指出,這種制約不是平行、對等、充分制度化和完全有效的。佩里·安德森認爲:西方近代絕對君主制受到雙重制約,一個是“受它支配的傳統政治團體的存在”,另一個是“支配它的無所不在的道德法規”。⑤ 中國的君主專制政體也大致類似,制約它的因素主要表現在四方面:官僚機構、儒家思想、貴族政治殘餘和士大夫群體。它們在各個時期起作用的程度不同,但共同與君權擴展的趨勢形成了一種彼此之間的“張力”。

就中國古代歷史而言,君主專制體制在秦朝最初建立時曾經十分接近於專制政體的“純粹”或“理想”形態,幾乎不受約束,然而統治效果卻非常失敗。夏曾佑指出:“秦自始皇二十六年併天下,至二世三年而亡,凡十五年,時亦促矣,而古人之遺法無不革除,後世之治術悉已創導。其至專制政體之流弊,秦亦於此匆匆之十五年間,盡演出之。”⑥秦朝建立的君主專制制度奠定了後代國家體制的基本結構,但其二世而亡的歷史也充分體現出盲目追求專制極限會帶來多麽可怕的後果。宋人胡寅曾經在這方面進行過概括:

①［法］魁奈:《中華帝國的專制制度》,談敏譯,商務印書館,1992 年,第 24 頁。
②同上書,第 73—76 頁。
③［美］博登海默:《法理學——法哲學及其方法》,鄧正來、姬敬武譯,華夏出版社,1987 年,第 222 頁。
④［英］佩里·安德森:《絕對主義國家的系譜》,劉北辰、龔曉莊譯,上海人民出版社,2001 年,第 40 頁。
⑤同上書,第 41 頁。
⑥夏曾佑:《中國古代史》,生活·讀書·新知三聯書店,1955 年,第 232 頁。

故嘗試論之,莫尊於君,所言必應,所欲必得。據無所不可之勢,而不知其有可有不可焉,則以不可爲可,率意而行之。故可以崇飲沉酗,俾晝作夜;可以冒女好色,婦言是用;可以淫于原獸,十旬不返;可以徇貨愛寶,盈欲無厭;可以廣土貪地,糜爛百姓;可以峻法嚴刑,斬刈天下;可以窮極土木,千門萬户;可以萬八千人,執樂歌舞;可以移山轉海,力役不息;可以害賢憎忠,割心抉舌,名之妖言,陷諸鉤黨;可以亡奸保佞,崇長信使,引其黨類,傳之子孫。行之一時,無不如志,此人君之勢也。雖然,所樂未畢,殃禍已及。蓋易而爲之,昊天不與故也!①

在法理上,或者説就制度本質而言,專制君主“據無所不可之勢”,能够做到“所言必應,所欲必得”,可以“率意而行”“無不如志”,就像李斯《論督責書》所説的“犖然獨行恣睢之心而莫之敢逆”。然而這種極端做法最終會付出慘重代價,乃至身死國滅,這樣的專制又有什麼意義呢? 必須充分重視統治的穩定和效能,而不是盲目擴張君主個人權力,恣意妄爲,這就是秦朝留給後世的經驗教訓。以後王朝面臨的任務,是如何在保證君主高度集中終極權力的前提之下,維護君主專制政權長久和穩定的統治。爲此,必須認真協調與各種政治力量、社會力量的關係,在權力行使上容納一定的合作、調節和制約因素。因此,在秦以後的歷代王朝,除去少數暴君統治時期外,像秦朝那樣“純粹”或“理想”的專制統治基本没有再出現過。各種制約力量大多數時候都能够發揮出程度不等的作用,約束專制皇權向“純粹”或“理想”形態發展,有時甚至會讓人懷疑“專制”是否還存在。正是經過這樣的調適,君主專制體制才得以穩定下來並且長期延續。秦朝君主專制付出了犧牲穩定與效能的慘重代價,後代統一王朝諸如漢、唐、宋、明、清的君主專制卻比較充分地兼顧了穩定與效能。秦朝只是低水準的專制,後代大多數時候的專制則是相對高水準的。而且總體來説,所謂中國歷史上君主專制的“强化”,主要也表現爲專制水準的提高。這應當是中國古代君主專制體制發展的基本線索。

（作者單位:北京大學歷史學系）

---

① (宋)胡寅:《讀史管見》卷三十後周顯德六年條,劉依平點校,嶽麓書社,2011 年,下册,第 1112 頁。

東亞農牧交錯帶的城址與環境

——基於田野考察之歷史地理思考

李孝聰

我與吳榮曾老師相識還是上個世紀 80 年代,我在鄧廣銘先生身邊做助教的時候,鄧先生告訴我:吳榮曾先生終於從《歷史研究》編輯部回到母校北大任教。鄧先生順便介紹了 1958 年內蒙古自治區成立時北京大學爲支援內蒙古大學歷史系建設,抽調了一批年富力强的中青年學者到內蒙古大學歷史系任教,其中就有吳榮曾先生。吳榮曾先生長期致力於先秦、兩漢史研究,功力很深。我錯過了直接在吳先生課堂上聆聽受業的機會,與先生接觸時間稍長一點是 2008 年 5 月 5 日至 8 日,我們一同去浙江温嶺參加"大溪東甌古城歷史文化學術會議"。在那次參會途中和會議期間,我們一起探討大溪東甌古城遺址究竟能否是東甌古國的王城,作爲早期王朝都城的評判標準是什麼。除了從考古發現與早期王城制度的比對之外,是否還應當考慮温嶺的地理環境是否適合於王城的選址和發展。我順便向吳先生介紹了前一年我們剛剛組織的"中日東亞農牧交錯帶的城址與環境田野考察",以及探尋古城址的一些不成熟的想法。吳先生很支持我們將讀書與野外考察結合的研究方法,同時指出應關注考古出土資料。今年適逢吳榮曾先生九十華誕,故以《東亞農牧交錯帶的城址與環境——基於田野考察之歷史地理思考》爲題向先生彙報我們的調研成果以此賀壽。

2007 年 8 月 1 日至 18 日,由日本中央大學妹尾達彦教授發起,北京大學歷史地理與古地圖研究中心協助,組織中國、日本、韓國"農牧交錯帶城址與環境"學術考察隊,從北京出發,對河北(懷安)、山西(大同、朔州、偏關)、陝西(神木、榆林、靖邊、彬縣）、寧夏（銀川、吳忠、固原）、甘肅（平涼）等省區市縣的自然環境、古城址與歷史地理進行爲期 16 天的田野學術考察。我們特別關注歷代城址地理分佈的特點，被廢棄的古城址的選址，以及城址與河流、自然環境和農牧經營方式之間的關係。現結合先後數次對明長城沿線的田野考察，基於恒山以北的桑乾河流域、鄂爾多斯高原南緣、固原葫蘆河流域三個農牧交錯帶，利用文獻史料、考古資料、觀察紀錄與圖像資訊，就中國北方農牧交錯地區的城址與環境問題，提出一些思考和研究探索。

一、桑乾河流域歷代城邑選址與分佈規律之比較

今天中國北京市、河北省和山西省北部燕山、太行山、恒山山脈以北的桑乾河流域，屬於蒙古高原向華北平原的過渡地帶，當地人從事河谷階地農業與草灘放牧經營。這裏雖然黃土堆積深厚、日照强烈適宜農業耕作，而無霜期短暫，對於農業發展又有所不利。由於這一地區的山脈存有若干條孔道維繫南北交通，便於由蒙古草原進出中原，向來爲草原遊牧部族、中原農耕政權所看中，而成爲南北往來和兵家必爭之地。桑乾河流域在歷史上曾經經歷過農業、遊牧、畜牧業經營方式的反復更替，考古調查也表明這一地區始終保持著中原農業文明與北方遊牧部族文化共生的現象。從距今 7000 年前的新石器時代開始，桑乾河流域就不斷有人類居住的聚落出現，目前發現的衆多戰國、秦、漢古城址下層或多或少迭壓著早期文化遺存，是早期農業曾在這一地區發生發展的寫照。但是，伴隨著中原易主，政權更迭和經略政策的變化，桑乾河流域也曾長期爲北方部族駐牧之地，使這裏的城址興廢不常。

1. 沿河谷平原分佈的西漢城址

西漢推行“募民徙塞下”的政策後，由於人口的充實和邊防的鞏固，桑乾河流域的城邑逐漸恢復並有所發展，據《漢書地理志》記載，到西漢末年，雁門、代郡、上谷三郡共有 47 縣，其中有 40 縣位於恒山以北的桑乾河流域，在譚其驤主編的《中國歷史地圖集》中標出了 32 座縣城，但還有 8 座縣城未能確定位置。西漢王朝在桑乾河流域除了設置過衆多郡、縣治所城址之外，還有亭、都尉等城址。考察發現西漢的城址大多分佈在靠近河流的階地上，往往位於兩條河流交匯處，反映城邑選址不僅考慮憑河據險而自固，而且反映周圍的土地以農業經營方式爲主，農業耕作對河流灌溉有所依賴。舉例如下：

漢馬邑縣城址,七里河與桑乾河交匯處;

漢班氏縣城址,桑乾河與御河交匯處;

漢潘縣城址,桑乾河與協陽關水交匯處;

漢下洛縣城址,桑乾河與洋河交匯處;

漢沮陽縣城址,桑乾河與嫣水河交匯處;

漢平城縣城址,御河與十里河交匯處;

漢桑乾縣城址,桑乾河與壺流河交匯處;

漢九王城址,洋河與洪塘河交匯處;

漢武州縣城址(左雲東古城城址),元子河與樹兒照河交匯處;

漢中陵縣城址,滄頭河與無名支流交匯處(此例不屬桑乾河流域,但是選址規律一致)。

實地考察城址舉例:

例一:漢平邑縣城址

西漢平邑縣城址位於山西省大同縣許堡鄉東水地村北 500 米左右的桑乾河北岸階地上,東墻遺跡已難尋,惟西墻尚保存殘高 2 米的夯土城垣。GPS 實測定位,北緯:40°1′0.37″、東經:113°46′17.33″,夯層厚 15 釐米;城內中部有殘存的土垣與高臺建築基址,散落許多碎磚和繩紋瓦片,懷疑是內城遺址。現城址中部有南北向一條沖溝穿過,應當是這座城址廢棄後才出現的。《水經·漯水注》記載:"如渾水又東南流,注于漯水。漯水又東,徑平邑縣故城南。"目前西墻殘存點距桑乾河河道約 3000 米左右,如果東水地遺址確實是漢代縣城,則應該是平邑縣城。據《大同縣誌》介紹,城垣南北長 200 米,東西寬 150 米,周長爲 700 米。但據現場目測,遠不止於此,因爲西墻距離沖溝就超過 200 米,城址面積不小,而且是內外兩重城垣形制。

例二:九王城遺址

九王城遺址位於懷安縣左衛鎮尖臺寨村北 50 米,地勢平坦,坐落在洪塘河、南洋河交匯處。東距洪塘河 300 米,北距南洋河 500 米。《大清一統志·宣化府三》記載:"九王城,在懷安縣舊萬全左衛北五里,相傳遼築,遺址尚存。"1982 年文物普查時探明城址爲長方形,東西長 1000 米、南北寬 750 米。實地考察發現地表殘留明顯隆起的一段城垣遺跡,夯層厚 17—18 釐米。其上現殘存烽燧一座,GPS 定位北緯:40°42′14.66″、東經:114°44′10.32″,海拔 688 米。烽燧圍有土垣,南北 28 步,東西 47 步,夯層厚 30 釐米,夯土層中雜有不同年代的陶片。烽燧夯層上部厚 20 釐米,下層厚 9—10 釐米,較城垣遺跡相比不是同一時代,應係明代在前代城址基礎上所築。在九王城遺址東南約 500 米劉家堡村有 34 座封塚高大的漢墓,如此大量的漢墓群出現在該城址附近,似應證明九王城遺址曾經是漢代的一座城址,只不過尚難與文獻記載中的哪座城址對應①。

2. 漢墓和漢代城址

由於漢代實行有封土堆的墓葬形制,因而一般來説聚集較多人口和有官員身份的城址附近,會留下數目較多的漢墓,尤其是封土堆高大的大型漢墓絶不會孤立地遠離城址。因此,漢墓對於尋找和考定漢代的城址能夠提供明顯的線索。譬如:今雁門關外的北邊的沖洪積扇上留下大規模的漢墓群,應與先後作過西漢的陰館縣城、東漢的雁門郡治的城址有關。

今河北省懷安縣頭百户鄉舊懷安村明代邊堡的北側有座漢代城址,據 1985—1986 年張家口地區文化局文物普查,認定該城使用的年代爲戰國至漢代。城址呈長方形,東西 170 米,南北 300 米,夯築城垣②。城址西南 600 米處亦有幾座較大的封塚,現定爲耿家屯漢墓群。2008 年北京大學歷史地理與古地圖研究中心組織考察,確認遺址位於村北洪塘河東側的二級階地上。洪塘河即《水經·㶟水注》記載的託台谷水,據考古報告稱:西城垣被河水沖刷,已無痕跡,可見在漢代,此城非常接近託台谷水(洪塘河)。由於無法與《漢書·地理志》或《續漢書·郡國志》中的漢縣對應,目前尚難確定是哪類城址。

但是,也有發現漢墓群而尚未找到古城址的例子,如:山西左雲縣管家堡鄉北黑土口、黃土口臺地上有十數座漢墓,並保存有漢代烽燧。目前已知漢代城址是距離 50 里之外的雁門郡武州縣城(今山西左雲縣城東北古城村白羊城遺址),一般來説漢墓尚未發現距漢代城址如此遠的例證。而且,這一帶屬於桑乾河上游的支流淤泥河平坦的沖洪積平原,既有深厚的黃土層,又能夠引河水灌溉,所以,應當有一座尚未確定的漢代城址。

右玉縣城西南 12.5 公里的威遠堡鎮樹兒照村西北,在一古城址内發現有灰坑、雲紋瓦當、方格瓦當、五銖錢、半兩錢、漢代陶片等大量的漢代遺物,城址周圍分佈有亂圪塔坡、南八里、進士灣、威遠城、常門鋪等漢墓群,漢墓群的墓葬大多有封土,最高有 10 米以上,周圍有 50—60 米,這樣的墓葬大概有 100 多個③。故,考古

---

① 張家口地區行署文化局編:《張家口地區文物普查資料集》(内部資料),1982 年,第 25 頁。

② 劉建華:《張家口地區戰國時期古城址調查發現與研究》,《文物春秋》1993 年第 4 期,第 25 頁。

③《右玉縣誌》,第 655 頁。常門鋪漢墓引自戴尊德、胡生:《右玉縣常門鋪漢墓》,《文物世界》1989 年第 1 期,第 25—31 頁。

工作者判定該城爲漢代城址,可能是雁門郡中陵縣城,該城址的確定,糾正了《中國歷史地圖集》的誤畫。

漢代城址一般沿寬闊的河谷平原分佈,儘管漢代城址選擇水源條件好,適宜農業種植的位置,按理可以長期發展,可是大多數漢代城址到隋唐以後就廢棄不用了,原因何在? 值得進一步推究。

3. 唐代州縣治所内縮代之以軍城

貞觀四年(630)東突厥被唐朝所滅,大批突厥部族遷往漠南,在桑乾河流域放牧。"皆得一處養畜資生,種田未作"①。爲安置內附的東突厥部族,唐朝在"山後"地區除設立個別的軍城外,基本上沒有設置州縣級地方行政建置,因此可以認爲恒山以北地區當時是以畜牧經營爲主,定居農業人户比例不大,否則將設立州縣以註冊户籍來管理。唐朝設置的州縣城退至恒山以南,山後僅存雲、朔二州,雲州曾被默啜攻陷,倍受摧殘,並無屬縣所領,只有朔州因與代州分別扼住雁門、樓煩關道之南北,故未裁撤。這種狀態一直保持到唐朝末葉,幽州節度使劉守光"命大將元行欽將騎七千牧馬於山北,募山北兵以應契丹"。燕山南北的勢力曾經在廣邊軍城下反復爭戰。

唐廣邊軍城址

位於今河北省赤城縣東南雕鶚鄉西康莊村東 200 米,公路北側。北倚摩天嶺,南臨紅河(屬白河上游水系)。雕鶚盆地係燕山山脈大海坨山與摩天嶺夾峙的山間谷地,東西長 20 餘公里,南北寬不足 5 公里,水草豐茂,但氣候寒冷,無霜期短於農耕不利。由於雕鶚地處從蒙古草原沿著獨石口、赤城南下道路的必經隘口,軍事防守形勢顯著。今城址背後的嶺上有碎石堆築的邊墻,隨山勢東西蜿蜒,與城址西側的夯土長城相接。

據賈耽《皇華四達記》云:"嬀州北一百四十里至廣邊鎮,一名白城。又東北五十里至赤城。又北七十里至鎮城。陘山在鎮城西北,即奚、契丹避暑之處。"②筆者按:鎮城,指北魏禦夷鎮故城,其址在今赤城縣北獨石口至舊州站一帶。《通典》一七八州郡八:嬀川郡(嬀州)"東北到長城界九十八里"。《太平寰宇記》卷七一河北道二十嬀州:"四至八到:……北至張説新築長城儿十里,又云全廣邊城舊名白雲城,一百八十里。……東北至長城爲界九十八里"。按史料所載里程推算,雕鶚鄉

①《册府元龜》卷九七九《外臣部和親門》。
②《武經總要·前集》卷十六下"邊防·北蕃地里·雲州四面諸州·嬀州"條,《四庫全書》本。

的古城址即文獻所記的唐代廣邊(鎮)城。

乾化三年(913)三月,燕主劉守光命大將元行欽將騎七千牧馬於山北,募山北兵以應契丹。又以騎將高行珪爲武州刺史(治今河北宣化),以爲外援。晋李嗣源分兵徇山後,八軍皆下之。晋王李存勗以其弟存矩爲新州刺史總之(治今河北涿鹿),以燕納降軍使盧文進爲裨將,李嗣源進攻武州,高行珪以城降。元行欽聞之,引兵攻珪。行珪使其弟行周質於晋軍以求救。李嗣源引兵救之,行欽解圍去。嗣源與行周追至廣邊軍。凡八戰,行欽力屈而降,嗣源愛其驍勇,養以爲子①。胡三省爲《通鑑》注:"嬀州懷戎縣北有廣邊軍,故白雲城也。"宋白曰:"廣邊軍在嬀州北一百三十里,高行周兄弟本貫廣邊軍鷗窠村。"鷗窠村即今赤城縣雕鷗鄉,由此可證雕鷗鄉古城即唐代廣邊軍城。

唐代廣邊軍城址形制爲内外兩重城,内城中間還有一南北向的隔墙。外城GPS定位:

西南城角:N 40°43′81″、E 115°46′82″,海拔 870 米;

東南城角:N 40°43′64″、E 115°47′58″,海拔 870 米;

東北城角:N 40°43′69″、E 115°47′05″,海拔 872 米;

西北城角:N 40°43′68″、E 115°46′98″,海拔 875 米(農民已經緊貼城垣蓋房)。

城址分内外二重,背後嶺上有碎石邊墙西與明朝所築夯土長城相銜接。外城垣東西長約 100 米,南北寬約 80 米,周長約 360 米;實測外城西南角夯層厚 25 釐米,殘高 3 米;北城墙外殘存壕溝。内城在外城内的西南部,南墙與外城共用,東西長 85 米,南北寬 40 米;内城東北角定位:N 40°43′40.28″、E 115°47′2.36″;内城東墙與外城東墙間距 15 米,内城北墙與外城北墙間距 33 米;内城中間距東墙 20 米築有一南北向的隔墙,隔墙與内城北墙結合部座標 N 40°43′40.17″、E 115°47′1.28″。

考察所見該城址面積很小,完全不够州縣城的規模,至多是一座容納軍事長官和軍隊戍守的軍城。唐朝在赤城雕鷗一帶没有設置州縣,結合史料所載里程和戰事推算,雕鷗鄉的古城址應當就是文獻所記唐代廣邊(鎮)城,或曾有人以爲城址背後嶺上的碎石邊墙係唐朝張説新築的長城,經過與獨石口碎石邊墙比較,兩段碎石墙風化程度很一致,故推斷雕鷗碎石邊墙和西側銜接的夯土長城可能都是明朝

---

① (宋)薛居正等撰:《舊五代史》卷三十五《唐書》第十一《明宗紀》一:"天祐五年五月莊宗(李存勗)遣周德威代幽州,帝(李嗣源)分兵略定山後八軍,與劉守光愛將元行欽戰於廣邊軍,凡八戰。帝控弦發矢七中,行欽酣戰不解矢,亦中帝股,拔矢復戰。行欽窮蹙,面縛乞降。帝酌酒飲之,拊其背曰:吾子壯士也。因厚遇之。"

圖 1　唐廣邊軍城址(1997 年成大林攝)

圖 2　唐廣邊軍城址(2008 年李孝聰攝)

興築,夯土長城墻基厚 185 釐米。

　　唐朝末葉中原失序,朝廷式微,"山後"地區屢經戰亂,各種勢力獨據一方,築城立縣,招徠流民,復興農業以生存。石敬塘向契丹君主獻幽冀(燕雲)十六州時,山後竟然有新(今河北涿鹿)、媯(今河北懷來東南)、儒(今北京延慶)、武(今河北宣化)、雲(今山西大同)、應(今山西應縣)、寰(今山西馬邑)、朔(今山西朔州)、蔚(今河北蔚縣)九州之地,州縣建制的出現,使燕山、恒山以北的桑乾河流域又恢復了農業常態。

4. 遼、金、元州縣城的復建與新址

唐末各地藩鎮紛紛擁兵自重，築城池著户籍，設州縣。在燕山山後和桑乾河的干支流域，凡有較寬闊的河谷盆地，多設置了縣城。諸如：大海坨山北的紅河小流域西段的上游，較雕鶚鄉廣邊軍更寬闊的盆地新置龍門縣（今赤城縣龍門關鎮），屬新州。在洋河南側的支流洪塘河中游最寬闊之處新置懷安縣（今張家口頭百户鄉舊懷安村）。重新設置州縣意味著當地人改放牧營生爲定居，恢復農業經營方式，需要編户齊民式的行政管理。值得注意的是，自此以後的遼、金、元、明、清歷朝在恒山以北地區的州、縣治所並未沿用漢代城址，而是易地新築。例如：

西漢雁門郡繁時縣故城，城址在今應縣縣城東鎮子梁鄉東張寨村與魏莊村之間。遼金元明清之應州，治今山西應縣城，兩城相距 4 公里。

西漢雁門郡陰館縣故城，城址在今朔州市區東南 32.5 公里的里仁村南，當地稱爲夏官城，附近有衆多漢墓，迄今爲止未再設置州縣。遼在其桑乾河北岸新置河陰縣，金朝改稱山陰縣，今山陰縣東南山陰城。

西漢雁門郡崞縣故城，城址在今渾源縣西下韓村鄉麻莊與南榆林鄉畢村之間，東南距離渾河約爲 1500 米。遼金元明清之渾源州，治今山西渾源縣城，兩城址相距 10 公里。

已知被廢棄不用的漢代郡縣城址還有：

西漢代郡道人縣故城，城址在今陽高縣南古城鎮古城村西北，西臨由季節性河流沖刷成的一道沖溝——犁益溝，該溝向東南方向延伸，匯入桑乾河。古城村距犁益溝大致 600 米左右，城址附近有衆多漢墓。

西漢代郡平邑縣故城，城址在今大同縣許堡鄉東水地村北，城址已被沖溝貫通而廢。

西漢代郡班氏縣故城，城址在今渾源縣西北，桑乾河與御河交匯處，今爲河灘草地。

西漢代郡桑乾縣城址，桑乾河與壺流河匯流處，城址已圮。

西漢代郡陽原縣故城，《讀史方輿紀要》卷十八萬全都指揮使司："古城，司東六十里。城周一里。……志云：順聖川西城南十里有漢陽原縣故城。"明順聖川西城即遼、金弘州，清代陽原縣治。

西漢雁門郡汪陶縣故城，城址位於遼、金應州（今山西應縣）城西。

西漢雁門郡劇陽縣城址，無考，《中國歷史地圖集》第二册標在今應縣東北渾河東岸。遼代析置懷仁縣。

西漢雁門郡中陵縣故城,城址位於右玉縣城西南 12.5 公里威遠堡鎮樹兒照村西北,滄頭河自南向北流經古城東側。古城平面呈長方形,内有隔墻將城分爲東西二城,據考古部門測量:城址南北長 1500 米,東西長 900 米,東、西、南、北四道城墻和中段城墻的城門遺址明顯,東南城墻被滄頭河水沖去一角。

西漢上谷郡潘縣故城,城址位於今涿鹿縣保岱鎮保岱村南①。

遼金以後的州縣城址仍然選址於桑乾河流域,應當是農業經營方式的恢復,但是卻没有沿用漢代留下的城址,而是遷移新建,且避開桑乾河沿岸階地。爲什麽會出現這種現象,是值得思考和研究的問題。

5. 明代的邊城

明代邊墻的修築導致沿邊墻出現大批衛、所城址,與原有的州縣城形成兩種城市體系。長城沿線爲"極邊",屬於衛所邊堡體制;長城以内仍實行州縣體制,州縣城與邊墻相隔百里以遠。明代沿長城邊墻採用的軍事戰略戰術是:戍邊軍隊駐紮在邊城内,遇警則前出至長城,而不是全部在長城上防守,所以一般來説邊城選建在長城關口内,距離邊墻二三里的位置。不能離邊墻太遠,以免來不及趕到長城腳下禦敵,同時還要考慮選擇一塊較平坦有水源的地方築城,邊城周圍可以種田以補給。明代的軍屯導致長城邊墻内的土地被大面積耕墾,出現以衛、所、城、堡爲代表的新城址與村落,也就使得燕山、恒山以北的桑乾河流域不再可能回到以放牧經營爲主要方式的生態環境。

圖 3　明懷安衛、清懷安縣(老懷安鎮),1951 年縣治遷至柴溝堡。(圖片來源:谷歌地球)

---

① 以上資料參見《應縣志》,太原:山西人民出版社,1992 年,第 553 頁;《渾源縣志》,北京:方志出版社,1999 年,第 642 頁;《陽高縣志》,北京:中國工人出版社,1993 年,第 474 頁。

清朝,當長城邊墻軍事警戒鬆弛後,明代新墾土地與城址、村落變成新的縣城鎮體系,農業經營方式不再逆轉,使桑乾河流域穩定地成爲農業耕作環境。

二、鄂爾多斯南緣歷代城邑與環境之演變

鄂爾多斯高原臺地的南緣因受到黃土高原陝北台凹板塊向北移動的頂推,導致鄂爾多斯臺地的向斜構造在今天寧夏鹽池、陝西定邊、靖邊、橫山和榆林、神木地區形成一個南凸北凹的 U 型接壤地帶,南北地貌差異突出。南面是黃土高原梁狀低山,黃土堆積深厚;北面是廣覆流沙、草甸和灌木湖灘的毛烏素沙地,基岩埋藏不深而覆蓋著堆積物,紅柳河谷下切較深,階地與河漫灘多開闢成水稻田。而 U 型接壤地帶地下水埋藏淺,地表廣布"海子"湖沼或鹽漬地,牧草茂盛,適宜放牧。鄂爾多斯高原臺地南緣生態環境的演變既有自然力的塑造,也有人類活動的影響,從這一帶古代城址的分佈與盛衰可以獲得明確的認識。

河套以南的鄂爾多斯高原曾經是北方遊牧民族進退的通道,但是由於秦漢以陰山、大青山爲邊防前哨,修築長城、屯田朔方,所以鄂爾多斯高原南緣所處的北地、上郡都不是最外的邊塞。只是因爲受這一帶環境所限,縣級城址分佈尚顯稀疏,在《中國歷史地圖集》上僅標有奢延、龜兹、昫衍、白土數縣能確定城址而已,而且皆分佈在明朝的延綏鎮長城邊墻以外。可是,從靖邊縣城東楊橋畔發現現代村落的村民房屋壓在古城址上,有些村民的房子直接利用夯土城墻並與漢墓群隔河相望來看,鄂爾多斯高原南緣可能還有一些西漢時期的古城址未被確認。保存有漢墓與漢代城址從一個側面反映鄂爾多斯高原南緣的農牧交錯帶較當今時代更向北方伸延。而從東漢南匈奴歸附至隋唐長達 800 多年間,鄂爾多斯高原南緣長期保持駐牧經濟,兼有少量農業,雖然這一時期也營造了城池,卻没有改變以畜牧業爲重的經營方式。

1. 赫連夏築城的用意與草原環境原生態

以赫連氏爲主體的一支匈奴部族曾經在鄂爾多斯高原馳騁過多年,並建立了赫連夏王朝,就在赫連夏王朝存在的短短 25 年間,他們在鄂爾多斯草原南緣興築了兩個規模龐大的王城:統萬城和代來城,其高聳的城垣直到今天仍然能够震撼人心。

代來城遺址

《晉書·赫連勃勃載記》載:"苻堅以(劉)衛辰(赫連勃勃之父)爲西單于,督攝

河西諸部,屯代來城。"文獻所云"代來城"即位于榆林市西北巴拉素鄉沙地中的白城臺遺址。代來城又名"悦跋城",興築於公元 376 年前後,是劉衛辰統轄鄂爾多斯高原匈奴各部時期的王城。據榆林市考古部門調查:代來城平面呈方形,城垣用粘性很强的白膏土夯築,夯層厚 8—13 釐米,北城垣長 465 米,南城垣長 470 米,東城垣長 485 米,西城垣長 480 米,周 1900 米,約合四里長。各城垣正中開門,築甕城,四個城角分別築探出城垣外的墩臺,應是角樓的基礎。經實地考察,代來城垣方位不是正南北,而是向東北偏轉 30 度,用 GPS 測定其位置:西北城角北緯:38°12′14.8″、東經:109°16′52.4″,東南城角北緯:38°12′09.2″、東經:109°17′09.3″,海拔 1164 米。城内外滿布沙丘,城垣被沙壅湮,地面殘高 3—5 米。據《資治通鑑》記載:東晋太元十六年(391)劉衛辰遣子力俟提(直力鞮)寇拓跋魏南部,被拓跋珪敗於鐵歧山南。拓跋珪自五原金津南渡黄河,徑走其國,遂入劉衛辰所居悦跋城(代來城)。衛辰與其子驚遁西奔,後被殺於白鹽池。届時代來城可能遭劫難,但未必被完全拆毁,文物考古部門在城址中發現黑瓷片、耀州瓷碎片,似來自陝西關中,或可證明北宋與西夏對峙時期,還曾有人在代來城中居住。

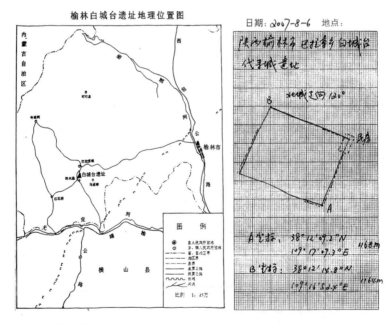

圖 4　榆林市巴拉素鎮白城臺(代來城)遺址位置及平面圖

《中國歷史地圖集》第四册將悦跋城(代來城)標在内蒙古東勝西側的荒漠中,遠離奢延水(今紅柳河),顯然有誤。代來城的規模較統萬城略小,而城垣構築材料與方式則頗爲一致,都是用草原上的白膏泥、粘土拌合生石灰而板築,澆水後石灰産生的氣體蒸騰,史料誤以爲"蒸土而城"。由於當地氣候乾燥,降水稀少,板結後的墙體泛出白色，遠遠望去就恰似一座"白城子"。白城子也是鄂爾多斯草原地區幾乎所有村子或古代城址的代稱和野外考察的地理標誌。

統萬城遺址

代來城被拓跋魏襲破十餘年後，劉衛辰第三子赫連勃勃立大夏國，並於公元413年發10萬之衆在奢延水北築大夏國都統萬城。《水經注·河水》載："赫連龍昇七年，於是水（奢延水）之北，黑水之南，遣將（疑脱作）大匠梁公叱干阿梨，改築大城，名曰統萬城。"統萬城遺址位於今陝西省靖邊縣城北55公里紅墩界鄉白城子村無定河北岸，毛烏素沙地東南邊緣，東距代來城只有80餘里，可見赫連勃勃所統南匈奴雜胡遺種依然留戀鄂爾多斯南緣的那片湖沼草地而不遠徙。實地考察統萬城用GPS測定其位置，北緯：37°59′48.7″、東經：108°51′06.4″，海拔1175米。城址地勢西北略高於東南，分東西兩城並列，外圍以郭城。歷經1600年，今天的統萬城城垣遺址依然高達數十米，可以想見當時的城墻是多麼雄偉了。

當前統萬城的北、西、南三面均爲固定、半固定沙丘所環繞，東部也散見流沙。西城内的西半部，東城内的西墻、南墻之下，亦有流沙堆積。赫連勃勃築統萬城時，周圍的地理環境是否已經是沙漠地帶，學術界有不同意見的爭論。一種意見認爲十六國時期統萬城附近的生態環境是非常好的，絕不見流沙的蹤跡，沙地形成於唐宋以後；另一種觀點認爲赫連夏時代統萬城周圍已經有沙地分佈。近年來，歷史地理學者再次通過實地考察，並結合《水經注》記載奢延水流域的景觀分析，認爲當時確實已經存在"沙陵"和"沙溪"等沙地地貌景觀，不過還不是沙漠化地帶，也不至於影響遊牧經濟方式的活動，在十六國、南北朝時期，毛烏素沙地的環境是沙地、湖灘地、河流、湖泊相間分佈的自然景觀。這次實地考察發現：統萬城的外壕用夯土實底及駁岸，考古挖掘的探坑表明城址下是魚鱗狀的湖沙，反映興築統萬城之前當地的環境曾經是湖泊沙地，統萬城基礎建在湖泊沙地之上。這兩個證據反映統萬城一帶的沙地並不是人類活動所致，而是早已存在。

爲什麼赫連夏要在湖泊、沙地相間的環境裏興築統萬城？我們不能將赫連夏築統萬城與當地的農業經營做直接的掛聯，而應考慮赫連勃勃曾言："朕方統一天下，郡萬邦，可以統萬爲名"所表達的追求象徵意義的思想，應與赫連勃勃整體發展的戰略地理形勢相聯繫來思考。以匈奴遊牧部族爲背景的赫連勃勃欣賞的戰術是"吾以雲騎風馳，出其不意，救前則擊其後，救後則擊其前，使彼疲於奔命，我則游食自若"[1]。赫連勃勃的這番話代表了遊牧民族以勁騎游戰四方的策略。他不贊成

---

[1]《晋書》卷一百三十《赫連勃勃載記》。

嬰城固守之農業民族的戰術，築城只是作爲屯駐軍伍、遊動出擊的輔助據點，而不是爲了安置衆多農業編户。從統萬城内没有太多的街衢房屋建築遺跡，或許也能予以證明城内住户不會太多。赫連夏勢盛之際曾在關中、河朔之間（今陝甘寧交界地區）築城若干，卻不置郡縣。其城專用以處置克敵制勝而遷徙來的降虜。黄河河套以南的險峻之地到處都有，何以赫連勃勃單單選中統萬城所在的位置建都，應當從該地控扼河套以南的交通古道，北近遊牧草原地區之故。所以，對遊牧民族政權築城的舉動也不能一概視爲從遊牧方式轉向農業文明的過程，尤其對赫連夏政權更應深入分析。其興築統萬城之先，曾“近詳山川究形勝之地”，動用“嶺北夷夏十萬人”營造如此强固的都城，除配合其機動征戰的戰術，其實更是體現赫連勃勃具有一統天下能力的象徵。

統萬城與代來城的距離並不遥遠，直線實際距離只有 40 多公里，在兩城未廢棄之前，其聯繫應當比較近便。赫連夏統萬城的營築時代恰處漢魏至隋唐之間的變型期，城址的形態又很具特殊性。譬如：城址對地形的選擇，赫連夏統萬城南臨河障、南牆厚重，内城位於西部；與北魏邊鎮城址北拒河，子城位居南部，向北防禦的態勢恰好相反。正能够説明兩者的目的性和針對的方向是有區别的。

2. 唐置六胡州維持農牧兼有的經營方式

公元 427 年，北魏伐赫連昌，克統萬城，431 年滅赫連夏，於統萬城置軍鎮。後改爲夏州，隋、唐至北宋初因之。夏州一直是由關中北去河朔道中的重鎮，這一點得到古代和現代人的共識。可是人們可能忽視了統萬城/夏州曾經是向東聯繫平城/雲州（今山西大同）、晋陽/并州（今山西太原）、幽州（今北京）和營州（今遼寧朝陽），向西聯繫河西走廊、河湟地區、西域和中亞兩河流域之間東西向道路的中繼站。唐朝前期曾在夏州城西至靈州城之間設置了六胡州，專門安置來自中亞的粟特人。

綜合《元和郡縣圖志》、《舊唐書·地理志》和《新唐書·地理志》所載：唐高宗調露元年（679）於靈州、夏州南境設魯、麗、含、塞、依、契六州，用唐人爲刺史，以處突厥降户及昭武九姓胡，謂之“六胡州”。長安四年（704）並爲匡、長二州。神龍三年（707）在鹽州白池縣北八十里設蘭池都督府統轄，仍置六州隸之。開元八年（720）六州胡反，十年復分置魯、麗、契、塞四州。十一年平康待賓，旋移河曲六州殘胡五萬餘口配許、汝、唐、鄧、仙、豫等中原諸州。“十八年又爲匡、長二州。二十六年還所遷胡户置宥州及延恩等縣……寶應後廢。元和九年（814）復於經略軍置宥州，……十五年移治長澤縣。”這段史料表述了唐朝六胡州設置的沿革，使我們瞭解到曾經有突厥族群、來自中亞河中地區的昭武九姓粟特人，以及來自黄河上游河曲一帶的部族在鄂爾多斯草原南緣落居生活。如果我們瞭解中亞阿姆河、錫爾河上游昭武九姓胡的生活環境是内陸乾旱的湖沼草原，瞭解黄河上游河曲地區族群駐牧營生的方式是在河榖草灘放養，通過對比鄂爾多斯高原南緣的生態環境，靖邊、定邊至鹽池一帶也是沙丘、草灘、湖沼、河谷，而不是大面積平坦可耕的農田，就不難理解唐朝爲什麼將突厥降户、昭武九姓胡及河曲殘胡安置在這裏了。

我們推測六胡州存在的那段時期，鄂爾多斯高原南緣紅柳河以西至黄河以東區域内的人類經營方式是草原駐牧經濟，人們多以帳幕爲居。紅柳河以東地區雖然也以草原駐牧經營爲主，但是河谷可能兼有少量農業耕作。這樣的自然環境與生產生活方式可能與來自中亞"河中"地區昭武九姓胡的家鄉很相似，既然大多數人以駐牧經營爲生，則導致六胡州刺史所在的城址規模應不會很大，唐後期興築的新宥州城能給以説明。

圖 5　新宥州城址與東城垣外的草灘（今内蒙古鄂托克前旗城川鎮古城）

新宥州城遺址

新宥州即元和十五年（820）移治長澤縣之宥州，城址在今内蒙古鄂托克前旗城川鎮古城，實地考察用 GPS 測定其方位爲北緯：37°42′41.25″、東經：108°19′36.86″。現存城垣完整，呈橫長方形，南北長 500 餘米，東西寬 750 餘米，周長約 2500 餘米，約合五里。開東門、西門、南門三門，無北門，城内西側有高臺建築，城外有明顯的護城河遺跡。城址北側是大片草灘和湖沼，因水淺而無法排泄，鹽漬化比較嚴重。新宥州城址規模不大，周圍環境係湖沼草灘，完全没有中原城址市井繁榮的形象，結合上文所引唐代史料，其職能應是以武職軍將管理遣歸的六州胡駐牧經營，周圍應没有大片農業耕墾。

唐德宗貞元二年(786)遷六州胡於雲州、朔州。這意味著鄂爾多斯高原南緣的六胡州的歷史已經進入尾聲。同時,六州胡向東遷徙的足跡卻又清晰地向人們暗示了鄂爾多斯草原南緣與河東、雁北地區的聯繫。因此,唐德宗時期的賈耽在其所記"從邊州入四夷七道"中特別列出"夏州塞外通大同雲中道"。

近年來,從寧夏吳忠、靈武向東經鹽池、陝西的定邊、靖邊到榆林這一帶,從出土文物中發現了很多善於營商的粟特人足跡,都説明唐朝從靈州(今寧夏吳忠)①,橫穿六胡州和統萬城所在的夏州,曾經有匈奴、稽胡、黨項等諸多族群在此生活,在維繫中西交通上曾發揮過重要作用。大約也就是從唐代後期開始,鄂爾多斯高原南緣地區生態環境漸趨惡化。李燾《續資治通鑑長編》卷三十五記載:宋太宗淳化五年(994)"以夏州深在沙漠,本奸雄竊據之地",詔毀其城,遷其民於綏、銀等州,分官地給之。北宋毀廢夏州城的理由表面看是城陷沙漠,而真意在不使黨項勢力控據該城。因爲夏州南至陝北橫山一帶沃野千里,產馬且有鹽鐵之利,憑據險隘,足以守禦興功而抗宋。自此以後,鄂爾多斯高原南緣漢唐以來的城址就漸次廢棄了。

3. 宋夏邊界城寨與明代邊墻沿線城址對環境影響的比較

今陝北榆林、橫山、靖邊、定邊南部黃土高原的北緣,從東北斜向西南橫亘著海拔1400多米的橫山、白玉山,山兩側皆黃土丘陵,溝壑縱橫,是一道南北之間的天然屏障。北宋與西夏對峙時期,即以橫山爲界,宋朝修築的備邊城寨均分佈在橫山一線。宋代城寨、烽燧往往居高憑險而築,依河川縱深而延伸,前後呼應。茲舉城址例如下:

麟州故城遺址

《舊唐書·張説傳》載:開元九年(721)康待賓率六州胡反,與黨項連結攻銀城、連谷,張説統率兵馬萬人出合河關大破之,因奏置麟州以安處黨項餘燼。《舊唐書·地理志》載:"天寶元年(742)王忠嗣奏請割勝州連谷、銀城兩縣置麟州。"《新唐書·地理志》云:麟州,開元十二年(724)析勝州之連谷、銀地置。十四年廢,天寶元年復置。開元十二年指張説初置麟州,天寶元年爲王忠嗣復置。文物部門材料云:麟州城始建于唐開元十二年(724),是從《新唐書》之記載。麟州城歷經五代至北宋,相傳"楊家將"三代守此城,當地人遂以楊家城稱之。城址位於陝西省神木縣店塔鄉楊城村西北側楊城山上,實測地理座標:北緯38°56′46.83″、東經110°

---

① 根據寧夏吳忠唐墓群出土的墓誌和文物可以推斷今吳忠市利通區古城鄉一帶是唐靈州所在。

28′29.67″。城址西瀕窟野河,北臨草地溝,東連桃茆梁,南接麻堰溝,依山勢呈不規則形。城址西、北、南三面爲河流或深溝絶壁環繞,形勢險要,文物部門認爲麟州城址"由紫金城、東城、西城三個既相互聯繫,又相對獨立的小城組成"。城垣曲折,周回約 5 里餘,海拔 1150 米上下。城垣由兩種材料組成,一種爲碎石壘築城垣,分佈在西城的部分外牆和城内的隔牆,以及東西城之間低窪處的連結部分;另一種爲夯土城牆,在黄土生土面上夯築,保存比較完整的西城南城門甕城向東延伸的南垣,夯土城垣殘高近 10 米,夯層厚 8—12 釐米。東城南牆外側築有馬面,村民依城牆外側挖了窰洞,莊稼就種植在城址内外。

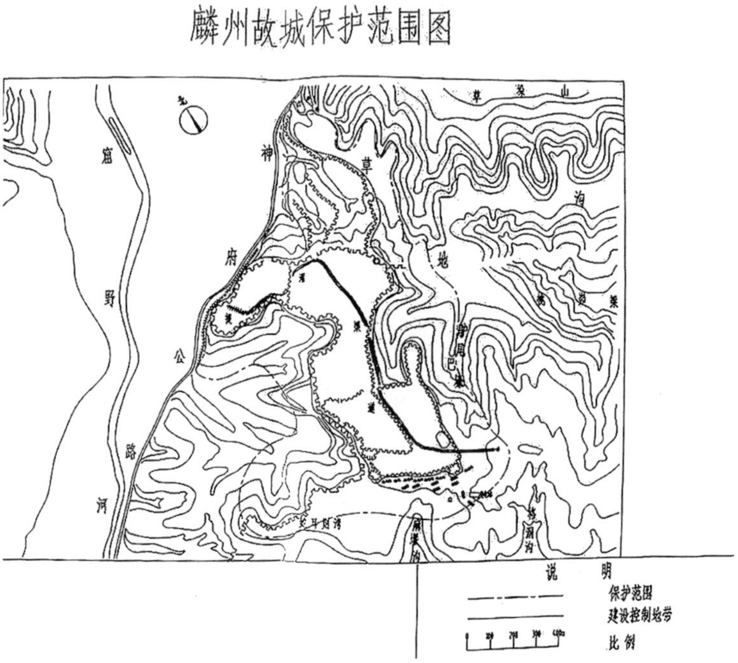

麟州故城保护范围图

圖 6 麟州城遺址平面圖（榆林市文物局提供）

我們借助榆林市文物部門提供的麟州城遺址平面圖,結合實地考察,對麟州城址重新給出初步的認識:麟州城的主體城址呈南北狹長形,即當地人稱之的"西城"和所謂的"紫金城"合而成之,中部偏南用碎石壘築的東西向隔牆將其分爲功能有别的南北兩座城。文物考古調查發現"紫金城"内有多處建築基址,"地表散佈從五代至宋元時期的陶、瓷器殘片",可視爲以指揮功能爲主、軍將衙署所在的子城。因爲麟州城的地勢是由東南向西北傾斜,所以將子城建在地勢較高的南部;隔牆北邊被稱作"西城"的城址,面積最大,應當是以駐屯軍隊和輜重糧秣爲功能的郭城。此二城興築最早,其構築的時代可能是唐代天寶元年,因爲王忠嗣在唐朝是一位善築城的將領,而且唐朝盛行子城與大城合一的二重城形制,文物考古部門在

"紫金城"的"城墙外發現寬 3 米的開挖於唐代的護城河",更可以爲證。原被稱爲"西關"的西城西側的小城,西臨斷崖,並無出入麟州城的道路,可能是宋代加築,作爲憑險據守的城堡。東城包在麟州主體城址的東、南兩側,呈拐肘狀,城垣主要用黄土夯築,北端外凸部分有一圈石砌墙,東城構築的時代似乎應比西城和"紫金城"組成的主體城址晚,其功能是加强"紫金城"東、南兩側的雙重防禦能力,以補償因爲没有陡崖、地勢平緩而帶來的威脅,也應當是北宋時期所加築。在麟州城址南、北的數個深溝陡崖上,還有若干段碎石壘築的長墙,作爲城址的外部防禦工事,與雁北地區發現的碎石長城形狀類似,推測其時代可能與唐代麟州城興築同期。明代的長城雖然從麟州城址穿過,但是實際上並没有真正利用麟州城,在從麟州城南側盤旋而上的山路途中,能够看到明代新構築的方形邊堡,其夯土城垣的保存狀態遠比麟州城完整。

考察發現北宋的城寨往往構築在高高的山崖上,與麟州城的形勢類似。例如:黄羊城(連谷鎮故城)遺址,位於麟州城北側店塔鄉黄羊城村西 100 米的窟野河東岸高崖之上,隋代建連谷鎮,唐置連谷縣於此,天寶元年隸屬麟州。城址平面呈不規則形狀,亦分内外二城,城垣夯築,殘高 2—5 米,頂寬 2 米,夯層厚 10—12 釐米,現存馬面 10 座,東、南墙各辟一門。文物考古部門在城内採集到黑釉、白釉、豆緑釉瓷片及"開元通寶"等銅幣。北宋此城爲麟州的前沿,政和四年(1114)廢棄①。由於城址位於山上,道路崎嶇,車輛難達,因此没有前往考察。羅兀城遺址,位於陝西榆林市南鎮川鎮榆溪河西岸的黄土原高崖上,曾被西夏攻佔,北宋崇寧年間收復後改稱嗣武寨,也不選建在河谷中。《中國歷史地圖集》第六册將此城誤標在河東岸。麟州城與衆多宋代城寨選擇高險之地而建,其糧食就只能倚靠後方補給了。宋夏對峙時期,李繼遷曾多次圍攻麟州城,均因陡崖難攀,城址地勢高險,山上滚木雷石俱下,終不能破城。麟州路在阻止黨項勢力東犯南下時曾起到過相當關鍵的作用。可是,爲了維持麟州將士兵馬的生存,宋朝的後勤負擔也相當沉重,麟州需"轉輸東芻斗粟費直千錢,河東之民困於調發無已"②。爲此,北宋朝臣還曾有過是否撤廢麟州的爭論,只是由於麟州的位置至關重要而始終未决。

明朝中葉,因不斷受到蒙古瓦剌、韃靼部犯邊擄掠,成化七年(1471)命延綏巡撫都御史余子俊大修延綏鎮邊墙。"由黄甫川西至定邊營千二百(餘)里,墩堡相

①《中國文物地圖集·陝西分册》,西安地圖出版社,1998 年,638 頁。
②《宋史》卷三百《楊偕傳》

望,橫截套口;內復塹山堙谷,曰夾道,東抵偏頭,西終寧固。"①黃甫川在今陝西府谷縣,南流入黃河;定邊營即今定邊縣,偏頭即今山西偏關,寧、固指當時的寧夏諸衛和固原鎮。明延綏鎮長城修築在橫山山梁北麓,並沒有據高憑險,而且從東北向西南延伸至靖邊營(今陝西靖邊南邊的新城鄉),折轉向西北蜿蜒,經定邊、花馬池、興武營直至黃河岸。這個 U 形的明長城基本上選擇沿著鄂爾多斯高原的南緣,前文已經述及由於鄂爾多斯臺地與陝北橫山地質構造相互頂推作用的結果,造成 U 型接觸地帶地下水埋藏淺,可以開闢農田,而北部廣布草灘湖沼鹽漬地,牧草茂盛,適宜放牧。明朝中葉修建這段長城不僅要分隔農牧,避免遊牧部族南侵,而且還要解決戍邊將士的糧食問題,因此成化年間修築的延綏邊墻向南彎曲了一個大弧形。

明長城修築以後,長城沿線出現了很多衛、所、邊堡城址,明代的邊城、邊堡、火路墩沿長城邊墻走向排列,城址距離邊墻不出 2—5 里,基本平行於長城,邊堡與後方之間沒有縱深聯繫。明代宣府、大同鎮邊墻築有三道,延綏鎮的邊墻在榆林至寧夏之間,也不只修築一道長城,而是營築兩道邊墻,分爲極邊和次邊,沿兩道長城邊內各興築邊堡,假若某段邊墻難於防守,可以互相應援。興武營城則興築於兩條邊墻的結合部。

宋朝堡寨選址較之明代沿邊城堡的選址差異頗大,反映了宋、明兩代在邊防戰略上的不同戰術問題。簡而言之,宋朝邊防堡寨靠後方輸糧補給,明代邊堡則靠就近屯田以自給。這截然不同的戰略戰術使得宋朝與明代的城堡有不同的選址,因而對農牧交錯帶的自然環境亦產生不同的影響。

北宋在西北防禦西夏的邊軍糧草主要靠後方轉輸,城寨可以居高據險而築,選擇西夏軍隊貫常出入的河川交通線呈縱深狀排列,安撫使分路而統轄。如:

麟州路:沿窟野河谷南北有神木寨、神堂寨、靜羌寨、大和寨呈縱向排列。

綏德軍:沿無定河谷依次築羅兀城、銀川(永樂)城、米脂寨、開光堡,均在山崖上。

鄜延路:沿清水河谷從北向南有土門、塞門寨、安塞堡、龍安寨、金明寨,沿渾州川有平戎寨、園林堡,皆構築在河岸高崖上;沿洛水河谷設保安軍和定難軍,分別沿兩條源流縱向排列著順寧寨、栲栳寨,神堂堡、威邊寨、懷威堡、金湯城、德靖寨等城寨。

環慶路:沿馬嶺水(今馬蓮河)河谷,由北向南,依次構築安邊城、清平關、興平

---

①《明史》卷九十一《兵志·邊防》。

城、洪德寨、蕭遠寨、烏侖寨，直抵環州城；沿著延慶水（今東河）河谷則築有通塞堡、淮安鎮、五交鎮、業樂鎮，以作慶州之前沿防禦。

宋朝邊城堡寨駐防採用的戰術不是迎面堵截，而是據高險而守，騷擾來犯之敵的後勤，以此給駐紮較多邊軍、面對來敵進行迎戰的二線州軍以支持。由於不在堡寨周圍開墾農田，當地農業耕墾所占的比重不大，因此，對於當地農牧經營方式的改變或自然環境的影響也是有限的。

明朝的邊軍糧草儘管也靠後方轉輸，但是更主要的是依賴在邊堡附近進行屯種，分軍屯、民屯兩種，因而成化年間余子俊修築延綏鎮長城邊牆時一定要選擇沿著有水源、適宜耕種的橫山北麓低地，而不是將長城修築在橫山山脈的山梁上，所以這段長城的走向才如此曲折迂迴。明代的邊城基本上沿著長城呈橫向的排列，是與宋代堡寨呈縱向排列的一大差別。

自黃甫川堡而西，依次有：清水營、木瓜堡、孤山堡、鎮羌堡、永興堡、神木堡（鎮羌所城）、大柏油堡、柏林堡、高家堡、建安堡、雙山堡、榆林衛（延綏鎮）城、歸德堡、魚河堡、響水堡、波羅堡、懷遠堡、威武堡、清平堡、鎮靖堡、靖邊營、寧塞營、安邊營、磚井堡、定邊營、鹽場堡、花馬池堡（寧夏後衛城）、高平堡、安定堡、永清堡、興武營所城，毛卜剌堡、清水營、紅山堡、橫城堡、寧夏鎮城。這一系列衛、所、營、堡幾乎全部沿長城走向排列，因為延綏鎮長城修築了兩道，內邊長城一部分沿著橫山山梁蜿蜒，大邊（外邊）長城基本上沿著鄂爾多斯臺地南緣 U 型窪地，所以有的地段內邊與大邊長城間留有較大的空間，按理應當構築縱深防禦城堡，可是卻沒有，所有明代邊堡基本上總是與兩道長城並行排列。

由於明代的邊堡選址在長城邊牆內不遠的平地上，或者河谷間比較開闊的階地上，並不選擇在高崖上修建城堡。所以，明代正統八年（1443）將神木縣城下移至緊臨窟野河的川口築城，而不再利用山崖上的麟州城。這樣一來，在明代長城沿線邊城的周圍有許多新開墾的土地，由邊軍或遷來的軍户屯種，從而改變或加重了當地農業耕墾的比重。

所以，明代與北宋邊防戰守方略的差別，導致邊城堡寨的選址和分佈上的差異，由於當地農牧經營方式的改變，對自然生態環境的影響是比較突出的，特別表現在鄂爾多斯高原的南緣，將長期以來草原駐牧的環境改變成農業耕地，並可能由於來自江南的官兵駐防，而將南方水稻的種植引進到長城沿邊地帶。我們在紅柳河、無定河、榆溪河沿岸，高家堡、魚河堡、鎮靖堡等地看到的水稻田可能就是從明朝江南戍邊將士開始的，當然這還需要史料結合考察來求證。

自然地理分界線受氣候影響，會有暫時的波動。明長城的修建會影響或限制農牧經營方式的界線,但是不會影響自然氣候的分界線,明長城的出現,反而穩定了農牧分界線。明朝修建邊墙要考慮農業對邊軍邊堡的支撐,必須顧及自然形成的氣候、降水和農牧交錯帶。明成化年間余子俊修築延綏鎮長城選線時可能考慮了氣候、降水和地貌的分界,不然的話沿長城的邊堡就難以開墾農田維持自給。

延綏(榆林)鎮的長城修築在黃土梁北麓山坡下,受地形的影響,長城不會始終保持一條直線,因此邊墙的走向也在不斷地改變。邊墙外地表起伏舒緩,以沙地草原爲主,多海子(湖泊),植被以灌木爲主;長城內側則逐漸起伏,廣布深澗沖溝。長城壓在自然地理界線上,植被是自然地理的鏡子。馬蘭黃土呈黃白色,下面深色的地層表明曾經歷暖濕期,大約是 10 萬年前形成的。

陝北、寧夏鄂爾多斯臺地與黃土高原結合部的明代長城向南彎曲的走向,一則符合氣候、降水、地貌的自然分界帶,二則沿黃土高原與套內草原的分界線,將適宜農業的地區與遊牧草原地帶分隔開。明長城是自然地理的界線,西漢的長城則不是。明朝修築長城之前,鄂爾多斯高原南緣没有州縣建置,爲蒙古部族駐牧地,以草原放牧經營方式爲主,明代長城的修築導致沿邊出現大量衛所邊堡,周圍土地相繼開墾屯種,經營方式向農牧交錯轉化。清朝建立以後,特別是康熙平定噶爾丹之後,不再有蒙古部族對中原農業地區長期不斷的侵擾,從雍正時期開始逐漸將明代長城邊堡改爲州縣建制。

雍正二年(1724)川陝總督年羹堯等疏言:"延安府屬三十營堡,綿亘千餘里。除神木廳所轄東路黃甫川等十營堡應照舊分管外,查榆林城堡廳所轄中路十堡內雙山、常樂、保寧、歸德、魚河五堡,俱環繞榆林鎮城,今榆林衛守備、千總、既裁,應將鄜州州同移駐鎮城,改爲分駐榆林州同,將榆林衛並雙山等五堡地方民事俱交該州同經管。其響水、波羅、懷遠三堡,以波羅爲適中之地。今西安都司經歷既裁,應將該經歷改爲葭州州同駐劄波羅,爲分駐波羅州同,兼管響水、懷遠二堡。又清平、威武二堡,壤地相接,應於威武添設威武巡檢司一員,兼管清平堡。所有榆林稅課大使應行裁去,其稅務歸榆林道兼攝。至靖邊廳所轄西路十堡,惟靖邊所與定邊爲扼要重地,而定邊離鹽場堡二十里,鹽販由此出入,應設專員巡緝。查定邊東有磚井堡,西有鹽場,宜川邑非繁劇,應將宜川縣縣丞移駐定邊,爲分駐定邊縣丞,兼管磚井、鹽場二堡。且鹽場堡原係延屬地方,舊設管理鹽務之寧州州同及鹽場大使,俱係慶陽府屬寧州管轄,以致呼應不靈。應將州同掣回寧州,鹽務改歸靖邊廳就近經管,而令定邊縣丞稽查私販,其鹽場大使亦歸靖邊廳管轄。又靖邊東爲鎮羅堡,西爲寧塞堡,靖邊事繁民衆,今靖邊廳千總既裁,靖將延安府經歷司移駐靖邊,兼管鎮羅、寧塞二堡。再鎮靖一堡,路當孔道,應添設巡檢司一員爲鎮靖巡檢司,兼管龍

州一堡,將楡林驛丞事務裁歸城堡廳兼管。其安邊、柳樹澗二堡,幅員遼闊,必得彈
壓之員,應將寧州州同改爲綏德州州同移駐安邊,兼管柳樹澗堡,爲分駐安邊州同,
歸延安管轄。"①經裁併調整後的情況如下:

明鎮羌所,順治十六年(1659)裁,改爲神木縣治。

明楡林衛,雍正二年(1724)省廢,八年(1730)以衛城置楡林府,設楡林縣爲附
郭縣。

明懷遠堡,雍正二年(1724)裁,八年(1730)改置懷遠縣。

明靖邊營,雍正二年(1724)設延安府經歷司同知,八年(1730)改置靖邊縣。

明定邊營,雍正二年(1724)以宜川縣縣丞移駐定邊,爲分駐定邊縣丞,兼管磚
井、鹽場二堡。雍正八年(1730)以營城置定邊縣,乾隆元年(1736)改屬延安府。

明安邊營,雍正二年(1724)以綏德州州同移駐安邊,兼管柳樹澗堡,爲分駐安
邊州同,歸延安管轄,後裁;乾隆七年(1742)於安邊城設理事同知,縣丞駐鹽場堡。

明寧夏後衛(花馬池堡),康熙六年(1667)省衛改寧夏所,雍正二年省入靈州;
置靈州州同駐花馬池,鹽捕通判駐惠安堡。

清朝將明代延綏鎮長城邊堡改置府州縣,原因就在於人口逐漸增多,地方民事
紛繁,俱應交州縣官經管,當然也就意味著農業經營的比重超過了畜牧業,而且不
可能再産生農業向遊牧業的逆轉。史料記載鄂爾多斯南緣風沙增多,沙化嚴重,環
境開始惡化,也就是從清代中期以後逐漸加劇。由此可見,鄂爾多斯南緣農牧交錯
帶以定居農業和城鎮化爲代表的人類活動,對當地環境之演變曾起過很大的影響。

三、葫蘆河流域宋代堡寨與明代邊堡反映的農牧問題

寧夏南部葫蘆河(今清水河)流域,從南向北逐漸由半濕潤半乾旱氣候環境向
乾旱的内陸環境轉化,其分界線大致在今寧夏同心縣南面的黃土丘陵。今天在這
條分界線以南,農田阡陌,村落連綿;在這條分界線以北至黃河南岸,荒礫沙地與旱
草灘相間,幾乎没有農田,没有林木,村落也很少,到處是乾涸的溝澗、沖溝,剥蝕面
可見大面積的礫石層,表土脊薄。這種狀況要向北延伸到黃河邊上的中寧縣境,才
有改觀,黃河階地又出現大面積的城鎮農田。與這一自然環境相對應的歷史現象
是秦朝長城爲什麼會從今天固原城市的北邊穿過? 爲什麼同心縣以北没有北宋的
城寨? 誠如前文對北宋與明朝不同邊防戰略戰術的討論,葫蘆河(今清水河)流域

①《清世宗實錄》卷二十六雍正二年十一月。

宋代堡寨與明代邊堡位置的比較,依然可以反映當地農牧經營方式改變的問題。

1. 秦長城反映的農牧分界線

秦長城位於寧夏固原市城北 5 公里,自東北向西南延伸,歷經 2200 多年的風蝕雨淋,墙體雖已不甚陡峭,殘高仍然超過 5 米。雖然秦長城位於今天半濕潤半乾旱氣候環境向乾旱氣候轉換界線的南邊,秦長城兩側已經都是農田,看不出氣候或莊稼有什麼差別。但是,秦朝修築長城時的選線可能反映 2000 多年前當時的長城以外是畜牧經營,長城以內是農業經營。也就是說 2000 年來,後世的人類活動將葫蘆河(今清水河)流域的農業開發逐漸向北推進了。

圖 7　寧夏葫蘆河流域固原城北的秦長城遺址

2. 北宋與西夏的對峙邊境線基本上與氣候分界線吻合。

葫蘆河流域的宋代堡寨集中在鎮戎軍(今寧夏固原)、懷德軍(平夏城,今寧夏黃鐸堡鄉)兩個相對寬闊的葫蘆河(今清水河)谷地,位置最靠北邊與西夏接界的堡寨可能是同心縣城南 1 公里左右的沙嘴城址。《中國歷史地圖集》第六冊沒有標誌這座城堡,但將宋夏邊界線推定在同心縣城南邊,並標有兜嶺。中日韓考察隊經過此地,並未發現有明顯的山嶺阻隔,只是感覺同心縣城南境的農地耕種狀況比同心縣北部要好,土質從沙礫、旱草地相間轉變爲黃土堆積,農田分佈在清水河的階地上,林木圍繞著村落。考察隊在同心縣南興隆鄉從沙嘴城東北角攀上東城垣,用

GPS 測定其坐標爲北緯:36°56′35.78″,東經:105°56′19.05″,城址就在今天的公路西側數十米遠。城址爲方形,西城垣正中開一門,外築瓮城,從城墻風化程度來看,比唐代城址完整,城垣殘高仍達 5 米以上,但是不如明代邊堡城垣壁立之陡峻,應當屬於北宋時期興築的城址。如果此判斷不誤,則北宋與西夏對峙的邊界線剛好選在從半濕潤半乾旱環境向乾旱環境轉換的交界面,即沙嘴城所在的今同心縣地。如果説北宋在葫蘆河(今清水河)流域開墾部分農田以維持邊軍供給的話,農業種植也只能到達沙嘴城而止,再向北推進,土壤和氣候就不適合農業生產了。《中國歷史地圖集》將宋夏邊界線畫在同心縣附近也是合理的。

圖 8　寧夏同心縣城南的沙咀城址

3. 唐代邊關與宋代城寨

中日韓考察隊沿葫蘆河(今清水河)流域向南考察了另外幾座唐宋城址。這一帶在唐朝後期尚没有大面積的農業開發。據《册府元龜》卷五百三邦計部屯田條載："(唐)宣宗大中三年(849)八月敕曰：原州、威州、秦州、武州、並六關,訪聞土地肥饒,水草豐美,如有百姓要墾辟耕種。五年内不加稅賦,五年後量定户籍,便爲永業。其京城有犯事合流役囚徒,今後一切配十處收管者。十處者謂：原州、威州、秦州、武州,驛藏關、石門關、木峽關、六盤關、制勝關、石峽關。"從這條史料可以看出至少在唐後期的時候,原州(今寧夏固原)、石門關(今固原西北須彌山)一帶還是土地肥饒,水草豐美,空闊而少有耕種,所以朝廷希望聽民前往開墾耕種,五年内不加稅賦,五年後可編入户籍,耕地成爲永業田。唐朝在葫蘆河(今清水河)流域的兩座城址應當説還不是完全意義的州縣城,而屬於軍城邊關的性質。

北嘴古城址

圖 9　寧夏固原縣七營鎮北嘴子城址

北嘴古城位於固原市城北七營鎮北嘴子村東南,葫蘆河(今清水河)西岸,清水河在此處向東拐了一個彎,變得較爲窄狹,故稱"葫蘆硤口"。城址座標：36°32′7.80″北、106° 9′14.97″東,方位向南偏東 27 度。史載：明成化九年(1473),都御史馬文升奏請利用"古細腰葫蘆硤城"重修;十二年(1476)余子俊奏設鎮戎守禦千户所。嘉靖三年(1524)增建①。城址受清水河逼匝,建築軸線偏向西北。現存城址爲内外兩重城形制,外城東西長 570 米、南北寬 650 米,開南門;内城位於外城的西北隅,與外城共用西牆和北牆,内城垣南北寬 480 米,東西長 400 米;城牆殘高1—5 米,城外四圍有護城壕痕跡。外城東南角已被清水河侵蝕,城址中心有高臺

---

① (明)《嘉靖固原州志》卷一："宋紹聖四年(1097)始建。明成化九年(1473),巡撫都御史馬文升奏修,……十二年,都御史余子俊始奏設鎮戎守禦千户所,隸固原衛。嘉靖三年(1524)增建。"

建築,城址內翻耕土地時曾有唐"開元通寶"和北宋錢幣出土。從文物考古發現的遺物分析,北嘴古城址的內城可能始築於唐代而爲北宋沿用,即"古細腰葫蘆硤城"。明代成化年間再利用並重修,置鎮戎守禦千户所,鎮戎所之設,爲的是堵截從下馬關南犯固原鎮之敵。嘉靖三年(1524)增建外城,即拓築東、南兩面城垣。清雍正二年(1724)裁撤鎮戎所,從城址風化程度來看,此城廢棄以後未再被使用。

石門峽關城

唐朝原州界有石門、驛藏、制勝、石峽、木靖、木峽、六盤七關。唐代宗"大曆八年(773)吐蕃寇邠寧,議者謂三輔以西無襟帶之固,而涇州散地不足守。(元)載嘗在西州,具知河西隴右要領,乃言於帝曰:國家西境極於潘原,吐蕃防戍乃在摧沙堡,而原州(今固原)界其間草薦水甘,舊壘存焉……徙(郭)子儀大軍在涇(州)以爲根本,分兵守石門、木峽、隴山之關,北抵於河,皆連峻嶺,寇不可越"[1]。安史之亂以後,原州没於吐蕃。及至唐宣宗時,吐蕃內亂,"大中三年(849)春,宰相恐熱……以秦、原、安樂等三州並石門、木峽等七關款塞"。涇原節度使康季榮取原州及石門、驛藏、木峽、制勝、六盤、石峽六關[2]。石門關在何處?《宋史·地理志》記懷德軍有石門堡,自軍城西至石門堡十八里。石門堡,故石門峽東塔子嘴。元符元年建築,賜名。雍正《甘肅通志》卷十關隘載:"石門關在固原州北,隋開皇二年突厥自木峽、石門兩道入寇。唐元和三年沙陀朱邪執宜自甘州謀歸唐,循烏德犍山而東,吐蕃追之。沙陀自洮水轉戰至石門詣靈州降"。《固原州志》記:州北九十里須彌山上有古寺松柏欝然,即古石門關遺址,又石峽關在州境,當隴山之口。考察隊抵須彌山石窟下面的石門峽,水急谷窄,峽谷下切很深,今修建水庫大壩,從現狀觀察,古代石門峽可能曾修築棧道以穿行。北宋的石門堡選建在峽谷東口的山嘴。由於明成化四年固原所土達滿據石城叛,明廷發三鎮兵討平之,遂夷石城,因此唐代石門關址已難尋覓。

唐代的石門關扼絲綢之路北線,控扼須彌山峽谷,東面是一片開闊地,北宋曾與西夏反復爭奪的戰場即在此展開。由於葫蘆河川扼西夏南北進出吭背,苟有事焉,夏人必以死爭,而且川平地闊,夏軍驟至,宋兵難禦而不守。宋哲宗紹聖四年(1097)四月章楶建言:"獨葫蘆河川濱水路,乃寇出入道,東帶興靈,西趣天都,可蓄收耕稼且居形勝地。"遂調涇原路軍民,于石門峽東修建城一所,好水河(即葫蘆河川,今清水河)岸建寨一所,相距12里。畢工後,乞宋哲宗賜名。詔:"石門城以

①《新唐書》卷一五四《元載傳》。
②《舊唐書》卷一九六《吐蕃下》。參見《資治通鑑》卷二四八。

平夏城,好水寨以靈平寨爲名。"①

宋平夏城城址

北宋紹聖四年修築的平夏城位於今寧夏黃鐸堡鄉,從三營向西轉 10 餘里,城址在固原市黃鐸堡鄉西南 1 里左右。古城北臨石門川,西倚黃土原,當地人稱黃鐸堡,係明清的名稱。用 GPS 測定城址方位是北緯:36°18′5. 61″、東經:106° 3′36. 67″;有內外二城,內城在外城西北部,內城西墙、北墙與大城共用。內外城平面均近似方形,外城城垣南北長 800 米,東西寬 810 米,殘高 4—8 米,基寬 9 米,城外四周有護城河環護。城南北各開 1 門,東西各開 1 門,四面共開 4 門。內城東西長 480 米,南北寬 500 米,殘高 4—5 米,基寬 6 米,東、南各開 1 門。平夏城也是兩重城制,內城位於外城西北,根據歷年來城內出土許多唐宋時期的文物,推測宋代平夏城很可能也曾利用唐代城址舊基而擴建,宋徽宗大觀二年(1108)展城作軍,名懷德軍。

圖 10　寧夏固原黃鐸堡宋平夏城城址

章楶築平夏城的考慮是該地"密鄂充、好水一帶山林悉皆包括在裏,可以應急采斫使用。""天都畜牧耕稼,膏腴之地,人力精强,出産良馬,夏人得此則能爲國,失此則於兵於食皆有妨闕。將來進築城寨,占據了當,夏人所有惟餘興、靈,雖未滅亡,大勢已定"②。天都指六盤山向西北綿延的屈吳山,屬於今寧夏海原縣境,海拔 2000 餘米,遍山林木草甸,曾經是宜農宜牧的膏腴之地。興、靈即西夏的國都興慶府和重鎮靈州。北宋平夏城及其周圍堡砦之興築,的確使宋夏邊界維持了多年的

① (宋)李燾:《續資治通鑑長編》卷四八六哲宗紹聖四年(1097)四月。

② 《續資治通鑑長編》卷四八七,紹聖四年五月。

平靜。可是我們也必須正視這樣一個現實：即平夏城周圍的山巒已經是嶇嶇童山，不要説缺少林木，就是草原也難見到，更不要説今天的海原縣與西吉、固原所在的葫蘆河川竟然是中國最缺少水源、最貧困的地區。如果與唐代招民放墾的情況相比，難道環境的惡化不應當從宋代以來人類在這裏的活動思考嗎？

固原、平涼所處的隴山葫蘆河川、涇水流域是古代關隘集中的地區。關口、關城都是依靠山河險阻而設，古代交通道路往往穿過關城，而今天的公路爲方便車輛往來拓寬路面，不再穿過關城，使古代關城因難以控制道路而漸漸廢棄。

瓦亭關城

瓦亭關城在今寧夏涇源縣瓦亭村，位於隴山（六盤山）東麓，去隆德、平涼道路的分岔口，依山臨水而建，實測關城方位北緯：35°41′38.55″、東經：106°17′49.94″，海拔 1872 米。原有形勢是北倚山梁，西逼涇水峽谷，河流自西南繞城而東泄，峽谷陡窄，所以古代瓦亭關路從關城東門或南門入城，自西關門出，穿城而過，城内石板鋪道。關城分内外兩重城，外城依山形地勢而築，呈不規則半圓形，夯土城垣，内外甓磚，周長 2140 米。城墻殘高約 5—7 米，底寬 3—13 米，頂部寬 2 米。内城位於外城的西南隅，城墻保存完整，東窄西寬，周長 1500 多米。東、西、南城墻現有村道缺口，舊名分别爲“鎮平”、“隆化”、“鞏固”。其東城門位於東墻南端，外有弧形甕城殘跡。城内西南隅又有“子城”，呈方形，邊長僅百米，門東向，城墻殘高 5—14 米，基寬 9 米左右，頂寬 5 米。明清置巡檢司於西南子城内，僅開東面一門，形成雙重城形制。由於現代公路從城外繞行，瓦亭關城尚能保存比較完整。

通過 16 天對農牧交錯帶城址的歷史考察，使我們意識到城址的大量出現是對當地環境產生影響的指標，但是，應當具體地分析不同歷史時代的城址在功能上的差異，並非城址增多就意味著農業開發的加劇。尤其對於邊防城址來説，要考察古代政權的軍事戰略與後勤保障制度，由此可以理解城鎮選址對自然環境究竟能夠產生多大的影響。以上即我對於東亞農牧交錯帶的城址與環境基於田野考察之思考。

（作者單位：北京大學歷史地理與古地圖研究中心）

論我國古代運河在統一國家疆域形成與發展中的歷史作用

王　健

　　古代運河在統一多民族國家形成與發展中有着什麽樣的功能地位,起過什麽樣的歷史作用? 民國以來有過不少論述,充分肯定了大運河的歷史功績①。姚漢源(1913—2009)在晚年評價自己的研究時說道:"雖有些水利知識,但於水運方面卻所知不多;雖有些歷史知識,但於水運經濟方面更無所知。……但水運對於一個國家的形成、歷史的影響、文化的造就等意義深廣,不容禾梢盡所知,徒欲提供後來者一些初步資料。"②顯然,他認爲在大運河水運史、水運經濟研究方面,研究還很薄弱,而古代大運河的主要功能在於水運(或稱航運),交通運輸,特別是水運對於中國古代國家的形成、歷史的影響、文化造就的意義極其重要。目前關於大運河水運功能及其影響的研究,多集中在漕運、區域經濟交流等方面③。這些研究對運河的水運功能及對國家的影響研究很不深入、系統。本文從政治地理的視角,考察運

①愈之:《交通發達與文明之關係》,《東方雜誌》第十五卷,第一號,1918 年;須愷:《運河與文明》,《水利月刊》創刊號,1931 年第一卷第一期;全漢昇:《唐宋帝國與運河》,中央研究院歷史語言研究所專刊之二十四,商務印書館 1944 年版,1995 年重排版;姚漢源:《京杭運河史》,北京:中國水利水電出版社,1998 年;安作璋主編:《中國運河文化史·序》,山東教育出版社,2001 年;鄒逸麟:《運河在中華文明發展過程中的作用》,《浙江學刊》2017 年第 1 期等。
②姚漢源:《京杭運河史·自序》,中國水利水電出版社,1998 年。
③李文治、江太新:《清代漕運》(修訂版),社會科學文獻出版社 2008 年;吳琦:《漕運與中國社會》,華中師範大學出版社,1999 年;陳峰:《漕運與古代社會》,陝西人民教育出版社,2000 年;[美]黃仁宇:《明代的漕運》,北京:新星出版社,2005 年。

河在中國疆域發展中的重要作用。

一、統一王朝疆域及政治地理特徵

政治地理學,就是通常所稱的地緣政治,過去主要運用於國家間關係這樣國際的空間,近年來也被引入中國歷史地理研究。就國家而言,研究中國古代政治地理涉及疆域的伸縮、與鄰國的地緣關係、邊疆區與核心區的變遷、首都定位的地緣政治基礎、行政區與行政中心的變遷、就疆域本身的要素來進行分解式的以及政治學角度的研究、研究政治過程對地理區域變遷的影響,等等[1]。顯然,古代運河對古代疆域盈縮、都城定位和邊疆與核心區的變遷等均有重要影響,這是我們考察其歷史地位的重要視角。

中國古代大一統國家最顯著的外部特徵,就是中央王朝能夠開拓並在一個較長時期中有效控制遼闊的疆域,尤其是在各王朝的強盛時期。秦、漢、隋、唐、元、明、清無不都是開疆拓土的大一統時期。歷代疆域盛況在正史中都有記載,歷史地圖中也多有描繪。收錄琅邪臺石刻銘文中有秦朝疆域的描述:"六合之內,皇帝之土。西涉流沙,南盡北户。東有東海,北過大夏。人跡所至,無不臣者。"[2]此處宜稍加説明,勿使人誤以下文爲銘刻。"南取百越之地,以爲桂林、象郡,……乃使蒙恬北築長城而守藩籬,卻匈奴七百餘里,胡人不敢南下而牧馬,士不敢彎弓而報怨。""……略取陸梁地,爲桂林、象郡、南海,以適遣戍。西北斥逐匈奴。自榆中並河以東,屬之陰山,以爲四十四縣,城河上爲塞。又使蒙恬渡河取高闕、陽山、北假中,築亭障以逐戎人。徙謫,實之初縣。……築長城及南越地。"[3]秦"地東至海暨朝鮮,西至臨洮、羌中,南至北向户,北據河爲塞,並陰山至遼東。"[4]秦朝短祚,西漢西北、西南疆域有了很大的拓展。"至武帝攘卻胡、越,開地斥境,南置交阯,北置朔方之州。"[5]特別是張騫鑿空西域,漢代長期經營,使西部邊疆得到很大發展[6]。隋朝重新統一中國,疆域"東西九千三百里,南北萬四千八百一十五里,東南皆至於海,西至且末,北至五原,隋氏之盛,極於此也"[7]。

---

① 周振鶴:《建構中國歷史政治地理學的設想》,《歷史地理》第十五輯,上海人民出版社,1998年。
② 《史記》卷六,《秦始皇本紀》,中華書局,1982年第2版,第245、253頁。
③ 《史記》卷六,《秦始皇本紀》引賈誼《過秦論下》,中華書局,1982年第2版,第280頁。
④ 《史記》卷六,《秦始皇本紀》,中華書局,1982年第2版,第239頁。
⑤ 《漢書》卷二十八《地理志上》,中華書局,1962年,第1543頁。
⑥ 參見《隋書》卷二十九《地理志上》,中華書局,1973年,第806頁
⑦ 《隋書》卷二十九《地理志上》,中華書局,1973年,第808頁。

在明代著名人文地理學家王士性(1547—1598)看來,漢人建立的中原王朝"古今疆域,始大於漢,闊於唐,復狹於宋,本朝過於宋而不及於唐",雖然"本朝北棄千里之東勝,南棄二千里之交趾,東北棄五百里之朵顏,西北棄嘉峪關以西二千里之哈密。"①明初"禹跡所奄,盡入版圖,近古以來,所未有也。""東起朝鮮,西據吐番,南包安南,北距大磧,東西一萬一千七百五十里,南北一萬零九百四里。"儘管放棄了一些地方,疆域"則東起遼海,西至嘉峪,南至瓊、崖,北抵雲、朔,東西萬餘里,南北萬里。"②其實,唐强大在前期,"唐全有漢地,分天下爲十道、十五採訪史。南北萬里,東西萬七千里。……""其地:東西九千三百里;南北一萬四千八百一十五里,東、南皆海,西至且末,北至五原。""然舉唐之盛時,開元、天寶之際,東至安東,西至安西,南至日南,北至單于府,蓋南北如漢之盛,東不及而西過之。"安史之亂,唐朝由盛轉衰,疆域大大縮水,"天寶盜起,中國用兵,而河西、隴右不守,陷於吐蕃,至大中、咸通,始復隴右。乾符以後,天下大亂,至於唐亡"③。北宋與遼、西夏對峙,"北失燕、雲、山前山後十五城於遼;西北失銀、夏、靈、鹽四城,甘、涼、鄯、廓七城於元昊;西失松、疊十一城於羌;西南失汗雲全省於段氏。"④仍然能夠保有黃河流域乃至東南沿海。

元朝的疆域相當遼闊,"自封建變爲郡縣,有天下者,漢、隋、唐、宋爲盛,然幅員之廣,咸不逮元。……故其地北逾陰山,西極流沙,東盡遼左,南越海表。……元東南所至不下漢、唐,而西北則過之,有難以里數限者矣"⑤。清朝前期疆域盛況一直爲後人津津樂道,清乾隆二十四年(1759)統一新疆之後,疆域達到"東極三姓所屬庫頁島,西極新疆疏勒至蔥嶺,北極外興安嶺,南極廣東瓊州之崖山,……漢、唐以來未之有也"⑥。

從政治地理視角看,大一統王朝疆域演變有這樣幾個特徵值得注意。1. 秦朝奠定了中國古代統一王朝的疆域基礎,特別是東部、南部,包括沿海廣大區域自秦漢完成統一之後,便始終成爲歷代穩定的疆域,每個統一王朝都能夠將其囊括在內,没有例外。2. 元以前中原漢族建立的王朝,除了漢唐盛時,北部、西部疆域基本上很難真正突破秦漢開拓的邊界,大致維持在長城内外,即河套、朔方、五原、陰山

---

①(明)王士性撰:《廣志繹》,《五嶽遊草·廣志繹》,周振鶴點校,中華書局,2006 年,第 190 頁。

②《明史》卷四十,《地理志一》,中華書局,1974 年,第 882 頁。

③《新唐書》卷三十七,《地理志一》,中華書局,1975 年,第 959—960 頁。

④(明)王士性撰:《五嶽遊草·廣志繹》,周振鶴點校,中華書局,2006 年,第 190 頁。

⑤《元史》卷五十八,《地理志一》,中華書局,1976 年,第 1345 頁。

⑥(清)趙爾巽等撰:《清史稿》卷五十四,《地理志》,中華書局,1977 年,第 1981 頁。

及西北甘肅。北部陰山以北的漠南漠北蒙古地區,西部嘉峪關(早期玉門關、陽關)外的西域,西南滇藏雲貴的疆域拓展較爲緩慢,即便有所開拓,守衛也極爲艱難,盈縮變動大。3. 中古以後北方草原民族力量越來越强大,東晋南北朝和五代十國大分裂,都與北方民族入主中原有關,中原漢族王朝退居淮河乃至長江以南,幾無還手之力。只有元、清這樣的邊疆草原遊牧畜牧狩獵民族才能真正馳騁在廣闊無垠的大漠草原、天山南北、雲南青藏,建立起遼闊的大一統疆域。4. 都城位置影響疆域控制。都長安時,秦漢隋唐對西部的控制力强,疆域達到甘肅西部,甚至西域,但北方只能到河套陰山。都中原或南方時,北部西部均難控制。兩宋以後定都中原或杭州的王朝,疆域只能維持在黄河甚至淮河一線。元明清定都北京,臨近北部長城一線,才能既確保君臨天下,控制遼闊疆域。明朝遷都北京,集中政治軍事力量於都城,依託長城之險,基本上保障了北部疆域的安全,之前的五代及兩宋,都没有真正做到。顯然,上述政治地理特徵中的兩個重要因素:自然地理和都城位置,都與運河有很大的關係。

二、統一疆域發展中的運河作用

中國疆域發展的政治地理特徵深受自然地理制約,特別是水運條件。而這個條件真正發揮作用,又是開鑿運河溝通各條水系,形成水陸交通網絡的結果,所以我們稱之爲"運河作用"。運河産生於春秋戰國時代,這是人類活動利用自然、改造自然的經典之作,可謂亦由天運,亦由人事。清人顧棟高這樣解釋長城與運河帶來的古代山川變化:"其時乃有以天地之山川爲攻守之備、富强之計。齊壍防門、廣里,起於平陰;楚營方城爲城,亘於宛、葉,而山之形勢漸失矣。吴掘邗溝以通運,而江、淮始通;齊桓遏八流發自廣,而九河始塞,水之故道漸移矣。春秋以後,戰功滋興,至有甄山埋穀,壅川塞河,以求一切戰勝攻取之計者。知伯決晋,王賁灌大梁,蒙恬築長城埋地脈,馴至西漢,與河患相終始,易天地之性,違川陸之宜。譬之人身,日事壅閼,則血脈營衛非復故常,衡决鰲逆,隨間輒發。山川之不能不易者,亦自然之勢也。"[1]在人的活動下,山川會發生改變,這種變化可能會發生正反兩個方向的結果。正確的改變應順應其自然屬性,即人與自然的共同運作,所謂因地制宜,因勢利導。《左傳》説的"國之大事,在祀與戎"。春秋戰國的人事,多指軍事政

---

[1] (清)顧棟高撰:《春秋大事表》卷八《春秋列國山川表》,吴樹平、李解民點校:《春秋大事表》第一册,中華書局,1993 年,第 875 頁。

治活動,考察古代改變自然的活動,軍事政治是主要動因,爲富國强兵與征伐防守服務而修築長城運河。

籠統講,清代内陸十八省的自然條件,一直爲西方人所稱道:"位於亞洲大陸的東南角,景色美麗,土壤肥沃,氣候宜人,有宏偉而可通航的河流,多樣而豐饒的物産,可以和地球上任一部分争妍","河流是中國的榮耀。内地航運的自然條件是任何國家不能媲美的。中國人民認爲自己國家的地理條件以河流最有吸引力,給予最大的關注。"①作爲世界水運,尤其是内河水運(包括運河)最爲發達的文明古國,中國大運河"建築之偉大,爲近世所稀有,而創成於數千年之前"②。水路交通在溝通區域聯繫、民族融合、對外文化交往等方面貢獻巨大,這幾乎是人所盡知的事實。

然而,受氣候、地形等多種因素影響,我國河流的區域分佈嚴重不平衡,北方河流湖泊少,河網密度低,南方的河流湖泊多,密度高,"河網密度從北至南逐漸增加,其中,黄河以北的河網密度大約爲 0.5—0.69km/km²,黄河以南至徐州河段的河網密度大約爲 0.7—1km/km²,中運河和裏運河河段的河網密度大約爲 2—5km/km²,江南運河段的河網密度最高,在 59km/km² 以上"③。黄河以北河網密度只有江南運河段的 1%左右! 黄河以南至徐州段,河網密度是江南運河的 60%—85%之一。北方河流中能全年通航的河流更稀少。歷史上北方西部長城以外,多爲乾旱或半乾旱區域,廣泛分佈著草原沙漠④。活動在這一區域的民族,以遊牧爲生,逐水草而居之,曾出現過許多强大的"草原帝國"⑤。長城及其沿線的廣闊區域,既是阻擋草原民族南侵的屏障,也是限制中原王朝疆域擴展的壁壘;而黄河流域與江淮以南水運條件的差異也對南北發展形成影響,由此構成長城、淮河等重要地理分界線。這種水運條件分佈的强烈差異,直接影響政治疆域的形成發展。水運條件越好的地方,統一性就越强,反之則越弱。南方自古以來就有十分發達的水運交通,北方

①〔美〕衛三畏著,陳俱譯,陳絳校,《中國總論》,上海古籍出版社,2014 年,第 5、12 頁。

②須愷:《運河與文明》,《水利月刊》創刊號,1931 年第一卷第一期。

③俞孔堅等:《京杭大運河國家遺産與生態廊道》,北京大學出版社,2012 年,第 13 頁。

④地理學上,通常以年降雨量在 200 毫米以下的地區稱爲乾旱區,年降雨量在 200—500 毫米的地區稱爲半乾旱區。中國北方的北緯 35°—50°之間的區域面積占全國面積的 50%以上。半乾旱區東起東北平原西部,西到内蒙古中部和寧夏的鹽池一帶。以西則爲乾旱區。

⑤法國史學家勒尼·格魯塞著有《草原帝國》(魏英邦譯,青海人民出版社,1991 年)一書,叙述了匈奴、突厥、回紇、契丹、蒙古等草原民族的歷史。歷史上的長城,主要防禦的也是這些草原民族。但英國學者李約瑟認爲"'草原帝國'這一名稱一般是給……蒙古帝國用的。"(《中國科學技術史》第一卷《總論》第二分册,科學出版社,1975 年,第 349 頁注 2)

雖然水運條件不甚發達，但爲了改善這種狀況，春秋戰國局部統一時就進行運河建設，以溝通區域間的水運聯繫。秦漢以來，凡是中央集權強大，實現大一統後能有效控制遼闊疆域的王朝，多重視運河開鑿，由此構建漕運體系，加強南北聯繫，實現對全國的控制，包括邊疆地區。秦漢、隋唐、北宋、元明清統一疆域的拓展與運河開鑿和水運發達是成正比的，特別是京杭大運河的開通，將統一王朝的政治軍事中心與經濟文化重心緊密聯繫在一起，有力支撐了北京長期作爲都城的中心地位，這爲向北向西發展，開疆拓土創造了條件。

　　長城以南，淮河以北，關中及其以東，漢民族爲主體的廣大區域内，歷史上河流湖泊要比現在多一些，曾經具有良好的水陸交通條件。學者研究認爲歷史上北方的運河建設要比南方多，"黃河流域在歷史上興建的運河數字遠遠超過長江流域，可是除了河北省境内的南運河部分河段尚可通航外，絕大部分運河或淤成或尚存河形而無舟楫之利。這就是歷史時期兩大流域自然條件不同所賜予人工運河的不同命運。"南北大運河的北段"由於自然條件的原因，並不是十分理想的航道。歷代統治者投入大量人力物力，不時疏浚修築，都是爲了保證封建王朝每年所需要數百萬石漕糧的供應"①。維持北方運河的成本及運輸成本雖然大大高於南方溝通自然河流的運河，但也必須的付出，因爲這對維護國家的統一至關重要。西漢有人上書勸諫漢武帝征伐匈奴，一個重要理由是以史爲鑒，秦伐匈奴，運輸艱難，百姓痛苦，最終天下叛秦。當時秦北地"地固澤鹵，不生五穀。然後發天下丁男以守北河。暴兵露師十有餘年，死者不可勝數，終不能逾河而北"，爲了運糧，"又使天下蜚芻輓粟，起於黃、腄、琅邪負海之郡，轉輸北河，率三十鍾而致一石。男子疾耕不足於糧餉，女子紡績不足於帷幕"②。匈奴遠在長城以北，秦到山東半島沿海徵集軍糧再轉輸到北河，即朔方一帶，以支持秦軍抗擊匈奴。當時秦有蒙恬三十萬大軍駐守長城一線，軍糧供應十分困難，花費的成本也極高昂。顏師古注："運載芻藁，令其疾至，故曰飛芻也。輓謂引車船也，音晚。""六斛四斗爲鍾，計其道路所費，凡用百九十二斛乃得一石。"③途中消耗三十鍾才能運輸一石軍糧到朔方，試想三十萬大軍的消耗，需要運輸多少糧食，又有多少糧食消耗在運輸途中。寧可繞道水路，以降低運輸成本。即使秦朝移民實邊，也難以再向北拓展。

　　淮河以南，河流縱橫，湖泊密集。歷代多利用海河、黃河、淮河、長江及錢塘河

①鄒逸麟：《從地理環境角度考察我國運河的歷史作用》，原載《中國史研究》1982 年第 3 期，收入《椿廬史地論稿》，天津古籍出版社，2005 年。

②《史記》卷一百一十二，《平津侯主父列傳》，中華書局，1982 年第 2 版，第 2954 頁。

③《漢書》卷六十四上，《主父偃傳》，中華書局，1962 年，第 2800 頁。

流域的平原地帶開鑿運河,"歷史時期在長江流域開鑿的運河,如春秋戰國以來的邗溝、江南河、胥溪、靈渠等等,兩千多年來經不斷地收治和改建,始終是可以通航的"[①]。縱貫南北東西的運河加强内部的聯繫,爲政治統一、經濟溝通和文化交流提供了便利條件,其内部統一性得到加强,統一的障礙被減弱。即便有分裂割據,也是在整個大的分裂時代之内的分裂,一旦統一出現,這種分裂很快就會結束。像隋朝終結魏晋南北朝以來數百年分裂局面,北宋結束五代十國等,只要解決了北方問題,南方的統一就勢如破竹。

在古代,水運是極爲關鍵和重要的交通方式,也是最便利、最有效、最經濟的運輸方式。在南方,江河湖泊衆多,舟楫之利益於長距離、大規模軍事行動。這可能是中國疆域的拓展在東南進展神速,而在北方沙漠、草原、高原地帶卻停滯不前,甚至只能依託長城固守的重要原因。早在秦漢時期,東南沿海廣大地區就被納入中央王朝疆域範圍,而且始終比較穩定,很少真正從統一王朝中分離。這裏就有水運交通便利的因素。

秦始皇在滅六國統一天下之後,以湖南爲基地(這裏有蒼梧郡,戰國楚國即設,秦承之,後來改稱長沙郡)發動對嶺南的戰爭。開始秦軍長途遠征嶺南越地,"使尉屠睢將樓船之士南攻百越,使監禄鑿渠運糧,深入越,越人遁逃。曠日持久,糧食絶乏,越人擊之,秦兵大敗"[②]。原因是孤軍深入,缺乏後勤支援,糧食供給不上,在叢林中被土著打敗,損失慘重。監史禄專門運輸軍糧,開鑿了靈渠,秦軍船舶直接將糧食運輸到前線。有了後勤保障,秦軍步步爲營,很快就打過嶺南,攻佔兩廣,一直到越南北部,設置了桂林、象郡等郡。水路交通幫助秦朝將南方、東南版圖擴大到極致,運河起了關鍵作用。靈渠的重要意義還在於使長江流域與珠江流域溝通,形成了從黄河到淮河,由淮河到長江,再經湘江到灘江,由灘江南下梧州,匯郁水爲西江,東出廣東肇慶再至三水,或可與北江匯合,直達廣州。隋唐以後,更爲便利的大運河溝通長江、鄱陽湖、贛江、滇江、珠江水系的水路大通道和江南運河、錢塘江、蘭溪江、信江、鄱陽湖的水陸交通線,將整個黄河以南緊密聯繫起來,形成一個整體。即便是安史之亂後藩鎮割據,唐朝在中原統治受到削弱,但仍然能够對東南直到廣州的廣大區域實現有效控制。李翱《來南録》中就記載了他從長安經洛陽,水路直達廣州的經歷,中間僅在梅嶺有一段陸路。總之,靈渠與隋唐、京杭大運河的

①鄒逸麟:《從地理環境角度考察我國運河的歷史作用》,原載《中國史研究》1982 年第 3 期,收入《椿廬史地論稿》,天津古籍出版社,2005 年。

②《史記》卷一百一十二,《平津侯主父列傳》,第 2958 頁。

開鑿,將瑗琿—騰沖一線以東地區的主要水系聯結起來,奠定了由水運網路覆蓋的遼闊疆域。

反觀黃河以北,戰國時期秦、趙、燕就在長城一線固守。秦統一後在攻下河南地後寸步難行,數十萬主力只能在長城一線消極防禦。以後的漢、隋、宋、明等中原漢族大多也只能以防禦爲主,或構築長城、塢壁固守。只有元、清這樣的草原遊牧民族才可以真正將長城踩在腳下,飲馬黃河上下,穿梭陰山高闕,馳騁大漠南北,完成對長城南北的大統一。兩相對比可知,南方的統一看上去輕而易舉,維持長期有效控制,重要原因就是有漫長而連貫的水路,關鍵節點靠的是運河的溝通串聯。這種條件在北方草原無法具備,而農耕民族又缺乏遊牧民族的馬上功夫,很難在草原、沙漠中馳騁。惡劣的自然條件,難以逾越的交通阻隔,使長途作戰無法保障後勤,故只能堅守在長城一線,戍邊墾殖,很少逾越長城,深入草原沙漠。

三、運河在區域統一走向大統一中的作用

早期的運河開鑿主要是爲軍事運輸服務的,秦向五嶺以南進攻,漢向西南夷、南越進攻,都遇到了軍需供應問題,直到隋朝都是如此[1]。區域統一是運河開鑿的必要政治社會條件,同時,由區域走向統一王朝的大統一也需要運河助力。春秋戰國楚國開漢江間運河,吳王夫差開胥溪、邗溝、商魯間菏水等運河,魏國開鴻溝。東漢末曹操開鑿黃河以北運河,割據江東的孫吳政權開挖秦淮河與江南運河之間的破岡瀆,將太湖流域富庶地區與都城建業(今南京)聯繫起來,鞏固了三分天下有其一的格局,都能看到區域統一走向全國統一中的運河作用。

《史記·河渠書》在追述了《夏書》(《夏本紀》《禹貢》)所載大禹治水“諸夏艾安,功施於三代”[2]的功績後,記錄了以中原爲中心,以鴻溝爲骨架的水運體系:“滎陽下引河,東南爲鴻溝以通宋、鄭、陳、蔡、曹、衛,與濟、汝、淮、泗會;於楚,西方則通渠漢水、雲夢之野,東方則通(鴻)溝江淮之間;於吳,則通渠三江五湖;於齊,則通淄、濟之間;於蜀,蜀守冰鑿離堆辟沫水之害,穿二江成都之中。此渠皆可行舟,有

---

[1] 邗溝,“春秋時代的吳王夫差開挖、疏通這條運河,只是爲了運糧、運兵,北上伐齊。越王勾踐滅吳以後,也曾利用邗溝北上伐齊,……越國併入楚國以後,邗溝不被軍事所用,便消失無聞了”。“隋煬帝兩次親到涿郡大舉征伐高麗的史實,進一步說明了隋煬帝開挖永濟渠、通濟渠和邗溝的歷史作用,主要在於軍事方面。”傅崇蘭:《中國運河城市發展史》,四川人民出版社,1985年,第59、61頁。

[2] 《史記》卷二九《河渠書》,1405頁。

餘則用溉浸。"①從運河開鑿的必要條件看,這個水運體系應形成於春秋末至戰國時期。這是因爲,只有在區域統一達到一定水準之後才能夠形成這種跨諸侯國疆域的水運系統。這些河渠均可通航行船,而且在滿足航運之後,還可用於灌溉。

京杭大運河最早的河道是邗溝,開鑿時間在春秋末年(西元前 486 年)。地處太湖流域的吳國,在臣越服楚之後,決心北上發展,開拓疆域,爭霸中原。吳國跨江北上,在經過殘酷戰爭滅亡邗國後才能夠放心大膽開鑿通往淮河的邗溝。不然,只能繼續從太湖入江達海,沿海北上,從雲梯關溯淮而上進入泗水。吳國開鑿邗溝溝通江淮,由淮入泗北上,又開鑿菏水溝通濟水,直達黄河岸邊,最後在黄池(今封丘南)與晉國爭霸,實現了暫時的霸主地位。吳國還開通了從菏濟到齊國的交通線路,可能利用了汶水,經萊蕪的線路。這些水道基本上奠定了東南通達中原、魯西北水道的走向。

東漢末年,曹操在擊敗袁紹基本統一北方後,爲攻取鄴城(今河北臨漳),建枋頭城,將黄河—淇水—白溝(黄河古河道)水路連爲一體。在奪取鄴城後又以此爲都,揮師北上,征伐烏桓。爲此利用太行山以東漳河、滹沱河、古黄河等水系資源,開鑿平虜渠、泉州渠、利漕渠等運河,將白溝—漳水—黄河故道—滹沱河—清河—平虜渠—泒河—泉州渠—潞水連接,構建了北方運河系統。這條運河奠定了隋朝的永濟河體系,也爲後來的御河、衛河—臨清—京杭大運河(山東運河—南運河—北運河)奠定了基礎。《肇域志》山東館陶縣(今屬河北邯鄲)條有:"漳河,在縣西南五十里。有二源,……下至臨漳縣合而西,復分二流,一北流入滹沱河,一東流至本縣入衛河,與會通河合。""《府志》:衛河,在縣西二里。源出輝縣百門泉,引鴻雁、洹二流,東北逕館陶,至臨清與汶水合,爲今漕渠,北過夏津、恩縣、武城,注直沽入海。隋疏爲永濟渠,亦名御河。"②

没有北方運河的開鑿,曹操很難迅速打敗遼西烏桓,統一遼東、遼西廣大地區,解除北方威脅。"曹操開通的一系列運河,使北方水運系統達到輝煌。水運交通又促進了鄴城的發展,使鄴城在北朝的很長時期中是黄河以北華北平原的政治、經濟和文化中心。"③而北朝的發展又爲隋朝結束南北朝數百年分裂割據,重新統一中國打下堅實基礎。江東的孫吳政權定都建業後,開鑿了破岡瀆,通過秦淮河將長江

---

① 《史記》卷二九《河渠書》,1407 頁。

② (清)顧炎武撰,譚其驤、王文楚點校主編:《肇域志》(一),《顧炎武全集》6,上海古籍出版社,2011 年,第 885 頁。

③ 王守春:《黄河北側運河的開鑿與水運系統的形成》,載陳橋驛主編:《中國運河開發史》,中華書局 2008 年,第 48 頁。

與太湖水系溝通,由丹陽一帶直接進入江南運河,避開長江與江南運河交匯風險,充分依託太湖流域富裕地區,對孫吳的鞏固和南方的局部統一起了重要作用。這條運河的難度很大,需要採取多級埭堰提高水位,翻越分水嶺。隋文帝爲統一江南,曾經秘密開挖山陽河,恢復古邗溝直下揚州,伺機越江滅陳。中國的大一統,往往是從區域性的統一開始的,割據政權的數量在區域統一的過程中逐漸減少,形成區域性中心,最終匯成大統一。

四、東西之爭到南北一體中的運河作用

從以都城遷移位置變動爲標誌的衝突與融合看,中國古代有所謂“東西之爭”到“南北對峙”,再到“南北一體”的政治地理大勢轉換。在這個過程中,運河也曾起過重要作用。早期大運河主要利用自然河流、湖泊而建,在關鍵節點開鑿人工河加以溝通,大體上呈東南、東北走向,故有學者稱其爲“東西大運河”。“西漢自長安東向有漕渠,東通黃河、鴻溝、古汴渠、邗溝過江南,通三江五湖以至杭州,自西北而東南逐漸形成水運要道。至隋唐,向西通今寶雞,向東有廣通渠通黃河接汴渠,邗溝過江至杭州,爲西漢管道之延長發展,形成東南西北大運河,可稱爲東西大運河。”[1]這一走向,與關中與中原政治軍事中心地位是適應的。元明清定都北京,政治軍事中心得到統一,而經濟文化重心區域仍在東南,南北主軸線成爲最重要的政治地理標誌,京杭大運河成爲連接兩者之間的生命線。

1. **東西之爭**。主要是關中與關東之爭,也有以關中都城爲中心向西開拓。早期是以東西爲融合主線,傅斯年在《夷夏東西說》中揭示,“自東漢末以來的中國史,常常分南北,或者是政治的分裂,或者由於北方爲外族所統制”,而夏商周“在三代時及三代以前,政治的演進,由部落到帝國,是以河、濟、淮流域爲地盤的。在這片大地中,地理的形勢只有東西之分,並無南北之限。歷史憑藉地理而生,這兩千年的對峙,是東西而不是南北。”東夷在東,夏在西,商在東,周在西[2]。春秋時期,諸侯國之爭,秦在西,晉、齊、魯等在東,仍然是東西之爭,但這樣的格局在春秋戰國中已經被打破。南方楚國形成了最大的疆域,北出方城,進逼洛陽,問鼎中原,足以與北方晉國分庭抗禮。吳越也不斷向北發展。吳王夫差築邗城,開邗溝,溝通

---

①姚漢源:《京杭運河史》,中國水利水電出版社,1998年,第8頁。

②傅斯年:《夷夏東西說》,原刊1933年(民國二十二年)一月國立中央研究院《歷史語言研究所集刊》外編第一種《慶祝蔡元培先生六十五歲論文集》,收入《中國現代社會科學家選集叢書·傅斯年卷》,天津人民出版社,1996年,第247頁。

江淮,就是向北發展,最終爭得短暫霸主地位。當時的南北之爭,主要是從長江流域到淮河—黃河流域,基本上不過黃河。如吳國最遠到黃池(今河南封丘南),楚國由方城攻擊到達洛陽附近,城濮之戰之後就很難再向北發展。吳、楚之爭,主要也是東西之爭,爭奪焦點在淮河流域。戰國主要是東西之爭,合縱與連橫的主角是中原的魏、趙、韓對關中的秦國。東方的齊起平衡作用。長平之戰後,楚國漸成抗秦主力。燕國基本上坐壁上觀,有的只是與齊國的惡鬥,只是最後由燕太子丹策劃的荊軻刺秦王的鬧劇。秦統一六國,最後才橫掃幽燕,滅燕齊,直達長城。往東南,滅楚後,更沒有什麼阻礙,打到嶺南、閩越。當時的南北軸線基本上沒有很大障礙,重要的就是修靈渠。可見,在南北之爭中,開鑿運河成了關鍵之舉。秦漢一舉囊括嶺南及東南沿海廣大地區,靠的是靈渠、泗水、邗溝、江南運河的交通運輸條件。秦漢之際的楚漢戰爭,基本上可歸入東西之爭,儘管劉項都是東部泗水流域的代表性人物。但滅秦之後,劉邦成爲關中勢力的代表,項羽則爲東方之盟主。漢大統一,中央集權不斷強大,東西之爭逐漸減弱,漢景帝時的七國之亂,應是統治集團東西之爭的尾聲。漢武帝時期,主要是反擊匈奴,開拓西域。

2. 南北對峙。既有中原王朝或代表中原的非漢族政權與南方之爭,如東晉南北朝時期,金宋對峙等;也有中原王朝或入主中原的王朝與北方遊牧民族之爭。對疆域發展影響大的是後者。由於匈奴的興起,秦朝不得不派大軍長期駐守長城一線,當時就有從沿海向山東半島北部水運軍糧,再從河北轉輸到長城一線的行動。從山東沿海向北河轉輸的線路,文獻沒有記載,但可能利用了古黃河入海的"九河"故道,這條水路要經過黃河、濟水、漯水等河道,從河北桑乾河流域可往山西。屬於曹操所開北方運河和隋永濟渠之前的水路。

秦末起義爆發後,秦長城守軍回撤作戰,最後被項羽殲滅於巨鹿。北方邊界大門洞開。西漢初期就開始遇到北方的挑戰,高祖劉邦與匈奴馬邑對抗失利,只能採取和親政策,暫時緩解北方壓力。後來漢武帝發動三次反擊匈奴戰爭,基本上解脫了北方西方的威脅,將疆域推進到西域。也正是漢武帝時期,關中漕運十分發達,運量大增,關中漕渠起了重要作用。同時漢中、河東開鑿了一些運河工程。對西部疆域的開拓,必然增加關中的後勤保障壓力,也因此受到主父偃等的批評。

北方真正的壓力是在東漢末年以後,這是從東西之爭向南北對峙轉換的濫觴。曹操在統一北方之後,揮師向北進攻,三征烏桓,就是要解除北方壓力並向北拓展疆域。在這個過程中,開鑿運河就是關鍵之舉。曹操以鄴城爲都,大規模開鑿黃河以北的運河體系,奠定了北方運河的基礎,隋煬帝開鑿的永濟渠、元代開鑿的京杭大運河,臨清以上的運河系統早在曹操時期就有開鑿。

　　魏晉以後,北方漸成軍事重鎮,南北對峙成爲中國政治經濟軍事的主軸。軍事政治重心的變化對北部邊疆的安全發生極其重要的影響。北魏是一個明顯的實例,魏孝文帝改革,重要内容是將都城從平城(今大同)遷往洛陽。這樣的結果雖然有利於漢化,打破鮮卑貴族集團對改革的阻撓,但也使新的都城洛陽遠離軍事重鎮平城,皇權與軍權嚴重分離。北部長城邊鎮軍事統帥掌控了軍權,導致發生了叛亂(所謂"六鎮起義"),極大削弱了北魏的統治。

　　唐朝安史之亂也是皇權與軍權分離的一個歷史教訓。唐朝的軍隊,一是駐守在西北,主要在京畿附近,一是駐守邊疆,特别是北部邊疆。唐朝都城在西北的長安,又以洛陽爲東都,雖然可以有效控制西北和江淮經濟發達地區,但對北方的控制能力卻日漸減弱。當時奚族和契丹勢力較强,安禄山集平盧節度使、范陽節度使、河東節度使于一身,掌控河北、遼寧西部、山西軍事、民政及財政大權,被譽爲安邊長城。安禄山掌控了一支由多民族組成、財富雄厚的武裝集團,於 755 年在范陽起兵,南下進攻,很快攻陷洛陽。次年正月在洛陽稱大燕皇帝。這是秦統一後第一個以"燕"爲名建立的政權,標誌著北方政治軍事集團已經登上歷史舞臺,南北軸心巨變揭開帷幕。之後攻陷潼關,直下長安。乾元二年(759),史思明從范陽南下,在鄴城(今河北臨漳一帶)擊敗六十萬唐軍後還范陽稱"大燕皇帝",之後南下洛陽,與唐軍對峙。這個時期,北到范陽,中到洛陽,南到睢陽(今商丘南)以河北、河南(大致今太行山東麓京廣鐵路、隴海鐵路沿線)爲走廊,形成了東西與南北的對峙。顯然,唐朝對幽燕的失控,南北線空虛狀況凸顯。而爲了平叛,唐在河西(節度使駐甘肅武威)和西域(安西節度使駐庫車、北庭節度使駐吉木薩爾)的駐軍大量内調回援,河西走廊與西域空虛,吐蕃乘虛而入,陸續佔領隴右、河西諸州,長安與西域聯繫的河西走廊道路爲吐蕃控制,安西四鎮與中央聯繫中斷,孤懸在外,成爲抵抗吐蕃的孤立力量。北部邊疆安危對整個疆域的影響之大可見一斑。

　　"唐分十道,此爲河北道,天寶以後强藩往往竊據焉。"[1]安史之亂後,中國政治經濟軍事的主軸已經由東西橫向完全轉移到南北縱向,但軸心還在黄河流域的洛陽、開封一線。這主要是經濟重心向東南轉移,以太湖流域爲中心的南方成爲軸心南端,中原王朝始終能夠牢牢控制東南,大運河成爲唐宋帝國的生命線。全漢昇認爲大運河在中國古代歷史上真正發揮積極作用是在唐宋及以後主要歷史時期。"在此後的六百多年内變爲唐宋帝國的大動脈。這一條動脈的暢通與停滯,足以決定唐宋國運的盛衰隆替,其關係的密切簡直有如真正的動脈之於身體那樣。"全漢

---

[1] (清)顧祖禹撰,賀次君、施和金點校:《讀史方輿紀要》卷十,《北直一》,中華書局,2005 年,第 406 頁。

昇闡述唐宋經濟重心南移之後,軍事政治重心仍然留在北方,隋煬帝開鑿的運河在滿足這個新時代的客觀形勢,"即如何把軍事政治重心的北方和經濟重心的南方聯接起來,以便因内在的堅强凝結而生出力量"的重要作用。隋唐大運河對統一王朝來説,起的是生命線的作用。中國在運河充分發揮作用的時候,"國運興隆",反之"國運衰敗"。"運河自隋代開鑿後,與唐宋帝國勢運的盛衰消長,著實是非常密切的。""洛陽和汴州所以能够先後成爲全國重要的政治中心,由於運河的影響而起的經濟地理的變動,實是其中的一個主要的因素。"①而隨著西北突厥的衰落,北方東北契丹、女真乃至蒙古興起,北方成爲政治軍事的一端,南方經濟文化重心與北方政治軍事中心分離格局形成。中原王朝再也顧及不了西域,此後西域失多得少,直到蒙古元朝興起。草原遊牧民族多由東北、北方向中原或西部進攻,居高臨下,從北方蒙古地區向西進攻,草原絲綢之路更容易控制河西走廊和西域。而中原一路,向北方草原沙漠地區發展就比較困難,防禦也是如此,只能靠長城。其後有北宋與遼、西夏的對峙,南宋與金、蒙古的對峙,南北衝突愈演愈烈。

3. 南北一體。自古以來,都城無疑是每個王朝的政治軍事中心,君權與軍權必須緊密依存,高度一致。政治與軍事是不能長期分離的,否則會造成割據和反叛,所以皇帝不能隨意離開京畿之地,軍隊要駐守在京畿或者邊疆。政治軍事中心與經濟重心的最佳配置是能够保持基本一致,這樣,國家强幹弱枝,中央保持對地方的巨大優勢,能够有效控制全國,這樣的統治成本也比較低,社會穩定,不容易出現分裂。即便出現地方反叛,也容易迅速出兵鎮壓。明初軍事重鎮燕與都城的分離,最終導致了燕王反叛奪取皇位。軍政力量彙聚北京,有利於控制廣大的草原沙漠地區。元明清中國的疆域不斷擴大,不僅名義上的疆域,而且有效控制的範圍遠遠超過前朝。清康熙年間到中國的法國傳教士李明分析過明朝遷都的原因:明朝有南北兩京,"北京,即北方的京城,是歷代皇帝宫廷所在地。這樣稱呼它以區别於南京,另一座巨大的城市。南京,即南方的京城。過去這樣稱呼南京,因爲皇帝曾住在那裏,就像是住在最美麗、最舒適、在帝國位置最佳的城市裏;但是,由於不安於現狀的好鬥的韃靼人的不斷入侵中原,迫使朝廷遷都到北方的省份,以便皇帝能够隨時親率最龐大的一支御林軍抵禦外侵。這就是建都北京的原因。"②試想,如果都城在南京,危險來自北方,軍事與政治中心就要分離,皇帝根本不敢將大量軍隊

① 全漢昇:《唐宋帝國與運河》,中央研究院歷史語言研究所志刊之二十四本書,重慶商務印書館 1944 年初版,臺灣商務印書館 1995 年重排版,第 124—125 頁。

② [法]李明著,郭强、龍雲、李偉譯:《中國近事報導(1687—1692)》,大象出版社,2004 年,第 64 頁。

論我國古代運河在統一國家疆域形成與發展中的歷史作用 / 779

投入北方,既不可能御駕親征,也不願意勞師北伐,不願長期將軍權交給軍事將領。萬一將領坐大,君權就可能不保。歷史上經濟重心的分離雖然增加了運輸成本,但對後權的威脅較小,漕運等物資的轉輸,客觀上更利於國家的均衡發展。經濟重心太湖流域、東南沿海地區往往比較富庶,文化發達,教育昌盛,科舉人才薈萃,社會相對穩定,發生起義的可能性很小,即便有,次數和烈度也會遠遜於北方和邊疆地區。從歷史上看,政治軍事中心與經濟重心是可以分離的,條件是兩者之間必須有便利的交通通道,特別是水路通道。大運河的運輸能力,及其網絡影響,對中國疆域的擴大及其有效控制有著很好的促進作用,可以使中央王朝遠離經濟重心區域進行大規模的遠征。

元明清完成了由南北對峙走向南北一體的轉折。元將大運河改道,形成了京杭大運河,南北的統一性在强大的中央集權體系下變爲現實。隋唐以後,中國政治軍事中心從東西橫向軸(緯線)轉到南北縱向軸(經線)的空間格局,南北成爲主導國家統一的主軸。大運河起了重要作用,它將政治軍事中心與經濟重心地區溝通,從此統一成了主線。元明清定都北京,政治軍事中心得到統一,而經濟文化重心區域仍在東南,南北主軸線一體成爲最重要的政治地理標誌,京杭大運河是連接兩者的生命線。將都城北遷至幽燕地區,背靠太行、燕山,進可攻退可守,特別是面向廣大的草原地區。近代以後,雖然運河中斷,可現代交通和海運的興起,南北聯繫仍然密切,繼續支撑北京的都城地位。

王士性指出:"前代都關中,則邊備在蕭關、玉門急,而漁陽、遼左爲緩。本朝都燕,則邊備在薊門、宣府急,而甘、固、莊、涼爲緩","邊備無定,第在隨時爲張馳,視虜爲盛衰。"[1]都城要遷到敵人威脅最大的地方,集中軍事政治資源,而依託後方的經濟文化資源。"商人遷都安陽的目的,大約是求便於對付西方,自太行山外面來的戎禍,即所謂鬼方者,恰如明成祖營北平而使子孫定居,是爲對付北韃者一般。"[2]只有加強北京地區的防禦,才能控制整個局面,南方是不用擔心的,關鍵在於北方,蒙古餘部,東北女真。"幽州之地,控帶沙漠,明初列戍漠南,鎖鑰深固,後防維日壞,無復初制矣。"[3]

政治軍事中心可以長期遠離經濟重心區域的格局,並非壞事。京杭大運河的

---

① (明)王士性撰,周振鶴點校:《廣志繹》,《五嶽遊草·廣志繹》,中華書局,2006年,第199頁。
② 傅斯年:《夷夏東西説》,原刊1933年(民國二十二年)一月國立中央研究院《歷史語言研究所集刊》外編第一種《慶祝蔡元培先生六十五歲論文集》,收入中國現代社會科學家選集叢書·傅斯年卷》,天津人民出版社,1996年,第290頁。
③ (清)顧祖禹撰,賀次君、施和金點校:《讀史方輿紀要》卷十,《北直一》,中華書局,2005年,第412頁。

開通,爲統一王朝政治軍事中心與經濟重心的長期分離提供了了交通條件,而這種南北分離,更有利於北部疆域的開拓、鞏固和防禦。

明初朱元璋封同姓王,朱棣分封到最重要的"强幹之地"北平,掌握軍權。明太祖死後,朱棣發動"靖難之役",南下線路包括了德州、滄州、臨清、東昌、濟寧、徐州、泗州、淮安、揚州、儀真、瓜洲等隋唐與京杭大運河城鎮①。"成祖以幽、薊赴桓之旅,加江、淮脆弱之師,處既形便,勢有地利,當時之事,不戰而已知爲燕矣。"②朱棣以一隅之地,自北向南進攻,如此輕鬆打下天下,其政治地理優勢起了重要作用。明成祖稱帝後,開始營建北京,1421年遷都北京,完成了政治中心與軍事中心的統一,從此再也没有發生威脅皇權的軍事叛亂,而南北主軸的格局也再次確定。

永樂皇帝以北京爲大本營,解除了政治軍事上的後顧之憂,連續向北出擊,追逐蒙古餘部,開拓疆域,保障北京安全。於永樂八年"親征蒙古餘裔,至斡難河以北,俘獲而還。十二年北征瓦剌,追敗之於土剌河,乃班師。二十年,復征蒙古,獲其輜重於殺胡原,乃移師征兀很哈,大破之於屈裂河。二十一年,復征蒙古。明年,復北征,至答蘭納木河,不見敵而歸。蓋五出塞北,窮追伏影,千乘萬騎,勒銘殊庭,自古帝王未有之烈也。"③

永樂帝北征所達地區,包括今天的内外蒙古、大漠南北,包括和林,即今烏蘭巴托。這應當是明朝最强盛的時期,北部疆域拓展最大的時期。如果没有君權與軍權的緊密結合,很難真正達到這樣的成就。

明朝長城的防禦功能是一流的。"在防禦工事方面,中國人在用以把帝國的一部分封閉起來的奇妙的工程中超越了古人。這就是一般稱之爲大城墙的工程,或按他們自己的稱呼,萬里長城,它從東海一直伸展到陝西省。這並非它真有那麼長,但是,肯定地説,如果把它的蜿蜒曲折都計算在内,它決不少於五百古法里。"加上箭樓及幾道墙等長城整體的防禦工事,"這一切使得中國人能在這個方向抵禦敵人朝夕,得到安寧。""由於幾乎整個中國和韃靼以山相隔,人們把長城修得很長。"④而到了清代就基本上放棄了長城。長城"這一工程是前所未有的,最偉大的,同時也是最荒誕的工程之一。事實上,是謹慎小心使中國人關閉了最便捷的通道。但是,把工程一直建到連鳥也難以飛過,連韃靼騎兵也不可能登上的山頂,那

---

① (清)顧祖禹撰,賀次君、施和金點校:《讀史方輿紀要》卷九,《歷代州域形勢九》,中華書局,2005年,第381—384頁。

② 同上,第384頁。

③ 同上,第385頁。

④ [法]李明著,郭强、龍雲、李偉譯:《中國近事報導(1687—1692)》,大象出版社,2004年,第85頁。

就滑稽可笑了。如果人們確信韃靼人有足夠的決心要使全軍登上山頂,怎麼能認爲如此不堅固,如此低矮的牆能阻擋他們。""據説,在漢人皇帝治下,有一百萬士兵守衞著這座著名的長城;如今,皇帝也是韃靼的主子,就僅在最開闊的防禦工事和最好的通道駐紮有軍隊。"①而 18 世紀末,英國馬戛爾尼使團從北京往返熱河時,沿途所見長城衰敗情景,早就喪失了作爲北方防禦重鎮的使用價值。"長城修建以後,兩千年中有一千六百年曾經有效地防禦了韃靼人。後來在成吉思汗的巨大軍事力量面前,這條防線喪失了一切作用。"②馬可·波羅竟然沒有提到長城,以致有人因此懷疑其遊記的真實性。"自從大一統局面形成以後,長城確已大大減少了過去的重要性。隨著長城作用的縮減,中國人對它的興趣也跟著消失。初次來到中國看到這個偉大建築的使節團員們對之贊歎備至,但陪送前來的中國官員似乎對它不予以任何注意。"③南北一體的局面已經完成。

五、大運河支撐南北一體格局

都城,並不一定要建立在經濟最發達的地區,但一定要建立在政治、軍事意義最大的地區。元明清定都北京,政治軍事中心得到統一,而經濟文化重心區域仍在東南,南北主軸線成爲最重要的政治地理標誌,京杭大運河成爲連接兩者的生命線。

梁啓超在《中國地理大勢論》中談到北京崛起的歷史、北京與南京的關係等問題,特別强調了大運河對支撐北京都城,實現南北一體,從而對國家統一和疆域開拓的重要意義。他説:"夫在昔之燕不足重輕也如彼,而今則海宇之內,斂袂而往朝者,七百餘年,他地視之,瞠乎其後者,何也? 其轉捩之機,皆在於運河。中國南北兩大河流,各爲風氣,不相屬也。自隋煬浚運河以連貫之,而兩河之下游,遂別開交通之路。夫交通之便不便,實一國政治上變遷之最大原因也。自運河既通以後,而南北一統之基礎,遂以大定。此後千餘年間,分裂者不過百年耳。而其結果,能使江、河下游日趨繁盛,北京、南京兩大都握全國之樞要,而吸其精華。故逮唐中葉,而安禄山、史思明用范陽、盧龍之衆,蹂躪中國,實爲幽燕勢力之嚆矢。至宋而金源宅京於此,用之以俘二帝,盜中國之强半矣。蒙古(紾)金臂而奪之,遂以滅金滅

---

①[法]李明著,郭强、龍雲、李偉譯:《中國近事報導(1687—1692)》,大象出版社,2004 年,第 86 頁。

②[英]斯當東著,葉篤義譯:《英使謁見乾隆紀實》,上海書店出版社,2005 年,第 323 頁。

③同上,第 323 頁。

宋,混一寰區矣。明祖南入安南,奠都金陵;而燕王(隸)卒以靖難之師起北方,復宅金、元之故宅,以至於今。非地運使然,實地勢使然也。爾後運河雖瘀涸,而燕京之勢力不衰者,一由積之既久,取精用宏,與千年前之鎬、洛相等;一由海道既通,易運河以海運,而燕、齊、吳、浙、閩、越一氣相屬,燕乃建高瓴而注之也。"①

史家言,漢魏以來,都城之間的距離,近者相距數百,遠者不過千里,而明代南北兩京制度大大突破了古代的空間極限,"若懸隔三千里之外,逾江越淮,泝河浮濟,而欲巡幸會同,歲時無失,此又必不得之數也。然則何以爲善法成周?曰金陵財賦所萃,幽陵士馬所資,控西北以震疊河山,綏東南以供輸京闕,此成祖繼述之善,冠古爍今者也。或者曰漕河絕續,則咽喉可慮;關、隴遥闊,則肩背爲虞;毋乃未考於馭邊籌漕之初制乎?"②

在幽燕地區建都,需要有南方財富源地的支撐,這就靠一條便捷的水路通道。都城在洛陽、開封時,有水路通道。洛陽爲都,有隋唐運河的通道,東京都城,有四條長帶生命線,即汴河、蔡河、五丈河和金水河。都城在北京,財富在東南,原有的隋唐運河從汴河到永濟渠就迂迴遥遠,十分不便,需要一條直達的線路,將大都(北京)與南方地區直接溝通。這樣,就出現了元朝開鑿濟州河、會通河、通惠河,形成了京杭大運河。美國學者施堅雅將中國劃分爲九大經濟區,即華北、西北、長江上游、長江中游、長江下游、東南沿海、嶺南、雲貴、東北,其中清代内陸十八省涵蓋了除東北外的八大區域。這八大區域中,"除雲貴高原外,這些地區核心是河谷低地,同邊緣地區相比,按照定義,幾乎都有較大的有利運輸條件。同陸路運輸相比,水路運輸由於單價低廉,因此除雲貴和西北外,在所有可通航的地區,全是水路運輸的天下。即使在河流不能通航的地區,那裏的河谷也典型地提供了最有效的陸路運輸",平原低地,築路、開鑿運河的費用不那麼昂貴。"每個地區的主要城市是在中心區或通向這些中心區的主要交通線上發展起來的。"③大運河溝通了其中的華北長江上、中、下游,東南沿海,嶺南六大區域,其作用之大,可想而知。"天下馬頭,物所出所聚處。蘇、杭之幣,淮陰之糧,維揚之鹽,臨清、濟寧之貨,徐州之車贏,京師城隍、燈市之骨董,無錫之米,建陽之書,浮梁之瓷,寧、台之鰲,香山之番舶,廣陵

---

① 梁啓超:《中國地理大勢論》,劉夢溪主編:《中國現代學術經典·梁啓超卷》,河北教育出版社,1996年,第704—705頁。

② (清)顧祖禹撰,賀次君、施和金點校:《讀史方輿紀要》卷九,《歷代州域形勢九》,中華書局,2005年,第387頁。

③ [美]施堅雅:《十九世紀中國的地區城市化》,載施堅雅主編,葉光庭等譯,陳橋驛校:《中華帝國的晚期城市》,中華書局,2000年,第247—249頁。

之姬,溫州之漆器。"①舉的 16 個"天下馬頭"中,有 11 個在京杭大運河(包括浙東運河)沿線。明代天下重要關權有 8 個,其中 7 個在大運河沿線,以山東臨清關税收最多。山東西部運河沿線的糧食流通量,大大超過漕運量②。

如果靠陸運,政治軍事中心不可能相隔如此遥遠,春秋戰國人就知道,"國在小而食地淺也;田半墾而民有餘食而粟米多者,國地大而食地博也;國地大而野不辟者,君好貨而臣好利者也;辟地廣而民不足者,上賦重,流其藏也。故曰,粟行於三百里,則國毋一年之積;粟行於四百里,則國無二(半)年之積,粟行於五百里,則衆有饑色。"③糧食運輸距離越長,運輸成本代價越大。特別是陸路運輸,300 公里幾乎就吃掉了糧食的成本。而水路,則大大便宜,一般只有陸路的五分之一,甚至更低。

北京的西南、東部的永定河流域,也曾有良好的水運條件。金元時期,都有運河連接的水路的,"桑乾河,源出山西馬邑縣西北……東流經大同府南,……入北直保安州界,經州西南出西山,至順天府西南曰盧溝河,俗呼小黄河,以其流濁而易淤也,亦謂之渾河,出盧溝橋下,東南流爲看丹口……分二派:一東流至通州南高麗莊在州西南十三里,稍東南即張家灣也,合白河;一南流經良鄉縣東,固安縣西,爲巨馬河,與霸州界河合,東流經永清縣及東安縣,南至武清縣小直沽達於海"④。永定河東、南兩個方向都與後來的運河相通,即連接曹操開闢的北方運河系統。其實,這條水路漕運的時間應該更早,"後漢建武十三年,王霸治飛狐道,陳委輸事,從濕水漕以省陸挽之勞,即此也"。金世宗大定十年(1170),即南宋孝宗"乾道六年,金人議開盧溝河以通京師漕運,自金口河導至京城北入濠,又東至通州北入潞水。既而以地峻水濁,不堪舟楫,漕渠竟不成"⑤。元朝可能開發了永定河水運,從馬可·波羅的記載可知,他到西方出任專使時從西南出北京城,經過永定河,過盧溝橋。"離開都城,西行十六公里來到一條河流,它名叫永定河,蜿蜒流入大海。河上舟楫往來,船帆如織。它們運載著大批的商品。河上架有一座美麗的石橋。這也許是世界上無與倫比的大石橋。"⑥此時的永定河可以通航,大量的舟楫向北京城輸送物資。這

①(明)王士性撰,周振鶴點校:《廣志繹》,《五嶽遊草·廣志繹》,中華書局,2006 年,第 193 頁。

②參見許檀運河及北方口岸城市的研究,《明清時期運河的商品流通》,《歷史檔案》1992 年第 1 期;《明清時期的臨清商業》,《中國經濟史研究》1986 年第 2 期;《明清時期山東的糧食流通》,《歷史檔案》1995 年第 1 期;《明清時期山東經濟的發展》,《中國經濟史研究》,1995 年第 3 期。

③(漢)劉向,(清)戴望:《管子·八觀第十三》,《諸子集成》本《管子校正》,嶽麓書社 1996 年,第 87—88 頁。

④(清)顧祖禹撰,賀次君、施和金點校:《讀史方輿紀要》卷十,《北直一》,中華書局,2005 年,第 416—417 頁。

⑤同上書,第 417 頁。

⑥馬可·波羅口述,魯思梯謙筆錄,曼紐爾·科姆羅夫英譯,陳開俊、戴樹英、劉貞瓊、林鍵合譯:《馬可波羅遊記》,福建科學技術出版社,1981 年,第 130 頁。

條河還可以和京杭大運河北運河與南運河段聯繫。可見,元朝時北京的物資供應並非僅來源於南方,由大運河溝通的北方運河水系,也提供了有力支援。

在南北主軸一體化轉換過程中,對北京的支撐主要來自京杭大運河沿線。山東西部與河北東部運河沿線的興盛起了重要作用。元明大運河改線後,"燕、齊地界相錯,由京師走山東德州七百里而近,楚、粤、江、浙、閩海之趨京師者,皆以山東爲梯航之會"①。大都"那裏有二萬五千名娼妓。無數商人和其他旅客爲朝廷所吸引,不斷地來來往往,絡繹不絶。娼妓數目這樣龐大,還不够滿足這樣大量商人和其他旅客的需要。"②"凡世界上最爲稀奇珍貴的東西,都能在這座城市找到,特別是印度的商品,如寶石、珍珠、藥材和香料。契丹各省和帝國其它各省,凡有貴重值錢的東西都運到這裏,供應那些被這個國家吸引,而在朝廷附近居住的大批群衆的需要。這裏出售的商品數量,比其它任何地方都多。根據登記表明,用馬車和馱馬載運生絲到京城的,每日不下一千輛次。絲織物和各種絲線,都在這裏大量生産。""在京城附近,有許多用城墙圍繞的城鎮。它的居民,大部分依靠做朝廷的生意來維持生活。出售自己生産的物品,换取自己需要的東西。"③根據這裏的描述,北京與國外的商業關係極爲密切,交通便利,有陸上草原絲綢之路、緑洲沙漠絲綢之路,海上絲綢之路等。

"瓜州(Kayn-gui)是大江南岸的一個小城鎮。這裏每年彙集大批的小麥和稻米。其中最大的部分運往汗八里(今北京)城,供應皇帝的臣民,瓜州城位於通往契丹省的交通線上。這條交通線,是由許多河流、湖泊,以及一條又寬又深的運河組成的。這條運河,是根據大汗的旨意挖掘的,其目的,在於使船隻能够從一條大河轉入另一條大河,以便從蠻子省直達汗八里,不必取道海上。""這樣宏偉的工程,是十分值得贊美的。然而,值得贊美的,不完全在於這條運河把南北國土貫通起來,或者它的長度那麼驚人,而在於它,爲沿岸許多城市的人民,造福無窮。沿著運河兩岸,也同樣築有堅固、寬闊的河堤,使陸上交通變得非常方便。"④這裏,馬可·波羅單獨將瓜州列出來,突出了瓜州特殊的地理位置。瓜州正是大運河的南北連接點,是漕運的必經之地。江南運河來的漕糧,都要經過此地轉入江北運河。馬可·波羅準確描述了一個由運河溝通的,包括自然河流與湖泊組成的水運體系。

---

①(清)顧祖禹撰,賀次君、施和金點校:《讀史方輿紀要》卷十,《北直一》,中華書局,2005年,第412頁。

②馬可·波羅口述,魯思梯謙筆録,曼紐爾·科姆羅夫英譯,陳開俊、戴樹英、劉貞瓊、林鍵合譯:《馬可波羅遊記》,福建科學技術出版社,1981年,第111頁。

③同上。

④同上書,第171—172頁。

儘管元代以海運爲主,但從瓜州作爲漕糧集散地,真州作爲鹽運港口看,元代繼承了北宋的漕運線路。如果完全實行海運,瓜州不應當是漕糧的集散中心。

馬可·波羅對大運河的評價非常客觀,並非簡單的從工程的宏偉、溝通南北交通,長度的驚人等表像看問題,而是看到大運河的開鑿,對沿岸地區發展的貢獻。特別還指出了,大運河不但溝通了水路交通,而且大運河河堤所形成的陸路交通線便利了陸上交通。這是爲一般人所忽略的大運河的重要功能。

當轉到以北京爲都城的時代,經濟重心轉移到了東南、江南,政治軍事中心長期在北方,這種狀況的維持,就需要大運河的支撐。元朝開鑿的大運河爲明清兩代的繁榮奠定了基礎,功不可没。明清定都北京,控制了遼闊的蒙古高原、新疆和西藏,出現了"康乾盛世",而沿大運河的江蘇、山東、浙江城市,同樣出現了高度繁華。江蘇能够在明朝後期以後在經濟、文化、人才等各項指標上躍居全國首位,與其始終居於大運河的骨架中心地位,受惠於大運河是分不開的。大運河與長江交匯處在揚州是全國水路的樞紐,"枕江臂海,縮轂三吳、兩浙、七閩之口,故天下之美麗皆歸焉。鹾商走集,俗尚奢靡"[1]。揚州府"富甲天下,而奸人、豪客伏匿其中,天下富貴,揚一益二。(號爲天下繁侈)淮南之西,大江之東,南至五嶺、蜀漢,十一路百州遷徙貿易之人,往還皆出其下,舟車南北日夜灌輸京師者,居天下之七"[2]。全國各地的資源,70%都要從大運河北上輸送到北京,揚州成了轉輸中心。大運河成就了揚州的長期繁榮。

17世紀意大利傳教士衛匡國《中國新地圖集》對北京城通過運河等水運通道實現物產存在的情況有過描述:"這裏無論是必需品還是奢侈品,應有盡有。皇家用船就有幾千艘,更不用説私人的了。他們運送各式各樣的東西,小到值不了幾個錢的東西。無論從南到北,中國人用自己的勤勞和智慧通過河流可航行的河道把船一直開到了首都。這些工程簡直是太絕妙了:有天然的河流,也有人工的運河,讓他們暢通無阻地航行好幾百公里,最終雲集在天津的貿易集市,然後從那兒北上入京。因此,即使是在這個被稱爲物產不豐富的城市,也成了各種產品的集散地。這一事實證明了民間關於北京的傳説的確名副其實:北京什麼也没有,但是什麼也不缺。"[3]這爲"漂來的北京城"做了最好的注釋。顯然,大運河是最重要的運輸通道。皇家船之

---

[1]（清）顧炎武撰、譚其驤、王文楚點校主編:《肇域志》(一),《顧炎武全集》6,上海古籍出版社,2011年,第73頁。

[2]同上書,第72頁。

[3]《衛匡國地圖附錄》,載張西平、[意]馬西尼、[意]斯卡爾德志尼主編:《把中國介紹給世界:衛匡國研究》,華東師範大學出版社,2012年,第273頁。

外,還有大量的民船,數量要超過皇家的船。運河並不是僅僅漕運,而是只要需要什麼都運。北京什麼都不缺乏,主要是因爲有運河水運的保障。這是明朝晚期的情況。

"天庚之供"的漕糧北運等國家强制行爲,雖然加重了東南經濟負擔,但卻能使經濟文化資源的配置達到一定的平衡,這對統一王朝的區域發展起著積極的作用。南北運輸促進商品物資的輸送交流,爲大量的運河城市出現和繁榮,爲運河沿線的區域發展創造了機會。例如京杭大運河沿線的揚州、淮安、濟寧、聊城、臨清、德州、滄州等都是因運而興的城市,漕運、鹽運、治河、保運等大量投入,爲沿岸城市帶來了極大的資源。同樣,近代大運河的衰落,對這些城市的打擊是致命的,急劇衰落不可避免。

今天大運河文化帶建設已經上升爲國家戰略,要實現打造中華文明的金名片,使大運河像長城那樣作爲中華文化品牌的目標,就應當站在中華民族發展的高度,在大運河對中國古代大一統國家疆域形成與發展貢獻這樣的重大問題上作全面、深入的研究,重新認識大運河的歷史功績,得出令人信服的成果,才能真正提高大運河的歷史地位、當代價值和美譽度。

　　附記:本文得到王明德先生的指正,特此感謝。

（作者單位:江蘇省社會科學院歷史研究所）

佛教大藏經的整理與數據庫建設

——以明《永樂南藏》爲例

馬清源

　　《永樂南藏》是明成祖永樂年間於南京大報恩寺刊刻的一部佛教大藏經,刻成之後,許各地寺廟請印,因而在歷史上流傳頗廣、影響較大。山東省圖書館(以下簡稱魯圖)典藏有衆多的佛經,最近兩年,魯圖將這批佛經進行了整理。其中的《永樂南藏》部數衆多,實屬罕見。這裏將魯圖所藏《永樂南藏》的整理、經目編制以及後期數據庫建設中的經驗及認識整理成文,以爲仁者壽。

一、魯圖藏《永樂南藏》整理情況概述

　　佛經專藏是魯圖的特色館藏之一,歷史上魯圖在不同時代從不同途徑收藏了大量佛經。但長期以來,受制於人手、經費等諸方面因素,這批佛經一直沒有得到徹底的整理,僅在上世紀九十年代整理出兩部《永樂南藏》及一部《永樂北藏》①。

---

① 另據部門前輩所言,當時整理《永樂南藏》時,意外發現渭(422)七《阿毗達磨品類足論》卷七首頁與《中國版刻圖録》所載明洪武五年(1372)刻《南藏》該頁(圖版二四二)顯係一版,後經時任魯圖古籍部主任李勇慧及山東大學教授杜澤遜兩先生與四川省圖書館往來信函對比,確認《中國版刻圖録》該頁與川圖《洪武南藏》不同(李富華、何梅先生《漢文佛教大藏經研究》中認爲《洪武南藏》刊刻於建文年間,宜稱《初刻南藏》)。今按實際上,《版刻圖録》解題所言、圖版所收實系《永樂南藏》,直誤以爲刊刻於洪武年間而已。傳統學界在對《永樂南藏》的刊刻史有正確認識之前,多據《金陵梵刹志·欽録集》"洪武五年壬子春,即蔣山寺建廣薦法會。命四方名德沙門先點校藏經"等言,將《永樂南藏》誤認爲刊刻於洪武年間,或將《永樂南藏》與《洪武南藏》混淆。又近來有學者認爲認爲《永樂南藏》後87函利用了《洪武南藏》的版(轉下頁注)

近兩年,藉助古籍普查志願者活動,魯圖將館藏佛經全部整理完畢。在這批逾兩萬册的佛經中,尤以明《永樂南藏》爲大宗。

本次清理之時,首先面對的難題是如何將數十箱種類不同的佛經分門別類。在依行款(《永樂南藏》每折六行十七字)、封面是否有千字文編號(不屬於藏經的單刻佛經一般無千字文編號)等粗分出《永樂南藏》之後,發現不止一部。隨後我們採取的辦法是首先根據開本、封面質地等將其大致分爲幾部,之後每部之中再依各册封面所題千字文編號(千字文中每字對應一數字)排列。無卷首卷尾的《永樂南藏》殘頁,後期藉助 CBETA 電子佛典檢索經文内容來確定經名及千字文編號。

綜合依據開本尺寸、書衣質地、封面標籤、内頁印記、紙張等不同情況,並經李際寧、翁連溪、杜澤遜等專家鑒定,目前魯圖將《永樂南藏》整理分爲六部[①],其中第一、二部基本完整不缺,其他各部均有不同程度的殘缺。

"南藏一",僅有永樂年間所刻部分及嘉靖年間左右補刊之經(統稱"正藏"),無萬曆年間續刻之"續藏"[②]。藍色絹面書衣,内頁白棉紙,正文字體多爲宋代以來佛經刊刻所沿用的歐體,嘉靖補刊三經字體類似楷體。内頁多鈐"法寶"印,偶有"正臺"印。應刷印於明嘉靖年間。

"南藏二",含正藏、萬曆續藏。正藏部分字體多用歐體、楷體,續藏用方體字。彩色絹、錦書衣,内頁白綿紙,多鈐"圓通"印,偶有"朝陽禪寺"印,當刷印於萬曆年間(或稍後)。

"南藏三",僅含正藏,無萬曆續藏。藍色稀薄絹書衣,内頁多用竹紙。鈐"報恩寺記"、"崇佛禪林"、"醇熙流芳"、"乾明"等印。該部情況較爲複雜,或有後世補配,只能大致定爲嘉靖至萬曆年間印本。

"南藏四",含正藏、萬曆續藏。桔紅色絹書衣,封面籤條白色,内頁竹紙。鈐"兩泉印記"、"悟字圖書"等印。萬曆年間印本。

"南藏五",含正藏、萬曆續藏。桔紅色絹書衣,封面籤條黃色,内頁竹紙,鈐"大悲庵"印記。該部除封面籤條顏色、印記與"南藏四"不同外,書衣質地顏色、用紙、版刻風格等與之均同,千字文函號亦不重複,兩者可互補。萬曆年間印本。

(接上頁注)片,並重加組織(野澤佳美:《明初的兩部南藏——再論從〈洪武南藏〉到〈永樂南藏〉》,《藏外佛教文獻》第十輯,中國人民大學出版社,2008 年,第 443—459 頁),但野澤先生限於所見,並未實際對比兩藏圖像,而是利用刻工記錄等材料立論,筆者將兩藏圖像粗加比勘,目前所見並不支持野澤先生的結論。

①詳細情況可參李勇慧等:《山東省圖書館古籍普查新發現佛經珍本簡報》(待刊)。

②《永樂南藏》刊刻於永樂年間,嘉靖年間左右,補刻了三函(内含四部經書),以上部分本文籠統稱爲"正藏";萬曆年間《永樂北藏》續刻 41 函之後,《永樂南藏》據其進行了續刻,續刻部分稱"續藏"。

"南藏六",含正藏、萬曆續藏,明末清初遞修。瓷青色麻書衣,封面籤條黄色,内頁白色竹紙,鈐"法起寺法寶印"。約刷印於清順治年間。該部殘存僅 110 餘册。

以上各部藏經,涵蓋了《永樂南藏》不同時期尤其是明嘉靖以後至清初各個時代的不同印本。實際上,除"南藏一"、"南藏二"、"南藏六"之分部略無疑問之外,其他三部的分部未必完全準確,只是在現有認識條件下做出的妥協性選擇,也許以後隨着研究的深入以及認識的深刻,會做出更準確的判斷與分部。

二、魯圖藏本所見《永樂南藏》的補版、續刻與遞修

佛經版本研究作爲專門之中的專門,一直存在研究上的客觀限制。以代表 20 世紀國内版本學最高成就的《中國版刻圖録》來講,尚且沿襲成説,把《永樂南藏》的刊刻時間誤定爲洪武年間,可見學者之立論在材料缺乏的情況下受到很大的限制。實際上,《永樂南藏》版片的"生命週期"歷經幾乎整個明代以及清代前中期,直至清咸豐年間太平天國運動南京大報恩寺寺毀版亡爲止,前後達四百餘年。而且《南藏》不像《北藏》那樣由皇家管控刷印,而是版存南京大報恩寺,准許各地寺廟、信徒請印,據葛寅亮《金陵梵刹志》記載,印經"每年約二十藏"①,據此大致推算,在《南藏》版片的整個"生命週期"里,所刷印的藏經至少應有數千部。然而明清時所印藏經多分散保存在各地寺廟,隨着時間的推移多有損失,即便晚近以來多歸藏公立圖書館,但各館所藏至多一兩部,在無法對比的情況下,根本不足以認識其不斷遞修、補版的過程。像魯圖這樣,收藏有數部不同時期《永樂南藏》印本的情況幾乎是絶無僅有的,魯圖這些不同時代的印本,雖然多有殘缺,但卻給人比較完整的展示了《永樂南藏》從"年輕"到"衰老"各個主要時期的面貌。對比這些不同時間、不同版片刷印而成的經册,爲我們更深刻、更全面地認識《永樂南藏》的補版、續刻與遞修提供了更多的材料與更獨特的視角。下文略舉數端以爲例。

首先,《永樂南藏》至遲永樂十八年(1420)已經刻成,但其初刻早印本目前未聞有留存者,現存最早印本均爲嘉靖年間所印②。李富華、何梅《漢文佛教大藏經研究》(以下簡稱《研究》)已經提及,《永樂南藏》刻成之後,有過三次續刻(分別是嘉靖年間、萬曆年間、明末清初)及兩次大規模的修補版(萬曆時及明末)③。但從

①葛寅亮:《金陵梵刹志》卷四九《南藏目録·附請經條例》,南京出版社,2011 年,第 736 頁。
②山西太原崇善寺有嘉靖二十九年(1550)印本,國圖有嘉靖三十年印本,魯圖有嘉靖三十五年印本。以上印本之判斷,均係據藏經中的施經牌題記。
③李富華、何梅:《漢文佛教大藏經研究》,宗教文化出版社,2003 年,第 410—419 頁。

整理所見情況來看,實際情況可能比先前認識的更爲複雜。

《研究》據所見材料認爲,嘉靖年間(或稍前)補刊三函四部經卷入藏①是《永樂南藏》第一次版片續刻,山西太原崇善寺藏嘉靖二十九年印本已經包含了這三函續刻之經。此三函經正文字體似楷體,有別於之前刻經時所用之歐體,且正文施有句讀也是之前所刻經卷未見的。

嘉靖補刊三函固然爲《永樂南藏》歷史上一次較早的重要修補活動,但並非意味着之前全藏沒有過修補。我們發現,嘉靖印本“南藏一”、萬曆印本“南藏二”、“南藏四”中的衡(536)三(“衡”爲千字文函號,括號內數字爲千字文對應之順序號,“三”爲當函册次,下同)《宗鏡録第十三》卷末蓮花牌内所鎸牌記中均有諸人“發心引諸檀越喜施資財刊大藏經版六十塊”云云之語,末題“大明正德十六年季夏末旬刊行,普流於世”字樣,該卷字體雖然仍爲歐體,但内頁各版中縫多刊有助刊人姓名,如“信官柴祥”(第九版)、“會首僧人如考”(第十版)、“趙輔”(第十一版)、“信女吳妙秀”(第十三版)等。據此基本可以認定,正德十六年《永樂南藏》有過一次爲之前學者所未了解的修補活動,儘管其規模可能並不大。

依常理推測,經版在長時間的刷印過程中隨損隨修隨補,在這過程中留下有明確時間題記的畢竟是少數,更多的重刊與修補並未留下題記,只能從經版中縫刊記、字體差異等方面做出判斷。萬曆印本“南藏二”李(059)十《大般若波羅蜜多經》卷五百九十,第十三版中縫刊有“善世橋觀音庵比丘尼真爵、真仙仝刊一片”,第十四版中縫刊有“江西慈化寺比丘慶嶸助刊半片”,兩版字體與其他各版不同,反映的應該也是類似的修補情況。

嘉靖補刊之後,萬曆刻續藏之前,幾乎可以肯定,相關修補活動仍在繼續,尤其是像《大方廣佛華嚴經》這樣請印頻繁、需求量大的經書,全卷重刊的情況並不鮮見②。如拱(110)三《大方廣佛華嚴經》卷三,我們發現包含續藏的萬曆印本該卷與不含續藏的嘉靖印本該卷字體判然有別,顯然嘉靖之後該卷原版有損,又有重刊該卷之舉。其他類似情況還有很多,《大明重刊三藏聖教目録》重刻印本還有刊記,其卷末題:“浙江杭州報先寺比丘明覺於萬曆二十五年佛旦日重刊”。總體來説,《永樂南藏》自刻成之後,隨著時間的推移與版片的損壞,一直有持續不斷的修補活動,以致在不同的經卷中,有用原版印刷者,有全用補版刷印者,也有原版、補版

①這三函經中,石字函(636)收經三部,即《維摩詰所説經注》六卷、《大方廣圓覺經略疏注》四卷和《般若波羅蜜多心經集注》一卷。鉅、野兩函(637、638)收經一部,即《翻譯名義集》十四卷。
②據葛寅亮《金陵梵刹志》卷四九《南藏目録·附請經條例》記載,請經時“有止造四經者(《大般若》、《寶積》、《華嚴》、《涅槃》)”,“又有印雜號者”(《金陵梵刹志》,第735頁)。

摻雜刷印者。

其次,《研究》認爲,"《永樂南藏》刊刻竣時,全藏函數是 635 函,始自天字函的《大般若經》,終於碣字函的《佛祖統記》。山西交城縣玄中寺藏本《大明重刊三藏聖教目録》卷下,止於城字至碣字函《佛祖統紀》四十五卷就是根據。"①然而,我們發現嘉靖印本塞字函(628)中《大明重刊三藏聖教目録》卷下目録最後兩行"雞田赤城每號七卷禪宗頌古聯珠集二十一卷"、"城十二卷昆池碣每號十一卷佛祖統紀四十五卷"有明顯的添刻痕跡,當非最初刊刻時所有。筆者最初推斷,《永樂南藏》在永樂年間刊竣之時,全藏當以《大明重刊三藏聖教目録》結束,後續《禪宗頌古聯珠通集》②及《佛祖統紀》應在全藏刻成之後所添,這也符合藏末數經除此兩經之外均爲佛典目録的情況。後翻檢《金陵梵刹志》,發現實際情況有超出預料者。

《金陵梵刹志》卷二《欽録集》載永樂十八年事:

> 十二月十八日,行在僧録司左覺義慧進等謹題:"爲謄寫藏經事,除謄見行打點查對外,今查得《聯珠頌古》等皆係南京藏内增入,請旨合無除去,惟復刊入?爲此今將各件名目、卷數開後,謹具題知。計四件,共一百四十二卷,今將作一百六十九卷:

> 禪宗:《聯珠頌古》二十一卷,宋淳熙年間僧法應原編,又延祐年間僧普會續編,今浄戒重校刊入。《古尊宿語》,宋咸淳年間僧頣藏主原編,今浄戒除去原編僧名重校刊入。《續傳燈録》三十六卷,不見原編集僧名,傳説是居頂將古人所編刊入。

> 講宗:《佛祖統紀》四十五卷,宋景定間僧志磐撰。今管藏經僧寶成募緣刊入。

> 十九日傳奉欽依:"不入藏,欽此。"③

據此及相關記載,總體來看上述引文所言四經均當是《洪武南藏》首先入藏,《永樂南藏》循而未改,至刻《永樂北藏》時依聖旨不入藏,故《永樂北藏》未收此四經④。具體到《永樂南藏》,《續傳燈録》三十六卷,收入合、濟、弱、扶四函(548—551);《古尊宿語録》四十八卷,收入密、勿、多、士四函(563—566)。兩經卷帙不小

①李富華、何梅:《漢文佛教大藏經研究》,第 411 頁。

②"聯珠頌古"、"禪宗頌古聯珠集"等均係"禪宗頌古聯珠通集"之省稱。

③葛寅亮:《金陵梵刹志》卷二《欽録集》,第 85—86 頁。

④《昭和法寶總目録》中的《大明三藏聖教北藏目録》以"北藏缺南藏函號附"的形式附録了這幾部經的經名卷數及《永樂南藏》函號。

且函號均非全藏末尾,故全藏刻成之後再行添加的可能性不大。至於《禪宗頌古聯珠通集》及《佛祖統紀》二經,放入全藏末尾在部別分類上已屬不倫不類,目錄又有添刻痕跡,則二者在《永樂南藏》大體完成、函號固定之後再行添入的可能性較大。尤其是《佛祖統紀》一經,上引永樂十八年上奏有"今管藏經僧寶成募緣刊入"之語,其爲後添幾乎可以肯定。

翻檢《洪武南藏》,發現全藏末四經分別爲《禪宗頌古聯珠通集》(倒數第四經)、《佛祖統紀》(倒數第三經)、《翻譯名義集》(倒數第二經)、《嘉泰普燈録》(倒數第一經)①,從部別分類上來看,亦是後來添刻。考慮到《翻譯名義集》一經《永樂南藏》本亦未收,嘉靖(或之前)補刊時方收,《嘉泰普燈録》一經《永樂南藏》未收,則似乎可以推論,是《永樂南藏》隨著《洪武南藏》的刊刻(或續補)進行了逐漸添刻的工作。假如《禪宗頌古聯珠通集》及《佛祖統紀》二經在《洪武南藏》刊竣之時已經收入,那麼《永樂南藏》既以《洪武南藏》爲藍本,何以後來添入? 是不可解。考慮到《洪武南藏》後八十七函也是後來添刻入藏②,刊刻時間下限本身即有不清楚之處,是不是可以認爲《洪武南藏》後幾函刻成時間也較遲? 若此,或許會對《洪武南藏》的刊刻史有更新的認識。當然這些情況以目前所見材料尚不能得出準確的答案,但上述情況提示我們或許可以重新審視兩部明初《南藏》的相互關係以及它們各自的刊刻史,其中可能有更複雜的情況。

又,《目録》大字函(150)"大明入藏大明仁孝皇后夢感佛説第一希"、"勝思惟梵天所問經六卷大乘同"兩行,亦有比較明顯的修改痕跡③。《大明仁孝皇后夢感佛説第一希有大功德經》一卷係成祖徐皇后所撰,《研究》中只提及嘉靖時此經已在大藏中。《金陵梵刹志》卷二所載"(永樂十八年)七月十八日早,一如等於奉天門口題《夢感功德經》南京藏内已入大字函,今合無就聖明諸佛名經等編入後? 奉聖旨:'荒唐之言,不要入。'"④其實就此來看,該經刻入《永樂南藏》甚早,即早在永樂十八年全藏刊竣前後,便已經被刻入,《目録》修改添刻反映的應該是早期《永樂南

---

① 影印本《洪武南藏》最後一册《嘉泰普燈録》後所收諸經爲影印時所補前之缺。

② 李富華、何梅:《漢文佛教大藏經研究》,第 392 頁。

③ 我們據現存嘉靖印本推斷,原兩行本是"大乘同性經二卷"、"勝思惟梵天所問經六卷",因第一行改爲"大明入藏"行,導致改行原有經名"大乘同性經二卷"移第二行"勝思惟梵天所問經六卷"下。之後因版片缺損,前一行缺"有功德經一卷"六字,後一行缺"性經二卷"四字。

④ 葛寅亮:《金陵梵刹志》卷二《欽録集》,第 84 頁。按成祖顯然明瞭此經乃爲其篡位正名而僞造,故雖《永樂南藏》收入此經,但《永樂北藏》則下旨不收。不過萬曆時續刻《永樂北藏》,此經又被收入,列全藏最後。之後《永樂南藏》據《永樂北藏》續補之時,此經亦被移置全藏末尾。萬曆重刻本《南藏目録》仍只收正藏,但目録中已無該經。

藏》據《洪武南藏》刊刻時並未收入此經,後來方才入藏的情況。

再者,《永樂南藏》萬曆續刻之時對原有石(636)、鉅(637)、野(638)三函收經情況有所調整①。調整之後印本中的這幾部經較之嘉靖印本,有經重刻者,亦有利用原經版修改函號重印者。石字函中的《維摩詰所説經注》六卷改入務字函(653),全經非萬曆續刻②,然亦非原有嘉靖補刊之本,業已重刻。鉅、野字函中的《翻譯名義集》十四卷改爲貢、新字函(667、668),該經係用原經版挖改刷印,僅將原版心、卷端千字文編號由鉅、野挖改爲貢、新而已,但間有改而未盡者,如卷二版心已將"鉅"改"貢",然卷端仍題"鉅二"。其實《永樂北藏》開本加大,行款改爲五行十七字,相應的卷次也經重編,不少經較之之前藏經卷數有增。《永樂南藏》調整諸經保留了原有六行十七字的行款及分卷(册)情況,導致調整後的數函每函收經非原來的十册③。如《維摩詰所説經注》,《永樂北藏》分十卷,故務字函十册。而《永樂南藏》僅分六卷,故續藏務字函六册。與之類似,《翻譯名義集》,《永樂北藏》二十卷,故貢、新兩函各十册。而《永樂南藏》續藏利用原版刷印,仍分十四卷,故貢、新兩函各七册。此次萬曆續刻還導致《永樂南藏》出現了重收經的情況,經調整後的石字函僅餘石7至石11五册,其中石7至石10所收經《大方廣圓覺脩多羅了義經略疏註》實際上與據《永樂北藏》續刻的治字函(649)治1至治5《大方廣圓覺修多羅了義經略疏》重出。

最後,整理之時恰逢網絡熱傳陝西榆林發現所謂清初刊刻、之前未見著録的"榆陽藏"④,當時已經有網友指出"陝西新發現的《榆陽藏》可能只是《永樂南藏》的清初印本"⑤,不過該網友並無條件對比兩者書影。我們整理之時發現遞修於清順治年間的"南藏六"情況恰與所謂"榆陽藏"類似。該印本千字文函號與已有《永樂南藏》其他印本完全一致,不少經卷正文內頁既有原版刷印之頁,亦有後補版片刷印之頁,如青五(608)《華嚴經明法品内立三寶章》第二版與《永樂南藏》萬曆印本尚同;第十五、十六等版則與之不同,係明末清初新刊。假如能有條件對比,所謂

---

①《永樂北藏》萬曆續藏的千字文函號自鉅至史(637—677),上接正藏最末函號石(636)。《永樂南藏》萬曆續刻時原已至野字(638)函,因據《永樂北藏》續藏進行續刻工作,故《永樂南藏》對原有鉅、野二函的經卷需作調整,原有正藏石字函所收經中有一經需移入續藏,故也進行了調整。

②萬曆續刻之時統一用方體字。該經字體非方體,類似楷體,且分六卷亦與《永樂北藏》之分十卷不同,故非萬曆時據《永樂北藏》續刻之本。

③正常情況下各函收經十册,但偶亦有收九册、十册、十一册的。

④《陝西發現未見著録清初刊刻佛教〈大藏經〉》,《新西部》2017年17期,第91頁。又,搜狐網2017—7—23新聞《榆林發現新版漢文〈大藏經〉,定名〈榆陽藏〉》,http://www.sohu.com/a/159357021_209019。

⑤知乎網友"獨特的火焰樹椿"首發,網絡鏈接 https://zhuanlan.zhihu.com/p/28100556。

“榆林藏”本不應該被輕易認定爲是一種新的大藏經。榆林方面之所以發生誤判，主要還是因爲《永樂南藏》明末清初遞修之後，出現了大量的補版①，導致清初的印本與之前的印本產生了較大的不同。在無法利用多種《永樂南藏》進行詳細對比的情況下，誤認其爲一種新的大藏經也是再自然不過的事情。

實際上類似的誤判，之前已經有過多次。上世紀五十年代，胡適先生調查美國普林斯頓大學葛思德東方書庫所藏《磧砂藏》時，誤將明初修補之《磧砂藏》作爲一種建文年間新刊的大藏經，即所謂“天龍山藏經”②。八十年代，童瑋先生誤將山西寧武縣文化館藏《永樂南藏》明末清初遞修印本定爲《萬曆藏》③。如此種種，都是在没有條件對比的情況下發生的疏誤。其實在版本學的世界里，古籍的遞修、補版絶非佛經所獨有，其他書籍尤其是正經正史諸書這種情況更加普遍，如南宋刻南北朝七史，迭經宋元明三朝遞修，有“三朝遞邅本”之稱，書版直到清嘉慶年間才最終燒毁。這些書的清初所印諸本，原版頁已無一頁留存，有賴相關歷史記載及不同歷史時期印本的流傳，在可以對比的情況下，大家也不會將後印本看做是一種新的版本。如果佛經版本鑒定之時能考慮到這些情況，相信定各種所謂“新發現”大藏經時會更加慎重。

這裏並無苛求之義，本來遞修之後古籍的版本鑒定即爲難事。舉一個抽象的例子，原版是 AAA，我們見到的爲 BBB，如果没有見到過渡性質的 AAB 甚至 ABB，也許可以定 BBB 爲新的版本，但是應該考慮到我們目前所見之古籍版本，只是歷史上曾經存在的古籍版本中的一小部分，現在的研究均是在“版本缺環”狀況下的推論，没見到 AAB 或 ABB 不代表就可以否認也許曾經存在過。可以説，任何一種新版本乃至印本的發現，或多或少都會修正我們原有的認識。包括佛經在内的古籍版本鑒定，雖説已經披上了“科學”的外衣，但實際上仍然高度依賴於“對比”這一最簡單的方法。晚近以來古籍版本學的發展，包括趙萬里、阿部隆一、尾崎康等先生所取得的突破性進展以及最近郭立暄先生在古籍印本方面取得的成就，都是建立在多見多聞以及詳爲對比的基礎上的。所見越多、對比越細緻，古籍的版本鑒定才能更精確，但願我們對有遞修情況古籍的版本鑒定更加慎重一些。

---

① 《永樂南藏》自萬曆末年續藏刊刻完成到清順治年間，不過二三十年。之前從永樂年間到萬曆年間，時間跨度十倍於此而修補情況反不及此嚴重，或是明末清初的戰爭造成了寺內所藏的經版損失較大。

② 胡適：《胡適學術文集·中國佛學史》，中華書局，1997 年，第 553 頁。另參豆瓣網友“五明子”對《佛教大藏經研究論稿》的書評，網絡鏈接 https：//book.douban.com/review/5066224/。

③ 參閲李富華、何梅：《漢文佛教大藏經研究》，第 432—434 頁。

三、《永樂南藏》的經目編製與數據庫建設

近年來,隨着電子存儲技術、網絡傳輸條件等方面的發展,大型古籍彙刊影印的必要性實際上已經大大降低,古籍流通更側重於實用性與閱覽的便捷性。因此,方便檢索、便於瀏覽的網絡圖像或全文數據庫逐漸成爲古籍整理、公佈的優先選擇。以各種大藏經爲例,便於全文檢索與閱讀的有爲學界所熟悉的 CBETA 電子佛典集成,中華書局最近也在進行《中華大藏經(漢文部分)續編(甲部)》的編輯工作,有望同步推出全文標點的紙版書及網絡數據庫。此外,各種圖像版的大藏經數據庫目前也已爲數不少。如《高麗藏》既有韓國“高麗大藏經研究所”製作的檢索光盤發行,又有相關全文、圖像數據庫網站①;國家圖書館“中華古籍資源庫”公佈了《趙成金藏》及《思溪藏》的數字圖像②;明萬曆《嘉興藏》有日本東京大學總合圖書館藏本公開全文圖像③;雲南省圖書館公佈了《元官藏》殘本圖像④。即便未有網絡圖像公佈的,亦多有影印本面世。如現存《開寶藏》殘卷有《開寶遺珍》影印行世(文物出版社 2010 年版),《契丹藏》有《應縣木塔遼代秘藏》(文物出版社 1991 年版)公開大部分書影⑤;《磧砂藏》早在民國年間即有三時學會的影印本;《洪武南藏》有四川省佛教協會 1999 年影印本⑥;《永樂北藏》有綫裝書局 2000 年影印故宮博物院藏本;清《龍藏》不但影印了多次,而且還利用現存原經版刷印了新的印本。近代以來國內及日本編刊、影印的的各種藏經,如《頻伽藏》、《大正藏》等等各大圖書館也不難看到⑦。惟有《永樂南藏》,在魯圖公佈之前,既未經影印,網絡亦未見全藏圖像公開。

如上文所述,《永樂南藏》在幾百年的刷印歷史中,補版、修版、續刻等情況極爲複雜,完全可以想象,每一部印本都是獨特的,都可能有不同於另一部印本的頁

---

①http://kb.sutra.re.kr/ritk/index.do

②http://mylib.nlc.cn/web/guest/shanbenjiaojuan。另據李富華先生《漢文佛教大藏經的整理與研究任重道遠》(《第二屆世界佛教論壇論文集》,2009 年)一文提及,上海龍華古寺與北京慧海中心進行了《趙城金藏》的數字化工作,但筆者未見。

③https://dzkimgs.l.u-tokyo.ac.jp/kkz/

④http://msq.ynlib.cn/

⑤2012 年國家圖書館出版社影印出版了韋力先生所藏的《遼藏·觀彌勒菩薩上生兜率天經疏卷上》,認爲該經殘卷“版刻風格與山西應縣木塔發現的《遼藏》風格相近”,故定爲《遼藏》殘本。

⑥原藏現藏四川省圖書館。

⑦抛開版權因素不談,以上各種影印本大藏經網絡上多有佛學愛好者的掃描電子檔流傳。

面。魯圖所藏數部,既各不相同,從學術研究的角度,理想狀態下自然應該是將不同印本均掃描上網,至少也應該選擇一部只含正藏的嘉靖印本及一部包含正藏與續藏的萬曆印本公開。但限於經費等多種因素,魯圖首先掃描公開的是一部已經入選《國家珍貴古籍目録》、較爲完整的包含正續藏的萬曆時期(或稍後)印本。

(一)目前《永樂南藏》的幾種目録及其問題

採取網絡數據庫的形式公開《永樂南藏》,首先需要爲其編製一個較爲細緻、可靠的經目作爲數據庫索引。然而《永樂南藏》收經衆多,體量龐大,不啻一部大的叢書,叢書目録尚有《中國叢書綜録》等工具書可供翻檢,但就《永樂南藏》而言,也許是之前沒有影印本及網絡數字資源可供覈查,加之佛學典籍又屬專門,故而目前圖書館系統古籍著録同行的通行做法是或直接著録爲《永樂南藏》一部,或將屬於《永樂南藏》的零種佛經單獨著録。總之,到目前爲止尚未有一準確可靠的收經總目可供參考。

同時,筆者注意到先前雖然也有不少現代意義上佛經目録相關著作面世,如吕澂先生有《新編漢文大藏經目録》(齊魯書社 1980 年版)、蔡運辰先生有《二十五種藏經目録對照考釋》(臺灣新文豐出版公司 1983 年版)、童瑋先生有《二十二種大藏經通檢》(中華書局 1997 年版,該書實際上 1982 年已完成)、何梅先生有《歷代漢文大藏經目録新考》(社會科學文獻出版社 2014 年版)等,但在這幾部著作中,幾位先生或致力於綜合現有各版藏經目録爲大藏經編制一個全面的、包含歷史上所有出現過佛經的新總目,或以一種藏經目録爲主,對照其他各版藏經目録,從中均難以準確、直觀的看出各版大藏經各自的收經情況。至於單藏目録研究成果,雖有童瑋先生對《開寶藏》目録的復原(童瑋:《北宋〈開寶藏〉雕印考釋及目録還原》,書目文獻出版社 1991 年版)、李富華先生對《金藏》目録的復原(李富華:《金藏目録還原及研究》,中西書局 2012 年版)等,近年來各種藏經在影印時也多編有目録。但《永樂南藏》目録迄今爲止仍只能參考該藏塞(628)字函所收《大明重刊三藏聖教目録》(下簡稱"原目")、《金陵梵刹志》卷四九所收《南藏目録》(下簡稱"志目")、《昭和法寶總目録》所載《大明三藏聖教南藏目録》(下簡稱"昭目")以及 CBETA 網站"佛教藏經目録數位資料庫"所收《永樂南藏目録》(下簡稱"CBETA目")。這幾個目録之間有明顯的先後承襲關係:"原目"爲以下三目之本源。"志目"據"原目";"昭目"又據"志目"排印;"CBETA 目"則據"昭目"進行了數字化工作。

塞字函《大明重刊三藏聖教目録》我們所見的嘉靖印本及萬曆二十五年重刻

印本均僅包含正藏目録。萬曆三十年之後《永樂南藏》雖補入了續藏,但之後《目録》的印本仍截止到正藏而未收入續藏諸經的目録。也許可以認爲,萬曆續刻之後,該目失去了原有的《永樂南藏》總經目功能,而成爲一種類似於《開元釋教録》之類的歷史目録存在於全藏之中。且該目無各經撰譯者姓名。"志目"較之"原目",增加了各函用紙張數等信息,但經目仍截止到正藏,亦無各經撰譯者姓名。故以上兩者均不適合用作新編目録之基礎。

《昭和法寶總目録》是學界常用的佛教藏經目録,不過就該書所收的《永樂南藏》目録而言,排印錯誤較多。此次我們用藏經原本重點核對了該目,發現其中排序錯誤、經名不規範、經名脱倒衍誤字等問題有百餘處。其誤字者如"毗耶娑問經"誤爲"毗耶沙門經";不少經名中的"文殊"多誤爲"文珠"、"具"誤"真"、"荼"誤"茶"等;且該目也未補充各經撰譯者及續藏收經情況。

電子化時代,CBETA 網站的"佛教藏經目録數位資料庫"也是學界常用的數據庫,該數據庫所收的《永樂南藏目録》顯係據"昭目"數字化,繼承了後者的不少錯誤,但也有所校正,很多經名雖然在檢索界面保留了原錯誤,但點擊"詳細"進入二級界面後,對應的是正確經名的詳細信息。該目雖然亦無續藏目録,但正藏部分至少在二級界面有撰譯者、卷數等信息,儘管很多詳細信息如分卷等與《永樂南藏》並不相合。經對比選擇,編制新的《永樂南藏》目録,正藏部分即以"CBETA 目"爲基礎。

(二)新編《永樂南藏》目録採取的模式

古籍的編目,通常採取每部書編一條目録的形式,但此次爲《永樂南藏》編目主要是爲配合網站數據庫建設作索引用,而《永樂南藏》中的大經多至百卷(册)以上(如《大般若波羅蜜多經》有六百卷之多),單純以每經編目,在網站實際檢索、閱讀過程中會存在很多不便之處。綜合考慮並與網站數據庫提供廠家協商,此次編目採取的形式是將每册佛經均編細目。根據"古籍普查著録標準"與數據庫建設實際需要,每條目録均包含"部別"、"經名卷數"、"撰譯者"、"千字文册號"、"備註"(填寫"數經同卷"、"數卷合册"、"缺"、"殘"等特殊情況)以及由千字文册號轉換而得的數字形式的唯一編碼(主要用於對應掃描圖像文件用)等項。實際編制之時,正藏部分的部別、經名、撰譯者項主要參考了 CBETA "佛教藏經目録數位資料庫"中的南藏目録電子文本①,後期均經核對原藏圖片校正錯訛。續藏目録部分

①http://jinglu.cbeta.org。另,2016 版 CBETA 電子佛典集成光碟程序亦含此經目查詢功能,2018 新版暫時未包含這個功能。

則全部根據原藏圖片編製。初步編製完成之後，首先依原藏圖片校對兩次，之後對校《昭和法寶總目録》所收之《南藏目録》，如遇兩者不同處，再行復覆。

編製過程中也發現《永樂南藏》原經刷印的不少問題，如不少經卷封面標籤目録名與正文目録名不一致。其中有些是經名别稱問題，姑置不論。有些則是封面標籤目録粘錯，如我們核對使用的"南藏二"慶字函（232）慶 8《佛説奈女耆域因緣經》及慶 9《佛説奈女耆婆經》兩册的封面標籤即互相粘錯，岳字函（617）也有類似的情況。

客觀的講，此次編製的經目，因爲直接參考了《永樂南藏》原書，較之之前各種目録有了很大的進步，仍然遺留了很多問題。首先是各經的部别分類問題，《研究》已經指出，《永樂南藏》的目録較之其前藏經目録，作了目録的重新編集工作，但分類不合理之處仍然存在。如"在'宋元入藏諸大小乘經'部分，收入了 18 部屬于'西土聖賢撰集'的典籍；而在'西土聖賢撰集'部分，又録入了 2 部屬於'宋元入藏大小乘經'的典籍"等等①。分類的處理，涉及對經文内容的理解，而且隨著電子檢索功能的發展，準確分類的必要性有所弱化，故而本次編目，未對此進行改動。再者，隨著檢索的便利化，我們也利用 CBETA"佛教藏經目録數位資料庫"對各經撰譯者的姓名、時代進行了統一檢索復覆，發現各版藏經所題同一經的撰譯者存在不統一的情況，雖然該數據庫在檢索界面鏈接了臺灣法鼓文理學院的"人名規範資料庫"以供參考，但限於學力，此次編目中的"撰譯者"項主要依據經卷原樣録入，更精準的撰譯者人名統一、校勘工作有待來日進行。

（三）數據庫建設漫談

數據庫建設之前，筆者調查了網絡上一些較爲成熟的古籍圖像數據庫，結合工作經驗及作爲普通訪問者的使用體驗，初步認爲從古籍從業者及數據庫使用者的角度來講，一個合理可靠、便於使用的古籍圖像數據庫除去保證圖像分辨率、提升網站訪問速度等老生常談的要求外，至少應該包含以下幾種特點：

一、數據庫檢索系統與該館 OPAC 檢索系統融合，實現方便使用者的"一站式"檢索功能。如不能做到融入原有檢索系統，至少需要在首頁提供較爲醒目的數據庫鏈接。目前國外不少大型圖書館如美國哈佛大學燕京圖書館、日本國立國會圖書館、韓國中央圖書館等均採用一站式的檢索模式，其古籍圖像資源均能在網站主頁實現方便的統一檢索，在檢索結果界面提供圖像鏈接。國内以國家圖書館"中華

---

① 李富華、何梅：《漢文佛教大藏經研究》，第 421 頁。

古籍資源庫"爲代表的古籍圖像數據庫採用的大多還是單庫檢索的模式。其實不少圖書館現代書籍的檢索結果頁面已經可以提供電子書鏈接,可見在技術上完全没有門檻。從整個圖書館資源整合需求來看,古籍圖像數據庫檢索與 OPAC 檢索融合應該是其建設的方向。

二、每種古籍圖像提供固定的網絡鏈接(URL),以方便學術研究引用與復覈。哈佛大學燕京圖書館、高麗大藏經研究所等機構網絡公開的古籍圖像,每部古籍均有(或可生成)固定的網絡鏈接,爲其傳播、引用與復覈提供了極大的便利。不過目前國內的各種古籍數據庫出於所謂版權考慮,多採用了很多現代電子書數據庫的保護機制,既限制訪問鏈接的有效期,又限制鏈接的打開次數。實際上這種做法,在"保護版權"方面對技術人員也是無效的[①],其結果僅是對正常使用者造成了困擾。

三、提供簡單方便的後臺管理系統,以便工作人員進行簡單修改與增删。據了解,目前數據庫網站後臺系統或者提供可視化的操作界面,或者只能通過修改 SQL 數據庫的形式進行操作,而後者是絶大多數古籍從業人員所無法做到的。數據庫索引的編制,雖由古籍專業人員完成,但不可避免的會存在疏誤。各種途徑反饋而來的錯誤若每次都需聯繫廠商工作人員來修改是不現實也是没有時效性的。且一旦廠商的服務週期結束,若無簡單的後臺管理功能,古籍數據庫即基本處於無法管理的狀態。現在國內不少圖書館(尤其是小型圖書館)前期發佈的古籍數據庫在一段時間後即無法訪問,很大程度上是由於這個原因。出現這種狀況,是相當令人遺憾的。

限於目前的財務制度,經招標後,魯圖的古籍數據庫由山東 C 公司承建,該公司的北京總公司在國內現代電子書數據庫領域處於領先地位,但對古籍數據庫相關内容經驗並不多,山東分公司的技術實力也較爲薄弱。網站建設完成之後[②],只是部分達到了上述設想。目前(2018 年 10 月)魯圖《永樂南藏》數據庫網站存在的問題包括但不限於訪問界面模板簡陋、網站技術落後、整體框架無法修改、檢索界面無法顯示千字文函號及備註、後臺與古籍不兼容且無法進行簡單方便的管理、圖像顯示比例失真等。後期應該會逐步予以修復。

———————————

①魯圖《永樂南藏》數據庫於 2018 年 9 月 28 日上綫公開,筆者發現不到一個月,數據庫全部 500 餘 GB 圖像資源已被佛學愛好者下載完畢並在網盤上公開。他們還將原有的圖像文件夾打包成 PDF 文件,對缺頁的檢查比工作人員都細緻。

②目前訪問網址爲:http://124.133.52.158:8056/pubindex.jsp,網站用户名密碼均爲:fojing。

結　語

歷史上《永樂南藏》的刻印情況極爲複雜，雖其刷印並不少，但學者獲睹不同時期不同印本的機會並不多。在無法經眼、對比的情況下，對其刊刻史、版片的遞修補版等情況的認識長期處於模糊地帶。希望魯圖此次整理、公佈相關《永樂南藏》圖像之後，能爲學者的進一步研究打下良好的基礎。佛學典籍學屬專門，其經目編制、版面調查以及數據庫建設畢竟還是較爲表層的工作，對其的進一步研究，應當在有佛理學養基礎的情況下深入到文本對勘層面，而這是筆者目前所不能的。草撰此文，衷心希望佛教典籍的版本研究及整理工作能够不斷前進。

（魯圖《永樂南藏》的整理由歷史文獻部全體工作人員共同完成。本文寫作過程中得到了他們的大力支持，在此表示衷心的感謝。）

（作者單位：山東省圖書館歷史文獻部）

北京大學中國古代史研究中心叢刊

版本源流與正史校勘　　　　　　　　　　　　聶溦萌　陳　爽　編

祝總斌先生九十華誕頌壽論文集

　　　　　　　北京大學中國古代史研究中心　北京大學歷史學系　編

吳榮曾先生九十華誕頌壽論文集

　　　　　　　北京大學中國古代史研究中心　北京大學歷史學系　編